KB268142

디지털 digital 만세력

절기

김동완 · 사주명리학 연구가

필자는 사주명리학 책을 꾸준히 발표해왔지만 늘 허전한 부분이 있었다. 바로 만세력이다. 만세력은 사주명리학의 꽃이고 필수이다. 그런데 강의를 하면서 만난 많은 분들이 만세력을 보는 데 어려움을 호소하고, 인터넷이나 시중에 출간되어 있는 만세력들이 조금씩 달라 정확한 만세력을 선택하기 어려워하는 것을 보면서 누구나 쉽고 빠르고 정확하게 찾을 수 있는 새로운 만세력에 대해 많은 관심을 가지고 연구를 하게 되었다.

그 동안 필자는 사주명리학 시리즈_초보탈출 · 완전정복 · 격국특강 · 용신특강 · 운세변화 · 심리분석 · 가족상담 등을 출간하여 많은 독자들의 사랑을 받아왔다. 그리고 또 다른 사주명리학 책과 육임학, 주역, 기문둔갑, 풍수학, 타로카드 등의 저서들도 준비하고 있다. 그러나 이 시점에서 독자들이 사주팔자를 쉽게 세울 수 있는 만세력이 필요하다고 판단하여 집필과 강의, 강연에 쫓겨 차일피일 미루던 것을 정리하고 기존 만세력들의 단점을 보완하여 새로운 만세력을 출간하게 되었다.

사주명리학은 음력도 양력도 아닌 절기력을 기준으로 하며, 만세력은 수리 과학적이고 체계적인 통계과학을 원칙으로 한다. 따라서 이 책은 철저하게 절기력 중심으로 편집하였으며, 사주를 정확하게 찾는 것을 목표로 자료를 꼼꼼하게 분석하여 만들었다.

사주를 분석하고 해석하고 상담하는 데 가장 중요하고 기본적인 것이 사주팔자를 뽑는 방법이다. 절기절입 시각이나 대운수 산출에 오류가 있게 되면 초학자나 사주명리학자들에게 혼

란과 착각을 가져다주어 엉뚱한 사주팔자로 상담하게 되고, 귀중한 인생 상담의 감정을 실패할 수도 있다. 그래서 정확한 자료를 수집하기 위해 기상청(www.kma.go.kr)과 한국천문연구원(www.kasi.re.kr) 등의 역법기관과 구글 어스(Google Earth:세계 여러 지역들을 볼 수 있는 위성영상지도 서비스) 등의 인터넷 자료, 그리고 국립중앙도서관에 소장된 각종 관련 자료와 여러 신문사의 기사 등을 꼼꼼하게 수집하고 정리하여, 최첨단 디지털 시대에 걸맞게 현대화·과학화된 사주만세력을 만들고자 노력하였다.

사주명리학이란 학문은 자연과 우주의 원리를 바탕으로 하며, 음양오행과 수학적인 논리로 인간을 분석하는 학문으로 인간 분석 학문 중 최고의 학문임을 확신한다. 그러기 때문에 더 정확함을 요구하는데, 이 책이 이런 요구에 부응하면서 쉽고 빠르게 사주팔자를 뽑을 수 있도록 독자들의 눈높이에 맞춰 편집한 최첨단 만세력임을 자부한다.

막상 만세력을 끝내고 보니 한편으로는 뿌듯하고 한편으로는 부족한 부분이 없지 않은지 걱정이 앞서기도 한다. 그렇지만 20여 년간 연구하고 노력한 결과이기에 이제는 독자분들의 선택에 맡기고, 앞으로 꾸준히 더 연구하고 분석하여 더 좋은 만세력을 만들겠다는 각오를 하며 인사를 마친다.

❶ 기존의 만세력이 사주명리학에서 한 해의 기준이 되는 입춘으로 시작하지 않고 양력이나 음력을 기준으로 하여 양력 또는 음력 1월 1일로 시작하기 때문에 연의 천간 지지를 찾기 어려웠다. 이 책은 각 연도마다 입춘으로 시작하여 다음해의 입춘 전날로 끝나게 양쪽 페이지로 정리해두었다. 따라서 보이는 양쪽 페이지는 년(年)의 천간 지지가 모두 같은 것으로 보면 된다.

❷ 만세력이란 사주팔자를 뽑는 책이고, 사주팔자는 절기학이다. 그런데 기존의 만세력은 양력이나 음력을 기준으로 하여 양력 또는 음력 1일로 시작하고 절기를 중간에 두었다. 때문에 월(月)의 간지를 뽑을 때 신경 써서 찾아야 하고 혼동을 줄 수 있으며, 월의 간지가 틀리는 경우도 종종 있다. 이 책은 각 달이 사주명리학에서 월의 기준이 되는 절기부터 시작하므로 월건 즉 월의 천간과 지지를 한눈에 찾을 수 있다.

❸ 절기일은 절기 전과 후의 대운수가 다른데, 절기 후의 대운수만 적어놓거나 빈칸으로 놓은 만세력이 많아 초보자들이 대운을 정확히 알기 어려웠다. 이 책은 절기일의 대운수를 절기 전과 후로 나누어 놓았으므로 절기 시간 전에 태어났으면 왼쪽 대운수, 절기 시간 후에 태어났으면 오른쪽 대운수를 본다.

❹ 40세 이상 되는 많은 분들이 태어난 시간을 정확히 알지 못하고 개밥 줄 때, 소죽 끓일 때, 해뜰 때 또는 해질 때 등으로 알고 있다. 그런데 언제 해가 떴는지, 언제 해가 졌는지를 몰라 시간을 추측하기 어려운 경우가 많다. 이 책은 한국천문연구원(www.kasi.re.kr)의 자료를 바탕으로 일출시각과 일몰시각을 정리해두어 태어난 시간을 조금 더 정확히 찾을 수 있다.

❺ 양력 2월 초부터 3월 초까지가 인월(寅月)이고 절기로는 입춘에 해당하는데, 기온은 대부분 영하권인 경우가 많다. 이 부분을 정리한 것이 『사주명리학 완전정복』의 월지 분석인데, 월지가 인월이므로 무조건 목(木)이라고 보는 것은 무리이다. 평균기온이 영하로 내려가면 반드시 수(水)로 분석해야 한다. 또한 신월(申月)도 양력 8월 초부터 9월 초까지이지만 날씨가 매우 뜨거운 경우가 많으므로, 기온에 따라서는 금(金)보다 화(火)로 분석해야 한다. 이와 같이 인월이나 신월 등을 분석하려면 기온을 정확히 알아야 하므로, 이 책에서는 기상청(www.kma.go.kr)의 자료를 바탕으로 1921~2015년의 평균기온과 최고기온·최저기온을 정리하였다. 단, 1950년 9월~1953년 11월은 6·25전쟁으로 관측자료가 없다.

❻ 2010년부터는 육임의 시간점을 볼 때 월장을 한눈에 알 수 있게 정리하여 삼전사과 조식을 보다 쉽게 할 수 있다.

❼ 동경 127도30분 표준시(한국시)와 동경 135도 표준시(일본시)를 지역별로 상세하게 정리하고, 서머타임(summer time)이 실시된 시기를 정확하게 구분하여 사주팔자를 정확하게 찾을 수 있다.

❽ 만세력에서 중요한 절기일이나 음력과 양력 1일, 서머타임 기간 등은 바탕에 색을 넣어서 찾아보기 쉽다.

❾ 만세력으로 사주팔자의 시주(時柱)를 찾으려면 시간지 조견표를 보아야 하는데 시간지 조견표가 없거나 책의 앞쪽이나 뒤쪽에 있어 찾아보기 불편하였다. 이 책에는 부록으로 갖고 다닐 수 있는 시간지 조견표를 더 만들어 넣어, 언제든지 쉽게 시간지 조견표를 찾아볼 수 있다.

DIGITAL 디지털 절기 萬歲曆

사주와 만세력
기초이론

사주팔자의 이해

1 사주팔자의 의미

흔히 팔자(八字)라고 부르기도 하고, 사주팔자(四柱八字)라고 부르기도 하는 사주(四柱)란 무엇인가? 한자를 단순히 풀이해보면 네 개의 기둥이다. 그렇다면 네 개의 기둥과 사람의 운명과 무슨 관계일까?

사람은 누구나 몇년 몇월 몇일 몇시에 태어나고, 사람이 태어난 연·월·일·시는 각각의 육십갑자(六十甲子)가 정해져 있는데, 한자는 세로쓰기를 하기 때문에 육십갑자가 기둥처럼 서 있어 보인다. 사주의 네 기둥이란 태어난 해[年]의 육십갑자가 세로로 기둥처럼 보인다 하여 연기둥 즉 연주(年柱)이고, 태어난 달[月]은 월기둥 즉 월주(月柱), 태어난 날[日]은 일기둥 즉 일주(日柱), 태어난 시(時)는 시기둥 즉 시주(時柱)로 연월일시의 네 개의 기둥이 있다 하여 사주(四柱)라 부르는 것이다.

사주명리학에서는 이 네 개의 기둥을 음양오행으로 분석하고, 인간의 길흉화복과 성격·적성·특성·개성 등의 심리구조와 인간관계 등을 대입하여 풀이한다. 자신이 태어난 연월일시의 네 기둥만 있으면 인생 전반이 상세하게 보이기 때문에 사주 즉 네 기둥이 운명을 분석하고 해석하는 의미의 대명사로 자리 잡게 되었다.

그렇다면 팔자는 무엇을 의미할까? 팔자 또한 사주와 같은 의미로 사용되는 것으로 앞에서 사주를 네 개의 기둥이라고 하였는데, 이 네 개의 기둥이 각 기둥마다 두 글자로 이루어져 모두 여덟 자가 된다. 그래서 팔자(八字)라고 한다.

다시 말해 사주팔자란 네 기둥 여덟 자를 말하는 것으로 사람은 누구나 태어나는 순간에 사주팔자가 정해지고, 이렇게 정해진 여덟 자의 사주팔자는 변할 수가 없다. 단, 사주팔자 여덟 자는 변할 수 없어도 어떤 사주든 그 속에 담겨 있는 삶의 내용은 장점과 단점이 함께 있다는 것을 알아야 한다. 그리고 누구나 태어나면서 가지고 나오는 장점을 얼마나 살리고 단점을 보완하는가에 따라 삶이 달라질 수 있다. 어떤 사주팔자라도 분명히 긍정적인 장점과 희망은 있으며, 그것을 읽어내는 것이 사주팔자의 근본정신이다.

2 사주팔자 뽑는 방법

사주의 기본이 되는 것은 천간(天干) 10자와 지지(地支) 12자이다. 그리고 태어난 해[年]와 달[月]과 날[日]과 시간[時]에 따라 연월일시(年月日時)의 순서로 연기둥(연주), 월기둥(월주), 일기둥(일주), 시기둥(시주)

의 네 기둥 여덟 글자 즉 사주팔자(四柱八字)가 만들어지며, 이것으로 운명을 감정하는 것을 사주학(四柱學)이라 한다.

1. 연주

연주(年柱)란 태어난 해[年]를 뜻한다. 1999년에 태어났으면 기묘(己卯), 1962년에 태어났으면 임인(壬寅)이 되며, 그 뒤에 년(年)자를 붙여 기묘년(己卯年), 임인년(壬寅年)이 된다. 단, 여기서 주의해야 할 점이 새해가 시작되는 기점(基點)이 양력 1월 1일도 아니고 음력(陰曆) 1월 1일도 아니라는 것이나. 새로운 해로 바뀌는 기점을 음력도 양력도 아닌 절기(節氣)로 보아 봄에 들어오는 입춘(立春)을 새해의 시작으로 한다. 따라서 태어난 해를 볼 때에는 입춘이 지났는가 그렇지 않은가를 보아서 결정한다.

연주는 천간과 지지로 이루어지는데 위에 있는 천간을 연간(年干), 밑에 있는 지지를 연지(年支)라 한다.

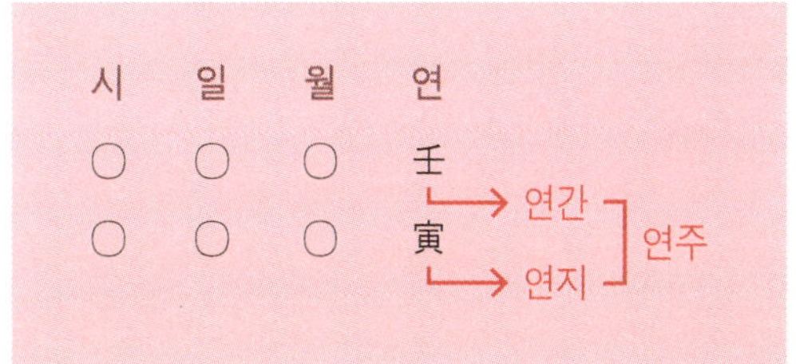

2. 월주

월주(月柱)란 태어난 달을 천간과 지지로 나타낸 것으로, 이 때도 단순히 양력 또는 음력으로 월(月)을 정해서는 안 된다. 월주도 연주와 같이 절기를 기준으로 바뀌기 때문이다. 예를 들어 입춘부터 한 달 후의 경칩(驚蟄) 사이를 인월(寅月)로 정하고, 이 달부터 새해가 시작되는 것으로 본다. 월주는 연주를 세우고 난 후 만세력에서 월천간(月天干)과 월지지(月地支)를 구성하는 간지를 찾아보면 알 수 있다.

만세력을 찾아보면 월주를 알 수 있지만 연주로 월주를 알 수도 있다. 많이 활용하는 방법은 아니지만 간단하게 살펴본다. 먼저 천간합을 알아야 하는데, 연간의 천간합을 생(生)하는 양(陽) 오행이 월간이 된다.

- **갑(甲) · 기(己)년** : 갑기합(甲己合)은 토(土)이다. 토를 생하는 화(火) 중 양화(陽火)인 병화(丙火)가 천간이 되어 병인월(丙寅月)이 시작되고 정묘월(丁卯月), 무진월(戊辰月) 등의 순서로 월이 정해진다.

- **을(乙) · 경(庚)년** : 을경합(乙庚合)은 금(金)이다. 금을 생하는 토(土) 중 양토(陽土)인 무토(戊土)가 천간이 되어 무인월(戊寅月)이 시작되고 기묘월(己卯月), 경진월(庚辰月) 등의 순서로 월이 정해진다.

- **병(丙) · 신(辛)년** : 병신합(丙辛合)은 수(水)이다. 수를 생하는 금(金) 중 양금(陽金)인 경금(庚金)이 천간이 되어 경인월(庚寅月)이 시작되고 신묘월(辛卯月), 임진월(壬辰月) 등의 순서로 월이 정해진다.

- **정(丁) · 임(壬)년** : 정임합(丁壬合)은 목(木)이다. 목을 생하는 수(水) 중 양수(陽水)인 임수(壬水)가 천간이 되어 임인월(壬寅月)이 시작되고 계묘월(癸卯月), 갑진월(甲辰月)등의 순서로 월이 정해진다.

- **무(戊) · 계(癸)년** : 무계합(戊癸合)은 화(火)이다. 화를 생하는 목(木) 중 양목(陽木)인 갑목(甲木)이 천간이 되어 갑인월(甲寅月)이 시작되고 을묘월(乙卯月), 병진월(丙辰月) 등의 순서로 월이 정해진다.

월간지 조견표

월	절기	甲·己년	乙·庚년	丙·辛년	丁·壬년	戊·癸년
1월(寅)	입춘	丙寅월	戊寅월	庚寅월	壬寅월	甲寅월
2월(卯)	경칩	丁卯월	己卯월	辛卯월	癸卯월	乙卯월
3월(辰)	청명	戊辰월	庚辰월	壬辰월	甲辰월	丙辰월
4월(巳)	입하	己巳월	辛巳월	癸巳월	乙巳월	丁巳월
5월(午)	망종	庚午월	壬午월	甲午월	丙午월	戊午월
6월(未)	소서	辛未월	癸未월	乙未월	丁未월	己未월
7월(申)	입추	壬申월	甲申월	丙申월	戊申월	庚申월
8월(酉)	백로	癸酉월	乙酉월	丁酉월	己酉월	辛酉월
9월(戌)	한로	甲戌월	丙戌월	戊戌월	庚戌월	壬戌월
10월(亥)	입동	乙亥월	丁亥월	己亥월	辛亥월	癸亥월
11월(子)	대설	丙子월	戊子월	庚子월	壬子월	甲子월
12월(丑)	소한	丁丑월	己丑월	辛丑월	癸丑월	乙丑월

24절기의 의미

절기	의미
입춘	봄을 세움. 즉 봄의 시작
우수	봄비가 내리기 시작
경칩	개구리가 놀라 깨어남. 즉 겨울잠을 자던 동물들이 깨어남
춘분	낮이 길어지기 시작
청명	맑고 밝은 봄날이 시작됨
곡우	곡식을 기름지게 하는 봄비가 내림
입하	여름을 세움. 즉 여름의 시작
소만	조금씩 여름의 기운이 더해감

절기	의미
망종	씨를 뿌리거나 모를 심기에 적당함
하지	낮의 길이가 가장 김
소서	여름 더위가 서서히 시작되어 조금 더움
대서	더위가 가장 심함
입추	가을을 세움. 즉 가을의 시작
처서	더위가 가고 일교차가 커짐
백로	이슬이 내리며 가을이 조금씩 찾아옴
추분	가을의 중간. 낮과 밤의 길이가 같음
한로	찬이슬이 내리기 시작
상강	서리가 내리기 시작
입동	겨울을 세움. 즉 겨울의 시작
소설	눈이 내리기 시작
대설	겨울 큰눈이 옴
동지	겨울의 절정. 밤이 가장 김
소한	조금 추움. 겨울 추위가 서서히 시작됨
대한	많이 추움

24절기의 황도상의 위치

절기	양력 날짜	일출시각	일몰시각	황도상의 위치
입춘	2월 3일 ~ 5일경	07:33	17:58	315°
우수	2월 18일 ~ 20일경	07:17	18:15	330°
경칩	3월 5일 ~ 7일경	06:57	18:30	345°
춘분	3월 20일 ~ 22일경	06:35	18:44	0°
청명	4월 4일 ~ 6일경	06:13	18:58	15°
곡우	4월 19일 ~ 21일경	05:51	19:11	30°
입하	5월 5일 ~ 7일경	05:32	19:26	45°
소만	5월 20일 ~ 22일경	05:19	19:39	60°
망종	6월 5일 ~ 7일경	05:11	19:50	75°
하지	6월 21일 ~ 24일경	05:11	19:57	90°
소서	7월 6일 ~ 8일경	05:17	19:56	105°
대서	7월 22일 ~ 24일경	05:28	19:48	120°
입추	8월 7일 ~ 9일경	05:41	19:33	135°
처서	8월 23일 ~ 24일경	05:44	19:14	150°
백로	9월 7일 ~ 9일경	06:07	18:52	165°
추분	9월 22일 ~ 24일경	06:20	18:29	180°
한로	10월 8일 ~ 9일경	06:33	18:06	195°
상강	10월 23일 ~ 25일경	06:48	17:44	210°
입동	11월 7일 ~ 8일경	07:03	17:17	225°
소설	11월 22일 ~ 23일경	07:18	17:17	240°

절기	양력 날짜	일출시각	일몰시각	황도상의 위치
대설	12월 6일 ~ 8일경	07:33	17:13	255°
동지	12월 21일 ~ 23일경	07:43	17:17	270°
소한	1월 5일 ~ 7일경	07:47	17:28	285°
대한	1월 20일 ~ 21일경	07:44	17:42	300°

음력 윤달 현황(1903년~2036년)

연도	윤달	연도	윤달	연도	윤달	연도	윤달
1903년	윤5월(小)	1938년	윤7월(大)	1974년	윤4월(小)	2009년	윤5월(小)
1906년	윤4월(大)	1941년	윤6월(大)	1976년	윤8월(小)	2012년	윤3월(大)
1909년	윤2월(小)	1944년	윤4월(大)	1979년	윤6월(大)	2014년	윤9월(小)
1911년	윤6월(小)	1947년	윤2월(小)	1982년	윤4월(小)	2017년	윤5월(小)
1914년	윤5월(小)	1949년	윤7월(小)	1984년	윤10월(小)	2020년	윤4월(小)
1917년	윤2월(小)	1952년	윤5월(大)	1987년	윤6월(小)	2023년	윤2월(小)
1919년	윤7월(小)	1955년	윤3월(小)	1990년	윤5월(小)	2025년	윤6월(小)
1922년	윤5월(小)	1957년	윤8월(小)	1993년	윤3월(小)	2028년	윤5월(小)
1925년	윤4월(小)	1960년	윤6월(小)	1995년	윤8월(小)	2031년	윤3월(小)
1928년	윤2월(小)	1963년	윤4월(小)	1998년	윤5월(小)	2033년	윤7월(小)
1930년	윤6월(小)	1966년	윤3월(小)	2001년	윤4월(小)	2036년	윤6월(大)
1933년	윤5월(大)	1968년	윤7월(小)	2004년	윤2월(小)		
1936년	윤3월(大)	1971년	윤5월(小)	2006년	윤7월(小)		

3. 일주

일주(日柱)란 태어난 날을 천간과 지지로 나타낸 것인데, 네 개의 기둥을 뽑는 방법 중 가장 간단하면서도 가장 중요하다. 만세력에서 태어난 날을 찾기만 하면 되므로 가장 간단하고, 일주 중에서도 일간은 사주의 주인공이 되기 때문에 가장 중요하다.

일주는 천간과 지지로 이루어져 있는데 위에 있는 천간을 일간(日干), 밑에 있는 지지를 일지(日支)라고 한다. 단, 밤 11시 30분이 넘으면 다음날로 본다는 것을 주의해야 한다.

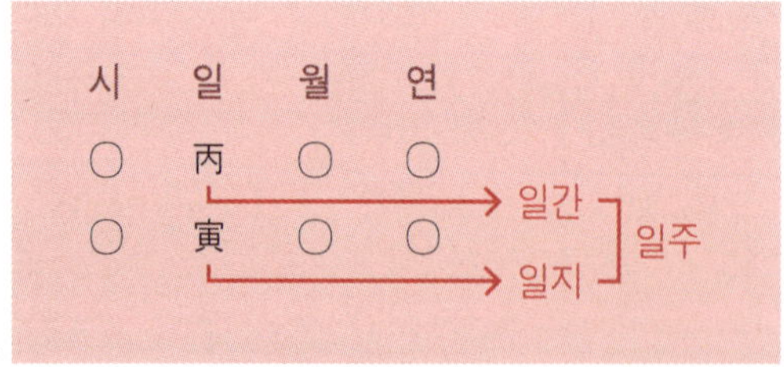

4. 시주

시주(時柱)란 태어난 시간을 천간과 지지로 나타낸 것으로, 시주에서 위에 있는 천간을 시간(時干)이라 하고, 밑에 있는 지지를 시지(時支)라 한다. 시간의 육십갑자는 날에 의해 정해지는데, 먼저 하루를 두 시간 단위로 나누어서 십이지지의 순서대로 이름을 붙인 것이 시지이고, 그 짝이 되는 천간이 일간(日干)에 따라 정해진다.

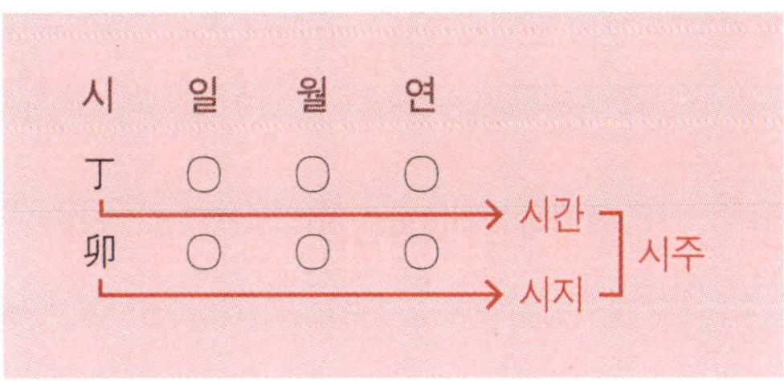

일간에 따라 시간이 정해지는 원리를 살펴보면, 일간의 천간합으로 나오는 오행을 극(剋)하는 오행 중 양(陽) 오행이 하루의 시작인 자시(子時)의 천간이 된다. 예를 들어 일간이 갑(甲)이나 기(己)이면 갑자(甲子), 을(乙)이나 경(庚)이면 병자(丙子), 병(丙)이나 신(辛)이면 무자(戊子), 정(丁)이나 임(壬)이면 경자(庚子), 무(戊)나 계(癸)이면 임자(壬子)시로 시작한다.

- **갑(甲)·기(己)일** : 갑기합(甲己合)은 토(土)이다. 토를 극하는 목(木) 중 양목(陽木)인 갑목(甲木)이 천간이 되어 갑자시(甲子時)로 시작되고 을축시(乙丑時), 병인시(丙寅時) 등의 순서로 시가 결정된다.
- **을(乙)·경(庚)일** : 을경합(乙庚合)은 금(金)이다. 금을 극하는 화(火) 중 양화(陽火)인 병화(丙火)가 천간이 되어 병자시(丙子時)로 시작되고 정축시(丁丑時), 무인시(戊寅時) 등의 순서로 시가 결정된다.
- **병(丙)·신(辛)일** : 병신합(丙辛合)은 수(水)이다. 수를 극하는 토(土) 중 양토(陽土)인 무토(戊土)가 천간이 되어 무자시(戊子時)로 시작되고 기축시(己丑時), 경인시(庚寅時) 등의 순서로 시가 결정된다.
- **정(丁)·임(壬)일** : 정임합(丁壬合)은 목(木)이다. 목을 극하는 금(金) 중 양금(陽金)인 경금(庚金)이 천간이 되어 경자시(庚子時)로 시작되고 신축시(辛丑時), 임인시(壬寅時) 등의 순서로 시가 결정된다.
- **무(戊)·계(癸)일** : 무계합(戊癸合)은 화(火)이다. 화를 극하는 수(水) 중 양수(陽水)인 임수(壬水)가 천간이 되어 임자시(壬子時)로 시작되고 계축시(癸丑時), 갑인시(甲寅時) 등의 순서로 시가 결정된다.

시간지 조견표

일(日) \ 시(時)	子	丑	寅	卯	辰	巳	午	未	申	酉	戌	亥
동경 135도 표준시 + 서머타임	00:30 02:30	02:30 04:30	04:30 06:30	06:30 08:30	08:30 10:30	10:30 12:30	12:30 14:30	14:30 16:30	16:30 18:30	18:30 20:30	20:30 22:30	22:30 00:30
동경 127도30분 표준시 + 서머타임	00:00 02:00	02:00 04:00	04:00 06:00	06:00 08:00	08:00 10:00	10:00 12:00	12:00 14:00	14:00 16:00	16:00 18:00	18:00 20:00	20:00 22:00	22:00 24:00
동경 135도 표준시	23:30 01:30	01:30 03:30	03:30 05:30	05:30 07:30	07:30 09:30	09:30 11:30	11:30 13:30	13:30 15:30	15:30 17:30	17:30 19:30	19:30 21:30	21:30 23:30
동경 127도30분 표준시	23:00 01:00	01:00 03:00	03:00 05:00	05:00 07:00	07:00 09:00	09:00 11:00	11:00 13:00	13:00 15:00	15:00 17:00	17:00 19:00	19:00 21:00	21:00 23:00
甲·己일	甲子	乙丑	丙寅	丁卯	戊辰	己巳	庚午	辛未	壬申	癸酉	甲戌	乙亥
乙·庚일	丙子	丁丑	戊寅	己卯	庚辰	辛巳	壬午	癸未	甲申	乙酉	丙戌	丁亥
丙·辛일	戊子	己丑	庚寅	辛卯	壬辰	癸巳	甲午	乙未	丙申	丁酉	戊戌	己亥
丁·壬일	庚子	辛丑	壬寅	癸卯	甲辰	乙巳	丙午	丁未	戊申	己酉	庚戌	辛亥
戊·癸일	壬子	癸丑	甲寅	乙卯	丙辰	丁巳	戊午	己未	庚申	辛酉	壬戌	癸亥

5. 야자시와 조자시

자시(子時)는 밤 11시 30분(동경 135도 표준시 기준)부터 다음날 1시 30분까지로 하나의 시(時)가 이틀에 걸쳐 있기 때문에 날짜를 정하는 데 있어 두 가지 설이 있다.

　하나는 정자시법(正子時法)인데, 밤 11시 30분이 지나면 다음날이 시작되는 것으로 본다는 것이다. 또 하나는 야자시(夜子時)와 조자시(朝子時)로 나누어 보는 방법이다. 조자시는 명자시(明子時)라고도 하는데, 야자시와 조자시를 주장하는 사람들은 진경산(陳耕山)의 저서인 『삼재발비(三才發秘)』에서 "자각(子刻)은 양시(兩時)가 있다."고 한 내용을 근거로 내세운다. 야자시와 조자시로 시간을 분류하는 방법은 다음과 같다.

　예를 들어 양력 1982년 4월 10일에 태어난 사람의 경우는 일주가 계해(癸亥)이고, 새벽 0시 38분에 태어났다면 당연히 자시가 되므로 계일(癸日)의 자시인 임자시(壬子時)시가 된다. 그런데 문제가 되는 것은 4월 10일 밤 11시 38분에 태어난 사람과 4월 11일 0시 38분에 태어난 사람의 구분이다. 4월 10일 밤 11시 38분에 태어난 사람 즉 야자시에 태어난 사람은 4월 11일 갑자일(甲子日)의 자시가 아니라 4월 10일 계해일(癸亥日)의 자시로 보고, 조자시(명자시)에 해당하는 4월 11일 0시 38분에 태어난 사람은 갑자일의 자시로 본다.

예1) 1982년 4월 10일 새벽 0시 38분(양) : 조자시

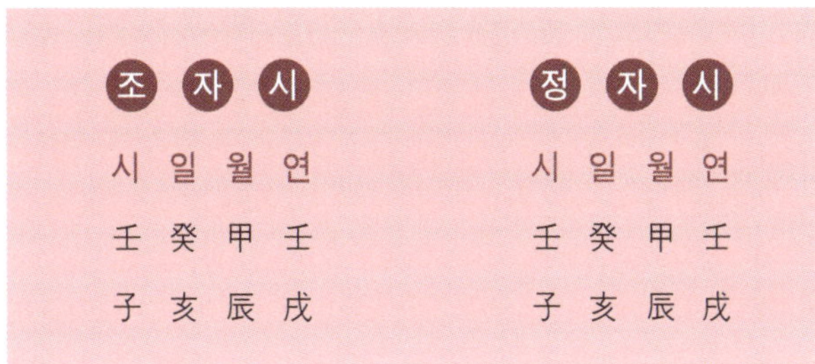

위 사람은 계해 일주인 자시에 태어났으므로 임자시가 된다. 따라서 야자시와 조자시를 구분하여 사용한 사주팔자와 정자시를 적용한 사주팔자가 동일하다.

예2) 1982년 4월 10일 밤 11시 38분(양) : 야자시

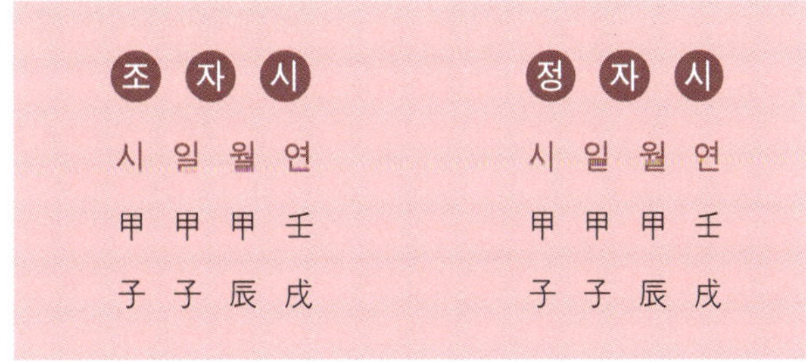

위 사람은 밤 11시 38분이 자정 전이므로 아직 하루가 지나지 않은 것으로 보아 4월 10일 계해 일주를 쓰고, 시는 4월 11일 자시로 보아 갑자시를 사용하기 때문에 앞의 예1)과 비교할 때 일주는 같고 시 천간은 다르다.

　한편 정자시를 적용하면 하루가 지난 것으로 보아 4월 11일 갑자 일주를 쓰고, 시주는 야자시를 적용할 때와 같다.

예3) 1982년 4월 11일 새벽 0시 38분(양) : 조자시

위 사람은 조자시를 적용할 경우 갑자 일주인 자시에 태어났으므로 갑자시가 된다. 예2)의 야자시를 적용한 경우와 비교할 때 시주는 같고 일주는 다르다.

　정자시를 적용하는 경우에도 역시 갑자 일주에 갑자시를 쓴다. 태어난 시간이 0시 38분으로 조자시 기준인 0시 30분과 정자시 기준인 11시 30분이 모두 지났기 때문이다.

야자시와 조자시의 일주와 시주 구분

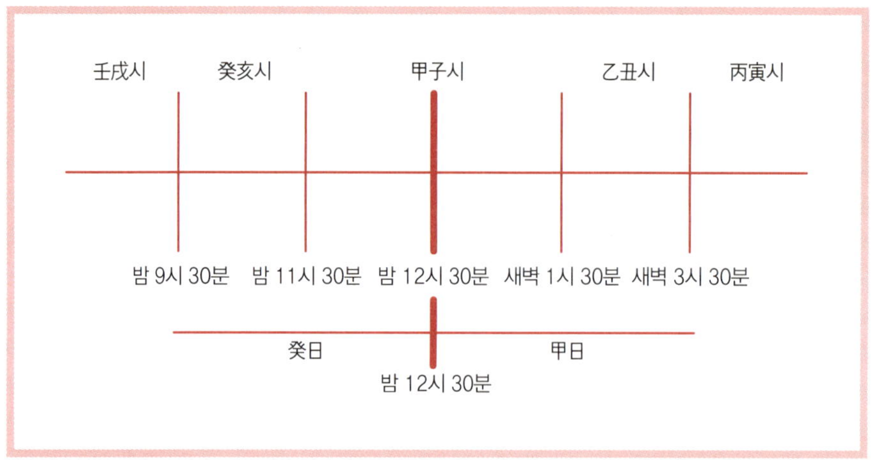

정자시의 일주와 시주 구분

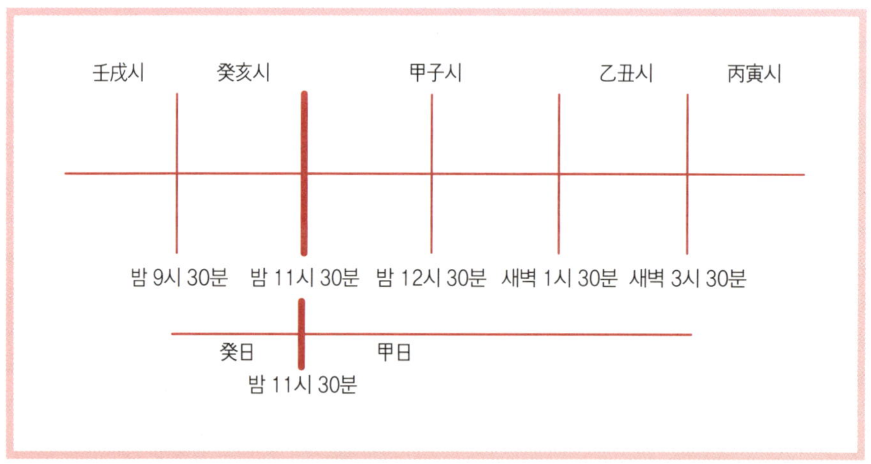

그렇다면 야자시와 조자시를 반드시 사용해야 하는지, 야자시와 조자시 방법이 타당성이 있는지를 생각해봐야 하는데, 이 때 주목할 것이 야자시와 조자시를 주장하는 근거가 바로 밤 12시를 기준으로 하루를 구분한다는 점이다. 그러나 밤 12시는 서양의 잣대이고, 동양에서는 밤 11시가 지나면서 하루가 시작된다고 믿었다. 그러므로 밤 12시를 기준으로 하루가 바뀐다는 서양적 사고로 야자시와 조자시를 사용하는 것은 타당성이 없다고 본다. 시간 구분을 서양의 잣대로 밤 12시를 기준으로 한다면 한 해의 시작도 같은 논리로 절기력(節氣曆)이 아닌 양력 1월 1일의 1월을 인월(寅月)로 삼아야 한다. 그런데 한 해의 시작은 입춘 즉 절기의 시작으로 보고 있다. 야자시와 조자시를 주장하는 사람들의 논리내로라면 양력 1월 1일부터 입춘까지는 지난해의 1월이 되고 입춘부터는 올해의 1월로 보아야 한다.

어느 순간부터 야자시와 조자시 이론이 나와 역학계를 혼란스럽게 만들고 있는데, 밤 12시를 기준으로 하루를 나누는 서양의 시간 구분법에 얽매이지 않아야 한다. 동양의 시간 구분법은 밤 11시(정확히 말해서 하루가 시작되는 자시)가 지나면 당연히 하루가 시작되는 것으로 본다.

새로운 학설은 오랜 기간 임상실험을 거쳐서 타당성이 있는지 우선 검토되어야 하고 이 부분에 대해 연구가 계속되어야 한다. 이런 과정을 통해 새로운 학설이 정립된다면 따르겠지만 아직까지 필자는 야자시와 조자시 이론의 타당성에 의문을 가지고 있으며, 논리적 한계가 있는 야자시와 조자시는 사용하지 않아야 한다는 생각이다.

조자시와 야자시를 구분한 시간지 조견표

동경 135도 표준시 + 서머타임	01:30 02:30	02:30 04:30	04:30 06:30	06:30 08:30	08:30 10:30	10:30 12:30	12:30 14:30	14:30 16:30	16:30 18:30	18:30 20:30	20:30 22:30	22:30 00:30	00:30 01:30
동경 127도30분 표준시 + 서머타임	01:00 02:00	02:00 04:00	04:00 06:00	06:00 08:00	08:00 10:00	10:00 12:00	12:00 14:00	14:00 16:00	16:00 18:00	18:00 20:00	20:00 22:00	22:00 24:00	00:00 01:00
동경 135도 표준시	00:30 01:30	01:30 03:30	03:30 05:30	05:30 07:30	07:30 09:30	09:30 11:30	11:30 13:30	13:30 15:30	15:30 17:30	17:30 19:30	19:30 21:30	21:30 23:30	23:30 00:30
동경 127도30분 표준시	00:00 01:00	01:00 03:00	03:00 05:00	05:00 07:00	07:00 09:00	09:00 11:00	11:00 13:00	13:00 15:00	15:00 17:00	17:00 19:00	19:00 21:00	21:00 23:00	23:00 24:00
일(日) \ 시(時)	조자시	丑	寅	卯	辰	巳	午	未	申	酉	戌	亥	야자시
甲·己일	甲子	乙丑	丙寅	丁卯	戊辰	己巳	庚午	辛未	壬申	癸酉	甲戌	乙亥	丙子
乙·庚일	丙子	丁丑	戊寅	己卯	庚辰	辛巳	壬午	癸未	甲申	乙酉	丙戌	丁亥	戊子
丙·辛일	戊子	己丑	庚寅	辛卯	壬辰	癸巳	甲午	乙未	丙申	丁酉	戊戌	己亥	庚子
丁·壬일	庚子	辛丑	壬寅	癸卯	甲辰	乙巳	丙午	丁未	戊申	己酉	庚戌	辛亥	壬子
戊·癸일	壬子	癸丑	甲寅	乙卯	丙辰	丁巳	戊午	己未	庚申	辛酉	壬戌	癸亥	甲子

만세력의 이해

1 역(曆)의 종류

우리가 일상생활에서는 양력을 사용하지만 사주를 볼 때는 음력을 사용하며, 사주에서 새해의 시작이나 한 달의 시작은 절기를 기준으로 한다. 따라서 만세력을 바르게 알고 찾기 위해서는 태양력이나 태음력은 물론 절기력에 대해서도 알아야 한다.

1. 태양력

보통 양력이라고 하며, 지구가 태양을 한 바퀴 도는 데 걸리는 공전 주기를 기준으로 한 달의 길이를 정하였다. 즉 해가 황도 위를 한 바퀴 도는 데 걸리는 시간을 12로 나누어 그것을 한 달의 길이로 정한 것이다. 태양력은 계절의 변화를 잘 반영하지만, 실제 지구가 태양 주위를 돌 때와 약간의 시간 차이가 발생하기 때문에 윤일(閏日)을 두어서 4년마다 2월 29일로 조정한다. 태양력의 발전 단계는 다음과 같다.

- **율리우스력** : BC 46년 1월 1일부터 사용하였고, 4년마다 1일을 더하는 윤년을 적용한다.
- **그레고리력** : 현재 전세계에서 사용하고 있는 역으로 1582년부터 사용해왔다. 4년마다 윤년을 넣는데, 100으로 나누어지면서 다시 400으로 나누었을 때도 나누어 떨어지는 해를 윤년으로 한다. 이런 방법으로 계산하여 400년 동안 97회의 윤일이 있었다.
- **우리나라** : 조선시대 효종 때 최초로 태음태양력인 시헌력(時憲曆)을 사용하였다. 1896년 1월 1일부터는 태양력을 사용하여 현재까지 이어지고 있다.

2. 태음력

보통 음력이라고 하며, 달이 지구를 한 바퀴 도는 데 걸리는 공전 주기를 기준으로 한 달의 길이를 정하였다. 즉 음력에서는 계절의 변화와는 상관없이, 달의 모양이 날짜가 지나면서 초승달→상현달→보름달→하현달→그믐달로 바뀌는 것을 보고 그 주기인 약 29.53일을 한 달의 길이로 정한 것이다. 따라서 음력에서는 한 달의 길이가 29일 또는 30일이 된다.

- **삭(朔)** : 음력 초하루. 태양－달－지구의 순서대로 일직선이 되었을 때
- **망(望)** : 보름. 태양－지구－달의 순서대로 일직선이 되었을 때

3. 절기력

명리학(命理學)은 음력도 아니고 양력도 아닌, 절기(節氣)를 기준으로 하는 절기력을 활용한 학문이다. 여기서 절기란 24절기를 말하는 것으로, 대부분의 사람들은 절기력이 음력으로 본다고 알고 있다. 그러나 사실 절기는 태양의 움직임을 고려한 것으로 태양력의 성격을 가지고 있다. 천구상에서 태양이 움직이는 길을 황도라고 하는데, 절기는 황도 360°를 1년으로 보아 30일 단위로 나누면 12절기가 되고, 15일 단위로 나누면 24절기가 된다. 24절기는 다시 12절기(또는 12절)와 12중기(中氣. 또는 12기)로 나뉘는데, 사주명리학에서는 24절기 중에서 12절기만 사용한다.

- **12절기** : 입춘(立春), 경칩(驚蟄), 청명(淸明), 입하(立夏), 망종(芒種), 소서(小暑), 입추(立秋), 백로(白露), 한로(寒露), 입동(立冬), 대설(大雪), 소한(小寒)
- **12중기** : 우수(雨水), 춘분(春分), 곡우(穀雨), 소만(小滿), 하지(夏至), 대서(大暑), 처서(處暑), 추분(秋分), 상강(霜降), 소설(小雪), 동지(冬至), 대한(大寒)

사주에서 운의 주기가 바뀌는 기준 연령이 대운수이다. 대운수를 계산할 때도 절기를 기준으로 하며, 태어난 해에 따라 역행 또는 순행으로 태어난 날부터 절기까지의 날짜수와 시간 차이를 계산하면 대운이 드는 날짜와 시간을 알 수 있다.

2 우리나라 표준시와 일본 표준시

현재 세계 모든 나라는 영국의 그리니치(Greenwich) 천문대를 지나는 경도 0°의 본초자오선을 기준으로 하여 동(東) · 서(西)로 각각 15°씩 나누어서 표준시를 정하도록 국제적으로 협약이 되어 있다.

우리나라의 표준시 기준은 국토 중앙에 해당하는 동경 127도30분이다. 그런데 국제협약에 따라 일본의 중간 지점인 아카시 천문대를 기점으로 하는 동경 135도 표준시를 사용하고 있다. 일본과 한국은 경도상 7도 30분의 차이가 나고, 1도마다 시간상 4분의 오차가 생기므로 일본 표준시를 사용하는 경우에 실제 우리나라 표준시와는 시간상으로 30분 정도 차이가 난다. 또, 우리나라 안에서도 경도의 차이가 있기 때문에 서울과 부산같이 경도가 다른 지역 간에 시간 차이가 난다.

우리나라 표준시의 변화

표준시	기간
동경 127도30분 표준시(한국 표준시)	1908년 4월 29일 18시 30분을 18시로 조정 ~ 1912년 1월 1일까지 사용
동경 135도 표준시(일본 표준시)	1912년 1월 1일 11시 30분을 12시로 조정 ~ 1954년 3월 21일까지 사용
동경 127도30분 표준시(한국 표준시)	1954년 3월 21일 00시 30분을 00시로 조정 ~ 1961년 8월 9일 24시까지 사용
동경 135도 표준시(일본 표준시)	1961년 8월 10일 00시를 00시 30분으로 조정 ~ 현재까지 사용

지역	경도	동경 127도30분 표준시와의 오차	동경 135도 표준시와의 오차
백령도	124도 39분 21초	+11분 24초	+41분 24초
홍도	125도 11분 43초	+09분 12초	+39분 12초
흑산도	125도 25분 10초	+08분 20초	+38분 20초
연평도	125도 41분 42초	+07분 12초	+37분 12초
신안군	126도 06분 12초	+05분 36초	+35분 36초
덕적도	126도 07분 07초	+05분 32초	+35분 32초
목포	126도 23분 31초	+04분 24초	+34분 24초
서산	126도 27분 01초	+04분 12초	+34분 12초
제주	126도 31분 52초	+03분 52초	+33분 52초
서귀포	126도 33분 36초	+03분 44초	+33분 44초
보령	126도 36분 46초	+03분 32초	+33분 32초
인천	126도 42분 18초	+03분 12초	+33분 12초
군산	126도 44분 11초	+03분 04초	+33분 04초
완도	126도 45분 18초	+03분 00초	+33분 00초
광주	126도 51분 09초	+02분 36초	+32분 36초
정읍	126도 51분 21초	+02분 36초	+32분 36초
서울	126도 58분 40초	+02분 04초	+32분 04초
수원	127도 01분 42초	+01분 52초	+31분 52초
평택	127도 06분 46초	+01분 32초	+31분 32초
천안	127도 06분 50초	+01분 32초	+31분 32초
전주	127도 08분 52초	+01분 24초	+31분 24초
대전	127도 23분 04초	+00분 28초	+30분 28초
남원	127도 23분 25초	+00분 28초	+30분 28초
청주	127도 29분 20초	+00분 04초	+30분 04초
여수	127도 39분 44초	−00분 40초	+29분 20초
춘천	127도 43분 47초	−00분 56초	+29분 04초
원주	127도 55분 12초	−01분 40초	+28분 20초
충주	127도 55분 33초	−01분 44초	+28분 16초
사천	128도 03분 51초	−02분 16초	+27분 44초
김천	128도 06분 48초	−02분 28초	+27분 32초
상주	128도 09분 32초	−02분 40초	+27분 20초
통영	128도 25분 59초	−03분 44초	+26분 16초
마산	128도 34분 04초	−04분 16초	+25분 44초
속초	128도 35분 30초	−04분 20초	+25분 40초
대구	128도 36분 05초	−04분 24초	+25분 36초
안동	128도 43분 45초	−04분 56초	+25분 04초
강릉	128도 52분 33초	−05분 32초	+24분 28초
태백	128도 59분 08초	−05분 59초	+24분 01초
부산	129도 04분 32초	−06분 20초	+23분 40초

지역	경도	동경 127도30분 표준시와의 오차	동경 135도 표준시와의 오차
동해	129도 06분 51초	−06분 28초	+23분 32초
경주	129도 13분 29초	−06분 52초	+23분 08초
울산	129도 18분 40초	−07분 16초	+22분 44초
포항	129도 20분 36초	−07분 24초	+22분 36초
울진	129도 25분 01초	−07분 40초	+22분 20초
울릉도	130도 51분 25초	−13분 24초	+16분 36초
독도	131도 52분	−17분 36초	+12분 24초

※ 동경 127도30분 표준시와 동경 135노 표순시의 시간은 경도에서 초 단위를 반올림

3 서머타임(일광절약시간)

서머타임(summer time)은 여름에 긴 낮시간을 보다 효과적으로 이용하기 위하여 표준시보다 1시간을 앞당긴 시간을 말한다. 일광절약시간이라고도 한다. 우리나라에서 서머타임을 실시한 해는 모두 12년인데, 서머타임을 실시한 해에 태어난 사람은 시지를 세울 때 실제 우리나라 표준시와 사용하는 표준시와의 차이뿐만 아니라 서머타임으로 인한 시간차까지 고려해야 한다.

한편 우리나라에서는 해마다 서머타임 적용기간이 다르고, 국립천문대에도 아래의 적용기간 자료 정도만 남아 있다. 또한 1960년대 이전에 태어난 사람은 정확한 출생 시간을 모르는 경우가 많으므로 서머타임 적용이 큰 의미가 없다.

서머타임 적용기간(양력)

연도	시작	종료
1948년	5월 31일 23시 → 6월 1일 00시	9월 13일 00시 → 9월 12일 23시
1949년	4월 2일 23시 → 4월 3일 00시	9월 11일 00시 → 9월 10일 23시
1950년	3월 31일 23시 → 4월 1일 00시	9월 10일 00시 → 9월 9일 23시
1951년	5월 6일 23시 → 5월 7일 00시	9월 9일 00시 → 9월 8일 23시
1955년	5월 5일 00시 → 5월 5일 01시	9월 9일 01시 → 9월 9일 00시
1956년	5월 20일 00시 → 5월 20일 01시	9월 30일 01시 → 9월 30일 00시
1957년	5월 5일 00시 → 5월 5일 01시	9월 22일 01시 → 9월 22일 00시
1958년	5월 4일 00시 → 5월 4일 01시	9월 21일 01시 → 9월 21일 00시
1959년	5월 3일 00시 → 5월 3일 01시	9월 20일 01시 → 9월 20일 00시
1960년	5월 1일 00시 → 5월 3일 01시	9월 18일 01시 → 9월 18일 00시
1987년	5월 10일 02시 → 5월 10일 03시	10월 11일 03시 → 10월 11일 02시
1988년	5월 8일 02시 → 5월 8일 03시	10월 9일 03시 → 10월 9일 02시

 **사주팔자를 뽑는 실전 연습**

1. 2010년 2월 4일 오전 9시 50분(양)에 태어난 경우

❶ 연주를 찾는다

만세력 2010년을 보면 입춘 시각이 2010년 2월 4일 오전 7시 47분(양)이고, 태어난 시간은 오전 9시 50분이므로 이미 한 해가 시작되어 태어난 해가 경인년(庚寅年)이다. 즉 연주(年柱)는 경인(庚寅)이다.

❷ 월주를 찾는다

월(月)을 찾으면 2010년 2월 4일 오전 7시 47분(양)부터 2010년 3월 6일 오전 1시 45분 59초(양)까지 입춘절기의 인월(寅月)이므로 무인월(戊寅月)에 해당한다. 즉 월주(月柱)는 무인(戊寅)이다.

❸ 일주를 찾는다

만세력에서 2010년 2월 4일(양)의 일주(日柱)를 찾아보면 을유(乙酉)이다.

❹ 시주를 찾는다

2010년 2월 4일(양)에 태어나면 일주가 을유이므로 다음 표에서 을(乙)일에 해당하는 을·경일(乙庚日)을 찾고, 아침 9시 50분에 해당하는 09:30 ～ 11:30의 칸을 보면 사시(巳時)이므로 신사시(辛巳時)이다. 즉 시주(時柱)는 신사(辛巳)이다.

일(日) \ 시(時)	甲·己일	乙·庚일	丙·辛일	丁·壬일	戊·癸일
23:30～01:30(子)	甲子	丙子	戊子	庚子	壬子
01:30～03:30(丑)	乙丑	丁丑	己丑	辛丑	癸丑
03:30～05:30(寅)	丙寅	戊寅	庚寅	壬寅	甲寅
05:30～07:30(卯)	丁卯	己卯	辛卯	癸卯	乙卯
07:30～09:30(辰)	戊辰	庚辰	壬辰	甲辰	丙辰
09:30～11:30(巳)	己巳	辛巳	癸巳	乙巳	丁巳
11:30～13:30(午)	庚午	壬午	甲午	丙午	戊午

따라서 2010년 2월 4일(양)[2009년 12월 21일(음)] 오전 9시 50분에 태어난 사람의 사주는 다음과 같다.

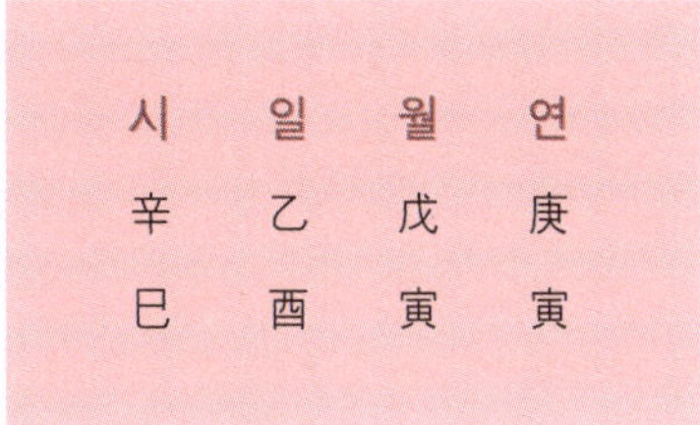

2. 2010년 2월 4일 오전 6시(양)에 태어난 경우

❶ 연주를 찾는다

만세력에서 2010년을 보면 2월 4일(양) 오전 7시 47분에 입춘이 시작된다. 따라서 오전 6시에 태어난 경우에는 아직 입춘 전이므로 태어난 해가 2010년 경인년(庚寅年)이 아니라 2009년 기축년(己丑年)이다. 즉 연주(年柱)는 기축(己丑)이다.

❷ 월주를 찾는다

월(月)을 찾으면 입춘 전에 태어났으므로 2010년 1월 5일 20시 8분(양)부터 2010년 2월 4일 오전 7시 46분 59초(양)에 해당하는 정축월(丁丑月)이다. 즉 월주(月柱)는 정축(丁丑)이다.

❸ 일주를 찾는다

만세력에서 2010년 2월 4일(양)의 일주(日柱)를 찾아보면 을유(乙酉)이다.

❹ 시주를 찾는다

2010년 2월 4일(양)에 태어나면 일주가 을유이므로 다음 표에서 을일(乙日)에 해당하는 을·경일(乙庚日)을 찾고, 다시 아침 6시에 해당하는 05:30 ~ 07:30의 칸을 보면 묘시(卯時)이므로 기묘시(己卯時)이다. 즉 시주(時柱)는 기묘(己卯)이다.

일(日) \ 시(時)	甲·己일	乙·庚일	丙·辛일	丁·壬일	戊·癸일
23:30~01:30(子)	甲子	丙子	戊子	庚子	壬子
01:30~03:30(丑)	乙丑	丁丑	己丑	辛丑	癸丑
03:30~05:30(寅)	丙寅	戊寅	庚寅	壬寅	甲寅
05:30~07:30(卯)	丁卯	己卯	辛卯	癸卯	乙卯
07:30~09:30(辰)	戊辰	庚辰	壬辰	甲辰	丙辰

따라서 2010년 2월 4일(양)[2009년 12월 21일(음)] 오전 6시에 태어난 사람의 사주는 다음과 같다.

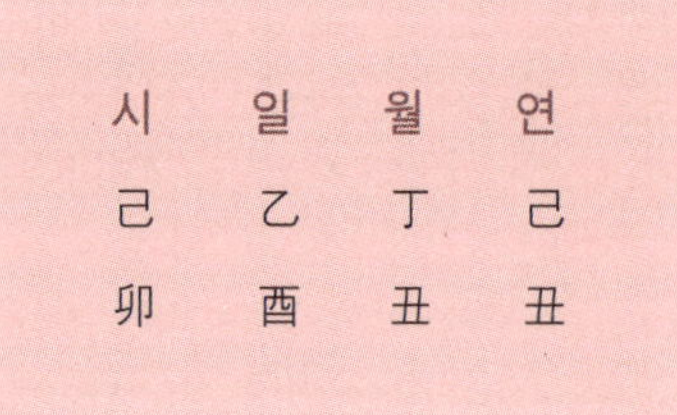

대운 뽑는 방법

1 대운의 의미

사주명리학에서 운(運)에는 대운(大運) · 소운(小運) · 연운(年運) · 월운(月運) · 일운(日運) · 시운(時運) 등이 있다. 인생을 살아가면서 순간순간 인생의 운이 어떻게 변화되어 가는지를 보여주는 것이다. 어느 때 행복이 찾아오고 어느 때 불행이 찾아올 것인지 미리 알아 준비하려고 하는 것이 바로 운을 보는 이유이다.

시운은 몇 시에 어떤 일이 생길지를 보는 것이고, 일운은 오늘 어떤 일이, 내일은 어떤 일이 생길지를 보는 것이다. 월운은 이번 달은 어떤 일이, 다음달은 어떤 일이 있을지를 보는 것이고, 연운은 올해는 어떤 일이, 내년에는 어떤 일이 벌어질지를 보는 것이다.

이 중에서도 대운은 인생에서 장기간 크게 영향을 미치는 운이다. 사람은 살아가면서 5년 또는 10년마다 인생의 변화가 있는데, 대운을 알면 그 흐름을 미리 읽어 인생을 긍정적이고 희망적으로 이끌어갈 수 있다.

또한 대운은 사주에 의해 결정된 사람의 성격 · 적성 · 특징 · 개성 등이, 인생에서 일정한 시기를 지배하는 음양오행과 육친의 영향으로 발전 · 정지 · 후퇴하는 것을 말한다. 타고난 성격 · 적성 · 개성 등을 명(命)이라 하고, 대운 · 연운 · 월운 · 일운 등을 운(運)이라고 한다. 그래서 타고난 명과 흘러가는 운을 합하여 운명이라 한다.

대운(大運)은 10년마다 바뀌는데, 예를 들어 대운수(大運數) 즉 대운의 나이가 3이라면 3세, 13세, 23세, 33세, 43세, 53세, 63세, 73세, 83세 등 10년 단위로 바뀐다. 또한 대운은 태어난 해[年]와 남녀 구분에 따라 순행하거나 역행한다. 연간이 갑(甲)·병(丙)·무(戊)·경(庚)·임(壬)에 해당하는 사람은 양년생이고, 연간이 을(乙)·정(丁)·기(己)·신(辛)·계(癸)에 해당하는 사람은 음년생이다. 남성의 경우에 양년생이면 순행대운이고, 음년생이면 역행대운이다. 여성의 경우에는 반대로 양년생이면 역행대운이고, 음년생이면 순행대운이다.

1. 순행대운

양남음녀(陽男陰女)는 순행대운(順行大運)에 해당한다. 순행대운은 월주(月柱)의 다음 육십갑자부터 순서대로 순행하는데, 순행대운의 천간과 지지의 진행 순서는 다음과 같다.

甲乙丙丁戊己庚辛壬癸甲乙丙丁………
子丑寅卯辰巳午未申酉戌亥子丑………

2. 역행대운

음남양녀(陰男陽女)는 역행대운(逆行大運)에 해당한다. 역행대운은 월주의 전(前)에 해당되는 육십갑자부터 거꾸로 진행하는데, 역행대운의 천간과 지지의 진행 순서는 다음과 같다.

甲癸壬辛庚己戊丁丙乙甲癸壬辛………
子亥戌酉申未午巳辰卯寅丑子亥………

대운수 즉 대운의 숫자는 사주에서 운의 주기가 바뀌는 기준 연령으로, 양남음녀와 음남양녀를 구분하여 계산한다.

1. 양남음녀의 순행대운

생일부터 다음 절기까지의 날짜수와 시간을 모두 세어 그것을 3으로 나눈 몫을 대운수로 삼는다. 단, 나머지가 0이나 1이면 버리고, 2이면 몫에 1을 더해서 대운수를 정한다. 총 날짜수를 셀 때 생일을 포함시켰으면 절기를 빼고, 생일을 뺐으면 절기를 포함시킨다. 시간이 12시간 이상이면 하루로 본다.

예1) 남성_1962년 8월 17일(음) 신(申)시생

시	일	월	연
丙	丙	己	壬 (乾)
申	辰	酉	寅

78	68	58	48	38	28	18	8
丁	丙	乙	甲	癸	壬	辛	庚
巳	辰	卯	寅	丑	子	亥	戌

위 경우는 남성이고 양년생이므로 순행대운이다. 생월의 간지에서부터 순서대로 대운 간지를 적는다. 생일로부터 다음 절기인 한로까지 날짜수를 세면 24이고, 24를 3으로 나누면 몫이 8이므로 대운수는 8이다.

예2) 여성_1941년 5월 4일(음) 묘(卯)시생

시	일	월	연
癸	丁	癸	辛 (坤)
卯	丑	巳	巳

73	63	53	43	33	23	13	3
辛	庚	己	戊	丁	丙	乙	甲
丑	子	亥	戌	酉	申	未	午

위 경우는 여성이고 음년생이므로 순행대운이다. 생월의 간지에서부터 순서대로 대운 간지를 적는다. 생일로부터 다음 절기인 망종까지 날짜수를 세면 8이고, 8을 3으로 나누면 몫이 2이고 나머지가 2이다. 나머지가 2일 때에는 몫에 1을 더하므로 대운수는 3이 된다.

2. 음남양녀의 역행대운

생일에서 거꾸로 과거의 절기, 즉 전 절기까지의 날짜수와 시간을 모두 세어 그것을 3으로 나눈 몫을 대운수로 삼는다. 단, 나머지가 0이나 1이면 버리고, 2이면 몫에 1을 더해서 대운수를 정한다. 총 날짜수를 셀 때 생일을 포함시켰으면 절기를 빼고, 생일을 뺐으면 절기를 포함시킨다. 시간이 12시간 이상이면 하루로 본다.

예1) 남성_1955년 5월 15일(음) 오(午)시생

시	일	월	연
甲	丙	壬	乙 (乾)
午	寅	午	未

79	69	59	49	39	29	19	9
甲	乙	丙	丁	戊	己	庚	辛
戌	亥	子	丑	寅	卯	辰	巳

위 경우는 남성이 음년생이므로 역행대운이다. 생월의 간지에서부터 대운 간지를 거꾸로 적는다. 생일로부터 전 절기인 망종까지 날짜수를 세면 28이다. 28을 3으로 나누면 몫이 9이고 나머지가 1이다. 나머지 1은 버리므로 몫 9가 대운수가 된다.

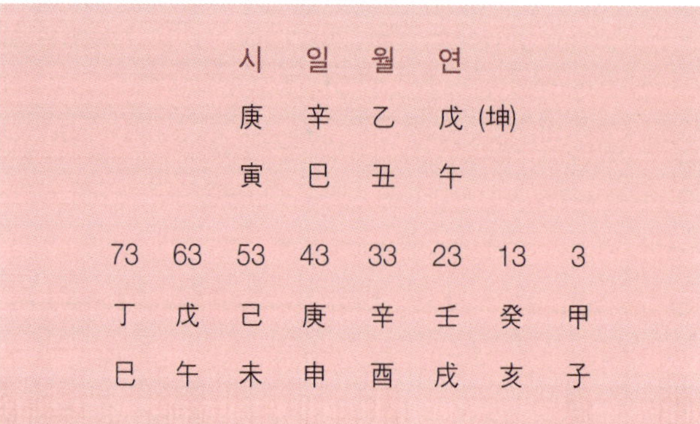

위 경우는 여성이 양년생이므로 역행대운이다. 생월의 간지에서부터 대운 간지를 거꾸로 적는다. 생일로부터 전 절기인 소한까지 날짜수를 세면 8이다. 8을 3으로 나누면 몫이 2이고 나머지가 2이다. 나머지가 2일 때에는 몫에 1을 더하므로 대운수는 3이 된다.

일진부터 절기까지의 날짜수와 대운수 조견표

날짜수	몫…나머지	계산 방법	계산	대운수
1	0…1	몫이 0이고 나머지 1은 버림	나머지 1 버림	1
2	0…2	나머지가 2이므로 몫 0에 1을 더함	0+1=1	1
3	1…0	몫 1만 취함	1+0=1	1
4	1…1	몫 1만 취하고 나머지 1은 버림	1+0=1	1
5	1…2	나머지가 2이므로 몫 1에 1을 더함	1+1=2	2
6	2…0	몫 2만 취함	2+0=2	2
7	2…1	몫 2만 취하고 나머지 1은 버림	2+0=2	2
8	2…2	나머지가 2이므로 몫 2에 1을 더함	2+1=3	3
9	3…0	몫 3만 취함	3+0=3	3
10	3…1	몫 3만 취하고 나머지 1은 버림	3+0=3	3
11	3…2	나머지가 2이므로 몫 3에 1을 더함	3+1=4	4
12	4…0	몫 4만 취함	4+0=4	4
13	4…1	몫 4만 취하고 나머지 1은 버림	4+0=4	4
14	4…2	나머지가 2이므로 몫 4에 1을 더함	4+1=5	5
15	5…0	몫 5만 취함	5+0=5	5
16	5…1	몫 5만 취하고 나머지 1은 버림	5+0=5	5
17	5…2	나머지가 2이므로 몫 5에 1을 더함	5+1=6	6
18	6…0	몫 6만 취함	6+0=6	6
19	6…1	몫 6만 취하고 나머지 1은 버림	6+0=6	6
20	6…2	나머지가 2이므로 몫 6에 1을 더함	6+1=7	7
21	7…0	몫 7만 취함	7+0=7	7

날짜수	몫…나머지	계산 방법	계산	대운수
22	7…1	몫 7만 취하고 나머지 1은 버림	7+0=7	7
23	7…2	나머지가 2이므로 몫 7에 1을 더함	7+1=8	8
24	8…0	몫 8만 취함	8+0=8	8
25	8…1	몫 8만 취하고 나머지 1은 버림	8+0=8	8
26	8…2	나머지가 2이므로 몫 8에 1을 더함	8+1=9	9
27	9…0	몫 9만 취함	9+0=9	9
28	9…1	몫 9만 취하고 나머지 1은 버림	9+0=9	9
29	9…2	나머지가 2이므로 몫 9에 1을 더함	9+1=10	10
30	10…0	몫 10만 취함	10+0=10	10
31	10…1	몫 10만 취하고 나머지 1은 버림	10+0=10	10

※ 대운수의 최고 숫자는 1이므로 몫이 0이면 대운수를 1로 하고, 대운수의 최대 숫자는 10이므로 몫이 10을 넘으면 대운수를 10으로 한다.

DIGITAL 디지털 절기 萬歲曆

1921~2050년
만 세 력

1921

단기 4254년

입춘 — 02.04 ~ 03.05(양)

庚寅月

	1921.02.04	5	6	7	8	9	10	11	12	13	14	15	16	17	18	19	20	21	22	23	24	25	26	27	28	3.1	2	3	4	5
음력	1920.12.27	28	29	30	1.1	2	3	4	5	6	7	8	9	10	11	12	13	14	15	16	17	18	19	20	21	22	23	24	25	26
일주	戊戌	己亥	庚子	辛丑	壬寅	癸卯	甲辰	乙巳	丙午	丁未	戊申	己酉	庚戌	辛亥	壬子	癸丑	甲寅	乙卯	丙辰	丁巳	戊午	己未	庚申	辛酉	壬戌	癸亥	甲子	乙丑	丙寅	丁卯
대운 남	1 / 1	1	1	1	1	2	2	2	3	3	3	4	4	4	5	5	5	6	6	6	7	7	7	8	8	8	9	9	9	10
대운 여	10 / 10	10	10	9	9	9	8	8	8	7	7	7	6	6	6	5	5	5	4	4	4	3	3	3	2	2	2	1	1	1

2월 4일(양) 입춘 17시 20분		2월 10일(양)		2월 19일(양) 우수 13시 20분		2월 20일(양)		3월 1일(양)	
평균기온: −4.5℃ 최고기온: 0.0℃ 최저기온: −8.6℃	강수량: − 일 출: 07:34 일 몰: 17:58	평균기온: 0.2℃ 최고기온: 8.6℃ 최저기온: −7.4℃	강수량: − 일 출: 07:28 일 몰: 18:05	평균기온: −2.6℃ 최고기온: 3.3℃ 최저기온: −6.8℃	강수량: 0.0mm 일 출: 07:18 일 몰: 18:15	평균기온: −3.3℃ 최고기온: 2.1℃ 최저기온: −10.6℃	강수량: − 일 출: 07:17 일 몰: 18:16	평균기온: 5.5℃ 최고기온: 9.2℃ 최저기온: 3.3℃	강수량: 17.1mm 일 출: 07:05 일 몰: 18:25

경칩 — 03.06 ~ 04.04(양)

辛卯月

	03.06	7	8	9	10	11	12	13	14	15	16	17	18	19	20	21	22	23	24	25	26	27	28	29	30	31	4.1	2	3	4
음력	01.27	28	29	30	2.1	2	3	4	5	6	7	8	9	10	11	12	13	14	15	16	17	18	19	20	21	22	23	24	25	26
일주	戊辰	己巳	庚午	辛未	壬申	癸酉	甲戌	乙亥	丙子	丁丑	戊寅	己卯	庚辰	辛巳	壬午	癸未	甲申	乙酉	丙戌	丁亥	戊子	己丑	庚寅	辛卯	壬辰	癸巳	甲午	乙未	丙申	丁酉
대운 남	10 / 1	1	1	1	1	2	2	2	3	3	3	4	4	4	5	5	5	6	6	6	7	7	7	8	8	8	9	9	9	10
대운 여	1 / 10	10	10	9	9	9	8	8	8	7	7	7	6	6	6	5	5	5	4	4	4	3	3	3	2	2	2	1	1	1

3월 6일(양) 경칩 11시 45분		3월 10일(양)		3월 20일(양)		3월 21일(양) 춘분 12시 51분		4월 1일(양)	
평균기온: 2.5℃ 최고기온: 8.5℃ 최저기온: −2.4℃	강수량: − 일 출: 06:58 일 몰: 18:30	평균기온: 6.8℃ 최고기온: 12.2℃ 최저기온: 2.3℃	강수량: − 일 출: 06:52 일 몰: 18:34	평균기온: 7.4℃ 최고기온: 12.7℃ 최저기온: 3.3℃	강수량: 6.0mm 일 출: 06:37 일 몰: 18:43	평균기온: 2.3℃ 최고기온: 7.1℃ 최저기온: −0.4℃	강수량: − 일 출: 06:36 일 몰: 18:44	평균기온: 11.8℃ 최고기온: 20.5℃ 최저기온: 1.7℃	강수량: − 일 출: 06:19 일 몰: 18:54

청명 — 04.05 ~ 05.05(양)

壬辰月

	04.05	6	7	8	9	10	11	12	13	14	15	16	17	18	19	20	21	22	23	24	25	26	27	28	29	30	5.1	2	3	4	5
음력	02.27	28	29	3.1	2	3	4	5	6	7	8	9	10	11	12	13	14	15	16	17	18	19	20	21	22	23	24	25	26	27	28
일주	戊戌	己亥	庚子	辛丑	壬寅	癸卯	甲辰	乙巳	丙午	丁未	戊申	己酉	庚戌	辛亥	壬子	癸丑	甲寅	乙卯	丙辰	丁巳	戊午	己未	庚申	辛酉	壬戌	癸亥	甲子	乙丑	丙寅	丁卯	戊辰
대운 남	10 / 1	1	1	1	1	2	2	2	3	3	3	4	4	4	5	5	5	6	6	6	7	7	7	8	8	8	9	9	9	10	10
대운 여	1 / 10	10	10	9	9	9	8	8	8	7	7	7	6	6	6	5	5	5	4	4	4	3	3	3	2	2	2	1	1	1	1

4월 5일(양) 청명 17시 09분		4월 10일(양)		4월 20일(양)		4월 21일(양) 곡우 00시 32분		5월 1일(양)	
평균기온: 6.0℃ 최고기온: 11.0℃ 최저기온: 2.6℃	강수량: − 일 출: 06:13 일 몰: 18:58	평균기온: 7.5℃ 최고기온: 15.0℃ 최저기온: 0.3℃	강수량: 5.5mm 일 출: 06:06 일 몰: 19:02	평균기온: 10.0℃ 최고기온: 17.7℃ 최저기온: 3.6℃	강수량: − 일 출: 05:52 일 몰: 19:11	평균기온: 13.0℃ 최고기온: 21.1℃ 최저기온: 5.6℃	강수량: − 일 출: 05:50 일 몰: 19:12	평균기온: 17.3℃ 최고기온: 26.5℃ 최저기온: 10.3℃	강수량: − 일 출: 05:38 일 몰: 19:21

입하 — 05.06 ~ 06.05(양)

癸巳月

	05.06	7	8	9	10	11	12	13	14	15	16	17	18	19	20	21	22	23	24	25	26	27	28	29	30	31	6.1	2	3	4	5
음력	03.29	30	4.1	2	3	4	5	6	7	8	9	10	11	12	13	14	15	16	17	18	19	20	21	22	23	24	25	26	27	28	29
일주	己巳	庚午	辛未	壬申	癸酉	甲戌	乙亥	丙子	丁丑	戊寅	己卯	庚辰	辛巳	壬午	癸未	甲申	乙酉	丙戌	丁亥	戊子	己丑	庚寅	辛卯	壬辰	癸巳	甲午	乙未	丙申	丁酉	戊戌	己亥
대운 남	10 / 1	1	1	1	1	2	2	2	3	3	3	4	4	4	5	5	5	6	6	6	7	7	7	8	8	8	9	9	9	10	10
대운 여	1 / 10	10	10	9	9	9	8	8	8	7	7	7	6	6	6	5	5	5	4	4	4	3	3	3	2	2	2	1	1	1	1

5월 6일(양) 입하 11시 04분		5월 10일(양)		5월 20일(양)		5월 22일(양) 소만 00시 17분		6월 1일(양)	
평균기온: 16.5℃ 최고기온: 23.8℃ 최저기온: 11.1℃	강수량: − 일 출: 05:32 일 몰: 19:26	평균기온: 18.3℃ 최고기온: 25.9℃ 최저기온: 12.4℃	강수량: − 일 출: 05:28 일 몰: 19:29	평균기온: 14.8℃ 최고기온: 20.8℃ 최저기온: 10.8℃	강수량: − 일 출: 05:19 일 몰: 19:38	평균기온: 15.5℃ 최고기온: 19.1℃ 최저기온: 12.8℃	강수량: 20.6mm 일 출: 05:18 일 몰: 19:39	평균기온: 15.1℃ 최고기온: 19.7℃ 최저기온: 12.1℃	강수량: 12.1mm 일 출: 05:13 일 몰: 19:47

망종 — 06.06 ~ 07.07(양)

甲午月

	06.06	7	8	9	10	11	12	13	14	15	16	17	18	19	20	21	22	23	24	25	26	27	28	29	30	7.1	2	3	4	5	6	7
음력	05.01	2	3	4	5	6	7	8	9	10	11	12	13	14	15	16	17	18	19	20	21	22	23	24	25	26	27	28	29	6.1	2	3
일주	庚子	辛丑	壬寅	癸卯	甲辰	乙巳	丙午	丁未	戊申	己酉	庚戌	辛亥	壬子	癸丑	甲寅	乙卯	丙辰	丁巳	戊午	己未	庚申	辛酉	壬戌	癸亥	甲子	乙丑	丙寅	丁卯	戊辰	己巳	庚午	辛未
대운 남	10 / 1	1	1	1	1	2	2	2	3	3	3	4	4	4	5	5	5	6	6	6	7	7	7	8	8	8	9	9	9	10	10	10
대운 여	1 / 10	10	10	9	9	9	8	8	8	7	7	7	6	6	6	5	5	5	4	4	4	3	3	3	2	2	2	1	1	1	1	1

6월 6일(양) 망종 15시 42분		6월 10일(양)		6월 20일(양)		6월 22일(양) 하지 08시 36분		7월 1일(양)	
평균기온: 19.5℃ 최고기온: 29.5℃ 최저기온: 9.8℃	강수량: − 일 출: 05:11 일 몰: 19:50	평균기온: 20.2℃ 최고기온: 22.6℃ 최저기온: 17.7℃	강수량: 13.3mm 일 출: 05:10 일 몰: 19:52	평균기온: 20.5℃ 최고기온: 27.1℃ 최저기온: 14.1℃	강수량: − 일 출: 05:10 일 몰: 19:56	평균기온: 22.1℃ 최고기온: 28.8℃ 최저기온: 16.8℃	강수량: − 일 출: 05:11 일 몰: 19:57	평균기온: 21.5℃ 최고기온: 27.2℃ 최저기온: 17.4℃	강수량: − 일 출: 05:14 일 몰: 19:57

소서 — 07.08 ~ 08.07(양)

乙未月

	07.08	9	10	11	12	13	14	15	16	17	18	19	20	21	22	23	24	25	26	27	28	29	30	31	8.1	2	3	4	5	6	7
음력	06.04	5	6	7	8	9	10	11	12	13	14	15	16	17	18	19	20	21	22	23	24	25	26	27	28	29	30	7.1	2	3	4
일주	壬申	癸酉	甲戌	乙亥	丙子	丁丑	戊寅	己卯	庚辰	辛巳	壬午	癸未	甲申	乙酉	丙戌	丁亥	戊子	己丑	庚寅	辛卯	壬辰	癸巳	甲午	乙未	丙申	丁酉	戊戌	己亥	庚子	辛丑	壬寅
대운 남	10 / 1	1	1	1	1	2	2	2	3	3	3	4	4	4	5	5	5	6	6	6	7	7	7	8	8	8	9	9	9	10	10
대운 여	1 / 10	10	10	9	9	9	8	8	8	7	7	7	6	6	6	5	5	5	4	4	4	3	3	3	2	2	2	1	1	1	1

7월 8일(양) 소서 02시 07분		7월 10일(양)		7월 20일(양)		7월 23일(양) 대서 19시 30분		8월 1일(양)	
평균기온: 23.3℃ 최고기온: 26.9℃ 최저기온: 20.0℃	강수량: 0.4mm 일 출: 05:17 일 몰: 19:56	평균기온: 22.6℃ 최고기온: 28.1℃ 최저기온: 20.2℃	강수량: 0.6mm 일 출: 05:18 일 몰: 19:55	평균기온: 24.9℃ 최고기온: 26.8℃ 최저기온: 23.1℃	강수량: 3.3mm 일 출: 05:25 일 몰: 19:51	평균기온: 25.4℃ 최고기온: 31.6℃ 최저기온: 20.0℃	강수량: − 일 출: 05:28 일 몰: 19:49	평균기온: 23.8℃ 최고기온: 29.4℃ 최저기온: 21.6℃	강수량: 4.2mm 일 출: 05:35 일 몰: 19:41

동경 135도 표준시

입추 — 08.08 ~ 09.07(양) · 丙申月

양력	08.08	9	10	11	12	13	14	15	16	17	18	19	20	21	22	23	24	25	26	27	28	29	30	31	9.1	2	3	4	5	6	7
음력	07.05	6	7	8	9	10	11	12	13	14	15	16	17	18	19	20	21	22	23	24	25	26	27	28	29	8.1	2	3	4	5	6
일주	癸卯	甲辰	乙巳	丙午	丁未	戊申	己酉	庚戌	辛亥	壬子	癸丑	甲寅	乙卯	丙辰	丁巳	戊午	己未	庚申	辛酉	壬戌	癸亥	甲子	乙丑	丙寅	丁卯	戊辰	己巳	庚午	辛未	壬申	癸酉
대운 남	10	1	1	1	1	2	2	2	3	3	3	4	4	4	5	5	5	6	6	6	7	7	7	8	8	8	9	9	9	10	10
대운 여	1	10	10	10	9	9	9	8	8	8	7	7	7	6	6	6	5	5	5	4	4	4	3	3	3	2	2	2	1	1	1

8월 8일(양) 입추 11시 44분		8월 10일(양)		8월 20일(양)		8월 24일(양) 처서 02시 15분		9월 1일(양)	
평균기온: 27.6℃	강수량: 0.0mm	평균기온: 26.3℃	강수량: -	평균기온: 29.4℃	강수량: -	평균기온: 25.2℃	강수량: -	평균기온: 22.3℃	강수량: -
최고기온: 33.4℃	일 출: 05:41	최고기온: 32.2℃	일 출: 05:42	최고기온: 34.9℃	일 출: 05:51	최고기온: 30.2℃	일 출: 05:54	최고기온: 28.8℃	일 출: 06:01
최저기온: 23.3℃	일 몰: 19:34	최저기온: 22.0℃	일 몰: 19:32	최저기온: 23.9℃	일 몰: 19:19	최저기온: 22.6℃	일 몰: 19:14	최저기온: 18.0℃	일 몰: 19:03

백로 — 09.08 ~ 10.08(양) · 丁酉月

양력	09.08	9	10	11	12	13	14	15	16	17	18	19	20	21	22	23	24	25	26	27	28	29	30	10.1	2	3	4	5	6	7	8
음력	08.07	8	9	10	11	12	13	14	15	16	17	18	19	20	21	22	23	24	25	26	27	28	29	9.1	2	3	4	5	6	7	8
일주	甲戌	乙亥	丙子	丁丑	戊寅	己卯	庚辰	辛巳	壬午	癸未	甲申	乙酉	丙戌	丁亥	戊子	己丑	庚寅	辛卯	壬辰	癸巳	甲午	乙未	丙申	丁酉	戊戌	己亥	庚子	辛丑	壬寅	癸卯	甲辰
대운 남	10	1	1	1	1	2	2	2	3	3	3	4	4	4	5	5	5	6	6	6	7	7	7	8	8	8	9	9	9	10	10
대운 여	1	10	10	9	9	9	8	8	8	7	7	7	6	6	6	5	5	5	4	4	4	3	3	3	2	2	2	1	1	1	1

9월 8일(양) 백로 14시 10분		9월 10일(양)		9월 20일(양)		9월 23일(양) 추분 23시 20분		10월 1일(양)	
평균기온: 22.0℃	강수량: -	평균기온: 22.1℃	강수량: -	평균기온: 18.6℃	강수량: 2.0mm	평균기온: 17.2℃	강수량: -	평균기온: 15.3℃	강수량: -
최고기온: 30.5℃	일 출: 06:07	최고기온: 29.2℃	일 출: 06:09	최고기온: 22.4℃	일 출: 06:17	최고기온: 22.4℃	일 출: 06:20	최고기온: 21.0℃	일 출: 06:27
최저기온: 15.4℃	일 몰: 18:52	최저기온: 16.4℃	일 몰: 18:49	최저기온: 15.0℃	일 몰: 18:34	최저기온: 11.7℃	일 몰: 18:29	최저기온: 10.1℃	일 몰: 18:17

한로 — 10.09 ~ 11.07(양) · 戊戌月

양력	10.09	10	11	12	13	14	15	16	17	18	19	20	21	22	23	24	25	26	27	28	29	30	31	11.1	2	3	4	5	6	7
음력	09.09	10	11	12	13	14	15	16	17	18	19	20	21	22	23	24	25	26	27	28	29	30	10.1	2	3	4	5	6	7	8
일주	乙巳	丙午	丁未	戊申	己酉	庚戌	辛亥	壬子	癸丑	甲寅	乙卯	丙辰	丁巳	戊午	己未	庚申	辛酉	壬戌	癸亥	甲子	乙丑	丙寅	丁卯	戊辰	己巳	庚午	辛未	壬申	癸酉	甲戌	乙亥
대운 남	10	1	1	1	1	2	2	2	3	3	3	4	4	4	5	5	5	6	6	6	7	7	7	8	8	8	9	9	9	10
대운 여	1	10	10	9	9	9	8	8	8	7	7	7	6	6	6	5	5	5	4	4	4	3	3	3	2	2	2	1	1	1

10월 9일(양) 한로 05시 11분		10월 10일(양)		10월 20일(양)		10월 24일(양) 상강 08시 02분		11월 1일(양)	
평균기온: 14.5℃	강수량: -	평균기온: 16.1℃	강수량: -	평균기온: 12.1℃	강수량: 8.3mm	평균기온: 9.8℃	강수량: -	평균기온: 8.6℃	강수량: 0.3mm
최고기온: 22.4℃	일 출: 06:34	최고기온: 23.5℃	일 출: 06:35	최고기온: 15.1℃	일 출: 06:44	최고기온: 17.9℃	일 출: 06:48	최고기온: 14.3℃	일 출: 06:56
최저기온: 6.6℃	일 몰: 18:05	최저기온: 9.6℃	일 몰: 18:03	최저기온: 9.7℃	일 몰: 17:49	최저기온: 3.9℃	일 몰: 17:44	최저기온: 4.0℃	일 몰: 17:35

입동 — 11.08 ~ 12.07(양) · 己亥月

양력	11.08	9	10	11	12	13	14	15	16	17	18	19	20	21	22	23	24	25	26	27	28	29	30	12.1	2	3	4	5	6	7
음력	10.09	10	11	12	13	14	15	16	17	18	19	20	21	22	23	24	25	26	27	28	29	11.1	2	3	4	5	6	7	8	9
일주	乙亥	丙子	丁丑	戊寅	己卯	庚辰	辛巳	壬午	癸未	甲申	乙酉	丙戌	丁亥	戊子	己丑	庚寅	辛卯	壬辰	癸巳	甲午	乙未	丙申	丁酉	戊戌	己亥	庚子	辛丑	壬寅	癸卯	甲辰
대운 남	10	1	1	1	1	2	2	2	3	3	3	4	4	4	5	5	5	6	6	6	7	7	7	8	8	8	9	9	9	10
대운 여	1	10	10	9	9	9	8	8	8	7	7	7	6	6	6	5	5	5	4	4	4	3	3	3	2	2	2	1	1	1

11월 8일(양) 입동 07시 46분		11월 10일(양)		11월 20일(양)		11월 23일(양) 소설 05시 05분		12월 1일(양)	
평균기온: 0.6℃	강수량: 0.0mm	평균기온: 3.8℃	강수량: -	평균기온: 1.5℃	강수량: -	평균기온: -1.5℃	강수량: -	평균기온: -3.4℃	강수량: 1.0mm
최고기온: 3.7℃	일 출: 07:03	최고기온: 10.5℃	일 출: 07:06	최고기온: 4.5℃	일 출: 07:16	최고기온: 3.0℃	일 출: 07:19	최고기온: 3.8℃	일 출: 07:27
최저기온: -3.4℃	일 몰: 17:28	최저기온: -5.1℃	일 몰: 17:26	최저기온: -1.3℃	일 몰: 17:19	최저기온: -6.0℃	일 몰: 17:17	최저기온: -7.3℃	일 몰: 17:14

대설 — 12.08 ~ 1922.01.05(양) · 庚子月

양력	12.08	9	10	11	12	13	14	15	16	17	18	19	20	21	22	23	24	25	26	27	28	29	30	31	1.1	2	3	4	5
음력	11.10	11	12	13	14	15	16	17	18	19	20	21	22	23	24	25	26	27	28	29	30	12.1	2	3	4	5	6	7	8
일주	乙巳	丙午	丁未	戊申	己酉	庚戌	辛亥	壬子	癸丑	甲寅	乙卯	丙辰	丁巳	戊午	己未	庚申	辛酉	壬戌	癸亥	甲子	乙丑	丙寅	丁卯	戊辰	己巳	庚午	辛未	壬申	癸酉
대운 남	10	1	1	1	1	2	2	2	3	3	3	4	4	4	5	5	5	6	6	6	7	7	7	8	8	8	9	9	9
대운 여	1	10	9	9	9	8	8	8	7	7	7	6	6	6	5	5	5	4	4	4	3	3	3	2	2	2	1	1	1

12월 8일(양) 대설 00시 12분		12월 10일(양)		12월 20일(양)		12월 22일(양) 동지 18시 07분		1월 1일(양)	
평균기온: 4.9℃	강수량: -	평균기온: 2.4℃	강수량: -	평균기온: -1.9℃	강수량: 1.4mm	평균기온: -7.9℃	강수량: -	평균기온: -4.6℃	강수량: -
최고기온: 10.6℃	일 출: 07:34	최고기온: 6.0℃	일 출: 07:35	최고기온: -0.1℃	일 출: 07:42	최고기온: -5.0℃	일 출: 07:43	최고기온: -0.1℃	일 출: 07:47
최저기온: -1.3℃	일 몰: 17:14	최저기온: -2.7℃	일 몰: 17:14	최저기온: -5.4℃	일 몰: 17:16	최저기온: -10.6℃	일 몰: 17:17	최저기온: -7.3℃	일 몰: 17:24

소한 — 01.06 ~ 02.03(양) · 辛丑月

양력	1922.01.06	7	8	9	10	11	12	13	14	15	16	17	18	19	20	21	22	23	24	25	26	27	28	29	30	31	2.1	2	3
음력	1921.12.09	10	11	12	13	14	15	16	17	18	19	20	21	22	23	24	25	26	27	28	29	30	1.1	2	3	4	5	6	7
일주	甲戌	乙亥	丙子	丁丑	戊寅	己卯	庚辰	辛巳	壬午	癸未	甲申	乙酉	丙戌	丁亥	戊子	己丑	庚寅	辛卯	壬辰	癸巳	甲午	乙未	丙申	丁酉	戊戌	己亥	庚子	辛丑	壬寅
대운 남	10	1	1	1	1	2	2	2	3	3	3	4	4	4	5	5	5	6	6	6	7	7	7	8	8	8	9	9	9
대운 여	1	10	9	9	9	8	8	8	7	7	7	6	6	6	5	5	5	4	4	4	3	3	3	2	2	2	1	1	1

1월 6일(양) 소한 11시 17분		1월 10일(양)		1월 20일(양)		1월 21일(양) 대한 04시 48분		2월 1일(양)	
평균기온: -5.7℃	강수량: -	평균기온: -9.7℃	강수량: 0.0mm	평균기온: -15.0℃	강수량: -	평균기온: -12.0℃	강수량: -	평균기온: -8.2℃	강수량: -
최고기온: -1.1℃	일 출: 07:48	최고기온: -4.5℃	일 출: 07:47	최고기온: -8.6℃	일 출: 07:45	최고기온: -6.1℃	일 출: 07:44	최고기온: -1.2℃	일 출: 07:37
최저기온: -11.2℃	일 몰: 17:28	최저기온: -12.7℃	일 몰: 17:32	최저기온: -21.0℃	일 몰: 17:42	최저기온: -18.7℃	일 몰: 17:43	최저기온: -17.6℃	일 몰: 17:55

입춘　02.04 ~ 03.05(양)

壬寅月

양력	1922.02.04	5	6	7	8	9	10	11	12	13	14	15	16	17	18	19	20	21	22	23	24	25	26	27	28	3.1	2	3	4	5
음력	1922.01.08	9	10	11	12	13	14	15	16	17	18	19	20	21	22	23	24	25	26	27	28	29	30	2.1	2	3	4	5	6	7
일주	癸卯	甲辰	乙巳	丙午	丁未	戊申	己酉	庚戌	辛亥	壬子	癸丑	甲寅	乙卯	丙辰	丁巳	戊午	己未	庚申	辛酉	壬戌	癸亥	甲子	乙丑	丙寅	丁卯	戊辰	己巳	庚午	辛未	壬申
대운 남	10 · 1	10	10	9	9	9	8	8	8	7	7	7	6	6	6	5	5	5	4	4	4	3	3	3	2	2	2	1	1	1
대운 여	1 · 1	1	1	1	2	2	2	3	3	3	4	4	4	5	5	5	6	6	6	7	7	7	8	8	8	9	9	9	10	10

	2월 4일(양) 입춘 23시 06분	2월 10일(양)	2월 19일(양) 우수 19시 16분	2월 20일(양)	3월 1일(양)
평균기온	-2.8℃	5.8℃	2.9℃	4.2℃	-3.4℃
최고기온	2.4℃	10.2℃	8.0℃	12.4℃	0.7℃
최저기온	-7.6℃	-1.5℃	-3.3℃	-1.1℃	-7.7℃
강수량	–	0.1mm	–	–	–
일 출	07:34	07:29	07:18	07:17	07:05
일 몰	17:58	18:05	18:14	18:16	18:25

경칩　03.06 ~ 04.04(양)

癸卯月

양력	03.06	7	8	9	10	11	12	13	14	15	16	17	18	19	20	21	22	23	24	25	26	27	28	29	30	31	4.1	2	3	4
음력	02.08	9	10	11	12	13	14	15	16	17	18	19	20	21	22	23	24	25	26	27	28	29	3.1	2	3	4	5	6	7	8
일주	癸酉	甲戌	乙亥	丙子	丁丑	戊寅	己卯	庚辰	辛巳	壬午	癸未	甲申	乙酉	丙戌	丁亥	戊子	己丑	庚寅	辛卯	壬辰	癸巳	甲午	乙未	丙申	丁酉	戊戌	己亥	庚子	辛丑	壬寅
대운 남	1 · 10	10	10	9	9	9	8	8	8	7	7	7	6	6	6	5	5	5	4	4	4	3	3	3	2	2	2	1	1	1
대운 여	10 · 1	1	1	1	2	2	2	3	3	3	4	4	4	5	5	5	6	6	6	7	7	7	8	8	8	9	9	9	10	10

	3월 6일(양) 경칩 17시 34분	3월 10일(양)	3월 20일(양)	3월 21일(양) 춘분 18시 49분	4월 1일(양)
평균기온	4.3℃	4.7℃	-1.6℃	-2.2℃	5.7℃
최고기온	8.3℃	10.1℃	7.2℃	1.4℃	13.0℃
최저기온	0.9℃	-0.1℃	-5.0℃	-5.7℃	-0.8℃
강수량	–	–	1.8mm	–	–
일 출	06:58	06:53	06:38	06:36	06:19
일 몰	18:30	18:33	18:43	18:44	18:54

청명　04.05 ~ 05.05(양)

甲辰月

양력	04.05	6	7	8	9	10	11	12	13	14	15	16	17	18	19	20	21	22	23	24	25	26	27	28	29	30	5.1	2	3	4	5
음력	03.09	10	11	12	13	14	15	16	17	18	19	20	21	22	23	24	25	26	27	28	29	30	4.1	2	3	4	5	6	7	8	9
일주	癸卯	甲辰	乙巳	丙午	丁未	戊申	己酉	庚戌	辛亥	壬子	癸丑	甲寅	乙卯	丙辰	丁巳	戊午	己未	庚申	辛酉	壬戌	癸亥	甲子	乙丑	丙寅	丁卯	戊辰	己巳	庚午	辛未	壬申	癸酉
대운 남	1 · 10	10	10	9	9	9	8	8	8	7	7	7	6	6	6	5	5	5	4	4	4	3	3	3	2	2	2	1	1	1	1
대운 여	10 · 1	1	1	1	1	2	2	2	3	3	3	4	4	4	5	5	5	6	6	6	7	7	7	8	8	8	9	9	9	10	10

	4월 5일(양) 청명 22시 58분	4월 10일(양)	4월 20일(양)	4월 21일(양) 곡우 06시 29분	5월 1일(양)
평균기온	8.8℃	8.4℃	15.9℃	18.8℃	17.5℃
최고기온	16.0℃	16.1℃	23.5℃	26.6℃	24.1℃
최저기온	1.1℃	1.6℃	8.0℃	11.3℃	10.8℃
강수량	–	–	–	–	–
일 출	06:13	06:06	05:52	05:51	05:38
일 몰	18:57	19:02	19:11	19:12	19:21

입하　05.06 ~ 06.05(양)

乙巳月

양력	05.06	7	8	9	10	11	12	13	14	15	16	17	18	19	20	21	22	23	24	25	26	27	28	29	30	31	6.1	2	3	4	5
음력	04.10	11	12	13	14	15	16	17	18	19	20	21	22	23	24	25	26	27	28	29	30	5.1	2	3	4	5	6	7	8	9	10
일주	甲戌	乙亥	丙子	丁丑	戊寅	己卯	庚辰	辛巳	壬午	癸未	甲申	乙酉	丙戌	丁亥	戊子	己丑	庚寅	辛卯	壬辰	癸巳	甲午	乙未	丙申	丁酉	戊戌	己亥	庚子	辛丑	壬寅	癸卯	甲辰
대운 남	1 · 10	10	10	9	9	9	8	8	8	7	7	7	6	6	6	5	5	5	4	4	4	3	3	3	2	2	2	1	1	1	1
대운 여	10 · 1	1	1	1	1	2	2	2	3	3	3	4	4	4	5	5	5	6	6	6	7	7	7	8	8	8	9	9	9	10	10

	5월 6일(양) 입하 16시 53분	5월 10일(양)	5월 20일(양)	5월 22일(양) 소만 06시 10분	6월 1일(양)
평균기온	13.0℃	12.2℃	15.5℃	13.1℃	19.3℃
최고기온	17.6℃	17.9℃	23.0℃	17.9℃	28.4℃
최저기온	11.3℃	6.0℃	8.8℃	11.7℃	11.0℃
강수량	16.0mm	–	0.0mm	0.7mm	–
일 출	05:32	05:28	05:20	05:18	05:13
일 몰	19:25	19:29	19:38	19:39	19:47

망종　06.06 ~ 07.07(양)

丙午月

양력	06.06	7	8	9	10	11	12	13	14	15	16	17	18	19	20	21	22	23	24	25	26	27	28	29	30	7.1	2	3	4	5	6	7
음력	05.11	12	13	14	15	16	17	18	19	20	21	22	23	24	25	26	27	28	29	윤5.1	2	3	4	5	6	7	8	9	10	11	12	13
일주	乙巳	丙午	丁未	戊申	己酉	庚戌	辛亥	壬子	癸丑	甲寅	乙卯	丙辰	丁巳	戊午	己未	庚申	辛酉	壬戌	癸亥	甲子	乙丑	丙寅	丁卯	戊辰	己巳	庚午	辛未	壬申	癸酉	甲戌	乙亥	丙子
대운 남	1 · 10	10	10	9	9	9	8	8	8	7	7	7	6	6	6	5	5	5	4	4	4	3	3	3	2	2	2	1	1	1	1	1
대운 여	10 · 1	1	1	1	1	2	2	2	3	3	3	4	4	4	5	5	5	6	6	6	7	7	7	8	8	8	9	9	9	10	10	10

	6월 6일(양) 망종 21시 30분	6월 10일(양)	6월 20일(양)	6월 22일(양) 하지 14시 27분	7월 1일(양)
평균기온	20.0℃	18.3℃	25.1℃	24.8℃	20.5℃
최고기온	25.8℃	22.3℃	34.5℃	32.0℃	24.5℃
최저기온	15.0℃	15.9℃	15.2℃	18.1℃	17.9℃
강수량	2.4mm	9.0mm	–	–	27.7mm
일 출	05:11	05:10	05:10	05:11	05:14
일 몰	19:50	19:52	19:56	19:56	19:57

소서　07.08 ~ 08.07(양)

丁未月

양력	07.08	9	10	11	12	13	14	15	16	17	18	19	20	21	22	23	24	25	26	27	28	29	30	31	8.1	2	3	4	5	6	7
음력	05.14	15	16	17	18	19	20	21	22	23	24	25	26	27	28	29	6.1	2	3	4	5	6	7	8	9	10	11	12	13	14	15
일주	丁丑	戊寅	己卯	庚辰	辛巳	壬午	癸未	甲申	乙酉	丙戌	丁亥	戊子	己丑	庚寅	辛卯	壬辰	癸巳	甲午	乙未	丙申	丁酉	戊戌	己亥	庚子	辛丑	壬寅	癸卯	甲辰	乙巳	丙午	丁未
대운 남	1 · 10	10	10	9	9	9	8	8	8	7	7	7	6	6	6	5	5	5	4	4	4	3	3	3	2	2	2	1	1	1	1
대운 여	10 · 1	1	1	1	1	2	2	2	3	3	3	4	4	4	5	5	5	6	6	6	7	7	7	8	8	8	9	9	9	10	10

	7월 8일(양) 소서 07시 58분	7월 10일(양)	7월 20일(양)	7월 24일(양) 대서 01시 20분	8월 1일(양)
평균기온	22.2℃	22.2℃	26.9℃	27.7℃	23.3℃
최고기온	26.1℃	27.3℃	32.5℃	33.9℃	26.4℃
최저기온	17.0℃	19.4℃	22.7℃	23.1℃	21.2℃
강수량	5.0mm	0.0mm	–	0.0mm	127.3mm
일 출	05:17	05:18	05:25	05:28	05:35
일 몰	19:56	19:56	19:51	19:48	19:41

입추　08.08 ~ 09.07(양)

戊申月

양력	08.08	9	10	11	12	13	14	15	16	17	18	19	20	21	22	23	24	25	26	27	28	29	30	31	9.1	2	3	4	5	6	7
음력	06.16	17	18	19	20	21	22	23	24	25	26	27	28	29	30	7.1	2	3	4	5	6	7	8	9	10	11	12	13	14	15	16
일주	戊申	己酉	庚戌	辛亥	壬子	癸丑	甲寅	乙卯	丙辰	丁巳	戊午	己未	庚申	辛酉	壬戌	癸亥	甲子	乙丑	丙寅	丁卯	戊辰	己巳	庚午	辛未	壬申	癸酉	甲戌	乙亥	丙子	丁丑	戊寅
대운 남	1　10	10	10	9	9	9	8	8	8	7	7	7	6	6	6	5	5	5	4	4	4	3	3	3	2	2	2	2	1	1	1
대운 여	10　1	1	1	1	1	2	2	2	3	3	3	4	4	4	5	5	5	6	6	6	7	7	7	8	8	8	9	9	9	10	10

8월 8일(양) 입추 17시 37분		8월 10일(양)		8월 20일(양)		8월 24일(양) 처서 08시 04분		9월 1일(양)	
평균기온: 25.1℃	강수량: 49.3㎜	평균기온: 26.4℃	강수량: –	평균기온: 25.7℃	강수량: 39.0㎜	평균기온: 23.7℃	강수량: –	평균기온: 24.8℃	강수량: 15.2㎜
최고기온: 26.9℃	일 출: 05:41	최고기온: 31.7℃	일 출: 05:42	최고기온: 29.6℃	일 출: 05:51	최고기온: 27.8℃	일 출: 05:54	최고기온: 31.5℃	일 출: 06:01
최저기온: 23.6℃	일 몰: 19:34	최저기온: 22.9℃	일 몰: 19:32	최저기온: 23.5℃	일 몰: 19:20	최저기온: 20.1℃	일 몰: 19:14	최저기온: 23.6℃	일 몰: 19:03

백로　09.08 ~ 10.08(양)

己酉月

양력	09.08	9	10	11	12	13	14	15	16	17	18	19	20	21	22	23	24	25	26	27	28	29	30	10.1	2	3	4	5	6	7	8
음력	07.17	18	19	20	21	22	23	24	25	26	27	28	29	8.1	2	3	4	5	6	7	8	9	10	11	12	13	14	15	16	17	18
일주	己卯	庚辰	辛巳	壬午	癸未	甲申	乙酉	丙戌	丁亥	戊子	己丑	庚寅	辛卯	壬辰	癸巳	甲午	乙未	丙申	丁酉	戊戌	己亥	庚子	辛丑	壬寅	癸卯	甲辰	乙巳	丙午	丁未	戊申	己酉
대운 남	1　10	10	10	9	9	9	8	8	8	7	7	7	6	6	6	5	5	5	5	4	4	4	3	3	3	2	2	2	1	1	1
대운 여	10　1	1	1	1	1	2	2	2	3	3	3	4	4	4	5	5	5	6	6	6	7	7	7	8	8	8	9	9	9	10	10

9월 8일(양) 백로 20시 06분		9월 10일(양)		9월 20일(양)		9월 24일(양) 추분 05시 10분		10월 1일(양)	
평균기온: 23.8℃	강수량: –	평균기온: 24.7℃	강수량: –	평균기온: 15.5℃	강수량: –	평균기온: 17.9℃	강수량: 4.6㎜	평균기온: 15.7℃	강수량: 8.6㎜
최고기온: 30.5℃	일 출: 06:07	최고기온: 31.2℃	일 출: 06:09	최고기온: 22.8℃	일 출: 06:17	최고기온: 20.2℃	일 출: 06:20	최고기온: 16.8℃	일 출: 06:26
최저기온: 17.9℃	일 몰: 18:52	최저기온: 19.9℃	일 몰: 18:49	최저기온: 7.8℃	일 몰: 18:34	최저기온: 16.0℃	일 몰: 18:28	최저기온: 13.6℃	일 몰: 18:17

한로　10.09 ~ 11.07(양)

庚戌月

양력	10.09	10	11	12	13	14	15	16	17	18	19	20	21	22	23	24	25	26	27	28	29	30	31	11.1	2	3	4	5	6	7
음력	08.19	20	21	22	23	24	25	26	27	28	29	9.1	2	3	4	5	6	7	8	9	10	11	12	13	14	15	16	17	18	19
일주	庚戌	辛亥	壬子	癸丑	甲寅	乙卯	丙辰	丁巳	戊午	己未	庚申	辛酉	壬戌	癸亥	甲子	乙丑	丙寅	丁卯	戊辰	己巳	庚午	辛未	壬申	癸酉	甲戌	乙亥	丙子	丁丑	戊寅	己卯
대운 남	1　10	10	9	9	9	8	8	8	7	7	7	6	6	6	5	5	5	4	4	4	3	3	3	2	2	2	1	1	1	1
대운 여	10　1	1	1	1	1	2	2	2	3	3	3	4	4	4	5	5	5	6	6	6	7	7	7	8	8	8	9	9	9	10

10월 9일(양) 한로 11시 09분		10월 10일(양)		10월 20일(양)		10월 24일(양) 상강 13시 53분		11월 1일(양)	
평균기온: 15.0℃	강수량: 1.9㎜	평균기온: 7.6℃	강수량: –	평균기온: 12.7℃	강수량: 0.0㎜	평균기온: 13.1℃	강수량: 3.6㎜	평균기온: 6.1℃	강수량: 0.6㎜
최고기온: 19.5℃	일 출: 06:33	최고기온: 12.5℃	일 출: 06:34	최고기온: 19.9℃	일 출: 06:44	최고기온: 16.0℃	일 출: 06:48	최고기온: 10.5℃	일 출: 06:56
최저기온: 11.3℃	일 몰: 18:05	최저기온: 3.9℃	일 몰: 18:04	최저기온: 4.0℃	일 몰: 17:50	최저기온: 10.7℃	일 몰: 17:45	최저기온: 3.5℃	일 몰: 17:35

입동　11.08 ~ 12.07(양)

辛亥月

양력	11.08	9	10	11	12	13	14	15	16	17	18	19	20	21	22	23	24	25	26	27	28	29	30	12.1	2	3	4	5	6	7
음력	09.20	21	22	23	24	25	26	27	28	29	30	10.1	2	3	4	5	6	7	8	9	10	11	12	13	14	15	16	17	18	19
일주	庚辰	辛巳	壬午	癸未	甲申	乙酉	丙戌	丁亥	戊子	己丑	庚寅	辛卯	壬辰	癸巳	甲午	乙未	丙申	丁酉	戊戌	己亥	庚子	辛丑	壬寅	癸卯	甲辰	乙巳	丙午	丁未	戊申	己酉
대운 남	1　10	10	9	9	9	8	8	8	7	7	7	6	6	6	5	5	5	4	4	4	3	3	3	2	2	2	1	1	1	1
대운 여	10　1	1	1	1	1	2	2	2	3	3	3	4	4	4	5	5	5	6	6	6	7	7	7	8	8	8	9	9	9	10

11월 8일(양) 입동 13시 45분		11월 10일(양)		11월 20일(양)		11월 23일(양) 소설 10시 55분		12월 1일(양)	
평균기온: 4.2℃	강수량: 2.9㎜	평균기온: -0.1℃	강수량: –	평균기온: -4.9℃	강수량: –	평균기온: -0.5℃	강수량: –	평균기온: -2.3℃	강수량: 0.1㎜
최고기온: 11.1℃	일 출: 07:03	최고기온: 4.5℃	일 출: 07:05	최고기온: -0.6℃	일 출: 07:16	최고기온: 5.0℃	일 출: 07:19	최고기온: 1.1℃	일 출: 07:27
최저기온: 0.6℃	일 몰: 17:28	최저기온: -4.1℃	일 몰: 17:26	최저기온: -8.4℃	일 몰: 17:19	최저기온: -3.2℃	일 몰: 17:17	최저기온: -7.2℃	일 몰: 17:14

대설　12.08 ~ 1923.01.05(양)

壬子月

양력	12.08	9	10	11	12	13	14	15	16	17	18	19	20	21	22	23	24	25	26	27	28	29	30	31	1.1	2	3	4	5
음력	10.20	21	22	23	24	25	26	27	28	29	11.1	2	3	4	5	6	7	8	9	10	11	12	13	14	15	16	17	18	19
일주	庚戌	辛亥	壬子	癸丑	甲寅	乙卯	丙辰	丁巳	戊午	己未	庚申	辛酉	壬戌	癸亥	甲子	乙丑	丙寅	丁卯	戊辰	己巳	庚午	辛未	壬申	癸酉	甲戌	乙亥	丙子	丁丑	戊寅
대운 남	1　10	9	9	9	8	8	8	7	7	7	6	6	6	5	5	5	4	4	4	3	3	3	2	2	2	1	1	1	1
대운 여	10　1	1	1	1	1	2	2	2	3	3	3	4	4	4	5	5	5	6	6	6	7	7	7	8	8	8	9	9	9

12월 8일(양) 대설 06시 11분		12월 10일(양)		12월 20일(양)		12월 22일(양) 동지 23시 57분		1월 1일(양)	
평균기온: 1.2℃	강수량: –	평균기온: -1.6℃	강수량: –	평균기온: -9.2℃	강수량: –	평균기온: -3.7℃	강수량: –	평균기온: -15.3℃	강수량: –
최고기온: 7.0℃	일 출: 07:33	최고기온: 3.1℃	일 출: 07:35	최고기온: -2.0℃	일 출: 07:42	최고기온: 2.0℃	일 출: 07:43	최고기온: -10.9℃	일 출: 07:47
최저기온: -3.3℃	일 몰: 17:14	최저기온: -4.8℃	일 몰: 17:14	최저기온: -15.7℃	일 몰: 17:16	최저기온: -11.3℃	일 몰: 17:17	최저기온: -18.4℃	일 몰: 17:24

소한　01.06 ~ 02.04(양)

癸丑月

양력	1923.01.06	7	8	9	10	11	12	13	14	15	16	17	18	19	20	21	22	23	24	25	26	27	28	29	30	31	2.1	2	3	4
음력	1922.11.20	21	22	23	24	25	26	27	28	29	30	12.1	2	3	4	5	6	7	8	9	10	11	12	13	14	15	16	17	18	19
일주	己卯	庚辰	辛巳	壬午	癸未	甲申	乙酉	丙戌	丁亥	戊子	己丑	庚寅	辛卯	壬辰	癸巳	甲午	乙未	丙申	丁酉	戊戌	己亥	庚子	辛丑	壬寅	癸卯	甲辰	乙巳	丙午	丁未	戊申
대운 남	1　10	10	9	9	9	8	8	8	7	7	7	6	6	6	5	5	5	4	4	4	3	3	3	2	2	2	1	1	1	1
대운 여	10　1	1	1	1	1	2	2	2	3	3	3	4	4	4	5	5	5	6	6	6	7	7	7	8	8	8	9	9	9	10

1월 6일(양) 소한 17시 14분		1월 10일(양)		1월 20일(양)		1월 21일(양) 대한 10시 35분		2월 1일(양)	
평균기온: -2.2℃	강수량: 4.8㎜	평균기온: -13.2℃	강수량: –	평균기온: -1.7℃	강수량: –	평균기온: 2.8℃	강수량: 13.9㎜	평균기온: -3.7℃	강수량: –
최고기온: 2.3℃	일 출: 07:48	최고기온: -7.3℃	일 출: 07:47	최고기온: 4.3℃	일 출: 07:45	최고기온: 3.9℃	일 출: 07:44	최고기온: 1.4℃	일 출: 07:37
최저기온: -6.9℃	일 몰: 17:28	최저기온: -19.8℃	일 몰: 17:31	최저기온: -10.6℃	일 몰: 17:41	최저기온: 1.4℃	일 몰: 17:43	최저기온: -10.3℃	일 몰: 17:55

1923

단기 4256년

입춘 — 02.05 ~ 03.05(양) 〔甲寅月〕

	(절입)																											
양력	1923.02.05	6	7	8	9	10	11	12	13	14	15	16	17	18	19	20	21	22	23	24	25	26	27	28	3.1	2	3	4	5
음력	1922.12.20	21	22	23	24	25	26	27	28	29	30	1.1	2	3	4	5	6	7	8	9	10	11	12	13	14	15	16	17	18
일주	己酉	庚戌	辛亥	壬子	癸丑	甲寅	乙卯	丙辰	丁巳	戊午	己未	庚申	辛酉	壬戌	癸亥	甲子	乙丑	丙寅	丁卯	戊辰	己巳	庚午	辛未	壬申	癸酉	甲戌	乙亥	丙子	丁丑
대운 남	1 1	1	1	1	1	2	2	2	3	3	3	4	4	4	5	5	5	6	6	6	7	7	7	8	8	8	9	9	9
대운 여	10 10	9	9	9	8	8	8	7	7	7	6	6	6	5	5	5	4	4	4	3	3	3	2	2	2	1	1	1	1

	2월 5일(양) 입춘 05시 00분	2월 10일(양)	2월 20일(양) 우수 01시 00분	3월 1일(양)
평균기온	-7.0℃	-2.8℃	1.0℃	-1.7℃
강수량	-	1.1mm	1.0mm	0.0mm
최고기온	-4.1℃	0.3℃	2.9℃	3.9℃
일 출	07:34	07:29	07:17	07:06
최저기온	-10.1℃	-6.7℃	-0.6℃	-7.2℃
일 몰	17:59	18:05	18:15	18:24

경칩 — 03.06 ~ 04.05(양) 〔乙卯月〕

	(절입)																													
양력	03.06	7	8	9	10	11	12	13	14	15	16	17	18	19	20	21	22	23	24	25	26	27	28	29	30	31	4.1	2	3	4	5
음력	01.19	20	21	22	23	24	25	26	27	28	29	2.1	2	3	4	5	6	7	8	9	10	11	12	13	14	15	16	17	18	19	20
일주	戊寅	己卯	庚辰	辛巳	壬午	癸未	甲申	乙酉	丙戌	丁亥	戊子	己丑	庚寅	辛卯	壬辰	癸巳	甲午	乙未	丙申	丁酉	戊戌	己亥	庚子	辛丑	壬寅	癸卯	甲辰	乙巳	丙午	丁未	戊申
대운 남	10 1	1	1	1	1	2	2	2	3	3	3	4	4	4	5	5	5	6	6	6	7	7	7	8	8	8	9	9	9	10	10
대운 여	1 10	10	10	9	9	9	8	8	8	7	7	7	6	6	6	5	5	5	4	4	4	3	3	3	2	2	2	1	1	1	1

	3월 6일(양) 경칩 23시 25분	3월 10일(양)	3월 20일(양)	3월 22일(양) 춘분 00시 29분	4월 1일(양)
평균기온	0.1℃	3.5℃	5.1℃	7.7℃	5.7℃
강수량	-	0.0mm	0.0mm	0.9mm	0.6mm
최고기온	6.5℃	7.1℃	9.5℃	10.9℃	8.7℃
일 출	06:59	06:53	06:38	06:35	06:20
최저기온	-6.3℃	-2.1℃	1.9℃	5.1℃	1.3℃
일 몰	18:29	18:33	18:43	18:44	18:54

청명 — 04.06 ~ 05.05(양) 〔丙辰月〕

	(절입)																												
양력	04.06	7	8	9	10	11	12	13	14	15	16	17	18	19	20	21	22	23	24	25	26	27	28	29	30	5.1	2	3	4	5
음력	02.21	22	23	24	25	26	27	28	29	30	3.1	2	3	4	5	6	7	8	9	10	11	12	13	14	15	16	17	18	19	20
일주	己酉	庚戌	辛亥	壬子	癸丑	甲寅	乙卯	丙辰	丁巳	戊午	己未	庚申	辛酉	壬戌	癸亥	甲子	乙丑	丙寅	丁卯	戊辰	己巳	庚午	辛未	壬申	癸酉	甲戌	乙亥	丙子	丁丑	戊寅
대운 남	10 1	1	1	1	1	2	2	2	3	3	3	4	4	4	5	5	5	6	6	6	7	7	7	8	8	8	9	9	9	10
대운 여	1 10	10	10	9	9	9	8	8	8	7	7	7	6	6	6	5	5	5	4	4	4	3	3	3	2	2	2	1	1	1

	4월 6일(양) 청명 04시 46분	4월 10일(양)	4월 20일(양)	4월 21일(양) 곡우 12시 06분	5월 1일(양)
평균기온	5.7℃	11.0℃	5.8℃	6.2℃	15.0℃
강수량	-	-	-	-	-
최고기온	12.3℃	17.6℃	13.1℃	11.7℃	22.0℃
일 출	06:12	06:06	05:52	05:51	05:38
최저기온	-0.2℃	6.0℃	-1.3℃	0.5℃	8.6℃
일 몰	18:58	19:02	19:11	19:12	19:21

입하 — 05.06 ~ 06.06(양) 〔丁巳月〕

	(절입)																														
양력	05.06	7	8	9	10	11	12	13	14	15	16	17	18	19	20	21	22	23	24	25	26	27	28	29	30	31	6.1	2	3	4	5	6
음력	03.21	22	23	24	25	26	27	28	29	30	4.1	2	3	4	5	6	7	8	9	10	11	12	13	14	15	16	17	18	19	20	21	22
일주	己卯	庚辰	辛巳	壬午	癸未	甲申	乙酉	丙戌	丁亥	戊子	己丑	庚寅	辛卯	壬辰	癸巳	甲午	乙未	丙申	丁酉	戊戌	己亥	庚子	辛丑	壬寅	癸卯	甲辰	乙巳	丙午	丁未	戊申	己酉	庚戌
대운 남	10 1	1	1	1	1	2	2	2	3	3	3	4	4	4	5	5	5	6	6	6	7	7	7	8	8	8	9	9	9	10	10	10
대운 여	1 10	10	10	10	9	9	9	8	8	8	7	7	7	6	6	6	5	5	5	4	4	4	3	3	3	2	2	2	1	1	1	1

	5월 6일(양) 입하 22시 38분	5월 10일(양)	5월 20일(양)	5월 22일(양) 소만 11시 45분	6월 1일(양)
평균기온	16.6℃	11.0℃	16.9℃	17.5℃	17.6℃
강수량	0.2mm	5.0mm	8.8mm	0.0mm	-
최고기온	21.6℃	16.6℃	19.8℃	22.7℃	24.3℃
일 출	05:33	05:29	05:20	05:18	05:13
최저기온	12.9℃	8.5℃	15.6℃	14.4℃	11.7℃
일 몰	19:25	19:29	19:37	19:39	19:47

망종 — 06.07 ~ 07.07(양) 〔戊午月〕

	(절입)																													
양력	06.07	8	9	10	11	12	13	14	15	16	17	18	19	20	21	22	23	24	25	26	27	28	29	30	7.1	2	3	4	5	6	7
음력	04.23	24	25	26	27	28	29	5.1	2	3	4	5	6	7	8	9	10	11	12	13	14	15	16	17	18	19	20	21	22	23	24
일주	辛亥	壬子	癸丑	甲寅	乙卯	丙辰	丁巳	戊午	己未	庚申	辛酉	壬戌	癸亥	甲子	乙丑	丙寅	丁卯	戊辰	己巳	庚午	辛未	壬申	癸酉	甲戌	乙亥	丙子	丁丑	戊寅	己卯	庚辰	辛巳
대운 남	10 1	1	1	1	1	2	2	2	3	3	3	4	4	4	5	5	5	6	6	6	7	7	7	8	8	8	9	9	9	10	10
대운 여	1 10	10	10	9	9	9	8	8	8	7	7	7	6	6	6	5	5	5	4	4	4	3	3	3	2	2	2	1	1	1	1

	6월 7일(양) 망종 03시 14분	6월 10일(양)	6월 20일(양)	6월 22일(양) 하지 20시 03분	7월 1일(양)
평균기온	20.2℃	20.0℃	23.8℃	23.2℃	21.3℃
강수량	0.0mm	2.9mm	-	-	-
최고기온	26.3℃	23.7℃	31.4℃	28.7℃	27.7℃
일 출	05:11	05:10	05:10	05:11	05:13
최저기온	15.0℃	17.8℃	15.8℃	18.4℃	16.5℃
일 몰	19:50	19:52	19:56	19:56	19:57

소서 — 07.08 ~ 08.07(양) 〔己未月〕

	(절입)																													
양력	07.08	9	10	11	12	13	14	15	16	17	18	19	20	21	22	23	24	25	26	27	28	29	30	31	8.1	2	3	4	5	6	7
음력	05.25	26	27	28	29	30	6.1	2	3	4	5	6	7	8	9	10	11	12	13	14	15	16	17	18	19	20	21	22	23	24	25
일주	壬午	癸未	甲申	乙酉	丙戌	丁亥	戊子	己丑	庚寅	辛卯	壬辰	癸巳	甲午	乙未	丙申	丁酉	戊戌	己亥	庚子	辛丑	壬寅	癸卯	甲辰	乙巳	丙午	丁未	戊申	己酉	庚戌	辛亥	壬子
대운 남	10 1	1	1	1	1	2	2	2	3	3	3	4	4	4	5	5	5	6	6	6	7	7	7	8	8	8	9	9	9	10	10
대운 여	1 10	10	10	9	9	9	8	8	8	7	7	7	6	6	6	5	5	5	4	4	4	3	3	3	2	2	2	1	1	1	1

	7월 8일(양) 소서 13시 42분	7월 10일(양)	7월 20일(양)	7월 24일(양) 대서 07시 01분	8월 1일(양)
평균기온	21.5℃	23.9℃	22.6℃	25.2℃	23.8℃
강수량	14.7mm	0.0mm	19.8mm	5.1mm	119.2mm
최고기온	26.0℃	29.7℃	24.1℃	29.0℃	26.4℃
일 출	05:17	05:18	05:25	05:28	05:34
최저기온	17.4℃	19.8℃	21.2℃	22.9℃	22.4℃
일 몰	19:56	19:56	19:51	19:48	19:42

입추 — 庚申月　08.08 ～ 09.08(양)

양력	08.08	9	10	11	12	13	14	15	16	17	18	19	20	21	22	23	24	25	26	27	28	29	30	31	9.1	2	3	4	5	6	7	8
음력	06.26	27	28	29	7.1	2	3	4	5	6	7	8	9	10	11	12	13	14	15	16	17	18	19	20	21	22	23	24	25	26	27	28
일주	癸丑	甲寅	乙卯	丙辰	丁巳	戊午	己未	庚申	辛酉	壬戌	癸亥	甲子	乙丑	丙寅	丁卯	戊辰	己巳	庚午	辛未	壬申	癸酉	甲戌	乙亥	丙子	丁丑	戊寅	己卯	庚辰	辛巳	壬午	癸未	甲申
대운 남	10 / 1	1	1	1	1	2	2	2	3	3	3	4	4	4	5	5	5	6	6	6	7	7	7	8	8	8	9	9	9	10	10	10
대운 여	1 / 10	10	10	10	9	9	9	8	8	8	7	7	7	6	6	6	5	5	5	4	4	4	3	3	3	2	2	2	1	1	1	1

8월 8일(양) 입추 23시 25분		8월 10일(양)		8월 20일(양)		8월 24일(양) 처서 13시 52분		9월 1일(양)	
평균기온: 28.2℃	강수량: –	평균기온: 27.9℃	강수량: 0.0mm	평균기온: 26.3℃	강수량: –	평균기온: 26.5℃	강수량: 0.0mm	평균기온: 23.9℃	강수량: –
최고기온: 33.5℃	일 출: 05:40	최고기온: 32.9℃	일 출: 05:42	최고기온: 32.5℃	일 출: 05:51	최고기온: 28.9℃	일 출: 05:54	최고기온: 30.4℃	일 출: 06:01
최저기온: 23.9℃	일 몰: 19:34	최저기온: 24.5℃	일 몰: 19:32	최저기온: 22.1℃	일 몰: 19:20	최저기온: 24.7℃	일 몰: 19:15	최저기온: 18.7℃	일 몰: 19:03

백로 — 辛酉月　09.09 ～ 10.08(양)

양력	09.09	10	11	12	13	14	15	16	17	18	19	20	21	22	23	24	25	26	27	28	29	30	10.1	2	3	4	5	6	7	8
음력	07.29	30	8.1	2	3	4	5	6	7	8	9	10	11	12	13	14	15	16	17	18	19	20	21	22	23	24	25	26	27	28
일주	乙酉	丙戌	丁亥	戊子	己丑	庚寅	辛卯	壬辰	癸巳	甲午	乙未	丙申	丁酉	戊戌	己亥	庚子	辛丑	壬寅	癸卯	甲辰	乙巳	丙午	丁未	戊申	己酉	庚戌	辛亥	壬子	癸丑	甲寅
대운 남	10 / 1	1	1	1	1	2	2	2	3	3	3	4	4	4	5	5	5	6	6	6	7	7	7	8	8	8	9	9	9	10
대운 여	1 / 10	10	9	9	9	8	8	8	7	7	7	6	6	6	5	5	5	4	4	4	3	3	3	2	2	2	1	1	1	1

9월 9일(양) 백로 01시 57분		9월 10일(양)		9월 20일(양)		9월 24일(양) 추분 11시 04분		10월 1일(양)	
평균기온: 20.2℃	강수량: –	평균기온: 18.3℃	강수량: 41.0mm	평균기온: 19.1℃	강수량: 11.5mm	평균기온: 18.1℃	강수량: –	평균기온: 16.5℃	강수량: 0.0mm
최고기온: 24.6℃	일 출: 06:08	최고기온: 20.4℃	일 출: 06:08	최고기온: 23.0℃	일 출: 06:17	최고기온: 25.1℃	일 출: 06:20	최고기온: 20.5℃	일 출: 06:26
최저기온: 15.5℃	일 몰: 18:51	최저기온: 16.5℃	일 몰: 18:50	최저기온: 16.0℃	일 몰: 18:34	최저기온: 12.4℃	일 몰: 18:28	최저기온: 11.6℃	일 몰: 18:17

한로 — 壬戌月　10.09 ～ 11.07(양)

양력	10.09	10	11	12	13	14	15	16	17	18	19	20	21	22	23	24	25	26	27	28	29	30	31	11.1	2	3	4	5	6	7
음력	08.29	9.1	2	3	4	5	6	7	8	9	10	11	12	13	14	15	16	17	18	19	20	21	22	23	24	25	26	27	28	29
일주	乙卯	丙辰	丁巳	戊午	己未	庚申	辛酉	壬戌	癸亥	甲子	乙丑	丙寅	丁卯	戊辰	己巳	庚午	辛未	壬申	癸酉	甲戌	乙亥	丙子	丁丑	戊寅	己卯	庚辰	辛巳	壬午	癸未	甲申
대운 남	10 / 1	1	1	1	2	2	2	3	3	3	4	4	4	5	5	5	6	6	6	7	7	7	8	8	8	9	9	9	10	10
대운 여	1 / 10	10	10	10	9	9	9	8	8	8	7	7	7	6	6	6	5	5	5	4	4	4	3	3	3	2	2	2	1	1

10월 9일(양) 한로 17시 03분		10월 10일(양)		10월 20일(양)		10월 24일(양) 상강 19시 51분		11월 1일(양)	
평균기온: 12.6℃	강수량: –	평균기온: 13.2℃	강수량: 0.0mm	평균기온: 11.8℃	강수량: 12.3mm	평균기온: 4.5℃	강수량: –	평균기온: 9.7℃	강수량: 12.6mm
최고기온: 20.0℃	일 출: 06:33	최고기온: 19.5℃	일 출: 06:34	최고기온: 17.0℃	일 출: 06:44	최고기온: 9.6℃	일 출: 06:47	최고기온: 14.6℃	일 출: 06:56
최저기온: 4.8℃	일 몰: 18:06	최저기온: 9.9℃	일 몰: 18:04	최저기온: 9.1℃	일 몰: 17:50	최저기온: 0.4℃	일 몰: 17:45	최저기온: 6.4℃	일 몰: 17:35

입동 — 癸亥月　11.08 ～ 12.07(양)

양력	11.08	9	10	11	12	13	14	15	16	17	18	19	20	21	22	23	24	25	26	27	28	29	30	12.1	2	3	4	5	6	7
음력	09.30	10.1	2	3	4	5	6	7	8	9	10	11	12	13	14	15	16	17	18	19	20	21	22	23	24	25	26	27	28	29
일주	乙酉	丙戌	丁亥	戊子	己丑	庚寅	辛卯	壬辰	癸巳	甲午	乙未	丙申	丁酉	戊戌	己亥	庚子	辛丑	壬寅	癸卯	甲辰	乙巳	丙午	丁未	戊申	己酉	庚戌	辛亥	壬子	癸丑	甲寅
대운 남	10 / 1	1	1	1	1	2	2	2	3	3	3	4	4	4	5	5	5	6	6	6	7	7	7	8	8	8	9	9	9	10
대운 여	1 / 10	10	9	9	9	8	8	8	7	7	7	6	6	6	5	5	5	4	4	4	3	3	3	2	2	2	1	1	1	1

11월 8일(양) 입동 19시 40분		11월 10일(양)		11월 20일(양)		11월 23일(양) 소설 16시 54분		12월 1일(양)	
평균기온: 3.0℃	강수량: –	평균기온: 5.3℃	강수량: –	평균기온: 2.2℃	강수량: 0.1mm	평균기온: 7.4℃	강수량: –	평균기온: -7.0℃	강수량: 0.0mm
최고기온: 8.2℃	일 출: 07:03	최고기온: 11.1℃	일 출: 07:05	최고기온: 6.5℃	일 출: 07:16	최고기온: 12.8℃	일 출: 07:19	최고기온: -3.1℃	일 출: 07:27
최저기온: -1.5℃	일 몰: 17:28	최저기온: 0.1℃	일 몰: 17:26	최저기온: -1.9℃	일 몰: 17:19	최저기온: 3.0℃	일 몰: 17:17	최저기온: -13.1℃	일 몰: 17:14

대설 — 甲子月　12.08 ～ 1924.01.05(양)

양력	12.08	9	10	11	12	13	14	15	16	17	18	19	20	21	22	23	24	25	26	27	28	29	30	31	1.1	2	3	4	5
음력	11.01	2	3	4	5	6	7	8	9	10	11	12	13	14	15	16	17	18	19	20	21	22	23	24	25	26	27	28	29
일주	乙卯	丙辰	丁巳	戊午	己未	庚申	辛酉	壬戌	癸亥	甲子	乙丑	丙寅	丁卯	戊辰	己巳	庚午	辛未	壬申	癸酉	甲戌	乙亥	丙子	丁丑	戊寅	己卯	庚辰	辛巳	壬午	癸未
대운 남	10 / 1	1	1	1	1	2	2	2	3	3	3	4	4	4	5	5	5	6	6	6	7	7	7	8	8	8	9	9	9
대운 여	1 / 10	9	9	9	8	8	8	7	7	7	6	6	6	5	5	5	4	4	4	3	3	3	2	2	2	1	1	1	1

12월 8일(양) 대설 12시 05분		12월 10일(양)		12월 20일(양)		12월 23일(양) 동지 05시 53분		1월 1일(양)	
평균기온: 4.2℃	강수량: 0.4mm	평균기온: 1.7℃	강수량: 0.6mm	평균기온: -0.9℃	강수량: –	평균기온: -6.3	강수량: –	평균기온: 0.5℃	강수량: 0.0mm
최고기온: 8.0℃	일 출: 07:33	최고기온: 6.9℃	일 출: 07:35	최고기온: 3.0℃	일 출: 07:42	최고기온: -2.5℃	일 출: 07:44	최고기온: 5.5℃	일 출: 07:47
최저기온: 0.2℃	일 몰: 17:14	최저기온: -4.1℃	일 몰: 17:14	최저기온: -5.5℃	일 몰: 17:16	최저기온: -9.4℃	일 몰: 17:18	최저기온: -7.7℃	일 몰: 17:23

소한 — 乙丑月　01.06 ～ 02.04(양)

양력	1024.01.06	7	8	9	10	11	12	13	14	15	16	17	18	19	20	21	22	23	24	25	26	27	28	29	30	31	2.1	2	3	4
음력	1923.12.01	2	3	4	5	6	7	8	9	10	11	12	13	14	15	16	17	18	19	20	21	22	23	24	25	26	27	28	29	30
일주	甲申	乙酉	丙戌	丁亥	戊子	己丑	庚寅	辛卯	壬辰	癸巳	甲午	乙未	丙申	丁酉	戊戌	己亥	庚子	辛丑	壬寅	癸卯	甲辰	乙巳	丙午	丁未	戊申	己酉	庚戌	辛亥	壬子	癸丑
대운 남	10 / 1	1	1	1	1	2	2	2	3	3	3	4	4	4	5	5	5	6	6	6	7	7	7	8	8	8	9	9	9	10
대운 여	1 / 10	10	9	9	9	8	8	8	7	7	7	6	6	6	5	5	5	4	4	4	3	3	3	2	2	2	1	1	1	1

1월 6일(양) 소한 23시 06분		1월 10일(양)		1월 20일(양)		1월 21일(양) 대한 16시 28분		2월 1일(양)	
평균기온: 4.3℃	강수량: 0.1mm	평균기온: -4.2℃	강수량: 0.0mm	평균기온: -3.3℃	강수량: 1.5mm	평균기온: -5.4℃	강수량: –	평균기온: -1.4℃	강수량: –
최고기온: 9.2℃	일 출: 07:48	최고기온: 2.5℃	일 출: 07:47	최고기온: 0.8℃	일 출: 07:45	최고기온: 0.2℃	일 출: 07:44	최고기온: 1.3℃	일 출: 07:37
최저기온: -0.5℃	일 몰: 17:28	최저기온: -11.6℃	일 몰: 17:31	최저기온: -6.5℃	일 몰: 17:41	최저기온: -12.9℃	일 몰: 17:42	최저기온: -4.0℃	일 몰: 17:54

1924

입춘 — 02.05 ~ 03.05(양)

丙寅月

양력	1924.02.05	6	7	8	9	10	11	12	13	14	15	16	17	18	19	20	21	22	23	24	25	26	27	28	29	3.1	2	3	4	5
음력	1924.01.01	2	3	4	5	6	7	8	9	10	11	12	13	14	15	16	17	18	19	20	21	22	23	24	25	26	27	28	29	30
일주	甲寅	乙卯	丙辰	丁巳	戊午	己未	庚申	辛酉	壬戌	癸亥	甲子	乙丑	丙寅	丁卯	戊辰	己巳	庚午	辛未	壬申	癸酉	甲戌	乙亥	丙子	丁丑	戊寅	己卯	庚辰	辛巳	壬午	癸未
대운 남	10 10	10	9	9	9	8	8	8	7	7	7	6	6	6	5	5	5	4	4	4	3	3	3	2	2	2	1	1	1	1
대운 여	1 1	1	1	1	1	2	2	2	3	3	3	4	4	4	5	5	5	6	6	6	7	7	7	8	8	8	9	9	9	10

기간	평균기온	최고기온	최저기온	강수량	일 출	일 몰
2월 5일(양) 입춘 10시 50분	1.6℃	7.1℃	-4.0℃	–	07:34	17:59
2월 10일(양)	3.0℃	5.4℃	1.2℃	–	07:29	18:04
2월 20일(양) 우수 06시 51분	-1.8℃	-0.4℃	-3.2℃	0.0mm	07:18	18:15
3월 1일(양)	-2.2℃	1.3℃	-5.5℃	–	07:05	18:25

경칩 — 03.06 ~ 04.04(양)

丁卯月

양력	03.06	7	8	9	10	11	12	13	14	15	16	17	18	19	20	21	22	23	24	25	26	27	28	29	30	31	4.1	2	3	4
음력	02.01	2	3	4	5	6	7	8	9	10	11	12	13	14	15	16	17	18	19	20	21	22	23	24	25	26	27	28	29	3.1
일주	甲申	乙酉	丙戌	丁亥	戊子	己丑	庚寅	辛卯	壬辰	癸巳	甲午	乙未	丙申	丁酉	戊戌	己亥	庚子	辛丑	壬寅	癸卯	甲辰	乙巳	丙午	丁未	戊申	己酉	庚戌	辛亥	壬子	癸丑
대운 남	1 10	10	9	9	9	8	8	8	7	7	7	6	6	6	5	5	5	4	4	4	3	3	3	2	2	2	1	1	1	1
대운 여	10 1	1	1	1	1	2	2	2	3	3	3	4	4	4	5	5	5	6	6	6	7	7	7	8	8	8	9	9	9	10

기간	평균기온	최고기온	최저기온	강수량	일 출	일 몰
3월 6일(양) 경칩 05시 12분	-0.7℃	1.6℃	-3.1℃	3.0mm	06:58	18:30
3월 10일(양)	1.1℃	7.1℃	-4.8℃	–	06:52	18:34
3월 20일(양)	3.0℃	8.3℃	-3.9℃	–	06:37	18:43
3월 21일(양) 춘분 06시 20분	5.7℃	11.6℃	1.3℃	–	06:35	18:44
4월 1일(양)	11.4℃	20.2℃	2.2℃	10.4mm	06:19	18:54

청명 — 04.05 ~ 05.05(양)

戊辰月

양력	04.05	6	7	8	9	10	11	12	13	14	15	16	17	18	19	20	21	22	23	24	25	26	27	28	29	30	5.1	2	3	4	5
음력	03.02	3	4	5	6	7	8	9	10	11	12	13	14	15	16	17	18	19	20	21	22	23	24	25	26	27	28	29	30	4.1	2
일주	甲寅	乙卯	丙辰	丁巳	戊午	己未	庚申	辛酉	壬戌	癸亥	甲子	乙丑	丙寅	丁卯	戊辰	己巳	庚午	辛未	壬申	癸酉	甲戌	乙亥	丙子	丁丑	戊寅	己卯	庚辰	辛巳	壬午	癸未	甲申
대운 남	1 10	10	10	9	9	9	8	8	8	7	7	7	6	6	6	5	5	5	4	4	4	3	3	3	2	2	2	1	1	1	1
대운 여	10 1	1	1	1	1	2	2	2	3	3	3	4	4	4	5	5	5	6	6	6	7	7	7	8	8	8	9	9	9	10	10

기간	평균기온	최고기온	최저기온	강수량	일 출	일 몰
4월 5일(양) 청명 10시 33분	5.3℃	12.7℃	-2.8℃	–	06:13	18:58
4월 10일(양)	12.0℃	18.4℃	3.7℃	0.0mm	06:05	19:02
4월 20일(양) 곡우 17시 59분	9.9℃	14.6℃	4.6℃	1.3mm	05:51	19:11
5월 1일(양)	14.9℃	23.0℃	8.4℃	–	05:38	19:21

입하 — 05.06 ~ 06.05(양)

己巳月

양력	05.06	7	8	9	10	11	12	13	14	15	16	17	18	19	20	21	22	23	24	25	26	27	28	29	30	31	6.1	2	3	4	5
음력	04.03	4	5	6	7	8	9	10	11	12	13	14	15	16	17	18	19	20	21	22	23	24	25	26	27	28	29	5.1	2	3	4
일주	乙酉	丙戌	丁亥	戊子	己丑	庚寅	辛卯	壬辰	癸巳	甲午	乙未	丙申	丁酉	戊戌	己亥	庚子	辛丑	壬寅	癸卯	甲辰	乙巳	丙午	丁未	戊申	己酉	庚戌	辛亥	壬子	癸丑	甲寅	乙卯
대운 남	1 10	10	10	9	9	9	8	8	8	7	7	7	6	6	6	5	5	5	4	4	4	3	3	3	2	2	2	1	1	1	1
대운 여	10 1	1	1	1	1	2	2	2	3	3	3	4	4	4	5	5	5	6	6	6	7	7	7	8	8	8	9	9	9	10	10

기간	평균기온	최고기온	최저기온	강수량	일 출	일 몰
5월 6일(양) 입하 04시 26분	18.0℃	26.5℃	11.7℃	–	05:32	19:26
5월 10일(양)	14.1℃	20.7℃	8.3℃	–	05:28	19:29
5월 20일(양)	18.6℃	25.0℃	12.9℃	0.0mm	05:19	19:38
5월 21일(양) 소만 17시 40분	17.4℃	23.2℃	13.6℃	0.2mm	05:19	19:39
6월 1일(양)	20.5℃	29.2℃	12.0℃	–	05:12	19:47

망종 — 06.06 ~ 07.06(양)

庚午月

양력	06.06	7	8	9	10	11	12	13	14	15	16	17	18	19	20	21	22	23	24	25	26	27	28	29	30	7.1	2	3	4	5	6
음력	05.05	6	7	8	9	10	11	12	13	14	15	16	17	18	19	20	21	22	23	24	25	26	27	28	29	30	6.1	2	3	4	5
일주	丙辰	丁巳	戊午	己未	庚申	辛酉	壬戌	癸亥	甲子	乙丑	丙寅	丁卯	戊辰	己巳	庚午	辛未	壬申	癸酉	甲戌	乙亥	丙子	丁丑	戊寅	己卯	庚辰	辛巳	壬午	癸未	甲申	乙酉	丙戌
대운 남	1 10	10	10	9	9	9	8	8	8	7	7	7	6	6	6	5	5	5	4	4	4	3	3	3	2	2	2	1	1	1	1
대운 여	10 1	1	1	1	1	2	2	2	3	3	3	4	4	4	5	5	5	6	6	6	7	7	7	8	8	8	9	9	9	10	10

기간	평균기온	최고기온	최저기온	강수량	일 출	일 몰
6월 6일(양) 망종 09시 02분	20.5℃	28.9℃	14.9℃	5.5mm	05:11	19:50
6월 10일(양)	18.3℃	24.0℃	14.0℃	–	05:10	19:52
6월 20일(양)	22.5℃	32.0℃	13.7℃	–	05:10	19:56
6월 22일(양) 하지 01시 59분	19.1℃	26.2℃	16.7℃	68.2mm	05:11	19:57
7월 1일(양)	23.9℃	28.1℃	20.4℃	25.4mm	05:14	19:57

소서 — 07.07 ~ 08.07(양)

辛未月

양력	07.07	8	9	10	11	12	13	14	15	16	17	18	19	20	21	22	23	24	25	26	27	28	29	30	31	8.1	2	3	4	5	6	7
음력	06.06	7	8	9	10	11	12	13	14	15	16	17	18	19	20	21	22	23	24	25	26	27	28	29	30	7.1	2	3	4	5	6	7
일주	丁亥	戊子	己丑	庚寅	辛卯	壬辰	癸巳	甲午	乙未	丙申	丁酉	戊戌	己亥	庚子	辛丑	壬寅	癸卯	甲辰	乙巳	丙午	丁未	戊申	己酉	庚戌	辛亥	壬子	癸丑	甲寅	乙卯	丙辰	丁巳	戊午
대운 남	1 10	10	10	9	9	9	8	8	8	7	7	7	6	6	6	5	5	5	4	4	4	3	3	3	2	2	2	1	1	1	1	1
대운 여	10 1	1	1	1	1	2	2	2	3	3	3	4	4	4	5	5	5	6	6	6	7	7	7	8	8	8	9	9	9	10	10	10

기간	평균기온	최고기온	최저기온	강수량	일 출	일 몰
7월 7일(양) 소서 19시 30분	25.6℃	31.0℃	22.2℃	0.5mm	05:17	19:56
7월 10일(양)	25.9℃	30.6℃	21.7℃	0.0mm	05:19	19:50
7월 20일(양)	25.5℃	26.8℃	23.3℃	12.0mm	05:26	19:50
7월 23일(양) 대서 12시 58분	23.8℃	25.6℃	21.7℃	50.2mm	05:28	19:48
8월 1일(양)	26.4℃	32.6℃	21.8℃	–	05:35	19:41

甲子年

입추 — 08.08 ~ 09.07(양)

壬申月

양력	음력	일주	대운 남	대운 여
08.08	07.08	己未	1 · 10	10 · 1
9	9	庚申	10	1
10	10	辛酉	10	1
11	11	壬戌	10	1
12	12	癸亥	9	1
13	13	甲子	9	2
14	14	乙丑	9	2
15	15	丙寅	8	2
16	16	丁卯	8	3
17	17	戊辰	8	3
18	18	己巳	7	3
19	19	庚午	7	4
20	20	辛未	7	4
21	21	壬申	6	4
22	22	癸酉	6	5
23	23	甲戌	6	5
24	24	乙亥	5	5
25	25	丙子	5	6
26	26	丁丑	5	6
27	27	戊寅	4	6
28	28	己卯	4	7
29	29	庚辰	4	7
30	8.1	辛巳	3	7
31	2	壬午	3	8
9.1	3	癸未	3	8
2	4	甲申	2	8
3	5	乙酉	2	9
4	6	丙戌	2	9
5	7	丁亥	1	9
6	8	戊子	1	10
7	9	己丑	1	10

	8월 8일(양) 입추 05시 12분	8월 10일(양)	8월 20일(양)	8월 23일(양) 처서 19시 48분	9월 1일(양)
평균기온	30.3℃	30.6℃	28.4℃	26.8℃	22.6℃
최고기온	35.9℃	37.0℃	33.8℃	32.5℃	26.8℃
최저기온	25.4℃	25.5℃	24.9℃	21.5℃	19.3℃
강수량	–	–	0.0㎜	–	0.1㎜
일 출	05:41	05:43	05:51	05:54	06:01
일 몰	19:34	19:31	19:19	19:15	19:02

백로 — 09.08 ~ 10.07(양)

癸酉月

양력	음력	일주	대운 남	대운 여
09.08	08.10	庚寅	1 · 10	10 · 1
9	11	辛卯	10	1
10	12	壬辰	9	1
11	13	癸巳	9	1
12	14	甲午	9	2
13	15	乙未	8	2
14	16	丙申	8	2
15	17	丁酉	8	3
16	18	戊戌	7	3
17	19	己亥	7	3
18	20	庚子	7	4
19	21	辛丑	6	4
20	22	壬寅	6	4
21	23	癸卯	6	5
22	24	甲辰	5	5
23	25	乙巳	5	5
24	26	丙午	5	6
25	27	丁未	4	6
26	28	戊申	4	6
27	29	己酉	4	7
28	30	庚戌	3	7
29	9.1	辛亥	3	7
30	2	壬子	3	8
10.1	3	癸丑	2	8
2	4	甲寅	2	8
3	5	乙卯	2	9
4	6	丙辰	1	9
5	7	丁巳	1	9
6	8	戊午	1	9
7	9	己未	1	10

	9월 8일(양) 백로 07시 46분	9월 10일(양)	9월 20일(양)	9월 23일(양) 추분 16시 58분	10월 1일(양)
평균기온	21.2℃	23.1℃	18.5℃	18.3℃	18.2℃
최고기온	22.6℃	28.5℃	22.5℃	25.0℃	26.2℃
최저기온	20.1℃	17.8℃	14.1℃	12.0℃	11.2℃
강수량	7.7㎜	–	–	–	–
일 출	06:07	06:09	06:17	06:20	06:27
일 몰	18:52	18:49	18:33	18:29	18:16

한로 — 10.08 ~ 11.07(양)

甲戌月

양력	음력	일주	대운 남	대운 여
10.08	09.10	庚申	1 · 10	10 · 1
9	11	辛酉	10	1
10	12	壬戌	10	1
11	13	癸亥	9	1
12	14	甲子	9	2
13	15	乙丑	9	2
14	16	丙寅	8	2
15	17	丁卯	8	3
16	18	戊辰	8	3
17	19	己巳	7	3
18	20	庚午	7	4
19	21	辛未	7	4
20	22	壬申	6	4
21	23	癸酉	6	5
22	24	甲戌	6	5
23	25	乙亥	5	5
24	26	丙子	5	6
25	27	丁丑	5	6
26	28	戊寅	4	6
27	29	己卯	4	7
28	10.1	庚辰	4	7
29	2	辛巳	3	7
30	3	壬午	3	8
31	4	癸未	3	8
11.1	5	甲申	2	8
2	6	乙酉	2	9
3	7	丙戌	2	9
4	8	丁亥	1	9
5	9	戊子	1	10
6	10	己丑	1	10
7	11	庚寅	1	10

	10월 8일(양) 한로 22시 52분	10월 10일(양)	10월 20일(양)	10월 24일(양) 상강 01시 44분	11월 1일(양)
평균기온	15.2℃	15.7℃	5.4℃	6.0℃	9.8℃
최고기온	21.4℃	23.6℃	13.0℃	11.5℃	15.8℃
최저기온	10.1℃	7.9℃	-1.5℃	1.4℃	6.5℃
강수량	–	–	–	–	4.3㎜
일 출	06:33	06:35	06:44	06:48	06:56
일 몰	18:06	18:03	17:49	17:44	17:35

입동 — 11.08 ~ 12.06(양)

乙亥月

양력	음력	일주	대운 남	대운 여
11.08	10.12	辛卯	1 · 10	10 · 1
9	13	壬辰	10	1
10	14	癸巳	10	1
11	15	甲午	9	1
12	16	乙未	9	2
13	17	丙申	9	2
14	18	丁酉	8	2
15	19	戊戌	8	3
16	20	己亥	8	3
17	21	庚子	7	3
18	22	辛丑	7	4
19	23	壬寅	7	4
20	24	癸卯	6	4
21	25	甲辰	6	5
22	26	乙巳	6	5
23	27	丙午	5	5
24	28	丁未	5	6
25	29	戊申	5	6
26	30	己酉	4	6
27	11.1	庚戌	4	7
28	2	辛亥	4	7
29	3	壬子	3	7
30	4	癸丑	3	8
12.1	5	甲寅	3	8
2	6	乙卯	2	8
3	7	丙辰	2	9
4	8	丁巳	2	9
5	9	戊午	1	9
6	10	己未	1	10

	11월 8일(양) 입동 01시 29분	11월 10일(양)	11월 20일(양)	11월 22일(양) 소설 22시 46분	12월 1일(양)
평균기온	0.8℃	1.6℃	6.8℃	-2.9℃	-1.3℃
최고기온	4.2℃	6.9℃	11.4℃	0.1℃	2.5℃
최저기온	-1.8℃	-5.2℃	4.0℃	-6.1℃	-6.1℃
강수량	–	–	24.7㎜	–	–
일 출	07:04	07:06	07:16	07:19	07:28
일 몰	17:28	17:26	17:19	17:17	17:14

대설 — 12.07 ~ 1925.01.05(양)

丙子月

양력	음력	일주	대운 남	대운 여
12.07	11.11	庚申	1 · 10	10 · 1
8	12	辛酉	10	1
9	13	壬戌	9	1
10	14	癸亥	9	1
11	15	甲子	9	2
12	16	乙丑	8	2
13	17	丙寅	8	2
14	18	丁卯	8	3
15	19	戊辰	7	3
16	20	己巳	7	3
17	21	庚午	7	4
18	22	辛未	6	4
19	23	壬申	6	4
20	24	癸酉	6	5
21	25	甲戌	5	5
22	26	乙亥	5	5
23	27	丙子	5	6
24	28	丁丑	4	6
25	29	戊寅	4	6
26	12.1	己卯	4	7
27	2	庚辰	3	7
28	3	辛巳	3	7
29	4	壬午	3	8
30	5	癸未	2	8
31	6	甲申	2	8
1.1	7	乙酉	2	9
2	8	丙戌	1	9
3	9	丁亥	1	9
4	10	戊子	1	9
5	11	己丑	1	10

	12월 7일(양) 대설 17시 53분	12월 10일(양)	12월 20일(양)	12월 22일(양) 동지 11시 46분	1월 1일(양)
평균기온	-2.0℃	-7.4℃	-3.0℃	-1.9℃	-5.8℃
최고기온	2.9℃	-3.4℃	1.1℃	3.1℃	-1.4℃
최저기온	-8.1℃	-11.2℃	-8.2℃	-9.4℃	-8.6℃
강수량	–	0.0㎜	–	0.4㎜	–
일 출	07:33	07:36	07:42	07:44	07:47
일 몰	17:14	17:14	17:17	17:18	17:24

소한 — 01.06 ~ 02.03(양)

丁丑月

양력	음력	일주	대운 남	대운 여
1925.01.06	1924.12.12	庚寅	1 · 10	10 · 1
7	13	辛卯	9	1
8	14	壬辰	9	1
9	15	癸巳	9	1
10	16	甲午	8	1
11	17	乙未	8	2
12	18	丙申	8	2
13	19	丁酉	7	2
14	20	戊戌	7	3
15	21	己亥	7	3
16	22	庚子	6	3
17	23	辛丑	6	4
18	24	壬寅	6	4
19	25	癸卯	5	4
20	26	甲辰	5	5
21	27	乙巳	5	5
22	28	丙午	4	5
23	29	丁未	4	6
24	1.1	戊申	4	6
25	2	己酉	3	6
26	3	庚戌	3	7
27	4	辛亥	3	7
28	5	壬子	2	7
29	6	癸丑	2	8
30	7	甲寅	2	8
31	8	乙卯	1	8
2.1	9	丙辰	1	9
2	10	丁巳	1	9
3	11	戊午	1	9

	1월 6일(양) 소한 04시 53분	1월 10일(양)	1월 20일(양) 대한 22시 20분	2월 1일(양)
평균기온	-7.8℃	-4.1℃	-2.6℃	-7.7℃
최고기온	-2.5℃	0.4℃	2.0℃	-1.9℃
최저기온	-14.3℃	-11.2℃	-9.2℃	-14.2℃
강수량	–	–	–	–
일 출	07:48	07:47	07:44	07:37
일 몰	17:28	17:32	17:42	17:55

입춘 — 02.04 ~ 03.05(양)

戊寅月

양력	1925.02.04	5	6	7	8	9	10	11	12	13	14	15	16	17	18	19	20	21	22	23	24	25	26	27	28	3.1	2	3	4	5
음력	1925.01.12	13	14	15	16	17	18	19	20	21	22	23	24	25	26	27	28	29	30	2.1	2	3	4	5	6	7	8	9	10	11
일주	己未	庚申	辛酉	壬戌	癸亥	甲子	乙丑	丙寅	丁卯	戊辰	己巳	庚午	辛未	壬申	癸酉	甲戌	乙亥	丙子	丁丑	戊寅	己卯	庚辰	辛巳	壬午	癸未	甲申	乙酉	丙戌	丁亥	戊子
대운 남	1	1	1	1	1	2	2	2	3	3	3	4	4	4	5	5	5	6	6	6	7	7	7	8	8	8	9	9	9	10
대운 여	10	10	9	9	9	8	8	8	7	7	7	6	6	6	5	5	5	4	4	4	3	3	3	2	2	2	1	1	1	1

2월 4일(양) 입춘 16시 37분	2월 10일(양)	2월 19일(양) 우수 12시 43분	2월 20일(양)	3월 1일(양)
평균기온: -2.6℃ 강수량: - 최고기온: 4.7℃ 일 출: 07:34 최저기온: -11.7℃ 일 몰: 17:59	평균기온: -6.2℃ 강수량: 0.0mm 최고기온: -2.6℃ 일 출: 07:28 최저기온: -10.1℃ 일 몰: 18:05	평균기온: -3.7℃ 강수량: - 최고기온: -0.3℃ 일 출: 07:18 최저기온: -7.5℃ 일 몰: 18:15	평균기온: -4.3℃ 강수량: - 최고기온: 1.4℃ 일 출: 07:17 최저기온: -10.7℃ 일 몰: 18:16	평균기온: -1.8℃ 강수량: 1.8mm 최고기온: 2.9℃ 일 출: 07:05 최저기온: -3.6℃ 일 몰: 18:25

경칩 — 03.06 ~ 04.04(양)

己卯月

양력	03.06	7	8	9	10	11	12	13	14	15	16	17	18	19	20	21	22	23	24	25	26	27	28	29	30	31	4.1	2	3	4
음력	02.12	13	14	15	16	17	18	19	20	21	22	23	24	25	26	27	28	29	3.1	2	3	4	5	6	7	8	9	10	11	12
일주	己丑	庚寅	辛卯	壬辰	癸巳	甲午	乙未	丙申	丁酉	戊戌	己亥	庚子	辛丑	壬寅	癸卯	甲辰	乙巳	丙午	丁未	戊申	己酉	庚戌	辛亥	壬子	癸丑	甲寅	乙卯	丙辰	丁巳	戊午
대운 남	10 1	1	1	1	1	2	2	2	3	3	3	4	4	4	5	5	5	6	6	6	7	7	7	8	8	8	9	9	9	10
대운 여	1 10	10	10	9	9	9	8	8	8	7	7	7	6	6	6	5	5	5	4	4	4	3	3	3	2	2	2	1	1	1

3월 6일(양) 경칩 11시 00분	3월 10일(양)	3월 20일(양)	3월 21일(양) 춘분 12시 12분	4월 1일(양)
평균기온: -4.0℃ 강수량: 4.2mm 최고기온: -1.6℃ 일 출: 06:58 최저기온: -8.1℃ 일 몰: 18:30	평균기온: 2.5℃ 강수량: - 최고기온: 8.5℃ 일 출: 06:52 최저기온: -3.1℃ 일 몰: 18:34	평균기온: 2.8℃ 강수량: - 최고기온: 10.0℃ 일 출: 06:37 최저기온: -4.1℃ 일 몰: 18:43	평균기온: 4.0℃ 강수량: - 최고기온: 11.8℃ 일 출: 06:36 최저기온: -3.6℃ 일 몰: 18:44	평균기온: 8.6℃ 강수량: - 최고기온: 19.3℃ 일 출: 06:19 최저기온: -0.6℃ 일 몰: 18:54

청명 — 04.05 ~ 05.05(양)

庚辰月

양력	04.05	6	7	8	9	10	11	12	13	14	15	16	17	18	19	20	21	22	23	24	25	26	27	28	29	30	5.1	2	3	4	5
음력	03.13	14	15	16	17	18	19	20	21	22	23	24	25	26	27	28	29	30	4.1	2	3	4	5	6	7	8	9	10	11	12	13
일주	己未	庚申	辛酉	壬戌	癸亥	甲子	乙丑	丙寅	丁卯	戊辰	己巳	庚午	辛未	壬申	癸酉	甲戌	乙亥	丙子	丁丑	戊寅	己卯	庚辰	辛巳	壬午	癸未	甲申	乙酉	丙戌	丁亥	戊子	己丑
대운 남	10 1	1	1	1	1	2	2	2	3	3	3	4	4	4	5	5	5	6	6	6	7	7	7	8	8	8	9	9	9	10	10
대운 여	1 10	10	10	9	9	9	8	8	8	7	7	7	6	6	6	5	5	5	4	4	4	3	3	3	2	2	2	1	1	1	1

4월 5일(양) 청명 16시 23분	4월 10일(양)	4월 20일(양) 곡우 23시 51분	5월 1일(양)	
평균기온: 3.4℃ 강수량: - 최고기온: 10.0℃ 일 출: 06:13 최저기온: -1.6℃ 일 몰: 18:58	평균기온: 7.2℃ 강수량: - 최고기온: 15.0℃ 일 출: 06:06 최저기온: -0.9℃ 일 몰: 19:02	평균기온: 14.9℃ 강수량: - 최고기온: 23.0℃ 일 출: 05:52 최저기온: 5.9℃ 일 몰: 19:11	평균기온: 14.8℃ 강수량: - 최고기온: 21.9℃ 일 출: 05:38 최저기온: 7.2℃ 일 몰: 19:21	

입하 — 05.06 ~ 06.05(양)

辛巳月

양력	05.06	7	8	9	10	11	12	13	14	15	16	17	18	19	20	21	22	23	24	25	26	27	28	29	30	31	6.1	2	3	4	5
음력	04.14	15	16	17	18	19	20	21	22	23	24	25	26	27	28	29	30	윤	4.2	3	4	5	6	7	8	9	10	11	12	13	14
일주	庚寅	辛卯	壬辰	癸巳	甲午	乙未	丙申	丁酉	戊戌	己亥	庚子	辛丑	壬寅	癸卯	甲辰	乙巳	丙午	丁未	戊申	己酉	庚戌	辛亥	壬子	癸丑	甲寅	乙卯	丙辰	丁巳	戊午	己未	庚申
대운 남	10 1	1	1	1	1	2	2	2	3	3	3	4	4	4	5	5	5	6	6	6	7	7	7	8	8	8	9	9	9	10	10
대운 여	1 10	10	10	10	9	9	9	8	8	8	7	7	7	6	6	6	5	5	5	4	4	4	3	3	3	2	2	2	1	1	1

5월 6일(양) 입하 10시 18분	5월 10일(양)	5월 20일(양)	5월 21일(양) 소만 23시 33분	6월 1일(양)
평균기온: 20.3℃ 강수량: - 최고기온: 28.2℃ 일 출: 05:32 최저기온: 12.3℃ 일 몰: 19:26	평균기온: 14.6℃ 강수량: - 최고기온: 19.9℃ 일 출: 05:28 최저기온: 11.1℃ 일 몰: 19:29	평균기온: 14.3℃ 강수량: 25.5mm 최고기온: 17.4℃ 일 출: 05:19 최저기온: 10.8℃ 일 몰: 19:38	평균기온: 14.1℃ 강수량: - 최고기온: 19.1℃ 일 출: 05:19 최저기온: 10.1℃ 일 몰: 19:39	평균기온: 19.5℃ 강수량: - 최고기온: 26.5℃ 일 출: 05:13 최저기온: 12.8℃ 일 몰: 19:47

망종 — 06.06 ~ 07.07(양)

壬午月

양력	06.06	7	8	9	10	11	12	13	14	15	16	17	18	19	20	21	22	23	24	25	26	27	28	29	30	7.1	2	3	4	5	6	7
음력	04.15	16	17	18	19	20	21	22	23	24	25	26	27	28	29	5.1	2	3	4	5	6	7	8	9	10	11	12	13	14	15	16	17
일주	辛酉	壬戌	癸亥	甲子	乙丑	丙寅	丁卯	戊辰	己巳	庚午	辛未	壬申	癸酉	甲戌	乙亥	丙子	丁丑	戊寅	己卯	庚辰	辛巳	壬午	癸未	甲申	乙酉	丙戌	丁亥	戊子	己丑	庚寅	辛卯	壬辰
대운 남	10 1	1	1	1	1	2	2	2	3	3	3	4	4	4	5	5	5	6	6	6	7	7	7	8	8	8	9	9	9	10	10	10
대운 여	1 10	10	10	10	9	9	9	8	8	8	7	7	7	6	6	6	5	5	5	4	4	4	3	3	3	2	2	2	1	1	1	1

6월 6일(양) 망종 14시 56분	6월 10일(양)	6월 20일(양)	6월 22일(양) 하지 07시 50분	7월 1일(양)
평균기온: 20.7℃ 강수량: - 최고기온: 26.1℃ 일 출: 05:11 최저기온: 15.6℃ 일 몰: 19:50	평균기온: 20.6℃ 강수량: - 최고기온: 25.6℃ 일 출: 05:10 최저기온: 15.4℃ 일 몰: 19:52	평균기온: 22.1℃ 강수량: 0.4mm 최고기온: 26.4℃ 일 출: 05:10 최저기온: 16.6℃ 일 몰: 19:56	평균기온: 22.2℃ 강수량: - 최고기온: 29.5℃ 일 출: 05:11 최저기온: 15.9℃ 일 몰: 19:57	평균기온: 22.8℃ 강수량: 19.6mm 최고기온: 29.8℃ 일 출: 05:14 최저기온: 17.7℃ 일 몰: 19:57

소서 — 07.08 ~ 08.07(양)

癸未月

양력	07.08	9	10	11	12	13	14	15	16	17	18	19	20	21	22	23	24	25	26	27	28	29	30	31	8.1	2	3	4	5	6	7
음력	05.18	19	20	21	22	23	24	25	26	27	28	29	30	6.1	2	3	4	5	6	7	8	9	10	11	12	13	14	15	16	17	18
일주	癸巳	甲午	乙未	丙申	丁酉	戊戌	己亥	庚子	辛丑	壬寅	癸卯	甲辰	乙巳	丙午	丁未	戊申	己酉	庚戌	辛亥	壬子	癸丑	甲寅	乙卯	丙辰	丁巳	戊午	己未	庚申	辛酉	壬戌	癸亥
대운 남	10 1	1	1	1	1	2	2	2	3	3	3	4	4	4	5	5	5	6	6	6	7	7	7	8	8	8	9	9	9	10	10
대운 여	1 10	10	10	9	9	9	8	8	8	7	7	7	6	6	6	5	5	5	4	4	4	3	3	3	2	2	2	1	1	1	1

7월 8일(양) 소서 01시 25분	7월 10일(양)	7월 20일(양)	7월 23일(양) 대서 18시 45분	8월 1일(양)
평균기온: 23.2℃ 강수량: - 최고기온: 28.5℃ 일 출: 05:17 최저기온: 18.2℃ 일 몰: 19:56	평균기온: 18.8℃ 강수량: 166.2mm 최고기온: 19.6℃ 일 출: 05:18 최저기온: 16.4℃ 일 몰: 19:55	평균기온: 24.6℃ 강수량: 4.5mm 최고기온: 29.8℃ 일 출: 05:25 최저기온: 20.5℃ 일 몰: 19:51	평균기온: 27.6℃ 강수량: 0.2mm 최고기온: 33.0℃ 일 출: 05:28 최저기온: 23.5℃ 일 몰: 19:49	평균기온: 25.0℃ 강수량: - 최고기온: 30.2℃ 일 출: 05:35 최저기온: 21.6℃ 일 몰: 19:41

입추 — 08.08 ~ 09.07(양)

甲申月

양력	08.08	9	10	11	12	13	14	15	16	17	18	19	20	21	22	23	24	25	26	27	28	29	30	31	9.1	2	3	4	5	6	7
음력	06.19	20	21	22	23	24	25	26	27	28	29	7.1	2	3	4	5	6	7	8	9	10	11	12	13	14	15	16	17	18	19	20
일주	甲子	乙丑	丙寅	丁卯	戊辰	己巳	庚午	辛未	壬申	癸酉	甲戌	乙亥	丙子	丁丑	戊寅	己卯	庚辰	辛巳	壬午	癸未	甲申	乙酉	丙戌	丁亥	戊子	己丑	庚寅	辛卯	壬辰	癸巳	甲午
대운(남)	10·1	1	1	1	1	2	2	2	3	3	3	4	4	4	5	5	5	6	6	6	7	7	7	8	8	8	9	9	9	10	10
대운(여)	1·10	10	10	9	9	9	8	8	8	7	7	7	6	6	6	5	5	5	4	4	4	3	3	3	2	2	2	1	1	1	1

8월 8일(양) 입추 11시 07분		8월 10일(양)		8월 20일(양)		8월 24일(양) 처서 01시 33분		9월 1일(양)	
평균기온: 23.2℃	강수량: 41.1㎜	평균기온: 25.5℃	강수량: 0.1㎜	평균기온: 26.5℃	강수량: 5.9㎜	평균기온: 26.5℃	강수량: –	평균기온: 22.1℃	강수량: –
최고기온: 25.9℃	일 출: 05:41	최고기온: 30.5℃	일 출: 05:43	최고기온: 31.7℃	일 출: 05:51	최고기온: 32.2℃	일 출: 05:54	최고기온: 28.0℃	일 출: 06:01
최저기온: 20.4℃	일 몰: 19:34	최저기온: 21.9℃	일 몰: 19:32	최저기온: 23.4℃	일 몰: 19:19	최저기온: 22.2℃	일 몰: 19:14	최저기온: 16.4℃	일 몰: 19:03

백로 — 09.08 ~ 10.08(양)

乙酉月

양력	09.08	9	10	11	12	13	14	15	16	17	18	19	20	21	22	23	24	25	26	27	28	29	30	10.1	2	3	4	5	6	7	8
음력	07.21	22	23	24	25	26	27	28	29	30	8.1	2	3	4	5	6	7	8	9	10	11	12	13	14	15	16	17	18	19	20	21
일주	乙未	丙申	丁酉	戊戌	己亥	庚子	辛丑	壬寅	癸卯	甲辰	乙巳	丙午	丁未	戊申	己酉	庚戌	辛亥	壬子	癸丑	甲寅	乙卯	丙辰	丁巳	戊午	己未	庚申	辛酉	壬戌	癸亥	甲子	乙丑
대운(남)	10·1	1	1	1	1	2	2	2	3	3	3	4	4	4	5	5	5	6	6	6	7	7	7	8	8	8	9	9	9	10	10
대운(여)	1·10	10	10	9	9	9	8	8	8	7	7	7	6	6	6	5	5	5	4	4	4	3	3	3	2	2	2	1	1	1	1

9월 8일(양) 백로 13시 40분		9월 10일(양)		9월 20일(양)		9월 23일(양) 추분 22시 43분		10월 1일(양)	
평균기온: 20.0℃	강수량: –	평균기온: 21.7℃	강수량: –	평균기온: 15.2℃	강수량: –	평균기온: 17.9℃	강수량: 6.1㎜	평균기온: 17.5℃	강수량: –
최고기온: 26.4℃	일 출: 06:07	최고기온: 27.9℃	일 출: 06:09	최고기온: 21.6℃	일 출: 06:17	최고기온: 23.7℃	일 출: 06:20	최고기온: 23.8℃	일 출: 06:27
최저기온: 14.4℃	일 몰: 18:52	최저기온: 16.4℃	일 몰: 18:49	최저기온: 9.3℃	일 몰: 18:34	최저기온: 13.0℃	일 몰: 18:29	최저기온: 13.7℃	일 몰: 18:17

한로 — 10.09 ~ 11.07(양)

丙戌月

양력	10.09	10	11	12	13	14	15	16	17	18	19	20	21	22	23	24	25	26	27	28	29	30	31	11.1	2	3	4	5	6	7
음력	08.22	23	24	25	26	27	28	29	30	9.1	2	3	4	5	6	7	8	9	10	11	12	13	14	15	16	17	18	19	20	21
일주	丙寅	丁卯	戊辰	己巳	庚午	辛未	壬申	癸酉	甲戌	乙亥	丙子	丁丑	戊寅	己卯	庚辰	辛巳	壬午	癸未	甲申	乙酉	丙戌	丁亥	戊子	己丑	庚寅	辛卯	壬辰	癸巳	甲午	乙未
대운(남)	10·1	1	1	1	1	2	2	2	3	3	3	4	4	4	5	5	5	6	6	6	7	7	7	8	8	8	9	9	9	10
대운(여)	1·10	10	9	9	9	8	8	8	7	7	7	6	6	6	5	5	5	4	4	4	3	3	3	2	2	2	1	1	1	1

10월 9일(양) 한로 04시 47분		10월 10일(양)		10월 20일(양)		10월 24일(양) 상강 07시 31분		11월 1일(양)	
평균기온: 13.1℃	강수량: 8.1㎜	평균기온: 11.8℃	강수량: –	평균기온: 12.2℃	강수량: –	평균기온: 9.9℃	강수량: –	평균기온: 13.0℃	강수량: –
최고기온: 15.4℃	일 출: 06:34	최고기온: 16.2℃	일 출: 06:35	최고기온: 17.8℃	일 출: 06:44	최고기온: 17.5℃	일 출: 06:48	최고기온: 18.6℃	일 출: 06:56
최저기온: 11.7℃	일 몰: 18:05	최저기온: 8.2℃	일 몰: 18:03	최저기온: 3.0℃	일 몰: 17:49	최저기온: 0.5℃	일 몰: 17:44	최저기온: 9.0℃	일 몰: 17:35

입동 — 11.08 ~ 12.06(양)

丁亥月

양력	11.08	9	10	11	12	13	14	15	16	17	18	19	20	21	22	23	24	25	26	27	28	29	30	12.1	2	3	4	5	6
음력	09.22	23	24	25	26	27	28	29	10.1	2	3	4	5	6	7	8	9	10	11	12	13	14	15	16	17	18	19	20	21
일주	丙申	丁酉	戊戌	己亥	庚子	辛丑	壬寅	癸卯	甲辰	乙巳	丙午	丁未	戊申	己酉	庚戌	辛亥	壬子	癸丑	甲寅	乙卯	丙辰	丁巳	戊午	己未	庚申	辛酉	壬戌	癸亥	甲子
대운(남)	10·1	1	1	1	1	2	2	2	3	3	3	4	4	4	5	5	5	6	6	6	7	7	7	8	8	8	9	9	9
대운(여)	1·10	9	9	9	8	8	8	7	7	7	6	6	6	5	5	5	4	4	4	3	3	3	2	2	2	1	1	1	1

11월 8일(양) 입동 07시 26분		11월 10일(양)		11월 20일(양)		11월 23일(양) 소설 04시 35분		12월 1일(양)	
평균기온: 7.5℃	강수량: –	평균기온: 8.7℃	강수량: 18.1㎜	평균기온: 5.9℃	강수량: –	평균기온: 3.8℃	강수량: –	평균기온: 1.5℃	강수량: 12.8㎜
최고기온: 14.5℃	일 출: 07:03	최고기온: 10.5℃	일 출: 07:06	최고기온: 11.8℃	일 출: 07:16	최고기온: 10.7℃	일 출: 07:19	최고기온: 5.2℃	일 출: 07:27
최저기온: 0.5℃	일 몰: 17:28	최저기온: 5.5℃	일 몰: 17:26	최저기온: 1.5℃	일 몰: 17:19	최저기온: -2.8℃	일 몰: 17:17	최저기온: -0.8℃	일 몰: 17:14

대설 — 12.07 ~ 1926.01.05(양)

戊子月

양력	12.07	8	9	10	11	12	13	14	15	16	17	18	19	20	21	22	23	24	25	26	27	28	29	30	31	1.1	2	3	4	5
음력	10.22	23	24	25	26	27	28	29	30	11.1	2	3	4	5	6	7	8	9	10	11	12	13	14	15	16	17	18	19	20	21
일주	乙丑	丙寅	丁卯	戊辰	己巳	庚午	辛未	壬申	癸酉	甲戌	乙亥	丙子	丁丑	戊寅	己卯	庚辰	辛巳	壬午	癸未	甲申	乙酉	丙戌	丁亥	戊子	己丑	庚寅	辛卯	壬辰	癸巳	甲午
대운(남)	10·1	1	1	1	1	2	2	2	3	3	3	4	4	4	5	5	5	6	6	6	7	7	7	8	8	8	9	9	9	10
대운(여)	1·10	10	9	9	9	8	8	8	7	7	7	6	6	6	5	5	5	4	4	4	3	3	3	2	2	2	1	1	1	1

12월 7일(양) 대설 23시 52분		12월 10일(양)		12월 20일(양)		12월 22일(양) 동지 17시 37분		1월 1일(양)	
평균기온: 1.1℃	강수량: 1.6㎜	평균기온: 3.2℃	강수량: –	평균기온: -2.3℃	강수량: –	평균기온: -4.7℃	강수량: –	평균기온: -1.4℃	강수량: 6.6㎜
최고기온: 5.8℃	일 출: 07:33	최고기온: 10.5℃	일 출: 07:35	최고기온: 0.9℃	일 출: 07:42	최고기온: -2.1℃	일 출: 07:43	최고기온: 0.2℃	일 출: 07:47
최저기온: -4.0℃	일 몰: 17:14	최저기온: -1.5℃	일 몰: 17:14	최저기온: -7.7℃	일 몰: 17:16	최저기온: -7.8℃	일 몰: 17:17	최저기온: -5.9℃	일 몰: 17:24

소한 — 01.06 ~ 02.03(양)

己丑月

양력	1926.01.06	7	8	9	10	11	12	13	14	15	16	17	18	19	20	21	22	23	24	25	26	27	28	29	30	31	2.1	2	3
음력	1925.11.22	23	24	25	26	27	28	29	12.1	2	3	4	5	6	7	8	9	10	11	12	13	14	15	16	17	18	19	20	21
일주	乙未	丙申	丁酉	戊戌	己亥	庚子	辛丑	壬寅	癸卯	甲辰	乙巳	丙午	丁未	戊申	己酉	庚戌	辛亥	壬子	癸丑	甲寅	乙卯	丙辰	丁巳	戊午	己未	庚申	辛酉	壬戌	癸亥
대운(남)	10·1	1	1	1	1	2	2	2	3	3	3	4	4	4	5	5	5	6	6	6	7	7	7	8	8	8	9	9	9
대운(여)	1·10	9	9	9	8	8	8	7	7	7	6	6	6	5	5	5	4	4	4	3	3	3	2	2	2	1	1	1	1

1월 6일(양) 소한 10시 54분		1월 10일(양)		1월 20일(양)		1월 21일(양) 대한 04시 12분		2월 1일(양)	
평균기온: -7.8℃	강수량: –	평균기온: -6.8℃	강수량: –	평균기온: -9.2℃	강수량: –	평균기온: -9.2℃	강수량: –	평균기온: -7.5℃	강수량: –
최고기온: -2.8℃	일 출: 07:48	최고기온: -1.1℃	일 출: 07:47	최고기온: -5.4℃	일 출: 07:45	최고기온: -5.7℃	일 출: 07:44	최고기온: -1.0℃	일 출: 07:37
최저기온: -16.4℃	일 몰: 17:28	최저기온: -15.8℃	일 몰: 17:32	최저기온: -13.1℃	일 몰: 17:42	최저기온: -12.5℃	일 몰: 17:43	최저기온: -15.1℃	일 몰: 17:55

1926

단기 4259년

庚寅月 — 입춘 02.04 ~ 03.05(양)

양력	1926.02.04		5	6	7	8	9	10	11	12	13	14	15	16	17	18	19	20	21	22	23	24	25	26	27	28	3.1	2	3	4	5
음력	1925.12.22		23	24	25	26	27	28	29	30	1.1	2	3	4	5	6	7	8	9	10	11	12	13	14	15	16	17	18	19	20	21
일주	甲子		乙丑	丙寅	丁卯	戊辰	己巳	庚午	辛未	壬申	癸酉	甲戌	乙亥	丙子	丁丑	戊寅	己卯	庚辰	辛巳	壬午	癸未	甲申	乙酉	丙戌	丁亥	戊子	己丑	庚寅	辛卯	壬辰	癸巳
대운 남	10	10	10	9	9	9	8	8	8	7	7	7	6	6	6	5	5	5	4	4	4	3	3	3	2	2	2	1	1	1	1
대운 여	1	1	1	1	1	1	2	2	2	3	3	3	4	4	4	5	5	5	6	6	6	7	7	7	8	8	8	9	9	9	10

2월 4일(양) 입춘 22시 38분		2월 10일(양)		2월 19일(양) 우수 18시 35분		2월 20일(양)		3월 1일(양)	
평균기온: -0.2℃	강수량: 2.2mm	평균기온: 0.4℃	강수량: 3.7mm	평균기온: -2.6℃	강수량: -	평균기온: -3.0℃	강수량: -	평균기온: 4.1℃	강수량: -
최고기온: 3.9℃	일 출: 07:34	최고기온: 5.4℃	일 출: 07:28	최고기온: 1.1℃	일 출: 07:18	최고기온: 3.1℃	일 출: 07:17	최고기온: 11.5℃	일 출: 07:05
최저기온: -3.1℃	일 몰: 17:58	최저기온: -6.3℃	일 몰: 18:05	최저기온: -5.6℃	일 몰: 18:14	최저기온: -9.6℃	일 몰: 18:16	최저기온: -1.5℃	일 몰: 18:25

辛卯月 — 경칩 03.06 ~ 04.04(양)

양력	03.06		7	8	9	10	11	12	13	14	15	16	17	18	19	20	21	22	23	24	25	26	27	28	29	30	31	4.1	2	3	4
음력	01.22		23	24	25	26	27	28	29	2.1	2	3	4	5	6	7	8	9	10	11	12	13	14	15	16	17	18	19	20	21	22
일주	甲午		乙未	丙申	丁酉	戊戌	己亥	庚子	辛丑	壬寅	癸卯	甲辰	乙巳	丙午	丁未	戊申	己酉	庚戌	辛亥	壬子	癸丑	甲寅	乙卯	丙辰	丁巳	戊午	己未	庚申	辛酉	壬戌	癸亥
대운 남	1	10	10	9	9	9	8	8	8	7	7	7	6	6	6	5	5	5	4	4	4	3	3	3	2	2	2	1	1	1	1
대운 여	10	1	1	1	1	1	2	2	2	3	3	3	4	4	4	5	5	5	6	6	6	7	7	7	8	8	8	9	9	9	10

3월 6일(양) 경칩 17시 00분		3월 10일(양)		3월 20일(양)		3월 21일(양) 춘분 18시 01분		4월 1일(양)	
평균기온: 2.9℃	강수량: -	평균기온: 3.4℃	강수량: 1.4mm	평균기온: 1.8℃	강수량: 3.7mm	평균기온: 0.0℃	강수량: 0.1mm	평균기온: 11.2℃	강수량: -
최고기온: 9.8℃	일 출: 06:58	최고기온: 7.2℃	일 출: 06:52	최고기온: 7.2℃	일 출: 06:38	최고기온: 4.3℃	일 출: 06:36	최고기온: 18.8℃	일 출: 06:19
최저기온: -3.5℃	일 몰: 18:30	최저기온: 0.4℃	일 몰: 18:34	최저기온: -1.3℃	일 몰: 18:43	최저기온: -5.0℃	일 몰: 18:44	최저기온: 2.6℃	일 몰: 18:54

壬辰月 — 청명 04.05 ~ 05.05(양)

양력	04.05		6	7	8	9	10	11	12	13	14	15	16	17	18	19	20	21	22	23	24	25	26	27	28	29	30	5.1	2	3	4	5
음력	02.23		24	25	26	27	28	29	3.1	2	3	4	5	6	7	8	9	10	11	12	13	14	15	16	17	18	19	20	21	22	23	24
일주	甲子		乙丑	丙寅	丁卯	戊辰	己巳	庚午	辛未	壬申	癸酉	甲戌	乙亥	丙子	丁丑	戊寅	己卯	庚辰	辛巳	壬午	癸未	甲申	乙酉	丙戌	丁亥	戊子	己丑	庚寅	辛卯	壬辰	癸巳	甲午
대운 남	1	10	10	10	9	9	9	8	8	8	7	7	7	6	6	6	5	5	5	4	4	4	3	3	3	2	2	2	1	1	1	1
대운 여	10	1	1	1	1	2	2	2	3	3	3	4	4	4	5	5	5	6	6	6	7	7	7	8	8	8	9	9	9	10	10	10

4월 5일(양) 청명 22시 18분		4월 10일(양)		4월 20일(양)		4월 21일(양) 곡우 05시 36분		5월 1일(양)	
평균기온: 8.3℃	강수량: -	평균기온: 6.7℃	강수량: 0.2mm	평균기온: 8.2℃	강수량: 3.2mm	평균기온: 8.9℃	강수량: -	평균기온: 13.0℃	강수량: -
최고기온: 15.2℃	일 출: 06:13	최고기온: 12.2℃	일 출: 06:06	최고기온: 13.4℃	일 출: 05:52	최고기온: 14.8℃	일 출: 05:51	최고기온: 21.0℃	일 출: 05:38
최저기온: 1.6℃	일 몰: 18:57	최저기온: 3.1℃	일 몰: 19:02	최저기온: 5.3℃	일 몰: 19:11	최저기온: 3.5℃	일 몰: 19:12	최저기온: 5.1℃	일 몰: 19:21

癸巳月 — 입하 05.06 ~ 06.05(양)

양력	05.06		7	8	9	10	11	12	13	14	15	16	17	18	19	20	21	22	23	24	25	26	27	28	29	30	31	6.1	2	3	4	5
음력	03.25		26	27	28	29	30	4.1	2	3	4	5	6	7	8	9	10	11	12	13	14	15	16	17	18	19	20	21	22	23	24	25
일주	乙未		丙申	丁酉	戊戌	己亥	庚子	辛丑	壬寅	癸卯	甲辰	乙巳	丙午	丁未	戊申	己酉	庚戌	辛亥	壬子	癸丑	甲寅	乙卯	丙辰	丁巳	戊午	己未	庚申	辛酉	壬戌	癸亥	甲子	乙丑
대운 남	1	10	10	10	9	9	9	8	8	8	7	7	7	6	6	6	5	5	5	4	4	4	3	3	3	2	2	2	1	1	1	1
대운 여	10	1	1	1	1	2	2	2	3	3	3	4	4	4	5	5	5	6	6	6	7	7	7	8	8	8	9	9	9	10	10	10

5월 6일(양) 입하 16시 08분		5월 10일(양)		5월 20일(양)		5월 22일(양) 소만 05시 15분		6월 1일(양)	
평균기온: 17.3℃	강수량: 20.3mm	평균기온: 16.0℃	강수량: 2.1mm	평균기온: 17.8℃	강수량: 10.8mm	평균기온: 17.8℃	강수량: 1.7mm	평균기온: 16.5℃	강수량: 1.5mm
최고기온: 22.0℃	일 출: 05:32	최고기온: 19.2℃	일 출: 05:28	최고기온: 19.5℃	일 출: 05:20	최고기온: 25.2℃	일 출: 05:18	최고기온: 23.7℃	일 출: 05:13
최저기온: 15.0℃	일 몰: 19:25	최저기온: 13.1℃	일 몰: 19:29	최저기온: 15.7℃	일 몰: 19:38	최저기온: 10.6℃	일 몰: 19:39	최저기온: 10.4℃	일 몰: 19:47

甲午月 — 망종 06.06 ~ 07.07(양)

양력	06.06		7	8	9	10	11	12	13	14	15	16	17	18	19	20	21	22	23	24	25	26	27	28	29	30	7.1	2	3	4	5	6	7
음력	04.26		27	28	29	5.1	2	3	4	5	6	7	8	9	10	11	12	13	14	15	16	17	18	19	20	21	22	23	24	25	26	27	28
일주	丙寅		丁卯	戊辰	己巳	庚午	辛未	壬申	癸酉	甲戌	乙亥	丙子	丁丑	戊寅	己卯	庚辰	辛巳	壬午	癸未	甲申	乙酉	丙戌	丁亥	戊子	己丑	庚寅	辛卯	壬辰	癸巳	甲午	乙未	丙申	丁酉
대운 남	1	10	10	10	10	9	9	9	8	8	8	7	7	7	6	6	6	5	5	5	4	4	4	3	3	3	2	2	2	1	1	1	1
대운 여	10	1	1	1	1	1	2	2	2	3	3	3	4	4	4	5	5	5	6	6	6	7	7	7	8	8	8	9	9	9	10	10	10

6월 6일(양) 망종 20시 42분		6월 10일(양)		6월 20일(양)		6월 22일(양) 하지 13시 30분		7월 1일(양)	
평균기온: 19.4℃	강수량: 0.2mm	평균기온: 20.5℃	강수량: -	평균기온: 23.0℃	강수량: -	평균기온: 24.7℃	강수량: -	평균기온: 21.7℃	강수량: -
최고기온: 27.4℃	일 출: 05:11	최고기온: 26.8℃	일 출: 05:10	최고기온: 30.6℃	일 출: 05:10	최고기온: 31.2℃	일 출: 05:11	최고기온: 28.2℃	일 출: 05:14
최저기온: 13.0℃	일 몰: 19:50	최저기온: 14.7℃	일 몰: 19:52	최저기온: 15.2℃	일 몰: 19:56	최저기온: 21.0℃	일 몰: 19:57	최저기온: 15.6℃	일 몰: 19:57

乙未月 — 소서 07.08 ~ 08.07(양)

양력	07.08		9	10	11	12	13	14	15	16	17	18	19	20	21	22	23	24	25	26	27	28	29	30	31	8.1	2	3	4	5	6	7
음력	05.29		30	6.1	2	3	4	5	6	7	8	9	10	11	12	13	14	15	16	17	18	19	20	21	22	23	24	25	26	27	28	29
일주	戊戌		己亥	庚子	辛丑	壬寅	癸卯	甲辰	乙巳	丙午	丁未	戊申	己酉	庚戌	辛亥	壬子	癸丑	甲寅	乙卯	丙辰	丁巳	戊午	己未	庚申	辛酉	壬戌	癸亥	甲子	乙丑	丙寅	丁卯	戊辰
대운 남	1	10	10	10	9	9	9	8	8	8	7	7	7	6	6	6	5	5	5	4	4	4	3	3	3	2	2	2	1	1	1	1
대운 여	10	1	1	1	1	2	2	2	3	3	3	4	4	4	5	5	5	6	6	6	7	7	7	8	8	8	9	9	9	10	10	10

7월 8일(양) 소서 07시 06분		7월 10일(양)		7월 20일(양)		7월 24일(양) 대서 00시 25분		8월 1일(양)	
평균기온: 24.4℃	강수량: -	평균기온: 24.2℃	강수량: -	평균기온: 23.9℃	강수량: 0.2mm	평균기온: 25.1℃	강수량: 0.0mm	평균기온: 24.0℃	강수량: 57.2mm
최고기온: 31.2℃	일 출: 05:17	최고기온: 31.3℃	일 출: 05:18	최고기온: 27.9℃	일 출: 05:25	최고기온: 29.5℃	일 출: 05:28	최고기온: 25.2℃	일 출: 05:35
최저기온: 18.7℃	일 몰: 19:56	최저기온: 18.0℃	일 몰: 19:56	최저기온: 21.7℃	일 몰: 19:51	최저기온: 21.6℃	일 몰: 19:48	최저기온: 22.1℃	일 몰: 19:41

입 추 08.08 ~ 09.07(양)

丙申月

양력	08.08	9	10	11	12	13	14	15	16	17	18	19	20	21	22	23	24	25	26	27	28	29	30	31	9.1	2	3	4	5	6	7
음력	07.01	2	3	4	5	6	7	8	9	10	11	12	13	14	15	16	17	18	19	20	21	22	23	24	25	26	27	28	29	30	8.1
일주	己巳	庚午	辛未	壬申	癸酉	甲戌	乙亥	丙子	丁丑	戊寅	己卯	庚辰	辛巳	壬午	癸未	甲申	乙酉	丙戌	丁亥	戊子	己丑	庚寅	辛卯	壬辰	癸巳	甲午	乙未	丙申	丁酉	戊戌	己亥
대운(남)	1 / 10	10	10	9	9	9	8	8	8	7	7	7	6	6	6	5	5	5	4	4	4	3	3	3	2	2	2	1	1	1	1
대운(여)	10 / 1	1	1	1	1	2	2	2	3	3	3	4	4	4	5	5	5	6	6	6	7	7	7	8	8	8	9	9	9	10	10

8월 8일(양) 입추 16시 44분		8월 10일(양)		8월 20일(양)		8월 24일(양) 처서 07시 14분		9월 1일(양)	
평균기온: 25.8℃	강수량: 0.0mm	평균기온: 27.0℃	강수량: 0.1mm	평균기온: 26.5℃	강수량: 0.4mm	평균기온: 23.0℃	강수량: 24.6mm	평균기온: 22.6℃	강수량: -
최고기온: 29.2℃	일 출: 05:41	최고기온: 31.1℃	일 출: 05:42	최고기온: 32.0℃	일 출: 05:51	최고기온: 25.8℃	일 출: 05:54	최고기온: 28.3℃	일 출: 06:01
최저기온: 22.9℃	일 몰: 19:34	최저기온: 24.4℃	일 몰: 19:32	최저기온: 21.6℃	일 몰: 19:20	최저기온: 20.4℃	일 몰: 19:14	최저기온: 16.8℃	일 몰: 19:03

백 로 09.08 ~ 10.08(양)

丁酉月

양력	09.08	9	10	11	12	13	14	15	16	17	18	19	20	21	22	23	24	25	26	27	28	29	30	10.1	2	3	4	5	6	7	8
음력	08.02	3	4	5	6	7	8	9	10	11	12	13	14	15	16	17	18	19	20	21	22	23	24	25	26	27	28	29	30	9.1	2
일주	庚子	辛丑	壬寅	癸卯	甲辰	乙巳	丙午	丁未	戊申	己酉	庚戌	辛亥	壬子	癸丑	甲寅	乙卯	丙辰	丁巳	戊午	己未	庚申	辛酉	壬戌	癸亥	甲子	乙丑	丙寅	丁卯	戊辰	己巳	庚午
대운(남)	1 / 10	10	10	9	9	9	8	8	8	7	7	7	6	6	6	5	5	5	4	4	4	3	3	3	2	2	2	1	1	1	1
대운(여)	10 / 1	1	1	1	1	2	2	2	3	3	3	4	4	4	5	5	5	6	6	6	7	7	7	8	8	8	9	9	9	10	10

9월 8일(양) 백로 19시 16분		9월 10일(양)		9월 20일(양)		9월 24일(양) 추분 04시 27분		10월 1일(양)	
평균기온: 22.1℃	강수량: 35.4mm	평균기온: 23.5℃	강수량: -	평균기온: 16.9℃	강수량: -	평균기온: 19.2℃	강수량: 20.4mm	평균기온: 15.1℃	강수량: -
최고기온: 25.4℃	일 출: 06:07	최고기온: 29.1℃	일 출: 06:09	최고기온: 23.5℃	일 출: 06:17	최고기온: 23.0℃	일 출: 06:20	최고기온: 19.7℃	일 출: 06:26
최저기온: 18.3℃	일 몰: 18:52	최저기온: 19.9℃	일 몰: 18:49	최저기온: 10.2℃	일 몰: 18:34	최저기온: 16.5℃	일 몰: 18:28	최저기온: 10.8℃	일 몰: 18:17

한 로 10.09 ~ 11.07(양)

戊戌月

양력	10.09	10	11	12	13	14	15	16	17	18	19	20	21	22	23	24	25	26	27	28	29	30	31	11.1	2	3	4	5	6	7
음력	09.03	4	5	6	7	8	9	10	11	12	13	14	15	16	17	18	19	20	21	22	23	24	25	26	27	28	29	10.1	2	3
일주	辛未	壬申	癸酉	甲戌	乙亥	丙子	丁丑	戊寅	己卯	庚辰	辛巳	壬午	癸未	甲申	乙酉	丙戌	丁亥	戊子	己丑	庚寅	辛卯	壬辰	癸巳	甲午	乙未	丙申	丁酉	戊戌	己亥	庚子
대운(남)	1 / 10	10	9	9	9	8	8	8	7	7	7	6	6	6	5	5	5	4	4	4	3	3	3	2	2	2	1	1	1	1
대운(여)	10 / 1	1	1	1	2	2	2	3	3	3	4	4	4	5	5	5	6	6	6	7	7	7	8	8	8	9	9	9	10	10

10월 9일(양) 한로 10시 25분		10월 10일(양)		10월 20일(양)		10월 24일(양) 상강 13시 18분		11월 1일(양)	
평균기온: 11.8℃	강수량: -	평균기온: 12.0℃	강수량: -	평균기온: 11.6℃	강수량: 0.2mm	평균기온: 9.3℃	강수량: 0.2mm	평균기온: 7.1℃	강수량: -
최고기온: 19.5℃	일 출: 06:34	최고기온: 19.5℃	일 출: 06:34	최고기온: 18.7℃	일 출: 06:44	최고기온: 15.3℃	일 출: 06:48	최고기온: 14.8℃	일 출: 06:56
최저기온: 4.7℃	일 몰: 18:05	최저기온: 3.6℃	일 몰: 18:04	최저기온: 4.5℃	일 몰: 17:50	최저기온: -1.1℃	일 몰: 17:45	최저기온: -1.0℃	일 몰: 17:35

입 동 11.08 ~ 12.07(양)

己亥月

양력	11.08	9	10	11	12	13	14	15	16	17	18	19	20	21	22	23	24	25	26	27	28	29	30	12.1	2	3	4	5	6	7
음력	10.04	5	6	7	8	9	10	11	12	13	14	15	16	17	18	19	20	21	22	23	24	25	26	27	28	29	30	11.1	2	3
일주	辛丑	壬寅	癸卯	甲辰	乙巳	丙午	丁未	戊申	己酉	庚戌	辛亥	壬子	癸丑	甲寅	乙卯	丙辰	丁巳	戊午	己未	庚申	辛酉	壬戌	癸亥	甲子	乙丑	丙寅	丁卯	戊辰	己巳	庚午
대운(남)	1 / 10	10	9	9	9	8	8	8	7	7	7	6	6	6	5	5	5	4	4	4	3	3	3	2	2	2	1	1	1	1
대운(여)	10 / 1	1	1	1	2	2	2	3	3	3	4	4	4	5	5	5	6	6	6	7	7	7	8	8	8	9	9	9	10	10

11월 8일(양) 입동 13시 08분		11월 10일(양)		11월 20일(양)		11월 23일(양) 소설 10시 28분		12월 1일(양)	
평균기온: 9.0℃	강수량: -	평균기온: 12.4℃	강수량: 4.1mm	평균기온: 3.8℃	강수량: -	평균기온: 3.1℃	강수량: -	평균기온: 7.2℃	강수량: 2.1mm
최고기온: 16.7℃	일 출: 07:03	최고기온: 17.5℃	일 출: 07:05	최고기온: 9.8℃	일 출: 07:16	최고기온: 10.0℃	일 출: 07:19	최고기온: 12.5℃	일 출: 07:27
최저기온: 2.5℃	일 몰: 17:28	최저기온: 8.5℃	일 몰: 17:26	최저기온: -2.0℃	일 몰: 17:19	최저기온: -2.7℃	일 몰: 17:17	최저기온: 2.5℃	일 몰: 17:14

대 설 12.08 ~ 1927.01.05(양)

庚子月

양력	12.08	9	10	11	12	13	14	15	16	17	18	19	20	21	22	23	24	25	26	27	28	29	30	31	1.1	2	3	4	5
음력	11.04	5	6	7	8	9	10	11	12	13	14	15	16	17	18	19	20	21	22	23	24	25	26	27	28	29	30	12.1	2
일주	辛未	壬申	癸酉	甲戌	乙亥	丙子	丁丑	戊寅	己卯	庚辰	辛巳	壬午	癸未	甲申	乙酉	丙戌	丁亥	戊子	己丑	庚寅	辛卯	壬辰	癸巳	甲午	乙未	丙申	丁酉	戊戌	己亥
대운(남)	1 / 10	9	9	9	8	8	8	7	7	7	6	6	6	5	5	5	4	4	4	3	3	3	2	2	2	1	1	1	1
대운(여)	10 / 1	1	1	1	2	2	2	3	3	3	4	4	4	5	5	5	6	6	6	7	7	7	8	8	9	9	9	10	10

12월 8일(양) 대설 05시 39분		12월 10일(양)		12월 20일(양)		12월 22일(양) 동지 23시 33분		1월 1일(양)	
평균기온: -13.4℃	강수량: 0.0mm	평균기온: -3.7℃	강수량: 2.0mm	평균기온: -0.2℃	강수량: 0.6mm	평균기온: -8.8℃	강수량: -	평균기온: -1.8℃	강수량: -
최고기온: -9.0℃	일 출: 07:33	최고기온: 0.2℃	일 출: 07:35	최고기온: 4.0℃	일 출: 07:42	최고기온: -6.1℃	일 출: 07:43	최고기온: 1.6℃	일 출: 07:47
최저기온: -16.1℃	일 몰: 17:14	최저기온: -7.3℃	일 몰: 17:14	최저기온: -5.6℃	일 몰: 17:16	최저기온: -11.4℃	일 몰: 17:17	최저기온: -5.2℃	일 몰: 17:24

소 한 01.06 ~ 02.04(양)

辛丑月

양력	1927.01.06	7	8	9	10	11	12	13	14	15	16	17	18	19	20	21	22	23	24	25	26	27	28	29	30	31	2.1	2	3	4
음력	1926.12.03	4	5	6	7	8	9	10	11	12	13	14	15	16	17	18	19	20	21	22	23	24	25	26	27	28	29	1.1	2	3
일주	庚子	辛丑	壬寅	癸卯	甲辰	乙巳	丙午	丁未	戊申	己酉	庚戌	辛亥	壬子	癸丑	甲寅	乙卯	丙辰	丁巳	戊午	己未	庚申	辛酉	壬戌	癸亥	甲子	乙丑	丙寅	丁卯	戊辰	己巳
대운(남)	1 / 10	10	9	9	9	8	8	8	7	7	7	6	6	6	5	5	5	4	4	4	3	3	3	2	2	2	1	1	1
대운(여)	10 / 1	1	1	1	2	2	2	3	3	3	4	4	4	5	5	5	6	6	6	7	7	7	8	8	8	9	9	9	10

1월 6일(양) 소한 16시 45분		1월 10일(양)		1월 20일(양)		1월 21일(양) 대한 10시 12분		2월 1일(양)	
평균기온: 6.5℃	강수량: -	평균기온: -2.7℃	강수량: -	평균기온: -7.6℃	강수량: 0.4mm	평균기온: -13.9℃	강수량: -	평균기온: -0.1℃	강수량: -
최고기온: 11.7℃	일 출: 07:48	최고기온: 1.2℃	일 출: 07:47	최고기온: -1.6℃	일 출: 07:45	최고기온: -10.4℃	일 출: 07:44	최고기온: 3.5℃	일 출: 07:37
최저기온: -0.5℃	일 몰: 17:28	최저기온: -8.2℃	일 몰: 17:31	최저기온: -12.2℃	일 몰: 17:41	최저기온: -16.6℃	일 몰: 17:43	최저기온: -2.8℃	일 몰: 17:55

1927

입춘 — 02.05 ~ 03.05(양)

壬寅月	절입	6	7	8	9	10	11	12	13	14	15	16	17	18	19	20	21	22	23	24	25	26	27	28	3.1	2	3	4	5
양력	1927.02.05	6	7	8	9	10	11	12	13	14	15	16	17	18	19	20	21	22	23	24	25	26	27	28	3.1	2	3	4	5
음력	1927.01.04	5	6	7	8	9	10	11	12	13	14	15	16	17	18	19	20	21	22	23	24	25	26	27	28	29	30	2.1	2
일주	庚午	辛未	壬申	癸酉	甲戌	乙亥	丙子	丁丑	戊寅	己卯	庚辰	辛巳	壬午	癸未	甲申	乙酉	丙戌	丁亥	戊子	己丑	庚寅	辛卯	壬辰	癸巳	甲午	乙未	丙申	丁酉	戊戌
대운 남	1 1	1	1	1	1	2	2	2	3	3	3	4	4	4	5	5	5	6	6	6	7	7	7	8	8	8	9	9	9
대운 여	10 10	10	10	9	9	9	8	8	8	7	7	7	6	6	6	5	5	5	4	4	4	3	3	3	2	2	2	1	1

날짜	평균기온	최고기온	최저기온	강수량	일 출	일 몰
2월 5일(양) 입춘 04시 30분	-2.1℃	1.0℃	-5.4℃	0.1㎜	07:34	17:59
2월 10일(양)	-7.8℃	-3.6℃	-13.4℃	–	07:29	18:05
2월 20일(양) 우수 00시 34분	2.2℃	6.2℃	-0.6℃	–	07:17	18:15
3월 1일(양)	-0.5℃	5.2℃	-7.0℃	–	07:06	18:24

경칩 — 03.06 ~ 04.05(양)

癸卯月	절입	7	8	9	10	11	12	13	14	15	16	17	18	19	20	21	22	23	24	25	26	27	28	29	30	31	4.1	2	3	4	5
양력	03.06	7	8	9	10	11	12	13	14	15	16	17	18	19	20	21	22	23	24	25	26	27	28	29	30	31	4.1	2	3	4	5
음력	02.03	4	5	6	7	8	9	10	11	12	13	14	15	16	17	18	19	20	21	22	23	24	25	26	27	28	29	3.1	2	3	4
일주	己亥	庚子	辛丑	壬寅	癸卯	甲辰	乙巳	丙午	丁未	戊申	己酉	庚戌	辛亥	壬子	癸丑	甲寅	乙卯	丙辰	丁巳	戊午	己未	庚申	辛酉	壬戌	癸亥	甲子	乙丑	丙寅	丁卯	戊辰	己巳
대운 남	10 1	1	1	1	1	2	2	2	3	3	3	4	4	4	5	5	5	6	6	6	7	7	7	8	8	8	9	9	9	10	10
대운 여	1 10	10	10	9	9	9	8	8	8	7	7	7	6	6	6	5	5	5	4	4	4	3	3	3	2	2	2	1	1	1	1

날짜	평균기온	최고기온	최저기온	강수량	일 출	일 몰
3월 6일(양) 경칩 22시 50분	0.3℃	7.7℃	-7.1℃	–	06:59	18:29
3월 10일(양)	-1.0℃	3.1℃	-4.3℃	4.9㎜	06:53	18:33
3월 20일(양)	4.4℃	10.0℃	0.3℃	–	06:38	18:43
3월 21일(양) 춘분 23시 59분	2.7℃	5.5℃	1.1℃	–	06:36	18:44
4월 1일(양)	12.8℃	21.0℃	5.4℃	–	06:20	18:54

청명 — 04.06 ~ 05.05(양)

甲辰月	절입	7	8	9	10	11	12	13	14	15	16	17	18	19	20	21	22	23	24	25	26	27	28	29	30	5.1	2	3	4	5
양력	04.06	7	8	9	10	11	12	13	14	15	16	17	18	19	20	21	22	23	24	25	26	27	28	29	30	5.1	2	3	4	5
음력	03.05	6	7	8	9	10	11	12	13	14	15	16	17	18	19	20	21	22	23	24	25	26	27	28	29	4.1	2	3	4	5
일주	庚午	辛未	壬申	癸酉	甲戌	乙亥	丙子	丁丑	戊寅	己卯	庚辰	辛巳	壬午	癸未	甲申	乙酉	丙戌	丁亥	戊子	己丑	庚寅	辛卯	壬辰	癸巳	甲午	乙未	丙申	丁酉	戊戌	己亥
대운 남	10 1	1	1	1	1	2	2	2	3	3	3	4	4	4	5	5	5	6	6	6	7	7	7	8	8	8	9	9	9	10
대운 여	1 10	10	10	9	9	9	8	8	8	7	7	7	6	6	6	5	5	5	4	4	4	3	3	3	2	2	2	1	1	1

날짜	평균기온	최고기온	최저기온	강수량	일 출	일 몰
4월 6일(양) 청명 04시 06분	7.7℃	13.5℃	0.8℃	–	06:12	18:58
4월 10일(양)	11.3℃	18.5℃	3.5℃	0.0㎜	06:06	19:02
4월 20일(양)	13.0℃	15.6℃	9.1℃	48.2㎜	05:52	19:11
4월 21일(양) 곡우 11시 32분	8.0℃	13.0℃	4.1℃	–	05:51	19:12
5월 1일(양)	12.5℃	16.0℃	9.0℃	53.0㎜	05:38	19:21

입하 — 05.06 ~ 06.06(양)

乙巳月	절입	7	8	9	10	11	12	13	14	15	16	17	18	19	20	21	22	23	24	25	26	27	28	29	30	31	6.1	2	3	4	5	6
양력	05.06	7	8	9	10	11	12	13	14	15	16	17	18	19	20	21	22	23	24	25	26	27	28	29	30	31	6.1	2	3	4	5	6
음력	04.06	7	8	9	10	11	12	13	14	15	16	17	18	19	20	21	22	23	24	25	26	27	28	29	30	5.1	2	3	4	5	6	7
일주	庚子	辛丑	壬寅	癸卯	甲辰	乙巳	丙午	丁未	戊申	己酉	庚戌	辛亥	壬子	癸丑	甲寅	乙卯	丙辰	丁巳	戊午	己未	庚申	辛酉	壬戌	癸亥	甲子	乙丑	丙寅	丁卯	戊辰	己巳	庚午	辛未
대운 남	10 1	1	1	1	1	2	2	2	3	3	3	4	4	4	5	5	5	6	6	6	7	7	7	8	8	8	9	9	9	10	10	10
대운 여	1 10	10	10	10	9	9	9	8	8	8	7	7	7	6	6	6	5	5	5	4	4	4	3	3	3	2	2	2	1	1	1	1

날짜	평균기온	최고기온	최저기온	강수량	일 출	일 몰
5월 6일(양) 입하 21시 53분	11.2℃	15.9℃	6.9℃	2.9㎜	05:33	19:25
5월 10일(양)	13.2℃	21.4℃	6.2℃	0.1㎜	05:29	19:29
5월 20일(양)	14.2℃	21.1℃	7.9℃	–	05:20	19:37
5월 22일(양) 소만 11시 08분	14.9℃	22.0℃	7.4℃	–	05:18	19:39
6월 1일(양)	17.6℃	25.1℃	11.1℃	–	05:13	19:47

망종 — 06.07 ~ 07.07(양)

丙午月	절입	8	9	10	11	12	13	14	15	16	17	18	19	20	21	22	23	24	25	26	27	28	29	30	7.1	2	3	4	5	6	7
양력	06.07	8	9	10	11	12	13	14	15	16	17	18	19	20	21	22	23	24	25	26	27	28	29	30	7.1	2	3	4	5	6	7
음력	05.08	9	10	11	12	13	14	15	16	17	18	19	20	21	22	23	24	25	26	27	28	29	6.1	2	3	4	5	6	7	8	9
일주	壬申	癸酉	甲戌	乙亥	丙子	丁丑	戊寅	己卯	庚辰	辛巳	壬午	癸未	甲申	乙酉	丙戌	丁亥	戊子	己丑	庚寅	辛卯	壬辰	癸巳	甲午	乙未	丙申	丁酉	戊戌	己亥	庚子	辛丑	壬寅
대운 남	10 1	1	1	1	1	2	2	2	3	3	3	4	4	4	5	5	5	6	6	6	7	7	7	8	8	8	9	9	9	10	10
대운 여	1 10	10	10	9	9	9	8	8	8	7	7	7	6	6	6	5	5	5	4	4	4	3	3	3	2	2	2	1	1	1	1

날짜	평균기온	최고기온	최저기온	강수량	일 출	일 몰
6월 7일(양) 망종 02시 25분	18.3℃	23.5℃	14.0℃	–	05:11	19:50
6월 10일(양)	21.7℃	28.2℃	15.6℃	–	05:10	19:52
6월 20일(양)	22.0℃	29.6℃	15.5℃	–	05:10	19:56
6월 22일(양) 하지 19시 22분	25.2℃	33.5℃	17.0℃	–	05:11	19:56
7월 1일(양)	22.1℃	23.7℃	20.4℃	5.2㎜	05:14	19:57

소서 — 07.08 ~ 08.07(양)

丁未月	절입	9	10	11	12	13	14	15	16	17	18	19	20	21	22	23	24	25	26	27	28	29	30	31	8.1	2	3	4	5	6	7
양력	07.08	9	10	11	12	13	14	15	16	17	18	19	20	21	22	23	24	25	26	27	28	29	30	31	8.1	2	3	4	5	6	7
음력	06.10	11	12	13	14	15	16	17	18	19	20	21	22	23	24	25	26	27	28	29	30	7.1	2	3	4	5	6	7	8	9	10
일주	癸卯	甲辰	乙巳	丙午	丁未	戊申	己酉	庚戌	辛亥	壬子	癸丑	甲寅	乙卯	丙辰	丁巳	戊午	己未	庚申	辛酉	壬戌	癸亥	甲子	乙丑	丙寅	丁卯	戊辰	己巳	庚午	辛未	壬申	癸酉
대운 남	10 1	1	1	1	1	2	2	2	3	3	3	4	4	4	5	5	5	6	6	6	7	7	7	8	8	8	9	9	9	10	10
대운 여	1 10	10	10	9	9	9	8	8	8	7	7	7	6	6	6	5	5	5	4	4	4	3	3	3	2	2	2	1	1	1	1

날짜	평균기온	최고기온	최저기온	강수량	일 출	일 몰
7월 8일(양) 소서 12시 50분	22.9℃	26.3℃	20.7℃	46.8㎜	05:17	19:56
7월 10일(양)	24.9℃	29.8℃	20.7℃	1.3㎜	05:18	19:56
7월 20일(양)	25.8℃	29.8℃	22.6℃	9.9㎜	05:25	19:51
7월 24일(양) 대서 06시 17분	27.2℃	32.7℃	22.1℃	–	05:28	19:48
8월 1일(양)	26.5℃	28.3℃	25.1℃	1.6㎜	05:35	19:42

입추 戊申月 — 08.08 ~ 09.08(양)

구분	(입절)	9	10	11	12	13	14	15	16	17	18	19	20	21	22	23	24	25	26	27	28	29	30	31	9.1	2	3	4	5	6	7	8
양력	08.08	9	10	11	12	13	14	15	16	17	18	19	20	21	22	23	24	25	26	27	28	29	30	31	9.1	2	3	4	5	6	7	8
음력	07.11	12	13	14	15	16	17	18	19	20	21	22	23	24	25	26	27	28	29	8.1	2	3	4	5	6	7	8	9	10	11	12	13
일주	甲戌	乙亥	丙子	丁丑	戊寅	己卯	庚辰	辛巳	壬午	癸未	甲申	乙酉	丙戌	丁亥	戊子	己丑	庚寅	辛卯	壬辰	癸巳	甲午	乙未	丙申	丁酉	戊戌	己亥	庚子	辛丑	壬寅	癸卯	甲辰	乙巳
대운 남	10 · 1	1	1	1	1	2	2	2	3	3	3	4	4	4	5	5	5	6	6	6	7	7	7	8	8	8	9	9	9	10	10	10
대운 여	1 · 10	10	10	10	9	9	9	8	8	8	7	7	7	6	6	6	5	5	5	4	4	4	3	3	3	2	2	2	1	1	1	1

구분	8월 8일(양) 입추 22시 31분	8월 10일(양)	8월 20일(양)	8월 24일(양) 처서 13시 05분	9월 1일(양)
평균기온	27.7℃	25.5℃	23.9℃	24.0℃	23.9℃
최고기온	33.2℃	29.4℃	30.5℃	29.2℃	28.4℃
최저기온	22.3℃	23.2℃	17.9℃	18.5℃	19.9℃
강수량	-	4.4mm	1.1mm	-	0.1mm
일 출	05:40	05:42	05:51	05:54	06:01
일 몰	19:34	19:32	19:20	19:15	19:03

백로 己酉月 — 09.09 ~ 10.08(양)

구분	(입절)	10	11	12	13	14	15	16	17	18	19	20	21	22	23	24	25	26	27	28	29	30	10.1	2	3	4	5	6	7	8
양력	09.09	10	11	12	13	14	15	16	17	18	19	20	21	22	23	24	25	26	27	28	29	30	10.1	2	3	4	5	6	7	8
음력	08.14	15	16	17	18	19	20	21	22	23	24	25	26	27	28	29	30	9.1	2	3	4	5	6	7	8	9	10	11	12	13
일주	丙午	丁未	戊申	己酉	庚戌	辛亥	壬子	癸丑	甲寅	乙卯	丙辰	丁巳	戊午	己未	庚申	辛酉	壬戌	癸亥	甲子	乙丑	丙寅	丁卯	戊辰	己巳	庚午	辛未	壬申	癸酉	甲戌	乙亥
대운 남	10 · 1	1	1	1	1	2	2	2	3	3	3	4	4	4	5	5	5	6	6	6	7	7	7	8	8	8	9	9	9	10
대운 여	1 · 10	10	9	9	9	8	8	8	7	7	7	6	6	6	5	5	5	4	4	4	3	3	3	2	2	2	1	1	1	1

구분	9월 9일(양) 백로 01시 06분	9월 10일(양)	9월 20일(양)	9월 24일(양) 추분 10시 17분	10월 1일(양)
평균기온	21.0℃	21.0℃	16.8℃	18.5℃	16.8℃
최고기온	27.7℃	27.9℃	24.8℃	25.1℃	22.2℃
최저기온	15.7℃	14.5℃	8.2℃	12.1℃	13.4℃
강수량	-	-	-	-	16.6mm
일 출	06:08	06:08	06:17	06:20	06:26
일 몰	18:51	18:50	18:34	18:28	18:17

한로 庚戌月 — 10.09 ~ 11.07(양)

구분	(입절)	10	11	12	13	14	15	16	17	18	19	20	21	22	23	24	25	26	27	28	29	30	31	11.1	2	3	4	5	6	7
양력	10.09	10	11	12	13	14	15	16	17	18	19	20	21	22	23	24	25	26	27	28	29	30	31	11.1	2	3	4	5	6	7
음력	09.14	15	16	17	18	19	20	21	22	23	24	25	26	27	28	29	30	10.1	2	3	4	5	6	7	8	9	10	11	12	13
일주	丙子	丁丑	戊寅	己卯	庚辰	辛巳	壬午	癸未	甲申	乙酉	丙戌	丁亥	戊子	己丑	庚寅	辛卯	壬辰	癸巳	甲午	乙未	丙申	丁酉	戊戌	己亥	庚子	辛丑	壬寅	癸卯	甲辰	乙巳
대운 남	10 · 1	1	1	1	1	2	2	2	3	3	3	4	4	4	5	5	5	6	6	6	7	7	7	8	8	8	9	9	9	10
대운 여	1 · 10	10	9	9	9	8	8	8	7	7	7	6	6	6	5	5	5	4	4	4	3	3	3	2	2	2	1	1	1	1

구분	10월 9일(양) 한로 16시 15분	10월 10일(양)	10월 20일(양)	10월 24일(양) 상강 19시 07분	11월 1일(양)
평균기온	17.1℃	15.1℃	12.1℃	12.4℃	9.7℃
최고기온	20.3℃	16.4℃	20.2℃	17.3℃	15.6℃
최저기온	14.5℃	13.2℃	5.0℃	7.2℃	4.6℃
강수량	0.0mm	11.6mm	-	-	-
일 출	06:33	06:34	06:44	06:48	06:56
일 몰	18:05	18:04	17:50	17:45	17:35

입동 辛亥月 — 11.08 ~ 12.07(양)

구분	(입절)	9	10	11	12	13	14	15	16	17	18	19	20	21	22	23	24	25	26	27	28	29	30	12.1	2	3	4	5	6	7
양력	11.08	9	10	11	12	13	14	15	16	17	18	19	20	21	22	23	24	25	26	27	28	29	30	12.1	2	3	4	5	6	7
음력	10.14	15	16	17	18	19	20	21	22	23	24	25	26	27	28	29	11.1	2	3	4	5	6	7	8	9	10	11	12	13	14
일주	丙午	丁未	戊申	己酉	庚戌	辛亥	壬子	癸丑	甲寅	乙卯	丙辰	丁巳	戊午	己未	庚申	辛酉	壬戌	癸亥	甲子	乙丑	丙寅	丁卯	戊辰	己巳	庚午	辛未	壬申	癸酉	甲戌	乙亥
대운 남	10 · 1	1	1	1	1	2	2	2	3	3	3	4	4	4	5	5	5	6	6	6	7	7	7	8	8	8	9	9	9	10
대운 여	1 · 10	10	9	9	9	8	8	8	7	7	7	6	6	6	5	5	5	4	4	4	3	3	3	2	2	2	1	1	1	1

구분	11월 8일(양) 입동 18시 57분	11월 10일(양)	11월 20일(양)	11월 23일(양) 소설 16시 14분	12월 1일(양)
평균기온	10.1℃	10.6℃	9.0℃	2.7℃	4.3℃
최고기온	16.5℃	16.8℃	13.8℃	10.0℃	7.4℃
최저기온	3.8℃	1.8℃	1.9℃	-3.0℃	-1.1℃
강수량	-	-	3.0mm	-	1.2mm
일 출	07:03	07:05	07:16	07:19	07:27
일 몰	17:28	17:26	17:19	17:17	17:14

대설 壬子月 — 12.08 ~ 1928.01.05(양)

구분	(입절)	9	10	11	12	13	14	15	16	17	18	19	20	21	22	23	24	25	26	27	28	29	30	31	1.1	2	3	4	5
양력	12.08	9	10	11	12	13	14	15	16	17	18	19	20	21	22	23	24	25	26	27	28	29	30	31	1.1	2	3	4	5
음력	11.15	16	17	18	19	20	21	22	23	24	25	26	27	28	29	30	12.1	2	3	4	5	6	7	8	9	10	11	12	13
일주	丙子	丁丑	戊寅	己卯	庚辰	辛巳	壬午	癸未	甲申	乙酉	丙戌	丁亥	戊子	己丑	庚寅	辛卯	壬辰	癸巳	甲午	乙未	丙申	丁酉	戊戌	己亥	庚子	辛丑	壬寅	癸卯	甲辰
대운 남	10 · 1	1	1	1	1	2	2	2	3	3	3	4	4	4	5	5	5	6	6	6	7	7	7	8	8	8	9	9	9
대운 여	1 · 10	9	9	9	8	8	8	7	7	7	6	6	6	5	5	5	4	4	4	3	3	3	2	2	2	1	1	1	1

구분	12월 8일(양) 대설 11시 26분	12월 10일(양)	12월 20일(양)	12월 23일(양) 동지 05시 19분	1월 1일(양)
평균기온	2.3℃	0.9℃	-1.1℃	-0.5℃	-10.2℃
최고기온	4.4℃	5.7℃	4.6℃	4.2℃	-4.8℃
최저기온	0.4℃	-3.7℃	-10.4℃	-7.9℃	-20.0℃
강수량	-	-	6.7mm	0.3mm	0.5mm
일 출	07:33	07:35	07:42	07:44	07:47
일 몰	17:14	17:14	17:16	17:18	17:23

소한 癸丑月 — 01.06 ~ 02.04(양)

구분	(입절)	7	8	9	10	11	12	13	14	15	16	17	18	19	20	21	22	23	24	25	26	27	28	29	30	31	2.1	2	3	4
양력	1928.01.06	7	8	9	10	11	12	13	14	15	16	17	18	19	20	21	22	23	24	25	26	27	28	29	30	31	2.1	2	3	4
음력	1927.12.14	15	16	17	18	19	20	21	22	23	24	25	26	27	28	29	30	1.1	2	3	4	5	6	7	8	9	10	11	12	13
일주	乙巳	丙午	丁未	戊申	己酉	庚戌	辛亥	壬子	癸丑	甲寅	乙卯	丙辰	丁巳	戊午	己未	庚申	辛酉	壬戌	癸亥	甲子	乙丑	丙寅	丁卯	戊辰	己巳	庚午	辛未	壬申	癸酉	甲戌
대운 남	10 · 1	1	1	1	1	2	2	2	3	3	3	4	4	4	5	5	5	6	6	6	7	7	7	8	8	8	9	9	9	10
대운 여	1 · 10	10	9	9	9	8	8	8	7	7	7	6	6	6	5	5	5	4	4	4	3	3	3	2	2	2	1	1	1	1

구분	1월 6일(양) 소한 22시 31분	1월 10일(양)	1월 20일(양)	1월 21일(양) 대한 15시 57분	2월 1일(양)
평균기온	-14.9℃	-0.2℃	-4.9℃	-1.2℃	-7.8℃
최고기온	-9.3℃	3.0℃	0.5℃	2.2℃	-3.8℃
최저기온	-20.9℃	-2.3℃	-10.7℃	-6.9℃	-13.2℃
강수량	-	0.0mm	-	-	-
일 출	07:48	07:47	07:45	07:44	07:37
일 몰	17:28	17:31	17:41	17:42	17:54

입춘 02.05 ~ 03.05(양)

甲寅月

	시작	6	7	8	9	10	11	12	13	14	15	16	17	18	19	20	21	22	23	24	25	26	27	28	29	3.1	2	3	4	5
양력	1928.02.05	6	7	8	9	10	11	12	13	14	15	16	17	18	19	20	21	22	23	24	25	26	27	28	29	3.1	2	3	4	5
음력	1928.01.14	15	16	17	18	19	20	21	22	23	24	25	26	27	28	29	2.1	2	3	4	5	6	7	8	9	10	11	12	13	14
일주	乙亥	丙子	丁丑	戊寅	己卯	庚辰	辛巳	壬午	癸未	甲申	乙酉	丙戌	丁亥	戊子	己丑	庚寅	辛卯	壬辰	癸巳	甲午	乙未	丙申	丁酉	戊戌	己亥	庚子	辛丑	壬寅	癸卯	甲辰
대운 남	10 10	10	9	9	9	8	8	8	7	7	7	6	6	6	5	5	5	4	4	4	3	3	3	2	2	2	1	1	1	1
대운 여	1 1	1	1	1	1	2	2	2	3	3	3	4	4	4	5	5	5	6	6	6	7	7	7	8	8	8	9	9	9	10

	2월 5일(양) 입춘 10시 16분	2월 10일(양)	2월 20일(양) 우수 06시 19분	3월 1일(양)
평균기온	−3.1℃	−1.9℃	−4.2℃	9.3℃
최고기온	−1.0℃	1.3℃	1.1℃	13.0℃
최저기온	−7.6℃	−8.5℃	−10.7℃	5.8℃
강수량	0.2mm	−	−	0.1mm
일 출	07:34	07:29	07:18	07:05
일 몰	17:59	18:04	18:15	18:25

경칩 03.06 ~ 04.04(양)

乙卯月

	시작	7	8	9	10	11	12	13	14	15	16	17	18	19	20	21	22	23	24	25	26	27	28	29	30	31	4.1	2	3	4
양력	03.06	7	8	9	10	11	12	13	14	15	16	17	18	19	20	21	22	23	24	25	26	27	28	29	30	31	4.1	2	3	4
음력	02.15	16	17	18	19	20	21	22	23	24	25	26	27	28	29	30	윤2.1	2	3	4	5	6	7	8	9	10	11	12	13	14
일주	乙巳	丙午	丁未	戊申	己酉	庚戌	辛亥	壬子	癸丑	甲寅	乙卯	丙辰	丁巳	戊午	己未	庚申	辛酉	壬戌	癸亥	甲子	乙丑	丙寅	丁卯	戊辰	己巳	庚午	辛未	壬申	癸酉	甲戌
대운 남	1 10	10	10	9	9	9	8	8	8	7	7	7	6	6	6	5	5	5	4	4	4	3	3	3	2	2	2	1	1	1
대운 여	10 1	1	1	1	2	2	2	3	3	3	4	4	4	5	5	5	6	6	6	7	7	7	8	8	8	9	9	9	10	10

	3월 6일(양) 경칩 04시 37분	3월 10일(양)	3월 20일(양)	3월 21일(양) 춘분 05시 44분	4월 1일(양)
평균기온	1.0℃	1.8℃	9.5℃	2.5℃	10.4℃
최고기온	6.6℃	5.3℃	14.1℃	8.3℃	18.4℃
최저기온	−3.9℃	0.2℃	3.6℃	−0.6℃	2.3℃
강수량	−	2.1mm	0.0mm	0.5mm	−
일 출	06:58	06:52	06:37	06:35	06:19
일 몰	18:30	18:34	18:43	18:44	18:54

청명 04.05 ~ 05.05(양)

丙辰月

	시작	6	7	8	9	10	11	12	13	14	15	16	17	18	19	20	21	22	23	24	25	26	27	28	29	30	5.1	2	3	4	5
양력	04.05	6	7	8	9	10	11	12	13	14	15	16	17	18	19	20	21	22	23	24	25	26	27	28	29	30	5.1	2	3	4	5
음력	02.15	16	17	18	19	20	21	22	23	24	25	26	27	28	29	3.1	2	3	4	5	6	7	8	9	10	11	12	13	14	15	16
일주	乙亥	丙子	丁丑	戊寅	己卯	庚辰	辛巳	壬午	癸未	甲申	乙酉	丙戌	丁亥	戊子	己丑	庚寅	辛卯	壬辰	癸巳	甲午	乙未	丙申	丁酉	戊戌	己亥	庚子	辛丑	壬寅	癸卯	甲辰	乙巳
대운 남	1 10	10	10	9	9	9	8	8	8	7	7	7	6	6	6	5	5	5	4	4	4	3	3	3	2	2	2	1	1	1	1
대운 여	10 1	1	1	1	2	2	2	3	3	3	4	4	4	5	5	5	6	6	6	7	7	7	8	8	8	9	9	9	10	10	10

	4월 5일(양) 청명 09시 55분	4월 10일(양)	4월 20일(양) 곡우 17시 17분	5월 1일(양)
평균기온	9.7℃	11.1℃	10.3℃	17.3℃
최고기온	18.2℃	19.9℃	18.6℃	24.4℃
최저기온	2.0℃	2.4℃	2.1℃	13.0℃
강수량	−	−	−	−
일 출	06:13	06:05	05:51	05:38
일 몰	18:58	19:02	19:11	19:21

입하 05.06 ~ 06.05(양)

丁巳月

	시작	7	8	9	10	11	12	13	14	15	16	17	18	19	20	21	22	23	24	25	26	27	28	29	30	31	6.1	2	3	4	5
양력	05.06	7	8	9	10	11	12	13	14	15	16	17	18	19	20	21	22	23	24	25	26	27	28	29	30	31	6.1	2	3	4	5
음력	03.17	18	19	20	21	22	23	24	25	26	27	28	29	4.1	2	3	4	5	6	7	8	9	10	11	12	13	14	15	16	17	18
일주	丙午	丁未	戊申	己酉	庚戌	辛亥	壬子	癸丑	甲寅	乙卯	丙辰	丁巳	戊午	己未	庚申	辛酉	壬戌	癸亥	甲子	乙丑	丙寅	丁卯	戊辰	己巳	庚午	辛未	壬申	癸酉	甲戌	乙亥	丙子
대운 남	1 10	10	10	9	9	9	8	8	8	7	7	7	6	6	6	5	5	5	4	4	4	3	3	3	2	2	2	1	1	1	1
대운 여	10 1	1	1	1	2	2	2	3	3	3	4	4	4	5	5	5	6	6	6	7	7	7	8	8	8	9	9	9	10	10	10

	5월 6일(양) 입하 03시 44분	5월 10일(양)	5월 20일(양)	5월 21일(양) 소만 16시 52분	6월 1일(양)
평균기온	15.9℃	14.0℃	15.2℃	16.3℃	21.0℃
최고기온	23.3℃	20.7℃	22.4℃	19.8℃	27.7℃
최저기온	13.6℃	6.6℃	11.3℃	12.1℃	14.6℃
강수량	13.6mm	−	4.3mm	0.2mm	−
일 출	05:32	05:28	05:19	05:19	05:12
일 몰	19:26	19:29	19:38	19:39	19:47

망종 06.06 ~ 07.06(양)

戊午月

	시작	7	8	9	10	11	12	13	14	15	16	17	18	19	20	21	22	23	24	25	26	27	28	29	30	7.1	2	3	4	5	6
양력	06.06	7	8	9	10	11	12	13	14	15	16	17	18	19	20	21	22	23	24	25	26	27	28	29	30	7.1	2	3	4	5	6
음력	04.19	20	21	22	23	24	25	26	27	28	29	30	5.1	2	3	4	5	6	7	8	9	10	11	12	13	14	15	16	17	18	19
일주	丁丑	戊寅	己卯	庚辰	辛巳	壬午	癸未	甲申	乙酉	丙戌	丁亥	戊子	己丑	庚寅	辛卯	壬辰	癸巳	甲午	乙未	丙申	丁酉	戊戌	己亥	庚子	辛丑	壬寅	癸卯	甲辰	乙巳	丙午	丁未
대운 남	1 10	10	10	9	9	9	8	8	8	7	7	7	6	6	6	5	5	5	4	4	4	3	3	3	2	2	2	1	1	1	1
대운 여	10 1	1	1	1	2	2	2	3	3	3	4	4	4	5	5	5	6	6	6	7	7	7	8	8	8	9	9	9	10	10	10

	6월 6일(양) 망종 08시 17분	6월 10일(양)	6월 20일(양)	6월 22일(양) 하지 01시 06분	7월 1일(양)
평균기온	19.2℃	23.8℃	20.3℃	20.9℃	22.3℃
최고기온	27.4℃	31.8℃	27.9℃	25.7℃	26.1℃
최저기온	12.1℃	15.8℃	13.6℃	18.7℃	18.9℃
강수량	−	−	−	6.0mm	0.9mm
일 출	05:11	05:10	05:10	05:11	05:14
일 몰	19:50	19:52	19:56	19:57	19:57

소서 07.07 ~ 08.07(양)

己未月

	시작	8	9	10	11	12	13	14	15	16	17	18	19	20	21	22	23	24	25	26	27	28	29	30	31	8.1	2	3	4	5	6	7
양력	07.07	8	9	10	11	12	13	14	15	16	17	18	19	20	21	22	23	24	25	26	27	28	29	30	31	8.1	2	3	4	5	6	7
음력	05.20	21	22	23	24	25	26	27	28	29	6.1	2	3	4	5	6	7	8	9	10	11	12	13	14	15	16	17	18	19	20	21	22
일주	戊申	己酉	庚戌	辛亥	壬子	癸丑	甲寅	乙卯	丙辰	丁巳	戊午	己未	庚申	辛酉	壬戌	癸亥	甲子	乙丑	丙寅	丁卯	戊辰	己巳	庚午	辛未	壬申	癸酉	甲戌	乙亥	丙子	丁丑	戊寅	己卯
대운 남	1 10	10	10	10	9	9	9	8	8	8	7	7	7	6	6	6	5	5	5	4	4	4	3	3	3	2	2	2	1	1	1	1
대운 여	10 1	1	1	1	2	2	2	3	3	3	4	4	4	5	5	5	6	6	6	7	7	7	8	8	8	9	9	9	10	10	10	10

	7월 7일(양) 소서 18시 44분	7월 10일(양)	7월 20일(양)	7월 23일(양) 대서 12시 02분	8월 1일(양)
평균기온	22.4℃	25.6℃	25.3℃	25.0℃	26.4℃
최고기온	24.4℃	30.3℃	30.7℃	30.7℃	31.9℃
최저기온	20.3℃	21.1℃	20.4℃	19.4℃	20.9℃
강수량	38.6mm	−	−	0.0mm	−
일 출	05:17	05:19	05:26	05:28	05:35
일 몰	19:56	19:55	19:50	19:48	19:41

입추 08.08 ~ 09.07(양) — 庚申月

양력	08.08	9	10	11	12	13	14	15	16	17	18	19	20	21	22	23	24	25	26	27	28	29	30	31	9.1	2	3	4	5	6	7
음력	06.23	24	25	26	27	28	29	7.1	2	3	4	5	6	7	8	9	10	11	12	13	14	15	16	17	18	19	20	21	22	23	24
일주	庚辰	辛巳	壬午	癸未	甲申	乙酉	丙戌	丁亥	戊子	己丑	庚寅	辛卯	壬辰	癸巳	甲午	乙未	丙申	丁酉	戊戌	己亥	庚子	辛丑	壬寅	癸卯	甲辰	乙巳	丙午	丁未	戊申	己酉	庚戌
대운 남	1 / 10	10	10	9	9	9	8	8	8	7	7	7	6	6	6	5	5	5	4	4	4	3	3	3	2	2	2	1	1	1	1
대운 여	10 / 1	1	1	1	1	2	2	2	3	3	3	4	4	4	5	5	5	6	6	6	7	7	7	8	8	8	9	9	9	10	10

구분	평균기온	최고기온	최저기온	강수량	일 출	일 몰
8월 8일(양) 입추 04시 28분	27.9℃	34.9℃	21.1℃	–	05:41	19:34
8월 10일(양)	26.2℃	31.9℃	23.0℃	–	05:43	19:31
8월 20일(양)	25.9℃	32.0℃	21.4℃	–	05:51	19:19
8월 23일(양) 처서 18시 53분	24.9℃	32.2℃	18.4℃	–	05:54	19:15
9월 1일(양)	24.4℃	29.4℃	21.0℃	–	06:01	19:02

백로 09.08 ~ 10.07(양) — 辛酉月

양력	09.08	9	10	11	12	13	14	15	16	17	18	19	20	21	22	23	24	25	26	27	28	29	30	10.1	2	3	4	5	6	7
음력	07.25	26	27	28	29	30	8.1	2	3	4	5	6	7	8	9	10	11	12	13	14	15	16	17	18	19	20	21	22	23	24
일주	辛亥	壬子	癸丑	甲寅	乙卯	丙辰	丁巳	戊午	己未	庚申	辛酉	壬戌	癸亥	甲子	乙丑	丙寅	丁卯	戊辰	己巳	庚午	辛未	壬申	癸酉	甲戌	乙亥	丙子	丁丑	戊寅	己卯	庚辰
대운 남	1 / 10	10	9	9	9	8	8	8	7	7	7	6	6	6	5	5	5	4	4	4	3	3	3	2	2	2	1	1	1	1
대운 여	10 / 1	1	1	1	1	2	2	2	3	3	3	4	4	4	5	5	5	6	6	6	7	7	7	8	8	8	9	9	9	10

구분	평균기온	최고기온	최저기온	강수량	일 출	일 몰
9월 8일(양) 백로 07시 02분	24.5℃	27.0℃	20.5℃	–	06:07	18:52
9월 10일(양)	21.2℃	27.0℃	18.1℃	–	06:09	18:49
9월 20일(양)	21.2℃	29.2℃	16.4℃	–	06:17	18:33
9월 23일(양) 추분 16시 06분	21.5℃	26.5℃	17.9℃	0.0mm	06:20	18:29
10월 1일(양)	15.2℃	22.8℃	6.2℃	–	06:27	18:16

한로 10.08 ~ 11.07(양) — 壬戌月

양력	10.08	9	10	11	12	13	14	15	16	17	18	19	20	21	22	23	24	25	26	27	28	29	30	31	11.1	2	3	4	5	6	7
음력	08.25	26	27	28	29	30	9.1	2	3	4	5	6	7	8	9	10	11	12	13	14	15	16	17	18	19	20	21	22	23	24	25
일주	辛巳	壬午	癸未	甲申	乙酉	丙戌	丁亥	戊子	己丑	庚寅	辛卯	壬辰	癸巳	甲午	乙未	丙申	丁酉	戊戌	己亥	庚子	辛丑	壬寅	癸卯	甲辰	乙巳	丙午	丁未	戊申	己酉	庚戌	辛亥
대운 남	1 / 10	10	10	9	9	9	8	8	8	7	7	7	6	6	6	5	5	5	4	4	4	3	3	3	2	2	2	1	1	1	1
대운 여	10 / 1	1	1	1	1	2	2	2	3	3	3	4	4	4	5	5	5	6	6	6	7	7	7	8	8	8	9	9	9	10	10

구분	평균기온	최고기온	최저기온	강수량	일 출	일 몰
10월 8일(양) 한로 22시 10분	9.3℃	14.7℃	2.9℃	0.0mm	06:33	18:06
10월 10일(양)	11.4℃	17.8℃	5.5℃	–	06:35	18:03
10월 20일(양)	10.1℃	17.5℃	3.0℃	–	06:44	17:49
10월 24일(양) 상강 00시 55분	12.5℃	22.4℃	4.0℃	–	06:48	17:44
11월 1일(양)	9.4℃	15.0℃	-1.3℃	0.0mm	06:56	17:35

입동 11.08 ~ 12.06(양) — 癸亥月

양력	11.08	9	10	11	12	13	14	15	16	17	18	19	20	21	22	23	24	25	26	27	28	29	30	12.1	2	3	4	5	6
음력	09.26	27	28	29	10.1	2	3	4	5	6	7	8	9	10	11	12	13	14	15	16	17	18	19	20	21	22	23	24	25
일주	壬子	癸丑	甲寅	乙卯	丙辰	丁巳	戊午	己未	庚申	辛酉	壬戌	癸亥	甲子	乙丑	丙寅	丁卯	戊辰	己巳	庚午	辛未	壬申	癸酉	甲戌	乙亥	丙子	丁丑	戊寅	己卯	庚辰
대운 남	1 / 10	9	9	9	8	8	8	7	7	7	6	6	6	5	5	5	4	4	4	3	3	3	2	2	2	1	1	1	1
대운 여	10 / 1	1	1	1	1	2	2	2	3	3	3	4	4	4	5	5	5	6	6	6	7	7	7	8	8	8	9	9	9

구분	평균기온	최고기온	최저기온	강수량	일 출	일 몰
11월 8일(양) 입동 00시 50분	8.8℃	14.5℃	4.5℃	0.2mm	07:04	17:28
11월 10일(양)	0.2℃	5.2℃	-4.6℃	–	07:06	17:26
11월 20일(양)	6.3℃	12.3℃	-0.3℃	2.8mm	07:16	17:18
11월 22일(양) 소설 22시 00분	1.4℃	7.5℃	-3.5℃	–	07:19	17:17
12월 1일(양)	7.6℃	13.3℃	1.4℃	–	07:28	17:14

대설 12.07 ~ 1929.01.05(양) — 甲子月

양력	12.07	8	9	10	11	12	13	14	15	16	17	18	19	20	21	22	23	24	25	26	27	28	29	30	31	1.1	2	3	4	5
음력	10.26	27	28	29	30	11.1	2	3	4	5	6	7	8	9	10	11	12	13	14	15	16	17	18	19	20	21	22	23	24	25
일주	辛巳	壬午	癸未	甲申	乙酉	丙戌	丁亥	戊子	己丑	庚寅	辛卯	壬辰	癸巳	甲午	乙未	丙申	丁酉	戊戌	己亥	庚子	辛丑	壬寅	癸卯	甲辰	乙巳	丙午	丁未	戊申	己酉	庚戌
대운 남	1 / 10	10	9	9	9	8	8	8	7	7	7	6	6	6	5	5	5	4	4	4	3	3	3	2	2	2	1	1	1	1
대운 여	10 / 1	1	1	1	1	2	2	2	3	3	3	4	4	4	5	5	5	6	6	6	7	7	7	8	8	8	9	9	9	10

구분	평균기온	최고기온	최저기온	강수량	일 출	일 몰
12월 7일(양) 대설 17시 17분	-0.2℃	6.5℃	-6.7℃	–	07:33	17:14
12월 10일(양)	-1.9℃	2.4℃	-7.4℃	–	07:36	17:14
12월 20일(양)	-9.4℃	-3.3℃	-15.7℃	–	07:42	17:17
12월 22일(양) 동지 11시 04분	1.8℃	5.4℃	-3.5℃	3.5mm	07:44	17:18
1월 1일(양)	-9.2℃	-6.3℃	-12.2℃	–	07:47	17:24

소한 01.06 ~ 02.03(양) — 乙丑月

양력	1929.01.06	7	8	9	10	11	12	13	14	15	16	17	18	19	20	21	22	23	24	25	26	27	28	29	30	31	2.1	2	3
음력	1928.11.26	27	28	29	30	12.1	2	3	4	5	6	7	8	9	10	11	12	13	14	15	16	17	18	19	20	21	22	23	24
일주	辛亥	壬子	癸丑	甲寅	乙卯	丙辰	丁巳	戊午	己未	庚申	辛酉	壬戌	癸亥	甲子	乙丑	丙寅	丁卯	戊辰	己巳	庚午	辛未	壬申	癸酉	甲戌	乙亥	丙子	丁丑	戊寅	己卯
대운 남	1 / 10	9	9	9	8	8	8	7	7	7	6	6	6	5	5	5	4	4	4	3	3	3	2	2	2	1	1	1	1
대운 여	10 / 1	1	1	1	1	2	2	2	3	3	3	4	4	4	5	5	5	6	6	6	7	7	7	8	8	8	9	9	9

구분	평균기온	최고기온	최저기온	강수량	일 출	일 몰
1월 6일(양) 소한 04시 22분	-8.3℃	1.2℃	-11.7℃	–	07:48	17:28
1월 10일(양)	-1.9℃	1.6℃	-6.2℃	2.6mm	07:47	17:32
1월 20일(양) 대한 21시 42분	-5.7℃	-2.4℃	-10.0℃	–	07:44	17:42
2월 1일(양)	-11.6℃	-7.6℃	-14.8℃	–	07:37	17:55

1929

입춘 — 02.04 ~ 03.05(양)

丙寅月

양력	1929.02.04	5	6	7	8	9	10	11	12	13	14	15	16	17	18	19	20	21	22	23	24	25	26	27	28	3.1	2	3	4	5
음력	1928.12.25	26	27	28	29	30	1.1	2	3	4	5	6	7	8	9	10	11	12	13	14	15	16	17	18	19	20	21	22	23	24
일주	庚辰	辛巳	壬午	癸未	甲申	乙酉	丙戌	丁亥	戊子	己丑	庚寅	辛卯	壬辰	癸巳	甲午	乙未	丙申	丁酉	戊戌	己亥	庚子	辛丑	壬寅	癸卯	甲辰	乙巳	丙午	丁未	戊申	己酉
대운 남	1, 1	1	1	1	1	2	2	2	3	3	3	4	4	4	5	5	5	6	6	6	7	7	7	8	8	8	9	9	9	10
대운 여	10, 10	10	9	9	9	8	8	8	7	7	7	6	6	6	5	5	5	4	4	4	3	3	3	2	2	2	1	1	1	1

2월 4일(양) 입춘 16시 09분 — 평균기온: −3.9℃, 최고기온: 1.2℃, 최저기온: −10.4℃, 강수량: −, 일 출: 07:34, 일 몰: 17:58
2월 10일(양) — 평균기온: −10.0℃, 최고기온: −4.1℃, 최저기온: −15.1℃, 강수량: −, 일 출: 07:28, 일 몰: 18:05
2월 19일(양) 우수 12시 07분 — 평균기온: −1.4℃, 최고기온: 5.0℃, 최저기온: −8.0℃, 강수량: −, 일 출: 07:18, 일 몰: 18:15
2월 20일(양) — 평균기온: 1.4℃, 최고기온: 8.4℃, 최저기온: −4.6℃, 강수량: −, 일 출: 07:17, 일 몰: 18:16
3월 1일(양) — 평균기온: 1.6℃, 최고기온: 7.6℃, 최저기온: −2.7℃, 강수량: −, 일 출: 07:05, 일 몰: 18:25

경칩 — 03.06 ~ 04.04(양)

丁卯月

양력	03.06	7	8	9	10	11	12	13	14	15	16	17	18	19	20	21	22	23	24	25	26	27	28	29	30	31	4.1	2	3	4
음력	01.25	26	27	28	29	2.1	2	3	4	5	6	7	8	9	10	11	12	13	14	15	16	17	18	19	20	21	22	23	24	25
일주	庚戌	辛亥	壬子	癸丑	甲寅	乙卯	丙辰	丁巳	戊午	己未	庚申	辛酉	壬戌	癸亥	甲子	乙丑	丙寅	丁卯	戊辰	己巳	庚午	辛未	壬申	癸酉	甲戌	乙亥	丙子	丁丑	戊寅	己卯
대운 남	10, 1	1	1	1	1	2	2	2	3	3	3	4	4	4	5	5	5	6	6	6	7	7	7	8	8	8	9	9	9	10
대운 여	1, 10	10	9	9	9	8	8	8	7	7	7	6	6	6	5	5	5	4	4	4	3	3	3	2	2	2	1	1	1	1

3월 6일(양) 경칩 10시 32분 — 평균기온: 1.0℃, 최고기온: 9.4℃, 최저기온: −6.3℃, 강수량: −, 일 출: 06:58, 일 몰: 18:30
3월 10일(양) — 평균기온: 2.6℃, 최고기온: 8.4℃, 최저기온: −1.3℃, 강수량: −, 일 출: 06:52, 일 몰: 18:34
3월 20일(양) — 평균기온: 2.1℃, 최고기온: 7.4℃, 최저기온: −3.1℃, 강수량: −, 일 출: 06:37, 일 몰: 18:43
3월 21일(양) 춘분 11시 35분 — 평균기온: 5.1℃, 최고기온: 10.4℃, 최저기온: −2.7℃, 강수량: −, 일 출: 06:36, 일 몰: 18:44
4월 1일(양) — 평균기온: 10.2℃, 최고기온: 17.4℃, 최저기온: 4.4℃, 강수량: −, 일 출: 06:19, 일 몰: 18:54

청명 — 04.05 ~ 05.05(양)

戊辰月

양력	04.05	6	7	8	9	10	11	12	13	14	15	16	17	18	19	20	21	22	23	24	25	26	27	28	29	30	5.1	2	3	4	5
음력	02.26	27	28	29	30	3.1	2	3	4	5	6	7	8	9	10	11	12	13	14	15	16	17	18	19	20	21	22	23	24	25	26
일주	庚辰	辛巳	壬午	癸未	甲申	乙酉	丙戌	丁亥	戊子	己丑	庚寅	辛卯	壬辰	癸巳	甲午	乙未	丙申	丁酉	戊戌	己亥	庚子	辛丑	壬寅	癸卯	甲辰	乙巳	丙午	丁未	戊申	己酉	庚戌
대운 남	10, 1	1	1	1	1	2	2	2	3	3	3	4	4	4	5	5	5	6	6	6	7	7	7	8	8	8	9	9	9	10	10
대운 여	1, 10	10	10	9	9	9	8	8	8	7	7	7	6	6	6	5	5	5	4	4	4	3	3	3	2	2	2	1	1	1	1

4월 5일(양) 청명 15시 51분 — 평균기온: 9.9℃, 최고기온: 17.0℃, 최저기온: 3.4℃, 강수량: −, 일 출: 06:13, 일 몰: 18:58
4월 10일(양) — 평균기온: 8.2℃, 최고기온: 14.5℃, 최저기온: 3.6℃, 강수량: 0.3mm, 일 출: 06:06, 일 몰: 19:02
4월 20일(양) 곡우 23시 10분 — 평균기온: 10.8℃, 최고기온: 15.5℃, 최저기온: 6.0℃, 강수량: 3.5mm, 일 출: 05:52, 일 몰: 19:11
5월 1일(양) — 평균기온: 13.8℃, 최고기온: 22.4℃, 최저기온: 8.9℃, 강수량: 0.2mm, 일 출: 05:38, 일 몰: 19:21

입하 — 05.06 ~ 06.05(양)

己巳月

양력	05.06	7	8	9	10	11	12	13	14	15	16	17	18	19	20	21	22	23	24	25	26	27	28	29	30	31	6.1	2	3	4	5
음력	03.27	28	29	4.1	2	3	4	5	6	7	8	9	10	11	12	13	14	15	16	17	18	19	20	21	22	23	24	25	26	27	28
일주	辛亥	壬子	癸丑	甲寅	乙卯	丙辰	丁巳	戊午	己未	庚申	辛酉	壬戌	癸亥	甲子	乙丑	丙寅	丁卯	戊辰	己巳	庚午	辛未	壬申	癸酉	甲戌	乙亥	丙子	丁丑	戊寅	己卯	庚辰	辛巳
대운 남	10, 1	1	1	1	1	2	2	2	3	3	3	4	4	4	5	5	5	6	6	6	7	7	7	8	8	8	9	9	9	10	10
대운 여	1, 10	10	10	9	9	9	8	8	8	7	7	7	6	6	6	5	5	5	4	4	4	3	3	3	2	2	2	1	1	1	1

5월 6일(양) 입하 09시 40분 — 평균기온: 14.1℃, 최고기온: 19.5℃, 최저기온: 8.3℃, 강수량: 0.9mm, 일 출: 05:32, 일 몰: 19:26
5월 10일(양) — 평균기온: 13.6℃, 최고기온: 19.8℃, 최저기온: 10.0℃, 강수량: 0.2mm, 일 출: 05:28, 일 몰: 19:29
5월 20일(양) — 평균기온: 18.6℃, 최고기온: 26.9℃, 최저기온: 12.0℃, 강수량: −, 일 출: 05:19, 일 몰: 19:38
5월 21일(양) 소만 22시 48분 — 평균기온: 18.4℃, 최고기온: 25.7℃, 최저기온: 10.2℃, 강수량: −, 일 출: 05:19, 일 몰: 19:39
6월 1일(양) — 평균기온: 20.7℃, 최고기온: 30.0℃, 최저기온: 14.1℃, 강수량: −, 일 출: 05:13, 일 몰: 19:47

망종 — 06.06 ~ 07.07(양)

庚午月

양력	06.06	7	8	9	10	11	12	13	14	15	16	17	18	19	20	21	22	23	24	25	26	27	28	29	30	7.1	2	3	4	5	6	7
음력	04.29	5.1	2	3	4	5	6	7	8	9	10	11	12	13	14	15	16	17	18	19	20	21	22	23	24	25	26	27	28	29	30	6.1
일주	壬午	癸未	甲申	乙酉	丙戌	丁亥	戊子	己丑	庚寅	辛卯	壬辰	癸巳	甲午	乙未	丙申	丁酉	戊戌	己亥	庚子	辛丑	壬寅	癸卯	甲辰	乙巳	丙午	丁未	戊申	己酉	庚戌	辛亥	壬子	癸丑
대운 남	10, 1	1	1	1	1	2	2	2	3	3	3	4	4	4	5	5	5	6	6	6	7	7	7	8	8	8	9	9	9	10	10	10
대운 여	1, 10	10	10	10	9	9	9	8	8	8	7	7	7	6	6	6	5	5	5	4	4	4	3	3	3	2	2	2	1	1	1	1

6월 6일(양) 망종 14시 11분 — 평균기온: 21.1℃, 최고기온: 25.9℃, 최저기온: 17.0℃, 강수량: −, 일 출: 05:11, 일 몰: 19:50
6월 10일(양) — 평균기온: 23.7℃, 최고기온: 31.0℃, 최저기온: 16.6℃, 강수량: −, 일 출: 05:10, 일 몰: 19:52
6월 20일(양) — 평균기온: 22.1℃, 최고기온: 29.8℃, 최저기온: 15.0℃, 강수량: −, 일 출: 05:10, 일 몰: 19:56
6월 22일(양) 하지 07시 01분 — 평균기온: 23.0℃, 최고기온: 31.2℃, 최저기온: 16.4℃, 강수량: −, 일 출: 05:11, 일 몰: 19:57
7월 1일(양) — 평균기온: 21.5℃, 최고기온: 24.6℃, 최저기온: 20.1℃, 강수량: 50.2mm, 일 출: 05:14, 일 몰: 19:57

소서 — 07.08 ~ 08.07(양)

辛未月

양력	07.08	9	10	11	12	13	14	15	16	17	18	19	20	21	22	23	24	25	26	27	28	29	30	31	8.1	2	3	4	5	6	7
음력	06.02	3	4	5	6	7	8	9	10	11	12	13	14	15	16	17	18	19	20	21	22	23	24	25	26	27	28	29	7.1	2	3
일주	甲寅	乙卯	丙辰	丁巳	戊午	己未	庚申	辛酉	壬戌	癸亥	甲子	乙丑	丙寅	丁卯	戊辰	己巳	庚午	辛未	壬申	癸酉	甲戌	乙亥	丙子	丁丑	戊寅	己卯	庚辰	辛巳	壬午	癸未	甲申
대운 남	10, 1	1	1	1	1	2	2	2	3	3	3	4	4	4	5	5	5	6	6	6	7	7	7	8	8	8	9	9	9	10	10
대운 여	1, 10	10	10	9	9	9	8	8	8	7	7	7	6	6	6	5	5	5	4	4	4	3	3	3	2	2	2	1	1	1	1

7월 8일(양) 소서 00시 32분 — 평균기온: 25.2℃, 최고기온: 30.8℃, 최저기온: 19.2℃, 강수량: −, 일 출: 05:17, 일 몰: 19:56
7월 10일(양) — 평균기온: 26.3℃, 최고기온: 32.7℃, 최저기온: 21.7℃, 강수량: −, 일 출: 05:19, 일 몰: 19:55
7월 20일(양) — 평균기온: 26.2℃, 최고기온: 32.2℃, 최저기온: 22.5℃, 강수량: −, 일 출: 05:25, 일 몰: 19:51
7월 23일(양) 대서 17시 53분 — 평균기온: 28.3℃, 최고기온: 32.8℃, 최저기온: 25.3℃, 강수량: 3.2mm, 일 출: 05:28, 일 몰: 19:49
8월 1일(양) — 평균기온: 28.6℃, 최고기온: 33.7℃, 최저기온: 25.3℃, 강수량: −, 일 출: 05:35, 일 몰: 19:41

입추 — 08.08 ~ 09.07(양) · 壬申月

양력	08.08	9	10	11	12	13	14	15	16	17	18	19	20	21	22	23	24	25	26	27	28	29	30	31	9.1	2	3	4	5	6	7
음력	07.04	5	6	7	8	9	10	11	12	13	14	15	16	17	18	19	20	21	22	23	24	25	26	27	28	29	8.1	2	3	4	5
일주	乙酉	丙戌	丁亥	戊子	己丑	庚寅	辛卯	壬辰	癸巳	甲午	乙未	丙申	丁酉	戊戌	己亥	庚子	辛丑	壬寅	癸卯	甲辰	乙巳	丙午	丁未	戊申	己酉	庚戌	辛亥	壬子	癸丑	甲寅	乙卯
대운 남	10 1	1	1	1	1	2	2	2	3	3	3	4	4	4	5	5	5	6	6	6	7	7	7	8	8	8	9	9	9	10	10
운 여	1 10	10	10	10	10	9	9	9	8	8	8	7	7	7	6	6	6	5	5	5	4	4	4	3	3	3	2	2	2	1	1

	8월 8일(양) 입추 10시 09분	8월 10일(양)	8월 20일(양)	8월 24일(양) 처서 00시 41분	9월 1일(양)
평균기온	26.8℃	28.1℃	25.7℃	22.2℃	22.3℃
최고기온	31.0℃	35.1℃	30.7℃	26.7℃	28.5℃
최저기온	24.0℃	22.2℃	23.0℃	18.8℃	15.3℃
강수량	14.7mm	–	5.9mm	4.8mm	–
일 출	05:41	05:43	05:51	05:55	06:01
일 몰	19:34	19:32	19:19	19:14	19:02

백로 — 09.08 ~ 10.08(양) · 癸酉月

양력	09.08	9	10	11	12	13	14	15	16	17	18	19	20	21	22	23	24	25	26	27	28	29	30	10.1	2	3	4	5	6	7	8
음력	08.06	7	8	9	10	11	12	13	14	15	16	17	18	19	20	21	22	23	24	25	26	27	28	29	30	9.1	2	3	4	5	6
일주	丙辰	丁巳	戊午	己未	庚申	辛酉	壬戌	癸亥	甲子	乙丑	丙寅	丁卯	戊辰	己巳	庚午	辛未	壬申	癸酉	甲戌	乙亥	丙子	丁丑	戊寅	己卯	庚辰	辛巳	壬午	癸未	甲申	乙酉	丙戌
대운 남	10 1	1	1	1	2	2	2	3	3	3	4	4	4	5	5	5	6	6	6	7	7	7	8	8	8	9	9	9	10	10	10
운 여	1 10	10	10	10	9	9	9	8	8	8	7	7	7	6	6	6	5	5	5	4	4	4	3	3	3	2	2	2	1	1	1

	9월 8일(양) 백로 12시 40분	9월 10일(양)	9월 20일(양)	9월 23일(양) 추분 21시 52분	10월 1일(양)
평균기온	20.1℃	19.4℃	16.0℃	19.7℃	15.4℃
최고기온	26.0℃	26.1℃	25.8℃	28.0℃	21.9℃
최저기온	14.7℃	13.6℃	8.6℃	11.4℃	11.3℃
강수량	–	0.0mm	–	–	–
일 출	06:07	06:09	06:17	06:20	06:27
일 몰	18:52	18:49	18:34	18:29	18:17

한로 — 10.09 ~ 11.07(양) · 甲戌月

양력	10.09	10	11	12	13	14	15	16	17	18	19	20	21	22	23	24	25	26	27	28	29	30	31	11.1	2	3	4	5	6	7
음력	09.07	8	9	10	11	12	13	14	15	16	17	18	19	20	21	22	23	24	25	26	27	28	29	10.1	2	3	4	5	6	7
일주	丁亥	戊子	己丑	庚寅	辛卯	壬辰	癸巳	甲午	乙未	丙申	丁酉	戊戌	己亥	庚子	辛丑	壬寅	癸卯	甲辰	乙巳	丙午	丁未	戊申	己酉	庚戌	辛亥	壬子	癸丑	甲寅	乙卯	丙辰
대운 남	10 1	1	1	1	1	2	2	2	3	3	3	4	4	4	5	5	5	6	6	6	7	7	7	8	8	8	9	9	9	10
운 여	1 10	10	10	10	10	9	9	9	8	8	8	7	7	7	6	6	6	5	5	5	4	4	4	3	3	3	2	2	2	1

	10월 9일(양) 한로 03시 47분	10월 10일(양)	10월 20일(양)	10월 24일(양) 상강 06시 41분	11월 1일(양)
평균기온	13.4℃	13.9℃	8.9℃	14.1℃	5.7℃
최고기온	22.0℃	21.2℃	15.6℃	21.9℃	13.3℃
최저기온	6.4℃	8.6℃	3.5℃	5.4℃	-2.3℃
강수량	–	0.0mm	–	–	–
일 출	06:34	06:35	06:44	06:48	06:56
일 몰	18:05	18:03	17:49	17:44	17:35

입동 — 11.08 ~ 12.06(양) · 乙亥月

양력	11.08	9	10	11	12	13	14	15	16	17	18	19	20	21	22	23	24	25	26	27	28	29	30	12.1	2	3	4	5	6
음력	10.08	9	10	11	12	13	14	15	16	17	18	19	20	21	22	23	24	25	26	27	28	29	30	11.1	2	3	4	5	6
일주	丁巳	戊午	己未	庚申	辛酉	壬戌	癸亥	甲子	乙丑	丙寅	丁卯	戊辰	己巳	庚午	辛未	壬申	癸酉	甲戌	乙亥	丙子	丁丑	戊寅	己卯	庚辰	辛巳	壬午	癸未	甲申	乙酉
대운 남	10 1	1	1	1	1	2	2	2	3	3	3	4	4	4	5	5	5	6	6	6	7	7	7	8	8	8	9	9	9
운 여	1 10	9	9	9	8	8	8	7	7	6	6	6	5	5	5	4	4	4	3	3	3	2	2	2	1	1	1	1	1

	11월 8일(양) 입동 06시 28분	11월 10일(양)	11월 20일(양)	11월 23일(양) 소설 03시 48분	12월 1일(양)
평균기온	7.6℃	5.4℃	6.7℃	-2.5℃	7.1℃
최고기온	12.7℃	11.2℃	14.3℃	3.4℃	14.4℃
최저기온	3.9℃	1.2℃	2.2℃	-8.7℃	-0.5℃
강수량	–	–	1.5mm	–	–
일 출	07:04	07:06	07:16	07:19	07:27
일 몰	17:28	17:26	17:19	17:17	17:14

대설 — 12.07 ~ 1930.01.05(양) · 丙子月

양력	12.07	8	9	10	11	12	13	14	15	16	17	18	19	20	21	22	23	24	25	26	27	28	29	30	31	1.1	2	3	4	5
음력	11.07	8	9	10	11	12	13	14	15	16	17	18	19	20	21	22	23	24	25	26	27	28	29	30	12.1	2	3	4	5	6
일주	丙戌	丁亥	戊子	己丑	庚寅	辛卯	壬辰	癸巳	甲午	乙未	丙申	丁酉	戊戌	己亥	庚子	辛丑	壬寅	癸卯	甲辰	乙巳	丙午	丁未	戊申	己酉	庚戌	辛亥	壬子	癸丑	甲寅	乙卯
대운 남	10 1	1	1	1	1	2	2	2	3	3	3	4	4	4	5	5	5	6	6	6	7	7	7	8	8	8	9	9	9	10
운 여	1 10	10	9	9	9	8	8	8	7	7	7	6	6	6	5	5	5	4	4	4	3	3	3	2	2	2	1	1	1	1

	12월 7일(양) 대설 22시 56분	12월 10일(양)	12월 20일(양)	12월 22일(양) 동지 16시 53분	1월 1일(양)
평균기온	0.9℃	4.5℃	2.5℃	-7.8℃	-1.6℃
최고기온	4.0℃	12.1℃	4.1℃	-4.5℃	2.9℃
최저기온	-3.1℃	-1.4℃	0.1℃	-10.0℃	-6.9℃
강수량	1.7mm	–	9.5mm	–	–
일 출	07:33	07:35	07:42	07:43	07:47
일 몰	17:14	17:14	17:16	17:17	17:24

소한 — 01.06 ~ 02.03(양) · 丁丑月

양력	1930.01.06	7	8	9	10	11	12	13	14	15	16	17	18	19	20	21	22	23	24	25	26	27	28	29	30	31	2.1	2	3
음력	1929.12.07	8	9	10	11	12	13	14	15	16	17	18	19	20	21	22	23	24	25	26	27	28	29	30	1.1	2	3	4	5
일주	丙辰	丁巳	戊午	己未	庚申	辛酉	壬戌	癸亥	甲子	乙丑	丙寅	丁卯	戊辰	己巳	庚午	辛未	壬申	癸酉	甲戌	乙亥	丙子	丁丑	戊寅	己卯	庚辰	辛巳	壬午	癸未	甲申
대운 남	10 1	1	1	1	1	2	2	2	3	3	3	4	4	4	5	5	5	6	6	6	7	7	7	8	8	8	9	9	9
운 여	1 10	9	9	9	8	8	8	7	7	7	6	6	6	5	5	5	4	4	4	3	3	3	2	2	2	1	1	1	1

	1월 6일(양) 소한 10시 03분	1월 10일(양)	1월 20일(양)	1월 21일(양) 대한 03시 33분	2월 1일(양)
평균기온	-12.2℃	-4.5℃	-6.6℃	-3.7℃	-3.1℃
최고기온	-7.8℃	0.9℃	0.7℃	3.1℃	1.2℃
최저기온	-17.4℃	-11.5℃	-14.3℃	-12.7℃	-6.7℃
강수량	–	–	–	–	–
일 출	07:48	07:47	07:44	07:44	07:37
일 몰	17:28	17:32	17:42	17:43	17:55

입춘 — 02.04 ~ 03.05(양) — 戊寅月

戊寅月	기준																													
양력	1930.02.04	5	6	7	8	9	10	11	12	13	14	15	16	17	18	19	20	21	22	23	24	25	26	27	28	3.1	2	3	4	5
음력	1930.01.06	7	8	9	10	11	12	13	14	15	16	17	18	19	20	21	22	23	24	25	26	27	28	29	2.1	2	3	4	5	6
일주	乙酉	丙戌	丁亥	戊子	己丑	庚寅	辛卯	壬辰	癸巳	甲午	乙未	丙申	丁酉	戊戌	己亥	庚子	辛丑	壬寅	癸卯	甲辰	乙巳	丙午	丁未	戊申	己酉	庚戌	辛亥	壬子	癸丑	甲寅
대운 남	10 / 10	10	9	9	9	8	8	8	7	7	7	6	6	6	5	5	5	4	4	4	3	3	3	2	2	2	1	1	1	1
대운 여	1 / 1	1	1	1	1	2	2	2	3	3	3	4	4	4	5	5	5	6	6	6	7	7	7	8	8	8	9	9	9	10

2월 4일(양) 입춘 21시 51분	2월 10일(양)	2월 19일(양) 우수 18시 00분	2월 20일(양)	3월 1일(양)
평균기온: 1.5℃	평균기온: -3.0℃	평균기온: 4.2℃	평균기온: 2.6℃	평균기온: 3.7℃
최고기온: 8.4℃	최고기온: 2.6℃	최고기온: 9.3℃	최고기온: 11.2℃	최고기온: 6.9℃
최저기온: -7.8℃	최저기온: -6.6℃	최저기온: -0.2℃	최저기온: -4.1℃	최저기온: -1.6℃
강수량: -	강수량: -	강수량: 0.4mm	강수량: -	강수량: -
일 출: 07:34	일 출: 07:28	일 출: 07:18	일 출: 07:17	일 출: 07:05
일 몰: 17:58	일 몰: 18:05	일 몰: 18:14	일 몰: 18:16	일 몰: 18:25

경칩 — 03.06 ~ 04.04(양) — 己卯月

己卯月	기준																													
양력	03.06	7	8	9	10	11	12	13	14	15	16	17	18	19	20	21	22	23	24	25	26	27	28	29	30	31	4.1	2	3	4
음력	02.07	8	9	10	11	12	13	14	15	16	17	18	19	20	21	22	23	24	25	26	27	28	29	30	3.1	2	3	4	5	6
일주	乙卯	丙辰	丁巳	戊午	己未	庚申	辛酉	壬戌	癸亥	甲子	乙丑	丙寅	丁卯	戊辰	己巳	庚午	辛未	壬申	癸酉	甲戌	乙亥	丙子	丁丑	戊寅	己卯	庚辰	辛巳	壬午	癸未	甲申
대운 남	1 / 10	10	9	9	9	8	8	8	7	7	7	6	6	6	5	5	5	4	4	4	3	3	3	2	2	2	1	1	1	1
대운 여	10 / 1	1	1	1	1	2	2	2	3	3	3	4	4	4	5	5	5	6	6	6	7	7	7	8	8	8	9	9	9	10

3월 6일(양) 경칩 16시 17분	3월 10일(양)	3월 20일(양)	3월 21일(양) 춘분 17시 30분	4월 1일(양)
평균기온: 4.0℃	평균기온: 4.0℃	평균기온: 6.5℃	평균기온: 6.2℃	평균기온: 5.4℃
최고기온: 8.5℃	최고기온: 12.4℃	최고기온: 14.1℃	최고기온: 14.1℃	최고기온: 10.3℃
최저기온: 1.0℃	최저기온: -2.6℃	최저기온: -0.6℃	최저기온: -0.6℃	최저기온: 1.3℃
강수량: -	강수량: -	강수량: -	강수량: -	강수량: 0.0mm
일 출: 06:58	일 출: 06:52	일 출: 06:38	일 출: 06:36	일 출: 06:19
일 몰: 18:30	일 몰: 18:34	일 몰: 18:43	일 몰: 18:44	일 몰: 18:54

청명 — 04.05 ~ 05.05(양) — 庚辰月

庚辰月	기준																														
양력	04.05	6	7	8	9	10	11	12	13	14	15	16	17	18	19	20	21	22	23	24	25	26	27	28	29	30	5.1	2	3	4	5
음력	03.07	8	9	10	11	12	13	14	15	16	17	18	19	20	21	22	23	24	25	26	27	28	29	30	4.1	2	3	4	5	6	7
일주	乙酉	丙戌	丁亥	戊子	己丑	庚寅	辛卯	壬辰	癸巳	甲午	乙未	丙申	丁酉	戊戌	己亥	庚子	辛丑	壬寅	癸卯	甲辰	乙巳	丙午	丁未	戊申	己酉	庚戌	辛亥	壬子	癸丑	甲寅	乙卯
대운 남	1 / 10	10	10	9	9	9	8	8	8	7	7	7	6	6	6	5	5	5	4	4	4	3	3	3	2	2	2	1	1	1	1
대운 여	10 / 1	1	1	1	1	2	2	2	3	3	3	4	4	4	5	5	5	6	6	6	7	7	7	8	8	8	9	9	9	10	10

4월 5일(양) 청명 21시 37분	4월 10일(양)	4월 20일(양)	4월 21일(양) 곡우 05시 06분	5월 1일(양)
평균기온: 11.5℃	평균기온: 12.8℃	평균기온: 12.9℃	평균기온: 12.0℃	평균기온: 15.1℃
최고기온: 21.0℃	최고기온: 15.6℃	최고기온: 19.5℃	최고기온: 19.3℃	최고기온: 21.0℃
최저기온: 3.0℃	최저기온: 11.2℃	최저기온: 10.9℃	최저기온: 5.6℃	최저기온: 11.2℃
강수량: -	강수량: 4.1mm	강수량: 7.0mm	강수량: -	강수량: -
일 출: 06:13	일 출: 06:06	일 출: 05:52	일 출: 05:51	일 출: 05:38
일 몰: 18:57	일 몰: 19:02	일 몰: 19:11	일 몰: 19:12	일 몰: 19:21

입하 — 05.06 ~ 06.05(양) — 辛巳月

辛巳月	기준																														
양력	05.06	7	8	9	10	11	12	13	14	15	16	17	18	19	20	21	22	23	24	25	26	27	28	29	30	31	6.1	2	3	4	5
음력	04.08	9	10	11	12	13	14	15	16	17	18	19	20	21	22	23	24	25	26	27	28	29	5.1	2	3	4	5	6	7	8	9
일주	丙辰	丁巳	戊午	己未	庚申	辛酉	壬戌	癸亥	甲子	乙丑	丙寅	丁卯	戊辰	己巳	庚午	辛未	壬申	癸酉	甲戌	乙亥	丙子	丁丑	戊寅	己卯	庚辰	辛巳	壬午	癸未	甲申	乙酉	丙戌
대운 남	1 / 10	10	10	9	9	9	8	8	8	7	7	7	6	6	6	5	5	5	4	4	4	3	3	3	2	2	2	1	1	1	1
대운 여	10 / 1	1	1	1	1	2	2	2	3	3	3	4	4	4	5	5	5	6	6	6	7	7	7	8	8	8	9	9	9	10	10

5월 6일(양) 입하 15시 27분	5월 10일(양)	5월 20일(양)	5월 22일(양) 소만 04시 42분	6월 1일(양)
평균기온: 12.2℃	평균기온: 13.0℃	평균기온: 17.1℃	평균기온: 16.4℃	평균기온: 18.0℃
최고기온: 18.8℃	최고기온: 18.0℃	최고기온: 24.7℃	최고기온: 19.0℃	최고기온: 22.4℃
최저기온: 7.7℃	최저기온: 10.8℃	최저기온: 11.0℃	최저기온: 13.7℃	최저기온: 15.5℃
강수량: 0.7mm	강수량: -	강수량: -	강수량: 0.0mm	강수량: 23.2mm
일 출: 05:32	일 출: 05:28	일 출: 05:20	일 출: 05:18	일 출: 05:13
일 몰: 19:25	일 몰: 19:29	일 몰: 19:38	일 몰: 19:39	일 몰: 19:47

망종 — 06.06 ~ 07.07(양) — 壬午月

壬午月	기준																															
양력	06.06	7	8	9	10	11	12	13	14	15	16	17	18	19	20	21	22	23	24	25	26	27	28	29	30	7.1	2	3	4	5	6	7
음력	05.10	11	12	13	14	15	16	17	18	19	20	21	22	23	24	25	26	27	28	29	6.1	2	3	4	5	6	7	8	9	10	11	12
일주	丁亥	戊子	己丑	庚寅	辛卯	壬辰	癸巳	甲午	乙未	丙申	丁酉	戊戌	己亥	庚子	辛丑	壬寅	癸卯	甲辰	乙巳	丙午	丁未	戊申	己酉	庚戌	辛亥	壬子	癸丑	甲寅	乙卯	丙辰	丁巳	戊午
대운 남	1 / 10	10	10	10	9	9	9	8	8	8	7	7	7	6	6	6	5	5	5	4	4	4	3	3	3	2	2	2	1	1	1	1
대운 여	10 / 1	1	1	1	1	2	2	2	3	3	3	4	4	4	5	5	5	6	6	6	7	7	7	8	8	8	9	9	9	10	10	10

6월 6일(양) 망종 19시 58분	6월 10일(양)	6월 20일(양)	6월 22일(양) 하지 12시 53분	7월 1일(양)
평균기온: 16.7℃	평균기온: 20.5℃	평균기온: 20.9℃	평균기온: 21.8℃	평균기온: 23.1℃
최고기온: 22.2℃	최고기온: 30.2℃	최고기온: 27.2℃	최고기온: 28.0℃	최고기온: 26.4℃
최저기온: 12.2℃	최저기온: 11.5℃	최저기온: 15.6℃	최저기온: 18.0℃	최저기온: 19.5℃
강수량: 1.0mm	강수량: -	강수량: -	강수량: 0.3mm	강수량: 1.2mm
일 출: 05:11	일 출: 05:10	일 출: 05:10	일 출: 05:11	일 출: 05:14
일 몰: 19:50	일 몰: 19:52	일 몰: 19:56	일 몰: 19:57	일 몰: 19:57

소서 — 07.08 ~ 08.07(양) — 癸未月

癸未月	기준																														
양력	07.08	9	10	11	12	13	14	15	16	17	18	19	20	21	22	23	24	25	26	27	28	29	30	31	8.1	2	3	4	5	6	7
음력	06.13	14	15	16	17	18	19	20	21	22	23	24	25	26	27	28	29	30	윤	6.2	3	4	5	6	7	8	9	10	11	12	13
일주	己未	庚申	辛酉	壬戌	癸亥	甲子	乙丑	丙寅	丁卯	戊辰	己巳	庚午	辛未	壬申	癸酉	甲戌	乙亥	丙子	丁丑	戊寅	己卯	庚辰	辛巳	壬午	癸未	甲申	乙酉	丙戌	丁亥	戊子	己丑
대운 남	1 / 10	10	10	9	9	9	8	8	8	7	7	7	6	6	6	5	5	5	4	4	4	3	3	3	2	2	2	1	1	1	1
대운 여	10 / 1	1	1	1	1	2	2	2	3	3	3	4	4	4	5	5	5	6	6	6	7	7	7	8	8	8	9	9	9	10	10

7월 8일(양) 소서 06시 20분	7월 10일(양)	7월 20일(양)	7월 23일(양) 대서 23시 42분	8월 1일(양)
평균기온: 21.3℃	평균기온: 23.0℃	평균기온: 26.4℃	평균기온: 25.8℃	평균기온: 28.2℃
최고기온: 22.1℃	최고기온: 24.5℃	최고기온: 32.6℃	최고기온: 27.5℃	최고기온: 36.1℃
최저기온: 20.0℃	최저기온: 21.6℃	최저기온: 21.6℃	최저기온: 24.5℃	최저기온: 21.4℃
강수량: 150.1mm	강수량: 50.3mm	강수량: 3.2mm	강수량: 17.6mm	강수량: -
일 출: 05:17	일 출: 05:18	일 출: 05:25	일 출: 05:27	일 출: 05:35
일 몰: 19:56	일 몰: 19:56	일 몰: 19:51	일 몰: 19:49	일 몰: 19:41

입추 (甲申月)　08.08 ~ 09.07(양)

양력	08.08	9	10	11	12	13	14	15	16	17	18	19	20	21	22	23	24	25	26	27	28	29	30	31	9.1	2	3	4	5	6	7
음력	06.14	15	16	17	18	19	20	21	22	23	24	25	26	27	28	29	7.1	2	3	4	5	6	7	8	9	10	11	12	13	14	15
일주	庚寅	辛卯	壬辰	癸巳	甲午	乙未	丙申	丁酉	戊戌	己亥	庚子	辛丑	壬寅	癸卯	甲辰	乙巳	丙午	丁未	戊申	己酉	庚戌	辛亥	壬子	癸丑	甲寅	乙卯	丙辰	丁巳	戊午	己未	庚申
대운(남)	1	10	10	10	9	9	9	8	8	8	7	7	7	6	6	6	5	5	5	4	4	4	3	3	3	2	2	2	1	1	1
대운(여)	10	1	1	1	2	2	2	3	3	3	4	4	4	5	5	5	6	6	6	7	7	7	8	8	8	9	9	9	10	10	10

	평균기온	최고기온	최저기온	강수량	일 출	일 몰
8월 8일(양) 입추 15시 57분	29.6℃	36.0℃	24.5℃	–	05:41	19:34
8월 10일(양)	30.4℃	37.1℃	24.9℃	0.0mm	05:42	19:32
8월 20일(양)	26.3℃	31.7℃	21.7℃	–	05:51	19:20
8월 24일(양) 처서 06시 26분	22.4℃	28.0℃	20.1℃	15.7mm	05:54	19:14
9월 1일(양)	23.2℃	26.7℃	20.4℃	0.0mm	06:01	19:03

백로 (乙酉月)　09.08 ~ 10.08(양)

양력	09.08	9	10	11	12	13	14	15	16	17	18	19	20	21	22	23	24	25	26	27	28	29	30	10.1	2	3	4	5	6	7	8
음력	07.16	17	18	19	20	21	22	23	24	25	26	27	28	29	8.1	2	3	4	5	6	7	8	9	10	11	12	13	14	15	16	17
일주	辛酉	壬戌	癸亥	甲子	乙丑	丙寅	丁卯	戊辰	己巳	庚午	辛未	壬申	癸酉	甲戌	乙亥	丙子	丁丑	戊寅	己卯	庚辰	辛巳	壬午	癸未	甲申	乙酉	丙戌	丁亥	戊子	己丑	庚寅	辛卯
대운(남)	1	10	10	10	9	9	9	8	8	8	7	7	7	6	6	6	5	5	5	4	4	4	3	3	3	2	2	2	1	1	1
대운(여)	10	1	1	1	2	2	2	3	3	3	4	4	4	5	5	5	6	6	6	7	7	7	8	8	8	9	9	9	10	10	10

	평균기온	최고기온	최저기온	강수량	일 출	일 몰
9월 8일(양) 백로 18시 28분	22.5℃	28.8℃	17.0℃	–	06:07	18:52
9월 10일(양)	21.9℃	27.6℃	17.8℃	13.4mm	06:09	18:49
9월 20일(양)	18.5℃	27.1℃	11.2℃	–	06:17	18:34
9월 24일(양) 추분 03시 36분	15.9℃	23.8℃	8.0℃	–	06:20	18:28
10월 1일(양)	15.3℃	17.3℃	13.4℃	45.6mm	06:26	18:17

한로 (丙戌月)　10.09 ~ 11.07(양)

양력	10.09	10	11	12	13	14	15	16	17	18	19	20	21	22	23	24	25	26	27	28	29	30	31	11.1	2	3	4	5	6	7
음력	08.18	19	20	21	22	23	24	25	26	27	28	29	30	9.1	2	3	4	5	6	7	8	9	10	11	12	13	14	15	16	17
일주	壬辰	癸巳	甲午	乙未	丙申	丁酉	戊戌	己亥	庚子	辛丑	壬寅	癸卯	甲辰	乙巳	丙午	丁未	戊申	己酉	庚戌	辛亥	壬子	癸丑	甲寅	乙卯	丙辰	丁巳	戊午	己未	庚申	辛酉
대운(남)	1	10	10	9	9	9	8	8	8	7	7	7	6	6	6	5	5	5	4	4	4	3	3	3	2	2	2	1	1	1
대운(여)	10	1	1	2	2	2	3	3	3	4	4	4	5	5	5	6	6	6	7	7	7	8	8	8	9	9	9	10	10	10

	평균기온	최고기온	최저기온	강수량	일 출	일 몰
10월 9일(양) 한로 09시 38분	17.0℃	25.5℃	9.8℃	–	06:34	18:05
10월 10일(양)	17.6℃	24.0℃	11.4℃	–	06:34	18:04
10월 20일(양)	14.1℃	18.1℃	10.1℃	20.0mm	06:44	17:50
10월 24일(양) 상강 12시 26분	14.7℃	22.1℃	6.1℃	–	06:48	17:45
11월 1일(양)	8.6℃	14.4℃	3.9℃	29.0mm	06:56	17:35

입동 (丁亥月)　11.08 ~ 12.07(양)

양력	11.08	9	10	11	12	13	14	15	16	17	18	19	20	21	22	23	24	25	26	27	28	29	30	12.1	2	3	4	5	6	7
음력	09.18	19	20	21	22	23	24	25	26	27	28	29	10.1	2	3	4	5	6	7	8	9	10	11	12	13	14	15	16	17	18
일주	壬戌	癸亥	甲子	乙丑	丙寅	丁卯	戊辰	己巳	庚午	辛未	壬申	癸酉	甲戌	乙亥	丙子	丁丑	戊寅	己卯	庚辰	辛巳	壬午	癸未	甲申	乙酉	丙戌	丁亥	戊子	己丑	庚寅	辛卯
대운(남)	1	10	10	9	9	9	8	8	8	7	7	7	6	6	6	5	5	5	4	4	4	3	3	3	2	2	2	1	1	1
대운(여)	10	1	1	2	2	2	3	3	3	4	4	4	5	5	5	6	6	6	7	7	7	8	8	8	9	9	9	10	10	10

	평균기온	최고기온	최저기온	강수량	일 출	일 몰
11월 8일(양) 입동 12시 20분	10.7℃	14.9℃	4.8℃	–	07:03	17:28
11월 10일(양)	3.9℃	9.3℃	0.4℃	–	07:05	17:26
11월 20일(양)	5.8℃	8.9℃	3.1℃	7.8mm	07:16	17:19
11월 23일(양) 소설 09시 34분	-0.5℃	2.9℃	-4.4℃	0.0mm	07:19	17:17
12월 1일(양)	-4.2℃	-2.0℃	-7.7℃	–	07:27	17:14

대설 (戊子月)　12.08 ~ 1931.01.05(양)

양력	12.08	9	10	11	12	13	14	15	16	17	18	19	20	21	22	23	24	25	26	27	28	29	30	31	1.1	2	3	4	5
음력	10.19	20	21	22	23	24	25	26	27	28	29	30	11.1	2	3	4	5	6	7	8	9	10	11	12	13	14	15	16	17
일주	壬辰	癸巳	甲午	乙未	丙申	丁酉	戊戌	己亥	庚子	辛丑	壬寅	癸卯	甲辰	乙巳	丙午	丁未	戊申	己酉	庚戌	辛亥	壬子	癸丑	甲寅	乙卯	丙辰	丁巳	戊午	己未	庚申
대운(남)	1	10	9	9	9	8	8	8	7	7	7	6	6	6	5	5	5	4	4	4	3	3	3	2	2	2	1	1	1
대운(여)	10	1	2	2	2	3	3	3	4	4	4	5	5	5	6	6	6	7	7	7	8	8	8	9	9	9	10	10	10

	평균기온	최고기온	최저기온	강수량	일 출	일 몰
12월 8일(양) 대설 04시 51분	3.3℃	10.0℃	-1.5℃	–	07:34	17:14
12월 10일(양)	0.8℃	5.9℃	-3.9℃	–	07:35	17:14
12월 20일(양)	2.2℃	6.0℃	-0.2℃	–	07:42	17:16
12월 22일(양) 동지 22시 40분	-6.9℃	-3.3℃	-10.6℃	–	07:43	17:17
1월 1일(양)	-0.3℃	0.5℃	-5.0℃	2.3mm	07:47	17:24

소한 (己丑月)　01.06 ~ 02.04(양)

양력	1931.01.06	7	8	9	10	11	12	13	14	15	16	17	18	19	20	21	22	23	24	25	26	27	28	29	30	31	2.1	2	3	4
음력	1930.11.18	19	20	21	22	23	24	25	26	27	28	29	30	12.1	2	3	4	5	6	7	8	9	10	11	12	13	14	15	16	17
일주	辛酉	壬戌	癸亥	甲子	乙丑	丙寅	丁卯	戊辰	己巳	庚午	辛未	壬申	癸酉	甲戌	乙亥	丙子	丁丑	戊寅	己卯	庚辰	辛巳	壬午	癸未	甲申	乙酉	丙戌	丁亥	戊子	己丑	庚寅
대운(남)	1	10	10	9	9	9	8	8	8	7	7	7	6	6	6	5	5	5	4	4	4	3	3	3	2	2	2	1	1	1
대운(여)	10	1	1	2	2	2	3	3	3	4	4	4	5	5	5	6	6	6	7	7	7	8	8	8	9	9	9	10	10	10

	평균기온	최고기온	최저기온	강수량	일 출	일 몰
1월 6일(양) 소한 15시 56분	1.8℃	3.8℃	0.0℃	15.2mm	07:48	17:28
1월 10일(양)	-18.9℃	-13.0℃	-21.9℃	–	07:47	17:31
1월 20일(양)	-6.3℃	0.1℃	-9.4℃	–	07:45	17:42
1월 21일(양) 대한 09시 18분	-6.9℃	-1.7℃	-14.2℃	–	07:44	17:43
2월 1일(양)	2.9℃	8.3℃	-1.8℃	–	07:37	17:55

1931

입춘 02.05 ~ 03.05(양) — 庚寅月

양력	1931.02.05	6	7	8	9	10	11	12	13	14	15	16	17	18	19	20	21	22	23	24	25	26	27	28	3.1	2	3	4	5
음력	1930.12.18	19	20	21	22	23	24	25	26	27	28	29	1.1	2	3	4	5	6	7	8	9	10	11	12	13	14	15	16	17
일주	辛卯	壬辰	癸巳	甲午	乙未	丙申	丁酉	戊戌	己亥	庚子	辛丑	壬寅	癸卯	甲辰	乙巳	丙午	丁未	戊申	己酉	庚戌	辛亥	壬子	癸丑	甲寅	乙卯	丙辰	丁巳	戊午	己未
대운(남)	1 1	1	1	1	1	2	2	2	3	3	3	4	4	4	5	5	5	6	6	6	7	7	7	8	8	8	9	9	9
대운(여)	10 10	9	9	9	8	8	8	7	7	7	6	6	6	5	5	5	4	4	4	3	3	3	2	2	2	1	1	1	1

날짜	평균기온	최고기온	최저기온	강수량	일 출	일 몰
2월 5일(양) 입춘 03시 41분	0.7℃	3.0℃	-2.0℃	10.7mm	07:34	17:59
2월 10일(양)	-5.9℃	-1.0℃	-10.9℃	-	07:29	18:05
2월 19일(양) 우수 23시 40분	-3.0℃	2.5℃	-9.4℃	-	07:19	18:14
2월 20일(양)	-1.1℃	5.4℃	-7.4℃	-	07:17	18:15
3월 1일(양)	-4.7℃	1.6℃	-10.7℃	-	07:06	18:25

경칩 03.06 ~ 04.05(양) — 辛卯月

양력	03.06	7	8	9	10	11	12	13	14	15	16	17	18	19	20	21	22	23	24	25	26	27	28	29	30	31	4.1	2	3	4	5
음력	01.18	19	20	21	22	23	24	25	26	27	28	29	30	2.1	2	3	4	5	6	7	8	9	10	11	12	13	14	15	16	17	18
일주	庚申	辛酉	壬戌	癸亥	甲子	乙丑	丙寅	丁卯	戊辰	己巳	庚午	辛未	壬申	癸酉	甲戌	乙亥	丙子	丁丑	戊寅	己卯	庚辰	辛巳	壬午	癸未	甲申	乙酉	丙戌	丁亥	戊子	己丑	庚寅
대운(남)	10 1	1	1	1	1	2	2	2	3	3	3	4	4	4	5	5	5	6	6	6	7	7	7	8	8	8	9	9	9	10	10
대운(여)	1 10	10	10	9	9	9	8	8	8	7	7	7	6	6	6	5	5	5	4	4	4	3	3	3	2	2	2	1	1	1	1

날짜	평균기온	최고기온	최저기온	강수량	일 출	일 몰
3월 6일(양) 경칩 22시 02분	2.9℃	7.6℃	-2.3℃	0.6mm	06:59	18:29
3월 10일(양)	2.4℃	9.6℃	-4.1℃	-	06:53	18:33
3월 20일(양)	5.2℃	11.6℃	2.3℃	0.0mm	06:38	18:43
3월 21일(양) 춘분 23시 06분	7.7℃	15.5℃	-1.7℃	-	06:36	18:44
4월 1일(양)	6.7℃	13.6℃	1.6℃	0.0mm	06:20	18:54

청명 04.06 ~ 05.05(양) — 壬辰月

양력	04.06	7	8	9	10	11	12	13	14	15	16	17	18	19	20	21	22	23	24	25	26	27	28	29	30	5.1	2	3	4	5
음력	02.19	20	21	22	23	24	25	26	27	28	29	30	3.1	2	3	4	5	6	7	8	9	10	11	12	13	14	15	16	17	18
일주	辛卯	壬辰	癸巳	甲午	乙未	丙申	丁酉	戊戌	己亥	庚子	辛丑	壬寅	癸卯	甲辰	乙巳	丙午	丁未	戊申	己酉	庚戌	辛亥	壬子	癸丑	甲寅	乙卯	丙辰	丁巳	戊午	己未	庚申
대운(남)	10 1	1	1	1	2	2	2	3	3	3	4	4	4	5	5	5	6	6	6	7	7	7	8	8	8	9	9	9	10	10
대운(여)	1 10	10	9	9	9	8	8	8	7	7	7	6	6	6	5	5	5	4	4	4	3	3	3	2	2	2	1	1	1	1

날짜	평균기온	최고기온	최저기온	강수량	일 출	일 몰
4월 6일(양) 청명 03시 20분	1.0℃	3.7℃	-0.4℃	3.7mm	06:12	18:58
4월 10일(양)	6.5℃	13.2℃	-0.2℃	-	06:06	19:02
4월 20일(양)	10.8℃	20.1℃	1.7℃	-	05:52	19:11
4월 21일(양) 곡우 10시 40분	11.5℃	15.0℃	9.6℃	1.2mm	05:51	19:12
5월 1일(양)	12.5℃	20.8℃	5.9℃	-	05:38	19:21

입하 05.06 ~ 06.06(양) — 癸巳月

양력	05.06	7	8	9	10	11	12	13	14	15	16	17	18	19	20	21	22	23	24	25	26	27	28	29	30	31	6.1	2	3	4	5	6
음력	03.19	20	21	22	23	24	25	26	27	28	29	30	4.1	2	3	4	5	6	7	8	9	10	11	12	13	14	15	16	17	18	19	20
일주	辛酉	壬戌	癸亥	甲子	乙丑	丙寅	丁卯	戊辰	己巳	庚午	辛未	壬申	癸酉	甲戌	乙亥	丙子	丁丑	戊寅	己卯	庚辰	辛巳	壬午	癸未	甲申	乙酉	丙戌	丁亥	戊子	己丑	庚寅	辛卯	壬辰
대운(남)	10 1	1	1	1	1	2	2	2	3	3	3	4	4	4	5	5	5	6	6	6	7	7	7	8	8	8	9	9	9	10	10	10
대운(여)	1 10	10	10	10	9	9	9	8	8	8	7	7	7	6	6	6	5	5	5	4	4	4	3	3	3	2	2	2	1	1	1	1

날짜	평균기온	최고기온	최저기온	강수량	일 출	일 몰
5월 6일(양) 입하 21시 10분	16.4℃	20.0℃	13.6℃	58.5mm	05:33	19:25
5월 10일(양)	14.7℃	21.3℃	8.5℃	-	05:29	19:29
5월 20일(양)	16.5℃	24.5℃	11.7℃	0.0mm	05:20	19:37
5월 22일(양) 소만 10시 15분	17.7℃	25.0℃	13.1℃	-	05:18	19:39
6월 1일(양)	18.4℃	25.2℃	13.3℃	0.0mm	05:13	19:47

망종 06.07 ~ 07.07(양) — 甲午月

양력	06.07	8	9	10	11	12	13	14	15	16	17	18	19	20	21	22	23	24	25	26	27	28	29	30	7.1	2	3	4	5	6	7
음력	04.21	22	23	24	25	26	27	28	29	5.1	2	3	4	5	6	7	8	9	10	11	12	13	14	15	16	17	18	19	20	21	22
일주	癸巳	甲午	乙未	丙申	丁酉	戊戌	己亥	庚子	辛丑	壬寅	癸卯	甲辰	乙巳	丙午	丁未	戊申	己酉	庚戌	辛亥	壬子	癸丑	甲寅	乙卯	丙辰	丁巳	戊午	己未	庚申	辛酉	壬戌	癸亥
대운(남)	10 1	1	1	1	1	2	2	2	3	3	3	4	4	4	5	5	5	6	6	6	7	7	7	8	8	8	9	9	9	10	10
대운(여)	1 10	10	10	9	9	9	8	8	8	7	7	7	6	6	6	5	5	5	4	4	4	3	3	3	2	2	2	1	1	1	1

날짜	평균기온	최고기온	최저기온	강수량	일 출	일 몰
6월 7일(양) 망종 01시 42분	20.7℃	29.1℃	15.4℃	-	05:11	19:50
6월 10일(양)	20.3℃	25.5℃	17.2℃	13.5mm	05:10	19:52
6월 20일(양)	24.9℃	32.0℃	21.0℃	0.2mm	05:10	19:56
6월 22일(양) 하지 18시 28분	24.1℃	30.5℃	19.7℃	-	05:11	19:57
7월 1일(양)	20.7℃	25.5℃	18.5℃	47.3mm	05:14	19:57

소서 07.08 ~ 08.07(양) — 乙未月

양력	07.08	9	10	11	12	13	14	15	16	17	18	19	20	21	22	23	24	25	26	27	28	29	30	31	8.1	2	3	4	5	6	7
음력	05.23	24	25	26	27	28	29	6.1	2	3	4	5	6	7	8	9	10	11	12	13	14	15	16	17	18	19	20	21	22	23	24
일주	甲子	乙丑	丙寅	丁卯	戊辰	己巳	庚午	辛未	壬申	癸酉	甲戌	乙亥	丙子	丁丑	戊寅	己卯	庚辰	辛巳	壬午	癸未	甲申	乙酉	丙戌	丁亥	戊子	己丑	庚寅	辛卯	壬辰	癸巳	甲午
대운(남)	10 1	1	1	1	1	2	2	2	3	3	3	4	4	4	5	5	5	6	6	6	7	7	7	8	8	8	9	9	9	10	10
대운(여)	1 10	10	10	9	9	9	8	8	8	7	7	7	6	6	6	5	5	5	4	4	4	3	3	3	2	2	2	1	1	1	1

날짜	평균기온	최고기온	최저기온	강수량	일 출	일 몰
7월 8일(양) 소서 12시 06분	21.7℃	26.7℃	19.2℃	122.3mm	05:17	19:56
7월 10일(양)	22.7℃	26.0℃	20.7℃	1.0mm	05:18	19:56
7월 20일(양)	21.4℃	24.9℃	18.9℃	0.0mm	05:25	19:51
7월 24일(양) 대서 05시 21분	23.2℃	27.7℃	20.1℃	21.7mm	05:28	19:48
8월 1일(양)	24.4℃	30.1℃	22.3℃	20.0mm	05:35	19:42

입 추 — 08.08 ~ 09.08(양)

丙申月

양력	08.08		9	10	11	12	13	14	15	16	17	18	19	20	21	22	23	24	25	26	27	28	29	30	31	9.1	2	3	4	5	6	7	8
음력	06.25		26	27	28	29	30	7.1	2	3	4	5	6	7	8	9	10	11	12	13	14	15	16	17	18	19	20	21	22	23	24	25	26
일주	乙未		丙申	丁酉	戊戌	己亥	庚子	辛丑	壬寅	癸卯	甲辰	乙巳	丙午	丁未	戊申	己酉	庚戌	辛亥	壬子	癸丑	甲寅	乙卯	丙辰	丁巳	戊午	己未	庚申	辛酉	壬戌	癸亥	甲子	乙丑	丙寅
대운 남	10	1	1	1	1	2	2	2	3	3	3	4	4	4	5	5	5	6	6	6	7	7	7	8	8	8	9	9	9	10	10	10
대운 여	1	10	10	10	10	9	9	9	8	8	8	7	7	7	6	6	6	5	5	5	4	4	4	3	3	3	2	2	2	1	1	1

8월 8일(양) 입추 21시 45분		8월 10일(양)		8월 20일(양)		8월 24일(양) 처서 12시 10분		9월 1일(양)	
평균기온: 28.1℃	강수량: –	평균기온: 26.9℃	강수량: 10.7㎜	평균기온: 24.3℃	강수량: 149.1㎜	평균기온: 22.2℃	강수량: 0.0㎜	평균기온: 21.4℃	강수량: –
최고기온: 34.3℃	일 출: 05:40	최고기온: 30.9℃	일 출: 05:42	최고기온: 25.4℃	일 출: 05:51	최고기온: 24.8℃	일 출: 05:54	최고기온: 27.8℃	일 출: 06:01
최저기온: 23.6℃	일 몰: 19:34	최저기온: 25.2℃	일 몰: 19:32	최저기온: 23.5℃	일 몰: 19:20	최저기온: 21.1℃	일 몰: 19:15	최저기온: 16.2℃	일 몰: 19:03

백 로 — 09.09 ~ 10.08(양)

丁酉月

양력	09.09		10	11	12	13	14	15	16	17	18	19	20	21	22	23	24	25	26	27	28	29	30	10.1	2	3	4	5	6	7	8
음력	07.27		28	29	8.1	2	3	4	5	6	7	8	9	10	11	12	13	14	15	16	17	18	19	20	21	22	23	24	25	26	27
일주	丁卯		戊辰	己巳	庚午	辛未	壬申	癸酉	甲戌	乙亥	丙子	丁丑	戊寅	己卯	庚辰	辛巳	壬午	癸未	甲申	乙酉	丙戌	丁亥	戊子	己丑	庚寅	辛卯	壬辰	癸巳	甲午	乙未	丙申
대운 남	10	1	1	1	1	2	2	2	3	3	3	4	4	4	5	5	5	6	6	6	7	7	7	8	8	8	9	9	9	10
대운 여	1	10	10	10	10	9	9	9	8	8	8	7	7	7	6	6	6	5	5	5	4	4	4	3	3	3	2	2	2	1

9월 9일(양) 백로 00시 17분		9월 10일(양)		9월 20일(양)		9월 24일(양) 추분 09시 23분		10월 1일(양)	
평균기온: 22.1℃	강수량: –	평균기온: 21.4℃	강수량: 0.1㎜	평균기온: 18.1℃	강수량: –	평균기온: 21.3℃	강수량: –	평균기온: 15.0℃	강수량: 0.0㎜
최고기온: 29.0℃	일 출: 06:08	최고기온: 26.8℃	일 출: 06:08	최고기온: 26.6℃	일 출: 06:17	최고기온: 30.1℃	일 출: 06:20	최고기온: 22.1℃	일 출: 06:26
최저기온: 17.5℃	일 몰: 18:51	최저기온: 17.4℃	일 몰: 18:50	최저기온: 10.6℃	일 몰: 18:34	최저기온: 14.0℃	일 몰: 18:28	최저기온: 10.5℃	일 몰: 18:17

한 로 — 10.09 ~ 11.07(양)

戊戌月

양력	10.09		10	11	12	13	14	15	16	17	18	19	20	21	22	23	24	25	26	27	28	29	30	31	11.1	2	3	4	5	6	7
음력	08.28		29	9.1	2	3	4	5	6	7	8	9	10	11	12	13	14	15	16	17	18	19	20	21	22	23	24	25	26	27	28
일주	丁酉		戊戌	己亥	庚子	辛丑	壬寅	癸卯	甲辰	乙巳	丙午	丁未	戊申	己酉	庚戌	辛亥	壬子	癸丑	甲寅	乙卯	丙辰	丁巳	戊午	己未	庚申	辛酉	壬戌	癸亥	甲子	乙丑	丙寅
대운 남	10	1	1	1	1	2	2	2	3	3	3	4	4	4	5	5	5	6	6	6	7	7	7	8	8	8	9	9	9	10
대운 여	1	10	10	10	10	9	9	9	8	8	8	7	7	7	6	6	6	5	5	5	4	4	4	3	3	3	2	2	2	1

10월 9일(양) 한로 15시 27분		10월 10일(양)		10월 20일(양)		10월 24일(양) 상강 18시 16분		11월 1일(양)	
평균기온: 10.2℃	강수량: –	평균기온: 10.3℃	강수량: –	평균기온: 10.5℃	강수량: –	평균기온: 13.1℃	강수량: –	평균기온: 9.6℃	강수량: –
최고기온: 17.2℃	일 출: 06:33	최고기온: 19.0℃	일 출: 06:34	최고기온: 18.6℃	일 출: 06:44	최고기온: 21.0℃	일 출: 06:48	최고기온: 18.4℃	일 출: 06:56
최저기온: 4.6℃	일 몰: 18:05	최저기온: 3.4℃	일 몰: 18:04	최저기온: 2.0℃	일 몰: 17:50	최저기온: 7.3℃	일 몰: 17:45	최저기온: 2.5℃	일 몰: 17:35

입 동 — 11.08 ~ 12.07(양)

己亥月

양력	11.08		9	10	11	12	13	14	15	16	17	18	19	20	21	22	23	24	25	26	27	28	29	30	12.1	2	3	4	5	6	7
음력	09.29		30	10.1	2	3	4	5	6	7	8	9	10	11	12	13	14	15	16	17	18	19	20	21	22	23	24	25	26	27	28
일주	丁卯		戊辰	己巳	庚午	辛未	壬申	癸酉	甲戌	乙亥	丙子	丁丑	戊寅	己卯	庚辰	辛巳	壬午	癸未	甲申	乙酉	丙戌	丁亥	戊子	己丑	庚寅	辛卯	壬辰	癸巳	甲午	乙未	丙申
대운 남	10	1	1	1	1	2	2	2	3	3	3	4	4	4	5	5	5	6	6	6	7	7	7	8	8	8	9	9	9	10
대운 여	1	10	10	10	10	9	9	9	8	8	8	7	7	7	6	6	6	5	5	5	4	4	4	3	3	3	2	2	2	1

11월 8일(양) 입동 18시 10분		11월 10일(양)		11월 20일(양)		11월 23일(양) 소설 15시 25분		12월 1일(양)	
평균기온: 11.6℃	강수량: –	평균기온: 9.1℃	강수량: –	평균기온: 3.4℃	강수량: 0.3㎜	평균기온: 6.4℃	강수량: –	평균기온: 4.0℃	강수량: –
최고기온: 19.2℃	일 출: 07:03	최고기온: 16.0℃	일 출: 07:05	최고기온: 8.2℃	일 출: 07:16	최고기온: 12.7℃	일 출: 07:19	최고기온: 8.5℃	일 출: 07:27
최저기온: 5.3℃	일 몰: 17:28	최저기온: 4.4℃	일 몰: 17:26	최저기온: -0.3℃	일 몰: 17:19	최저기온: 1.0℃	일 몰: 17:17	최저기온: 0.4℃	일 몰: 17:14

대 설 — 12.08 ~ 1932.01.05(양)

庚子月

양력	12.08		9	10	11	12	13	14	15	16	17	18	19	20	21	22	23	24	25	26	27	28	29	30	31	1.1	2	3	4	5
음력	10.29		11.1	2	3	4	5	6	7	8	9	10	11	12	13	14	15	16	17	18	19	20	21	22	23	24	25	26	27	28
일주	丁酉		戊戌	己亥	庚子	辛丑	壬寅	癸卯	甲辰	乙巳	丙午	丁未	戊申	己酉	庚戌	辛亥	壬子	癸丑	甲寅	乙卯	丙辰	丁巳	戊午	己未	庚申	辛酉	壬戌	癸亥	甲子	乙丑
대운 남	10	1	1	1	1	2	2	2	3	3	3	4	4	4	5	5	5	6	6	6	7	7	7	8	8	8	9	9	9
대운 여	1	10	10	10	10	9	9	9	8	8	8	7	7	7	6	6	6	5	5	5	4	4	4	3	3	3	2	2	2

12월 8일(양) 대설 10시 40분		12월 10일(양)		12월 20일(양)		12월 23일(양) 동지 04시 30분		1월 1일(양)	
평균기온: 6.3℃	강수량: 1.2㎜	평균기온: 1.7℃	강수량: –	평균기온: -5.7℃	강수량: –	평균기온: 0.1℃	강수량: 0.1㎜	평균기온: -0.4℃	강수량: 0.3㎜
최고기온: 8.3℃	일 출: 07:33	최고기온: 6.1℃	일 출: 07:35	최고기온: 0.6℃	일 출: 07:42	최고기온: 4.5℃	일 출: 07:44	최고기온: 1.8℃	일 출: 07:47
최저기온: 3.4℃	일 몰: 17:14	최저기온: -1.2℃	일 몰: 17:14	최저기온: -10.6℃	일 몰: 17:16	최저기온: -3.9℃	일 몰: 17:18	최저기온: -2.6℃	일 몰: 17:23

소 한 — 01.06 ~ 02.04(양)

辛丑月

양력	1932.01.06		7	8	9	10	11	12	13	14	15	16	17	18	19	20	21	22	23	24	25	26	27	28	29	30	31	2.1	2	3	4
음력	1931.11.29		30	12.1	2	3	4	5	6	7	8	9	10	11	12	13	14	15	16	17	18	19	20	21	22	23	24	25	26	27	28
일주	丙寅		丁卯	戊辰	己巳	庚午	辛未	壬申	癸酉	甲戌	乙亥	丙子	丁丑	戊寅	己卯	庚辰	辛巳	壬午	癸未	甲申	乙酉	丙戌	丁亥	戊子	己丑	庚寅	辛卯	壬辰	癸巳	甲午	乙未
대운 남	10	1	1	1	1	2	2	2	3	3	3	4	4	4	5	5	5	6	6	6	7	7	7	8	8	8	9	9	9	10
대운 여	1	10	10	10	10	9	9	9	8	8	8	7	7	7	6	6	6	5	5	5	4	4	4	3	3	3	2	2	2	1

1월 6일(양) 소한 21시 45분		1월 10일(양)		1월 20일(양)		1월 21일(양) 대한 15시 07분		2월 1일(양)	
평균기온: 7.7℃	강수량: 0.3㎜	평균기온: -6.1℃	강수량: –	평균기온: -1.9℃	강수량: –	평균기온: -2.2℃	강수량: –	평균기온: 3.4℃	강수량: 4.0㎜
최고기온: 14.4℃	일 출: 07:48	최고기온: 0.5℃	일 출: 07:47	최고기온: 4.9℃	일 출: 07:45	최고기온: 3.6℃	일 출: 07:44	최고기온: 4.3℃	일 출: 07:37
최저기온: 3.4℃	일 몰: 17:28	최저기온: -11.7℃	일 몰: 17:31	최저기온: -7.6℃	일 몰: 17:41	최저기온: -6.6℃	일 몰: 17:42	최저기온: 1.0℃	일 몰: 17:54

입춘 — 壬寅月　02.05 ~ 03.05(양)

양력	1932.02.05		6	7	8	9	10	11	12	13	14	15	16	17	18	19	20	21	22	23	24	25	26	27	28	29	3.1	2	3	4	5
음력	1931.12.29		1.1	2	3	4	5	6	7	8	9	10	11	12	13	14	15	16	17	18	19	20	21	22	23	24	25	26	27	28	29
일주	丙申		丁酉	戊戌	己亥	庚子	辛丑	壬寅	癸卯	甲辰	乙巳	丙午	丁未	戊申	己酉	庚戌	辛亥	壬子	癸丑	甲寅	乙卯	丙辰	丁巳	戊午	己未	庚申	辛酉	壬戌	癸亥	甲子	乙丑
대운 남	10	10	10	9	9	9	8	8	8	7	7	7	6	6	6	5	5	5	4	4	4	3	3	3	2	2	2	1	1	1	1
대운 여	1	1	1	1	1	2	2	2	3	3	3	4	4	4	5	5	5	6	6	6	7	7	7	8	8	8	9	9	9	10	10

절기 / 날짜	평균기온	최고기온	최저기온	강수량	일 출	일 몰
2월 5일(양) 입춘 09시 29분	-0.7℃	4.2℃	-3.6℃	-	07:34	17:59
2월 10일(양)	1.6℃	4.3℃	-0.1℃	-	07:29	18:04
2월 20일(양) 우수 05시 28분	-5.2℃	-1.6℃	-7.5℃	2.6mm	07:18	18:15
3월 1일(양)	1.6℃	9.7℃	-5.3℃	-	07:04	18:25

경칩 — 癸卯月　03.06 ~ 04.04(양)

양력	03.06		7	8	9	10	11	12	13	14	15	16	17	18	19	20	21	22	23	24	25	26	27	28	29	30	31	4.1	2	3	4
음력	01.30		2.1	2	3	4	5	6	7	8	9	10	11	12	13	14	15	16	17	18	19	20	21	22	23	24	25	26	27	28	29
일주	丙寅		丁卯	戊辰	己巳	庚午	辛未	壬申	癸酉	甲戌	乙亥	丙子	丁丑	戊寅	己卯	庚辰	辛巳	壬午	癸未	甲申	乙酉	丙戌	丁亥	戊子	己丑	庚寅	辛卯	壬辰	癸巳	甲午	乙未
대운 남	1	10	10	9	9	9	8	8	8	7	7	7	6	6	6	5	5	5	4	4	4	3	3	3	2	2	2	1	1	1	1
대운 여	10	1	1	1	1	2	2	2	3	3	3	4	4	4	5	5	5	6	6	6	7	7	7	8	8	8	9	9	9	10	10

절기 / 날짜	평균기온	최고기온	최저기온	강수량	일 출	일 몰
3월 6일(양) 경칩 03시 49분	6.7℃	12.6℃	3.2℃	-	06:57	18:30
3월 10일(양)	3.4℃	6.0℃	-0.1℃	3.2mm	06:52	18:34
3월 20일(양)	1.4℃	7.8℃	-3.0℃	-	06:37	18:43
3월 21일(양) 춘분 04시 54분	1.9℃	9.2℃	-4.0℃	-	06:35	18:44
4월 1일(양)	6.5℃	13.2℃	-0.4℃	-	06:19	18:54

청명 — 甲辰月　04.05 ~ 05.05(양)

양력	04.05		6	7	8	9	10	11	12	13	14	15	16	17	18	19	20	21	22	23	24	25	26	27	28	29	30	5.1	2	3	4	5
음력	02.30		3.1	2	3	4	5	6	7	8	9	10	11	12	13	14	15	16	17	18	19	20	21	22	23	24	25	26	27	28	29	30
일주	丙申		丁酉	戊戌	己亥	庚子	辛丑	壬寅	癸卯	甲辰	乙巳	丙午	丁未	戊申	己酉	庚戌	辛亥	壬子	癸丑	甲寅	乙卯	丙辰	丁巳	戊午	己未	庚申	辛酉	壬戌	癸亥	甲子	乙丑	丙寅
대운 남	1	10	10	10	9	9	9	8	8	8	7	7	7	6	6	6	5	5	5	4	4	4	3	3	3	2	2	2	1	1	1	1
대운 여	10	1	1	1	1	2	2	2	3	3	3	4	4	4	5	5	5	6	6	6	7	7	7	8	8	8	9	9	9	10	10	10

절기 / 날짜	평균기온	최고기온	최저기온	강수량	일 출	일 몰
4월 5일(양) 청명 09시 06분	7.4℃	8.9℃	5.7℃	2.2mm	06:13	18:58
4월 10일(양)	6.7℃	15.0℃	-0.4℃	-	06:05	19:02
4월 20일(양) 곡우 16시 28분	10.1℃	16.7℃	4.9℃	-	05:51	19:11
5월 1일(양)	17.2℃	24.6℃	11.1℃	-	05:37	19:21

입하 — 乙巳月　05.06 ~ 06.05(양)

양력	05.06		7	8	9	10	11	12	13	14	15	16	17	18	19	20	21	22	23	24	25	26	27	28	29	30	31	6.1	2	3	4	5
음력	04.01		2	3	4	5	6	7	8	9	10	11	12	13	14	15	16	17	18	19	20	21	22	23	24	25	26	27	28	29	5.1	2
일주	丁卯		戊辰	己巳	庚午	辛未	壬申	癸酉	甲戌	乙亥	丙子	丁丑	戊寅	己卯	庚辰	辛巳	壬午	癸未	甲申	乙酉	丙戌	丁亥	戊子	己丑	庚寅	辛卯	壬辰	癸巳	甲午	乙未	丙申	丁酉
대운 남	1	10	10	10	9	9	9	8	8	8	7	7	7	6	6	6	5	5	5	4	4	4	3	3	3	2	2	2	1	1	1	1
대운 여	10	1	1	1	1	2	2	2	3	3	3	4	4	4	5	5	5	6	6	6	7	7	7	8	8	8	9	9	9	10	10	10

절기 / 날짜	평균기온	최고기온	최저기온	강수량	일 출	일 몰
5월 6일(양) 입하 02시 55분	13.2℃	18.5℃	9.2℃	0.0mm	05:32	19:26
5월 10일(양)	14.6℃	22.6℃	8.2℃	-	05:28	19:29
5월 20일(양)	19.0℃	23.2℃	16.3℃	1.2mm	05:19	19:38
5월 21일(양) 소만 16시 07분	18.3℃	25.0℃	14.4℃	0.4mm	05:18	19:39
6월 1일(양)	18.5℃	26.7℃	12.4℃	-	05:12	19:47

망종 — 丙午月　06.06 ~ 07.06(양)

양력	06.06		7	8	9	10	11	12	13	14	15	16	17	18	19	20	21	22	23	24	25	26	27	28	29	30	7.1	2	3	4	5	6
음력	05.03		4	5	6	7	8	9	10	11	12	13	14	15	16	17	18	19	20	21	22	23	24	25	26	27	28	29	30	6.1	2	3
일주	戊戌		己亥	庚子	辛丑	壬寅	癸卯	甲辰	乙巳	丙午	丁未	戊申	己酉	庚戌	辛亥	壬子	癸丑	甲寅	乙卯	丙辰	丁巳	戊午	己未	庚申	辛酉	壬戌	癸亥	甲子	乙丑	丙寅	丁卯	戊辰
대운 남	1	10	10	10	9	9	9	8	8	8	7	7	7	6	6	6	5	5	5	4	4	4	3	3	3	2	2	2	1	1	1	1
대운 여	10	1	1	1	1	2	2	2	3	3	3	4	4	4	5	5	5	6	6	6	7	7	7	8	8	8	9	9	9	10	10	10

절기 / 날짜	평균기온	최고기온	최저기온	강수량	일 출	일 몰
6월 6일(양) 망종 07시 28분	21.4℃	27.9℃	17.2℃	-	05:11	19:50
6월 10일(양)	21.9℃	28.9℃	15.2℃	-	05:10	19:52
6월 20일(양)	23.1℃	26.6℃	20.2℃	0.0mm	05:10	19:56
6월 22일(양) 하지 00시 23분	21.5℃	25.0℃	19.5℃	0.0mm	05:11	19:57
7월 1일(양)	25.1℃	32.1℃	18.8℃	-	05:14	19:57

소서 — 丁未月　07.07 ~ 08.07(양)

양력	07.07		8	9	10	11	12	13	14	15	16	17	18	19	20	21	22	23	24	25	26	27	28	29	30	31	8.1	2	3	4	5	6	7
음력	06.04		5	6	7	8	9	10	11	12	13	14	15	16	17	18	19	20	21	22	23	24	25	26	27	28	29	7.1	2	3	4	5	6
일주	己巳		庚午	辛未	壬申	癸酉	甲戌	乙亥	丙子	丁丑	戊寅	己卯	庚辰	辛巳	壬午	癸未	甲申	乙酉	丙戌	丁亥	戊子	己丑	庚寅	辛卯	壬辰	癸巳	甲午	乙未	丙申	丁酉	戊戌	己亥	庚子
대운 남	1	10	10	10	10	9	9	9	8	8	8	7	7	7	6	6	6	5	5	5	4	4	4	3	3	3	2	2	2	1	1	1	1
대운 여	10	1	1	1	1	2	2	2	3	3	3	4	4	4	5	5	5	6	6	6	7	7	7	8	8	8	9	9	9	10	10	10	10

절기 / 날짜	평균기온	최고기온	최저기온	강수량	일 출	일 몰
7월 7일(양) 소서 17시 52분	23.6℃	30.6℃	19.6℃	62.3mm	05:17	19:56
7월 10일(양)	23.9℃	26.2℃	21.1℃	19.5mm	05:19	19:55
7월 20일(양)	25.3℃	30.5℃	24.1℃	8.4mm	05:26	19:50
7월 23일(양) 대서 11시 18분	27.7℃	32.1℃	25.3℃	0.0mm	05:28	19:48
8월 1일(양)	30.5℃	37.2℃	25.0℃	-	05:35	19:41

입 추 — 08.08 ~ 09.07(양) 戊申月

	절입		1	2	3	4	5	6	7	8	9	10	11	12	13	14	15	16	17	18	19	20	21	22	23	24	25	26	27	28	29	30
양력	08.08		9	10	11	12	13	14	15	16	17	18	19	20	21	22	23	24	25	26	27	28	29	30	31	9.1	2	3	4	5	6	7
음력	07.07		8	9	10	11	12	13	14	15	16	17	18	19	20	21	22	23	24	25	26	27	28	29	30	8.1	2	3	4	5	6	7
일주	辛丑		壬寅	癸卯	甲辰	乙巳	丙午	丁未	戊申	己酉	庚戌	辛亥	壬子	癸丑	甲寅	乙卯	丙辰	丁巳	戊午	己未	庚申	辛酉	壬戌	癸亥	甲子	乙丑	丙寅	丁卯	戊辰	己巳	庚午	辛未
대운 남	1	10	10	10	9	9	9	8	8	8	7	7	7	6	6	6	5	5	5	4	4	4	3	3	3	2	2	2	1	1	1	1
운 여	10	1	1	1	1	1	2	2	2	3	3	3	4	4	4	5	5	5	6	6	6	7	7	7	8	8	8	9	9	9	10	10

8월 8일(양) 입추 03시 32분		8월 10일(양)		8월 20일(양)		8월 23일(양) 처서 18시 06분		9월 1일(양)	
평균기온: 25.4℃		평균기온: 27.9℃	강수량: 0.0mm	평균기온: 24.4℃	강수량: 1.0mm	평균기온: 23.2℃	강수량: 0.0mm	평균기온: 21.6℃	강수량: −
최고기온: 31.2℃		최고기온: 36.0℃	일 출: 05:43	최고기온: 30.2℃	일 출: 05:51	최고기온: 28.3℃	일 출: 05:54	최고기온: 25.5℃	일 출: 06:02
최저기온: 21.7℃		최저기온: 24.0℃	일 몰: 19:31	최저기온: 20.1℃	일 몰: 19:19	최저기온: 19.7℃	일 몰: 19:15	최저기온: 19.8℃	일 몰: 19:02

(입추 블록 일출/일몰 첫째 칸: 일 출: 05:41 / 일 몰: 19:34)

백 로 — 09.08 ~ 10.07(양) 己酉月

	절입		1	2	3	4	5	6	7	8	9	10	11	12	13	14	15	16	17	18	19	20	21	22	23	24	25	26	27	28	29
양력	09.08		9	10	11	12	13	14	15	16	17	18	19	20	21	22	23	24	25	26	27	28	29	30	10.1	2	3	4	5	6	7
음력	08.08		9	10	11	12	13	14	15	16	17	18	19	20	21	22	23	24	25	26	27	28	29	9.1	2	3	4	5	6	7	8
일주	壬申		癸酉	甲戌	乙亥	丙子	丁丑	戊寅	己卯	庚辰	辛巳	壬午	癸未	甲申	乙酉	丙戌	丁亥	戊子	己丑	庚寅	辛卯	壬辰	癸巳	甲午	乙未	丙申	丁酉	戊戌	己亥	庚子	辛丑
대운 남	1	10	10	9	9	9	8	8	8	7	7	7	6	6	6	5	5	5	4	4	4	3	3	3	2	2	2	1	1	1	1
운 여	10	1	1	1	1	1	2	2	2	3	3	3	4	4	4	5	5	5	6	6	6	7	7	7	8	8	8	9	9	9	10

9월 8일(양) 백로 06시 03분		9월 10일(양)		9월 20일(양)		9월 23일(양) 추분 15시 16분		10월 1일(양)	
평균기온: 19.5℃	강수량: −	평균기온: 21.0℃	강수량: −	평균기온: 20.1℃	강수량: −	평균기온: 20.2℃	강수량: 1.2mm	평균기온: 18.5℃	강수량: −
최고기온: 23.4℃	일 출: 06:07	최고기온: 29.0℃	일 출: 06:09	최고기온: 26.7℃	일 출: 06:17	최고기온: 25.4℃	일 출: 06:20	최고기온: 26.5℃	일 출: 06:27
최저기온: 16.0℃	일 몰: 18:52	최저기온: 14.7℃	일 몰: 18:49	최저기온: 16.3℃	일 몰: 18:33	최저기온: 17.6℃	일 몰: 18:29	최저기온: 13.4℃	일 몰: 18:16

한 로 — 10.08 ~ 11.06(양) 庚戌月

	절입		1	2	3	4	5	6	7	8	9	10	11	12	13	14	15	16	17	18	19	20	21	22	23	24	25	26	27	28	29
양력	10.08		9	10	11	12	13	14	15	16	17	18	19	20	21	22	23	24	25	26	27	28	29	30	31	11.1	2	3	4	5	6
음력	09.09		10	11	12	13	14	15	16	17	18	19	20	21	22	23	24	25	26	27	28	29	10.1	2	3	4	5	6	7	8	9
일주	壬寅		癸卯	甲辰	乙巳	丙午	丁未	戊申	己酉	庚戌	辛亥	壬子	癸丑	甲寅	乙卯	丙辰	丁巳	戊午	己未	庚申	辛酉	壬戌	癸亥	甲子	乙丑	丙寅	丁卯	戊辰	己巳	庚午	辛未
대운 남	1	10	10	9	9	9	8	8	8	7	7	7	6	6	6	5	5	5	4	4	4	3	3	3	2	2	2	1	1	1	1
운 여	10	1	1	1	1	1	2	2	2	3	3	3	4	4	4	5	5	5	6	6	6	7	7	7	8	8	8	9	9	9	10

10월 8일(양) 한로 21시 10분		10월 10일(양)		10월 20일(양)		10월 24일(양) 상강 00시 04분		11월 1일(양)	
평균기온: 12.7℃	강수량: 12.2mm	평균기온: 11.8℃	강수량: −	평균기온: 10.9℃	강수량: 3.3mm	평균기온: 7.7℃	강수량: −	평균기온: 6.1℃	강수량: −
최고기온: 18.7℃	일 출: 06:33	최고기온: 18.7℃	일 출: 06:35	최고기온: 16.7℃	일 출: 06:44	최고기온: 14.1℃	일 출: 06:48	최고기온: 13.3℃	일 출: 06:56
최저기온: 10.0℃	일 몰: 18:06	최저기온: 6.8℃	일 몰: 18:03	최저기온: 5.3℃	일 몰: 17:49	최저기온: 3.6℃	일 몰: 17:44	최저기온: 0.6℃	일 몰: 17:35

입 동 — 11.07 ~ 12.06(양) 辛亥月

	절입		1	2	3	4	5	6	7	8	9	10	11	12	13	14	15	16	17	18	19	20	21	22	23	24	25	26	27	28	29
양력	11.07		8	9	10	11	12	13	14	15	16	17	18	19	20	21	22	23	24	25	26	27	28	29	30	12.1	2	3	4	5	6
음력	10.10		11	12	13	14	15	16	17	18	19	20	21	22	23	24	25	26	27	28	29	30	11.1	2	3	4	5	6	7	8	9
일주	壬申		癸酉	甲戌	乙亥	丙子	丁丑	戊寅	己卯	庚辰	辛巳	壬午	癸未	甲申	乙酉	丙戌	丁亥	戊子	己丑	庚寅	辛卯	壬辰	癸巳	甲午	乙未	丙申	丁酉	戊戌	己亥	庚子	辛丑
대운 남	1	10	10	9	9	9	8	8	8	7	7	7	6	6	6	5	5	5	4	4	4	3	3	3	2	2	2	1	1	1	1
운 여	10	1	1	1	1	1	2	2	2	3	3	3	4	4	4	5	5	5	6	6	6	7	7	7	8	8	8	9	9	9	10

11월 7일(양) 입동 23시 50분		11월 10일(양)		11월 20일(양)		11월 22일(양) 소설 21시 10분		12월 1일(양)	
평균기온: −3.3℃	강수량: 0.0mm	평균기온: 6.8℃	강수량: −	평균기온: 7.6℃	강수량: 2.8mm	평균기온: 6.4℃	강수량: −	평균기온: 6.4℃	강수량: 0.0mm
최고기온: 0.0℃	일 출: 07:03	최고기온: 14.5℃	일 출: 07:06	최고기온: 13.4℃	일 출: 07:17	최고기온: 14.3℃	일 출: 07:19	최고기온: 12.5℃	일 출: 07:28
최저기온: −6.5℃	일 몰: 17:28	최저기온: 1.0℃	일 몰: 17:26	최저기온: 4.1℃	일 몰: 17:18	최저기온: −0.4℃	일 몰: 17:17	최저기온: −1.0℃	일 몰: 17:14

대 설 — 12.07 ~ 1933.01.05(양) 壬子月

	절입		1	2	3	4	5	6	7	8	9	10	11	12	13	14	15	16	17	18	19	20	21	22	23	24	25	26	27	28	29
양력	12.07		8	9	10	11	12	13	14	15	16	17	18	19	20	21	22	23	24	25	26	27	28	29	30	31	1.1	2	3	4	5
음력	11.10		11	12	13	14	15	16	17	18	19	20	21	22	23	24	25	26	27	28	29	12.1	2	3	4	5	6	7	8	9	10
일주	壬寅		癸卯	甲辰	乙巳	丙午	丁未	戊申	己酉	庚戌	辛亥	壬子	癸丑	甲寅	乙卯	丙辰	丁巳	戊午	己未	庚申	辛酉	壬戌	癸亥	甲子	乙丑	丙寅	丁卯	戊辰	己巳	庚午	辛未
대운 남	1	10	10	9	9	9	8	8	8	7	7	7	6	6	6	5	5	5	4	4	4	3	3	3	2	2	2	1	1	1	1
운 여	10	1	1	1	1	1	2	2	2	3	3	3	4	4	4	5	5	5	6	6	6	7	7	7	8	8	8	9	9	9	10

12월 7일(양) 대설 16시 18분		12월 10일(양)		12월 20일(양)		12월 22일(양) 동지 10시 14분		1월 1일(양)	
평균기온: −1.9℃	강수량: −	평균기온: −0.1℃	강수량: −	평균기온: −2.5℃	강수량: −	평균기온: −3.5℃	강수량: 0.0mm	평균기온: −5.4℃	강수량: −
최고기온: 3.6℃	일 출: 07:33	최고기온: 5.1℃	일 출: 07:36	최고기온: 5.5℃	일 출: 07:43	최고기온: 0.2℃	일 출: 07:44	최고기온: −1.5℃	일 출: 07:47
최저기온: −7.0℃	일 몰: 17:14	최저기온: −6.6℃	일 몰: 17:14	최저기온: −5.3℃	일 몰: 17:17	최저기온: −5.5℃	일 몰: 17:18	최저기온: −10.8℃	일 몰: 17:24

소 한 — 01.06 ~ 02.03(양) 癸丑月

	절입		1	2	3	4	5	6	7	8	9	10	11	12	13	14	15	16	17	18	19	20	21	22	23	24	25	26	27	28
양력	1933.01.06		7	8	9	10	11	12	13	14	15	16	17	18	19	20	21	22	23	24	25	26	27	28	29	30	31	2.1	2	3
음력	1932.12.11		12	13	14	15	16	17	18	19	20	21	22	23	24	25	26	27	28	29	30	1.1	2	3	4	5	6	7	8	9
일주	壬申		癸酉	甲戌	乙亥	丙子	丁丑	戊寅	己卯	庚辰	辛巳	壬午	癸未	甲申	乙酉	丙戌	丁亥	戊子	己丑	庚寅	辛卯	壬辰	癸巳	甲午	乙未	丙申	丁酉	戊戌	己亥	庚子
대운 남	1	10	9	9	9	8	8	8	7	7	7	6	6	6	5	5	5	4	4	4	3	3	3	2	2	2	1	1	1	1
운 여	10	1	1	1	1	2	2	2	3	3	3	4	4	4	5	5	5	6	6	6	7	7	7	8	8	8	9	9	9	9

1월 6일(양) 소한 03시 23분		1월 10일(양)		1월 20일(양) 대한 20시 53분		2월 1일(양)	
평균기온: −2.7℃	강수량: −	평균기온: 3.0℃	강수량: 0.1mm	평균기온: −6.6℃	강수량: −	평균기온: −6.5℃	강수량: −
최고기온: 0.4℃	일 출: 07:48	최고기온: 6.1℃	일 출: 07:47	최고기온: −2.1℃	일 출: 07:44	최고기온: −0.9℃	일 출: 07:37
최저기온: −7.4℃	일 몰: 17:28	최저기온: −1.0℃	일 몰: 17:32	최저기온: −13.7℃	일 몰: 17:42	최저기온: −12.9℃	일 몰: 17:55

1933 윤5월

입춘 02.04 ~ 03.05(양)

甲寅月

양력	1933.02.04	5	6	7	8	9	10	11	12	13	14	15	16	17	18	19	20	21	22	23	24	25	26	27	28	3.1	2	3	4	5
음력	1933.01.10	11	12	13	14	15	16	17	18	19	20	21	22	23	24	25	26	27	28	29	2.1	2	3	4	5	6	7	8	9	10
일주	辛丑	壬寅	癸卯	甲辰	乙巳	丙午	丁未	戊申	己酉	庚戌	辛亥	壬子	癸丑	甲寅	乙卯	丙辰	丁巳	戊午	己未	庚申	辛酉	壬戌	癸亥	甲子	乙丑	丙寅	丁卯	戊辰	己巳	庚午
대운 남	1 1	1	1	1	1	2	2	2	3	3	3	4	4	4	5	5	5	6	6	6	7	7	7	8	8	8	9	9	9	10
대운 여	10 10	10	9	9	9	8	8	8	7	7	7	6	6	6	5	5	5	4	4	4	3	3	3	2	2	2	1	1	1	1

날짜	평균기온	최고기온	최저기온	강수량	일출	일몰
2월 4일(양) 입춘 15시 09분	−6.0℃	0.2℃	−14.2℃	–	07:34	17:59
2월 10일(양)	−5.4℃	−0.4℃	−11.0℃	–	07:28	18:05
2월 19일(양) 우수 11시 16분	−5.2℃	−0.5℃	−9.9℃	–	07:18	18:15
2월 20일(양)	0.1℃	3.6℃	−4.9℃	0.0㎜	07:17	18:16
3월 1일(양)	−1.9℃	2.5℃	−5.8℃	–	07:05	18:25

경칩 03.06 ~ 04.04(양)

乙卯月

양력	03.06	7	8	9	10	11	12	13	14	15	16	17	18	19	20	21	22	23	24	25	26	27	28	29	30	31	4.1	2	3	4
음력	02.11	12	13	14	15	16	17	18	19	20	21	22	23	24	25	26	27	28	29	30	3.1	2	3	4	5	6	7	8	9	10
일주	辛未	壬申	癸酉	甲戌	乙亥	丙子	丁丑	戊寅	己卯	庚辰	辛巳	壬午	癸未	甲申	乙酉	丙戌	丁亥	戊子	己丑	庚寅	辛卯	壬辰	癸巳	甲午	乙未	丙申	丁酉	戊戌	己亥	庚子
대운 남	10 1	1	1	1	1	2	2	2	3	3	3	4	4	4	5	5	5	6	6	6	7	7	7	8	8	8	9	9	9	10
대운 여	1 10	10	9	9	9	8	8	8	7	7	7	6	6	6	5	5	5	4	4	4	3	3	3	2	2	2	1	1	1	1

날짜	평균기온	최고기온	최저기온	강수량	일출	일몰
3월 6일(양) 경칩 09시 31분	−8.9℃	−4.0℃	−12.8℃	–	06:58	18:30
3월 10일(양)	−0.5℃	1.6℃	−2.1℃	0.5㎜	06:52	18:34
3월 20일(양)	6.8℃	12.5℃	2.0℃	–	06:37	18:43
3월 21일(양) 춘분 10시 43분	5.9℃	11.9℃	−0.1℃	–	06:36	18:44
4월 1일(양)	7.3℃	15.0℃	−0.5℃	–	06:19	18:54

청명 04.05 ~ 05.05(양)

丙辰月

양력	04.05	6	7	8	9	10	11	12	13	14	15	16	17	18	19	20	21	22	23	24	25	26	27	28	29	30	5.1	2	3	4	5
음력	03.11	12	13	14	15	16	17	18	19	20	21	22	23	24	25	26	27	28	29	30	4.1	2	3	4	5	6	7	8	9	10	11
일주	辛丑	壬寅	癸卯	甲辰	乙巳	丙午	丁未	戊申	己酉	庚戌	辛亥	壬子	癸丑	甲寅	乙卯	丙辰	丁巳	戊午	己未	庚申	辛酉	壬戌	癸亥	甲子	乙丑	丙寅	丁卯	戊辰	己巳	庚午	辛未
대운 남	10 1	1	1	1	1	2	2	2	3	3	3	4	4	4	5	5	5	6	6	6	7	7	7	8	8	8	9	9	9	10	10
대운 여	1 10	10	10	9	9	9	8	8	8	7	7	7	6	6	6	5	5	5	4	4	4	3	3	3	2	2	2	1	1	1	1

날짜	평균기온	최고기온	최저기온	강수량	일출	일몰
4월 5일(양) 청명 14시 51분	11.4℃	18.1℃	6.0℃	0.0㎜	06:13	18:58
4월 10일(양)	10.1℃	15.9℃	7.0℃	–	06:06	19:02
4월 20일(양) 곡우 22시 18분	11.8℃	18.7℃	7.3℃	–	05:52	19:11
5월 1일(양)	19.7℃	28.5℃	14.4℃	–	05:38	19:21

입하 05.06 ~ 06.05(양)

丁巳月

양력	05.06	7	8	9	10	11	12	13	14	15	16	17	18	19	20	21	22	23	24	25	26	27	28	29	30	31	6.1	2	3	4	5
음력	04.12	13	14	15	16	17	18	19	20	21	22	23	24	25	26	27	28	29	5.1	2	3	4	5	6	7	8	9	10	11	12	13
일주	壬申	癸酉	甲戌	乙亥	丙子	丁丑	戊寅	己卯	庚辰	辛巳	壬午	癸未	甲申	乙酉	丙戌	丁亥	戊子	己丑	庚寅	辛卯	壬辰	癸巳	甲午	乙未	丙申	丁酉	戊戌	己亥	庚子	辛丑	壬寅
대운 남	10 1	1	1	1	1	2	2	2	3	3	3	4	4	4	5	5	5	6	6	6	7	7	7	8	8	8	9	9	9	10	10
대운 여	1 10	10	10	9	9	9	8	8	8	7	7	7	6	6	6	5	5	5	4	4	4	3	3	3	2	2	2	1	1	1	1

날짜	평균기온	최고기온	최저기온	강수량	일출	일몰
5월 6일(양) 입하 08시 42분	12.5℃	20.3℃	4.0℃	–	05:32	19:26
5월 10일(양)	17.8℃	26.4℃	9.6℃	–	05:28	19:29
5월 20일(양)	13.6℃	18.2℃	11.6℃	18.0㎜	05:19	19:38
5월 21일(양) 소만 21시 57분	12.8℃	17.5℃	10.1℃	–	05:19	19:39
6월 1일(양)	17.8℃	22.8℃	15.3℃	–	05:13	19:47

망종 06.06 ~ 07.06(양)

戊午月

양력	06.06	7	8	9	10	11	12	13	14	15	16	17	18	19	20	21	22	23	24	25	26	27	28	29	30	7.1	2	3	4	5	6
음력	05.14	15	16	17	18	19	20	21	22	23	24	25	26	27	28	29	30	윤5.1	2	3	4	5	6	7	8	9	10	11	12	13	14
일주	癸卯	甲辰	乙巳	丙午	丁未	戊申	己酉	庚戌	辛亥	壬子	癸丑	甲寅	乙卯	丙辰	丁巳	戊午	己未	庚申	辛酉	壬戌	癸亥	甲子	乙丑	丙寅	丁卯	戊辰	己巳	庚午	辛未	壬申	癸酉
대운 남	10 1	1	1	1	1	2	2	2	3	3	3	4	4	4	5	5	5	6	6	6	7	7	7	8	8	8	9	9	9	10	10
대운 여	1 10	10	10	9	9	9	8	8	8	7	7	7	6	6	6	5	5	5	4	4	4	3	3	3	2	2	2	1	1	1	1

날짜	평균기온	최고기온	최저기온	강수량	일출	일몰
6월 6일(양) 망종 13시 17분	18.8℃	24.8℃	15.9℃	35.9㎜	05:11	19:50
6월 10일(양)	21.4℃	28.4℃	14.4℃	–	05:10	19:52
6월 20일(양)	24.1℃	30.4℃	18.9℃	–	05:10	19:56
6월 22일(양) 하지 06시 12분	25.7℃	31.3℃	21.6℃	0.0㎜	05:11	19:57
7월 1일(양)	22.2℃	25.6℃	20.4℃	21.0㎜	05:14	19:57

소서 07.07 ~ 08.07(양)

己未月

양력	07.07	8	9	10	11	12	13	14	15	16	17	18	19	20	21	22	23	24	25	26	27	28	29	30	31	8.1	2	3	4	5	6	7
음력	05.15	16	17	18	19	20	21	22	23	24	25	26	27	28	29	30	6.1	2	3	4	5	6	7	8	9	10	11	12	13	14	15	16
일주	甲戌	乙亥	丙子	丁丑	戊寅	己卯	庚辰	辛巳	壬午	癸未	甲申	乙酉	丙戌	丁亥	戊子	己丑	庚寅	辛卯	壬辰	癸巳	甲午	乙未	丙申	丁酉	戊戌	己亥	庚子	辛丑	壬寅	癸卯	甲辰	乙巳
대운 남	10 1	1	1	1	1	2	2	2	3	3	3	4	4	4	5	5	5	6	6	6	7	7	7	8	8	8	9	9	9	10	10	10
대운 여	1 10	10	10	9	9	9	8	8	8	7	7	7	6	6	6	5	5	5	4	4	4	3	3	3	2	2	2	1	1	1	1	1

날짜	평균기온	최고기온	최저기온	강수량	일출	일몰
7월 7일(양) 소서 23시 44분	26.6℃	33.0℃	22.6℃	–	05:17	19:56
7월 10일(양)	26.0℃	32.2℃	23.2℃	–	05:18	19:55
7월 20일(양)	27.8℃	34.6℃	23.1℃	–	05:25	19:51
7월 23일(양) 대서 17시 05분	25.8℃	29.2℃	23.6℃	5.3㎜	05:28	19:49
8월 1일(양)	25.7℃	30.8℃	21.4℃	–	05:35	19:41

입추 08.08 ~ 09.07(양) — 庚申月

양력	08.08	9	10	11	12	13	14	15	16	17	18	19	20	21	22	23	24	25	26	27	28	29	30	31	9.1	2	3	4	5	6	7
음력	06.17	18	19	20	21	22	23	24	25	26	27	28	29	7.1	2	3	4	5	6	7	8	9	10	11	12	13	14	15	16	17	18
일주	丙午	丁未	戊申	己酉	庚戌	辛亥	壬子	癸丑	甲寅	乙卯	丙辰	丁巳	戊午	己未	庚申	辛酉	壬戌	癸亥	甲子	乙丑	丙寅	丁卯	戊辰	己巳	庚午	辛未	壬申	癸酉	甲戌	乙亥	丙子
대운 남	10 / 1	1	1	1	1	1	2	2	2	3	3	3	4	4	4	5	5	5	6	6	6	7	7	7	8	8	8	9	9	10	10
대운 여	1 / 10	10	10	9	9	9	8	8	8	7	7	7	6	6	6	5	5	5	4	4	4	3	3	3	2	2	2	1	1	1	1

날짜	평균기온	최고기온	최저기온	강수량	일 출	일 몰
8월 8일(양) 입추 09시 26분	24.4℃	27.8℃	22.4℃	0.3mm	05:41	19:34
8월 10일(양)	25.0℃	30.9℃	20.5℃	0.0mm	05:43	19:32
8월 20일(양)	20.8℃	22.5℃	19.0℃	60.4mm	05:51	19:19
8월 23일(양) 처서 23시 52분	22.8℃	28.3℃	18.0℃	–	05:54	19:15
9월 1일(양)	24.6℃	30.2℃	21.5℃	2.2mm	06:01	19:02

백로 09.08 ~ 10.08(양) — 辛酉月

양력	09.08	9	10	11	12	13	14	15	16	17	18	19	20	21	22	23	24	25	26	27	28	29	30	10.1	2	3	4	5	6	7	8
음력	07.19	20	21	22	23	24	25	26	27	28	29	30	8.1	2	3	4	5	6	7	8	9	10	11	12	13	14	15	16	17	18	19
일주	丁丑	戊寅	己卯	庚辰	辛巳	壬午	癸未	甲申	乙酉	丙戌	丁亥	戊子	己丑	庚寅	辛卯	壬辰	癸巳	甲午	乙未	丙申	丁酉	戊戌	己亥	庚子	辛丑	壬寅	癸卯	甲辰	乙巳	丙午	丁未
대운 남	10 / 1	1	1	1	1	1	2	2	2	3	3	3	4	4	4	5	5	5	6	6	6	7	7	7	8	8	8	9	9	10	10
대운 여	1 / 10	10	10	9	9	9	8	8	8	7	7	7	6	6	6	5	5	5	4	4	4	3	3	3	2	2	2	1	1	1	1

날짜	평균기온	최고기온	최저기온	강수량	일 출	일 몰
9월 8일(양) 백로 11시 58분	21.2℃	26.2℃	18.0℃	–	06:07	18:52
9월 10일(양)	21.9℃	27.6℃	15.9℃	–	06:09	18:49
9월 20일(양)	22.1℃	27.4℃	19.5℃	–	06:17	18:34
9월 23일(양) 추분 21시 01분	18.3℃	24.9℃	12.2℃	–	06:20	18:29
10월 1일(양)	17.3℃	23.8℃	14.3℃	4.9mm	06:27	18:17

한로 10.09 ~ 11.07(양) — 壬戌月

양력	10.09	10	11	12	13	14	15	16	17	18	19	20	21	22	23	24	25	26	27	28	29	30	31	11.1	2	3	4	5	6	7
음력	08.20	21	22	23	24	25	26	27	28	29	9.1	2	3	4	5	6	7	8	9	10	11	12	13	14	15	16	17	18	19	20
일주	戊申	己酉	庚戌	辛亥	壬子	癸丑	甲寅	乙卯	丙辰	丁巳	戊午	己未	庚申	辛酉	壬戌	癸亥	甲子	乙丑	丙寅	丁卯	戊辰	己巳	庚午	辛未	壬申	癸酉	甲戌	乙亥	丙子	丁丑
대운 남	10 / 1	1	1	1	1	1	2	2	2	3	3	3	4	4	4	5	5	5	6	6	6	7	7	7	8	8	8	9	9	10
대운 여	1 / 10	10	9	9	9	8	8	8	7	7	7	6	6	6	5	5	5	4	4	4	3	3	3	2	2	2	1	1	1	1

날짜	평균기온	최고기온	최저기온	강수량	일 출	일 몰
10월 9일(양) 한로 03시 04분	11.0℃	15.9℃	7.4℃	–	06:34	18:05
10월 10일(양)	11.5℃	18.6℃	4.9℃	–	06:35	18:03
10월 20일(양)	15.5℃	20.7℃	12.9℃	–	06:44	17:49
10월 24일(양) 상강 05시 48분	7.4℃	12.8℃	2.7℃	–	06:48	17:44
11월 1일(양)	6.5℃	9.8℃	2.4℃	3.3mm	06:56	17:35

입동 11.08 ~ 12.06(양) — 癸亥月

양력	11.08	9	10	11	12	13	14	15	16	17	18	19	20	21	22	23	24	25	26	27	28	29	30	12.1	2	3	4	5	6
음력	09.21	22	23	24	25	26	27	28	29	30	10.1	2	3	4	5	6	7	8	9	10	11	12	13	14	15	16	17	18	19
일주	戊寅	己卯	庚辰	辛巳	壬午	癸未	甲申	乙酉	丙戌	丁亥	戊子	己丑	庚寅	辛卯	壬辰	癸巳	甲午	乙未	丙申	丁酉	戊戌	己亥	庚子	辛丑	壬寅	癸卯	甲辰	乙巳	丙午
대운 남	10 / 1	1	1	1	1	1	2	2	2	3	3	3	4	4	4	5	5	5	6	6	6	7	7	7	8	8	8	9	9
대운 여	1 / 10	9	9	9	8	8	8	7	7	7	6	6	6	5	5	5	4	4	4	3	3	3	2	2	2	1	1	1	1

날짜	평균기온	최고기온	최저기온	강수량	일 출	일 몰
11월 8일(양) 입동 05시 43분	7.8℃	13.3℃	0.8℃	–	07:04	17:28
11월 10일(양)	10.4℃	16.3℃	5.5℃	3.0mm	07:06	17:26
11월 20일(양)	6.3℃	10.9℃	3.6℃	4.6mm	07:16	17:19
11월 23일(양) 소설 02시 53분	7.4℃	14.3℃	1.3℃	–	07:19	17:17
12월 1일(양)	5.2℃	9.5℃	0.5℃	–	07:27	17:14

대설 12.07 ~ 1934.01.05(양) — 甲子月

양력	12.07	8	9	10	11	12	13	14	15	16	17	18	19	20	21	22	23	24	25	26	27	28	29	30	31	1.1	2	3	4	5
음력	10.20	21	22	23	24	25	26	27	28	29	11.1	2	3	4	5	6	7	8	9	10	11	12	13	14	15	16	17	18	19	20
일주	丁未	戊申	己酉	庚戌	辛亥	壬子	癸丑	甲寅	乙卯	丙辰	丁巳	戊午	己未	庚申	辛酉	壬戌	癸亥	甲子	乙丑	丙寅	丁卯	戊辰	己巳	庚午	辛未	壬申	癸酉	甲戌	乙亥	丙子
대운 남	10 / 1	1	1	1	1	1	2	2	2	3	3	3	4	4	4	5	5	5	6	6	6	7	7	7	8	8	8	9	9	10
대운 여	1 / 10	10	9	9	9	8	8	8	7	7	7	6	6	6	5	5	5	4	4	4	3	3	3	2	2	2	1	1	1	1

날짜	평균기온	최고기온	최저기온	강수량	일 출	일 몰
12월 7일(양) 대설 22시 11분	6.9℃	12.7℃	2.7℃	–	07:33	17:14
12월 10일(양)	4.6℃	8.6℃	2.0℃	–	07:35	17:14
12월 20일(양)	-6.7℃	-2.5℃	-9.0℃	–	07:42	17:16
12월 22일(양) 동지 15시 58분	-5.4℃	-2.8℃	-8.9℃	–	07:43	17:17
1월 1일(양)	-7.5℃	-4.4℃	-10.6℃	–	07:47	17:24

소한 01.06 ~ 02.03(양) — 乙丑月

양력	1934.01.06	7	8	9	10	11	12	13	14	15	16	17	18	19	20	21	22	23	24	25	26	27	28	29	30	31	2.1	2	3
음력	1933.11.21	22	23	24	25	26	27	28	29	12.1	2	3	4	5	6	7	8	9	10	11	12	13	14	15	16	17	18	19	20
일주	丁丑	戊寅	己卯	庚辰	辛巳	壬午	癸未	甲申	乙酉	丙戌	丁亥	戊子	己丑	庚寅	辛卯	壬辰	癸巳	甲午	乙未	丙申	丁酉	戊戌	己亥	庚子	辛丑	壬寅	癸卯	甲辰	乙巳
대운 남	10 / 1	1	1	1	1	1	2	2	2	3	3	3	4	4	4	5	5	5	6	6	6	7	7	7	8	8	8	9	9
대운 여	1 / 10	9	9	9	8	8	8	7	7	7	6	6	6	5	5	5	4	4	4	3	3	3	2	2	2	1	1	1	1

날짜	평균기온	최고기온	최저기온	강수량	일 출	일 몰
1월 6일(양) 소한 09시 17분	-7.4℃	-2.8℃	-12.9℃	–	07:48	17:28
1월 10일(양)	-6.1℃	-1.3℃	-10.4℃	4.6mm	07:47	17:32
1월 20일(양)	-10.7℃	-4.2℃	-12.5℃	0.0mm	07:44	17:42
1월 21일(양) 대한 02시 37분	-10.7℃	-7.4℃	-13.6℃	–	07:44	17:43
2월 1일(양)	0.7℃	4.6℃	-4.8℃	0.0mm	07:37	17:55

1934

입춘 — 02.04 ~ 03.05(양)

丙寅月

구분	입춘	5	6	7	8	9	10	11	12	13	14	15	16	17	18	19	20	21	22	23	24	25	26	27	28	3.1	2	3	4	5
양력	1934.02.04	5	6	7	8	9	10	11	12	13	14	15	16	17	18	19	20	21	22	23	24	25	26	27	28	3.1	2	3	4	5
음력	1933.12.21	22	23	24	25	26	27	28	29	30	1.1	2	3	4	5	6	7	8	9	10	11	12	13	14	15	16	17	18	19	20
일주	丙午	丁未	戊申	己酉	庚戌	辛亥	壬子	癸丑	甲寅	乙卯	丙辰	丁巳	戊午	己未	庚申	辛酉	壬戌	癸亥	甲子	乙丑	丙寅	丁卯	戊辰	己巳	庚午	辛未	壬申	癸酉	甲戌	乙亥
대운 남	10 10	10	9	9	9	8	8	8	7	7	7	6	6	6	5	5	5	4	4	4	3	3	3	2	2	2	1	1	1	1
대운 여	1 1	1	1	1	1	2	2	2	3	3	3	4	4	4	5	5	5	6	6	6	7	7	7	8	8	8	9	9	9	10

2월 4일(양) 입춘 21시 04분		2월 10일(양)		2월 19일(양) 우수 17시 02분		2월 20일(양)		3월 1일(양)	
평균기온: −5.5℃	강수량: −	평균기온: −1.5℃	강수량: −	평균기온: −4.9℃	강수량: −	평균기온: −2.0℃	강수량: −	평균기온: −3.6℃	강수량: −
최고기온: −0.1℃	일 출: 07:34	최고기온: 3.9℃	일 출: 07:28	최고기온: 0.4℃	일 출: 07:18	최고기온: 4.3℃	일 출: 07:17	최고기온: −0.1℃	일 출: 07:05
최저기온: −11.6℃	일 몰: 17:58	최저기온: −8.4℃	일 몰: 18:05	최저기온: −9.1℃	일 몰: 18:15	최저기온: −8.2℃	일 몰: 18:16	최저기온: −6.6℃	일 몰: 18:25

경칩 — 03.06 ~ 04.04(양)

丁卯月

구분	경칩	7	8	9	10	11	12	13	14	15	16	17	18	19	20	21	22	23	24	25	26	27	28	29	30	31	4.1	2	3	4
양력	03.06	7	8	9	10	11	12	13	14	15	16	17	18	19	20	21	22	23	24	25	26	27	28	29	30	31	4.1	2	3	4
음력	01.21	22	23	24	25	26	27	28	29	2.1	2	3	4	5	6	7	8	9	10	11	12	13	14	15	16	17	18	19	20	21
일주	丙子	丁丑	戊寅	己卯	庚辰	辛巳	壬午	癸未	甲申	乙酉	丙戌	丁亥	戊子	己丑	庚寅	辛卯	壬辰	癸巳	甲午	乙未	丙申	丁酉	戊戌	己亥	庚子	辛丑	壬寅	癸卯	甲辰	乙巳
대운 남	1 10	10	9	9	9	8	8	8	7	7	7	6	6	6	5	5	5	4	4	4	3	3	3	2	2	2	1	1	1	1
대운 여	10 1	1	1	1	1	2	2	2	3	3	3	4	4	4	5	5	5	6	6	6	7	7	7	8	8	8	9	9	9	10

3월 6일(양) 경칩 15시 26분		3월 10일(양)		3월 20일(양)		3월 21일(양) 춘분 16시 28분		4월 1일(양)	
평균기온: −0.9℃	강수량: −	평균기온: 0.6℃	강수량: −	평균기온: 7.9℃	강수량: 0.6mm	평균기온: −0.5℃	강수량: 5.4mm	평균기온: 3.2℃	강수량: 1.9mm
최고기온: 4.1℃	일 출: 06:58	최고기온: 7.9℃	일 출: 06:52	최고기온: 12.1℃	일 출: 06:37	최고기온: 5.5℃	일 출: 06:36	최고기온: 8.5℃	일 출: 06:19
최저기온: −5.9℃	일 몰: 18:30	최저기온: −6.6℃	일 몰: 18:34	최저기온: 3.8℃	일 몰: 18:43	최저기온: −2.6℃	일 몰: 18:44	최저기온: −0.6℃	일 몰: 18:54

청명 — 04.05 ~ 05.05(양)

戊辰月

구분	청명	6	7	8	9	10	11	12	13	14	15	16	17	18	19	20	21	22	23	24	25	26	27	28	29	30	5.1	2	3	4	5
양력	04.05	6	7	8	9	10	11	12	13	14	15	16	17	18	19	20	21	22	23	24	25	26	27	28	29	30	5.1	2	3	4	5
음력	02.22	23	24	25	26	27	28	29	30	3.1	2	3	4	5	6	7	8	9	10	11	12	13	14	15	16	17	18	19	20	21	22
일주	丙午	丁未	戊申	己酉	庚戌	辛亥	壬子	癸丑	甲寅	乙卯	丙辰	丁巳	戊午	己未	庚申	辛酉	壬戌	癸亥	甲子	乙丑	丙寅	丁卯	戊辰	己巳	庚午	辛未	壬申	癸酉	甲戌	乙亥	丙子
대운 남	1 10	10	10	9	9	9	8	8	8	7	7	7	6	6	6	5	5	5	4	4	4	3	3	3	2	2	2	1	1	1	1
대운 여	10 1	1	1	1	1	2	2	2	3	3	3	4	4	4	5	5	5	6	6	6	7	7	7	8	8	8	9	9	9	10	10

4월 5일(양) 청명 20시 44분		4월 10일(양)		4월 20일(양)		4월 21일(양) 곡우 04시 00분		5월 1일(양)	
평균기온: 6.7℃	강수량: −	평균기온: 7.9℃	강수량: 9.3mm	평균기온: 10.7℃	강수량: −	평균기온: 10.8℃	강수량: −	평균기온: 7.8℃	강수량: −
최고기온: 12.4℃	일 출: 06:13	최고기온: 8.8℃	일 출: 06:06	최고기온: 18.0℃	일 출: 05:52	최고기온: 17.7℃	일 출: 05:51	최고기온: 11.6℃	일 출: 05:38
최저기온: 2.2℃	일 몰: 18:57	최저기온: 5.4℃	일 몰: 19:02	최저기온: 4.7℃	일 몰: 19:11	최저기온: 5.9℃	일 몰: 19:12	최저기온: 5.3℃	일 몰: 19:21

입하 — 05.06 ~ 06.05(양)

己巳月

구분	입하	7	8	9	10	11	12	13	14	15	16	17	18	19	20	21	22	23	24	25	26	27	28	29	30	31	6.1	2	3	4	5
양력	05.06	7	8	9	10	11	12	13	14	15	16	17	18	19	20	21	22	23	24	25	26	27	28	29	30	31	6.1	2	3	4	5
음력	03.23	24	25	26	27	28	29	4.1	2	3	4	5	6	7	8	9	10	11	12	13	14	15	16	17	18	19	20	21	22	23	24
일주	丁丑	戊寅	己卯	庚辰	辛巳	壬午	癸未	甲申	乙酉	丙戌	丁亥	戊子	己丑	庚寅	辛卯	壬辰	癸巳	甲午	乙未	丙申	丁酉	戊戌	己亥	庚子	辛丑	壬寅	癸卯	甲辰	乙巳	丙午	丁未
대운 남	1 10	10	10	9	9	9	8	8	8	7	7	7	6	6	6	5	5	5	4	4	4	3	3	3	2	2	2	1	1	1	1
대운 여	10 1	1	1	1	1	2	2	2	3	3	3	4	4	4	5	5	5	6	6	6	7	7	7	8	8	8	9	9	9	10	10

5월 6일(양) 입하 14시 31분		5월 10일(양)		5월 20일(양)		5월 22일(양) 소만 03시 35분		6월 1일(양)	
평균기온: 17.5℃	강수량: −	평균기온: 16.5℃	강수량: −	평균기온: 17.2℃	강수량: 20.2mm	평균기온: 15.3℃	강수량: −	평균기온: 20.6℃	강수량: 0.0mm
최고기온: 25.2℃	일 출: 05:32	최고기온: 23.0℃	일 출: 05:28	최고기온: 20.6℃	일 출: 05:20	최고기온: 21.1℃	일 출: 05:18	최고기온: 25.3℃	일 출: 05:13
최저기온: 10.7℃	일 몰: 19:25	최저기온: 11.5℃	일 몰: 19:29	최저기온: 15.0℃	일 몰: 19:38	최저기온: 11.1℃	일 몰: 19:39	최저기온: 15.7℃	일 몰: 19:47

망종 — 06.06 ~ 07.07(양)

庚午月

구분	망종	7	8	9	10	11	12	13	14	15	16	17	18	19	20	21	22	23	24	25	26	27	28	29	30	7.1	2	3	4	5	6	7
양력	06.06	7	8	9	10	11	12	13	14	15	16	17	18	19	20	21	22	23	24	25	26	27	28	29	30	7.1	2	3	4	5	6	7
음력	04.25	26	27	28	29	30	5.1	2	3	4	5	6	7	8	9	10	11	12	13	14	15	16	17	18	19	20	21	22	23	24	25	26
일주	戊申	己酉	庚戌	辛亥	壬子	癸丑	甲寅	乙卯	丙辰	丁巳	戊午	己未	庚申	辛酉	壬戌	癸亥	甲子	乙丑	丙寅	丁卯	戊辰	己巳	庚午	辛未	壬申	癸酉	甲戌	乙亥	丙子	丁丑	戊寅	己卯
대운 남	1 10	10	10	10	9	9	9	8	8	8	7	7	7	6	6	6	5	5	5	4	4	4	3	3	3	2	2	2	1	1	1	1
대운 여	10 1	1	1	1	1	2	2	2	3	3	3	4	4	4	5	5	5	6	6	6	7	7	7	8	8	8	9	9	9	10	10	10

6월 6일(양) 망종 19시 01분		6월 10일(양)		6월 20일(양)		6월 22일(양) 하지 11시 48분		7월 1일(양)	
평균기온: 16.6℃	강수량: 1.4mm	평균기온: 22.4℃	강수량: −	평균기온: 23.6℃	강수량: 0.0mm	평균기온: 24.6℃	강수량: −	평균기온: 22.8℃	강수량: 18.2mm
최고기온: 21.9℃	일 출: 05:11	최고기온: 29.6℃	일 출: 05:10	최고기온: 30.7℃	일 출: 05:10	최고기온: 31.9℃	일 출: 05:11	최고기온: 25.3℃	일 출: 05:14
최저기온: 11.5℃	일 몰: 19:50	최저기온: 17.5℃	일 몰: 19:52	최저기온: 18.2℃	일 몰: 19:56	최저기온: 17.5℃	일 몰: 19:57	최저기온: 21.2℃	일 몰: 19:57

소서 — 07.08 ~ 08.07(양)

辛未月

구분	소서	9	10	11	12	13	14	15	16	17	18	19	20	21	22	23	24	25	26	27	28	29	30	31	8.1	2	3	4	5	6	7
양력	07.08	9	10	11	12	13	14	15	16	17	18	19	20	21	22	23	24	25	26	27	28	29	30	31	8.1	2	3	4	5	6	7
음력	05.27	28	29	30	6.1	2	3	4	5	6	7	8	9	10	11	12	13	14	15	16	17	18	19	20	21	22	23	24	25	26	27
일주	庚辰	辛巳	壬午	癸未	甲申	乙酉	丙戌	丁亥	戊子	己丑	庚寅	辛卯	壬辰	癸巳	甲午	乙未	丙申	丁酉	戊戌	己亥	庚子	辛丑	壬寅	癸卯	甲辰	乙巳	丙午	丁未	戊申	己酉	庚戌
대운 남	1 10	10	10	9	9	9	8	8	8	7	7	7	6	6	6	5	5	5	4	4	4	3	3	3	2	2	2	1	1	1	1
대운 여	10 1	1	1	1	1	2	2	2	3	3	3	4	4	4	5	5	5	6	6	6	7	7	7	8	8	8	9	9	9	10	10

7월 8일(양) 소서 05시 24분		7월 10일(양)		7월 20일(양)		7월 23일(양) 대서 22시 42분		8월 1일(양)	
평균기온: 26.1℃	강수량: 0.3mm	평균기온: 25.9℃	강수량: 1.5mm	평균기온: 21.4℃	강수량: 3.4mm	평균기온: 22.7℃	강수량: 45.4mm	평균기온: 24.7℃	강수량: 7.6mm
최고기온: 30.6℃	일 출: 05:17	최고기온: 29.0℃	일 출: 05:18	최고기온: 24.3℃	일 출: 05:25	최고기온: 26.9℃	일 출: 05:28	최고기온: 28.5℃	일 출: 05:35
최저기온: 22.3℃	일 몰: 19:56	최저기온: 23.6℃	일 몰: 19:56	최저기온: 19.8℃	일 몰: 19:51	최저기온: 20.4℃	일 몰: 19:49	최저기온: 21.4℃	일 몰: 19:41

입추 — 08.08 ~ 09.07(양) — 壬申月

양력	08.08	9	10	11	12	13	14	15	16	17	18	19	20	21	22	23	24	25	26	27	28	29	30	31	9.1	2	3	4	5	6	7
음력	06.28	29	7.1	2	3	4	5	6	7	8	9	10	11	12	13	14	15	16	17	18	19	20	21	22	23	24	25	26	27	28	29
일주	辛亥	壬子	癸丑	甲寅	乙卯	丙辰	丁巳	戊午	己未	庚申	辛酉	壬戌	癸亥	甲子	乙丑	丙寅	丁卯	戊辰	己巳	庚午	辛未	壬申	癸酉	甲戌	乙亥	丙子	丁丑	戊寅	己卯	庚辰	辛巳
대운(남)	1·10	10	10	9	9	9	8	8	8	7	7	7	6	6	6	5	5	5	4	4	4	3	3	3	2	2	2	1	1	1	1
대운(여)	10·1	1	1	1	1	2	2	2	3	3	3	4	4	4	5	5	5	6	6	6	7	7	7	8	8	8	9	9	9	10	10

8월 8일(양) 입추 15시 04분		8월 10일(양)		8월 20일(양)		8월 24일(양) 처서 05시 32분		9월 1일(양)	
평균기온: 28.5℃	강수량: –	평균기온: 24.7℃	강수량: 5.6mm	평균기온: 24.9℃	강수량: 0.0mm	평균기온: 24.5℃	강수량: –	평균기온: 22.2℃	강수량: 0.0mm
최고기온: 32.8℃	일 출: 05:41	최고기온: 28.5℃	일 출: 05:42	최고기온: 28.7℃	일 출: 05:51	최고기온: 29.4℃	일 출: 05:54	최고기온: 29.0℃	일 출: 06:01
최저기온: 24.4℃	일 몰: 19:34	최저기온: 21.8℃	일 몰: 19:32	최저기온: 22.5℃	일 몰: 19:20	최저기온: 21.2℃	일 몰: 19:14	최저기온: 18.8℃	일 몰: 19:03

백로 — 09.08 ~ 10.08(양) — 癸酉月

양력	09.08	9	10	11	12	13	14	15	16	17	18	19	20	21	22	23	24	25	26	27	28	29	30	10.1	2	3	4	5	6	7	8
음력	07.30	8.1	2	3	4	5	6	7	8	9	10	11	12	13	14	15	16	17	18	19	20	21	22	23	24	25	26	27	28	29	30
일주	壬午	癸未	甲申	乙酉	丙戌	丁亥	戊子	己丑	庚寅	辛卯	壬辰	癸巳	甲午	乙未	丙申	丁酉	戊戌	己亥	庚子	辛丑	壬寅	癸卯	甲辰	乙巳	丙午	丁未	戊申	己酉	庚戌	辛亥	壬子
대운(남)	1·10	10	10	9	9	9	8	8	8	7	7	7	6	6	6	5	5	5	4	4	4	3	3	3	2	2	2	1	1	1	1
대운(여)	10·1	1	1	1	1	2	2	2	3	3	3	4	4	4	5	5	5	6	6	6	7	7	7	8	8	8	9	9	9	10	10

9월 8일(양) 백로 17시 36분		9월 10일(양)		9월 20일(양)		9월 24일(양) 추분 02시 45분		10월 1일(양)	
평균기온: 20.9℃	강수량: 0.8mm	평균기온: 20.4℃	강수량: –	평균기온: 17.7℃	강수량: –	평균기온: 18.4℃	강수량: 0.1mm	평균기온: 14.9℃	강수량: 0.8mm
최고기온: 25.7℃	일 출: 06:07	최고기온: 25.4℃	일 출: 06:09	최고기온: 22.6℃	일 출: 06:17	최고기온: 22.5℃	일 출: 06:20	최고기온: 17.0℃	일 출: 06:26
최저기온: 17.6℃	일 몰: 18:52	최저기온: 16.4℃	일 몰: 18:49	최저기온: 15.1℃	일 몰: 18:34	최저기온: 13.5℃	일 몰: 18:28	최저기온: 11.2℃	일 몰: 18:17

한로 — 10.09 ~ 11.07(양) — 甲戌月

양력	10.09	10	11	12	13	14	15	16	17	18	19	20	21	22	23	24	25	26	27	28	29	30	31	11.1	2	3	4	5	6	7
음력	09.01	2	3	4	5	6	7	8	9	10	11	12	13	14	15	16	17	18	19	20	21	22	23	24	25	26	27	28	29	10.1
일주	癸丑	甲寅	乙卯	丙辰	丁巳	戊午	己未	庚申	辛酉	壬戌	癸亥	甲子	乙丑	丙寅	丁卯	戊辰	己巳	庚午	辛未	壬申	癸酉	甲戌	乙亥	丙子	丁丑	戊寅	己卯	庚辰	辛巳	壬午
대운(남)	1·10	10	9	9	9	8	8	8	7	7	7	6	6	6	5	5	5	4	4	4	3	3	3	2	2	2	1	1	1	1
대운(여)	10·1	1	1	1	1	2	2	2	3	3	3	4	4	4	5	5	5	6	6	6	7	7	7	8	8	8	9	9	9	10

10월 9일(양) 한로 08시 45분		10월 10일(양)		10월 20일(양)		10월 24일(양) 상강 11시 36분		11월 1일(양)	
평균기온: 12.2℃	강수량: –	평균기온: 13.7℃	강수량: –	평균기온: 14.0℃	강수량: –	평균기온: 8.4℃	강수량: –	평균기온: 8.7℃	강수량: 16.8mm
최고기온: 18.3℃	일 출: 06:34	최고기온: 21.2℃	일 출: 06:35	최고기온: 19.1℃	일 출: 06:44	최고기온: 17.0℃	일 출: 06:48	최고기온: 11.3℃	일 출: 06:56
최저기온: 8.2℃	일 몰: 18:05	최저기온: 6.5℃	일 몰: 18:04	최저기온: 9.9℃	일 몰: 17:50	최저기온: 2.9℃	일 몰: 17:45	최저기온: 5.0℃	일 몰: 17:35

입동 — 11.08 ~ 12.07(양) — 乙亥月

양력	11.08	9	10	11	12	13	14	15	16	17	18	19	20	21	22	23	24	25	26	27	28	29	30	12.1	2	3	4	5	6	7
음력	10.02	3	4	5	6	7	8	9	10	11	12	13	14	15	16	17	18	19	20	21	22	23	24	25	26	27	28	29	30	11.1
일주	癸未	甲申	乙酉	丙戌	丁亥	戊子	己丑	庚寅	辛卯	壬辰	癸巳	甲午	乙未	丙申	丁酉	戊戌	己亥	庚子	辛丑	壬寅	癸卯	甲辰	乙巳	丙午	丁未	戊申	己酉	庚戌	辛亥	壬子
대운(남)	1·10	10	9	9	9	8	8	8	7	7	7	6	6	6	5	5	5	4	4	4	3	3	3	2	2	2	1	1	1	1
대운(여)	10·1	1	1	1	1	2	2	2	3	3	3	4	4	4	5	5	5	6	6	6	7	7	7	8	8	8	9	9	9	10

11월 8일(양) 입동 11시 27분		11월 10일(양)		11월 20일(양)		11월 23일(양) 소설 08시 44분		12월 1일(양)	
평균기온: 2.5℃	강수량: 0.0mm	평균기온: 6.9℃	강수량: –	평균기온: 0.6℃	강수량: –	평균기온: 5.9℃	강수량: 0.7mm	평균기온: -4.3℃	강수량: –
최고기온: 5.1℃	일 출: 07:03	최고기온: 13.2℃	일 출: 07:05	최고기온: 6.1℃	일 출: 07:16	최고기온: 11.6℃	일 출: 07:19	최고기온: -0.7℃	일 출: 07:27
최저기온: 0.2℃	일 몰: 17:28	최저기온: 1.6℃	일 몰: 17:26	최저기온: -3.5℃	일 몰: 17:19	최저기온: 0.5℃	일 몰: 17:17	최저기온: -8.2℃	일 몰: 17:14

대설 — 12.08 ~ 1935.01.05(양) — 丙子月

양력	12.08	9	10	11	12	13	14	15	16	17	18	19	20	21	22	23	24	25	26	27	28	29	30	31	1.1	2	3	4	5
음력	11.02	3	4	5	6	7	8	9	10	11	12	13	14	15	16	17	18	19	20	21	22	23	24	25	26	27	28	29	12.1
일주	癸丑	甲寅	乙卯	丙辰	丁巳	戊午	己未	庚申	辛酉	壬戌	癸亥	甲子	乙丑	丙寅	丁卯	戊辰	己巳	庚午	辛未	壬申	癸酉	甲戌	乙亥	丙子	丁丑	戊寅	己卯	庚辰	辛巳
대운(남)	1·10	9	9	9	8	8	8	7	7	7	6	6	6	5	5	5	4	4	4	3	3	3	2	2	2	1	1	1	1
대운(여)	10·1	1	1	1	2	2	2	3	3	3	4	4	4	5	5	5	6	6	6	7	7	7	8	8	8	9	9	9	10

12월 8일(양) 대설 03시 57분		12월 10일(양)		12월 20일(양)		12월 22일(양) 동지 21시 49분		1월 1일(양)	
평균기온: 0.8℃	강수량: –	평균기온: 4.4℃	강수량: –	평균기온: -0.2℃	강수량: –	평균기온: 3.2℃	강수량: 1.2mm	평균기온: 1.2℃	강수량: –
최고기온: 8.0℃	일 출: 07:34	최고기온: 9.5℃	일 출: 07:35	최고기온: 4.8℃	일 출: 07:42	최고기온: 5.6℃	일 출: 07:43	최고기온: 4.9℃	일 출: 07:47
최저기온: -4.8℃	일 몰: 17:14	최저기온: 0.7℃	일 몰: 17:14	최저기온: -5.1℃	일 몰: 17:16	최저기온: 0.9℃	일 몰: 17:17	최저기온: -2.4℃	일 몰: 17:24

소한 — 01.06 ~ 02.04(양) — 丁丑月

양력	1935.01.06	7	8	9	10	11	12	13	14	15	16	17	18	19	20	21	22	23	24	25	26	27	28	29	30	31	2.1	2	3	4
음력	1934.12.02	3	4	5	6	7	8	9	10	11	12	13	14	15	16	17	18	19	20	21	22	23	24	25	26	27	28	29	30	1.1
일주	壬午	癸未	甲申	乙酉	丙戌	丁亥	戊子	己丑	庚寅	辛卯	壬辰	癸巳	甲午	乙未	丙申	丁酉	戊戌	己亥	庚子	辛丑	壬寅	癸卯	甲辰	乙巳	丙午	丁未	戊申	己酉	庚戌	辛亥
대운(남)	1·10	10	9	9	9	8	8	8	7	7	7	6	6	6	5	5	5	4	4	4	3	3	3	2	2	2	1	1	1	1
대운(여)	10·1	1	1	1	1	2	2	2	3	3	3	4	4	4	5	5	5	6	6	6	7	7	7	8	8	8	9	9	9	10

1월 6일(양) 소한 15시 02분		1월 10일(양)		1월 20일(양)		1월 21일(양) 대한 08시 28분		2월 1일(양)	
평균기온: -3.7℃	강수량: 0.0mm	평균기온: 0.9℃	강수량: 0.0mm	평균기온: -4.7℃	강수량: 0.4mm	평균기온: -5.9℃	강수량: 0.0mm	평균기온: -3.8℃	강수량: –
최고기온: -0.8℃	일 출: 07:48	최고기온: 2.9℃	일 출: 07:47	최고기온: -0.8℃	일 출: 07:45	최고기온: 0.7℃	일 출: 07:44	최고기온: 2.9℃	일 출: 07:37
최저기온: -8.7℃	일 몰: 17:28	최저기온: -2.8℃	일 몰: 17:31	최저기온: -11.4℃	일 몰: 17:42	최저기온: -10.8℃	일 몰: 17:43	최저기온: -10.5℃	일 몰: 17:55

입춘 — 02.05 ~ 03.05(양) · 戊寅月

양력	1935.02.05	6	7	8	9	10	11	12	13	14	15	16	17	18	19	20	21	22	23	24	25	26	27	28	3.1	2	3	4	5
음력	1935.01.02	3	4	5	6	7	8	9	10	11	12	13	14	15	16	17	18	19	20	21	22	23	24	25	26	27	28	29	2.1
일주	壬子	癸丑	甲寅	乙卯	丙辰	丁巳	戊午	己未	庚申	辛酉	壬戌	癸亥	甲子	乙丑	丙寅	丁卯	戊辰	己巳	庚午	辛未	壬申	癸酉	甲戌	乙亥	丙子	丁丑	戊寅	己卯	庚辰
대운 남	1 1	1	1	1	1	2	2	2	3	3	3	4	4	4	5	5	5	6	6	6	7	7	7	8	8	8	9	9	9
대운 여	10 10	10	10	10	10	9	9	9	8	8	8	7	7	7	6	6	6	5	5	5	4	4	4	3	3	3	2	2	2

	2월 5일(양) 입춘 02시 49분	2월 10일(양)	2월 19일(양) 우수 22시 52분	2월 20일(양)	3월 1일(양)
평균기온	−6.1℃	−0.3℃	0.4℃	0.6℃	2.5℃
최고기온	−1.6℃	4.1℃	7.9℃	6.8℃	7.8℃
최저기온	−9.1℃	−4.5℃	−5.9℃	−4.6℃	−1.7℃
강수량	−	−	−	−	−
일 출	07:34	07:29	07:18	07:17	07:05
일 몰	17:59	18:05	18:14	18:15	18:25

경칩 — 03.06 ~ 04.05(양) · 己卯月

양력	03.06	7	8	9	10	11	12	13	14	15	16	17	18	19	20	21	22	23	24	25	26	27	28	29	30	31	4.1	2	3	4	5
음력	02.02	3	4	5	6	7	8	9	10	11	12	13	14	15	16	17	18	19	20	21	22	23	24	25	26	27	28	29	3.1	2	3
일주	辛巳	壬午	癸未	甲申	乙酉	丙戌	丁亥	戊子	己丑	庚寅	辛卯	壬辰	癸巳	甲午	乙未	丙申	丁酉	戊戌	己亥	庚子	辛丑	壬寅	癸卯	甲辰	乙巳	丙午	丁未	戊申	己酉	庚戌	辛亥
대운 남	10 1	1	1	1	2	2	2	3	3	3	4	4	4	5	5	5	6	6	6	7	7	7	8	8	8	9	9	9	10	10	10
대운 여	1 10	10	10	10	9	9	9	8	8	8	7	7	7	6	6	6	5	5	5	4	4	4	3	3	3	2	2	2	1	1	1

	3월 6일(양) 경칩 21시 10분	3월 10일(양)	3월 20일(양)	3월 21일(양) 춘분 22시 18분	4월 1일(양)
평균기온	1.5℃	5.4℃	3.2℃	3.2℃	5.3℃
최고기온	8.4℃	10.0℃	8.4℃	9.1℃	12.4℃
최저기온	−3.8℃	2.2℃	−0.2℃	−3.1℃	−0.9℃
강수량	−	−	−	−	−
일 출	06:58	06:53	06:38	06:36	06:20
일 몰	18:29	18:33	18:43	18:44	18:54

청명 — 04.06 ~ 05.05(양) · 庚辰月

양력	04.06	7	8	9	10	11	12	13	14	15	16	17	18	19	20	21	22	23	24	25	26	27	28	29	30	5.1	2	3	4	5
음력	03.04	5	6	7	8	9	10	11	12	13	14	15	16	17	18	19	20	21	22	23	24	25	26	27	28	29	30	4.1	2	3
일주	壬子	癸丑	甲寅	乙卯	丙辰	丁巳	戊午	己未	庚申	辛酉	壬戌	癸亥	甲子	乙丑	丙寅	丁卯	戊辰	己巳	庚午	辛未	壬申	癸酉	甲戌	乙亥	丙子	丁丑	戊寅	己卯	庚辰	辛巳
대운 남	10 1	1	1	2	2	2	3	3	3	4	4	4	5	5	5	6	6	6	7	7	7	8	8	8	9	9	9	10	10	10
대운 여	1 10	10	10	9	9	9	8	8	8	7	7	7	6	6	6	5	5	5	4	4	4	3	3	3	2	2	2	1	1	1

	4월 6일(양) 청명 02시 26분	4월 10일(양)	4월 20일(양)	4월 21일(양) 곡우 09시 50분	5월 1일(양)
평균기온	8.6℃	12.6℃	11.5℃	11.5℃	9.2℃
최고기온	16.5℃	16.7℃	18.3℃	17.7℃	14.9℃
최저기온	2.3℃	9.9℃	5.0℃	8.6℃	4.1℃
강수량	−	7.7mm	−	−	−
일 출	06:12	06:06	05:52	05:51	05:38
일 몰	18:58	19:02	19:11	19:12	19:21

입하 — 05.06 ~ 06.06(양) · 辛巳月

양력	05.06	7	8	9	10	11	12	13	14	15	16	17	18	19	20	21	22	23	24	25	26	27	28	29	30	31	6.1	2	3	4	5	6
음력	04.04	5	6	7	8	9	10	11	12	13	14	15	16	17	18	19	20	21	22	23	24	25	26	27	28	29	5.1	2	3	4	5	6
일주	壬午	癸未	甲申	乙酉	丙戌	丁亥	戊子	己丑	庚寅	辛卯	壬辰	癸巳	甲午	乙未	丙申	丁酉	戊戌	己亥	庚子	辛丑	壬寅	癸卯	甲辰	乙巳	丙午	丁未	戊申	己酉	庚戌	辛亥	壬子	癸丑
대운 남	10 1	1	1	1	1	2	2	2	3	3	3	4	4	4	5	5	5	6	6	6	7	7	7	8	8	8	9	9	9	10	10	10
대운 여	1 10	10	10	10	10	9	9	9	8	8	8	7	7	7	6	6	6	5	5	5	4	4	4	3	3	3	2	2	2	1	1	1

	5월 6일(양) 입하 20시 12분	5월 10일(양)	5월 20일(양)	5월 22일(양) 소만 09시 25분	6월 1일(양)
평균기온	12.1℃	20.2℃	15.6℃	16.9℃	20.5℃
최고기온	19.2℃	26.6℃	22.5℃	25.2℃	29.0℃
최저기온	6.3℃	14.8℃	10.5℃	9.7℃	13.7℃
강수량	−	−	−	−	−
일 출	05:33	05:29	05:20	05:18	05:13
일 몰	19:25	19:29	19:37	19:39	19:47

망종 — 06.07 ~ 07.07(양) · 壬午月

양력	06.07	8	9	10	11	12	13	14	15	16	17	18	19	20	21	22	23	24	25	26	27	28	29	30	7.1	2	3	4	5	6	7
음력	05.07	8	9	10	11	12	13	14	15	16	17	18	19	20	21	22	23	24	25	26	27	28	29	30	6.1	2	3	4	5	6	7
일주	甲寅	乙卯	丙辰	丁巳	戊午	己未	庚申	辛酉	壬戌	癸亥	甲子	乙丑	丙寅	丁卯	戊辰	己巳	庚午	辛未	壬申	癸酉	甲戌	乙亥	丙子	丁丑	戊寅	己卯	庚辰	辛巳	壬午	癸未	甲申
대운 남	10 1	1	1	1	1	2	2	2	3	3	3	4	4	4	5	5	5	6	6	6	7	7	7	8	8	8	9	9	9	10	10
대운 여	1 10	10	10	10	10	9	9	9	8	8	8	7	7	7	6	6	6	5	5	5	4	4	4	3	3	3	2	2	2	1	1

	6월 7일(양) 망종 00시 42분	6월 10일(양)	6월 20일(양)	6월 22일(양) 하지 17시 38분	7월 1일(양)
평균기온	17.1℃	18.9℃	21.5℃	20.1℃	21.9℃
최고기온	22.1℃	24.0℃	26.0℃	25.0℃	28.3℃
최저기온	13.2℃	16.2℃	17.3℃	16.8℃	17.4℃
강수량	−	0.7mm	−	−	−
일 출	05:11	05:10	05:10	05:11	05:14
일 몰	19:50	19:52	19:56	19:56	19:57

소서 — 07.08 ~ 08.07(양) · 癸未月

양력	07.08	9	10	11	12	13	14	15	16	17	18	19	20	21	22	23	24	25	26	27	28	29	30	31	8.1	2	3	4	5	6	7
음력	06.08	9	10	11	12	13	14	15	16	17	18	19	20	21	22	23	24	25	26	27	28	29	7.1	2	3	4	5	6	7	8	9
일주	乙酉	丙戌	丁亥	戊子	己丑	庚寅	辛卯	壬辰	癸巳	甲午	乙未	丙申	丁酉	戊戌	己亥	庚子	辛丑	壬寅	癸卯	甲辰	乙巳	丙午	丁未	戊申	己酉	庚戌	辛亥	壬子	癸丑	甲寅	乙卯
대운 남	10 1	1	1	1	1	2	2	2	3	3	3	4	4	4	5	5	5	6	6	6	7	7	7	8	8	8	9	9	9	10	10
대운 여	1 10	10	10	10	10	9	9	9	8	8	8	7	7	7	6	6	6	5	5	5	4	4	4	3	3	3	2	2	2	1	1

	7월 8일(양) 소서 11시 06분	7월 10일(양)	7월 20일(양)	7월 24일(양) 대서 04시 33분	8월 1일(양)
평균기온	25.7℃	21.5℃	21.9℃	26.0℃	26.4℃
최고기온	31.8℃	26.6℃	26.8℃	31.7℃	30.1℃
최저기온	20.3℃	19.0℃	19.0℃	21.1℃	24.5℃
강수량	−	11.3mm	1.6mm	−	4.4mm
일 출	05:17	05:18	05:25	05:28	05:35
일 몰	19:56	19:56	19:51	19:48	19:42

乙亥年

입추 08.08 ~ 09.07(양) — 甲申月

양력	08.08		9	10	11	12	13	14	15	16	17	18	19	20	21	22	23	24	25	26	27	28	29	30	31	9.1	2	3	4	5	6	7
음력	07.10		11	12	13	14	15	16	17	18	19	20	21	22	23	24	25	26	27	28	29	30	8.1	2	3	4	5	6	7	8	9	10
일주	丙辰		丁巳	戊午	己未	庚申	辛酉	壬戌	癸亥	甲子	乙丑	丙寅	丁卯	戊辰	己巳	庚午	辛未	壬申	癸酉	甲戌	乙亥	丙子	丁丑	戊寅	己卯	庚辰	辛巳	壬午	癸未	甲申	乙酉	丙戌
대운 남	10	1	1	1	1	1	2	2	2	3	3	3	4	4	4	5	5	5	6	6	6	7	7	7	8	8	8	9	9	9	10	10
대운 여	1	10	10	10	9	9	9	8	8	8	7	7	7	6	6	6	5	5	5	4	4	4	3	3	3	2	2	2	1	1	1	1

8월 8일(양) 입추 20시 48분		8월 10일(양)		8월 20일(양)		8월 24일(양) 처서 11시 24분		9월 1일(양)	
평균기온: 25.2℃ 최고기온: 29.6℃ 최저기온: 22.5℃	강수량: 4.6mm 일 출: 05:40 일 몰: 19:34	평균기온: 26.3℃ 최고기온: 31.3℃ 최저기온: 23.4℃	강수량: – 일 출: 05:42 일 몰: 19:32	평균기온: 25.4℃ 최고기온: 29.9℃ 최저기온: 22.1℃	강수량: 21.0mm 일 출: 05:51 일 몰: 19:20	평균기온: 23.1℃ 최고기온: 26.7℃ 최저기온: 19.8℃	강수량: – 일 출: 05:54 일 몰: 19:14	평균기온: 24.4℃ 최고기온: 30.4℃ 최저기온: 19.3℃	강수량: – 일 출: 06:01 일 몰: 19:03

백로 09.08 ~ 10.08(양) — 乙酉月

양력	09.08		9	10	11	12	13	14	15	16	17	18	19	20	21	22	23	24	25	26	27	28	29	30	10.1	2	3	4	5	6	7	8
음력	08.11		12	13	14	15	16	17	18	19	20	21	22	23	24	25	26	27	28	29	30	9.1	2	3	4	5	6	7	8	9	10	11
일주	丁亥		戊子	己丑	庚寅	辛卯	壬辰	癸巳	甲午	乙未	丙申	丁酉	戊戌	己亥	庚子	辛丑	壬寅	癸卯	甲辰	乙巳	丙午	丁未	戊申	己酉	庚戌	辛亥	壬子	癸丑	甲寅	乙卯	丙辰	丁巳
대운 남	10	1	1	1	1	1	2	2	2	3	3	3	4	4	4	5	5	5	6	6	6	7	7	7	8	8	8	9	9	9	10	10
대운 여	1	10	10	10	9	9	9	8	8	8	7	7	7	6	6	6	5	5	5	4	4	4	3	3	3	2	2	2	1	1	1	1

9월 8일(양) 백로 23시 24분		9월 10일(양)		9월 20일(양)		9월 24일(양) 추분 08시 38분		10월 1일(양)	
평균기온: 28.2℃ 최고기온: 33.0℃ 최저기온: 24.9℃	강수량: 0.3mm 일 출: 06:07 일 몰: 18:53	평균기온: 24.3℃ 최고기온: 28.5℃ 최저기온: 21.7℃	강수량: – 일 출: 06:08 일 몰: 18:50	평균기온: 19.5℃ 최고기온: 26.9℃ 최저기온: 12.9℃	강수량: – 일 출: 06:17 일 몰: 18:34	평균기온: 19.3℃ 최고기온: 27.0℃ 최저기온: 13.4℃	강수량: – 일 출: 06:20 일 몰: 18:28	평균기온: 16.9℃ 최고기온: 21.5℃ 최저기온: 12.8℃	강수량: 0.0mm 일 출: 06:26 일 몰: 18:17

한로 10.09 ~ 11.07(양) — 丙戌月

양력	10.09		10	11	12	13	14	15	16	17	18	19	20	21	22	23	24	25	26	27	28	29	30	31	11.1	2	3	4	5	6	7
음력	09.12		13	14	15	16	17	18	19	20	21	22	23	24	25	26	27	28	29	10.1	2	3	4	5	6	7	8	9	10	11	12
일주	戊午		己未	庚申	辛酉	壬戌	癸亥	甲子	乙丑	丙寅	丁卯	戊辰	己巳	庚午	辛未	壬申	癸酉	甲戌	乙亥	丙子	丁丑	戊寅	己卯	庚辰	辛巳	壬午	癸未	甲申	乙酉	丙戌	丁亥
대운 남	10	1	1	1	1	1	2	2	2	3	3	3	4	4	4	5	5	5	6	6	6	7	7	7	8	8	8	9	9	9	10
대운 여	1	10	10	9	9	9	8	8	8	7	7	7	6	6	6	5	5	5	4	4	4	3	3	3	2	2	2	1	1	1	1

10월 9일(양) 한로 14시 36분		10월 10일(양)		10월 20일(양)		10월 24일(양) 상강 17시 29분		11월 1일(양)	
평균기온: 16.1℃ 최고기온: 23.8℃ 최저기온: 9.4℃	강수량: – 일 출: 06:33 일 몰: 18:05	평균기온: 17.3℃ 최고기온: 25.4℃ 최저기온: 9.9℃	강수량: – 일 출: 06:34 일 몰: 18:04	평균기온: 13.6℃ 최고기온: 20.1℃ 최저기온: 6.8℃	강수량: – 일 출: 06:44 일 몰: 17:50	평균기온: 15.6℃ 최고기온: 24.1℃ 최저기온: 7.8℃	강수량: – 일 출: 06:48 일 몰: 17:45	평균기온: 12.8℃ 최고기온: 20.2℃ 최저기온: 6.7℃	강수량: – 일 출: 06:56 일 몰: 17:35

입동 11.08 ~ 12.07(양) — 丁亥月

양력	11.08		9	10	11	12	13	14	15	16	17	18	19	20	21	22	23	24	25	26	27	28	29	30	12.1	2	3	4	5	6	7
음력	10.13		14	15	16	17	18	19	20	21	22	23	24	25	26	27	28	29	30	11.1	2	3	4	5	6	7	8	9	10	11	12
일주	戊子		己丑	庚寅	辛卯	壬辰	癸巳	甲午	乙未	丙申	丁酉	戊戌	己亥	庚子	辛丑	壬寅	癸卯	甲辰	乙巳	丙午	丁未	戊申	己酉	庚戌	辛亥	壬子	癸丑	甲寅	乙卯	丙辰	丁巳
대운 남	10	1	1	1	1	1	2	2	2	3	3	3	4	4	4	5	5	5	6	6	6	7	7	7	8	8	8	9	9	9	10
대운 여	1	10	10	9	9	9	8	8	8	7	7	7	6	6	6	5	5	5	4	4	4	3	3	3	2	2	2	1	1	1	1

11월 8일(양) 입동 17시 18분		11월 10일(양)		11월 20일(양)		11월 23일(양) 소설 14시 35분		12월 1일(양)	
평균기온: 9.5℃ 최고기온: 15.0℃ 최저기온: 4.0℃	강수량: 0.1mm 일 출: 07:03 일 몰: 17:28	평균기온: 4.5℃ 최고기온: 12.0℃ 최저기온: 1.5℃	강수량: 0.5mm 일 출: 07:05 일 몰: 17:26	평균기온: 5.3℃ 최고기온: 11.7℃ 최저기온: -0.8℃	강수량: – 일 출: 07:16 일 몰: 17:19	평균기온: 10.0℃ 최고기온: 15.0℃ 최저기온: 7.6℃	강수량: 0.1mm 일 출: 07:19 일 몰: 17:17	평균기온: 6.3℃ 최고기온: 9.3℃ 최저기온: 3.7℃	강수량: 11.6mm 일 출: 07:27 일 몰: 17:14

대설 12.08 ~ 1936.01.05(양) — 戊子月

양력	12.08		9	10	11	12	13	14	15	16	17	18	19	20	21	22	23	24	25	26	27	28	29	30	31	1.1	2	3	4	5
음력	11.13		14	15	16	17	18	19	20	21	22	23	24	25	26	27	28	29	30	12.1	2	3	4	5	6	7	8	9	10	11
일주	戊午		己未	庚申	辛酉	壬戌	癸亥	甲子	乙丑	丙寅	丁卯	戊辰	己巳	庚午	辛未	壬申	癸酉	甲戌	乙亥	丙子	丁丑	戊寅	己卯	庚辰	辛巳	壬午	癸未	甲申	乙酉	丙戌
대운 남	10	1	1	1	1	1	2	2	2	3	3	3	4	4	4	5	5	5	6	6	6	7	7	7	8	8	8	9	9	9
대운 여	1	10	9	9	9	8	8	8	7	7	7	6	6	6	5	5	5	4	4	4	3	3	3	2	2	2	1	1	1	1

12월 8일(양) 대설 09시 45분		12월 10일(양)		12월 20일(양)		12월 23일(양) 동지 03시 37분		1월 1일(양)	
평균기온: 3.6℃ 최고기온: 8.5℃ 최저기온: -4.9℃	강수량: 0.9mm 일 출: 07:33 일 몰: 17:14	평균기온: -9.5℃ 최고기온: -6.2℃ 최저기온: -13.2℃	강수량: – 일 출: 07:35 일 몰: 17:14	평균기온: -2.2℃ 최고기온: 0.7℃ 최저기온: -5.4℃	강수량: 0.0mm 일 출: 07:42 일 몰: 17:16	평균기온: -6.6℃ 최고기온: -3.0℃ 최저기온: -13.4℃	강수량: – 일 출: 07:44 일 몰: 17:18	평균기온: -6.4℃ 최고기온: -1.6℃ 최저기온: -11.1℃	강수량: – 일 출: 07:47 일 몰: 17:23

소한 01.06 ~ 02.04(양) — 己丑月

양력	1936.01.06		7	8	9	10	11	12	13	14	15	16	17	18	19	20	21	22	23	24	25	26	27	28	29	30	31	2.1	2	3	4
음력	1935.12.12		13	14	15	16	17	18	19	20	21	22	23	24	25	26	27	28	29	1.1	2	3	4	5	6	7	8	9	10	11	12
일주	丁亥		戊子	己丑	庚寅	辛卯	壬辰	癸巳	甲午	乙未	丙申	丁酉	戊戌	己亥	庚子	辛丑	壬寅	癸卯	甲辰	乙巳	丙午	丁未	戊申	己酉	庚戌	辛亥	壬子	癸丑	甲寅	乙卯	丙辰
대운 남	10	1	1	1	1	1	2	2	2	3	3	3	4	4	4	5	5	5	6	6	6	7	7	7	8	8	8	9	9	9	10
대운 여	1	10	10	9	9	9	8	8	8	7	7	7	6	6	6	5	5	5	4	4	4	3	3	3	2	2	2	1	1	1	1

1월 6일(양) 소한 20시 47분		1월 10일(양)		1월 20일(양)		1월 21일(양) 대한 14시 12분		2월 1일(양)	
평균기온: -9.8℃ 최고기온: -3.9℃ 최저기온: -15.4℃	강수량: – 일 출: 07:48 일 몰: 17:28	평균기온: -7.7℃ 최고기온: -1.1℃ 최저기온: -14.2℃	강수량: – 일 출: 07:47 일 몰: 17:31	평균기온: -9.1℃ 최고기온: -4.4℃ 최저기온: -14.7℃	강수량: – 일 출: 07:45 일 몰: 17:41	평균기온: -10.4℃ 최고기온: -5.8℃ 최저기온: -14.1℃	강수량: – 일 출: 07:44 일 몰: 17:42	평균기온: -11.6℃ 최고기온: -5.9℃ 최저기온: -15.8℃	강수량: – 일 출: 07:37 일 몰: 17:54

입춘　02.05 ~ 03.05(양)

庚寅月

양력	1936.02.05	6	7	8	9	10	11	12	13	14	15	16	17	18	19	20	21	22	23	24	25	26	27	28	29	3.1	2	3	4	5
음력	1936.01.13	14	15	16	17	18	19	20	21	22	23	24	25	26	27	28	29	30	2.1	2	3	4	5	6	7	8	9	10	11	12
일주	丁巳	戊午	己未	庚申	辛酉	壬戌	癸亥	甲子	乙丑	丙寅	丁卯	戊辰	己巳	庚午	辛未	壬申	癸酉	甲戌	乙亥	丙子	丁丑	戊寅	己卯	庚辰	辛巳	壬午	癸未	甲申	乙酉	丙戌
대운(남)	10 10	10	9	9	9	8	8	8	7	7	7	6	6	6	5	5	5	4	4	4	3	3	3	2	2	2	1	1	1	1
대운(여)	1 1	1	1	1	1	2	2	2	3	3	3	4	4	4	5	5	5	6	6	6	7	7	7	8	8	8	9	9	9	10

2월 5일(양) 입춘 08시 29분		2월 10일(양)		2월 20일(양) 우수 04시 33분		3월 1일(양)	
평균기온: -7.1℃	강수량: -	평균기온: -6.9℃	강수량: 0.0mm	평균기온: -6.1℃	강수량: -	평균기온: -9.5℃	강수량: -
최고기온: -0.5℃	일 출: 07:34	최고기온: -2.1℃	일 출: 07:29	최고기온: -0.9℃	일 출: 07:18	최고기온: -4.8℃	일 출: 07:04
최저기온: -17.5℃	일 몰: 17:59	최저기온: -10.8℃	일 몰: 18:04	최저기온: -9.6℃	일 몰: 18:15	최저기온: -12.8℃	일 몰: 18:25

경칩　03.06 ~ 04.04(양)

辛卯月

양력	03.06	7	8	9	10	11	12	13	14	15	16	17	18	19	20	21	22	23	24	25	26	27	28	29	30	31	4.1	2	3	4
음력	02.13	14	15	16	17	18	19	20	21	22	23	24	25	26	27	28	29	3.1	2	3	4	5	6	7	8	9	10	11	12	13
일주	丁亥	戊子	己丑	庚寅	辛卯	壬辰	癸巳	甲午	乙未	丙申	丁酉	戊戌	己亥	庚子	辛丑	壬寅	癸卯	甲辰	乙巳	丙午	丁未	戊申	己酉	庚戌	辛亥	壬子	癸丑	甲寅	乙卯	丙辰
대운(남)	1 10	10	9	9	9	8	8	8	7	7	7	6	6	6	5	5	5	4	4	4	3	3	3	2	2	2	1	1	1	1
대운(여)	10 1	1	1	1	1	2	2	2	3	3	3	4	4	4	5	5	5	6	6	6	7	7	7	8	8	8	9	9	9	10

3월 6일(양) 경칩 02시 49분		3월 10일(양)		3월 20일(양)		3월 21일(양) 춘분 03시 58분		4월 1일(양)	
평균기온: -3.3℃	강수량: -	평균기온: -3.4℃	강수량: -	평균기온: 1.1℃	강수량: -	평균기온: 0.5℃	강수량: 0.0mm	평균기온: 6.1℃	강수량: -
최고기온: 2.0℃	일 출: 06:57	최고기온: 3.6℃	일 출: 06:52	최고기온: 4.5℃	일 출: 06:37	최고기온: 5.3℃	일 출: 06:35	최고기온: 15.7℃	일 출: 06:19
최저기온: -8.4℃	일 몰: 18:30	최저기온: -9.4℃	일 몰: 18:34	최저기온: -1.7℃	일 몰: 18:43	최저기온: -1.9℃	일 몰: 18:44	최저기온: -2.0℃	일 몰: 18:54

청명　04.05 ~ 05.05(양)

壬辰月

양력	04.05	6	7	8	9	10	11	12	13	14	15	16	17	18	19	20	21	22	23	24	25	26	27	28	29	30	5.1	2	3	4	5
음력	03.14	15	16	17	18	19	20	21	22	23	24	25	26	27	28	29	윤	3.2	3	4	5	6	7	8	9	10	11	12	13	14	15
일주	丁巳	戊午	己未	庚申	辛酉	壬戌	癸亥	甲子	乙丑	丙寅	丁卯	戊辰	己巳	庚午	辛未	壬申	癸酉	甲戌	乙亥	丙子	丁丑	戊寅	己卯	庚辰	辛巳	壬午	癸未	甲申	乙酉	丙戌	丁亥
대운(남)	1 10	10	10	9	9	9	8	8	8	7	7	7	6	6	6	5	5	5	4	4	4	3	3	3	2	2	2	1	1	1	1
대운(여)	10 1	1	1	1	1	2	2	2	3	3	3	4	4	4	5	5	5	6	6	6	7	7	7	8	8	8	9	9	9	10	10

4월 5일(양) 청명 08시 07분		4월 10일(양)		4월 20일(양) 곡우 15시 31분		5월 1일(양)	
평균기온: 9.1℃	강수량: -	평균기온: 6.5℃	강수량: -	평균기온: 10.0℃	강수량: -	평균기온: 12.4℃	강수량: -
최고기온: 15.8℃	일 출: 06:13	최고기온: 13.6℃	일 출: 06:05	최고기온: 16.3℃	일 출: 05:51	최고기온: 19.6℃	일 출: 05:37
최저기온: 0.7℃	일 몰: 18:58	최저기온: -0.1℃	일 몰: 19:02	최저기온: 3.3℃	일 몰: 19:11	최저기온: 6.4℃	일 몰: 19:21

입하　05.06 ~ 06.05(양)

癸巳月

양력	05.06	7	8	9	10	11	12	13	14	15	16	17	18	19	20	21	22	23	24	25	26	27	28	29	30	31	6.1	2	3	4	5
음력	03.16	17	18	19	20	21	22	23	24	25	26	27	28	29	30	4.1	2	3	4	5	6	7	8	9	10	11	12	13	14	15	16
일주	戊子	己丑	庚寅	辛卯	壬辰	癸巳	甲午	乙未	丙申	丁酉	戊戌	己亥	庚子	辛丑	壬寅	癸卯	甲辰	乙巳	丙午	丁未	戊申	己酉	庚戌	辛亥	壬子	癸丑	甲寅	乙卯	丙辰	丁巳	戊午
대운(남)	1 10	10	10	9	9	9	8	8	8	7	7	7	6	6	6	5	5	5	4	4	4	3	3	3	2	2	2	1	1	1	1
대운(여)	10 1	1	1	1	1	2	2	2	3	3	3	4	4	4	5	5	5	6	6	6	7	7	7	8	8	8	9	9	9	10	10

5월 6일(양) 입하 01시 57분		5월 10일(양)		5월 20일(양)		5월 21일(양) 소만 15시 07분		6월 1일(양)	
평균기온: 14.2℃	강수량: -	평균기온: 15.6℃	강수량: 0.2mm	평균기온: 13.7℃	강수량: -	평균기온: 13.0℃	강수량: 0.1mm	평균기온: 18.0℃	강수량: -
최고기온: 20.9℃	일 출: 05:32	최고기온: 21.4℃	일 출: 05:28	최고기온: 21.1℃	일 출: 05:19	최고기온: 18.9℃	일 출: 05:18	최고기온: 24.4℃	일 출: 05:12
최저기온: 10.0℃	일 몰: 19:26	최저기온: 10.8℃	일 몰: 19:30	최저기온: 9.1℃	일 몰: 19:38	최저기온: 8.0℃	일 몰: 19:39	최저기온: 13.3℃	일 몰: 19:47

망종　06.06 ~ 07.06(양)

甲午月

양력	06.06	7	8	9	10	11	12	13	14	15	16	17	18	19	20	21	22	23	24	25	26	27	28	29	30	7.1	2	3	4	5	6
음력	04.17	18	19	20	21	22	23	24	25	26	27	28	29	5.1	2	3	4	5	6	7	8	9	10	11	12	13	14	15	16	17	18
일주	己未	庚申	辛酉	壬戌	癸亥	甲子	乙丑	丙寅	丁卯	戊辰	己巳	庚午	辛未	壬申	癸酉	甲戌	乙亥	丙子	丁丑	戊寅	己卯	庚辰	辛巳	壬午	癸未	甲申	乙酉	丙戌	丁亥	戊子	己丑
대운(남)	1 10	10	10	9	9	9	8	8	8	7	7	7	6	6	6	5	5	5	4	4	4	3	3	3	2	2	2	1	1	1	1
대운(여)	10 1	1	1	1	1	2	2	2	3	3	3	4	4	4	5	5	5	6	6	6	7	7	7	8	8	8	9	9	9	10	10

6월 6일(양) 망종 06시 31분		6월 10일(양)		6월 20일(양)		6월 21일(양) 하지 23시 22분		7월 1일(양)	
평균기온: 20.4℃	강수량: -	평균기온: 18.6℃	강수량: -	평균기온: 18.2℃	강수량: 19.2mm	평균기온: 21.1℃	강수량: 3.8mm	평균기온: 20.6℃	강수량: 1.1mm
최고기온: 28.1℃	일 출: 05:11	최고기온: 25.0℃	일 출: 05:10	최고기온: 22.4℃	일 출: 05:10	최고기온: 27.2℃	일 출: 05:11	최고기온: 25.7℃	일 출: 05:14
최저기온: 13.4℃	일 몰: 19:50	최저기온: 13.9℃	일 몰: 19:52	최저기온: 15.8℃	일 몰: 19:56	최저기온: 14.8℃	일 몰: 19:56	최저기온: 18.0℃	일 몰: 19:57

소서　07.07 ~ 08.07(양)

乙未月

양력	07.07	8	9	10	11	12	13	14	15	16	17	18	19	20	21	22	23	24	25	26	27	28	29	30	31	8.1	2	3	4	5	6	7
음력	05.19	20	21	22	23	24	25	26	27	28	29	30	6.1	2	3	4	5	6	7	8	9	10	11	12	13	14	15	16	17	18	19	20
일주	庚寅	辛卯	壬辰	癸巳	甲午	乙未	丙申	丁酉	戊戌	己亥	庚子	辛丑	壬寅	癸卯	甲辰	乙巳	丙午	丁未	戊申	己酉	庚戌	辛亥	壬子	癸丑	甲寅	乙卯	丙辰	丁巳	戊午	己未	庚申	辛酉
대운(남)	1 10	10	10	10	9	9	9	8	8	8	7	7	7	6	6	6	5	5	5	4	4	4	3	3	3	2	2	2	1	1	1	1
대운(여)	10 1	1	1	1	1	2	2	2	3	3	3	4	4	4	5	5	5	6	6	6	7	7	7	8	8	8	9	9	9	10	10	10

7월 7일(양) 소서 16시 58분		7월 10일(양)		7월 20일(양)		7월 23일(양) 대서 10시 18분		8월 1일(양)	
평균기온: 23.1℃	강수량: -	평균기온: 24.6℃	강수량: 0.1mm	평균기온: 24.8℃	강수량: -	평균기온: 27.7℃	강수량: 0.0mm	평균기온: 23.1℃	강수량: 0.7mm
최고기온: 30.1℃	일 출: 05:17	최고기온: 29.9℃	일 출: 05:19	최고기온: 30.4℃	일 출: 05:26	최고기온: 34.3℃	일 출: 05:28	최고기온: 27.8℃	일 출: 05:35
최저기온: 17.2℃	일 몰: 19:56	최저기온: 20.5℃	일 몰: 19:55	최저기온: 20.0℃	일 몰: 19:50	최저기온: 24.3℃	일 몰: 19:48	최저기온: 20.6℃	일 몰: 19:41

丙子年

입추 08.08 ~ 09.07(양)

丙申月	양력	08.08		9	10	11	12	13	14	15	16	17	18	19	20	21	22	23	24	25	26	27	28	29	30	31	9.1	2	3	4	5	6	7
	음력	06.21		22	23	24	25	26	27	28	29	7.1	2	3	4	5	6	7	8	9	10	11	12	13	14	15	16	17	18	19	20	21	22
	일주	壬戌		癸亥	甲子	乙丑	丙寅	丁卯	戊辰	己巳	庚午	辛未	壬申	癸酉	甲戌	乙亥	丙子	丁丑	戊寅	己卯	庚辰	辛巳	壬午	癸未	甲申	乙酉	丙戌	丁亥	戊子	己丑	庚寅	辛卯	壬辰
	대운 남	1	10	10	10	9	9	9	8	8	8	7	7	7	6	6	6	5	5	5	4	4	4	3	3	3	2	2	2	1	1	1	1
	대운 여	10	1	1	1	1	1	2	2	2	3	3	3	4	4	4	5	5	5	6	6	6	7	7	7	8	8	8	9	9	9	10	10

8월 8일(양) 입추 02시 43분		8월 10일(양)		8월 20일(양)		8월 23일(양) 처서 17시 11분		9월 1일(양)	
평균기온: 23.6℃ 최고기온: 27.5℃ 최저기온: 21.7℃	강수량: 34.6㎜ 일 출: 05:41 일 몰: 19:34	평균기온: 24.0℃ 최고기온: 25.0℃ 최저기온: 22.0℃	강수량: 41.9㎜ 일 출: 05:43 일 몰: 19:31	평균기온: 21.2℃ 최고기온: 24.0℃ 최저기온: 19.6℃	강수량: 32.1㎜ 일 출: 05:51 일 몰: 19:19	평균기온: 21.3℃ 최고기온: 25.4℃ 최저기온: 18.7℃	강수량: 5.7㎜ 일 출: 05:54 일 몰: 19:15	평균기온: 24.0℃ 최고기온: 29.7℃ 최저기온: 20.1℃	강수량: - 일 출: 06:02 일 몰: 19:02

백로 09.08 ~ 10.07(양)

丁酉月	양력	09.08		9	10	11	12	13	14	15	16	17	18	19	20	21	22	23	24	25	26	27	28	29	30	10.1	2	3	4	5	6	7
	음력	07.23		24	25	26	27	28	29	30	8.1	2	3	4	5	6	7	8	9	10	11	12	13	14	15	16	17	18	19	20	21	22
	일주	癸巳		甲午	乙未	丙申	丁酉	戊戌	己亥	庚子	辛丑	壬寅	癸卯	甲辰	乙巳	丙午	丁未	戊申	己酉	庚戌	辛亥	壬子	癸丑	甲寅	乙卯	丙辰	丁巳	戊午	己未	庚申	辛酉	壬戌
	대운 남	1	10	10	9	9	9	8	8	8	7	7	7	6	6	6	5	5	5	4	4	4	3	3	3	2	2	2	1	1	1	1
	대운 여	10	1	1	1	1	1	2	2	2	3	3	3	4	4	4	5	5	5	6	6	6	7	7	7	8	8	8	9	9	9	10

9월 8일(양) 백로 05시 21분		9월 10일(양)		9월 20일(양)		9월 23일(양) 추분 14시 26분		10월 1일(양)	
평균기온: 24.9℃ 최고기온: 29.3℃ 최저기온: 22.4℃	강수량: 1.8㎜ 일 출: 06:07 일 몰: 18:52	평균기온: 19.5℃ 최고기온: 24.7℃ 최저기온: 15.6℃	강수량: 1.8㎜ 일 출: 06:09 일 몰: 18:49	평균기온: 17.0℃ 최고기온: 24.3℃ 최저기온: 11.1℃	강수량: - 일 출: 06:17 일 몰: 18:33	평균기온: 19.7℃ 최고기온: 27.2℃ 최저기온: 13.1℃	강수량: - 일 출: 06:20 일 몰: 18:28	평균기온: 17.7℃ 최고기온: 24.6℃ 최저기온: 11.8℃	강수량: - 일 출: 06:27 일 몰: 18:16

한로 10.08 ~ 11.06(양)

戊戌月	양력	10.08		9	10	11	12	13	14	15	16	17	18	19	20	21	22	23	24	25	26	27	28	29	30	31	11.1	2	3	4	5	6
	음력	08.23		24	25	26	27	28	29	9.1	2	3	4	5	6	7	8	9	10	11	12	13	14	15	16	17	18	19	20	21	22	23
	일주	癸亥		甲子	乙丑	丙寅	丁卯	戊辰	己巳	庚午	辛未	壬申	癸酉	甲戌	乙亥	丙子	丁丑	戊寅	己卯	庚辰	辛巳	壬午	癸未	甲申	乙酉	丙戌	丁亥	戊子	己丑	庚寅	辛卯	壬辰
	대운 남	1	10	10	9	9	9	8	8	8	7	7	7	6	6	6	5	5	5	4	4	4	3	3	3	2	2	2	1	1	1	1
	대운 여	10	1	1	1	1	1	2	2	2	3	3	3	4	4	4	5	5	5	6	6	6	7	7	7	8	8	8	9	9	9	10

10월 8일(양) 한로 20시 32분		10월 10일(양)		10월 20일(양)		10월 23일(양) 상강 23시 18분		11월 1일(양)	
평균기온: 16.0℃ 최고기온: 23.4℃ 최저기온: 10.4℃	강수량: - 일 출: 06:33 일 몰: 18:06	평균기온: 16.9℃ 최고기온: 24.7℃ 최저기온: 10.4℃	강수량: - 일 출: 06:35 일 몰: 18:03	평균기온: 12.0℃ 최고기온: 21.0℃ 최저기온: 4.6℃	강수량: - 일 출: 06:44 일 몰: 17:49	평균기온: 9.0℃ 최고기온: 17.9℃ 최저기온: 0.8℃	강수량: - 일 출: 06:47 일 몰: 17:45	평균기온: 6.7℃ 최고기온: 12.6℃ 최저기온: 1.9℃	강수량: 0.0㎜ 일 출: 06:56 일 몰: 17:34

입동 11.07 ~ 12.06(양)

己亥月	양력	11.07		8	9	10	11	12	13	14	15	16	17	18	19	20	21	22	23	24	25	26	27	28	29	30	12.1	2	3	4	5	6
	음력	09.24		25	26	27	28	29	30	10.1	2	3	4	5	6	7	8	9	10	11	12	13	14	15	16	17	18	19	20	21	22	23
	일주	癸巳		甲午	乙未	丙申	丁酉	戊戌	己亥	庚子	辛丑	壬寅	癸卯	甲辰	乙巳	丙午	丁未	戊申	己酉	庚戌	辛亥	壬子	癸丑	甲寅	乙卯	丙辰	丁巳	戊午	己未	庚申	辛酉	壬戌
	대운 남	1	10	10	9	9	9	8	8	8	7	7	7	6	6	6	5	5	5	4	4	4	3	3	3	2	2	2	1	1	1	1
	대운 여	10	1	1	1	1	1	2	2	2	3	3	3	4	4	4	5	5	5	6	6	6	7	7	7	8	8	8	9	9	9	10

11월 7일(양) 입동 23시 15분		11월 10일(양)		11월 20일(양)		11월 22일(양) 소설 20시 25분		12월 1일(양)	
평균기온: 7.8℃ 최고기온: 11.4℃ 최저기온: 3.5℃	강수량: 1.0㎜ 일 출: 07:03 일 몰: 17:28	평균기온: 8.3℃ 최고기온: 15.6℃ 최저기온: 1.8℃	강수량: - 일 출: 07:06 일 몰: 17:26	평균기온: 4.4℃ 최고기온: 11.8℃ 최저기온: -2.4℃	강수량: - 일 출: 07:17 일 몰: 17:18	평균기온: 0.0℃ 최고기온: 5.5℃ 최저기온: -2.4℃	강수량: - 일 출: 07:19 일 몰: 17:17	평균기온: 6.6℃ 최고기온: 10.4℃ 최저기온: 1.9℃	강수량: 0.1㎜ 일 출: 07:28 일 몰: 17:14

대설 12.07 ~ 1937.01.05(양)

庚子月	양력	12.07		8	9	10	11	12	13	14	15	16	17	18	19	20	21	22	23	24	25	26	27	28	29	30	31	1.1	2	3	4	5
	음력	10.24		25	26	27	28	29	30	11.1	2	3	4	5	6	7	8	9	10	11	12	13	14	15	16	17	18	19	20	21	22	23
	일주	癸亥		甲子	乙丑	丙寅	丁卯	戊辰	己巳	庚午	辛未	壬申	癸酉	甲戌	乙亥	丙子	丁丑	戊寅	己卯	庚辰	辛巳	壬午	癸未	甲申	乙酉	丙戌	丁亥	戊子	己丑	庚寅	辛卯	壬辰
	대운 남	1	10	10	9	9	9	8	8	8	7	7	7	6	6	6	5	5	5	4	4	4	3	3	3	2	2	2	1	1	1	1
	대운 여	10	1	1	1	1	1	2	2	2	3	3	3	4	4	4	5	5	5	6	6	6	7	7	7	8	8	8	9	9	9	10

12월 7일(양) 대설 15시 42분		12월 10일(양)		12월 20일(양)		12월 22일(양) 동지 09시 27분		1월 1일(양)	
평균기온: -4.4℃ 최고기온: 0.0℃ 최저기온: -8.2℃	강수량: - 일 출: 07:33 일 몰: 17:14	평균기온: 1.8℃ 최고기온: 5.6℃ 최저기온: -5.3℃	강수량: - 일 출: 07:36 일 몰: 17:14	평균기온: -0.2℃ 최고기온: 2.8℃ 최저기온: -4.2℃	강수량: 0.2㎜ 일 출: 07:43 일 몰: 17:17	평균기온: -5.2℃ 최고기온: -0.9℃ 최저기온: -9.3℃	강수량: - 일 출: 07:44 일 몰: 17:18	평균기온: -1.3℃ 최고기온: 3.7℃ 최저기온: -3.3℃	강수량: - 일 출: 07:47 일 몰: 17:24

소한 01.06 ~ 02.03(양)

辛丑月	양력	1937.01.06		7	8	9	10	11	12	13	14	15	16	17	18	19	20	21	22	23	24	25	26	27	28	29	30	31	2.1	2	3
	음력	1936.11.24		25	26	27	28	29	30	12.1	2	3	4	5	6	7	8	9	10	11	12	13	14	15	16	17	18	19	20	21	22
	일주	癸巳		甲午	乙未	丙申	丁酉	戊戌	己亥	庚子	辛丑	壬寅	癸卯	甲辰	乙巳	丙午	丁未	戊申	己酉	庚戌	辛亥	壬子	癸丑	甲寅	乙卯	丙辰	丁巳	戊午	己未	庚申	辛酉
	대운 남	1	10	9	9	9	8	8	8	7	7	7	6	6	6	5	5	5	4	4	4	3	3	3	2	2	2	1	1	1	1
	대운 여	10	1	1	1	1	1	2	2	2	3	3	3	4	4	4	5	5	5	6	6	6	7	7	7	8	8	8	9	9	9

1월 6일(양) 소한 02시 44분		1월 10일(양)		1월 20일(양) 대한 20시 01분		2월 1일(양)	
평균기온: -1.6℃ 최고기온: 2.4℃ 최저기온: -3.4℃	강수량: - 일 출: 07:48 일 몰: 17:28	평균기온: -9.6℃ 최고기온: -5.9℃ 최저기온: -12.9℃	강수량: - 일 출: 07:47 일 몰: 17:32	평균기온: -1.0℃ 최고기온: 1.5℃ 최저기온: -3.2℃	강수량: 1.5㎜ 일 출: 07:44 일 몰: 17:42	평균기온: -2.1℃ 최고기온: 0.9℃ 최저기온: -6.8℃	강수량: 0.7㎜ 일 출: 07:37 일 몰: 17:55

1937

입춘 — 02.04 ~ 03.05(양)

壬寅月

구분	1937.02.04	5	6	7	8	9	10	11	12	13	14	15	16	17	18	19	20	21	22	23	24	25	26	27	28	3.1	2	3	4	5
음력	1936.12.23	24	25	26	27	28	29	1.1	2	3	4	5	6	7	8	9	10	11	12	13	14	15	16	17	18	19	20	21	22	23
일주	壬戌	癸亥	甲子	乙丑	丙寅	丁卯	戊辰	己巳	庚午	辛未	壬申	癸酉	甲戌	乙亥	丙子	丁丑	戊寅	己卯	庚辰	辛巳	壬午	癸未	甲申	乙酉	丙戌	丁亥	戊子	己丑	庚寅	辛卯
대운 남	1 / 1	1	1	1	1	2	2	2	3	3	3	4	4	4	5	5	5	6	6	6	7	7	7	8	8	8	9	9	9	10
대운 여	10 / 10	10	9	9	9	8	8	8	7	7	7	6	6	6	5	5	5	4	4	4	3	3	3	2	2	2	1	1	1	1

	2월 4일(양) 입춘 14시 26분	2월 10일(양)	2월 19일(양) 우수 10시 21분	2월 20일(양)	3월 1일(양)
평균기온	3.9℃	1.2℃	0.3℃	3.5℃	2.4℃
최고기온	7.2℃	2.9℃	3.4℃	7.8℃	10.1℃
최저기온	-3.3℃	0.1℃	-4.0℃	0.5℃	-4.8℃
강수량	0.2mm	18.0mm	0.0mm	-	-
일 출	07:34	07:28	07:18	07:17	07:05
일 몰	17:59	18:05	18:15	18:16	18:25

경칩 — 03.06 ~ 04.04(양)

癸卯月

구분	03.06	7	8	9	10	11	12	13	14	15	16	17	18	19	20	21	22	23	24	25	26	27	28	29	30	31	4.1	2	3	4
음력	01.24	25	26	27	28	29	30	2.1	2	3	4	5	6	7	8	9	10	11	12	13	14	15	16	17	18	19	20	21	22	23
일주	壬辰	癸巳	甲午	乙未	丙申	丁酉	戊戌	己亥	庚子	辛丑	壬寅	癸卯	甲辰	乙巳	丙午	丁未	戊申	己酉	庚戌	辛亥	壬子	癸丑	甲寅	乙卯	丙辰	丁巳	戊午	己未	庚申	辛酉
대운 남	10 / 1	1	1	1	1	2	2	2	3	3	3	4	4	4	5	5	5	6	6	6	7	7	7	8	8	8	9	9	9	10
대운 여	1 / 10	10	9	9	9	8	8	8	7	7	7	6	6	6	5	5	5	4	4	4	3	3	3	2	2	2	1	1	1	1

	3월 6일(양) 경칩 08시 44분	3월 10일(양)	3월 20일(양)	3월 21일(양) 춘분 09시 45분	4월 1일(양)
평균기온	3.8℃	5.1℃	6.4℃	7.1℃	5.8℃
최고기온	6.2℃	8.3℃	12.7℃	14.4℃	10.3℃
최저기온	1.5℃	2.0℃	0.2℃	-0.9℃	2.7℃
강수량	2.4mm	-	-	-	2.3mm
일 출	06:58	06:52	06:37	06:36	06:19
일 몰	18:30	18:34	18:43	18:44	18:54

청명 — 04.05 ~ 05.05(양)

甲辰月

구분	04.05	6	7	8	9	10	11	12	13	14	15	16	17	18	19	20	21	22	23	24	25	26	27	28	29	30	5.1	2	3	4	5
음력	02.24	25	26	27	28	29	3.1	2	3	4	5	6	7	8	9	10	11	12	13	14	15	16	17	18	19	20	21	22	23	24	25
일주	壬戌	癸亥	甲子	乙丑	丙寅	丁卯	戊辰	己巳	庚午	辛未	壬申	癸酉	甲戌	乙亥	丙子	丁丑	戊寅	己卯	庚辰	辛巳	壬午	癸未	甲申	乙酉	丙戌	丁亥	戊子	己丑	庚寅	辛卯	壬辰
대운 남	10 / 1	1	1	1	1	2	2	2	3	3	3	4	4	4	5	5	5	6	6	6	7	7	7	8	8	8	9	9	9	10	10
대운 여	1 / 10	10	10	9	9	9	8	8	8	7	7	7	6	6	6	5	5	5	4	4	4	3	3	3	2	2	2	1	1	1	1

	4월 5일(양) 청명 14시 01분	4월 10일(양)	4월 20일(양) 곡우 21시 19분	5월 1일(양)
평균기온	5.2℃	10.5℃	19.3℃	16.6℃
최고기온	9.7℃	18.7℃	26.4℃	20.5℃
최저기온	0.6℃	1.3℃	13.8℃	13.2℃
강수량	-	-	0.0mm	0.7mm
일 출	06:13	06:06	05:52	05:38
일 몰	18:58	19:02	19:11	19:21

입하 — 05.06 ~ 06.05(양)

乙巳月

구분	05.06	7	8	9	10	11	12	13	14	15	16	17	18	19	20	21	22	23	24	25	26	27	28	29	30	31	6.1	2	3	4	5
음력	03.26	27	28	29	4.1	2	3	4	5	6	7	8	9	10	11	12	13	14	15	16	17	18	19	20	21	22	23	24	25	26	27
일주	癸巳	甲午	乙未	丙申	丁酉	戊戌	己亥	庚子	辛丑	壬寅	癸卯	甲辰	乙巳	丙午	丁未	戊申	己酉	庚戌	辛亥	壬子	癸丑	甲寅	乙卯	丙辰	丁巳	戊午	己未	庚申	辛酉	壬戌	癸亥
대운 남	10 / 1	1	1	1	1	2	2	2	3	3	3	4	4	4	5	5	5	6	6	6	7	7	7	8	8	8	9	9	9	10	10
대운 여	1 / 10	10	10	9	9	9	8	8	8	7	7	7	6	6	6	5	5	5	4	4	4	3	3	3	2	2	2	1	1	1	1

	5월 6일(양) 입하 07시 51분	5월 10일(양)	5월 20일(양)	5월 21일(양) 소만 20시 57분	6월 1일(양)
평균기온	14.3℃	15.9℃	18.5℃	17.9℃	15.7℃
최고기온	20.7℃	24.6℃	23.4℃	23.6℃	22.6℃
최저기온	9.4℃	8.8℃	15.5℃	13.6℃	11.4℃
강수량	-	-	34.4mm	-	0.0mm
일 출	05:32	05:28	05:19	05:19	05:13
일 몰	19:26	19:29	19:38	19:39	19:47

망종 — 06.06 ~ 07.06(양)

丙午月

구분	06.06	7	8	9	10	11	12	13	14	15	16	17	18	19	20	21	22	23	24	25	26	27	28	29	30	7.1	2	3	4	5	6
음력	04.28	29	30	5.1	2	3	4	5	6	7	8	9	10	11	12	13	14	15	16	17	18	19	20	21	22	23	24	25	26	27	28
일주	甲子	乙丑	丙寅	丁卯	戊辰	己巳	庚午	辛未	壬申	癸酉	甲戌	乙亥	丙子	丁丑	戊寅	己卯	庚辰	辛巳	壬午	癸未	甲申	乙酉	丙戌	丁亥	戊子	己丑	庚寅	辛卯	壬辰	癸巳	甲午
대운 남	10 / 1	1	1	1	1	2	2	2	3	3	3	4	4	4	5	5	5	6	6	6	7	7	7	8	8	8	9	9	9	10	10
대운 여	1 / 10	10	10	9	9	9	8	8	8	7	7	7	6	6	6	5	5	5	4	4	4	3	3	3	2	2	2	1	1	1	1

	6월 6일(양력) 망종 12시 23분	6월 10일(양)	6월 20일(양)	6월 22일(양) 하지 05시 12분	7월 1일(양)
평균기온	22.1℃	19.3℃	23.5℃	24.5℃	20.4℃
최고기온	28.2℃	27.1℃	31.3℃	32.1℃	26.3℃
최저기온	16.2℃	12.7℃	18.0℃	17.6℃	16.6℃
강수량	0.0mm	-	-	0.2mm	-
일 출	05:11	05:10	05:10	05:11	05:14
일 몰	19:50	19:52	19:56	19:57	19:57

소서 — 07.07 ~ 08.07(양)

丁未月

구분	07.07	8	9	10	11	12	13	14	15	16	17	18	19	20	21	22	23	24	25	26	27	28	29	30	31	8.1	2	3	4	5	6	7
음력	05.29	6.1	2	3	4	5	6	7	8	9	10	11	12	13	14	15	16	17	18	19	20	21	22	23	24	25	26	27	28	29	7.1	2
일주	乙未	丙申	丁酉	戊戌	己亥	庚子	辛丑	壬寅	癸卯	甲辰	乙巳	丙午	丁未	戊申	己酉	庚戌	辛亥	壬子	癸丑	甲寅	乙卯	丙辰	丁巳	戊午	己未	庚申	辛酉	壬戌	癸亥	甲子	乙丑	丙寅
대운 남	10 / 1	1	1	1	1	2	2	2	3	3	3	4	4	4	5	5	5	6	6	6	7	7	7	8	8	8	9	9	9	10	10	10
대운 여	1 / 10	10	10	10	9	9	9	8	8	8	7	7	7	6	6	6	5	5	5	4	4	4	3	3	3	2	2	2	1	1	1	1

	7월 7일(양) 소서 22시 46분	7월 10일(양)	7월 20일(양)	7월 23일(양) 대서 16시 07분	8월 1일(양)
평균기온	20.5℃	24.0℃	25.2℃	25.7℃	27.4℃
최고기온	24.1℃	25.6℃	29.6℃	32.3℃	33.5℃
최저기온	18.2℃	22.3℃	22.2℃	21.6℃	24.2℃
강수량	11.7mm	0.4mm	25.0mm	0.0mm	0.7mm
일 출	05:17	05:19	05:25	05:28	05:35
일 몰	19:56	19:55	19:51	19:49	19:41

입추 08.08 ~ 09.07(양) — 戊申月

구분	입절																														
양력	08.08	9	10	11	12	13	14	15	16	17	18	19	20	21	22	23	24	25	26	27	28	29	30	31	9.1	2	3	4	5	6	7
음력	07.03	4	5	6	7	8	9	10	11	12	13	14	15	16	17	18	19	20	21	22	23	24	25	26	27	28	29	30	8.1	2	3
일주	丁卯	戊辰	己巳	庚午	辛未	壬申	癸酉	甲戌	乙亥	丙子	丁丑	戊寅	己卯	庚辰	辛巳	壬午	癸未	甲申	乙酉	丙戌	丁亥	戊子	己丑	庚寅	辛卯	壬辰	癸巳	甲午	乙未	丙申	丁酉
대운 남	10	1	1	1	1	2	2	2	3	3	3	4	4	4	5	5	5	6	6	6	7	7	7	8	8	8	9	9	9	10	10
운 여	1	10	10	9	9	9	8	8	8	7	7	7	6	6	6	5	5	5	4	4	4	3	3	3	2	2	2	1	1	1	1

	8월 8일(양) 입추 08시 25분	8월 10일(양)	8월 20일(양)	8월 23일(양) 처서 22시 58분	9월 1일(양)
평균기온	25.8℃	25.0℃	27.5℃	28.4℃	25.7℃
최고기온	29.7℃	29.5℃	33.1℃	34.1℃	29.8℃
최저기온	23.2℃	22.7℃	23.4℃	23.4℃	22.5℃
강수량	3.9mm	4.3mm	0.0mm	–	0.0mm
일 출	05:41	05:43	05:51	05:54	06:01
일 몰	19:34	19:32	19:19	19:15	19:02

백로 09.08 ~ 10.08(양) — 己酉月

구분	입절																														
양력	09.08	9	10	11	12	13	14	15	16	17	18	19	20	21	22	23	24	25	26	27	28	29	30	10.1	2	3	4	5	6	7	8
음력	08.04	5	6	7	8	9	10	11	12	13	14	15	16	17	18	19	20	21	22	23	24	25	26	27	28	29	9.1	2	3	4	5
일주	戊戌	己亥	庚子	辛丑	壬寅	癸卯	甲辰	乙巳	丙午	丁未	戊申	己酉	庚戌	辛亥	壬子	癸丑	甲寅	乙卯	丙辰	丁巳	戊午	己未	庚申	辛酉	壬戌	癸亥	甲子	乙丑	丙寅	丁卯	戊辰
대운 남	10	1	1	1	1	2	2	2	3	3	3	4	4	4	5	5	5	6	6	6	7	7	7	8	8	8	9	9	9	10	10
운 여	1	10	10	9	9	9	8	8	8	7	7	7	6	6	6	5	5	5	4	4	4	3	3	3	2	2	2	1	1	1	1

	9월 8일(양) 백로 10시 59분	9월 10일(양)	9월 20일(양)	9월 23일(양) 추분 20시 13분	10월 1일(양)
평균기온	20.1℃	20.7℃	19.8℃	19.6℃	19.1℃
최고기온	28.0℃	24.2℃	27.1℃	28.0℃	26.3℃
최저기온	14.0℃	17.2℃	14.3℃	13.8℃	14.3℃
강수량	–	–	–	–	–
일 출	06:07	06:09	06:17	06:20	06:27
일 몰	18:52	18:49	18:33	18:29	18:17

한로 10.09 ~ 11.07(양) — 庚戌月

구분	입절																													
양력	10.09	10	11	12	13	14	15	16	17	18	19	20	21	22	23	24	25	26	27	28	29	30	31	11.1	2	3	4	5	6	7
음력	09.06	7	8	9	10	11	12	13	14	15	16	17	18	19	20	21	22	23	24	25	26	27	28	29	30	10.1	2	3	4	5
일주	己巳	庚午	辛未	壬申	癸酉	甲戌	乙亥	丙子	丁丑	戊寅	己卯	庚辰	辛巳	壬午	癸未	甲申	乙酉	丙戌	丁亥	戊子	己丑	庚寅	辛卯	壬辰	癸巳	甲午	乙未	丙申	丁酉	戊戌
대운 남	10	1	1	1	1	2	2	2	3	3	3	4	4	4	5	5	5	6	6	6	7	7	7	8	8	8	9	9	9	10
운 여	1	10	9	9	9	8	8	8	7	7	7	6	6	6	5	5	5	4	4	4	3	3	3	2	2	2	1	1	1	1

	10월 9일(양) 한로 02시 11분	10월 10일(양)	10월 20일(양)	10월 24일(양) 상강 05시 07분	11월 1일(양)
평균기온	16.2℃	16.7℃	15.0℃	15.3℃	11.3℃
최고기온	23.8℃	23.8℃	21.8℃	23.3℃	16.7℃
최저기온	10.1℃	10.7℃	10.4℃	7.2℃	6.8℃
강수량	–	0.1mm	–	–	1.5mm
일 출	06:34	06:35	06:44	06:48	06:56
일 몰	18:05	18:03	17:49	17:44	17:35

입동 11.08 ~ 12.06(양) — 辛亥月

구분	입절																												
양력	11.08	9	10	11	12	13	14	15	16	17	18	19	20	21	22	23	24	25	26	27	28	29	30	12.1	2	3	4	5	6
음력	10.06	7	8	9	10	11	12	13	14	15	16	17	18	19	20	21	22	23	24	25	26	27	28	29	30	11.1	2	3	4
일주	己亥	庚子	辛丑	壬寅	癸卯	甲辰	乙巳	丙午	丁未	戊申	己酉	庚戌	辛亥	壬子	癸丑	甲寅	乙卯	丙辰	丁巳	戊午	己未	庚申	辛酉	壬戌	癸亥	甲子	乙丑	丙寅	丁卯
대운 남	10	1	1	1	2	2	2	3	3	3	4	4	4	5	5	5	6	6	6	7	7	7	8	8	8	9	9	9	10
운 여	1	10	9	9	9	8	8	8	7	7	7	6	6	6	5	5	5	4	4	4	3	3	3	2	2	2	1	1	1

	11월 8일(양) 입동 04시 55분	11월 10일(양)	11월 20일(양)	11월 23일(양) 소설 02시 17분	12월 1일(양)
평균기온	9.2℃	8.8℃	6.9℃	-0.5℃	4.3℃
최고기온	13.0℃	15.2℃	12.2℃	3.2℃	9.2℃
최저기온	4.7℃	1.7℃	2.4℃	-4.4℃	0.6℃
강수량	0.0mm	–	–	1.0mm	0.4mm
일 출	07:04	07:06	07:16	07:19	07:27
일 몰	17:28	17:26	17:19	17:17	17:14

대설 12.07 ~ 1938.01.05(양) — 壬子月

구분	입절																													
양력	12.07	8	9	10	11	12	13	14	15	16	17	18	19	20	21	22	23	24	25	26	27	28	29	30	31	1.1	2	3	4	5
음력	11.05	6	7	8	9	10	11	12	13	14	15	16	17	18	19	20	21	22	23	24	25	26	27	28	29	30	12.1	2	3	4
일주	戊辰	己巳	庚午	辛未	壬申	癸酉	甲戌	乙亥	丙子	丁丑	戊寅	己卯	庚辰	辛巳	壬午	癸未	甲申	乙酉	丙戌	丁亥	戊子	己丑	庚寅	辛卯	壬辰	癸巳	甲午	乙未	丙申	丁酉
대운 남	10	1	1	1	2	2	2	3	3	3	4	4	4	5	5	5	6	6	6	7	7	7	8	8	8	9	9	9	10	10
운 여	1	10	9	9	9	8	8	8	7	7	7	6	6	6	5	5	5	4	4	4	3	3	3	2	2	2	1	1	1	1

	12월 7일(양) 대설 21시 26분	12월 10일(양)	12월 20일(양)	12월 22일(양) 동지 15시 22분	1월 1일(양)
평균기온	-2.5℃	2.2℃	-9.2℃	-1.0℃	-1.3℃
최고기온	0.4℃	7.4℃	-4.9℃	4.1℃	1.6℃
최저기온	-5.9℃	-2.0℃	-12.4℃	-8.2℃	-5.6℃
강수량	1.7mm	–	0.0mm	0.8mm	0.5mm
일 출	07:33	07:35	07:42	07:43	07:47
일 몰	17:14	17:14	17:16	17:17	17:24

소한 01.06 ~ 02.03(양) — 癸丑月

구분	입절																												
양력	1938.01.06	7	8	9	10	11	12	13	14	15	16	17	18	19	20	21	22	23	24	25	26	27	28	29	30	31	2.1	2	3
음력	1937.12.05	6	7	8	9	10	11	12	13	14	15	16	17	18	19	20	21	22	23	24	25	26	27	28	29	1.1	2	3	4
일주	戊戌	己亥	庚子	辛丑	壬寅	癸卯	甲辰	乙巳	丙午	丁未	戊申	己酉	庚戌	辛亥	壬子	癸丑	甲寅	乙卯	丙辰	丁巳	戊午	己未	庚申	辛酉	壬戌	癸亥	甲子	乙丑	丙寅
대운 남	10	1	1	1	2	2	2	3	3	3	4	4	4	5	5	5	6	6	6	7	7	7	8	8	8	9	9	9	10
운 여	1	10	9	9	9	8	8	8	7	7	7	6	6	6	5	5	5	4	4	4	3	3	3	2	2	2	1	1	1

	1월 6일(양) 소한 08시 31분	1월 10일(양)	1월 20일(양)	1월 21일(양) 대한 01시 59분	2월 1일(양)
평균기온	-9.8℃	-1.6℃	0.0℃	-7.6℃	-8.3℃
최고기온	-5.9℃	3.5℃	4.9℃	-0.2℃	-4.1℃
최저기온	-12.0℃	-10.4℃	-5.0℃	-10.9℃	-11.3℃
강수량	–	0.0mm	–	–	–
일 출	07:48	07:47	07:44	07:44	07:37
일 몰	17:28	17:32	17:42	17:43	17:55

1938 [윤7월]

입춘 02.04 ~ 03.05(양)

甲寅月

양력	1938.02.04	5	6	7	8	9	10	11	12	13	14	15	16	17	18	19	20	21	22	23	24	25	26	27	28	3.1	2	3	4	5
음력	1938.01.05	6	7	8	9	10	11	12	13	14	15	16	17	18	19	20	21	22	23	24	25	26	27	28	29	30	2.1	2	3	4
일주	丁卯	戊辰	己巳	庚午	辛未	壬申	癸酉	甲戌	乙亥	丙子	丁丑	戊寅	己卯	庚辰	辛巳	壬午	癸未	甲申	乙酉	丙戌	丁亥	戊子	己丑	庚寅	辛卯	壬辰	癸巳	甲午	乙未	丙申
대운 남	10	10	9	9	9	8	8	8	7	7	7	6	6	6	5	5	5	4	4	4	3	3	3	2	2	2	1	1	1	1
대운 여	1	1	1	1	2	2	2	3	3	3	4	4	4	5	5	5	6	6	6	7	7	7	8	8	8	9	9	9	10	10

2월 4일(양) 입춘 20시 15분		2월 10일(양)		2월 19일(양) 우수 16시 20분		2월 20일(양)		3월 1일(양)	
평균기온: -5.6℃	강수량: -	평균기온: -7.4℃	강수량: -	평균기온: -4.3℃	강수량: -	평균기온: -5.2℃	강수량: -	평균기온: 10.7℃	강수량: 1.3mm
최고기온: -0.2℃	일 출: 07:34	최고기온: -2.0℃	일 출: 07:28	최고기온: -1.1℃	일 출: 07:18	최고기온: -0.7℃	일 출: 07:17	최고기온: 15.9℃	일 출: 07:05
최저기온: -10.9℃	일 몰: 17:58	최저기온: -13.9℃	일 몰: 18:05	최저기온: -6.4℃	일 몰: 18:15	최저기온: -8.9℃	일 몰: 18:16	최저기온: 2.7℃	일 몰: 18:25

경칩 03.06 ~ 04.04(양)

乙卯月

양력	03.06	7	8	9	10	11	12	13	14	15	16	17	18	19	20	21	22	23	24	25	26	27	28	29	30	31	4.1	2	3	4
음력	02.05	6	7	8	9	10	11	12	13	14	15	16	17	18	19	20	21	22	23	24	25	26	27	28	29	30	3.1	2	3	4
일주	丁酉	戊戌	己亥	庚子	辛丑	壬寅	癸卯	甲辰	乙巳	丙午	丁未	戊申	己酉	庚戌	辛亥	壬子	癸丑	甲寅	乙卯	丙辰	丁巳	戊午	己未	庚申	辛酉	壬戌	癸亥	甲子	乙丑	丙寅
대운 남	1	10	10	9	9	9	8	8	8	7	7	7	6	6	6	5	5	5	4	4	4	3	3	3	2	2	2	1	1	1
대운 여	10	1	1	1	2	2	2	3	3	3	4	4	4	5	5	5	6	6	6	7	7	7	8	8	8	9	9	9	10	10

3월 6일(양) 경칩 14시 34분		3월 10일(양)		3월 20일(양)		3월 21일(양) 춘분 15시 43분		4월 1일(양)	
평균기온: 4.7℃	강수량: 2.2mm	평균기온: 0.4℃	강수량: 12.5mm	평균기온: 9.4℃	강수량: -	평균기온: 9.1℃	강수량: 33.4mm	평균기온: 8.6℃	강수량: -
최고기온: 10.0℃	일 출: 06:58	최고기온: 1.1℃	일 출: 06:52	최고기온: 19.0℃	일 출: 06:37	최고기온: 11.6℃	일 출: 06:36	최고기온: 16.8℃	일 출: 06:19
최저기온: -1.2℃	일 몰: 18:30	최저기온: -0.7℃	일 몰: 18:34	최저기온: -1.2℃	일 몰: 18:43	최저기온: 6.5℃	일 몰: 18:44	최저기온: 0.8℃	일 몰: 18:54

청명 04.05 ~ 05.05(양)

丙辰月

양력	04.05	6	7	8	9	10	11	12	13	14	15	16	17	18	19	20	21	22	23	24	25	26	27	28	29	30	5.1	2	3	4	5
음력	03.05	6	7	8	9	10	11	12	13	14	15	16	17	18	19	20	21	22	23	24	25	26	27	28	29	4.1	2	3	4	5	6
일주	丁卯	戊辰	己巳	庚午	辛未	壬申	癸酉	甲戌	乙亥	丙子	丁丑	戊寅	己卯	庚辰	辛巳	壬午	癸未	甲申	乙酉	丙戌	丁亥	戊子	己丑	庚寅	辛卯	壬辰	癸巳	甲午	乙未	丙申	丁酉
대운 남	1	10	10	9	9	9	8	8	8	7	7	7	6	6	6	5	5	5	4	4	4	3	3	3	2	2	2	1	1	1	1
대운 여	10	1	1	1	2	2	2	3	3	3	4	4	4	5	5	5	6	6	6	7	7	7	8	8	8	9	9	9	10	10	10

4월 5일(양) 청명 19시 49분		4월 10일(양)		4월 20일(양)		4월 21일(양) 곡우 03시 15분		5월 1일(양)	
평균기온: 10.0℃	강수량: -	평균기온: 9.3℃	강수량: -	평균기온: 18.2℃	강수량: -	평균기온: 19.7℃	강수량: -	평균기온: 13.0℃	강수량: 1.3mm
최고기온: 17.8℃	일 출: 06:13	최고기온: 16.8℃	일 출: 06:06	최고기온: 23.4℃	일 출: 05:52	최고기온: 27.3℃	일 출: 05:51	최고기온: 18.2℃	일 출: 05:38
최저기온: 3.6℃	일 몰: 18:57	최저기온: 3.2℃	일 몰: 19:02	최저기온: 13.5℃	일 몰: 19:11	최저기온: 12.8℃	일 몰: 19:12	최저기온: 10.3℃	일 몰: 19:21

입하 05.06 ~ 06.05(양)

丁巳月

양력	05.06	7	8	9	10	11	12	13	14	15	16	17	18	19	20	21	22	23	24	25	26	27	28	29	30	31	6.1	2	3	4	5
음력	04.07	8	9	10	11	12	13	14	15	16	17	18	19	20	21	22	23	24	25	26	27	28	29	5.1	2	3	4	5	6	7	8
일주	戊戌	己亥	庚子	辛丑	壬寅	癸卯	甲辰	乙巳	丙午	丁未	戊申	己酉	庚戌	辛亥	壬子	癸丑	甲寅	乙卯	丙辰	丁巳	戊午	己未	庚申	辛酉	壬戌	癸亥	甲子	乙丑	丙寅	丁卯	戊辰
대운 남	1	10	10	9	9	9	8	8	8	7	7	7	6	6	6	5	5	5	4	4	4	3	3	3	2	2	2	1	1	1	1
대운 여	10	1	1	1	2	2	2	3	3	3	4	4	4	5	5	5	6	6	6	7	7	7	8	8	8	9	9	9	10	10	10

5월 6일(양) 입하 13시 35분		5월 10일(양)		5월 20일(양)		5월 22일(양) 소만 02시 50분		6월 1일(양)	
평균기온: 16.5℃	강수량: 21.4mm	평균기온: 13.5℃	강수량: 0.1mm	평균기온: 13.3℃	강수량: 0.0mm	평균기온: 13.4℃	강수량: 34.8mm	평균기온: 17.6℃	강수량: 6.1mm
최고기온: 19.8℃	일 출: 05:32	최고기온: 19.9℃	일 출: 05:28	최고기온: 19.0℃	일 출: 05:20	최고기온: 16.3℃	일 출: 05:18	최고기온: 21.9℃	일 출: 05:13
최저기온: 13.2℃	일 몰: 19:26	최저기온: 6.8℃	일 몰: 19:29	최저기온: 8.3℃	일 몰: 19:38	최저기온: 11.5℃	일 몰: 19:39	최저기온: 13.6℃	일 몰: 19:47

망종 06.06 ~ 07.07(양)

戊午月

양력	06.06	7	8	9	10	11	12	13	14	15	16	17	18	19	20	21	22	23	24	25	26	27	28	29	30	7.1	2	3	4	5	6	7
음력	05.09	10	11	12	13	14	15	16	17	18	19	20	21	22	23	24	25	26	27	28	29	30	6.1	2	3	4	5	6	7	8	9	10
일주	己巳	庚午	辛未	壬申	癸酉	甲戌	乙亥	丙子	丁丑	戊寅	己卯	庚辰	辛巳	壬午	癸未	甲申	乙酉	丙戌	丁亥	戊子	己丑	庚寅	辛卯	壬辰	癸巳	甲午	乙未	丙申	丁酉	戊戌	己亥	庚子
대운 남	1	10	10	10	9	9	9	8	8	8	7	7	7	6	6	6	5	5	5	4	4	4	3	3	3	2	2	2	1	1	1	1
대운 여	10	1	1	1	2	2	2	3	3	3	4	4	4	5	5	5	6	6	6	7	7	7	8	8	8	9	9	9	10	10	10	10

6월 6일(양) 망종 18시 07분		6월 10일(양)		6월 20일(양)		6월 22일(양) 하지 11시 04분		7월 1일(양)	
평균기온: 17.2℃	강수량: 0.0mm	평균기온: 20.3℃	강수량: -	평균기온: 19.0℃	강수량: 0.5mm	평균기온: 20.8℃	강수량: -	평균기온: 21.4℃	강수량: 19.8mm
최고기온: 20.5℃	일 출: 05:11	최고기온: 26.9℃	일 출: 05:10	최고기온: 25.7℃	일 출: 05:10	최고기온: 26.6℃	일 출: 05:11	최고기온: 28.5℃	일 출: 05:14
최저기온: 14.3℃	일 몰: 19:50	최저기온: 15.4℃	일 몰: 19:52	최저기온: 14.8℃	일 몰: 19:56	최저기온: 16.8℃	일 몰: 19:57	최저기온: 18.8℃	일 몰: 19:57

소서 07.08 ~ 08.07(양)

己未月

양력	07.08	9	10	11	12	13	14	15	16	17	18	19	20	21	22	23	24	25	26	27	28	29	30	31	8.1	2	3	4	5	6	7
음력	06.11	12	13	14	15	16	17	18	19	20	21	22	23	24	25	26	27	28	29	7.1	2	3	4	5	6	7	8	9	10	11	12
일주	辛丑	壬寅	癸卯	甲辰	乙巳	丙午	丁未	戊申	己酉	庚戌	辛亥	壬子	癸丑	甲寅	乙卯	丙辰	丁巳	戊午	己未	庚申	辛酉	壬戌	癸亥	甲子	乙丑	丙寅	丁卯	戊辰	己巳	庚午	辛未
대운 남	1	10	10	9	9	9	8	8	8	7	7	7	6	6	6	5	5	5	4	4	4	3	3	3	2	2	2	1	1	1	1
대운 여	10	1	1	1	2	2	2	3	3	3	4	4	4	5	5	5	6	6	6	7	7	7	8	8	8	9	9	9	10	10	10

7월 8일(양) 소서 04시 31분		7월 10일(양)		7월 20일(양)		7월 23일(양) 대서 21시 57분		8월 1일(양)	
평균기온: 22.0℃	강수량: 13.2mm	평균기온: 24.8℃	강수량: 3.5mm	평균기온: 26.6℃	강수량: -	평균기온: 27.9℃	강수량: -	평균기온: 27.7℃	강수량: -
최고기온: 25.1℃	일 출: 05:17	최고기온: 28.0℃	일 출: 05:18	최고기온: 32.7℃	일 출: 05:25	최고기온: 34.2℃	일 출: 05:28	최고기온: 34.2℃	일 출: 05:35
최저기온: 18.9℃	일 몰: 19:56	최저기온: 22.1℃	일 몰: 19:56	최저기온: 22.1℃	일 몰: 19:51	최저기온: 24.1℃	일 몰: 19:49	최저기온: 22.8℃	일 몰: 19:41

입추 — 08.08 ~ 09.07(양)

庚申月

양력	08.08	9	10	11	12	13	14	15	16	17	18	19	20	21	22	23	24	25	26	27	28	29	30	31	9.1	2	3	4	5	6	7
음력	07.13	14	15	16	17	18	19	20	21	22	23	24	25	26	27	28	29	윤	7.2	3	4	5	6	7	8	9	10	11	12	13	14
일주	壬申	癸酉	甲戌	乙亥	丙子	丁丑	戊寅	己卯	庚辰	辛巳	壬午	癸未	甲申	乙酉	丙戌	丁亥	戊子	己丑	庚寅	辛卯	壬辰	癸巳	甲午	乙未	丙申	丁酉	戊戌	己亥	庚子	辛丑	壬寅
대운(남)	1·10	10	10	9	9	9	8	8	8	7	7	7	6	6	6	5	5	5	4	4	4	3	3	3	2	2	2	1	1	1	1
대운(여)	10·1	1	1	1	2	2	2	3	3	3	4	4	4	5	5	5	6	6	6	7	7	7	8	8	8	9	9	9	10	10	10

8월 8일(양) 입추 14시 13분		8월 10일(양)		8월 20일(양)		8월 24일(양) 처서 04시 46분		9월 1일(양)	
평균기온: 28.3℃ 최고기온: 33.7℃ 최저기온: 24.0℃	강수량: – 일 출: 05:41 일 몰: 19:34	평균기온: 28.3℃ 최고기온: 35.1℃ 최저기온: 24.2℃	강수량: 18.9mm 일 출: 05:42 일 몰: 19:32	평균기온: 24.7℃ 최고기온: 31.0℃ 최저기온: 20.0℃	강수량: – 일 출: 05:51 일 몰: 19:19	평균기온: 25.9℃ 최고기온: 31.2℃ 최저기온: 22.8℃	강수량: 15.9mm 일 출: 05:54 일 몰: 19:14	평균기온: 25.3℃ 최고기온: 32.1℃ 최저기온: 20.3℃	강수량: – 일 출: 06:01 일 몰: 19:03

백로 — 09.08 ~ 10.08(양)

辛酉月

양력	09.08	9	10	11	12	13	14	15	16	17	18	19	20	21	22	23	24	25	26	27	28	29	30	10.1	2	3	4	5	6	7	8
음력	07.15	16	17	18	19	20	21	22	23	24	25	26	27	28	29	30	8.1	2	3	4	5	6	7	8	9	10	11	12	13	14	15
일주	癸卯	甲辰	乙巳	丙午	丁未	戊申	己酉	庚戌	辛亥	壬子	癸丑	甲寅	乙卯	丙辰	丁巳	戊午	己未	庚申	辛酉	壬戌	癸亥	甲子	乙丑	丙寅	丁卯	戊辰	己巳	庚午	辛未	壬申	癸酉
대운(남)	1·10	10	10	9	9	9	8	8	8	7	7	7	6	6	6	5	5	5	4	4	4	3	3	3	2	2	2	1	1	1	1
대운(여)	10·1	1	1	1	2	2	2	3	3	3	4	4	4	5	5	5	6	6	6	7	7	7	8	8	8	9	9	9	10	10	10

9월 8일(양) 백로 16시 48분		9월 10일(양)		9월 20일(양)		9월 24일(양) 추분 02시 00분		10월 1일(양)	
평균기온: 20.9℃ 최고기온: 28.1℃ 최저기온: 15.2℃	강수량: – 일 출: 06:07 일 몰: 18:52	평균기온: 17.8℃ 최고기온: 24.1℃ 최저기온: 13.1℃	강수량: 0.7mm 일 출: 06:09 일 몰: 18:49	평균기온: 18.0℃ 최고기온: 24.0℃ 최저기온: 13.8℃	강수량: – 일 출: 06:17 일 몰: 18:34	평균기온: 15.5℃ 최고기온: 21.9℃ 최저기온: 9.8℃	강수량: – 일 출: 06:20 일 몰: 18:28	평균기온: 17.8℃ 최고기온: 21.3℃ 최저기온: 15.1℃	강수량: 4.1mm 일 출: 06:27 일 몰: 18:17

한로 — 10.09 ~ 11.07(양)

壬戌月

양력	10.09	10	11	12	13	14	15	16	17	18	19	20	21	22	23	24	25	26	27	28	29	30	31	11.1	2	3	4	5	6	7
음력	08.16	17	18	19	20	21	22	23	24	25	26	27	28	29	9.1	2	3	4	5	6	7	8	9	10	11	12	13	14	15	16
일주	甲戌	乙亥	丙子	丁丑	戊寅	己卯	庚辰	辛巳	壬午	癸未	甲申	乙酉	丙戌	丁亥	戊子	己丑	庚寅	辛卯	壬辰	癸巳	甲午	乙未	丙申	丁酉	戊戌	己亥	庚子	辛丑	壬寅	癸卯
대운(남)	1·10	10	9	9	9	8	8	8	7	7	7	6	6	6	5	5	5	5	4	4	4	3	3	3	2	2	2	1	1	1
대운(여)	10·1	1	1	1	1	2	2	2	3	3	3	4	4	4	5	5	5	6	6	6	7	7	7	8	8	8	9	9	9	10

10월 9일(양) 한로 08시 01분		10월 10일(양)		10월 20일(양)		10월 24일(양) 상강 10시 54분		11월 1일(양)	
평균기온: 20.0℃ 최고기온: 25.8℃ 최저기온: 14.3℃	강수량: 0.0mm 일 출: 06:34 일 몰: 18:05	평균기온: 20.2℃ 최고기온: 22.5℃ 최저기온: 16.8℃	강수량: 49.5mm 일 출: 06:35 일 몰: 18:04	평균기온: 13.6℃ 최고기온: 21.4℃ 최저기온: 6.9℃	강수량: – 일 출: 06:44 일 몰: 17:50	평균기온: 10.4℃ 최고기온: 15.5℃ 최저기온: 6.1℃	강수량: 4.5mm 일 출: 06:48 일 몰: 17:44	평균기온: 9.5℃ 최고기온: 16.7℃ 최저기온: 2.7℃	강수량: – 일 출: 06:56 일 몰: 17:35

입동 — 11.08 ~ 12.07(양)

癸亥月

양력	11.08	9	10	11	12	13	14	15	16	17	18	19	20	21	22	23	24	25	26	27	28	29	30	12.1	2	3	4	5	6	7
음력	09.17	18	19	20	21	22	23	24	25	26	27	28	29	30	10.1	2	3	4	5	6	7	8	9	10	11	12	13	14	15	16
일주	甲辰	乙巳	丙午	丁未	戊申	己酉	庚戌	辛亥	壬子	癸丑	甲寅	乙卯	丙辰	丁巳	戊午	己未	庚申	辛酉	壬戌	癸亥	甲子	乙丑	丙寅	丁卯	戊辰	己巳	庚午	辛未	壬申	癸酉
대운(남)	1·10	10	9	9	9	8	8	8	7	7	7	6	6	6	5	5	5	5	4	4	4	3	3	3	2	2	2	1	1	1
대운(여)	10·1	1	1	1	1	2	2	2	3	3	3	4	4	4	5	5	5	6	6	6	7	7	7	8	8	8	9	9	9	10

11월 8일(양) 입동 10시 48분		11월 10일(양)		11월 20일(양)		11월 23일(양) 소설 08시 06분		12월 1일(양)	
평균기온: 3.2℃ 최고기온: 7.8℃ 최저기온: -1.2℃	강수량: – 일 출: 07:03 일 몰: 17:28	평균기온: 3.4℃ 최고기온: 8.9℃ 최저기온: -2.5℃	강수량: 0.5mm 일 출: 07:05 일 몰: 17:26	평균기온: 8.5℃ 최고기온: 14.6℃ 최저기온: 3.4℃	강수량: – 일 출: 07:16 일 몰: 17:19	평균기온: 4.0℃ 최고기온: 9.4℃ 최저기온: -3.2℃	강수량: 0.0mm 일 출: 07:19 일 몰: 17:17	평균기온: 2.5℃ 최고기온: 7.6℃ 최저기온: -2.7℃	강수량: 0.9mm 일 출: 07:27 일 몰: 17:14

대설 — 12.08 ~ 1939.01.05(양)

甲子月

양력	12.08	9	10	11	12	13	14	15	16	17	18	19	20	21	22	23	24	25	26	27	28	29	30	31	1.1	2	3	4	5
음력	10.17	18	19	20	21	22	23	24	25	26	27	28	29	30	11.1	2	3	4	5	6	7	8	9	10	11	12	13	14	15
일주	甲戌	乙亥	丙子	丁丑	戊寅	己卯	庚辰	辛巳	壬午	癸未	甲申	乙酉	丙戌	丁亥	戊子	己丑	庚寅	辛卯	壬辰	癸巳	甲午	乙未	丙申	丁酉	戊戌	己亥	庚子	辛丑	壬寅
대운(남)	1·10	9	9	9	8	8	8	7	7	7	7	6	6	6	5	5	5	4	4	4	3	3	3	2	2	2	1	1	1
대운(여)	10·1	1	1	1	2	2	2	3	3	3	3	4	4	4	5	5	5	6	6	6	7	7	7	8	8	8	9	9	9

12월 8일(양) 대설 03시 22분		12월 10일(양)		12월 20일(양)		12월 22일(양) 동지 21시 13분		1월 1일(양)	
평균기온: 0.5℃ 최고기온: 3.9℃ 최저기온: -2.2℃	강수량: 7.0mm 일 출: 07:34 일 몰: 17:14	평균기온: -3.2℃ 최고기온: 0.2℃ 최저기온: -8.2℃	강수량: – 일 출: 07:35 일 몰: 17:14	평균기온: -4.6℃ 최고기온: 1.0℃ 최저기온: -9.7℃	강수량: – 일 출: 07:42 일 몰: 17:16	평균기온: 0.3℃ 최고기온: 5.5℃ 최저기온: -4.6℃	강수량: – 일 출: 07:43 일 몰: 17:17	평균기온: -0.7℃ 최고기온: 2.0℃ 최저기온: -3.5℃	강수량: 2.0mm 일 출: 07:47 일 몰: 17:24

소한 — 01.06 ~ 02.04(양)

乙丑月

양력	1939.01.06	7	8	9	10	11	12	13	14	15	16	17	18	19	20	21	22	23	24	25	26	27	28	29	30	31	2.1	2	3	4
음력	1938.11.16	17	18	19	20	21	22	23	24	25	26	27	28	29	12.1	2	3	4	5	6	7	8	9	10	11	12	13	14	15	16
일주	癸卯	甲辰	乙巳	丙午	丁未	戊申	己酉	庚戌	辛亥	壬子	癸丑	甲寅	乙卯	丙辰	丁巳	戊午	己未	庚申	辛酉	壬戌	癸亥	甲子	乙丑	丙寅	丁卯	戊辰	己巳	庚午	辛未	壬申
대운(남)	1·10	10	10	9	9	9	8	8	8	7	7	7	6	6	6	5	5	5	4	4	4	3	3	3	2	2	2	1	1	1
대운(여)	10·1	1	1	1	2	2	2	3	3	3	4	4	4	5	5	5	6	6	6	7	7	7	8	8	8	9	9	9	10	10

1월 6일(양) 소한 14시 28분		1월 10일(양)		1월 20일(양)		1월 21일(양) 대한 07시 51분		2월 1일(양)	
평균기온: -12.5℃ 최고기온: -7.7℃ 최저기온: -19.6℃	강수량: 0.0mm 일 출: 07:47 일 몰: 17:28	평균기온: -2.6℃ 최고기온: 0.2℃ 최저기온: -5.9℃	강수량: 0.0mm 일 출: 07:47 일 몰: 17:31	평균기온: -9.4℃ 최고기온: -4.1℃ 최저기온: -15.9℃	강수량: – 일 출: 07:45 일 몰: 17:42	평균기온: -5.5℃ 최고기온: -1.7℃ 최저기온: -8.8℃	강수량: 0.7mm 일 출: 07:44 일 몰: 17:43	평균기온: -7.0℃ 최고기온: 2.2℃ 최저기온: -9.8℃	강수량: – 일 출: 07:37 일 몰: 17:55

단기 4272년

입춘 — 02.05 ~ 03.05(양)

丙寅月

양력	1939.02.05	6	7	8	9	10	11	12	13	14	15	16	17	18	19	20	21	22	23	24	25	26	27	28	3.1	2	3	4	5
음력	1938.12.17	18	19	20	21	22	23	24	25	26	27	28	29	30	1.1	2	3	4	5	6	7	8	9	10	11	12	13	14	15
일주	癸酉	甲戌	乙亥	丙子	丁丑	戊寅	己卯	庚辰	辛巳	壬午	癸未	甲申	乙酉	丙戌	丁亥	戊子	己丑	庚寅	辛卯	壬辰	癸巳	甲午	乙未	丙申	丁酉	戊戌	己亥	庚子	辛丑
대운 남	1 · 1	1	1	1	1	2	2	2	3	3	3	4	4	4	5	5	5	6	6	6	7	7	7	8	8	8	9	9	9
대운 여	10 · 10	9	9	9	8	8	8	7	7	7	6	6	6	5	5	5	4	4	4	3	3	3	2	2	2	1	1	1	1

2월 5일(양) 입춘 02시 10분	2월 10일(양)	2월 19일(양) 우수 22시 09분	2월 20일(양)	3월 1일(양)
평균기온: -10.0℃ / 강수량: 1.0mm 최고기온: -4.1℃ / 일 출: 07:33 최저기온: -13.4℃ / 일 몰: 17:59	평균기온: -3.8℃ / 강수량: - 최고기온: 3.6℃ / 일 출: 07:29 최저기온: -10.4℃ / 일 몰: 18:05	평균기온: 2.0℃ / 강수량: - 최고기온: 5.1℃ / 일 출: 07:18 최저기온: -0.6℃ / 일 몰: 18:14	평균기온: 2.4℃ / 강수량: - 최고기온: 8.3℃ / 일 출: 07:17 최저기온: -0.7℃ / 일 몰: 18:15	평균기온: 4.4℃ / 강수량: - 최고기온: 10.4℃ / 일 출: 07:05 최저기온: -0.2℃ / 일 몰: 18:25

경칩 — 03.06 ~ 04.05(양)

丁卯月

양력	03.06	7	8	9	10	11	12	13	14	15	16	17	18	19	20	21	22	23	24	25	26	27	28	29	30	31	4.1	2	3	4	5
음력	01.16	17	18	19	20	21	22	23	24	25	26	27	28	29	30	2.1	2	3	4	5	6	7	8	9	10	11	12	13	14	15	16
일주	壬寅	癸卯	甲辰	乙巳	丙午	丁未	戊申	己酉	庚戌	辛亥	壬子	癸丑	甲寅	乙卯	丙辰	丁巳	戊午	己未	庚申	辛酉	壬戌	癸亥	甲子	乙丑	丙寅	丁卯	戊辰	己巳	庚午	辛未	壬申
대운 남	10 · 1	1	1	1	1	2	2	2	3	3	3	4	4	4	5	5	5	6	6	6	7	7	7	8	8	8	9	9	9	10	10
대운 여	1 · 10	10	10	9	9	9	8	8	8	7	7	7	6	6	6	5	5	5	4	4	4	3	3	3	2	2	2	1	1	1	1

3월 6일(양) 경칩 20시 26분	3월 10일(양)	3월 20일(양)	3월 21일(양) 춘분 21시 28분	4월 1일(양)
평균기온: 3.6℃ / 강수량: 0.2mm 최고기온: 6.7℃ / 일 출: 06:58 최저기온: 0.8℃ / 일 몰: 18:30	평균기온: 9.7℃ / 강수량: 0.0mm 최고기온: 13.1℃ / 일 출: 06:53 최저기온: 4.7℃ / 일 몰: 18:33	평균기온: 3.4℃ / 강수량: - 최고기온: 7.4℃ / 일 출: 06:38 최저기온: -5.2℃ / 일 몰: 18:43	평균기온: 5.8℃ / 강수량: 0.0mm 최고기온: 10.6℃ / 일 출: 06:36 최저기온: 2.5℃ / 일 몰: 18:44	평균기온: 9.3℃ / 강수량: - 최고기온: 15.4℃ / 일 출: 06:20 최저기온: 1.6℃ / 일 몰: 18:54

청명 — 04.06 ~ 05.05(양)

戊辰月

양력	04.06	7	8	9	10	11	12	13	14	15	16	17	18	19	20	21	22	23	24	25	26	27	28	29	30	5.1	2	3	4	5
음력	02.17	18	19	20	21	22	23	24	25	26	27	28	29	30	3.1	2	3	4	5	6	7	8	9	10	11	12	13	14	15	16
일주	癸酉	甲戌	乙亥	丙子	丁丑	戊寅	己卯	庚辰	辛巳	壬午	癸未	甲申	乙酉	丙戌	丁亥	戊子	己丑	庚寅	辛卯	壬辰	癸巳	甲午	乙未	丙申	丁酉	戊戌	己亥	庚子	辛丑	壬寅
대운 남	10 · 1	1	1	1	1	2	2	2	3	3	3	4	4	4	5	5	5	6	6	6	7	7	7	8	8	8	9	9	9	10
대운 여	1 · 10	10	9	9	9	8	8	8	7	7	7	6	6	6	5	5	5	4	4	4	3	3	3	2	2	2	1	1	1	1

4월 6일(양) 청명 01시 37분	4월 10일(양)	4월 20일(양)	4월 21일(양) 곡우 08시 55분	5월 1일(양)
평균기온: 7.1℃ / 강수량: 0.0mm 최고기온: 12.5℃ / 일 출: 06:12 최저기온: 3.8℃ / 일 몰: 18:58	평균기온: 13.7℃ / 강수량: - 최고기온: 24.1℃ / 일 출: 06:06 최저기온: 4.6℃ / 일 몰: 19:02	평균기온: 17.7℃ / 강수량: 0.0mm 최고기온: 22.6℃ / 일 출: 05:52 최저기온: 13.8℃ / 일 몰: 19:11	평균기온: 13.1℃ / 강수량: 20.6mm 최고기온: 18.3℃ / 일 출: 05:51 최저기온: 10.6℃ / 일 몰: 19:12	평균기온: 12.1℃ / 강수량: 0.3mm 최고기온: 16.0℃ / 일 출: 05:38 최저기온: 10.5℃ / 일 몰: 19:21

입하 — 05.06 ~ 06.05(양)

己巳月

양력	05.06	7	8	9	10	11	12	13	14	15	16	17	18	19	20	21	22	23	24	25	26	27	28	29	30	31	6.1	2	3	4	5
음력	03.17	18	19	20	21	22	23	24	25	26	27	28	29	4.1	2	3	4	5	6	7	8	9	10	11	12	13	14	15	16	17	18
일주	癸卯	甲辰	乙巳	丙午	丁未	戊申	己酉	庚戌	辛亥	壬子	癸丑	甲寅	乙卯	丙辰	丁巳	戊午	己未	庚申	辛酉	壬戌	癸亥	甲子	乙丑	丙寅	丁卯	戊辰	己巳	庚午	辛未	壬申	癸酉
대운 남	10 · 1	1	1	1	1	2	2	2	3	3	3	4	4	4	5	5	5	6	6	6	7	7	7	8	8	8	9	9	9	10	10
대운 여	1 · 10	10	10	9	9	9	8	8	8	7	7	7	6	6	6	5	5	5	4	4	4	3	3	3	2	2	2	1	1	1	1

5월 6일(양) 입하 19시 21분	5월 10일(양)	5월 20일(양)	5월 22일(양) 소만 08시 27분	6월 1일(양)
평균기온: 13.9℃ / 강수량: 6.9mm 최고기온: 15.5℃ / 일 출: 05:33 최저기온: 11.1℃ / 일 몰: 19:25	평균기온: 16.3℃ / 강수량: 11.0mm 최고기온: 20.2℃ / 일 출: 05:29 최저기온: 13.0℃ / 일 몰: 19:29	평균기온: 17.5℃ / 강수량: 0.1mm 최고기온: 24.8℃ / 일 출: 05:20 최저기온: 11.8℃ / 일 몰: 19:38	평균기온: 17.8℃ / 강수량: 0.0mm 최고기온: 24.1℃ / 일 출: 05:18 최저기온: 11.8℃ / 일 몰: 19:39	평균기온: 18.0℃ / 강수량: - 최고기온: 25.6℃ / 일 출: 05:13 최저기온: 13.0℃ / 일 몰: 19:47

망종 — 06.06 ~ 07.07(양)

庚午月

양력	06.06	7	8	9	10	11	12	13	14	15	16	17	18	19	20	21	22	23	24	25	26	27	28	29	30	7.1	2	3	4	5	6	7
음력	04.19	20	21	22	23	24	25	26	27	28	29	5.1	2	3	4	5	6	7	8	9	10	11	12	13	14	15	16	17	18	19	20	21
일주	甲戌	乙亥	丙子	丁丑	戊寅	己卯	庚辰	辛巳	壬午	癸未	甲申	乙酉	丙戌	丁亥	戊子	己丑	庚寅	辛卯	壬辰	癸巳	甲午	乙未	丙申	丁酉	戊戌	己亥	庚子	辛丑	壬寅	癸卯	甲辰	乙巳
대운 남	10 · 1	1	1	1	1	2	2	2	3	3	3	4	4	4	5	5	5	6	6	6	7	7	7	8	8	8	9	9	9	10	10	10
대운 여	1 · 10	10	10	10	9	9	9	8	8	8	7	7	7	6	6	6	5	5	5	4	4	4	3	3	3	2	2	2	1	1	1	1

6월 6일(양) 망종 23시 52분	6월 10일(양)	6월 20일(양)	6월 22일(양) 하지 16시 39분	7월 1일(양)
평균기온: 22.0℃ / 강수량: - 최고기온: 29.8℃ / 일 출: 05:11 최저기온: 15.6℃ / 일 몰: 19:50	평균기온: 21.2℃ / 강수량: 0.2mm 최고기온: 29.1℃ / 일 출: 05:10 최저기온: 16.2℃ / 일 몰: 19:52	평균기온: 23.1℃ / 강수량: 0.0mm 최고기온: 29.6℃ / 일 출: 05:10 최저기온: 19.4℃ / 일 몰: 19:56	평균기온: 22.9℃ / 강수량: 0.8mm 최고기온: 30.4℃ / 일 출: 05:11 최저기온: 17.6℃ / 일 몰: 19:57	평균기온: 22.8℃ / 강수량: - 최고기온: 29.8℃ / 일 출: 05:14 최저기온: 17.9℃ / 일 몰: 19:57

소서 — 07.08 ~ 08.07(양)

辛未月

양력	07.08	9	10	11	12	13	14	15	16	17	18	19	20	21	22	23	24	25	26	27	28	29	30	31	8.1	2	3	4	5	6	7
음력	05.22	23	24	25	26	27	28	29	30	6.1	2	3	4	5	6	7	8	9	10	11	12	13	14	15	16	17	18	19	20	21	22
일주	丙午	丁未	戊申	己酉	庚戌	辛亥	壬子	癸丑	甲寅	乙卯	丙辰	丁巳	戊午	己未	庚申	辛酉	壬戌	癸亥	甲子	乙丑	丙寅	丁卯	戊辰	己巳	庚午	辛未	壬申	癸酉	甲戌	乙亥	丙子
대운 남	10 · 1	1	1	1	1	2	2	2	3	3	3	4	4	4	5	5	5	6	6	6	7	7	7	8	8	8	9	9	9	10	10
대운 여	1 · 10	10	10	9	9	9	8	8	8	7	7	7	6	6	6	5	5	5	4	4	4	3	3	3	2	2	2	1	1	1	1

7월 8일(양) 소서 10시 18분	7월 10일(양)	7월 20일(양)	7월 24일(양) 대서 03시 37분	8월 1일(양)
평균기온: 27.6℃ / 강수량: - 최고기온: 34.0℃ / 일 출: 05:17 최저기온: 23.3℃ / 일 몰: 19:56	평균기온: 26.3℃ / 강수량: 33.6mm 최고기온: 32.4℃ / 일 출: 05:18 최저기온: 22.9℃ / 일 몰: 19:56	평균기온: 29.5℃ / 강수량: 0.0mm 최고기온: 36.2℃ / 일 출: 05:25 최저기온: 23.3℃ / 일 몰: 19:51	평균기온: 26.4℃ / 강수량: 11.8mm 최고기온: 30.7℃ / 일 출: 05:28 최저기온: 23.4℃ / 일 몰: 19:48	평균기온: 26.5℃ / 강수량: - 최고기온: 31.8℃ / 일 출: 05:35 최저기온: 22.7℃ / 일 몰: 19:41

壬申月 · 입추 (立秋)　08.08 ～ 09.07(양)

양력	08.08	9	10	11	12	13	14	15	16	17	18	19	20	21	22	23	24	25	26	27	28	29	30	31	9.1	2	3	4	5	6	7
음력	06.23	24	25	26	27	28	29	7.1	2	3	4	5	6	7	8	9	10	11	12	13	14	15	16	17	18	19	20	21	22	23	24
일주	丁丑	戊寅	己卯	庚辰	辛巳	壬午	癸未	甲申	乙酉	丙戌	丁亥	戊子	己丑	庚寅	辛卯	壬辰	癸巳	甲午	乙未	丙申	丁酉	戊戌	己亥	庚子	辛丑	壬寅	癸卯	甲辰	乙巳	丙午	丁未
대운 남 (10)	1	1	1	1	1	2	2	2	3	3	3	4	4	4	5	5	5	6	6	6	7	7	7	8	8	8	9	9	9	10	10
운 여 (1)	10	10	10	9	9	9	8	8	8	7	7	7	6	6	6	5	5	5	4	4	4	3	3	3	2	2	2	1	1	1	1

날짜	평균기온	최고기온	최저기온	강수량	일 출	일 몰
8월 8일(양) 입추 20시 04분	29.7℃	36.2℃	24.9℃	-	05:41	19:34
8월 10일(양)	30.1℃	38.2℃	24.5℃	0.0mm	05:42	19:32
8월 20일(양)	27.6℃	36.2℃	22.2℃	-	05:51	19:20
8월 24일(양) 처서 10시 31분	27.2℃	34.8℃	22.7℃	-	05:54	19:14
9월 1일(양)	27.6℃	34.0℃	23.8℃	-	06:01	19:03

癸酉月 · 백로 (白露)　09.08 ～ 10.08(양)

양력	09.08	9	10	11	12	13	14	15	16	17	18	19	20	21	22	23	24	25	26	27	28	29	30	10.1	2	3	4	5	6	7	8
음력	07.25	26	27	28	29	8.1	2	3	4	5	6	7	8	9	10	11	12	13	14	15	16	17	18	19	20	21	22	23	24	25	26
일주	戊申	己酉	庚戌	辛亥	壬子	癸丑	甲寅	乙卯	丙辰	丁巳	戊午	己未	庚申	辛酉	壬戌	癸亥	甲子	乙丑	丙寅	丁卯	戊辰	己巳	庚午	辛未	壬申	癸酉	甲戌	乙亥	丙子	丁丑	戊寅
대운 남 (10)	1	1	1	1	1	2	2	2	3	3	3	4	4	4	5	5	5	6	6	6	7	7	7	8	8	8	9	9	9	10	10
운 여 (1)	10	10	10	9	9	9	8	8	8	7	7	7	6	6	6	5	5	5	4	4	4	3	3	3	2	2	2	1	1	1	1

날짜	평균기온	최고기온	최저기온	강수량	일 출	일 몰
9월 8일(양) 백로 22시 42분	23.1℃	25.1℃	20.9℃	24.9mm	06:07	18:53
9월 10일(양)	22.4℃	28.7℃	17.4℃	-	06:09	18:50
9월 20일(양)	20.8℃	29.5℃	14.3℃	-	06:17	18:34
9월 24일(양) 추분 07시 49분	17.3℃	24.3℃	10.1℃	0.7mm	06:20	18:28
10월 1일(양)	14.2℃	23.1℃	4.8℃	-	06:26	18:17

甲戌月 · 한로 (寒露)　10.09 ～ 11.07(양)

양력	10.09	10	11	12	13	14	15	16	17	18	19	20	21	22	23	24	25	26	27	28	29	30	31	11.1	2	3	4	5	6	7
음력	08.27	28	29	30	9.1	2	3	4	5	6	7	8	9	10	11	12	13	14	15	16	17	18	19	20	21	22	23	24	25	26
일주	己卯	庚辰	辛巳	壬午	癸未	甲申	乙酉	丙戌	丁亥	戊子	己丑	庚寅	辛卯	壬辰	癸巳	甲午	乙未	丙申	丁酉	戊戌	己亥	庚子	辛丑	壬寅	癸卯	甲辰	乙巳	丙午	丁未	戊申
대운 남 (10)	1	1	1	1	2	2	2	3	3	3	4	4	4	5	5	5	6	6	6	7	7	7	8	8	8	9	9	9	10
운 여 (1)	10	9	9	9	8	8	8	7	7	7	6	6	6	5	5	5	4	4	4	3	3	3	2	2	2	1	1	1	1

날짜	평균기온	최고기온	최저기온	강수량	일 출	일 몰
10월 9일(양) 한로 13시 57분	19.2℃	27.1℃	12.3℃	0.1mm	06:33	18:05
10월 10일(양)	19.9℃	26.9℃	14.0℃	-	06:34	18:04
10월 20일(양)	5.2℃	9.3℃	2.5℃	-	06:44	17:50
10월 24일(양) 상강 16시 46분	10.5℃	15.5℃	4.3℃	-	06:48	17:45
11월 1일(양)	6.2℃	12.5℃	-0.4℃	-	06:56	17:35

乙亥月 · 입동 (立冬)　11.08 ～ 12.07(양)

양력	11.08	9	10	11	12	13	14	15	16	17	18	19	20	21	22	23	24	25	26	27	28	29	30	12.1	2	3	4	5	6	7
음력	09.27	28	29	10.1	2	3	4	5	6	7	8	9	10	11	12	13	14	15	16	17	18	19	20	21	22	23	24	25	26	27
일주	己酉	庚戌	辛亥	壬子	癸丑	甲寅	乙卯	丙辰	丁巳	戊午	己未	庚申	辛酉	壬戌	癸亥	甲子	乙丑	丙寅	丁卯	戊辰	己巳	庚午	辛未	壬申	癸酉	甲戌	乙亥	丙子	丁丑	戊寅
대운 남 (10)	1	1	1	1	2	2	2	3	3	3	4	4	4	5	5	5	6	6	6	7	7	7	8	8	8	9	9	9	10
운 여 (1)	10	9	9	9	8	8	8	7	7	7	6	6	6	5	5	5	4	4	4	3	3	3	2	2	2	1	1	1	1

날짜	평균기온	최고기온	최저기온	강수량	일 출	일 몰
11월 8일(양) 입동 16시 44분	12.4℃	13.1℃	9.5℃	20.3mm	07:03	17:28
11월 10일(양)	2.9℃	8.1℃	-2.9℃	-	07:05	17:26
11월 20일(양)	9.5℃	16.5℃	3.9℃	-	07:16	17:19
11월 23일(양) 소설 13시 59분	6.5℃	10.7℃	3.8℃	-	07:19	17:17
12월 1일(양)	-1.7℃	1.0℃	-4.6℃	-	07:27	17:14

丙子月 · 대설 (大雪)　12.08 ～ 1940.01.05(양)

양력	12.08	9	10	11	12	13	14	15	16	17	18	19	20	21	22	23	24	25	26	27	28	29	30	31	1.1	2	3	4	5
음력	10.28	29	30	11.1	2	3	4	5	6	7	8	9	10	11	12	13	14	15	16	17	18	19	20	21	22	23	24	25	26
일주	己卯	庚辰	辛巳	壬午	癸未	甲申	乙酉	丙戌	丁亥	戊子	己丑	庚寅	辛卯	壬辰	癸巳	甲午	乙未	丙申	丁酉	戊戌	己亥	庚子	辛丑	壬寅	癸卯	甲辰	乙巳	丙午	丁未
대운 남 (10)	1	1	1	1	2	2	2	3	3	3	4	4	4	5	5	5	6	6	6	7	7	7	8	8	8	9	9	9
운 여 (1)	9	9	9	8	8	8	7	7	7	6	6	6	5	5	5	4	4	4	3	3	3	2	2	2	1	1	1	1

날짜	평균기온	최고기온	최저기온	강수량	일 출	일 몰
12월 8일(양) 대설 09시 17분	1.6℃	7.1℃	-4.2℃	-	07:33	17:14
12월 10일(양)	-4.9℃	2.1℃	-8.0℃	-	07:35	17:14
12월 20일(양)	-1.1℃	5.7℃	-9.7℃	-	07:42	17:16
12월 23일(양) 동지 03시 06분	0.4℃	5.2℃	-3.3℃	-	07:44	17:18
1월 1일(양)	-2.4℃	2.9℃	-6.5℃	-	07:47	17:23

丁丑月 · 소한 (小寒)　01.06 ～ 02.04(양)

양력	1940.01.06	7	8	9	10	11	12	13	14	15	16	17	18	19	20	21	22	23	24	25	26	27	28	29	30	31	2.1	2	3	4
음력	1939.11.27	28	29	12.1	2	3	4	5	6	7	8	9	10	11	12	13	14	15	16	17	18	19	20	21	22	23	24	25	26	27
일주	戊申	己酉	庚戌	辛亥	壬子	癸丑	甲寅	乙卯	丙辰	丁巳	戊午	己未	庚申	辛酉	壬戌	癸亥	甲子	乙丑	丙寅	丁卯	戊辰	己巳	庚午	辛未	壬申	癸酉	甲戌	乙亥	丙子	丁丑
대운 남 (10)	1	1	1	1	2	2	2	3	3	3	4	4	4	5	5	5	6	6	6	7	7	7	8	8	8	9	9	9	10
운 여 (1)	10	9	9	9	8	8	8	7	7	7	6	6	6	5	5	5	4	4	4	3	3	3	2	2	2	1	1	1	1

날짜	평균기온	최고기온	최저기온	강수량	일 출	일 몰
1월 6일(양) 소한 20시 24분	-2.0℃	3.8℃	-7.0℃	-	07:47	17:28
1월 10일(양)	-10.9℃	-5.7℃	-17.7℃	-	07:47	17:31
1월 20일(양)	-11.4℃	-6.6℃	-16.4℃	-	07:45	17:41
1월 21일(양) 대한 13시 44분	-9.4℃	-3.3℃	-15.7℃	-	07:44	17:42
2월 1일(양)	-7.4℃	-4.0℃	-11.5℃	-	07:37	17:54

1940

입춘 戊寅月 — 02.05 ~ 03.05(양)

양력	1940.02.05	6	7	8	9	10	11	12	13	14	15	16	17	18	19	20	21	22	23	24	25	26	27	28	29	3.1	2	3	4	5
음력	1939.12.28	29	30	1.1	2	3	4	5	6	7	8	9	10	11	12	13	14	15	16	17	18	19	20	21	22	23	24	25	26	27
일주	戊寅	己卯	庚辰	辛巳	壬午	癸未	甲申	乙酉	丙戌	丁亥	戊子	己丑	庚寅	辛卯	壬辰	癸巳	甲午	乙未	丙申	丁酉	戊戌	己亥	庚子	辛丑	壬寅	癸卯	甲辰	乙巳	丙午	丁未
대운 남	10 / 10	10	9	9	9	8	8	8	7	7	7	6	6	6	5	5	5	4	4	4	3	3	3	2	2	2	1	1	1	1
운 여	1 / 1	1	1	1	1	2	2	2	3	3	3	4	4	4	5	5	5	6	6	6	7	7	7	8	8	8	9	9	9	10

2월 5일(양) 입춘 08시 08분	2월 10일(양)	2월 20일(양) 우수 04시 04분	3월 1일(양)
평균기온: −5.4℃ 강수량: −	평균기온: 0.0℃ 강수량: −	평균기온: −2.3℃ 강수량: −	평균기온: −0.4℃ 강수량: −
최고기온: −0.8℃ 일 출: 07:34	최고기온: 7.0℃ 일 출: 07:29	최고기온: 1.1℃ 일 출: 07:17	최고기온: 5.7℃ 일 출: 07:04
최저기온: −11.9℃ 일 몰: 17:59	최저기온: −8.0℃ 일 몰: 18:04	최저기온: −6.3℃ 일 몰: 18:15	최저기온: −5.2℃ 일 몰: 18:25

경칩 己卯月 — 03.06 ~ 04.04(양)

양력	03.06	7	8	9	10	11	12	13	14	15	16	17	18	19	20	21	22	23	24	25	26	27	28	29	30	31	4.1	2	3	4
음력	01.28	29	30	2.1	2	3	4	5	6	7	8	9	10	11	12	13	14	15	16	17	18	19	20	21	22	23	24	25	26	27
일주	戊申	己酉	庚戌	辛亥	壬子	癸丑	甲寅	乙卯	丙辰	丁巳	戊午	己未	庚申	辛酉	壬戌	癸亥	甲子	乙丑	丙寅	丁卯	戊辰	己巳	庚午	辛未	壬申	癸酉	甲戌	乙亥	丙子	丁丑
대운 남	1 / 10	10	9	9	9	8	8	8	7	7	7	6	6	6	5	5	5	4	4	4	3	3	3	2	2	2	1	1	1	1
운 여	10 / 1	1	1	1	1	2	2	2	3	3	3	4	4	4	5	5	5	6	6	6	7	7	7	8	8	8	9	9	9	10

3월 6일(양) 경칩 02시 24분	3월 10일(양)	3월 20일(양)	3월 21일(양) 춘분 03시 24분	4월 1일(양)
평균기온: 4.4℃ 강수량: −	평균기온: 3.4℃ 강수량: −	평균기온: 3.9℃ 강수량: −	평균기온: 1.4℃ 강수량: −	평균기온: 11.1℃ 강수량: −
최고기온: 9.9℃ 일 출: 06:57	최고기온: 10.9℃ 일 출: 06:52	최고기온: 10.5℃ 일 출: 06:37	최고기온: 5.0℃ 일 출: 06:35	최고기온: 19.8℃ 일 출: 06:18
최저기온: 1.5℃ 일 몰: 18:30	최저기온: −2.0℃ 일 몰: 18:34	최저기온: −0.8℃ 일 몰: 18:43	최저기온: −1.9℃ 일 몰: 18:44	최저기온: 3.5℃ 일 몰: 18:54

청명 庚辰月 — 04.05 ~ 05.05(양)

양력	04.05	6	7	8	9	10	11	12	13	14	15	16	17	18	19	20	21	22	23	24	25	26	27	28	29	30	5.1	2	3	4	5
음력	02.28	29	30	3.1	2	3	4	5	6	7	8	9	10	11	12	13	14	15	16	17	18	19	20	21	22	23	24	25	26	27	28
일주	戊寅	己卯	庚辰	辛巳	壬午	癸未	甲申	乙酉	丙戌	丁亥	戊子	己丑	庚寅	辛卯	壬辰	癸巳	甲午	乙未	丙申	丁酉	戊戌	己亥	庚子	辛丑	壬寅	癸卯	甲辰	乙巳	丙午	丁未	戊申
대운 남	1 / 10	10	10	9	9	9	8	8	8	7	7	7	6	6	6	5	5	5	4	4	4	3	3	3	2	2	2	1	1	1	1
운 여	10 / 1	1	1	1	1	2	2	2	3	3	3	4	4	4	5	5	5	6	6	6	7	7	7	8	8	8	9	9	9	10	10

4월 5일(양) 청명 07시 35분	4월 10일(양)	4월 20일(양) 곡우 14시 51분	5월 1일(양)
평균기온: 4.9℃ 강수량: 2.6mm	평균기온: 8.4℃ 강수량: −	평균기온: 10.0℃ 강수량: 1.7mm	평균기온: 18.1℃ 강수량: −
최고기온: 9.7℃ 일 출: 06:13	최고기온: 15.6℃ 일 출: 06:05	최고기온: 14.9℃ 일 출: 05:51	최고기온: 25.5℃ 일 출: 05:37
최저기온: 0.0℃ 일 몰: 18:58	최저기온: 1.3℃ 일 몰: 19:02	최저기온: 7.6℃ 일 몰: 19:11	최저기온: 10.8℃ 일 몰: 19:21

입하 辛巳月 — 05.06 ~ 06.05(양)

양력	05.06	7	8	9	10	11	12	13	14	15	16	17	18	19	20	21	22	23	24	25	26	27	28	29	30	31	6.1	2	3	4	5
음력	03.29	4.1	2	3	4	5	6	7	8	9	10	11	12	13	14	15	16	17	18	19	20	21	22	23	24	25	26	27	28	29	30
일주	己酉	庚戌	辛亥	壬子	癸丑	甲寅	乙卯	丙辰	丁巳	戊午	己未	庚申	辛酉	壬戌	癸亥	甲子	乙丑	丙寅	丁卯	戊辰	己巳	庚午	辛未	壬申	癸酉	甲戌	乙亥	丙子	丁丑	戊寅	己卯
대운 남	1 / 10	10	10	9	9	9	8	8	8	7	7	7	6	6	6	5	5	5	4	4	4	3	3	3	2	2	2	1	1	1	1
운 여	10 / 1	1	1	1	1	2	2	2	3	3	3	4	4	4	5	5	5	6	6	6	7	7	7	8	8	8	9	9	9	10	10

5월 6일(양) 입하 01시 16분	5월 10일(양)	5월 20일(양)	5월 21일(양) 소만 14시 23분	6월 1일(양)
평균기온: 14.0℃ 강수량: −	평균기온: 22.6℃ 강수량: −	평균기온: 16.0℃ 강수량: −	평균기온: 18.7℃ 강수량: −	평균기온: 17.4℃ 강수량: −
최고기온: 23.6℃ 일 출: 05:32	최고기온: 30.0℃ 일 출: 05:28	최고기온: 25.0℃ 일 출: 05:19	최고기온: 28.3℃ 일 출: 05:18	최고기온: 24.6℃ 일 출: 05:12
최저기온: 4.6℃ 일 몰: 19:26	최저기온: 14.3℃ 일 몰: 19:30	최저기온: 8.5℃ 일 몰: 19:38	최저기온: 10.3℃ 일 몰: 19:39	최저기온: 11.9℃ 일 몰: 19:47

망종 壬午月 — 06.06 ~ 07.06(양)

양력	06.06	7	8	9	10	11	12	13	14	15	16	17	18	19	20	21	22	23	24	25	26	27	28	29	30	7.1	2	3	4	5	6
음력	05.01	2	3	4	5	6	7	8	9	10	11	12	13	14	15	16	17	18	19	20	21	22	23	24	25	26	27	28	29	6.1	2
일주	庚辰	辛巳	壬午	癸未	甲申	乙酉	丙戌	丁亥	戊子	己丑	庚寅	辛卯	壬辰	癸巳	甲午	乙未	丙申	丁酉	戊戌	己亥	庚子	辛丑	壬寅	癸卯	甲辰	乙巳	丙午	丁未	戊申	己酉	庚戌
대운 남	1 / 10	10	10	9	9	9	8	8	8	7	7	7	6	6	6	5	5	5	4	4	4	3	3	3	2	2	2	1	1	1	1
운 여	10 / 1	1	1	1	1	2	2	2	3	3	3	4	4	4	5	5	5	6	6	6	7	7	7	8	8	8	9	9	9	10	10

6월 6일(양) 망종 05시 44분	6월 10일(양)	6월 20일(양)	6월 21일(양) 하지 22시 36분	7월 1일(양)
평균기온: 16.0℃ 강수량: 0.0mm	평균기온: 19.5℃ 강수량: −	평균기온: 24.0℃ 강수량: −	평균기온: 23.5℃ 강수량: −	평균기온: 23.3℃ 강수량: 19.4mm
최고기온: 22.6℃ 일 출: 05:11	최고기온: 28.1℃ 일 출: 05:10	최고기온: 32.4℃ 일 출: 05:11	최고기온: 32.5℃ 일 출: 05:11	최고기온: 26.1℃ 일 출: 05:14
최저기온: 12.1℃ 일 몰: 19:50	최저기온: 11.4℃ 일 몰: 19:52	최저기온: 17.1℃ 일 몰: 19:56	최저기온: 18.1℃ 일 몰: 19:56	최저기온: 21.1℃ 일 몰: 19:57

소서 癸未月 — 07.07 ~ 08.07(양)

양력	07.07	8	9	10	11	12	13	14	15	16	17	18	19	20	21	22	23	24	25	26	27	28	29	30	31	8.1	2	3	4	5	6	7
음력	06.03	4	5	6	7	8	9	10	11	12	13	14	15	16	17	18	19	20	21	22	23	24	25	26	27	28	29	30	7.1	2	3	4
일주	辛亥	壬子	癸丑	甲寅	乙卯	丙辰	丁巳	戊午	己未	庚申	辛酉	壬戌	癸亥	甲子	乙丑	丙寅	丁卯	戊辰	己巳	庚午	辛未	壬申	癸酉	甲戌	乙亥	丙子	丁丑	戊寅	己卯	庚辰	辛巳	壬午
대운 남	1 / 10	10	10	10	9	9	9	8	8	8	7	7	7	6	6	6	5	5	5	4	4	4	3	3	3	2	2	2	1	1	1	1
운 여	10 / 1	1	1	1	1	2	2	2	3	3	3	4	4	4	5	5	5	6	6	6	7	7	7	8	8	8	9	9	9	10	10	10

7월 7일(양) 소서 16시 08분	7월 10일(양)	7월 20일(양)	7월 23일(양) 대서 09시 34분	8월 1일(양)
평균기온: 23.0℃ 강수량: 2.8mm	평균기온: 23.2℃ 강수량: 283.9mm	평균기온: 20.3℃ 강수량: 102.6mm	평균기온: 21.7℃ 강수량: 35.7mm	평균기온: 28.4℃ 강수량: −
최고기온: 26.2℃ 일 출: 05:17	최고기온: 24.1℃ 일 출: 05:19	최고기온: 21.3℃ 일 출: 05:26	최고기온: 23.3℃ 일 출: 05:28	최고기온: 32.9℃ 일 출: 05:35
최저기온: 19.8℃ 일 몰: 19:56	최저기온: 21.2℃ 일 몰: 19:55	최저기온: 18.0℃ 일 몰: 19:50	최저기온: 18.4℃ 일 몰: 19:48	최저기온: 22.7℃ 일 몰: 19:41

입추 (甲申月) 08.08 ~ 09.07(양)

양력	08.08	9	10	11	12	13	14	15	16	17	18	19	20	21	22	23	24	25	26	27	28	29	30	31	9.1	2	3	4	5	6	7
음력	07.05	6	7	8	9	10	11	12	13	14	15	16	17	18	19	20	21	22	23	24	25	26	27	28	29	8.1	2	3	4	5	6
일주	癸未	甲申	乙酉	丙戌	丁亥	戊子	己丑	庚寅	辛卯	壬辰	癸巳	甲午	乙未	丙申	丁酉	戊戌	己亥	庚子	辛丑	壬寅	癸卯	甲辰	乙巳	丙午	丁未	戊申	己酉	庚戌	辛亥	壬子	癸丑
대운 남	1 · 10	10	10	9	9	9	8	8	8	7	7	7	6	6	6	5	5	5	4	4	4	3	3	3	2	2	2	1	1	1	1
대운 여	10 · 1	1	1	1	1	2	2	2	3	3	3	4	4	4	5	5	5	6	6	6	7	7	7	8	8	8	9	9	9	10	10

날짜	평균기온	최고기온	최저기온	강수량	일 출	일 몰
8월 8일(양) 입추 01시 52분	20.4℃	23.5℃	17.0℃	0.0mm	05:41	19:34
8월 10일(양)	21.4℃	23.9℃	19.5℃	0.0mm	05:43	19:31
8월 20일(양)	26.2℃	31.4℃	22.5℃	–	05:51	19:19
8월 23일(양) 처서 16시 29분	26.1℃	33.3℃	22.0℃	–	05:54	19:15
9월 1일(양)	22.5℃	25.7℃	19.6℃	–	06:02	19:02

백로 (乙酉月) 09.08 ~ 10.07(양)

양력	09.08	9	10	11	12	13	14	15	16	17	18	19	20	21	22	23	24	25	26	27	28	29	30	10.1	2	3	4	5	6	7
음력	08.07	8	9	10	11	12	13	14	15	16	17	18	19	20	21	22	23	24	25	26	27	28	29	9.1	2	3	4	5	6	7
일주	甲寅	乙卯	丙辰	丁巳	戊午	己未	庚申	辛酉	壬戌	癸亥	甲子	乙丑	丙寅	丁卯	戊辰	己巳	庚午	辛未	壬申	癸酉	甲戌	乙亥	丙子	丁丑	戊寅	己卯	庚辰	辛巳	壬午	癸未
대운 남	1 · 10	10	9	9	9	8	8	8	7	7	7	6	6	6	5	5	5	4	4	4	3	3	3	2	2	2	1	1	1	1
대운 여	10 · 1	1	1	1	1	2	2	2	3	3	3	4	4	4	5	5	5	6	6	6	7	7	7	8	8	8	9	9	9	10

날짜	평균기온	최고기온	최저기온	강수량	일 출	일 몰
9월 8일(양) 백로 04시 29분	20.3℃	28.1℃	13.3℃	–	06:07	18:52
9월 10일(양)	22.4℃	30.2℃	14.8℃	–	06:09	18:48
9월 20일(양)	19.4℃	25.7℃	14.4℃	0.0mm	06:18	18:33
9월 23일(양) 추분 13시 46분	20.7℃	27.6℃	14.7℃	–	06:20	18:28
10월 1일(양)	19.0℃	27.8℃	11.8℃	–	06:27	18:16

한로 (丙戌月) 10.08 ~ 11.06(양)

양력	10.08	9	10	11	12	13	14	15	16	17	18	19	20	21	22	23	24	25	26	27	28	29	30	31	11.1	2	3	4	5	6
음력	09.08	9	10	11	12	13	14	15	16	17	18	19	20	21	22	23	24	25	26	27	28	29	30	10.1	2	3	4	5	6	7
일주	甲申	乙酉	丙戌	丁亥	戊子	己丑	庚寅	辛卯	壬辰	癸巳	甲午	乙未	丙申	丁酉	戊戌	己亥	庚子	辛丑	壬寅	癸卯	甲辰	乙巳	丙午	丁未	戊申	己酉	庚戌	辛亥	壬子	癸丑
대운 남	1 · 10	10	9	9	9	8	8	8	7	7	7	6	6	6	5	5	5	4	4	4	3	3	3	2	2	2	1	1	1	1
대운 여	10 · 1	1	1	1	1	2	2	2	3	3	3	4	4	4	5	5	5	6	6	6	7	7	7	8	8	8	9	9	9	10

날짜	평균기온	최고기온	최저기온	강수량	일 출	일 몰
10월 8일(양) 한로 19시 42분	16.5℃	25.0℃	9.3℃	–	06:33	18:06
10월 10일(양)	16.7℃	25.6℃	10.0℃	–	06:35	18:03
10월 20일(양)	17.8℃	26.2℃	10.1℃	0.0mm	06:44	17:49
10월 23일(양) 상강 22시 39분	15.2℃	21.5℃	8.7℃	–	06:47	17:45
11월 1일(양)	14.0℃	20.8℃	8.3℃	–	06:56	17:34

입동 (丁亥月) 11.07 ~ 12.06(양)

양력	11.07	8	9	10	11	12	13	14	15	16	17	18	19	20	21	22	23	24	25	26	27	28	29	30	12.1	2	3	4	5	6
음력	10.08	9	10	11	12	13	14	15	16	17	18	19	20	21	22	23	24	25	26	27	28	29	11.1	2	3	4	5	6	7	8
일주	甲寅	乙卯	丙辰	丁巳	戊午	己未	庚申	辛酉	壬戌	癸亥	甲子	乙丑	丙寅	丁卯	戊辰	己巳	庚午	辛未	壬申	癸酉	甲戌	乙亥	丙子	丁丑	戊寅	己卯	庚辰	辛巳	壬午	癸未
대운 남	1 · 10	10	9	9	9	8	8	8	7	7	7	6	6	6	5	5	5	4	4	4	3	3	3	2	2	2	1	1	1	1
대운 여	10 · 1	1	1	1	1	2	2	2	3	3	3	4	4	4	5	5	5	6	6	6	7	7	7	8	8	8	9	9	9	10

날짜	평균기온	최고기온	최저기온	강수량	일 출	일 몰
11월 7일(양) 입동 22시 27분	4.2℃	10.0℃	-1.6℃	–	07:03	17:28
11월 10일(양)	6.5℃	14.6℃	0.1℃	–	07:06	17:26
11월 20일(양)	12.9℃	17.6℃	7.6℃	0.0mm	07:17	17:18
11월 22일(양) 소설 19시 49분	1.7℃	7.0℃	-4.5℃	–	07:19	17:17
12월 1일(양)	0.3℃	3.1℃	-5.2℃	19.6mm	07:28	17:14

대설 (戊子月) 12.07 ~ 1941.01.05(양)

양력	12.07	8	9	10	11	12	13	14	15	16	17	18	19	20	21	22	23	24	25	26	27	28	29	30	31	1.1	2	3	4	5
음력	11.09	10	11	12	13	14	15	16	17	18	19	20	21	22	23	24	25	26	27	28	29	30	12.1	2	3	4	5	6	7	8
일주	甲申	乙酉	丙戌	丁亥	戊子	己丑	庚寅	辛卯	壬辰	癸巳	甲午	乙未	丙申	丁酉	戊戌	己亥	庚子	辛丑	壬寅	癸卯	甲辰	乙巳	丙午	丁未	戊申	己酉	庚戌	辛亥	壬子	癸丑
대운 남	1 · 10	10	9	9	9	8	8	8	7	7	7	6	6	6	5	5	5	4	4	4	3	3	3	2	2	2	1	1	1	1
대운 여	10 · 1	1	1	1	1	2	2	2	3	3	3	4	4	4	5	5	5	6	6	6	7	7	7	8	8	8	9	9	9	10

날짜	평균기온	최고기온	최저기온	강수량	일 출	일 몰
12월 7일(양) 대설 14시 58분	1.0℃	6.6℃	-3.7℃	1.8mm	07:33	17:14
12월 10일(양)	1.4℃	4.3℃	-3.5℃	0.1mm	07:36	17:14
12월 20일(양)	-2.5℃	4.0℃	-8.2℃	–	07:42	17:17
12월 22일(양) 동지 08시 55분	3.5℃	6.8℃	-1.3℃	5.7mm	07:44	17:18
1월 1일(양)	-1.9℃	4.6℃	-7.7℃	–	07:47	17:24

소한 (己丑月) 01.06 ~ 02.03(양)

양력	1941.01.06	7	8	9	10	11	12	13	14	15	16	17	18	19	20	21	22	23	24	25	26	27	28	29	30	31	2.1	2	3
음력	1940.12.09	10	11	12	13	14	15	16	17	18	19	20	21	22	23	24	25	26	27	28	29	1.1	2	3	4	5	6	7	8
일주	甲寅	乙卯	丙辰	丁巳	戊午	己未	庚申	辛酉	壬戌	癸亥	甲子	乙丑	丙寅	丁卯	戊辰	己巳	庚午	辛未	壬申	癸酉	甲戌	乙亥	丙子	丁丑	戊寅	己卯	庚辰	辛巳	壬午
대운 남	1 · 10	10	9	9	9	8	8	8	7	7	7	6	6	6	5	5	5	4	4	4	3	3	3	2	2	2	1	1	1
대운 여	10 · 1	1	1	1	1	2	2	2	3	3	3	4	4	4	5	5	5	6	6	6	7	7	7	8	8	8	9	9	9

날짜	평균기온	최고기온	최저기온	강수량	일 출	일 몰
1월 6일(양) 소한 02시 04분	1.3℃	5.3℃	-4.2℃	–	07:47	17:28
1월 10일(양)	-1.8℃	1.9℃	-7.0℃	4.9mm	07:47	17:32
1월 20일(양) 대한 19시 34분	-11.1℃	-4.9℃	-14.4℃	–	07:44	17:42
2월 1일(양)	-11.8℃	-6.4℃	-18.2℃	–	07:37	17:55

1941 윤6월

입춘 — 02.04 ~ 03.05(양)

庚寅月

양력	1941.02.04	5	6	7	8	9	10	11	12	13	14	15	16	17	18	19	20	21	22	23	24	25	26	27	28	3.1	2	3	4	5
음력	1941.01.09	10	11	12	13	14	15	16	17	18	19	20	21	22	23	24	25	26	27	28	29	30	2.1	2	3	4	5	6	7	8
일주	癸未	甲申	乙酉	丙戌	丁亥	戊子	己丑	庚寅	辛卯	壬辰	癸巳	甲午	乙未	丙申	丁酉	戊戌	己亥	庚子	辛丑	壬寅	癸卯	甲辰	乙巳	丙午	丁未	戊申	己酉	庚戌	辛亥	壬子
대운 남	1 / 1	1	1	1	1	2	2	2	3	3	3	4	4	4	5	5	5	6	6	6	7	7	7	8	8	8	9	9	9	10
대운 여	10 / 10	10	9	9	9	8	8	8	7	7	7	6	6	6	5	5	5	4	4	4	3	3	3	2	2	2	1	1	1	1

2월 4일(양) 입춘 13시 50분		2월 10일(양)		2월 19일(양) 우수 09시 56분		2월 20일(양)		3월 1일(양)	
평균기온: −2.6℃ 최고기온: 2.3℃ 최저기온: −8.5℃	강수량: − 일 출: 07:34 일 몰: 17:59	평균기온: −5.7℃ 최고기온: −1.0℃ 최저기온: −9.0℃	강수량: 0.3mm 일 출: 07:28 일 몰: 18:05	평균기온: 1.6℃ 최고기온: 7.8℃ 최저기온: −3.7℃	강수량: − 일 출: 07:18 일 몰: 18:15	평균기온: 3.7℃ 최고기온: 10.9℃ 최저기온: −2.9℃	강수량: − 일 출: 07:17 일 몰: 18:16	평균기온: −1.1℃ 최고기온: 4.3℃ 최저기온: −7.2℃	강수량: − 일 출: 07:05 일 몰: 18:25

경칩 — 03.06 ~ 04.04(양)

辛卯月

양력	03.06	7	8	9	10	11	12	13	14	15	16	17	18	19	20	21	22	23	24	25	26	27	28	29	30	31	4.1	2	3	4
음력	02.09	10	11	12	13	14	15	16	17	18	19	20	21	22	23	24	25	26	27	28	29	30	3.1	2	3	4	5	6	7	8
일주	癸丑	甲寅	乙卯	丙辰	丁巳	戊午	己未	庚申	辛酉	壬戌	癸亥	甲子	乙丑	丙寅	丁卯	戊辰	己巳	庚午	辛未	壬申	癸酉	甲戌	乙亥	丙子	丁丑	戊寅	己卯	庚辰	辛巳	壬午
대운 남	10 / 1	1	1	1	1	2	2	2	3	3	3	4	4	4	5	5	5	6	6	6	7	7	7	8	8	8	9	9	9	10
대운 여	1 / 10	10	9	9	9	8	8	8	7	7	7	6	6	6	5	5	5	4	4	4	3	3	3	2	2	2	1	1	1	1

3월 6일(양) 경칩 08시 10분		3월 10일(양)		3월 20일(양)		3월 21일(양) 춘분 09시 20분		4월 1일(양)	
평균기온: 1.2℃ 최고기온: 2.5℃ 최저기온: −1.9℃	강수량: 15.8mm 일 출: 06:58 일 몰: 18:30	평균기온: 9.7℃ 최고기온: 16.3℃ 최저기온: 1.5℃	강수량: 5.1mm 일 출: 06:52 일 몰: 18:34	평균기온: 12.6℃ 최고기온: 19.3℃ 최저기온: 6.5℃	강수량: − 일 출: 06:37 일 몰: 18:43	평균기온: 12.2℃ 최고기온: 17.3℃ 최저기온: 8.7℃	강수량: − 일 출: 06:35 일 몰: 18:44	평균기온: 6.1℃ 최고기온: 12.5℃ 최저기온: 1.0℃	강수량: − 일 출: 06:19 일 몰: 18:54

청명 — 04.05 ~ 05.05(양)

壬辰月

양력	04.05	6	7	8	9	10	11	12	13	14	15	16	17	18	19	20	21	22	23	24	25	26	27	28	29	30	5.1	2	3	4	5
음력	03.09	10	11	12	13	14	15	16	17	18	19	20	21	22	23	24	25	26	27	28	29	4.1	2	3	4	5	6	7	8	9	10
일주	癸未	甲申	乙酉	丙戌	丁亥	戊子	己丑	庚寅	辛卯	壬辰	癸巳	甲午	乙未	丙申	丁酉	戊戌	己亥	庚子	辛丑	壬寅	癸卯	甲辰	乙巳	丙午	丁未	戊申	己酉	庚戌	辛亥	壬子	癸丑
대운 남	10 / 1	1	1	1	1	2	2	2	3	3	3	4	4	4	5	5	5	6	6	6	7	7	7	8	8	8	9	9	9	10	10
대운 여	1 / 10	10	10	9	9	9	8	8	8	7	7	7	6	6	6	5	5	5	4	4	4	3	3	3	2	2	2	1	1	1	1

4월 5일(양) 청명 13시 25분		4월 10일(양)		4월 20일(양) 곡우 20시 50분		5월 1일(양)			
평균기온: 4.2℃ 최고기온: 12.0℃ 최저기온: 1.7℃	강수량: 5.6mm 일 출: 06:13 일 몰: 18:58	평균기온: 6.8℃ 최고기온: 8.6℃ 최저기온: 4.8℃	강수량: 9.9mm 일 출: 06:06 일 몰: 19:02	평균기온: 16.5℃ 최고기온: 23.2℃ 최저기온: 10.6℃	강수량: 6.2mm 일 출: 05:52 일 몰: 19:11	평균기온: 17.5℃ 최고기온: 25.7℃ 최저기온: 8.9℃	강수량: − 일 출: 05:38 일 몰: 19:21		

입하 — 05.06 ~ 06.05(양)

癸巳月

양력	05.06	7	8	9	10	11	12	13	14	15	16	17	18	19	20	21	22	23	24	25	26	27	28	29	30	31	6.1	2	3	4	5
음력	04.11	12	13	14	15	16	17	18	19	20	21	22	23	24	25	26	27	28	29	30	5.1	2	3	4	5	6	7	8	9	10	11
일주	甲寅	乙卯	丙辰	丁巳	戊午	己未	庚申	辛酉	壬戌	癸亥	甲子	乙丑	丙寅	丁卯	戊辰	己巳	庚午	辛未	壬申	癸酉	甲戌	乙亥	丙子	丁丑	戊寅	己卯	庚辰	辛巳	壬午	癸未	甲申
대운 남	10 / 1	1	1	1	1	2	2	2	3	3	3	4	4	4	5	5	5	6	6	6	7	7	7	8	8	8	9	9	9	10	10
대운 여	1 / 10	10	10	9	9	9	8	8	8	7	7	7	6	6	6	5	5	5	4	4	4	3	3	3	2	2	2	1	1	1	1

5월 6일(양) 입하 07시 10분		5월 10일(양)		5월 20일(양)		5월 21일(양) 소만 20시 23분		6월 1일(양)	
평균기온: 14.2℃ 최고기온: 22.0℃ 최저기온: 6.2℃	강수량: − 일 출: 05:32 일 몰: 19:26	평균기온: 17.7℃ 최고기온: 24.9℃ 최저기온: 11.4℃	강수량: − 일 출: 05:28 일 몰: 19:29	평균기온: 17.1℃ 최고기온: 23.6℃ 최저기온: 12.1℃	강수량: 0.3mm 일 출: 05:19 일 몰: 19:38	평균기온: 18.3℃ 최고기온: 25.4℃ 최저기온: 11.9℃	강수량: 1.0mm 일 출: 05:19 일 몰: 19:39	평균기온: 17.9℃ 최고기온: 24.0℃ 최저기온: 14.8℃	강수량: 5.6mm 일 출: 05:13 일 몰: 19:47

망종 — 06.06 ~ 07.06(양)

甲午月

양력	06.06	7	8	9	10	11	12	13	14	15	16	17	18	19	20	21	22	23	24	25	26	27	28	29	30	7.1	2	3	4	5	6
음력	05.12	13	14	15	16	17	18	19	20	21	22	23	24	25	26	27	28	29	30	6.1	2	3	4	5	6	7	8	9	10	11	12
일주	乙酉	丙戌	丁亥	戊子	己丑	庚寅	辛卯	壬辰	癸巳	甲午	乙未	丙申	丁酉	戊戌	己亥	庚子	辛丑	壬寅	癸卯	甲辰	乙巳	丙午	丁未	戊申	己酉	庚戌	辛亥	壬子	癸丑	甲寅	乙卯
대운 남	10 / 1	1	1	1	1	2	2	2	3	3	3	4	4	4	5	5	5	6	6	6	7	7	7	8	8	8	9	9	9	10	10
대운 여	1 / 10	10	10	9	9	9	8	8	8	7	7	7	6	6	6	5	5	5	4	4	4	3	3	3	2	2	2	1	1	1	1

6월 6일(양) 망종 11시 39분		6월 10일(양)		6월 20일(양)		6월 22일(양) 하지 04시 33분		7월 1일(양)	
평균기온: 21.0℃ 최고기온: 26.7℃ 최저기온: 16.5℃	강수량: 31.6mm 일 출: 05:11 일 몰: 19:50	평균기온: 21.3℃ 최고기온: 23.9℃ 최저기온: 19.1℃	강수량: 0.9mm 일 출: 05:10 일 몰: 19:52	평균기온: 20.0℃ 최고기온: 24.6℃ 최저기온: 17.3℃	강수량: 0.3mm 일 출: 05:10 일 몰: 19:56	평균기온: 21.4℃ 최고기온: 27.0℃ 최저기온: 16.4℃	강수량: − 일 출: 05:11 일 몰: 19:57	평균기온: 24.5℃ 최고기온: 31.6℃ 최저기온: 18.7℃	강수량: 3.8mm 일 출: 05:14 일 몰: 19:57

소서 — 07.07 ~ 08.07(양)

乙未月

양력	07.07	8	9	10	11	12	13	14	15	16	17	18	19	20	21	22	23	24	25	26	27	28	29	30	31	8.1	2	3	4	5	6	7
음력	06.13	14	15	16	17	18	19	20	21	22	23	24	25	26	27	28	29	윤	6.2	3	4	5	6	7	8	9	10	11	12	13	14	15
일주	丙辰	丁巳	戊午	己未	庚申	辛酉	壬戌	癸亥	甲子	乙丑	丙寅	丁卯	戊辰	己巳	庚午	辛未	壬申	癸酉	甲戌	乙亥	丙子	丁丑	戊寅	己卯	庚辰	辛巳	壬午	癸未	甲申	乙酉	丙戌	丁亥
대운 남	10 / 1	1	1	1	2	2	2	3	3	3	4	4	4	5	5	5	6	6	6	7	7	7	8	8	8	9	9	9	10	10	10	10
대운 여	1 / 10	10	10	10	9	9	8	8	8	7	7	7	6	6	6	5	5	5	4	4	4	3	3	3	2	2	2	1	1	1	1	1

7월 7일(양) 소서 22시 03분		7월 10일(양)		7월 20일(양)		7월 23일(양) 대서 15시 26분		8월 1일(양)	
평균기온: 24.6℃ 최고기온: 30.4℃ 최저기온: 19.5℃	강수량: 0.0mm 일 출: 05:17 일 몰: 19:56	평균기온: 24.5℃ 최고기온: 29.8℃ 최저기온: 20.5℃	강수량: 3.0mm 일 출: 05:19 일 몰: 19:55	평균기온: 25.4℃ 최고기온: 34.3℃ 최저기온: 19.4℃	강수량: − 일 출: 05:25 일 몰: 19:51	평균기온: 24.2℃ 최고기온: 29.7℃ 최저기온: 20.4℃	강수량: 6.2mm 일 출: 05:28 일 몰: 19:49	평균기온: 24.4℃ 최고기온: 30.8℃ 최저기온: 21.0℃	강수량: 0.0mm 일 출: 05:35 일 몰: 19:41

辛巳年

동경 135도 표준시

丙申月 — 입추 08.08 ~ 09.07(양)

양력	08.08		9	10	11	12	13	14	15	16	17	18	19	20	21	22	23	24	25	26	27	28	29	30	31	9.1	2	3	4	5	6	7
음력	06.16		17	18	19	20	21	22	23	24	25	26	27	28	29	30	7.1	2	3	4	5	6	7	8	9	10	11	12	13	14	15	16
일주	戊子		己丑	庚寅	辛卯	壬辰	癸巳	甲午	乙未	丙申	丁酉	戊戌	己亥	庚子	辛丑	壬寅	癸卯	甲辰	乙巳	丙午	丁未	戊申	己酉	庚戌	辛亥	壬子	癸丑	甲寅	乙卯	丙辰	丁巳	戊午
대운 남	10	1	1	1	1	1	2	2	2	3	3	3	4	4	4	5	5	5	6	6	6	7	7	7	8	8	8	9	9	9	10	10
대운 여	1	10	10	10	9	9	9	8	8	8	7	7	7	6	6	6	5	5	5	4	4	4	3	3	3	2	2	2	1	1	1	1

8월 8일(양) 입추 07시 46분		8월 10일(양)		8월 20일(양)		8월 23일(양) 처서 22시 17분		9월 1일(양)	
평균기온: 24.5℃	강수량: 12.2㎜	평균기온: 21.9℃	강수량: 94.3㎜	평균기온: 25.4℃	강수량: -	평균기온: 22.1℃	강수량: 23.1㎜	평균기온: 23.7℃	강수량: -
최고기온: 27.7℃	일 출: 05:41	최고기온: 25.4℃	일 출: 05:43	최고기온: 31.1℃	일 출: 05:51	최고기온: 27.4℃	일 출: 05:54	최고기온: 31.1℃	일 출: 06:01
최저기온: 23.1℃	일 몰: 19:34	최저기온: 20.5℃	일 몰: 19:32	최저기온: 20.6℃	일 몰: 19:19	최저기온: 16.1℃	일 몰: 19:15	최저기온: 17.8℃	일 몰: 19:02

丁酉月 — 백로 09.08 ~ 10.08(양)

양력	09.08		9	10	11	12	13	14	15	16	17	18	19	20	21	22	23	24	25	26	27	28	29	30	10.1	2	3	4	5	6	7	8
음력	07.17		18	19	20	21	22	23	24	25	26	27	28	29	8.1	2	3	4	5	6	7	8	9	10	11	12	13	14	15	16	17	18
일주	己未		庚申	辛酉	壬戌	癸亥	甲子	乙丑	丙寅	丁卯	戊辰	己巳	庚午	辛未	壬申	癸酉	甲戌	乙亥	丙子	丁丑	戊寅	己卯	庚辰	辛巳	壬午	癸未	甲申	乙酉	丙戌	丁亥	戊子	己丑
대운 남	10	1	1	1	1	1	2	2	2	3	3	3	4	4	4	5	5	5	6	6	6	7	7	7	8	8	8	9	9	9	10	10
대운 여	1	10	10	10	9	9	9	8	8	8	7	7	7	6	6	6	5	5	5	4	4	4	3	3	3	2	2	2	1	1	1	1

9월 8일(양) 백로 10시 24분		9월 10일(양)		9월 20일(양)		9월 23일(양) 추분 19시 33분		10월 1일(양)	
평균기온: 18.8℃	강수량: -	평균기온: 19.2℃	강수량: -	평균기온: 18.5℃	강수량: -	평균기온: 19.0℃	강수량: -	평균기온: 17.7℃	강수량: -
최고기온: 27.8℃	일 출: 06:07	최고기온: 22.6℃	일 출: 06:09	최고기온: 26.9℃	일 출: 06:17	최고기온: 24.5℃	일 출: 06:20	최고기온: 21.6℃	일 출: 06:27
최저기온: 12.3℃	일 몰: 18:52	최저기온: 17.0℃	일 몰: 18:49	최저기온: 12.6℃	일 몰: 18:33	최저기온: 13.2℃	일 몰: 18:29	최저기온: 14.4℃	일 몰: 18:17

戊戌月 — 한로 10.09 ~ 11.07(양)

양력	10.09		10	11	12	13	14	15	16	17	18	19	20	21	22	23	24	25	26	27	28	29	30	31	11.1	2	3	4	5	6	7
음력	08.19		20	21	22	23	24	25	26	27	28	29	9.1	2	3	4	5	6	7	8	9	10	11	12	13	14	15	16	17	18	19
일주	庚寅		辛卯	壬辰	癸巳	甲午	乙未	丙申	丁酉	戊戌	己亥	庚子	辛丑	壬寅	癸卯	甲辰	乙巳	丙午	丁未	戊申	己酉	庚戌	辛亥	壬子	癸丑	甲寅	乙卯	丙辰	丁巳	戊午	己未
대운 남	10	1	1	1	1	1	2	2	2	3	3	3	4	4	4	5	5	5	6	6	6	7	7	7	8	8	8	9	9	9	10
대운 여	1	10	10	9	9	9	8	8	8	7	7	7	6	6	6	5	5	5	4	4	4	3	3	3	2	2	2	1	1	1	1

10월 9일(양) 한로 01시 38분		10월 10일(양)		10월 20일(양)		10월 24일(양) 상강 04시 27분		11월 1일(양)	
평균기온: 13.5℃	강수량: -	평균기온: 14.4℃	강수량: -	평균기온: 12.0℃	강수량: -	평균기온: 16.5℃	강수량: -	평균기온: 7.8℃	강수량: -
최고기온: 22.2℃	일 출: 06:34	최고기온: 20.8℃	일 출: 06:35	최고기온: 20.5℃	일 출: 06:44	최고기온: 26.8℃	일 출: 06:48	최고기온: 18.3℃	일 출: 06:56
최저기온: 5.3℃	일 몰: 18:05	최저기온: 8.0℃	일 몰: 18:03	최저기온: 4.2℃	일 몰: 17:49	최저기온: 7.1℃	일 몰: 17:44	최저기온: 3.5℃	일 몰: 17:35

己亥月 — 입동 11.08 ~ 12.06(양)

양력	11.08		9	10	11	12	13	14	15	16	17	18	19	20	21	22	23	24	25	26	27	28	29	30	12.1	2	3	4	5	6
음력	09.20		21	22	23	24	25	26	27	28	29	30	10.1	2	3	4	5	6	7	8	9	10	11	12	13	14	15	16	17	18
일주	庚申		辛酉	壬戌	癸亥	甲子	乙丑	丙寅	丁卯	戊辰	己巳	庚午	辛未	壬申	癸酉	甲戌	乙亥	丙子	丁丑	戊寅	己卯	庚辰	辛巳	壬午	癸未	甲申	乙酉	丙戌	丁亥	戊子
대운 남	10	1	1	1	1	1	2	2	2	3	3	3	4	4	4	5	5	5	6	6	6	7	7	7	8	8	8	9	9	9
대운 여	1	10	9	9	9	8	8	8	7	7	7	6	6	6	5	5	5	4	4	4	3	3	3	2	2	2	1	1	1	1

11월 8일(양) 입동 04시 24분		11월 10일(양)		11월 20일(양)		11월 23일(양) 소설 01시 38분		12월 1일(양)	
평균기온: 9.5℃	강수량: -	평균기온: 11.7℃	강수량: -	평균기온: 6.1℃	강수량: 0.0㎜	평균기온: 7.2℃	강수량: -	평균기온: 2.9℃	강수량: -
최고기온: 17.3℃	일 출: 07:04	최고기온: 18.8℃	일 출: 07:06	최고기온: 8.3℃	일 출: 07:16	최고기온: 10.5℃	일 출: 07:19	최고기온: 8.5℃	일 출: 07:27
최저기온: 1.8℃	일 몰: 17:28	최저기온: 5.6℃	일 몰: 17:26	최저기온: 3.6℃	일 몰: 17:19	최저기온: 4.3℃	일 몰: 17:17	최저기온: -2.6℃	일 몰: 17:14

庚子月 — 대설 12.07 ~ 1942.01.05(양)

양력	12.07		8	9	10	11	12	13	14	15	16	17	18	19	20	21	22	23	24	25	26	27	28	29	30	31	1.1	2	3	4	5
음력	10.19		20	21	22	23	24	25	26	27	28	29	11.1	2	3	4	5	6	7	8	9	10	11	12	13	14	15	16	17	18	19
일주	己丑		庚寅	辛卯	壬辰	癸巳	甲午	乙未	丙申	丁酉	戊戌	己亥	庚子	辛丑	壬寅	癸卯	甲辰	乙巳	丙午	丁未	戊申	己酉	庚戌	辛亥	壬子	癸丑	甲寅	乙卯	丙辰	丁巳	戊午
대운 남	10	1	1	1	1	1	2	2	2	3	3	3	4	4	4	5	5	5	6	6	6	7	7	7	8	8	8	9	9	9	10
대운 여	1	10	10	9	9	9	8	8	8	7	7	7	6	6	6	5	5	5	4	4	4	3	3	3	2	2	2	1	1	1	1

12월 7일(양) 대설 20시 56분		12월 10일(양)		12월 20일(양)		12월 22일(양) 동지 14시 44분		1월 1일(양)	
평균기온: 2.6℃	강수량: 0.5㎜	평균기온: -2.6℃	강수량: -	평균기온: 5.3℃	강수량: -	평균기온: 0.7℃	강수량: 0.3㎜	평균기온: -5.4℃	강수량: -
최고기온: 5.3℃	일 출: 07:33	최고기온: 1.2℃	일 출: 07:35	최고기온: 11.4℃	일 출: 07:42	최고기온: 6.0℃	일 출: 07:43	최고기온: -2.0℃	일 출: 07:47
최저기온: -2.4℃	일 몰: 17:14	최저기온: -5.1℃	일 몰: 17:14	최저기온: -0.2℃	일 몰: 17:16	최저기온: -2.5℃	일 몰: 17:17	최저기온: -9.4℃	일 몰: 17:24

辛丑月 — 소한 01.06 ~ 02.03(양)

양력	1942.01.06		7	8	9	10	11	12	13	14	15	16	17	18	19	20	21	22	23	24	25	26	27	28	29	30	31	2.1	2	3
음력	1941.11.20		21	22	23	24	25	26	27	28	29	30	12.1	2	3	4	5	6	7	8	9	10	11	12	13	14	15	16	17	18
일주	己未		庚申	辛酉	壬戌	癸亥	甲子	乙丑	丙寅	丁卯	戊辰	己巳	庚午	辛未	壬申	癸酉	甲戌	乙亥	丙子	丁丑	戊寅	己卯	庚辰	辛巳	壬午	癸未	甲申	乙酉	丙戌	丁亥
대운 남	10	1	1	1	1	1	2	2	2	3	3	3	4	4	4	5	5	5	6	6	6	7	7	7	8	8	8	9	9	9
대운 여	1	10	9	9	9	8	8	8	7	7	7	6	6	6	5	5	5	4	4	4	3	3	3	2	2	2	1	1	1	1

1월 6일(양) 소한 08시 02분		1월 10일(양)		1월 20일(양)		1월 21일(양) 대한 01시 24분		2월 1일(양)	
평균기온: -1.3℃	강수량: 0.7㎜	평균기온: -9.2℃	강수량: 0.2㎜	평균기온: -8.7℃	강수량: -	평균기온: -4.8℃	강수량: -	평균기온: 4.3℃	강수량: 5.4㎜
최고기온: 1.7℃	일 출: 07:47	최고기온: -6.1℃	일 출: 07:47	최고기온: -1.1℃	일 출: 07:44	최고기온: 0.1℃	일 출: 07:44	최고기온: 8.5℃	일 출: 07:37
최저기온: -7.8℃	일 몰: 17:28	최저기온: -12.1℃	일 몰: 17:32	최저기온: -15.3℃	일 몰: 17:42	최저기온: -12.8℃	일 몰: 17:43	최저기온: -0.4℃	일 몰: 17:55

1942

단기 4275년

입춘 02.04 ~ 02.05(양)

壬寅月	양력	1942.02.04		5	6	7	8	9	10	11	12	13	14	15	16	17	18	19	20	21	22	23	24	25	26	27	28	3.1	2	3	4	5
	음력	1941.12.19		20	21	22	23	24	25	26	27	28	29	1.1	2	3	4	5	6	7	8	9	10	11	12	13	14	15	16	17	18	19
	일주	戊子		己丑	庚寅	辛卯	壬辰	癸巳	甲午	乙未	丙申	丁酉	戊戌	己亥	庚子	辛丑	壬寅	癸卯	甲辰	乙巳	丙午	丁未	戊申	己酉	庚戌	辛亥	壬子	癸丑	甲寅	乙卯	丙辰	丁巳
	대운 남	10	10	10	9	9	9	8	8	8	7	7	7	6	6	6	5	5	5	4	4	4	3	3	3	2	2	2	1	1	1	1
	대운 여	1	1	1	1	1	1	2	2	2	3	3	3	4	4	4	5	5	5	6	6	6	7	7	7	8	8	8	9	9	9	10

2월 4일(양) 입춘 19시 49분	2월 10일(양)	2월 19일(양) 우수 15시 47분	2월 20일(양)	3월 1일(양)
평균기온: -4.2℃ 강수량: -	평균기온: -8.4℃ 강수량: -	평균기온: -8.0℃ 강수량: -	평균기온: -7.0℃ 강수량: -	평균기온: 4.9℃ 강수량: -
최고기온: -0.4℃ 일 출: 07:34	최고기온: -4.7℃ 일 출: 07:28	최고기온: -0.9℃ 일 출: 07:18	최고기온: -1.9℃ 일 출: 07:17	최고기온: 10.7℃ 일 출: 07:05
최저기온: -8.9℃ 일 몰: 17:58	최저기온: -12.4℃ 일 몰: 18:05	최저기온: -10.7℃ 일 몰: 18:15	최저기온: -12.8℃ 일 몰: 18:16	최저기온: 0.4℃ 일 몰: 18:25

경칩 03.06 ~ 04.04(양)

癸卯月	양력	03.06		7	8	9	10	11	12	13	14	15	16	17	18	19	20	21	22	23	24	25	26	27	28	29	30	31	4.1	2	3	4
	음력	01.20		21	22	23	24	25	26	27	28	29	30	2.1	2	3	4	5	6	7	8	9	10	11	12	13	14	15	16	17	18	19
	일주	戊午		己未	庚申	辛酉	壬戌	癸亥	甲子	乙丑	丙寅	丁卯	戊辰	己巳	庚午	辛未	壬申	癸酉	甲戌	乙亥	丙子	丁丑	戊寅	己卯	庚辰	辛巳	壬午	癸未	甲申	乙酉	丙戌	丁亥
	대운 남	1	10	10	9	9	9	8	8	8	7	7	7	6	6	6	5	5	5	4	4	4	3	3	3	2	2	2	1	1	1	1
	대운 여	10	1	1	1	1	1	2	2	2	3	3	3	4	4	4	5	5	5	6	6	6	7	7	7	8	8	8	9	9	9	10

3월 6일(양) 경칩 14시 09분	3월 10일(양)	3월 20일(양)	3월 21일(양) 춘분 15시 11분	4월 1일(양)
평균기온: 3.1℃ 강수량: -	평균기온: 7.1℃ 강수량: -	평균기온: 7.8℃ 강수량: -	평균기온: 9.8℃ 강수량: -	평균기온: 5.1℃ 강수량: -
최고기온: 8.2℃ 일 출: 06:58	최고기온: 13.4℃ 일 출: 06:52	최고기온: 14.8℃ 일 출: 06:37	최고기온: 18.7℃ 일 출: 06:36	최고기온: 11.2℃ 일 출: 06:19
최저기온: -0.5℃ 일 몰: 18:30	최저기온: 2.2℃ 일 몰: 18:34	최저기온: -0.1℃ 일 몰: 18:43	최저기온: 1.7℃ 일 몰: 18:44	최저기온: -0.8℃ 일 몰: 18:54

청명 04.05 ~ 05.05(양)

甲辰月	양력	04.05		6	7	8	9	10	11	12	13	14	15	16	17	18	19	20	21	22	23	24	25	26	27	28	29	30	5.1	2	3	4	5
	음력	02.20		21	22	23	24	25	26	27	28	29	3.1	2	3	4	5	6	7	8	9	10	11	12	13	14	15	16	17	18	19	20	21
	일주	戊子		己丑	庚寅	辛卯	壬辰	癸巳	甲午	乙未	丙申	丁酉	戊戌	己亥	庚子	辛丑	壬寅	癸卯	甲辰	乙巳	丙午	丁未	戊申	己酉	庚戌	辛亥	壬子	癸丑	甲寅	乙卯	丙辰	丁巳	戊午
	대운 남	1	10	10	10	9	9	9	8	8	8	7	7	7	6	6	6	5	5	5	4	4	4	3	3	3	2	2	2	1	1	1	1
	대운 여	10	1	1	1	1	1	2	2	2	3	3	3	4	4	4	5	5	5	6	6	6	7	7	7	8	8	8	9	9	9	10	10

4월 5일(양) 청명 19시 24분	4월 10일(양)	4월 20일(양)	4월 21일(양) 곡우 02시 39분	5월 1일(양)
평균기온: 5.7℃ 강수량: 4.1㎜	평균기온: 9.7℃ 강수량: -	평균기온: 10.1℃ 강수량: 16.9㎜	평균기온: 7.8℃ 강수량: 0.8㎜	평균기온: 14.7℃ 강수량: -
최고기온: 10.7℃ 일 출: 06:13	최고기온: 15.4℃ 일 출: 06:06	최고기온: 12.5℃ 일 출: 05:52	최고기온: 11.6℃ 일 출: 05:51	최고기온: 23.2℃ 일 출: 05:38
최저기온: 2.0℃ 일 몰: 18:57	최저기온: 5.6℃ 일 몰: 19:02	최저기온: 7.3℃ 일 몰: 19:11	최저기온: 4.8℃ 일 몰: 19:12	최저기온: 6.1℃ 일 몰: 19:21

입하 05.06 ~ 06.05(양)

乙巳月	양력	05.06		7	8	9	10	11	12	13	14	15	16	17	18	19	20	21	22	23	24	25	26	27	28	29	30	31	6.1	2	3	4	5
	음력	03.22		23	24	25	26	27	28	29	30	4.1	2	3	4	5	6	7	8	9	10	11	12	13	14	15	16	17	18	19	20	21	22
	일주	己未		庚申	辛酉	壬戌	癸亥	甲子	乙丑	丙寅	丁卯	戊辰	己巳	庚午	辛未	壬申	癸酉	甲戌	乙亥	丙子	丁丑	戊寅	己卯	庚辰	辛巳	壬午	癸未	甲申	乙酉	丙戌	丁亥	戊子	己丑
	대운 남	1	10	10	10	9	9	9	8	8	8	7	7	7	6	6	6	5	5	5	4	4	4	3	3	3	2	2	2	1	1	1	1
	대운 여	10	1	1	1	1	1	2	2	2	3	3	3	4	4	4	5	5	5	6	6	6	7	7	7	8	8	8	9	9	9	10	10

5월 6일(양) 입하 13시 07분	5월 10일(양)	5월 20일(양)	5월 22일(양) 소만 02시 09분	6월 1일(양)
평균기온: 13.9℃ 강수량: 0.5㎜	평균기온: 14.9℃ 강수량: -	평균기온: 13.1℃ 강수량: -	평균기온: 16.1℃ 강수량: -	평균기온: 19.2℃ 강수량: -
최고기온: 20.2℃ 일 출: 05:32	최고기온: 22.0℃ 일 출: 05:28	최고기온: 20.3℃ 일 출: 05:20	최고기온: 24.0℃ 일 출: 05:18	최고기온: 26.5℃ 일 출: 05:13
최저기온: 10.8℃ 일 몰: 19:26	최저기온: 8.6℃ 일 몰: 19:29	최저기온: 8.8℃ 일 몰: 19:38	최저기온: 9.4℃ 일 몰: 19:39	최저기온: 13.7℃ 일 몰: 19:47

망종 06.06 ~ 07.07(양)

丙午月	양력	06.06		7	8	9	10	11	12	13	14	15	16	17	18	19	20	21	22	23	24	25	26	27	28	29	30	7.1	2	3	4	5	6	7
	음력	04.23		24	25	26	27	28	29	30	5.1	2	3	4	5	6	7	8	9	10	11	12	13	14	15	16	17	18	19	20	21	22	23	24
	일주	庚寅		辛卯	壬辰	癸巳	甲午	乙未	丙申	丁酉	戊戌	己亥	庚子	辛丑	壬寅	癸卯	甲辰	乙巳	丙午	丁未	戊申	己酉	庚戌	辛亥	壬子	癸丑	甲寅	乙卯	丙辰	丁巳	戊午	己未	庚申	辛酉
	대운 남	1	10	10	10	10	9	9	9	8	8	8	7	7	7	6	6	6	5	5	5	4	4	4	3	3	3	2	2	2	1	1	1	1
	대운 여	10	1	1	1	1	1	2	2	2	3	3	3	4	4	4	5	5	5	6	6	6	7	7	7	8	8	8	9	9	9	10	10	10

6월 6일(양) 망종 17시 33분	6월 10일(양)	6월 20일(양)	6월 22일(양) 하지 10시 16분	7월 1일(양)
평균기온: 23.5℃ 강수량: -	평균기온: 22.8℃ 강수량: -	평균기온: 26.2℃ 강수량: -	평균기온: 25.9℃ 강수량: -	평균기온: 24.4℃ 강수량: -
최고기온: 33.6℃ 일 출: 05:11	최고기온: 32.0℃ 일 출: 05:10	최고기온: 34.6℃ 일 출: 05:10	최고기온: 32.1℃ 일 출: 05:11	최고기온: 32.3℃ 일 출: 05:14
최저기온: 15.8℃ 일 몰: 19:50	최저기온: 15.4℃ 일 몰: 19:52	최저기온: 19.8℃ 일 몰: 19:56	최저기온: 20.4℃ 일 몰: 19:57	최저기온: 19.4℃ 일 몰: 19:57

소서 07.08 ~ 08.07(양)

丁未月	양력	07.08		9	10	11	12	13	14	15	16	17	18	19	20	21	22	23	24	25	26	27	28	29	30	31	8.1	2	3	4	5	6	7
	음력	05.25		26	27	28	29	6.1	2	3	4	5	6	7	8	9	10	11	12	13	14	15	16	17	18	19	20	21	22	23	24	25	26
	일주	壬戌		癸亥	甲子	乙丑	丙寅	丁卯	戊辰	己巳	庚午	辛未	壬申	癸酉	甲戌	乙亥	丙子	丁丑	戊寅	己卯	庚辰	辛巳	壬午	癸未	甲申	乙酉	丙戌	丁亥	戊子	己丑	庚寅	辛卯	壬辰
	대운 남	1	10	10	10	9	9	9	8	8	8	7	7	7	6	6	6	5	5	5	4	4	4	3	3	3	2	2	2	1	1	1	1
	대운 여	10	1	1	1	1	1	2	2	2	3	3	3	4	4	4	5	5	5	6	6	6	7	7	7	8	8	8	9	9	9	10	10

7월 8일(양) 소서 03시 52분	7월 10일(양)	7월 20일(양)	7월 23일(양) 대서 21시 07분	8월 1일(양)
평균기온: 24.6℃ 강수량: 13.5㎜	평균기온: 26.0℃ 강수량: 2.9㎜	평균기온: 26.7℃ 강수량: 23.6㎜	평균기온: 28.9℃ 강수량: -	평균기온: 25.3℃ 강수량: 0.6㎜
최고기온: 31.2℃ 일 출: 05:17	최고기온: 30.1℃ 일 출: 05:18	최고기온: 32.3℃ 일 출: 05:25	최고기온: 34.5℃ 일 출: 05:28	최고기온: 28.7℃ 일 출: 05:35
최저기온: 22.7℃ 일 몰: 19:56	최저기온: 23.1℃ 일 몰: 19:56	최저기온: 22.5℃ 일 몰: 19:51	최저기온: 24.3℃ 일 몰: 19:49	최저기온: 22.9℃ 일 몰: 19:41

입추 (戊申月) — 08.08 ~ 09.07(양)

양력	08.08	9	10	11	12	13	14	15	16	17	18	19	20	21	22	23	24	25	26	27	28	29	30	31	9.1	2	3	4	5	6	7
음력	06.27	28	29	30	7.1	2	3	4	5	6	7	8	9	10	11	12	13	14	15	16	17	18	19	20	21	22	23	24	25	26	27
일주	癸巳	甲午	乙未	丙申	丁酉	戊戌	己亥	庚子	辛丑	壬寅	癸卯	甲辰	乙巳	丙午	丁未	戊申	己酉	庚戌	辛亥	壬子	癸丑	甲寅	乙卯	丙辰	丁巳	戊午	己未	庚申	辛酉	壬戌	癸亥
대운 남	1 · 10	10	10	9	9	9	8	8	8	7	7	7	6	6	6	5	5	5	4	4	4	3	3	3	2	2	2	1	1	1	1
대운 여	10 · 1	1	1	1	1	2	2	2	3	3	3	4	4	4	5	5	5	6	6	6	7	7	7	8	8	8	9	9	9	10	10

8월 8일(양) 입추 13시 30분		8월 10일(양)		8월 20일(양)		8월 24일(양) 처서 03시 58분		9월 1일(양)	
평균기온: 25.2℃ 최고기온: 29.2℃ 최저기온: 22.2℃	강수량: 106.2mm 일 출: 05:41 일 몰: 19:34	평균기온: 26.5℃ 최고기온: 31.7℃ 최저기온: 22.2℃	강수량: – 일 출: 05:42 일 몰: 19:32	평균기온: 25.4℃ 최고기온: 31.0℃ 최저기온: 21.3℃	강수량: 0.0mm 일 출: 05:51 일 몰: 19:19	평균기온: 26.2℃ 최고기온: 31.0℃ 최저기온: 22.6℃	강수량: 0.0mm 일 출: 05:54 일 몰: 19:14	평균기온: 24.5℃ 최고기온: 32.6℃ 최저기온: 17.9℃	강수량: – 일 출: 06:01 일 몰: 19:03

백로 (己酉月) — 09.08 ~ 10.08(양)

양력	09.08	9	10	11	12	13	14	15	16	17	18	19	20	21	22	23	24	25	26	27	28	29	30	10.1	2	3	4	5	6	7	8
음력	07.28	29	30	8.1	2	3	4	5	6	7	8	9	10	11	12	13	14	15	16	17	18	19	20	21	22	23	24	25	26	27	28
일주	甲子	乙丑	丙寅	丁卯	戊辰	己巳	庚午	辛未	壬申	癸酉	甲戌	乙亥	丙子	丁丑	戊寅	己卯	庚辰	辛巳	壬午	癸未	甲申	乙酉	丙戌	丁亥	戊子	己丑	庚寅	辛卯	壬辰	癸巳	甲午
대운 남	1 · 10	10	10	9	9	9	8	8	8	7	7	7	6	6	6	5	5	5	4	4	4	3	3	3	2	2	2	1	1	1	1
대운 여	10 · 1	1	1	1	1	2	2	2	3	3	3	4	4	4	5	5	5	6	6	6	7	7	7	8	8	8	9	9	9	10	10

9월 8일(양) 백로 16시 06분		9월 10일(양)		9월 20일(양)		9월 24일(양) 추분 01시 16분		10월 1일(양)	
평균기온: 24.3℃ 최고기온: 29.7℃ 최저기온: 19.3℃	강수량: 31.0mm 일 출: 06:07 일 몰: 18:52	평균기온: 22.4℃ 최고기온: 26.0℃ 최저기온: 19.9℃	강수량: 59.1mm 일 출: 06:09 일 몰: 18:49	평균기온: 18.4℃ 최고기온: 25.6℃ 최저기온: 14.4℃	강수량: 4.0mm 일 출: 06:17 일 몰: 18:34	평균기온: 16.7℃ 최고기온: 22.9℃ 최저기온: 14.0℃	강수량: 3.0mm 일 출: 06:21 일 몰: 18:28	평균기온: 18.2℃ 최고기온: 27.0℃ 최저기온: 10.7℃	강수량: – 일 출: 06:27 일 몰: 18:17

한로 (庚戌月) — 10.09 ~ 11.07(양)

양력	10.09	10	11	12	13	14	15	16	17	18	19	20	21	22	23	24	25	26	27	28	29	30	31	11.1	2	3	4	5	6	7
음력	08.29	9.1	2	3	4	5	6	7	8	9	10	11	12	13	14	15	16	17	18	19	20	21	22	23	24	25	26	27	28	29
일주	乙未	丙申	丁酉	戊戌	己亥	庚子	辛丑	壬寅	癸卯	甲辰	乙巳	丙午	丁未	戊申	己酉	庚戌	辛亥	壬子	癸丑	甲寅	乙卯	丙辰	丁巳	戊午	己未	庚申	辛酉	壬戌	癸亥	甲子
대운 남	1 · 10	10	9	9	9	8	8	8	7	7	7	6	6	6	5	5	5	4	4	4	3	3	3	2	2	2	1	1	1	1
대운 여	10 · 1	1	1	1	1	2	2	2	3	3	3	4	4	4	5	5	5	6	6	6	7	7	7	8	8	8	9	9	9	10

10월 9일(양) 한로 07시 22분		10월 10일(양)		10월 20일(양)		10월 24일(양) 상강 10시 15분		11월 1일(양)	
평균기온: 12.4℃ 최고기온: 19.5℃ 최저기온: 7.5℃	강수량: 3.6mm 일 출: 06:34 일 몰: 18:05	평균기온: 11.5℃ 최고기온: 18.3℃ 최저기온: 5.8℃	강수량: – 일 출: 06:35 일 몰: 18:04	평균기온: 15.3℃ 최고기온: 23.4℃ 최저기온: 9.9℃	강수량: – 일 출: 06:44 일 몰: 17:50	평균기온: 0.5℃ 최고기온: 6.0℃ 최저기온: −5.1℃	강수량: – 일 출: 06:48 일 몰: 17:44	평균기온: 8.4℃ 최고기온: 12.7℃ 최저기온: 5.9℃	강수량: 4.1mm 일 출: 06:56 일 몰: 17:35

입동 (辛亥月) — 11.08 ~ 12.07(양)

양력	11.08	9	10	11	12	13	14	15	16	17	18	19	20	21	22	23	24	25	26	27	28	29	30	12.1	2	3	4	5	6	7
음력	09.30	10.1	2	3	4	5	6	7	8	9	10	11	12	13	14	15	16	17	18	19	20	21	22	23	24	25	26	27	28	29
일주	乙丑	丙寅	丁卯	戊辰	己巳	庚午	辛未	壬申	癸酉	甲戌	乙亥	丙子	丁丑	戊寅	己卯	庚辰	辛巳	壬午	癸未	甲申	乙酉	丙戌	丁亥	戊子	己丑	庚寅	辛卯	壬辰	癸巳	甲午
대운 남	1 · 10	10	9	9	9	8	8	8	7	7	7	6	6	6	5	5	5	4	4	4	3	3	3	2	2	2	1	1	1	1
대운 여	10 · 1	1	1	1	1	2	2	2	3	3	3	4	4	4	5	5	5	6	6	6	7	7	7	8	8	8	9	9	9	10

11월 8일(양) 입동 10시 11분		11월 10일(양)		11월 20일(양)		11월 23일(양) 소설 07시 30분		12월 1일(양)	
평균기온: 0.4℃ 최고기온: 4.2℃ 최저기온: −3.1℃	강수량: 2.6mm 일 출: 07:03 일 몰: 17:28	평균기온: 4.2℃ 최고기온: 12.0℃ 최저기온: −3.2℃	강수량: – 일 출: 07:05 일 몰: 17:26	평균기온: 3.8℃ 최고기온: 8.0℃ 최저기온: 1.0℃	강수량: 1.2mm 일 출: 07:16 일 몰: 17:19	평균기온: 8.4℃ 최고기온: 14.8℃ 최저기온: 1.4℃	강수량: – 일 출: 07:19 일 몰: 17:17	평균기온: 2.6℃ 최고기온: 8.2℃ 최저기온: −4.0℃	강수량: – 일 출: 07:27 일 몰: 17:14

대설 (壬子月) — 12.08 ~ 1943.01.05(양)

양력	12.08	9	10	11	12	13	14	15	16	17	18	19	20	21	22	23	24	25	26	27	28	29	30	31	1.1	2	3	4	5
음력	11.01	2	3	4	5	6	7	8	9	10	11	12	13	14	15	16	17	18	19	20	21	22	23	24	25	26	27	28	29
일주	乙未	丙申	丁酉	戊戌	己亥	庚子	辛丑	壬寅	癸卯	甲辰	乙巳	丙午	丁未	戊申	己酉	庚戌	辛亥	壬子	癸丑	甲寅	乙卯	丙辰	丁巳	戊午	己未	庚申	辛酉	壬戌	癸亥
대운 남	1 · 10	9	9	9	8	8	8	7	7	7	6	6	6	5	5	5	4	4	4	3	3	3	2	2	2	1	1	1	1
대운 여	10 · 1	1	1	1	1	2	2	2	3	3	3	4	4	4	5	5	5	6	6	6	7	7	7	8	8	8	9	9	9

12월 8일(양) 대설 02시 47분		12월 10일(양)		12월 20일(양)		12월 22일(양) 동지 20시 40분		1월 1일(양)	
평균기온: −3.7℃ 최고기온: 0.4℃ 최저기온: −7.1℃	강수량: – 일 출: 07:34 일 몰: 17:14	평균기온: 4.6℃ 최고기온: 7.1℃ 최저기온: −2.0℃	강수량: 0.0mm 일 출: 07:35 일 몰: 17:14	평균기온: −1.6℃ 최고기온: 4.4℃ 최저기온: −7.4℃	강수량: – 일 출: 07:42 일 몰: 17:16	평균기온: 0.7℃ 최고기온: 6.4℃ 최저기온: −3.5℃	강수량: – 일 출: 07:43 일 몰: 17:17	평균기온: −5.0℃ 최고기온: 0.0℃ 최저기온: −8.4℃	강수량: – 일 출: 07:47 일 몰: 17:24

소한 (癸丑月) — 01.06 ~ 02.04(양)

양력	1943.01.06	7	8	9	10	11	12	13	14	15	16	17	18	19	20	21	22	23	24	25	26	27	28	29	30	31	2.1	2	3	4
음력	1942.12.01	2	3	4	5	6	7	8	9	10	11	12	13	14	15	16	17	18	19	20	21	22	23	24	25	26	27	28	29	30
일주	甲子	乙丑	丙寅	丁卯	戊辰	己巳	庚午	辛未	壬申	癸酉	甲戌	乙亥	丙子	丁丑	戊寅	己卯	庚辰	辛巳	壬午	癸未	甲申	乙酉	丙戌	丁亥	戊子	己丑	庚寅	辛卯	壬辰	癸巳
대운 남	1 · 10	10	9	9	9	8	8	8	7	7	7	6	6	6	5	5	5	4	4	4	3	3	3	2	2	2	1	1	1	1
대운 여	10 · 1	1	1	1	1	2	2	2	3	3	3	4	4	4	5	5	5	6	6	6	7	7	7	8	8	8	9	9	9	10

1월 6일(양) 소한 13시 55분		1월 10일(양)		1월 20일(양)		1월 21일(양) 대한 07시 19분		2월 1일(양)	
평균기온: −7.8℃ 최고기온: −3.6℃ 최저기온: −14.1℃	강수량: – 일 출: 07:47 일 몰: 17:28	평균기온: −3.1℃ 최고기온: 1.6℃ 최저기온: −8.1℃	강수량: 1.4mm 일 출: 07:47 일 몰: 17:31	평균기온: 0.9℃ 최고기온: 10.2℃ 최저기온: −7.8℃	강수량: – 일 출: 07:45 일 몰: 17:42	평균기온: 2.3℃ 최고기온: 11.5℃ 최저기온: −5.2℃	강수량: – 일 출: 07:44 일 몰: 17:43	평균기온: −6.6℃ 최고기온: 0.8℃ 최저기온: −15.3℃	강수량: – 일 출: 07:37 일 몰: 17:55

1943

입춘 — 02.05 ~ 03.05(양) · 甲寅月

구분	1943.02.05	6	7	8	9	10	11	12	13	14	15	16	17	18	19	20	21	22	23	24	25	26	27	28	3.1	2	3	4	5
양력	1943.02.05	6	7	8	9	10	11	12	13	14	15	16	17	18	19	20	21	22	23	24	25	26	27	28	3.1	2	3	4	5
음력	1943.01.01	2	3	4	5	6	7	8	9	10	11	12	13	14	15	16	17	18	19	20	21	22	23	24	25	26	27	28	29
일주	甲午	乙未	丙申	丁酉	戊戌	己亥	庚子	辛丑	壬寅	癸卯	甲辰	乙巳	丙午	丁未	戊申	己酉	庚戌	辛亥	壬子	癸丑	甲寅	乙卯	丙辰	丁巳	戊午	己未	庚申	辛酉	壬戌
대운 남	1 1	1	1	1	1	2	2	2	3	3	3	4	4	4	5	5	5	6	6	6	7	7	7	8	8	8	9	9	9
대운 여	10 10	9	9	9	8	8	8	7	7	7	6	6	6	5	5	5	4	4	4	3	3	3	2	2	2	1	1	1	1

	2월 5일(양) 입춘 01시 40분	2월 10일(양)	2월 20일(양)	2월 21일(양) 우수 21시 40분	3월 1일(양)
평균기온	0.4℃	-5.6℃	-5.9℃	-3.8℃	6.3℃
최고기온	6.9℃	1.0℃	-0.7℃	2.9℃	11.6℃
최저기온	-5.2℃	-12.2℃	-10.2℃	-10.4℃	2.9℃
강수량	-	0.6mm	-	-	9.0mm
일 출	07:33	07:29	07:17	07:16	07:05
일 몰	17:59	18:05	18:15	18:16	18:25

경칩 — 03.06 ~ 04.05(양) · 乙卯月

구분	03.06	7	8	9	10	11	12	13	14	15	16	17	18	19	20	21	22	23	24	25	26	27	28	29	30	31	4.1	2	3	4	5
양력	03.06	7	8	9	10	11	12	13	14	15	16	17	18	19	20	21	22	23	24	25	26	27	28	29	30	31	4.1	2	3	4	5
음력	02.01	2	3	4	5	6	7	8	9	10	11	12	13	14	15	16	17	18	19	20	21	22	23	24	25	26	27	28	29	30	3.1
일주	癸亥	甲子	乙丑	丙寅	丁卯	戊辰	己巳	庚午	辛未	壬申	癸酉	甲戌	乙亥	丙子	丁丑	戊寅	己卯	庚辰	辛巳	壬午	癸未	甲申	乙酉	丙戌	丁亥	戊子	己丑	庚寅	辛卯	壬辰	癸巳
대운 남	10 1	1	1	1	1	2	2	2	3	3	3	4	4	4	5	5	5	6	6	6	7	7	7	8	8	8	9	9	9	10	10
대운 여	1 10	10	10	9	9	8	8	8	7	7	7	6	6	6	5	5	5	4	4	4	3	3	3	2	2	2	1	1	1	1	1

	3월 6일(양) 경칩 19시 59분	3월 10일(양)	3월 20일(양)	3월 21일(양) 춘분 21시 03분	4월 1일(양)
평균기온	3.3℃	1.1℃	2.8℃	5.3℃	7.4℃
최고기온	9.6℃	8.3℃	9.5℃	12.9℃	12.7℃
최저기온	-1.9℃	-4.6℃	-2.9℃	-2.5℃	2.8℃
강수량	-	-	-	-	-
일 출	06:58	06:53	06:38	06:36	06:20
일 몰	18:29	18:33	18:43	18:44	18:54

청명 — 04.06 ~ 05.05(양) · 丙辰月

구분	04.06	7	8	9	10	11	12	13	14	15	16	17	18	19	20	21	22	23	24	25	26	27	28	29	30	5.1	2	3	4	5
양력	04.06	7	8	9	10	11	12	13	14	15	16	17	18	19	20	21	22	23	24	25	26	27	28	29	30	5.1	2	3	4	5
음력	03.02	3	4	5	6	7	8	9	10	11	12	13	14	15	16	17	18	19	20	21	22	23	24	25	26	27	28	29	4.1	2
일주	甲午	乙未	丙申	丁酉	戊戌	己亥	庚子	辛丑	壬寅	癸卯	甲辰	乙巳	丙午	丁未	戊申	己酉	庚戌	辛亥	壬子	癸丑	甲寅	乙卯	丙辰	丁巳	戊午	己未	庚申	辛酉	壬戌	癸亥
대운 남	10 1	1	1	1	2	2	2	3	3	3	4	4	4	5	5	5	6	6	6	7	7	7	8	8	8	9	9	9	10	10
대운 여	1 10	10	10	9	9	9	8	8	8	7	7	7	6	6	6	5	5	5	4	4	4	3	3	3	2	2	2	1	1	1

	4월 6일(양) 청명 01시 11분	4월 10일(양)	4월 20일(양)	4월 21일(양) 곡우 08시 32분	5월 1일(양)
평균기온	9.7℃	11.4℃	8.4℃	11.6℃	15.7℃
최고기온	13.4℃	16.5℃	15.0℃	20.0℃	23.7℃
최저기온	7.0℃	4.3℃	4.3℃	5.6℃	10.4℃
강수량	-	-	-	-	-
일 출	06:12	06:06	05:52	05:51	05:38
일 몰	18:58	19:02	19:11	19:12	19:21

입하 — 05.06 ~ 06.05(양) · 丁巳月

구분	05.06	7	8	9	10	11	12	13	14	15	16	17	18	19	20	21	22	23	24	25	26	27	28	29	30	31	6.1	2	3	4	5
양력	05.06	7	8	9	10	11	12	13	14	15	16	17	18	19	20	21	22	23	24	25	26	27	28	29	30	31	6.1	2	3	4	5
음력	04.03	4	5	6	7	8	9	10	11	12	13	14	15	16	17	18	19	20	21	22	23	24	25	26	27	28	29	30	5.1	2	3
일주	甲子	乙丑	丙寅	丁卯	戊辰	己巳	庚午	辛未	壬申	癸酉	甲戌	乙亥	丙子	丁丑	戊寅	己卯	庚辰	辛巳	壬午	癸未	甲申	乙酉	丙戌	丁亥	戊子	己丑	庚寅	辛卯	壬辰	癸巳	甲午
대운 남	10 1	1	1	1	1	2	2	2	3	3	3	4	4	4	5	5	5	6	6	6	7	7	7	8	8	8	9	9	9	10	10
대운 여	1 10	10	10	9	9	9	8	8	8	7	7	7	6	6	6	5	5	5	4	4	4	3	3	3	2	2	2	1	1	1	1

	5월 6일(양) 입하 18시 53분	5월 10일(양)	5월 20일(양)	5월 22일(양) 소만 08시 03분	6월 1일(양)
평균기온	14.8℃	18.2℃	15.7℃	17.6℃	19.8℃
최고기온	21.4℃	26.8℃	23.3℃	26.0℃	29.7℃
최저기온	8.9℃	10.2℃	9.3℃	9.3℃	11.9℃
강수량	-	-	-	-	-
일 출	05:33	05:28	05:20	05:18	05:13
일 몰	19:25	19:29	19:38	19:39	19:47

망종 — 06.06 ~ 07.07(양) · 戊午月

구분	06.06	7	8	9	10	11	12	13	14	15	16	17	18	19	20	21	22	23	24	25	26	27	28	29	30	7.1	2	3	4	5	6	7
양력	06.06	7	8	9	10	11	12	13	14	15	16	17	18	19	20	21	22	23	24	25	26	27	28	29	30	7.1	2	3	4	5	6	7
음력	05.04	5	6	7	8	9	10	11	12	13	14	15	16	17	18	19	20	21	22	23	24	25	26	27	28	29	6.1	2	3	4	5	6
일주	乙未	丙申	丁酉	戊戌	己亥	庚子	辛丑	壬寅	癸卯	甲辰	乙巳	丙午	丁未	戊申	己酉	庚戌	辛亥	壬子	癸丑	甲寅	乙卯	丙辰	丁巳	戊午	己未	庚申	辛酉	壬戌	癸亥	甲子	乙丑	丙寅
대운 남	10 1	1	1	1	1	2	2	2	3	3	3	4	4	4	5	5	5	6	6	6	7	7	7	8	8	8	9	9	9	10	10	10
대운 여	1 10	10	10	10	9	9	9	8	8	8	7	7	7	6	6	6	5	5	5	4	4	4	3	3	3	2	2	2	1	1	1	1

	6월 6일(양) 망종 23시 19분	6월 10일(양)	6월 20일(양)	6월 22일(양) 하지 16시 12분	7월 1일(양)
평균기온	19.7℃	24.3℃	20.7℃	21.4℃	25.9℃
최고기온	25.7℃	33.0℃	27.8℃	29.2℃	33.8℃
최저기온	15.7℃	16.5℃	16.8℃	14.8℃	20.5℃
강수량	-	-	0.2mm	-	-
일 출	05:11	05:10	05:10	05:11	05:14
일 몰	19:50	19:52	19:56	19:57	19:57

소서 — 07.08 ~ 08.07(양) · 己未月

구분	07.08	9	10	11	12	13	14	15	16	17	18	19	20	21	22	23	24	25	26	27	28	29	30	31	8.1	2	3	4	5	6	7
양력	07.08	9	10	11	12	13	14	15	16	17	18	19	20	21	22	23	24	25	26	27	28	29	30	31	8.1	2	3	4	5	6	7
음력	06.07	8	9	10	11	12	13	14	15	16	17	18	19	20	21	22	23	24	25	26	27	28	29	30	7.1	2	3	4	5	6	7
일주	丁卯	戊辰	己巳	庚午	辛未	壬申	癸酉	甲戌	乙亥	丙子	丁丑	戊寅	己卯	庚辰	辛巳	壬午	癸未	甲申	乙酉	丙戌	丁亥	戊子	己丑	庚寅	辛卯	壬辰	癸巳	甲午	乙未	丙申	丁酉
대운 남	10 1	1	1	1	1	2	2	2	3	3	3	4	4	4	5	5	5	6	6	6	7	7	7	8	8	8	9	9	9	10	10
대운 여	1 10	10	10	9	9	9	8	8	8	7	7	7	6	6	6	5	5	5	4	4	4	3	3	3	2	2	2	1	1	1	1

	7월 8일(양) 소서 09시 39분	7월 10일(양)	7월 20일(양)	7월 24일(양) 대서 03시 05분	8월 1일(양)
평균기온	25.0℃	26.3℃	28.5℃	24.9℃	25.7℃
최고기온	31.7℃	34.9℃	35.0℃	30.5℃	31.2℃
최저기온	20.8℃	21.8℃	23.8℃	20.4℃	23.6℃
강수량	0.2mm	0.3mm	-	-	26.8mm
일 출	05:17	05:18	05:25	05:28	05:35
일 몰	19:56	19:56	19:51	19:48	19:41

癸未年

입추 08.08 ~ 09.07(양)

庚申月	양력	08.08		9	10	11	12	13	14	15	16	17	18	19	20	21	22	23	24	25	26	27	28	29	30	31	9.1	2	3	4	5	6	7
	음력	07.08		9	10	11	12	13	14	15	16	17	18	19	20	21	22	23	24	25	26	27	28	29	30	8.1	2	3	4	5	6	7	8
	일주	戊戌		己亥	庚子	辛丑	壬寅	癸卯	甲辰	乙巳	丙午	丁未	戊申	己酉	庚戌	辛亥	壬子	癸丑	甲寅	乙卯	丙辰	丁巳	戊午	己未	庚申	辛酉	壬戌	癸亥	甲子	乙丑	丙寅	丁卯	戊辰
	대운 남	10	1	1	1	1	1	2	2	2	3	3	3	4	4	4	5	5	5	6	6	6	7	7	7	8	8	8	9	9	9	10	10
	대운 여	1	10	10	10	9	9	9	8	8	8	7	7	7	6	6	6	5	5	5	4	4	4	3	3	3	2	2	2	1	1	1	1

8월 8일(양) 입추 19시 19분		8월 10일(양)		8월 20일(양)		8월 24일(양) 처서 09시 55분		9월 1일(양)	
평균기온: 27.9℃	강수량: 0.0㎜	평균기온: 26.7℃	강수량: -	평균기온: 29.9℃	강수량: -	평균기온: 29.0℃	강수량: 0.0㎜	평균기온: 23.5℃	강수량: -
최고기온: 33.8℃	일 출: 05:41	최고기온: 33.3℃	일 출: 05:42	최고기온: 36.5℃	일 출: 05:51	최고기온: 38.2℃	일 출: 05:54	최고기온: 33.4℃	일 출: 06:01
최저기온: 23.1℃	일 몰: 19:34	최저기온: 23.6℃	일 몰: 19:32	최저기온: 24.7℃	일 몰: 19:20	최저기온: 23.2℃	일 몰: 19:14	최저기온: 16.9℃	일 몰: 19:03

백로 09.08 ~ 10.08(양)

辛酉月	양력	09.08		9	10	11	12	13	14	15	16	17	18	19	20	21	22	23	24	25	26	27	28	29	30	10.1	2	3	4	5	6	7	8
	음력	08.09		10	11	12	13	14	15	16	17	18	19	20	21	22	23	24	25	26	27	28	29	9.1	2	3	4	5	6	7	8	9	10
	일주	己巳		庚午	辛未	壬申	癸酉	甲戌	乙亥	丙子	丁丑	戊寅	己卯	庚辰	辛巳	壬午	癸未	甲申	乙酉	丙戌	丁亥	戊子	己丑	庚寅	辛卯	壬辰	癸巳	甲午	乙未	丙申	丁酉	戊戌	己亥
	대운 남	10	1	1	1	1	1	2	2	2	3	3	3	4	4	4	5	5	5	6	6	6	7	7	7	8	8	8	9	9	9	10	10
	대운 여	1	10	10	10	9	9	9	8	8	8	7	7	7	6	6	6	5	5	5	4	4	4	3	3	3	2	2	2	1	1	1	1

9월 8일(양) 백로 21시 55분		9월 10일(양)		9월 20일(양)		9월 24일(양) 추분 07시 12분		10월 1일(양)	
평균기온: 21.7℃	강수량: 23.8㎜	평균기온: 22.4℃	강수량: -	평균기온: 18.6℃	강수량: -	평균기온: 20.1℃	강수량: 18.4㎜	평균기온: 15.1℃	강수량: 0.1㎜
최고기온: 26.0℃	일 출: 06:07	최고기온: 30.9℃	일 출: 06:09	최고기온: 25.2℃	일 출: 06:17	최고기온: 24.8℃	일 출: 06:20	최고기온: 20.8℃	일 출: 06:26
최저기온: 18.4℃	일 몰: 18:53	최저기온: 14.9℃	일 몰: 18:50	최저기온: 12.9℃	일 몰: 18:34	최저기온: 15.9℃	일 몰: 18:28	최저기온: 10.2℃	일 몰: 18:17

한로 10.09 ~ 11.07(양)

壬戌月	양력	10.09		10	11	12	13	14	15	16	17	18	19	20	21	22	23	24	25	26	27	28	29	30	31	11.1	2	3	4	5	6	7
	음력	09.11		12	13	14	15	16	17	18	19	20	21	22	23	24	25	26	27	28	29	30	10.1	2	3	4	5	6	7	8	9	10
	일주	庚子		辛丑	壬寅	癸卯	甲辰	乙巳	丙午	丁未	戊申	己酉	庚戌	辛亥	壬子	癸丑	甲寅	乙卯	丙辰	丁巳	戊午	己未	庚申	辛酉	壬戌	癸亥	甲子	乙丑	丙寅	丁卯	戊辰	己巳
	대운 남	10	1	1	1	1	1	2	2	2	3	3	3	4	4	4	5	5	5	6	6	6	7	7	7	8	8	8	9	9	9	10
	대운 여	1	10	10	9	9	9	8	8	8	7	7	7	6	6	6	5	5	5	4	4	4	3	3	3	2	2	2	1	1	1	1

10월 9일(양) 한로 13시 11분		10월 10일(양)		10월 20일(양)		10월 24일(양) 상강 16시 08분		11월 1일(양)	
평균기온: 16.3℃	강수량: -	평균기온: 15.3℃	강수량: -	평균기온: 14.3℃	강수량: -	평균기온: 13.9℃	강수량: -	평균기온: 10.7℃	강수량: -
최고기온: 24.0℃	일 출: 06:33	최고기온: 22.7℃	일 출: 06:34	최고기온: 19.8℃	일 출: 06:44	최고기온: 22.0℃	일 출: 06:48	최고기온: 19.1℃	일 출: 06:56
최저기온: 10.3℃	일 몰: 18:05	최저기온: 8.3℃	일 몰: 18:04	최저기온: 10.7℃	일 몰: 17:50	최저기온: 7.0℃	일 몰: 17:45	최저기온: 2.7℃	일 몰: 17:35

입동 11.08 ~ 12.07(양)

癸亥月	양력	11.08		9	10	11	12	13	14	15	16	17	18	19	20	21	22	23	24	25	26	27	28	29	30	12.1	2	3	4	5	6	7
	음력	10.11		12	13	14	15	16	17	18	19	20	21	22	23	24	25	26	27	28	29	30	11.1	2	3	4	5	6	7	8	9	10
	일주	庚午		辛未	壬申	癸酉	甲戌	乙亥	丙子	丁丑	戊寅	己卯	庚辰	辛巳	壬午	癸未	甲申	乙酉	丙戌	丁亥	戊子	己丑	庚寅	辛卯	壬辰	癸巳	甲午	乙未	丙申	丁酉	戊戌	己亥
	대운 남	10	1	1	1	1	1	2	2	2	3	3	3	4	4	4	5	5	5	6	6	6	7	7	7	8	8	8	9	9	9	10
	대운 여	1	10	10	9	9	9	8	8	8	7	7	7	6	6	6	5	5	5	4	4	4	3	3	3	2	2	2	1	1	1	1

11월 8일(양) 입동 15시 59분		11월 10일(양)		11월 20일(양)		11월 23일(양) 소설 13시 22분		12월 1일(양)	
평균기온: 13.0℃	강수량: -	평균기온: 7.5℃	강수량: 0.0㎜	평균기온: 0.1℃	강수량: 1.3㎜	평균기온: 4.3℃	강수량: -	평균기온: 7.8℃	강수량: -
최고기온: 19.1℃	일 출: 07:03	최고기온: 14.1℃	일 출: 07:05	최고기온: 3.6℃	일 출: 07:16	최고기온: 11.3℃	일 출: 07:19	최고기온: 14.2℃	일 출: 07:27
최저기온: 6.7℃	일 몰: 17:28	최저기온: -0.7℃	일 몰: 17:26	최저기온: -3.0℃	일 몰: 17:19	최저기온: -1.9℃	일 몰: 17:17	최저기온: 0.9℃	일 몰: 17:14

대설 12.08 ~ 1944.01.05(양)

甲子月	양력	12.08		9	10	11	12	13	14	15	16	17	18	19	20	21	22	23	24	25	26	27	28	29	30	31	1.1	2	3	4	5
	음력	11.11		12	13	14	15	16	17	18	19	20	21	22	23	24	25	26	27	28	29	12.1	2	3	4	5	6	7	8	9	10
	일주	庚子		辛丑	壬寅	癸卯	甲辰	乙巳	丙午	丁未	戊申	己酉	庚戌	辛亥	壬子	癸丑	甲寅	乙卯	丙辰	丁巳	戊午	己未	庚申	辛酉	壬戌	癸亥	甲子	乙丑	丙寅	丁卯	戊辰
	대운 남	10	1	1	1	1	1	2	2	2	3	3	3	4	4	4	5	5	5	6	6	6	7	7	7	8	8	8	9	9	9
	대운 여	1	10	9	9	9	8	8	8	7	7	7	6	6	6	5	5	5	4	4	4	3	3	3	2	2	2	1	1	1	1

12월 8일(양) 대설 08시 33분		12월 10일(양)		12월 20일(양)		12월 23일(양) 동지 02시 29분		1월 1일(양)	
평균기온: -6.0℃	강수량: -	평균기온: -3.9℃	강수량: 0.3㎜	평균기온: 5.5℃	강수량: 0.5㎜	평균기온: 4.2℃	강수량: 5.0㎜	평균기온: -8.3℃	강수량: -
최고기온: -2.6℃	일 출: 07:33	최고기온: -0.9℃	일 출: 07:35	최고기온: 10.2℃	일 출: 07:42	최고기온: 8.6℃	일 출: 07:44	최고기온: -5.0℃	일 출: 07:47
최저기온: -8.7℃	일 몰: 17:14	최저기온: -7.1℃	일 몰: 17:14	최저기온: -0.7℃	일 몰: 17:16	최저기온: -1.4℃	일 몰: 17:18	최저기온: -11.6℃	일 몰: 17:24

소한 01.06 ~ 02.04(양)

乙丑月	양력	1944.01.06		7	8	9	10	11	12	13	14	15	16	17	18	19	20	21	22	23	24	25	26	27	28	29	30	31	2.1	2	3	4
	음력	1943.12.11		12	13	14	15	16	17	18	19	20	21	22	23	24	25	26	27	28	29	30	1.1	2	3	4	5	6	7	8	9	10
	일주	己巳		庚午	辛未	壬申	癸酉	甲戌	乙亥	丙子	丁丑	戊寅	己卯	庚辰	辛巳	壬午	癸未	甲申	乙酉	丙戌	丁亥	戊子	己丑	庚寅	辛卯	壬辰	癸巳	甲午	乙未	丙申	丁酉	戊戌
	대운 남	10	1	1	1	1	1	2	2	2	3	3	3	4	4	4	5	5	5	6	6	6	7	7	7	8	8	8	9	9	9	10
	대운 여	1	10	10	9	9	9	8	8	8	7	7	7	6	6	6	5	5	5	4	4	4	3	3	3	2	2	2	1	1	1	1

1월 6일(양) 소한 19시 39분		1월 10일(양)		1월 20일(양)		1월 21일(양) 대한 13시 07분		2월 1일(양)	
평균기온: -10.1℃	강수량: -	평균기온: -3.8℃	강수량: 0.0㎜	평균기온: -5.3℃	강수량: -	평균기온: -2.7℃	강수량: -	평균기온: -6.4℃	강수량: -
최고기온: -4.6℃	일 출: 07:47	최고기온: 0.2℃	일 출: 07:47	최고기온: 0.7℃	일 출: 07:45	최고기온: 2.5℃	일 출: 07:44	최고기온: -0.2℃	일 출: 07:37
최저기온: -16.2℃	일 몰: 17:28	최저기온: -7.2℃	일 몰: 17:31	최저기온: -12.9℃	일 몰: 17:41	최저기온: -9.9℃	일 몰: 17:42	최저기온: -13.1℃	일 몰: 17:54

입춘 — 02.05 ~ 03.05(양)

丙寅月

양력	1944.02.05	6	7	8	9	10	11	12	13	14	15	16	17	18	19	20	21	22	23	24	25	26	27	28	29	3.1	2	3	4	5
음력	1944.01.11	12	13	14	15	16	17	18	19	20	21	22	23	24	25	26	27	28	29	2.1	2	3	4	5	6	7	8	9	10	11
일주	己亥	庚子	辛丑	壬寅	癸卯	甲辰	乙巳	丙午	丁未	戊申	己酉	庚戌	辛亥	壬子	癸丑	甲寅	乙卯	丙辰	丁巳	戊午	己未	庚申	辛酉	壬戌	癸亥	甲子	乙丑	丙寅	丁卯	戊辰
대운 남	10·10	10	9	9	9	8	8	8	7	7	7	6	6	6	5	5	5	4	4	4	3	3	3	2	2	2	1	1	1	1
대운 여	1·1	1	2	2	2	3	3	3	4	4	4	5	5	5	6	6	6	7	7	7	8	8	8	9	9	9	10	10	10	10

	2월 5일(양) 입춘 07시 23분	2월 10일(양)	2월 20일(양) 우수 03시 27분	3월 1일(양)
평균기온	−3.9℃	−1.4℃	−5.1℃	3.5℃
최고기온	−0.9℃	5.8℃	−1.0℃	10.4℃
최저기온	−6.9℃	−4.8℃	−8.7℃	−0.8℃
강수량	0.6mm	0.4mm	1.3mm	−
일 출	07:34	07:29	07:17	07:04
일 몰	17:59	18:04	18:15	18:25

경칩 — 03.06 ~ 04.04(양)

丁卯月

양력	03.06	7	8	9	10	11	12	13	14	15	16	17	18	19	20	21	22	23	24	25	26	27	28	29	30	31	4.1	2	3	4
음력	02.12	13	14	15	16	17	18	19	20	21	22	23	24	25	26	27	28	29	3.1	2	3	4	5	6	7	8	9	10	11	12
일주	己巳	庚午	辛未	壬申	癸酉	甲戌	乙亥	丙子	丁丑	戊寅	己卯	庚辰	辛巳	壬午	癸未	甲申	乙酉	丙戌	丁亥	戊子	己丑	庚寅	辛卯	壬辰	癸巳	甲午	乙未	丙申	丁酉	戊戌
대운 남	1·10	10	9	9	9	8	8	8	7	7	7	6	6	6	5	5	5	4	4	4	3	3	3	2	2	2	1	1	1	1
대운 여	10·1	1	1	1	2	2	2	3	3	3	4	4	4	5	5	5	6	6	6	7	7	7	8	8	8	9	9	9	10	10

	3월 6일(양) 경칩 01시 40분	3월 10일(양)	3월 20일(양)	3월 21일(양) 춘분 02시 49분	4월 1일(양)
평균기온	−1.9℃	−0.8℃	2.3℃	2.0℃	4.5℃
최고기온	1.8℃	3.5℃	5.4℃	7.3℃	9.2℃
최저기온	−5.6℃	−4.6℃	−1.2℃	−2.0℃	0.8℃
강수량	0.3mm	0.4mm	0.0mm	−	13.9mm
일 출	06:57	06:52	06:37	06:35	06:18
일 몰	18:30	18:34	18:43	18:44	18:54

청명 — 04.05 ~ 05.05(양)

戊辰月

양력	04.05	6	7	8	9	10	11	12	13	14	15	16	17	18	19	20	21	22	23	24	25	26	27	28	29	30	5.1	2	3	4	5
음력	03.13	14	15	16	17	18	19	20	21	22	23	24	25	26	27	28	29	30	4.1	2	3	4	5	6	7	8	9	10	11	12	13
일주	己亥	庚子	辛丑	壬寅	癸卯	甲辰	乙巳	丙午	丁未	戊申	己酉	庚戌	辛亥	壬子	癸丑	甲寅	乙卯	丙辰	丁巳	戊午	己未	庚申	辛酉	壬戌	癸亥	甲子	乙丑	丙寅	丁卯	戊辰	己巳
대운 남	1·10	10	10	9	9	9	8	8	8	7	7	7	6	6	6	5	5	5	4	4	4	3	3	3	2	2	2	1	1	1	1
대운 여	10·1	1	1	1	2	2	2	3	3	3	4	4	4	5	5	5	6	6	6	7	7	7	8	8	8	9	9	9	10	10	10

	4월 5일(양) 청명 06시 54분	4월 10일(양)	4월 20일(양) 곡우 14시 18분	5월 1일(양)
평균기온	8.5℃	9.3℃	8.8℃	16.4℃
최고기온	18.6℃	15.3℃	13.4℃	27.2℃
최저기온	−0.5℃	4.8℃	6.0℃	8.2℃
강수량	−	−	−	0.0mm
일 출	06:12	06:05	05:51	05:37
일 몰	18:58	19:02	19:11	19:21

입하 — 05.06 ~ 06.05(양)

己巳月

양력	05.06	7	8	9	10	11	12	13	14	15	16	17	18	19	20	21	22	23	24	25	26	27	28	29	30	31	6.1	2	3	4	5
음력	04.14	15	16	17	18	19	20	21	22	23	24	25	26	27	28	29	윤	4.2	3	4	5	6	7	8	9	10	11	12	13	14	15
일주	庚午	辛未	壬申	癸酉	甲戌	乙亥	丙子	丁丑	戊寅	己卯	庚辰	辛巳	壬午	癸未	甲申	乙酉	丙戌	丁亥	戊子	己丑	庚寅	辛卯	壬辰	癸巳	甲午	乙未	丙申	丁酉	戊戌	己亥	庚子
대운 남	1·10	10	10	9	9	9	8	8	8	7	7	7	6	6	6	5	5	5	4	4	4	3	3	3	2	2	2	1	1	1	1
대운 여	10·1	1	1	1	2	2	2	3	3	3	4	4	4	5	5	5	6	6	6	7	7	7	8	8	8	9	9	9	10	10	10

	5월 6일(양) 입하 00시 40분	5월 10일(양)	5월 20일(양)	5월 21일(양) 소만 13시 51분	6월 1일(양)
평균기온	11.4℃	14.5℃	13.9℃	14.0℃	18.8℃
최고기온	18.4℃	19.4℃	18.7℃	21.0℃	25.7℃
최저기온	4.6℃	11.5℃	10.7℃	9.7℃	13.7℃
강수량	−	2.6mm	9.5mm	1.3mm	−
일 출	05:32	05:28	05:19	05:18	05:12
일 몰	19:26	19:30	19:38	19:39	19:47

망종 — 06.06 ~ 07.06(양)

庚午月

양력	06.06	7	8	9	10	11	12	13	14	15	16	17	18	19	20	21	22	23	24	25	26	27	28	29	30	7.1	2	3	4	5	6
음력	04.16	17	18	19	20	21	22	23	24	25	26	27	28	29	30	5.1	2	3	4	5	6	7	8	9	10	11	12	13	14	15	16
일주	辛丑	壬寅	癸卯	甲辰	乙巳	丙午	丁未	戊申	己酉	庚戌	辛亥	壬子	癸丑	甲寅	乙卯	丙辰	丁巳	戊午	己未	庚申	辛酉	壬戌	癸亥	甲子	乙丑	丙寅	丁卯	戊辰	己巳	庚午	辛未
대운 남	1·10	10	10	9	9	9	8	8	8	7	7	7	6	6	6	5	5	5	4	4	4	3	3	3	2	2	2	1	1	1	1
대운 여	10·1	1	1	1	2	2	2	3	3	3	4	4	4	5	5	5	6	6	6	7	7	7	8	8	8	9	9	9	10	10	10

	6월 6일(양) 망종 05시 11분	6월 10일(양)	6월 20일(양)	6월 21일(양) 하지 22시 02분	7월 1일(양)
평균기온	20.9℃	19.5℃	25.5℃	23.8℃	21.6℃
최고기온	28.6℃	25.7℃	34.3℃	32.0℃	27.6℃
최저기온	15.1℃	14.5℃	18.3℃	18.4℃	17.6℃
강수량	−	0.0mm	−	−	−
일 출	05:11	05:10	05:10	05:11	05:14
일 몰	19:50	19:52	19:56	19:56	19:57

소서 — 07.07 ~ 08.07(양)

辛未月

양력	07.07	8	9	10	11	12	13	14	15	16	17	18	19	20	21	22	23	24	25	26	27	28	29	30	31	8.1	2	3	4	5	6	7
음력	05.17	18	19	20	21	22	23	24	25	26	27	28	29	6.1	2	3	4	5	6	7	8	9	10	11	12	13	14	15	16	17	18	19
일주	壬申	癸酉	甲戌	乙亥	丙子	丁丑	戊寅	己卯	庚辰	辛巳	壬午	癸未	甲申	乙酉	丙戌	丁亥	戊子	己丑	庚寅	辛卯	壬辰	癸巳	甲午	乙未	丙申	丁酉	戊戌	己亥	庚子	辛丑	壬寅	癸卯
대운 남	1·10	10	10	10	9	9	9	8	8	8	7	7	7	6	6	6	5	5	5	4	4	4	3	3	3	2	2	2	1	1	1	1
대운 여	10·1	1	1	1	2	2	2	3	3	3	4	4	4	5	5	5	6	6	6	7	7	7	8	8	8	9	9	9	10	10	10	10

	7월 7일(양) 소서 15시 36분	7월 10일(양)	7월 20일(양)	7월 23일(양) 대서 08시 56분	8월 1일(양)
평균기온	25.5℃	24.5℃	24.8℃	26.2℃	30.2℃
최고기온	32.7℃	26.9℃	26.6℃	29.5℃	35.8℃
최저기온	19.9℃	22.3℃	23.3℃	24.3℃	25.6℃
강수량	−	34.1mm	10.7mm	2.4mm	−
일 출	05:17	05:19	05:26	05:28	05:35
일 몰	19:56	19:55	19:50	19:48	19:41

동경 135도 표준시

입추 08.08 ~ 09.07(양) — 壬申月

양력	08.08	9	10	11	12	13	14	15	16	17	18	19	20	21	22	23	24	25	26	27	28	29	30	31	9.1	2	3	4	5	6	7
음력	06.20	21	22	23	24	25	26	27	28	29	30	7.1	2	3	4	5	6	7	8	9	10	11	12	13	14	15	16	17	18	19	20
일주	甲辰	乙巳	丙午	丁未	戊申	己酉	庚戌	辛亥	壬子	癸丑	甲寅	乙卯	丙辰	丁巳	戊午	己未	庚申	辛酉	壬戌	癸亥	甲子	乙丑	丙寅	丁卯	戊辰	己巳	庚午	辛未	壬申	癸酉	甲戌
대운 남	1 10	10	10	9	9	9	8	8	8	7	7	7	6	6	6	5	5	5	4	4	4	3	3	3	2	2	2	1	1	1	1
대운 여	10 1	1	1	1	1	2	2	2	3	3	3	4	4	4	5	5	5	6	6	6	7	7	7	8	8	8	9	9	9	10	10

	평균기온	최고기온	최저기온	강수량	일 출	일 몰
8월 8일(양) 입추 01시 19분	27.8℃	34.4℃	24.3℃	0.0mm	05:41	19:33
8월 10일(양)	24.3℃	31.7℃	19.6℃	57.2mm	05:43	19:31
8월 20일(양)	21.4℃	28.0℃	15.7℃	–	05:51	19:19
8월 23일(양) 처서 15시 46분	21.0℃	26.3℃	19.1℃	0.4mm	05:54	19:15
9월 1일(양)	24.4℃	29.3℃	20.5℃	6.1mm	06:02	19:02

백로 09.08 ~ 10.07(양) — 癸酉月

양력	09.08	9	10	11	12	13	14	15	16	17	18	19	20	21	22	23	24	25	26	27	28	29	30	10.1	2	3	4	5	6	7
음력	07.21	22	23	24	25	26	27	28	29	8.1	2	3	4	5	6	7	8	9	10	11	12	13	14	15	16	17	18	19	20	21
일주	乙亥	丙子	丁丑	戊寅	己卯	庚辰	辛巳	壬午	癸未	甲申	乙酉	丙戌	丁亥	戊子	己丑	庚寅	辛卯	壬辰	癸巳	甲午	乙未	丙申	丁酉	戊戌	己亥	庚子	辛丑	壬寅	癸卯	甲辰
대운 남	1 10	10	9	9	9	8	8	8	7	7	7	6	6	6	5	5	5	4	4	4	3	3	3	2	2	2	1	1	1	1
대운 여	10 1	1	1	1	1	2	2	2	3	3	3	4	4	4	5	5	5	6	6	6	7	7	7	8	8	8	9	9	9	10

	평균기온	최고기온	최저기온	강수량	일 출	일 몰
9월 8일(양) 백로 03시 56분	22.0℃	28.0℃	15.8℃	–	06:07	18:51
9월 10일(양)	22.7℃	29.5℃	17.7℃	–	06:09	18:48
9월 20일(양)	22.1℃	28.9℃	16.1℃	–	06:18	18:33
9월 23일(양) 추분 13시 02분	21.8℃	30.0℃	15.0℃	–	06:20	18:28
10월 1일(양)	13.0℃	19.0℃	7.2℃	–	06:27	18:16

한로 10.08 ~ 11.06(양) — 甲戌月

양력	10.08	9	10	11	12	13	14	15	16	17	18	19	20	21	22	23	24	25	26	27	28	29	30	31	11.1	2	3	4	5	6
음력	08.22	23	24	25	26	27	28	29	30	9.1	2	3	4	5	6	7	8	9	10	11	12	13	14	15	16	17	18	19	20	21
일주	乙巳	丙午	丁未	戊申	己酉	庚戌	辛亥	壬子	癸丑	甲寅	乙卯	丙辰	丁巳	戊午	己未	庚申	辛酉	壬戌	癸亥	甲子	乙丑	丙寅	丁卯	戊辰	己巳	庚午	辛未	壬申	癸酉	甲戌
대운 남	1 10	10	9	9	9	8	8	8	7	7	7	6	6	6	5	5	5	4	4	4	3	3	3	2	2	2	1	1	1	1
대운 여	10 1	1	1	1	1	2	2	2	3	3	3	4	4	4	5	5	5	6	6	6	7	7	7	8	8	8	9	9	9	10

	평균기온	최고기온	최저기온	강수량	일 출	일 몰
10월 8일(양) 한로 19시 09분	14.6℃	21.7℃	8.8℃	0.0mm	06:33	18:06
10월 10일(양)	12.1℃	19.7℃	4.7℃	0.8mm	06:35	18:03
10월 20일(양)	15.1℃	20.7℃	9.1℃	–	06:44	17:49
10월 23일(양) 상강 21시 56분	15.2℃	20.1℃	9.4℃	1.3mm	06:47	17:45
11월 1일(양)	15.5℃	23.4℃	10.2℃	–	06:57	17:34

입동 11.07 ~ 12.06(양) — 乙亥月

양력	11.07	8	9	10	11	12	13	14	15	16	17	18	19	20	21	22	23	24	25	26	27	28	29	30	12.1	2	3	4	5	6
음력	09.22	23	24	25	26	27	28	29	30	10.1	2	3	4	5	6	7	8	9	10	11	12	13	14	15	16	17	18	19	20	21
일주	乙亥	丙子	丁丑	戊寅	己卯	庚辰	辛巳	壬午	癸未	甲申	乙酉	丙戌	丁亥	戊子	己丑	庚寅	辛卯	壬辰	癸巳	甲午	乙未	丙申	丁酉	戊戌	己亥	庚子	辛丑	壬寅	癸卯	甲辰
대운 남	1 10	10	9	9	9	8	8	8	7	7	7	6	6	6	5	5	5	4	4	4	3	3	3	2	2	2	1	1	1	1
대운 여	10 1	1	1	1	1	2	2	2	3	3	3	4	4	4	5	5	5	6	6	6	7	7	7	8	8	8	9	9	9	10

	평균기온	최고기온	최저기온	강수량	일 출	일 몰
11월 7일(양) 입동 21시 55분	9.3℃	16.9℃	0.5℃	0.6mm	07:03	17:28
11월 10일(양)	8.2℃	14.1℃	0.5℃	–	07:06	17:26
11월 20일(양)	6.0℃	13.5℃	-2.2℃	1.4mm	07:17	17:18
11월 22일(양) 소설 19시 08분	5.2℃	9.3℃	-2.7℃	–	07:19	17:17
12월 1일(양)	-3.5℃	7.2℃	-9.2℃	5.1mm	07:28	17:14

대설 12.07 ~ 1945.01.05(양) — 丙子月

양력	12.07	8	9	10	11	12	13	14	15	16	17	18	19	20	21	22	23	24	25	26	27	28	29	30	31	1.1	2	3	4	5
음력	10.22	23	24	25	26	27	28	29	11.1	2	3	4	5	6	7	8	9	10	11	12	13	14	15	16	17	18	19	20	21	22
일주	乙巳	丙午	丁未	戊申	己酉	庚戌	辛亥	壬子	癸丑	甲寅	乙卯	丙辰	丁巳	戊午	己未	庚申	辛酉	壬戌	癸亥	甲子	乙丑	丙寅	丁卯	戊辰	己巳	庚午	辛未	壬申	癸酉	甲戌
대운 남	1 10	10	9	9	9	8	8	8	7	7	7	6	6	6	5	5	5	4	4	4	3	3	3	2	2	2	1	1	1	1
대운 여	10 1	1	1	1	1	2	2	2	3	3	3	4	4	4	5	5	5	6	6	6	7	7	7	8	8	8	9	9	9	10

	평균기온	최고기온	최저기온	강수량	일 출	일 몰
12월 7일(양) 대설 14시 28분	-9.2℃	-5.0℃	-12.3℃	–	07:33	17:14
12월 10일(양)	-6.2℃	0.1℃	-14.0℃	–	07:36	17:14
12월 20일(양)	-5.9℃	-0.5℃	-12.3℃	0.0mm	07:43	17:17
12월 22일(양) 동지 08시 15분	-1.2℃	4.9℃	-6.3℃	0.0mm	07:44	17:18
1월 1일(양)	-6.2℃	-1.9℃	-10.0℃	0.0mm	07:47	17:24

소한 01.06 ~ 02.03(양) — 丁丑月

양력	1945.01.06	7	8	9	10	11	12	13	14	15	16	17	18	19	20	21	22	23	24	25	26	27	28	29	30	31	2.1	2	3
음력	1944.11.23	24	25	26	27	28	29	30	12.1	2	3	4	5	6	7	8	9	10	11	12	13	14	15	16	17	18	19	20	21
일주	乙亥	丙子	丁丑	戊寅	己卯	庚辰	辛巳	壬午	癸未	甲申	乙酉	丙戌	丁亥	戊子	己丑	庚寅	辛卯	壬辰	癸巳	甲午	乙未	丙申	丁酉	戊戌	己亥	庚子	辛丑	壬寅	癸卯
대운 남	1 10	9	9	9	8	8	8	7	7	7	6	6	6	5	5	5	4	4	4	3	3	3	2	2	2	1	1	1	1
대운 여	10 1	1	1	1	1	2	2	2	3	3	3	4	4	4	5	5	5	6	6	6	7	7	7	8	8	8	9	9	9

	평균기온	최고기온	최저기온	강수량	일 출	일 몰
1월 6일(양) 소한 01시 34분	-12.3℃	-7.6℃	-15.4℃	–	07:47	17:28
1월 10일(양)	-6.5℃	0.0℃	-13.6℃	–	07:47	17:32
1월 20일(양) 대한 18시 54분	-7.6℃	-2.8℃	-11.1℃	0.0mm	07:44	17:42
2월 1일(양)	-3.5℃	0.3℃	-7.0℃	–	07:36	17:55

1945

단기 4278년

입춘 02.04 ~ 03.05(양)

戊寅月	양력	1945.02.04	5	6	7	8	9	10	11	12	13	14	15	16	17	18	19	20	21	22	23	24	25	26	27	28	3.1	2	3	4	5
	음력	1944.12.22	23	24	25	26	27	28	29	30	1.1	2	3	4	5	6	7	8	9	10	11	12	13	14	15	16	17	18	19	20	21
	일주	甲辰	乙巳	丙午	丁未	戊申	己酉	庚戌	辛亥	壬子	癸丑	甲寅	乙卯	丙辰	丁巳	戊午	己未	庚申	辛酉	壬戌	癸亥	甲子	乙丑	丙寅	丁卯	戊辰	己巳	庚午	辛未	壬申	癸酉
	대운 남	1 1	1	1	1	1	2	2	2	3	3	3	4	4	4	5	5	5	6	6	6	7	7	7	8	8	8	9	9	9	10
	대운 여	10 10	10	9	9	9	8	8	8	7	7	7	6	6	6	5	5	5	4	4	4	3	3	3	2	2	2	1	1	1	1

2월 4일(양) 입춘 13시 19분	2월 10일(양)	2월 19일(양) 우수 09시 15분	2월 20일(양)	3월 1일(양)
평균기온: -10.5℃ 강수량: - 최고기온: -5.2℃ 일 출: 07:34 최저기온: -15.5℃ 일 몰: 17:59	평균기온: -7.2℃ 강수량: 0.4㎜ 최고기온: -1.7℃ 일 출: 07:28 최저기온: -12.3℃ 일 몰: 18:05	평균기온: -5.3℃ 강수량: - 최고기온: 0.2℃ 일 출: 07:18 최저기온: -9.3℃ 일 몰: 18:15	평균기온: -4.8℃ 강수량: - 최고기온: 0.9℃ 일 출: 07:17 최저기온: -11.4℃ 일 몰: 18:16	평균기온: 4.2℃ 강수량: 37.1㎜ 최고기온: 5.7℃ 일 출: 07:05 최저기온: 2.5℃ 일 몰: 18:25

경칩 03.06 ~ 04.04(양)

己卯月	양력	03.06	7	8	9	10	11	12	13	14	15	16	17	18	19	20	21	22	23	24	25	26	27	28	29	30	31	4.1	2	3	4
	음력	01.22	23	24	25	26	27	28	29	2.1	2	3	4	5	6	7	8	9	10	11	12	13	14	15	16	17	18	19	20	21	22
	일주	甲戌	乙亥	丙子	丁丑	戊寅	己卯	庚辰	辛巳	壬午	癸未	甲申	乙酉	丙戌	丁亥	戊子	己丑	庚寅	辛卯	壬辰	癸巳	甲午	乙未	丙申	丁酉	戊戌	己亥	庚子	辛丑	壬寅	癸卯
	대운 남	10 1	1	1	1	1	2	2	2	3	3	3	4	4	4	5	5	5	6	6	6	7	7	7	8	8	8	9	9	9	10
	대운 여	1 10	10	9	9	9	8	8	8	7	7	7	6	6	6	5	5	5	4	4	4	3	3	3	2	2	2	1	1	1	1

3월 6일(양) 경칩 07시 38분	3월 10일(양)	3월 20일(양)	3월 21일(양) 춘분 08시 37분	4월 1일(양)
평균기온: -4.2℃ 강수량: - 최고기온: -2.0℃ 일 출: 06:58 최저기온: -6.5℃ 일 몰: 18:30	평균기온: -1.1℃ 강수량: - 최고기온: 3.9℃ 일 출: 06:52 최저기온: -5.5℃ 일 몰: 18:34	평균기온: 4.0℃ 강수량: - 최고기온: 12.4℃ 일 출: 06:37 최저기온: -2.1℃ 일 몰: 18:43	평균기온: 5.0℃ 강수량: 25.9㎜ 최고기온: 6.9℃ 일 출: 06:35 최저기온: 0.9℃ 일 몰: 18:44	평균기온: 9.9℃ 강수량: - 최고기온: 16.6℃ 일 출: 06:19 최저기온: 4.2℃ 일 몰: 18:54

청명 04.05 ~ 05.05(양)

庚辰月	양력	04.05	6	7	8	9	10	11	12	13	14	15	16	17	18	19	20	21	22	23	24	25	26	27	28	29	30	5.1	2	3	4	5
	음력	02.23	24	25	26	27	28	29	3.1	2	3	4	5	6	7	8	9	10	11	12	13	14	15	16	17	18	19	20	21	22	23	24
	일주	甲辰	乙巳	丙午	丁未	戊申	己酉	庚戌	辛亥	壬子	癸丑	甲寅	乙卯	丙辰	丁巳	戊午	己未	庚申	辛酉	壬戌	癸亥	甲子	乙丑	丙寅	丁卯	戊辰	己巳	庚午	辛未	壬申	癸酉	甲戌
	대운 남	10 1	1	1	1	1	2	2	2	3	3	3	4	4	4	5	5	5	6	6	6	7	7	7	8	8	8	9	9	9	10	10
	대운 여	1 10	10	10	9	9	9	8	8	8	7	7	7	6	6	6	5	5	5	4	4	4	3	3	3	2	2	2	1	1	1	1

4월 5일(양) 청명 12시 52분	4월 10일(양)	4월 20일(양) 곡우 20시 07분	5월 1일(양)	
평균기온: 4.4℃ 강수량: - 최고기온: 9.7℃ 일 출: 06:13 최저기온: -0.8℃ 일 몰: 18:58	평균기온: 7.6℃ 강수량: 0.0㎜ 최고기온: 11.2℃ 일 출: 06:06 최저기온: 6.2℃ 일 몰: 19:02	평균기온: 8.8℃ 강수량: - 최고기온: 15.2℃ 일 출: 05:52 최저기온: 4.9℃ 일 몰: 19:11	평균기온: 12.1℃ 강수량: 0.8㎜ 최고기온: 19.0℃ 일 출: 05:38 최저기온: 8.0℃ 일 몰: 19:21	

입하 05.06 ~ 06.05(양)

辛巳月	양력	05.06	7	8	9	10	11	12	13	14	15	16	17	18	19	20	21	22	23	24	25	26	27	28	29	30	31	6.1	2	3	4	5
	음력	03.25	26	27	28	29	30	4.1	2	3	4	5	6	7	8	9	10	11	12	13	14	15	16	17	18	19	20	21	22	23	24	25
	일주	乙亥	丙子	丁丑	戊寅	己卯	庚辰	辛巳	壬午	癸未	甲申	乙酉	丙戌	丁亥	戊子	己丑	庚寅	辛卯	壬辰	癸巳	甲午	乙未	丙申	丁酉	戊戌	己亥	庚子	辛丑	壬寅	癸卯	甲辰	乙巳
	대운 남	10 1	1	1	1	1	2	2	2	3	3	3	4	4	4	5	5	5	6	6	6	7	7	7	8	8	8	9	9	9	10	10
	대운 여	1 10	10	10	9	9	9	8	8	8	7	7	7	6	6	6	5	5	5	4	4	4	3	3	3	2	2	2	1	1	1	1

5월 6일(양) 입하 06시 37분	5월 10일(양)	5월 20일(양)	5월 21일(양) 소만 19시 40분	6월 1일(양)
평균기온: 9.5℃ 강수량: - 최고기온: 16.3℃ 일 출: 05:32 최저기온: 2.7℃ 일 몰: 19:26	평균기온: 9.0℃ 강수량: 29.8㎜ 최고기온: 15.0℃ 일 출: 05:28 최저기온: 8.0℃ 일 몰: 19:29	평균기온: 15.1℃ 강수량: - 최고기온: 20.7℃ 일 출: 05:19 최저기온: 9.6℃ 일 몰: 19:38	평균기온: 17.1℃ 강수량: - 최고기온: 25.1℃ 일 출: 05:19 최저기온: 11.4℃ 일 몰: 19:39	평균기온: 17.8℃ 강수량: 30.3㎜ 최고기온: 21.9℃ 일 출: 05:13 최저기온: 14.8℃ 일 몰: 19:47

망종 06.06 ~ 07.06(양)

壬午月	양력	06.06	7	8	9	10	11	12	13	14	15	16	17	18	19	20	21	22	23	24	25	26	27	28	29	30	7.1	2	3	4	5	6
	음력	04.26	27	28	29	5.1	2	3	4	5	6	7	8	9	10	11	12	13	14	15	16	17	18	19	20	21	22	23	24	25	26	27
	일주	丙午	丁未	戊申	己酉	庚戌	辛亥	壬子	癸丑	甲寅	乙卯	丙辰	丁巳	戊午	己未	庚申	辛酉	壬戌	癸亥	甲子	乙丑	丙寅	丁卯	戊辰	己巳	庚午	辛未	壬申	癸酉	甲戌	乙亥	丙子
	대운 남	10 1	1	1	1	1	2	2	2	3	3	3	4	4	4	5	5	5	6	6	6	7	7	7	8	8	8	9	9	9	10	10
	대운 여	1 10	10	10	9	9	9	8	8	8	7	7	7	6	6	6	5	5	5	4	4	4	3	3	3	2	2	2	1	1	1	1

6월 6일(양) 망종 11시 05분	6월 10일(양)	6월 20일(양)	6월 22일(양) 하지 03시 52분	7월 1일(양)
평균기온: 16.7℃ 강수량: 21.3㎜ 최고기온: 20.9℃ 일 출: 05:11 최저기온: 14.2℃ 일 몰: 19:50	평균기온: 19.8℃ 강수량: - 최고기온: 26.9℃ 일 출: 05:10 최저기온: 14.8℃ 일 몰: 19:52	평균기온: 22.7℃ 강수량: - 최고기온: 31.4℃ 일 출: 05:10 최저기온: 16.7℃ 일 몰: 19:56	평균기온: 21.5℃ 강수량: 12.6㎜ 최고기온: 24.8℃ 일 출: 05:11 최저기온: 18.9℃ 일 몰: 19:57	평균기온: 22.8℃ 강수량: 17.7㎜ 최고기온: 27.8℃ 일 출: 05:14 최저기온: 20.3℃ 일 몰: 19:57

소서 07.07 ~ 08.07(양)

癸未月	양력	07.07	8	9	10	11	12	13	14	15	16	17	18	19	20	21	22	23	24	25	26	27	28	29	30	31	8.1	2	3	4	5	6	7
	음력	05.28	29	6.1	2	3	4	5	6	7	8	9	10	11	12	13	14	15	16	17	18	19	20	21	22	23	24	25	26	27	28	29	30
	일주	丁丑	戊寅	己卯	庚辰	辛巳	壬午	癸未	甲申	乙酉	丙戌	丁亥	戊子	己丑	庚寅	辛卯	壬辰	癸巳	甲午	乙未	丙申	丁酉	戊戌	己亥	庚子	辛丑	壬寅	癸卯	甲辰	乙巳	丙午	丁未	戊申
	대운 남	10 1	1	1	1	1	2	2	2	3	3	3	4	4	4	5	5	5	6	6	6	7	7	7	8	8	8	9	9	9	10	10	10
	대운 여	1 10	10	10	10	9	9	9	8	8	8	7	7	7	6	6	6	5	5	5	4	4	4	3	3	3	2	2	2	1	1	1	1

7월 7일(양) 소서 21시 27분	7월 10일(양)	7월 20일(양)	7월 23일(양) 대서 14시 45분	8월 1일(양)
평균기온: 22.3℃ 강수량: - 최고기온: 29.8℃ 일 출: 05:17 최저기온: 16.0℃ 일 몰: 19:56	평균기온: 20.4℃ 강수량: 25.2㎜ 최고기온: 24.2℃ 일 출: 05:19 최저기온: 18.0℃ 일 몰: 19:55	평균기온: 22.8℃ 강수량: 64.9㎜ 최고기온: 29.3℃ 일 출: 05:25 최저기온: 18.1℃ 일 몰: 19:51	평균기온: 24.8℃ 강수량: - 최고기온: 30.8℃ 일 출: 05:28 최저기온: 20.5℃ 일 몰: 19:49	평균기온: 22.9℃ 강수량: 15.9㎜ 최고기온: 25.6℃ 일 출: 05:35 최저기온: 20.7℃ 일 몰: 19:41

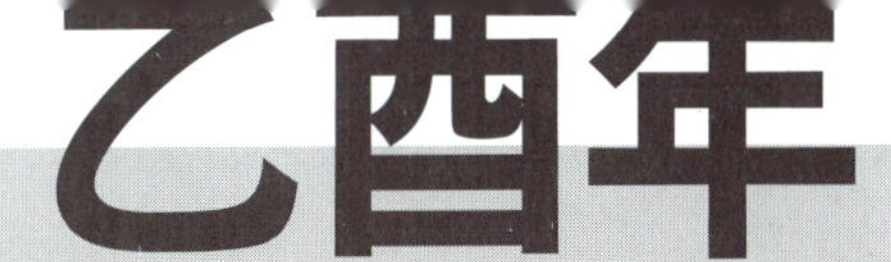

입추 — 08.08 ~ 09.07(양) 〔甲申月〕

양력	08.08	9	10	11	12	13	14	15	16	17	18	19	20	21	22	23	24	25	26	27	28	29	30	31	9.1	2	3	4	5	6	7
음력	07.01	2	3	4	5	6	7	8	9	10	11	12	13	14	15	16	17	18	19	20	21	22	23	24	25	26	27	28	29	8.1	2
일주	己酉	庚戌	辛亥	壬子	癸丑	甲寅	乙卯	丙辰	丁巳	戊午	己未	庚申	辛酉	壬戌	癸亥	甲子	乙丑	丙寅	丁卯	戊辰	己巳	庚午	辛未	壬申	癸酉	甲戌	乙亥	丙子	丁丑	戊寅	己卯
대운 남	10 / 1	1	1	1	1	2	2	2	3	3	3	4	4	4	5	5	5	6	6	6	7	7	7	8	8	8	9	9	9	10	10
대운 여	1 / 10	10	10	9	9	9	8	8	8	7	7	7	6	6	6	5	5	5	4	4	4	3	3	3	2	2	2	1	1	1	1

8월 8일(양) 입추 07시 05분		8월 10일(양)		8월 20일(양)		8월 23일(양) 처서 21시 35분		9월 1일(양)	
평균기온: 23.8℃	강수량: 0.5㎜	평균기온: 23.9℃	강수량: 1.9㎜	평균기온: 28.5℃	강수량: –	평균기온: 29.5℃	강수량: –	평균기온: 22.6℃	강수량: –
최고기온: 27.1℃	일 출: 05:41	최고기온: 26.4℃	일 출: 05:43	최고기온: 35.0℃	일 출: 05:51	최고기온: 37.0℃	일 출: 05:54	최고기온: 27.0℃	일 출: 06:01
최저기온: 21.8℃	일 몰: 19:34	최저기온: 22.4℃	일 몰: 19:31	최저기온: 23.4℃	일 몰: 19:19	최저기온: 24.2℃	일 몰: 19:15	최저기온: 19.5℃	일 몰: 19:02

백로 — 09.08 ~ 10.08(양) 〔乙酉月〕

양력	09.08	9	10	11	12	13	14	15	16	17	18	19	20	21	22	23	24	25	26	27	28	29	30	10.1	2	3	4	5	6	7	8
음력	08.03	4	5	6	7	8	9	10	11	12	13	14	15	16	17	18	19	20	21	22	23	24	25	26	27	28	29	30	9.1	2	3
일주	庚辰	辛巳	壬午	癸未	甲申	乙酉	丙戌	丁亥	戊子	己丑	庚寅	辛卯	壬辰	癸巳	甲午	乙未	丙申	丁酉	戊戌	己亥	庚子	辛丑	壬寅	癸卯	甲辰	乙巳	丙午	丁未	戊申	己酉	庚戌
대운 남	10 / 1	1	1	1	1	2	2	2	3	3	3	4	4	4	5	5	5	6	6	6	7	7	7	8	8	8	9	9	9	10	10
대운 여	1 / 10	10	10	9	9	9	8	8	8	7	7	7	6	6	6	5	5	5	4	4	4	3	3	3	2	2	2	1	1	1	1

9월 8일(양) 백로 09시 38분		9월 10일(양)		9월 20일(양)		9월 23일(양) 추분 18시 50분		10월 1일(양)	
평균기온: 23.5℃	강수량: 17.7㎜	평균기온: 21.4℃	강수량: –	평균기온: 21.1℃	강수량: –	평균기온: 21.1℃	강수량: –	평균기온: 16.1℃	강수량: 7.3㎜
최고기온: 27.2℃	일 출: 06:07	최고기온: 28.0℃	일 출: 06:09	최고기온: 27.4℃	일 출: 06:17	최고기온: 26.7℃	일 출: 06:20	최고기온: 17.7℃	일 출: 06:27
최저기온: 21.2℃	일 몰: 18:52	최저기온: 16.4℃	일 몰: 18:49	최저기온: 17.5℃	일 몰: 18:33	최저기온: 16.7℃	일 몰: 18:29	최저기온: 14.1℃	일 몰: 18:16

한로 — 10.09 ~ 11.07(양) 〔丙戌月〕

양력	10.09	10	11	12	13	14	15	16	17	18	19	20	21	22	23	24	25	26	27	28	29	30	31	11.1	2	3	4	5	6	7
음력	09.04	5	6	7	8	9	10	11	12	13	14	15	16	17	18	19	20	21	22	23	24	25	26	27	28	29	30	10.1	2	3
일주	辛亥	壬子	癸丑	甲寅	乙卯	丙辰	丁巳	戊午	己未	庚申	辛酉	壬戌	癸亥	甲子	乙丑	丙寅	丁卯	戊辰	己巳	庚午	辛未	壬申	癸酉	甲戌	乙亥	丙子	丁丑	戊寅	己卯	庚辰
대운 남	10 / 1	1	1	1	1	2	2	2	3	3	3	4	4	4	5	5	5	6	6	6	7	7	7	8	8	8	9	9	9	10
대운 여	1 / 10	10	9	9	9	8	8	8	7	7	7	6	6	6	5	5	5	4	4	4	3	3	3	2	2	2	1	1	1	1

10월 9일(양) 한로 00시 49분		10월 10일(양)		10월 20일(양)		10월 24일(양) 상강 03시 44분		11월 1일(양)	
평균기온: 13.8℃	강수량: –	평균기온: 14.1℃	강수량: –	평균기온: 11.9℃	강수량: –	평균기온: 8.9℃	강수량: –	평균기온: 9.0℃	강수량: 0.6㎜
최고기온: 21.2℃	일 출: 06:34	최고기온: 16.8℃	일 출: 06:35	최고기온: 20.0℃	일 출: 06:44	최고기온: 15.6℃	일 출: 06:48	최고기온: 16.4℃	일 출: 06:56
최저기온: 7.7℃	일 몰: 18:05	최저기온: 11.0℃	일 몰: 18:03	최저기온: 5.5℃	일 몰: 17:49	최저기온: 4.0℃	일 몰: 17:44	최저기온: -1.7℃	일 몰: 17:35

입동 — 11.08 ~ 12.06(양) 〔丁亥月〕

양력	11.08	9	10	11	12	13	14	15	16	17	18	19	20	21	22	23	24	25	26	27	28	29	30	12.1	2	3	4	5	6
음력	10.04	5	6	7	8	9	10	11	12	13	14	15	16	17	18	19	20	21	22	23	24	25	26	27	28	29	30	11.1	2
일주	辛巳	壬午	癸未	甲申	乙酉	丙戌	丁亥	戊子	己丑	庚寅	辛卯	壬辰	癸巳	甲午	乙未	丙申	丁酉	戊戌	己亥	庚子	辛丑	壬寅	癸卯	甲辰	乙巳	丙午	丁未	戊申	己酉
대운 남	10 / 1	1	1	1	1	2	2	2	3	3	3	4	4	4	5	5	5	6	6	6	7	7	7	8	8	8	9	9	9
대운 여	1 / 10	10	9	9	9	8	8	8	7	7	7	6	6	6	5	5	5	4	4	4	3	3	3	2	2	2	1	1	1

11월 8일(양) 입동 03시 34분		11월 10일(양)		11월 20일(양)		11월 23일(양) 소설 00시 55분		12월 1일(양)	
평균기온: 7.5℃	강수량: –	평균기온: 13.1℃	강수량: 0.7㎜	평균기온: 11.5℃	강수량: –	평균기온: 6.5℃	강수량: –	평균기온: -3.1℃	강수량: 0.0㎜
최고기온: 15.5℃	일 출: 07:04	최고기온: 16.0℃	일 출: 07:06	최고기온: 16.6℃	일 출: 07:16	최고기온: 13.6℃	일 출: 07:19	최고기온: 3.3℃	일 출: 07:27
최저기온: -0.3℃	일 몰: 17:28	최저기온: 5.6℃	일 몰: 17:26	최저기온: 7.9℃	일 몰: 17:19	최저기온: -2.0℃	일 몰: 17:17	최저기온: -8.1℃	일 몰: 17:14

대설 — 12.07 ~ 1946.01.05(양) 〔戊子月〕

양력	12.07	8	9	10	11	12	13	14	15	16	17	18	19	20	21	22	23	24	25	26	27	28	29	30	31	1.1	2	3	4	5
음력	11.03	4	5	6	7	8	9	10	11	12	13	14	15	16	17	18	19	20	21	22	23	24	25	26	27	28	29	12.1	2	3
일주	庚戌	辛亥	壬子	癸丑	甲寅	乙卯	丙辰	丁巳	戊午	己未	庚申	辛酉	壬戌	癸亥	甲子	乙丑	丙寅	丁卯	戊辰	己巳	庚午	辛未	壬申	癸酉	甲戌	乙亥	丙子	丁丑	戊寅	己卯
대운 남	10 / 1	1	1	1	1	2	2	2	3	3	3	4	4	4	5	5	5	6	6	6	7	7	7	8	8	8	9	9	9	10
대운 여	1 / 10	10	9	9	9	8	8	8	7	7	7	6	6	6	5	5	5	4	4	4	3	3	3	2	2	2	1	1	1	1

12월 7일(양) 대설 20시 08분		12월 10일(양)		12월 20일(양)		12월 22일(양) 동지 14시 04분		1월 1일(양)	
평균기온: 6.7℃	강수량: 2.2㎜	평균기온: -0.4℃	강수량: 0.0㎜	평균기온: 1.5℃	강수량: –	평균기온: -2.7℃	강수량: –	평균기온: -8.2℃	강수량: –
최고기온: 11.6℃	일 출: 07:33	최고기온: 4.3℃	일 출: 07:35	최고기온: 3.9℃	일 출: 07:42	최고기온: 3.0℃	일 출: 07:43	최고기온: -1.9℃	일 출: 07:47
최저기온: 2.2℃	일 몰: 17:14	최저기온: -5.1℃	일 몰: 17:14	최저기온: -3.4℃	일 몰: 17:17	최저기온: -7.4℃	일 몰: 17:17	최저기온: -15.0℃	일 몰: 17:24

소한 — 01.06 ~ 02.03(양) 〔己丑月〕

양력	1946.01.06	7	8	9	10	11	12	13	14	15	16	17	18	19	20	21	22	23	24	25	26	27	28	29	30	31	2.1	2	3
음력	1945.12.04	5	6	7	8	9	10	11	12	13	14	15	16	17	18	19	20	21	22	23	24	25	26	27	28	29	30	1.1	2
일주	庚辰	辛巳	壬午	癸未	甲申	乙酉	丙戌	丁亥	戊子	己丑	庚寅	辛卯	壬辰	癸巳	甲午	乙未	丙申	丁酉	戊戌	己亥	庚子	辛丑	壬寅	癸卯	甲辰	乙巳	丙午	丁未	戊申
대운 남	10 / 1	1	1	1	1	2	2	2	3	3	3	4	4	4	5	5	5	6	6	6	7	7	7	8	8	8	9	9	9
대운 여	1 / 10	9	9	9	8	8	8	7	7	7	6	6	6	5	5	5	4	4	4	3	3	3	2	2	2	1	1	1	1

1월 6일(양) 소한 07시 16분		1월 10일(양)		1월 20일(양)		1월 21일(양) 대한 00시 45분		2월 1일(양)	
평균기온: -6.8℃	강수량: 1.2㎜	평균기온: -10.7℃	강수량: –	평균기온: 3.8℃	강수량: 1.5㎜	평균기온: -2.7℃	강수량: –	평균기온: 0.0℃	강수량: –
최고기온: -2.4℃	일 출: 07:47	최고기온: -6.2℃	일 출: 07:47	최고기온: 8.6℃	일 출: 07:44	최고기온: 2.4℃	일 출: 07:44	최고기온: 4.8℃	일 출: 07:37
최저기온: -13.9℃	일 몰: 17:28	최저기온: -15.1℃	일 몰: 17:32	최저기온: -0.2℃	일 몰: 17:42	최저기온: -6.3℃	일 몰: 17:43	최저기온: -3.9℃	일 몰: 17:55

1946

단기 4279년

입춘 02.04 ~ 03.05(양)

庚寅月

양력	1946.02.04		5	6	7	8	9	10	11	12	13	14	15	16	17	18	19	20	21	22	23	24	25	26	27	28	3.1	2	3	4	5
음력	1946.01.03		4	5	6	7	8	9	10	11	12	13	14	15	16	17	18	19	20	21	22	23	24	25	26	27	28	29	30	2.1	2
일주	己酉		庚戌	辛亥	壬子	癸丑	甲寅	乙卯	丙辰	丁巳	戊午	己未	庚申	辛酉	壬戌	癸亥	甲子	乙丑	丙寅	丁卯	戊辰	己巳	庚午	辛未	壬申	癸酉	甲戌	乙亥	丙子	丁丑	戊寅
대운 남	10	10	10	9	9	9	8	8	8	7	7	7	6	6	6	5	5	5	4	4	4	3	3	3	2	2	2	1	1	1	1
대운 여	1	1	1	1	1	1	2	2	2	3	3	3	4	4	4	5	5	5	6	6	6	7	7	7	8	8	8	9	9	9	10

	2월 4일(양) 입춘 19시 04분	2월 10일(양)	2월 19일(양) 우수 15시 09분	2월 20일(양)	3월 1일(양)
평균기온	-2.0℃	-4.3℃	0.7℃	2.7℃	4.0℃
최고기온	0.3℃	1.3℃	5.9℃	7.3℃	10.5℃
최저기온	-7.4℃	-11.4℃	-7.0℃	-2.8℃	-0.5℃
강수량	0.6㎜	-	-	0.0㎜	-
일 출	07:34	07:28	07:18	07:17	07:05
일 몰	17:58	18:05	18:15	18:16	18:25

경칩 03.06 ~ 04.04(양)

辛卯月

양력	03.06		7	8	9	10	11	12	13	14	15	16	17	18	19	20	21	22	23	24	25	26	27	28	29	30	31	4.1	2	3	4
음력	02.03		4	5	6	7	8	9	10	11	12	13	14	15	16	17	18	19	20	21	22	23	24	25	26	27	28	29	3.1	2	3
일주	己卯		庚辰	辛巳	壬午	癸未	甲申	乙酉	丙戌	丁亥	戊子	己丑	庚寅	辛卯	壬辰	癸巳	甲午	乙未	丙申	丁酉	戊戌	己亥	庚子	辛丑	壬寅	癸卯	甲辰	乙巳	丙午	丁未	戊申
대운 남	1	10	10	9	9	9	8	8	8	7	7	7	6	6	6	5	5	5	4	4	4	3	3	3	2	2	2	1	1	1	1
대운 여	10	1	1	1	1	1	2	2	2	3	3	3	4	4	4	5	5	5	6	6	6	7	7	7	8	8	8	9	9	9	10

	3월 6일(양) 경칩 13시 25분	3월 10일(양)	3월 20일(양)	3월 21일(양) 춘분 14시 33분	4월 1일(양)
평균기온	-1.6℃	-2.6℃	-0.5℃	2.3℃	11.2℃
최고기온	3.4℃	2.6℃	4.6℃	8.0℃	18.6℃
최저기온	-6.0℃	-6.5℃	-3.0℃	-2.5℃	2.2℃
강수량	-	-	-	3.5㎜	-
일 출	06:58	06:52	06:37	06:36	06:19
일 몰	18:30	18:34	18:43	18:44	18:54

청명 04.05 ~ 05.05(양)

壬辰月

양력	04.05		6	7	8	9	10	11	12	13	14	15	16	17	18	19	20	21	22	23	24	25	26	27	28	29	30	5.1	2	3	4	5
음력	03.04		5	6	7	8	9	10	11	12	13	14	15	16	17	18	19	20	21	22	23	24	25	26	27	28	29	4.1	2	3	4	5
일주	己酉		庚戌	辛亥	壬子	癸丑	甲寅	乙卯	丙辰	丁巳	戊午	己未	庚申	辛酉	壬戌	癸亥	甲子	乙丑	丙寅	丁卯	戊辰	己巳	庚午	辛未	壬申	癸酉	甲戌	乙亥	丙子	丁丑	戊寅	己卯
대운 남	1	10	10	10	9	9	9	8	8	8	7	7	7	6	6	6	5	5	5	4	4	4	3	3	3	2	2	2	1	1	1	1
대운 여	10	1	1	1	1	1	2	2	2	3	3	3	4	4	4	5	5	5	6	6	6	7	7	7	8	8	8	9	9	9	10	10

	4월 5일(양) 청명 18시 39분	4월 10일(양)	4월 20일(양)	4월 21일(양) 곡우 02시 02분	5월 1일(양)
평균기온	12.4℃	8.3℃	8.2℃	12.9℃	11.3℃
최고기온	15.0℃	16.0℃	16.5℃	20.4℃	16.0℃
최저기온	8.6℃	2.5℃	1.2℃	4.1℃	8.6℃
강수량	0.4㎜	-	-	-	23.3㎜
일 출	06:13	06:06	05:52	05:50	05:38
일 몰	18:57	19:02	19:11	19:12	19:21

입하 05.06 ~ 06.05(양)

癸巳月

양력	05.06		7	8	9	10	11	12	13	14	15	16	17	18	19	20	21	22	23	24	25	26	27	28	29	30	31	6.1	2	3	4	5
음력	04.06		7	8	9	10	11	12	13	14	15	16	17	18	19	20	21	22	23	24	25	26	27	28	29	30	5.1	2	3	4	5	6
일주	庚辰		辛巳	壬午	癸未	甲申	乙酉	丙戌	丁亥	戊子	己丑	庚寅	辛卯	壬辰	癸巳	甲午	乙未	丙申	丁酉	戊戌	己亥	庚子	辛丑	壬寅	癸卯	甲辰	乙巳	丙午	丁未	戊申	己酉	庚戌
대운 남	1	10	10	10	9	9	9	8	8	8	7	7	7	6	6	6	5	5	5	4	4	4	3	3	3	2	2	2	1	1	1	1
대운 여	10	1	1	1	1	1	2	2	2	3	3	3	4	4	4	5	5	5	6	6	6	7	7	7	8	8	8	9	9	9	10	10

	5월 6일(양) 입하 12시 22분	5월 10일(양)	5월 20일(양)	5월 22일(양) 소만 01시 34분	6월 1일(양)
평균기온	18.5℃	16.5℃	15.0℃	17.2℃	15.3℃
최고기온	27.7℃	22.8℃	21.8℃	25.5℃	18.3℃
최저기온	10.3℃	12.6℃	9.1℃	9.9℃	14.5℃
강수량	-	0.4㎜	-	-	96.5㎜
일 출	05:32	05:28	05:20	05:18	05:13
일 몰	19:26	19:29	19:38	19:39	19:47

망종 06.06 ~ 07.07(양)

甲午月

양력	06.06		7	8	9	10	11	12	13	14	15	16	17	18	19	20	21	22	23	24	25	26	27	28	29	30	7.1	2	3	4	5	6	7
음력	05.07		8	9	10	11	12	13	14	15	16	17	18	19	20	21	22	23	24	25	26	27	28	29	6.1	2	3	4	5	6	7	8	9
일주	辛亥		壬子	癸丑	甲寅	乙卯	丙辰	丁巳	戊午	己未	庚申	辛酉	壬戌	癸亥	甲子	乙丑	丙寅	丁卯	戊辰	己巳	庚午	辛未	壬申	癸酉	甲戌	乙亥	丙子	丁丑	戊寅	己卯	庚辰	辛巳	壬午
대운 남	1	10	10	10	10	9	9	9	8	8	8	7	7	7	6	6	6	5	5	5	4	4	4	3	3	3	2	2	2	1	1	1	1
대운 여	10	1	1	1	1	1	2	2	2	3	3	3	4	4	4	5	5	5	6	6	6	7	7	7	8	8	8	9	9	9	10	10	10

	6월 6일(양) 망종 16시 49분	6월 10일(양)	6월 20일(양)	6월 22일(양) 하지 09시 44분	7월 1일(양)
평균기온	21.4℃	20.7℃	20.9℃	20.9℃	25.3℃
최고기온	28.9℃	25.5℃	23.0℃	27.5℃	29.5℃
최저기온	14.5℃	17.6℃	20.3℃	17.4℃	22.0℃
강수량	-	0.0㎜	25.9㎜	-	0.5㎜
일 출	05:11	05:10	05:10	05:11	05:14
일 몰	19:50	19:52	19:56	19:57	19:57

소서 07.08 ~ 08.07(양)

乙未月

양력	07.08		9	10	11	12	13	14	15	16	17	18	19	20	21	22	23	24	25	26	27	28	29	30	31	8.1	2	3	4	5	6	7
음력	06.10		11	12	13	14	15	16	17	18	19	20	21	22	23	24	25	26	27	28	29	7.1	2	3	4	5	6	7	8	9	10	11
일주	癸未		甲申	乙酉	丙戌	丁亥	戊子	己丑	庚寅	辛卯	壬辰	癸巳	甲午	乙未	丙申	丁酉	戊戌	己亥	庚子	辛丑	壬寅	癸卯	甲辰	乙巳	丙午	丁未	戊申	己酉	庚戌	辛亥	壬子	癸丑
대운 남	1	10	10	10	9	9	9	8	8	8	7	7	7	6	6	6	5	5	5	4	4	4	3	3	3	2	2	2	1	1	1	1
대운 여	10	1	1	1	1	1	2	2	2	3	3	3	4	4	4	5	5	5	6	6	6	7	7	7	8	8	8	9	9	9	10	10

	7월 8일(양) 소서 03시 11분	7월 10일(양)	7월 20일(양)	7월 23일(양) 대서 20시 37분	8월 1일(양)
평균기온	25.4℃	23.4℃	25.8℃	27.2℃	25.5℃
최고기온	31.6℃	25.5℃	29.9℃	33.7℃	33.2℃
최저기온	20.6℃	20.4℃	24.2℃	22.3℃	20.4℃
강수량	-	59.5㎜	10.3㎜	-	-
일 출	05:17	05:18	05:25	05:28	05:35
일 몰	19:56	19:56	19:51	19:49	19:41

입추 — 08.08 ~ 09.07(양)

丙申月

	08.08	9	10	11	12	13	14	15	16	17	18	19	20	21	22	23	24	25	26	27	28	29	30	31	9.1	2	3	4	5	6	7
양력	08.08	9	10	11	12	13	14	15	16	17	18	19	20	21	22	23	24	25	26	27	28	29	30	31	9.1	2	3	4	5	6	7
음력	07.12	13	14	15	16	17	18	19	20	21	22	23	24	25	26	27	28	29	30	8.1	2	3	4	5	6	7	8	9	10	11	12
일주	甲寅	乙卯	丙辰	丁巳	戊午	己未	庚申	辛酉	壬戌	癸亥	甲子	乙丑	丙寅	丁卯	戊辰	己巳	庚午	辛未	壬申	癸酉	甲戌	乙亥	丙子	丁丑	戊寅	己卯	庚辰	辛巳	壬午	癸未	甲申
대운 남	1 / 10	10	10	9	9	9	8	8	8	7	7	7	6	6	6	5	5	5	4	4	4	3	3	3	2	2	2	1	1	1	1
대운 여	10 / 1	1	1	1	2	2	2	3	3	3	4	4	4	5	5	5	6	6	6	7	7	7	8	8	8	9	9	9	10	10	10

	8월 8일(양) 입추 12시 52분	8월 10일(양)	8월 20일(양)	8월 24일(양) 처서 03시 26분	9월 1일(양)
평균기온	25.6℃	27.8℃	26.8℃	23.7℃	24.4℃
최고기온	30.2℃	34.2℃	30.6℃	28.2℃	30.5℃
최저기온	22.0℃	23.7℃	22.7℃	21.5℃	21.0℃
강수량	28.4mm	2.1mm	0.0mm	0.0mm	–
일 출	05:41	05:42	05:51	05:54	06:01
일 몰	19:34	19:32	19:19	19:14	19:03

백로 — 09.08 ~ 10.08(양)

丁酉月

	09.08	9	10	11	12	13	14	15	16	17	18	19	20	21	22	23	24	25	26	27	28	29	30	10.1	2	3	4	5	6	7	8
양력	09.08	9	10	11	12	13	14	15	16	17	18	19	20	21	22	23	24	25	26	27	28	29	30	10.1	2	3	4	5	6	7	8
음력	08.13	14	15	16	17	18	19	20	21	22	23	24	25	26	27	28	29	9.1	2	3	4	5	6	7	8	9	10	11	12	13	14
일주	乙酉	丙戌	丁亥	戊子	己丑	庚寅	辛卯	壬辰	癸巳	甲午	乙未	丙申	丁酉	戊戌	己亥	庚子	辛丑	壬寅	癸卯	甲辰	乙巳	丙午	丁未	戊申	己酉	庚戌	辛亥	壬子	癸丑	甲寅	乙卯
대운 남	1 / 10	10	10	9	9	9	8	8	8	7	7	7	6	6	6	5	5	5	4	4	4	3	3	3	2	2	2	1	1	1	1
대운 여	10 / 1	1	1	1	2	2	2	3	3	3	4	4	4	5	5	5	6	6	6	7	7	7	8	8	8	9	9	9	10	10	10

	9월 8일(양) 백로 15시 27분	9월 10일(양)	9월 20일(양)	9월 24일(양) 추분 00시 41분	10월 1일(양)
평균기온	23.3℃	21.5℃	16.7℃	19.8℃	20.8℃
최고기온	30.7℃	28.0℃	23.7℃	28.3℃	29.9℃
최저기온	16.0℃	17.4℃	10.6℃	14.4℃	13.4℃
강수량	–	–	–	–	–
일 출	06:07	06:09	06:17	06:21	06:27
일 몰	18:52	18:49	18:34	18:28	18:17

한로 — 10.09 ~ 11.07(양)

戊戌月

	10.09	10	11	12	13	14	15	16	17	18	19	20	21	22	23	24	25	26	27	28	29	30	31	11.1	2	3	4	5	6	7
양력	10.09	10	11	12	13	14	15	16	17	18	19	20	21	22	23	24	25	26	27	28	29	30	31	11.1	2	3	4	5	6	7
음력	09.15	16	17	18	19	20	21	22	23	24	25	26	27	28	29	30	10.1	2	3	4	5	6	7	8	9	10	11	12	13	14
일주	丙辰	丁巳	戊午	己未	庚申	辛酉	壬戌	癸亥	甲子	乙丑	丙寅	丁卯	戊辰	己巳	庚午	辛未	壬申	癸酉	甲戌	乙亥	丙子	丁丑	戊寅	己卯	庚辰	辛巳	壬午	癸未	甲申	乙酉
대운 남	1 / 10	10	9	9	9	8	8	8	7	7	7	6	6	6	5	5	5	4	4	4	3	3	3	2	2	2	1	1	1	1
대운 여	10 / 1	1	1	1	2	2	2	3	3	3	4	4	4	5	5	5	6	6	6	7	7	7	8	8	8	9	9	9	10	10

	10월 9일(양) 한로 06시 41분	10월 10일(양)	10월 20일(양)	10월 24일(양) 상강 09시 35분	11월 1일(양)
평균기온	13.8℃	15.9℃	14.6℃	15.6℃	10.8℃
최고기온	22.0℃	24.9℃	22.5℃	22.1℃	15.2℃
최저기온	5.7℃	8.2℃	9.6℃	8.0℃	3.4℃
강수량	–	–	–	–	–
일 출	06:34	06:35	06:44	06:48	06:56
일 몰	18:05	18:03	17:50	17:44	17:35

입동 — 11.08 ~ 12.07(양)

己亥月

	11.08	9	10	11	12	13	14	15	16	17	18	19	20	21	22	23	24	25	26	27	28	29	30	12.1	2	3	4	5	6	7
양력	11.08	9	10	11	12	13	14	15	16	17	18	19	20	21	22	23	24	25	26	27	28	29	30	12.1	2	3	4	5	6	7
음력	10.15	16	17	18	19	20	21	22	23	24	25	26	27	28	29	30	11.1	2	3	4	5	6	7	8	9	10	11	12	13	14
일주	丙戌	丁亥	戊子	己丑	庚寅	辛卯	壬辰	癸巳	甲午	乙未	丙申	丁酉	戊戌	己亥	庚子	辛丑	壬寅	癸卯	甲辰	乙巳	丙午	丁未	戊申	己酉	庚戌	辛亥	壬子	癸丑	甲寅	乙卯
대운 남	1 / 10	10	9	9	9	8	8	8	7	7	7	6	6	6	5	5	5	4	4	4	3	3	3	2	2	2	1	1	1	1
대운 여	10 / 1	1	1	1	2	2	2	3	3	3	4	4	4	5	5	5	6	6	6	7	7	7	8	8	8	9	9	9	10	10

	11월 8일(양) 입동 09시 27분	11월 10일(양)	11월 20일(양)	11월 23일(양) 소설 06시 46분	12월 1일(양)
평균기온	12.4℃	12.4℃	9.8℃	6.6℃	3.5℃
최고기온	18.5℃	17.2℃	14.3℃	12.1℃	5.5℃
최저기온	7.3℃	9.2℃	5.9℃	1.3℃	-2.7℃
강수량	–	–	0.0mm	–	3.5mm
일 출	07:03	07:05	07:16	07:19	07:27
일 몰	17:28	17:26	17:19	17:17	17:14

대설 — 12.08 ~ 1947.01.05(양)

庚子月

	12.08	9	10	11	12	13	14	15	16	17	18	19	20	21	22	23	24	25	26	27	28	29	30	31	1.1	2	3	4	5
양력	12.08	9	10	11	12	13	14	15	16	17	18	19	20	21	22	23	24	25	26	27	28	29	30	31	1.1	2	3	4	5
음력	11.15	16	17	18	19	20	21	22	23	24	25	26	27	28	29	12.1	2	3	4	5	6	7	8	9	10	11	12	13	14
일주	丙辰	丁巳	戊午	己未	庚申	辛酉	壬戌	癸亥	甲子	乙丑	丙寅	丁卯	戊辰	己巳	庚午	辛未	壬申	癸酉	甲戌	乙亥	丙子	丁丑	戊寅	己卯	庚辰	辛巳	壬午	癸未	甲申
대운 남	1 / 10	9	9	9	8	8	8	7	7	7	6	6	6	5	5	5	4	4	4	3	3	3	2	2	2	1	1	1	1
대운 여	10 / 1	1	1	1	2	2	2	3	3	3	4	4	4	5	5	5	6	6	6	7	7	7	8	8	8	9	9	9	9

	12월 8일(양) 대설 02시 00분	12월 10일(양)	12월 20일(양)	12월 22일(양) 동지 19시 53분	1월 1일(양)
평균기온	-1.7℃	-9.5℃	-7.9℃	-4.6℃	-2.9℃
최고기온	5.3℃	-4.9℃	-1.9℃	-1.4℃	1.0℃
최저기온	-11.2℃	-14.1℃	-15.0℃	-8.3℃	-6.2℃
강수량	0.0mm	–	–	0.0mm	–
일 출	07:34	07:35	07:42	07:43	07:47
일 몰	17:14	17:14	17:16	17:17	17:24

소한 — 01.06 ~ 02.04(양)

辛丑月

	1947.01.06	7	8	9	10	11	12	13	14	15	16	17	18	19	20	21	22	23	24	25	26	27	28	29	30	31	2.1	2	3	4
양력	1947.01.06	7	8	9	10	11	12	13	14	15	16	17	18	19	20	21	22	23	24	25	26	27	28	29	30	31	2.1	2	3	4
음력	1946.12.15	16	17	18	19	20	21	22	23	24	25	26	27	28	29	30	1.1	2	3	4	5	6	7	8	9	10	11	12	13	14
일주	乙酉	丙戌	丁亥	戊子	己丑	庚寅	辛卯	壬辰	癸巳	甲午	乙未	丙申	丁酉	戊戌	己亥	庚子	辛丑	壬寅	癸卯	甲辰	乙巳	丙午	丁未	戊申	己酉	庚戌	辛亥	壬子	癸丑	甲寅
대운 남	1 / 10	10	9	9	9	8	8	8	7	7	7	6	6	6	5	5	5	4	4	4	3	3	3	2	2	2	1	1	1	1
대운 여	10 / 1	1	1	1	2	2	2	3	3	3	4	4	4	5	5	5	6	6	6	7	7	7	8	8	8	9	9	9	10	10

	1월 6일(양) 소한 13시 06분	1월 10일(양)	1월 20일(양)	1월 21일(양) 대한 06시 32분	2월 1일(양)
평균기온	-0.1℃	-1.5℃	-6.7℃	-6.3℃	-9.0℃
최고기온	2.1℃	0.9℃	-3.7℃	-1.5℃	-4.9℃
최저기온	-3.5℃	-6.2℃	-9.6℃	-12.3℃	-12.4℃
강수량	–	5.0mm	–	–	–
일 출	07:47	07:47	07:45	07:44	07:37
일 몰	17:28	17:31	17:42	17:43	17:55

입춘 02.05 ~ 03.05(양)

壬寅月	양력	1947.02.05		6	7	8	9	10	11	12	13	14	15	16	17	18	19	20	21	22	23	24	25	26	27	28	3.1	2	3	4	5
	음력	1947.01.15		16	17	18	19	20	21	22	23	24	25	26	27	28	29	30	2.1	2	3	4	5	6	7	8	9	10	11	12	13
	일주	乙卯		丙辰	丁巳	戊午	己未	庚申	辛酉	壬戌	癸亥	甲子	乙丑	丙寅	丁卯	戊辰	己巳	庚午	辛未	壬申	癸酉	甲戌	乙亥	丙子	丁丑	戊寅	己卯	庚辰	辛巳	壬午	癸未
	대운 남	1	1	1	1	1	1	2	2	2	3	3	3	4	4	4	5	5	5	6	6	6	7	7	7	8	8	8	9	9	9
	대운 여	10	10	9	9	9	8	8	8	7	7	7	6	6	6	5	5	5	4	4	4	3	3	3	2	2	2	1	1	1	1

2월 5일(양) 입춘 00시 50분		2월 10일(양)		2월 19일(양) 우수 20시 52분		2월 20일(양)		3월 1일(양)	
평균기온: -7.2℃	강수량: -	평균기온: -5.0℃	강수량: -	평균기온: -8.1℃	강수량: 0.0㎜	평균기온: -7.5℃	강수량: -	평균기온: 6.2℃	강수량: -
최고기온: -1.1℃	일 출: 07:33	최고기온: -0.9℃	일 출: 07:29	최고기온: -3.2℃	일 출: 07:18	최고기온: -2.2℃	일 출: 07:17	최고기온: 11.3℃	일 출: 07:05
최저기온: -14.5℃	일 몰: 17:59	최저기온: -9.8℃	일 몰: 18:05	최저기온: -12.3℃	일 몰: 18:14	최저기온: -12.1℃	일 몰: 18:15	최저기온: -1.6℃	일 몰: 18:25

경칩 03.06 ~ 04.05(양)

癸卯月	양력	03.06		7	8	9	10	11	12	13	14	15	16	17	18	19	20	21	22	23	24	25	26	27	28	29	30	31	4.1	2	3	4	5
	음력	02.14		15	16	17	18	19	20	21	22	23	24	25	26	27	28	29	30	윤	2.2	3	4	5	6	7	8	9	10	11	12	13	14
	일주	甲申		乙酉	丙戌	丁亥	戊子	己丑	庚寅	辛卯	壬辰	癸巳	甲午	乙未	丙申	丁酉	戊戌	己亥	庚子	辛丑	壬寅	癸卯	甲辰	乙巳	丙午	丁未	戊申	己酉	庚戌	辛亥	壬子	癸丑	甲寅
	대운 남	10	1	1	1	1	1	2	2	2	3	3	3	4	4	4	5	5	5	6	6	6	7	7	7	8	8	8	9	9	9	10	10
	대운 여	1	10	10	10	9	9	9	8	8	8	7	7	7	6	6	6	5	5	5	4	4	4	3	3	3	2	2	2	1	1	1	1

3월 6일(양) 경칩 19시 08분		3월 10일(양)		3월 20일(양)		3월 21일(양) 춘분 20시 13분		4월 1일(양)	
평균기온: -1.8℃	강수량: -	평균기온: -1.3℃	강수량: -	평균기온: 5.4℃	강수량: 36.1㎜	평균기온: -1.5℃	강수량: -	평균기온: 8.4℃	강수량: 22.7㎜
최고기온: 2.7℃	일 출: 06:58	최고기온: 3.2℃	일 출: 06:53	최고기온: 8.7℃	일 출: 06:38	최고기온: 0.5℃	일 출: 06:36	최고기온: 11.8℃	일 출: 06:20
최저기온: -4.1℃	일 몰: 18:30	최저기온: -6.8℃	일 몰: 18:33	최저기온: -1.0℃	일 몰: 18:43	최저기온: -3.7℃	일 몰: 18:44	최저기온: 4.0℃	일 몰: 18:54

청명 04.06 ~ 05.05(양)

甲辰月	양력	04.06		7	8	9	10	11	12	13	14	15	16	17	18	19	20	21	22	23	24	25	26	27	28	29	30	5.1	2	3	4	5
	음력	02.15		16	17	18	19	20	21	22	23	24	25	26	27	28	29	3.1	2	3	4	5	6	7	8	9	10	11	12	13	14	15
	일주	乙卯		丙辰	丁巳	戊午	己未	庚申	辛酉	壬戌	癸亥	甲子	乙丑	丙寅	丁卯	戊辰	己巳	庚午	辛未	壬申	癸酉	甲戌	乙亥	丙子	丁丑	戊寅	己卯	庚辰	辛巳	壬午	癸未	甲申
	대운 남	10	1	1	1	1	1	2	2	2	3	3	3	4	4	4	5	5	5	6	6	6	7	7	7	8	8	8	9	9	9	10
	대운 여	1	10	10	9	9	9	8	8	8	7	7	7	6	6	6	5	5	5	4	4	4	3	3	3	2	2	2	1	1	1	1

4월 6일(양) 청명 00시 20분		4월 10일(양)		4월 20일(양)		4월 21일(양) 곡우 07시 39분		5월 1일(양)	
평균기온: 9.5℃	강수량: -	평균기온: 7.1℃	강수량: -	평균기온: 11.2℃	강수량: 16.1㎜	평균기온: 7.6℃	강수량: 2.1㎜	평균기온: 15.2℃	강수량: -
최고기온: 17.2℃	일 출: 06:12	최고기온: 12.8℃	일 출: 06:06	최고기온: 16.3℃	일 출: 05:52	최고기온: 12.3℃	일 출: 05:51	최고기온: 22.5℃	일 출: 05:38
최저기온: 2.7℃	일 몰: 18:58	최저기온: 3.1℃	일 몰: 19:02	최저기온: 6.3℃	일 몰: 19:11	최저기온: 3.4℃	일 몰: 19:12	최저기온: 8.3℃	일 몰: 19:21

입하 05.06 ~ 06.05(양)

乙巳月	양력	05.06		7	8	9	10	11	12	13	14	15	16	17	18	19	20	21	22	23	24	25	26	27	28	29	30	31	6.1	2	3	4	5
	음력	03.16		17	18	19	20	21	22	23	24	25	26	27	28	29	4.1	2	3	4	5	6	7	8	9	10	11	12	13	14	15	16	17
	일주	乙酉		丙戌	丁亥	戊子	己丑	庚寅	辛卯	壬辰	癸巳	甲午	乙未	丙申	丁酉	戊戌	己亥	庚子	辛丑	壬寅	癸卯	甲辰	乙巳	丙午	丁未	戊申	己酉	庚戌	辛亥	壬子	癸丑	甲寅	乙卯
	대운 남	10	1	1	1	1	1	2	2	2	3	3	3	4	4	4	5	5	5	6	6	6	7	7	7	8	8	8	9	9	9	10	10
	대운 여	1	10	10	10	9	9	9	8	8	8	7	7	7	6	6	6	5	5	5	4	4	4	3	3	3	2	2	2	1	1	1	1

5월 6일(양) 입하 18시 03분		5월 10일(양)		5월 20일(양)		5월 22일(양) 소만 07시 09분		6월 1일(양)	
평균기온: 17.3℃	강수량: -	평균기온: 15.4℃	강수량: -	평균기온: 16.6℃	강수량: -	평균기온: 16.3℃	강수량: -	평균기온: 17.7℃	강수량: 0.0㎜
최고기온: 22.5℃	일 출: 05:33	최고기온: 24.8℃	일 출: 05:28	최고기온: 25.8℃	일 출: 05:20	최고기온: 24.5℃	일 출: 05:18	최고기온: 25.3℃	일 출: 05:13
최저기온: 11.3℃	일 몰: 19:25	최저기온: 8.3℃	일 몰: 19:29	최저기온: 8.2℃	일 몰: 19:38	최저기온: 10.2℃	일 몰: 19:39	최저기온: 12.7℃	일 몰: 19:47

망종 06.06 ~ 07.07(양)

丙午月	양력	06.06		7	8	9	10	11	12	13	14	15	16	17	18	19	20	21	22	23	24	25	26	27	28	29	30	7.1	2	3	4	5	6	7
	음력	04.18		19	20	21	22	23	24	25	26	27	28	29	30	5.1	2	3	4	5	6	7	8	9	10	11	12	13	14	15	16	17	18	19
	일주	丙辰		丁巳	戊午	己未	庚申	辛酉	壬戌	癸亥	甲子	乙丑	丙寅	丁卯	戊辰	己巳	庚午	辛未	壬申	癸酉	甲戌	乙亥	丙子	丁丑	戊寅	己卯	庚辰	辛巳	壬午	癸未	甲申	乙酉	丙戌	丁亥
	대운 남	10	1	1	1	1	1	2	2	2	3	3	3	4	4	4	5	5	5	6	6	6	7	7	7	8	8	8	9	9	9	10	10	10
	대운 여	1	10	10	10	10	9	9	9	8	8	8	7	7	7	6	6	6	5	5	5	4	4	4	3	3	3	2	2	2	1	1	1	1

6월 6일(양) 망종 22시 31분		6월 10일(양)		6월 20일(양)		6월 22일(양) 하지 15시 19분		7월 1일(양)	
평균기온: 19.3℃	강수량: 2.3㎜	평균기온: 14.7℃	강수량: 16.9㎜	평균기온: 19.4℃	강수량: 1.8㎜	평균기온: 21.6℃	강수량: -	평균기온: 20.5℃	강수량: 2.4㎜
최고기온: 27.0℃	일 출: 05:11	최고기온: 18.6℃	일 출: 05:10	최고기온: 24.0℃	일 출: 05:10	최고기온: 27.2℃	일 출: 05:11	최고기온: 25.9℃	일 출: 05:14
최저기온: 13.6℃	일 몰: 19:50	최저기온: 12.6℃	일 몰: 19:52	최저기온: 16.3℃	일 몰: 19:56	최저기온: 16.7℃	일 몰: 19:57	최저기온: 17.9℃	일 몰: 19:57

소서 07.08 ~ 08.07(양)

丁未月	양력	07.08		9	10	11	12	13	14	15	16	17	18	19	20	21	22	23	24	25	26	27	28	29	30	31	8.1	2	3	4	5	6	7
	음력	05.20		21	22	23	24	25	26	27	28	29	6.1	2	3	4	5	6	7	8	9	10	11	12	13	14	15	16	17	18	19	20	21
	일주	戊子		己丑	庚寅	辛卯	壬辰	癸巳	甲午	乙未	丙申	丁酉	戊戌	己亥	庚子	辛丑	壬寅	癸卯	甲辰	乙巳	丙午	丁未	戊申	己酉	庚戌	辛亥	壬子	癸丑	甲寅	乙卯	丙辰	丁巳	戊午
	대운 남	10	1	1	1	1	1	2	2	2	3	3	3	4	4	4	5	5	5	6	6	6	7	7	7	8	8	8	9	9	9	10	10
	대운 여	1	10	10	10	9	9	9	8	8	8	7	7	7	6	6	6	5	5	5	4	4	4	3	3	3	2	2	2	1	1	1	1

7월 8일(양) 소서 08시 56분		7월 10일(양)		7월 20일(양)		7월 24일(양) 대서 02시 14분		8월 1일(양)	
평균기온: 21.4℃	강수량: 19.2㎜	평균기온: 20.6℃	강수량: 3.6㎜	평균기온: 24.5℃	강수량: 10.8㎜	평균기온: 25.8℃	강수량: -	평균기온: 26.1℃	강수량: -
최고기온: 24.9℃	일 출: 05:17	최고기온: 24.5℃	일 출: 05:18	최고기온: 29.5℃	일 출: 05:25	최고기온: 32.4℃	일 출: 05:28	최고기온: 31.0℃	일 출: 05:35
최저기온: 19.0℃	일 몰: 19:56	최저기온: 18.3℃	일 몰: 19:56	최저기온: 20.7℃	일 몰: 19:51	최저기온: 20.5℃	일 몰: 19:48	최저기온: 23.3℃	일 몰: 19:41

동경 135도 표준시

입 추   08.08 ~ 09.07(양)

戊申月

양력	08.08	9	10	11	12	13	14	15	16	17	18	19	20	21	22	23	24	25	26	27	28	29	30	31	9.1	2	3	4	5	6	7
음력	06.22	23	24	25	26	27	28	29	7.1	2	3	4	5	6	7	8	9	10	11	12	13	14	15	16	17	18	19	20	21	22	23
일주	己未	庚申	辛酉	壬戌	癸亥	甲子	乙丑	丙寅	丁卯	戊辰	己巳	庚午	辛未	壬申	癸酉	甲戌	乙亥	丙子	丁丑	戊寅	己卯	庚辰	辛巳	壬午	癸未	甲申	乙酉	丙戌	丁亥	戊子	己丑
대운 남	10 1	1	1	1	1	1	2	2	2	3	3	3	4	4	4	5	5	5	6	6	6	7	7	7	8	8	8	9	9	10	10
대운 여	1 10	10	10	10	9	9	9	8	8	8	7	7	7	6	6	6	5	5	5	4	4	4	3	3	3	2	2	2	1	1	1

	8월 8일(양) 입추 18시 41분	8월 10일(양)	8월 20일(양)	8월 24일(양) 처서 09시 09분	9월 1일(양)
평균기온	23.6℃	24.3℃	25.3℃	24.3℃	19.2℃
최고기온	27.5℃	28.8℃	31.0℃	30.5℃	22.5℃
최저기온	20.8℃	21.0℃	20.6℃	22.5℃	17.0℃
강수량	9.4mm	0.0mm	0.0mm	54.5mm	1.0mm
일 출	05:41	05:42	05:51	05:54	06:01
일 몰	19:34	19:32	19:20	19:14	19:03

백 로   09.08 ~ 10.08(양)

己酉月

양력	09.08	9	10	11	12	13	14	15	16	17	18	19	20	21	22	23	24	25	26	27	28	29	30	10.1	2	3	4	5	6	7	8
음력	07.24	25	26	27	28	29	30	8.1	2	3	4	5	6	7	8	9	10	11	12	13	14	15	16	17	18	19	20	21	22	23	24
일주	庚寅	辛卯	壬辰	癸巳	甲午	乙未	丙申	丁酉	戊戌	己亥	庚子	辛丑	壬寅	癸卯	甲辰	乙巳	丙午	丁未	戊申	己酉	庚戌	辛亥	壬子	癸丑	甲寅	乙卯	丙辰	丁巳	戊午	己未	庚申
대운 남	10 1	1	1	1	1	1	2	2	2	3	3	3	4	4	4	5	5	5	6	6	6	7	7	7	8	8	8	9	9	10	10
대운 여	1 10	10	10	10	9	9	9	8	8	8	7	7	7	6	6	6	5	5	5	4	4	4	3	3	3	2	2	2	1	1	1

	9월 8일(양) 백로 21시 21분	9월 10일(양)	9월 20일(양)	9월 24일(양) 추분 06시 29분	10월 1일(양)
평균기온	18.2℃	20.2℃	20.4℃	19.0℃	13.5℃
최고기온	22.7℃	26.6℃	27.2℃	24.3℃	20.0℃
최저기온	17.2℃	14.6℃	14.7℃	15.5℃	7.0℃
강수량	13.8mm	–	–	11.9mm	–
일 출	06:07	06:09	06:17	06:20	06:26
일 몰	18:53	18:50	18:34	18:28	18:17

한 로   10.09 ~ 11.07(양)

庚戌月

양력	10.09	10	11	12	13	14	15	16	17	18	19	20	21	22	23	24	25	26	27	28	29	30	31	11.1	2	3	4	5	6	7
음력	08.25	26	27	28	29	9.1	2	3	4	5	6	7	8	9	10	11	12	13	14	15	16	17	18	19	20	21	22	23	24	25
일주	辛酉	壬戌	癸亥	甲子	乙丑	丙寅	丁卯	戊辰	己巳	庚午	辛未	壬申	癸酉	甲戌	乙亥	丙子	丁丑	戊寅	己卯	庚辰	辛巳	壬午	癸未	甲申	乙酉	丙戌	丁亥	戊子	己丑	庚寅
대운 남	10 1	1	1	1	1	2	2	2	3	3	3	4	4	4	5	5	5	6	6	6	7	7	7	8	8	8	9	9	9	10
대운 여	1 10	10	10	9	9	9	8	8	8	7	7	7	6	6	6	5	5	5	4	4	4	3	3	3	2	2	2	1	1	1

	10월 9일(양) 한로 12시 37분	10월 10일(양)	10월 20일(양)	10월 24일(양) 상강 15시 26분	11월 1일(양)
평균기온	14.4℃	12.1℃	13.1℃	9.0℃	9.7℃
최고기온	19.7℃	16.7℃	22.0℃	13.6℃	16.8℃
최저기온	12.4℃	9.3℃	6.5℃	3.5℃	5.1℃
강수량	1.5mm	3.3mm	–	–	0.0mm
일 출	06:33	06:34	06:44	06:48	06:56
일 몰	18:05	18:04	17:50	17:45	17:35

입 동   11.08 ~ 12.07(양)

辛亥月

양력	11.08	9	10	11	12	13	14	15	16	17	18	19	20	21	22	23	24	25	26	27	28	29	30	12.1	2	3	4	5	6	7
음력	09.26	27	28	29	30	10.1	2	3	4	5	6	7	8	9	10	11	12	13	14	15	16	17	18	19	20	21	22	23	24	25
일주	辛卯	壬辰	癸巳	甲午	乙未	丙申	丁酉	戊戌	己亥	庚子	辛丑	壬寅	癸卯	甲辰	乙巳	丙午	丁未	戊申	己酉	庚戌	辛亥	壬子	癸丑	甲寅	乙卯	丙辰	丁巳	戊午	己未	庚申
대운 남	10 1	1	1	1	1	2	2	2	3	3	3	4	4	4	5	5	5	6	6	6	7	7	7	8	8	8	9	9	9	10
대운 여	1 10	10	10	9	9	9	8	8	8	7	7	7	6	6	6	5	5	5	4	4	4	3	3	3	2	2	2	1	1	1

	11월 8일(양) 입동 15시 24분	11월 10일(양)	11월 20일(양)	11월 23일(양) 소설 12시 38분	12월 1일(양)
평균기온	13.7℃	6.7℃	-1.0℃	0.6℃	-0.4℃
최고기온	17.8℃	12.1℃	3.5℃	3.6℃	1.4℃
최저기온	11.0℃	1.6℃	-4.0℃	-2.4℃	-2.1℃
강수량	1.1mm	–	–	–	3.1mm
일 출	07:03	07:05	07:16	07:19	07:27
일 몰	17:28	17:26	17:19	17:17	17:14

대 설   12.08 ~ 1948.01.05(양)

壬子月

양력	12.08	9	10	11	12	13	14	15	16	17	18	19	20	21	22	23	24	25	26	27	28	29	30	31	1.1	2	3	4	5
음력	10.26	27	28	29	11.1	2	3	4	5	6	7	8	9	10	11	12	13	14	15	16	17	18	19	20	21	22	23	24	25
일주	辛酉	壬戌	癸亥	甲子	乙丑	丙寅	丁卯	戊辰	己巳	庚午	辛未	壬申	癸酉	甲戌	乙亥	丙子	丁丑	戊寅	己卯	庚辰	辛巳	壬午	癸未	甲申	乙酉	丙戌	丁亥	戊子	己丑
대운 남	10 1	1	1	1	1	2	2	2	3	3	3	4	4	4	5	5	5	6	6	6	7	7	7	8	8	8	9	9	9
대운 여	1 10	10	9	9	9	8	8	8	7	7	7	6	6	6	5	5	5	4	4	4	3	3	3	2	2	2	1	1	1

	12월 8일(양) 대설 07시 56분	12월 10일(양)	12월 20일(양)	12월 23일(양) 동지 01시 43분	1월 1일(양)
평균기온	3.9℃	-6.3℃	-11.0℃	-7.6℃	-9.1℃
최고기온	6.9℃	1.0℃	-7.2℃	-1.2℃	-6.1℃
최저기온	-1.5℃	-10.0℃	-17.2℃	-12.6℃	-11.7℃
강수량	20.4mm	–	0.0mm	–	–
일 출	07:33	07:35	07:42	07:44	07:47
일 몰	17:14	17:14	17:16	17:18	17:23

소 한   01.06 ~ 02.04(양)

癸丑月

양력	1948.01.06	7	8	9	10	11	12	13	14	15	16	17	18	19	20	21	22	23	24	25	26	27	28	29	30	31	2.1	2	3	4
음력	1947.11.26	27	28	29	30	12.1	2	3	4	5	6	7	8	9	10	11	12	13	14	15	16	17	18	19	20	21	22	23	24	25
일주	庚寅	辛卯	壬辰	癸巳	甲午	乙未	丙申	丁酉	戊戌	己亥	庚子	辛丑	壬寅	癸卯	甲辰	乙巳	丙午	丁未	戊申	己酉	庚戌	辛亥	壬子	癸丑	甲寅	乙卯	丙辰	丁巳	戊午	己未
대운 남	10 1	1	1	1	1	2	2	2	3	3	3	4	4	4	5	5	5	6	6	6	7	7	7	8	8	8	9	9	9	10
대운 여	1 10	10	10	9	9	9	8	8	8	7	7	7	6	6	6	5	5	5	4	4	4	3	3	3	2	2	2	1	1	1

	1월 6일(양) 소한 19시 00분	1월 10일(양)	1월 20일(양)	1월 21일(양) 대한 12시 18분	2월 1일(양)
평균기온	-6.2℃	-0.5℃	3.9℃	2.4℃	-2.8℃
최고기온	-3.1℃	3.3℃	10.5℃	9.7℃	0.7℃
최저기온	-8.6℃	-4.0℃	-0.3℃	-0.8℃	-9.0℃
강수량	–	0.0mm	–	–	0.6mm
일 출	07:47	07:47	07:45	07:44	07:37
일 몰	17:28	17:31	17:41	17:42	17:54

입춘 — 02.05 ~ 03.05(양) · 甲寅月

양력	1948.02.05	6	7	8	9	10	11	12	13	14	15	16	17	18	19	20	21	22	23	24	25	26	27	28	29	3.1	2	3	4	5
음력	1947.12.26	27	28	29	30	1.1	2	3	4	5	6	7	8	9	10	11	12	13	14	15	16	17	18	19	20	21	22	23	24	25
일주	庚申	辛酉	壬戌	癸亥	甲子	乙丑	丙寅	丁卯	戊辰	己巳	庚午	辛未	壬申	癸酉	甲戌	乙亥	丙子	丁丑	戊寅	己卯	庚辰	辛巳	壬午	癸未	甲申	乙酉	丙戌	丁亥	戊子	己丑
대운 남	10 10	10	9	9	9	8	8	8	7	7	7	6	6	6	5	5	5	4	4	4	3	3	3	2	2	2	1	1	1	1
대운 여	1 1	1	1	1	2	2	2	3	3	3	4	4	4	5	5	5	6	6	6	7	7	7	8	8	8	9	9	9	10

날짜	평균기온	최고기온	최저기온	강수량	일 출	일 몰
2월 5일(양) 입춘 06시 42분	-7.5℃	-2.2℃	-14.0℃	-	07:34	17:59
2월 10일(양)	-4.8℃	0.6℃	-13.3℃	-	07:29	18:04
2월 20일(양) 우수 02시 37분	4.5℃	11.5℃	-1.0℃	5.6mm	07:17	18:15
3월 1일(양)	0.7℃	5.7℃	-2.5℃	-	07:04	18:25

경칩 — 03.06 ~ 04.04(양) · 乙卯月

양력	03.06	7	8	9	10	11	12	13	14	15	16	17	18	19	20	21	22	23	24	25	26	27	28	29	30	31	4.1	2	3	4
음력	01.26	27	28	29	30	2.1	2	3	4	5	6	7	8	9	10	11	12	13	14	15	16	17	18	19	20	21	22	23	24	25
일주	庚寅	辛卯	壬辰	癸巳	甲午	乙未	丙申	丁酉	戊戌	己亥	庚子	辛丑	壬寅	癸卯	甲辰	乙巳	丙午	丁未	戊申	己酉	庚戌	辛亥	壬子	癸丑	甲寅	乙卯	丙辰	丁巳	戊午	己未
대운 남	1 10	10	9	9	9	8	8	8	7	7	7	6	6	6	5	5	5	4	4	4	3	3	3	2	2	2	1	1	1	1
대운 여	10 1	1	1	1	2	2	2	3	3	3	4	4	4	5	5	5	6	6	6	7	7	7	8	8	8	9	9	9	10

날짜	평균기온	최고기온	최저기온	강수량	일 출	일 몰
3월 6일(양) 경칩 00시 58분	-0.8℃	0.5℃	-3.6℃	2.7mm	06:57	18:30
3월 10일(양)	7.3℃	9.4℃	4.6℃	3.4mm	06:51	18:34
3월 20일(양)	6.2℃	12.0℃	2.0℃	9.8mm	06:37	18:43
3월 21일(양) 춘분 01시 57분	9.3℃	16.1℃	4.0℃	-	06:35	18:44
4월 1일(양)	11.5℃	17.2℃	4.5℃	0.0mm	06:18	18:54

청명 — 04.05 ~ 05.04(양) · 丙辰月

양력	04.05	6	7	8	9	10	11	12	13	14	15	16	17	18	19	20	21	22	23	24	25	26	27	28	29	30	5.1	2	3	4
음력	02.26	27	28	29	3.1	2	3	4	5	6	7	8	9	10	11	12	13	14	15	16	17	18	19	20	21	22	23	24	25	26
일주	庚申	辛酉	壬戌	癸亥	甲子	乙丑	丙寅	丁卯	戊辰	己巳	庚午	辛未	壬申	癸酉	甲戌	乙亥	丙子	丁丑	戊寅	己卯	庚辰	辛巳	壬午	癸未	甲申	乙酉	丙戌	丁亥	戊子	己丑
대운 남	1 10	10	9	9	9	8	8	8	7	7	7	6	6	6	5	5	5	4	4	4	3	3	3	2	2	2	1	1	1	1
대운 여	10 1	1	1	1	2	2	2	3	3	3	4	4	4	5	5	5	6	6	6	7	7	7	8	8	8	9	9	9	10

날짜	평균기온	최고기온	최저기온	강수량	일 출	일 몰
4월 5일(양) 청명 06시 09분	13.8℃	21.7℃	7.5℃	-	06:12	18:58
4월 10일(양)	9.2℃	16.0℃	3.9℃	-	06:05	19:02
4월 20일(양) 곡우 13시 25분	11.9℃	17.8℃	7.9℃	-	05:51	19:12
5월 1일(양)	17.1℃	21.5℃	12.6℃	16.6mm	05:37	19:22

입하 — 05.05 ~ 06.05(양) · 丁巳月

서머타임 시작: 5월 31일 23시를 24시로 조정

양력	05.05	6	7	8	9	10	11	12	13	14	15	16	17	18	19	20	21	22	23	24	25	26	27	28	29	30	31	6.1	2	3	4	5
음력	03.27	28	29	30	4.1	2	3	4	5	6	7	8	9	10	11	12	13	14	15	16	17	18	19	20	21	22	23	24	25	26	27	28
일주	庚寅	辛卯	壬辰	癸巳	甲午	乙未	丙申	丁酉	戊戌	己亥	庚子	辛丑	壬寅	癸卯	甲辰	乙巳	丙午	丁未	戊申	己酉	庚戌	辛亥	壬子	癸丑	甲寅	乙卯	丙辰	丁巳	戊午	己未	庚申	辛酉
대운 남	1 10	10	10	10	9	9	9	8	8	8	7	7	7	6	6	6	5	5	5	4	4	4	3	3	3	2	2	2	1	1	1	1
대운 여	10 1	1	1	1	1	2	2	2	3	3	3	4	4	4	5	5	5	6	6	6	7	7	7	8	8	8	9	9	9	10	10	10

날짜	평균기온	최고기온	최저기온	강수량	일 출	일 몰
5월 5일(양) 입하 23시 52분	14.7℃	23.5℃	6.9℃	-	05:33	19:25
5월 10일(양)	15.2℃	21.2℃	11.0℃	-	05:28	19:30
5월 20일(양)	15.9℃	23.0℃	10.0℃	-	05:19	19:38
5월 21일(양) 소만 12시 58분	15.0℃	22.0℃	9.3℃	0.3mm	05:18	19:39
6월 1일(양)	17.4℃	20.5℃	9.7℃	0.4mm	05:12	19:47

망종 — 06.06 ~ 07.06(양) · 戊午月

양력	06.06	7	8	9	10	11	12	13	14	15	16	17	18	19	20	21	22	23	24	25	26	27	28	29	30	7.1	2	3	4	5	6
음력	04.29	5.1	2	3	4	5	6	7	8	9	10	11	12	13	14	15	16	17	18	19	20	21	22	23	24	25	26	27	28	29	30
일주	壬戌	癸亥	甲子	乙丑	丙寅	丁卯	戊辰	己巳	庚午	辛未	壬申	癸酉	甲戌	乙亥	丙子	丁丑	戊寅	己卯	庚辰	辛巳	壬午	癸未	甲申	乙酉	丙戌	丁亥	戊子	己丑	庚寅	辛卯	壬辰
대운 남	1 10	10	10	9	9	9	8	8	8	7	7	7	6	6	6	5	5	5	4	4	4	3	3	3	2	2	2	1	1	1	1
대운 여	10 1	1	1	2	2	2	3	3	3	4	4	4	5	5	5	6	6	6	7	7	7	8	8	8	9	9	9	10	10	10	10

날짜	평균기온	최고기온	최저기온	강수량	일 출	일 몰
6월 6일(양) 망종 05시 20분	19.7℃	27.0℃	14.2℃	-	05:11	19:50
6월 10일(양)	19.5℃	21.5℃	17.3℃	11.2mm	05:10	19:53
6월 20일(양)	22.7℃	29.3℃	18.5℃	-	05:11	19:56
6월 21일(양) 하지 22시 11분	22.7℃	29.6℃	16.5℃	-	05:11	19:56
7월 1일(양)	23.1℃	27.8℃	19.6℃	0.6mm	05:14	19:57

소서 — 07.07 ~ 08.07(양) · 己未月

양력	07.07	8	9	10	11	12	13	14	15	16	17	18	19	20	21	22	23	24	25	26	27	28	29	30	31	8.1	2	3	4	5	6	7
음력	06.01	2	3	4	5	6	7	8	9	10	11	12	13	14	15	16	17	18	19	20	21	22	23	24	25	26	27	28	29	7.1	2	3
일주	癸巳	甲午	乙未	丙申	丁酉	戊戌	己亥	庚子	辛丑	壬寅	癸卯	甲辰	乙巳	丙午	丁未	戊申	己酉	庚戌	辛亥	壬子	癸丑	甲寅	乙卯	丙辰	丁巳	戊午	己未	庚申	辛酉	壬戌	癸亥	甲子
대운 남	1 10	10	10	10	9	9	9	8	8	8	7	7	7	6	6	6	5	5	5	4	4	4	3	3	3	2	2	2	1	1	1	1
대운 여	10 1	1	1	1	1	2	2	2	3	3	3	4	4	4	5	5	5	6	6	6	7	7	7	8	8	8	9	9	9	10	10	10

날짜	평균기온	최고기온	최저기온	강수량	일 출	일 몰
7월 7일(양) 소서 15시 44분	21.8℃	25.0℃	18.5℃	63.9mm	05:17	19:56
7월 10일(양)	24.8℃	31.3℃	19.5℃	-	05:19	19:55
7월 20일(양)	25.2℃	31.6℃	19.4℃	1.4mm	05:26	19:50
7월 23일(양) 대서 09시 08분	25.3℃	30.0℃	22.5℃	3.3mm	05:28	19:48
8월 1일(양)	23.2℃	24.9℃	21.3℃	28.7mm	05:35	19:41

입추 　08.08 ~ 09.07(양)　庚申月

구분	08.08	9	10	11	12	13	14	15	16	17	18	19	20	21	22	23	24	25	26	27	28	29	30	31	9.1	2	3	4	5	6	7
양력	08.08	9	10	11	12	13	14	15	16	17	18	19	20	21	22	23	24	25	26	27	28	29	30	31	9.1	2	3	4	5	6	7
음력	07.04	5	6	7	8	9	10	11	12	13	14	15	16	17	18	19	20	21	22	23	24	25	26	27	28	29	8.1	2	3	4	5
일주	乙丑	丙寅	丁卯	戊辰	己巳	庚午	辛未	壬申	癸酉	甲戌	乙亥	丙子	丁丑	戊寅	己卯	庚辰	辛巳	壬午	癸未	甲申	乙酉	丙戌	丁亥	戊子	己丑	庚寅	辛卯	壬辰	癸巳	甲午	乙未
대운 남	1·10	10	10	9	9	9	8	8	8	7	7	7	6	6	6	5	5	5	4	4	4	3	3	3	2	2	2	1	1	1	1
대운 여	10·1	1	1	1	1	2	2	2	3	3	3	4	4	4	5	5	5	6	6	6	7	7	7	8	8	8	9	9	9	10	10

일자	평균기온	최고기온	최저기온	강수량	일 출	일 몰
8월 8일(양) 입추 01시 26분	24.6℃	29.7℃	22.3℃	71.1mm	05:41	19:33
8월 10일(양)	26.4℃	32.6℃	22.5℃	37.8mm	05:43	19:31
8월 20일(양)	27.5℃	33.6℃	23.2℃	–	05:51	19:19
8월 23일(양) 처서 16시 03분	25.7℃	32.5℃	20.2℃	–	05:54	19:15
9월 1일(양)	26.1℃	33.6℃	21.2℃	–	06:02	19:02

백로 　09.08 ~ 10.07(양)　辛酉月

서머타임 종료: 9월 12일 24시를 23시로 조정

구분	09.08	9	10	11	12	13	14	15	16	17	18	19	20	21	22	23	24	25	26	27	28	29	30	10.1	2	3	4	5	6	7
양력	09.08	9	10	11	12	13	14	15	16	17	18	19	20	21	22	23	24	25	26	27	28	29	30	10.1	2	3	4	5	6	7
음력	08.06	7	8	9	10	11	12	13	14	15	16	17	18	19	20	21	22	23	24	25	26	27	28	29	30	9.1	2	3	4	5
일주	丙申	丁酉	戊戌	己亥	庚子	辛丑	壬寅	癸卯	甲辰	乙巳	丙午	丁未	戊申	己酉	庚戌	辛亥	壬子	癸丑	甲寅	乙卯	丙辰	丁巳	戊午	己未	庚申	辛酉	壬戌	癸亥	甲子	乙丑
대운 남	1·10	10	9	9	9	8	8	8	7	7	7	6	6	6	5	5	5	4	4	4	3	3	3	2	2	2	1	1	1	1
대운 여	10·1	1	1	1	1	2	2	2	3	3	3	4	4	4	5	5	5	6	6	6	7	7	7	8	8	8	9	9	9	10

일자	평균기온	최고기온	최저기온	강수량	일 출	일 몰
9월 8일(양) 백로 04시 05분	19.1℃	20.8℃	16.8℃	114.9mm	06:08	18:51
9월 10일(양)	23.0℃	29.5℃	18.2℃	–	06:09	18:48
9월 20일(양)	18.8℃	23.9℃	13.6℃	3.2mm	06:18	18:33
9월 23일(양) 추분 13시 22분	17.4℃	24.4℃	14.4℃	–	06:20	18:28
10월 1일(양)	20.1℃	26.5℃	14.4℃	–	06:27	18:16

한로 　10.08 ~ 11.06(양)　壬戌月

구분	10.08	9	10	11	12	13	14	15	16	17	18	19	20	21	22	23	24	25	26	27	28	29	30	31	11.1	2	3	4	5	6
양력	10.08	9	10	11	12	13	14	15	16	17	18	19	20	21	22	23	24	25	26	27	28	29	30	31	11.1	2	3	4	5	6
음력	09.06	7	8	9	10	11	12	13	14	15	16	17	18	19	20	21	22	23	24	25	26	27	28	29	10.1	2	3	4	5	6
일주	丙寅	丁卯	戊辰	己巳	庚午	辛未	壬申	癸酉	甲戌	乙亥	丙子	丁丑	戊寅	己卯	庚辰	辛巳	壬午	癸未	甲申	乙酉	丙戌	丁亥	戊子	己丑	庚寅	辛卯	壬辰	癸巳	甲午	乙未
대운 남	1·10	10	9	9	9	8	8	8	7	7	7	6	6	6	5	5	5	4	4	4	3	3	3	2	2	2	1	1	1	1
대운 여	10·1	1	1	1	1	2	2	2	3	3	3	4	4	4	5	5	5	6	6	6	7	7	7	8	8	8	9	9	9	10

일자	평균기온	최고기온	최저기온	강수량	일 출	일 몰
10월 8일(양) 한로 18시 20분	15.6℃	24.0℃	8.5℃	–	06:33	18:06
10월 10일(양)	17.4℃	25.7℃	11.5℃	–	06:35	18:03
10월 20일(양)	14.5℃	21.8℃	8.2℃	–	06:44	17:49
10월 23일(양) 상강 21시 18분	14.6℃	23.5℃	7.4℃	–	06:47	17:45
11월 1일(양)	7.9℃	15.4℃	0.2℃	–	06:57	17:34

입동 　11.07 ~ 12.06(양)　癸亥月

구분	11.07	8	9	10	11	12	13	14	15	16	17	18	19	20	21	22	23	24	25	26	27	28	29	30	12.1	2	3	4	5	6
양력	11.07	8	9	10	11	12	13	14	15	16	17	18	19	20	21	22	23	24	25	26	27	28	29	30	12.1	2	3	4	5	6
음력	10.07	8	9	10	11	12	13	14	15	16	17	18	19	20	21	22	23	24	25	26	27	28	29	30	11.1	2	3	4	5	6
일주	丙申	丁酉	戊戌	己亥	庚子	辛丑	壬寅	癸卯	甲辰	乙巳	丙午	丁未	戊申	己酉	庚戌	辛亥	壬子	癸丑	甲寅	乙卯	丙辰	丁巳	戊午	己未	庚申	辛酉	壬戌	癸亥	甲子	乙丑
대운 남	1·10	10	9	9	9	8	8	8	7	7	7	6	6	6	5	5	5	4	4	4	3	3	3	2	2	2	1	1	1	1
대운 여	10·1	1	1	1	1	2	2	2	3	3	3	4	4	4	5	5	5	6	6	6	7	7	7	8	8	8	9	9	9	10

일자	평균기온	최고기온	최저기온	강수량	일 출	일 몰
11월 7일(양) 입동 21시 07분	3.7℃	10.6℃	−2.1℃	–	07:03	17:28
11월 10일(양)	0.6℃	5.0℃	−2.7℃	–	07:06	17:26
11월 20일(양)	8.0℃	14.7℃	0.9℃	–	07:17	17:18
11월 22일(양) 소설 18시 29분	8.4℃	15.5℃	1.1℃	–	07:19	17:17
12월 1일(양)	3.0℃	5.0℃	−0.4℃	0.9mm	07:28	17:14

대설 　12.07 ~ 1949.01.05(양)　甲子月

구분	12.07	8	9	10	11	12	13	14	15	16	17	18	19	20	21	22	23	24	25	26	27	28	29	30	31	1.1	2	3	4	5
양력	12.07	8	9	10	11	12	13	14	15	16	17	18	19	20	21	22	23	24	25	26	27	28	29	30	31	1.1	2	3	4	5
음력	11.07	8	9	10	11	12	13	14	15	16	17	18	19	20	21	22	23	24	25	26	27	28	29	12.1	2	3	4	5	6	7
일주	丙寅	丁卯	戊辰	己巳	庚午	辛未	壬申	癸酉	甲戌	乙亥	丙子	丁丑	戊寅	己卯	庚辰	辛巳	壬午	癸未	甲申	乙酉	丙戌	丁亥	戊子	己丑	庚寅	辛卯	壬辰	癸巳	甲午	乙未
대운 남	1·10	10	9	9	9	8	8	8	7	7	7	6	6	6	5	5	5	4	4	4	3	3	3	2	2	2	1	1	1	1
대운 여	10·1	1	1	1	1	2	2	2	3	3	3	4	4	4	5	5	5	6	6	6	7	7	7	8	8	8	9	9	9	10

일자	평균기온	최고기온	최저기온	강수량	일 출	일 몰
12월 7일(양) 대설 13시 38분	6.7℃	12.1℃	2.8℃	–	07:33	17:14
12월 10일(양)	3.0℃	5.4℃	0.3℃	–	07:36	17:14
12월 20일(양)	5.8℃	10.5℃	0.5℃	–	07:43	17:17
12월 22일(양) 동지 07시 33분	4.4℃	9.3℃	−0.1℃	–	07:44	17:18
1월 1일(양)	2.2℃	5.1℃	0.8℃	9.5mm	07:47	17:24

소한 　01.06 ~ 02.03(양)　乙丑月

구분	1949.01.06	7	8	9	10	11	12	13	14	15	16	17	18	19	20	21	22	23	24	25	26	27	28	29	30	31	2.1	2	3
양력	1949.01.06	7	8	9	10	11	12	13	14	15	16	17	18	19	20	21	22	23	24	25	26	27	28	29	30	31	2.1	2	3
음력	1948.12.08	9	10	11	12	13	14	15	16	17	18	19	20	21	22	23	24	25	26	27	28	29	30	1.1	2	3	4	5	6
일주	丙申	丁酉	戊戌	己亥	庚子	辛丑	壬寅	癸卯	甲辰	乙巳	丙午	丁未	戊申	己酉	庚戌	辛亥	壬子	癸丑	甲寅	乙卯	丙辰	丁巳	戊午	己未	庚申	辛酉	壬戌	癸亥	甲子
대운 남	1·10	9	9	9	8	8	8	7	7	7	6	6	6	5	5	5	4	4	4	3	3	3	2	2	2	1	1	1	1
대운 여	10·1	1	1	1	1	2	2	2	3	3	3	4	4	4	5	5	5	6	6	6	7	7	7	8	8	8	9	9	9

일자	평균기온	최고기온	최저기온	강수량	일 출	일 몰
1월 6일(양) 소한 00시 41분	−10.8℃	−6.6℃	−14.0℃	–	07:48	17:28
1월 10일(양)	−1.4℃	2.2℃	−5.3℃	0.1mm	07:47	17:32
1월 20일(양) 대한 18시 09분	−2.4℃	2.5℃	−9.2℃	–	07:44	17:42
2월 1일(양)	6.0℃	13.1℃	−0.1℃	–	07:36	17:55

입춘 02.04 ~ 03.05(양) — 丙寅月

구분	절입	5	6	7	8	9	10	11	12	13	14	15	16	17	18	19	20	21	22	23	24	25	26	27	28	3.1	2	3	4	5
양력	1949.02.04	5	6	7	8	9	10	11	12	13	14	15	16	17	18	19	20	21	22	23	24	25	26	27	28	3.1	2	3	4	5
음력	1949.01.07	8	9	10	11	12	13	14	15	16	17	18	19	20	21	22	23	24	25	26	27	28	29	30	2.1	2	3	4	5	6
일주	乙丑	丙寅	丁卯	戊辰	己巳	庚午	辛未	壬申	癸酉	甲戌	乙亥	丙子	丁丑	戊寅	己卯	庚辰	辛巳	壬午	癸未	甲申	乙酉	丙戌	丁亥	戊子	己丑	庚寅	辛卯	壬辰	癸巳	甲午
대운(남)	1 · 1	1	1	1	2	2	2	3	3	3	4	4	4	5	5	5	6	6	6	7	7	7	8	8	8	9	9	9	10	10
대운(여)	10 · 10	10	10	9	9	9	8	8	8	7	7	7	6	6	6	5	5	5	4	4	4	3	3	3	2	2	2	1	1	1

날짜	평균기온	최고기온	최저기온	강수량	일 출	일 몰
2월 4일(양) 입춘 12시 23분	-1.8℃	4.5℃	-7.5℃	-	07:34	17:59
2월 10일(양)	1.9℃	7.7℃	-2.4℃	-	07:28	18:05
2월 19일(양) 우수 08시 27분	2.3℃	7.9℃	-2.5℃	-	07:18	18:15
2월 20일(양)	3.2℃	6.4℃	0.5℃	2.9mm	07:16	18:16
3월 1일(양)	1.9℃	6.3℃	-5.4℃	-	07:05	18:25

경칩 03.06 ~ 04.04(양) — 丁卯月

서머타임 시작: 4월 2일 23시를 24시로 조정

구분	절입	7	8	9	10	11	12	13	14	15	16	17	18	19	20	21	22	23	24	25	26	27	28	29	30	31	4.1	2	3	4
양력	03.06	7	8	9	10	11	12	13	14	15	16	17	18	19	20	21	22	23	24	25	26	27	28	29	30	31	4.1	2	3	4
음력	02.07	8	9	10	11	12	13	14	15	16	17	18	19	20	21	22	23	24	25	26	27	28	29	30	3.1	2	3	4	5	6
일주	乙未	丙申	丁酉	戊戌	己亥	庚子	辛丑	壬寅	癸卯	甲辰	乙巳	丙午	丁未	戊申	己酉	庚戌	辛亥	壬子	癸丑	甲寅	乙卯	丙辰	丁巳	戊午	己未	庚申	辛酉	壬戌	癸亥	甲子
대운(남)	10 · 1	1	1	1	2	2	2	3	3	3	4	4	4	5	5	5	6	6	6	7	7	7	8	8	8	9	9	9	10	10
대운(여)	1 · 10	10	10	9	9	9	8	8	8	7	7	7	6	6	6	5	5	5	4	4	4	3	3	3	2	2	2	1	1	1

날짜	평균기온	최고기온	최저기온	강수량	일 출	일 몰
3월 6일(양) 경칩 06시 39분	1.4℃	8.2℃	-3.8℃	0.0mm	06:58	18:30
3월 10일(양)	4.4℃	8.3℃	-0.6℃	4.3mm	06:52	18:34
3월 20일(양)	1.4℃	6.1℃	-1.2℃	-	06:37	18:43
3월 21일(양) 춘분 07시 48분	1.8℃	6.5℃	-2.0℃	-	06:35	18:44
4월 1일(양)	9.5℃	17.2℃	3.0℃	-	06:19	18:54

청명 04.05 ~ 05.05(양) — 戊辰月

구분	절입	6	7	8	9	10	11	12	13	14	15	16	17	18	19	20	21	22	23	24	25	26	27	28	29	30	5.1	2	3	4	5
양력	04.05	6	7	8	9	10	11	12	13	14	15	16	17	18	19	20	21	22	23	24	25	26	27	28	29	30	5.1	2	3	4	5
음력	03.07	8	9	10	11	12	13	14	15	16	17	18	19	20	21	22	23	24	25	26	27	28	29	4.1	2	3	4	5	6	7	8
일주	乙丑	丙寅	丁卯	戊辰	己巳	庚午	辛未	壬申	癸酉	甲戌	乙亥	丙子	丁丑	戊寅	己卯	庚辰	辛巳	壬午	癸未	甲申	乙酉	丙戌	丁亥	戊子	己丑	庚寅	辛卯	壬辰	癸巳	甲午	乙未
대운(남)	10 · 1	1	1	1	2	2	2	3	3	3	4	4	4	5	5	5	6	6	6	7	7	7	8	8	8	9	9	9	10	10	10
대운(여)	1 · 10	10	10	10	9	9	9	8	8	8	7	7	7	6	6	6	5	5	5	4	4	4	3	3	3	2	2	2	1	1	1

날짜	평균기온	최고기온	최저기온	강수량	일 출	일 몰
4월 5일(양) 청명 12시 52분	4.4℃	7.5℃	1.6℃	0.1mm	06:13	18:58
4월 10일(양)	6.9℃	11.5℃	3.8℃	-	06:05	19:02
4월 20일(양) 곡우 20시 17분	11.6℃	16.8℃	6.6℃	-	05:51	19:11
5월 1일(양)	10.5℃	13.8℃	8.1℃	7.0mm	05:38	19:21

입하 05.06 ~ 06.05(양) — 己巳月

구분	절입	7	8	9	10	11	12	13	14	15	16	17	18	19	20	21	22	23	24	25	26	27	28	29	30	31	6.1	2	3	4	5
양력	05.06	7	8	9	10	11	12	13	14	15	16	17	18	19	20	21	22	23	24	25	26	27	28	29	30	31	6.1	2	3	4	5
음력	04.09	10	11	12	13	14	15	16	17	18	19	20	21	22	23	24	25	26	27	28	29	30	5.1	2	3	4	5	6	7	8	9
일주	丙申	丁酉	戊戌	己亥	庚子	辛丑	壬寅	癸卯	甲辰	乙巳	丙午	丁未	戊申	己酉	庚戌	辛亥	壬子	癸丑	甲寅	乙卯	丙辰	丁巳	戊午	己未	庚申	辛酉	壬戌	癸亥	甲子	乙丑	丙寅
대운(남)	10 · 1	1	1	1	2	2	2	3	3	3	4	4	4	5	5	5	6	6	6	7	7	7	8	8	8	9	9	9	10	10	10
대운(여)	1 · 10	10	10	10	9	9	9	8	8	8	7	7	7	6	6	6	5	5	5	4	4	4	3	3	3	2	2	2	1	1	1

날짜	평균기온	최고기온	최저기온	강수량	일 출	일 몰
5월 6일(양) 입하 06시 37분	14.0℃	19.1℃	10.7℃	1.3mm	05:32	19:26
5월 10일(양)	18.6℃	25.5℃	12.4℃	-	05:28	19:29
5월 20일(양)	21.5℃	28.7℃	15.9℃	-	05:19	19:38
5월 21일(양) 소만 19시 51분	19.9℃	27.1℃	14.8℃	-	05:19	19:39
6월 1일(양)	21.8℃	30.5℃	15.0℃	-	05:13	19:47

망종 06.06 ~ 07.06(양) — 庚午月

구분	절입	7	8	9	10	11	12	13	14	15	16	17	18	19	20	21	22	23	24	25	26	27	28	29	30	7.1	2	3	4	5	6
양력	06.06	7	8	9	10	11	12	13	14	15	16	17	18	19	20	21	22	23	24	25	26	27	28	29	30	7.1	2	3	4	5	6
음력	05.10	11	12	13	14	15	16	17	18	19	20	21	22	23	24	25	26	27	28	29	6.1	2	3	4	5	6	7	8	9	10	11
일주	丁卯	戊辰	己巳	庚午	辛未	壬申	癸酉	甲戌	乙亥	丙子	丁丑	戊寅	己卯	庚辰	辛巳	壬午	癸未	甲申	乙酉	丙戌	丁亥	戊子	己丑	庚寅	辛卯	壬辰	癸巳	甲午	乙未	丙申	丁酉
대운(남)	10 · 1	1	1	1	2	2	2	3	3	3	4	4	4	5	5	5	6	6	6	7	7	7	8	8	8	9	9	9	10	10	10
대운(여)	1 · 10	10	10	10	9	9	9	8	8	8	7	7	7	6	6	6	5	5	5	4	4	4	3	3	3	2	2	2	1	1	1

날짜	평균기온	최고기온	최저기온	강수량	일 출	일 몰
6월 6일(양) 망종 11시 07분	18.3℃	21.2℃	16.1℃	2.3mm	05:11	19:50
6월 10일(양)	16.7℃	21.4℃	13.4℃	0.0mm	05:10	19:52
6월 20일(양)	24.0℃	36.0℃	16.4℃	-	05:10	19:56
6월 22일(양) 하지 04시 03분	20.1℃	26.3℃	16.5℃	0.0mm	05:11	19:57
7월 1일(양)	21.3℃	27.8℃	17.2℃	-	05:14	19:57

소서 07.07 ~ 08.07(양) — 辛未月

구분	절입	8	9	10	11	12	13	14	15	16	17	18	19	20	21	22	23	24	25	26	27	28	29	30	31	8.1	2	3	4	5	6	7
양력	07.07	8	9	10	11	12	13	14	15	16	17	18	19	20	21	22	23	24	25	26	27	28	29	30	31	8.1	2	3	4	5	6	7
음력	06.12	13	14	15	16	17	18	19	20	21	22	23	24	25	26	27	28	29	30	7.1	2	3	4	5	6	7	8	9	10	11	12	13
일주	戊戌	己亥	庚子	辛丑	壬寅	癸卯	甲辰	乙巳	丙午	丁未	戊申	己酉	庚戌	辛亥	壬子	癸丑	甲寅	乙卯	丙辰	丁巳	戊午	己未	庚申	辛酉	壬戌	癸亥	甲子	乙丑	丙寅	丁卯	戊辰	己巳
대운(남)	10 · 1	1	1	1	2	2	2	3	3	3	4	4	4	5	5	5	6	6	6	7	7	7	8	8	8	9	9	9	10	10	10	10
대운(여)	1 · 10	10	10	10	10	9	9	9	8	8	8	7	7	7	6	6	6	5	5	5	4	4	4	3	3	3	2	2	2	1	1	1

날짜	평균기온	최고기온	최저기온	강수량	일 출	일 몰
7월 7일(양) 소서 21시 32분	24.4℃	32.3℃	18.4℃	-	05:17	19:56
7월 10일(양)	19.0℃	20.6℃	17.0℃	32.5mm	05:19	19:55
7월 20일(양)	26.5℃	32.5℃	22.5℃	-	05:26	19:51
7월 23일(양) 대서 14시 57분	26.6℃	31.6℃	23.7℃	0.0mm	05:28	19:48
8월 1일(양)	24.3℃	28.0℃	21.6℃	2.6mm	05:35	19:41

입추　08.08 ~ 09.07(양)

壬申月

	08.08	9	10	11	12	13	14	15	16	17	18	19	20	21	22	23	24	25	26	27	28	29	30	31	9.1	2	3	4	5	6	7
양력	08.08	9	10	11	12	13	14	15	16	17	18	19	20	21	22	23	24	25	26	27	28	29	30	31	9.1	2	3	4	5	6	7
음력	07.14	15	16	17	18	19	20	21	22	23	24	25	26	27	28	29	윤7.1	2	3	4	5	6	7	8	9	10	11	12	13	14	15
일주	庚午	辛未	壬申	癸酉	甲戌	乙亥	丙子	丁丑	戊寅	己卯	庚辰	辛巳	壬午	癸未	甲申	乙酉	丙戌	丁亥	戊子	己丑	庚寅	辛卯	壬辰	癸巳	甲午	乙未	丙申	丁酉	戊戌	己亥	庚子
대운 남	10	1	1	1	1	2	2	2	3	3	3	4	4	4	5	5	5	6	6	6	7	7	7	8	8	8	9	9	9	10	10
대운 여	1	10	10	10	9	9	9	8	8	8	7	7	7	6	6	6	5	5	5	4	4	4	3	3	3	2	2	2	1	1	1

8월 8일(양) 입추 07시 15분	8월 10일(양)	8월 20일(양)	8월 23일(양) 처서 21시 48분	9월 1일(양)
평균기온: 28.0℃　강수량: 0.0mm 최고기온: 35.4℃　일 출: 05:41 최저기온: 23.7℃　일 몰: 19:34	평균기온: 29.8℃　강수량: - 최고기온: 36.7℃　일 출: 05:43 최저기온: 25.5℃　일 몰: 19:31	평균기온: 24.4℃　강수량: 10.7mm 최고기온: 31.2℃　일 출: 05:51 최저기온: 22.8℃　일 몰: 19:19	평균기온: 24.4℃　강수량: - 최고기온: 32.3℃　일 출: 05:54 최저기온: 20.0℃　일 몰: 19:15	평균기온: 21.8℃　강수량: - 최고기온: 28.6℃　일 출: 06:01 최저기온: 16.3℃　일 몰: 19:02

백로　09.08 ~ 10.08(양)

서머타임 종료: 9월 10일 24시를 23시로 조정

癸酉月

	09.08	9	10	11	12	13	14	15	16	17	18	19	20	21	22	23	24	25	26	27	28	29	30	10.1	2	3	4	5	6	7	8
양력	09.08	9	10	11	12	13	14	15	16	17	18	19	20	21	22	23	24	25	26	27	28	29	30	10.1	2	3	4	5	6	7	8
음력	07.16	17	18	19	20	21	22	23	24	25	26	27	28	29	8.1	2	3	4	5	6	7	8	9	10	11	12	13	14	15	16	17
일주	辛丑	壬寅	癸卯	甲辰	乙巳	丙午	丁未	戊申	己酉	庚戌	辛亥	壬子	癸丑	甲寅	乙卯	丙辰	丁巳	戊午	己未	庚申	辛酉	壬戌	癸亥	甲子	乙丑	丙寅	丁卯	戊辰	己巳	庚午	辛未
대운 남	10	1	1	1	1	2	2	2	3	3	3	4	4	4	5	5	5	6	6	6	7	7	7	8	8	8	9	9	9	10	10
대운 여	1	10	10	10	9	9	9	8	8	8	7	7	7	6	6	6	5	5	5	4	4	4	3	3	3	2	2	2	1	1	1

9월 8일(양) 백로 09시 54분	9월 10일(양)	9월 20일(양)	9월 23일(양) 추분 18시 06분	10월 1일(양)
평균기온: 23.0℃　강수량: 0.0mm 최고기온: 27.6℃　일 출: 06:07 최저기온: 21.2℃　일 몰: 18:52	평균기온: 20.3℃　강수량: - 최고기온: 26.5℃　일 출: 06:09 최저기온: 15.0℃　일 몰: 18:49	평균기온: 18.9℃　강수량: - 최고기온: 25.9℃　일 출: 06:17 최저기온: 14.6℃　일 몰: 18:33	평균기온: 17.5℃　강수량: - 최고기온: 25.5℃　일 출: 06:20 최저기온: 12.0℃　일 몰: 18:29	평균기온: 18.7℃　강수량: - 최고기온: 25.0℃　일 출: 06:27 최저기온: 14.3℃　일 몰: 18:16

한로　10.09 ~ 11.07(양)

甲戌月

	10.09	10	11	12	13	14	15	16	17	18	19	20	21	22	23	24	25	26	27	28	29	30	31	11.1	2	3	4	5	6	7
양력	10.09	10	11	12	13	14	15	16	17	18	19	20	21	22	23	24	25	26	27	28	29	30	31	11.1	2	3	4	5	6	7
음력	08.18	19	20	21	22	23	24	25	26	27	28	29	30	9.1	2	3	4	5	6	7	8	9	10	11	12	13	14	15	16	17
일주	壬申	癸酉	甲戌	乙亥	丙子	丁丑	戊寅	己卯	庚辰	辛巳	壬午	癸未	甲申	乙酉	丙戌	丁亥	戊子	己丑	庚寅	辛卯	壬辰	癸巳	甲午	乙未	丙申	丁酉	戊戌	己亥	庚子	辛丑
대운 남	10	1	1	1	2	2	2	3	3	3	4	4	4	5	5	5	6	6	6	7	7	7	8	8	8	9	9	9	10	10
대운 여	1	10	10	9	9	9	8	8	8	7	7	7	6	6	6	5	5	5	4	4	4	3	3	3	2	2	2	1	1	1

10월 9일(양) 한로 00시 11분	10월 10일(양)	10월 20일(양)	10월 24일(양) 상강 03시 03분	11월 1일(양)
평균기온: 17.0℃　강수량: 18.5mm 최고기온: 21.8℃　일 출: 06:34 최저기온: 13.6℃　일 몰: 18:04	평균기온: 15.5℃　강수량: - 최고기온: 21.6℃　일 출: 06:35 최저기온: 11.9℃　일 몰: 18:03	평균기온: 11.9℃　강수량: - 최고기온: 19.3℃　일 출: 06:44 최저기온: 5.0℃　일 몰: 17:49	평균기온: 13.1℃　강수량: - 최고기온: 18.8℃　일 출: 06:48 최저기온: 7.6℃　일 몰: 17:44	평균기온: 12.0℃　강수량: - 최고기온: 18.7℃　일 출: 06:56 최저기온: 6.1℃　일 몰: 17:35

입동　11.08 ~ 12.06(양)

乙亥月

	11.08	9	10	11	12	13	14	15	16	17	18	19	20	21	22	23	24	25	26	27	28	29	30	12.1	2	3	4	5	6
양력	11.08	9	10	11	12	13	14	15	16	17	18	19	20	21	22	23	24	25	26	27	28	29	30	12.1	2	3	4	5	6
음력	09.18	19	20	21	22	23	24	25	26	27	28	29	10.1	2	3	4	5	6	7	8	9	10	11	12	13	14	15	16	17
일주	壬寅	癸卯	甲辰	乙巳	丙午	丁未	戊申	己酉	庚戌	辛亥	壬子	癸丑	甲寅	乙卯	丙辰	丁巳	戊午	己未	庚申	辛酉	壬戌	癸亥	甲子	乙丑	丙寅	丁卯	戊辰	己巳	庚午
대운 남	10	1	1	1	1	2	2	2	3	3	3	4	4	4	5	5	5	6	6	6	7	7	7	8	8	8	9	9	9
대운 여	1	10	9	9	9	8	8	8	7	7	7	6	6	6	5	5	5	4	4	4	3	3	3	2	2	2	1	1	1

11월 8일(양) 입동 03시 00분	11월 10일(양)	11월 20일(양)	11월 23일(양) 소설 00시 16분	12월 1일(양)
평균기온: 10.7℃　강수량: - 최고기온: 18.9℃　일 출: 07:04 최저기온: 3.2℃　일 몰: 17:28	평균기온: 8.6℃　강수량: - 최고기온: 14.5℃　일 출: 07:06 최저기온: 5.3℃　일 몰: 17:26	평균기온: 6.6℃　강수량: - 최고기온: 13.5℃　일 출: 07:16 최저기온: 2.2℃　일 몰: 17:18	평균기온: 6.2℃　강수량: - 최고기온: 13.0℃　일 출: 07:19 최저기온: 0.0℃　일 몰: 17:17	평균기온: 9.1℃　강수량: - 최고기온: 16.4℃　일 출: 07:27 최저기온: 2.8℃　일 몰: 17:14

대설　12.07 ~ 1950.01.05(양)

丙子月

	12.07	8	9	10	11	12	13	14	15	16	17	18	19	20	21	22	23	24	25	26	27	28	29	30	31	1.1	2	3	4	5
양력	12.07	8	9	10	11	12	13	14	15	16	17	18	19	20	21	22	23	24	25	26	27	28	29	30	31	1.1	2	3	4	5
음력	10.18	19	20	21	22	23	24	25	26	27	28	29	30	11.1	2	3	4	5	6	7	8	9	10	11	12	13	14	15	16	17
일주	辛未	壬申	癸酉	甲戌	乙亥	丙子	丁丑	戊寅	己卯	庚辰	辛巳	壬午	癸未	甲申	乙酉	丙戌	丁亥	戊子	己丑	庚寅	辛卯	壬辰	癸巳	甲午	乙未	丙申	丁酉	戊戌	己亥	庚子
대운 남	10	1	1	1	2	2	2	3	3	3	4	4	4	5	5	5	6	6	6	7	7	7	8	8	8	9	9	9	10	10
대운 여	1	10	10	9	9	9	8	8	8	7	7	7	6	6	6	5	5	5	4	4	4	3	3	3	2	2	2	1	1	1

12월 7일(양) 대설 19시 33분	12월 10일(양)	12월 20일(양)	12월 22일(양) 동지 13시 23분	1월 1일(양)
평균기온: -6.0℃　강수량: - 최고기온: -1.9℃　일 출: 07:33 최저기온: -8.7℃　일 몰: 17:14	평균기온: -1.5℃　강수량: 0.2mm 최고기온: 1.0℃　일 출: 07:35 최저기온: -3.5℃　일 몰: 17:14	평균기온: 0.1℃　강수량: - 최고기온: 3.6℃　일 출: 07:42 최저기온: -4.4℃　일 몰: 17:16	평균기온: -2.7℃　강수량: - 최고기온: 2.7℃　일 출: 07:43 최저기온: -6.1℃　일 몰: 17:17	평균기온: 2.8℃　강수량: 0.7mm 최고기온: 4.5℃　일 출: 07:47 최저기온: 0.7℃　일 몰: 17:24

소한　01.06 ~ 02.03(양)

丁丑月

	1950.01.06	7	8	9	10	11	12	13	14	15	16	17	18	19	20	21	22	23	24	25	26	27	28	29	30	31	2.1	2	3
양력	1950.01.06	7	8	9	10	11	12	13	14	15	16	17	18	19	20	21	22	23	24	25	26	27	28	29	30	31	2.1	2	3
음력	1949.11.18	19	20	21	22	23	24	25	26	27	28	29	12.1	2	3	4	5	6	7	8	9	10	11	12	13	14	15	16	17
일주	辛丑	壬寅	癸卯	甲辰	乙巳	丙午	丁未	戊申	己酉	庚戌	辛亥	壬子	癸丑	甲寅	乙卯	丙辰	丁巳	戊午	己未	庚申	辛酉	壬戌	癸亥	甲子	乙丑	丙寅	丁卯	戊辰	己巳
대운 남	10	1	1	1	1	2	2	2	3	3	3	4	4	4	5	5	5	6	6	6	7	7	7	8	8	8	9	9	9
대운 여	1	10	9	9	9	8	8	8	7	7	7	6	6	6	5	5	5	4	4	4	3	3	3	2	2	2	1	1	1

1월 6일(양) 소한 06시 39분	1월 10일(양)	1월 20일(양)	1월 21일(양) 대한 00시 00분	2월 1일(양)
평균기온: -14.2℃　강수량: - 최고기온: -10.8℃　일 출: 07:47 최저기온: -16.2℃　일 몰: 17:28	평균기온: -6.7℃　강수량: - 최고기온: -3.9℃　일 출: 07:47 최저기온: -9.3℃　일 몰: 17:32	평균기온: -0.6℃　강수량: - 최고기온: 4.4℃　일 출: 07:44 최저기온: -5.1℃　일 몰: 17:42	평균기온: 0.2℃　강수량: - 최고기온: 4.1℃　일 출: 07:44 최저기온: -4.1℃　일 몰: 17:43	평균기온: -5.3℃　강수량: - 최고기온: -2.0℃　일 출: 07:37 최저기온: -9.3℃　일 몰: 17:55

1950

입춘 02.04 ~ 03.05(양) · 戊寅月

양력	1950.02.04	5	6	7	8	9	10	11	12	13	14	15	16	17	18	19
음력	1949.12.18	19	20	21	22	23	24	25	26	27	28	29	30	1.1	2	3
일주	庚午	辛未	壬申	癸酉	甲戌	乙亥	丙子	丁丑	戊寅	己卯	庚辰	辛巳	壬午	癸未	甲申	乙酉
대운 남	10 / 10	10	9	9	9	8	8	8	7	7	7	6	6	6	5	5
대운 여	1 / 1	1	2	2	2	3	3	3	4	4	4	5	5	5	6	6

양력	20	21	22	23	24	25	26	27	28	3.1	2	3	4	5
음력	4	5	6	7	8	9	10	11	12	13	14	15	16	17
일주	丙戌	丁亥	戊子	己丑	庚寅	辛卯	壬辰	癸巳	甲午	乙未	丙申	丁酉	戊戌	己亥
대운 남	5	4	4	4	3	3	3	2	2	2	1	1	1	1
대운 여	6	7	7	7	8	8	8	9	9	9	10	10	10	10

2월 4일(양) 입춘 18시 21분		2월 10일(양)		2월 19일(양) 우수 14시 18분		2월 20일(양)		3월 1일(양)	
평균기온: −8.1℃	강수량: −	평균기온: 3.7℃	강수량: −	평균기온: −0.9℃	강수량: −	평균기온: −1.9℃	강수량: −	평균기온: 2.9℃	강수량: 0.0mm
최고기온: −4.3℃	일 출: 07:34	최고기온: 6.5℃	일 출: 07:28	최고기온: 2.9℃	일 출: 07:18	최고기온: 2.9℃	일 출: 07:17	최고기온: 9.0℃	일 출: 07:05
최저기온: −10.5℃	일 몰: 17:58	최저기온: 1.5℃	일 몰: 18:05	최저기온: −3.5℃	일 몰: 18:15	최저기온: −6.0℃	일 몰: 18:16	최저기온: −3.5℃	일 몰: 18:25

경칩 03.06 ~ 04.04(양) · 己卯月

서머타임 시작: 3월 31일 23시를 24시로 조정

양력	03.06	7	8	9	10	11	12	13	14	15	16	17	18	19	20
음력	01.18	19	20	21	22	23	24	25	26	27	28	29	30	2.1	2
일주	庚子	辛丑	壬寅	癸卯	甲辰	乙巳	丙午	丁未	戊申	己酉	庚戌	辛亥	壬子	癸丑	甲寅
대운 남	1 / 10	10	9	9	9	8	8	8	7	7	7	6	6	6	5
대운 여	10 / 1	1	2	2	2	3	3	3	4	4	4	5	5	5	6

양력	21	22	23	24	25	26	27	28	29	30	31	4.1	2	3	4
음력	3	4	5	6	7	8	9	10	11	12	13	14	15	16	17
일주	乙卯	丙辰	丁巳	戊午	己未	庚申	辛酉	壬戌	癸亥	甲子	乙丑	丙寅	丁卯	戊辰	己巳
대운 남	5	5	4	4	4	3	3	3	2	2	2	1	1	1	1
대운 여	6	6	7	7	7	8	8	8	9	9	9	10	10	10	10

3월 6일(양) 경칩 12시 35분		3월 10일(양)		3월 20일(양)		3월 21일(양) 춘분 13시 35분		4월 1일(양)	
평균기온: 7.2℃	강수량: 4.6mm	평균기온: 0.5℃	강수량: 2.2mm	평균기온: −0.7℃	강수량: 1.1mm	평균기온: 0.5℃	강수량: −	평균기온: 12.6℃	강수량: −
최고기온: 11.2℃	일 출: 06:58	최고기온: 6.8℃	일 출: 06:52	최고기온: 3.6℃	일 출: 06:37	최고기온: 6.6℃	일 출: 06:36	최고기온: 20.7℃	일 출: 06:19
최저기온: 4.5℃	일 몰: 18:30	최저기온: −6.2℃	일 몰: 18:34	최저기온: −3.1℃	일 몰: 18:43	최저기온: −4.7℃	일 몰: 18:44	최저기온: 6.7℃	일 몰: 18:54

청명 04.05 ~ 05.05(양) · 庚辰月

양력	04.05	6	7	8	9	10	11	12	13	14	15	16	17	18	19	20
음력	02.18	19	20	21	22	23	24	25	26	27	28	29	3.1	2	3	4
일주	庚午	辛未	壬申	癸酉	甲戌	乙亥	丙子	丁丑	戊寅	己卯	庚辰	辛巳	壬午	癸未	甲申	乙酉
대운 남	1 / 10	10	10	9	9	9	8	8	8	7	7	7	6	6	6	5
대운 여	10 / 1	1	1	2	2	2	3	3	3	4	4	4	5	5	5	6

양력	21	22	23	24	25	26	27	28	29	30	5.1	2	3	4	5
음력	5	6	7	8	9	10	11	12	13	14	15	16	17	18	19
일주	丙戌	丁亥	戊子	己丑	庚寅	辛卯	壬辰	癸巳	甲午	乙未	丙申	丁酉	戊戌	己亥	庚子
대운 남	5	5	4	4	4	3	3	3	2	2	2	1	1	1	1
대운 여	6	6	7	7	7	8	8	8	9	9	9	10	10	10	10

4월 5일(양) 청명 18시 44분		4월 10일(양)		4월 20일(양)		4월 21일(양) 곡우 01시 59분		5월 1일(양)	
평균기온: 7.7℃	강수량: 12.2mm	평균기온: 10.7℃	강수량: −	평균기온: 10.7℃	강수량: 1.8mm	평균기온: 11.2℃	강수량: −	평균기온: 20.5℃	강수량: −
최고기온: 10.7℃	일 출: 06:13	최고기온: 16.9℃	일 출: 06:06	최고기온: 14.5℃	일 출: 05:52	최고기온: 19.1℃	일 출: 05:50	최고기온: 28.3℃	일 출: 05:38
최저기온: 5.5℃	일 몰: 18:58	최저기온: 5.3℃	일 몰: 19:02	최저기온: 7.4℃	일 몰: 19:11	최저기온: 5.9℃	일 몰: 19:12	최저기온: 15.1℃	일 몰: 19:21

입하 05.06 ~ 06.05(양) · 辛巳月

양력	05.06	7	8	9	10	11	12	13	14	15	16	17	18	19	20	21
음력	03.20	21	22	23	24	25	26	27	28	29	30	4.1	2	3	4	5
일주	辛丑	壬寅	癸卯	甲辰	乙巳	丙午	丁未	戊申	己酉	庚戌	辛亥	壬子	癸丑	甲寅	乙卯	丙辰
대운 남	1 / 10	10	10	9	9	9	8	8	8	7	7	7	6	6	6	5
대운 여	10 / 1	1	1	2	2	2	3	3	3	4	4	4	5	5	5	6

양력	22	23	24	25	26	27	28	29	30	31	6.1	2	3	4	5
음력	6	7	8	9	10	11	12	13	14	15	16	17	18	19	20
일주	丁巳	戊午	己未	庚申	辛酉	壬戌	癸亥	甲子	乙丑	丙寅	丁卯	戊辰	己巳	庚午	辛未
대운 남	5	5	4	4	4	3	3	3	2	2	2	1	1	1	1
대운 여	6	6	7	7	7	8	8	8	9	9	9	10	10	10	10

5월 6일(양) 입하 12시 25분		5월 10일(양)		5월 20일(양)		5월 22일(양) 소만 01시 27분		6월 1일(양)	
평균기온: 12.7℃	강수량: −	평균기온: 14.4℃	강수량: −	평균기온: 9.6℃	강수량: 13.5mm	평균기온: 15.5℃	강수량: −	평균기온: 21.7℃	강수량: 0.1mm
최고기온: 17.4℃	일 출: 05:32	최고기온: 21.5℃	일 출: 05:28	최고기온: 11.3℃	일 출: 05:20	최고기온: 23.0℃	일 출: 05:18	최고기온: 27.9℃	일 출: 05:13
최저기온: 10.2℃	일 몰: 19:26	최저기온: 8.5℃	일 몰: 19:29	최저기온: 7.7℃	일 몰: 19:38	최저기온: 9.5℃	일 몰: 19:39	최저기온: 18.4℃	일 몰: 19:47

망종 06.06 ~ 07.07(양) · 壬午月

양력	06.06	7	8	9	10	11	12	13	14	15	16	17	18	19	20	21
음력	04.21	22	23	24	25	26	27	28	29	30	5.1	2	3	4	5	6
일주	壬申	癸酉	甲戌	乙亥	丙子	丁丑	戊寅	己卯	庚辰	辛巳	壬午	癸未	甲申	乙酉	丙戌	丁亥
대운 남	1 / 10	10	10	10	9	9	9	8	8	8	7	7	7	6	6	6
대운 여	10 / 1	1	1	1	2	2	2	3	3	3	4	4	4	5	5	5

양력	22	23	24	25	26	27	28	29	30	7.1	2	3	4	5	6	7
음력	7	8	9	10	11	12	13	14	15	16	17	18	19	20	21	22
일주	戊子	己丑	庚寅	辛卯	壬辰	癸巳	甲午	乙未	丙申	丁酉	戊戌	己亥	庚子	辛丑	壬寅	癸卯
대운 남	5	5	5	4	4	4	3	3	3	2	2	2	1	1	1	1
대운 여	6	6	6	7	7	7	8	8	8	9	9	9	10	10	10	10

6월 6일(양) 망종 16시 51분		6월 10일(양)		6월 20일(양)		6월 22일(양) 하지 09시 36분		7월 1일(양)	
평균기온: 21.6℃	강수량: −	평균기온: 19.5℃	강수량: 0.0mm	평균기온: 18.0℃	강수량: 40.8mm	평균기온: 19.9℃	강수량: 17.1mm	평균기온: 19.9℃	강수량: 5.0mm
최고기온: 30.0℃	일 출: 05:11	최고기온: 26.8℃	일 출: 05:10	최고기온: 19.9℃	일 출: 05:10	최고기온: 21.8℃	일 출: 05:11	최고기온: 23.2℃	일 출: 05:14
최저기온: 16.0℃	일 몰: 19:50	최저기온: 15.1℃	일 몰: 19:52	최저기온: 16.2℃	일 몰: 19:56	최저기온: 19.5℃	일 몰: 19:57	최저기온: 17.6℃	일 몰: 19:57

소서 07.08 ~ 08.07(양) · 癸未月

양력	07.08	9	10	11	12	13	14	15	16	17	18	19	20	21	22	23
음력	05.23	24	25	26	27	28	29	6.1	2	3	4	5	6	7	8	9
일주	甲辰	乙巳	丙午	丁未	戊申	己酉	庚戌	辛亥	壬子	癸丑	甲寅	乙卯	丙辰	丁巳	戊午	己未
대운 남	1 / 10	10	10	9	9	9	8	8	8	7	7	7	6	6	6	5
대운 여	10 / 1	1	1	2	2	2	3	3	3	4	4	4	5	5	5	6

양력	24	25	26	27	28	29	30	31	8.1	2	3	4	5	6	7
음력	10	11	12	13	14	15	16	17	18	19	20	21	22	23	24
일주	庚申	辛酉	壬戌	癸亥	甲子	乙丑	丙寅	丁卯	戊辰	己巳	庚午	辛未	壬申	癸酉	甲戌
대운 남	5	5	4	4	4	3	3	3	2	2	2	1	1	1	1
대운 여	6	6	7	7	7	8	8	8	9	9	9	10	10	10	10

7월 8일(양) 소서 03시 13분		7월 10일(양)		7월 20일(양)		7월 23일(양) 대서 20시 30분		8월 1일(양)	
평균기온: 21.8℃	강수량: 30.7mm	평균기온: 25.5℃	강수량: −	평균기온: 29.9℃	강수량: −	평균기온: 25.4℃	강수량: 19.3mm	평균기온: 28.1℃	강수량: 27.6mm
최고기온: 25.3℃	일 출: 05:17	최고기온: 30.8℃	일 출: 05:19	최고기온: 35.2℃	일 출: 05:25	최고기온: 28.6℃	일 출: 05:28	최고기온: 34.2℃	일 출: 05:35
최저기온: 20.9℃	일 몰: 19:56	최저기온: 21.0℃	일 몰: 19:56	최저기온: 25.9℃	일 몰: 19:51	최저기온: 24.2℃	일 몰: 19:49	최저기온: 22.6℃	일 몰: 19:41

입추 甲申月 — 08.08 ~ 09.07(양)

양력	08.08	9	10	11	12	13	14	15	16	17	18	19	20	21	22	23	24	25	26	27	28	29	30	31	9.1	2	3	4	5	6	7
음력	06.25	26	27	28	29	30	7.1	2	3	4	5	6	7	8	9	10	11	12	13	14	15	16	17	18	19	20	21	22	23	24	25
일주	乙亥	丙子	丁丑	戊寅	己卯	庚辰	辛巳	壬午	癸未	甲申	乙酉	丙戌	丁亥	戊子	己丑	庚寅	辛卯	壬辰	癸巳	甲午	乙未	丙申	丁酉	戊戌	己亥	庚子	辛丑	壬寅	癸卯	甲辰	乙巳
대운 남	1 / 10	10	10	9	9	9	8	8	8	7	7	7	6	6	6	5	5	5	4	4	4	3	3	3	2	2	2	1	1	1	1
대운 여	10 / 1	1	1	1	1	2	2	2	3	3	3	4	4	4	5	5	5	6	6	6	7	7	7	8	8	8	9	9	9	10	10

8월 8일(양) 입추 12시 55분	8월 10일(양)	8월 20일(양)	8월 24일(양) 처서 03시 23분	9월 1일(양)
평균기온: 26.5℃ / 강수량: 5.2mm / 최고기온: 31.4℃ / 일 출: 05:41 / 최저기온: 24.7℃ / 일 몰: 19:34	평균기온: 29.3℃ / 강수량: – / 최고기온: 35.1℃ / 일 출: 05:43 / 최저기온: 24.1℃ / 일 몰: 19:32	평균기온: 28.6℃ / 강수량: – / 최고기온: 35.2℃ / 일 출: 05:51 / 최저기온: 25.1℃ / 일 몰: 19:19	평균기온: 21.8℃ / 강수량: – / 최고기온: 29.6℃ / 일 출: 05:55 / 최저기온: 15.2℃ / 일 몰: 19:14	평균기온: – / 강수량: – / 최고기온: – / 일 출: 06:01 / 최저기온: – / 일 몰: 19:03

백로 乙酉月 — 09.08 ~ 10.08(양)

서머타임 종료: 9월 9일 24시를 23시로 조정

양력	09.08	9	10	11	12	13	14	15	16	17	18	19	20	21	22	23	24	25	26	27	28	29	30	10.1	2	3	4	5	6	7	8
음력	07.26	27	28	29	8.1	2	3	4	5	6	7	8	9	10	11	12	13	14	15	16	17	18	19	20	21	22	23	24	25	26	27
일주	丙午	丁未	戊申	己酉	庚戌	辛亥	壬子	癸丑	甲寅	乙卯	丙辰	丁巳	戊午	己未	庚申	辛酉	壬戌	癸亥	甲子	乙丑	丙寅	丁卯	戊辰	己巳	庚午	辛未	壬申	癸酉	甲戌	乙亥	丙子
대운 남	1 / 10	10	10	9	9	9	8	8	8	7	7	7	6	6	6	5	5	5	4	4	4	3	3	3	2	2	2	1	1	1	1
대운 여	10 / 1	1	1	1	1	2	2	2	3	3	3	4	4	4	5	5	5	6	6	6	7	7	7	8	8	8	9	9	9	10	10

9월 8일(양) 백로 15시 34분	9월 10일(양)	9월 20일(양)	9월 23일(양) 추분 23시 44분	10월 1일(양)
평균기온: – / 강수량: – / 최고기온: – / 일 출: 06:07 / 최저기온: – / 일 몰: 18:52	평균기온: – / 강수량: – / 최고기온: – / 일 출: 06:09 / 최저기온: – / 일 몰: 18:49	평균기온: – / 강수량: – / 최고기온: – / 일 출: 06:17 / 최저기온: – / 일 몰: 18:34	평균기온: – / 강수량: – / 최고기온: – / 일 출: 06:20 / 최저기온: – / 일 몰: 18:29	평균기온: – / 강수량: – / 최고기온: – / 일 출: 06:27 / 최저기온: – / 일 몰: 18:17

한로 丙戌月 — 10.09 ~ 11.07(양)

양력	10.09	10	11	12	13	14	15	16	17	18	19	20	21	22	23	24	25	26	27	28	29	30	31	11.1	2	3	4	5	6	7	
음력	08.28	29	9.1	2	3	4	5	6	7	8	9	10	11	12	13	14	15	16	17	18	19	20	21	22	23	24	25	26	27	28	
일주	丁丑	戊寅	己卯	庚辰	辛巳	壬午	癸未	甲申	乙酉	丙戌	丁亥	戊子	己丑	庚寅	辛卯	壬辰	癸巳	甲午	乙未	丙申	丁酉	戊戌	己亥	庚子	辛丑	壬寅	癸卯	甲辰	乙巳	丙午	
대운 남	1 / 10	10	9	9	9	8	8	8	7	7	7	6	6	6	5	5	5	4	4	4	3	3	3	2	2	2	1	1	1	1	
대운 여	10 / 1	1	1	1	2	2	2	3	3	3	4	4	4	5	5	5	6	6	6	7	7	7	8	8	8	9	9	9	10	10	

10월 9일(양) 한로 05시 52분	10월 10일(양)	10월 20일(양)	10월 24일(양) 상강 08시 45분	11월 1일(양)
평균기온: – / 강수량: – / 최고기온: – / 일 출: 06:34 / 최저기온: – / 일 몰: 18:05	평균기온: – / 강수량: – / 최고기온: – / 일 출: 06:35 / 최저기온: – / 일 몰: 18:03	평균기온: – / 강수량: – / 최고기온: – / 일 출: 06:44 / 최저기온: – / 일 몰: 17:50	평균기온: – / 강수량: – / 최고기온: – / 일 출: 06:48 / 최저기온: – / 일 몰: 17:44	평균기온: – / 강수량: – / 최고기온: – / 일 출: 06:56 / 최저기온: – / 일 몰: 17:35

입동 丁亥月 — 11.08 ~ 12.07(양)

양력	11.08	9	10	11	12	13	14	15	16	17	18	19	20	21	22	23	24	25	26	27	28	29	30	12.1	2	3	4	5	6	7	
음력	09.29	30	10.1	2	3	4	5	6	7	8	9	10	11	12	13	14	15	16	17	18	19	20	21	22	23	24	25	26	27	28	
일주	丁未	戊申	己酉	庚戌	辛亥	壬子	癸丑	甲寅	乙卯	丙辰	丁巳	戊午	己未	庚申	辛酉	壬戌	癸亥	甲子	乙丑	丙寅	丁卯	戊辰	己巳	庚午	辛未	壬申	癸酉	甲戌	乙亥	丙子	
대운 남	1 / 10	10	9	9	9	8	8	8	7	7	7	6	6	6	5	5	5	4	4	4	3	3	3	2	2	2	1	1	1	1	
대운 여	10 / 1	1	1	1	2	2	2	3	3	3	4	4	4	5	5	5	6	6	6	7	7	7	8	8	8	9	9	9	10	10	

11월 8일(양) 입동 08시 44분	11월 10일(양)	11월 20일(양)	11월 23일(양) 소설 06시 03분	12월 1일(양)
평균기온: – / 강수량: – / 최고기온: – / 일 출: 07:03 / 최저기온: – / 일 몰: 17:28	평균기온: – / 강수량: – / 최고기온: – / 일 출: 07:05 / 최저기온: – / 일 몰: 17:26	평균기온: – / 강수량: – / 최고기온: – / 일 출: 07:16 / 최저기온: – / 일 몰: 17:19	평균기온: – / 강수량: – / 최고기온: – / 일 출: 07:19 / 최저기온: – / 일 몰: 17:17	평균기온: – / 강수량: – / 최고기온: – / 일 출: 07:27 / 최저기온: – / 일 몰: 17:14

대설 戊子月 — 12.08 ~ 1951.01.05(양)

양력	12.08	9	10	11	12	13	14	15	16	17	18	19	20	21	22	23	24	25	26	27	28	29	30	31	1.1	2	3	4	5
음력	10.29	11.1	2	3	4	5	6	7	8	9	10	11	12	13	14	15	16	17	18	19	20	21	22	23	24	25	26	27	28
일주	丁丑	戊寅	己卯	庚辰	辛巳	壬午	癸未	甲申	乙酉	丙戌	丁亥	戊子	己丑	庚寅	辛卯	壬辰	癸巳	甲午	乙未	丙申	丁酉	戊戌	己亥	庚子	辛丑	壬寅	癸卯	甲辰	乙巳
대운 남	1 / 10	9	9	9	8	8	8	7	7	7	6	6	6	5	5	5	4	4	4	3	3	3	2	2	2	1	1	1	1
대운 여	10 / 1	1	1	2	2	2	3	3	3	4	4	4	5	5	5	6	6	6	7	7	7	8	8	8	9	9	9	10	10

12월 8일(양) 대설 01시 22분	12월 10일(양)	12월 20일(양)	12월 22일(양) 동지 19시 13분	1월 1일(양)
평균기온: – / 강수량: – / 최고기온: – / 일 출: 07:34 / 최저기온: – / 일 몰: 17:14	평균기온: – / 강수량: – / 최고기온: – / 일 출: 07:35 / 최저기온: – / 일 몰: 17:14	평균기온: – / 강수량: – / 최고기온: – / 일 출: 07:42 / 최저기온: – / 일 몰: 17:16	평균기온: – / 강수량: – / 최고기온: – / 일 출: 07:43 / 최저기온: – / 일 몰: 17:17	평균기온: – / 강수량: – / 최고기온: – / 일 출: 07:47 / 최저기온: – / 일 몰: 17:24

소한 己丑月 — 01.06 ~ 02.04(양)

양력	1951.01.06	7	8	9	10	11	12	13	14	15	16	17	18	19	20	21	22	23	24	25	26	27	28	29	30	31	2.1	2	3	4
음력	1950.11.29	30	12.1	2	3	4	5	6	7	8	9	10	11	12	13	14	15	16	17	18	19	20	21	22	23	24	25	26	27	28
일주	丙午	丁未	戊申	己酉	庚戌	辛亥	壬子	癸丑	甲寅	乙卯	丙辰	丁巳	戊午	己未	庚申	辛酉	壬戌	癸亥	甲子	乙丑	丙寅	丁卯	戊辰	己巳	庚午	辛未	壬申	癸酉	甲戌	乙亥
대운 남	1 / 10	10	9	9	9	8	8	8	7	7	7	6	6	6	5	5	5	4	4	4	3	3	3	2	2	2	1	1	1
대운 여	10 / 1	1	1	1	2	2	2	3	3	3	4	4	4	5	5	5	6	6	6	7	7	7	8	8	8	9	9	9	10

1월 6일(양) 소한 12시 30분	1월 10일(양)	1월 20일(양)	1월 21일(양) 대한 05시 52분	2월 1일(양)
평균기온: – / 강수량: – / 최고기온: – / 일 출: 07:47 / 최저기온: – / 일 몰: 17:28	평균기온: – / 강수량: – / 최고기온: – / 일 출: 07:47 / 최저기온: – / 일 몰: 17:31	평균기온: – / 강수량: – / 최고기온: – / 일 출: 07:44 / 최저기온: – / 일 몰: 17:42	평균기온: – / 강수량: – / 최고기온: – / 일 출: 07:44 / 최저기온: – / 일 몰: 17:43	평균기온: – / 강수량: – / 최고기온: – / 일 출: 07:37 / 최저기온: – / 일 몰: 17:55

1951

입 춘 02.05 ~ 03.05(양)

庚寅月

양력	1951.02.05	6	7	8	9	10	11	12	13	14	15	16	17	18	19	20	21	22	23	24	25	26	27	28	3.1	2	3	4	5
음력	1950.12.29	1.1	2	3	4	5	6	7	8	9	10	11	12	13	14	15	16	17	18	19	20	21	22	23	24	25	26	27	28
일주	丙子	丁丑	戊寅	己卯	庚辰	辛巳	壬午	癸未	甲申	乙酉	丙戌	丁亥	戊子	己丑	庚寅	辛卯	壬辰	癸巳	甲午	乙未	丙申	丁酉	戊戌	己亥	庚子	辛丑	壬寅	癸卯	甲辰
대운 남	1 / 1	1	1	1	1	2	2	2	3	3	3	4	4	4	5	5	5	6	6	6	7	7	7	8	8	8	9	9	9
대운 여	10 / 10	9	9	9	8	8	8	7	7	7	6	6	6	5	5	5	4	4	4	3	3	3	2	2	2	1	1	1	1

절기일	평균기온	최고기온	최저기온	강수량	일 출	일 몰
2월 5일(양) 입춘 00시 13분	–	–	–	–	07:33	17:59
2월 10일(양)	–	–	–	–	07:28	18:05
2월 19일(양) 우수 20시 10분	–	–	–	–	07:18	18:14
2월 20일(양)	–	–	–	–	07:17	18:15
3월 1일(양)	–	–	–	–	07:05	18:25

경 칩 03.06 ~ 04.4(양)

辛卯月

양력	03.06	7	8	9	10	11	12	13	14	15	16	17	18	19	20	21	22	23	24	25	26	27	28	29	30	31	4.1	2	3	4
음력	01.29	30	2.1	2	3	4	5	6	7	8	9	10	11	12	13	14	15	16	17	18	19	20	21	22	23	24	25	26	27	28
일주	乙巳	丙午	丁未	戊申	己酉	庚戌	辛亥	壬子	癸丑	甲寅	乙卯	丙辰	丁巳	戊午	己未	庚申	辛酉	壬戌	癸亥	甲子	乙丑	丙寅	丁卯	戊辰	己巳	庚午	辛未	壬申	癸酉	甲戌
대운 남	10 / 1	1	1	1	1	2	2	2	3	3	3	4	4	4	5	5	5	6	6	6	7	7	7	8	8	8	9	9	9	10
대운 여	1 / 10	10	9	9	9	8	8	8	7	7	7	6	6	6	5	5	5	4	4	4	3	3	3	2	2	2	1	1	1	1

절기일	평균기온	최고기온	최저기온	강수량	일 출	일 몰
3월 6일(양) 경칩 18시 27분	–	–	–	–	06:58	18:30
3월 10일(양)	–	–	–	–	06:53	18:33
3월 20일(양)	–	–	–	–	06:38	18:43
3월 21일(양) 춘분 19시 26분	–	–	–	–	06:36	18:44
4월 1일(양)	–	–	–	–	06:19	18:54

청 명 04.05 ~ 05.05(양)

壬辰月

양력	04.05	6	7	8	9	10	11	12	13	14	15	16	17	18	19	20	21	22	23	24	25	26	27	28	29	30	5.1	2	3	4	5
음력	02.29	3.1	2	3	4	5	6	7	8	9	10	11	12	13	14	15	16	17	18	19	20	21	22	23	24	25	26	27	28	29	30
일주	乙亥	丙子	丁丑	戊寅	己卯	庚辰	辛巳	壬午	癸未	甲申	乙酉	丙戌	丁亥	戊子	己丑	庚寅	辛卯	壬辰	癸巳	甲午	乙未	丙申	丁酉	戊戌	己亥	庚子	辛丑	壬寅	癸卯	甲辰	乙巳
대운 남	10 / 1	1	1	1	1	2	2	2	3	3	3	4	4	4	5	5	5	6	6	6	7	7	7	8	8	8	9	9	9	10	10
대운 여	1 / 10	10	10	9	9	9	8	8	8	7	7	7	6	6	6	5	5	5	4	4	4	3	3	3	2	2	2	1	1	1	1

절기일	평균기온	최고기온	최저기온	강수량	일 출	일 몰
4월 5일(양) 청명 23시 33분	–	–	–	–	06:14	18:57
4월 10일(양)	–	–	–	–	06:06	19:02
4월 20일(양)	–	–	–	–	05:52	19:11
4월 21일(양) 곡우 06시 48분	–	–	–	–	05:51	19:12
5월 1일(양)	–	–	–	–	05:38	19:21

입 하 05.06 ~ 06.05(양)

서머타임 시작: 5월 6일 23시를 24시로 조정

癸巳月

양력	05.06	7	8	9	10	11	12	13	14	15	16	17	18	19	20	21	22	23	24	25	26	27	28	29	30	31	6.1	2	3	4	5
음력	04.01	2	3	4	5	6	7	8	9	10	11	12	13	14	15	16	17	18	19	20	21	22	23	24	25	26	27	28	29	30	5.1
일주	丙午	丁未	戊申	己酉	庚戌	辛亥	壬子	癸丑	甲寅	乙卯	丙辰	丁巳	戊午	己未	庚申	辛酉	壬戌	癸亥	甲子	乙丑	丙寅	丁卯	戊辰	己巳	庚午	辛未	壬申	癸酉	甲戌	乙亥	丙子
대운 남	10 / 1	1	1	1	1	2	2	2	3	3	3	4	4	4	5	5	5	6	6	6	7	7	7	8	8	8	9	9	9	10	10
대운 여	1 / 10	10	10	9	9	9	8	8	8	7	7	7	6	6	6	5	5	5	4	4	4	3	3	3	2	2	2	1	1	1	1

절기일	평균기온	최고기온	최저기온	강수량	일 출	일 몰
5월 6일(양) 입하 17시 09분	–	–	–	–	05:33	19:25
5월 10일(양)	–	–	–	–	05:28	19:29
5월 20일(양)	–	–	–	–	05:20	19:38
5월 22일(양) 소만 07시 15분	–	–	–	–	05:18	19:39
6월 1일(양)	–	–	–	–	05:13	19:47

망 종 06.06 ~ 07.07(양)

甲午月

양력	06.06	7	8	9	10	11	12	13	14	15	16	17	18	19	20	21	22	23	24	25	26	27	28	29	30	7.1	2	3	4	5	6	7
음력	05.02	3	4	5	6	7	8	9	10	11	12	13	14	15	16	17	18	19	20	21	22	23	24	25	26	27	28	29	6.1	2	3	4
일주	丁丑	戊寅	己卯	庚辰	辛巳	壬午	癸未	甲申	乙酉	丙戌	丁亥	戊子	己丑	庚寅	辛卯	壬辰	癸巳	甲午	乙未	丙申	丁酉	戊戌	己亥	庚子	辛丑	壬寅	癸卯	甲辰	乙巳	丙午	丁未	戊申
대운 남	10 / 1	1	1	1	1	2	2	2	3	3	3	4	4	4	5	5	5	6	6	6	7	7	7	8	8	8	9	9	9	10	10	10
대운 여	1 / 10	10	10	10	9	9	9	8	8	8	7	7	7	6	6	6	5	5	5	4	4	4	3	3	3	2	2	2	1	1	1	1

절기일	평균기온	최고기온	최저기온	강수량	일 출	일 몰
6월 6일(양) 망종 22시 33분	–	–	–	–	05:11	19:50
6월 10일(양)	–	–	–	–	05:10	19:52
6월 20일(양)	–	–	–	–	05:10	19:56
6월 22일(양) 하지 15시 25분	–	–	–	–	05:11	19:57
7월 1일(양)	–	–	–	–	05:14	19:57

소 서 07.08 ~ 08.07(양)

乙未月

양력	07.08	9	10	11	12	13	14	15	16	17	18	19	20	21	22	23	24	25	26	27	28	29	30	31	8.1	2	3	4	5	6	7
음력	06.05	6	7	8	9	10	11	12	13	14	15	16	17	18	19	20	21	22	23	24	25	26	27	28	29	30	7.1	2	3	4	5
일주	己酉	庚戌	辛亥	壬子	癸丑	甲寅	乙卯	丙辰	丁巳	戊午	己未	庚申	辛酉	壬戌	癸亥	甲子	乙丑	丙寅	丁卯	戊辰	己巳	庚午	辛未	壬申	癸酉	甲戌	乙亥	丙子	丁丑	戊寅	己卯
대운 남	10 / 1	1	1	1	1	2	2	2	3	3	3	4	4	4	5	5	5	6	6	6	7	7	7	8	8	8	9	9	9	10	10
대운 여	1 / 10	10	10	9	9	9	8	8	8	7	7	7	6	6	6	5	5	5	4	4	4	3	3	3	2	2	2	1	1	1	1

절기일	평균기온	최고기온	최저기온	강수량	일 출	일 몰
7월 8일(양) 소서 08시 54분	–	–	–	–	05:17	19:56
7월 10일(양)	–	–	–	–	05:18	19:56
7월 20일(양)	–	–	–	–	05:25	19:51
7월 24일(양) 대서 02시 21분	–	–	–	–	05:28	19:48
8월 1일(양)	–	–	–	–	05:35	19:41

입추 — 08.08 ~ 09.07(양) (丙申月)

구분	입절		일자 →																												
양력	08.08		9	10	11	12	13	14	15	16	17	18	19	20	21	22	23	24	25	26	27	28	29	30	31	9.1	2	3	4	5	6	7
음력	07.06		7	8	9	10	11	12	13	14	15	16	17	18	19	20	21	22	23	24	25	26	27	28	29	8.1	2	3	4	5	6	7
일주	庚辰		辛巳	壬午	癸未	甲申	乙酉	丙戌	丁亥	戊子	己丑	庚寅	辛卯	壬辰	癸巳	甲午	乙未	丙申	丁酉	戊戌	己亥	庚子	辛丑	壬寅	癸卯	甲辰	乙巳	丙午	丁未	戊申	己酉	庚戌
대운 남	10	1	1	1	1	1	2	2	2	3	3	3	4	4	4	5	5	5	6	6	6	7	7	7	8	8	8	9	9	9	10	10
대운 여	1	10	10	10	9	9	9	8	8	8	7	7	7	6	6	6	5	5	5	4	4	4	3	3	3	2	2	2	1	1	1	1

8월 8일(양) 입추 18시 37분		8월 10일(양)		8월 20일(양)		8월 24일(양) 처서 09시 16분		9월 1일(양)	
평균기온: – 최고기온: – 최저기온: –	강수량: – 일 출: 05:41 일 몰: 19:34	평균기온: – 최고기온: – 최저기온: –	강수량: – 일 출: 05:42 일 몰: 19:32	평균기온: – 최고기온: – 최저기온: –	강수량: – 일 출: 05:51 일 몰: 19:20	평균기온: – 최고기온: – 최저기온: –	강수량: – 일 출: 05:54 일 몰: 19:14	평균기온: – 최고기온: – 최저기온: –	강수량: – 일 출: 06:01 일 몰: 19:03

백로 — 09.08 ~ 10.08(양) (丁酉月)

서머타임 종료: 9월 8일 24시를 23시로 조정

구분	입절		일자 →																												
양력	09.08		9	10	11	12	13	14	15	16	17	18	19	20	21	22	23	24	25	26	27	28	29	30	10.1	2	3	4	5	6	7	8
음력	08.08		9	10	11	12	13	14	15	16	17	18	19	20	21	22	23	24	25	26	27	28	29	30	9.1	2	3	4	5	6	7	8
일주	辛亥		壬子	癸丑	甲寅	乙卯	丙辰	丁巳	戊午	己未	庚申	辛酉	壬戌	癸亥	甲子	乙丑	丙寅	丁卯	戊辰	己巳	庚午	辛未	壬申	癸酉	甲戌	乙亥	丙子	丁丑	戊寅	己卯	庚辰	辛巳
대운 남	10	1	1	1	1	2	2	2	3	3	3	4	4	4	5	5	5	6	6	6	7	7	7	8	8	8	9	9	9	10	10	10
대운 여	1	10	10	10	9	9	9	8	8	8	7	7	7	6	6	6	5	5	5	4	4	4	3	3	3	2	2	2	1	1	1	1

9월 8일(양) 백로 21시 18분		9월 10일(양)		9월 20일(양)		9월 24일(양) 추분 05시 37분		10월 1일(양)	
평균기온: – 최고기온: – 최저기온: –	강수량: – 일 출: 06:07 일 몰: 18:53	평균기온: – 최고기온: – 최저기온: –	강수량: – 일 출: 06:09 일 몰: 18:50	평균기온: – 최고기온: – 최저기온: –	강수량: – 일 출: 06:17 일 몰: 18:34	평균기온: – 최고기온: – 최저기온: –	강수량: – 일 출: 06:20 일 몰: 18:28	평균기온: – 최고기온: – 최저기온: –	강수량: – 일 출: 06:26 일 몰: 18:17

한로 — 10.09 ~ 11.07(양) (戊戌月)

구분	입절		일자 →																											
양력	10.09		10	11	12	13	14	15	16	17	18	19	20	21	22	23	24	25	26	27	28	29	30	31	11.1	2	3	4	5	6	7
음력	09.09		10	11	12	13	14	15	16	17	18	19	20	21	22	23	24	25	26	27	28	29	10.1	2	3	4	5	6	7	8	9
일주	壬午		癸未	甲申	乙酉	丙戌	丁亥	戊子	己丑	庚寅	辛卯	壬辰	癸巳	甲午	乙未	丙申	丁酉	戊戌	己亥	庚子	辛丑	壬寅	癸卯	甲辰	乙巳	丙午	丁未	戊申	己酉	庚戌	辛亥
대운 남	10	1	1	1	1	1	2	2	2	3	3	3	4	4	4	5	5	5	6	6	6	7	7	7	8	8	8	9	9	9	10
대운 여	1	10	10	9	9	9	8	8	8	7	7	7	6	6	6	5	5	5	4	4	4	3	3	3	2	2	2	1	1	1	1

10월 9일(양) 한로 11시 36분		10월 10일(양)		10월 20일(양)		10월 24일(양) 상강 14시 36분		11월 1일(양)	
평균기온: – 최고기온: – 최저기온: –	강수량: – 일 출: 06:33 일 몰: 18:05	평균기온: – 최고기온: – 최저기온: –	강수량: – 일 출: 06:34 일 몰: 18:04	평균기온: – 최고기온: – 최저기온: –	강수량: – 일 출: 06:44 일 몰: 17:50	평균기온: – 최고기온: – 최저기온: –	강수량: – 일 출: 06:48 일 몰: 17:45	평균기온: – 최고기온: – 최저기온: –	강수량: – 일 출: 06:56 일 몰: 17:35

입동 — 11.08 ~ 12.07(양) (己亥月)

구분	입절		일자 →																											
양력	11.08		9	10	11	12	13	14	15	16	17	18	19	20	21	22	23	24	25	26	27	28	29	30	12.1	2	3	4	5	6	7
음력	10.10		11	12	13	14	15	16	17	18	19	20	21	22	23	24	25	26	27	28	29	30	11.1	2	3	4	5	6	7	8	9
일주	壬子		癸丑	甲寅	乙卯	丙辰	丁巳	戊午	己未	庚申	辛酉	壬戌	癸亥	甲子	乙丑	丙寅	丁卯	戊辰	己巳	庚午	辛未	壬申	癸酉	甲戌	乙亥	丙子	丁丑	戊寅	己卯	庚辰	辛巳
대운 남	10	1	1	1	1	1	2	2	2	3	3	3	4	4	4	5	5	5	6	6	6	7	7	7	8	8	8	9	9	9	10
대운 여	1	10	10	9	9	9	8	8	8	7	7	7	6	6	6	5	5	5	4	4	4	3	3	3	2	2	2	1	1	1	1

11월 8일(양) 입동 14시 27분		11월 10일(양)		11월 20일(양)		11월 23일(양) 소설 11시 51분		12월 1일(양)	
평균기온: – 최고기온: – 최저기온: –	강수량: – 일 출: 07:03 일 몰: 17:28	평균기온: – 최고기온: – 최저기온: –	강수량: – 일 출: 07:05 일 몰: 17:26	평균기온: – 최고기온: – 최저기온: –	강수량: – 일 출: 07:16 일 몰: 17:19	평균기온: – 최고기온: – 최저기온: –	강수량: – 일 출: 07:19 일 몰: 17:17	평균기온: – 최고기온: – 최저기온: –	강수량: – 일 출: 07:27 일 몰: 17:14

대설 — 12.08 ~ 1952.01.05(양) (庚子月)

구분	입절		일자 →																										
양력	12.08		9	10	11	12	13	14	15	16	17	18	19	20	21	22	23	24	25	26	27	28	29	30	31	1.1	2	3	4	5
음력	11.10		11	12	13	14	15	16	17	18	19	20	21	22	23	24	25	26	27	28	29	12.1	2	3	4	5	6	7	8	9
일주	壬午		癸未	甲申	乙酉	丙戌	丁亥	戊子	己丑	庚寅	辛卯	壬辰	癸巳	甲午	乙未	丙申	丁酉	戊戌	己亥	庚子	辛丑	壬寅	癸卯	甲辰	乙巳	丙午	丁未	戊申	己酉	庚戌
대운 남	10	1	1	1	1	1	2	2	2	3	3	3	4	4	4	5	5	5	6	6	6	7	7	7	8	8	8	9	9	9
대운 여	1	10	9	9	9	8	8	8	7	7	7	6	6	6	5	5	5	4	4	4	3	3	3	2	2	2	1	1	1	1

12월 8일(양) 대설 07시 02분		12월 10일(양)		12월 20일(양)		12월 23일(양) 동지 01시 00분		1월 1일(양)	
평균기온: – 최고기온: – 최저기온: –	강수량: – 일 출: 07:33 일 몰: 17:14	평균기온: – 최고기온: – 최저기온: –	강수량: – 일 출: 07:35 일 몰: 17:14	평균기온: – 최고기온: – 최저기온: –	강수량: – 일 출: 07:42 일 몰: 17:16	평균기온: – 최고기온: – 최저기온: –	강수량: – 일 출: 07:44 일 몰: 17:18	평균기온: – 최고기온: – 최저기온: –	강수량: – 일 출: 07:47 일 몰: 17:24

소한 — 01.06 ~ 02.04(양) (辛丑月)

구분	입절		일자 →																											
양력	1952.01.06		7	8	9	10	11	12	13	14	15	16	17	18	19	20	21	22	23	24	25	26	27	28	29	30	31	2.1	2	3	4
음력	1951.12.10		11	12	13	14	15	16	17	18	19	20	21	22	23	24	25	26	27	28	29	30	1.1	2	3	4	5	6	7	8	9
일주	辛亥		壬子	癸丑	甲寅	乙卯	丙辰	丁巳	戊午	己未	庚申	辛酉	壬戌	癸亥	甲子	乙丑	丙寅	丁卯	戊辰	己巳	庚午	辛未	壬申	癸酉	甲戌	乙亥	丙子	丁丑	戊寅	己卯	庚辰
대운 남	10	1	1	1	1	1	2	2	2	3	3	3	4	4	4	5	5	5	6	6	6	7	7	7	8	8	8	9	9	9	10
대운 여	1	10	10	9	9	9	8	8	8	7	7	7	6	6	6	5	5	5	4	4	4	3	3	3	2	2	2	1	1	1	1

1월 6일(양) 소한 18시 10분		1월 10일(양)		1월 20일(양)		1월 21일(양) 대한 11시 38분		2월 1일(양)	
평균기온: – 최고기온: – 최저기온: –	강수량: – 일 출: 07:47 일 몰: 17:28	평균기온: – 최고기온: – 최저기온: –	강수량: – 일 출: 07:47 일 몰: 17:31	평균기온: – 최고기온: – 최저기온: –	강수량: – 일 출: 07:45 일 몰: 17:41	평균기온: – 최고기온: – 최저기온: –	강수량: – 일 출: 07:44 일 몰: 17:42	평균기온: – 최고기온: – 최저기온: –	강수량: – 일 출: 07:37 일 몰: 17:55

1952

윤5월

단기 4285년

입춘 02.05 ~ 03.05(양)

壬寅月

양력	1952.02.05		6	7	8	9	10	11	12	13	14	15	16	17	18	19	20	21	22	23	24	25	26	27	28	29	3.1	2	3	4	5
음력	1952.01.10		11	12	13	14	15	16	17	18	19	20	21	22	23	24	25	26	27	28	29	2.1	2	3	4	5	6	7	8	9	10
일주	辛巳		壬午	癸未	甲申	乙酉	丙戌	丁亥	戊子	己丑	庚寅	辛卯	壬辰	癸巳	甲午	乙未	丙申	丁酉	戊戌	己亥	庚子	辛丑	壬寅	癸卯	甲辰	乙巳	丙午	丁未	戊申	己酉	庚戌
대운 남	10	10	10	9	9	9	8	8	8	7	7	7	6	6	6	5	5	5	4	4	4	3	3	3	2	2	2	1	1	1	1
대운 여	1	1	1	1	1	1	2	2	2	3	3	3	4	4	4	5	5	5	6	6	6	7	7	7	8	8	8	9	9	9	10

2월 5일(양) 입춘 05시 53분		2월 10일(양)		2월 20일(양) 우수 01시 57분		3월 1일(양)	
평균기온: -	강수량: -	평균기온: -	강수량: -	평균기온: -	강수량: -	평균기온: -	강수량: -
최고기온: -	일 출: 07:34	최고기온: -	일 출: 07:29	최고기온: -	일 출: 07:17	최고기온: -	일 출: 07:04
최저기온: -	일 몰: 17:59	최저기온: -	일 몰: 18:04	최저기온: -	일 몰: 18:15	최저기온: -	일 몰: 18:25

경칩 03.06 ~ 04.04(양)

癸卯月

양력	03.06		7	8	9	10	11	12	13	14	15	16	17	18	19	20	21	22	23	24	25	26	27	28	29	30	31	4.1	2	3	4
음력	02.11		12	13	14	15	16	17	18	19	20	21	22	23	24	25	26	27	28	29	30	3.1	2	3	4	5	6	7	8	9	10
일주	辛亥		壬子	癸丑	甲寅	乙卯	丙辰	丁巳	戊午	己未	庚申	辛酉	壬戌	癸亥	甲子	乙丑	丙寅	丁卯	戊辰	己巳	庚午	辛未	壬申	癸酉	甲戌	乙亥	丙子	丁丑	戊寅	己卯	庚辰
대운 남	1	10	10	9	9	9	8	8	8	7	7	7	6	6	6	5	5	5	4	4	4	3	3	3	2	2	2	1	1	1	1
대운 여	10	1	1	1	1	1	2	2	2	3	3	3	4	4	4	5	5	5	6	6	6	7	7	7	8	8	8	9	9	9	10

3월 6일(양) 경칩 00시 07분		3월 10일(양)		3월 20일(양)		3월 21일(양) 춘분 01시 14분		4월 1일(양)	
평균기온: -	강수량: -	평균기온: -	강수량: -	평균기온: -	강수량: -	평균기온: -	강수량: -	평균기온: -	강수량: -
최고기온: -	일 출: 06:57	최고기온: -	일 출: 06:51	최고기온: -	일 출: 06:36	최고기온: -	일 출: 06:35	최고기온: -	일 출: 06:18
최저기온: -	일 몰: 18:30	최저기온: -	일 몰: 18:34	최저기온: -	일 몰: 18:43	최저기온: -	일 몰: 18:44	최저기온: -	일 몰: 18:54

청명 04.05 ~ 05.04(양)

甲辰月

양력	04.05		6	7	8	9	10	11	12	13	14	15	16	17	18	19	20	21	22	23	24	25	26	27	28	29	30	5.1	2	3	4
음력	03.11		12	13	14	15	16	17	18	19	20	21	22	23	24	25	26	27	28	29	4.1	2	3	4	5	6	7	8	9	10	11
일주	辛巳		壬午	癸未	甲申	乙酉	丙戌	丁亥	戊子	己丑	庚寅	辛卯	壬辰	癸巳	甲午	乙未	丙申	丁酉	戊戌	己亥	庚子	辛丑	壬寅	癸卯	甲辰	乙巳	丙午	丁未	戊申	己酉	庚戌
대운 남	1	10	10	9	9	9	8	8	8	7	7	7	6	6	6	5	5	5	4	4	4	3	3	3	2	2	2	1	1	1	1
대운 여	10	1	1	1	1	1	2	2	2	3	3	3	4	4	4	5	5	5	6	6	6	7	7	7	8	8	8	9	9	9	10

4월 5일(양) 청명 05시 15분		4월 10일(양)		4월 20일(양) 곡우 12시 37분		5월 1일(양)	
평균기온: -	강수량: -	평균기온: -	강수량: -	평균기온: -	강수량: -	평균기온: -	강수량: -
최고기온: -	일 출: 06:12	최고기온: -	일 출: 06:05	최고기온: -	일 출: 05:51	최고기온: -	일 출: 05:37
최저기온: -	일 몰: 18:58	최저기온: -	일 몰: 19:02	최저기온: -	일 몰: 19:12	최저기온: -	일 몰: 19:22

입하 05.05 ~ 06.05(양)

乙巳月

양력	05.05		6	7	8	9	10	11	12	13	14	15	16	17	18	19	20	21	22	23	24	25	26	27	28	29	30	31	6.1	2	3	4	5
음력	04.12		13	14	15	16	17	18	19	20	21	22	23	24	25	26	27	28	29	30	5.1	2	3	4	5	6	7	8	9	10	11	12	13
일주	辛亥		壬子	癸丑	甲寅	乙卯	丙辰	丁巳	戊午	己未	庚申	辛酉	壬戌	癸亥	甲子	乙丑	丙寅	丁卯	戊辰	己巳	庚午	辛未	壬申	癸酉	甲戌	乙亥	丙子	丁丑	戊寅	己卯	庚辰	辛巳	壬午
대운 남	1	10	10	10	10	9	9	9	8	8	8	7	7	7	6	6	6	5	5	5	4	4	4	3	3	3	2	2	2	1	1	1	1
대운 여	10	1	1	1	1	1	2	2	2	3	3	3	4	4	4	5	5	5	6	6	6	7	7	7	8	8	8	9	9	9	10	10	10

5월 5일(양) 입하 22시 54분		5월 10일(양)		5월 20일(양)		5월 21일(양) 소만 12시 04분		6월 1일(양)	
평균기온: -	강수량: -	평균기온: -	강수량: -	평균기온: -	강수량: -	평균기온: -	강수량: -	평균기온: -	강수량: -
최고기온: -	일 출: 05:33	최고기온: -	일 출: 05:28	최고기온: -	일 출: 05:19	최고기온: -	일 출: 05:18	최고기온: -	일 출: 05:12
최저기온: -	일 몰: 19:25	최저기온: -	일 몰: 19:30	최저기온: -	일 몰: 19:38	최저기온: -	일 몰: 19:39	최저기온: -	일 몰: 19:47

망종 06.06 ~ 07.06(양)

丙午月

양력	06.06		7	8	9	10	11	12	13	14	15	16	17	18	19	20	21	22	23	24	25	26	27	28	29	30	6.1	2	3	4	5	6
음력	05.14		15	16	17	18	19	20	21	22	23	24	25	26	27	28	29	윤	5.2	3	4	5	6	7	8	9	10	11	12	13	14	15
일주	癸未		甲申	乙酉	丙戌	丁亥	戊子	己丑	庚寅	辛卯	壬辰	癸巳	甲午	乙未	丙申	丁酉	戊戌	己亥	庚子	辛丑	壬寅	癸卯	甲辰	乙巳	丙午	丁未	戊申	己酉	庚戌	辛亥	壬子	癸丑
대운 남	1	10	10	10	9	9	9	8	8	8	7	7	7	6	6	6	5	5	5	4	4	4	3	3	3	2	2	2	1	1	1	1
대운 여	10	1	1	1	1	1	2	2	2	3	3	3	4	4	4	5	5	5	6	6	6	7	7	7	8	8	8	9	9	9	10	10

6월 6일(양) 망종 03시 20분		6월 10일(양)		6월 20일(양)		6월 21일(양) 하지 20시 13분		7월 1일(양)	
평균기온: -	강수량: -	평균기온: -	강수량: -	평균기온: -	강수량: -	평균기온: -	강수량: -	평균기온: -	강수량: -
최고기온: -	일 출: 05:11	최고기온: -	일 출: 05:10	최고기온: -	일 출: 05:11	최고기온: -	일 출: 05:11	최고기온: -	일 출: 05:14
최저기온: -	일 몰: 19:50	최저기온: -	일 몰: 19:53	최저기온: -	일 몰: 19:56	최저기온: -	일 몰: 19:57	최저기온: -	일 몰: 19:57

소서 07.07 ~ 08.06(양)

丁未月

양력	07.07		8	9	10	11	12	13	14	15	16	17	18	19	20	21	22	23	24	25	26	27	28	29	30	31	8.1	2	3	4	5	6
음력	05.16		17	18	19	20	21	22	23	24	25	26	27	28	29	30	6.1	2	3	4	5	6	7	8	9	10	11	12	13	14	15	16
일주	甲寅		乙卯	丙辰	丁巳	戊午	己未	庚申	辛酉	壬戌	癸亥	甲子	乙丑	丙寅	丁卯	戊辰	己巳	庚午	辛未	壬申	癸酉	甲戌	乙亥	丙子	丁丑	戊寅	己卯	庚辰	辛巳	壬午	癸未	甲申
대운 남	1	10	10	10	9	9	9	8	8	8	7	7	7	6	6	6	5	5	5	4	4	4	3	3	3	2	2	2	1	1	1	1
대운 여	10	1	1	1	1	1	2	2	2	3	3	3	4	4	4	5	5	5	6	6	6	7	7	7	8	8	8	9	9	9	10	10

7월 7일(양) 소서 13시 45분		7월 10일(양)		7월 20일(양)		7월 23일(양) 대서 07시 07분		8월 1일(양)	
평균기온: -	강수량: -	평균기온: -	강수량: -	평균기온: -	강수량: -	평균기온: -	강수량: -	평균기온: -	강수량: -
최고기온: -	일 출: 05:17	최고기온: -	일 출: 05:19	최고기온: -	일 출: 05:26	최고기온: -	일 출: 05:28	최고기온: -	일 출: 05:35
최저기온: -	일 몰: 19:56	최저기온: -	일 몰: 19:55	최저기온: -	일 몰: 19:50	최저기온: -	일 몰: 19:48	최저기온: -	일 몰: 19:41

입추 08.07 ~ 09.07(양) — 戊申月

양력	08.07	8	9	10	11	12	13	14	15	16	17	18	19	20	21	22	23	24	25	26	27	28	29	30	31	9.1	2	3	4	5	6	7
음력	06.17	18	19	20	21	22	23	24	25	26	27	28	29	30	7.1	2	3	4	5	6	7	8	9	10	11	12	13	14	15	16	17	18
일주	乙酉	丙戌	丁亥	戊子	己丑	庚寅	辛卯	壬辰	癸巳	甲午	乙未	丙申	丁酉	戊戌	己亥	庚子	辛丑	壬寅	癸卯	甲辰	乙巳	丙午	丁未	戊申	己酉	庚戌	辛亥	壬子	癸丑	甲寅	乙卯	丙辰
대운 남	1	10	10	10	10	9	9	9	8	8	8	7	7	7	6	6	6	5	5	5	4	4	4	3	3	3	2	2	2	1	1	1
대운 여	10	1	1	1	1	2	2	2	3	3	3	4	4	4	5	5	5	6	6	6	7	7	7	8	8	8	9	9	9	10	10	10

날짜	평균기온	최고기온	최저기온	강수량	일 출	일 몰
8월 7일(양) 입추 23시 31분	–	–	–	–	05:40	19:35
8월 10일(양)	–	–	–	–	05:43	19:31
8월 20일(양)	–	–	–	–	05:52	19:19
8월 23일(양) 처서 14시 03분	–	–	–	–	05:54	19:15
9월 1일(양)	–	–	–	–	06:02	19:02

백로 09.08 ~ 10.07(양) — 己酉月

양력	09.08	9	10	11	12	13	14	15	16	17	18	19	20	21	22	23	24	25	26	27	28	29	30	10.1	2	3	4	5	6	7
음력	07.19	20	21	22	23	24	25	26	27	28	29	0.1	2	3	4	5	6	7	8	9	10	11	12	13	14	15	16	17	18	19
일주	丁巳	戊午	己未	庚申	辛酉	壬戌	癸亥	甲子	乙丑	丙寅	丁卯	戊辰	己巳	庚午	辛未	壬申	癸酉	甲戌	乙亥	丙子	丁丑	戊寅	己卯	庚辰	辛巳	壬午	癸未	甲申	乙酉	丙戌
대운 남	1	10	10	9	9	9	8	8	8	7	7	7	6	6	6	5	5	5	4	4	4	3	3	3	2	2	2	1	1	1
대운 여	10	1	1	1	1	2	2	2	3	3	3	4	4	4	5	5	5	6	6	6	7	7	7	8	8	8	9	9	9	10

날짜	평균기온	최고기온	최저기온	강수량	일 출	일 몰
9월 8일(양) 백로 02시 14분	–	–	–	–	06:08	18:51
9월 10일(양)	–	–	–	–	06:09	18:48
9월 20일(양)	–	–	–	–	06:18	18:33
9월 23일(양) 추분 11시 24분	–	–	–	–	06:20	18:28
10월 1일(양)	–	–	–	–	06:27	18:16

한로 10.08 ~ 11.06(양) — 庚戌月

양력	10.08	9	10	11	12	13	14	15	16	17	18	19	20	21	22	23	24	25	26	27	28	29	30	31	11.1	2	3	4	5	6
음력	08.20	21	22	23	24	25	26	27	28	29	30	9.1	2	3	4	5	6	7	8	9	10	11	12	13	14	15	16	17	18	19
일주	丁亥	戊子	己丑	庚寅	辛卯	壬辰	癸巳	甲午	乙未	丙申	丁酉	戊戌	己亥	庚子	辛丑	壬寅	癸卯	甲辰	乙巳	丙午	丁未	戊申	己酉	庚戌	辛亥	壬子	癸丑	甲寅	乙卯	丙辰
대운 남	1	10	10	9	9	9	8	8	8	7	7	7	6	6	6	5	5	5	4	4	4	3	3	3	2	2	2	1	1	1
대운 여	10	1	1	1	1	2	2	2	3	3	3	4	4	4	5	5	5	6	6	6	7	7	7	8	8	8	9	9	9	10

날짜	평균기온	최고기온	최저기온	강수량	일 출	일 몰
10월 8일(양) 한로 17시 32분	–	–	–	–	06:33	18:06
10월 10일(양)	–	–	–	–	06:35	18:03
10월 20일(양)	–	–	–	–	06:45	17:49
10월 23일(양) 상강 20시 22분	–	–	–	–	06:47	17:45
11월 1일(양)	–	–	–	–	06:57	17:34

입동 11.07 ~ 12.06(양) — 辛亥月

양력	11.07	8	9	10	11	12	13	14	15	16	17	18	19	20	21	22	23	24	25	26	27	28	29	30	12.1	2	3	4	5	6
음력	09.20	21	22	23	24	25	26	27	28	29	10.1	2	3	4	5	6	7	8	9	10	11	12	13	14	15	16	17	18	19	20
일주	丁巳	戊午	己未	庚申	辛酉	壬戌	癸亥	甲子	乙丑	丙寅	丁卯	戊辰	己巳	庚午	辛未	壬申	癸酉	甲戌	乙亥	丙子	丁丑	戊寅	己卯	庚辰	辛巳	壬午	癸未	甲申	乙酉	丙戌
대운 남	1	10	10	9	9	9	8	8	8	7	7	7	6	6	6	5	5	5	4	4	4	3	3	3	2	2	2	1	1	1
대운 여	10	1	1	1	1	2	2	2	3	3	3	4	4	4	5	5	5	6	6	6	7	7	7	8	8	8	9	9	9	10

날짜	평균기온	최고기온	최저기온	강수량	일 출	일 몰
11월 7일(양) 입동 20시 22분	–	–	–	–	07:03	17:28
11월 10일(양)	–	–	–	–	07:06	17:26
11월 20일(양)	–	–	–	–	07:17	17:18
11월 22일(양) 소설 17시 36분	–	–	–	–	07:19	17:17
12월 1일(양)	–	–	–	–	07:28	17:14

대설 12.07 ~ 1953.01.05(양) — 壬子月

양력	12.07	8	9	10	11	12	13	14	15	16	17	18	19	20	21	22	23	24	25	26	27	28	29	30	31	1.1	2	3	4	5
음력	10.21	22	23	24	25	26	27	28	29	30	11.1	2	3	4	5	6	7	8	9	10	11	12	13	14	15	16	17	18	19	20
일주	丁亥	戊子	己丑	庚寅	辛卯	壬辰	癸巳	甲午	乙未	丙申	丁酉	戊戌	己亥	庚子	辛丑	壬寅	癸卯	甲辰	乙巳	丙午	丁未	戊申	己酉	庚戌	辛亥	壬子	癸丑	甲寅	乙卯	丙辰
대운 남	1	10	10	9	9	9	8	8	8	7	7	7	6	6	6	5	5	5	4	4	4	3	3	3	2	2	2	1	1	1
대운 여	10	1	1	1	1	2	2	2	3	3	3	4	4	4	5	5	5	6	6	6	7	7	7	8	8	8	9	9	9	10

날짜	평균기온	최고기온	최저기온	강수량	일 출	일 몰
12월 7일(양) 대설 12시 56분	–	–	–	–	07:33	17:14
12월 10일(양)	–	–	–	–	07:36	17:14
12월 20일(양)	–	–	–	–	07:43	17:17
12월 22일(양) 동지 06시 43분	–	–	–	–	07:44	17:18
1월 1일(양)	–	–	–	–	07:47	17:24

소한 01.06 ~ 02.03(양) — 癸丑月

양력	1953.01.06	7	8	9	10	11	12	13	14	15	16	17	18	19	20	21	22	23	24	25	26	27	28	29	30	31	2.1	2	3
음력	1952.11.21	22	23	24	25	26	27	28	29	12.1	2	3	4	5	6	7	8	9	10	11	12	13	14	15	16	17	18	19	20
일주	丁巳	戊午	己未	庚申	辛酉	壬戌	癸亥	甲子	乙丑	丙寅	丁卯	戊辰	己巳	庚午	辛未	壬申	癸酉	甲戌	乙亥	丙子	丁丑	戊寅	己卯	庚辰	辛巳	壬午	癸未	甲申	乙酉
대운 남	1	10	10	9	9	9	8	8	8	7	7	7	6	6	6	5	5	5	4	4	4	3	3	3	2	2	2	1	1
대운 여	10	1	1	1	2	2	2	3	3	3	4	4	4	5	5	5	6	6	6	7	7	7	8	8	8	9	9	9	10

날짜	평균기온	최고기온	최저기온	강수량	일 출	일 몰
1월 6일(양) 소한 00시 02분	–	–	–	–	07:47	17:28
1월 10일(양)	–	–	–	–	07:47	17:32
1월 20일(양) 대한 17시 21분	–	–	–	–	07:44	17:42
2월 1일(양)	–	–	–	–	07:36	17:55

1953

입춘 — 02.04 ~ 03.05(양)

甲寅月

구분	(월)	5	6	7	8	9	10	11	12	13	14	15	16	17	18	19	20	21	22	23	24	25	26	27	28	3.1	2	3	4	5
양력	1953.02.04	5	6	7	8	9	10	11	12	13	14	15	16	17	18	19	20	21	22	23	24	25	26	27	28	3.1	2	3	4	5
음력	1952.12.21	22	23	24	25	26	27	28	29	30	1.1	2	3	4	5	6	7	8	9	10	11	12	13	14	15	16	17	18	19	20
일주	丙戌	丁亥	戊子	己丑	庚寅	辛卯	壬辰	癸巳	甲午	乙未	丙申	丁酉	戊戌	己亥	庚子	辛丑	壬寅	癸卯	甲辰	乙巳	丙午	丁未	戊申	己酉	庚戌	辛亥	壬子	癸丑	甲寅	乙卯
대운 남	1 1	1	1	1	1	2	2	2	3	3	3	4	4	4	5	5	5	6	6	6	7	7	7	8	8	8	9	9	9	10
대운 여	10 10	10	9	9	9	8	8	8	7	7	7	6	6	6	5	5	5	4	4	4	3	3	3	2	2	2	1	1	1	1

날짜	평균기온	최고기온	최저기온	강수량	일 출	일 몰
2월 4일(양) 입춘 11시 46분	-	-	-	-	07:34	17:59
2월 10일(양)	-	-	-	-	07:28	18:05
2월 19일(양) 우수 07시 41분	-	-	-	-	07:18	18:15
2월 20일(양)	-	-	-	-	07:16	18:16
3월 1일(양)	-	-	-	-	07:05	18:25

경칩 — 03.06 ~ 04.04(양)

乙卯月

구분	(월)	7	8	9	10	11	12	13	14	15	16	17	18	19	20	21	22	23	24	25	26	27	28	29	30	31	4.1	2	3	4
양력	03.06	7	8	9	10	11	12	13	14	15	16	17	18	19	20	21	22	23	24	25	26	27	28	29	30	31	4.1	2	3	4
음력	01.21	22	23	24	25	26	27	28	29	2.1	2	3	4	5	6	7	8	9	10	11	12	13	14	15	16	17	18	19	20	21
일주	丙辰	丁巳	戊午	己未	庚申	辛酉	壬戌	癸亥	甲子	乙丑	丙寅	丁卯	戊辰	己巳	庚午	辛未	壬申	癸酉	甲戌	乙亥	丙子	丁丑	戊寅	己卯	庚辰	辛巳	壬午	癸未	甲申	乙酉
대운 남	10 1	1	1	1	1	2	2	2	3	3	3	4	4	4	5	5	5	6	6	6	7	7	7	8	8	8	9	9	9	10
대운 여	1 10	10	9	9	9	8	8	8	7	7	7	6	6	6	5	5	5	4	4	4	3	3	3	2	2	2	1	1	1	1

날짜	평균기온	최고기온	최저기온	강수량	일 출	일 몰
3월 6일(양) 경칩 06시 02분	-	-	-	-	06:58	18:30
3월 10일(양)	-	-	-	-	06:52	18:34
3월 20일(양)	-	-	-	-	06:37	18:43
3월 21일(양) 춘분 07시 01분	-	-	-	-	06:35	18:44
4월 1일(양)	-	-	-	-	06:19	18:54

청명 — 04.05 ~ 05.05(양)

丙辰月

구분	(월)	6	7	8	9	10	11	12	13	14	15	16	17	18	19	20	21	22	23	24	25	26	27	28	29	30	5.1	2	3	4	5
양력	04.05	6	7	8	9	10	11	12	13	14	15	16	17	18	19	20	21	22	23	24	25	26	27	28	29	30	5.1	2	3	4	5
음력	02.22	23	24	25	26	27	28	29	30	3.1	2	3	4	5	6	7	8	9	10	11	12	13	14	15	16	17	18	19	20	21	22
일주	丙戌	丁亥	戊子	己丑	庚寅	辛卯	壬辰	癸巳	甲午	乙未	丙申	丁酉	戊戌	己亥	庚子	辛丑	壬寅	癸卯	甲辰	乙巳	丙午	丁未	戊申	己酉	庚戌	辛亥	壬子	癸丑	甲寅	乙卯	丙辰
대운 남	10 1	1	1	1	1	2	2	2	3	3	3	4	4	4	5	5	5	6	6	6	7	7	7	8	8	8	9	9	9	10	10
대운 여	1 10	10	10	9	9	9	8	8	8	7	7	7	6	6	6	5	5	5	4	4	4	3	3	3	2	2	2	1	1	1	1

날짜	평균기온	최고기온	최저기온	강수량	일 출	일 몰
4월 5일(양) 청명 11시 13분	-	-	-	-	06:13	18:58
4월 10일(양)	-	-	-	-	06:05	19:02
4월 20일(양) 곡우 18시 25분	-	-	-	-	05:51	19:11
5월 1일(양)	-	-	-	-	05:38	19:21

입하 — 05.06 ~ 06.05(양)

丁巳月

		7	8	9	10	11	12	13	14	15	16	17	18	19	20	21	22	23	24	25	26	27	28	29	30	31	6.1	2	3	4	5
양력	05.06	7	8	9	10	11	12	13	14	15	16	17	18	19	20	21	22	23	24	25	26	27	28	29	30	31	6.1	2	3	4	5
음력	03.23	24	25	26	27	28	29	4.1	2	3	4	5	6	7	8	9	10	11	12	13	14	15	16	17	18	19	20	21	22	23	24
일주	丁巳	戊午	己未	庚申	辛酉	壬戌	癸亥	甲子	乙丑	丙寅	丁卯	戊辰	己巳	庚午	辛未	壬申	癸酉	甲戌	乙亥	丙子	丁丑	戊寅	己卯	庚辰	辛巳	壬午	癸未	甲申	乙酉	丙戌	丁亥
대운 남	10 1	1	1	1	1	2	2	2	3	3	3	4	4	4	5	5	5	6	6	6	7	7	7	8	8	8	9	9	9	10	10
대운 여	1 10	10	10	9	9	9	8	8	8	7	7	7	6	6	6	5	5	5	4	4	4	3	3	3	2	2	2	1	1	1	1

날짜	평균기온	최고기온	최저기온	강수량	일 출	일 몰
5월 6일(양) 입하 04시 52분	-	-	-	-	05:32	19:26
5월 10일(양)	-	-	-	-	05:28	19:29
5월 20일(양)	-	-	-	-	05:19	19:38
5월 21일(양) 소만 17시 53분	-	-	-	-	05:19	19:39
6월 1일(양)	-	-	-	-	05:13	19:47

망종 — 06.06 ~ 07.06(양)

戊午月

구분	(월)	7	8	9	10	11	12	13	14	15	16	17	18	19	20	21	22	23	24	25	26	27	28	29	30	7.1	2	3	4	5	6
양력	06.06	7	8	9	10	11	12	13	14	15	16	17	18	19	20	21	22	23	24	25	26	27	28	29	30	7.1	2	3	4	5	6
음력	04.25	26	27	28	29	5.1	2	3	4	5	6	7	8	9	10	11	12	13	14	15	16	17	18	19	20	21	22	23	24	25	26
일주	戊子	己丑	庚寅	辛卯	壬辰	癸巳	甲午	乙未	丙申	丁酉	戊戌	己亥	庚子	辛丑	壬寅	癸卯	甲辰	乙巳	丙午	丁未	戊申	己酉	庚戌	辛亥	壬子	癸丑	甲寅	乙卯	丙辰	丁巳	戊午
대운 남	10 1	1	1	1	1	2	2	2	3	3	3	4	4	4	5	5	5	6	6	6	7	7	7	8	8	8	9	9	9	10	10
대운 여	1 10	10	10	9	9	9	8	8	8	7	7	7	6	6	6	5	5	5	4	4	4	3	3	3	2	2	2	1	1	1	1

날짜	평균기온	최고기온	최저기온	강수량	일 출	일 몰
6월 6일(양) 망종 09시 16분	-	-	-	-	05:11	19:50
6월 10일(양)	-	-	-	-	05:10	19:52
6월 20일(양)	-	-	-	-	05:10	19:56
6월 22일(양) 하지 02시 00분	-	-	-	-	05:11	19:57
7월 1일(양)	-	-	-	-	05:14	19:57

소서 — 07.07 ~ 08.07(양)

己未月

구분	(월)	8	9	10	11	12	13	14	15	16	17	18	19	20	21	22	23	24	25	26	27	28	29	30	31	8.1	2	3	4	5	6	7
양력	07.07	8	9	10	11	12	13	14	15	16	17	18	19	20	21	22	23	24	25	26	27	28	29	30	31	8.1	2	3	4	5	6	7
음력	05.27	28	29	30	6.1	2	3	4	5	6	7	8	9	10	11	12	13	14	15	16	17	18	19	20	21	22	23	24	25	26	27	28
일주	己未	庚申	辛酉	壬戌	癸亥	甲子	乙丑	丙寅	丁卯	戊辰	己巳	庚午	辛未	壬申	癸酉	甲戌	乙亥	丙子	丁丑	戊寅	己卯	庚辰	辛巳	壬午	癸未	甲申	乙酉	丙戌	丁亥	戊子	己丑	庚寅
대운 남	10 1	1	1	1	1	2	2	2	3	3	3	4	4	4	5	5	5	6	6	6	7	7	7	8	8	8	9	9	9	10	10	10
대운 여	1 10	10	10	10	9	9	9	8	8	8	7	7	7	6	6	6	5	5	5	4	4	4	3	3	3	2	2	2	1	1	1	1

날짜	평균기온	최고기온	최저기온	강수량	일 출	일 몰
7월 7일(양) 소서 19시 35분	-	-	-	-	05:17	19:56
7월 10일(양)	-	-	-	-	05:19	19:55
7월 20일(양)	-	-	-	-	05:26	19:51
7월 23일(양) 대서 12시 52분	-	-	-	-	05:28	19:48
8월 1일(양)	-	-	-	-	05:35	19:41

입추 — 08.08 ~ 09.07(양)

庚申月

양력	08.08		9	10	11	12	13	14	15	16	17	18	19	20	21	22	23	24	25	26	27	28	29	30	31	9.1	2	3	4	5	6	7
음력	06.29		30	7.1	2	3	4	5	6	7	8	9	10	11	12	13	14	15	16	17	18	19	20	21	22	23	24	25	26	27	28	29
일주	辛卯		壬辰	癸巳	甲午	乙未	丙申	丁酉	戊戌	己亥	庚子	辛丑	壬寅	癸卯	甲辰	乙巳	丙午	丁未	戊申	己酉	庚戌	辛亥	壬子	癸丑	甲寅	乙卯	丙辰	丁巳	戊午	己未	庚申	辛酉
대운 남	10	1	1	1	1	1	2	2	2	3	3	3	4	4	4	5	5	5	6	6	6	7	7	7	8	8	8	9	9	9	10	10
대운 여	1	10	10	10	9	9	9	8	8	8	7	7	7	6	6	6	5	5	5	4	4	4	3	3	3	2	2	2	1	1	1	1

	8월 8일(양) 입추 05시 15분	8월 10일(양)	8월 20일(양)	8월 23일(양) 처서 19시 45분	9월 1일(양)
평균기온	-	-	-	-	-
최고기온	-	-	-	-	-
최저기온	-	-	-	-	-
강수량	-	-	-	-	-
일 출	05:41	05:43	05:51	05:54	06:02
일 몰	19:34	19:31	19:19	19:15	19:02

백로 — 09.08 ~ 10.07(양)

辛酉月

양력	09.08		9	10	11	12	13	14	15	16	17	18	19	20	21	22	23	24	25	26	27	28	29	30	10.1	2	3	4	5	6	7
음력	08.01		2	3	4	5	6	7	8	9	10	11	12	13	14	15	16	17	18	19	20	21	22	23	24	25	26	27	28	29	30
일주	壬戌		癸亥	甲子	乙丑	丙寅	丁卯	戊辰	己巳	庚午	辛未	壬申	癸酉	甲戌	乙亥	丙子	丁丑	戊寅	己卯	庚辰	辛巳	壬午	癸未	甲申	乙酉	丙戌	丁亥	戊子	己丑	庚寅	辛卯
대운 남	10	1	1	1	1	1	2	2	2	3	3	3	4	4	4	5	5	5	6	6	6	7	7	7	8	8	8	9	9	9	10
대운 여	1	10	10	9	9	9	8	8	8	7	7	7	6	6	6	5	5	5	4	4	4	3	3	3	2	2	2	1	1	1	1

	9월 8일(양) 백로 07시 53분	9월 10일(양)	9월 20일(양)	9월 23일(양) 추분 17시 06분	10월 1일(양)
평균기온	-	-	-	-	-
최고기온	-	-	-	-	-
최저기온	-	-	-	-	-
강수량	-	-	-	-	-
일 출	06:07	06:09	06:17	06:20	06:27
일 몰	18:52	18:49	18:33	18:29	18:16

한로 — 10.08 ~ 11.07(양)

壬戌月

양력	10.08		9	10	11	12	13	14	15	16	17	18	19	20	21	22	23	24	25	26	27	28	29	30	31	11.1	2	3	4	5	6	7
음력	09.01		2	3	4	5	6	7	8	9	10	11	12	13	14	15	16	17	18	19	20	21	22	23	24	25	26	27	28	29	30	10.1
일주	壬辰		癸巳	甲午	乙未	丙申	丁酉	戊戌	己亥	庚子	辛丑	壬寅	癸卯	甲辰	乙巳	丙午	丁未	戊申	己酉	庚戌	辛亥	壬子	癸丑	甲寅	乙卯	丙辰	丁巳	戊午	己未	庚申	辛酉	壬戌
대운 남	10	1	1	1	1	1	2	2	2	3	3	3	4	4	4	5	5	5	6	6	6	7	7	7	8	8	8	9	9	9	10	10
대운 여	1	10	10	10	9	9	9	8	8	8	7	7	7	6	6	6	5	5	5	4	4	4	3	3	3	2	2	2	1	1	1	1

	10월 8일(양) 한로 23시 10분	10월 10일(양)	10월 20일(양)	10월 24일(양) 상강 02시 06분	11월 1일(양)
평균기온	-	-	-	-	-
최고기온	-	-	-	-	-
최저기온	-	-	-	-	-
강수량	-	-	-	-	-
일 출	06:33	06:35	06:44	06:48	06:56
일 몰	18:06	18:03	17:49	17:44	17:35

입동 — 11.08 ~ 12.06(양)

癸亥月

양력	11.08		9	10	11	12	13	14	15	16	17	18	19	20	21	22	23	24	25	26	27	28	29	30	12.1	2	3	4	5	6
음력	10.02		3	4	5	6	7	8	9	10	11	12	13	14	15	16	17	18	19	20	21	22	23	24	25	26	27	28	29	11.1
일주	癸亥		甲子	乙丑	丙寅	丁卯	戊辰	己巳	庚午	辛未	壬申	癸酉	甲戌	乙亥	丙子	丁丑	戊寅	己卯	庚辰	辛巳	壬午	癸未	甲申	乙酉	丙戌	丁亥	戊子	己丑	庚寅	辛卯
대운 남	10	1	1	1	1	1	2	2	2	3	3	3	4	4	4	5	5	5	6	6	6	7	7	7	8	8	8	9	9	9
대운 여	1	10	9	9	9	8	8	8	7	7	7	6	6	6	5	5	5	4	4	4	3	3	3	2	2	2	1	1	1	1

	11월 8일(양) 입동 02시 01분	11월 10일(양)	11월 20일(양)	11월 22일(양) 소설 23시 22분	12월 1일(양)
평균기온	-	-	-	-	12.2℃
최고기온	-	-	-	-	16.2℃
최저기온	-	-	-	-	7.4℃
강수량	-	-	-	-	9.6mm
일 출	07:04	07:06	07:16	07:18	07:27
일 몰	17:28	17:26	17:18	17:17	17:14

대설 — 12.07 ~ 1954.01.05(양)

甲子月

양력	12.07		8	9	10	11	12	13	14	15	16	17	18	19	20	21	22	23	24	25	26	27	28	29	30	31	1.1	2	3	4	5
음력	11.02		3	4	5	6	7	8	9	10	11	12	13	14	15	16	17	18	19	20	21	22	23	24	25	26	27	28	29	30	12.1
일주	壬辰		癸巳	甲午	乙未	丙申	丁酉	戊戌	己亥	庚子	辛丑	壬寅	癸卯	甲辰	乙巳	丙午	丁未	戊申	己酉	庚戌	辛亥	壬子	癸丑	甲寅	乙卯	丙辰	丁巳	戊午	己未	庚申	辛酉
대운 남	10	1	1	1	1	1	2	2	2	3	3	3	4	4	4	5	5	5	6	6	6	7	7	7	8	8	8	9	9	9	10
대운 여	1	10	10	9	9	9	8	8	8	7	7	7	6	6	6	5	5	5	4	4	4	3	3	3	2	2	2	1	1	1	1

	12월 7일(양) 대설 18시 37분	12월 10일(양)	12월 20일(양)	12월 22일(양) 동지 12시 31분	1월 1일(양)
평균기온	1.9℃	-0.7℃	1.1℃	-1.0℃	-2.4℃
최고기온	6.8℃	1.6℃	6.4℃	3.2℃	4.0℃
최저기온	-2.7℃	-2.8℃	-5.3℃	-5.5℃	-7.8℃
강수량	0.0mm	-	-	0.3mm	-
일 출	07:33	07:35	07:42	07:43	07:47
일 몰	17:14	17:14	17:17	17:17	17:24

소한 — 01.06 ~ 02.03(양)

乙丑月

양력	1954.01.06		7	8	9	10	11	12	13	14	15	16	17	18	19	20	21	22	23	24	25	26	27	28	29	30	31	2.1	2	3
음력	1953.12.02		3	4	5	6	7	8	9	10	11	12	13	14	15	16	17	18	19	20	21	22	23	24	25	26	27	28	29	30
일주	壬戌		癸亥	甲子	乙丑	丙寅	丁卯	戊辰	己巳	庚午	辛未	壬申	癸酉	甲戌	乙亥	丙子	丁丑	戊寅	己卯	庚辰	辛巳	壬午	癸未	甲申	乙酉	丙戌	丁亥	戊子	己丑	庚寅
대운 남	10	1	1	1	1	1	2	2	2	3	3	3	4	4	4	5	5	5	6	6	6	7	7	7	8	8	8	9	9	9
대운 여	1	10	9	9	9	8	8	8	7	7	7	6	6	6	5	5	5	4	4	4	3	3	3	2	2	2	1	1	1	1

	1월 6일(양) 소한 05시 45분	1월 10일(양)	1월 20일(양) 대한 23시 11분	2월 1일(양)
평균기온	-2.2℃	-1.8℃	4.7℃	-5.0℃
최고기온	1.3℃	1.4℃	10.7℃	-0.6℃
최저기온	-5.9℃	-6.3℃	-1.5℃	-8.2℃
강수량	0.2mm	-	0.6mm	4.9mm
일 출	07:47	07:47	07:44	07:37
일 몰	17:28	17:32	17:42	17:55

1954

입춘　02.04 ~ 03.05(양)

丙寅月

양력	1954.02.04		5	6	7	8	9	10	11	12	13	14	15	16	17	18	19	20	21	22	23	24	25	26	27	28	3.1	2	3	4	5
음력	1954.01.01		2	3	4	5	6	7	8	9	10	11	12	13	14	15	16	17	18	19	20	21	22	23	24	25	26	27	28	29	2.1
일주	辛卯		壬辰	癸巳	甲午	乙未	丙申	丁酉	戊戌	己亥	庚子	辛丑	壬寅	癸卯	甲辰	乙巳	丙午	丁未	戊申	己酉	庚戌	辛亥	壬子	癸丑	甲寅	乙卯	丙辰	丁巳	戊午	己未	庚申
대운 남	10	10	10	9	9	9	8	8	8	7	7	7	6	6	6	5	5	5	4	4	4	3	3	3	2	2	2	1	1	1	1
대운 여	1	1	1	1	1	1	2	2	2	3	3	3	4	4	4	5	5	5	6	6	6	7	7	7	8	8	8	9	9	9	10

	2월 4일(양) 입춘 17시 31분	2월 10일(양)	2월 19일(양) 우수 13시 32분	2월 20일(양)	3월 1일(양)
평균기온	−6.3℃	4.8℃	−2.4℃	0.4℃	5.4℃
최고기온	0.0℃	9.9℃	3.8℃	5.6℃	7.2℃
최저기온	−12.0℃	−1.7℃	−9.5℃	−3.7℃	3.2℃
강수량	−	−	−	−	−
일 출	07:34	07:28	07:18	07:17	07:05
일 몰	17:58	18:05	18:15	18:16	18:25

경칩　03.06 ~ 04.04(양)

丁卯月

양력	03.06		7	8	9	10	11	12	13	14	15	16	17	18	19	20	21	22	23	24	25	26	27	28	29	30	31	4.1	2	3	4
음력	02.02		3	4	5	6	7	8	9	10	11	12	13	14	15	16	17	18	19	20	21	22	23	24	25	26	27	28	29	3.1	2
일주	辛酉		壬戌	癸亥	甲子	乙丑	丙寅	丁卯	戊辰	己巳	庚午	辛未	壬申	癸酉	甲戌	乙亥	丙子	丁丑	戊寅	己卯	庚辰	辛巳	壬午	癸未	甲申	乙酉	丙戌	丁亥	戊子	己丑	庚寅
대운 남	1	10	10	9	9	9	8	8	8	7	7	7	6	6	6	5	5	5	4	4	4	3	3	3	2	2	2	1	1	1	1
대운 여	10	1	1	1	1	1	2	2	2	3	3	3	4	4	4	5	5	5	6	6	6	7	7	7	8	8	8	9	9	9	10

	3월 6일(양) 경칩 11시 49분	3월 10일(양)	3월 20일(양)	3월 21일(양) 춘분 12시 23분	4월 1일(양)
평균기온	−2.9℃	5.1℃	0.1℃	1.1℃	12.2℃
최고기온	1.2℃	10.4℃	3.1℃	6.7℃	20.2℃
최저기온	−6.8℃	−0.3℃	−2.8℃	−3.6℃	5.7℃
강수량	−	−	−	−	−
일 출	06:58	06:52	06:37	06:36	06:19
일 몰	18:30	18:34	18:43	18:44	18:54

청명　04.05 ~ 05.05(양)

戊辰月

양력	04.05		6	7	8	9	10	11	12	13	14	15	16	17	18	19	20	21	22	23	24	25	26	27	28	29	30	5.1	2	3	4	5
음력	03.03		4	5	6	7	8	9	10	11	12	13	14	15	16	17	18	19	20	21	22	23	24	25	26	27	28	29	30	4.1	2	3
일주	辛卯		壬辰	癸巳	甲午	乙未	丙申	丁酉	戊戌	己亥	庚子	辛丑	壬寅	癸卯	甲辰	乙巳	丙午	丁未	戊申	己酉	庚戌	辛亥	壬子	癸丑	甲寅	乙卯	丙辰	丁巳	戊午	己未	庚申	辛酉
대운 남	1	10	10	10	9	9	9	8	8	8	7	7	7	6	6	6	5	5	5	4	4	4	3	3	3	2	2	2	1	1	1	1
대운 여	10	1	1	1	1	2	2	2	3	3	3	4	4	4	5	5	5	6	6	6	7	7	7	8	8	8	9	9	9	10	10

	4월 5일(양) 청명 16시 29분	4월 10일(양)	4월 20일(양) 곡우 23시 50분	5월 1일(양)
평균기온	15.4℃	11.4℃	7.7℃	12.1℃
최고기온	22.4℃	20.2℃	13.3℃	14.2℃
최저기온	11.6℃	4.8℃	3.2℃	9.8℃
강수량	−	−	−	6.6㎜
일 출	06:13	06:06	05:52	05:38
일 몰	18:58	19:02	19:11	19:21

입하　05.06 ~ 06.05(양)

己巳月

양력	05.06		7	8	9	10	11	12	13	14	15	16	17	18	19	20	21	22	23	24	25	26	27	28	29	30	31	6.1	2	3	4	5
음력	04.04		5	6	7	8	9	10	11	12	13	14	15	16	17	18	19	20	21	22	23	24	25	26	27	28	29	5.1	2	3	4	5
일주	壬戌		癸亥	甲子	乙丑	丙寅	丁卯	戊辰	己巳	庚午	辛未	壬申	癸酉	甲戌	乙亥	丙子	丁丑	戊寅	己卯	庚辰	辛巳	壬午	癸未	甲申	乙酉	丙戌	丁亥	戊子	己丑	庚寅	辛卯	壬辰
대운 남	1	10	10	10	9	9	9	8	8	8	7	7	7	6	6	6	5	5	5	4	4	4	3	3	3	2	2	2	1	1	1	1
대운 여	10	1	1	1	1	2	2	2	3	3	3	4	4	4	5	5	5	6	6	6	7	7	7	8	8	8	9	9	9	10	10

	5월 6일(양) 입하 10시 08분	5월 10일(양)	5월 20일(양)	5월 21일(양) 소만 23시 17분	6월 1일(양)
평균기온	17.5℃	14.1℃	21.3℃	20.5℃	16.2℃
최고기온	25.3℃	20.1℃	28.6℃	26.7℃	19.5℃
최저기온	10.3℃	9.6℃	15.1℃	16.3℃	13.1℃
강수량	−	−	−	0.0㎜	10.7㎜
일 출	05:32	05:28	05:19	05:19	05:13
일 몰	19:26	19:29	19:38	19:39	19:47

망종　06.06 ~ 07.07(양)

庚午月

양력	06.06		7	8	9	10	11	12	13	14	15	16	17	18	19	20	21	22	23	24	25	26	27	28	29	30	7.1	2	3	4	5	6	7
음력	05.06		7	8	9	10	11	12	13	14	15	16	17	18	19	20	21	22	23	24	25	26	27	28	29	6.1	2	3	4	5	6	7	8
일주	癸巳		甲午	乙未	丙申	丁酉	戊戌	己亥	庚子	辛丑	壬寅	癸卯	甲辰	乙巳	丙午	丁未	戊申	己酉	庚戌	辛亥	壬子	癸丑	甲寅	乙卯	丙辰	丁巳	戊午	己未	庚申	辛酉	壬戌	癸亥	甲子
대운 남	1	10	10	10	9	9	9	8	8	8	7	7	7	6	6	6	5	5	5	4	4	4	3	3	3	2	2	2	1	1	1	1	1
대운 여	10	1	1	1	1	2	2	2	3	3	3	4	4	4	5	5	5	6	6	6	7	7	7	8	8	8	9	9	9	10	10	10

	6월 6일(양) 망종 14시 31분	6월 10일(양)	6월 20일(양)	6월 22일(양) 하지 07시 24분	7월 1일(양)
평균기온	16.3℃	16.8℃	20.1℃	22.8℃	21.4℃
최고기온	20.5℃	20.0℃	26.7℃	29.2℃	25.4℃
최저기온	13.8℃	14.2℃	16.6℃	18.3℃	17.8℃
강수량	43.7㎜	2.8㎜	0.3㎜	−	1.3㎜
일 출	05:11	05:10	05:10	05:11	05:14
일 몰	19:50	19:52	19:56	19:57	19:57

소서　07.08 ~ 08.07(양)

辛未月

양력	07.08		9	10	11	12	13	14	15	16	17	18	19	20	21	22	23	24	25	26	27	28	29	30	31	8.1	2	3	4	5	6	7
음력	06.09		10	11	12	13	14	15	16	17	18	19	20	21	22	23	24	25	26	27	28	29	30	7.1	2	3	4	5	6	7	8	9
일주	乙丑		丙寅	丁卯	戊辰	己巳	庚午	辛未	壬申	癸酉	甲戌	乙亥	丙子	丁丑	戊寅	己卯	庚辰	辛巳	壬午	癸未	甲申	乙酉	丙戌	丁亥	戊子	己丑	庚寅	辛卯	壬辰	癸巳	甲午	乙未
대운 남	1	10	10	10	9	9	9	8	8	8	7	7	7	6	6	6	5	5	5	4	4	4	3	3	3	2	2	2	1	1	1	1
대운 여	10	1	1	1	1	2	2	2	3	3	3	4	4	4	5	5	5	6	6	6	7	7	7	8	8	8	9	9	9	10	10

	7월 8일(양) 소서 00시 49분	7월 10일(양)	7월 20일(양)	7월 23일(양) 대서 18시 15분	8월 1일(양)
평균기온	17.9℃	21.6℃	25.1℃	22.6℃	21.9℃
최고기온	20.8℃	29.1℃	31.4℃	23.9℃	26.8℃
최저기온	16.9℃	18.6℃	19.3℃	22.0℃	16.9℃
강수량	9.5㎜	24.3㎜	4.9㎜	44.7㎜	−
일 출	05:17	05:19	05:25	05:28	05:35
일 몰	19:56	19:56	19:51	19:49	19:41

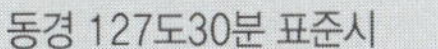

입추 — 08.08 ~ 09.07(양) (壬申月)

양력	08.08	9	10	11	12	13	14	15	16	17	18	19	20	21	22	23	24	25	26	27	28	29	30	31	9.1	2	3	4	5	6	7
음력	07.10	11	12	13	14	15	16	17	18	19	20	21	22	23	24	25	26	27	28	29	8.1	2	3	4	5	6	7	8	9	10	11
일주	丙申	丁酉	戊戌	己亥	庚子	辛丑	壬寅	癸卯	甲辰	乙巳	丙午	丁未	戊申	己酉	庚戌	辛亥	壬子	癸丑	甲寅	乙卯	丙辰	丁巳	戊午	己未	庚申	辛酉	壬戌	癸亥	甲子	乙丑	丙寅
대운 남	1 / 10	10	10	9	9	9	8	8	8	7	7	7	6	6	6	5	5	5	4	4	4	3	3	3	2	2	2	1	1	1	1
운 여	10 / 1	1	1	1	1	2	2	2	3	3	3	4	4	4	5	5	5	6	6	6	7	7	7	8	8	8	9	9	9	10	10

	8월 8일(양) 입추 10시 29분	8월 10일(양)	8월 20일(양)	8월 24일(양) 처서 01시 06분	9월 1일(양)
평균기온	25.3℃	28.0℃	24.3℃	27.7℃	23.1℃
최고기온	31.0℃	34.3℃	27.3℃	33.2℃	27.9℃
최저기온	21.4℃	23.1℃	21.7℃	23.7℃	20.6℃
강수량	-	-	0.0mm	-	1.1mm
일 출	05:41	05:43	05:51	05:55	06:01
일 몰	19:34	19:32	19:19	19:14	19:03

백로 — 09.08 ~ 10.08(양) (癸酉月)

양력	09.08	9	10	11	12	13	14	15	16	17	18	19	20	21	22	23	24	25	26	27	28	29	30	10.1	2	3	4	5	6	7	8
음력	08.12	13	14	15	16	17	18	19	20	21	22	23	24	25	26	27	28	29	30	9.1	2	3	4	5	6	7	8	9	10	11	12
일주	丁卯	戊辰	己巳	庚午	辛未	壬申	癸酉	甲戌	乙亥	丙子	丁丑	戊寅	己卯	庚辰	辛巳	壬午	癸未	甲申	乙酉	丙戌	丁亥	戊子	己丑	庚寅	辛卯	壬辰	癸巳	甲午	乙未	丙申	丁酉
대운 남	1 / 10	10	10	9	9	9	8	8	8	7	7	7	6	6	6	5	5	5	4	4	4	3	3	3	2	2	2	1	1	1	1
운 여	10 / 1	1	1	1	1	2	2	2	3	3	3	4	4	4	5	5	5	6	6	6	7	7	7	8	8	8	9	9	9	10	10

	9월 8일(양) 백로 13시 08분	9월 10일(양)	9월 20일(양)	9월 23일(양) 추분 22시 25분	10월 1일(양)
평균기온	22.3℃	22.5℃	20.2℃	20.1℃	19.0℃
최고기온	27.0℃	29.2℃	24.3℃	24.9℃	25.0℃
최저기온	18.8℃	16.4℃	17.9℃	17.2℃	13.6℃
강수량	-	-	-	0.8mm	-
일 출	06:07	06:09	06:17	06:20	06:27
일 몰	18:52	18:49	18:34	18:29	18:17

한로 — 10.09 ~ 11.07(양) (甲戌月)

양력	10.09	10	11	12	13	14	15	16	17	18	19	20	21	22	23	24	25	26	27	28	29	30	31	11.1	2	3	4	5	6	7
음력	09.13	14	15	16	17	18	19	20	21	22	23	24	25	26	27	28	29	30	10.1	2	3	4	5	6	7	8	9	10	11	12
일주	戊戌	己亥	庚子	辛丑	壬寅	癸卯	甲辰	乙巳	丙午	丁未	戊申	己酉	庚戌	辛亥	壬子	癸丑	甲寅	乙卯	丙辰	丁巳	戊午	己未	庚申	辛酉	壬戌	癸亥	甲子	乙丑	丙寅	丁卯
대운 남	1 / 10	10	9	9	9	8	8	8	7	7	7	6	6	6	5	5	5	4	4	4	3	3	3	2	2	2	1	1	1	1
운 여	10 / 1	1	1	1	1	2	2	2	3	3	3	4	4	4	5	5	5	6	6	6	7	7	7	8	8	8	9	9	9	10

	10월 9일(양) 한로 04시 27분	10월 10일(양)	10월 20일(양)	10월 24일(양) 상강 07시 26분	11월 1일(양)
평균기온	10.5℃	10.0℃	14.4℃	14.2℃	8.4℃
최고기온	16.0℃	16.3℃	20.6℃	22.5℃	14.1℃
최저기온	6.0℃	4.1℃	10.9℃	7.4℃	4.2℃
강수량	-	-	-	-	1.8mm
일 출	06:34	06:35	06:44	06:48	06:56
일 몰	18:05	18:03	17:49	17:44	17:35

입동 — 11.08 ~ 12.06(양) (乙亥月)

양력	11.08	9	10	11	12	13	14	15	16	17	18	19	20	21	22	23	24	25	26	27	28	29	30	12.1	2	3	4	5	6
음력	10.13	14	15	16	17	18	19	20	21	22	23	24	25	26	27	28	29	11.1	2	3	4	5	6	7	8	9	10	11	12
일주	戊辰	己巳	庚午	辛未	壬申	癸酉	甲戌	乙亥	丙子	丁丑	戊寅	己卯	庚辰	辛巳	壬午	癸未	甲申	乙酉	丙戌	丁亥	戊子	己丑	庚寅	辛卯	壬辰	癸巳	甲午	乙未	丙申
대운 남	1 / 10	9	9	9	8	8	8	7	7	7	6	6	6	5	5	5	4	4	4	3	3	3	2	2	2	1	1	1	1
운 여	10 / 1	1	1	1	1	2	2	2	3	3	3	4	4	4	5	5	5	6	6	6	7	7	7	8	8	8	9	9	9

	11월 8일(양) 입동 07시 21분	11월 10일(양)	11월 20일(양)	11월 23일(양) 소설 04시 44분	12월 1일(양)
평균기온	13.5℃	13.5℃	7.5℃	11.7℃	4.4℃
최고기온	17.8℃	18.6℃	14.3℃	19.1℃	10.4℃
최저기온	9.1℃	9.0℃	1.1℃	6.4℃	-1.4℃
강수량	-	-	-	-	11.1mm
일 출	07:03	07:06	07:16	07:19	07:27
일 몰	17:28	17:26	17:19	17:17	17:14

대설 — 12.07 ~ 1955.01.05(양) (丙子月)

양력	12.07	8	9	10	11	12	13	14	15	16	17	18	19	20	21	22	23	24	25	26	27	28	29	30	31	1.1	2	3	4	5
음력	11.13	14	15	16	17	18	19	20	21	22	23	24	25	26	27	28	29	30	12.1	2	3	4	5	6	7	8	9	10	11	12
일주	丁酉	戊戌	己亥	庚子	辛丑	壬寅	癸卯	甲辰	乙巳	丙午	丁未	戊申	己酉	庚戌	辛亥	壬子	癸丑	甲寅	乙卯	丙辰	丁巳	戊午	己未	庚申	辛酉	壬戌	癸亥	甲子	乙丑	丙寅
대운 남	1 / 10	10	9	9	9	8	8	8	7	7	7	6	6	6	5	5	5	4	4	4	3	3	3	2	2	2	1	1	1	1
운 여	10 / 1	1	1	1	1	2	2	2	3	3	3	4	4	4	5	5	5	6	6	6	7	7	7	8	8	8	9	9	9	10

	12월 7일(양) 대설 23시 59분	12월 10일(양)	12월 20일(양)	12월 22일(양) 동지 17시 54분	1월 1일(양)
평균기온	8.8℃	-3.5℃	-0.2℃	-4.2℃	-8.7℃
최고기온	10.9℃	-0.5℃	3.9℃	0.8℃	-5.6℃
최저기온	6.3℃	-6.0℃	-3.8℃	-8.5℃	-11.8℃
강수량	10.9mm	-	-	-	-
일 출	07:33	07:35	07:42	07:43	07:47
일 몰	17:14	17:14	17:16	17:17	17:24

소한 — 01.06 ~ 02.03(양) (丁丑月)

양력	1955.01.06	7	8	9	10	11	12	13	14	15	16	17	18	19	20	21	22	23	24	25	26	27	28	29	30	31	2.1	2	3
음력	1954.12.13	14	15	16	17	18	19	20	21	22	23	24	25	26	27	28	29	30	1.1	2	3	4	5	6	7	8	9	10	11
일주	丁卯	戊辰	己巳	庚午	辛未	壬申	癸酉	甲戌	乙亥	丙子	丁丑	戊寅	己卯	庚辰	辛巳	壬午	癸未	甲申	乙酉	丙戌	丁亥	戊子	己丑	庚寅	辛卯	壬辰	癸巳	甲午	乙未
대운 남	1 / 10	9	9	9	8	8	8	7	7	7	6	6	6	5	5	5	4	4	4	3	3	3	2	2	2	1	1	1	1
운 여	10 / 1	1	1	1	1	2	2	2	3	3	3	4	4	4	5	5	5	6	6	6	7	7	7	8	8	8	9	9	9

	1월 6일(양) 소한 11시 06분	1월 10일(양)	1월 20일(양)	1월 21일(양) 대한 04시 32분	2월 1일(양)
평균기온	-10.0℃	-12.4℃	-6.9℃	-3.7℃	-1.1℃
최고기온	-6.3℃	-9.1℃	-3.7℃	1.2℃	4.1℃
최저기온	-13.6℃	-15.0℃	-9.8℃	-12.1℃	-5.0℃
강수량	-	-	-	-	0.0mm
일 출	07:47	07:47	07:44	07:44	07:37
일 몰	17:28	17:32	17:42	17:43	17:55

1955 윤3월

입춘 — 02.04 ~ 03.05(양) (戊寅月)

양력	1955.02.04	5	6	7	8	9	10	11	12	13	14	15	16	17	18	19	20	21	22	23	24	25	26	27	28	3.1	2	3	4	5
음력	1955.01.12	13	14	15	16	17	18	19	20	21	22	23	24	25	26	27	28	29	30	2.1	2	3	4	5	6	7	8	9	10	11
일주	丙申	丁酉	戊戌	己亥	庚子	辛丑	壬寅	癸卯	甲辰	乙巳	丙午	丁未	戊申	己酉	庚戌	辛亥	壬子	癸丑	甲寅	乙卯	丙辰	丁巳	戊午	己未	庚申	辛酉	壬戌	癸亥	甲子	乙丑
대운 남	1 1	1	1	1	1	2	2	2	3	3	3	4	4	4	5	5	5	6	6	6	7	7	7	8	8	8	9	9	9	10
대운 여	10 10	10	9	9	9	8	8	8	7	7	7	6	6	6	5	5	5	4	4	4	3	3	3	2	2	2	1	1	1	1

일자	평균기온	최고기온	최저기온	강수량	일 출	일 몰
2월 4일(양) 입춘 22시 48분	-1.9℃	5.0℃	-6.2℃	-	07:34	17:58
2월 10일(양)	-3.5℃	1.5℃	-11.5℃	-	07:28	18:05
2월 19일(양) 우수 18시 49분	-0.6℃	5.8℃	-5.3℃	8.6mm	07:18	18:14
2월 20일(양)	-8.4℃	-5.0℃	-11.0℃	0.0mm	07:17	18:15
3월 1일(양)	2.0℃	8.2℃	-3.3℃	-	07:05	18:25

경칩 — 03.06 ~ 04.04(양) (己卯月)

양력	03.06	7	8	9	10	11	12	13	14	15	16	17	18	19	20	21	22	23	24	25	26	27	28	29	30	31	4.1	2	3	4
음력	02.12	13	14	15	16	17	18	19	20	21	22	23	24	25	26	27	28	29	3.1	2	3	4	5	6	7	8	9	10	11	12
일주	丙寅	丁卯	戊辰	己巳	庚午	辛未	壬申	癸酉	甲戌	乙亥	丙子	丁丑	戊寅	己卯	庚辰	辛巳	壬午	癸未	甲申	乙酉	丙戌	丁亥	戊子	己丑	庚寅	辛卯	壬辰	癸巳	甲午	乙未
대운 남	10 1	1	1	1	1	2	2	2	3	3	3	4	4	4	5	5	5	6	6	6	7	7	7	8	8	8	9	9	9	10
대운 여	1 10	10	9	9	9	8	8	8	7	7	7	6	6	6	5	5	5	4	4	4	3	3	3	2	2	2	1	1	1	1

일자	평균기온	최고기온	최저기온	강수량	일 출	일 몰
3월 6일(양) 경칩 17시 01분	1.6℃	3.1℃	0.2℃	-	06:58	18:30
3월 10일(양)	1.8℃	8.2℃	-4.8℃	-	06:52	18:33
3월 20일(양)	7.2℃	13.9℃	0.9℃	-	06:38	18:43
3월 21일(양) 춘분 18시 05분	7.8℃	12.2℃	5.1℃	1.4mm	06:36	18:44
4월 1일(양)	8.7℃	14.7℃	5.4℃	-	06:19	18:54

청명 — 04.05 ~ 05.05(양) (庚辰月)

서머타임 시작: 5월 5일 00시를 01시로 조정

양력	04.05	6	7	8	9	10	11	12	13	14	15	16	17	18	19	20	21	22	23	24	25	26	27	28	29	30	5.1	2	3	4	5
음력	03.13	14	15	16	17	18	19	20	21	22	23	24	25	26	27	28	29	윤3.1	2	3	4	5	6	7	8	9	10	11	12	13	14
일주	丙申	丁酉	戊戌	己亥	庚子	辛丑	壬寅	癸卯	甲辰	乙巳	丙午	丁未	戊申	己酉	庚戌	辛亥	壬子	癸丑	甲寅	乙卯	丙辰	丁巳	戊午	己未	庚申	辛酉	壬戌	癸亥	甲子	乙丑	丙寅
대운 남	10 1	1	1	1	1	2	2	2	3	3	3	4	4	4	5	5	5	6	6	6	7	7	7	8	8	8	9	9	9	10	10
대운 여	1 10	10	10	9	9	9	8	8	8	7	7	7	6	6	6	5	5	5	4	4	4	3	3	3	2	2	2	1	1	1	1

일자	평균기온	최고기온	최저기온	강수량	일 출	일 몰
4월 5일(양) 청명 22시 09분	7.7℃	14.8℃	1.1℃	0.1mm	06:13	18:57
4월 10일(양)	9.4℃	13.2℃	5.9℃	6.9mm	06:06	19:02
4월 20일(양)	7.9℃	13.5℃	2.6℃	-	05:52	19:11
4월 21일(양) 곡우 05시 28분	8.8℃	15.5℃	3.4℃	-	05:51	19:12
5월 1일(양)	16.1℃	24.3℃	9.2℃	-	05:38	19:21

입하 — 05.06 ~ 06.05(양) (辛巳月)

양력	05.06	7	8	9	10	11	12	13	14	15	16	17	18	19	20	21	22	23	24	25	26	27	28	29	30	31	6.1	2	3	4	5
음력	03.15	16	17	18	19	20	21	22	23	24	25	26	27	28	29	30	4.1	2	3	4	5	6	7	8	9	10	11	12	13	14	15
일주	丁卯	戊辰	己巳	庚午	辛未	壬申	癸酉	甲戌	乙亥	丙子	丁丑	戊寅	己卯	庚辰	辛巳	壬午	癸未	甲申	乙酉	丙戌	丁亥	戊子	己丑	庚寅	辛卯	壬辰	癸巳	甲午	乙未	丙申	丁酉
대운 남	10 1	1	1	1	1	2	2	2	3	3	3	4	4	4	5	5	5	6	6	6	7	7	7	8	8	8	9	9	9	10	10
대운 여	1 10	10	10	9	9	9	8	8	8	7	7	7	6	6	6	5	5	5	4	4	4	3	3	3	2	2	2	1	1	1	1

일자	평균기온	최고기온	최저기온	강수량	일 출	일 몰
5월 6일(양) 입하 16시 48분	16.3℃	22.7℃	11.7℃	-	05:33	19:25
5월 10일(양)	18.0℃	29.0℃	12.3℃	-	05:28	19:29
5월 20일(양)	14.8℃	21.1℃	11.0℃	3.3mm	05:20	19:38
5월 22일(양) 소만 05시 54분	15.1℃	22.5℃	9.5℃	-	05:18	19:39
6월 1일(양)	16.5℃	22.4℃	12.2℃	2.1mm	05:13	19:47

망종 — 06.06 ~ 07.07(양) (壬午月)

양력	06.06	7	8	9	10	11	12	13	14	15	16	17	18	19	20	21	22	23	24	25	26	27	28	29	30	7.1	2	3	4	5	6	7
음력	04.16	17	18	19	20	21	22	23	24	25	26	27	28	29	5.1	2	3	4	5	6	7	8	9	10	11	12	13	14	15	16	17	18
일주	戊戌	己亥	庚子	辛丑	壬寅	癸卯	甲辰	乙巳	丙午	丁未	戊申	己酉	庚戌	辛亥	壬子	癸丑	甲寅	乙卯	丙辰	丁巳	戊午	己未	庚申	辛酉	壬戌	癸亥	甲子	乙丑	丙寅	丁卯	戊辰	己巳
대운 남	10 1	1	1	1	1	2	2	2	3	3	3	4	4	4	5	5	5	6	6	6	7	7	7	8	8	8	9	9	9	10	10	10
대운 여	1 10	10	10	10	9	9	9	8	8	8	7	7	7	6	6	6	5	5	5	4	4	4	3	3	3	2	2	2	1	1	1	1

일자	평균기온	최고기온	최저기온	강수량	일 출	일 몰
6월 6일(양) 망종 21시 13분	20.9℃	28.4℃	14.7℃	-	05:11	19:50
6월 10일(양)	21.8℃	29.2℃	17.7℃	0.0mm	05:10	19:52
6월 20일(양)	20.9℃	26.1℃	19.1℃	0.0mm	05:10	19:56
6월 22일(양) 하지 14시 01분	24.0℃	33.8℃	17.0℃	-	05:11	19:57
7월 1일(양)	25.2℃	29.9℃	20.1℃	1.0mm	05:14	19:57

소서 — 07.08 ~ 08.07(양) (癸未月)

양력	07.08	9	10	11	12	13	14	15	16	17	18	19	20	21	22	23	24	25	26	27	28	29	30	31	8.1	2	3	4	5	6	7
음력	05.19	20	21	22	23	24	25	26	27	28	29	6.1	2	3	4	5	6	7	8	9	10	11	12	13	14	15	16	17	18	19	20
일주	庚午	辛未	壬申	癸酉	甲戌	乙亥	丙子	丁丑	戊寅	己卯	庚辰	辛巳	壬午	癸未	甲申	乙酉	丙戌	丁亥	戊子	己丑	庚寅	辛卯	壬辰	癸巳	甲午	乙未	丙申	丁酉	戊戌	己亥	庚子
대운 남	10 1	1	1	1	1	2	2	2	3	3	3	4	4	4	5	5	5	6	6	6	7	7	7	8	8	8	9	9	9	10	10
대운 여	1 10	10	10	9	9	9	8	8	8	7	7	7	6	6	6	5	5	5	4	4	4	3	3	3	2	2	2	1	1	1	1

일자	평균기온	최고기온	최저기온	강수량	일 출	일 몰
7월 8일(양) 소서 07시 36분	24.2℃	30.6℃	19.2℃	-	05:17	19:56
7월 10일(양)	24.5℃	27.6℃	22.5℃	7.2mm	05:18	19:56
7월 20일(양)	25.5℃	30.3℃	22.1℃	-	05:25	19:51
7월 24일(양) 대서 00시 55분	25.4℃	29.8℃	23.3℃	-	05:28	19:48
8월 1일(양)	25.4℃	27.2℃	23.3℃	28.2mm	05:35	19:41

입추 08.08 ~ 09.07(양)

甲申月

양력	08.08	9	10	11	12	13	14	15	16	17	18	19	20	21	22	23	24	25	26	27	28	29	30	31	9.1	2	3	4	5	6	7
음력	06.21	22	23	24	25	26	27	28	29	30	7.1	2	3	4	5	6	7	8	9	10	11	12	13	14	15	16	17	18	19	20	21
일주	辛丑	壬寅	癸卯	甲辰	乙巳	丙午	丁未	戊申	己酉	庚戌	辛亥	壬子	癸丑	甲寅	乙卯	丙辰	丁巳	戊午	己未	庚申	辛酉	壬戌	癸亥	甲子	乙丑	丙寅	丁卯	戊辰	己巳	庚午	辛未
대운 남	10 / 1	1	1	1	1	2	2	2	3	3	3	4	4	4	5	5	5	6	6	6	7	7	7	8	8	8	9	9	9	10	10
대운 여	1 / 10	10	10	10	10	9	9	9	8	8	8	7	7	7	6	6	6	5	5	5	4	4	4	3	3	3	2	2	2	1	1

일자	평균기온	최고기온	최저기온	강수량	일 출	일 몰
8월 8일(양) 입추 17시 20분	26.4℃	32.1℃	23.5℃	0.0mm	05:41	19:34
8월 10일(양)	27.6℃	33.3℃	23.9℃	–	05:42	19:32
8월 20일(양)	26.2℃	31.8℃	23.2℃	0.0mm	05:51	19:20
8월 24일(양) 처서 07시 49분	26.8℃	33.5℃	21.4℃	–	05:54	19:14
9월 1일(양)	21.7℃	27.1℃	18.2℃	–	06:01	19:03

백로 09.08 ~ 10.08(양)

서머타임 종료: 9월 9일 01시를 00시로 소정

乙酉月

양력	09.08	9	10	11	12	13	14	15	16	17	18	19	20	21	22	23	24	25	26	27	28	29	30	10.1	2	3	4	5	6	7	8
음력	07.22	23	24	25	26	27	28	29	8.1	2	3	4	5	6	7	8	9	10	11	12	13	14	15	16	17	18	19	20	21	22	23
일주	壬申	癸酉	甲戌	乙亥	丙子	丁丑	戊寅	己卯	庚辰	辛巳	壬午	癸未	甲申	乙酉	丙戌	丁亥	戊子	己丑	庚寅	辛卯	壬辰	癸巳	甲午	乙未	丙申	丁酉	戊戌	己亥	庚子	辛丑	壬寅
대운 남	10 / 1	1	1	1	1	2	2	2	3	3	3	4	4	4	5	5	5	6	6	6	7	7	7	8	8	8	9	9	9	10	10
대운 여	1 / 10	10	10	10	10	9	9	9	8	8	8	7	7	7	6	6	6	5	5	5	4	4	4	3	3	3	2	2	2	1	1

일자	평균기온	최고기온	최저기온	강수량	일 출	일 몰
9월 8일(양) 백로 20시 02분	18.9℃	23.8℃	17.0℃	40.5mm	06:07	18:52
9월 10일(양)	22.3℃	27.3℃	19.4℃	–	06:09	18:49
9월 20일(양)	20.1℃	26.5℃	15.1℃	–	06:17	18:34
9월 24일(양) 추분 04시 11분	18.4℃	25.3℃	11.0℃	–	06:20	18:28
10월 1일(양)	19.3℃	27.3℃	12.0℃	–	06:26	18:17

한로 10.09 ~ 11.07(양)

丙戌月

양력	10.09	10	11	12	13	14	15	16	17	18	19	20	21	22	23	24	25	26	27	28	29	30	31	11.1	2	3	4	5	6	7
음력	08.24	25	26	27	28	29	30	9.1	2	3	4	5	6	7	8	9	10	11	12	13	14	15	16	17	18	19	20	21	22	23
일주	癸卯	甲辰	乙巳	丙午	丁未	戊申	己酉	庚戌	辛亥	壬子	癸丑	甲寅	乙卯	丙辰	丁巳	戊午	己未	庚申	辛酉	壬戌	癸亥	甲子	乙丑	丙寅	丁卯	戊辰	己巳	庚午	辛未	壬申
대운 남	10 / 1	1	1	1	1	2	2	2	3	3	3	4	4	4	5	5	5	6	6	6	7	7	7	8	8	8	9	9	9	10
대운 여	1 / 10	10	10	10	10	9	9	9	8	8	8	7	7	7	6	6	6	5	5	5	4	4	4	3	3	3	2	2	2	1

일자	평균기온	최고기온	최저기온	강수량	일 출	일 몰
10월 9일(양) 한로 10시 22분	11.3℃	18.9℃	3.6℃	–	06:34	18:05
10월 10일(양)	13.1℃	19.4℃	8.8℃	–	06:34	18:04
10월 20일(양)	10.3℃	15.1℃	5.8℃	0.9mm	06:44	17:50
10월 24일(양) 상강 13시 13분	12.3℃	19.7℃	5.9℃	–	06:48	17:45
11월 1일(양)	10.7℃	17.3℃	4.3℃	–	06:56	17:35

입동 11.08 ~ 12.07(양)

丁亥月

양력	11.08	9	10	11	12	13	14	15	16	17	18	19	20	21	22	23	24	25	26	27	28	29	30	12.1	2	3	4	5	6	7
음력	09.24	25	26	27	28	29	10.1	2	3	4	5	6	7	8	9	10	11	12	13	14	15	16	17	18	19	20	21	22	23	24
일주	癸酉	甲戌	乙亥	丙子	丁丑	戊寅	己卯	庚辰	辛巳	壬午	癸未	甲申	乙酉	丙戌	丁亥	戊子	己丑	庚寅	辛卯	壬辰	癸巳	甲午	乙未	丙申	丁酉	戊戌	己亥	庚子	辛丑	壬寅
대운 남	10 / 1	1	1	1	1	2	2	2	3	3	3	4	4	4	5	5	5	6	6	6	7	7	7	8	8	8	9	9	9	10
대운 여	1 / 10	10	10	10	10	9	9	9	8	8	8	7	7	7	6	6	6	5	5	5	4	4	4	3	3	3	2	2	2	1

일자	평균기온	최고기온	최저기온	강수량	일 출	일 몰
11월 8일(양) 입동 13시 15분	1.6℃	6.6℃	-2.5℃	–	07:03	17:28
11월 10일(양)	3.0℃	8.9℃	-3.3℃	–	07:05	17:26
11월 20일(양)	6.4℃	10.9℃	1.3℃	8.2mm	07:16	17:19
11월 23일(양) 소설 10시 31분	4.2℃	8.3℃	1.2℃	–	07:19	17:17
12월 1일(양)	1.7℃	7.8℃	-2.4℃	–	07:27	17:14

대설 12.08 ~ 1956.01.05(양)

戊子月

양력	12.08	9	10	11	12	13	14	15	16	17	18	19	20	21	22	23	24	25	26	27	28	29	30	31	1.1	2	3	4	5
음력	10.25	26	27	28	29	30	11.1	2	3	4	5	6	7	8	9	10	11	12	13	14	15	16	17	18	19	20	21	22	23
일주	癸卯	甲辰	乙巳	丙午	丁未	戊申	己酉	庚戌	辛亥	壬子	癸丑	甲寅	乙卯	丙辰	丁巳	戊午	己未	庚申	辛酉	壬戌	癸亥	甲子	乙丑	丙寅	丁卯	戊辰	己巳	庚午	辛未
대운 남	10 / 1	1	1	1	1	2	2	2	3	3	3	4	4	4	5	5	5	6	6	6	7	7	7	8	8	8	9	9	9
대운 여	1 / 10	10	10	10	10	9	9	9	8	8	8	7	7	7	6	6	6	5	5	5	4	4	4	3	3	3	2	2	2

일자	평균기온	최고기온	최저기온	강수량	일 출	일 몰
12월 8일(양) 대설 05시 53분	-0.9℃	2.8℃	-4.5℃	–	07:33	17:14
12월 10일(양)	2.3℃	5.4℃	-2.1℃	0.0mm	07:35	17:14
12월 20일(양)	1.2℃	2.6℃	-0.5℃	3.9mm	07:42	17:16
12월 22일(양) 동지 23시 41분	-5.4℃	-1.3℃	-9.7℃	–	07:43	17:17
1월 1일(양)	-5.5℃	-0.8℃	-10.1℃	–	07:47	17:24

소한 01.06 ~ 02.04(양)

己丑月

양력	1956.01.06	7	8	9	10	11	12	13	14	15	16	17	18	19	20	21	22	23	24	25	26	27	28	29	30	31	2.1	2	3	4
음력	1955.11.24	25	26	27	28	29	30	12.1	2	3	4	5	6	7	8	9	10	11	12	13	14	15	16	17	18	19	20	21	22	23
일주	壬申	癸酉	甲戌	乙亥	丙子	丁丑	戊寅	己卯	庚辰	辛巳	壬午	癸未	甲申	乙酉	丙戌	丁亥	戊子	己丑	庚寅	辛卯	壬辰	癸巳	甲午	乙未	丙申	丁酉	戊戌	己亥	庚子	辛丑
대운 남	10 / 1	1	1	1	1	2	2	2	3	3	3	4	4	4	5	5	5	6	6	6	7	7	7	8	8	8	9	9	9	10
대운 여	1 / 10	10	10	10	10	9	9	9	8	8	8	7	7	7	6	6	6	5	5	5	4	4	4	3	3	3	2	2	2	1

일자	평균기온	최고기온	최저기온	강수량	일 출	일 몰
1월 6일(양) 소한 17시 00분	-5.6℃	-2.8℃	-10.1℃	–	07:47	17:28
1월 10일(양)	-6.3℃	-0.5℃	-14.3℃	0.1mm	07:47	17:31
1월 20일(양)	-2.0℃	1.2℃	-6.1℃	0.1mm	07:45	17:41
1월 21일(양) 대한 10시 18분	-1.5℃	-0.1℃	-3.1℃	4.3mm	07:44	17:42
2월 1일(양)	-6.2℃	-1.3℃	-10.9℃	–	07:37	17:55

입춘 02.05 ~ 03.04(양)

庚寅月

구분	절입		6	7	8	9	10	11	12	13	14	15	16	17	18	19	20	21	22	23	24	25	26	27	28	29	3.1	2	3	4
양력	1956.02.05		6	7	8	9	10	11	12	13	14	15	16	17	18	19	20	21	22	23	24	25	26	27	28	29	3.1	2	3	4
음력	1955.12.24		25	26	27	28	29	30	1.1	2	3	4	5	6	7	8	9	10	11	12	13	14	15	16	17	18	19	20	21	22
일주	壬寅		癸卯	甲辰	乙巳	丙午	丁未	戊申	己酉	庚戌	辛亥	壬子	癸丑	甲寅	乙卯	丙辰	丁巳	戊午	己未	庚申	辛酉	壬戌	癸亥	甲子	乙丑	丙寅	丁卯	戊辰	己巳	庚午
대운 남	10	10	9	9	9	8	8	8	7	7	7	6	6	6	5	5	5	4	4	4	3	3	3	2	2	2	1	1	1	1
대운 여	1	1	1	1	1	1	2	2	2	3	3	3	4	4	4	5	5	5	6	6	6	7	7	7	8	8	8	9	9	9

2월 5일(양) 입춘 04시 42분		2월 10일(양)		2월 20일(양) 우수 00시 35분		3월 1일(양)	
평균기온: −2.9℃	강수량: −	평균기온: −8.2℃	강수량: −	평균기온: −4.9℃	강수량: 0.0mm	평균기온: −2.3℃	강수량: −
최고기온: 1.3℃	일 출: 07:34	최고기온: −2.9℃	일 출: 07:29	최고기온: 0.0℃	일 출: 07:17	최고기온: 1.5℃	일 출: 07:04
최저기온: −6.7℃	일 몰: 17:59	최저기온: −12.4℃	일 몰: 18:04	최저기온: −8.6℃	일 몰: 18:15	최저기온: −5.3℃	일 몰: 18:25

경칩 03.05 ~ 04.04(양)

辛卯月

구분	절입		6	7	8	9	10	11	12	13	14	15	16	17	18	19	20	21	22	23	24	25	26	27	28	29	30	31	4.1	2	3	4
양력	03.05		6	7	8	9	10	11	12	13	14	15	16	17	18	19	20	21	22	23	24	25	26	27	28	29	30	31	4.1	2	3	4
음력	01.23		24	25	26	27	28	29	2.1	2	3	4	5	6	7	8	9	10	11	12	13	14	15	16	17	18	19	20	21	22	23	24
일주	辛未		壬申	癸酉	甲戌	乙亥	丙子	丁丑	戊寅	己卯	庚辰	辛巳	壬午	癸未	甲申	乙酉	丙戌	丁亥	戊子	己丑	庚寅	辛卯	壬辰	癸巳	甲午	乙未	丙申	丁酉	戊戌	己亥	庚子	辛丑
대운 남	1	10	10	10	9	9	9	8	8	8	7	7	7	6	6	6	5	5	5	4	4	4	3	3	3	2	2	2	1	1	1	1
대운 여	10	1	1	1	1	2	2	2	3	3	3	4	4	4	5	5	5	6	6	6	7	7	7	8	8	8	9	9	9	10	10	10

3월 5일(양) 경칩 22시 54분		3월 10일(양)		3월 20일(양) 춘분 23시 50분		4월 1일(양)	
평균기온: 3.6℃	강수량: −	평균기온: −1.3℃	강수량: 0.4mm	평균기온: 4.4℃	강수량: −	평균기온: 6.1℃	강수량: 5.0mm
최고기온: 8.4℃	일 출: 06:59	최고기온: 2.7℃	일 출: 06:51	최고기온: 10.5℃	일 출: 06:36	최고기온: 8.9℃	일 출: 06:18
최저기온: −1.9℃	일 몰: 18:29	최저기온: −5.5℃	일 몰: 18:34	최저기온: 1.0℃	일 몰: 18:44	최저기온: 3.7℃	일 몰: 18:54

청명 04.05 ~ 05.04(양)

壬辰月

구분	절입		6	7	8	9	10	11	12	13	14	15	16	17	18	19	20	21	22	23	24	25	26	27	28	29	30	5.1	2	3	4
양력	04.05		6	7	8	9	10	11	12	13	14	15	16	17	18	19	20	21	22	23	24	25	26	27	28	29	30	5.1	2	3	4
음력	02.25		26	27	28	29	30	3.1	2	3	4	5	6	7	8	9	10	11	12	13	14	15	16	17	18	19	20	21	22	23	24
일주	壬寅		癸卯	甲辰	乙巳	丙午	丁未	戊申	己酉	庚戌	辛亥	壬子	癸丑	甲寅	乙卯	丙辰	丁巳	戊午	己未	庚申	辛酉	壬戌	癸亥	甲子	乙丑	丙寅	丁卯	戊辰	己巳	庚午	辛未
대운 남	1	10	10	9	9	9	8	8	8	7	7	7	6	6	6	5	5	5	4	4	4	3	3	3	2	2	2	1	1	1	1
대운 여	10	1	1	1	1	2	2	2	3	3	3	4	4	4	5	5	5	6	6	6	7	7	7	8	8	8	9	9	9	10

4월 5일(양) 청명 04시 01분		4월 10일(양)		4월 20일(양) 곡우 11시 13분		5월 1일(양)	
평균기온: 7.4℃	강수량: 0.0mm	평균기온: 7.6℃	강수량: −	평균기온: 10.1℃	강수량: −	평균기온: 13.8℃	강수량: 4.8mm
최고기온: 13.3℃	일 출: 06:12	최고기온: 12.9℃	일 출: 06:05	최고기온: 16.3℃	일 출: 05:51	최고기온: 20.7℃	일 출: 05:37
최저기온: 2.3℃	일 몰: 18:58	최저기온: 4.9℃	일 몰: 19:03	최저기온: 5.5℃	일 몰: 19:12	최저기온: 7.4℃	일 몰: 19:22

입하 05.05 ~ 06.05(양)

서머타임 시작: 5월 20일 00시를 01시로 조정

癸巳月

구분	절입		6	7	8	9	10	11	12	13	14	15	16	17	18	19	20	21	22	23	24	25	26	27	28	29	30	31	6.1	2	3	4	5
양력	05.05		6	7	8	9	10	11	12	13	14	15	16	17	18	19	20	21	22	23	24	25	26	27	28	29	30	31	6.1	2	3	4	5
음력	03.25		26	27	28	29	4.1	2	3	4	5	6	7	8	9	10	11	12	13	14	15	16	17	18	19	20	21	22	23	24	25	26	27
일주	壬申		癸酉	甲戌	乙亥	丙子	丁丑	戊寅	己卯	庚辰	辛巳	壬午	癸未	甲申	乙酉	丙戌	丁亥	戊子	己丑	庚寅	辛卯	壬辰	癸巳	甲午	乙未	丙申	丁酉	戊戌	己亥	庚子	辛丑	壬寅	癸卯
대운 남	1	10	10	10	10	9	9	9	8	8	8	7	7	7	6	6	6	5	5	5	4	4	4	3	3	3	2	2	2	1	1	1	1
대운 여	10	1	1	1	1	2	2	2	3	3	3	4	4	4	5	5	5	6	6	6	7	7	7	8	8	8	9	9	9	10	10	10	10

5월 5일(양) 입하 21시 40분		5월 10일(양)		5월 20일(양)		5월 21일(양) 소만 11시 43분		6월 1일(양)	
평균기온: 12.5℃	강수량: 19.1mm	평균기온: 10.4℃	강수량: 6.1mm	평균기온: 17.9℃	강수량: 0.2mm	평균기온: 18.8℃	강수량: 4.4mm	평균기온: 21.7℃	강수량: −
최고기온: 22.5℃	일 출: 05:33	최고기온: 14.6℃	일 출: 05:28	최고기온: 26.2℃	일 출: 05:19	최고기온: 24.4℃	일 출: 05:18	최고기온: 27.8℃	일 출: 05:12
최저기온: 7.6℃	일 몰: 19:25	최저기온: 9.4℃	일 몰: 19:30	최저기온: 13.0℃	일 몰: 19:38	최저기온: 14.1℃	일 몰: 19:39	최저기온: 16.2℃	일 몰: 19:47

망종 06.06 ~ 07.06(양)

甲午月

구분	절입		7	8	9	10	11	12	13	14	15	16	17	18	19	20	21	22	23	24	25	26	27	28	29	30	7.1	2	3	4	5	6
양력	06.06		7	8	9	10	11	12	13	14	15	16	17	18	19	20	21	22	23	24	25	26	27	28	29	30	7.1	2	3	4	5	6
음력	04.28		29	30	5.1	2	3	4	5	6	7	8	9	10	11	12	13	14	15	16	17	18	19	20	21	22	23	24	25	26	27	28
일주	甲辰		乙巳	丙午	丁未	戊申	己酉	庚戌	辛亥	壬子	癸丑	甲寅	乙卯	丙辰	丁巳	戊午	己未	庚申	辛酉	壬戌	癸亥	甲子	乙丑	丙寅	丁卯	戊辰	己巳	庚午	辛未	壬申	癸酉	甲戌
대운 남	1	10	10	10	9	9	9	8	8	8	7	7	7	6	6	6	5	5	5	4	4	4	3	3	3	2	2	2	1	1	1	1
대운 여	10	1	1	1	1	2	2	2	3	3	3	4	4	4	5	5	5	6	6	6	7	7	7	8	8	8	9	9	9	10	10	10

6월 6일(양) 망종 03시 06분		6월 10일(양)		6월 20일(양)		6월 21일(양) 하지 19시 54분		7월 1일(양)	
평균기온: 20.7℃	강수량: 0.0mm	평균기온: 21.7℃	강수량: −	평균기온: 19.0℃	강수량: 15.3mm	평균기온: 20.7℃	강수량: 0.0mm	평균기온: 24.3℃	강수량: 0.3mm
최고기온: 25.1℃	일 출: 05:11	최고기온: 28.3℃	일 출: 05:10	최고기온: 21.8℃	일 출: 05:11	최고기온: 25.3℃	일 출: 05:11	최고기온: 29.7℃	일 출: 05:14
최저기온: 16.1℃	일 몰: 19:50	최저기온: 16.7℃	일 몰: 19:53	최저기온: 16.9℃	일 몰: 19:56	최저기온: 16.7℃	일 몰: 19:57	최저기온: 20.4℃	일 몰: 19:57

소서 07.07 ~ 08.06(양)

乙未月

구분	절입		8	9	10	11	12	13	14	15	16	17	18	19	20	21	22	23	24	25	26	27	28	29	30	31	8.1	2	3	4	5	6
양력	07.07		8	9	10	11	12	13	14	15	16	17	18	19	20	21	22	23	24	25	26	27	28	29	30	31	8.1	2	3	4	5	6
음력	05.29		6.1	2	3	4	5	6	7	8	9	10	11	12	13	14	15	16	17	18	19	20	21	22	23	24	25	26	27	28	29	7.1
일주	乙亥		丙子	丁丑	戊寅	己卯	庚辰	辛巳	壬午	癸未	甲申	乙酉	丙戌	丁亥	戊子	己丑	庚寅	辛卯	壬辰	癸巳	甲午	乙未	丙申	丁酉	戊戌	己亥	庚子	辛丑	壬寅	癸卯	甲辰	乙巳
대운 남	1	10	10	10	9	9	9	8	8	8	7	7	7	6	6	6	5	5	5	4	4	4	3	3	3	2	2	2	1	1	1	1
대운 여	10	1	1	1	1	2	2	2	3	3	3	4	4	4	5	5	5	6	6	6	7	7	7	8	8	8	9	9	9	10	10	10

7월 7일(양) 소서 13시 28분		7월 10일(양)		7월 20일(양)		7월 23일(양) 대서 06시 50분		8월 1일(양)	
평균기온: 21.2℃	강수량: −	평균기온: 24.7℃	강수량: 1.0mm	평균기온: 25.7℃	강수량: −	평균기온: 23.5℃	강수량: 4.2mm	평균기온: 29.9℃	강수량: −
최고기온: 27.4℃	일 출: 05:17	최고기온: 28.2℃	일 출: 05:19	최고기온: 30.3℃	일 출: 05:26	최고기온: 26.7℃	일 출: 05:28	최고기온: 34.9℃	일 출: 05:35
최저기온: 17.5℃	일 몰: 19:56	최저기온: 21.3℃	일 몰: 19:55	최저기온: 22.8℃	일 몰: 19:50	최저기온: 22.1℃	일 몰: 19:48	최저기온: 25.5℃	일 몰: 19:41

丙申月 입추 08.07 ~ 09.07(양)

양력	08.07		8	9	10	11	12	13	14	15	16	17	18	19	20	21	22	23	24	25	26	27	28	29	30	31	9.1	2	3	4	5	6	7
음력	07.02		3	4	5	6	7	8	9	10	11	12	13	14	15	16	17	18	19	20	21	22	23	24	25	26	27	28	29	30	8.1	2	3
일주	丙午		丁未	戊申	己酉	庚戌	辛亥	壬子	癸丑	甲寅	乙卯	丙辰	丁巳	戊午	己未	庚申	辛酉	壬戌	癸亥	甲子	乙丑	丙寅	丁卯	戊辰	己巳	庚午	辛未	壬申	癸酉	甲戌	乙亥	丙子	丁丑
대운 남	1	10	10	10	10	9	9	9	8	8	8	7	7	7	6	6	6	5	5	5	4	4	4	3	3	3	2	2	2	1	1	1	1
대운 여	10	1	1	1	1	1	2	2	2	3	3	3	4	4	4	5	5	5	6	6	6	7	7	7	8	8	8	9	9	9	10	10	10

8월 7일(양) 입추 23시 10분		8월 10일(양)		8월 20일(양)		8월 23일(양) 처서 13시 45분		9월 1일(양)	
평균기온: 25.7℃	강수량: 0.8㎜	평균기온: 27.3℃	강수량: -	평균기온: 22.9℃	강수량: -	평균기온: 19.6℃	강수량: 19.9㎜	평균기온: 22.1℃	강수량: 3.8㎜
최고기온: 28.4℃	일 출: 05:40	최고기온: 33.7℃	일 출: 05:43	최고기온: 28.7℃	일 출: 05:52	최고기온: 22.7℃	일 출: 05:54	최고기온: 24.2℃	일 출: 06:02
최저기온: 24.2℃	일 몰: 19:34	최저기온: 23.9℃	일 몰: 19:31	최저기온: 19.4℃	일 몰: 19:19	최저기온: 17.3℃	일 몰: 19:15	최저기온: 20.0℃	일 몰: 19:02

丁酉月 백로 09.08 ~ 10.07(양)

서머타임 종료: 9월 30일 01시를 00시로 조정

양력	09.08		9	10	11	12	13	14	15	16	17	18	19	20	21	22	23	24	25	26	27	28	29	30	10.1	2	3	4	5	6	7
음력	08.04		5	6	7	8	9	10	11	12	13	14	15	16	17	18	19	20	21	22	23	24	25	26	27	28	29	9.1	2	3	4
일주	戊寅		己卯	庚辰	辛巳	壬午	癸未	甲申	乙酉	丙戌	丁亥	戊子	己丑	庚寅	辛卯	壬辰	癸巳	甲午	乙未	丙申	丁酉	戊戌	己亥	庚子	辛丑	壬寅	癸卯	甲辰	乙巳	丙午	丁未
대운 남	1	10	10	9	9	9	8	8	8	7	7	7	6	6	6	5	5	5	4	4	4	3	3	3	2	2	2	1	1	1	1
대운 여	10	1	1	1	1	1	2	2	2	3	3	3	4	4	4	5	5	5	6	6	6	7	7	7	8	8	8	9	9	9	10

9월 8일(양) 백로 01시 49분		9월 10일(양)		9월 20일(양)		9월 23일(양) 추분 11시 05분		10월 1일(양)	
평균기온: 22.5℃	강수량: 2.4㎜	평균기온: 20.2℃	강수량: 37.7㎜	평균기온: 19.9℃	강수량: -	평균기온: 22.5℃	강수량: -	평균기온: 18.5℃	강수량: -
최고기온: 28.6℃	일 출: 06:08	최고기온: 24.9℃	일 출: 06:09	최고기온: 26.9℃	일 출: 06:18	최고기온: 29.6℃	일 출: 06:20	최고기온: 24.9℃	일 출: 06:27
최저기온: 17.4℃	일 몰: 18:51	최저기온: 16.1℃	일 몰: 18:48	최저기온: 14.3℃	일 몰: 18:33	최저기온: 17.4℃	일 몰: 18:28	최저기온: 12.8℃	일 몰: 18:16

戊戌月 한로 10.08 ~ 11.06(양)

양력	10.08		9	10	11	12	13	14	15	16	17	18	19	20	21	22	23	24	25	26	27	28	29	30	31	11.1	2	3	4	5	6
음력	09.05		6	7	8	9	10	11	12	13	14	15	16	17	18	19	20	21	22	23	24	25	26	27	28	29	30	10.1	2	3	4
일주	戊申		己酉	庚戌	辛亥	壬子	癸丑	甲寅	乙卯	丙辰	丁巳	戊午	己未	庚申	辛酉	壬戌	癸亥	甲子	乙丑	丙寅	丁卯	戊辰	己巳	庚午	辛未	壬申	癸酉	甲戌	乙亥	丙子	丁丑
대운 남	1	10	10	9	9	9	8	8	8	7	7	7	6	6	6	5	5	5	4	4	4	3	3	3	2	2	2	1	1	1	1
대운 여	10	1	1	1	1	1	2	2	2	3	3	3	4	4	4	5	5	5	6	6	6	7	7	7	8	8	8	9	9	9	10

10월 8일(양) 한로 16시 06분		10월 10일(양)		10월 20일(양)		10월 23일(양) 상강 19시 04분		11월 1일(양)	
평균기온: 16.0℃	강수량: 6.1㎜	평균기온: 15.6℃	강수량: 15.5㎜	평균기온: 6.1℃	강수량: -	평균기온: 12.6℃	강수량: -	평균기온: 10.8℃	강수량: -
최고기온: 17.3℃	일 출: 06:33	최고기온: 19.2℃	일 출: 06:35	최고기온: 13.4℃	일 출: 06:45	최고기온: 18.1℃	일 출: 06:47	최고기온: 17.7℃	일 출: 06:57
최저기온: 13.7℃	일 몰: 18:06	최저기온: 11.9℃	일 몰: 18:03	최저기온: -1.1℃	일 몰: 17:49	최저기온: 8.1℃	일 몰: 17:45	최저기온: 4.1℃	일 몰: 17:34

己亥月 입동 11.07 ~ 12.06(양)

양력	11.07		8	9	10	11	12	13	14	15	16	17	18	19	20	21	22	23	24	25	26	27	28	29	30	12.1	2	3	4	5	6
음력	10.05		6	7	8	9	10	11	12	13	14	15	16	17	18	19	20	21	22	23	24	25	26	27	28	29	11.1	2	3	4	5
일주	戊寅		己卯	庚辰	辛巳	壬午	癸未	甲申	乙酉	丙戌	丁亥	戊子	己丑	庚寅	辛卯	壬辰	癸巳	甲午	乙未	丙申	丁酉	戊戌	己亥	庚子	辛丑	壬寅	癸卯	甲辰	乙巳	丙午	丁未
대운 남	1	10	10	9	9	9	8	8	8	7	7	7	6	6	6	5	5	5	4	4	4	3	3	3	2	2	2	1	1	1	1
대운 여	10	1	1	1	1	1	2	2	2	3	3	3	4	4	4	5	5	5	6	6	6	7	7	7	8	8	8	9	9	9	10

11월 7일(양) 입동 18시 56분		11월 10일(양)		11월 20일(양)		11월 22일(양) 소설 16시 20분		12월 1일(양)	
평균기온: 4.0℃	강수량: 0.0㎜	평균기온: 10.5℃	강수량: -	평균기온: 1.7℃	강수량: -	평균기온: 0.2℃	강수량: 0.0㎜	평균기온: -2.8℃	강수량: 0.0㎜
최고기온: 9.9℃	일 출: 07:03	최고기온: 14.3℃	일 출: 07:06	최고기온: 6.8℃	일 출: 07:17	최고기온: 3.4℃	일 출: 07:19	최고기온: -0.7℃	일 출: 07:28
최저기온: -2.7℃	일 몰: 17:28	최저기온: 7.0℃	일 몰: 17:26	최저기온: -2.6℃	일 몰: 17:18	최저기온: -3.9℃	일 몰: 17:17	최저기온: -5.5℃	일 몰: 17:14

庚子月 대설 12.07 ~ 1957.01.04(양)

양력	12.07		8	9	10	11	12	13	14	15	16	17	18	19	20	21	22	23	24	25	26	27	28	29	30	31	1.1	2	3	4
음력	11.06		7	8	9	10	11	12	13	14	15	16	17	18	19	20	21	22	23	24	25	26	27	28	29	30	12.1	2	3	4
일주	戊申		己酉	庚戌	辛亥	壬子	癸丑	甲寅	乙卯	丙辰	丁巳	戊午	己未	庚申	辛酉	壬戌	癸亥	甲子	乙丑	丙寅	丁卯	戊辰	己巳	庚午	辛未	壬申	癸酉	甲戌	乙亥	丙子
대운 남	1	10	9	9	9	8	8	8	7	7	7	6	6	6	5	5	5	4	4	4	3	3	3	2	2	2	1	1	1	1
대운 여	10	1	1	1	1	1	2	2	2	3	3	3	4	4	4	5	5	5	6	6	6	7	7	7	8	8	8	9	9	9

12월 7일(양) 대설 11시 32분		12월 10일(양)		12월 20일(양)		12월 22일(양) 동지 05시 29분		1월 1일(양)	
평균기온: -3.7℃	강수량: 0.0㎜	평균기온: -12.0℃	강수량: -	평균기온: -5.9℃	강수량: 0.4㎜	평균기온: -11.4℃	강수량: -	평균기온: 2.2℃	강수량: -
최고기온: 1.3℃	일 출: 07:33	최고기온: -8.3℃	일 출: 07:36	최고기온: -0.5℃	일 출: 07:43	최고기온: -8.3℃	일 출: 07:44	최고기온: 6.6℃	일 출: 07:47
최저기온: -9.5℃	일 몰: 17:14	최저기온: -15.0℃	일 몰: 17:14	최저기온: -11.6℃	일 몰: 17:17	최저기온: -14.4℃	일 몰: 17:18	최저기온: -2.8℃	일 몰: 17:24

辛丑月 소한 01.05 ~ 02.03

양력	1957.01.05		6	7	8	9	10	11	12	13	14	15	16	17	18	19	20	21	22	23	24	25	26	27	28	29	30	31	2.1	2	3
음력	1956.12.05		6	7	8	9	10	11	12	13	14	15	16	17	18	19	20	21	22	23	24	25	26	27	28	29	30	1.1	2	3	4
일주	丁丑		戊寅	己卯	庚辰	辛巳	壬午	癸未	甲申	乙酉	丙戌	丁亥	戊子	己丑	庚寅	辛卯	壬辰	癸巳	甲午	乙未	丙申	丁酉	戊戌	己亥	庚子	辛丑	壬寅	癸卯	甲辰	乙巳	丙午
대운 남	1	10	10	9	9	9	8	8	8	7	7	7	6	6	6	5	5	5	4	4	4	3	3	3	2	2	2	1	1	1	1
대운 여	10	1	1	1	1	1	2	2	2	3	3	3	4	4	4	5	5	5	6	6	6	7	7	7	8	8	8	9	9	9	10

1월 5일(양) 소한 22시 40분		1월 10일(양)		1월 20일(양) 대한 16시 09분		2월 1일(양)	
평균기온: -2.7℃	강수량: -	평균기온: -1.1℃	강수량: 2.2㎜	평균기온: -7.4℃	강수량: -	평균기온: -8.5℃	강수량: -
최고기온: 1.4℃	일 출: 07:47	최고기온: 1.6℃	일 출: 07:47	최고기온: -3.1℃	일 출: 07:44	최고기온: -4.5℃	일 출: 07:36
최저기온: -5.8℃	일 몰: 17:27	최저기온: -3.8℃	일 몰: 17:32	최저기온: -12.2℃	일 몰: 17:42	최저기온: -12.3℃	일 몰: 17:55

1957 윤8월

단기 4290년

입춘 · 壬寅月 — 02.04 ~ 03.05(양)

양력	음력	일주	대운 남	대운 여
1957.02.04	1957.01.05	丁未	1	10
02.05	01.06	戊申	1	10
02.06	01.07	己酉	1	9
02.07	01.08	庚戌	1	9
02.08	01.09	辛亥	1	9
02.09	01.10	壬子	2	8
02.10	01.11	癸丑	2	8
02.11	01.12	甲寅	2	8
02.12	01.13	乙卯	3	7
02.13	01.14	丙辰	3	7
02.14	01.15	丁巳	3	7
02.15	01.16	戊午	4	6
02.16	01.17	己未	4	6
02.17	01.18	庚申	4	6
02.18	01.19	辛酉	5	5
02.19	01.20	壬戌	5	5
02.20	01.21	癸亥	5	5
02.21	01.22	甲子	6	4
02.22	01.23	乙丑	6	4
02.23	01.24	丙寅	6	4
02.24	01.25	丁卯	7	3
02.25	01.26	戊辰	7	3
02.26	01.27	己巳	7	3
02.27	01.28	庚午	8	2
02.28	01.29	辛未	8	2
03.1	01.30	壬申	8	2
03.2	02.1	癸酉	9	1
03.3	02.2	甲戌	9	1
03.4	02.3	乙亥	9	1
03.5	02.4	丙子	10	1

	평균기온	최고기온	최저기온	강수량	일 출	일 몰
2월 4일(양) 입춘 10시 25분	1.8℃	5.5℃	-0.3℃	-	07:34	17:59
2월 10일(양)	-13.6℃	-10.3℃	-15.8℃	-	07:28	18:05
2월 19일(양) 우수 06시 28분	-8.6℃	-3.8℃	-13.4℃	-	07:18	18:15
2월 20일(양)	-3.9℃	0.0℃	-9.2℃	0.3mm	07:16	18:16
3월 1일(양)	-1.3℃	4.9℃	-7.8℃	-	07:05	18:25

경칩 · 癸卯月 — 03.06 ~ 04.04(양)

양력	음력	일주	대운 남	대운 여
03.06	02.05	丁丑	1	10
03.07	02.06	戊寅	1	10
03.08	02.07	己卯	1	9
03.09	02.08	庚辰	1	9
03.10	02.09	辛巳	1	9
03.11	02.10	壬午	2	8
03.12	02.11	癸未	2	8
03.13	02.12	甲申	2	8
03.14	02.13	乙酉	3	7
03.15	02.14	丙戌	3	7
03.16	02.15	丁亥	3	7
03.17	02.16	戊子	4	6
03.18	02.17	己丑	4	6
03.19	02.18	庚寅	4	6
03.20	02.19	辛卯	5	5
03.21	02.20	壬辰	5	5
03.22	02.21	癸巳	5	5
03.23	02.22	甲午	6	4
03.24	02.23	乙未	6	4
03.25	02.24	丙申	6	4
03.26	02.25	丁酉	7	3
03.27	02.26	戊戌	7	3
03.28	02.27	己亥	7	3
03.29	02.28	庚子	8	2
03.30	02.29	辛丑	8	2
03.31	03.1	壬寅	8	2
04.1	03.2	癸卯	9	1
04.2	03.3	甲辰	9	1
04.3	03.4	乙巳	9	1
04.4	03.5	丙午	10	1

	평균기온	최고기온	최저기온	강수량	일 출	일 몰
3월 6일(양) 경칩 04시 40분	-3.4℃	1.4℃	-6.7℃	-	06:58	18:30
3월 10일(양)	-3.3℃	-1.1℃	-7.0℃	-	06:52	18:34
3월 20일(양)	2.5℃	9.0℃	-3.2℃	0.0mm	06:37	18:43
3월 21일(양) 춘분 05시 46분	2.4℃	7.5℃	-2.3℃	-	06:35	18:44
4월 1일(양)	1.5℃	6.9℃	-2.7℃	-	06:19	18:54

청명 · 甲辰月 — 04.05 ~ 05.05(양)

서머타임 시작: 5월 5일 00시를 01시로 조정

양력	음력	일주	대운 남	대운 여
04.05	03.06	丁未	1	10
04.06	03.07	戊申	1	10
04.07	03.08	己酉	1	10
04.08	03.09	庚戌	1	9
04.09	03.10	辛亥	2	9
04.10	03.11	壬子	2	9
04.11	03.12	癸丑	2	8
04.12	03.13	甲寅	3	8
04.13	03.14	乙卯	3	8
04.14	03.15	丙辰	3	7
04.15	03.16	丁巳	4	7
04.16	03.17	戊午	4	7
04.17	03.18	己未	4	6
04.18	03.19	庚申	5	6
04.19	03.20	辛酉	5	6
04.20	03.21	壬戌	5	5
04.21	03.22	癸亥	6	5
04.22	03.23	甲子	6	5
04.23	03.24	乙丑	6	4
04.24	03.25	丙寅	7	4
04.25	03.26	丁卯	7	4
04.26	03.27	戊辰	7	3
04.27	03.28	己巳	8	3
04.28	03.29	庚午	8	3
04.29	03.30	辛未	8	2
04.30	04.1	壬申	9	2
05.1	04.2	癸酉	9	2
05.2	04.3	甲戌	9	1
05.3	04.4	乙亥	10	1
05.4	04.5	丙子	10	1
05.5	04.6	丁丑	10	1

	평균기온	최고기온	최저기온	강수량	일 출	일 몰
4월 5일(양) 청명 09시 49분	8.7℃	15.0℃	3.5℃	-	06:13	18:58
4월 10일(양)	4.2℃	6.5℃	2.8℃	42.4mm	06:05	19:02
4월 20일(양) 곡우 17시 11분	12.8℃	17.8℃	8.5℃	-	05:51	19:11
5월 1일(양)	14.7℃	22.1℃	8.0℃	-	05:38	19:21

입하 · 乙巳月 — 05.06 ~ 06.05(양)

양력	음력	일주	대운 남	대운 여
05.06	04.07	戊寅	1	10
05.07	04.08	己卯	1	10
05.08	04.09	庚辰	1	10
05.09	04.10	辛巳	1	9
05.10	04.11	壬午	2	9
05.11	04.12	癸未	2	9
05.12	04.13	甲申	2	8
05.13	04.14	乙酉	3	8
05.14	04.15	丙戌	3	8
05.15	04.16	丁亥	3	7
05.16	04.17	戊子	4	7
05.17	04.18	己丑	4	7
05.18	04.19	庚寅	4	6
05.19	04.20	辛卯	5	6
05.20	04.21	壬辰	5	6
05.21	04.22	癸巳	5	5
05.22	04.23	甲午	6	5
05.23	04.24	乙未	6	5
05.24	04.25	丙申	6	4
05.25	04.26	丁酉	7	4
05.26	04.27	戊戌	7	4
05.27	04.28	己亥	7	3
05.28	04.29	庚子	8	3
05.29	05.1	辛丑	8	3
05.30	05.2	壬寅	8	2
05.31	05.3	癸卯	9	2
06.1	05.4	甲辰	9	2
06.2	05.5	乙巳	9	1
06.3	05.6	丙午	10	1
06.4	05.7	丁未	10	1
06.5	05.8	戊申	10	1

	평균기온	최고기온	최저기온	강수량	일 출	일 몰
5월 6일(양) 입하 04시 28분	13.8℃	19.6℃	9.3℃	-	05:32	19:26
5월 10일(양)	17.7℃	26.8℃	9.9℃	-	05:28	19:38
5월 20일(양)	15.5℃	20.4℃	12.1℃	0.0mm	05:19	19:38
5월 21일(양) 소만 17시 40분	18.2℃	26.1℃	10.9℃	-	05:19	19:39
6월 1일(양)	18.5℃	26.1℃	12.8℃	0.0mm	05:13	19:47

망종 · 丙午月 — 06.06 ~ 07.06(양)

양력	음력	일주	대운 남	대운 여
06.06	05.09	己酉	1	10
06.07	05.10	庚戌	1	10
06.08	05.11	辛亥	1	10
06.09	05.12	壬子	1	9
06.10	05.13	癸丑	1	9
06.11	05.14	甲寅	2	9
06.12	05.15	乙卯	2	8
06.13	05.16	丙辰	2	8
06.14	05.17	丁巳	3	8
06.15	05.18	戊午	3	7
06.16	05.19	己未	3	7
06.17	05.20	庚申	4	7
06.18	05.21	辛酉	4	6
06.19	05.22	壬戌	4	6
06.20	05.23	癸亥	5	6
06.21	05.24	甲子	5	5
06.22	05.25	乙丑	5	5
06.23	05.26	丙寅	6	5
06.24	05.27	丁卯	6	4
06.25	05.28	戊辰	6	4
06.26	05.29	己巳	7	4
06.27	05.30	庚午	7	3
06.28	06.1	辛未	7	3
06.29	06.2	壬申	8	3
06.30	06.3	癸酉	8	2
07.1	06.4	甲戌	8	2
07.2	06.5	乙亥	9	2
07.3	06.6	丙子	9	1
07.4	06.7	丁丑	9	1
07.5	06.8	戊寅	10	1
07.6	06.9	己卯	10	1

	평균기온	최고기온	최저기온	강수량	일 출	일 몰
6월 6일(양) 망종 08시 55분	16.3℃	18.8℃	13.7℃	0.0mm	05:11	19:50
6월 10일(양)	18.8℃	26.6℃	15.6℃	0.4mm	05:10	19:52
6월 20일(양)	19.9℃	22.8℃	18.4℃	1.7mm	05:10	19:56
6월 22일(양) 하지 01시 51분	18.6℃	24.6℃	17.2℃	3.4mm	05:11	19:57
7월 1일(양)	22.9℃	30.7℃	18.2℃	-	05:14	19:57

소서 · 丁未月 — 07.07 ~ 08.07(양)

양력	음력	일주	대운 남	대운 여
07.07	06.10	庚辰	1	10
07.08	06.11	辛巳	1	10
07.09	06.12	壬午	1	10
07.10	06.13	癸未	1	10
07.11	06.14	甲申	1	9
07.12	06.15	乙酉	2	9
07.13	06.16	丙戌	2	9
07.14	06.17	丁亥	2	8
07.15	06.18	戊子	3	8
07.16	06.19	己丑	3	8
07.17	06.20	庚寅	3	7
07.18	06.21	辛卯	4	7
07.19	06.22	壬辰	4	7
07.20	06.23	癸巳	4	6
07.21	06.24	甲午	5	6
07.22	06.25	乙未	5	6
07.23	06.26	丙申	5	5
07.24	06.27	丁酉	6	5
07.25	06.28	戊戌	6	5
07.26	06.29	己亥	6	4
07.27	07.1	庚子	7	4
07.28	07.2	辛丑	7	4
07.29	07.3	壬寅	7	3
07.30	07.4	癸卯	8	3
07.31	07.5	甲辰	8	3
08.1	07.6	乙巳	8	2
08.2	07.7	丙午	9	2
08.3	07.8	丁未	9	2
08.4	07.9	戊申	9	1
08.5	07.10	己酉	10	1
08.6	07.11	庚戌	10	1
08.7	07.12	辛亥	10	1

	평균기온	최고기온	최저기온	강수량	일 출	일 몰
7월 7일(양) 소서 19시 18분	21.0℃	22.3℃	19.9℃	153.2mm	05:17	19:56
7월 10일(양)	21.0℃	25.4℃	17.8℃	14.4mm	05:19	19:55
7월 20일(양)	21.3℃	22.6℃	19.8℃	14.8mm	05:26	19:50
7월 23일(양) 대서 12시 45분	22.5℃	28.1℃	18.1℃	-	05:28	19:48
8월 1일(양)	23.6℃	29.1℃	19.6℃	-	05:35	19:41

입추 08.08 ~ 09.07(양) — 戊申月

양력	08.08	9	10	11	12	13	14	15	16	17	18	19	20	21	22	23	24	25	26	27	28	29	30	31	9.1	2	3	4	5	6	7
음력	07.13	14	15	16	17	18	19	20	21	22	23	24	25	26	27	28	29	8.1	2	3	4	5	6	7	8	9	10	11	12	13	14
일주	壬子	癸丑	甲寅	乙卯	丙辰	丁巳	戊午	己未	庚申	辛酉	壬戌	癸亥	甲子	乙丑	丙寅	丁卯	戊辰	己巳	庚午	辛未	壬申	癸酉	甲戌	乙亥	丙子	丁丑	戊寅	己卯	庚辰	辛巳	壬午
대운 남	10 / 1	1	1	1	1	2	2	2	3	3	3	4	4	4	5	5	5	6	6	6	7	7	7	8	8	8	9	9	9	10	10
대운 여	1 / 10	10	10	9	9	9	8	8	8	7	7	7	6	6	6	5	5	5	4	4	4	3	3	3	2	2	2	1	1	1	1

8월 8일(양) 입추 05시 02분		8월 10일(양)		8월 20일(양)		8월 23일(양) 처서 19시 38분		9월 1일(양)	
평균기온: 24.0℃	강수량: –	평균기온: 26.9℃	강수량: –	평균기온: 23.9℃	강수량: 45.0mm	평균기온: 23.5℃	강수량: –	평균기온: 19.8℃	강수량: –
최고기온: 29.3℃	일 출: 05:41	최고기온: 33.5℃	일 출: 05:43	최고기온: 25.4℃	일 출: 05:51	최고기온: 28.3℃	일 출: 05:54	최고기온: 26.1℃	일 출: 06:02
최저기온: 21.1℃	일 몰: 19:34	최저기온: 21.4℃	일 몰: 19:31	최저기온: 22.8℃	일 몰: 19:19	최저기온: 20.5℃	일 몰: 19:15	최저기온: 14.1℃	일 몰: 19:02

백로 09.08 ~ 10.07(양) — 己酉月

서머타임 종료: 9월 22일 01시를 00시로 조정

양력	09.08	9	10	11	12	13	14	15	16	17	18	19	20	21	22	23	24	25	26	27	28	29	30	10.1	2	3	4	5	6	7
음력	08.15	16	17	18	19	20	21	22	23	24	25	26	27	28	29	30	윤8.1	2	3	4	5	6	7	8	9	10	11	12	13	14
일주	癸未	甲申	乙酉	丙戌	丁亥	戊子	己丑	庚寅	辛卯	壬辰	癸巳	甲午	乙未	丙申	丁酉	戊戌	己亥	庚子	辛丑	壬寅	癸卯	甲辰	乙巳	丙午	丁未	戊申	己酉	庚戌	辛亥	壬子
대운 남	10 / 1	1	1	1	1	2	2	2	3	3	3	4	4	4	5	5	5	6	6	6	7	7	7	8	8	8	9	9	9	10
대운 여	1 / 10	10	9	9	9	8	8	8	7	7	7	6	6	6	5	5	5	4	4	4	3	3	3	2	2	2	1	1	1	1

9월 8일(양) 백로 07시 42분		9월 10일(양)		9월 20일(양)		9월 23일(양) 추분 15시 56분		10월 1일(양)	
평균기온: 19.4℃	강수량: –	평균기온: 19.0℃	강수량: –	평균기온: 18.4℃	강수량: 2.1mm	평균기온: 21.0℃	강수량: –	평균기온: 11.5℃	강수량: 8.5mm
최고기온: 26.1℃	일 출: 06:07	최고기온: 27.3℃	일 출: 06:09	최고기온: 24.6℃	일 출: 06:17	최고기온: 27.5℃	일 출: 06:20	최고기온: 17.8℃	일 출: 06:27
최저기온: 14.4℃	일 몰: 18:52	최저기온: 12.4℃	일 몰: 18:49	최저기온: 14.4℃	일 몰: 18:33	최저기온: 16.4℃	일 몰: 18:29	최저기온: 5.8℃	일 몰: 18:16

한로 10.08 ~ 11.07(양) — 庚戌月

양력	10.08	9	10	11	12	13	14	15	16	17	18	19	20	21	22	23	24	25	26	27	28	29	30	31	11.1	2	3	4	5	6	7
음력	08.15	16	17	18	19	20	21	22	23	24	25	26	27	28	29	9.1	2	3	4	5	6	7	8	9	10	11	12	13	14	15	16
일주	癸丑	甲寅	乙卯	丙辰	丁巳	戊午	己未	庚申	辛酉	壬戌	癸亥	甲子	乙丑	丙寅	丁卯	戊辰	己巳	庚午	辛未	壬申	癸酉	甲戌	乙亥	丙子	丁丑	戊寅	己卯	庚辰	辛巳	壬午	癸未
대운 남	10 / 1	1	1	1	1	2	2	2	3	3	3	4	4	4	5	5	5	6	6	6	7	7	7	8	8	8	9	9	9	10	10
대운 여	1 / 10	10	10	9	9	9	8	8	8	7	7	7	6	6	6	5	5	5	4	4	4	3	3	3	2	2	2	1	1	1	1

10월 8일(양) 한로 22시 00분		10월 10일(양)		10월 20일(양)		10월 24일(양) 상강 00시 54분		11월 1일(양)	
평균기온: 16.7℃	강수량: –	평균기온: 10.9℃	강수량: –	평균기온: 10.7℃	강수량: 0.7mm	평균기온: 8.4℃	강수량: –	평균기온: 9.2℃	강수량: –
최고기온: 23.0℃	일 출: 06:33	최고기온: 17.9℃	일 출: 06:35	최고기온: 17.1℃	일 출: 06:44	최고기온: 15.2℃	일 출: 06:48	최고기온: 16.1℃	일 출: 06:56
최저기온: 10.3℃	일 몰: 18:06	최저기온: 5.0℃	일 몰: 18:03	최저기온: 6.3℃	일 몰: 17:49	최저기온: 2.7℃	일 몰: 17:44	최저기온: 2.7℃	일 몰: 17:35

입동 11.08 ~ 12.06(양) — 辛亥月

양력	11.08	9	10	11	12	13	14	15	16	17	18	19	20	21	22	23	24	25	26	27	28	29	30	12.1	2	3	4	5	6
음력	09.17	18	19	20	21	22	23	24	25	26	27	28	29	30	10.1	2	3	4	5	6	7	8	9	10	11	12	13	14	15
일주	甲申	乙酉	丙戌	丁亥	戊子	己丑	庚寅	辛卯	壬辰	癸巳	甲午	乙未	丙申	丁酉	戊戌	己亥	庚子	辛丑	壬寅	癸卯	甲辰	乙巳	丙午	丁未	戊申	己酉	庚戌	辛亥	壬子
대운 남	10 / 1	1	1	1	1	2	2	2	3	3	3	4	4	4	5	5	5	6	6	6	7	7	7	8	8	8	9	9	9
대운 여	1 / 10	9	9	9	8	8	8	7	7	7	6	6	6	5	5	5	4	4	4	3	3	3	2	2	2	1	1	1	1

11월 8일(양) 입동 00시 50분		11월 10일(양)		11월 20일(양)		11월 22일(양) 소설 22시 09분		12월 1일(양)	
평균기온: 7.9℃	강수량: –	평균기온: 13.0℃	강수량: 17.2mm	평균기온: 9.1℃	강수량: –	평균기온: 7.4℃	강수량: –	평균기온: 0.7℃	강수량: –
최고기온: 15.3℃	일 출: 07:04	최고기온: 14.2℃	일 출: 07:06	최고기온: 13.9℃	일 출: 07:16	최고기온: 13.8℃	일 출: 07:18	최고기온: 4.3℃	일 출: 07:28
최저기온: 1.2℃	일 몰: 17:28	최저기온: 10.6℃	일 몰: 17:26	최저기온: 5.6℃	일 몰: 17:18	최저기온: 1.8℃	일 몰: 17:17	최저기온: -2.1℃	일 몰: 17:14

대설 12.07 ~ 1958.01.05(양) — 壬子月

양력	12.07	8	9	10	11	12	13	14	15	16	17	18	19	20	21	22	23	24	25	26	27	28	29	30	31	1.1	2	3	4	5
음력	10.16	17	18	19	20	21	22	23	24	25	26	27	28	29	11.1	2	3	4	5	6	7	8	9	10	11	12	13	14	15	16
일주	癸丑	甲寅	乙卯	丙辰	丁巳	戊午	己未	庚申	辛酉	壬戌	癸亥	甲子	乙丑	丙寅	丁卯	戊辰	己巳	庚午	辛未	壬申	癸酉	甲戌	乙亥	丙子	丁丑	戊寅	己卯	庚辰	辛巳	壬午
대운 남	10 / 1	1	1	1	1	2	2	2	3	3	3	4	4	4	5	5	5	6	6	6	7	7	7	8	8	8	9	9	9	10
대운 여	1 / 10	10	10	9	9	9	8	8	8	7	7	7	6	6	6	5	5	5	4	4	4	3	3	3	2	2	2	1	1	1

12월 7일(양) 대설 17시 26분		12월 10일(양)		12월 20일(양)		12월 22일(양) 동지 11시 19분		1월 1일(양)	
평균기온: 0.5℃	강수량: –	평균기온: -1.0℃	강수량: –	평균기온: -5.1℃	강수량: –	평균기온: -1.1℃	강수량: –	평균기온: -2.3℃	강수량: 5.4mm
최고기온: 5.1℃	일 출: 07:33	최고기온: 2.8℃	일 출: 07:35	최고기온: -1.3℃	일 출: 07:42	최고기온: 3.5℃	일 출: 07:43	최고기온: -0.4℃	일 출: 07:47
최저기온: -4.6℃	일 몰: 17:14	최저기온: -5.8℃	일 몰: 17:14	최저기온: -8.3℃	일 몰: 17:17	최저기온: -4.5℃	일 몰: 17:17	최저기온: -7.6℃	일 몰: 17:24

소한 01.06 ~ 02.03(양) — 癸丑月

양력	1958.01.06	7	8	9	10	11	12	13	14	15	16	17	18	19	20	21	22	23	24	25	26	27	28	29	30	31	2.1	2	3
음력	1957.11.17	18	19	20	21	22	23	24	25	26	27	28	29	30	12.1	2	3	4	5	6	7	8	9	10	11	12	13	14	15
일주	癸未	甲申	乙酉	丙戌	丁亥	戊子	己丑	庚寅	辛卯	壬辰	癸巳	甲午	乙未	丙申	丁酉	戊戌	己亥	庚子	辛丑	壬寅	癸卯	甲辰	乙巳	丙午	丁未	戊申	己酉	庚戌	辛亥
대운 남	10 / 1	1	1	1	1	2	2	2	3	3	3	4	4	4	5	5	5	6	6	6	7	7	7	8	8	8	9	9	9
대운 여	1 / 10	9	9	9	8	8	8	7	7	7	6	6	6	5	5	5	4	4	4	3	3	3	2	2	2	1	1	1	1

1월 6일(양) 소한 04시 34분		1월 10일(양)		1월 20일(양) 대한 21시 58분		2월 1일(양)	
평균기온: -0.7℃	강수량: –	평균기온: -2.5℃	강수량: –	평균기온: -5.7℃	강수량: 1.3mm	평균기온: -5.2℃	강수량: –
최고기온: 3.4℃	일 출: 07:47	최고기온: 1.5℃	일 출: 07:47	최고기온: -2.5℃	일 출: 07:44	최고기온: -0.3℃	일 출: 07:37
최저기온: -7.1℃	일 몰: 17:28	최저기온: -5.8℃	일 몰: 17:32	최저기온: -11.4℃	일 몰: 17:42	최저기온: -12.4℃	일 몰: 17:55

1958

단기 4291년

입춘 甲寅月 — 02.04 ~ 03.05(양)

양력	1958.02.04	5	6	7	8	9	10	11	12	13	14	15	16	17	18	19	20	21	22	23	24	25	26	27	28	3.1	2	3	4	5
음력	1957.12.16	17	18	19	20	21	22	23	24	25	26	27	28	29	30	1.1	2	3	4	5	6	7	8	9	10	11	12	13	14	15
일주	壬子	癸丑	甲寅	乙卯	丙辰	丁巳	戊午	己未	庚申	辛酉	壬戌	癸亥	甲子	乙丑	丙寅	丁卯	戊辰	己巳	庚午	辛未	壬申	癸酉	甲戌	乙亥	丙子	丁丑	戊寅	己卯	庚辰	辛巳
대운 남	10 · 10	10	9	9	9	8	8	8	7	7	7	6	6	6	5	5	5	4	4	4	3	3	3	2	2	2	1	1	1	1
대운 여	1 · 1	1	1	1	2	2	2	3	3	3	4	4	4	5	5	5	6	6	6	7	7	7	8	8	8	9	9	9	10	10

2월 4일(양) 입춘 16시 19분	2월 10일(양)	2월 19일(양) 우수 12시 18분	2월 20일(양)	3월 1일(양)
평균기온: −3.6℃ / 강수량: – / 최고기온: 0.6℃ / 일 출: 07:34 / 최저기온: −8.0℃ / 일 몰: 17:58	평균기온: 0.0℃ / 강수량: – / 최고기온: 5.1℃ / 일 출: 07:28 / 최저기온: −3.3℃ / 일 몰: 18:05	평균기온: −2.4℃ / 강수량: – / 최고기온: 1.7℃ / 일 출: 07:18 / 최저기온: −5.8℃ / 일 몰: 18:15	평균기온: −0.9℃ / 강수량: – / 최고기온: 3.5℃ / 일 출: 07:17 / 최저기온: −6.0℃ / 일 몰: 18:16	평균기온: −1.9℃ / 강수량: 0.7mm / 최고기온: 3.9℃ / 일 출: 07:05 / 최저기온: −6.5℃ / 일 몰: 18:25

경칩 乙卯月 — 03.06 ~ 04.04(양)

양력	03.06	7	8	9	10	11	12	13	14	15	16	17	18	19	20	21	22	23	24	25	26	27	28	29	30	31	4.1	2	3	4
음력	01.16	17	18	19	20	21	22	23	24	25	26	27	28	29	2.1	2	3	4	5	6	7	8	9	10	11	12	13	14	15	16
일주	壬午	癸未	甲申	乙酉	丙戌	丁亥	戊子	己丑	庚寅	辛卯	壬辰	癸巳	甲午	乙未	丙申	丁酉	戊戌	己亥	庚子	辛丑	壬寅	癸卯	甲辰	乙巳	丙午	丁未	戊申	己酉	庚戌	辛亥
대운 남	1 · 10	10	9	9	9	8	8	8	7	7	7	6	6	6	5	5	5	4	4	4	3	3	3	2	2	2	1	1	1	1
대운 여	10 · 1	1	1	1	2	2	2	3	3	3	4	4	4	5	5	5	6	6	6	7	7	7	8	8	8	9	9	9	10	10

3월 6일(양) 경칩 10시 35분	3월 10일(양)	3월 20일(양)	3월 21일(양) 춘분 11시 36분	4월 1일(양)
평균기온: 2.6℃ / 강수량: – / 최고기온: 7.7℃ / 일 출: 06:58 / 최저기온: 0.1℃ / 일 몰: 18:30	평균기온: 8.4℃ / 강수량: – / 최고기온: 14.4℃ / 일 출: 06:52 / 최저기온: 4.2℃ / 일 몰: 18:34	평균기온: 6.2℃ / 강수량: 0.2mm / 최고기온: 11.3℃ / 일 출: 06:37 / 최저기온: 3.1℃ / 일 몰: 18:43	평균기온: 9.3℃ / 강수량: – / 최고기온: 15.2℃ / 일 출: 06:36 / 최저기온: 3.7℃ / 일 몰: 18:44	평균기온: 6.8℃ / 강수량: – / 최고기온: 14.1℃ / 일 출: 06:19 / 최저기온: 1.3℃ / 일 몰: 18:54

청명 丙辰月 — 04.05 ~ 05.05(양)

서머타임 시작: 5월 4일 00시를 01시로 조정

양력	04.05	6	7	8	9	10	11	12	13	14	15	16	17	18	19	20	21	22	23	24	25	26	27	28	29	30	5.1	2	3	4	5
음력	02.17	18	19	20	21	22	23	24	25	26	27	28	29	30	3.1	2	3	4	5	6	7	8	9	10	11	12	13	14	15	16	17
일주	壬子	癸丑	甲寅	乙卯	丙辰	丁巳	戊午	己未	庚申	辛酉	壬戌	癸亥	甲子	乙丑	丙寅	丁卯	戊辰	己巳	庚午	辛未	壬申	癸酉	甲戌	乙亥	丙子	丁丑	戊寅	己卯	庚辰	辛巳	壬午
대운 남	1 · 10	10	10	9	9	9	8	8	8	7	7	7	6	6	6	5	5	5	4	4	4	3	3	3	2	2	2	1	1	1	1
대운 여	10 · 1	1	1	1	2	2	2	3	3	3	4	4	4	5	5	5	6	6	6	7	7	7	8	8	8	9	9	9	10	10	10

4월 5일(양) 청명 15시 42분	4월 10일(양)	4월 20일(양) 곡우 22시 57분	5월 1일(양)
평균기온: 14.3℃ / 강수량: 4.7mm / 최고기온: 22.3℃ / 일 출: 06:13 / 최저기온: 5.7℃ / 일 몰: 18:58	평균기온: 8.2℃ / 강수량: – / 최고기온: 13.2℃ / 일 출: 06:06 / 최저기온: 3.8℃ / 일 몰: 19:02	평균기온: 12.0℃ / 강수량: 29.9mm / 최고기온: 14.2℃ / 일 출: 05:52 / 최저기온: 9.1℃ / 일 몰: 19:11	평균기온: 12.6℃ / 강수량: – / 최고기온: 17.4℃ / 일 출: 05:38 / 최저기온: 9.4℃ / 일 몰: 19:21

입하 丁巳月 — 05.06 ~ 06.05(양)

양력	05.06	7	8	9	10	11	12	13	14	15	16	17	18	19	20	21	22	23	24	25	26	27	28	29	30	31	6.1	2	3	4	5
음력	03.18	19	20	21	22	23	24	25	26	27	28	29	30	4.1	2	3	4	5	6	7	8	9	10	11	12	13	14	15	16	17	18
일주	癸未	甲申	乙酉	丙戌	丁亥	戊子	己丑	庚寅	辛卯	壬辰	癸巳	甲午	乙未	丙申	丁酉	戊戌	己亥	庚子	辛丑	壬寅	癸卯	甲辰	乙巳	丙午	丁未	戊申	己酉	庚戌	辛亥	壬子	癸丑
대운 남	1 · 10	10	10	9	9	9	8	8	8	7	7	7	6	6	6	5	5	5	4	4	4	3	3	3	2	2	2	1	1	1	1
대운 여	10 · 1	1	1	1	2	2	2	3	3	3	4	4	4	5	5	5	6	6	6	7	7	7	8	8	8	9	9	9	10	10	10

5월 6일(양) 입하 10시 19분	5월 10일(양)	5월 20일(양)	5월 21일(양) 소만 23시 21분	6월 1일(양)
평균기온: 16.4℃ / 강수량: – / 최고기온: 25.5℃ / 일 출: 05:32 / 최저기온: 8.9℃ / 일 몰: 19:26	평균기온: 19.4℃ / 강수량: 6.9mm / 최고기온: 27.2℃ / 일 출: 05:28 / 최저기온: 15.1℃ / 일 몰: 19:29	평균기온: 19.8℃ / 강수량: – / 최고기온: 27.3℃ / 일 출: 05:19 / 최저기온: 14.3℃ / 일 몰: 19:38	평균기온: 20.3℃ / 강수량: – / 최고기온: 27.3℃ / 일 출: 05:19 / 최저기온: 13.5℃ / 일 몰: 19:39	평균기온: 24.1℃ / 강수량: 0.0mm / 최고기온: 32.1℃ / 일 출: 05:13 / 최저기온: 17.7℃ / 일 몰: 19:47

망종 戊午月 — 06.06 ~ 07.07(양)

양력	06.06	7	8	9	10	11	12	13	14	15	16	17	18	19	20	21	22	23	24	25	26	27	28	29	30	7.1	2	3	4	5	6	7
음력	04.19	20	21	22	23	24	25	26	27	28	29	5.1	2	3	4	5	6	7	8	9	10	11	12	13	14	15	16	17	18	19	20	21
일주	甲寅	乙卯	丙辰	丁巳	戊午	己未	庚申	辛酉	壬戌	癸亥	甲子	乙丑	丙寅	丁卯	戊辰	己巳	庚午	辛未	壬申	癸酉	甲戌	乙亥	丙子	丁丑	戊寅	己卯	庚辰	辛巳	壬午	癸未	甲申	乙酉
대운 남	1 · 10	10	10	9	9	9	8	8	8	7	7	7	6	6	6	5	5	5	4	4	4	3	3	3	2	2	2	1	1	1	1	1
대운 여	10 · 1	1	1	1	2	2	2	3	3	3	4	4	4	5	5	5	6	6	6	7	7	7	8	8	8	9	9	9	10	10	10	10

6월 6일(양) 망종 14시 42분	6월 10일(양)	6월 20일(양)	6월 22일(양) 하지 07시 27분	7월 1일(양)
평균기온: 19.6℃ / 강수량: 0.2mm / 최고기온: 24.1℃ / 일 출: 05:11 / 최저기온: 15.9℃ / 일 몰: 19:50	평균기온: 21.3℃ / 강수량: 0.3mm / 최고기온: 27.3℃ / 일 출: 05:10 / 최저기온: 18.3℃ / 일 몰: 19:52	평균기온: 23.5℃ / 강수량: – / 최고기온: 29.2℃ / 일 출: 05:10 / 최저기온: 19.7℃ / 일 몰: 19:56	평균기온: 26.6℃ / 강수량: – / 최고기온: 35.2℃ / 일 출: 05:11 / 최저기온: 20.4℃ / 일 몰: 19:57	평균기온: 21.3℃ / 강수량: 145.3mm / 최고기온: 24.6℃ / 일 출: 05:14 / 최저기온: 20.1℃ / 일 몰: 19:57

소서 己未月 — 07.08 ~ 08.07(양)

양력	07.08	9	10	11	12	13	14	15	16	17	18	19	20	21	22	23	24	25	26	27	28	29	30	31	8.1	2	3	4	5	6	7
음력	05.22	23	24	25	26	27	28	29	30	6.1	2	3	4	5	6	7	8	9	10	11	12	13	14	15	16	17	18	19	20	21	22
일주	丙戌	丁亥	戊子	己丑	庚寅	辛卯	壬辰	癸巳	甲午	乙未	丙申	丁酉	戊戌	己亥	庚子	辛丑	壬寅	癸卯	甲辰	乙巳	丙午	丁未	戊申	己酉	庚戌	辛亥	壬子	癸丑	甲寅	乙卯	丙辰
대운 남	1 · 10	10	10	9	9	9	8	8	8	7	7	7	6	6	6	5	5	5	4	4	4	3	3	3	2	2	2	1	1	1	1
대운 여	10 · 1	1	1	1	2	2	2	3	3	3	4	4	4	5	5	5	6	6	6	7	7	7	8	8	8	9	9	9	10	10	10

7월 8일(양) 소서 01시 03분	7월 10일(양)	7월 20일(양)	7월 23일(양) 대서 18시 20분	8월 1일(양)
평균기온: 24.7℃ / 강수량: 25.6mm / 최고기온: 29.4℃ / 일 출: 05:17 / 최저기온: 21.3℃ / 일 몰: 19:56	평균기온: 26.5℃ / 강수량: – / 최고기온: 33.8℃ / 일 출: 05:19 / 최저기온: 21.6℃ / 일 몰: 19:55	평균기온: 25.4℃ / 강수량: 0.0mm / 최고기온: 31.0℃ / 일 출: 05:25 / 최저기온: 23.4℃ / 일 몰: 19:51	평균기온: 26.1℃ / 강수량: 65.3mm / 최고기온: 31.4℃ / 일 출: 05:28 / 최저기온: 22.3℃ / 일 몰: 19:49	평균기온: 23.2℃ / 강수량: – / 최고기온: 28.7℃ / 일 출: 05:35 / 최저기온: 19.9℃ / 일 몰: 19:41

입추 — 08.08 ~ 09.07(양) · 庚申月

항목	절입일	9	10	11	12	13	14	15	16	17	18	19	20	21	22	23	24	25	26	27	28	29	30	31	9.1	2	3	4	5	6	7
양력	08.08	9	10	11	12	13	14	15	16	17	18	19	20	21	22	23	24	25	26	27	28	29	30	31	9.1	2	3	4	5	6	7
음력	06.23	24	25	26	27	28	29	7.1	2	3	4	5	6	7	8	9	10	11	12	13	14	15	16	17	18	19	20	21	22	23	24
일주	丁巳	戊午	己未	庚申	辛酉	壬戌	癸亥	甲子	乙丑	丙寅	丁卯	戊辰	己巳	庚午	辛未	壬申	癸酉	甲戌	乙亥	丙子	丁丑	戊寅	己卯	庚辰	辛巳	壬午	癸未	甲申	乙酉	丙戌	丁亥
대운 남	1 10	10	10	9	9	9	8	8	7	7	7	6	6	6	5	5	5	4	4	4	3	3	3	2	2	2	1	1	1	1	1
대운 여	10 1	1	1	1	1	2	2	2	3	3	3	4	4	4	5	5	5	6	6	6	7	7	7	8	8	8	9	9	9	10	10

8월 8일(양) 입추 10시 47분		8월 10일(양)		8월 20일(양)		8월 24일(양) 처서 01시 16분		9월 1일(양)	
평균기온: 27.6℃	강수량: –	평균기온: 27.4℃	강수량: –	평균기온: 22.9℃	강수량: –	평균기온: 23.8℃	강수량: –	평균기온: 21.9℃	강수량: 0.2㎜
최고기온: 33.2℃	일 출: 05:41	최고기온: 32.2℃	일 출: 05:43	최고기온: 27.6℃	일 출: 05:51	최고기온: 29.6℃	일 출: 05:55	최고기온: 28.8℃	일 출: 06:01
최저기온: 24.5℃	일 몰: 19:34	최저기온: 24.2℃	일 몰: 19:32	최저기온: 18.5℃	일 몰: 19:19	최저기온: 19.4℃	일 몰: 19:14	최저기온: 18.1℃	일 몰: 19:03

백로 — 09.08 ~ 10.08(양) · 辛酉月

서머타임 종료: 9월 21일 01시를 00시로 조정

항목	절입일	9	10	11	12	13	14	15	16	17	18	19	20	21	22	23	24	25	26	27	28	29	30	10.1	2	3	4	5	6	7	8
양력	09.08	9	10	11	12	13	14	15	16	17	18	19	20	21	22	23	24	25	26	27	28	29	30	10.1	2	3	4	5	6	7	8
음력	07.25	26	27	28	29	8.1	2	3	4	5	6	7	8	9	10	11	12	13	14	15	16	17	18	19	20	21	22	23	24	25	26
일주	戊子	己丑	庚寅	辛卯	壬辰	癸巳	甲午	乙未	丙申	丁酉	戊戌	己亥	庚子	辛丑	壬寅	癸卯	甲辰	乙巳	丙午	丁未	戊申	己酉	庚戌	辛亥	壬子	癸丑	甲寅	乙卯	丙辰	丁巳	戊午
대운 남	1 10	10	10	9	9	9	8	8	8	7	7	7	6	6	6	5	5	5	4	4	4	3	3	3	2	2	2	1	1	1	1
대운 여	10 1	1	1	1	1	2	2	2	3	3	3	4	4	4	5	5	5	6	6	6	7	7	7	8	8	8	9	9	9	10	10

9월 8일(양) 백로 13시 29분		9월 10일(양)		9월 20일(양)		9월 23일(양) 추분 21시 39분		10월 1일(양)	
평균기온: 20.7℃	강수량: 0.3㎜	평균기온: 20.2℃	강수량: 21.1㎜	평균기온: 16.6℃	강수량: –	평균기온: 20.5℃	강수량: –	평균기온: 13.0℃	강수량: 6.6㎜
최고기온: 25.2℃	일 출: 06:07	최고기온: 23.2℃	일 출: 06:09	최고기온: 20.6℃	일 출: 06:17	최고기온: 27.4℃	일 출: 06:20	최고기온: 17.5℃	일 출: 06:27
최저기온: 18.0℃	일 몰: 18:52	최저기온: 17.7℃	일 몰: 18:49	최저기온: 12.4℃	일 몰: 18:34	최저기온: 14.4℃	일 몰: 18:29	최저기온: 8.2℃	일 몰: 18:17

한로 — 10.09 ~ 11.07(양) · 壬戌月

항목	절입일	10	11	12	13	14	15	16	17	18	19	20	21	22	23	24	25	26	27	28	29	30	31	11.1	2	3	4	5	6	7
양력	10.09	10	11	12	13	14	15	16	17	18	19	20	21	22	23	24	25	26	27	28	29	30	31	11.1	2	3	4	5	6	7
음력	08.27	28	29	30	9.1	2	3	4	5	6	7	8	9	10	11	12	13	14	15	16	17	18	19	20	21	22	23	24	25	26
일주	己未	庚申	辛酉	壬戌	癸亥	甲子	乙丑	丙寅	丁卯	戊辰	己巳	庚午	辛未	壬申	癸酉	甲戌	乙亥	丙子	丁丑	戊寅	己卯	庚辰	辛巳	壬午	癸未	甲申	乙酉	丙戌	丁亥	戊子
대운 남	1 10	10	9	9	9	8	8	8	7	7	7	6	6	6	5	5	5	4	4	4	3	3	3	2	2	1	1	1	1	1
대운 여	10 1	1	1	1	1	2	2	2	3	3	3	4	4	4	5	5	5	6	6	6	7	7	7	8	8	8	9	9	9	10

10월 9일(양) 한로 03시 49분		10월 10일(양)		10월 20일(양)		10월 24일(양) 상강 06시 41분		11월 1일(양)	
평균기온: 15.8℃	강수량: –	평균기온: 16.7℃	강수량: 2.9㎜	평균기온: 14.3℃	강수량: –	평균기온: 10.1℃	강수량: –	평균기온: 10.5℃	강수량: –
최고기온: 23.8℃	일 출: 06:34	최고기온: 22.6℃	일 출: 06:35	최고기온: 18.7℃	일 출: 06:44	최고기온: 16.6℃	일 출: 06:48	최고기온: 17.5℃	일 출: 06:56
최저기온: 9.7℃	일 몰: 18:05	최저기온: 10.8℃	일 몰: 18:03	최저기온: 10.9℃	일 몰: 17:49	최저기온: 4.2℃	일 몰: 17:44	최저기온: 4.9℃	일 몰: 17:35

입동 — 11.08 ~ 12.06(양) · 癸亥月

항목	절입일	9	10	11	12	13	14	15	16	17	18	19	20	21	22	23	24	25	26	27	28	29	30	12.1	2	3	4	5	6
양력	11.08	9	10	11	12	13	14	15	16	17	18	19	20	21	22	23	24	25	26	27	28	29	30	12.1	2	3	4	5	6
음력	09.27	28	29	10.1	2	3	4	5	6	7	8	9	10	11	12	13	14	15	16	17	18	19	20	21	22	23	24	25	26
일주	己丑	庚寅	辛卯	壬辰	癸巳	甲午	乙未	丙申	丁酉	戊戌	己亥	庚子	辛丑	壬寅	癸卯	甲辰	乙巳	丙午	丁未	戊申	己酉	庚戌	辛亥	壬子	癸丑	甲寅	乙卯	丙辰	丁巳
대운 남	1 10	9	9	9	8	8	8	7	7	7	6	6	6	5	5	5	4	4	4	3	3	3	2	2	2	1	1	1	1
대운 여	10 1	1	1	1	1	2	2	2	3	3	3	4	4	4	5	5	5	6	6	6	7	7	7	8	8	8	9	9	9

11월 8일(양) 입동 06시 42분		11월 10일(양)		11월 20일(양)		11월 23일(양) 소설 03시 59분		12월 1일(양)	
평균기온: 7.4℃	강수량: –	평균기온: 11.9℃	강수량: 0.9㎜	평균기온: 2.1℃	강수량: –	평균기온: 5.0℃	강수량: –	평균기온: 3.8℃	강수량: –
최고기온: 14.0℃	일 출: 07:03	최고기온: 14.2℃	일 출: 07:06	최고기온: 7.9℃	일 출: 07:16	최고기온: 10.2℃	일 출: 07:19	최고기온: 10.7℃	일 출: 07:27
최저기온: -0.3℃	일 몰: 17:28	최저기온: 8.1℃	일 몰: 17:26	최저기온: -3.3℃	일 몰: 17:19	최저기온: 0.9℃	일 몰: 17:17	최저기온: -1.2℃	일 몰: 17:14

대설 — 12.07 ~ 1959.01.05(양) · 甲子月

항목	절입일	8	9	10	11	12	13	14	15	16	17	18	19	20	21	22	23	24	25	26	27	28	29	30	31	1.1	2	3	4	5
양력	12.07	8	9	10	11	12	13	14	15	16	17	18	19	20	21	22	23	24	25	26	27	28	29	30	31	1.1	2	3	4	5
음력	10.27	28	29	30	11.1	2	3	4	5	6	7	8	9	10	11	12	13	14	15	16	17	18	19	20	21	22	23	24	25	26
일주	戊午	己未	庚申	辛酉	壬戌	癸亥	甲子	乙丑	丙寅	丁卯	戊辰	己巳	庚午	辛未	壬申	癸酉	甲戌	乙亥	丙子	丁丑	戊寅	己卯	庚辰	辛巳	壬午	癸未	甲申	乙酉	丙戌	丁亥
대운 남	1 10	10	9	9	9	8	8	8	7	7	7	6	6	6	5	5	5	4	4	4	3	3	3	2	2	2	1	1	1	1
대운 여	10 1	1	1	1	2	2	2	3	3	3	4	4	4	5	5	5	6	6	6	7	7	7	8	8	8	9	9	9	10	10

12월 7일(양) 대설 23시 20분		12월 10일(양)		12월 20일(양)		12월 22일(양) 동지 17시 10분		1월 1일(양)	
평균기온: 5.0℃	강수량: 0.0㎜	평균기온: 1.5℃	강수량: –	평균기온: 1.3℃	강수량: 0.8㎜	평균기온: 7.1℃	강수량: –	평균기온: -2.3℃	강수량: –
최고기온: 9.9℃	일 출: 07:33	최고기온: 5.7℃	일 출: 07:35	최고기온: 4.3℃	일 출: 07:42	최고기온: 10.4℃	일 출: 07:43	최고기온: -0.1℃	일 출: 07:47
최저기온: -0.5℃	일 몰: 17:14	최저기온: -2.4℃	일 몰: 17:14	최저기온: -1.3℃	일 몰: 17:16	최저기온: 1.7℃	일 몰: 17:17	최저기온: -5.5℃	일 몰: 17:24

소한 — 01.06 ~ 02.03(양) · 乙丑月

항목	절입일	7	8	9	10	11	12	13	14	15	16	17	18	19	20	21	22	23	24	25	26	27	28	29	30	31	2.1	2	3
양력	1959.01.06	7	8	9	10	11	12	13	14	15	16	17	18	19	20	21	22	23	24	25	26	27	28	29	30	31	2.1	2	3
음력	1958.11.27	28	29	12.1	2	3	4	5	6	7	8	9	10	11	12	13	14	15	16	17	18	19	20	21	22	23	24	25	26
일주	戊子	己丑	庚寅	辛卯	壬辰	癸巳	甲午	乙未	丙申	丁酉	戊戌	己亥	庚子	辛丑	壬寅	癸卯	甲辰	乙巳	丙午	丁未	戊申	己酉	庚戌	辛亥	壬子	癸丑	甲寅	乙卯	丙辰
대운 남	1 10	9	9	9	8	8	8	7	7	7	6	6	6	5	5	5	4	4	4	3	3	3	2	2	2	1	1	1	1
대운 여	10 1	1	1	1	1	2	2	2	3	3	3	4	4	4	5	5	5	6	6	6	7	7	7	8	8	8	9	9	9

1월 6일(양) 소한 10시 28분		1월 10일(양)		1월 20일(양)		1월 21일(양) 대한 03시 49분		2월 1일(양)	
평균기온: -12.3℃	강수량: –	평균기온: -9.6℃	강수량: –	평균기온: -3.8℃	강수량: –	평균기온: -0.3℃	강수량: –	평균기온: -0.6℃	강수량: 0.0㎜
최고기온: -8.3℃	일 출: 07:47	최고기온: -6.7℃	일 출: 07:47	최고기온: 2.1℃	일 출: 07:44	최고기온: 5.1℃	일 출: 07:44	최고기온: 3.2℃	일 출: 07:37
최저기온: -17.8℃	일 몰: 17:28	최저기온: -11.8℃	일 몰: 17:32	최저기온: -10.9℃	일 몰: 17:42	최저기온: -4.2℃	일 몰: 17:43	최저기온: -5.1℃	일 몰: 17:55

1959

단기 4292년

입춘 02.04 ~ 03.05(양)

丙寅月

양력		1959.02.04		5	6	7	8	9	10	11	12	13	14	15	16	17	18	19	20	21	22	23	24	25	26	27	28	3.1	2	3	4	5
음력		1958.12.27		28	29	30	1.1	2	3	4	5	6	7	8	9	10	11	12	13	14	15	16	17	18	19	20	21	22	23	24	25	26
일주		丁巳		戊午	己未	庚申	辛酉	壬戌	癸亥	甲子	乙丑	丙寅	丁卯	戊辰	己巳	庚午	辛未	壬申	癸酉	甲戌	乙亥	丙子	丁丑	戊寅	己卯	庚辰	辛巳	壬午	癸未	甲申	乙酉	丙戌
대	남	1	1	1	1	1	1	2	2	2	3	3	3	4	4	4	5	5	5	6	6	6	7	7	7	8	8	8	9	9	9	10
운	여	10	10	10	9	9	9	8	8	8	7	7	7	6	6	6	5	5	5	4	4	4	3	3	3	2	2	2	1	1	1	1

2월 4일(양) 입춘 22시 12분	2월 10일(양)	2월 19일(양) 우수 18시 08분	2월 20일(양)	3월 1일(양)
평균기온: 4.8℃ 강수량: -	평균기온: -4.1℃ 강수량: -	평균기온: 4.1℃ 강수량: 10.2㎜	평균기온: 2.3℃ 강수량: 1.4㎜	평균기온: 1.5℃ 강수량: 0.0㎜
최고기온: 12.2℃ 일 출: 07:34	최고기온: 0.1℃ 일 출: 07:28	최고기온: 7.1℃ 일 출: 07:18	최고기온: 4.6℃ 일 출: 07:17	최고기온: 4.2℃ 일 출: 07:05
최저기온: -2.0℃ 일 몰: 17:58	최저기온: -6.8℃ 일 몰: 18:05	최저기온: 1.1℃ 일 몰: 18:14	최저기온: 1.0℃ 일 몰: 18:15	최저기온: -1.0℃ 일 몰: 18:25

경칩 03.06 ~ 04.04(양)

丁卯月

양력		03.06		7	8	9	10	11	12	13	14	15	16	17	18	19	20	21	22	23	24	25	26	27	28	29	30	31	4.1	2	3	4
음력		01.27		28	29	2.1	2	3	4	5	6	7	8	9	10	11	12	13	14	15	16	17	18	19	20	21	22	23	24	25	26	27
일주		丁亥		戊子	己丑	庚寅	辛卯	壬辰	癸巳	甲午	乙未	丙申	丁酉	戊戌	己亥	庚子	辛丑	壬寅	癸卯	甲辰	乙巳	丙午	丁未	戊申	己酉	庚戌	辛亥	壬子	癸丑	甲寅	乙卯	丙辰
대	남	10	1	1	1	1	1	2	2	2	3	3	3	4	4	4	5	5	5	6	6	6	7	7	7	8	8	8	9	9	9	10
운	여	1	10	10	9	9	9	8	8	8	7	7	7	6	6	6	5	5	5	4	4	4	3	3	3	2	2	2	1	1	1	1

3월 6일(양) 경칩 16시 27분	3월 10일(양)	3월 20일(양)	3월 21일(양) 춘분 17시 25분	4월 1일(양)
평균기온: 7.0℃ 강수량: 33.2㎜	평균기온: 5.0℃ 강수량: 0.4㎜	평균기온: 11.4℃ 강수량: -	평균기온: 7.6℃ 강수량: 17.2㎜	평균기온: 9.0℃ 강수량: -
최고기온: 9.0℃ 일 출: 06:58	최고기온: 8.6℃ 일 출: 06:52	최고기온: 17.5℃ 일 출: 06:38	최고기온: 10.5℃ 일 출: 06:36	최고기온: 15.8℃ 일 출: 06:19
최저기온: 4.7℃ 일 몰: 18:30	최저기온: 2.7℃ 일 몰: 18:33	최저기온: 5.0℃ 일 몰: 18:43	최저기온: 6.5℃ 일 몰: 18:44	최저기온: 2.7℃ 일 몰: 18:54

청명 04.05 ~ 05.05(양)

서머타임 시작; 5월 3일 00시를 01시로 조정

戊辰月

양력		04.05		6	7	8	9	10	11	12	13	14	15	16	17	18	19	20	21	22	23	24	25	26	27	28	29	30	5.1	2	3	4	5
음력		02.28		29	30	3.1	2	3	4	5	6	7	8	9	10	11	12	13	14	15	16	17	18	19	20	21	22	23	24	25	26	27	28
일주		丁巳		戊午	己未	庚申	辛酉	壬戌	癸亥	甲子	乙丑	丙寅	丁卯	戊辰	己巳	庚午	辛未	壬申	癸酉	甲戌	乙亥	丙子	丁丑	戊寅	己卯	庚辰	辛巳	壬午	癸未	甲申	乙酉	丙戌	丁亥
대	남	10	1	1	1	1	1	2	2	2	3	3	3	4	4	4	5	5	5	6	6	6	7	7	7	8	8	8	9	9	9	10	10
운	여	1	10	10	10	9	9	9	8	8	8	7	7	7	6	6	6	5	5	5	4	4	4	3	3	3	2	2	2	1	1	1	1

4월 5일(양) 청명 21시 33분	4월 10일(양)	4월 20일(양)	4월 21일(양) 곡우 04시 46분	5월 1일(양)
평균기온: 7.4℃ 강수량: 1.1㎜	평균기온: 7.2℃ 강수량: -	평균기온: 16.2℃ 강수량: -	평균기온: 15.5℃ 강수량: 0.0㎜	평균기온: 13.3℃ 강수량: -
최고기온: 11.3℃ 일 출: 06:13	최고기온: 11.6℃ 일 출: 06:06	최고기온: 24.2℃ 일 출: 05:52	최고기온: 22.9℃ 일 출: 05:51	최고기온: 18.6℃ 일 출: 05:38
최저기온: 5.3℃ 일 몰: 18:57	최저기온: 3.8℃ 일 몰: 19:02	최저기온: 9.5℃ 일 몰: 19:11	최저기온: 10.2℃ 일 몰: 19:12	최저기온: 9.6℃ 일 몰: 19:21

입하 05.06 ~ 06.05(양)

己巳月

양력		05.06		7	8	9	10	11	12	13	14	15	16	17	18	19	20	21	22	23	24	25	26	27	28	29	30	31	6.1	2	3	4	5
음력		03.29		30	4.1	2	3	4	5	6	7	8	9	10	11	12	13	14	15	16	17	18	19	20	21	22	23	24	25	26	27	28	29
일주		戊子		己丑	庚寅	辛卯	壬辰	癸巳	甲午	乙未	丙申	丁酉	戊戌	己亥	庚子	辛丑	壬寅	癸卯	甲辰	乙巳	丙午	丁未	戊申	己酉	庚戌	辛亥	壬子	癸丑	甲寅	乙卯	丙辰	丁巳	戊午
대	남	10	1	1	1	1	1	2	2	2	3	3	3	4	4	4	5	5	5	6	6	6	7	7	7	8	8	8	9	9	9	10	10
운	여	1	10	10	10	9	9	9	8	8	8	7	7	7	6	6	6	5	5	5	4	4	4	3	3	3	2	2	2	1	1	1	1

5월 6일(양) 입하 16시 09분	5월 10일(양)	5월 20일(양)	5월 22일(양) 소만 05시 12분	6월 1일(양)
평균기온: 17.9℃ 강수량: -	평균기온: 19.6℃ 강수량: -	평균기온: 19.2℃ 강수량: -	평균기온: 17.0℃ 강수량: -	평균기온: 17.9℃ 강수량: -
최고기온: 24.0℃ 일 출: 05:32	최고기온: 27.2℃ 일 출: 05:28	최고기온: 26.0℃ 일 출: 05:20	최고기온: 24.2℃ 일 출: 05:18	최고기온: 24.6℃ 일 출: 05:13
최저기온: 12.2℃ 일 몰: 19:25	최저기온: 13.5℃ 일 몰: 19:29	최저기온: 13.8℃ 일 몰: 19:38	최저기온: 11.7℃ 일 몰: 19:39	최저기온: 11.8℃ 일 몰: 19:47

망종 06.06 ~ 07.07(양)

庚午月

양력		06.06		7	8	9	10	11	12	13	14	15	16	17	18	19	20	21	22	23	24	25	26	27	28	29	30	7.1	2	3	4	5	6	7
음력		05.01		2	3	4	5	6	7	8	9	10	11	12	13	14	15	16	17	18	19	20	21	22	23	24	25	26	27	28	29	30	6.1	2
일주		己未		庚申	辛酉	壬戌	癸亥	甲子	乙丑	丙寅	丁卯	戊辰	己巳	庚午	辛未	壬申	癸酉	甲戌	乙亥	丙子	丁丑	戊寅	己卯	庚辰	辛巳	壬午	癸未	甲申	乙酉	丙戌	丁亥	戊子	己丑	庚寅
대	남	10	1	1	1	1	1	2	2	2	3	3	3	4	4	4	5	5	5	6	6	6	7	7	7	8	8	8	9	9	9	10	10	10
운	여	1	10	10	10	10	9	9	9	8	8	8	7	7	7	6	6	6	5	5	5	4	4	4	3	3	3	2	2	2	1	1	1	1

6월 6일(양) 망종 20시 30분	6월 10일(양)	6월 20일(양)	6월 22일(양) 하지 13시 20분	7월 1일(양)
평균기온: 16.0℃ 강수량: 15.6㎜	평균기온: 19.4℃ 강수량: -	평균기온: 20.0℃ 강수량: -	평균기온: 20.6℃ 강수량: 8.3㎜	평균기온: 20.8℃ 강수량: 101.9㎜
최고기온: 18.8℃ 일 출: 05:11	최고기온: 22.4℃ 일 출: 05:10	최고기온: 25.4℃ 일 출: 05:10	최고기온: 25.3℃ 일 출: 05:11	최고기온: 22.0℃ 일 출: 05:14
최저기온: 13.8℃ 일 몰: 19:50	최저기온: 15.5℃ 일 몰: 19:52	최저기온: 16.5℃ 일 몰: 19:56	최저기온: 17.8℃ 일 몰: 19:57	최저기온: 20.1℃ 일 몰: 19:57

소서 07.08 ~ 08.07(양)

辛未月

양력		07.08		9	10	11	12	13	14	15	16	17	18	19	20	21	22	23	24	25	26	27	28	29	30	31	8.1	2	3	4	5	6	7
음력		06.03		4	5	6	7	8	9	10	11	12	13	14	15	16	17	18	19	20	21	22	23	24	25	26	27	28	29	7.1	2	3	4
일주		辛卯		壬辰	癸巳	甲午	乙未	丙申	丁酉	戊戌	己亥	庚子	辛丑	壬寅	癸卯	甲辰	乙巳	丙午	丁未	戊申	己酉	庚戌	辛亥	壬子	癸丑	甲寅	乙卯	丙辰	丁巳	戊午	己未	庚申	辛酉
대	남	10	1	1	1	1	1	2	2	2	3	3	3	4	4	4	5	5	5	6	6	6	7	7	7	8	8	8	9	9	9	10	10
운	여	1	10	10	10	9	9	9	8	8	8	7	7	7	6	6	6	5	5	5	4	4	4	3	3	3	2	2	2	1	1	1	1

7월 8일(양) 소서 06시 50분	7월 10일(양)	7월 20일(양)	7월 24일(양) 대서 00시 15분	8월 1일(양)
평균기온: 22.5℃ 강수량: -	평균기온: 23.3℃ 강수량: 44.2㎜	평균기온: 25.5℃ 강수량: 3.7㎜	평균기온: 25.7℃ 강수량: 1.2㎜	평균기온: 27.6℃ 강수량: -
최고기온: 28.0℃ 일 출: 05:17	최고기온: 26.9℃ 일 출: 05:18	최고기온: 29.8℃ 일 출: 05:25	최고기온: 30.5℃ 일 출: 05:28	최고기온: 33.2℃ 일 출: 05:35
최저기온: 18.8℃ 일 몰: 19:56	취저기온: 21.3℃ 잎 몰: 19:56	최저기온: 20.0℃ 일 몰: 19:51	최저기온: 23.0℃ 일 몰: 19:48	최저기온: 23.2℃ 일 몰: 19:41

己亥年

동경 127도30분 표준시

입추 08.08 ~ 09.07(양)

壬申月	구분	기준																														
	양력	08.08	9	10	11	12	13	14	15	16	17	18	19	20	21	22	23	24	25	26	27	28	29	30	31	9.1	2	3	4	5	6	7
	음력	07.05	6	7	8	9	10	11	12	13	14	15	16	17	18	19	20	21	22	23	24	25	26	27	28	29	30	8.1	2	3	4	5
	일주	壬戌	癸亥	甲子	乙丑	丙寅	丁卯	戊辰	己巳	庚午	辛未	壬申	癸酉	甲戌	乙亥	丙子	丁丑	戊寅	己卯	庚辰	辛巳	壬午	癸未	甲申	乙酉	丙戌	丁亥	戊子	己丑	庚寅	辛卯	壬辰
	대운 남	10 / 1	1	1	1	1	2	2	2	3	3	3	4	4	4	5	5	5	6	6	6	7	7	7	8	8	8	9	9	9	10	10
	대운 여	1 / 10	10	10	9	9	9	8	8	8	7	7	7	6	6	6	5	5	5	4	4	4	3	3	3	2	2	2	1	1	1	1

8월 8일(양) 입추 16시 34분		8월 10일(양)		8월 20일(양)		8월 24일(양) 처서 07시 14분		9월 1일(양)	
평균기온: 26.5℃	강수량: -	평균기온: 22.2℃	강수량: 0.1㎜	평균기온: 26.5℃	강수량: 4.5㎜	평균기온: 26.7℃	강수량: -	평균기온: 19.7℃	강수량: 49.7㎜
최고기온: 32.4℃	일 출: 05:41	최고기온: 27.0℃	일 출: 05:42	최고기온: 28.8℃	일 출: 05:51	최고기온: 32.2℃	일 출: 05:54	최고기온: 20.7℃	일 출: 06:01
최저기온: 22.5℃	일 몰: 19:34	최저기온: 20.0℃	일 몰: 19:32	최저기온: 25.4℃	일 몰: 19:20	최저기온: 22.8℃	일 몰: 19:14	최저기온: 18.8℃	일 몰: 19:03

백로 09.08 ~ 10.08(양)

서머타임 종료: 9월 20일 01시를 00시로 조정

癸酉月	구분	기준																														
	양력	09.08	9	10	11	12	13	14	15	16	17	18	19	20	21	22	23	24	25	26	27	28	29	30	10.1	2	3	4	5	6	7	8
	음력	08.06	7	8	9	10	11	12	13	14	15	16	17	18	19	20	21	22	23	24	25	26	27	28	29	9.1	2	3	4	5	6	7
	일주	癸巳	甲午	乙未	丙申	丁酉	戊戌	己亥	庚子	辛丑	壬寅	癸卯	甲辰	乙巳	丙午	丁未	戊申	己酉	庚戌	辛亥	壬子	癸丑	甲寅	乙卯	丙辰	丁巳	戊午	己未	庚申	辛酉	壬戌	癸亥
	대운 남	10 / 1	1	1	1	1	2	2	2	3	3	3	4	4	4	5	5	5	6	6	6	7	7	7	8	8	8	9	9	9	10	10
	대운 여	1 / 10	10	10	9	9	9	8	8	8	7	7	7	6	6	6	5	5	5	4	4	4	3	3	3	2	2	2	1	1	1	1

9월 8일(양) 백로 19시 18분		9월 10일(양)		9월 20일(양)		9월 24일(양) 추분 03시 38분		10월 1일(양)	
평균기온: 22.0℃	강수량: -	평균기온: 22.9℃	강수량: 4.5㎜	평균기온: 19.4℃	강수량: -	평균기온: 18.2℃	강수량: 0.0㎜	평균기온: 16.3℃	강수량: 13.2㎜
최고기온: 26.3℃	일 출: 06:07	최고기온: 27.9℃	일 출: 06:09	최고기온: 25.0℃	일 출: 06:17	최고기온: 20.2℃	일 출: 06:20	최고기온: 19.8℃	일 출: 06:26
최저기온: 19.0℃	일 몰: 18:52	최저기온: 19.0℃	일 몰: 18:49	최저기온: 14.8℃	일 몰: 18:34	최저기온: 16.6℃	일 몰: 18:28	최저기온: 14.4℃	일 몰: 18:17

한로 10.09 ~ 11.07(양)

甲戌月	구분	기준																												
	양력	10.09	10	11	12	13	14	15	16	17	18	19	20	21	22	23	24	25	26	27	28	29	30	31	11.1	2	3	4	5	6	7
	음력	09.08	9	10	11	12	13	14	15	16	17	18	19	20	21	22	23	24	25	26	27	28	29	30	10.1	2	3	4	5	6	7
	일주	甲子	乙丑	丙寅	丁卯	戊辰	己巳	庚午	辛未	壬申	癸酉	甲戌	乙亥	丙子	丁丑	戊寅	己卯	庚辰	辛巳	壬午	癸未	甲申	乙酉	丙戌	丁亥	戊子	己丑	庚寅	辛卯	壬辰	癸巳
	대운 남	10 / 1	1	1	1	1	2	2	2	3	3	3	4	4	4	5	5	5	6	6	6	7	7	7	8	8	8	9	9	9	10
	대운 여	1 / 10	10	9	9	9	8	8	8	7	7	7	6	6	6	5	5	5	4	4	4	3	3	3	2	2	2	1	1	1	1

10월 9일(양) 한로 09시 40분		10월 10일(양)		10월 20일(양)		10월 24일(양) 상강 12시 41분		11월 1일(양)	
평균기온: 19.4℃	강수량: -	평균기온: 19.0℃	강수량: -	평균기온: 15.7℃	강수량: -	평균기온: 12.3℃	강수량: -	평균기온: 14.5℃	강수량: 12.7㎜
최고기온: 25.4℃	일 출: 06:34	최고기온: 25.0℃	일 출: 06:34	최고기온: 22.5℃	일 출: 06:44	최고기온: 16.3℃	일 출: 06:48	최고기온: 16.9℃	일 출: 06:56
최저기온: 13.8℃	일 몰: 18:05	최저기온: 14.3℃	일 몰: 18:04	최저기온: 10.0℃	일 몰: 17:50	최저기온: 8.7℃	일 몰: 17:45	최저기온: 11.7℃	일 몰: 17:35

입동 11.08 ~ 12.07(양)

乙亥月	구분	기준																												
	양력	11.08	9	10	11	12	13	14	15	16	17	18	19	20	21	22	23	24	25	26	27	28	29	30	12.1	2	3	4	5	6	7
	음력	10.08	9	10	11	12	13	14	15	16	17	18	19	20	21	22	23	24	25	26	27	28	29	11.1	2	3	4	5	6	7	8
	일주	甲午	乙未	丙申	丁酉	戊戌	己亥	庚子	辛丑	壬寅	癸卯	甲辰	乙巳	丙午	丁未	戊申	己酉	庚戌	辛亥	壬子	癸丑	甲寅	乙卯	丙辰	丁巳	戊午	己未	庚申	辛酉	壬戌	癸亥
	대운 남	10 / 1	1	1	1	1	2	2	2	3	3	3	4	4	4	5	5	5	6	6	6	7	7	7	8	8	8	9	9	9	10
	대운 여	1 / 10	10	9	9	9	8	8	8	7	7	7	6	6	6	5	5	5	4	4	4	3	3	3	2	2	2	1	1	1	1

11월 8일(양) 입동 12시 32분		11월 10일(양)		11월 20일(양)		11월 23일(양) 소설 09시 57분		12월 1일(양)	
평균기온: 5.5℃	강수량: 1.2㎜	평균기온: 2.0℃	강수량: -	평균기온: 7.0℃	강수량: -	평균기온: 2.3℃	강수량: 1.6㎜	평균기온: 8.1℃	강수량: 0.0㎜
최고기온: 9.9℃	일 출: 07:03	최고기온: 7.2℃	일 출: 07:05	최고기온: 12.3℃	일 출: 07:16	최고기온: 6.3℃	일 출: 07:19	최고기온: 12.7℃	일 출: 07:27
최저기온: 0.5℃	일 몰: 17:28	최저기온: -2.9℃	일 몰: 17:26	최저기온: 1.4℃	일 몰: 17:19	최저기온: -3.5℃	일 몰: 17:17	최저기온: 1.7℃	일 몰: 17:14

대설 12.08 ~ 1960.01.05

丙子月	구분	기준																											
	양력	12.08	9	10	11	12	13	14	15	16	17	18	19	20	21	22	23	24	25	26	27	28	29	30	31	1.1	2	3	4	5
	음력	11.09	10	11	12	13	14	15	16	17	18	19	20	21	22	23	24	25	26	27	28	29	30	12.1	2	3	4	5	6	7
	일주	甲子	乙丑	丙寅	丁卯	戊辰	己巳	庚午	辛未	壬申	癸酉	甲戌	乙亥	丙子	丁丑	戊寅	己卯	庚辰	辛巳	壬午	癸未	甲申	乙酉	丙戌	丁亥	戊子	己丑	庚寅	辛卯	壬辰
	대운 남	10 / 1	1	1	1	1	2	2	2	3	3	3	4	4	4	5	5	5	6	6	6	7	7	7	8	8	8	9	9	9
	대운 여	1 / 10	9	9	9	8	8	8	7	7	7	6	6	6	5	5	5	4	4	4	3	3	3	2	2	2	1	1	1	1

12월 8일(양) 대설 05시 07분		12월 10일(양)		12월 20일(양)		12월 22일(양) 동지 23시 04분		1월 1일(양)	
평균기온: 7.0℃	강수량: 1.3㎜	평균기온: 8.3℃	강수량: 0.1㎜	평균기온: -3.7℃	강수량: -	평균기온: -5.0℃	강수량: -	평균기온: -1.6℃	강수량: -
최고기온: 11.6℃	일 출: 07:33	최고기온: 14.3℃	일 출: 07:35	최고기온: 0.9℃	일 출: 07:42	최고기온: -3.0℃	일 출: 07:43	최고기온: 2.2℃	일 출: 07:47
최저기온: 2.3℃	일 몰: 17:14	최저기온: 1.7℃	일 몰: 17:14	최저기온: -7.1℃	일 몰: 17:16	최저기온: -8.9℃	일 몰: 17:17	최저기온: -5.2℃	일 몰: 17:24

소한 01.06 ~ 02.04(양)

丁丑月	구분	기준																												
	양력	1960.01.06	7	8	9	10	11	12	13	14	15	16	17	18	19	20	21	22	23	24	25	26	27	28	29	30	31	2.1	2	3	4
	음력	1959.12.08	9	10	11	12	13	14	15	16	17	18	19	20	21	22	23	24	25	26	27	28	29	1.1	2	3	4	5	6	7	8
	일주	癸巳	甲午	乙未	丙申	丁酉	戊戌	己亥	庚子	辛丑	壬寅	癸卯	甲辰	乙巳	丙午	丁未	戊申	己酉	庚戌	辛亥	壬子	癸丑	甲寅	乙卯	丙辰	丁巳	戊午	己未	庚申	辛酉	壬戌
	대운 남	10 / 1	1	1	1	1	2	2	2	3	3	3	4	4	4	5	5	5	6	6	6	7	7	7	8	8	8	9	9	9	10
	대운 여	1 / 10	10	9	9	9	8	8	8	7	7	7	6	6	6	5	5	5	4	4	4	3	3	3	2	2	2	1	1	1	1

1월 6일(양) 소한 16시 12분		1월 10일(양)		1월 20일(양)		1월 21일(양) 대한 09시 40분		2월 1일(양)	
평균기온: -5.2℃	강수량: 0.0㎜	평균기온: 2.2℃	강수량: 0.1㎜	평균기온: -0.5℃	강수량: 0.0㎜	평균기온: -6.1℃	강수량: -	평균기온: 0.8℃	강수량: -
최고기온: -1.2℃	일 출: 07:47	최고기온: 4.2℃	일 출: 07:47	최고기온: 1.7℃	일 출: 07:45	최고기온: -3.4℃	일 출: 07:44	최고기온: 6.2℃	일 출: 07:37
최저기온: -9.5℃	일 몰: 17:28	최저기온: -0.5℃	일 몰: 17:31	최저기온: -3.4℃	일 몰: 17:41	최저기온: -9.9℃	일 몰: 17:43	최저기온: -2.2℃	일 몰: 17:55

1960

윤6월

입춘 02.05 ~ 03.04(양)

戊寅月	양력	1960.02.05	6	7	8	9	10	11	12	13	14	15	16	17	18	19	20	21	22	23	24	25	26	27	28	29	3.1	2	3	4
	음력	1959.01.09	10	11	12	13	14	15	16	17	18	19	20	21	22	23	24	25	26	27	28	29	30	2.1	2	3	4	5	6	7
	일주	癸亥	甲子	乙丑	丙寅	丁卯	戊辰	己巳	庚午	辛未	壬申	癸酉	甲戌	乙亥	丙子	丁丑	戊寅	己卯	庚辰	辛巳	壬午	癸未	甲申	乙酉	丙戌	丁亥	戊子	己丑	庚寅	辛卯
	대운 남	10 10	9	9	9	8	8	8	7	7	7	6	6	6	5	5	5	4	4	4	3	3	3	2	2	2	1	1	1	1
	대운 여	1 1	1	1	1	1	2	2	2	3	3	3	4	4	4	5	5	5	6	6	6	7	7	7	8	8	8	9	9	9

2월 5일(양) 입춘 03시 53분	2월 10일(양)	2월 19일(양) 우수 23시 56분	2월 20일(양)	3월 1일(양)
평균기온: 1.3℃ 최고기온: 6.5℃ 최저기온: -6.5℃ 강수량: - 일 출: 07:34 일 몰: 17:59	평균기온: -3.1℃ 최고기온: 0.4℃ 최저기온: -5.7℃ 강수량: - 일 출: 07:29 일 몰: 18:05	평균기온: 3.4℃ 최고기온: 8.5℃ 최저기온: -3.6℃ 강수량: - 일 출: 07:19 일 몰: 18:14	평균기온: 3.4℃ 최고기온: 6.6℃ 최저기온: -0.8℃ 강수량: 0.0㎜ 일 출: 07:17 일 몰: 18:15	평균기온: 6.2℃ 최고기온: 14.2℃ 최저기온: -0.4℃ 강수량: - 일 출: 07:04 일 몰: 18:25

경칩 03.05 ~ 04.04(양)

己卯月	양력	03.05	6	7	8	9	10	11	12	13	14	15	16	17	18	19	20	21	22	23	24	25	26	27	28	29	30	31	4.1	2	3	4
	음력	02.08	9	10	11	12	13	14	15	16	17	18	19	20	21	22	23	24	25	26	27	28	29	3.1	2	3	4	5	6	7	8	9
	일주	壬辰	癸巳	甲午	乙未	丙申	丁酉	戊戌	己亥	庚子	辛丑	壬寅	癸卯	甲辰	乙巳	丙午	丁未	戊申	己酉	庚戌	辛亥	壬子	癸丑	甲寅	乙卯	丙辰	丁巳	戊午	己未	庚申	辛酉	壬戌
	대운 남	1 10	10	10	9	9	9	8	8	8	7	7	7	6	6	6	5	5	5	4	4	4	3	3	3	2	2	2	1	1	1	1
	대운 여	10 1	1	1	1	1	2	2	2	3	3	3	4	4	4	5	5	5	6	6	6	7	7	7	8	8	8	9	9	9	10	10

3월 5일(양) 경칩 22시 06분	3월 10일(양)	3월 20일(양) 춘분 23시 13분	4월 1일(양)	
평균기온: 6.2℃ 최고기온: 13.7℃ 최저기온: -0.4℃ 강수량: 2.4㎜ 일 출: 06:59 일 몰: 18:29	평균기온: 9.4℃ 최고기온: 16.8℃ 최저기온: 4.2℃ 강수량: - 일 출: 06:51 일 몰: 18:34	평균기온: 8.7℃ 최고기온: 11.2℃ 최저기온: 6.8℃ 강수량: 56.3㎜ 일 출: 06:36 일 몰: 18:44	평균기온: 2.9℃ 최고기온: 7.7℃ 최저기온: -0.2℃ 강수량: - 일 출: 06:18 일 몰: 18:54	

청명 04.05 ~ 05.04(양)

서머타임 시작: 5월 1일 00시를 01시로 조정

庚辰月	양력	04.05	6	7	8	9	10	11	12	13	14	15	16	17	18	19	20	21	22	23	24	25	26	27	28	29	30	5.1	2	3	4
	음력	03.10	11	12	13	14	15	16	17	18	19	20	21	22	23	24	25	26	27	28	29	30	4.1	2	3	4	5	6	7	8	9
	일주	癸亥	甲子	乙丑	丙寅	丁卯	戊辰	己巳	庚午	辛未	壬申	癸酉	甲戌	乙亥	丙子	丁丑	戊寅	己卯	庚辰	辛巳	壬午	癸未	甲申	乙酉	丙戌	丁亥	戊子	己丑	庚寅	辛卯	壬辰
	대운 남	1 10	10	9	9	9	8	8	8	7	7	7	6	6	6	5	5	5	4	4	4	3	3	3	2	2	2	1	1	1	1
	대운 여	10 1	1	1	1	1	2	2	2	3	3	3	4	4	4	5	5	5	6	6	6	7	7	7	8	8	8	9	9	9	10

4월 5일(양) 청명 03시 14분	4월 10일(양)	4월 20일(양) 곡우 10시 36분	5월 1일(양)	
평균기온: 5.3℃ 최고기온: 10.6℃ 최저기온: 0.6℃ 강수량: - 일 출: 06:12 일 몰: 18:58	평균기온: 11.6℃ 최고기온: 16.9℃ 최저기온: 6.4℃ 강수량: 6.1㎜ 일 출: 06:05 일 몰: 19:03	평균기온: 11.6℃ 최고기온: 17.1℃ 최저기온: 8.1℃ 강수량: 0.8㎜ 일 출: 05:51 일 몰: 19:12	평균기온: 14.1℃ 최고기온: 19.6℃ 최저기온: 9.9℃ 강수량: 0.1㎜ 일 출: 05:37 일 몰: 19:22	

입하 05.05 ~ 06.05(양)

辛巳月	양력	05.05	6	7	8	9	10	11	12	13	14	15	16	17	18	19	20	21	22	23	24	25	26	27	28	29	30	31	6.1	2	3	4	5
	음력	04.10	11	12	13	14	15	16	17	18	19	20	21	22	23	24	25	26	27	28	29	5.1	2	3	4	5	6	7	8	9	10	11	12
	일주	癸巳	甲午	乙未	丙申	丁酉	戊戌	己亥	庚子	辛丑	壬寅	癸卯	甲辰	乙巳	丙午	丁未	戊申	己酉	庚戌	辛亥	壬子	癸丑	甲寅	乙卯	丙辰	丁巳	戊午	己未	庚申	辛酉	壬戌	癸亥	甲子
	대운 남	1 10	10	10	10	9	9	9	8	8	8	7	7	7	6	6	6	5	5	5	4	4	4	3	3	3	2	2	2	1	1	1	1
	대운 여	10 1	1	1	1	1	2	2	2	3	3	3	4	4	4	5	5	5	6	6	6	7	7	7	8	8	8	9	9	9	10	10	10

5월 5일(양) 입하 21시 53분	5월 10일(양)	5월 20일(양)	5월 21일(양) 소만 11시 04분	6월 1일(양)
평균기온: 14.6℃ 최고기온: 20.6℃ 최저기온: 10.1℃ 강수량: - 일 출: 05:33 일 몰: 19:25	평균기온: 14.4℃ 최고기온: 22.0℃ 최저기온: 9.5℃ 강수량: - 일 출: 05:28 일 몰: 19:30	평균기온: 14.8℃ 최고기온: 20.7℃ 최저기온: 10.8℃ 강수량: - 일 출: 05:19 일 몰: 19:38	평균기온: 15.4℃ 최고기온: 21.4℃ 최저기온: 10.8℃ 강수량: - 일 출: 05:18 일 몰: 19:39	평균기온: 18.5℃ 최고기온: 24.4℃ 최저기온: 15.2℃ 강수량: - 일 출: 05:12 일 몰: 19:47

망종 06.06 ~ 07.06(양)

壬午月	양력	06.06	7	8	9	10	11	12	13	14	15	16	17	18	19	20	21	22	23	24	25	26	27	28	29	30	7.1	2	3	4	5	6
	음력	05.13	14	15	16	17	18	19	20	21	22	23	24	25	26	27	28	29	30	6.1	2	3	4	5	6	7	8	9	10	11	12	13
	일주	乙丑	丙寅	丁卯	戊辰	己巳	庚午	辛未	壬申	癸酉	甲戌	乙亥	丙子	丁丑	戊寅	己卯	庚辰	辛巳	壬午	癸未	甲申	乙酉	丙戌	丁亥	戊子	己丑	庚寅	辛卯	壬辰	癸巳	甲午	乙未
	대운 남	1 10	10	10	9	9	9	8	8	8	7	7	7	6	6	6	5	5	5	4	4	4	3	3	3	2	2	2	1	1	1	1
	대운 여	10 1	1	1	1	1	2	2	2	3	3	3	4	4	4	5	5	5	6	6	6	7	7	7	8	8	8	9	9	9	10	10

6월 6일(양) 망종 02시 19분	6월 10일(양)	6월 20일(양)	6월 21일(양) 하지 19시 12분	7월 1일(양)
평균기온: 20.4℃ 최고기온: 26.8℃ 최저기온: 13.7℃ 강수량: - 일 출: 05:11 일 몰: 19:50	평균기온: 20.4℃ 최고기온: 24.8℃ 최저기온: 17.9℃ 강수량: 8.7㎜ 일 출: 05:10 일 몰: 19:53	평균기온: 21.5℃ 최고기온: 26.4℃ 최저기온: 16.7℃ 강수량: - 일 출: 05:11 일 몰: 19:56	평균기온: 25.2℃ 최고기온: 31.4℃ 최저기온: 19.9℃ 강수량: - 일 출: 05:11 일 몰: 19:57	평균기온: 21.7℃ 최고기온: 24.2℃ 최저기온: 19.5℃ 강수량: 56.8㎜ 일 출: 05:14 일 몰: 19:57

소서 07.07 ~ 08.06(양)

癸未月	양력	07.07	8	9	10	11	12	13	14	15	16	17	18	19	20	21	22	23	24	25	26	27	28	29	30	31	8.1	2	3	4	5	6
	음력	06.14	15	16	17	18	19	20	21	22	23	24	25	26	27	28	29	30	윤	6.2	3	4	5	6	7	8	9	10	11	12	13	14
	일주	丙申	丁酉	戊戌	己亥	庚子	辛丑	壬寅	癸卯	甲辰	乙巳	丙午	丁未	戊申	己酉	庚戌	辛亥	壬子	癸丑	甲寅	乙卯	丙辰	丁巳	戊午	己未	庚申	辛酉	壬戌	癸亥	甲子	乙丑	丙寅
	대운 남	1 10	10	10	9	9	9	8	8	8	7	7	7	6	6	6	5	5	5	4	4	4	3	3	3	2	2	2	1	1	1	1
	대운 여	10 1	1	1	1	1	2	2	2	3	3	3	4	4	4	5	5	5	6	6	6	7	7	7	8	8	8	9	9	9	10	10

7월 7일(양) 소서 12시 43분	7월 10일(양)	7월 20일(양)	7월 23일(양) 대서 06시 07분	8월 1일(양)
평균기온: 20.1℃ 최고기온: 22.3℃ 최저기온: 18.9℃ 강수량: 88.9㎜ 일 출: 05:17 일 몰: 19:56	평균기온: 25.0℃ 최고기온: 30.2℃ 최저기온: 19.5℃ 강수량: - 일 출: 05:19 일 몰: 19:55	평균기온: 26.1℃ 최고기온: 31.2℃ 최저기온: 23.5℃ 강수량: - 일 출: 05:26 일 몰: 19:50	평균기온: 26.5℃ 최고기온: 31.6℃ 최저기온: 22.8℃ 강수량: - 일 출: 05:28 일 몰: 19:48	평균기온: 26.4℃ 최고기온: 29.8℃ 최저기온: 24.2℃ 강수량: 0.0㎜ 일 출: 05:35 일 몰: 19:41

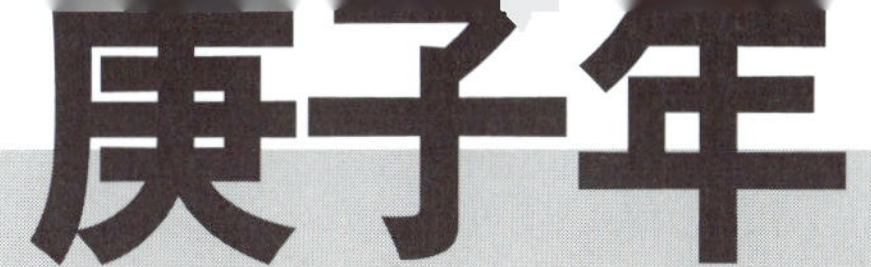

입추   08.07 ~ 09.07(양)

甲申月

양력	음력	일주	대운(남)	대운(여)
08.07	06.15	丁卯	1 / 10	10 / 1
8	16	戊辰	10	1
9	17	己巳	10	1
10	18	庚午	10	1
11	19	辛未	9	2
12	20	壬申	9	2
13	21	癸酉	9	2
14	22	甲戌	8	3
15	23	乙亥	8	3
16	24	丙子	8	3
17	25	丁丑	7	4
18	26	戊寅	7	4
19	27	己卯	7	4
20	28	庚辰	6	5
21	29	辛巳	6	5
22	7.1	壬午	6	5
23	2	癸未	5	6
24	3	甲申	5	6
25	4	乙酉	5	6
26	5	丙戌	4	7
27	6	丁亥	4	7
28	7	戊子	4	7
29	8	己丑	3	8
30	9	庚寅	3	8
31	10	辛卯	3	8
9.1	11	壬辰	2	9
2	12	癸巳	2	9
3	13	甲午	2	9
4	14	乙未	1	10
5	15	丙申	1	10
6	16	丁酉	1	10
7	17	戊戌	1	10

	8월 7일(양) 입추 22시 30분	8월 10일(양)	8월 20일(양)	8월 23일(양) 처서 13시 04분	9월 1일(양)
평균기온	28.5℃	28.5℃	28.3℃	24.7℃	24.9℃
최고기온	33.6℃	33.8℃	34.1℃	27.1℃	31.3℃
최저기온	24.7℃	24.2℃	24.4℃	20.9℃	19.4℃
강수량	–	–	–	14.5mm	–
일 출	05:41	05:43	05:52	05:54	06:02
일 몰	19:34	19:31	19:19	19:15	19:02

백로   09.08 ~ 10.07(양)

서머타임 종료: 9월 18일 01시를 00시로 조정

乙酉月

양력	음력	일주	대운(남)	대운(여)
09.08	07.18	己亥	1 / 10	10 / 1
9	19	庚子	10	1
10	20	辛丑	9	2
11	21	壬寅	9	2
12	22	癸卯	9	2
13	23	甲辰	8	3
14	24	乙巳	8	3
15	25	丙午	8	3
16	26	丁未	7	4
17	27	戊申	7	4
18	28	己酉	7	4
19	29	庚戌	6	5
20	30	辛亥	6	5
21	8.1	壬子	6	5
22	2	癸丑	5	6
23	3	甲寅	5	6
24	4	乙卯	5	6
25	5	丙辰	4	7
26	6	丁巳	4	7
27	7	戊午	4	7
28	8	己未	3	8
29	9	庚申	3	8
30	10	辛酉	3	8
10.1	11	壬戌	2	9
2	12	癸亥	2	9
3	13	甲子	2	9
4	14	乙丑	1	10
5	15	丙寅	1	10
6	16	丁卯	1	10
7	17	戊辰	1	10

	9월 8일(양) 백로 01시 15분	9월 10일(양)	9월 20일(양)	9월 23일(양) 추분 09시 29분	10월 1일(양)
평균기온	18.9℃	22.1℃	21.2℃	21.7℃	17.6℃
최고기온	24.3℃	28.6℃	27.9℃	24.9℃	21.8℃
최저기온	14.5℃	16.5℃	16.2℃	18.1℃	14.2℃
강수량	–	–	–	3.3mm	–
일 출	06:08	06:09	06:18	06:20	06:27
일 몰	18:51	18:48	18:33	18:28	18:16

한로   10.08 ~ 11.06(양)

丙戌月

양력	음력	일주	대운(남)	대운(여)
10.08	08.18	己巳	1 / 10	10 / 1
9	19	庚午	10	1
10	20	辛未	9	2
11	21	壬申	9	2
12	22	癸酉	9	2
13	23	甲戌	8	3
14	24	乙亥	8	3
15	25	丙子	8	3
16	26	丁丑	7	4
17	27	戊寅	7	4
18	28	己卯	7	4
19	29	庚辰	6	5
20	9.1	辛巳	6	5
21	2	壬午	6	5
22	3	癸未	5	6
23	4	甲申	5	6
24	5	乙酉	5	6
25	6	丙戌	4	7
26	7	丁亥	4	7
27	8	戊子	4	7
28	9	己丑	3	8
29	10	庚寅	3	8
30	11	辛卯	3	8
31	12	壬辰	2	9
11.1	13	癸巳	2	9
2	14	甲午	2	9
3	15	乙未	1	10
4	16	丙申	1	10
5	17	丁酉	1	10
6	18	戊戌	1	10

	10월 8일(양) 한로 15시 39분	10월 10일(양)	10월 20일(양)	10월 23일(양) 상강 18시 32분	11월 1일(양)
평균기온	15.9℃	15.8℃	16.5℃	15.8℃	12.7℃
최고기온	22.2℃	22.8℃	23.1℃	22.4℃	17.1℃
최저기온	10.5℃	9.3℃	11.8℃	9.7℃	7.8℃
강수량	–	–	–	–	5.7mm
일 출	06:33	06:35	06:45	06:47	06:57
일 몰	18:05	18:03	17:49	17:45	17:34

입동   11.07 ~ 12.06(양)

丁亥月

양력	음력	일주	대운(남)	대운(여)
11.07	09.19	己亥	1 / 10	10 / 1
8	20	庚子	10	1
9	21	辛丑	9	2
10	22	壬寅	9	2
11	23	癸卯	9	2
12	24	甲辰	8	3
13	25	乙巳	8	3
14	26	丙午	8	3
15	27	丁未	7	4
16	28	戊申	7	4
17	29	己酉	7	4
18	30	庚戌	6	5
19	10.1	辛亥	6	5
20	2	壬子	6	5
21	3	癸丑	5	6
22	4	甲寅	5	6
23	5	乙卯	5	6
24	6	丙辰	4	7
25	7	丁巳	4	7
26	8	戊午	4	7
27	9	己未	3	8
28	10	庚申	3	8
29	11	辛酉	3	8
30	12	壬戌	2	9
12.1	13	癸亥	2	9
2	14	甲子	2	9
3	15	乙丑	1	10
4	16	丙寅	1	10
5	17	丁卯	1	10
6	18	戊辰	1	10

	11월 7일(양) 입동 18시 32분	11월 10일(양)	11월 20일(양)	11월 22일(양) 소설 15시 48분	12월 1일(양)
평균기온	10.7℃	6.3℃	7.8℃	12.6℃	-3.2℃
최고기온	17.0℃	9.8℃	12.3℃	14.7℃	-0.8℃
최저기온	4.0℃	3.2℃	0.9℃	10.3℃	-7.3℃
강수량	–	–	–	24.8mm	–
일 출	07:03	07:06	07:17	07:19	07:28
일 몰	17:28	17:25	17:18	17:17	17:14

대설   12.07 ~ 1961.01.04(양)

戊子月

양력	음력	일주	대운(남)	대운(여)
12.07	10.19	己巳	1 / 10	10 / 1
8	20	庚午	9	1
9	21	辛未	9	1
10	22	壬申	9	1
11	23	癸酉	8	2
12	24	甲戌	8	2
13	25	乙亥	8	2
14	26	丙子	7	3
15	27	丁丑	7	3
16	28	戊寅	7	3
17	29	己卯	6	4
18	11.1	庚辰	6	4
19	2	辛巳	6	4
20	3	壬午	5	5
21	4	癸未	5	5
22	5	甲申	5	5
23	6	乙酉	4	6
24	7	丙戌	4	6
25	8	丁亥	4	6
26	9	戊子	3	7
27	10	己丑	3	7
28	11	庚寅	3	7
29	12	辛卯	2	8
30	13	壬辰	2	8
31	14	癸巳	2	8
1.1	15	甲午	1	9
2	16	乙未	1	9
3	17	丙申	1	9
4	18	丁酉	1	10

	12월 7일(양) 대설 11시 08분	12월 10일(양)	12월 20일(양)	12월 22일(양) 동지 04시 56분	1월 1일(양)
평균기온	-2.1℃	5.6℃	-2.2℃	-0.3℃	-9.8℃
최고기온	1.8℃	9.4℃	2.3℃	4.8℃	-4.9℃
최저기온	-6.9℃	2.2℃	-6.3℃	-5.6℃	-15.0℃
강수량	0.0mm	1.1mm	0.2mm	0.0	–
일 출	07:33	07:36	07:43	07:44	07:47
일 몰	17:14	17:14	17:17	17:18	17:24

소한   01.05 ~ 02.03(양)

己丑月

양력	음력	일주	대운(남)	대운(여)
1961.01.05	1960.11.19	戊戌	1 / 10	10 / 1
6	20	己亥	10	1
7	21	庚子	9	2
8	22	辛丑	9	2
9	23	壬寅	9	2
10	24	癸卯	8	3
11	25	甲辰	8	3
12	26	乙巳	8	3
13	27	丙午	7	4
14	28	丁未	7	4
15	29	戊申	7	4
16	30	己酉	6	5
17	12.1	庚戌	6	5
18	2	辛亥	6	5
19	3	壬子	5	6
20	4	癸丑	5	6
21	5	甲寅	5	6
22	6	乙卯	4	7
23	7	丙辰	4	7
24	8	丁巳	4	7
25	9	戊午	3	8
26	10	己未	3	8
27	11	庚申	3	8
28	12	辛酉	2	9
29	13	壬戌	2	9
30	14	癸亥	2	9
31	15	甲子	1	10
2.1	16	乙丑	1	10
2	17	丙寅	1	10
3	18	丁卯	1	10

	1월 5일(양) 소한 22시 13분	1월 10일(양)	1월 20일(양) 대한 15시 31분	2월 1일(양)
평균기온	-10.8℃	-1.9℃	-2.2℃	-9.7℃
최고기온	-6.2℃	1.8℃	1.5℃	-3.8℃
최저기온	-16.5℃	-10.6℃	-7.0℃	-14.2℃
강수량	–	–	0.5mm	–
일출	07:47	07:47	07:44	07:36
일몰	17:27	17:32	17:42	17:55

1961

입춘 02.04 ～ 03.05(양)

庚寅月

양력	1961.02.04	5	6	7	8	9	10	11	12	13	14	15	16	17	18	19	20	21	22	23	24	25	26	27	28	3.1	2	3	4	5
음력	1960.12.19	20	21	22	23	24	25	26	27	28	29	1.1	2	3	4	5	6	7	8	9	10	11	12	13	14	15	16	17	18	19
일주	戊辰	己巳	庚午	辛未	壬申	癸酉	甲戌	乙亥	丙子	丁丑	戊寅	己卯	庚辰	辛巳	壬午	癸未	甲申	乙酉	丙戌	丁亥	戊子	己丑	庚寅	辛卯	壬辰	癸巳	甲午	乙未	丙申	丁酉
대운 남	1	1	1	1	2	2	2	3	3	3	4	4	4	5	5	5	6	6	6	7	7	7	8	8	8	9	9	9	9	10
대운 여	10	10	9	9	9	8	8	8	7	7	7	6	6	6	5	5	5	4	4	4	3	3	3	2	2	2	1	1	1	1

2월 4일(양) 입춘 09시 52분	2월 10일(양)	2월 19일(양) 우수 05시 46분	2월 20일(양)	3월 1일(양)
평균기온: 0.2℃ / 강수량: –	평균기온: -4.2℃ / 강수량: –	평균기온: 1.7℃ / 강수량: –	평균기온: 5.7℃ / 강수량: –	평균기온: 6.9℃ / 강수량: 4.4mm
최고기온: 5.1℃ / 일 출: 07:34	최고기온: -0.4℃ / 일 출: 07:28	최고기온: 9.5℃ / 일 출: 07:18	최고기온: 9.8℃ / 일 출: 07:16	최고기온: 11.9℃ / 일 출: 07:05
최저기온: -4.1℃ / 일 몰: 17:59	최저기온: -8.0℃ / 일 몰: 18:05	최저기온: -5.2℃ / 일 몰: 18:15	최저기온: 1.1℃ / 일 몰: 18:16	최저기온: 1.3℃ / 일 몰: 18:25

경칩 03.06 ～ 04.04(양)

辛卯月

양력	03.06	7	8	9	10	11	12	13	14	15	16	17	18	19	20	21	22	23	24	25	26	27	28	29	30	31	4.1	2	3	4
음력	01.20	21	22	23	24	25	26	27	28	29	30	2.1	2	3	4	5	6	7	8	9	10	11	12	13	14	15	16	17	18	19
일주	戊戌	己亥	庚子	辛丑	壬寅	癸卯	甲辰	乙巳	丙午	丁未	戊申	己酉	庚戌	辛亥	壬子	癸丑	甲寅	乙卯	丙辰	丁巳	戊午	己未	庚申	辛酉	壬戌	癸亥	甲子	乙丑	丙寅	丁卯
대운 남	10 / 1	1	1	1	2	2	2	3	3	3	4	4	4	5	5	5	6	6	6	7	7	7	8	8	8	9	9	9	9	10
대운 여	1 / 10	10	9	9	9	8	8	8	7	7	7	6	6	6	5	5	5	4	4	4	3	3	3	2	2	2	1	1	1	1

3월 6일(양) 경칩 04시 05분	3월 10일(양)	3월 20일(양)	3월 21일(양) 춘분 05시 02분	4월 1일(양)
평균기온: 3.0℃ / 강수량: –	평균기온: 0.6℃ / 강수량: –	평균기온: 7.6℃ / 강수량: –	평균기온: 7.0℃ / 강수량: –	평균기온: 10.2℃ / 강수량: –
최고기온: 9.0℃ / 일 출: 06:57	최고기온: 5.8℃ / 일 출: 06:52	최고기온: 12.9℃ / 일 출: 06:37	최고기온: 13.5℃ / 일 출: 06:35	최고기온: 17.3℃ / 일 출: 06:19
최저기온: -1.9℃ / 일 몰: 18:30	최저기온: -4.2℃ / 일 몰: 18:34	최저기온: 3.1℃ / 일 몰: 18:43	최저기온: 1.4℃ / 일 몰: 18:44	최저기온: 5.4℃ / 일 몰: 18:54

청명 04.05 ～ 05.05(양)

壬辰月

양력	04.05	6	7	8	9	10	11	12	13	14	15	16	17	18	19	20	21	22	23	24	25	26	27	28	29	30	5.1	2	3	4	5
음력	02.20	21	22	23	24	25	26	27	28	29	3.1	2	3	4	5	6	7	8	9	10	11	12	13	14	15	16	17	18	19	20	21
일주	戊辰	己巳	庚午	辛未	壬申	癸酉	甲戌	乙亥	丙子	丁丑	戊寅	己卯	庚辰	辛巳	壬午	癸未	甲申	乙酉	丙戌	丁亥	戊子	己丑	庚寅	辛卯	壬辰	癸巳	甲午	乙未	丙申	丁酉	戊戌
대운 남	10 / 1	1	1	1	1	2	2	2	3	3	3	4	4	4	5	5	5	6	6	6	7	7	7	8	8	8	9	9	9	10	10
대운 여	1 / 10	10	10	9	9	9	8	8	8	7	7	7	6	6	6	5	5	5	4	4	4	3	3	3	2	2	2	1	1	1	1

4월 5일(양) 청명 09시 12분	4월 10일(양)	4월 20일(양) 곡우 16시 25분	5월 1일(양)	
평균기온: 8.0℃ / 강수량: –	평균기온: 8.1℃ / 강수량: –	평균기온: 16.4℃ / 강수량: –	평균기온: 11.4℃ / 강수량: –	
최고기온: 11.8℃ / 일 출: 06:13	최고기온: 14.3℃ / 일 출: 06:05	최고기온: 25.0℃ / 일 출: 05:51	최고기온: 17.6℃ / 일 출: 05:38	
최저기온: 4.4℃ / 일 몰: 18:58	최저기온: 0.7℃ / 일 몰: 19:02	최저기온: 8.6℃ / 일 몰: 19:11	최저기온: 7.8℃ / 일 몰: 19:21	

입하 05.06 ～ 06.05(양)

癸巳月

양력	05.06	7	8	9	10	11	12	13	14	15	16	17	18	19	20	21	22	23	24	25	26	27	28	29	30	31	6.1	2	3	4	5
음력	03.22	23	24	25	26	27	28	29	30	4.1	2	3	4	5	6	7	8	9	10	11	12	13	14	15	16	17	18	19	20	21	22
일주	己亥	庚子	辛丑	壬寅	癸卯	甲辰	乙巳	丙午	丁未	戊申	己酉	庚戌	辛亥	壬子	癸丑	甲寅	乙卯	丙辰	丁巳	戊午	己未	庚申	辛酉	壬戌	癸亥	甲子	乙丑	丙寅	丁卯	戊辰	己巳
대운 남	10 / 1	1	1	1	1	2	2	2	3	3	3	4	4	4	5	5	5	6	6	6	7	7	7	8	8	8	9	9	9	10	10
대운 여	1 / 10	10	10	9	9	9	8	8	8	7	7	7	6	6	6	5	5	5	4	4	4	3	3	3	2	2	2	1	1	1	1

5월 6일(양) 입하 02시 51분	5월 10일(양)	5월 20일(양)	5월 21일(양) 소만 15시 52분	6월1일(양)
평균기온: 14.2℃ / 강수량: –	평균기온: 21.2℃ / 강수량: 8.0mm	평균기온: 17.3℃ / 강수량: 0.0mm	평균기온: 17.4℃ / 강수량: –	평균기온: 19.9℃ / 강수량: –
최고기온: 21.2℃ / 일 출: 05:32	최고기온: 23.7℃ / 일 출: 05:28	최고기온: 21.8℃ / 일 출: 05:19	최고기온: 22.8℃ / 일 출: 05:19	최고기온: 26.2℃ / 일 출: 05:13
최저기온: 6.7℃ / 일 몰: 19:26	최저기온: 19.7℃ / 일 몰: 19:29	최저기온: 13.5℃ / 일 몰: 19:38	최저기온: 11.1℃ / 일 몰: 19:39	최저기온: 14.3℃ / 일 몰: 19:47

망종 06.06 ～ 07.06(양)

甲午月

양력	06.06	7	8	9	10	11	12	13	14	15	16	17	18	19	20	21	22	23	24	25	26	27	28	29	30	7.1	2	3	4	5	6
음력	04.23	24	25	26	27	28	29	5.1	2	3	4	5	6	7	8	9	10	11	12	13	14	15	16	17	18	19	20	21	22	23	24
일주	庚午	辛未	壬申	癸酉	甲戌	乙亥	丙子	丁丑	戊寅	己卯	庚辰	辛巳	壬午	癸未	甲申	乙酉	丙戌	丁亥	戊子	己丑	庚寅	辛卯	壬辰	癸巳	甲午	乙未	丙申	丁酉	戊戌	己亥	庚子
대운 남	10 / 1	1	1	1	1	2	2	2	3	3	3	4	4	4	5	5	5	6	6	6	7	7	7	8	8	8	9	9	9	10	10
대운 여	1 / 10	10	10	9	9	9	8	8	8	7	7	7	6	6	6	5	5	5	4	4	4	3	3	3	2	2	2	1	1	1	1

6월 6일(양) 망종 07시 16분	6월 10일(양)	6월 20일(양)	6월 22일(양) 하지 00시 00분	7월 1일(양)
평균기온: 21.7℃ / 강수량: –	평균기온: 19.1℃ / 강수량: 0.3mm	평균기온: 18.7℃ / 강수량: 7.3mm	평균기온: 24.9℃ / 강수량: –	평균기온: 25.9℃ / 강수량: 4.5mm
최고기온: 26.0℃ / 일 출: 05:11	최고기온: 24.3℃ / 일 출: 05:10	최고기온: 20.6℃ / 일 출: 05:11	최고기온: 29.5℃ / 일 출: 05:11	최고기온: 32.3℃ / 일 출: 05:14
최저기온: 16.8℃ / 일 몰: 19:50	최저기온: 15.3℃ / 일 몰: 19:52	최저기온: 17.6℃ / 일 몰: 19:56	최저기온: 21.9℃ / 일 몰: 19:57	최저기온: 21.4℃ / 일 몰: 19:57

소서 07.07 ～ 08.07(양)

乙未月

양력	07.07	8	9	10	11	12	13	14	15	16	17	18	19	20	21	22	23	24	25	26	27	28	29	30	31	8.1	2	3	4	5	6
음력	05.25	26	27	28	29	30	6.1	2	3	4	5	6	7	8	9	10	11	12	13	14	15	16	17	18	19	20	21	22	23	24	25
일주	辛丑	壬寅	癸卯	甲辰	乙巳	丙午	丁未	戊申	己酉	庚戌	辛亥	壬子	癸丑	甲寅	乙卯	丙辰	丁巳	戊午	己未	庚申	辛酉	壬戌	癸亥	甲子	乙丑	丙寅	丁卯	戊辰	己巳	庚午	辛未
대운 남	10 / 1	1	1	1	1	2	2	2	3	3	3	4	4	4	5	5	5	6	6	6	7	7	7	8	8	8	9	9	9	10	10
대운 여	1 / 10	10	10	9	9	9	8	8	8	7	7	7	6	6	6	5	5	5	4	4	4	3	3	3	2	2	2	1	1	1	1

7월 7일(양) 소서 17시 37분	7월 10일(양)	7월 20일(양)	7월 23일(양) 대서 10시 54분	8월 1일(양)
평균기온: 23.5℃ / 강수량: 1.0mm	평균기온: 24.8℃ / 강수량: 0.0mm	평균기온: 26.9℃ / 강수량: –	평균기온: 27.5℃ / 강수량: –	평균기온: 30.0℃ / 강수량: –
최고기온: 24.6℃ / 일 출: 05:17	최고기온: 28.3℃ / 일 출: 05:19	최고기온: 31.3℃ / 일 출: 05:26	최고기온: 32.7℃ / 일 출: 05:28	최고기온: 35.3℃ / 일 출: 05:35
최저기온: 21.5℃ / 일 몰: 19:56	최저기온: 22.8℃ / 일 몰: 19:55	최저기온: 22.4℃ / 일 몰: 19:50	최저기온: 24.2℃ / 일 몰: 19:48	최저기온: 25.1℃ / 일 몰: 19:41

辛丑年

동경 135도 표준시
표준시 변경: 8월10일 00시를 00시30분으로 조정

丙申月 입추 08.08 ~ 09.07(양)

구분																															
양력	08.08	9	10	11	12	13	14	15	16	17	18	19	20	21	22	23	24	25	26	27	28	29	30	31	9.1	2	3	4	5	6	7
음력	06.27	28	29	7.1	2	3	4	5	6	7	8	9	10	11	12	13	14	15	16	17	18	19	20	21	22	23	24	25	26	27	28
일주	癸酉	甲戌	乙亥	丙子	丁丑	戊寅	己卯	庚辰	辛巳	壬午	癸未	甲申	乙酉	丙戌	丁亥	戊子	己丑	庚寅	辛卯	壬辰	癸巳	甲午	乙未	丙申	丁酉	戊戌	己亥	庚子	辛丑	壬寅	癸卯
대운 남	10 1	1	1	1	1	2	2	2	3	3	3	4	4	4	5	5	5	6	6	6	7	7	7	8	8	8	9	9	9	10	10
대운 여	1 10	10	10	9	9	9	8	8	8	7	7	7	6	6	6	5	5	5	4	4	4	3	3	3	2	2	2	1	1	1	1

8월 8일(양) 입추 03시 18분		8월 10일(양)		8월 20일(양)		8월 23일(양) 처서 18시 19분		9월 1일(양)	
평균기온: 26.2℃	강수량: 46.3㎜	평균기온: 27.1℃	강수량: 1.2㎜	평균기온: 27.0℃	강수량: 0.5㎜	평균기온: 28.1℃	강수량: 0.1㎜	평균기온: 21.9℃	강수량: 103.1㎜
최고기온: 30.3℃	일 출: 05:41	최고기온: 30.3℃	일 출: 05:43	최고기온: 30.3℃	일 출: 05:51	최고기온: 31.1℃	일 출: 05:54	최고기온: 22.8℃	일 출: 06:02
최저기온: 23.3℃	일 몰: 19:34	최저기온: 24.8℃	일 몰: 19:31	최저기온: 24.2℃	일 몰: 19:19	최저기온: 24.9℃	일 몰: 19:15	최저기온: 19.6℃	일 몰: 19:02

丁酉月 백로 09.08 ~ 10.07(양)

구분																														
양력	09.08	9	10	11	12	13	14	15	16	17	18	19	20	21	22	23	24	25	26	27	28	29	30	10.1	2	3	4	5	6	7
음력	07.29	30	8.1	2	3	4	5	6	7	8	9	10	11	12	13	14	15	16	17	18	19	20	21	22	23	24	25	26	27	28
일주	甲辰	乙巳	丙午	丁未	戊申	己酉	庚戌	辛亥	壬子	癸丑	甲寅	乙卯	丙辰	丁巳	戊午	己未	庚申	辛酉	壬戌	癸亥	甲子	乙丑	丙寅	丁卯	戊辰	己巳	庚午	辛未	壬申	癸酉
대운 남	10 1	1	1	1	1	2	2	2	3	3	3	4	4	4	5	5	5	6	6	6	7	7	7	8	8	8	9	9	9	10
대운 여	1 10	10	9	9	9	8	8	8	7	7	7	6	6	6	5	5	5	4	4	4	3	3	3	2	2	2	1	1	1	1

9월 8일(양) 백로 06시 29분		9월 10일(양)		9월 20일(양)		9월 23일(양) 추분 15시 42분		10월 1일(양)	
평균기온: 21.4℃	강수량: 38.7㎜	평균기온: 23.4℃	강수량: -	평균기온: 19.6℃	강수량: -	평균기온: 20.8℃	강수량: 11.8㎜	평균기온: 18.3℃	강수량: -
최고기온: 24.2℃	일 출: 06:07	최고기온: 28.8℃	일 출: 06:09	최고기온: 24.7℃	일 출: 16:17	최고기온: 25.1℃	일 출: 06:20	최고기온: 23.9℃	일 출: 06:27
최저기온: 19.5℃	일 몰: 18:52	최저기온: 18.3℃	일 몰: 18:49	최저기온: 15.7℃	일 몰: 18:33	최저기온: 18.2℃	일 몰: 18:29	최저기온: 13.2℃	일 몰: 18:16

戊戌月 한로 10.08 ~ 11.07(양)

구분																															
양력	10.08	9	10	11	12	13	14	15	16	17	18	19	20	21	22	23	24	25	26	27	28	29	30	31	11.1	2	3	4	5	6	7
음력	08.29	30	9.1	2	3	4	5	6	7	8	9	10	11	12	13	14	15	16	17	18	19	20	21	22	23	24	25	26	27	28	29
일주	甲戌	乙亥	丙子	丁丑	戊寅	己卯	庚辰	辛巳	壬午	癸未	甲申	乙酉	丙戌	丁亥	戊子	己丑	庚寅	辛卯	壬辰	癸巳	甲午	乙未	丙申	丁酉	戊戌	己亥	庚子	辛丑	壬寅	癸卯	甲辰
대운 남	10 1	1	1	1	1	2	2	2	3	3	3	4	4	4	5	5	5	6	6	6	7	7	7	8	8	8	9	9	9	10	10
대운 여	1 10	10	10	9	9	9	8	8	8	7	7	7	6	6	6	5	5	5	4	4	4	3	3	3	2	2	2	1	1	1	1

10월 8일(양) 한로 21시 51분		10월 10일(양)		10월 20일(양)		10월 24일(양) 상강 00시 47분		11월 1일(양)	
평균기온: 15.7℃	강수량: -	평균기온: 16.1℃	강수량: -	평균기온: 16.3℃	강수량: -	평균기온: 12.8℃	강수량: -	평균기온: 12.2℃	강수량: -
최고기온: 22.2℃	일 출: 06:33	최고기온: 22.6℃	일 출: 06:35	최고기온: 21.2℃	일 출: 06:44	최고기온: 20.0℃	일 출: 06:48	최고기온: 20.4℃	일 출: 06:56
최저기온: 9.4℃	일 몰: 18:06	최저기온: 12.2℃	일 몰: 18:03	최저기온: 13.1℃	일 몰: 17:49	최저기온: 6.2℃	일 몰: 17:44	최저기온: 4.2	일 몰: 17:35

己亥月 입동 11.08 ~ 12.06(양)

구분																													
양력	11.08	9	10	11	12	13	14	15	16	17	18	19	20	21	22	23	24	25	26	27	28	29	30	12.1	2	3	4	5	6
음력	10.01	2	3	4	5	6	7	8	9	10	11	12	13	14	15	16	17	18	19	20	21	22	23	24	25	26	27	28	29
일주	乙巳	丙午	丁未	戊申	己酉	庚戌	辛亥	壬子	癸丑	甲寅	乙卯	丙辰	丁巳	戊午	己未	庚申	辛酉	壬戌	癸亥	甲子	乙丑	丙寅	丁卯	戊辰	己巳	庚午	辛未	壬申	癸酉
대운 남	10 1	1	1	1	1	2	2	2	3	3	3	4	4	4	5	5	5	6	6	6	7	7	7	8	8	8	9	9	9
대운 여	1 10	9	9	9	8	8	8	7	7	7	6	6	6	5	5	5	4	4	4	3	3	3	2	2	2	1	1	1	1

11월 8일(양) 입동 00시 46분		11월 10일(양)		11월 20일(양)		11월 22일(양) 소설 22시 08분		12월 1일(양)	
평균기온: 10.8℃	강수량: 1.0㎜	평균기온: 7.4℃	강수량: 0.4㎜	평균기온: 10.6℃	강수량: 0.0㎜	평균기온: 3.2℃	강수량: 0.0㎜	평균기온: 5.1℃	강수량: 0.1㎜
최고기온: 15.3℃	일 출: 07:04	최고기온: 14.6℃	일 출: 07:06	최고기온: 14.4℃	일 출: 07:16	최고기온: 8.3℃	일 출: 07:19	최고기온: 10.1℃	일 출: 07:28
최저기온: 0.6℃	일 몰: 17:28	최저기온: 1.7℃	일 몰: 17:26	최저기온: 7.3℃	일 몰: 17:18	최저기온: -0.6℃	일 몰: 17:17	최저기온: 0.7℃	일 몰: 17:14

庚子月 대설 12.07 ~ 1962.01.05(양)

구분																														
양력	12.07	8	9	10	11	12	13	14	15	16	17	18	19	20	21	22	23	24	25	26	27	28	29	30	31	1.1	2	3	4	5
음력	10.30	11.1	2	3	4	5	6	7	8	9	10	11	12	13	14	15	16	17	18	19	20	21	22	23	24	25	26	27	28	29
일주	甲戌	乙亥	丙子	丁丑	戊寅	己卯	庚辰	辛巳	壬午	癸未	甲申	乙酉	丙戌	丁亥	戊子	己丑	庚寅	辛卯	壬辰	癸巳	甲午	乙未	丙申	丁酉	戊戌	己亥	庚子	辛丑	壬寅	癸卯
대운 남	10 1	1	1	1	1	2	2	2	3	3	3	4	4	4	5	5	5	6	6	6	7	7	7	8	8	8	9	9	9	10
대운 여	1 10	10	9	9	9	8	8	8	7	7	7	6	6	6	5	5	5	4	4	4	3	3	3	2	2	2	1	1	1	1

12월 7일(양) 대설 17시 26분		12월 10일(양)		12월 20일(양)		12월 22일(양) 동지 11시 19분		1월 1일(양)	
평균기온: -1.2℃	강수량: 0.6㎜	평균기온: 4.9℃	강수량: 2.9㎜	평균기온: -2.4℃	강수량: 0.5㎜	평균기온: -4.6℃	강수량: 0.0㎜	평균기온: -2.6℃	강수량: 0.1㎜
최고기온: 3.5℃	일 출: 07:33	최고기온: 7.6℃	일 출: 07:35	최고기온: 2.5℃	일 출: 07:42	최고기온: 0.4℃	일 출: 07:43	최고기온: 0.4℃	일 출: 07:47
최저기온: -5.7℃	일 몰: 17:14	최저기온: 3.0℃	일 몰: 17:14	최저기온: -5.9℃	일 몰: 17:17	최저기온: -8.8℃	일 몰: 17:17	최저기온: -5.0℃	일 몰: 17:24

辛丑月 소한 01.06 ~ 02.03(양)

구분																													
양력	1962.01.06	7	8	9	10	11	12	13	14	15	16	17	18	19	20	21	22	23	24	25	26	27	28	29	30	31	2.1	2	3
음력	1961.12.01	2	3	4	5	6	7	8	9	10	11	12	13	14	15	16	17	18	19	20	21	22	23	24	25	26	27	28	29
일주	甲辰	乙巳	丙午	丁未	戊申	己酉	庚戌	辛亥	壬子	癸丑	甲寅	乙卯	丙辰	丁巳	戊午	己未	庚申	辛酉	壬戌	癸亥	甲子	乙丑	丙寅	丁卯	戊辰	己巳	庚午	辛未	壬申
대운 남	10 1	1	1	1	1	2	2	2	3	3	3	4	4	4	5	5	5	6	6	6	7	7	7	8	8	8	9	9	9
대운 여	1 10	9	9	9	8	8	8	7	7	7	6	6	6	5	5	5	4	4	4	3	3	3	2	2	2	1	1	1	1

1월 6일(양) 소한 04시 35분		1월 10일(양)		1월 20일(양) 대한 21시 58분		2월 1일(양)	
평균기온: -4.2℃	강수량: 0.0㎜	평균기온: 1.9℃	강수량: 0.0㎜	평균기온: -4.8℃	강수량: -	평균기온: -4.9℃	강수량: -
최고기온: -0.2℃	일 출: 07:47	최고기온: 5.5℃	일 출: 07:47	최고기온: 0.3℃	일 출: 07:44	최고기온: 1.6℃	일 출: 07:37
최저기온: -7.8℃	일 몰: 17:28	최저기온: -1.0℃	일 몰: 17:32	최저기온: -9.4℃	일 몰: 17:42	최저기온: -10.8℃	일 몰: 17:55

1962

단기 4295년

입춘 — 02.04 ~ 03.05(양)

壬寅月

양력	1962.02.04	5	6	7	8	9	10	11	12	13	14	15	16	17	18	19	20	21	22	23	24	25	26	27	28	3.1	2	3	4	5
음력	1961.12.30	1.1	2	3	4	5	6	7	8	9	10	11	12	13	14	15	16	17	18	19	20	21	22	23	24	25	26	27	28	29
일주	癸酉	甲戌	乙亥	丙子	丁丑	戊寅	己卯	庚辰	辛巳	壬午	癸未	甲申	乙酉	丙戌	丁亥	戊子	己丑	庚寅	辛卯	壬辰	癸巳	甲午	乙未	丙申	丁酉	戊戌	己亥	庚子	辛丑	壬寅
대운 남	10/10	10	9	9	9	8	8	8	7	7	7	6	6	6	5	5	5	4	4	4	3	3	3	2	2	2	1	1	1	1
대운 여	1/1	1	1	1	1	2	2	2	3	3	3	4	4	4	5	5	5	6	6	6	7	7	7	8	8	8	9	9	9	10

	2월 4일(양) 입춘 16시 17분	2월 10일(양)	2월 19일(양) 우수 12시 15분	2월 20일(양)	3월 1일(양)
평균기온	−0.5℃	6.4℃	−2.0℃	0.5℃	−0.9℃
최고기온	6.0℃	12.5℃	0.6℃	6.3℃	5.1℃
최저기온	−5.4℃	3.8℃	−4.4℃	−5.8℃	−3.7℃
강수량	−	11.2mm	−	0.0mm	3.3
일 출	07:34	07:28	07:18	07:17	07:05
일 몰	17:58	18:05	18:15	18:16	18:25

경칩 — 03.06 ~ 04.04(양)

癸卯月

양력	03.06	7	8	9	10	11	12	13	14	15	16	17	18	19	20	21	22	23	24	25	26	27	28	29	30	31	4.1	2	3	4
음력	02.01	2	3	4	5	6	7	8	9	10	11	12	13	14	15	16	17	18	19	20	21	22	23	24	25	26	27	28	29	30
일주	癸卯	甲辰	乙巳	丙午	丁未	戊申	己酉	庚戌	辛亥	壬子	癸丑	甲寅	乙卯	丙辰	丁巳	戊午	己未	庚申	辛酉	壬戌	癸亥	甲子	乙丑	丙寅	丁卯	戊辰	己巳	庚午	辛未	壬申
대운 남	1/10	10	9	9	9	8	8	8	7	7	7	6	6	6	5	5	5	4	4	4	3	3	3	2	2	2	1	1	1	1
대운 여	10/1	1	1	1	2	2	2	3	3	3	4	4	4	5	5	5	6	6	6	7	7	7	8	8	8	9	9	9	10	10

	3월 6일(양) 경칩 10시 30분	3월 10일(양)	3월 20일(양)	3월 21일(양) 춘분 11시 30분	4월 1일(양)
평균기온	3.3℃	1.5℃	6.9℃	4.0℃	9.9℃
최고기온	6.2℃	5.7℃	9.2℃	7.4℃	17.8℃
최저기온	0.3℃	−1.6℃	4.2℃	1.2℃	0.2℃
강수량	0.3mm	−	0.4	0.4	−
일 출	06:58	06:52	06:37	06:36	06:19
일 몰	18:30	18:34	18:43	18:44	18:54

청명 — 04.05 ~ 05.05(양)

甲辰月

양력	04.05	6	7	8	9	10	11	12	13	14	15	16	17	18	19	20	21	22	23	24	25	26	27	28	29	30	5.1	2	3	4	5
음력	03.01	2	3	4	5	6	7	8	9	10	11	12	13	14	15	16	17	18	19	20	21	22	23	24	25	26	27	28	29	4.1	2
일주	癸酉	甲戌	乙亥	丙子	丁丑	戊寅	己卯	庚辰	辛巳	壬午	癸未	甲申	乙酉	丙戌	丁亥	戊子	己丑	庚寅	辛卯	壬辰	癸巳	甲午	乙未	丙申	丁酉	戊戌	己亥	庚子	辛丑	壬寅	癸卯
대운 남	1/10	10	10	9	9	9	8	8	8	7	7	7	6	6	6	5	5	5	4	4	4	3	3	3	2	2	2	1	1	1	1
대운 여	10/1	1	1	1	1	2	2	2	3	3	3	4	4	4	5	5	5	6	6	6	7	7	7	8	8	8	9	9	9	10	10

	4월 5일(양) 청명 15시 34분	4월 10일(양)	4월 20일(양) 곡우 22시 51분	5월 1일(양)
평균기온	7.9℃	8.8℃	12.1℃	15.0℃
최고기온	13.8℃	13.9℃	17.8℃	21.9℃
최저기온	1.4℃	5.0℃	6.2℃	7.9℃
강수량	−	−	−	−
일 출	06:13	06:06	05:52	05:38
일 몰	18:58	19:02	19:11	19:21

입하 — 05.06 ~ 06.05(양)

乙巳月

양력	05.06	7	8	9	10	11	12	13	14	15	16	17	18	19	20	21	22	23	24	25	26	27	28	29	30	31	6.1	2	3	4	5
음력	04.03	4	5	6	7	8	9	10	11	12	13	14	15	16	17	18	19	20	21	22	23	24	25	26	27	28	29	5.1	2	3	4
일주	甲辰	乙巳	丙午	丁未	戊申	己酉	庚戌	辛亥	壬子	癸丑	甲寅	乙卯	丙辰	丁巳	戊午	己未	庚申	辛酉	壬戌	癸亥	甲子	乙丑	丙寅	丁卯	戊辰	己巳	庚午	辛未	壬申	癸酉	甲戌
대운 남	1/10	10	10	9	9	9	8	8	8	7	7	7	6	6	6	5	5	5	4	4	4	3	3	3	2	2	2	1	1	1	1
대운 여	10/1	1	1	1	1	2	2	2	3	3	3	4	4	4	5	5	5	6	6	6	7	7	7	8	8	8	9	9	9	10	10

	5월 6일(양) 입하 09시 10분	5월 10일(양)	5월 20일(양)	5월 21일(양) 소만 22시 17분	6월 1일(양)
평균기온	15.2℃	15.0℃	19.3℃	20.1℃	20.4℃
최고기온	20.9℃	21.2℃	25.5℃	24.6℃	25.5℃
최저기온	9.2℃	7.9℃	11.7℃	14.4℃	15.3℃
강수량	−	−	−	−	12.6mm
일 출	05:32	05:28	05:19	05:19	05:13
일 몰	19:26	19:29	19:38	19:39	19:47

망종 — 06.06 ~ 07.06(양)

丙午月

양력	06.06	7	8	9	10	11	12	13	14	15	16	17	18	19	20	21	22	23	24	25	26	27	28	29	30	7.1	2	3	4	5	6
음력	05.05	6	7	8	9	10	11	12	13	14	15	16	17	18	19	20	21	22	23	24	25	26	27	28	29	30	6.1	2	3	4	5
일주	乙亥	丙子	丁丑	戊寅	己卯	庚辰	辛巳	壬午	癸未	甲申	乙酉	丙戌	丁亥	戊子	己丑	庚寅	辛卯	壬辰	癸巳	甲午	乙未	丙申	丁酉	戊戌	己亥	庚子	辛丑	壬寅	癸卯	甲辰	乙巳
대운 남	1/10	10	10	9	9	9	8	8	8	7	7	7	6	6	6	5	5	5	4	4	4	3	3	3	2	2	2	1	1	1	1
대운 여	10/1	1	1	1	1	2	2	2	3	3	3	4	4	4	5	5	5	6	6	6	7	7	7	8	8	8	9	9	9	10	10

	6월 6일(양) 망종 13시 31분	6월 10일(양)	6월 20일(양)	6월 22일(양) 하지 06시 24분	7월 1일(양)
평균기온	19.4℃	18.4℃	21.3℃	21.7℃	25.8℃
최고기온	25.8℃	21.1℃	25.7℃	26.8℃	32.9℃
최저기온	11.2℃	15.2℃	15.8℃	18.6℃	17.2℃
강수량	−	2.8mm	8.3mm	0.0mm	−
일 출	05:11	05:10	05:10	05:11	05:14
일 몰	19:50	19:52	19:56	19:57	19:57

소서 — 07.07 ~ 08.07(양)

丁未月

양력	07.07	8	9	10	11	12	13	14	15	16	17	18	19	20	21	22	23	24	25	26	27	28	29	30	31	8.1	2	3	4	5	6	7
음력	06.06	7	8	9	10	11	12	13	14	15	16	17	18	19	20	21	22	23	24	25	26	27	28	29	7.1	2	3	4	5	6	7	8
일주	丙午	丁未	戊申	己酉	庚戌	辛亥	壬子	癸丑	甲寅	乙卯	丙辰	丁巳	戊午	己未	庚申	辛酉	壬戌	癸亥	甲子	乙丑	丙寅	丁卯	戊辰	己巳	庚午	辛未	壬申	癸酉	甲戌	乙亥	丙子	丁丑
대운 남	1/10	10	10	10	9	9	9	8	8	8	7	7	7	6	6	6	5	5	5	4	4	4	3	3	3	2	2	2	1	1	1	1
대운 여	10/1	1	1	1	1	2	2	2	3	3	3	4	4	4	5	5	5	6	6	6	7	7	7	8	8	8	9	9	9	10	10	10

	7월 7일(양) 소서 23시 51분	7월 10일(양)	7월 20일(양)	7월 23일(양) 대서 17시 18분	8월 1일(양)
평균기온	25.8℃	26.3℃	22.7℃	23.8℃	26.6℃
최고기온	30.4℃	30.6℃	24.3℃	26.6℃	30.4℃
최저기온	21.1℃	23.2℃	21.5℃	21.4℃	24.9℃
강수량	−	3.7mm	22.6mm	20.3mm	7.9mm
일 출	05:17	05:19	05:25	05:28	05:35
일 몰	19:56	19:55	19:51	19:49	19:41

입추 (戊申月) 08.08 ~ 09.07

양력	08.08	9	10	11	12	13	14	15	16	17	18	19	20	21	22	23	24	25	26	27	28	29	30	31	9.1	2	3	4	5	6	7
음력	07.09	10	11	12	13	14	15	16	17	18	19	20	21	22	23	24	25	26	27	28	29	30	8.1	2	3	4	5	6	7	8	9
일주	戊寅	己卯	庚辰	辛巳	壬午	癸未	甲申	乙酉	丙戌	丁亥	戊子	己丑	庚寅	辛卯	壬辰	癸巳	甲午	乙未	丙申	丁酉	戊戌	己亥	庚子	辛丑	壬寅	癸卯	甲辰	乙巳	丙午	丁未	戊申
대운 남	1 / 10	10	10	9	9	9	8	8	8	7	7	7	6	6	6	5	5	5	4	4	4	3	3	3	2	2	2	1	1	1	1
대운 여	10 / 1	1	1	1	1	2	2	2	3	3	3	4	4	4	5	5	5	6	6	6	7	7	7	8	8	8	9	9	9	10	10

절기일	평균기온	최고기온	최저기온	강수량	일 출	일 몰
8월 8일(양) 입추 09시 34분	24.5℃	26.9℃	22.3℃	25.0mm	05:41	19:34
8월 10일(양)	25.5℃	30.4℃	22.2℃	-	05:43	19:32
8월 20일(양)	26.1℃	30.9℃	22.4℃	-	05:51	19:19
8월 24일(양) 처서 00시 12분	23.2℃	26.4℃	20.8℃	3.2mm	05:55	19:14
9월 1일(양)	22.9℃	27.0℃	20.2℃	5.7mm	06:01	19:03

백로 (己酉月) 09.08 ~ 10.08(양)

양력	09.08	9	10	11	12	13	14	15	16	17	18	19	20	21	22	23	24	25	26	27	28	29	30	10.1	2	3	4	5	6	7	8
음력	08.10	11	12	13	14	15	16	17	18	19	20	21	22	23	24	25	26	27	28	29	30	9.1	2	3	4	5	6	7	8	9	10
일주	己酉	庚戌	辛亥	壬子	癸丑	甲寅	乙卯	丙辰	丁巳	戊午	己未	庚申	辛酉	壬戌	癸亥	甲子	乙丑	丙寅	丁卯	戊辰	己巳	庚午	辛未	壬申	癸酉	甲戌	乙亥	丙子	丁丑	戊寅	己卯
대운 남	1 / 10	10	10	9	9	9	8	8	8	7	7	7	6	6	6	5	5	5	4	4	4	3	3	3	2	2	2	1	1	1	1
대운 여	10 / 1	1	1	1	1	2	2	2	3	3	3	4	4	4	5	5	5	6	6	6	7	7	7	8	8	8	9	9	9	10	10

절기일	평균기온	최고기온	최저기온	강수량	일 출	일 몰
9월 8일(양) 백로 12시 15분	22.5℃	26.3℃	18.2℃	5.4mm	06:07	18:52
9월 10일(양)	21.2℃	27.1℃	14.0℃	0.0mm	06:09	18:49
9월 20일(양)	21.0℃	26.5℃	17.5℃	12.2mm	06:17	18:34
9월 23일(양) 추분 21시 35분	19.7℃	24.3℃	17.1℃	27.5mm	06:20	18:29
10월 1일(양)	17.6℃	22.0℃	14.0℃	-	06:27	18:17

한로 (庚戌月) 10.09 ~ 11.07(양)

양력	10.09	10	11	12	13	14	15	16	17	18	19	20	21	22	23	24	25	26	27	28	29	30	31	11.1	2	3	4	5	6	7
음력	09.11	12	13	14	15	16	17	18	19	20	21	22	23	24	25	26	27	28	29	10.1	2	3	4	5	6	7	8	9	10	11
일주	庚辰	辛巳	壬午	癸未	甲申	乙酉	丙戌	丁亥	戊子	己丑	庚寅	辛卯	壬辰	癸巳	甲午	乙未	丙申	丁酉	戊戌	己亥	庚子	辛丑	壬寅	癸卯	甲辰	乙巳	丙午	丁未	戊申	己酉
대운 남	1 / 10	10	9	9	9	8	8	8	7	7	7	6	6	6	5	5	5	4	4	4	3	3	3	2	2	2	1	1	1	1
대운 여	10 / 1	1	1	1	1	2	2	2	3	3	3	4	4	4	5	5	5	6	6	6	7	7	7	8	8	8	9	9	9	10

절기일	평균기온	최고기온	최저기온	강수량	일 출	일 몰
10월 9일(양) 한로 03시 38분	19.9℃	25.6℃	13.5℃	-	06:34	18:05
10월 10일(양)	18.1℃	20.4℃	15.0℃	5.6mm	06:35	18:03
10월 20일(양)	12.2℃	17.4℃	6.9℃	-	06:44	17:49
10월 24일(양) 상강 06시 40분	12.2℃	16.9℃	8.8℃	0.7mm	06:48	17:44
11월 1일(양)	14.9℃	20.8℃	7.8℃	-	06:56	17:35

입동 (辛亥月) 11.08 ~ 12.06(양)

양력	11.08	9	10	11	12	13	14	15	16	17	18	19	20	21	22	23	24	25	26	27	28	29	30	12.1	2	3	4	5	6
음력	10.12	13	14	15	16	17	18	19	20	21	22	23	24	25	26	27	28	29	30	11.1	2	3	4	5	6	7	8	9	10
일주	庚戌	辛亥	壬子	癸丑	甲寅	乙卯	丙辰	丁巳	戊午	己未	庚申	辛酉	壬戌	癸亥	甲子	乙丑	丙寅	丁卯	戊辰	己巳	庚午	辛未	壬申	癸酉	甲戌	乙亥	丙子	丁丑	戊寅
대운 남	1 / 10	9	9	9	8	8	8	7	7	7	6	6	6	5	5	5	4	4	4	3	3	3	2	2	2	1	1	1	1
대운 여	10 / 1	1	1	1	1	2	2	2	3	3	3	4	4	4	5	5	5	6	6	6	7	7	7	8	8	8	9	9	9

절기일	평균기온	최고기온	최저기온	강수량	일 출	일 몰
11월 8일(양) 입동 06시 35분	9.7℃	12.9℃	7.0℃	1.2mm	07:03	17:28
11월 10일(양)	6.3℃	12.3℃	0.0℃	1.5mm	07:06	17:26
11월 20일(양)	5.0℃	5.6℃	4.0℃	10.8mm	07:16	17:19
11월 23일(양) 소설 04시 02분	-3.0℃	0.5℃	-6.6℃	-	07:19	17:17
12월 1일(양)	-1.1℃	2.7℃	-5.4℃	0.0mm	07:27	17:14

대설 (壬子月) 12.07 ~ 1963.01.05(양)

양력	12.07	8	9	10	11	12	13	14	15	16	17	18	19	20	21	22	23	24	25	26	27	28	29	30	31	1.1	2	3	4	5
음력	11.11	12	13	14	15	16	17	18	19	20	21	22	23	24	25	26	27	28	29	30	12.1	2	3	4	5	6	7	8	9	10
일주	己卯	庚辰	辛巳	壬午	癸未	甲申	乙酉	丙戌	丁亥	戊子	己丑	庚寅	辛卯	壬辰	癸巳	甲午	乙未	丙申	丁酉	戊戌	己亥	庚子	辛丑	壬寅	癸卯	甲辰	乙巳	丙午	丁未	戊申
대운 남	1 / 10	10	9	9	9	8	8	8	7	7	7	6	6	6	5	5	5	4	4	4	3	3	3	2	2	2	1	1	1	1
대운 여	10 / 1	1	1	1	1	2	2	2	3	3	3	4	4	4	5	5	5	6	6	6	7	7	7	8	8	8	9	9	9	10

절기일	평균기온	최고기온	최저기온	강수량	일 출	일 몰
12월 7일(양) 대설 23시 17분	-0.9℃	4.9℃	-6.6℃	-	07:33	17:14
12월 10일(양)	5.5℃	9.9℃	0.3℃	-	07:35	17:14
12월 20일(양)	-1.0℃	4.2℃	-4.8℃	0.0mm	07:42	17:16
12월 22일(양) 동지 17시 15분	0.2℃	5.1℃	-5.4℃	-	07:43	17:17
1월 1일(양)	-5.7℃	0.5℃	-10.7℃	5.1mm	07:47	17:24

소한 (癸丑月) 01.06 ~ 02.03(양)

양력	1963.01.06	7	8	9	10	11	12	13	14	15	16	17	18	19	20	21	22	23	24	25	26	27	28	29	30	31	2.1	2	3
음력	1962.12.11	12	13	14	15	16	17	18	19	20	21	22	23	24	25	26	27	28	29	1.1	2	3	4	5	6	7	8	9	10
일주	己酉	庚戌	辛亥	壬子	癸丑	甲寅	乙卯	丙辰	丁巳	戊午	己未	庚申	辛酉	壬戌	癸亥	甲子	乙丑	丙寅	丁卯	戊辰	己巳	庚午	辛未	壬申	癸酉	甲戌	乙亥	丙子	丁丑
대운 남	1 / 10	9	9	9	8	8	8	7	7	7	6	6	6	5	5	5	4	4	4	3	3	3	2	2	2	1	1	1	1
대운 여	10 / 1	1	1	1	1	2	2	2	3	3	3	4	4	4	5	5	5	6	6	6	7	7	7	8	8	8	9	9	9

절기일	평균기온	최고기온	최저기온	강수량	일 출	일 몰
1월 6일(양) 소한 10시 26분	-10.8℃	-7.1℃	-13.8℃	-	07:47	17:28
1월 10일(양)	-6.9℃	-3.3℃	-9.8℃	-	07:47	17:32
1월 20일(양)	-11.8℃	-8.9℃	-14.3℃	4.2mm	07:44	17:42
1월 21일(양) 대한 03시 54분	-14.5℃	-9.8℃	-17.7℃	-	07:44	17:43
2월 1일(양)	-8.7℃	-4.2℃	-12.6℃	-	07:37	17:55

1963 윤4월　단기 4296년

입춘　02.04 ~ 03.05(양)

甲寅月

양력	1963.02.04	5	6	7	8	9	10	11	12	13	14	15	16	17	18	19	20	21	22	23	24	25	26	27	28	3.1	2	3	4	5
음력	1963.01.11	12	13	14	15	16	17	18	19	20	21	22	23	24	25	26	27	28	29	30	2.1	2	3	4	5	6	7	8	9	10
일주	戊寅	己卯	庚辰	辛巳	壬午	癸未	甲申	乙酉	丙戌	丁亥	戊子	己丑	庚寅	辛卯	壬辰	癸巳	甲午	乙未	丙申	丁酉	戊戌	己亥	庚子	辛丑	壬寅	癸卯	甲辰	乙巳	丙午	丁未
대운 남	1	1	1	1	1	2	2	2	3	3	3	4	4	4	5	5	5	6	6	6	7	7	7	8	8	8	9	9	9	10
대운 여	10	10	9	9	9	8	8	8	7	7	7	6	6	6	5	5	5	4	4	4	3	3	3	2	2	2	1	1	1	1

2월 4일(양) 입춘 22시 08분		2월 10일(양)		2월 19일(양) 우수 18시 09분		2월 20일(양)		3월 1일(양)	
평균기온: −7.4℃	강수량: 0.0mm	평균기온: −1.4℃	강수량: −	평균기온: −1.1℃	강수량: −	평균기온: −1.8℃	강수량: −	평균기온: 4.4℃	강수량: −
최고기온: −3.2℃	일 출: 07:34	최고기온: 3.8℃	일 출: 07:28	최고기온: 3.3℃	일 출: 07:18	최고기온: 3.5℃	일 출: 07:17	최고기온: 10.6℃	일 출: 07:05
최저기온: −11.4℃	일 몰: 17:58	최저기온: −6.9℃	일 몰: 18:05	최저기온: −4.4℃	일 몰: 18:14	최저기온: −5.7℃	일 몰: 18:15	최저기온: 1.3℃	일 몰: 18:25

경칩　03.06 ~ 04.04(양)

乙卯月

양력	03.06	7	8	9	10	11	12	13	14	15	16	17	18	19	20	21	22	23	24	25	26	27	28	29	30	31	4.1	2	3	4
음력	02.11	12	13	14	15	16	17	18	19	20	21	22	23	24	25	26	27	28	29	3.1	2	3	4	5	6	7	8	9	10	11
일주	戊申	己酉	庚戌	辛亥	壬子	癸丑	甲寅	乙卯	丙辰	丁巳	戊午	己未	庚申	辛酉	壬戌	癸亥	甲子	乙丑	丙寅	丁卯	戊辰	己巳	庚午	辛未	壬申	癸酉	甲戌	乙亥	丙子	丁丑
대운 남	10 1	1	1	1	1	2	2	2	3	3	3	4	4	4	5	5	5	6	6	6	7	7	7	8	8	8	9	9	9	10
대운 여	1 10	10	9	9	9	8	8	8	7	7	7	6	6	6	5	5	5	4	4	4	3	3	3	2	2	2	1	1	1	1

3월 6일(양) 경칩 16시 17분		3월 10일(양)		3월 20일(양)		3월 21일(양) 춘분 17시 20분		4월 1일(양)	
평균기온: 1.4℃	강수량: −	평균기온: 1.9℃	강수량: 0.2mm	평균기온: 11.5℃	강수량: −	평균기온: 8.7℃	강수량: −	평균기온: 10.4℃	강수량: 0.9mm
최고기온: 7.4℃	일 출: 06:58	최고기온: 7.0℃	일 출: 06:52	최고기온: 17.1℃	일 출: 06:37	최고기온: 15.0℃	일 출: 06:36	최고기온: 13.5℃	일 출: 06:19
최저기온: −3.2℃	일 몰: 18:30	최저기온: −1.0℃	일 몰: 18:33	최저기온: 6.3℃	일 몰: 18:43	최저기온: 3.9℃	일 몰: 18:44	최저기온: 5.9℃	일 몰: 18:54

청명　04.05 ~ 05.05(양)

丙辰月

양력	04.05	6	7	8	9	10	11	12	13	14	15	16	17	18	19	20	21	22	23	24	25	26	27	28	29	30	5.1	2	3	4	5
음력	03.12	13	14	15	16	17	18	19	20	21	22	23	24	25	26	27	28	29	30	4.1	2	3	4	5	6	7	8	9	10	11	12
일주	戊寅	己卯	庚辰	辛巳	壬午	癸未	甲申	乙酉	丙戌	丁亥	戊子	己丑	庚寅	辛卯	壬辰	癸巳	甲午	乙未	丙申	丁酉	戊戌	己亥	庚子	辛丑	壬寅	癸卯	甲辰	乙巳	丙午	丁未	戊申
대운 남	10 1	1	1	1	1	2	2	2	3	3	3	4	4	4	5	5	5	6	6	6	7	7	7	8	8	8	9	9	9	10	10
대운 여	1 10	10	10	9	9	9	8	8	8	7	7	7	6	6	6	5	5	5	4	4	4	3	3	3	2	2	2	1	1	1	1

4월 5일(양) 청명 21시 19분		4월 10일(양)		4월 20일(양)		4월 21일(양) 곡우 04시 36분		5월 1일(양)	
평균기온: 14.5℃	강수량: 37.9mm	평균기온: 7.6℃	강수량: −	평균기온: 15.7℃	강수량: −	평균기온: 16.3℃	강수량: −	평균기온: 13.7℃	강수량: −
최고기온: 16.4℃	일 출: 06:13	최고기온: 13.3℃	일 출: 06:06	최고기온: 22.8℃	일 출: 05:52	최고기온: 22.7℃	일 출: 05:51	최고기온: 19.8℃	일 출: 05:38
최저기온: 9.6℃	일 몰: 18:57	최저기온: 0.6℃	일 몰: 19:02	최저기온: 9.7℃	일 몰: 19:11	최저기온: 10.0℃	일 몰: 19:12	최저기온: 9.4℃	일 몰: 19:21

입하　05.06 ~ 06.05(양)

丁巳月

양력	05.06	7	8	9	10	11	12	13	14	15	16	17	18	19	20	21	22	23	24	25	26	27	28	29	30	31	6.1	2	3	4	5
음력	04.13	14	15	16	17	18	19	20	21	22	23	24	25	26	27	28	29	윤	4.2	3	4	5	6	7	8	9	10	11	12	13	14
일주	己酉	庚戌	辛亥	壬子	癸丑	甲寅	乙卯	丙辰	丁巳	戊午	己未	庚申	辛酉	壬戌	癸亥	甲子	乙丑	丙寅	丁卯	戊辰	己巳	庚午	辛未	壬申	癸酉	甲戌	乙亥	丙子	丁丑	戊寅	己卯
대운 남	10 1	1	1	1	1	2	2	2	3	3	3	4	4	4	5	5	5	6	6	6	7	7	7	8	8	8	9	9	9	10	10
대운 여	1 10	10	10	9	9	9	8	8	8	7	7	7	6	6	6	5	5	5	4	4	4	3	3	3	2	2	2	1	1	1	1

5월 6일(양) 입하 14시 52분		5월 10일(양)		5월 20일(양)		5월 22일(양) 소만 03시 58분		6월 1일(양)	
평균기온: 14.8℃	강수량: 0.0mm	평균기온: 21.4℃	강수량: −	평균기온: 18.0℃	강수량: 15.8mm	평균기온: 18.3℃	강수량: 0.0mm	평균기온: 21.5℃	강수량: −
최고기온: 20.9℃	일 출: 05:32	최고기온: 26.9℃	일 출: 05:28	최고기온: 20.8℃	일 출: 05:20	최고기온: 23.0℃	일 출: 05:18	최고기온: 28.7℃	일 출: 05:13
최저기온: 10.4℃	일 몰: 19:26	최저기온: 15.3℃	일 몰: 19:29	최저기온: 16.0℃	일 몰: 19:38	최저기온: 13.3℃	일 몰: 19:39	최저기온: 14.1℃	일 몰: 19:47

망종　06.06 ~ 07.07(양)

戊午月

양력	06.06	7	8	9	10	11	12	13	14	15	16	17	18	19	20	21	22	23	24	25	26	27	28	29	30	7.1	2	3	4	5	6	7
음력	04.15	16	17	18	19	20	21	22	23	24	25	26	27	28	29	5.1	2	3	4	5	6	7	8	9	10	11	12	13	14	15	16	17
일주	庚辰	辛巳	壬午	癸未	甲申	乙酉	丙戌	丁亥	戊子	己丑	庚寅	辛卯	壬辰	癸巳	甲午	乙未	丙申	丁酉	戊戌	己亥	庚子	辛丑	壬寅	癸卯	甲辰	乙巳	丙午	丁未	戊申	己酉	庚戌	辛亥
대운 남	10 1	1	1	1	1	2	2	2	3	3	3	4	4	4	5	5	5	6	6	6	7	7	7	8	8	8	9	9	9	10	10	10
대운 여	1 10	10	10	9	9	9	8	8	8	7	7	7	6	6	6	5	5	5	4	4	4	3	3	3	2	2	2	1	1	1	1	1

6월 6일(양) 망종 19시 14분		6월 10일(양)		6월 20일(양)		6월 22일(양) 하지 12시 04분		7월 1일(양)	
평균기온: 23.1℃	강수량: −	평균기온: 19.7℃	강수량: 0.0mm	평균기온: 21.5℃	강수량: 11.8mm	평균기온: 20.4℃	강수량: 169.2mm	평균기온: 23.6℃	강수량: 0.0mm
최고기온: 29.8℃	일 출: 05:11	최고기온: 25.8℃	일 출: 05:10	최고기온: 27.2℃	일 출: 05:10	최고기온: 22.4℃	일 출: 05:11	최고기온: 28.2℃	일 출: 05:14
최저기온: 15.5℃	일 몰: 19:50	최저기온: 14.2℃	일 몰: 19:52	최저기온: 18.3℃	일 몰: 19:56	최저기온: 18.6℃	일 몰: 19:57	최저기온: 20.1℃	일 몰: 19:57

소서　07.08 ~ 08.07(양)

己未月

양력	07.08	9	10	11	12	13	14	15	16	17	18	19	20	21	22	23	24	25	26	27	28	29	30	31	8.1	2	3	4	5	6	7
음력	05.18	19	20	21	22	23	24	25	26	27	28	29	30	6.1	2	3	4	5	6	7	8	9	10	11	12	13	14	15	16	17	18
일주	壬子	癸丑	甲寅	乙卯	丙辰	丁巳	戊午	己未	庚申	辛酉	壬戌	癸亥	甲子	乙丑	丙寅	丁卯	戊辰	己巳	庚午	辛未	壬申	癸酉	甲戌	乙亥	丙子	丁丑	戊寅	己卯	庚辰	辛巳	壬午
대운 남	10 1	1	1	1	1	2	2	2	3	3	3	4	4	4	5	5	5	6	6	6	7	7	7	8	8	8	9	9	9	10	10
대운 여	1 10	10	10	9	9	9	8	8	8	7	7	7	6	6	6	5	5	5	4	4	4	3	3	3	2	2	2	1	1	1	1

7월 8일(양) 소서 05시 38분		7월 10일(양)		7월 20일(양)		7월 23일(양) 대서 22시 59분		8월 1일(양)	
평균기온: 22.7℃	강수량: −	평균기온: 22.1℃	강수량: −	평균기온: 27.3℃	강수량: 8.5mm	평균기온: 24.7℃	강수량: 34.0mm	평균기온: 27.0℃	강수량: −
최고기온: 27.7℃	일 출: 05:17	최고기온: 24.5℃	일 출: 05:18	최고기온: 32.0℃	일 출: 05:25	최고기온: 26.2℃	일 출: 05:28	최고기온: 31.2℃	일 출: 05:35
최저기온: 18.8℃	일 몰: 19:56	최저기온: 20.0℃	일 몰: 19:56	최저기온: 25.1℃	일 몰: 19:51	최저기온: 22.3℃	일 몰: 19:49	최저기온: 24.4℃	일 몰: 19:41

입추 — 08.08 ~ 09.07(양)

庚申月

양력	08.08	9	10	11	12	13	14	15	16	17	18	19	20	21	22	23	24	25	26	27	28	29	30	31	9.1	2	3	4	5	6	7
음력	06.19	20	21	22	23	24	25	26	27	28	29	7.1	2	3	4	5	6	7	8	9	10	11	12	13	14	15	16	17	18	19	20
일주	癸未	甲申	乙酉	丙戌	丁亥	戊子	己丑	庚寅	辛卯	壬辰	癸巳	甲午	乙未	丙申	丁酉	戊戌	己亥	庚子	辛丑	壬寅	癸卯	甲辰	乙巳	丙午	丁未	戊申	己酉	庚戌	辛亥	壬子	癸丑
대운 남	10 1	1	1	1	1	2	2	2	3	3	3	4	4	4	5	5	5	6	6	6	7	7	7	8	8	8	9	9	9	10	10
대운 여	1 10	10	10	9	9	9	8	8	8	7	7	7	6	6	6	5	5	5	4	4	4	3	3	3	2	2	2	1	1	1	1

	8월 8일(양) 입추 15시 25분		8월 10일(양)		8월 20일(양)		8월 24일(양) 처서 05시 58분		9월 1일(양)	
평균기온	28.5℃	강수량: –	27.6℃	강수량: 0.0mm	22.6℃	강수량: 6.8mm	24.6℃	강수량: –	22.6℃	강수량: 1.3mm
최고기온	33.2℃	일 출: 05:41	31.5℃	일 출: 05:42	26.2℃	일 출: 05:51	29.6℃	일 출: 05:54	25.8℃	일 출: 06:01
최저기온	24.5℃	일 몰: 19:34	24.3℃	일 몰: 19:32	20.8℃	일 몰: 19:20	22.0℃	일 몰: 19:14	20.4℃	일 몰: 19:03

백로 — 09.08 ~ 10.08(양)

辛酉月

양력	09.08	9	10	11	12	13	14	15	16	17	18	19	20	21	22	23	24	25	26	27	28	29	30	10.1	2	3	4	5	6	7	8
음력	07.21	22	23	24	25	26	27	28	29	30	8.1	2	3	4	5	6	7	8	9	10	11	12	13	14	15	16	17	18	19	20	21
일주	甲寅	乙卯	丙辰	丁巳	戊午	己未	庚申	辛酉	壬戌	癸亥	甲子	乙丑	丙寅	丁卯	戊辰	己巳	庚午	辛未	壬申	癸酉	甲戌	乙亥	丙子	丁丑	戊寅	己卯	庚辰	辛巳	壬午	癸未	甲申
대운 남	10 1	1	1	1	1	2	2	2	3	3	3	4	4	4	5	5	5	6	6	6	7	7	7	8	8	8	9	9	9	10	10
대운 여	1 10	10	10	9	9	9	8	8	8	7	7	7	6	6	6	5	5	5	4	4	4	3	3	3	2	2	2	1	1	1	1

	9월 8일(양) 백로 18시 12분		9월 10일(양)		9월 20일(양)		9월 24일(양) 추분 03시 24분		10월 1일(양)	
평균기온	22.9℃	강수량: –	24.1℃	강수량: –	18.9℃	강수량: 3.3mm	14.9℃	강수량: 24.0mm	17.9℃	강수량: –
최고기온	26.8℃	일 출: 06:07	30.2℃	일 출: 06:09	24.9℃	일 출: 06:17	17.8℃	일 출: 06:20	22.2℃	일 출: 06:26
최저기온	19.7℃	일 몰: 18:52	18.7℃	일 몰: 18:49	16.6℃	일 몰: 18:34	13.9℃	일 몰: 18:28	14.0℃	일 몰: 18:17

한로 — 10.09 ~ 11.07(양)

壬戌月

양력	10.09	10	11	12	13	14	15	16	17	18	19	20	21	22	23	24	25	26	27	28	29	30	31	11.1	2	3	4	5	6	7
음력	08.22	23	24	25	26	27	28	29	9.1	2	3	4	5	6	7	8	9	10	11	12	13	14	15	16	17	18	19	20	21	22
일주	乙酉	丙戌	丁亥	戊子	己丑	庚寅	辛卯	壬辰	癸巳	甲午	乙未	丙申	丁酉	戊戌	己亥	庚子	辛丑	壬寅	癸卯	甲辰	乙巳	丙午	丁未	戊申	己酉	庚戌	辛亥	壬子	癸丑	甲寅
대운 남	10 1	1	1	1	1	2	2	2	3	3	3	4	4	4	5	5	5	6	6	6	7	7	7	8	8	8	9	9	9	10
대운 여	1 10	10	9	9	9	8	8	8	7	7	7	6	6	6	5	5	5	4	4	4	3	3	3	2	2	2	1	1	1	1

	10월 9일(양) 한로 09시 36분		10월 10일(양)		10월 20일(양)		10월 24일(양) 상강 12시 29분		11월 1일(양)	
평균기온	15.1℃	강수량: –	16.3℃	강수량: –	10.6℃	강수량: 0.0mm	13.1℃	강수량: –	12.5℃	강수량: –
최고기온	21.5℃	일 출: 06:34	22.5℃	일 출: 06:34	17.1℃	일 출: 06:44	20.6℃	일 출: 06:48	17.4℃	일 출: 06:56
최저기온	9.4℃	일 몰: 18:05	10.2℃	일 몰: 18:04	5.3℃	일 몰: 17:50	6.3℃	일 몰: 17:45	8.6℃	일 몰: 17:35

입동 — 11.08 ~ 12.07(양)

癸亥月

양력	11.08	9	10	11	12	13	14	15	16	17	18	19	20	21	22	23	24	25	26	27	28	29	30	12.1	2	3	4	5	6	7
음력	09.23	24	25	26	27	28	29	30	10.1	2	3	4	5	6	7	8	9	10	11	12	13	14	15	16	17	18	19	20	21	22
일주	乙卯	丙辰	丁巳	戊午	己未	庚申	辛酉	壬戌	癸亥	甲子	乙丑	丙寅	丁卯	戊辰	己巳	庚午	辛未	壬申	癸酉	甲戌	乙亥	丙子	丁丑	戊寅	己卯	庚辰	辛巳	壬午	癸未	甲申
대운 남	10 1	1	1	1	1	2	2	2	3	3	3	4	4	4	5	5	5	6	6	6	7	7	7	8	8	8	9	9	9	10
대운 여	1 10	10	9	9	9	8	8	8	7	7	7	6	6	6	5	5	5	4	4	4	3	3	3	2	2	2	1	1	1	1

	11월 8일(양) 입동 12시 32분		11월 10일(양)		11월 20일(양)		11월 23일(양) 소설 09시 49분		12월 1일(양)	
평균기온	3.6℃	강수량: –	2.3℃	강수량: 0.0mm	9.8℃	강수량: –	3.4℃	강수량: –	-0.4℃	강수량: –
최고기온	9.0℃	일 출: 07:03	6.2℃	일 출: 07:05	13.3℃	일 출: 07:16	8.6℃	일 출: 07:19	5.4℃	일 출: 07:27
최저기온	0.3℃	일 몰: 17:28	-2.8℃	일 몰: 17:26	5.2℃	일 몰: 17:19	-1.6℃	일 몰: 17:17	-6.4℃	일 몰: 17:14

대설 — 12.08 ~ 1964.01.05(양)

甲子月

양력	12.08	9	10	11	12	13	14	15	16	17	18	19	20	21	22	23	24	25	26	27	28	29	30	31	1.1	2	3	4	5
음력	10.23	24	25	26	27	28	29	30	11.1	2	3	4	5	6	7	8	9	10	11	12	13	14	15	16	17	18	19	20	21
일주	乙酉	丙戌	丁亥	戊子	己丑	庚寅	辛卯	壬辰	癸巳	甲午	乙未	丙申	丁酉	戊戌	己亥	庚子	辛丑	壬寅	癸卯	甲辰	乙巳	丙午	丁未	戊申	己酉	庚戌	辛亥	壬子	癸丑
대운 남	10 1	1	1	1	2	2	2	3	3	3	4	4	4	5	5	5	6	6	6	7	7	7	8	8	8	9	9	9
대운 여	1 10	10	9	9	9	8	8	8	7	7	7	6	6	6	5	5	5	4	4	4	3	3	3	2	2	2	1	1	1

	12월 8일(양) 대설 05시 13분		12월 10일(양)		12월 20일(양)		12월 22일(양) 동지 23시 02분		1월 1일(양)	
평균기온	0.0℃	강수량: –	0.2℃	강수량: 0.6mm	0.0℃	강수량: 0.2mm	3.5℃	강수량: 0.2mm	-4.5℃	강수량: –
최고기온	2.4℃	일 출: 07:33	3.2℃	일 출: 07:35	6.3℃	일 출: 07:42	9.6℃	일 출: 07:43	-1.2℃	일 출: 07:47
최저기온	-3.7℃	일 몰: 17:14	-3.2℃	일 몰: 17:14	-2.4℃	일 몰: 17:16	-1.3℃	일 몰: 17:17	-7.0℃	일 몰: 17:24

소한 — 01.06 ~ 02.04(양)

乙丑月

양력	1964.01.06	7	8	9	10	11	12	13	14	15	16	17	18	19	20	21	22	23	24	25	26	27	28	29	30	31	2.1	2	3	4
음력	1963.11.22	23	24	25	26	27	28	29	30	12.1	2	3	4	5	6	7	8	9	10	11	12	13	14	15	16	17	18	19	20	21
일주	甲寅	乙卯	丙辰	丁巳	戊午	己未	庚申	辛酉	壬戌	癸亥	甲子	乙丑	丙寅	丁卯	戊辰	己巳	庚午	辛未	壬申	癸酉	甲戌	乙亥	丙子	丁丑	戊寅	己卯	庚辰	辛巳	壬午	癸未
대운 남	10 1	1	1	1	1	2	2	2	3	3	3	4	4	4	5	5	5	6	6	6	7	7	7	8	8	8	9	9	9	10
대운 여	1 10	10	9	9	9	8	8	8	7	7	7	6	6	6	5	5	5	4	4	4	3	3	3	2	2	2	1	1	1	1

	1월 6일(양) 소한 16시 22분		1월 10일(양)		1월 20일(양)		1월 21일(양) 대한 09시 41분		2월 1일(양)	
평균기온	0.6℃	강수량: 0.0mm	0.6℃	강수량: –	-3.4℃	강수량: –	-2.0℃	강수량: –	-5.4℃	강수량: 0.1mm
최고기온	4.6℃	일 출: 07:47	6.1℃	일 출: 07:47	1.5℃	일 출: 07:45	1.8℃	일 출: 07:44	-4.0℃	일 출: 07:37
최저기온	-1.8℃	일 몰: 17:28	-3.7℃	일 몰: 17:31	-7.6℃	일 몰: 17:41	-5.8℃	일 몰: 17:42	-6.6℃	일 몰: 17:55

입춘 — 02.05 ~ 03.04(양)

丙寅月

구분	절입	6	7	8	9	10	11	12	13	14	15	16	17	18	19	20	21	22	23	24	25	26	27	28	29	3.1	2	3	4
양력	1964.02.05	6	7	8	9	10	11	12	13	14	15	16	17	18	19	20	21	22	23	24	25	26	27	28	29	3.1	2	3	4
음력	1963.12.22	23	24	25	26	27	28	29	1.1	2	3	4	5	6	7	8	9	10	11	12	13	14	15	16	17	18	19	20	21
일주	甲申	乙酉	丙戌	丁亥	戊子	己丑	庚寅	辛卯	壬辰	癸巳	甲午	乙未	丙申	丁酉	戊戌	己亥	庚子	辛丑	壬寅	癸卯	甲辰	乙巳	丙午	丁未	戊申	己酉	庚戌	辛亥	壬子
대운(남)	10 10	9	9	9	8	8	8	7	7	7	6	6	6	5	5	5	4	4	4	3	3	3	2	2	2	1	1	1	1
대운(여)	1 1	1	1	1	1	2	2	2	3	3	3	4	4	4	5	5	5	6	6	6	7	7	7	8	8	8	9	9	9

2월 5일(양) 입춘 04시 05분		2월 10일(양)		2월 19일(양) 우수 23시 57분		2월 20일(양)		3월 1일(양)	
평균기온: −1.7℃	강수량: −	평균기온: −0.2℃	강수량: 1.5mm	평균기온: −3.9℃	강수량: −	평균기온: −4.5℃	강수량: −	평균기온: 3.3℃	강수량: −
최고기온: 4.0℃	일 출: 07:33	최고기온: 1.2℃	일 출: 07:29	최고기온: 0.2℃	일 출: 07:18	최고기온: −0.7℃	일 출: 07:17	최고기온: 7.7℃	일 출: 07:04
최저기온: −6.3℃	일 몰: 17:59	최저기온: −4.4℃	일 몰: 18:04	최저기온: −8.4℃	일 몰: 18:14	최저기온: −7.1℃	일 몰: 18:15	최저기온: 0.1℃	일 몰: 18:25

경칩 — 03.05 ~ 04.04(양)

丁卯月

구분	절입	6	7	8	9	10	11	12	13	14	15	16	17	18	19	20	21	22	23	24	25	26	27	28	29	30	31	4.1	2	3	4
양력	03.05	6	7	8	9	10	11	12	13	14	15	16	17	18	19	20	21	22	23	24	25	26	27	28	29	30	31	4.1	2	3	4
음력	01.22	23	24	25	26	27	28	29	30	2.1	2	3	4	5	6	7	8	9	10	11	12	13	14	15	16	17	18	19	20	21	22
일주	癸丑	甲寅	乙卯	丙辰	丁巳	戊午	己未	庚申	辛酉	壬戌	癸亥	甲子	乙丑	丙寅	丁卯	戊辰	己巳	庚午	辛未	壬申	癸酉	甲戌	乙亥	丙子	丁丑	戊寅	己卯	庚辰	辛巳	壬午	癸未
대운(남)	1 10	10	10	9	9	9	8	8	8	7	7	7	6	6	6	5	5	5	4	4	4	3	3	3	2	2	2	1	1	1	1
대운(여)	10 1	1	1	1	1	2	2	2	3	3	3	4	4	4	5	5	5	6	6	6	7	7	7	8	8	8	9	9	9	10	10

3월 5일(양) 경칩 22시 16분		3월 10일(양)		3월 20일(양) 춘분 23시 10분		4월 1일(양)	
평균기온: 4.9℃	강수량: −	평균기온: 4.6℃	강수량: 0.0mm	평균기온: 2.4℃	강수량: 0.7mm	평균기온: 12.6℃	강수량: 6.7mm
최고기온: 10.0℃	일 출: 06:58	최고기온: 9.6℃	일 출: 06:51	최고기온: 5.2℃	일 출: 06:36	최고기온: 17.3℃	일 출: 06:18
최저기온: 2.5℃	일 몰: 18:29	최저기온: 0.6℃	일 몰: 18:34	최저기온: 0.2℃	일 몰: 18:44	최저기온: 8.4℃	일 몰: 18:54

청명 — 04.05 ~ 05.04(양)

戊辰月

구분	절입	6	7	8	9	10	11	12	13	14	15	16	17	18	19	20	21	22	23	24	25	26	27	28	29	30	5.1	2	3	4
양력	04.05	6	7	8	9	10	11	12	13	14	15	16	17	18	19	20	21	22	23	24	25	26	27	28	29	30	5.1	2	3	4
음력	02.23	24	25	26	27	28	29	3.1	2	3	4	5	6	7	8	9	10	11	12	13	14	15	16	17	18	19	20	21	22	23
일주	甲申	乙酉	丙戌	丁亥	戊子	己丑	庚寅	辛卯	壬辰	癸巳	甲午	乙未	丙申	丁酉	戊戌	己亥	庚子	辛丑	壬寅	癸卯	甲辰	乙巳	丙午	丁未	戊申	己酉	庚戌	辛亥	壬子	癸丑
대운(남)	1 10	10	10	9	9	9	8	8	8	7	7	7	6	6	6	5	5	5	4	4	4	3	3	3	2	2	2	1	1	1
대운(여)	10 1	1	1	1	1	2	2	2	3	3	3	4	4	4	5	5	5	6	6	6	7	7	7	8	8	8	9	9	9	9

4월 5일(양) 청명 03시 18분		4월 10일(양)		4월 20일(양) 곡우 10시 27분		5월 1일(양)	
평균기온: 15.5℃	강수량: 46.0mm	평균기온: 12.3℃	강수량: 1.1mm	평균기온: 18.1℃	강수량: 3.6mm	평균기온: 10.7℃	강수량: 33.2mm
최고기온: 18.2℃	일 출: 06:12	최고기온: 16.8℃	일 출: 06:05	최고기온: 22.7℃	일 출: 05:51	최고기온: 13.6℃	일 출: 05:37
최저기온: 12.4℃	일 몰: 18:58	최저기온: 9.6℃	일 몰: 19:03	최저기온: 14.2℃	일 몰: 19:12	최저기온: 8.7℃	일 몰: 19:22

입하 — 05.05 ~ 06.05(양)

己巳月

구분	절입	6	7	8	9	10	11	12	13	14	15	16	17	18	19	20	21	22	23	24	25	26	27	28	29	30	31	6.1	2	3	4	5
양력	05.05	6	7	8	9	10	11	12	13	14	15	16	17	18	19	20	21	22	23	24	25	26	27	28	29	30	31	6.1	2	3	4	5
음력	03.24	25	26	27	28	29	30	4.1	2	3	4	5	6	7	8	9	10	11	12	13	14	15	16	17	18	19	20	21	22	23	24	25
일주	甲寅	乙卯	丙辰	丁巳	戊午	己未	庚申	辛酉	壬戌	癸亥	甲子	乙丑	丙寅	丁卯	戊辰	己巳	庚午	辛未	壬申	癸酉	甲戌	乙亥	丙子	丁丑	戊寅	己卯	庚辰	辛巳	壬午	癸未	甲申	乙酉
대운(남)	1 10	10	10	10	9	9	9	8	8	8	7	7	7	6	6	6	5	5	5	4	4	4	3	3	3	2	2	2	1	1	1	1
대운(여)	10 1	1	1	1	1	2	2	2	3	3	3	4	4	4	5	5	5	6	6	6	7	7	7	8	8	8	9	9	9	10	10	10

5월 5일(양) 입하 20시 51분		5월 10일(양)		5월 20일(양)		5월 21일(양) 소만 09시 50분		6월 1일(양)	
평균기온: 16.9℃	강수량: −	평균기온: 15.7℃	강수량: 5.0mm	평균기온: 22.7℃	강수량: 0.0mm	평균기온: 21.9℃	강수량: 7.1mm	평균기온: 20.0℃	강수량: 1.0mm
최고기온: 23.0℃	일 출: 05:33	최고기온: 21.0℃	일 출: 05:28	최고기온: 28.1℃	일 출: 05:19	최고기온: 27.0℃	일 출: 05:18	최고기온: 24.8℃	일 출: 05:12
최저기온: 13.4℃	일 몰: 19:25	최저기온: 13.1℃	일 몰: 19:30	최저기온: 19.4℃	일 몰: 19:38	최저기온: 19.2℃	일 몰: 19:39	최저기온: 16.8℃	일 몰: 19:47

망종 — 06.06 ~ 07.06(양)

庚午月

구분	절입	7	8	9	10	11	12	13	14	15	16	17	18	19	20	21	22	23	24	25	26	27	28	29	30	7.1	2	3	4	5	6
양력	06.06	7	8	9	10	11	12	13	14	15	16	17	18	19	20	21	22	23	24	25	26	27	28	29	30	7.1	2	3	4	5	6
음력	04.26	27	28	29	5.1	2	3	4	5	6	7	8	9	10	11	12	13	14	15	16	17	18	19	20	21	22	23	24	25	26	27
일주	丙戌	丁亥	戊子	己丑	庚寅	辛卯	壬辰	癸巳	甲午	乙未	丙申	丁酉	戊戌	己亥	庚子	辛丑	壬寅	癸卯	甲辰	乙巳	丙午	丁未	戊申	己酉	庚戌	辛亥	壬子	癸丑	甲寅	乙卯	丙辰
대운(남)	1 10	10	10	9	9	9	8	8	8	7	7	7	6	6	6	5	5	5	4	4	4	3	3	3	2	2	2	1	1	1	1
대운(여)	10 1	1	1	1	1	2	2	2	3	3	3	4	4	4	5	5	5	6	6	6	7	7	7	8	8	8	9	9	9	10	10

6월 6일(양) 망종 01시 12분		6월 10일(양)		6월 20일(양)		6월 21일(양) 하지 17시 57분		7월 1일(양)	
평균기온: 20.0℃	강수량: −	평균기온: 19.3℃	강수량: 0.2mm	평균기온: 20.2℃	강수량: 0.1mm	평균기온: 21.5℃	강수량: −	평균기온: 23.4℃	강수량: 86.5mm
최고기온: 26.4℃	일 출: 05:11	최고기온: 22.4℃	일 출: 05:10	최고기온: 23.3℃	일 출: 05:11	최고기온: 26.2℃	일 출: 05:11	최고기온: 24.4℃	일 출: 05:14
최저기온: 15.9℃	일 몰: 19:50	최저기온: 17.7℃	일 몰: 19:53	최저기온: 18.0℃	일 몰: 19:56	최저기온: 18.4℃	일 몰: 19:57	최저기온: 22.7℃	일 몰: 19:57

소서 — 07.07 ~ 08.06(양)

辛未月

구분	절입	8	9	10	11	12	13	14	15	16	17	18	19	20	21	22	23	24	25	26	27	28	29	30	31	8.1	2	3	4	5	6
양력	07.07	8	9	10	11	12	13	14	15	16	17	18	19	20	21	22	23	24	25	26	27	28	29	30	31	8.1	2	3	4	5	6
음력	05.28	29	6.1	2	3	4	5	6	7	8	9	10	11	12	13	14	15	16	17	18	19	20	21	22	23	24	25	26	27	28	29
일주	丁巳	戊午	己未	庚申	辛酉	壬戌	癸亥	甲子	乙丑	丙寅	丁卯	戊辰	己巳	庚午	辛未	壬申	癸酉	甲戌	乙亥	丙子	丁丑	戊寅	己卯	庚辰	辛巳	壬午	癸未	甲申	乙酉	丙戌	丁亥
대운(남)	1 10	10	10	9	9	9	8	8	8	7	7	7	6	6	6	5	5	5	4	4	4	3	3	3	2	2	2	1	1	1	1
대운(여)	10 1	1	1	1	1	2	2	2	3	3	3	4	4	4	5	5	5	6	6	6	7	7	7	8	8	8	9	9	10	10	10

7월 7일(양) 소서 11시 32분		7월 10일(양)		7월 20일(양)		7월 23일(양) 대서 04시 53분		8월 1일(양)	
평균기온: 24.4℃	강수량: 15.5mm	평균기온: 23.8℃	강수량: 0.0mm	평균기온: 23.9℃	강수량: −	평균기온: 23.9℃	강수량: 27.0m	평균기온: 29.3℃	강수량: −
최고기온: 26.1℃	일 출: 05:17	최고기온: 28.8℃	일 출: 05:19	최고기온: 28.9℃	일 출: 05:26	최고기온: 25.0℃	일 출: 05:28	최고기온: 34.5℃	일 출: 05:35
최저기온: 23.4℃	일 몰: 19:56	최저기온: 20.8℃	일 몰: 19:55	최저기온: 19.3℃	일 몰: 19:50	최저기온: 22.9℃	일 몰: 19:48	최저기온: 23.6℃	일 몰: 19:41

입추　08.07 ~ 09.06(양)

壬申月

양력	08.07	8	9	10	11	12	13	14	15	16	17	18	19	20	21	22	23	24	25	26	27	28	29	30	31	9.1	2	3	4	5	6
음력	06.30	7.1	2	3	4	5	6	7	8	9	10	11	12	13	14	15	16	17	18	19	20	21	22	23	24	25	26	27	28	29	8.1
일주	戊子	己丑	庚寅	辛卯	壬辰	癸巳	甲午	乙未	丙申	丁酉	戊戌	己亥	庚子	辛丑	壬寅	癸卯	甲辰	乙巳	丙午	丁未	戊申	己酉	庚戌	辛亥	壬子	癸丑	甲寅	乙卯	丙辰	丁巳	戊午
대운(남)	1·10	10	10	9	9	9	8	8	8	7	7	7	6	6	6	5	5	5	4	4	4	3	3	3	2	2	2	1	1	1	1
대운(여)	10·1	1	1	2	2	2	3	3	3	4	4	4	5	5	5	6	6	6	7	7	7	8	8	8	9	9	9	10	10	10	10

날짜 / 절기	평균기온	최고기온	최저기온	강수량	일 출	일 몰
8월 7일(양) 입추 21시 16분	25.7℃	26.8℃	24.1℃	34.1mm	05:41	19:34
8월 10일(양)	26.0℃	29.6℃	24.5℃	7.6mm	05:43	19:31
8월 20일(양)	25.9℃	30.9℃	21.6℃	14.2mm	05:52	19:19
8월 23일(양) 처서 11시 51분	26.5℃	31.0℃	24.1℃	–	05:54	19:15
9월 1일(양)	22.9℃	24.8℃	20.8℃	3.2mm	06:02	19:02

백로　09.07 ~ 10.07(양)

癸酉月

양력	09.07	8	9	10	11	12	13	14	15	16	17	18	19	20	21	22	23	24	25	26	27	28	29	30	10.1	2	3	4	5	6	7
음력	08.02	3	4	5	6	7	8	9	10	11	12	13	14	15	16	17	18	19	20	21	22	23	24	25	26	27	28	29	30	9.1	2
일주	己未	庚申	辛酉	壬戌	癸亥	甲子	乙丑	丙寅	丁卯	戊辰	己巳	庚午	辛未	壬申	癸酉	甲戌	乙亥	丙子	丁丑	戊寅	己卯	庚辰	辛巳	壬午	癸未	甲申	乙酉	丙戌	丁亥	戊子	己丑
대운(남)	1·10	10	10	9	9	9	8	8	8	7	7	7	6	6	6	5	5	5	4	4	4	3	3	3	2	2	2	1	1	1	1
대운(여)	10·1	1	1	2	2	2	3	3	3	4	4	4	5	5	5	6	6	6	7	7	7	8	8	8	9	9	9	10	10	10	10

날짜 / 절기	평균기온	최고기온	최저기온	강수량	일 출	일 몰
9월 7일(양) 백로 23시 59분	24.9℃	30.0℃	20.0℃	–	06:07	18:53
9월 10일(양)	22.9℃	28.1℃	18.5℃	–	06:09	18:48
9월 20일(양)	18.9℃	23.3℃	15.4℃	–	06:18	18:33
9월 23일(양) 추분 09시 17분	18.9℃	25.0℃	13.1℃	–	06:20	18:28
10월 1일(양)	19.0℃	25.9℃	12.0℃	–	06:27	18:16

한로　10.08 ~ 11.06(양)

甲戌月

양력	10.08	9	10	11	12	13	14	15	16	17	18	19	20	21	22	23	24	25	26	27	28	29	30	31	11.1	2	3	4	5	6
음력	09.03	4	5	6	7	8	9	10	11	12	13	14	15	16	17	18	19	20	21	22	23	24	25	26	27	28	29	10.1	2	3
일주	庚寅	辛卯	壬辰	癸巳	甲午	乙未	丙申	丁酉	戊戌	己亥	庚子	辛丑	壬寅	癸卯	甲辰	乙巳	丙午	丁未	戊申	己酉	庚戌	辛亥	壬子	癸丑	甲寅	乙卯	丙辰	丁巳	戊午	己未
대운(남)	1·10	10	9	9	9	8	8	8	7	7	7	6	6	6	5	5	5	4	4	4	3	3	3	2	2	2	1	1	1	1
대운(여)	10·1	1	1	1	2	2	2	3	3	3	4	4	4	5	5	5	6	6	6	7	7	7	8	8	8	9	9	9	10	10

날짜 / 절기	평균기온	최고기온	최저기온	강수량	일 출	일 몰
10월 8일(양) 한로 15시 22분	13.7℃	18.7℃	10.3℃	–	06:33	18:05
10월 10일(양)	12.1℃	19.2℃	5.2℃	–	06:35	18:03
10월 20일(양)	12.3℃	13.7℃	11.8℃	8.6mm	06:45	17:49
10월 23일(양) 상강 18시 21분	9.7℃	13.2℃	4.6℃	–	06:48	17:45
11월 1일(양)	9.8℃	13.4℃	4.5℃	3.5mm	06:57	17:34

입동　11.07 ~ 12.06(양)

乙亥月

양력	11.07	8	9	10	11	12	13	14	15	16	17	18	19	20	21	22	23	24	25	26	27	28	29	30	12.1	2	3	4	5	6
음력	10.04	5	6	7	8	9	10	11	12	13	14	15	16	17	18	19	20	21	22	23	24	25	26	27	28	29	30	11.1	2	3
일주	庚申	辛酉	壬戌	癸亥	甲子	乙丑	丙寅	丁卯	戊辰	己巳	庚午	辛未	壬申	癸酉	甲戌	乙亥	丙子	丁丑	戊寅	己卯	庚辰	辛巳	壬午	癸未	甲申	乙酉	丙戌	丁亥	戊子	己丑
대운(남)	1·10	10	9	9	8	8	8	7	7	7	6	6	6	5	5	5	4	4	4	3	3	3	2	2	2	1	1	1	1	1
대운(여)	10·1	1	1	2	2	3	3	3	4	4	4	5	5	5	6	6	6	7	7	7	8	8	8	9	9	9	10	10	10	10

날짜 / 절기	평균기온	최고기온	최저기온	강수량	일 출	일 몰
11월 7일(양) 입동 18시 15분	8.0℃	13.2℃	4.2℃	–	07:03	17:28
11월 10일(양)	10.1℃	15.6℃	6.6℃	1.2mm	07:06	17:25
11월 20일(양)	7.3℃	13.3℃	1.0℃	0.0mm	07:17	17:18
11월 22일(양) 소설 15시 39분	2.3℃	8.6℃	-3.2℃	0.0mm	07:19	17:17
12월 1일(양)	-6.6℃	-3.4℃	-9.0℃	–	07:28	17:14

대설　12.07 ~ 1965.01.04(양)

丙子月

양력	12.07	8	9	10	11	12	13	14	15	16	17	18	19	20	21	22	23	24	25	26	27	28	29	30	31	1.1	2	3	4
음력	11.04	5	6	7	8	9	10	11	12	13	14	15	16	17	18	19	20	21	22	23	24	25	26	27	28	29	30	12.1	2
일주	庚寅	辛卯	壬辰	癸巳	甲午	乙未	丙申	丁酉	戊戌	己亥	庚子	辛丑	壬寅	癸卯	甲辰	乙巳	丙午	丁未	戊申	己酉	庚戌	辛亥	壬子	癸丑	甲寅	乙卯	丙辰	丁巳	戊午
대운(남)	1·10	9	9	9	8	8	8	7	7	7	6	6	6	5	5	5	4	4	4	3	3	3	2	2	2	1	1	1	1
대운(여)	10·1	1	1	1	2	2	2	3	3	3	4	4	4	5	5	5	6	6	6	7	7	7	8	8	8	9	9	9	10

날짜 / 절기	평균기온	최고기온	최저기온	강수량	일 출	일 몰
12월 7일(양) 대설 10시 53분	-1.8℃	2.2℃	-5.4℃	0.0mm	07:33	17:14
12월 10일(양)	-1.0℃	2.2℃	-3.4℃	–	07:36	17:14
12월 20일(양)	2.5℃	8.5℃	-1.8℃	0.2mm	07:43	17:17
12월 22일(양) 동지 04시 50분	7.2℃	12.2℃	3.0℃	–	07:44	17:18
1월 1일(양)	-1.6℃	0.7℃	-5.6℃	1.2mm	07:47	17:24

소한　01.05 ~ 02.03(양)

丁丑月

양력	1965.01.05	6	7	8	9	10	11	12	13	14	15	16	17	18	19	20	21	22	23	24	25	26	27	28	29	30	31	2.1	2	3
음력	1964.12.03	4	5	6	7	8	9	10	11	12	13	14	15	16	17	18	19	20	21	22	23	24	25	26	27	28	29	30	1.1	2
일주	己未	庚申	辛酉	壬戌	癸亥	甲子	乙丑	丙寅	丁卯	戊辰	己巳	庚午	辛未	壬申	癸酉	甲戌	乙亥	丙子	丁丑	戊寅	己卯	庚辰	辛巳	壬午	癸未	甲申	乙酉	丙戌	丁亥	戊子
대운(남)	1·10	10	9	9	9	8	8	8	7	7	7	6	6	6	5	5	5	4	4	4	3	3	3	2	2	2	1	1	1	1
대운(여)	10·1	1	1	1	2	2	2	3	3	3	4	4	4	5	5	5	6	6	6	7	7	7	8	8	8	9	9	9	10	10

날짜 / 절기	평균기온	최고기온	최저기온	강수량	일 출	일 몰
1월 5일(양) 소한 22시 02분	-6.1℃	0.8℃	-12.0℃	–	07:47	17:27
1월 10일(양)	-4.4℃	1.2℃	-9.2℃	3.8mm	07:47	17:32
1월 20일(양) 대한 15시 29분	-2.8℃	1.4℃	-6.5℃	–	07:44	17:42
2월 1일(양)	-5.9℃	-3.1℃	-8.4℃	0.0mm	07:36	17:55

1965

입춘 02.04 ~ 03.05(양) — 戊寅月

양력	음력	일주	대운 남	대운 여
1965.02.04	1965.01.03	己丑	1 1	10 10
5	4	庚寅	1	10
6	5	辛卯	1	9
7	6	壬辰	1	9
8	7	癸巳	1	9
9	8	甲午	2	8
10	9	乙未	2	8
11	10	丙申	2	8
12	11	丁酉	3	7
13	12	戊戌	3	7
14	13	己亥	3	7
15	14	庚子	4	6
16	15	辛丑	4	6
17	16	壬寅	4	6
18	17	癸卯	5	5
19	18	甲辰	5	5
20	19	乙巳	5	5
21	20	丙午	6	4
22	21	丁未	6	4
23	22	戊申	6	4
24	23	己酉	7	3
25	24	庚戌	7	3
26	25	辛亥	7	3
27	26	壬子	8	2
28	27	癸丑	8	2
3.1	28	甲寅	8	2
2	29	乙卯	9	1
3	2.1	丙辰	9	1
4	2	丁巳	9	1
5	3	戊午	10	1

날짜	평균기온	최고기온	최저기온	강수량	일 출	일 몰
2월 4일(양) 입춘 09시 46분	−6.3℃	−1.7℃	−10.9℃	–	07:34	17:59
2월 10일(양)	1.4℃	5.3℃	−1.6℃	–	07:28	18:05
2월 19일(양) 우수 05시 48분	5.1℃	10.4℃	0.2℃	–	07:18	18:15
2월 20일(양)	4.9℃	7.5℃	−0.9℃	0.1mm	07:16	18:16
3월 1일(양)	−0.9℃	5.6℃	−6.2℃	–	07:04	18:25

경칩 03.06 ~ 04.04(양) — 己卯月

양력	음력	일주	대운 남	대운 여
03.06	02.04	己未	10 1	1 10
7	5	庚申	1	10
8	6	辛酉	1	9
9	7	壬戌	1	9
10	8	癸亥	1	9
11	9	甲子	2	8
12	10	乙丑	2	8
13	11	丙寅	2	8
14	12	丁卯	3	7
15	13	戊辰	3	7
16	14	己巳	3	7
17	15	庚午	4	6
18	16	辛未	4	6
19	17	壬申	4	6
20	18	癸酉	5	5
21	19	甲戌	5	5
22	20	乙亥	5	5
23	21	丙子	6	4
24	22	丁丑	6	4
25	23	戊寅	6	4
26	24	己卯	7	3
27	25	庚辰	7	3
28	26	辛巳	7	3
29	27	壬午	8	2
30	28	癸未	8	2
31	29	甲申	8	2
4.1	30	乙酉	9	1
2	3.1	丙戌	9	1
3	2	丁亥	9	1
4	3	戊子	10	1

날짜	평균기온	최고기온	최저기온	강수량	일 출	일 몰
3월 6일(양) 경칩 04시 01분	−2.6℃	0.2℃	−5.6℃	0.6mm	06:57	18:30
3월 10일(양)	−1.4℃	3.8℃	−5.4℃	–	06:52	18:34
3월 20일(양)	30.0℃	8.1℃	−1.4℃	–	06:37	18:43
3월 21일(양) 춘분 05시 05분	4.4℃	10.7℃	−0.6℃	–	06:35	18:44
4월 1일(양)	4.2℃	9.2℃	0.7℃	–	06:19	18:54

청명 04.05 ~ 05.05(양) — 庚辰月

양력	음력	일주	대운 남	대운 여
04.05	03.04	己丑	10 1	1 10
6	5	庚寅	1	10
7	6	辛卯	1	10
8	7	壬辰	1	9
9	8	癸巳	1	9
10	9	甲午	2	9
11	10	乙未	2	8
12	11	丙申	2	8
13	12	丁酉	3	8
14	13	戊戌	3	7
15	14	己亥	3	7
16	15	庚子	4	7
17	16	辛丑	4	6
18	17	壬寅	4	6
19	18	癸卯	5	6
20	19	甲辰	5	5
21	20	乙巳	5	5
22	21	丙午	6	5
23	22	丁未	6	4
24	23	戊申	6	4
25	24	己酉	7	4
26	25	庚戌	7	3
27	26	辛亥	7	3
28	27	壬子	8	3
29	28	癸丑	8	2
30	29	甲寅	8	2
5.1	4.1	乙卯	9	2
2	2	丙辰	9	1
3	3	丁巳	9	1
4	4	戊午	10	1
5	5	己未	10	1

날짜	평균기온	최고기온	최저기온	강수량	일 출	일 몰
4월 5일(양) 청명 09시 07분	6.3℃	11.2℃	0.8℃	–	06:13	18:58
4월 10일(양)	4.0℃	7.3℃	1.0℃	–	06:05	19:02
4월 20일(양) 곡우 16시 26분	8.5℃	14.6℃	3.4℃	–	05:51	19:11
5월 1일(양)	11.3℃	17.6℃	7.6℃	–	05:37	19:21

입하 05.06 ~ 06.05(양) — 辛巳月

양력	음력	일주	대운 남	대운 여
05.06	04.06	庚申	10 1	1 10
7	7	辛酉	1	10
8	8	壬戌	1	10
9	9	癸亥	1	9
10	10	甲子	1	9
11	11	乙丑	2	9
12	12	丙寅	2	8
13	13	丁卯	2	8
14	14	戊辰	3	8
15	15	己巳	3	7
16	16	庚午	3	7
17	17	辛未	4	7
18	18	壬申	4	6
19	19	癸酉	4	6
20	20	甲戌	5	6
21	21	乙亥	5	5
22	22	丙子	5	5
23	23	丁丑	6	5
24	24	戊寅	6	4
25	25	己卯	6	4
26	26	庚辰	7	4
27	27	辛巳	7	3
28	28	壬午	7	3
29	29	癸未	8	3
30	30	甲申	8	2
31	5.1	乙酉	8	2
6.1	2	丙戌	9	2
2	3	丁亥	9	1
3	4	戊子	9	1
4	5	己丑	10	1
5	6	庚寅	10	1

날짜	평균기온	최고기온	최저기온	강수량	일 출	일 몰
5월 6일(양) 입하 02시 42분	11.1℃	16.2℃	9.4℃	0.0mm	05:32	19:26
5월 10일(양)	16.7℃	24.0℃	11.0℃	–	05:28	19:30
5월 20일(양)	19.1℃	24.8℃	12.8℃	3.8mm	05:19	19:38
5월 21일(양) 소만 15시 50분	15.8℃	21.6℃	11.9℃	–	05:19	19:39
6월 1일(양)	20.7℃	27.8℃	14.9℃	–	05:13	19:47

망종 06.06 ~ 07.06(양) — 壬午月

양력	음력	일주	대운 남	대운 여
06.06	05.07	辛卯	10 1	1 10
7	8	壬辰	1	10
8	9	癸巳	1	10
9	10	甲午	1	9
10	11	乙未	1	9
11	12	丙申	2	9
12	13	丁酉	2	8
13	14	戊戌	2	8
14	15	己亥	3	8
15	16	庚子	3	7
16	17	辛丑	3	7
17	18	壬寅	4	7
18	19	癸卯	4	6
19	20	甲辰	4	6
20	21	乙巳	5	6
21	22	丙午	5	5
22	23	丁未	5	5
23	24	戊申	6	5
24	25	己酉	6	4
25	26	庚戌	6	4
26	27	辛亥	7	4
27	28	壬子	7	3
28	29	癸丑	7	3
29	6.1	甲寅	8	3
30	2	乙卯	8	2
7.1	3	丙辰	8	2
2	4	丁巳	9	2
3	5	戊午	9	1
4	6	己未	9	1
5	7	庚申	10	1
6	8	辛酉	10	1

날짜	평균기온	최고기온	최저기온	강수량	일 출	일 몰
6월 6일(양) 망종 07시 02분	19.8℃	27.4℃	14.4℃	–	05:11	19:50
6월 10일(양)	21.4℃	28.2℃	16.3℃	0.0mm	05:10	19:52
6월 20일(양)	23.0℃	30.9℃	17.3℃	1.0mm	05:11	19:56
6월 21일(양) 하지 23시 56분	22.5℃	29.1℃	17.4℃	–	05:11	19:56
7월 1일(양)	24.8℃	31.4℃	20.9℃	0.1mm	05:14	19:57

소서 07.07 ~ 08.07(양) — 癸未月

양력	음력	일주	대운 남	대운 여
07.07	06.09	壬戌	10 1	1 10
8	10	癸亥	1	10
9	11	甲子	1	10
10	12	乙丑	1	9
11	13	丙寅	2	9
12	14	丁卯	2	9
13	15	戊辰	2	8
14	16	己巳	3	8
15	17	庚午	3	8
16	18	辛未	3	7
17	19	壬申	4	7
18	20	癸酉	4	7
19	21	甲戌	4	6
20	22	乙亥	5	6
21	23	丙子	5	6
22	24	丁丑	5	5
23	25	戊寅	6	5
24	26	己卯	6	5
25	27	庚辰	6	4
26	28	辛巳	7	4
27	29	壬午	7	4
28	7.1	癸未	7	3
29	2	甲申	8	3
30	3	乙酉	8	3
31	4	丙戌	8	2
8.1	5	丁亥	9	2
2	6	戊子	9	2
3	7	己丑	9	1
4	8	庚寅	10	1
5	9	辛卯	10	1
6	10	壬辰	10	1
7	11	癸巳	10	1

날짜	평균기온	최고기온	최저기온	강수량	일 출	일 몰
7월 7일(양) 소서 17시 21분	23.8℃	28.5℃	20.4℃	9.8mm	05:17	19:56
7월 10일(양)	22.0℃	24.2℃	19.2℃	91.9mm	05:19	19:55
7월 20일(양)	23.1℃	24.8℃	21.9℃	144.9mm	05:26	19:50
7월 23일(양) 대서 10시 48분	24.0℃	29.0℃	19.8℃	–	05:28	19:48
8월 1일(양)	26.0℃	31.0℃	22.2℃	–	05:35	19:41

입추 08.08 ~ 09.07(양) — 甲申月

	08.08	9	10	11	12	13	14	15	16	17	18	19	20	21	22	23	24	25	26	27	28	29	30	31	9.1	2	3	4	5	6	7
양력	08.08	9	10	11	12	13	14	15	16	17	18	19	20	21	22	23	24	25	26	27	28	29	30	31	9.1	2	3	4	5	6	7
음력	07.12	13	14	15	16	17	18	19	20	21	22	23	24	25	26	27	28	29	30	8.1	2	3	4	5	6	7	8	9	10	11	12
일주	甲午	乙未	丙申	丁酉	戊戌	己亥	庚子	辛丑	壬寅	癸卯	甲辰	乙巳	丙午	丁未	戊申	己酉	庚戌	辛亥	壬子	癸丑	甲寅	乙卯	丙辰	丁巳	戊午	己未	庚申	辛酉	壬戌	癸亥	甲子
대운 남	10 / 1	1	1	1	1	2	2	2	3	3	3	4	4	4	5	5	5	6	6	6	7	7	7	8	8	8	9	9	9	10	10
대운 여	1 / 10	10	10	9	9	9	8	8	8	7	7	7	6	6	6	5	5	5	4	4	4	3	3	3	2	2	2	1	1	1	1

8월 8일(양) 입추 03시 05분		8월 10일(양)		8월 20일(양)		8월 23일(양) 처서 17시 43분		9월 1일(양)	
평균기온: 22.9℃	강수량: –	평균기온: 24.2℃	강수량: 4.5㎜	평균기온: 24.4℃	강수량: 0.0㎜	평균기온: 25.4℃	강수량: 5.6㎜	평균기온: 21.8℃	강수량: –
최고기온: 27.5℃	일 출: 05:41	최고기온: 28.4℃	일 출: 05:43	최고기온: 27.5℃	일 출: 05:51	최고기온: 28.5℃	일 출: 05:54	최고기온: 26.8℃	일 출: 06:02
최저기온: 19.0℃	일 몰: 19:34	최저기온: 20.9℃	일 몰: 19:31	최저기온: 22.2℃	일 몰: 19:19	최저기온: 21.0℃	일 몰: 19:15	최저기온: 18.4℃	일 몰: 19:02

백로 09.08 ~ 10.07(양) — 乙酉月

	09.08	9	10	11	12	13	14	15	16	17	18	19	20	21	22	23	24	25	26	27	28	29	30	10.1	2	3	4	5	6	7
양력	09.08	9	10	11	12	13	14	15	16	17	18	19	20	21	22	23	24	25	26	27	28	29	30	10.1	2	3	4	5	6	7
음력	08.13	14	15	16	17	18	19	20	21	22	23	24	25	26	27	28	29	9.1	2	3	4	5	6	7	8	9	10	11	12	13
일주	乙丑	丙寅	丁卯	戊辰	己巳	庚午	辛未	壬申	癸酉	甲戌	乙亥	丙子	丁丑	戊寅	己卯	庚辰	辛巳	壬午	癸未	甲申	乙酉	丙戌	丁亥	戊子	己丑	庚寅	辛卯	壬辰	癸巳	甲午
대운 남	10 / 1	1	1	1	1	2	2	2	3	3	3	4	4	4	5	5	5	6	6	6	7	7	7	8	8	8	9	9	9	10
대운 여	1 / 10	10	10	9	9	9	8	8	8	7	7	7	6	6	6	5	5	5	4	4	4	3	3	3	2	2	2	1	1	1

9월 8일(양) 백로 05시 48분		9월 10일(양)		9월 20일(양)		9월 23일(양) 추분 15시 06분		10월 1일(양)	
평균기온: 21.1℃	강수량: –	평균기온: 19.5℃	강수량: 0.0㎜	평균기온: 22.6℃	강수량: 0.0㎜	평균기온: 22.9℃	강수량: –	평균기온: 19.5℃	강수량: –
최고기온: 26.6℃	일 출: 06:07	최고기온: 25.6℃	일 출: 06:09	최고기온: 28.2℃	일 출: 06:17	최고기온: 29.6℃	일 출: 06:20	최고기온: 27.2℃	일 출: 06:27
최저기온: 15.3℃	일 몰: 18:52	최저기온: 15.8℃	일 몰: 18:49	최저기온: 19.1℃	일 몰: 18:33	최저기온: 16.4℃	일 몰: 18:29	최저기온: 12.0℃	일 몰: 18:16

한로 10.08 ~ 11.07(양) — 丙戌月

	10.08	9	10	11	12	13	14	15	16	17	18	19	20	21	22	23	24	25	26	27	28	29	30	31	11.1	2	3	4	5	6	7
양력	10.08	9	10	11	12	13	14	15	16	17	18	19	20	21	22	23	24	25	26	27	28	29	30	31	11.1	2	3	4	5	6	7
음력	09.14	15	16	17	18	19	20	21	22	23	24	25	26	27	28	29	10.1	2	3	4	5	6	7	8	9	10	11	12	13	14	15
일주	乙未	丙申	丁酉	戊戌	己亥	庚子	辛丑	壬寅	癸卯	甲辰	乙巳	丙午	丁未	戊申	己酉	庚戌	辛亥	壬子	癸丑	甲寅	乙卯	丙辰	丁巳	戊午	己未	庚申	辛酉	壬戌	癸亥	甲子	乙丑
대운 남	10 / 1	1	1	1	1	2	2	2	3	3	3	4	4	4	5	5	5	6	6	6	7	7	7	8	8	8	9	9	9	10	10
대운 여	1 / 10	10	10	9	9	9	8	8	8	7	7	7	6	6	6	5	5	5	4	4	4	3	3	3	2	2	2	1	1	1	1

10월 8일(양) 한로 21시 11분		10월 10일(양)		10월 20일(양)		10월 24일(양) 상강 00시 10분		11월 1일(양)	
평균기온: 13.1℃	강수량: –	평균기온: 16.0℃	강수량: –	평균기온: 14.9℃	강수량: –	평균기온: 12.8℃	강수량: –	평균기온: 14.2℃	강수량: 6.4㎜
최고기온: 19.3℃	일 출: 06:33	최고기온: 21.4℃	일 출: 06:35	최고기온: 21.3℃	일 출: 06:44	최고기온: 18.8℃	일 출: 06:48	최고기온: 17.3℃	일 출: 06:56
최저기온: 6.4℃	일 몰: 18:06	최저기온: 10.6℃	일 몰: 18:03	최저기온: 11.7℃	일 몰: 17:49	최저기온: 8.3℃	일 몰: 17:44	최저기온: 11.0℃	일 몰: 17:35

입동 11.08 ~ 12.06(양) — 丁亥月

	11.08	9	10	11	12	13	14	15	16	17	18	19	20	21	22	23	24	25	26	27	28	29	30	12.1	2	3	4	5	6
양력	11.08	9	10	11	12	13	14	15	16	17	18	19	20	21	22	23	24	25	26	27	28	29	30	12.1	2	3	4	5	6
음력	10.16	17	18	19	20	21	22	23	24	25	26	27	28	29	30	11.1	2	3	4	5	6	7	8	9	10	11	12	13	14
일주	丙寅	丁卯	戊辰	己巳	庚午	辛未	壬申	癸酉	甲戌	乙亥	丙子	丁丑	戊寅	己卯	庚辰	辛巳	壬午	癸未	甲申	乙酉	丙戌	丁亥	戊子	己丑	庚寅	辛卯	壬辰	癸巳	甲午
대운 남	10 / 1	1	1	1	1	2	2	2	3	3	3	4	4	4	5	5	5	6	6	6	7	7	7	8	8	8	9	9	9
대운 여	1 / 10	10	10	9	9	9	8	8	8	7	7	7	6	6	6	5	5	5	4	4	4	3	3	3	2	2	2	1	1

11월 8일(양) 입동 00시 07분		11월 10일(양)		11월 20일(양)		11월 22일(양) 소설 21시 29분		12월 1일(양)	
평균기온: 9.0℃	강수량: 22.4㎜	평균기온: 3.1℃	강수량: –	평균기온: 7.6℃	강수량: –	평균기온: 5.2℃	강수량: –	평균기온: -4.1℃	강수량: –
최고기온: 14.4℃	일 출: 07:04	최고기온: 7.2℃	일 출: 07:06	최고기온: 11.6℃	일 출: 07:16	최고기온: 12.7℃	일 출: 07:19	최고기온: -0.1℃	일 출: 07:28
최저기온: 5.8℃	일 몰: 17:27	최저기온: -0.8℃	일 몰: 17:26	최저기온: 0.4℃	일 몰: 17:18	최저기온: -1.2℃	일 몰: 17:17	최저기온: -7.4℃	일 몰: 17:14

대설 12.07 ~ 1966.01.05(양) — 戊子月

	12.07	8	9	10	11	12	13	14	15	16	17	18	19	20	21	22	23	24	25	26	27	28	29	30	31	1.1	2	3	4	5
양력	12.07	8	9	10	11	12	13	14	15	16	17	18	19	20	21	22	23	24	25	26	27	28	29	30	31	1.1	2	3	4	5
음력	11.15	16	17	18	19	20	21	22	23	24	25	26	27	28	29	30	12.1	2	3	4	5	6	7	8	9	10	11	12	13	14
일주	乙未	丙申	丁酉	戊戌	己亥	庚子	辛丑	壬寅	癸卯	甲辰	乙巳	丙午	丁未	戊申	己酉	庚戌	辛亥	壬子	癸丑	甲寅	乙卯	丙辰	丁巳	戊午	己未	庚申	辛酉	壬戌	癸亥	甲子
대운 남	10 / 1	1	1	1	1	2	2	2	3	3	3	4	4	4	5	5	5	6	6	6	7	7	7	8	8	8	9	9	9	10
대운 여	1 / 10	10	10	9	9	9	8	8	8	7	7	7	6	6	6	5	5	5	4	4	4	3	3	3	2	2	2	1	1	1

12월 7일(양) 대설 16시 46분		12월 10일(양)		12월 20일(양)		12월 22일(양) 동지 10시 40분		1월 1일(양)	
평균기온: -0.2℃	강수량: 0.0㎜	평균기온: 7.1℃	강수량: –	평균기온: 4.0℃	강수량: 0.0㎜	평균기온: 2.7℃	강수량: –	평균기온: -6.3℃	강수량: –
최고기온: 5.4℃	일 출: 07:33	최고기온: 12.1℃	일 출: 07:36	최고기온: 8.2℃	일 출: 07:42	최고기온: 6.5℃	일 출: 07:43	최고기온: -1.0℃	일 출: 07:47
최저기온: -4.6℃	일 몰: 17:14	최저기온: 2.7℃	일 몰: 17:14	최저기온: 1.8℃	일 몰: 17:17	최저기온: -1.3℃	일 몰: 17:17	최저기온: -11.2℃	일 몰: 17:24

소한 01.06 ~ 02.03(양) — 己丑月

	1966.01.06	7	8	9	10	11	12	13	14	15	16	17	18	19	20	21	22	23	24	25	26	27	28	29	30	31	2.1	2	3
양력	1966.01.06	7	8	9	10	11	12	13	14	15	16	17	18	19	20	21	22	23	24	25	26	27	28	29	30	31	2.1	2	3
음력	1965.12.15	16	17	18	19	20	21	22	23	24	25	26	27	28	29	30	1.1	2	3	4	5	6	7	8	9	10	11	12	13
일주	乙丑	丙寅	丁卯	戊辰	己巳	庚午	辛未	壬申	癸酉	甲戌	乙亥	丙子	丁丑	戊寅	己卯	庚辰	辛巳	壬午	癸未	甲申	乙酉	丙戌	丁亥	戊子	己丑	庚寅	辛卯	壬辰	癸巳
대운 남	10 / 1	1	1	1	1	2	2	2	3	3	3	4	4	4	5	5	5	6	6	6	7	7	7	8	8	8	9	9	9
대운 여	1 / 10	9	9	9	8	8	8	7	7	7	6	6	6	5	5	5	4	4	4	3	3	3	2	2	2	1	1	1	1

1월 6일(양) 소한 03시 54분		1월 10일(양)		1월 20일(양) 대한 21시 20분		2월 1일(양)	
평균기온: -1.2℃	강수량: 0.0㎜	평균기온: 1.7℃	강수량: 8.6㎜	평균기온: -13.3℃	강수량: –	평균기온: 4.0℃	강수량: –
최고기온: 3.9℃	일 출: 07:47	최고기온: 5.6℃	일 출: 07:47	최고기온: -8.6℃	일 출: 07:44	최고기온: 7.8℃	일 출: 07:37
최저기온: -5.4℃	일 몰: 17:28	최저기온: -2.4℃	일 몰: 17:32	최저기온: -18.0℃	일 몰: 17:42	최저기온: 0.8℃	일 몰: 17:55

1966

입춘　02.04 ～ 03.05(양)

庚寅月

양력	1966.02.04	5	6	7	8	9	10	11	12	13	14	15	16	17	18	19	20	21	22	23	24	25	26	27	28	3.1	2	3	4	5
음력	1966.01.14	15	16	17	18	19	20	21	22	23	24	25	26	27	28	29	2.1	2	3	4	5	6	7	8	9	10	11	12	13	14
일주	甲午	乙未	丙申	丁酉	戊戌	己亥	庚子	辛丑	壬寅	癸卯	甲辰	乙巳	丙午	丁未	戊申	己酉	庚戌	辛亥	壬子	癸丑	甲寅	乙卯	丙辰	丁巳	戊午	己未	庚申	辛酉	壬戌	癸亥
대운 남	10 10	10	9	9	9	8	8	8	7	7	7	6	6	6	5	5	5	4	4	4	3	3	3	2	2	2	1	1	1	1
대운 여	1 1	1	1	2	2	2	3	3	3	4	4	4	5	5	5	6	6	6	7	7	7	8	8	8	9	9	9	10	10	10

날짜	평균기온	최고기온	최저기온	강수량	일 출	일 몰
2월 4일(양) 입춘 15시 38분	-7.4℃	-3.6℃	-10.0℃	–	07:34	17:58
2월 10일(양)	5.8℃	9.2℃	-1.4℃	20.0mm	07:28	18:05
2월 19일(양) 우수 11시 38분	2.0℃	7.6℃	-3.6℃	–	07:18	18:15
2월 20일(양)	6.6℃	11.1℃	3.2℃	–	07:17	18:16
3월 1일(양)	8.0℃	10.1℃	5.0℃	0.5mm	07:05	18:25

경칩　03.06 ～ 04.04(양)

辛卯月

양력	03.06	7	8	9	10	11	12	13	14	15	16	17	18	19	20	21	22	23	24	25	26	27	28	29	30	31	4.1	2	3	4
음력	02.15	16	17	18	19	20	21	22	23	24	25	26	27	28	29	30	3.1	2	3	4	5	6	7	8	9	10	11	12	13	14
일주	甲子	乙丑	丙寅	丁卯	戊辰	己巳	庚午	辛未	壬申	癸酉	甲戌	乙亥	丙子	丁丑	戊寅	己卯	庚辰	辛巳	壬午	癸未	甲申	乙酉	丙戌	丁亥	戊子	己丑	庚寅	辛卯	壬辰	癸巳
대운 남	1 10	10	9	9	9	8	8	8	7	7	7	6	6	6	5	5	5	4	4	4	3	3	3	2	2	2	1	1	1	1
대운 여	10 1	1	1	2	2	2	3	3	3	4	4	4	5	5	5	6	6	6	7	7	7	8	8	8	9	9	9	10	10	10

날짜	평균기온	최고기온	최저기온	강수량	일 출	일 몰
3월 6일(양) 경칩 09시 51분	2.0℃	5.1℃	0.4℃	22.9mm	06:58	18:30
3월 10일(양)	4.2℃	10.3℃	0.8℃	–	06:52	18:34
3월 20일(양)	-0.3℃	3.8℃	-3.4℃	–	06:37	18:43
3월 21일(양) 춘분 10시 53분	3.9℃	11.4℃	-2.8℃	0.0mm	06:36	18:44
4월 1일(양)	7.5℃	13.3℃	3.7℃	–	06:19	18:54

청명　04.05 ～ 05.05(양)

壬辰月

양력	04.05	6	7	8	9	10	11	12	13	14	15	16	17	18	19	20	21	22	23	24	25	26	27	28	29	30	5.1	2	3	4	5
음력	03.15	16	17	18	19	20	21	22	23	24	25	26	27	28	29	30	윤	3.2	3	4	5	6	7	8	9	10	11	12	13	14	15
일주	甲午	乙未	丙申	丁酉	戊戌	己亥	庚子	辛丑	壬寅	癸卯	甲辰	乙巳	丙午	丁未	戊申	己酉	庚戌	辛亥	壬子	癸丑	甲寅	乙卯	丙辰	丁巳	戊午	己未	庚申	辛酉	壬戌	癸亥	甲子
대운 남	1 10	10	10	9	9	9	8	8	8	7	7	7	6	6	6	5	5	5	4	4	4	3	3	3	2	2	2	1	1	1	1
대운 여	10 1	1	1	1	2	2	2	3	3	3	4	4	4	5	5	5	6	6	6	7	7	7	8	8	8	9	9	9	10	10	10

날짜	평균기온	최고기온	최저기온	강수량	일 출	일 몰
4월 5일(양) 청명 14시 57분	5.8℃	12.8℃	0.2℃	–	06:13	18:58
4월 10일(양)	10.6℃	16.4℃	5.8℃	–	06:06	19:02
4월 20일(양) 곡우 22시 12분	12.7℃	19.0℃	5.8℃	–	05:52	19:11
5월 1일(양)	12.9℃	19.3℃	7.5℃	–	05:38	19:21

입하　05.06 ～ 06.05(양)

癸巳月

양력	05.06	7	8	9	10	11	12	13	14	15	16	17	18	19	20	21	22	23	24	25	26	27	28	29	30	31	6.1	2	3	4	5
음력	03.16	17	18	19	20	21	22	23	24	25	26	27	28	29	4.1	2	3	4	5	6	7	8	9	10	11	12	13	14	15	16	17
일주	乙丑	丙寅	丁卯	戊辰	己巳	庚午	辛未	壬申	癸酉	甲戌	乙亥	丙子	丁丑	戊寅	己卯	庚辰	辛巳	壬午	癸未	甲申	乙酉	丙戌	丁亥	戊子	己丑	庚寅	辛卯	壬辰	癸巳	甲午	乙未
대운 남	1 10	10	10	9	9	9	8	8	8	7	7	7	6	6	6	5	5	5	4	4	4	3	3	3	2	2	2	1	1	1	1
대운 여	10 1	1	1	1	2	2	2	3	3	3	4	4	4	5	5	5	6	6	6	7	7	7	8	8	8	9	9	9	10	10	10

날짜	평균기온	최고기온	최저기온	강수량	일 출	일 몰
5월 6일(양) 입하 08시 30분	19.8℃	25.2℃	13.2℃	–	05:32	19:26
5월 10일(양)	17.2℃	20.2℃	13.3℃	9.2mm	05:28	19:29
5월 20일(양)	18.9℃	24.4℃	15.0℃	0.0mm	05:19	19:38
5월 21일(양) 소만 21시 32분	21.3℃	27.5℃	16.8℃	–	05:19	19:39
6월 1일(양)	21.6℃	28.8℃	16.0℃	–	05:13	19:47

망종　06.06 ～ 07.06(양)

甲午月

양력	06.06	7	8	9	10	11	12	13	14	15	16	17	18	19	20	21	22	23	24	25	26	27	28	29	30	7.1	2	3	4	5	6
음력	04.18	19	20	21	22	23	24	25	26	27	28	29	30	5.1	2	3	4	5	6	7	8	9	10	11	12	13	14	15	16	17	18
일주	丙申	丁酉	戊戌	己亥	庚子	辛丑	壬寅	癸卯	甲辰	乙巳	丙午	丁未	戊申	己酉	庚戌	辛亥	壬子	癸丑	甲寅	乙卯	丙辰	丁巳	戊午	己未	庚申	辛酉	壬戌	癸亥	甲子	乙丑	丙寅
대운 남	1 10	10	10	9	9	9	8	8	8	7	7	7	6	6	6	5	5	5	4	4	4	3	3	3	2	2	2	1	1	1	1
대운 여	10 1	1	1	1	2	2	2	3	3	3	4	4	4	5	5	5	6	6	6	7	7	7	8	8	8	9	9	9	10	10	10

날짜	평균기온	최고기온	최저기온	강수량	일 출	일 몰
6월 6일(양) 망종 12시 50분	16.4℃	22.4℃	10.2℃	–	05:11	19:50
6월 10일(양)	19.3℃	26.1℃	15.0℃	24.7mm	05:10	19:52
6월 20일(양)	21.4℃	27.1℃	15.8℃	–	05:10	19:56
6월 22일(양) 하지 05시 33분	24.3℃	28.4℃	21.0℃	0.0mm	05:11	19:57
7월 1일(양)	18.4℃	20.5℃	17.0℃	0.2mm	05:14	19:57

소서　07.07 ～ 08.07(양)

乙未月

양력	07.07	8	9	10	11	12	13	14	15	16	17	18	19	20	21	22	23	24	25	26	27	28	29	30	31	8.1	2	3	4	5	6	7
음력	05.19	20	21	22	23	24	25	26	27	28	29	6.1	2	3	4	5	6	7	8	9	10	11	12	13	14	15	16	17	18	19	20	21
일주	丁卯	戊辰	己巳	庚午	辛未	壬申	癸酉	甲戌	乙亥	丙子	丁丑	戊寅	己卯	庚辰	辛巳	壬午	癸未	甲申	乙酉	丙戌	丁亥	戊子	己丑	庚寅	辛卯	壬辰	癸巳	甲午	乙未	丙申	丁酉	戊戌
대운 남	1 10	10	10	10	9	9	9	8	8	8	7	7	7	6	6	6	5	5	5	4	4	4	3	3	3	2	2	2	1	1	1	1
대운 여	10 1	1	1	1	2	2	2	3	3	3	4	4	4	5	5	5	6	6	6	7	7	7	8	8	8	9	9	9	10	10	10

날짜	평균기온	최고기온	최저기온	강수량	일 출	일 몰
7월 7일(양) 소서 23시 07분	20.5℃	22.5℃	19.2℃	35.7mm	05:17	19:56
7월 10일(양)	23.6℃	27.3℃	21.6℃	–	05:19	19:55
7월 20일(양)	25.3℃	27.1℃	24.2℃	8.7mm	05:26	19:51
7월 23일(양) 대서 16시 23분	22.2℃	24.4℃	21.0℃	112.8mm	05:28	19:49
8월 1일(양)	27.3℃	31.6℃	25.1℃	–	05:35	19:41

입추　08.08 ～ 09.07(양)

丙申月

양력	08.08	9	10	11	12	13	14	15	16	17	18	19	20	21	22	23	24	25	26	27	28	29	30	31	9.1	2	3	4	5	6	7
음력	06.22	23	24	25	26	27	28	29	7.1	2	3	4	5	6	7	8	9	10	11	12	13	14	15	16	17	18	19	20	21	22	23
일주	己亥	庚子	辛丑	壬寅	癸卯	甲辰	乙巳	丙午	丁未	戊申	己酉	庚戌	辛亥	壬子	癸丑	甲寅	乙卯	丙辰	丁巳	戊午	己未	庚申	辛酉	壬戌	癸亥	甲子	乙丑	丙寅	丁卯	戊辰	己巳
대운 남	1 / 10	10	10	9	9	9	8	8	8	7	7	7	6	6	6	5	5	5	4	4	4	3	3	3	2	2	2	1	1	1	1
운 여	10 / 1	1	1	1	1	1	2	2	2	3	3	3	4	4	4	5	5	5	6	6	6	7	7	7	8	8	8	9	9	10	10

8월 8일(양) 입추 08시 49분		8월 10일(양)		8월 20일(양)		8월 23일(양) 처서 23시 18분		9월 1일(양)	
평균기온: 29.7℃	강수량: –	평균기온: 27.5℃	강수량: –	평균기온: 19.2℃	강수량: 37.9mm	평균기온: 26.3℃	강수량: –	평균기온: 23.6℃	강수량: 0.6mm
최고기온: 34.7℃	일 출: 05:41	최고기온: 32.9℃	일 출: 05:43	최고기온: 21.3℃	일 출: 05:51	최고기온: 31.8℃	일 출: 05:54	최고기온: 28.4℃	일 출: 06:01
최저기온: 25.0℃	일 몰: 19:34	최저기온: 22.8℃	일 몰: 19:32	최저기온: 18.0℃	일 몰: 19:19	최저기온: 23.6℃	일 몰: 19:15	최저기온: 19.0℃	일 몰: 19:02

백로　09.08 ～ 10.08(양)

丁酉月

양력	09.08	9	10	11	12	13	14	15	16	17	18	19	20	21	22	23	24	25	26	27	28	29	30	10.1	2	3	4	5	6	7	8
음력	07.24	25	26	27	28	29	30	8.1	2	3	4	5	6	7	8	9	10	11	12	13	14	15	16	17	18	19	20	21	22	23	24
일주	庚午	辛未	壬申	癸酉	甲戌	乙亥	丙子	丁丑	戊寅	己卯	庚辰	辛巳	壬午	癸未	甲申	乙酉	丙戌	丁亥	戊子	己丑	庚寅	辛卯	壬辰	癸巳	甲午	乙未	丙申	丁酉	戊戌	己亥	庚子
대운 남	1 / 10	10	10	9	9	9	8	8	8	7	7	7	6	6	6	5	5	5	4	4	4	3	3	3	2	2	2	1	1	1	1
운 여	10 / 1	1	1	1	1	1	2	2	2	3	3	3	4	4	4	5	5	5	6	6	6	7	7	7	8	8	8	9	9	10	10

9월 8일(양) 백로 11시 32분		9월 10일(양)		9월 20일(양)		9월 23일(양) 추분 20시 43분		10월 1일(양)	
평균기온: 24.2℃	강수량: 0.8mm	평균기온: 21.5℃	강수량: 0.6mm	평균기온: 19.7℃	강수량: –	평균기온: 19.5℃	강수량: –	평균기온: 19.1℃	강수량: –
최고기온: 27.8℃	일 출: 06:07	최고기온: 26.4℃	일 출: 06:09	최고기온: 25.3℃	일 출: 06:17	최고기온: 25.6℃	일 출: 06:20	최고기온: 24.2℃	일 출: 06:27
최저기온: 21.6℃	일 몰: 18:52	최저기온: 18.0℃	일 몰: 18:49	최저기온: 14.4℃	일 몰: 18:34	최저기온: 13.5℃	일 몰: 18:29	최저기온: 15.2℃	일 몰: 18:17

한로　10.09 ～ 11.07(양)

戊戌月

양력	10.09	10	11	12	13	14	15	16	17	18	19	20	21	22	23	24	25	26	27	28	29	30	31	11.1	2	3	4	5	6	7
음력	08.25	26	27	28	29	9.1	2	3	4	5	6	7	8	9	10	11	12	13	14	15	16	17	18	19	20	21	22	23	24	25
일주	辛丑	壬寅	癸卯	甲辰	乙巳	丙午	丁未	戊申	己酉	庚戌	辛亥	壬子	癸丑	甲寅	乙卯	丙辰	丁巳	戊午	己未	庚申	辛酉	壬戌	癸亥	甲子	乙丑	丙寅	丁卯	戊辰	己巳	庚午
대운 남	1 / 10	10	10	9	9	9	8	8	8	7	7	7	6	6	6	5	5	5	4	4	4	3	3	3	2	2	2	1	1	1
운 여	10 / 1	1	1	1	1	1	2	2	2	3	3	3	4	4	4	5	5	5	6	6	6	7	7	7	8	8	8	9	9	10

10월 9일(양) 한로 02시 57분		10월 10일(양)		10월 20일(양)		10월 24일(양) 상강 05시 51분		11월 1일(양)	
평균기온: 17.3℃	강수량: 5.2mm	평균기온: 20.2℃	강수량: 4.5mm	평균기온: 10.4℃	강수량: 0.0mm	평균기온: 14.3℃	강수량: –	평균기온: 12.9℃	강수량: –
최고기온: 20.1℃	일 출: 06:34	최고기온: 26.0℃	일 출: 06:35	최고기온: 15.0℃	일 출: 06:44	최고기온: 20.4℃	일 출: 06:48	최고기온: 17.0℃	일 출: 06:56
최저기온: 15.3℃	일 몰: 18:05	최저기온: 15.6℃	일 몰: 18:03	최저기온: 6.3℃	일 몰: 17:49	최저기온: 9.1℃	일 몰: 17:44	최저기온: 8.5℃	일 몰: 17:35

입동　11.08 ～ 12.06(양)

己亥月

양력	11.08	9	10	11	12	13	14	15	16	17	18	19	20	21	22	23	24	25	26	27	28	29	30	12.1	2	3	4	5	6
음력	09.26	27	28	29	10.1	2	3	4	5	6	7	8	9	10	11	12	13	14	15	16	17	18	19	20	21	22	23	24	25
일주	辛未	壬申	癸酉	甲戌	乙亥	丙子	丁丑	戊寅	己卯	庚辰	辛巳	壬午	癸未	甲申	乙酉	丙戌	丁亥	戊子	己丑	庚寅	辛卯	壬辰	癸巳	甲午	乙未	丙申	丁酉	戊戌	己亥
대운 남	1 / 10	9	9	9	8	8	8	7	7	7	6	6	6	5	5	5	4	4	4	3	3	3	2	2	2	1	1	1	1
운 여	10 / 1	1	1	1	2	2	2	3	3	3	4	4	4	5	5	5	6	6	6	7	7	7	8	8	8	9	9	9	9

11월 8일(양) 입동 05시 55분		11월 10일(양)		11월 20일(양)		11월 23일(양) 소설 03시 14분		12월 1일(양)	
평균기온: 10.5℃	강수량: –	평균기온: 11.2℃	강수량: 0.2mm	평균기온: −0.5℃	강수량: 6.6mm	평균기온: 2.9℃	강수량: 0.4mm	평균기온: −8.9℃	강수량: –
최고기온: 16.6℃	일 출: 07:03	최고기온: 15.2℃	일 출: 07:06	최고기온: 2.2℃	일 출: 07:16	최고기온: 7.8℃	일 출: 07:19	최고기온: −4.8℃	일 출: 07:27
최저기온: 5.2℃	일 몰: 17:28	최저기온: 7.0℃	일 몰: 17:26	최저기온: −5.8℃	일 몰: 17:19	최저기온: −1.2℃	일 몰: 17:17	최저기온: −12.5℃	일 몰: 17:14

대설　12.07 ～ 1967.01.05(양)

庚子月

양력	12.07	8	9	10	11	12	13	14	15	16	17	18	19	20	21	22	23	24	25	26	27	28	29	30	31	1.1	2	3	4	5
음력	10.26	27	28	29	30	11.1	2	3	4	5	6	7	8	9	10	11	12	13	14	15	16	17	18	19	20	21	22	23	24	25
일주	庚子	辛丑	壬寅	癸卯	甲辰	乙巳	丙午	丁未	戊申	己酉	庚戌	辛亥	壬子	癸丑	甲寅	乙卯	丙辰	丁巳	戊午	己未	庚申	辛酉	壬戌	癸亥	甲子	乙丑	丙寅	丁卯	戊辰	己巳
대운 남	1 / 10	10	9	9	9	8	8	8	7	7	7	6	6	6	5	5	5	4	4	4	3	3	3	2	2	2	1	1	1	1
운 여	10 / 1	1	1	1	1	2	2	2	3	3	3	4	4	4	5	5	5	6	6	6	7	7	7	8	8	8	9	9	9	10

12월 7일(양) 대설 22시 38분		12월 10일(양)		12월 20일(양)		12월 22일(양) 동지 16시 28분		1월 1일(양)	
평균기온: −0.4℃	강수량: –	평균기온: −1.4℃	강수량: 0.0mm	평균기온: −0.8℃	강수량: –	평균기온: −4.4℃	강수량: –	평균기온: −2.5℃	강수량: 1.5mm
최고기온: 4.3℃	일 출: 07:33	최고기온: 4.0℃	일 출: 07:35	최고기온: 3.6℃	일 출: 07:42	최고기온: −0.7℃	일 출: 07:43	최고기온: 1.5℃	일 출: 07:47
최저기온: −4.8℃	일 몰: 17:14	최저기온: −5.3℃	일 몰: 17:14	최저기온: −3.2℃	일 몰: 17:16	최저기온: −7.0℃	일 몰: 17:17	최저기온: −7.4℃	일 몰: 17:24

소한　01.06 ～ 02.03(양)

辛丑月

양력	01.06	7	8	9	10	11	12	13	14	15	16	17	18	19	20	21	22	23	24	25	26	27	28	29	30	31	2.1	2	3
음력	11.26	27	28	29	30	12.1	2	3	4	5	6	7	8	9	10	11	12	13	14	15	16	17	18	19	20	21	22	23	24
일주	庚午	辛未	壬申	癸酉	甲戌	乙亥	丙子	丁丑	戊寅	己卯	庚辰	辛巳	壬午	癸未	甲申	乙酉	丙戌	丁亥	戊子	己丑	庚寅	辛卯	壬辰	癸巳	甲午	乙未	丙申	丁酉	戊戌
대운 남	1 / 10	9	9	9	8	8	8	7	7	7	6	6	6	5	5	5	4	4	4	3	3	3	2	2	2	1	1	1	1
운 여	10 / 1	1	1	1	2	2	2	3	3	3	4	4	4	5	5	5	6	6	6	7	7	7	8	8	8	9	9	9	9

1월 6일(양) 소한 09시 48분		1월 10일(양)		1월 20일(양)		1월 21일(양) 대한 03시 08분		2월 1일(양)	
평균기온: −0.4℃	강수량: 0.0mm	평균기온: −7.3℃	강수량: –	평균기온: −1.8℃	강수량: –	평균기온: −0.3℃	강수량: –	평균기온: −6.9℃	강수량: –
최고기온: 4.3℃	일 출: 07:47	최고기온: −2.9℃	일 출: 07:47	최고기온: 4.2℃	일 출: 07:44	최고기온: 6.9℃	일 출: 07:44	최고기온: −2.4℃	일 출: 07:37
최저기온: −3.0℃	일 몰: 17:28	최저기온: −12.0℃	일 몰: 17:32	최저기온: −4.5℃	일 몰: 17:42	최저기온: −5.5℃	일 몰: 17:43	최저기온: −10.1℃	일 몰: 17:55

단기 4300년

입춘 — 02.04 ~ 03.05(양)

壬寅月

	절입																													
양력	1967.02.04	5	6	7	8	9	10	11	12	13	14	15	16	17	18	19	20	21	22	23	24	25	26	27	28	3.1	2	3	4	5
음력	1966.12.25	26	27	28	29	1.1	2	3	4	5	6	7	8	9	10	11	12	13	14	15	16	17	18	19	20	21	22	23	24	25
일주	己亥	庚子	辛丑	壬寅	癸卯	甲辰	乙巳	丙午	丁未	戊申	己酉	庚戌	辛亥	壬子	癸丑	甲寅	乙卯	丙辰	丁巳	戊午	己未	庚申	辛酉	壬戌	癸亥	甲子	乙丑	丙寅	丁卯	戊辰
대운 남	1·1	1	1	1	1	2	2	2	3	3	3	4	4	4	5	5	5	6	6	6	7	7	7	8	8	8	9	9	9	10
대운 여	10·10	10	10	9	9	9	8	8	8	7	7	7	6	6	6	5	5	5	4	4	4	3	3	3	2	2	2	1	1	1

	2월 4일(양) 입춘 21시 31분	2월 10일(양)	2월 19일(양) 우수 17시 24분	2월 20일(양)	3월 1일(양)
평균기온	-1.2℃	-6.5℃	-1.9℃	1.7℃	2.9℃
최고기온	4.8℃	-3.5℃	4.1℃	5.8℃	8.2℃
최저기온	-6.0℃	-9.2℃	-7.4℃	-3.0℃	-1.8℃
강수량	0.0mm	-	-	-	-
일 출	07:34	07:28	07:18	07:17	07:05
일 몰	17:58	18:05	18:14	18:16	18:25

경칩 — 03.06 ~ 04.04(양)

癸卯月

	절입																													
양력	03.06	7	8	9	10	11	12	13	14	15	16	17	18	19	20	21	22	23	24	25	26	27	28	29	30	31	4.1	2	3	4
음력	01.26	27	28	29	30	2.1	2	3	4	5	6	7	8	9	10	11	12	13	14	15	16	17	18	19	20	21	22	23	24	25
일주	己巳	庚午	辛未	壬申	癸酉	甲戌	乙亥	丙子	丁丑	戊寅	己卯	庚辰	辛巳	壬午	癸未	甲申	乙酉	丙戌	丁亥	戊子	己丑	庚寅	辛卯	壬辰	癸巳	甲午	乙未	丙申	丁酉	戊戌
대운 남	10·1	1	1	1	1	2	2	2	3	3	3	4	4	4	5	5	5	6	6	6	7	7	7	8	8	8	9	9	9	10
대운 여	1·10	10	10	9	9	9	8	8	8	7	7	7	6	6	6	5	5	5	4	4	4	3	3	3	2	2	2	1	1	1

	3월 6일(양) 경칩 15시 42분	3월 10일(양)	3월 20일(양)	3월 21일(양) 춘분 16시 37분	4월 1일(양)
평균기온	-2.6℃	2.8℃	7.0℃	7.8℃	11.2℃
최고기온	1.7℃	6.8℃	13.7℃	10.8℃	16.8℃
최저기온	-6.1	0.9℃	0.7℃	5.1℃	7.6℃
강수량	0.0mm	0.0mm	-	0.0mm	0.0mm
일 출	06:58	06:52	06:37	06:36	06:19
일 몰	18:30	18:33	18:43	18:44	18:54

청명 — 04.05 ~ 05.05(양)

甲辰月

	절입																														
양력	04.05	6	7	8	9	10	11	12	13	14	15	16	17	18	19	20	21	22	23	24	25	26	27	28	29	30	5.1	2	3	4	5
음력	02.26	27	28	29	30	3.1	2	3	4	5	6	7	8	9	10	11	12	13	14	15	16	17	18	19	20	21	22	23	24	25	26
일주	己亥	庚子	辛丑	壬寅	癸卯	甲辰	乙巳	丙午	丁未	戊申	己酉	庚戌	辛亥	壬子	癸丑	甲寅	乙卯	丙辰	丁巳	戊午	己未	庚申	辛酉	壬戌	癸亥	甲子	乙丑	丙寅	丁卯	戊辰	己巳
대운 남	10·1	1	1	1	1	2	2	2	3	3	3	4	4	4	5	5	5	6	6	6	7	7	7	8	8	8	9	9	9	10	10
대운 여	1·10	10	10	9	9	9	8	8	8	7	7	7	6	6	6	5	5	5	4	4	4	3	3	3	2	2	2	1	1	1	1

	4월 5일(양) 청명 20시 45분	4월 10일(양)	4월 20일(양)	4월 21일(양) 곡우 03시 55분	5월 1일(양)
평균기온	6.7℃	12.2℃	7.6℃	9.2℃	15.3℃
최고기온	11.4℃	14.8℃	10.8℃	15.8℃	21.5℃
최저기온	1.1℃	8.4℃	6.3℃	5.6℃	11.0℃
강수량	-	9.3mm	0.0mm	-	-
일 출	06:13	06:06	05:52	05:51	05:38
일 몰	18:57	19:02	19:11	19:12	19:21

입하 — 05.06 ~ 06.05(양)

乙巳月

	절입																														
양력	05.06	7	8	9	10	11	12	13	14	15	16	17	18	19	20	21	22	23	24	25	26	27	28	29	30	31	6.1	2	3	4	5
음력	03.27	28	29	4.1	2	3	4	5	6	7	8	9	10	11	12	13	14	15	16	17	18	19	20	21	22	23	24	25	26	27	28
일주	庚午	辛未	壬申	癸酉	甲戌	乙亥	丙子	丁丑	戊寅	己卯	庚辰	辛巳	壬午	癸未	甲申	乙酉	丙戌	丁亥	戊子	己丑	庚寅	辛卯	壬辰	癸巳	甲午	乙未	丙申	丁酉	戊戌	己亥	庚子
대운 남	10·1	1	1	1	1	2	2	2	3	3	3	4	4	4	5	5	5	6	6	6	7	7	7	8	8	8	9	9	9	10	10
대운 여	1·10	10	10	9	9	9	8	8	8	7	7	7	6	6	6	5	5	5	4	4	4	3	3	3	2	2	2	1	1	1	1

	5월 6일(양) 입하 14시 17분	5월 10일(양)	5월 20일(양)	5월 22일(양) 소만 03시 18분	6월 1일(양)
평균기온	18.2℃	15.3℃	22.4℃	22.1℃	18.5℃
최고기온	26.0℃	21.6℃	29.1℃	27.6℃	23.6℃
최저기온	12.8℃	12.0℃	17.0℃	17.0℃	16.0℃
강수량	-	-	-	-	1.2mm
일 출	05:32	05:28	05:20	05:18	05:13
일 몰	19:26	19:29	19:38	19:39	19:47

망종 — 06.06 ~ 07.07(양)

丙午月

	절입																															
양력	06.06	7	8	9	10	11	12	13	14	15	16	17	18	19	20	21	22	23	24	25	26	27	28	29	30	7.1	2	3	4	5	6	7
음력	04.29	30	5.1	2	3	4	5	6	7	8	9	10	11	12	13	14	15	16	17	18	19	20	21	22	23	24	25	26	27	28	29	30
일주	辛丑	壬寅	癸卯	甲辰	乙巳	丙午	丁未	戊申	己酉	庚戌	辛亥	壬子	癸丑	甲寅	乙卯	丙辰	丁巳	戊午	己未	庚申	辛酉	壬戌	癸亥	甲子	乙丑	丙寅	丁卯	戊辰	己巳	庚午	辛未	壬申
대운 남	10·1	1	1	1	1	2	2	2	3	3	3	4	4	4	5	5	5	6	6	6	7	7	7	8	8	8	9	9	9	10	10	10
대운 여	1·10	10	10	9	9	9	8	8	8	7	7	7	6	6	6	5	5	5	4	4	4	3	3	3	2	2	2	1	1	1	1	1

	6월 6일(양) 망종 18시 36분	6월 10일(양)	6월 20일(양)	6월 22일(양) 하지 11시 23분	7월 1일(양)
평균기온	22.3℃	19.0℃	20.1℃	23.5℃	20.6℃
최고기온	28.0℃	24.6℃	25.5℃	28.4℃	22.1℃
최저기온	17.0℃	15.0℃	18.6℃	19.5℃	18.6℃
강수량	-	0.1mm	35.9mm	-	20.9mm
일 출	05:11	05:10	05:10	05:11	05:14
일 몰	19:50	19:52	19:56	19:57	19:57

소서 — 07.08 ~ 08.07(양)

丁未月

	절입																														
양력	07.08	9	10	11	12	13	14	15	16	17	18	19	20	21	22	23	24	25	26	27	28	29	30	31	8.1	2	3	4	5	6	7
음력	06.01	2	3	4	5	6	7	8	9	10	11	12	13	14	15	16	17	18	19	20	21	22	23	24	25	26	27	28	29	7.1	2
일주	癸酉	甲戌	乙亥	丙子	丁丑	戊寅	己卯	庚辰	辛巳	壬午	癸未	甲申	乙酉	丙戌	丁亥	戊子	己丑	庚寅	辛卯	壬辰	癸巳	甲午	乙未	丙申	丁酉	戊戌	己亥	庚子	辛丑	壬寅	癸卯
대운 남	10·1	1	1	1	1	2	2	2	3	3	3	4	4	4	5	5	5	6	6	6	7	7	7	8	8	8	9	9	9	10	10
대운 여	1·10	10	10	9	9	9	8	8	8	7	7	7	6	6	6	5	5	5	4	4	4	3	3	3	2	2	2	1	1	1	1

	7월 8일(양) 소서 04시 53분	7월 10일(양)	7월 20일(양)	7월 23일(양) 대서 22시 16분	8월 1일(양)
평균기온	24.6℃	25.8℃	23.0℃	25.0℃	26.8℃
최고기온	30.1℃	31.3℃	28.2℃	27.0℃	31.2℃
최저기온	19.6℃	21.5℃	21.4℃	23.6℃	23.8℃
강수량	-	-	96.2mm	25.0mm	-
일 출	05:17	05:18	05:25	05:28	05:35
일 몰	19:56	19:56	19:51	19:49	19:41

입추 (戊申月)　08.08 ~ 09.07(양)

戊申月 · 입추 (양력)	08.08	9	10	11	12	13	14	15	16	17	18	19	20	21	22	23	24	25	26	27	28	29	30	31	9.1	2	3	4	5	6	7
음력	07.03	4	5	6	7	8	9	10	11	12	13	14	15	16	17	18	19	20	21	22	23	24	25	26	27	28	29	8.1	2	3	4
일주	甲辰	乙巳	丙午	丁未	戊申	己酉	庚戌	辛亥	壬子	癸丑	甲寅	乙卯	丙辰	丁巳	戊午	己未	庚申	辛酉	壬戌	癸亥	甲子	乙丑	丙寅	丁卯	戊辰	己巳	庚午	辛未	壬申	癸酉	甲戌
대운 남	10 1	1	1	1	1	2	2	2	3	3	3	4	4	4	5	5	5	6	6	6	7	7	7	8	8	8	9	9	9	10	10
대운 여	1 10	10	10	9	9	9	8	8	8	7	7	7	6	6	6	5	5	5	4	4	4	3	3	3	2	2	2	1	1	1	1

	8월 8일(양) 입추 14시 35분	8월 10일(양)	8월 20일(양)	8월 24일(양) 처서 05시 12분	9월 1일(양)
평균기온	27.8℃	27.4℃	26.1℃	27.6℃	26.2℃
최고기온	32.8℃	31.2℃	31.4℃	31.6℃	31.4℃
최저기온	25.8℃	24.6℃	21.9℃	25.0℃	22.9℃
강수량	–	38.0mm	–	–	–
일 출	05:41	05:42	05:51	05:54	06:01
일 몰	19:34	19:32	19:20	19:14	19:03

백로 (己酉月)　09.08 ~ 10.08(양)

己酉月 · 백로 (양력)	09.08	9	10	11	12	13	14	15	16	17	18	19	20	21	22	23	24	25	26	27	28	29	30	10.1	2	3	4	5	6	7	8
음력	08.05	6	7	8	9	10	11	12	13	14	15	16	17	18	19	20	21	22	23	24	25	26	27	28	29	30	9.1	2	3	4	5
일주	乙亥	丙子	丁丑	戊寅	己卯	庚辰	辛巳	壬午	癸未	甲申	乙酉	丙戌	丁亥	戊子	己丑	庚寅	辛卯	壬辰	癸巳	甲午	乙未	丙申	丁酉	戊戌	己亥	庚子	辛丑	壬寅	癸卯	甲辰	乙巳
대운 남	10 1	1	1	1	2	2	2	3	3	3	4	4	4	5	5	5	6	6	6	7	7	7	8	8	8	9	9	9	10	10	10
대운 여	1 10	10	10	10	9	9	9	8	8	8	7	7	7	6	6	6	5	5	5	4	4	4	3	3	3	2	2	2	1	1	1

	9월 8일(양) 백로 17시 18분	9월 10일(양)	9월 20일(양)	9월 24일(양) 추분 02시 38분	10월 1일(양)
평균기온	23.5℃	22.1℃	20.8℃	17.8℃	13.4℃
최고기온	27.5℃	25.7℃	26.7℃	24.2℃	18.2℃
최저기온	21.2℃	18.4℃	15.5℃	12.2℃	11.5℃
강수량	27.0mm	0.2mm	–	–	6.6mm
일 출	06:07	06:09	06:17	06:20	06:26
일 몰	18:52	18:49	18:34	18:28	18:17

한로 (庚戌月)　10.09 ~ 11.07(양)

庚戌月 · 한로 (양력)	10.09	10	11	12	13	14	15	16	17	18	19	20	21	22	23	24	25	26	27	28	29	30	31	11.1	2	3	4	5	6	7
음력	09.06	7	8	9	10	11	12	13	14	15	16	17	18	19	20	21	22	23	24	25	26	27	28	29	10.1	2	3	4	5	6
일주	丙午	丁未	戊申	己酉	庚戌	辛亥	壬子	癸丑	甲寅	乙卯	丙辰	丁巳	戊午	己未	庚申	辛酉	壬戌	癸亥	甲子	乙丑	丙寅	丁卯	戊辰	己巳	庚午	辛未	壬申	癸酉	甲戌	乙亥
대운 남	10 1	1	1	1	2	2	2	3	3	3	4	4	4	5	5	5	6	6	6	7	7	7	8	8	8	9	9	9	10	10
대운 여	1 10	10	10	9	9	9	8	8	8	7	7	7	6	6	6	5	5	5	4	4	4	3	3	3	2	2	2	1	1	1

	10월 9일(양) 한로 08시 41분	10월 10일(양)	10월 20일(양)	10월 24일(양) 상강 11시 44분	11월 1일(양)
평균기온	16.0℃	15.8℃	12.9℃	15.2℃	10.4℃
최고기온	23.2℃	22.8℃	18.9℃	22.0℃	13.0℃
최저기온	9.8℃	9.6℃	7.7℃	9.0℃	8.4℃
강수량	–	–	–	–	0.0mm
일 출	06:34	06:35	06:44	06:48	06:56
일 몰	18:05	18:04	17:50	17:44	17:35

입동 (辛亥月)　11.08 ~ 12.07(양)

辛亥月 · 입동 (양력)	11.08	9	10	11	12	13	14	15	16	17	18	19	20	21	22	23	24	25	26	27	28	29	30	12.1	2	3	4	5	6	7
음력	10.07	8	9	10	11	12	13	14	15	16	17	18	19	20	21	22	23	24	25	26	27	28	29	30	11.1	2	3	4	5	6
일주	丙子	丁丑	戊寅	己卯	庚辰	辛巳	壬午	癸未	甲申	乙酉	丙戌	丁亥	戊子	己丑	庚寅	辛卯	壬辰	癸巳	甲午	乙未	丙申	丁酉	戊戌	己亥	庚子	辛丑	壬寅	癸卯	甲辰	乙巳
대운 남	10 1	1	1	1	2	2	2	3	3	3	4	4	4	5	5	5	6	6	6	7	7	7	8	8	8	9	9	9	10	10
대운 여	1 10	10	10	9	9	9	8	8	8	7	7	7	6	6	6	5	5	5	4	4	4	3	3	3	2	2	2	1	1	1

	11월 8일(양) 입동 11시 37분	11월 10일(양)	11월 20일(양)	11월 23일(양) 소설 09시 04분	12월 1일(양)
평균기온	12.0℃	3.9℃	7.9℃	4.3℃	-1.7℃
최고기온	18.7℃	10.4℃	11.9℃	9.4℃	2.0℃
최저기온	5.1℃	-2.0℃	4.9℃	1.2℃	-4.6℃
강수량	5.0mm	–	5.9mm	–	–
일 출	07:03	07:05	07:16	07:19	07:27
일 몰	17:28	17:26	17:19	17:17	17:14

대설 (壬子月)　12.08 ~ 1968.01.05(양)

壬子月 · 대설 (양력)	12.08	9	10	11	12	13	14	15	16	17	18	19	20	21	22	23	24	25	26	27	28	29	30	31	1.1	2	3	4	5
음력	11.07	8	9	10	11	12	13	14	15	16	17	18	19	20	21	22	23	24	25	26	27	28	29	12.1	2	3	4	5	6
일주	丙午	丁未	戊申	己酉	庚戌	辛亥	壬子	癸丑	甲寅	乙卯	丙辰	丁巳	戊午	己未	庚申	辛酉	壬戌	癸亥	甲子	乙丑	丙寅	丁卯	戊辰	己巳	庚午	辛未	壬申	癸酉	甲戌
대운 남	10 1	1	1	1	2	2	2	3	3	3	4	4	4	5	5	5	6	6	6	7	7	7	8	8	8	9	9	9	10
대운 여	1 10	10	9	9	9	8	8	8	7	7	7	6	6	6	5	5	5	4	4	4	3	3	3	2	2	2	1	1	1

	12월 8일(양) 대설 04시 18분	12월 10일(양)	12월 20일(양)	12월 22일(양) 동지 22시 16분	1월 1일(양)
평균기온	-10.7℃	-7.8℃	-2.2℃	-8.3℃	-4.3℃
최고기온	-6.6℃	-4.8℃	2.3℃	-4.8℃	0.5℃
최저기온	-14.5℃	-10.1℃	-7.2℃	-10.8℃	-8.8℃
강수량	–	0.0mm	0.0mm	–	–
일 출	07:33	07:35	07:42	07:43	07:47
일 몰	17:14	17:14	17:16	17:17	17:24

소한 (癸丑月)　01.06 ~ 02.04(양)

癸丑月 · 소한 (양력)	1968.01.06	7	8	9	10	11	12	13	14	15	16	17	18	19	20	21	22	23	24	25	26	27	28	29	30	31	2.1	2	3	4
음력	1967.12.07	8	9	10	11	12	13	14	15	16	17	18	19	20	21	22	23	24	25	26	27	28	29	30	1.1	2	3	4	5	6
일주	乙亥	丙子	丁丑	戊寅	己卯	庚辰	辛巳	壬午	癸未	甲申	乙酉	丙戌	丁亥	戊子	己丑	庚寅	辛卯	壬辰	癸巳	甲午	乙未	丙申	丁酉	戊戌	己亥	庚子	辛丑	壬寅	癸卯	甲辰
대운 남	10 1	1	1	1	2	2	2	3	3	3	4	4	4	5	5	5	6	6	6	7	7	7	8	8	8	9	9	9	10	10
대운 여	1 10	10	10	9	9	9	8	8	8	7	7	7	6	6	6	5	5	5	4	4	4	3	3	3	2	2	2	1	1	1

	1월 6일(양) 소한 15시 26분	1월 10일(양)	1월 20일(양)	1월 21일(양) 대한 08시 54분	2월 1일(양)
평균기온	4.3℃	-0.1℃	-7.1℃	-6.4℃	-10.8℃
최고기온	8.2℃	4.2℃	-2.8℃	-1.8℃	-5.5℃
최저기온	1.0℃	-2.9℃	-10.2℃	-10.0℃	-13.8℃
강수량	–	–	–	–	–
일 출	07:47	07:47	07:44	07:44	07:37
일 몰	17:28	17:31	17:41	17:43	17:55

입춘　02.05 ~ 03.04(양)　—　甲寅月

양력	1968.02.05	6	7	8	9	10	11	12	13	14	15	16	17	18	19	20	21	22	23	24	25	26	27	28	29	3.1	2	3	4
음력	1968.01.07	8	9	10	11	12	13	14	15	16	17	18	19	20	21	22	23	24	25	26	27	28	29	2.1	2	3	4	5	6
일주	乙巳	丙午	丁未	戊申	己酉	庚戌	辛亥	壬子	癸丑	甲寅	乙卯	丙辰	丁巳	戊午	己未	庚申	辛酉	壬戌	癸亥	甲子	乙丑	丙寅	丁卯	戊辰	己巳	庚午	辛未	壬申	癸酉
대운 남	10	10	9	9	8	8	8	7	7	7	6	6	6	5	5	5	4	4	4	3	3	3	2	2	2	1	1	1	1
대운 여	1	1	1	1	2	2	2	3	3	3	4	4	4	5	5	5	6	6	6	7	7	7	8	8	8	9	9	9	9

구분	2월 5일(양) 입춘 03시 07분	2월 10일(양)	2월 19일(양) 우수 23시 09분	2월 20일(양)	3월 1일(양)
평균기온	-7.4℃	-5.1℃	-7.6℃	-9.6℃	-3.2℃
최고기온	-3.1℃	0.4℃	-4.4℃	-5.2℃	0.8℃
최저기온	-10.2℃	-9.2℃	-10.5℃	-13.0℃	-6.0℃
강수량	–	0.0mm	–	0.0mm	–
일 출	07:33	07:29	07:18	07:17	07:04
일 몰	17:59	18:05	18:14	18:15	18:25

경칩　03.05 ~ 04.04(양)　—　乙卯月

양력	03.05	6	7	8	9	10	11	12	13	14	15	16	17	18	19	20	21	22	23	24	25	26	27	28	29	30	31	4.1	2	3	4
음력	02.07	8	9	10	11	12	13	14	15	16	17	18	19	20	21	22	23	24	25	26	27	28	29	30	3.1	2	3	4	5	6	7
일주	甲戌	乙亥	丙子	丁丑	戊寅	己卯	庚辰	辛巳	壬午	癸未	甲申	乙酉	丙戌	丁亥	戊子	己丑	庚寅	辛卯	壬辰	癸巳	甲午	乙未	丙申	丁酉	戊戌	己亥	庚子	辛丑	壬寅	癸卯	甲辰
대운 남	1	10	10	9	9	9	8	8	8	7	7	6	6	6	5	5	5	4	4	4	3	3	3	2	2	2	1	1	1	1	1
대운 여	10	1	1	1	1	2	2	2	3	3	4	4	4	5	5	5	6	6	6	7	7	7	8	8	8	9	9	9	10	10	10

구분	3월 5일(양) 경칩 21시 18분	3월 10일(양)	3월 20일(양) 춘분 22시 22분	4월 1일(양)
평균기온	3.5℃	1.2℃	12.6℃	8.8℃
최고기온	9.2℃	6.3℃	16.8℃	14.8℃
최저기온	-2.4℃	-4.1℃	10.2℃	4.4℃
강수량	12.9mm	–	0.8mm	–
일 출	06:58	06:51	06:36	06:18
일 몰	18:29	18:34	18:44	18:54

청명　04.05 ~ 05.04(양)　—　丙辰月

양력	04.05	6	7	8	9	10	11	12	13	14	15	16	17	18	19	20	21	22	23	24	25	26	27	28	29	30	5.1	2	3	4
음력	03.08	9	10	11	12	13	14	15	16	17	18	19	20	21	22	23	24	25	26	27	28	29	30	4.1	2	3	4	5	6	7
일주	乙巳	丙午	丁未	戊申	己酉	庚戌	辛亥	壬子	癸丑	甲寅	乙卯	丙辰	丁巳	戊午	己未	庚申	辛酉	壬戌	癸亥	甲子	乙丑	丙寅	丁卯	戊辰	己巳	庚午	辛未	壬申	癸酉	甲戌
대운 남	1	10	9	9	9	8	8	8	7	7	7	6	6	6	5	5	5	4	4	4	3	3	3	2	2	2	1	1	1	1
대운 여	10	1	1	1	2	2	2	3	3	3	4	4	4	5	5	5	6	6	6	7	7	7	8	8	8	9	9	9	10	10

구분	4월 5일(양) 청명 02시 21분	4월 10일(양)	4월 20일(양) 곡우 09시 41분	5월 1일(양)
평균기온	8.9℃	10.9℃	14.3℃	18.5℃
최고기온	12.6℃	15.7℃	21.7℃	26.5℃
최저기온	5.9℃	7.4℃	7.8℃	9.9℃
강수량	0.3mm	–	–	–
일 출	06:12	06:05	05:51	05:37
일 몰	18:58	19:03	19:12	19:22

입하　05.05 ~ 06.05(양)　—　丁巳月

양력	05.05	6	7	8	9	10	11	12	13	14	15	16	17	18	19	20	21	22	23	24	25	26	27	28	29	30	31	6.1	2	3	4	5
음력	04.08	9	10	11	12	13	14	15	16	17	18	19	20	21	22	23	24	25	26	27	28	29	5.1	2	3	4	5	6	7	8	9	10
일주	乙亥	丙子	丁丑	戊寅	己卯	庚辰	辛巳	壬午	癸未	甲申	乙酉	丙戌	丁亥	戊子	己丑	庚寅	辛卯	壬辰	癸巳	甲午	乙未	丙申	丁酉	戊戌	己亥	庚子	辛丑	壬寅	癸卯	甲辰	乙巳	丙午
대운 남	1	10	10	10	9	9	9	8	8	8	7	7	6	6	6	5	5	5	4	4	4	3	3	3	2	2	2	1	1	1	1	1
대운 여	10	1	1	1	1	2	2	2	3	3	3	4	4	4	5	5	5	6	6	6	7	7	7	8	8	8	9	9	9	10	10	10

구분	5월 5일(양) 입하 19시 56분	5월 10일(양)	5월 20일(양)	5월 21일(양) 소만 09시 06분	6월 1일(양)
평균기온	17.4℃	16.9℃	19.6℃	18.3℃	17.3℃
최고기온	24.2℃	24.2℃	26.5℃	24.4℃	23.2℃
최저기온	12.4℃	11.2℃	12.8℃	15.0℃	14.2℃
강수량	–	–	–	–	0.7mm
일 출	05:33	05:28	05:19	05:18	05:12
일 몰	19:25	19:30	19:38	19:39	19:47

망종　06.06 ~ 07.06(양)　—　戊午月

양력	06.06	7	8	9	10	11	12	13	14	15	16	17	18	19	20	21	22	23	24	25	26	27	28	29	30	7.1	2	3	4	5	6
음력	05.11	12	13	14	15	16	17	18	19	20	21	22	23	24	25	26	27	28	29	30	6.1	2	3	4	5	6	7	8	9	10	11
일주	丁未	戊申	己酉	庚戌	辛亥	壬子	癸丑	甲寅	乙卯	丙辰	丁巳	戊午	己未	庚申	辛酉	壬戌	癸亥	甲子	乙丑	丙寅	丁卯	戊辰	己巳	庚午	辛未	壬申	癸酉	甲戌	乙亥	丙子	丁丑
대운 남	1	10	10	9	9	9	8	8	8	7	7	7	6	6	6	5	5	5	4	4	4	3	3	3	2	2	2	1	1	1	1
대운 여	10	1	1	1	2	2	2	3	3	3	4	4	4	5	5	5	6	6	6	7	7	7	8	8	8	9	9	9	10	10	10

구분	6월 6일(양) 망종 00시 19분	6월 10일(양)	6월 20일(양)	6월 21일(양) 하지 17시 13분	7월 1일(양)
평균기온	21.4℃	13.1℃	19.4℃	21.4℃	26.5℃
최고기온	28.4℃	15.6℃	24.3℃	28.2℃	31.3℃
최저기온	15.6℃	10.6℃	16.0℃	15.9℃	22.6℃
강수량	–	7.8mm	3.6mm	–	0.0mm
일 출	05:11	05:10	05:11	05:11	05:14
일 몰	19:50	19:53	19:56	19:57	19:57

소서　07.07 ~ 08.06(양)　—　己未月

양력	07.07	8	9	10	11	12	13	14	15	16	17	18	19	20	21	22	23	24	25	26	27	28	29	30	31	8.1	2	3	4	5	6
음력	06.12	13	14	15	16	17	18	19	20	21	22	23	24	25	26	27	28	29	7.1	2	3	4	5	6	7	8	9	10	11	12	13
일주	戊寅	己卯	庚辰	辛巳	壬午	癸未	甲申	乙酉	丙戌	丁亥	戊子	己丑	庚寅	辛卯	壬辰	癸巳	甲午	乙未	丙申	丁酉	戊戌	己亥	庚子	辛丑	壬寅	癸卯	甲辰	乙巳	丙午	丁未	戊申
대운 남	1	10	10	9	9	9	8	8	8	7	7	7	6	6	6	5	5	5	4	4	4	3	3	3	2	2	2	1	1	1	1
대운 여	10	1	1	1	2	2	2	3	3	3	4	4	4	5	5	5	6	6	6	7	7	7	8	8	8	9	9	9	10	10	10

구분	7월 7일(양) 소서 10시 42분	7월 10일(양)	7월 20일(양)	7월 23일(양) 대서 04시 07분	8월 1일(양)
평균기온	21.7℃	24.1℃	23.9℃	26.1℃	27.8℃
최고기온	24.8℃	29.5℃	26.2℃	30.4℃	32.1℃
최저기온	20.8℃	20.2℃	22.8℃	23.6℃	23.1℃
강수량	16.0mm	–	42.7mm	0.0mm	0.0mm
일 출	05:17	05:19	05:26	05:28	05:35
일 몰	19:56	19:55	19:50	19:48	19:41

입추 — 08.07 ~ 09.06(양) · 庚申月

구분	절입		8	9	10	11	12	13	14	15	16	17	18	19	20	21	22	23	24	25	26	27	28	29	30	31	9.1	2	3	4	5	6
양력	08.07		8	9	10	11	12	13	14	15	16	17	18	19	20	21	22	23	24	25	26	27	28	29	30	31	9.1	2	3	4	5	6
음력	07.14		15	16	17	18	19	20	21	22	23	24	25	26	27	28	29	30	윤	7.2	3	4	5	6	7	8	9	10	11	12	13	14
일주	己酉		庚戌	辛亥	壬子	癸丑	甲寅	乙卯	丙辰	丁巳	戊午	己未	庚申	辛酉	壬戌	癸亥	甲子	乙丑	丙寅	丁卯	戊辰	己巳	庚午	辛未	壬申	癸酉	甲戌	乙亥	丙子	丁丑	戊寅	己卯
대운 남	1	10	10	10	9	9	9	8	8	8	7	7	7	6	6	6	5	5	5	4	4	4	3	3	3	2	2	2	1	1	1	1
대운 여	10	1	1	1	1	1	2	2	2	3	3	3	4	4	4	5	5	5	6	6	6	7	7	7	8	8	8	9	9	9	10	10

8월 7일(양) 입추 20시 27분		8월 10일(양)		8월 20일(양)		8월 23일(양) 처서 11시 03분		9월 1일(양)	
평균기온: 26.2℃	강수량: 2.7mm	평균기온: 26.1℃	강수량: 0.0mm	평균기온: 24.4℃	강수량: 47.2mm	평균기온: 21.9℃	강수량: 149.3mm	평균기온: 21.6℃	강수량: -
최고기온: 28.8℃	일 출: 05:41	최고기온: 30.9℃	일 출: 05:43	최고기온: 25.9℃	일 출: 05:52	최고기온: 27.4℃	일 출: 05:54	최고기온: 27.9℃	일 출: 06:02
최저기온: 24.3℃	일 몰: 19:34	최저기온: 21.6℃	일 몰: 19:31	최저기온: 22.5℃	일 몰: 19:19	최저기온: 20.1℃	일 몰: 19:15	최저기온: 16.4℃	일 몰: 19:02

백로 — 09.07 ~ 10.07(양) · 辛酉月

구분	절입		8	9	10	11	12	13	14	15	16	17	18	19	20	21	22	23	24	25	26	27	28	29	30	10.1	2	3	4	5	6	7
양력	09.07		8	9	10	11	12	13	14	15	16	17	18	19	20	21	22	23	24	25	26	27	28	29	30	10.1	2	3	4	5	6	7
음력	07.15		16	17	18	19	20	21	22	23	24	25	26	27	28	29	8.1	2	3	4	5	6	7	8	9	10	11	12	13	14	15	16
일주	庚辰		辛巳	壬午	癸未	甲申	乙酉	丙戌	丁亥	戊子	己丑	庚寅	辛卯	壬辰	癸巳	甲午	乙未	丙申	丁酉	戊戌	己亥	庚子	辛丑	壬寅	癸卯	甲辰	乙巳	丙午	丁未	戊申	己酉	庚戌
대운 남	1	10	10	10	9	9	9	8	8	8	7	7	7	6	6	6	5	5	5	4	4	4	3	3	3	2	2	2	1	1	1	1
대운 여	10	1	1	1	1	1	2	2	2	3	3	3	4	4	4	5	5	5	6	6	6	7	7	7	8	8	8	9	9	9	10	10

9월 7일(양) 백로 23시 11분		9월 10일(양)		9월 20일(양)		9월 23일(양) 추분 08시 26분		10월 1일(양)	
평균기온: 22.0℃	강수량: 0.1mm	평균기온: 22.9℃	강수량: -	평균기온: 17.9℃	강수량: 12.8mm	평균기온: 18.0℃	강수량: 1.2mm	평균기온: 16.5℃	강수량: -
최고기온: 27.8℃	일 출: 06:07	최고기온: 28.0℃	일 출: 06:09	최고기온: 21.6℃	일 출: 06:18	최고기온: 23.0℃	일 출: 06:20	최고기온: 23.1℃	일 출: 06:27
최저기온: 19.0℃	일 몰: 18:53	최저기온: 18.6℃	일 몰: 18:48	최저기온: 13.0℃	일 몰: 18:33	최저기온: 13.9℃	일 몰: 18:28	최저기온: 9.6℃	일 몰: 18:16

한로 — 10.08 ~ 11.06(양) · 壬戌月

구분	절입		9	10	11	12	13	14	15	16	17	18	19	20	21	22	23	24	25	26	27	28	29	30	31	11.1	2	3	4	5	6
양력	10.08		9	10	11	12	13	14	15	16	17	18	19	20	21	22	23	24	25	26	27	28	29	30	31	11.1	2	3	4	5	6
음력	08.17		18	19	20	21	22	23	24	25	26	27	28	29	30	9.1	2	3	4	5	6	7	8	9	10	11	12	13	14	15	16
일주	辛亥		壬子	癸丑	甲寅	乙卯	丙辰	丁巳	戊午	己未	庚申	辛酉	壬戌	癸亥	甲子	乙丑	丙寅	丁卯	戊辰	己巳	庚午	辛未	壬申	癸酉	甲戌	乙亥	丙子	丁丑	戊寅	己卯	庚辰
대운 남	1	10	10	9	9	9	8	8	8	7	7	7	6	6	6	5	5	5	4	4	4	3	3	3	2	2	2	1	1	1	1
대운 여	10	1	1	1	1	1	2	2	2	3	3	3	4	4	4	5	5	5	6	6	6	7	7	7	8	8	8	9	9	9	10

10월 8일(양) 한로 14시 34분		10월 10일(양)		10월 20일(양)		10월 23일(양) 상강 17시 30분		11월 1일(양)	
평균기온: 14.8℃	강수량: -	평균기온: 14.0℃	강수량: -	평균기온: 11.8℃	강수량: -	평균기온: 15.4℃	강수량: -	평균기온: 10.7℃	강수량: -
최고기온: 20.1℃	일 출: 06:33	최고기온: 19.2℃	일 출: 06:35	최고기온: 19.0℃	일 출: 06:45	최고기온: 21.6℃	일 출: 06:48	최고기온: 16.8℃	일 출: 06:57
최저기온: 10.0℃	일 몰: 18:05	최저기온: 11.5℃	일 몰: 18:02	최저기온: 5.6℃	일 몰: 17:49	최저기온: 10.0℃	일 몰: 17:45	최저기온: 5.5℃	일 몰: 17:34

입동 — 11.07 ~ 12.06(양) · 癸亥月

구분	절입		8	9	10	11	12	13	14	15	16	17	18	19	20	21	22	23	24	25	26	27	28	29	30	12.1	2	3	4	5	6
양력	11.07		8	9	10	11	12	13	14	15	16	17	18	19	20	21	22	23	24	25	26	27	28	29	30	12.1	2	3	4	5	6
음력	09.17		18	19	20	21	22	23	24	25	26	27	28	29	10.1	2	3	4	5	6	7	8	9	10	11	12	13	14	15	16	17
일주	辛巳		壬午	癸未	甲申	乙酉	丙戌	丁亥	戊子	己丑	庚寅	辛卯	壬辰	癸巳	甲午	乙未	丙申	丁酉	戊戌	己亥	庚子	辛丑	壬寅	癸卯	甲辰	乙巳	丙午	丁未	戊申	己酉	庚戌
대운 남	1	10	10	9	9	9	8	8	8	7	7	7	6	6	6	5	5	5	4	4	4	3	3	3	2	2	2	1	1	1	1
대운 여	10	1	1	1	1	1	2	2	2	3	3	3	4	4	4	5	5	5	6	6	6	7	7	7	8	8	8	9	9	9	10

11월 7일(양) 입동 17시 29분		11월 10일(양)		11월 20일(양)		11월 22일(양) 소설 14시 49분		12월 1일(양)	
평균기온: 11.9℃	강수량: -	평균기온: -3.9℃	강수량: 0.0mm	평균기온: 9.8℃	강수량: -	평균기온: 8.3℃	강수량: -	평균기온: 10.2℃	강수량: -
최고기온: 18.0℃	일 출: 07:03	최고기온: -0.1℃	일 출: 07:06	최고기온: 13.2℃	일 출: 07:17	최고기온: 15.6℃	일 출: 07:19	최고기온: 13.6℃	일 출: 07:28
최저기온: 7.5℃	일 몰: 17:28	최저기온: -6.7℃	일 몰: 17:25	최저기온: 7.8℃	일 몰: 17:18	최저기온: 2.6℃	일 몰: 17:17	최저기온: 8.1℃	일 몰: 17:14

대설 — 12.07 ~ 1969.01.04(양) · 甲子月

구분	절입		8	9	10	11	12	13	14	15	16	17	18	19	20	21	22	23	24	25	26	27	28	29	30	31	1.1	2	3	4
양력	12.07		8	9	10	11	12	13	14	15	16	17	18	19	20	21	22	23	24	25	26	27	28	29	30	31	1.1	2	3	4
음력	10.18		19	20	21	22	23	24	25	26	27	28	29	30	11.1	2	3	4	5	6	7	8	9	10	11	12	13	14	15	16
일주	辛亥		壬子	癸丑	甲寅	乙卯	丙辰	丁巳	戊午	己未	庚申	辛酉	壬戌	癸亥	甲子	乙丑	丙寅	丁卯	戊辰	己巳	庚午	辛未	壬申	癸酉	甲戌	乙亥	丙子	丁丑	戊寅	己卯
대운 남	1	10	9	9	9	8	8	8	7	7	7	6	6	6	5	5	5	4	4	4	3	3	3	2	2	2	1	1	1	1
대운 여	10	1	1	1	1	2	2	2	3	3	3	4	4	4	5	5	5	6	6	6	7	7	7	8	8	8	9	9	9	

12월 7일(양) 대설 10시 08분		12월 10일(양)		12월 20일(양)		12월 22일(양) 동지 04시 00분		1월 1일(양)	
평균기온: 11.9℃	강수량: -	평균기온: 10.3℃	강수량: 1.2mm	평균기온: 2.7℃	강수량: 5.4mm	평균기온: -6.7℃	강수량: 1.9mm	평균기온: -10.4℃	강수량: -
최고기온: 15.0℃	일 출: 07:33	최고기온: 12.0℃	일 출: 07:36	최고기온: 7.0℃	일 출: 07:43	최고기온: -4.4℃	일 출: 07:44	최고기온: -6.8℃	일 출: 07:47
최저기온: 10.3℃	일 몰: 17:14	최저기온: 9.2℃	일 몰: 17:14	최저기온: 0.5℃	일 몰: 17:17	최저기온: -8.2℃	일 몰: 17:18	최저기온: -12.6℃	일 몰: 17:24

소한 — 01.05 ~ 02.03(양) · 乙丑月

구분	절입		6	7	8	9	10	11	12	13	14	15	16	17	18	19	20	21	22	23	24	25	26	27	28	29	30	31	2.1	2	3
양력	1969.01.05		6	7	8	9	10	11	12	13	14	15	16	17	18	19	20	21	22	23	24	25	26	27	28	29	30	31	2.1	2	3
음력	1968.11.17		18	19	20	21	22	23	24	25	26	27	28	29	12.1	2	3	4	5	6	7	8	9	10	11	12	13	14	15	16	17
일주	庚辰		辛巳	壬午	癸未	甲申	乙酉	丙戌	丁亥	戊子	己丑	庚寅	辛卯	壬辰	癸巳	甲午	乙未	丙申	丁酉	戊戌	己亥	庚子	辛丑	壬寅	癸卯	甲辰	乙巳	丙午	丁未	戊申	己酉
대운 남	1	10	10	9	9	9	8	8	8	7	7	7	6	6	6	5	5	5	4	4	4	3	3	3	2	2	2	1	1	1	1
대운 여	10	1	1	1	1	1	2	2	2	3	3	3	4	4	4	5	5	5	6	6	6	7	7	7	8	8	8	9	9	9	10

1월 5일(양) 소한 21시 17분		1월 10일(양)		1월 20일(양) 대한 14시 38분		2월 1일(양)	
평균기온: -6.1℃	강수량: -	평균기온: -0.2℃	강수량: -	평균기온: 2.6℃	강수량: -	평균기온: -3.7℃	강수량: 0.0mm
최고기온: -2.0℃	일 출: 07:47	최고기온: 4.3℃	일 출: 07:47	최고기온: 7.8℃	일 출: 07:44	최고기온: -0.5℃	일 출: 07:36
최저기온: -8.7℃	일 몰: 17:27	최저기온: -3.3℃	일 몰: 17:32	최저기온: -0.4℃	일 몰: 17:42	최저기온: -9.0℃	일 몰: 17:55

입춘 — 02.04 ~ 03.05(양) · 丙寅月

양력	1969.02.04	5	6	7	8	9	10	11	12	13	14	15	16	17	18	19	20	21	22	23	24	25	26	27	28	3.1	2	3	4	5
음력	1968.12.18	19	20	21	22	23	24	25	26	27	28	29	30	1.1	2	3	4	5	6	7	8	9	10	11	12	13	14	15	16	17
일주	庚戌	辛亥	壬子	癸丑	甲寅	乙卯	丙辰	丁巳	戊午	己未	庚申	辛酉	壬戌	癸亥	甲子	乙丑	丙寅	丁卯	戊辰	己巳	庚午	辛未	壬申	癸酉	甲戌	乙亥	丙子	丁丑	戊寅	己卯
대운 남	1	1	1	1	1	2	2	2	3	3	3	4	4	4	5	5	5	6	6	6	7	7	7	8	8	8	9	9	9	10
대운 여	10	10	9	9	9	8	8	8	7	7	7	6	6	6	5	5	5	4	4	4	3	3	3	2	2	2	1	1	1	1

2월 4일(양) 입춘 08시 59분		2월 10일(양)		2월 19일(양) 우수 04시 55분		2월 20일(양)		3월 1일(양)	
평균기온: −6.9℃ 최고기온: −3.0℃ 최저기온: −12.8℃	강수량: 3.3㎜ 일 출: 07:34 일 몰: 17:59	평균기온: 3.7℃ 최고기온: 8.4℃ 최저기온: 0.3℃	강수량: − 일 출: 07:28 일 몰: 18:05	평균기온: 0.9℃ 최고기온: 4.6℃ 최저기온: −2.4℃	강수량: − 일 출: 07:17 일 몰: 18:15	평균기온: −0.4℃ 최고기온: 0.7℃ 최저기온: −1.6℃	강수량: 1.4㎜ 일 출: 07:16 일 몰: 18:16	평균기온: −4.6℃ 최고기온: 0.2℃ 최저기온: −8.1℃	강수량: − 일 출: 07:04 일 몰: 18:25

경칩 — 03.06 ~ 04.04(양) · 丁卯月

양력	03.06	7	8	9	10	11	12	13	14	15	16	17	18	19	20	21	22	23	24	25	26	27	28	29	30	31	4.1	2	3	4
음력	01.18	19	20	21	22	23	24	25	26	27	28	29	2.1	2	3	4	5	6	7	8	9	10	11	12	13	14	15	16	17	18
일주	庚辰	辛巳	壬午	癸未	甲申	乙酉	丙戌	丁亥	戊子	己丑	庚寅	辛卯	壬辰	癸巳	甲午	乙未	丙申	丁酉	戊戌	己亥	庚子	辛丑	壬寅	癸卯	甲辰	乙巳	丙午	丁未	戊申	己酉
대운 남	10·1	1	1	1	1	2	2	2	3	3	3	4	4	4	5	5	5	6	6	6	7	7	7	8	8	8	9	9	9	10
대운 여	1·10	10	9	9	9	8	8	8	7	7	7	6	6	6	5	5	5	4	4	4	3	3	3	2	2	2	1	1	1	1

3월 6일(양) 경칩 03시 11분		3월 10일(양)		3월 20일(양)		3월 21일(양) 춘분 04시 08분		4월 1일(양)	
평균기온: −0.5℃ 최고기온: 5.0℃ 최저기온: −4.4℃	강수량: 0.0㎜ 일 출: 06:57 일 몰: 18:30	평균기온: 0.6℃ 최고기온: 5.6℃ 최저기온: −3.3℃	강수량: − 일 출: 06:52 일 몰: 18:34	평균기온: 7.0℃ 최고기온: 8.0℃ 최저기온: 3.8℃	강수량: 3.1㎜ 일 출: 06:37 일 몰: 18:43	평균기온: 0.2℃ 최고기온: 3.8℃ 최저기온: −1.0℃	강수량: − 일 출: 06:35 일 몰: 18:44	평균기온: 8.5℃ 최고기온: 12.7℃ 최저기온: 4.4℃	강수량: − 일 출: 06:19 일 몰: 18:54

청명 — 04.05 ~ 05.05(양) · 戊辰月

양력	04.05	6	7	8	9	10	11	12	13	14	15	16	17	18	19	20	21	22	23	24	25	26	27	28	29	30	5.1	2	3	4	5
음력	02.19	20	21	22	23	24	25	26	27	28	29	30	3.1	2	3	4	5	6	7	8	9	10	11	12	13	14	15	16	17	18	19
일주	庚戌	辛亥	壬子	癸丑	甲寅	乙卯	丙辰	丁巳	戊午	己未	庚申	辛酉	壬戌	癸亥	甲子	乙丑	丙寅	丁卯	戊辰	己巳	庚午	辛未	壬申	癸酉	甲戌	乙亥	丙子	丁丑	戊寅	己卯	庚辰
대운 남	10·1	1	1	1	2	2	2	3	3	3	4	4	4	5	5	5	6	6	6	7	7	7	8	8	8	9	9	9	10	10	10
대운 여	1·10	10	10	9	9	9	8	8	8	7	7	7	6	6	6	5	5	5	4	4	4	3	3	3	2	2	2	1	1	1	1

4월 5일(양) 청명 08시 15분		4월 10일(양)		4월 20일(양) 곡우 15시 27분		5월 1일(양)			
평균기온: 4.4℃ 최고기온: 9.2℃ 최저기온: 0.0℃	강수량: − 일 출: 06:13 일 몰: 18:58	평균기온: 7.8℃ 최고기온: 13.0℃ 최저기온: 3.0℃	강수량: 0.0㎜ 일 출: 06:05 일 몰: 19:02	평균기온: 13.7℃ 최고기온: 17.0℃ 최저기온: 11.8℃	강수량: 9.6㎜ 일 출: 05:51 일 몰: 19:11	평균기온: 13.6℃ 최고기온: 21.6℃ 최저기온: 9.4℃	강수량: − 일 출: 05:37 일 몰: 19:21		

입하 — 05.06 ~ 06.05(양) · 己巳月

양력	05.06	7	8	9	10	11	12	13	14	15	16	17	18	19	20	21	22	23	24	25	26	27	28	29	30	31	6.1	2	3	4	5
음력	03.20	21	22	23	24	25	26	27	28	29	4.1	2	3	4	5	6	7	8	9	10	11	12	13	14	15	16	17	18	19	20	21
일주	辛巳	壬午	癸未	甲申	乙酉	丙戌	丁亥	戊子	己丑	庚寅	辛卯	壬辰	癸巳	甲午	乙未	丙申	丁酉	戊戌	己亥	庚子	辛丑	壬寅	癸卯	甲辰	乙巳	丙午	丁未	戊申	己酉	庚戌	辛亥
대운 남	10·1	1	1	1	2	2	2	3	3	3	4	4	4	5	5	5	6	6	6	7	7	7	8	8	8	9	9	9	10	10	10
대운 여	1·10	10	10	9	9	9	8	8	8	7	7	7	6	6	6	5	5	5	4	4	4	3	3	3	2	2	2	1	1	1	1

5월 6일(양) 입하 01시 50분		5월 10일(양)		5월 20일(양)		5월 21일(양) 소만 14시 50분		6월 1일(양)	
평균기온: 12.7℃ 최고기온: 17.7℃ 최저기온: 8.0℃	강수량: − 일 출: 05:32 일 몰: 19:26	평균기온: 19.2℃ 최고기온: 23.7℃ 최저기온: 17.2℃	강수량: 13.4㎜ 일 출: 05:28 일 몰: 19:30	평균기온: 14.9℃ 최고기온: 22.2℃ 최저기온: 9.1℃	강수량: − 일 출: 05:19 일 몰: 19:38	평균기온: 16.6℃ 최고기온: 22.0℃ 최저기온: 10.9℃	강수량: − 일 출: 05:19 일 몰: 19:39	평균기온: 21.9℃ 최고기온: 27.5℃ 최저기온: 15.0℃	강수량: 0.0㎜ 일 출: 05:13 일 몰: 19:47

망종 — 06.06 ~ 07.06(양) · 庚午月

양력	06.06	7	8	9	10	11	12	13	14	15	16	17	18	19	20	21	22	23	24	25	26	27	28	29	30	7.1	2	3	4	5	6
음력	04.22	23	24	25	26	27	28	29	30	5.1	2	3	4	5	6	7	8	9	10	11	12	13	14	15	16	17	18	19	20	21	22
일주	壬子	癸丑	甲寅	乙卯	丙辰	丁巳	戊午	己未	庚申	辛酉	壬戌	癸亥	甲子	乙丑	丙寅	丁卯	戊辰	己巳	庚午	辛未	壬申	癸酉	甲戌	乙亥	丙子	丁丑	戊寅	己卯	庚辰	辛巳	壬午
대운 남	10·1	1	1	1	2	2	2	3	3	3	4	4	4	5	5	5	6	6	6	7	7	7	8	8	8	9	9	9	10	10	10
대운 여	1·10	10	10	9	9	9	8	8	8	7	7	7	6	6	6	5	5	5	4	4	4	3	3	3	2	2	2	1	1	1	1

6월 6일(양) 망종 06시 12분		6월 10일(양)		6월 20일(양)		6월 21일(양) 하지 22시 55분		7월 1일(양)	
평균기온: 16.4℃ 최고기온: 21.2℃ 최저기온: 13.8℃	강수량: 0.0㎜ 일 출: 05:11 일 몰: 19:50	평균기온: 19.4℃ 최고기온: 24.3℃ 최저기온: 14.8℃	강수량: − 일 출: 05:10 일 몰: 19:52	평균기온: 20.6℃ 최고기온: 27.5℃ 최저기온: 15.5℃	강수량: − 일 출: 05:11 일 몰: 19:56	평균기온: 20.3℃ 최고기온: 26.3℃ 최저기온: 16.2℃	강수량: 6.0㎜ 일 출: 05:11 일 몰: 19:57	평균기온: 24.2℃ 최고기온: 28.4℃ 최저기온: 21.3℃	강수량: − 일 출: 05:14 일 몰: 19:57

소서 — 07.07 ~ 08.07(양) · 辛未月

양력	07.07	8	9	10	11	12	13	14	15	16	17	18	19	20	21	22	23	24	25	26	27	28	29	30	31	8.1	2	3	4	5	6	7
음력	05.23	24	25	26	27	28	29	6.1	2	3	4	5	6	7	8	9	10	11	12	13	14	15	16	17	18	19	20	21	22	23	24	25
일주	癸未	甲申	乙酉	丙戌	丁亥	戊子	己丑	庚寅	辛卯	壬辰	癸巳	甲午	乙未	丙申	丁酉	戊戌	己亥	庚子	辛丑	壬寅	癸卯	甲辰	乙巳	丙午	丁未	戊申	己酉	庚戌	辛亥	壬子	癸丑	甲寅
대운 남	10·1	1	1	1	2	2	2	3	3	3	4	4	4	5	5	5	6	6	6	7	7	7	8	8	8	9	9	9	10	10	10	10
대운 여	1·10	10	10	9	9	9	8	8	8	7	7	7	6	6	6	5	5	5	4	4	4	3	3	3	2	2	2	1	1	1	1	1

7월 7일(양) 소서 16시 32분		7월 10일(양)		7월 20일(양)		7월 23일(양) 대서 09시 48분		8월 1일(양)	
평균기온: 22.9℃ 최고기온: 26.0℃ 최저기온: 19.1℃	강수량: 0.1㎜ 일 출: 05:17 일 몰: 19:56	평균기온: 21.3℃ 최고기온: 25.6℃ 최저기온: 18.2℃	강수량: 0.0㎜ 일 출: 05:19 일 몰: 19:55	평균기온: 24.3℃ 최고기온: 27.8℃ 최저기온: 22.7℃	강수량: 0.7㎜ 일 출: 05:26 일 몰: 19:50	평균기온: 26.1℃ 최고기온: 30.7℃ 최저기온: 23.8℃	강수량: 0.0㎜ 일 출: 05:28 일 몰: 19:48	평균기온: 23.3℃ 최고기온: 26.1℃ 최저기온: 20.3℃	강수량: 10.8㎜ 일 출: 05:35 일 몰: 19:41

입추 　08.08 ~ 09.07(양)

壬申月

	절입																														
양력	08.08	9	10	11	12	13	14	15	16	17	18	19	20	21	22	23	24	25	26	27	28	29	30	31	9.1	2	3	4	5	6	7
음력	06.26	27	28	29	30	7.1	2	3	4	5	6	7	8	9	10	11	12	13	14	15	16	17	18	19	20	21	22	23	24	25	26
일주	乙卯	丙辰	丁巳	戊午	己未	庚申	辛酉	壬戌	癸亥	甲子	乙丑	丙寅	丁卯	戊辰	己巳	庚午	辛未	壬申	癸酉	甲戌	乙亥	丙子	丁丑	戊寅	己卯	庚辰	辛巳	壬午	癸未	甲申	乙酉
대운 남	10 / 1	1	1	1	1	2	2	2	3	3	3	4	4	4	5	5	5	6	6	6	7	7	7	8	8	8	9	9	9	10	10
대운 여	1 / 10	10	10	9	9	9	8	8	8	7	7	7	6	6	6	5	5	5	4	4	4	3	3	3	2	2	2	1	1	1	1

8월 8일(양) 입추 02시 14분		8월 10일(양)		8월 20일(양)		8월 23일(양) 처서 16시 43분		9월 1일(양)	
평균기온: 26.4℃	강수량: 26.2㎜	평균기온: 26.1℃	강수량: 28.4㎜	평균기온: 25.6℃	강수량: -	평균기온: 24.6℃	강수량: -	평균기온: 23.7℃	강수량: 0.0㎜
최고기온: 29.3℃	일 출: 05:41	최고기온: 29.7℃	일 출: 05:43	최고기온: 30.6℃	일 출: 05:51	최고기온: 28.2℃	일 출: 05:54	최고기온: 27.2℃	일 출: 06:02
최저기온: 23.8℃	일 몰: 19:34	최저기온: 23.2℃	일 몰: 19:31	최저기온: 20.8℃	일 몰: 19:19	최저기온: 22.1℃	일 몰: 19:15	최저기온: 21.3℃	일 몰: 19:02

백로 　09.08 ~ 10.07(양)

癸酉月

	절입																													
양력	09.08	9	10	11	12	13	14	15	16	17	18	19	20	21	22	23	24	25	26	27	28	29	30	10.1	2	3	4	5	6	7
음력	07.27	28	29	30	8.1	2	3	4	5	6	7	8	9	10	11	12	13	14	15	16	17	18	19	20	21	22	23	24	25	26
일주	丙戌	丁亥	戊子	己丑	庚寅	辛卯	壬辰	癸巳	甲午	乙未	丙申	丁酉	戊戌	己亥	庚子	辛丑	壬寅	癸卯	甲辰	乙巳	丙午	丁未	戊申	己酉	庚戌	辛亥	壬子	癸丑	甲寅	乙卯
대운 남	10 / 1	1	1	1	1	2	2	2	3	3	3	4	4	4	5	5	5	6	6	6	7	7	7	8	8	8	9	9	9	10
대운 여	1 / 10	10	9	9	9	8	8	8	7	7	7	6	6	6	5	5	5	4	4	4	3	3	3	2	2	2	1	1	1	1

9월 8일(양) 백로 04시 55분		9월 10일(양)		9월 20일(양)		9월 23일(양) 추분 14시 07분		10월 1일(양)	
평균기온: 20.0℃	강수량: -	평균기온: 21.3℃	강수량: -	평균기온: 21.3℃	강수량: -	평균기온: 19.4℃	강수량: 6.4㎜	평균기온: 15.5℃	강수량: -
최고기온: 25.6℃	일 출: 06:07	최고기온: 27.5℃	일 출: 06:09	최고기온: 26.9℃	일 출: 06:18	최고기온: 22.3℃	일 출: 06:20	최고기온: 20.5℃	일 출: 06:27
최저기온: 14.5℃	일 몰: 18:52	최저기온: 15.3℃	일 몰: 18:49	최저기온: 16.5℃	일 몰: 18:33	최저기온: 17.5℃	일 몰: 18:28	최저기온: 9.9℃	일 몰: 18:16

한로 　10.08 ~ 11.06(양)

甲戌月

	절입																													
양력	10.08	9	10	11	12	13	14	15	16	17	18	19	20	21	22	23	24	25	26	27	28	29	30	31	11.1	2	3	4	5	6
음력	08.27	28	29	9.1	2	3	4	5	6	7	8	9	10	11	12	13	14	15	16	17	18	19	20	21	22	23	24	25	26	27
일주	丙辰	丁巳	戊午	己未	庚申	辛酉	壬戌	癸亥	甲子	乙丑	丙寅	丁卯	戊辰	己巳	庚午	辛未	壬申	癸酉	甲戌	乙亥	丙子	丁丑	戊寅	己卯	庚辰	辛巳	壬午	癸未	甲申	乙酉
대운 남	10 / 1	1	1	1	1	2	2	2	3	3	3	4	4	4	5	5	5	6	6	6	7	7	7	8	8	8	9	9	9	10
대운 여	1 / 10	10	9	9	9	8	8	8	7	7	7	6	6	6	5	5	5	4	4	4	3	3	3	2	2	2	1	1	1	1

10월 8일(양) 한로 20시 17분		10월 10일(양)		10월 20일(양)		10월 23일(양) 상강 23시 11분		11월 1일(양)	
평균기온: 13.9℃	강수량: 5.1㎜	평균기온: 8.3℃	강수량: -	평균기온: 17.9℃	강수량: -	평균기온: 16.6℃	강수량: -	평균기온: 7.9℃	강수량: -
최고기온: 19.2℃	일 출: 06:33	최고기온: 14.2℃	일 출: 06:35	최고기온: 23.6℃	일 출: 06:44	최고기온: 21.4℃	일 출: 06:47	최고기온: 12.4℃	일 출: 06:56
최저기온: 9.3℃	일 몰: 18:06	최저기온: 3.2℃	일 몰: 18:03	최저기온: 12.2℃	일 몰: 17:49	최저기온: 12.9℃	일 몰: 17:45	최저기온: 4.1℃	일 몰: 17:34

입동 　11.07 ~ 12.06(양)

乙亥月

	절입																													
양력	11.07	8	9	10	11	12	13	14	15	16	17	18	19	20	21	22	23	24	25	26	27	28	29	30	12.1	2	3	4	5	6
음력	09.28	29	30	10.1	2	3	4	5	6	7	8	9	10	11	12	13	14	15	16	17	18	19	20	21	22	23	24	25	26	27
일주	丙戌	丁亥	戊子	己丑	庚寅	辛卯	壬辰	癸巳	甲午	乙未	丙申	丁酉	戊戌	己亥	庚子	辛丑	壬寅	癸卯	甲辰	乙巳	丙午	丁未	戊申	己酉	庚戌	辛亥	壬子	癸丑	甲寅	乙卯
대운 남	10 / 1	1	1	1	1	2	2	2	3	3	3	4	4	4	5	5	5	6	6	6	7	7	7	8	8	8	9	9	9	10
대운 여	1 / 10	10	9	9	9	8	8	8	7	7	7	6	6	6	5	5	5	4	4	4	3	3	3	2	2	2	1	1	1	1

11월 7일(양) 입동 23시 11분		11월 10일(양)		11월 20일(양)		11월 22일(양) 소설 20시 31분		12월 1일(양)	
평균기온: 9.7℃	강수량: -	평균기온: 4.3℃	강수량: 0.4㎜	평균기온: 5.9℃	강수량: 2.0㎜	평균기온: 3.9℃	강수량: -	평균기온: 3.1℃	강수량: -
최고기온: 15.2℃	일 출: 07:03	최고기온: 6.4℃	일 출: 07:06	최고기온: 8.9℃	일 출: 07:16	최고기온: 7.9℃	일 출: 07:19	최고기온: 7.0℃	일 출: 07:28
최저기온: 6.6℃	일 몰: 17:28	최저기온: 0.8℃	일 몰: 17:26	최저기온: 0.6℃	일 몰: 17:18	최저기온: 0.4℃	일 몰: 17:17	최저기온: -0.5℃	일 몰: 17:14

대설 　12.07 ~ 1970.01.05(양)

丙子月

	절입																													
양력	12.07	8	9	10	11	12	13	14	15	16	17	18	19	20	21	22	23	24	25	26	27	28	29	30	31	1.1	2	3	4	5
음력	10.28	29	11.1	2	3	4	5	6	7	8	9	10	11	12	13	14	15	16	17	18	19	20	21	22	23	24	25	26	27	28
일주	丙辰	丁巳	戊午	己未	庚申	辛酉	壬戌	癸亥	甲子	乙丑	丙寅	丁卯	戊辰	己巳	庚午	辛未	壬申	癸酉	甲戌	乙亥	丙子	丁丑	戊寅	己卯	庚辰	辛巳	壬午	癸未	甲申	乙酉
대운 남	10 / 1	1	1	1	1	2	2	2	3	3	3	4	4	4	5	5	5	6	6	6	7	7	7	8	8	8	9	9	9	10
대운 여	1 / 10	10	9	9	9	8	8	8	7	7	7	6	6	6	5	5	5	4	4	4	3	3	3	2	2	2	1	1	1	1

12월 7일(양) 대설 15시 51분		12월 10일(양)		12월 20일(양)		12월 22일(양) 동지 09시 44분		1월 1일(양)	
평균기온: 4.6℃	강수량: -	평균기온: 0.4℃	강수량: 3.9㎜	평균기온: -0.5℃	강수량: 1.4㎜	평균기온: 1.5℃	강수량: -	평균기온: -0.1℃	강수량: 0.0㎜
최고기온: 8.3℃	일 출: 07:33	최고기온: 3.5℃	일 출: 07:36	최고기온: 1.9℃	일 출: 07:42	최고기온: 5.6℃	일 출: 07:43	최고기온: 3.0℃	일 출: 07:47
최저기온: -3.4℃	일 몰: 17:14	최저기온: -3.3℃	일 몰: 17:14	최저기온: -3.5℃	일 몰: 17:17	최저기온: -4.6℃	일 몰: 17:17	최저기온: -2.3℃	일 몰: 17:24

소한 　01.06 ~ 02.03(양)

丁丑月

	절입																												
양력	1970.01.06	7	8	9	10	11	12	13	14	15	16	17	18	19	20	21	22	23	24	25	26	27	28	29	30	31	2.1	2	3
음력	1969.11.29	30	12.1	2	3	4	5	6	7	8	9	10	11	12	13	14	15	16	17	18	19	20	21	22	23	24	25	26	27
일주	丙戌	丁亥	戊子	己丑	庚寅	辛卯	壬辰	癸巳	甲午	乙未	丙申	丁酉	戊戌	己亥	庚子	辛丑	壬寅	癸卯	甲辰	乙巳	丙午	丁未	戊申	己酉	庚戌	辛亥	壬子	癸丑	甲寅
대운 남	10 / 1	1	1	1	1	2	2	2	3	3	3	4	4	4	5	5	5	6	6	6	7	7	7	8	8	8	9	9	9
대운 여	1 / 10	9	9	9	8	8	8	7	7	7	6	6	6	5	5	5	4	4	4	3	3	3	2	2	2	1	1	1	1

1월 6일(양) 소한 03시 02분		1월 10일(양)		1월 20일(양) 대한 20시 24분		2월 1일(양)	
평균기온: -4.2℃	강수량: 1.6㎜	평균기온: -5.7℃	강수량: 3.2㎜	평균기온: -5.6℃	강수량: -	평균기온: -1.6℃	강수량: -
최고기온: 2.2℃	일 출: 07:47	최고기온: -2.0℃	일 출: 07:47	최고기온: -0.3℃	일 출: 07:44	최고기온: 3.7℃	일 출: 07:36
최저기온: -10.3℃	일 몰: 17:28	최저기온: -7.9℃	일 몰: 17:32	최저기온: -10.2℃	일 몰: 17:42	최저기온: -4.9℃	일 몰: 17:55

1970

단기 4303년

입춘 02.04 ~ 03.05(양)

戊寅月																														
양력	1970.02.04		5	6	7	8	9	10	11	12	13	14	15	16	17	18	19	20	21	22	23	24	25	26	27	28	3.1	2	3	4	5
음력	1969.12.28		29	1.1	2	3	4	5	6	7	8	9	10	11	12	13	14	15	16	17	18	19	20	21	22	23	24	25	26	27	28
일주	乙卯		丙辰	丁巳	戊午	己未	庚申	辛酉	壬戌	癸亥	甲子	乙丑	丙寅	丁卯	戊辰	己巳	庚午	辛未	壬申	癸酉	甲戌	乙亥	丙子	丁丑	戊寅	己卯	庚辰	辛巳	壬午	癸未	甲申
대운 남	10	10	10	9	9	9	8	8	8	7	7	7	6	6	6	5	5	5	4	4	4	3	3	3	2	2	2	1	1	1	1
대운 여	1	1	1	1	1	1	2	2	2	3	3	3	4	4	4	5	5	5	6	6	6	7	7	7	8	8	8	9	9	9	10

2월 4일(양) 입춘 14시 46분		2월 10일(양)		2월 19일(양) 우수 10시 42분		2월 20일(양)		3월 1일(양)	
평균기온: -5.7℃	강수량: -	평균기온: -6.3℃	강수량: -	평균기온: 5.3℃	강수량: 0.9㎜	평균기온: 1.8℃	강수량: 21.2㎜	평균기온: -3.3℃	강수량: 1.0㎜
최고기온: -2.0℃	일 출: 07:34	최고기온: -0.6℃	일 출: 07:28	최고기온: 12.0℃	일 출: 07:18	최고기온: 7.1℃	일 출: 07:17	최고기온: 0.8℃	일 출: 07:05
최저기온: -8.5℃	일 몰: 17:58	최저기온: -10.8℃	일 몰: 18:05	최저기온: -0.4℃	일 몰: 18:15	최저기온: -2.0℃	일 몰: 18:16	최저기온: -7.3℃	일 몰: 18:25

경칩 03.06 ~ 04.04(양)

己卯月																														
양력	03.06		7	8	9	10	11	12	13	14	15	16	17	18	19	20	21	22	23	24	25	26	27	28	29	30	31	4.1	2	3	4
음력	01.29		30	2.1	2	3	4	5	6	7	8	9	10	11	12	13	14	15	16	17	18	19	20	21	22	23	24	25	26	27	28
일주	乙酉		丙戌	丁亥	戊子	己丑	庚寅	辛卯	壬辰	癸巳	甲午	乙未	丙申	丁酉	戊戌	己亥	庚子	辛丑	壬寅	癸卯	甲辰	乙巳	丙午	丁未	戊申	己酉	庚戌	辛亥	壬子	癸丑	甲寅
대운 남	1	10	10	9	9	9	8	8	8	7	7	7	6	6	6	5	5	5	4	4	4	3	3	3	2	2	2	1	1	1	1
대운 여	10	1	1	1	1	1	2	2	2	3	3	3	4	4	4	5	5	5	6	6	6	7	7	7	8	8	8	9	9	9	10

3월 6일(양) 경칩 08시 58분		3월 10일(양)		3월 20일(양)		3월 21일(양) 춘분 09시 56분		4월 1일(양)	
평균기온: -2.3℃	강수량: -	평균기온: -1.2℃	강수량: 0.0㎜	평균기온: -1.4℃	강수량: -	평균기온: 0.4℃	강수량: -	평균기온: 8.3℃	강수량: -
최고기온: 1.6℃	일 출: 06:58	최고기온: 2.6℃	일 출: 06:52	최고기온: 3.4℃	일 출: 06:37	최고기온: 4.4℃	일 출: 06:36	최고기온: 15.6℃	일 출: 06:19
최저기온: -4.9℃	일 몰: 18:30	최저기온: -4.3℃	일 몰: 18:34	최저기온: -5.3℃	일 몰: 18:43	최저기온: -3.0℃	일 몰: 18:44	최저기온: 1.6℃	일 몰: 18:54

청명 04.05 ~ 05.05(양)

庚辰月																															
양력	04.05		6	7	8	9	10	11	12	13	14	15	16	17	18	19	20	21	22	23	24	25	26	27	28	29	30	5.1	2	3	4	5
음력	02.29		3.1	2	3	4	5	6	7	8	9	10	11	12	13	14	15	16	17	18	19	20	21	22	23	24	25	26	27	28	29	4.1
일주	乙卯		丙辰	丁巳	戊午	己未	庚申	辛酉	壬戌	癸亥	甲子	乙丑	丙寅	丁卯	戊辰	己巳	庚午	辛未	壬申	癸酉	甲戌	乙亥	丙子	丁丑	戊寅	己卯	庚辰	辛巳	壬午	癸未	甲申	乙酉
대운 남	1	10	10	10	9	9	9	8	8	8	7	7	7	6	6	6	5	5	5	4	4	4	3	3	3	2	2	2	1	1	1	1
대운 여	10	1	1	1	1	1	2	2	2	3	3	3	4	4	4	5	5	5	6	6	6	7	7	7	8	8	8	9	9	9	10	10

4월 5일(양) 청명 14시 02분		4월 10일(양)		4월 20일(양) 곡우 21시 15분		5월 1일(양)	
평균기온: 7.2℃	강수량: -	평균기온: 12.7℃	강수량: -	평균기온: 11.4℃	강수량: 0.6㎜	평균기온: 18.2℃	강수량: 0.0㎜
최고기온: 13.4℃	일 출: 06:13	최고기온: 19.2℃	일 출: 06:06	최고기온: 16.7℃	일 출: 05:52	최고기온: 25.0℃	일 출: 05:38
최저기온: 3.1℃	일 몰: 18:58	최저기온: 7.6℃	일 몰: 19:02	최저기온: 8.2℃	일 몰: 19:11	최저기온: 13.8℃	일 몰: 19:21

입하 05.06 ~ 06.05(양)

辛巳月																															
양력	05.06		7	8	9	10	11	12	13	14	15	16	17	18	19	20	21	22	23	24	25	26	27	28	29	30	31	6.1	2	3	4	5
음력	04.02		3	4	5	6	7	8	9	10	11	12	13	14	15	16	17	18	19	20	21	22	23	24	25	26	27	28	29	30	5.1	2
일주	丙戌		丁亥	戊子	己丑	庚寅	辛卯	壬辰	癸巳	甲午	乙未	丙申	丁酉	戊戌	己亥	庚子	辛丑	壬寅	癸卯	甲辰	乙巳	丙午	丁未	戊申	己酉	庚戌	辛亥	壬子	癸丑	甲寅	乙卯	丙辰
대운 남	1	10	10	10	9	9	9	8	8	8	7	7	7	6	6	6	5	5	5	4	4	4	3	3	3	2	2	2	1	1	1	1
대운 여	10	1	1	1	1	1	2	2	2	3	3	3	4	4	4	5	5	5	6	6	6	7	7	7	8	8	8	9	9	9	10	10

5월 6일(양) 입하 07시 34분		5월 10일(양)		5월 20일(양)		5월 21일(양) 소만 20시 37분		6월 1일(양)	
평균기온: 20.9℃	강수량: -	평균기온: 16.6℃	강수량: 16.9㎜	평균기온: 16.4℃	강수량: 0.1㎜	평균기온: 17.3℃	강수량: -	평균기온: 19.4℃	강수량: -
최고기온: 27.0℃	일 출: 05:32	최고기온: 20.5℃	일 출: 05:28	최고기온: 20.8℃	일 출: 05:19	최고기온: 24.2℃	일 출: 05:19	최고기온: 25.5℃	일 출: 05:13
최저기온: 17.0℃	일 몰: 19:26	최저기온: 13.0℃	일 몰: 19:29	최저기온: 13.0℃	일 몰: 19:38	최저기온: 11.3℃	일 몰: 19:39	최저기온: 13.4℃	일 몰: 19:47

망종 06.06 ~ 07.06(양)

壬午月																															
양력	06.06		7	8	9	10	11	12	13	14	15	16	17	18	19	20	21	22	23	24	25	26	27	28	29	30	7.1	2	3	4	5	6
음력	05.03		4	5	6	7	8	9	10	11	12	13	14	15	16	17	18	19	20	21	22	23	24	25	26	27	28	29	30	6.1	2	3
일주	丁巳		戊午	己未	庚申	辛酉	壬戌	癸亥	甲子	乙丑	丙寅	丁卯	戊辰	己巳	庚午	辛未	壬申	癸酉	甲戌	乙亥	丙子	丁丑	戊寅	己卯	庚辰	辛巳	壬午	癸未	甲申	乙酉	丙戌	丁亥
대운 남	1	10	10	10	9	9	9	8	8	8	7	7	7	6	6	6	5	5	5	4	4	4	3	3	3	2	2	2	1	1	1	1
대운 여	10	1	1	1	1	1	2	2	2	3	3	3	4	4	4	5	5	5	6	6	6	7	7	7	8	8	8	9	9	9	10	10

6월 6일(양) 망종 11시 52분		6월 10일(양)		6월 20일(양)		6월 22일(양) 하지 04시 43분		7월 1일(양)	
평균기온: 21.3℃	강수량: -	평균기온: 22.6℃	강수량: -	평균기온: 18.0℃	강수량: -	평균기온: 19.6℃	강수량: 0.0㎜	평균기온: 21.8℃	강수량: -
최고기온: 27.4℃	일 출: 05:11	최고기온: 27.0℃	일 출: 05:10	최고기온: 21.4℃	일 출: 05:11	최고기온: 24.5℃	일 출: 05:11	최고기온: 25.0℃	일 출: 05:14
최저기온: 16.6℃	일 몰: 19:50	최저기온: 19.0℃	일 몰: 19:52	최저기온: 15.7℃	일 몰: 19:56	최저기온: 17.0℃	일 몰: 19:57	최저기온: 19.2℃	일 몰: 19:57

소서 07.07 ~ 08.07(양)

癸未月																																
양력	07.07		8	9	10	11	12	13	14	15	16	17	18	19	20	21	22	23	24	25	26	27	28	29	30	31	8.1	2	3	4	5	6	7
음력	06.04		5	6	7	8	9	10	11	12	13	14	15	16	17	18	19	20	21	22	23	24	25	26	27	28	29	7.1	2	3	4	5	6
일주	戊子		己丑	庚寅	辛卯	壬辰	癸巳	甲午	乙未	丙申	丁酉	戊戌	己亥	庚子	辛丑	壬寅	癸卯	甲辰	乙巳	丙午	丁未	戊申	己酉	庚戌	辛亥	壬子	癸丑	甲寅	乙卯	丙辰	丁巳	戊午	己未
대운 남	1	10	10	10	10	9	9	9	8	8	8	7	7	7	6	6	6	5	5	5	4	4	4	3	3	3	2	2	2	1	1	1	1
대운 여	10	1	1	1	1	1	2	2	2	3	3	3	4	4	4	5	5	5	6	6	6	7	7	7	8	8	8	9	9	9	10	10	10

7월 7일(양) 소서 22시 11분		7월 10일(양)		7월 20일(양)		7월 23일(양) 대서 15시 37분		8월 1일(양)	
평균기온: 20.4℃	강수량: -	평균기온: 20.9℃	강수량: 0.0㎜	평균기온: 22.9℃	강수량: 1.4㎜	평균기온: 26.4℃	강수량: -	평균기온: 26.0℃	강수량: 0.2㎜
최고기온: 27.4℃	일 출: 05:17	최고기온: 25.0℃	일 출: 05:19	최고기온: 26.1℃	일 출: 05:26	최고기온: 31.8℃	일 출: 05:28	최고기온: 30.2℃	일 출: 05:35
최저기온: 16.1℃	일 몰: 19:56	최서기온: 18.0℃	일 몰: 19:55	최저기온: 21.7℃	일 몰: 19:51	최저기온: 23.3℃	일 몰: 19:49	최저기온: 24.0℃	일 몰: 19:41

입추 08.08 ~ 09.07(양)

甲申月

양력	08.08	9	10	11	12	13	14	15	16	17	18	19	20	21	22	23	24	25	26	27	28	29	30	31	9.1	2	3	4	5	6	7
음력	07.07	8	9	10	11	12	13	14	15	16	17	18	19	20	21	22	23	24	25	26	27	28	29	30	8.1	2	3	4	5	6	7
일주	庚申	辛酉	壬戌	癸亥	甲子	乙丑	丙寅	丁卯	戊辰	己巳	庚午	辛未	壬申	癸酉	甲戌	乙亥	丙子	丁丑	戊寅	己卯	庚辰	辛巳	壬午	癸未	甲申	乙酉	丙戌	丁亥	戊子	己丑	庚寅
대운 남	1	10	10	10	9	9	9	8	8	8	7	7	7	6	6	6	5	5	5	4	4	4	3	3	3	2	2	2	1	1	1
대운 여	10	1	1	1	2	2	2	3	3	3	4	4	4	5	5	5	6	6	6	7	7	7	8	8	8	9	9	9	10	10	10

8월 8일(양) 입추 07시 54분		8월 10일(양)		8월 20일(양)		8월 23일(양) 처서 22시 34분		9월 1일(양)	
평균기온: 27.1℃	강수량: -	평균기온: 27.9℃	강수량: -	평균기온: 26.2℃	강수량: -	평균기온: 25.9℃	강수량: 5.8㎜	평균기온: 22.2℃	강수량: 44.0㎜
최고기온: 32.4℃	일 출: 05:41	최고기온: 33.0℃	일 출: 05:43	최고기온: 32.0℃	일 출: 05:51	최고기온: 31.9℃	일 출: 05:54	최고기온: 28.3℃	일 출: 06:01
최저기온: 23.6℃	일 몰: 19:34	최저기온: 24.2℃	일 몰: 19:32	최저기온: 21.9℃	일 몰: 19:19	최저기온: 22.7℃	일 몰: 19:15	최저기온: 19.0℃	일 몰: 19:02

백로 09.08 ~ 10.08(양)

乙酉月

양력	09.08	9	10	11	12	13	14	15	16	17	18	19	20	21	22	23	24	25	26	27	28	29	30	10.1	2	3	4	5	6	7	8
음력	08.08	9	10	11	12	13	14	15	16	17	18	19	20	21	22	23	24	25	26	27	28	29	9.1	2	3	4	5	6	7	8	9
일주	辛卯	壬辰	癸巳	甲午	乙未	丙申	丁酉	戊戌	己亥	庚子	辛丑	壬寅	癸卯	甲辰	乙巳	丙午	丁未	戊申	己酉	庚戌	辛亥	壬子	癸丑	甲寅	乙卯	丙辰	丁巳	戊午	己未	庚申	辛酉
대운 남	1	10	10	10	9	9	9	8	8	8	7	7	7	6	6	6	5	5	5	4	4	4	3	3	3	2	2	2	1	1	1
대운 여	10	1	1	1	2	2	2	3	3	3	4	4	4	5	5	5	6	6	6	7	7	7	8	8	8	9	9	9	10	10	10

9월 8일(양) 백로 10시 38분		9월 10일(양)		9월 20일(양)		9월 23일(양) 추분 19시 59분		10월 1일(양)	
평균기온: 26.2℃	강수량: 1.5㎜	평균기온: 22.1℃	강수량: 2.3㎜	평균기온: 22.2℃	강수량: -	평균기온: 20.7℃	강수량: -	평균기온: 16.3℃	강수량: -
최고기온: 30.6℃	일 출: 06:07	최고기온: 26.0℃	일 출: 06:09	최고기온: 29.0℃	일 출: 06:17	최고기온: 26.0℃	일 출: 06:20	최고기온: 22.6℃	일 출: 06:27
최저기온: 23.8℃	일 몰: 18:52	최저기온: 19.3℃	일 몰: 18:49	최저기온: 15.9℃	일 몰: 18:33	최저기온: 16.0℃	일 몰: 18:29	최저기온: 11.6℃	일 몰: 18:17

한로 10.09 ~ 11.07(양)

丙戌月

양력	10.09	10	11	12	13	14	15	16	17	18	19	20	21	22	23	24	25	26	27	28	29	30	31	11.1	2	3	4	5	6	7
음력	09.10	11	12	13	14	15	16	17	18	19	20	21	22	23	24	25	26	27	28	29	30	10.1	2	3	4	5	6	7	8	9
일주	壬戌	癸亥	甲子	乙丑	丙寅	丁卯	戊辰	己巳	庚午	辛未	壬申	癸酉	甲戌	乙亥	丙子	丁丑	戊寅	己卯	庚辰	辛巳	壬午	癸未	甲申	乙酉	丙戌	丁亥	戊子	己丑	庚寅	辛卯
대운 남	1	10	10	9	9	9	8	8	8	7	7	7	6	6	6	5	5	5	4	4	4	3	3	3	2	2	2	1	1	1
대운 여	10	1	1	2	2	2	3	3	3	4	4	4	5	5	5	6	6	6	7	7	7	8	8	8	9	9	9	10	10	10

10월 9일(양) 한로 02시 02분		10월 10일(양)		10월 20일(양)		10월 24일(양) 상강 05시 04분		11월 1일(양)	
평균기온: 17.7℃	강수량: -	평균기온: 17.6℃	강수량: 0.0㎜	평균기온: 15.3℃	강수량: -	평균기온: 16.8℃	강수량: 55.9㎜	평균기온: 10.8℃	강수량: -
최고기온: 21.7℃	일 출: 06:34	최고기온: 21.4℃	일 출: 06:35	최고기온: 21.3℃	일 출: 06:44	최고기온: 18.1℃	일 출: 06:48	최고기온: 16.4℃	일 출: 06:56
최저기온: 13.2℃	일 몰: 18:05	최저기온: 15.1℃	일 몰: 18:03	최저기온: 10.5℃	일 몰: 17:49	최저기온: 16.2℃	일 몰: 17:44	최저기온: 5.9℃	일 몰: 17:35

입동 11.08 ~ 12.06(양)

丁亥月

양력	11.08	9	10	11	12	13	14	15	16	17	18	19	20	21	22	23	24	25	26	27	28	29	30	12.1	2	3	4	5	6
음력	10.10	11	12	13	14	15	16	17	18	19	20	21	22	23	24	25	26	27	28	29	30	11.1	2	3	4	5	6	7	8
일주	壬辰	癸巳	甲午	乙未	丙申	丁酉	戊戌	己亥	庚子	辛丑	壬寅	癸卯	甲辰	乙巳	丙午	丁未	戊申	己酉	庚戌	辛亥	壬子	癸丑	甲寅	乙卯	丙辰	丁巳	戊午	己未	庚申
대운 남	1	10	9	9	9	8	8	8	7	7	7	6	6	6	5	5	5	4	4	4	3	3	3	2	2	2	1	1	1
대운 여	10	1	2	2	2	3	3	3	4	4	4	5	5	5	6	6	6	7	7	7	8	8	8	9	9	9	10	10	10

11월 8일(양) 입동 04시 58분		11월 10일(양)		11월 20일(양)		11월 23일(양) 소설 02시 25분		12월 1일(양)	
평균기온: 9.4℃	강수량: -	평균기온: 8.4℃	강수량: 20.9㎜	평균기온: 9.6℃	강수량: -	평균기온: 0.2℃	강수량: -	평균기온: -1.4℃	강수량: 2.5㎜
최고기온: 15.2℃	일 출: 07:04	최고기온: 13.6℃	일 출: 07:06	최고기온: 15.2℃	일 출: 07:16	최고기온: 4.2℃	일 출: 07:19	최고기온: 1.8℃	일 출: 07:27
최저기온: 3.8℃	일 몰: 17:28	최저기온: 2.5℃	일 몰: 17:26	최저기온: 5.2℃	일 몰: 17:19	최저기온: -5.5℃	일 몰: 17:17	최저기온: -4.5℃	일 몰: 17:14

대설 12.07 ~ 1971.01.05(양)

戊子月

양력	12.07	8	9	10	11	12	13	14	15	16	17	18	19	20	21	22	23	24	25	26	27	28	29	30	31	1.1	2	3	4	5
음력	11.09	10	11	12	13	14	15	16	17	18	19	20	21	22	23	24	25	26	27	28	29	12.1	2	3	4	5	6	7	8	9
일주	辛酉	壬戌	癸亥	甲子	乙丑	丙寅	丁卯	戊辰	己巳	庚午	辛未	壬申	癸酉	甲戌	乙亥	丙子	丁丑	戊寅	己卯	庚辰	辛巳	壬午	癸未	甲申	乙酉	丙戌	丁亥	戊子	己丑	庚寅
대운 남	1	10	10	9	9	9	8	8	8	7	7	7	6	6	6	5	5	5	4	4	4	3	3	3	2	2	2	1	1	1
대운 여	10	1	1	2	2	2	3	3	3	4	4	4	5	5	5	6	6	6	7	7	7	8	8	8	9	9	9	10	10	10

12월 7일(양) 대설 21시 37분		12월 10일(양)		12월 20일(양)		12월 22일(양) 동지 15시 36분		1월 1일(양)	
평균기온: -0.7℃	강수량: 0.0㎜	평균기온: 0.7℃	강수량: 0.0㎜	평균기온: -0.4℃	강수량: -	평균기온: 2.0℃	강수량: -	평균기온: -1.7℃	강수량: 0.0㎜
최고기온: 1.7℃	일 출: 07:33	최고기온: 5.3℃	일 출: 07:35	최고기온: 3.2℃	일 출: 07:42	최고기온: 5.6℃	일 출: 07:43	최고기온: 3.2℃	일 출: 07:47
최저기온: -5.9℃	일 몰: 17:14	최저기온: -1.6℃	일 몰: 17:14	최저기온: -3.2℃	일 몰: 17:16	최저기온: -0.6℃	일 몰: 17:17	최저기온: -4.6℃	일 몰: 17:24

소한 01.06 ~ 02.03(양)

己丑月

양력	1971.01.06	7	8	9	10	11	12	13	14	15	16	17	18	19	20	21	22	23	24	25	26	27	28	29	30	31	2.1	2	3
음력	1970.12.10	11	12	13	14	15	16	17	18	19	20	21	22	23	24	25	26	27	28	29	30	1.1	2	3	4	5	6	7	8
일주	辛卯	壬辰	癸巳	甲午	乙未	丙申	丁酉	戊戌	己亥	庚子	辛丑	壬寅	癸卯	甲辰	乙巳	丙午	丁未	戊申	己酉	庚戌	辛亥	壬子	癸丑	甲寅	乙卯	丙辰	丁巳	戊午	己未
대운 남	1	10	9	9	9	8	8	8	7	7	7	6	6	6	5	5	5	4	4	4	3	3	3	2	2	2	1	1	1
대운 여	10	1	2	2	2	3	3	3	4	4	4	5	5	5	6	6	6	7	7	7	8	8	8	9	9	9	10	10	10

1월 6일(양) 소한 08시 45분		1월 10일(양)		1월 20일(양)		1월 21일(양) 대한 02시 13분		2월 1일(양)	
평균기온: -7.5℃	강수량: 0.0㎜	평균기온: -1.3℃	강수량: 0.0㎜	평균기온: 5.1℃	강수량: 7.8㎜	평균기온: 3.2℃	강수량: 4.5㎜	평균기온: -8.9℃	강수량: -
최고기온: -3.2℃	일 출: 07:47	최고기온: 3.4℃	일 출: 07:47	최고기온: 6.2℃	일 출: 07:44	최고기온: 6.3℃	일 출: 07:44	최고기온: -4.1℃	일 출: 07:37
최저기온: -13.0℃	일 몰: 17:28	최저기온: -4.4℃	일 몰: 17:32	최저기온: 3.8℃	일 몰: 17:42	최저기온: -0.6℃	일 몰: 17:43	최저기온: -12.4℃	일 몰: 17:55

입춘 — 02.04 ~ 03.05(양)

庚寅月

구분		5	6	7	8	9	10	11	12	13	14	15	16	17	18	19	20	21	22	23	24	25	26	27	28	3.1	2	3	4	5
양력	1971.02.04	5	6	7	8	9	10	11	12	13	14	15	16	17	18	19	20	21	22	23	24	25	26	27	28	3.1	2	3	4	5
음력	1971.01.09	10	11	12	13	14	15	16	17	18	19	20	21	22	23	24	25	26	27	28	29	2.1	2	3	4	5	6	7	8	9
일주	庚申	辛酉	壬戌	癸亥	甲子	乙丑	丙寅	丁卯	戊辰	己巳	庚午	辛未	壬申	癸酉	甲戌	乙亥	丙子	丁丑	戊寅	己卯	庚辰	辛巳	壬午	癸未	甲申	乙酉	丙戌	丁亥	戊子	己丑
대운 남	1 / 1	1	1	1	2	2	2	3	3	3	4	4	4	5	5	5	6	6	6	7	7	7	8	8	8	9	9	9	10	10
대운 여	10 / 10	10	10	9	9	9	8	8	8	7	7	7	6	6	6	5	5	5	4	4	4	3	3	3	2	2	2	1	1	1

2월 4일(양) 입춘 20시 25분	2월 10일(양)	2월 19일(양) 우수 16시 27분	2월 20일(양)	3월 1일(양)
평균기온: -6.3℃ / 강수량: -	평균기온: -5.6℃ / 강수량: -	평균기온: -1.2℃ / 강수량: -	평균기온: 2.8℃ / 강수량: -	평균기온: 5.2℃ / 강수량: 0.0mm
최고기온: -2.9℃ / 일 출: 07:34	최고기온: -1.6℃ / 일 출: 07:28	최고기온: 3.9℃ / 일 출: 07:18	최고기온: 8.3℃ / 일 출: 07:17	최고기온: 8.0℃ / 일 출: 07:05
최저기온: -8.8℃ / 일 몰: 17:58	최저기온: -8.8℃ / 일 몰: 18:05	최저기온: -5.3℃ / 일 몰: 18:15	최저기온: -1.0℃ / 일 몰: 18:16	최저기온: 3.0℃ / 일 몰: 18:25

경칩 — 03.06 ~ 04.04(양)

辛卯月

구분		7	8	9	10	11	12	13	14	15	16	17	18	19	20	21	22	23	24	25	26	27	28	29	30	31	4.1	2	3	4
양력	03.06	7	8	9	10	11	12	13	14	15	16	17	18	19	20	21	22	23	24	25	26	27	28	29	30	31	4.1	2	3	4
음력	02.10	11	12	13	14	15	16	17	18	19	20	21	22	23	24	25	26	27	28	29	30	3.1	2	3	4	5	6	7	8	9
일주	庚寅	辛卯	壬辰	癸巳	甲午	乙未	丙申	丁酉	戊戌	己亥	庚子	辛丑	壬寅	癸卯	甲辰	乙巳	丙午	丁未	戊申	己酉	庚戌	辛亥	壬子	癸丑	甲寅	乙卯	丙辰	丁巳	戊午	己未
대운 남	10 / 1	1	1	1	2	2	2	3	3	3	4	4	4	5	5	5	6	6	6	7	7	7	8	8	8	9	9	9	10	10
대운 여	1 / 10	10	10	9	9	9	8	8	8	7	7	7	6	6	6	5	5	5	4	4	4	3	3	3	2	2	2	1	1	1

3월 6일(양) 경칩 14시 35분	3월 10일(양)	3월 20일(양)	3월 21일(양) 춘분 15시 38분	4월 1일(양)
평균기온: -7.1℃ / 강수량: -	평균기온: -4.7℃ / 강수량: -	평균기온: 8.2℃ / 강수량: -	평균기온: 8.1℃ / 강수량: 0.0mm	평균기온: 6.3℃ / 강수량: -
최고기온: -4.0℃ / 일 출: 06:58	최고기온: -0.6℃ / 일 출: 06:52	최고기온: 14.2℃ / 일 출: 06:37	최고기온: 12.0℃ / 일 출: 06:36	최고기온: 9.6℃ / 일 출: 06:19
최저기온: -10.8℃ / 일 몰: 18:30	최저기온: -8.4℃ / 일 몰: 18:34	최저기온: 2.4℃ / 일 몰: 18:43	최저기온: 3.8℃ / 일 몰: 18:44	최저기온: 3.0℃ / 일 몰: 18:54

청명 — 04.05 ~ 05.05(양)

壬辰月

구분		6	7	8	9	10	11	12	13	14	15	16	17	18	19	20	21	22	23	24	25	26	27	28	29	30	5.1	2	3	4	5
양력	04.05	6	7	8	9	10	11	12	13	14	15	16	17	18	19	20	21	22	23	24	25	26	27	28	29	30	5.1	2	3	4	5
음력	03.10	11	12	13	14	15	16	17	18	19	20	21	22	23	24	25	26	27	28	29	4.1	2	3	4	5	6	7	8	9	10	11
일주	庚申	辛酉	壬戌	癸亥	甲子	乙丑	丙寅	丁卯	戊辰	己巳	庚午	辛未	壬申	癸酉	甲戌	乙亥	丙子	丁丑	戊寅	己卯	庚辰	辛巳	壬午	癸未	甲申	乙酉	丙戌	丁亥	戊子	己丑	庚寅
대운 남	10 / 1	1	1	1	2	2	2	3	3	3	4	4	4	5	5	5	6	6	6	7	7	7	8	8	8	9	9	9	10	10	10
대운 여	1 / 10	10	10	9	9	9	8	8	8	7	7	7	6	6	6	5	5	5	4	4	4	3	3	3	2	2	2	1	1	1	1

4월 5일(양) 청명 19시 36분	4월 10일(양)	4월 20일(양)	4월 21일(양) 곡우 02시 54분	5월 1일(양)
평균기온: 6.3℃ / 강수량: 0.0mm	평균기온: 6.2℃ / 강수량: -	평균기온: 12.8℃ / 강수량: -	평균기온: 14.6℃ / 강수량: -	평균기온: 15.3℃ / 강수량: 1.4mm
최고기온: 11.0℃ / 일 출: 06:13	최고기온: 10.6℃ / 일 출: 06:06	최고기온: 20.2℃ / 일 출: 05:52	최고기온: 21.2℃ / 일 출: 05:51	최고기온: 20.6℃ / 일 출: 05:38
최저기온: 1.8℃ / 일 몰: 18:57	최저기온: 1.7℃ / 일 몰: 19:02	최저기온: 6.5℃ / 일 몰: 19:11	최저기온: 9.1℃ / 일 몰: 19:12	최저기온: 11.2℃ / 일 몰: 19:21

입하 — 05.06 ~ 06.05(양)

癸巳月

구분		7	8	9	10	11	12	13	14	15	16	17	18	19	20	21	22	23	24	25	26	27	28	29	30	31	6.1	2	3	4	5
양력	05.06	7	8	9	10	11	12	13	14	15	16	17	18	19	20	21	22	23	24	25	26	27	28	29	30	31	6.1	2	3	4	5
음력	04.12	13	14	15	16	17	18	19	20	21	22	23	24	25	26	27	28	29	5.1	2	3	4	5	6	7	8	9	10	11	12	13
일주	辛卯	壬辰	癸巳	甲午	乙未	丙申	丁酉	戊戌	己亥	庚子	辛丑	壬寅	癸卯	甲辰	乙巳	丙午	丁未	戊申	己酉	庚戌	辛亥	壬子	癸丑	甲寅	乙卯	丙辰	丁巳	戊午	己未	庚申	辛酉
대운 남	10 / 1	1	1	1	2	2	2	3	3	3	4	4	4	5	5	5	6	6	6	7	7	7	8	8	8	9	9	9	10	10	10
대운 여	1 / 10	10	10	9	9	9	8	8	8	7	7	7	6	6	6	5	5	5	4	4	4	3	3	3	2	2	2	1	1	1	1

5월 6일(양) 입하 13시 08분	5월 10일(양)	5월 20일(양)	5월 22일(양) 소만 02시 15분	6월 1일(양)
평균기온: 11.4℃ / 강수량: 1.1mm	평균기온: 17.4℃ / 강수량: -	평균기온: 17.6℃ / 강수량: -	평균기온: 21.9℃ / 강수량: -	평균기온: 17.8℃ / 강수량: 2.9mm
최고기온: 15.6℃ / 일 출: 05:32	최고기온: 22.0℃ / 일 출: 05:28	최고기온: 24.5℃ / 일 출: 05:20	최고기온: 28.7℃ / 일 출: 05:18	최고기온: 19.0℃ / 일 출: 05:13
최저기온: 8.2℃ / 일 몰: 19:26	최저기온: 13.3℃ / 일 몰: 19:29	최저기온: 11.0℃ / 일 몰: 19:38	최저기온: 14.8℃ / 일 몰: 19:39	최저기온: 16.3℃ / 일 몰: 19:47

망종 — 06.06 ~ 07.07(양)

甲午月

구분		7	8	9	10	11	12	13	14	15	16	17	18	19	20	21	22	23	24	25	26	27	28	29	30	7.1	2	3	4	5	6	7
양력	06.06	7	8	9	10	11	12	13	14	15	16	17	18	19	20	21	22	23	24	25	26	27	28	29	30	7.1	2	3	4	5	6	7
음력	05.14	15	16	17	18	19	20	21	22	23	24	25	26	27	28	29	30	윤5.1	2	3	4	5	6	7	8	9	10	11	12	13	14	15
일주	壬戌	癸亥	甲子	乙丑	丙寅	丁卯	戊辰	己巳	庚午	辛未	壬申	癸酉	甲戌	乙亥	丙子	丁丑	戊寅	己卯	庚辰	辛巳	壬午	癸未	甲申	乙酉	丙戌	丁亥	戊子	己丑	庚寅	辛卯	壬辰	癸巳
대운 남	10 / 1	1	1	1	2	2	2	3	3	3	4	4	4	5	5	5	6	6	6	7	7	7	8	8	8	9	9	9	10	10	10	10
대운 여	1 / 10	10	10	9	9	9	8	8	8	7	7	7	6	6	6	5	5	5	4	4	4	3	3	3	2	2	2	1	1	1	1	1

6월 6일(양) 망종 17시 29분	6월 10일(양)	6월 20일(양)	6월 22일(양) 하지 10시 20분	7월 1일(양)
평균기온: 18.8℃ / 강수량: -	평균기온: 21.1℃ / 강수량: 8.8mm	평균기온: 22.9℃ / 강수량: -	평균기온: 21.9℃ / 강수량: 0.0mm	평균기온: 22.8℃ / 강수량: 31.7mm
최고기온: 25.2℃ / 일 출: 05:11	최고기온: 23.4℃ / 일 출: 05:10	최고기온: 28.3℃ / 일 출: 05:10	최고기온: 26.5℃ / 일 출: 05:11	최고기온: 26.4℃ / 일 출: 05:14
최저기온: 15.1℃ / 일 몰: 19:50	최저기온: 18.0℃ / 일 몰: 19:52	최저기온: 18.8℃ / 일 몰: 19:56	최저기온: 18.7℃ / 일 몰: 19:57	최저기온: 21.2℃ / 일 몰: 19:57

소서 — 07.08 ~ 08.07(양)

乙未月

구분		9	10	11	12	13	14	15	16	17	18	19	20	21	22	23	24	25	26	27	28	29	30	31	8.1	2	3	4	5	6	7
양력	07.08	9	10	11	12	13	14	15	16	17	18	19	20	21	22	23	24	25	26	27	28	29	30	31	8.1	2	3	4	5	6	7
음력	05.16	17	18	19	20	21	22	23	24	25	26	27	28	29	6.1	2	3	4	5	6	7	8	9	10	11	12	13	14	15	16	17
일주	甲午	乙未	丙申	丁酉	戊戌	己亥	庚子	辛丑	壬寅	癸卯	甲辰	乙巳	丙午	丁未	戊申	己酉	庚戌	辛亥	壬子	癸丑	甲寅	乙卯	丙辰	丁巳	戊午	己未	庚申	辛酉	壬戌	癸亥	甲子
대운 남	10 / 1	1	1	1	2	2	2	3	3	3	4	4	4	5	5	5	6	6	6	7	7	7	8	8	8	9	9	9	10	10	10
대운 여	1 / 10	10	10	9	9	9	8	8	8	7	7	7	6	6	6	5	5	5	4	4	4	3	3	3	2	2	2	1	1	1	1

7월 8일(양) 소서 03시 51분	7월 10일(양)	7월 20일(양)	7월 23일(양) 대서 21시 15분	8월 1일(양)
평균기온: 21.0℃ / 강수량: 5.8mm	평균기온: 22.9℃ / 강수량: 38.0mm	평균기온: 22.5℃ / 강수량: 1.8mm	평균기온: 23.5℃ / 강수량: -	평균기온: 27.5℃ / 강수량: -
최고기온: 25.0℃ / 일 출: 05:17	최고기온: 24.6℃ / 일 출: 05:19	최고기온: 25.5℃ / 일 출: 05:25	최고기온: 28.8℃ / 일 출: 05:28	최고기온: 31.2℃ / 일 출: 05:35
최저기온: 18.6℃ / 일 몰: 19:56	최저기온: 19.6℃ / 일 몰: 19:56	최저기온: 20.4℃ / 일 몰: 19:51	최저기온: 19.0℃ / 일 몰: 19:49	최저기온: 24.4℃ / 일 몰: 19:41

입 추 — 08.08 ~ 09.07(양) · 丙申月

	08.08	9	10	11	12	13	14	15	16	17	18	19	20	21	22	23	24	25	26	27	28	29	30	31	9.1	2	3	4	5	6	7
음력	06.18	19	20	21	22	23	24	25	26	27	28	29	30	7.1	2	3	4	5	6	7	8	9	10	11	12	13	14	15	16	17	18
일주	乙丑	丙寅	丁卯	戊辰	己巳	庚午	辛未	壬申	癸酉	甲戌	乙亥	丙子	丁丑	戊寅	己卯	庚辰	辛巳	壬午	癸未	甲申	乙酉	丙戌	丁亥	戊子	己丑	庚寅	辛卯	壬辰	癸巳	甲午	乙未
대운 남	10 1	1	1	1	1	2	2	2	3	3	3	4	4	4	5	5	5	6	6	6	7	7	7	8	8	8	9	9	9	10	10
대운 여	1 10	10	10	10	9	9	9	8	8	8	7	7	7	6	6	6	5	5	5	4	4	4	3	3	3	2	2	2	1	1	1

8월 8일(양) 입추 13시 40분		8월 10일(양)		8월 20일(양)		8월 24일(양) 처서 04시 15분		9월 1일(양)	
평균기온: 26.0℃ 최고기온: 30.9℃ 최저기온: 21.4℃	강수량: – 일 출: 05:41 일 몰: 19:34	평균기온: 23.9℃ 최고기온: 26.8℃ 최저기온: 21.9℃	강수량: 75.5mm 일 출: 05:43 일 몰: 19:32	평균기온: 20.8℃ 최고기온: 24.9℃ 최저기온: 17.6℃	강수량: 2.0mm 일 출: 05:51 일 몰: 19:20	평균기온: 23.7℃ 최고기온: 29.2℃ 최저기온: 20.5℃	강수량: – 일 출: 05:54 일 몰: 19:14	평균기온: 23.0℃ 최고기온: 28.0℃ 최저기온: 18.8℃	강수량: – 일 출: 06:01 일 몰: 19:03

백 로 — 09.08 ~ 10.08(양) · 丁酉月

	09.08	9	10	11	12	13	14	15	16	17	18	19	20	21	22	23	24	25	26	27	28	29	30	10.1	2	3	4	5	6	7	8
음력	07.19	20	21	22	23	24	25	26	27	28	29	8.1	2	3	4	5	6	7	8	9	10	11	12	13	14	15	16	17	18	19	20
일주	丙申	丁酉	戊戌	己亥	庚子	辛丑	壬寅	癸卯	甲辰	乙巳	丙午	丁未	戊申	己酉	庚戌	辛亥	壬子	癸丑	甲寅	乙卯	丙辰	丁巳	戊午	己未	庚申	辛酉	壬戌	癸亥	甲子	乙丑	丙寅
대운 남	10 1	1	1	1	1	2	2	2	3	3	3	4	4	4	5	5	5	6	6	6	7	7	7	8	8	8	9	9	9	10	10
대운 여	1 10	10	10	10	9	9	9	8	8	8	7	7	7	6	6	6	5	5	5	4	4	4	3	3	3	2	2	2	1	1	1

9월 8일(양) 백로 16시 30분		9월 10일(양)		9월 20일(양)		9월 24일(양) 추분 01시 45분		10월 1일(양)	
평균기온: 23.0℃ 최고기온: 27.9℃ 최저기온: 19.1℃	강수량: – 일 출: 06:07 일 몰: 18:52	평균기온: 20.5℃ 최고기온: 24.9℃ 최저기온: 18.4℃	강수량: 0.0mm 일 출: 06:09 일 몰: 18:49	평균기온: 17.4℃ 최고기온: 24.3℃ 최저기온: 10.3℃	강수량: – 일 출: 06:17 일 몰: 18:34	평균기온: 20.7℃ 최고기온: 22.4℃ 최저기온: 19.8℃	강수량: 42.6mm 일 출: 06:20 일 몰: 18:28	평균기온: 18.0℃ 최고기온: 22.7℃ 최저기온: 15.3℃	강수량: – 일 출: 06:27 일 몰: 18:17

한 로 — 10.09 ~ 11.07(양) · 戊戌月

	10.09	10	11	12	13	14	15	16	17	18	19	20	21	22	23	24	25	26	27	28	29	30	31	11.1	2	3	4	5	6	7
음력	08.21	22	23	24	25	26	27	28	29	30	9.1	2	3	4	5	6	7	8	9	10	11	12	13	14	15	16	17	18	19	20
일주	丁卯	戊辰	己巳	庚午	辛未	壬申	癸酉	甲戌	乙亥	丙子	丁丑	戊寅	己卯	庚辰	辛巳	壬午	癸未	甲申	乙酉	丙戌	丁亥	戊子	己丑	庚寅	辛卯	壬辰	癸巳	甲午	乙未	丙申
대운 남	10 1	1	1	1	2	2	2	3	3	3	4	4	4	5	5	5	6	6	6	7	7	7	8	8	8	9	9	9	10	
대운 여	1 10	10	10	10	9	9	9	8	8	8	7	7	7	6	6	6	5	5	5	4	4	4	3	3	3	2	2	2	1	

10월 9일(양) 한로 07시 59분		10월 10일(양)		10월 20일(양)		10월 24일(양) 상강 10시 53분		11월 1일(양)	
평균기온: 17.1℃ 최고기온: 24.1℃ 최저기온: 10.7℃	강수량: – 일 출: 06:34 일 몰: 18:05	평균기온: 16.5℃ 최고기온: 22.8℃ 최저기온: 11.2℃	강수량: 2.6mm 일 출: 06:35 일 몰: 18:04	평균기온: 16.4℃ 최고기온: 22.7℃ 최저기온: 11.6℃	강수량: – 일 출: 06:44 일 몰: 17:50	평균기온: 7.5℃ 최고기온: 12.4℃ 최저기온: 3.8℃	강수량: – 일 출: 06:48 일 몰: 17:44	평균기온: 13.5℃ 최고기온: 18.4℃ 최저기온: 9.0℃	강수량: – 일 출: 06:56 일 몰: 17:35

입 동 — 11.08 ~ 12.07(양) · 己亥月

	11.08	9	10	11	12	13	14	15	16	17	18	19	20	21	22	23	24	25	26	27	28	29	30	12.1	2	3	4	5	6	7
음력	09.21	22	23	24	25	26	27	28	29	30	10.1	2	3	4	5	6	7	8	9	10	11	12	13	14	15	16	17	18	19	20
일주	丁酉	戊戌	己亥	庚子	辛丑	壬寅	癸卯	甲辰	乙巳	丙午	丁未	戊申	己酉	庚戌	辛亥	壬子	癸丑	甲寅	乙卯	丙辰	丁巳	戊午	己未	庚申	辛酉	壬戌	癸亥	甲子	乙丑	丙寅
대운 남	10 1	1	1	1	1	2	2	2	3	3	3	4	4	4	5	5	5	6	6	6	7	7	7	8	8	8	9	9	9	10
대운 여	1 10	10	10	10	9	9	9	8	8	8	7	7	7	6	6	6	5	5	5	4	4	4	3	3	3	2	2	2	1	1

11월 8일(양) 입동 10시 57분		11월 10일(양)		11월 20일(양)		11월 23일(양) 소설 08시 14분		12월 1일(양)	
평균기온: 9.2℃ 최고기온: 14.0℃ 최저기온: 3.8℃	강수량: – 일 출: 07:03 일 몰: 17:28	평균기온: 8.4℃ 최고기온: 14.2℃ 최저기온: 3.2℃	강수량: 0.1mm 일 출: 07:05 일 몰: 17:26	평균기온: 10.0℃ 최고기온: 15.4℃ 최저기온: 4.8℃	강수량: 0.2mm 일 출: 07:16 일 몰: 17:19	평균기온: 5.4℃ 최고기온: 10.0℃ 최저기온: 2.4℃	강수량: 0.0mm 일 출: 07:19 일 몰: 17:17	평균기온: 3.1℃ 최고기온: 8.9℃ 최저기온: -1.4℃	강수량: 0.0mm 일 출: 07:27 일 몰: 17:14

대 설 — 12.08 ~ 1972.01.05(양) · 庚子月

	12.08	9	10	11	12	13	14	15	16	17	18	19	20	21	22	23	24	25	26	27	28	29	30	31	1.1	2	3	4	5
음력	10.21	22	23	24	25	26	27	28	29	30	11.1	2	3	4	5	6	7	8	9	10	11	12	13	14	15	16	17	18	19
일주	丁卯	戊辰	己巳	庚午	辛未	壬申	癸酉	甲戌	乙亥	丙子	丁丑	戊寅	己卯	庚辰	辛巳	壬午	癸未	甲申	乙酉	丙戌	丁亥	戊子	己丑	庚寅	辛卯	壬辰	癸巳	甲午	乙未
대운 남	10 1	1	1	1	1	2	2	2	3	3	3	4	4	4	5	5	5	6	6	6	7	7	7	8	8	8	9	9	9
대운 여	1 10	10	10	10	9	9	9	8	8	8	7	7	7	6	6	6	5	5	5	4	4	4	3	3	3	2	2	2

12월 8일(양) 대설 03시 36분		12월 10일(양)		12월 20일(양)		12월 22일(양) 동지 21시 24분		1월 1일(양)	
평균기온: -4.7℃ 최고기온: -1.3℃ 최저기온: -7.2℃	강수량: – 일 출: 07:33 일 몰: 17:14	평균기온: -0.8℃ 최고기온: 3.6℃ 최저기온: -5.6℃	강수량: 0.3mm 일 출: 07:35 일 몰: 17:14	평균기온: -6.5℃ 최고기온: -2.9℃ 최저기온: -9.0℃	강수량: – 일 출: 07:42 일 몰: 17:16	평균기온: -6.7℃ 최고기온: -2.9℃ 최저기온: -10.0℃	강수량: – 일 출: 07:43 일 몰: 17:17	평균기온: -1.0℃ 최고기온: 2.0℃ 최저기온: -3.9℃	강수량: 0.0mm 일 출: 07:47 일 몰: 17:24

소 한 — 01.06 ~ 02.04(양) · 辛丑月

	1972.01.06	7	8	9	10	11	12	13	14	15	16	17	18	19	20	21	22	23	24	25	26	27	28	29	30	31	2.1	2	3	4
음력	1971.11.20	21	22	23	24	25	26	27	28	29	12.1	2	3	4	5	6	7	8	9	10	11	12	13	14	15	16	17	18	19	20
일주	丙申	丁酉	戊戌	己亥	庚子	辛丑	壬寅	癸卯	甲辰	乙巳	丙午	丁未	戊申	己酉	庚戌	辛亥	壬子	癸丑	甲寅	乙卯	丙辰	丁巳	戊午	己未	庚申	辛酉	壬戌	癸亥	甲子	乙丑
대운 남	10 1	1	1	1	1	2	2	2	3	3	3	4	4	4	5	5	5	6	6	6	7	7	7	8	8	8	9	9	9	10
대운 여	1 10	10	10	10	9	9	9	8	8	8	7	7	7	6	6	6	5	5	5	4	4	4	3	3	3	2	2	2	1	1

1월 6일(양) 소한 14시 42분		1월 10일(양)		1월 20일(양)		1월 21일(양) 대한 07시 59분		2월 1일(양)	
평균기온: 2.5℃ 최고기온: 7.3℃ 최저기온: -0.4℃	강수량: – 일 출: 07:47 일 몰: 17:28	평균기온: 7.3℃ 최고기온: 9.6℃ 최저기온: 5.7℃	강수량: – 일 출: 07:47 일 몰: 17:31	평균기온: 3.4℃ 최고기온: 5.0℃ 최저기온: 2.0℃	강수량: 0.1mm 일 출: 07:44 일 몰: 17:41	평균기온: -3.2℃ 최고기온: 3.2℃ 최저기온: -8.6℃	강수량: 0.2mm 일 출: 07:44 일 몰: 17:43	평균기온: 2.3℃ 최고기온: 3.2℃ 최저기온: 0.4℃	강수량: 0.1mm 일 출: 07:37 일 몰: 17:55

1972

입춘 — 02.05 ~ 03.04(양) / 壬寅月

양력	1972.02.05	6	7	8	9	10	11	12	13	14	15	16	17	18	19	20	21	22	23	24	25	26	27	28	29	3.1	2	3	4
음력	1971.12.21	22	23	24	25	26	27	28	29	30	1.1	2	3	4	5	6	7	8	9	10	11	12	13	14	15	16	17	18	19
일주	丙寅	丁卯	戊辰	己巳	庚午	辛未	壬申	癸酉	甲戌	乙亥	丙子	丁丑	戊寅	己卯	庚辰	辛巳	壬午	癸未	甲申	乙酉	丙戌	丁亥	戊子	己丑	庚寅	辛卯	壬辰	癸巳	甲午
대운(남)	10 10	9	9	9	8	8	8	7	7	7	6	6	6	5	5	5	4	4	4	3	3	3	2	2	2	1	1	1	1
대운(여)	1 1	1	1	1	2	2	2	3	3	3	4	4	4	5	5	5	6	6	6	7	7	7	8	8	8	9	9	9	9

날짜 / 절기	평균기온	최고기온	최저기온	강수량	일 출	일 몰
2월 5일(양) 입춘 02시 20분	1.3℃	2.9℃	-0.5℃	0.0mm	07:33	17:59
2월 10일(양)	3.8℃	8.4℃	0.6℃	-	07:29	18:05
2월 19일(양) 우수 22시 11분	-4.1℃	1.2℃	-9.0℃	-	07:18	18:14
2월 20일(양)	-5.6℃	-0.5℃	-9.6℃	-	07:17	18:15
3월 1일(양)	-4.6℃	-0.7℃	-7.7℃	0.0mm	07:04	18:26

경칩 — 03.05 ~ 04.04(양) / 癸卯月

양력	03.05	6	7	8	9	10	11	12	13	14	15	16	17	18	19	20	21	22	23	24	25	26	27	28	29	30	31	4.1	2	3	4
음력	01.20	21	22	23	24	25	26	27	28	29	2.1	2	3	4	5	6	7	8	9	10	11	12	13	14	15	16	17	18	19	20	21
일주	乙未	丙申	丁酉	戊戌	己亥	庚子	辛丑	壬寅	癸卯	甲辰	乙巳	丙午	丁未	戊申	己酉	庚戌	辛亥	壬子	癸丑	甲寅	乙卯	丙辰	丁巳	戊午	己未	庚申	辛酉	壬戌	癸亥	甲子	乙丑
대운(남)	1 10	10	10	9	9	9	8	8	8	7	7	7	6	6	6	5	5	5	4	4	4	3	3	3	2	2	2	1	1	1	1
대운(여)	10 1	1	1	1	1	2	2	2	3	3	3	4	4	4	5	5	5	6	6	6	7	7	7	8	8	8	9	9	9	10	10

날짜 / 절기	평균기온	최고기온	최저기온	강수량	일 출	일 몰
3월 5일(양) 경칩 20시 28분	1.6℃	6.9℃	-1.7℃	-	06:58	18:29
3월 10일(양)	3.8℃	10.0℃	-0.5℃	-	06:51	18:34
3월 20일(양) 춘분 21시 21분	8.7℃	14.2℃	5.2℃	14.6mm	06:36	18:44
4월 1일(양)	0.0℃	5.5℃	-4.3℃	-	06:18	18:55

청명 — 04.05 ~ 05.04(양) / 甲辰月

양력	04.05	6	7	8	9	10	11	12	13	14	15	16	17	18	19	20	21	22	23	24	25	26	27	28	29	30	5.1	2	3	4
음력	02.22	23	24	25	26	27	28	29	30	3.1	2	3	4	5	6	7	8	9	10	11	12	13	14	15	16	17	18	19	20	21
일주	丙寅	丁卯	戊辰	己巳	庚午	辛未	壬申	癸酉	甲戌	乙亥	丙子	丁丑	戊寅	己卯	庚辰	辛巳	壬午	癸未	甲申	乙酉	丙戌	丁亥	戊子	己丑	庚寅	辛卯	壬辰	癸巳	甲午	乙未
대운(남)	1 10	10	9	9	9	8	8	8	7	7	7	6	6	6	5	5	5	4	4	4	3	3	3	2	2	2	1	1	1	1
대운(여)	10 1	1	1	1	1	2	2	2	3	3	3	4	4	4	5	5	5	6	6	6	7	7	7	8	8	8	9	9	9	10

날짜 / 절기	평균기온	최고기온	최저기온	강수량	일 출	일 몰
4월 5일(양) 청명 01시 29분	11.4℃	18.0℃	4.9℃	-	06:12	18:58
4월 10일(양)	7.5℃	13.0℃	2.9℃	-	06:05	19:03
4월 20일(양) 곡우 08시 37분	14.1℃	19.8℃	8.9℃	0.0mm	05:51	19:12
5월 1일(양)	14.5℃	17.6℃	9.3℃	-	05:37	19:22

입하 — 05.05 ~ 06.04(양) / 乙巳月

양력	05.05	6	7	8	9	10	11	12	13	14	15	16	17	18	19	20	21	22	23	24	25	26	27	28	29	30	31	6.1	2	3	4
음력	03.22	23	24	25	26	27	28	29	4.1	2	3	4	5	6	7	8	9	10	11	12	13	14	15	16	17	18	19	20	21	22	23
일주	丙申	丁酉	戊戌	己亥	庚子	辛丑	壬寅	癸卯	甲辰	乙巳	丙午	丁未	戊申	己酉	庚戌	辛亥	壬子	癸丑	甲寅	乙卯	丙辰	丁巳	戊午	己未	庚申	辛酉	壬戌	癸亥	甲子	乙丑	丙寅
대운(남)	1 10	10	10	9	9	9	8	8	8	7	7	7	6	6	6	5	5	5	4	4	4	3	3	3	2	2	2	1	1	1	1
대운(여)	10 1	1	1	1	2	2	2	3	3	3	4	4	4	5	5	5	6	6	6	7	7	7	8	8	8	9	9	9	10	10	10

날짜 / 절기	평균기온	최고기온	최저기온	강수량	일 출	일 몰
5월 5일(양) 입하 19시 01분	16.7℃	23.2℃	11.4℃	-	05:33	19:25
5월 10일(양)	19.2℃	25.6℃	14.1℃	-	05:28	19:30
5월 20일(양)	15.6℃	21.4℃	10.8℃	-	05:19	19:38
5월 21일(양) 소만 08시 00분	17.1℃	23.4℃	11.8℃	1.2mm	05:18	19:39
6월 1일(양)	21.4℃	26.7℃	17.1℃	-	05:12	19:47

망종 — 06.05 ~ 07.06(양) / 丙午月

양력	06.05	6	7	8	9	10	11	12	13	14	15	16	17	18	19	20	21	22	23	24	25	26	27	28	29	30	7.1	2	3	4	5	6
음력	04.24	25	26	27	28	29	5.1	2	3	4	5	6	7	8	9	10	11	12	13	14	15	16	17	18	19	20	21	22	23	24	25	26
일주	丁卯	戊辰	己巳	庚午	辛未	壬申	癸酉	甲戌	乙亥	丙子	丁丑	戊寅	己卯	庚辰	辛巳	壬午	癸未	甲申	乙酉	丙戌	丁亥	戊子	己丑	庚寅	辛卯	壬辰	癸巳	甲午	乙未	丙申	丁酉	戊戌
대운(남)	1 10	10	10	10	9	9	9	8	8	8	7	7	7	6	6	6	5	5	5	4	4	4	3	3	3	2	2	2	1	1	1	1
대운(여)	10 1	1	1	1	2	2	2	3	3	3	4	4	4	5	5	5	6	6	6	7	7	7	8	8	8	9	9	9	10	10	10	10

날짜 / 절기	평균기온	최고기온	최저기온	강수량	일 출	일 몰
6월 5일(양) 망종 23시 22분	20.8℃	29.3℃	16.9℃	-	05:11	19:50
6월 10일(양)	23.3℃	29.1℃	16.6℃	-	05:10	19:53
6월 20일(양)	18.9℃	21.4℃	16.6℃	0.6mm	05:11	19:56
6월 21일(양) 하지 16시 06분	21.0℃	27.9℃	15.9℃	-	05:11	19:57
7월 1일(양)	21.1℃	28.4℃	17.5℃	0.2mm	05:14	19:57

소서 — 07.07 ~ 08.06(양) / 丁未月

양력	07.07	8	9	10	11	12	13	14	15	16	17	18	19	20	21	22	23	24	25	26	27	28	29	30	31	8.1	2	3	4	5	6
음력	05.27	28	29	30	6.1	2	3	4	5	6	7	8	9	10	11	12	13	14	15	16	17	18	19	20	21	22	23	24	25	26	27
일주	己亥	庚子	辛丑	壬寅	癸卯	甲辰	乙巳	丙午	丁未	戊申	己酉	庚戌	辛亥	壬子	癸丑	甲寅	乙卯	丙辰	丁巳	戊午	己未	庚申	辛酉	壬戌	癸亥	甲子	乙丑	丙寅	丁卯	戊辰	己巳
대운(남)	1 10	10	10	9	9	9	8	8	8	7	7	7	6	6	6	5	5	5	4	4	4	3	3	3	2	2	2	1	1	1	1
대운(여)	10 1	1	1	1	2	2	2	3	3	3	4	4	4	5	5	5	6	6	6	7	7	7	8	8	8	9	9	9	10	10	10

날짜 / 절기	평균기온	최고기온	최저기온	강수량	일 출	일 몰
7월 7일(양) 소서 09시 43분	24.6℃	25.2℃	24.1℃	26.4mm	05:17	19:56
7월 10일(양)	20.8℃	24.8℃	18.1℃	0.7mm	05:19	19:55
7월 20일(양)	31.1℃	35.6℃	25.9℃	-	05:26	19:50
7월 23일(양) 대서 03시 03분	29.7℃	34.2℃	25.4℃	-	05:28	19:48
8월 1일(양)	24.8℃	29.9℃	22.0℃	-	05:36	19:41

동경 135도 표준시

입 추 08.07 ~ 09.06(양) — 戊申月

구분	08.07	8	9	10	11	12	13	14	15	16	17	18	19	20	21	22	23	24	25	26	27	28	29	30	31	9.1	2	3	4	5	6
양력	08.07	8	9	10	11	12	13	14	15	16	17	18	19	20	21	22	23	24	25	26	27	28	29	30	31	9.1	2	3	4	5	6
음력	06.28	29	7.1	2	3	4	5	6	7	8	9	10	11	12	13	14	15	16	17	18	19	20	21	22	23	24	25	26	27	28	29
일주	庚午	辛未	壬申	癸酉	甲戌	乙亥	丙子	丁丑	戊寅	己卯	庚辰	辛巳	壬午	癸未	甲申	乙酉	丙戌	丁亥	戊子	己丑	庚寅	辛卯	壬辰	癸巳	甲午	乙未	丙申	丁酉	戊戌	己亥	庚子
대운 남	1 10	10	10	9	9	9	8	8	8	7	7	7	6	6	6	5	5	5	4	4	4	3	3	3	2	2	2	1	1	1	1
대운 여	10 1	1	1	1	1	2	2	2	3	3	3	4	4	4	5	5	5	6	6	6	7	7	7	8	8	8	9	9	9	10	10

	8월 7일(양) 입추 19시 29분	8월 10일(양)	8월 20일(양)	8월 23일(양) 처서 10시 03분	9월 1일(양)
평균기온	24.2℃	22.1℃	22.5℃	23.7℃	19.0℃
최고기온	26.3℃	25.9℃	28.3℃	29.3℃	25.6℃
최저기온	21.9℃	19.6℃	16.6℃	18.6℃	13.0℃
강수량	22.8mm	–	–	–	0.0mm
일 출	05:41	05:43	05:52	05:54	06:02
일 몰	19:34	19:31	19:19	19:14	19:02

백 로 09.07 ~ 10.07(양) — 己酉月

구분	09.07	8	9	10	11	12	13	14	15	16	17	18	19	20	21	22	23	24	25	26	27	28	29	30	10.1	2	3	4	5	6	7
양력	09.07	8	9	10	11	12	13	14	15	16	17	18	19	20	21	22	23	24	25	26	27	28	29	30	10.1	2	3	4	5	6	7
음력	07.30	8.1	2	3	4	5	6	7	8	9	10	11	12	13	14	15	16	17	18	19	20	21	22	23	24	25	26	27	28	29	9.1
일주	辛丑	壬寅	癸卯	甲辰	乙巳	丙午	丁未	戊申	己酉	庚戌	辛亥	壬子	癸丑	甲寅	乙卯	丙辰	丁巳	戊午	己未	庚申	辛酉	壬戌	癸亥	甲子	乙丑	丙寅	丁卯	戊辰	己巳	庚午	辛未
대운 남	1 10	10	10	9	9	9	8	8	8	7	7	7	6	6	6	5	5	5	4	4	4	3	3	3	2	2	2	1	1	1	1
대운 여	10 1	1	1	1	1	2	2	2	3	3	3	4	4	4	5	5	5	6	6	6	7	7	7	8	8	8	9	9	9	10	10

	9월 7일(양) 백로 22시 15분	9월 10일(양)	9월 20일(양)	9월 23일(양) 추분 07시 33분	10월 1일(양)
평균기온	19.5℃	20.3℃	18.6℃	16.3℃	15.8℃
최고기온	23.8℃	26.4℃	24.6℃	22.0℃	20.6℃
최저기온	16.4℃	14.4℃	13.6℃	11.4℃	13.2℃
강수량	8.1mm	–	–	–	–
일 출	06:07	06:09	06:18	06:20	06:27
일 몰	18:53	18:48	18:33	18:28	18:16

한 로 10.08 ~ 11.06(양) — 庚戌月

구분	10.08	9	10	11	12	13	14	15	16	17	18	19	20	21	22	23	24	25	26	27	28	29	30	31	11.1	2	3	4	5	6
양력	10.08	9	10	11	12	13	14	15	16	17	18	19	20	21	22	23	24	25	26	27	28	29	30	31	11.1	2	3	4	5	6
음력	09.02	3	4	5	6	7	8	9	10	11	12	13	14	15	16	17	18	19	20	21	22	23	24	25	26	27	28	29	30	10.1
일주	壬申	癸酉	甲戌	乙亥	丙子	丁丑	戊寅	己卯	庚辰	辛巳	壬午	癸未	甲申	乙酉	丙戌	丁亥	戊子	己丑	庚寅	辛卯	壬辰	癸巳	甲午	乙未	丙申	丁酉	戊戌	己亥	庚子	辛丑
대운 남	1 10	10	9	9	9	8	8	8	7	7	7	6	6	6	5	5	5	4	4	4	3	3	3	2	2	2	1	1	1	1
대운 여	10 1	1	1	1	2	2	2	3	3	3	4	4	4	5	5	5	6	6	6	7	7	7	8	8	8	9	9	9	10	10

	10월 8일(양) 한로 13시 42분	10월 10일(양)	10월 20일(양)	10월 23일(양) 상강 16시 41분	11월 1일(양)
평균기온	19.0℃	15.2℃	20.2℃	10.0℃	8.8℃
최고기온	24.8℃	19.2℃	25.7℃	15.0℃	14.3℃
최저기온	13.8℃	9.3℃	15.7℃	6.3℃	2.7℃
강수량	–	0.2mm	0.0mm	2.7mm	–
일 출	06:33	06:35	06:45	06:48	06:57
일 몰	18:05	18:02	17:49	17:45	17:34

입 동 11.07 ~ 12.06(양) — 辛亥月

구분	11.07	8	9	10	11	12	13	14	15	16	17	18	19	20	21	22	23	24	25	26	27	28	29	30	12.1	2	3	4	5	6
양력	11.07	8	9	10	11	12	13	14	15	16	17	18	19	20	21	22	23	24	25	26	27	28	29	30	12.1	2	3	4	5	6
음력	10.02	3	4	5	6	7	8	9	10	11	12	13	14	15	16	17	18	19	20	21	22	23	24	25	26	27	28	29	30	11.1
일주	壬寅	癸卯	甲辰	乙巳	丙午	丁未	戊申	己酉	庚戌	辛亥	壬子	癸丑	甲寅	乙卯	丙辰	丁巳	戊午	己未	庚申	辛酉	壬戌	癸亥	甲子	乙丑	丙寅	丁卯	戊辰	己巳	庚午	辛未
대운 남	1 10	10	9	9	9	8	8	8	7	7	7	6	6	6	5	5	5	4	4	4	3	3	3	2	2	2	1	1	1	1
대운 여	10 1	1	1	1	2	2	2	3	3	3	4	4	4	5	5	5	6	6	6	7	7	7	8	8	8	9	9	9	10	10

	11월 7일(양) 입동 16시 39분	11월 10일(양)	11월 20일(양)	11월 22일(양) 소설 14시 03분	12월 1일(양)
평균기온	7.4℃	11.1℃	5.5℃	-3.6℃	-4.4℃
최고기온	11.6℃	15.5℃	11.0℃	1.2℃	-1.4℃
최저기온	4.5℃	8.9℃	-3.3℃	-7.7℃	-6.5℃
강수량	–	3.9mm	10.1mm	–	–
일 출	07:03	07:06	07:17	07:19	07:28
일 몰	17:28	17:25	17:18	17:17	17:14

대 설 12.07 ~ 1973.01.04(양) — 壬子月

구분	12.07	8	9	10	11	12	13	14	15	16	17	18	19	20	21	22	23	24	25	26	27	28	29	30	31	1.1	2	3	4
양력	12.07	8	9	10	11	12	13	14	15	16	17	18	19	20	21	22	23	24	25	26	27	28	29	30	31	1.1	2	3	4
음력	11.02	3	4	5	6	7	8	9	10	11	12	13	14	15	16	17	18	19	20	21	22	23	24	25	26	27	28	29	30
일주	壬申	癸酉	甲戌	乙亥	丙子	丁丑	戊寅	己卯	庚辰	辛巳	壬午	癸未	甲申	乙酉	丙戌	丁亥	戊子	己丑	庚寅	辛卯	壬辰	癸巳	甲午	乙未	丙申	丁酉	戊戌	己亥	庚子
대운 남	1 10	9	9	9	8	8	8	7	7	7	6	6	6	5	5	5	4	4	4	3	3	3	2	2	2	1	1	1	1
대운 여	10 1	1	1	2	2	2	3	3	3	4	4	4	5	5	5	6	6	6	7	7	7	8	8	8	9	9	9	10	10

	12월 7일(양) 대설 09시 19분	12월 10일(양)	12월 20일(양)	12월 22일(양) 동지 03시 13분	1월 1일(양)
평균기온	2.3℃	4.5℃	-0.1℃	1.3℃	3.2℃
최고기온	4.7℃	9.9℃	4.3℃	6.5℃	7.0℃
최저기온	-2.6℃	1.0℃	-4.0℃	-4.0℃	-1.2℃
강수량	0.7mm	–	0.1mm	–	2.9mm
일 출	07:33	07:36	07:43	07:44	07:47
일 몰	17:14	17:14	17:17	17:18	17:24

소 한 01.05 ~ 02.03(양) — 癸丑月

구분	1973.01.05	6	7	8	9	10	11	12	13	14	15	16	17	18	19	20	21	22	23	24	25	26	27	28	29	30	31	2.1	2	3
양력	1973.01.05	6	7	8	9	10	11	12	13	14	15	16	17	18	19	20	21	22	23	24	25	26	27	28	29	30	31	2.1	2	3
음력	1972.12.01	2	3	4	5	6	7	8	9	10	11	12	13	14	15	16	17	18	19	20	21	22	23	24	25	26	27	28	29	1.1
일주	辛丑	壬寅	癸卯	甲辰	乙巳	丙午	丁未	戊申	己酉	庚戌	辛亥	壬子	癸丑	甲寅	乙卯	丙辰	丁巳	戊午	己未	庚申	辛酉	壬戌	癸亥	甲子	乙丑	丙寅	丁卯	戊辰	己巳	庚午
대운 남	1 10	10	9	9	9	8	8	8	7	7	7	6	6	6	5	5	5	4	4	4	3	3	3	2	2	2	1	1	1	1
대운 여	10 1	1	1	1	2	2	2	3	3	3	4	4	4	5	5	5	6	6	6	7	7	7	8	8	8	9	9	9	10	10

	1월 5일(양) 소한 20시 25분	1월 10일(양)	1월 20일(양) 대한 13시 48분	2월 1일(양)	
평균기온	0.1℃	-1.8℃	1.6℃	2.7℃	
최고기온	5.6℃	0.8℃	6.2℃	6.4℃	
최저기온	-3.7℃	-4.9℃	-2.0℃	-1.1℃	
강수량	–	–	–	–	
일 출	07:47	07:47	07:44	07:36	
일 몰	17:28	17:32	17:42	17:55	

1973

단기 4306년

입춘 (立春)　02.04 ～ 03.05(양)　— 甲寅月

양력	1973.02.04	5	6	7	8	9	10	11	12	13	14	15	16	17	18	19	20	21	22	23	24	25	26	27	28	3.1	2	3	4	5
음력	1973.01.02	3	4	5	6	7	8	9	10	11	12	13	14	15	16	17	18	19	20	21	22	23	24	25	26	27	28	29	30	2.1
일주	辛未	壬申	癸酉	甲戌	乙亥	丙子	丁丑	戊寅	己卯	庚辰	辛巳	壬午	癸未	甲申	乙酉	丙戌	丁亥	戊子	己丑	庚寅	辛卯	壬辰	癸巳	甲午	乙未	丙申	丁酉	戊戌	己亥	庚子
대운 남	1 1	1	1	1	1	2	2	2	3	3	3	4	4	4	5	5	5	6	6	6	7	7	7	8	8	8	9	9	9	10
대운 여	10 10	10	9	9	9	8	8	8	7	7	7	6	6	6	5	5	5	4	4	4	3	3	3	2	2	2	1	1	1	1

	2월 4일(양) 입춘 08시 04분	2월 10일(양)	2월 19일(양) 우수 04시 01분	2월 20일(양)	3월 1일(양)
평균기온	5.0℃	-2.8℃	5.8℃	-1.8℃	-1.6℃
최고기온	11.4℃	1.7℃	11.2℃	1.8℃	3.2℃
최저기온	-0.1℃	-6.4℃	0.5℃	-5.2℃	-4.6℃
강수량	-	-	-	-	-
일 출	07:34	07:28	07:17	07:16	07:04
일 몰	17:59	18:05	18:15	18:16	18:25

경칩 (驚蟄)　03.06 ～ 04.04(양)　— 乙卯月

양력	03.06	7	8	9	10	11	12	13	14	15	16	17	18	19	20	21	22	23	24	25	26	27	28	29	30	31	4.1	2	3	4
음력	02.02	3	4	5	6	7	8	9	10	11	12	13	14	15	16	17	18	19	20	21	22	23	24	25	26	27	28	29	3.1	2
일주	辛丑	壬寅	癸卯	甲辰	乙巳	丙午	丁未	戊申	己酉	庚戌	辛亥	壬子	癸丑	甲寅	乙卯	丙辰	丁巳	戊午	己未	庚申	辛酉	壬戌	癸亥	甲子	乙丑	丙寅	丁卯	戊辰	己巳	庚午
대운 남	10 1	1	1	1	1	2	2	2	3	3	3	4	4	4	5	5	5	6	6	6	7	7	7	8	8	8	9	9	9	10
대운 여	1 10	10	9	9	9	8	8	8	7	7	7	6	6	6	5	5	5	4	4	4	3	3	3	2	2	2	1	1	1	1

	3월 6일(양) 경칩 02시 13분	3월 10일(양)	3월 20일(양)	3월 21일(양) 춘분 03시 12분	4월 1일(양)
평균기온	-1.2℃	4.2℃	6.9℃	6.4℃	9.3℃
최고기온	2.8℃	11.4℃	10.7℃	11.6℃	14.9℃
최저기온	-4.2℃	-0.7℃	4.5℃	2.1℃	3.9℃
강수량	-	-	3.4mm	-	0.3mm
일 출	06:57	06:52	06:37	06:35	06:18
일 몰	18:30	18:34	18:43	18:44	18:54

청명 (淸明)　04.05 ～ 05.05(양)　— 丙辰月

양력	04.05	6	7	8	9	10	11	12	13	14	15	16	17	18	19	20	21	22	23	24	25	26	27	28	29	30	5.1	2	3	4	5
음력	03.03	4	5	6	7	8	9	10	11	12	13	14	15	16	17	18	19	20	21	22	23	24	25	26	27	28	29	30	4.1	2	3
일주	辛未	壬申	癸酉	甲戌	乙亥	丙子	丁丑	戊寅	己卯	庚辰	辛巳	壬午	癸未	甲申	乙酉	丙戌	丁亥	戊子	己丑	庚寅	辛卯	壬辰	癸巳	甲午	乙未	丙申	丁酉	戊戌	己亥	庚子	辛丑
대운 남	10 1	1	1	1	1	2	2	2	3	3	3	4	4	4	5	5	5	6	6	6	7	7	7	8	8	8	9	9	9	10	10
대운 여	1 10	10	10	10	10	9	8	8	8	7	7	7	6	6	6	5	5	5	4	4	4	3	3	3	2	2	2	1	1	1	1

	4월 5일(양) 청명 07시 14분	4월 10일(양)	4월 20일(양) 곡우 14시 30분	5월 1일(양)
평균기온	6.5℃	15.5℃	14.1℃	14.5℃
최고기온	13.2℃	20.0℃	19.6℃	17.8℃
최저기온	0.9℃	13.6℃	11.0℃	11.5℃
강수량	-	0.4mm	-	38.8mm
일 출	06:13	06:05	05:51	05:37
일 몰	18:58	19:02	19:11	19:22

입하 (立夏)　05.06 ～ 06.05(양)　— 丁巳月

양력	05.06	7	8	9	10	11	12	13	14	15	16	17	18	19	20	21	22	23	24	25	26	27	28	29	30	31	6.1	2	3	4	5
음력	04.04	5	6	7	8	9	10	11	12	13	14	15	16	17	18	19	20	21	22	23	24	25	26	27	28	29	5.1	2	3	4	5
일주	壬寅	癸卯	甲辰	乙巳	丙午	丁未	戊申	己酉	庚戌	辛亥	壬子	癸丑	甲寅	乙卯	丙辰	丁巳	戊午	己未	庚申	辛酉	壬戌	癸亥	甲子	乙丑	丙寅	丁卯	戊辰	己巳	庚午	辛未	壬申
대운 남	10 1	1	1	1	1	2	2	2	3	3	3	4	4	4	5	5	5	6	6	6	7	7	7	8	8	8	9	9	9	10	10
대운 여	1 10	10	10	10	10	9	8	8	8	7	7	7	6	6	6	5	5	5	4	4	4	3	3	3	2	2	2	1	1	1	1

	5월 6일(양) 입하 00시 46분	5월 10일(양)	5월 20일(양)	5월 21일(양) 소만 13시 54분	6월 1일(양)
평균기온	17.9℃	14.6℃	16.6℃	17.5℃	20.0℃
최고기온	24.7℃	20.5℃	22.8℃	23.0℃	25.6℃
최저기온	10.2℃	9.5℃	11.4℃	12.6℃	15.4℃
강수량	-	-	-	-	-
일 출	05:32	05:28	05:19	05:19	05:13
일 몰	19:26	19:30	19:38	19:39	19:47

망종 (芒種)　06.06 ～ 07.06(양)　— 戊午月

양력	06.06	7	8	9	10	11	12	13	14	15	16	17	18	19	20	21	22	23	24	25	26	27	28	29	30	7.1	2	3	4	5	6
음력	05.06	7	8	9	10	11	12	13	14	15	16	17	18	19	20	21	22	23	24	25	26	27	28	29	6.1	2	3	4	5	6	7
일주	癸酉	甲戌	乙亥	丙子	丁丑	戊寅	己卯	庚辰	辛巳	壬午	癸未	甲申	乙酉	丙戌	丁亥	戊子	己丑	庚寅	辛卯	壬辰	癸巳	甲午	乙未	丙申	丁酉	戊戌	己亥	庚子	辛丑	壬寅	癸卯
대운 남	10 1	1	1	1	1	2	2	2	3	3	3	4	4	4	5	5	5	6	6	6	7	7	7	8	8	8	9	9	9	10	10
대운 여	1 10	10	10	10	10	9	8	8	8	7	7	7	6	6	6	5	5	5	4	4	4	3	3	3	2	2	2	1	1	1	1

	6월 6일(양) 망종 05시 07분	6월 10일(양)	6월 20일(양)	6월 21일(양) 하지 22시 01분	7월 1일(양)
평균기온	20.4℃	25.0℃	21.6℃	21.8℃	22.7℃
최고기온	24.2℃	30.8℃	27.8℃	26.3℃	28.0℃
최저기온	17.3℃	18.5℃	18.4℃	18.4℃	19.8℃
강수량	0.0mm	-	-	0.0mm	-
일 출	05:11	05:10	05:11	05:11	05:14
일 몰	19:50	19:53	19:56	19:57	19:57

소서 (小暑)　07.07 ～ 08.07(양)　— 己未月

양력	07.07	8	9	10	11	12	13	14	15	16	17	18	19	20	21	22	23	24	25	26	27	28	29	30	31	8.1	2	3	4	5	6	7
음력	06.08	9	10	11	12	13	14	15	16	17	18	19	20	21	22	23	24	25	26	27	28	29	30	7.1	2	3	4	5	6	7	8	9
일주	甲辰	乙巳	丙午	丁未	戊申	己酉	庚戌	辛亥	壬子	癸丑	甲寅	乙卯	丙辰	丁巳	戊午	己未	庚申	辛酉	壬戌	癸亥	甲子	乙丑	丙寅	丁卯	戊辰	己巳	庚午	辛未	壬申	癸酉	甲戌	乙亥
대운 남	10 1	1	1	1	1	2	2	2	3	3	3	4	4	4	5	5	5	6	6	6	7	7	7	8	8	8	9	9	9	10	10	10
대운 여	1 10	10	10	10	10	9	9	8	8	8	7	7	7	6	6	6	5	5	5	4	4	4	3	3	3	2	2	2	1	1	1	1

	7월 7일(양) 소서 15시 27분	7월 10일(양)	7월 20일(양)	7월 23일(양) 대서 08시 56분	8월 1일(양)
평균기온	25.3℃	26.5℃	29.6℃	28.6℃	24.3℃
최고기온	30.6℃	31.6℃	33.3℃	33.4℃	26.7℃
최저기온	21.8℃	22.4℃	26.8℃	24.3℃	22.2℃
강수량	-	-	0.2mm	-	8.1mm
일 출	05:17	05:19	05:26	05:28	05:35
일 몰	19:56	19:55	19:50	19:48	19:41

입추 (庚申月) 08.08 ~ 09.07(양)

양력	08.08	9	10	11	12	13	14	15	16	17	18	19	20	21	22	23	24	25	26	27	28	29	30	31	9.1	2	3	4	5	6	7
음력	07.10	11	12	13	14	15	16	17	18	19	20	21	22	23	24	25	26	27	28	29	8.1	2	3	4	5	6	7	8	9	10	11
일주	丙子	丁丑	戊寅	己卯	庚辰	辛巳	壬午	癸未	甲申	乙酉	丙戌	丁亥	戊子	己丑	庚寅	辛卯	壬辰	癸巳	甲午	乙未	丙申	丁酉	戊戌	己亥	庚子	辛丑	壬寅	癸卯	甲辰	乙巳	丙午
대운 남	10　1	1	1	1	1	2	2	2	3	3	3	4	4	4	5	5	5	6	6	6	7	7	7	8	8	8	9	9	9	10	10
대운 여	1　10	10	10	9	9	9	8	8	8	7	7	7	6	6	6	5	5	5	4	4	4	3	3	3	2	2	2	1	1	1	1

날짜	평균기온	최고기온	최저기온	강수량	일 출	일 몰
8월 8일(양) 입추 01시 13분	26.7℃	31.8℃	23.2℃	-	05:41	19:34
8월 10일(양)	27.0℃	31.8℃	24.0℃	-	05:43	19:31
8월 20일(양)	25.5℃	28.0℃	22.9℃	27.5mm	05:52	19:19
8월 23일(양) 처서 15시 53분	23.5℃	25.1℃	22.0℃	29.5mm	05:54	19:15
9월 1일(양)	22.3℃	24.3℃	20.6℃	27.1mm	06:02	19:02

백로 (辛酉月) 09.08 ~ 10.07(양)

양력	09.08	9	10	11	12	13	14	15	16	17	18	19	20	21	22	23	24	25	26	27	28	29	30	10.1	2	3	4	5	6	7
음력	08.12	13	14	15	16	17	18	19	20	21	22	23	24	25	26	27	28	29	9.1	2	3	4	5	6	7	8	9	10	11	12
일주	丁未	戊申	己酉	庚戌	辛亥	壬子	癸丑	甲寅	乙卯	丙辰	丁巳	戊午	己未	庚申	辛酉	壬戌	癸亥	甲子	乙丑	丙寅	丁卯	戊辰	己巳	庚午	辛未	壬申	癸酉	甲戌	乙亥	丙子
대운 남	10　1	1	1	1	1	2	2	2	3	3	3	4	4	4	5	5	5	6	6	6	7	7	7	8	8	8	9	9	9	10
대운 여	1　10	10	9	9	9	8	8	8	7	7	7	6	6	6	5	5	5	4	4	4	3	3	3	2	2	2	1	1	1	1

날짜	평균기온	최고기온	최저기온	강수량	일 출	일 몰
9월 8일(양) 백로 03시 59분	22.2℃	26.9℃	18.9℃	-	06:08	18:52
9월 10일(양)	19.3℃	23.1℃	17.3℃	18.6mm	06:09	18:48
9월 20일(양)	20.4℃	25.3℃	18.0℃	5.2mm	06:18	18:33
9월 23일(양) 추분 13시 21분	20.8℃	26.4℃	15.9℃	-	06:20	18:28
10월 1일(양)	18.2℃	23.9℃	12.6℃	-	06:27	18:16

한로 (壬戌月) 10.08 ~ 11.06(양)

양력	10.08	9	10	11	12	13	14	15	16	17	18	19	20	21	22	23	24	25	26	27	28	29	30	31	11.1	2	3	4	5	6
음력	09.13	14	15	16	17	18	19	20	21	22	23	24	25	26	27	28	29	30	10.1	2	3	4	5	6	7	8	9	10	11	12
일주	丁丑	戊寅	己卯	庚辰	辛巳	壬午	癸未	甲申	乙酉	丙戌	丁亥	戊子	己丑	庚寅	辛卯	壬辰	癸巳	甲午	乙未	丙申	丁酉	戊戌	己亥	庚子	辛丑	壬寅	癸卯	甲辰	乙巳	丙午
대운 남	10　1	1	1	1	1	2	2	2	3	3	3	4	4	4	5	5	5	6	6	6	7	7	7	8	8	8	9	9	9	10
대운 여	1　10	10	9	9	9	8	8	8	7	7	7	6	6	6	5	5	5	4	4	4	3	3	3	2	2	2	1	1	1	1

날짜	평균기온	최고기온	최저기온	강수량	일 출	일 몰
10월 8일(양) 한로 19시 27분	15.6℃	21.1℃	9.8℃	-	06:33	18:06
10월 10일(양)	14.6℃	19.4℃	10.7℃	-	06:35	18:03
10월 20일(양)	13.3℃	16.6℃	11.5℃	0.2mm	06:44	17:49
10월 23일(양) 상강 22시 30분	9.7℃	14.0℃	7.0℃	-	06:47	17:45
11월 1일(양)	11.6℃	16.9℃	7.2℃	0.1mm	06:56	17:34

입동 (癸亥月) 11.07 ~ 12.06(양)

양력	11.07	8	9	10	11	12	13	14	15	16	17	18	19	20	21	22	23	24	25	26	27	28	29	30	12.1	2	3	4	5	6
음력	10.13	14	15	16	17	18	19	20	21	22	23	24	25	26	27	28	29	30	11.1	2	3	4	5	6	7	8	9	10	11	12
일주	丁未	戊申	己酉	庚戌	辛亥	壬子	癸丑	甲寅	乙卯	丙辰	丁巳	戊午	己未	庚申	辛酉	壬戌	癸亥	甲子	乙丑	丙寅	丁卯	戊辰	己巳	庚午	辛未	壬申	癸酉	甲戌	乙亥	丙子
대운 남	10　1	1	1	1	1	2	2	2	3	3	3	4	4	4	5	5	5	6	6	6	7	7	7	8	8	8	9	9	9	10
대운 여	1　10	10	9	9	9	8	8	8	7	7	7	6	6	6	5	5	5	4	4	4	3	3	3	2	2	2	1	1	1	1

날짜	평균기온	최고기온	최저기온	강수량	일 출	일 몰
11월 7일(양) 입동 22시 28분	9.0℃	16.0℃	1.9℃	-	07:03	17:28
11월 10일(양)	3.9℃	7.9℃	0.6℃	1.5mm	07:06	17:26
11월 20일(양)	-4.3℃	0.1℃	-7.1℃	2.5mm	07:16	17:18
11월 22일(양) 소설 19시 54분	-1.0℃	3.4℃	-4.9℃	-	07:19	17:17
12월 1일(양)	0.5℃	6.6℃	-4.0℃	-	07:28	17:14

대설 (甲子月) 12.07 ~ 1974.01.05(양)

양력	12.07	8	9	10	11	12	13	14	15	16	17	18	19	20	21	22	23	24	25	26	27	28	29	30	31	1.1	2	3	4	5
음력	11.13	14	15	16	17	18	19	20	21	22	23	24	25	26	27	28	29	30	12.1	2	3	4	5	6	7	8	9	10	11	12
일주	丁丑	戊寅	己卯	庚辰	辛巳	壬午	癸未	甲申	乙酉	丙戌	丁亥	戊子	己丑	庚寅	辛卯	壬辰	癸巳	甲午	乙未	丙申	丁酉	戊戌	己亥	庚子	辛丑	壬寅	癸卯	甲辰	乙巳	丙午
대운 남	10　1	1	1	1	1	2	2	2	3	3	3	4	4	4	5	5	5	6	6	6	7	7	7	8	8	8	9	9	9	10
대운 여	1　10	10	9	9	9	8	8	8	7	7	7	6	6	6	5	5	5	4	4	4	3	3	3	2	2	2	1	1	1	1

날짜	평균기온	최고기온	최저기온	강수량	일 출	일 몰
12월 7일(양) 대설 15시 10분	-6.4℃	-2.9℃	-9.8℃	-	07:33	17:14
12월 10일(양)	-1.3℃	3.3℃	-3.9℃	-	07:36	17:14
12월 20일(양)	1.3℃	4.4℃	-2.5℃	-	07:42	17:17
12월 22일(양) 동지 09시 08분	-6.8℃	-2.9℃	-10.6℃	3.7mm	07:43	17:17
1월 1일(양)	1.0℃	7.6℃	-4.3℃	0.0mm	07:47	17:24

소한 (乙丑月) 01.06 ~ 02.03(양)

양력	1974.01.06	7	8	9	10	11	12	13	14	15	16	17	18	19	20	21	22	23	24	25	26	27	28	29	30	31	2.1	2	3
음력	1973.12.13	14	15	16	17	18	19	20	21	22	23	24	25	26	27	28	29	1.1	2	3	4	5	6	7	8	9	10	11	12
일주	丁未	戊申	己酉	庚戌	辛亥	壬子	癸丑	甲寅	乙卯	丙辰	丁巳	戊午	己未	庚申	辛酉	壬戌	癸亥	甲子	乙丑	丙寅	丁卯	戊辰	己巳	庚午	辛未	壬申	癸酉	甲戌	乙亥
대운 남	10　1	1	1	1	1	2	2	2	3	3	3	4	4	4	5	5	5	6	6	6	7	7	7	8	8	8	9	9	9
대운 여	1　10	9	9	9	8	8	8	7	7	7	6	6	6	5	5	5	4	4	4	3	3	3	2	2	2	1	1	1	1

날짜	평균기온	최고기온	최저기온	강수량	일 출	일 몰
1월 6일(양) 소한 02시 20분	-1.5℃	4.4℃	-5.0℃	-	07:47	17:28
1월 10일(양)	0.8℃	6.4℃	-2.2℃	-	07:47	17:32
1월 20일(양) 대한 19시 46분	-0.9℃	3.2℃	-5.0℃	1.1mm	07:44	17:42
2월 1일(양)	-4.2℃	0.7℃	-7.6℃	-	07:36	17:55

1974 윤4월

입춘 02.04 ~ 03.05(양) — 丙寅月

	丙寅月	5	6	7	8	9	10	11	12	13	14	15	16	17	18	19	20	21	22	23	24	25	26	27	28	3.1	2	3	4	5
양력	1974.02.04	5	6	7	8	9	10	11	12	13	14	15	16	17	18	19	20	21	22	23	24	25	26	27	28	3.1	2	3	4	5
음력	1974.01.13	14	15	16	17	18	19	20	21	22	23	24	25	26	27	28	29	30	2.1	2	3	4	5	6	7	8	9	10	11	12
일주	丙子	丁丑	戊寅	己卯	庚辰	辛巳	壬午	癸未	甲申	乙酉	丙戌	丁亥	戊子	己丑	庚寅	辛卯	壬辰	癸巳	甲午	乙未	丙申	丁酉	戊戌	己亥	庚子	辛丑	壬寅	癸卯	甲辰	乙巳
대운 남	10	10	9	9	9	8	8	8	7	7	7	6	6	6	5	5	5	4	4	4	3	3	3	2	2	2	1	1	1	1
대운 여	1	1	1	1	1	2	2	2	3	3	3	4	4	4	5	5	5	6	6	6	7	7	7	8	8	8	9	9	9	10

2월 4일(양) 입춘 14시 00분		2월 10일(양)		2월 19일(양) 우수 09시 59분		2월 20일(양)		3월 1일(양)	
평균기온: 0.7℃ 최고기온: 5.7℃ 최저기온: -3.2℃	강수량: – 일 출: 07:34 일 몰: 17:59	평균기온: -5.5℃ 최고기온: -1.1℃ 최저기온: -7.4℃	강수량: 1.7mm 일 출: 07:28 일 몰: 18:05	평균기온: 5.3℃ 최고기온: 7.0℃ 최저기온: 2.1℃	강수량: 4.7mm 일 출: 07:18 일 몰: 18:15	평균기온: -0.7℃ 최고기온: 2.6℃ 최저기온: -3.2℃	강수량: – 일 출: 07:16 일 몰: 18:16	평균기온: -1.1℃ 최고기온: 5.4℃ 최저기온: -5.9℃	강수량: – 일 출: 07:05 일 몰: 18:25

경칩 03.06 ~ 04.04(양) — 丁卯月

	丁卯月	7	8	9	10	11	12	13	14	15	16	17	18	19	20	21	22	23	24	25	26	27	28	29	30	31	4.1	2	3	4
양력	03.06	7	8	9	10	11	12	13	14	15	16	17	18	19	20	21	22	23	24	25	26	27	28	29	30	31	4.1	2	3	4
음력	02.13	14	15	16	17	18	19	20	21	22	23	24	25	26	27	28	29	30	3.1	2	3	4	5	6	7	8	9	10	11	12
일주	丙午	丁未	戊申	己酉	庚戌	辛亥	壬子	癸丑	甲寅	乙卯	丙辰	丁巳	戊午	己未	庚申	辛酉	壬戌	癸亥	甲子	乙丑	丙寅	丁卯	戊辰	己巳	庚午	辛未	壬申	癸酉	甲戌	乙亥
대운 남	1	10	9	9	9	8	8	8	7	7	7	6	6	6	5	5	5	4	4	4	3	3	3	2	2	2	1	1	1	1
대운 여	10	1	1	1	1	2	2	2	3	3	3	4	4	4	5	5	5	6	6	6	7	7	7	8	8	8	9	9	9	10

3월 6일(양) 경칩 08시 07분		3월 10일(양)		3월 20일(양)		3월 21일(양) 춘분 09시 07분		4월 1일(양)	
평균기온: 7.5℃ 최고기온: 13.4℃ 최저기온: 5.5℃	강수량: 14.2mm 일 출: 06:58 일 몰: 18:30	평균기온: 0.8℃ 최고기온: 4.4℃ 최저기온: -3.1℃	강수량: – 일 출: 06:52 일 몰: 18:34	평균기온: 2.7℃ 최고기온: 8.4℃ 최저기온: 0.1℃	강수량: 0.7mm 일 출: 06:37 일 몰: 18:43	평균기온: 1.3℃ 최고기온: 6.5℃ 최저기온: -0.7℃	강수량: 1.8mm 일 출: 06:35 일 몰: 18:44	평균기온: 4.3℃ 최고기온: 8.7℃ 최저기온: 1.6℃	강수량: – 일 출: 06:19 일 몰: 18:54

청명 04.05 ~ 05.05(양) — 戊辰月

	戊辰月	6	7	8	9	10	11	12	13	14	15	16	17	18	19	20	21	22	23	24	25	26	27	28	29	30	5.1	2	3	4	5
양력	04.05	6	7	8	9	10	11	12	13	14	15	16	17	18	19	20	21	22	23	24	25	26	27	28	29	30	5.1	2	3	4	5
음력	03.13	14	15	16	17	18	19	20	21	22	23	24	25	26	27	28	29	4.1	2	3	4	5	6	7	8	9	10	11	12	13	14
일주	丙子	丁丑	戊寅	己卯	庚辰	辛巳	壬午	癸未	甲申	乙酉	丙戌	丁亥	戊子	己丑	庚寅	辛卯	壬辰	癸巳	甲午	乙未	丙申	丁酉	戊戌	己亥	庚子	辛丑	壬寅	癸卯	甲辰	乙巳	丙午
대운 남	1	10	10	9	9	9	8	8	8	7	7	7	6	6	6	5	5	5	4	4	4	3	3	3	2	2	2	1	1	1	1
대운 여	10	1	1	1	1	2	2	2	3	3	3	4	4	4	5	5	5	6	6	6	7	7	7	8	8	8	9	9	9	10	10

4월 5일(양) 청명 13시 05분		4월 10일(양)		4월 20일(양) 곡우 20시 19분		5월 1일(양)	
평균기온: 9.8℃ 최고기온: 16.8℃ 최저기온: 5.4℃	강수량: – 일 출: 06:13 일 몰: 18:58	평균기온: 9.7℃ 최고기온: 16.4℃ 최저기온: 5.7℃	강수량: – 일 출: 06:06 일 몰: 19:02	평균기온: 13.4℃ 최고기온: 18.3℃ 최저기온: 9.3℃	강수량: 9.3mm 일 출: 05:52 일 몰: 19:11	평균기온: 13.4℃ 최고기온: 19.6℃ 최저기온: 7.0℃	강수량: – 일 출: 05:38 일 몰: 19:21

입하 05.06 ~ 06.05(양) — 己巳月

	己巳月	7	8	9	10	11	12	13	14	15	16	17	18	19	20	21	22	23	24	25	26	27	28	29	30	31	6.1	2	3	4	5
양력	05.06	7	8	9	10	11	12	13	14	15	16	17	18	19	20	21	22	23	24	25	26	27	28	29	30	31	6.1	2	3	4	5
음력	04.15	16	17	18	19	20	21	22	23	24	25	26	27	28	29	30	윤	4.2	3	4	5	6	7	8	9	10	11	12	13	14	15
일주	丁未	戊申	己酉	庚戌	辛亥	壬子	癸丑	甲寅	乙卯	丙辰	丁巳	戊午	己未	庚申	辛酉	壬戌	癸亥	甲子	乙丑	丙寅	丁卯	戊辰	己巳	庚午	辛未	壬申	癸酉	甲戌	乙亥	丙子	丁丑
대운 남	1	10	10	9	9	9	8	8	8	7	7	7	6	6	6	5	5	5	4	4	4	3	3	3	2	2	2	1	1	1	1
대운 여	10	1	1	1	1	2	2	2	3	3	3	4	4	4	5	5	5	6	6	6	7	7	7	8	8	8	9	9	9	10	10

5월 6일(양) 입하 06시 34분		5월 10일(양)		5월 20일(양)		5월 21일(양) 소만 19시 36분		6월 1일(양)	
평균기온: 15.6℃ 최고기온: 23.2℃ 최저기온: 8.3℃	강수량: – 일 출: 05:32 일 몰: 19:26	평균기온: 14.5℃ 최고기온: 20.4℃ 최저기온: 9.3℃	강수량: – 일 출: 05:28 일 몰: 19:29	평균기온: 16.2℃ 최고기온: 17.4℃ 최저기온: 14.5℃	강수량: 10.6mm 일 출: 05:19 일 몰: 19:38	평균기온: 20.5℃ 최고기온: 27.1℃ 최저기온: 16.0℃	강수량: – 일 출: 05:19 일 몰: 19:39	평균기온: 15.3℃ 최고기온: 20.1℃ 최저기온: 11.8℃	강수량: 2.7mm 일 출: 05:13 일 몰: 19:47

망종 06.06 ~ 07.06(양) — 庚午月

	庚午月	7	8	9	10	11	12	13	14	15	16	17	18	19	20	21	22	23	24	25	26	27	28	29	30	7.1	2	3	4	5	6
양력	06.06	7	8	9	10	11	12	13	14	15	16	17	18	19	20	21	22	23	24	25	26	27	28	29	30	7.1	2	3	4	5	6
음력	04.16	17	18	19	20	21	22	23	24	25	26	27	28	29	5.1	2	3	4	5	6	7	8	9	10	11	12	13	14	15	16	17
일주	戊寅	己卯	庚辰	辛巳	壬午	癸未	甲申	乙酉	丙戌	丁亥	戊子	己丑	庚寅	辛卯	壬辰	癸巳	甲午	乙未	丙申	丁酉	戊戌	己亥	庚子	辛丑	壬寅	癸卯	甲辰	乙巳	丙午	丁未	戊申
대운 남	1	10	10	9	9	9	8	8	8	7	7	7	6	6	6	5	5	5	4	4	4	3	3	3	2	2	2	1	1	1	1
대운 여	10	1	1	1	1	2	2	2	3	3	3	4	4	4	5	5	5	6	6	6	7	7	7	8	8	8	9	9	9	10	10

6월 6일(양) 망종 10시 52분		6월 10일(양)		6월 20일(양)		6월 22일(양) 하지 03시 38분		7월 1일(양)	
평균기온: 16.2℃ 최고기온: 22.2℃ 최저기온: 12.7℃	강수량: – 일 출: 05:11 일 몰: 19:50	평균기온: 17.8℃ 최고기온: 21.7℃ 최저기온: 15.5℃	강수량: 28.3mm 일 출: 05:10 일 몰: 19:52	평균기온: 18.5℃ 최고기온: 20.3℃ 최저기온: 17.3℃	강수량: 1.0mm 일 출: 05:11 일 몰: 19:56	평균기온: 20.2℃ 최고기온: 26.1℃ 최저기온: 14.9℃	강수량: – 일 출: 05:11 일 몰: 19:57	평균기온: 23.9℃ 최고기온: 30.3℃ 최저기온: 18.2℃	강수량: – 일 출: 05:14 일 몰: 19:57

소서 07.07 ~ 08.07(양) — 辛未月

	辛未月	8	9	10	11	12	13	14	15	16	17	18	19	20	21	22	23	24	25	26	27	28	29	30	31	8.1	2	3	4	5	6	7
양력	07.07	8	9	10	11	12	13	14	15	16	17	18	19	20	21	22	23	24	25	26	27	28	29	30	31	8.1	2	3	4	5	6	7
음력	05.18	19	20	21	22	23	24	25	26	27	28	29	6.1	2	3	4	5	6	7	8	9	10	11	12	13	14	15	16	17	18	19	20
일주	己酉	庚戌	辛亥	壬子	癸丑	甲寅	乙卯	丙辰	丁巳	戊午	己未	庚申	辛酉	壬戌	癸亥	甲子	乙丑	丙寅	丁卯	戊辰	己巳	庚午	辛未	壬申	癸酉	甲戌	乙亥	丙子	丁丑	戊寅	己卯	庚辰
대운 남	1	10	10	10	9	9	9	8	8	8	7	7	7	6	6	6	5	5	5	4	4	4	3	3	3	2	2	2	1	1	1	1
대운 여	10	1	1	1	2	2	2	3	3	3	4	4	4	5	5	5	6	6	6	7	7	7	8	8	8	9	9	9	10	10	10	10

7월 7일(양) 소서 21시 11분		7월 10일(양)		7월 20일(양)		7월 23일(양) 대서 14시 30분		8월 1일(양)	
평균기온: 23.3℃ 최고기온: 28.6℃ 최저기온: 20.1℃	강수량: 0.0mm 일 출: 05:17 일 몰: 19:56	평균기온: 21.8℃ 최고기온: 26.7℃ 최저기온: 20.0℃	강수량: 0.9mm 일 출: 05:19 일 몰: 19:55	평균기온: 24.8℃ 최고기온: 28.7℃ 최저기온: 22.8℃	강수량: 6.2mm 일 출: 05:26 일 몰: 19:51	평균기온: 24.9℃ 최고기온: 30.0℃ 최저기온: 19.7℃	강수량: – 일 출: 05:28 일 몰: 19:49	평균기온: 25.0℃ 최고기온: 29.3℃ 최저기온: 23.3℃	강수량: 6.1mm 일 출: 05:35 일 몰: 19:41

입추　08.08 ～ 09.07(양)

壬申月

구분	08.08	9	10	11	12	13	14	15	16	17	18	19	20	21	22	23	24	25	26	27	28	29	30	31	9.1	2	3	4	5	6	7
양력	08.08	9	10	11	12	13	14	15	16	17	18	19	20	21	22	23	24	25	26	27	28	29	30	31	9.1	2	3	4	5	6	7
음력	06.21	22	23	24	25	26	27	28	29	30	7.1	2	3	4	5	6	7	8	9	10	11	12	13	14	15	16	17	18	19	20	21
일주	辛巳	壬午	癸未	甲申	乙酉	丙戌	丁亥	戊子	己丑	庚寅	辛卯	壬辰	癸巳	甲午	乙未	丙申	丁酉	戊戌	己亥	庚子	辛丑	壬寅	癸卯	甲辰	乙巳	丙午	丁未	戊申	己酉	庚戌	辛亥
대운 남	1 · 10	10	10	9	9	9	8	8	8	7	7	7	6	6	6	5	5	5	4	4	4	3	3	3	2	2	2	1	1	1	1
대운 여	10 · 1	1	1	1	2	2	2	3	3	3	4	4	4	5	5	5	6	6	6	7	7	7	8	8	8	9	9	9	10	10	10

8월 8일(양) 입추 06시 57분	8월 10일(양)	8월 20일(양)	8월 23일(양) 처서 21시 29분	9월 1일(양)
평균기온: 25.6℃　강수량: – 최고기온: 30.5℃　일 출: 05:41 최저기온: 22.8℃　일 몰: 19:34	평균기온: 27.0℃　강수량: – 최고기온: 31.4℃　일 출: 05:43 최저기온: 22.5℃　일 몰: 19:32	평균기온: 28.9℃　강수량: – 최고기온: 33.7℃　일 출: 05:51 최저기온: 25.4℃　일 몰: 19:19	평균기온: 22.0℃　강수량: 24.2㎜ 최고기온: 25.4℃　일 출: 05:54 최저기온: 19.0℃　일 몰: 19:15	평균기온: 24.9℃　강수량: 1.2㎜ 최고기온: 29.9℃　일 출: 06:01 최저기온: 21.2℃　일 몰: 19:02

백로　09.08 ～ 10.08(양)

癸酉月

구분	09.08	9	10	11	12	13	14	15	16	17	18	19	20	21	22	23	24	25	26	27	28	29	30	10.1	2	3	4	5	6	7	8
양력	09.08	9	10	11	12	13	14	15	16	17	18	19	20	21	22	23	24	25	26	27	28	29	30	10.1	2	3	4	5	6	7	8
음력	07.22	23	24	25	26	27	28	29	8.1	2	3	4	5	6	7	8	9	10	11	12	13	14	15	16	17	18	19	20	21	22	23
일주	壬子	癸丑	甲寅	乙卯	丙辰	丁巳	戊午	己未	庚申	辛酉	壬戌	癸亥	甲子	乙丑	丙寅	丁卯	戊辰	己巳	庚午	辛未	壬申	癸酉	甲戌	乙亥	丙子	丁丑	戊寅	己卯	庚辰	辛巳	壬午
대운 남	1 · 10	10	10	9	9	9	8	8	8	7	7	7	6	6	6	5	5	5	4	4	4	3	3	3	2	2	2	1	1	1	1
대운 여	10 · 1	1	1	1	2	2	2	3	3	3	4	4	4	5	5	5	6	6	6	7	7	7	8	8	8	9	9	9	10	10	10

9월 8일(양) 백로 09시 45분	9월 10일(양)	9월 20일(양)	9월 23일(양) 추분 18시 58분	10월 1일(양)
평균기온: 23.1℃　강수량: – 최고기온: 27.7℃　일 출: 06:07 최저기온: 20.2℃　일 몰: 18:52	평균기온: 22.7℃　강수량: – 최고기온: 28.3℃　일 출: 06:09 최저기온: 17.9℃　일 몰: 18:49	평균기온: 17.8℃　강수량: – 최고기온: 23.4℃　일 출: 06:17 최저기온: 12.1℃　일 몰: 18:33	평균기온: 20.4℃　강수량: – 최고기온: 26.7℃　일 출: 06:20 최저기온: 15.9℃　일 몰: 18:29	평균기온: 15.6℃　강수량: 5.7㎜ 최고기온: 18.8℃　일 출: 06:27 최저기온: 13.5℃　일 몰: 18:17

한로　10.09 ～ 11.07(양)

甲戌月

구분	10.09	10	11	12	13	14	15	16	17	18	19	20	21	22	23	24	25	26	27	28	29	30	31	11.1	2	3	4	5	6	7
양력	10.09	10	11	12	13	14	15	16	17	18	19	20	21	22	23	24	25	26	27	28	29	30	31	11.1	2	3	4	5	6	7
음력	08.24	25	26	27	28	29	9.1	2	3	4	5	6	7	8	9	10	11	12	13	14	15	16	17	18	19	20	21	22	23	24
일주	癸未	甲申	乙酉	丙戌	丁亥	戊子	己丑	庚寅	辛卯	壬辰	癸巳	甲午	乙未	丙申	丁酉	戊戌	己亥	庚子	辛丑	壬寅	癸卯	甲辰	乙巳	丙午	丁未	戊申	己酉	庚戌	辛亥	壬子
대운 남	1 · 10	10	9	9	9	8	8	8	7	7	7	6	6	6	5	5	5	4	4	4	3	3	3	2	2	2	1	1	1	1
대운 여	10 · 1	1	1	1	2	2	2	3	3	3	4	4	4	5	5	5	6	6	6	7	7	7	8	8	8	9	9	9	9	10

10월 9일(양) 한로 01시 15분	10월 10일(양)	10월 20일(양)	10월 24일(양) 상강 04시 11분	11월 1일(양)
평균기온: 12.5℃　강수량: 0.0㎜ 최고기온: 16.6℃　일 출: 06:34 최저기온: 8.6℃　일 몰: 18:05	평균기온: 11.6℃　강수량: – 최고기온: 18.5℃　일 출: 06:35 최저기온: 5.7℃　일 몰: 18:03	평균기온: 11.1℃　강수량: 3.0㎜ 최고기온: 14.8℃　일 출: 06:44 최저기온: 6.1℃　일 몰: 17:49	평균기온: 10.1℃　강수량: – 최고기온: 16.7℃　일 출: 06:48 최저기온: 3.9℃　일 몰: 17:44	평균기온: 1.7℃　강수량: – 최고기온: 6.8℃　일 출: 06:56 최저기온: -2.2℃　일 몰: 17:35

입동　11.08 ～ 12.06(양)

乙亥月

구분	11.08	9	10	11	12	13	14	15	16	17	18	19	20	21	22	23	24	25	26	27	28	29	30	12.1	2	3	4	5	6
양력	11.08	9	10	11	12	13	14	15	16	17	18	19	20	21	22	23	24	25	26	27	28	29	30	12.1	2	3	4	5	6
음력	09.25	26	27	28	29	30	10.1	2	3	4	5	6	7	8	9	10	11	12	13	14	15	16	17	18	19	20	21	22	23
일주	癸丑	甲寅	乙卯	丙辰	丁巳	戊午	己未	庚申	辛酉	壬戌	癸亥	甲子	乙丑	丙寅	丁卯	戊辰	己巳	庚午	辛未	壬申	癸酉	甲戌	乙亥	丙子	丁丑	戊寅	己卯	庚辰	辛巳
대운 남	1 · 10	9	9	9	8	8	8	7	7	7	6	6	6	5	5	5	4	4	4	3	3	3	2	2	2	1	1	1	1
대운 여	10 · 1	1	1	1	2	2	2	3	3	3	4	4	4	5	5	5	6	6	6	7	7	7	8	8	8	9	9	9	9

11월 8일(양) 입동 04시 18분	11월 10일(양)	11월 20일(양)	11월 23일(양) 소설 01시 38분	12월 1일(양)
평균기온: 11.4℃　강수량: – 최고기온: 15.8℃　일 출: 07:04 최저기온: 8.1℃　일 몰: 17:28	평균기온: 6.6℃　강수량: – 최고기온: 11.7℃　일 출: 07:06 최저기온: 2.1℃　일 몰: 17:26	평균기온: 9.8℃　강수량: 7.0㎜ 최고기온: 14.9℃　일 출: 07:16 최저기온: 7.6℃　일 몰: 17:19	평균기온: 1.6℃　강수량: 1.7㎜ 최고기온: 2.6℃　일 출: 07:19 최저기온: -0.6℃　일 몰: 17:17	평균기온: 7.0℃　강수량: 1.4㎜ 최고기온: 10.3℃　일 출: 07:27 최저기온: 3.0℃　일 몰: 17:14

대설　12.07 ～ 1975.01.05(양)

丙子月

구분	12.07	8	9	10	11	12	13	14	15	16	17	18	19	20	21	22	23	24	25	26	27	28	29	30	31	1.1	2	3	4	5
양력	12.07	8	9	10	11	12	13	14	15	16	17	18	19	20	21	22	23	24	25	26	27	28	29	30	31	1.1	2	3	4	5
음력	10.24	25	26	27	28	29	30	11.1	2	3	4	5	6	7	8	9	10	11	12	13	14	15	16	17	18	19	20	21	22	23
일주	壬午	癸未	甲申	乙酉	丙戌	丁亥	戊子	己丑	庚寅	辛卯	壬辰	癸巳	甲午	乙未	丙申	丁酉	戊戌	己亥	庚子	辛丑	壬寅	癸卯	甲辰	乙巳	丙午	丁未	戊申	己酉	庚戌	辛亥
대운 남	1 · 10	10	9	9	9	8	8	8	7	7	7	6	6	6	5	5	5	4	4	4	3	3	3	2	2	2	1	1	1	1
대운 여	10 · 1	1	1	1	2	2	2	3	3	3	4	4	4	5	5	5	6	6	6	7	7	7	8	8	8	9	9	9	9	10

12월 7일(양) 대설 21시 05분	12월 10일(양)	12월 20일(양)	12월 22일(양) 동지 14시 56분	1월 1일(양)
평균기온: -1.4℃　강수량: – 최고기온: 1.2℃　일 출: 07:33 최저기온: -3.8℃　일 몰: 17:14	평균기온: 0.6℃　강수량: 1.4㎜ 최고기온: 3.1℃　일 출: 07:35 최저기온: -1.4℃　일 몰: 17:14	평균기온: -2.7℃　강수량: 0.0㎜ 최고기온: 2.0℃　일 출: 07:42 최저기온: -5.1℃　일 몰: 17:16	평균기온: -0.7℃　강수량: – 최고기온: 3.6℃　일 출: 07:43 최저기온: -3.6℃　일 몰: 17:17	평균기온: 2.1℃　강수량: 0.0㎜ 최고기온: 6.0℃　일 출: 07:47 최저기온: -0.8℃　일 몰: 17:24

소한　01.06 ～ 02.03(양)

丁丑月

구분	1975.01.06	7	8	9	10	11	12	13	14	15	16	17	18	19	20	21	22	23	24	25	26	27	28	29	30	31	2.1	2	3
양력	1975.01.06	7	8	9	10	11	12	13	14	15	16	17	18	19	20	21	22	23	24	25	26	27	28	29	30	31	2.1	2	3
음력	1974.11.24	25	26	27	28	29	12.1	2	3	4	5	6	7	8	9	10	11	12	13	14	15	16	17	18	19	20	21	22	23
일주	壬子	癸丑	甲寅	乙卯	丙辰	丁巳	戊午	己未	庚申	辛酉	壬戌	癸亥	甲子	乙丑	丙寅	丁卯	戊辰	己巳	庚午	辛未	壬申	癸酉	甲戌	乙亥	丙子	丁丑	戊寅	己卯	庚辰
대운 남	1 · 10	10	9	9	9	8	8	8	7	7	7	6	6	6	5	5	5	4	4	4	3	3	3	2	2	2	1	1	1
대운 여	10 · 1	1	1	1	2	2	2	3	3	3	4	4	4	5	5	5	6	6	6	7	7	7	8	8	8	9	9	9	9

1월 6일(양) 소한 08시 18분	1월 10일(양)	1월 20일(양)	1월 21일(양) 대한 01시 36분	2월 1일(양)
평균기온: -0.4℃　강수량: – 최고기온: 4.5℃　일 출: 07:47 최저기온: -4.6℃　일 몰: 17:28	평균기온: -6.1℃　강수량: – 최고기온: -3.0℃　일 출: 07:47 최저기온: -8.6℃　일 몰: 17:32	평균기온: -4.3℃　강수량: – 최고기온: 1.9℃　일 출: 07:44 최저기온: -8.6℃　일 몰: 17:42	평균기온: -3.0℃　강수량: 2.5㎜ 최고기온: 1.3℃　일 출: 07:44 최저기온: -7.8℃　일 몰: 17:43	평균기온: -1.1℃　강수량: 0.0㎜ 최고기온: 3.4℃　일 출: 07:37 최저기온: -5.0℃　일 몰: 17:55

1975

입춘 · 02.04 ~ 03.05(양) — 戊寅月

양력	1975.02.04	5	6	7	8	9	10	11	12	13	14	15	16	17	18	19	20	21	22	23	24	25	26	27	28	3.1	2	3	4	5
음력	1974.12.24	25	26	27	28	29	30	1.1	2	3	4	5	6	7	8	9	10	11	12	13	14	15	16	17	18	19	20	21	22	23
일주	辛巳	壬午	癸未	甲申	乙酉	丙戌	丁亥	戊子	己丑	庚寅	辛卯	壬辰	癸巳	甲午	乙未	丙申	丁酉	戊戌	己亥	庚子	辛丑	壬寅	癸卯	甲辰	乙巳	丙午	丁未	戊申	己酉	庚戌
대운 남	1　1	1	1	1	1	2	2	2	3	3	3	4	4	4	5	5	5	6	6	6	7	7	7	8	8	8	9	9	9	10
대운 여	10　10	10	9	9	9	8	8	8	7	7	7	6	6	6	5	5	5	4	4	4	3	3	3	2	2	2	1	1	1	1

- **2월 4일(양) 입춘 19시 59분** — 평균기온: 4.3℃, 최고기온: 7.2℃, 최저기온: 2.5℃ | 강수량: 2.8mm, 일 출: 07:34, 일 몰: 17:58
- **2월 10일(양)** — 평균기온: −5.3℃, 최고기온: −0.6℃, 최저기온: −8.8℃ | 강수량: −, 일 출: 07:28, 일 몰: 18:05
- **2월 19일(양) 우수 15시 50분** — 평균기온: −0.8℃, 최고기온: 4.4℃, 최저기온: −4.5℃ | 강수량: −, 일 출: 07:18, 일 몰: 18:15
- **2월 20일(양)** — 평균기온: −2.9℃, 최고기온: 0.1℃, 최저기온: −5.0℃ | 강수량: 0.6mm, 일 출: 07:17, 일 몰: 18:16
- **3월 1일(양)** — 평균기온: 0.0℃, 최고기온: 7.1℃, 최저기온: −5.0℃ | 강수량: −, 일 출: 07:05, 일 몰: 18:25

경칩 · 03.06 ~ 04.04(양) — 己卯月

양력	03.06	7	8	9	10	11	12	13	14	15	16	17	18	19	20	21	22	23	24	25	26	27	28	29	30	31	4.1	2	3	4
음력	01.24	25	26	27	28	29	30	2.1	2	3	4	5	6	7	8	9	10	11	12	13	14	15	16	17	18	19	20	21	22	23
일주	辛亥	壬子	癸丑	甲寅	乙卯	丙辰	丁巳	戊午	己未	庚申	辛酉	壬戌	癸亥	甲子	乙丑	丙寅	丁卯	戊辰	己巳	庚午	辛未	壬申	癸酉	甲戌	乙亥	丙子	丁丑	戊寅	己卯	庚辰
대운 남	10　1	1	1	1	1	2	2	2	3	3	3	4	4	4	5	5	5	6	6	6	7	7	7	8	8	8	9	9	9	10
대운 여	1　10	10	10	9	9	9	8	8	8	7	7	7	6	6	6	5	5	5	4	4	4	3	3	3	2	2	2	1	1	1

- **3월 6일(양) 경칩 14시 06분** — 평균기온: 1.6℃, 최고기온: 5.8℃, 최저기온: −0.1℃ | 강수량: 1.1mm, 일 출: 06:58, 일 몰: 18:30
- **3월 10일(양)** — 평균기온: 3.5℃, 최고기온: 8.4℃, 최저기온: 1.0℃ | 강수량: 1.4mm, 일 출: 06:52, 일 몰: 18:34
- **3월 20일(양)** — 평균기온: 7.0℃, 최고기온: 8.8℃, 최저기온: 3.2℃ | 강수량: 6.3mm, 일 출: 06:37, 일 몰: 18:43
- **3월 21일(양) 춘분 14시 57분** — 평균기온: 4.8℃, 최고기온: 11.2℃, 최저기온: 0.5℃ | 강수량: −, 일 출: 06:36, 일 몰: 18:44
- **4월 1일(양)** — 평균기온: 4.6℃, 최고기온: 9.0℃, 최저기온: 1.3℃ | 강수량: 0.0mm, 일 출: 06:19, 일 몰: 18:54

청명 · 04.05 ~ 05.05(양) — 庚辰月

양력	04.05	6	7	8	9	10	11	12	13	14	15	16	17	18	19	20	21	22	23	24	25	26	27	28	29	30	5.1	2	3	4	5
음력	02.24	25	26	27	28	29	30	3.1	2	3	4	5	6	7	8	9	10	11	12	13	14	15	16	17	18	19	20	21	22	23	24
일주	辛巳	壬午	癸未	甲申	乙酉	丙戌	丁亥	戊子	己丑	庚寅	辛卯	壬辰	癸巳	甲午	乙未	丙申	丁酉	戊戌	己亥	庚子	辛丑	壬寅	癸卯	甲辰	乙巳	丙午	丁未	戊申	己酉	庚戌	辛亥
대운 남	10　1	1	1	1	1	2	2	2	3	3	3	4	4	4	5	5	5	6	6	6	7	7	7	8	8	8	9	9	9	10	10
대운 여	1　10	10	10	9	9	9	8	8	8	7	7	7	6	6	6	5	5	5	4	4	4	3	3	3	2	2	2	1	1	1	1

- **4월 5일(양) 청명 19시 02분** — 평균기온: 7.3℃, 최고기온: 9.5℃, 최저기온: 5.3℃ | 강수량: 33.7mm, 일 출: 06:13, 일 몰: 18:57
- **4월 10일(양)** — 평균기온: 11.5℃, 최고기온: 15.0℃, 최저기온: 8.8℃ | 강수량: 0.0mm, 일 출: 06:06, 일 몰: 19:02
- **4월 20일(양)** — 평균기온: 15.8℃, 최고기온: 19.4℃, 최저기온: 10.9℃ | 강수량: 4.9mm, 일 출: 05:52, 일 몰: 19:11
- **4월 21일(양) 곡우 02시 07분** — 평균기온: 14.0℃, 최고기온: 18.8℃, 최저기온: 9.6℃ | 강수량: 2.1mm, 일 출: 05:51, 일 몰: 19:12
- **5월 1일(양)** — 평균기온: 21.5℃, 최고기온: 27.7℃, 최저기온: 17.8℃ | 강수량: −, 일 출: 05:38, 일 몰: 19:21

입하 · 05.06 ~ 06.05(양) — 辛巳月

양력	05.06	7	8	9	10	11	12	13	14	15	16	17	18	19	20	21	22	23	24	25	26	27	28	29	30	31	6.1	2	3	4	5
음력	03.25	26	27	28	29	4.1	2	3	4	5	6	7	8	9	10	11	12	13	14	15	16	17	18	19	20	21	22	23	24	25	26
일주	壬子	癸丑	甲寅	乙卯	丙辰	丁巳	戊午	己未	庚申	辛酉	壬戌	癸亥	甲子	乙丑	丙寅	丁卯	戊辰	己巳	庚午	辛未	壬申	癸酉	甲戌	乙亥	丙子	丁丑	戊寅	己卯	庚辰	辛巳	壬午
대운 남	10　1	1	1	1	1	2	2	2	3	3	3	4	4	4	5	5	5	6	6	6	7	7	7	8	8	8	9	9	9	10	10
대운 여	1　10	10	10	9	9	9	8	8	8	7	7	7	6	6	6	5	5	5	4	4	4	3	3	3	2	2	2	1	1	1	1

- **5월 6일(양) 입하 12시 27분** — 평균기온: 13.2℃, 최고기온: 19.4℃, 최저기온: 9.2℃ | 강수량: −, 일 출: 05:32, 일 몰: 19:26
- **5월 10일(양)** — 평균기온: 20.6℃, 최고기온: 27.3℃, 최저기온: 13.7℃ | 강수량: −, 일 출: 05:28, 일 몰: 19:29
- **5월 20일(양)** — 평균기온: 15.2℃, 최고기온: 21.8℃, 최저기온: 9.1℃ | 강수량: −, 일 출: 05:20, 일 몰: 19:38
- **5월 22일(양) 소만 01시 24분** — 평균기온: 16.9℃, 최고기온: 23.2℃, 최저기온: 11.5℃ | 강수량: −, 일 출: 05:18, 일 몰: 19:39
- **6월 1일(양)** — 평균기온: 18.0℃, 최고기온: 23.2℃, 최저기온: 13.2℃ | 강수량: −, 일 출: 05:13, 일 몰: 19:47

망종 · 06.06 ~ 07.07(양) — 壬午月

양력	06.06	7	8	9	10	11	12	13	14	15	16	17	18	19	20	21	22	23	24	25	26	27	28	29	30	7.1	2	3	4	5	6	7
음력	04.27	28	29	30	5.1	2	3	4	5	6	7	8	9	10	11	12	13	14	15	16	17	18	19	20	21	22	23	24	25	26	27	28
일주	癸未	甲申	乙酉	丙戌	丁亥	戊子	己丑	庚寅	辛卯	壬辰	癸巳	甲午	乙未	丙申	丁酉	戊戌	己亥	庚子	辛丑	壬寅	癸卯	甲辰	乙巳	丙午	丁未	戊申	己酉	庚戌	辛亥	壬子	癸丑	甲寅
대운 남	10　1	1	1	1	1	2	2	2	3	3	3	4	4	4	5	5	5	6	6	6	7	7	7	8	8	8	9	9	9	10	10	10
대운 여	1　10	10	10	10	9	9	9	8	8	8	7	7	7	6	6	6	5	5	5	4	4	4	3	3	3	2	2	2	1	1	1	1

- **6월 6일(양) 망종 16시 42분** — 평균기온: 20.3℃, 최고기온: 26.3℃, 최저기온: 17.2℃ | 강수량: −, 일 출: 05:11, 일 몰: 19:50
- **6월 10일(양)** — 평균기온: 20.3℃, 최고기온: 26.2℃, 최저기온: 16.3℃ | 강수량: 0.1mm, 일 출: 05:10, 일 몰: 19:52
- **6월 20일(양)** — 평균기온: 25.8℃, 최고기온: 32.4℃, 최저기온: 19.4℃ | 강수량: −, 일 출: 05:11, 일 몰: 19:56
- **6월 22일(양) 하지 09시 26분** — 평균기온: 24.2℃, 최고기온: 31.2℃, 최저기온: 20.0℃ | 강수량: −, 일 출: 05:11, 일 몰: 19:57
- **7월 1일(양)** — 평균기온: 24.0℃, 최고기온: 28.8℃, 최저기온: 20.4℃ | 강수량: −, 일 출: 05:14, 일 몰: 19:57

소서 · 07.08 ~ 08.07(양) — 癸未月

양력	07.08	9	10	11	12	13	14	15	16	17	18	19	20	21	22	23	24	25	26	27	28	29	30	31	8.1	2	3	4	5	6	7
음력	05.29	6.1	2	3	4	5	6	7	8	9	10	11	12	13	14	15	16	17	18	19	20	21	22	23	24	25	26	27	28	29	7.1
일주	乙卯	丙辰	丁巳	戊午	己未	庚申	辛酉	壬戌	癸亥	甲子	乙丑	丙寅	丁卯	戊辰	己巳	庚午	辛未	壬申	癸酉	甲戌	乙亥	丙子	丁丑	戊寅	己卯	庚辰	辛巳	壬午	癸未	甲申	乙酉
대운 남	10　1	1	1	1	1	2	2	2	3	3	3	4	4	4	5	5	5	6	6	6	7	7	7	8	8	8	9	9	9	10	10
대운 여	1　10	10	10	9	9	9	8	8	8	7	7	7	6	6	6	5	5	5	4	4	4	3	3	3	2	2	2	1	1	1	1

- **7월 8일(양) 소서 02시 59분** — 평균기온: 23.3℃, 최고기온: 28.0℃, 최저기온: 20.1℃ | 강수량: −, 일 출: 05:17, 일 몰: 19:56
- **7월 10일(양)** — 평균기온: 22.4℃, 최고기온: 24.4℃, 최저기온: 19.8℃ | 강수량: 47.5mm, 일 출: 05:19, 일 몰: 19:56
- **7월 20일(양)** — 평균기온: 27.3℃, 최고기온: 31.5℃, 최저기온: 24.6℃ | 강수량: 0.0mm, 일 출: 05:25, 일 몰: 19:51
- **7월 23일(양) 대서 20시 22분** — 평균기온: 27.4℃, 최고기온: 30.9℃, 최저기온: 25.2℃ | 강수량: 0.0mm, 일 출: 05:28, 일 몰: 19:49
- **8월 1일(양)** — 평균기온: 25.9℃, 최고기온: 29.4℃, 최저기온: 24.2℃ | 강수량: 28.2mm, 일 출: 05:35, 일 몰: 19:41

입 추 — 08.08 ~ 09.07(양) / 甲申月

양력	08.08	9	10	11	12	13	14	15	16	17	18	19	20	21	22	23	24	25	26	27	28	29	30	31	9.1	2	3	4	5	6	7
음력	07.02	3	4	5	6	7	8	9	10	11	12	13	14	15	16	17	18	19	20	21	22	23	24	25	26	27	28	29	30	8.1	2
일주	丙戌	丁亥	戊子	己丑	庚寅	辛卯	壬辰	癸巳	甲午	乙未	丙申	丁酉	戊戌	己亥	庚子	辛丑	壬寅	癸卯	甲辰	乙巳	丙午	丁未	戊申	己酉	庚戌	辛亥	壬子	癸丑	甲寅	乙卯	丙辰
대운 남	10 1	1	1	1	1	2	2	2	3	3	3	4	4	4	5	5	5	6	6	6	7	7	7	8	8	8	9	9	9	10	10
대운 여	1 10	10	10	10	10	9	9	9	8	8	8	7	7	7	6	6	6	5	5	5	4	4	4	3	3	3	2	2	2	1	1

일자	평균기온	최고기온	최저기온	강수량	일 출	일 몰
8월 8일(양) 입추 12시 45분	27.0℃	30.8℃	23.3℃	–	05:41	19:34
8월 10일(양)	25.6℃	30.1℃	21.1℃	–	05:43	19:32
8월 20일(양)	28.4℃	32.0℃	25.6℃	–	05:51	19:19
8월 24일(양) 처서 03시 24분	26.5℃	32.5℃	21.3℃	–	05:55	19:14
9월 1일(양)	25.8℃	30.4℃	22.1℃	49.6mm	06:01	19:03

백 로 — 09.08 ~ 10.08(양) / 乙酉月

양력	09.08	9	10	11	12	13	14	15	16	17	18	19	20	21	22	23	24	25	26	27	28	29	30	10.1	2	3	4	5	6	7	8
음력	08.03	4	5	6	7	8	9	10	11	12	13	14	15	16	17	18	19	20	21	22	23	24	25	26	27	28	29	9.1	2	3	4
일주	丁巳	戊午	己未	庚申	辛酉	壬戌	癸亥	甲子	乙丑	丙寅	丁卯	戊辰	己巳	庚午	辛未	壬申	癸酉	甲戌	乙亥	丙子	丁丑	戊寅	己卯	庚辰	辛巳	壬午	癸未	甲申	乙酉	丙戌	丁亥
대운 남	10 1	1	1	1	1	2	2	2	3	3	3	4	4	4	5	5	5	6	6	6	7	7	7	8	8	8	9	9	9	10	10
대운 여	1 10	10	10	10	10	9	9	9	8	8	8	7	7	7	6	6	6	5	5	5	4	4	4	3	3	3	2	2	2	1	1

일자	평균기온	최고기온	최저기온	강수량	일 출	일 몰
9월 8일(양) 백로 15시 33분	25.3℃	30.3℃	20.5℃	–	06:07	18:52
9월 10일(양)	23.9℃	29.6℃	19.8℃	0.1mm	06:09	18:49
9월 20일(양)	21.3℃	24.2℃	19.6℃	27.4mm	06:17	18:34
9월 24일(양) 추분 00시 55분	20.5℃	28.0℃	13.6℃	–	06:21	18:28
10월 1일(양)	20.5℃	25.1℃	17.4℃	0.1mm	06:27	18:17

한 로 — 10.09 ~ 11.07(양) / 丙戌月

양력	10.09	10	11	12	13	14	15	16	17	18	19	20	21	22	23	24	25	26	27	28	29	30	31	11.1	2	3	4	5	6	7
음력	09.05	6	7	8	9	10	11	12	13	14	15	16	17	18	19	20	21	22	23	24	25	26	27	28	29	10.1	2	3	4	5
일주	戊子	己丑	庚寅	辛卯	壬辰	癸巳	甲午	乙未	丙申	丁酉	戊戌	己亥	庚子	辛丑	壬寅	癸卯	甲辰	乙巳	丙午	丁未	戊申	己酉	庚戌	辛亥	壬子	癸丑	甲寅	乙卯	丙辰	丁巳
대운 남	10 1	1	1	1	1	2	2	2	3	3	3	4	4	4	5	5	5	6	6	6	7	7	7	8	8	8	9	9	9	10
대운 여	1 10	10	10	10	10	9	9	9	8	8	8	7	7	7	6	6	6	5	5	5	4	4	4	3	3	3	2	2	2	1

일자	평균기온	최고기온	최저기온	강수량	일 출	일 몰
10월 9일(양) 한로 07시 02분	16.2℃	21.5℃	12.3℃	–	06:34	18:05
10월 10일(양)	13.7℃	17.4℃	9.9℃	6.4mm	06:35	18:03
10월 20일(양)	15.4℃	23.1℃	8.8℃	–	06:44	17:50
10월 24일(양) 상강 10시 06분	13.7℃	18.1℃	10.1℃	–	06:48	17:44
11월 1일(양)	11.2℃	17.7℃	5.4℃	–	06:56	17:35

입 동 — 11.08 ~ 12.07(양) / 丁亥月

양력	11.08	9	10	11	12	13	14	15	16	17	18	19	20	21	22	23	24	25	26	27	28	29	30	12.1	2	3	4	5	6	7
음력	10.06	7	8	9	10	11	12	13	14	15	16	17	18	19	20	21	22	23	24	25	26	27	28	29	30	11.1	2	3	4	5
일주	戊午	己未	庚申	辛酉	壬戌	癸亥	甲子	乙丑	丙寅	丁卯	戊辰	己巳	庚午	辛未	壬申	癸酉	甲戌	乙亥	丙子	丁丑	戊寅	己卯	庚辰	辛巳	壬午	癸未	甲申	乙酉	丙戌	丁亥
대운 남	10 1	1	1	1	1	2	2	2	3	3	3	4	4	4	5	5	5	6	6	6	7	7	7	8	8	8	9	9	9	10
대운 여	1 10	10	10	10	10	9	9	9	8	8	8	7	7	7	6	6	6	5	5	5	4	4	4	3	3	3	2	2	2	1

일자	평균기온	최고기온	최저기온	강수량	일 출	일 몰
11월 8일(양) 입동 10시 03분	11.6℃	17.3℃	7.4℃	–	07:03	17:28
11월 10일(양)	10.3℃	16.1℃	6.1℃	–	07:05	17:26
11월 20일(양)	5.6℃	11.9℃	0.4℃	0.6mm	07:16	17:19
11월 23일(양) 소설 07시 31분	-3.4℃	-0.1℃	-6.4℃	–	07:19	17:17
12월 1일(양)	3.8℃	9.6℃	-2.5℃	–	07:27	17:14

대 설 — 12.08 ~ 1976.01.05(양) / 戊子月

양력	12.08	9	10	11	12	13	14	15	16	17	18	19	20	21	22	23	24	25	26	27	28	29	30	31	1.1	2	3	4	5
음력	11.06	7	8	9	10	11	12	13	14	15	16	17	18	19	20	21	22	23	24	25	26	27	28	29	12.1	2	3	4	5
일주	戊子	己丑	庚寅	辛卯	壬辰	癸巳	甲午	乙未	丙申	丁酉	戊戌	己亥	庚子	辛丑	壬寅	癸卯	甲辰	乙巳	丙午	丁未	戊申	己酉	庚戌	辛亥	壬子	癸丑	甲寅	乙卯	丙辰
대운 남	10 1	1	1	1	1	2	2	2	3	3	3	4	4	4	5	5	5	6	6	6	7	7	7	8	8	8	9	9	9
대운 여	1 10	10	10	10	10	9	9	9	8	8	8	7	7	7	6	6	6	5	5	5	4	4	4	3	3	3	2	2	2

일자	평균기온	최고기온	최저기온	강수량	일 출	일 몰
12월 8일(양) 대설 02시 46분	-1.3℃	2.1℃	-3.4℃	–	07:33	17:14
12월 10일(양)	-3.1℃	0.6℃	-6.3℃	–	07:35	17:14
12월 20일(양)	-1.8℃	0.4℃	-3.2℃	1.7mm	07:42	17:16
12월 22일(양) 동지 20시 46분	-6.2℃	-3.7℃	-9.1℃	–	07:43	17:17
1월 1일(양)	2.7℃	8.5℃	-2.0℃	–	07:47	17:24

소 한 — 01.06 ~ 02.04(양) / 己丑月

양력	1976.01.06	7	8	9	10	11	12	13	14	15	16	17	18	19	20	21	22	23	24	25	26	27	28	29	30	31	2.1	2	3	4
음력	1975.12.06	7	8	9	10	11	12	13	14	15	16	17	18	19	20	21	22	23	24	25	26	27	28	29	1.1	2	3	4	5	6
일주	丁巳	戊午	己未	庚申	辛酉	壬戌	癸亥	甲子	乙丑	丙寅	丁卯	戊辰	己巳	庚午	辛未	壬申	癸酉	甲戌	乙亥	丙子	丁丑	戊寅	己卯	庚辰	辛巳	壬午	癸未	甲申	乙酉	丙戌
대운 남	10 1	1	1	1	1	2	2	2	3	3	3	4	4	4	5	5	5	6	6	6	7	7	7	8	8	8	9	9	9	10
대운 여	1 10	10	10	10	10	9	9	9	8	8	8	7	7	7	6	6	6	5	5	5	4	4	4	3	3	3	2	2	2	1

일자	평균기온	최고기온	최저기온	강수량	일 출	일 몰
1월 6일(양) 소한 13시 57분	-4.8℃	-0.8℃	-8.4℃	0.0mm	07:47	17:28
1월 10일(양)	-9.2℃	-4.8℃	-13.0℃	–	07:47	17:31
1월 20일(양)	-12.7℃	-8.3℃	-16.3℃	–	07:44	17:42
1월 21일(양) 대한 07시 25분	-10.0℃	-5.4℃	-14.2℃	0.0mm	07:44	17:43
2월 1일(양)	2.5℃	7.9℃	-2.1℃	–	07:37	17:55

입춘 (立春) — 02.05 ~ 03.04(양)

庚寅月

양력	1976.02.05	6	7	8	9	10	11	12	13	14	15	16	17	18	19	20	21	22	23	24	25	26	27	28	29	3.1	2	3	4
음력	1976.01.06	7	8	9	10	11	12	13	14	15	16	17	18	19	20	21	22	23	24	25	26	27	28	29	30	2.1	2	3	4
일주	丁亥	戊子	己丑	庚寅	辛卯	壬辰	癸巳	甲午	乙未	丙申	丁酉	戊戌	己亥	庚子	辛丑	壬寅	癸卯	甲辰	乙巳	丙午	丁未	戊申	己酉	庚戌	辛亥	壬子	癸丑	甲寅	乙卯
대운 남	10 10	9	9	9	8	8	8	7	7	7	6	6	6	5	5	5	4	4	4	3	3	3	2	2	2	1	1	1	1
대운 여	1 1	1	1	1	1	2	2	2	3	3	3	4	4	4	5	5	5	6	6	6	7	7	7	8	8	8	9	9	9

2월 5일(양) 입춘 01시 39분		2월 10일(양)		2월 19일(양) 우수 21시 40분		2월 20일(양)		3월 1일(양)	
평균기온: 1.3℃	강수량: 2.8 mm	평균기온: 3.3℃	강수량: 0.1mm	평균기온: 1.1℃	강수량: –	평균기온: 2.6℃	강수량: –	평균기온: 3.7℃	강수량: –
최고기온: 4.4℃	일 출: 07:33	최고기온: 9.0℃	일 출: 07:29	최고기온: 5.0℃	일 출: 07:18	최고기온: 8.6℃	일 출: 07:17	최고기온: 7.7℃	일 출: 07:04
최저기온: -1.6℃	일 몰: 17:59	최저기온: 0.2℃	일 몰: 18:05	최저기온: -1.6℃	일 몰: 18:14	최저기온: -2.1℃	일 몰: 18:15	최저기온: 1.1℃	일 몰: 18:26

경칩 (驚蟄) — 03.05 ~ 04.04(양)

辛卯月

양력	03.05	6	7	8	9	10	11	12	13	14	15	16	17	18	19	20	21	22	23	24	25	26	27	28	29	30	31	4.1	2	3	4
음력	02.05	6	7	8	9	10	11	12	13	14	15	16	17	18	19	20	21	22	23	24	25	26	27	28	29	30	3.1	2	3	4	5
일주	丙辰	丁巳	戊午	己未	庚申	辛酉	壬戌	癸亥	甲子	乙丑	丙寅	丁卯	戊辰	己巳	庚午	辛未	壬申	癸酉	甲戌	乙亥	丙子	丁丑	戊寅	己卯	庚辰	辛巳	壬午	癸未	甲申	乙酉	丙戌
대운 남	1 10	10	10	9	9	9	8	8	8	7	7	7	6	6	6	5	5	5	4	4	4	3	3	3	2	2	2	1	1	1	1
대운 여	10 1	1	1	1	1	2	2	2	3	3	3	4	4	4	5	5	5	6	6	6	7	7	7	8	8	8	9	9	9	10	10

3월 5일(양) 경칩 19시 48분		3월 10일(양)		3월 20일(양) 춘분 20시 50분		4월 1일(양)	
평균기온: 4.1℃	강수량: –	평균기온: 7.8℃	강수량: 0.1mm	평균기온: -1.3℃	강수량: –	평균기온: 5.3℃	강수량: –
최고기온: 9.7℃	일 출: 06:58	최고기온: 13.6℃	일 출: 06:51	최고기온: 3.7℃	일 출: 06:36	최고기온: 10.6℃	일 출: 06:18
최저기온: -0.3℃	일 몰: 18:29	최저기온: 4.4℃	일 몰: 18:34	최저기온: -5.1℃	일 몰: 18:44	최저기온: 1.4℃	일 몰: 18:55

청명 (淸明) — 04.05 ~ 05.04(양)

壬辰月

양력	04.05	6	7	8	9	10	11	12	13	14	15	16	17	18	19	20	21	22	23	24	25	26	27	28	29	30	5.1	2	3	4
음력	03.06	7	8	9	10	11	12	13	14	15	16	17	18	19	20	21	22	23	24	25	26	27	28	29	4.1	2	3	4	5	6
일주	丁亥	戊子	己丑	庚寅	辛卯	壬辰	癸巳	甲午	乙未	丙申	丁酉	戊戌	己亥	庚子	辛丑	壬寅	癸卯	甲辰	乙巳	丙午	丁未	戊申	己酉	庚戌	辛亥	壬子	癸丑	甲寅	乙卯	丙辰
대운 남	1 10	10	10	9	9	9	8	8	8	7	7	7	6	6	6	5	5	5	4	4	4	3	3	3	2	2	2	1	1	1
대운 여	10 1	1	1	1	1	2	2	2	3	3	3	4	4	4	5	5	5	6	6	6	7	7	7	8	8	8	9	9	9	10

4월 5일(양) 청명 00시 46분		4월 10일(양)		4월 20일(양) 곡우 08시 03분		5월 1일(양)	
평균기온: 7.8℃	강수량: –	평균기온: 11.8℃	강수량: –	평균기온: 11.6℃	강수량: 2.1mm	평균기온: 12.4℃	강수량: 0.4mm
최고기온: 14.8℃	일 출: 06:12	최고기온: 18.9℃	일 출: 06:05	최고기온: 15.3℃	일 출: 05:51	최고기온: 18.0℃	일 출: 05:37
최저기온: 2.6℃	일 몰: 18:58	최저기온: 6.6℃	일 몰: 19:03	최저기온: 10.2℃	일 몰: 19:12	최저기온: 8.8℃	일 몰: 19:22

입하 (立夏) — 05.05 ~ 06.04(양)

癸巳月

양력	05.05	6	7	8	9	10	11	12	13	14	15	16	17	18	19	20	21	22	23	24	25	26	27	28	29	30	31	6.1	2	3	4
음력	04.07	8	9	10	11	12	13	14	15	16	17	18	19	20	21	22	23	24	25	26	27	28	29	30	5.1	2	3	4	5	6	7
일주	丁巳	戊午	己未	庚申	辛酉	壬戌	癸亥	甲子	乙丑	丙寅	丁卯	戊辰	己巳	庚午	辛未	壬申	癸酉	甲戌	乙亥	丙子	丁丑	戊寅	己卯	庚辰	辛巳	壬午	癸未	甲申	乙酉	丙戌	丁亥
대운 남	1 10	10	10	9	9	9	8	8	8	7	7	7	6	6	6	5	5	5	4	4	4	3	3	3	2	2	2	1	1	1	1
대운 여	10 1	1	1	1	1	2	2	2	3	3	3	4	4	4	5	5	5	6	6	6	7	7	7	8	8	8	9	9	9	10	10

5월 5일(양) 입하 18시 14분		5월 10일(양)		5월 20일(양)		5월 21일(양) 소만 07시 21분		6월 1일(양)	
평균기온: 9.2℃	강수량: 2.9mm	평균기온: 17.4℃	강수량: 0.0mm	평균기온: 18.4℃	강수량: –	평균기온: 17.6℃	강수량: –	평균기온: 18.2℃	강수량: 8.2mm
최고기온: 13.6℃	일 출: 05:33	최고기온: 23.5℃	일 출: 05:28	최고기온: 21.6℃	일 출: 05:19	최고기온: 23.0℃	일 출: 05:18	최고기온: 23.7℃	일 출: 05:12
최저기온: 6.2℃	일 몰: 19:25	최저기온: 10.8℃	일 몰: 19:30	최저기온: 14.8℃	일 몰: 19:38	최저기온: 13.5℃	일 몰: 19:39	최저기온: 16.7℃	일 몰: 19:47

망종 (芒種) — 06.05 ~ 07.06(양)

甲午月

양력	06.05	6	7	8	9	10	11	12	13	14	15	16	17	18	19	20	21	22	23	24	25	26	27	28	29	30	7.1	2	3	4	5	6
음력	05.08	9	10	11	12	13	14	15	16	17	18	19	20	21	22	23	24	25	26	27	28	29	6.1	2	3	4	5	6	7	8	9	10
일주	戊子	己丑	庚寅	辛卯	壬辰	癸巳	甲午	乙未	丙申	丁酉	戊戌	己亥	庚子	辛丑	壬寅	癸卯	甲辰	乙巳	丙午	丁未	戊申	己酉	庚戌	辛亥	壬子	癸丑	甲寅	乙卯	丙辰	丁巳	戊午	己未
대운 남	1 10	10	10	9	9	9	8	8	8	7	7	7	6	6	6	5	5	5	4	4	4	3	3	3	2	2	2	1	1	1	1	1
대운 여	10 1	1	1	1	1	2	2	2	3	3	3	4	4	4	5	5	5	6	6	6	7	7	7	8	8	8	9	9	9	10	10	10

6월 5일(양) 망종 22시 31분		6월 10일(양)		6월 20일(양)		6월 21일(양) 하지 15시 24분		7월 1일(양)	
평균기온: 22.2℃	강수량: –	평균기온: 17.8℃	강수량: 1.4mm	평균기온: 23.4℃	강수량: –	평균기온: 21.7℃	강수량: 10.5mm	평균기온: 18.6℃	강수량: 3.9mm
최고기온: 28.4℃	일 출: 05:11	최고기온: 23.0℃	일 출: 05:10	최고기온: 27.4℃	일 출: 05:11	최고기온: 26.2℃	일 출: 05:11	최고기온: 23.1℃	일 출: 05:14
최저기온: 19.2℃	일 몰: 19:50	최저기온: 14.3℃	일 몰: 19:53	최저기온: 19.6℃	일 몰: 19:56	최저기온: 18.9℃	일 몰: 19:57	최저기온: 14.9℃	일 몰: 19:57

소서 (小暑) — 07.07 ~ 08.06(양)

乙未月

양력	07.07	8	9	10	11	12	13	14	15	16	17	18	19	20	21	22	23	24	25	26	27	28	29	30	31	8.1	2	3	4	5	6
음력	06.11	12	13	14	15	16	17	18	19	20	21	22	23	24	25	26	27	28	29	30	7.1	2	3	4	5	6	7	8	9	10	11
일주	庚申	辛酉	壬戌	癸亥	甲子	乙丑	丙寅	丁卯	戊辰	己巳	庚午	辛未	壬申	癸酉	甲戌	乙亥	丙子	丁丑	戊寅	己卯	庚辰	辛巳	壬午	癸未	甲申	乙酉	丙戌	丁亥	戊子	己丑	庚寅
대운 남	1 10	10	10	9	9	9	8	8	8	7	7	7	6	6	6	5	5	5	4	4	4	3	3	3	2	2	2	1	1	1	1
대운 여	10 1	1	1	1	1	2	2	2	3	3	3	4	4	4	5	5	5	6	6	6	7	7	7	8	8	8	9	9	9	10	10

7월 7일(양) 소서 08시 51분		7월 10일(양)		7월 20일(양)		7월 23일(양) 대서 02시 18분		8월 1일(양)	
평균기온: 21.4℃	강수량: –	평균기온: 21.3℃	강수량: 0.4mm	평균기온: 26.1℃	강수량: –	평균기온: 26.5℃	강수량: 0.0mm	평균기온: 26.3℃	강수량: 0.0mm
최고기온: 29.2℃	일 출: 05:17	최고기온: 27.2℃	일 출: 05:19	최고기온: 32.3℃	일 출: 05:26	최고기온: 30.8℃	일 출: 05:28	최고기온: 30.6℃	일 출: 05:36
최저기온: 17.1℃	일 몰: 19:56	최저기온: 18.3℃	일 몰: 19:55	최저기온: 20.2℃	일 몰: 19:50	최저기온: 23.3℃	일 몰: 19:48	최저기온: 23.4℃	일 몰: 19:41

입추 — 08.07 ~ 09.06(양) · 丙申月

	08.07	8	9	10	11	12	13	14	15	16	17	18	19	20	21	22	23	24	25	26	27	28	29	30	31	9.1	2	3	4	5	6
양력	08.07	8	9	10	11	12	13	14	15	16	17	18	19	20	21	22	23	24	25	26	27	28	29	30	31	9.1	2	3	4	5	6
음력	07.12	13	14	15	16	17	18	19	20	21	22	23	24	25	26	27	28	29	8.1	2	3	4	5	6	7	8	9	10	11	12	13
일주	辛卯	壬辰	癸巳	甲午	乙未	丙申	丁酉	戊戌	己亥	庚子	辛丑	壬寅	癸卯	甲辰	乙巳	丙午	丁未	戊申	己酉	庚戌	辛亥	壬子	癸丑	甲寅	乙卯	丙辰	丁巳	戊午	己未	庚申	辛酉
대운 남	1	10	10	9	9	9	8	8	8	7	7	7	6	6	6	5	5	5	4	4	4	3	3	3	2	2	2	1	1	1	1
대운 여	10	1	1	1	1	2	2	2	3	3	3	4	4	4	5	5	5	6	6	6	7	7	7	8	8	8	9	9	9	10	10

	평균기온	최고기온	최저기온	강수량	일 출	일 몰
8월 7일(양) 입추 18시 38분	26.3℃	31.8℃	22.8℃	–	05:41	19:34
8월 10일(양)	25.3℃	30.6℃	21.8℃	–	05:43	19:31
8월 20일(양)	26.4℃	29.0℃	24.5℃	0.0mm	05:52	19:18
8월 23일(양) 처서 09시 18분	23.2℃	27.2℃	20.5℃	3.6mm	05:54	19:14
9월 1일(양)	22.9℃	27.9℃	18.8℃	0.0mm	06:02	19:02

백로 — 09.07 ~ 10.07(양) · 丁酉月

	09.07	8	9	10	11	12	13	14	15	16	17	18	19	20	21	22	23	24	25	26	27	28	29	30	10.1	2	3	4	5	6	7
양력	09.07	8	9	10	11	12	13	14	15	16	17	18	19	20	21	22	23	24	25	26	27	28	29	30	10.1	2	3	4	5	6	7
음력	08.14	15	16	17	18	19	20	21	22	23	24	25	26	27	28	29	30	윤	2	3	4	5	6	7	8	9	10	11	12	13	14
일주	壬戌	癸亥	甲子	乙丑	丙寅	丁卯	戊辰	己巳	庚午	辛未	壬申	癸酉	甲戌	乙亥	丙子	丁丑	戊寅	己卯	庚辰	辛巳	壬午	癸未	甲申	乙酉	丙戌	丁亥	戊子	己丑	庚寅	辛卯	壬辰
대운 남	1	10	10	9	9	9	8	8	8	7	7	7	6	6	6	5	5	5	4	4	4	3	3	3	2	2	2	1	1	1	1
대운 여	10	1	1	1	1	2	2	2	3	3	3	4	4	4	5	5	5	6	6	6	7	7	7	8	8	8	9	9	9	10	10

	평균기온	최고기온	최저기온	강수량	일 출	일 몰
9월 7일(양) 백로 21시 28분	22.6℃	27.0℃	20.2℃	0.8mm	06:07	18:53
9월 10일(양)	21.6℃	26.8℃	17.1℃	–	06:09	18:48
9월 20일(양)	19.1℃	25.0℃	15.7℃	3.1mm	06:18	18:33
9월 23일(양) 추분 06시 48분	17.8℃	24.4℃	11.6℃	–	06:20	18:28
10월 1일(양)	17.7℃	23.7℃	12.4℃	–	06:27	18:16

한로 — 10.08 ~ 11.06(양) · 戊戌月

	10.08	9	10	11	12	13	14	15	16	17	18	19	20	21	22	23	24	25	26	27	28	29	30	31	11.1	2	3	4	5	6
양력	10.08	9	10	11	12	13	14	15	16	17	18	19	20	21	22	23	24	25	26	27	28	29	30	31	11.1	2	3	4	5	6
음력	08.15	16	17	18	19	20	21	22	23	24	25	26	27	28	29	9.1	2	3	4	5	6	7	8	9	10	11	12	13	14	15
일주	癸巳	甲午	乙未	丙申	丁酉	戊戌	己亥	庚子	辛丑	壬寅	癸卯	甲辰	乙巳	丙午	丁未	戊申	己酉	庚戌	辛亥	壬子	癸丑	甲寅	乙卯	丙辰	丁巳	戊午	己未	庚申	辛酉	壬戌
대운 남	10	10	9	9	9	8	8	8	7	7	7	6	6	6	5	5	5	4	4	4	3	3	3	2	2	2	1	1	1	1
대운 여	1	1	1	1	2	2	2	3	3	3	4	4	4	5	5	5	6	6	6	7	7	7	8	8	8	9	9	9	9	10

	평균기온	최고기온	최저기온	강수량	일 출	일 몰
10월 8일(양) 한로 12시 58분	17.7℃	22.8℃	14.4℃	0.7mm	06:33	18:05
10월 10일(양)	17.0℃	22.7℃	12.9℃	–	06:35	18:02
10월 20일(양)	17.2℃	21.9℃	14.6℃	2.4mm	06:45	17:49
10월 23일(양) 상강 15시 58분	16.1℃	19.4℃	12.8℃	0.0mm	06:48	17:45
11월 1일(양)	7.1℃	13.9℃	0.8℃	–	06:57	17:34

입동 — 11.07 ~ 12.06(양) · 己亥月

	11.07	8	9	10	11	12	13	14	15	16	17	18	19	20	21	22	23	24	25	26	27	28	29	30	12.1	2	3	4	5	6
양력	11.07	8	9	10	11	12	13	14	15	16	17	18	19	20	21	22	23	24	25	26	27	28	29	30	12.1	2	3	4	5	6
음력	09.16	17	18	19	20	21	22	23	24	25	26	27	28	29	30	10.1	2	3	4	5	6	7	8	9	10	11	12	13	14	15
일주	癸亥	甲子	乙丑	丙寅	丁卯	戊辰	己巳	庚午	辛未	壬申	癸酉	甲戌	乙亥	丙子	丁丑	戊寅	己卯	庚辰	辛巳	壬午	癸未	甲申	乙酉	丙戌	丁亥	戊子	己丑	庚寅	辛卯	壬辰
대운 남	10	10	9	9	9	8	8	8	7	7	7	6	6	6	5	5	5	4	4	4	3	3	3	2	2	2	1	1	1	1
대운 여	1	1	1	1	2	2	2	3	3	3	4	4	4	5	5	5	6	6	6	7	7	7	8	8	8	9	9	9	9	10

	평균기온	최고기온	최저기온	강수량	일 출	일 몰
11월 7일(양) 입동 15시 59분	8.4℃	15.5℃	2.3℃	–	07:03	17:28
11월 10일(양)	10.4℃	15.6℃	4.8℃	0.0mm	07:06	17:25
11월 20일(양)	2.2℃	6.2℃	-1.1℃	1.5mm	07:17	17:18
11월 22일(양) 소설 13시 22분	-0.2℃	4.0℃	-2.3℃	3.5mm	07:19	17:17
12월 1일(양)	3.8℃	7.6℃	1.1℃	–	07:28	17:14

대설 — 12.07 ~ 1977.01.04(양) · 庚子月

	12.07	8	9	10	11	12	13	14	15	16	17	18	19	20	21	22	23	24	25	26	27	28	29	30	31	1.1	2	3	4
양력	12.07	8	9	10	11	12	13	14	15	16	17	18	19	20	21	22	23	24	25	26	27	28	29	30	31	1.1	2	3	4
음력	10.16	17	18	19	20	21	22	23	24	25	26	27	28	29	11.1	2	3	4	5	6	7	8	9	10	11	12	13	14	15
일주	癸巳	甲午	乙未	丙申	丁酉	戊戌	己亥	庚子	辛丑	壬寅	癸卯	甲辰	乙巳	丙午	丁未	戊申	己酉	庚戌	辛亥	壬子	癸丑	甲寅	乙卯	丙辰	丁巳	戊午	己未	庚申	辛酉
대운 남	10	9	9	9	8	8	8	7	7	7	6	6	6	5	5	5	4	4	4	3	3	3	2	2	2	1	1	1	1
대운 여	1	1	1	1	2	2	2	3	3	3	4	4	4	5	5	5	6	6	6	7	7	7	8	8	8	9	9	9	9

	평균기온	최고기온	최저기온	강수량	일 출	일 몰
12월 7일(양) 대설 08시 41분	3.4℃	7.6℃	-0.2℃	8.9mm	07:33	17:14
12월 10일(양)	1.5℃	5.5℃	-2.7℃	0.2mm	07:36	17:14
12월 20일(양)	3.8℃	6.2℃	1.7℃	3.5mm	07:43	17:17
12월 22일(양) 동지 02시 35분	7.0℃	10.6℃	3.8℃	0.6mm	07:44	17:18
1월 1일(양)	-10.0℃	-6.5℃	-13.6℃	–	07:47	17:24

소한 — 01.05 ~ 02.03(양) · 辛丑月

	1977.01.05	6	7	8	9	10	11	12	13	14	15	16	17	18	19	20	21	22	23	24	25	26	27	28	29	30	31	2.1	2	3
양력	1977.01.05	6	7	8	9	10	11	12	13	14	15	16	17	18	19	20	21	22	23	24	25	26	27	28	29	30	31	2.1	2	3
음력	1976.11.16	17	18	19	20	21	22	23	24	25	26	27	28	29	12.1	2	3	4	5	6	7	8	9	10	11	12	13	14	15	16
일주	壬戌	癸亥	甲子	乙丑	丙寅	丁卯	戊辰	己巳	庚午	辛未	壬申	癸酉	甲戌	乙亥	丙子	丁丑	戊寅	己卯	庚辰	辛巳	壬午	癸未	甲申	乙酉	丙戌	丁亥	戊子	己丑	庚寅	辛卯
대운 남	1	10	9	9	9	8	8	8	7	7	7	6	6	6	5	5	5	4	4	4	3	3	3	2	2	2	1	1	1	1
대운 여	10	1	1	1	2	2	2	3	3	3	4	4	4	5	5	5	6	6	6	7	7	7	8	8	8	9	9	9	10	10

	평균기온	최고기온	최저기온	강수량	일 출	일 몰
1월 5일(양) 소한 19시 51분	-8.4℃	-4.8℃	-10.9℃	–	07:47	17:28
1월 10일(양)	-2.9℃	0.5℃	-5.0℃	0.8mm	07:47	17:32
1월 20일(양) 대한 13시 14분	-5.1℃	-0.4℃	-9.1℃	–	07:44	17:42
2월 1일(양)	-6.6℃	-2.0℃	-9.7℃	–	07:36	17:55

1977

단기 4310년

입춘 02.04 ~ 03.05(양)

壬寅月

양력	1977.02.04		5	6	7	8	9	10	11	12	13	14	15	16	17	18	19	20	21	22	23	24	25	26	27	28	3.1	2	3	4	5
음력	1976.12.17		18	19	20	21	22	23	24	25	26	27	28	29	30	1.1	2	3	4	5	6	7	8	9	10	11	12	13	14	15	16
일주	壬辰		癸巳	甲午	乙未	丙申	丁酉	戊戌	己亥	庚子	辛丑	壬寅	癸卯	甲辰	乙巳	丙午	丁未	戊申	己酉	庚戌	辛亥	壬子	癸丑	甲寅	乙卯	丙辰	丁巳	戊午	己未	庚申	辛酉
대운 남	1	1	1	1	1	1	2	2	2	3	3	3	4	4	4	5	5	5	6	6	6	7	7	7	8	8	8	9	9	9	10
대운 여	10	10	10	9	9	9	8	8	8	7	7	7	6	6	6	5	5	5	4	4	4	3	3	3	2	2	2	1	1	1	1

2월 4일(양) 입춘 07시 33분		2월 10일(양)		2월 19일(양) 우수 03시 30분		2월 20일(양)		3월 1일(양)	
평균기온: -7.7℃	강수량: -	평균기온: -1.7℃	강수량: -	평균기온: -0.7℃	강수량: -	평균기온: 2.5℃	강수량: -	평균기온: 8.9℃	강수량: 0.5㎜
최고기온: -2.8℃	일 출: 07:34	최고기온: 2.4℃	일 출: 07:28	최고기온: 3.8℃	일 출: 07:17	최고기온: 6.6℃	일 출: 07:16	최고기온: 13.4℃	일 출: 07:04
최저기온: -11.2℃	일 몰: 17:59	최저기온: -5.0℃	일 몰: 18:05	최저기온: -5.5℃	일 몰: 18:15	최저기온: -1.0℃	일 몰: 18:16	최저기온: 5.2℃	일 몰: 18:25

경칩 03.06 ~ 04.04(양)

癸卯月

양력	03.06		7	8	9	10	11	12	13	14	15	16	17	18	19	20	21	22	23	24	25	26	27	28	29	30	31	4.1	2	3	4
음력	01.17		18	19	20	21	22	23	24	25	26	27	28	29	30	2.1	2	3	4	5	6	7	8	9	10	11	12	13	14	15	16
일주	壬戌		癸亥	甲子	乙丑	丙寅	丁卯	戊辰	己巳	庚午	辛未	壬申	癸酉	甲戌	乙亥	丙子	丁丑	戊寅	己卯	庚辰	辛巳	壬午	癸未	甲申	乙酉	丙戌	丁亥	戊子	己丑	庚寅	辛卯
대운 남	10	1	1	1	1	1	2	2	2	3	3	3	4	4	4	5	5	5	6	6	6	7	7	7	8	8	8	9	9	9	10
대운 여	1	10	10	9	9	9	8	8	8	7	7	7	6	6	6	5	5	5	4	4	4	3	3	3	2	2	2	1	1	1	1

3월 6일(양) 경칩 01시 44분		3월 10일(양)		3월 20일(양)		3월 21일(양) 춘분 02시 42분		4월 1일(양)	
평균기온: 1.8℃	강수량: -	평균기온: 2.1℃	강수량: -	평균기온: 8.5℃	강수량: -	평균기온: 9.7℃	강수량: -	평균기온: 8.3℃	강수량: -
최고기온: 11.1℃	일 출: 06:57	최고기온: 8.2℃	일 출: 06:51	최고기온: 16.2℃	일 출: 06:37	최고기온: 16.2℃	일 출: 06:35	최고기온: 13.4℃	일 출: 06:18
최저기온: -5.1℃	일 몰: 18:30	최저기온: -2.6℃	일 몰: 18:34	최저기온: 2.2℃	일 몰: 18:43	최저기온: 3.5℃	일 몰: 18:44	최저기온: 3.8℃	일 몰: 18:54

청명 04.05 ~ 05.05(양)

甲辰月

양력	04.05		6	7	8	9	10	11	12	13	14	15	16	17	18	19	20	21	22	23	24	25	26	27	28	29	30	5.1	2	3	4	5
음력	02.17		18	19	20	21	22	23	24	25	26	27	28	29	3.1	2	3	4	5	6	7	8	9	10	11	12	13	14	15	16	17	18
일주	壬辰		癸巳	甲午	乙未	丙申	丁酉	戊戌	己亥	庚子	辛丑	壬寅	癸卯	甲辰	乙巳	丙午	丁未	戊申	己酉	庚戌	辛亥	壬子	癸丑	甲寅	乙卯	丙辰	丁巳	戊午	己未	庚申	辛酉	壬戌
대운 남	10	1	1	1	1	1	2	2	2	3	3	3	4	4	4	5	5	5	6	6	6	7	7	7	8	8	8	9	9	9	10	10
대운 여	1	10	10	10	9	9	9	8	8	8	7	7	7	6	6	6	5	5	5	4	4	4	3	3	3	2	2	2	1	1	1	1

4월 5일(양) 청명 06시 46분		4월 10일(양)		4월 20일(양) 곡우 13시 57분		5월 1일(양)			
평균기온: 14.1℃	강수량: 0.0㎜	평균기온: 9.1℃	강수량: -	평균기온: 13.2℃	강수량: -	평균기온: 11.6℃	강수량: 14.3㎜		
최고기온: 21.5℃	일 출: 06:12	최고기온: 16.2℃	일 출: 06:05	최고기온: 21.4℃	일 출: 05:51	최고기온: 13.7℃	일 출: 05:37		
최저기온: 7.1℃	일 몰: 18:58	최저기온: 3.6℃	일 몰: 19:02	최저기온: 6.2℃	일 몰: 19:11	최저기온: 9.5℃	일 몰: 19:22		

입하 05.06 ~ 06.05(양)

乙巳月

양력	05.06		7	8	9	10	11	12	13	14	15	16	17	18	19	20	21	22	23	24	25	26	27	28	29	30	31	6.1	2	3	4	5
음력	03.19		20	21	22	23	24	25	26	27	28	29	30	4.1	2	3	4	5	6	7	8	9	10	11	12	13	14	15	16	17	18	19
일주	癸亥		甲子	乙丑	丙寅	丁卯	戊辰	己巳	庚午	辛未	壬申	癸酉	甲戌	乙亥	丙子	丁丑	戊寅	己卯	庚辰	辛巳	壬午	癸未	甲申	乙酉	丙戌	丁亥	戊子	己丑	庚寅	辛卯	壬辰	癸巳
대운 남	10	1	1	1	1	1	2	2	2	3	3	3	4	4	4	5	5	5	6	6	6	7	7	7	8	8	8	9	9	9	10	10
대운 여	1	10	10	10	9	9	9	8	8	8	7	7	7	6	6	6	5	5	5	4	4	4	3	3	3	2	2	2	1	1	1	1

5월 6일(양) 입하 00시 16분		5월 10일(양)		5월 20일(양)		5월 21일(양) 소만 13시 14분		6월 1일(양)	
평균기온: 11.3℃	강수량: 0.3㎜	평균기온: 18.4℃	강수량: -	평균기온: 21.7℃	강수량: -	평균기온: 18.8℃	강수량: 2.0㎜	평균기온: 18.7℃	강수량: 40.0㎜
최고기온: 14.4℃	일 출: 05:32	최고기온: 25.6℃	일 출: 05:28	최고기온: 29.3℃	일 출: 05:19	최고기온: 21.9℃	일 출: 05:19	최고기온: 20.4℃	일 출: 05:13
최저기온: 10.2℃	일 몰: 19:26	최저기온: 11.8℃	일 몰: 19:30	최저기온: 13.5℃	일 몰: 19:38	최저기온: 16.1℃	일 몰: 19:39	최저기온: 16.4℃	일 몰: 19:47

망종 06.06 ~ 07.06(양)

丙午月

양력	06.06		7	8	9	10	11	12	13	14	15	16	17	18	19	20	21	22	23	24	25	26	27	28	29	30	7.1	2	3	4	5	6
음력	04.20		21	22	23	24	25	26	27	28	29	30	5.1	2	3	4	5	6	7	8	9	10	11	12	13	14	15	16	17	18	19	20
일주	甲午		乙未	丙申	丁酉	戊戌	己亥	庚子	辛丑	壬寅	癸卯	甲辰	乙巳	丙午	丁未	戊申	己酉	庚戌	辛亥	壬子	癸丑	甲寅	乙卯	丙辰	丁巳	戊午	己未	庚申	辛酉	壬戌	癸亥	甲子
대운 남	10	1	1	1	1	1	2	2	2	3	3	3	4	4	4	5	5	5	6	6	6	7	7	7	8	8	8	9	9	9	10	10
대운 여	1	10	10	10	9	9	9	8	8	8	7	7	7	6	6	6	5	5	5	4	4	4	3	3	3	2	2	2	1	1	1	1

6월 6일(양) 망종 04시 32분		6월 10일(양)		6월 20일(양)		6월 21일(양) 하지 21시 14분		7월 1일(양)	
평균기온: 21.9℃	강수량: -	평균기온: 22.3℃	강수량: 1.2㎜	평균기온: 22.2℃	강수량: -	평균기온: 23.2℃	강수량: -	평균기온: 22.9℃	강수량: 3.6㎜
최고기온: 28.8℃	일 출: 05:11	최고기온: 26.2℃	일 출: 05:10	최고기온: 27.3℃	일 출: 05:11	최고기온: 27.9℃	일 출: 05:11	최고기온: 25.8℃	일 출: 05:14
최저기온: 14.3℃	일 몰: 19:50	최저기온: 18.2℃	일 몰: 19:53	최저기온: 17.7℃	일 몰: 19:56	최저기온: 19.2℃	일 몰: 19:57	최저기온: 21.8℃	일 몰: 19:57

소서 07.07 ~ 08.07(양)

丁未月

양력	07.07		8	9	10	11	12	13	14	15	16	17	18	19	20	21	22	23	24	25	26	27	28	29	30	31	8.1	2	3	4	5	6	7
음력	05.21		22	23	24	25	26	27	28	29	6.1	2	3	4	5	6	7	8	9	10	11	12	13	14	15	16	17	18	19	20	21	22	23
일주	乙丑		丙寅	丁卯	戊辰	己巳	庚午	辛未	壬申	癸酉	甲戌	乙亥	丙子	丁丑	戊寅	己卯	庚辰	辛巳	壬午	癸未	甲申	乙酉	丙戌	丁亥	戊子	己丑	庚寅	辛卯	壬辰	癸巳	甲午	乙未	丙申
대운 남	10	1	1	1	1	1	2	2	2	3	3	3	4	4	4	5	5	5	6	6	6	7	7	7	8	8	8	9	9	9	10	10	10
대운 여	1	10	10	10	10	9	9	9	8	8	8	7	7	7	6	6	6	5	5	5	4	4	4	3	3	3	2	2	2	1	1	1	1

7월 7일(양) 소서 14시 48분		7월 10일(양)		7월 20일(양)		7월 23일(양) 대서 08시 04분		8월 1일(양)	
평균기온: 24.7℃	강수량: 6.7㎜	평균기온: 24.3℃	강수량: 0.5㎜	평균기온: 25.9℃	강수량: -	평균기온: 28.3℃	강수량: -	평균기온: 28.3℃	강수량: -
최고기온: 26.6℃	일 출: 05:17	최고기온: 28.8℃	일 출: 05:19	최고기온: 28.5℃	일 출: 05:26	최고기온: 33.2℃	일 출: 05:28	최고기온: 33.3℃	일 출: 05:35
최저기온: 23.0℃	일 몰: 19:56	최저기온: 21.1℃	일 몰: 19:55	최저기온: 24.2℃	일 몰: 19:50	최저기온: 25.2℃	일 몰: 19:48	최저기온: 25.2℃	일 몰: 19:41

입추 — 08.08 ~ 09.07(양) 戊申月

양력	08.08	9	10	11	12	13	14	15	16	17	18	19	20	21	22	23	24	25	26	27	28	29	30	31	9.1	2	3	4	5	6	7
음력	06.24	25	26	27	28	29	30	7.1	2	3	4	5	6	7	8	9	10	11	12	13	14	15	16	17	18	19	20	21	22	23	24
일주	丁酉	戊戌	己亥	庚子	辛丑	壬寅	癸卯	甲辰	乙巳	丙午	丁未	戊申	己酉	庚戌	辛亥	壬子	癸丑	甲寅	乙卯	丙辰	丁巳	戊午	己未	庚申	辛酉	壬戌	癸亥	甲子	乙丑	丙寅	丁卯
대운 남	10·1	1	1	1	1	2	2	2	3	3	3	4	4	4	5	5	5	6	6	6	7	7	7	8	8	8	9	9	9	10	10
대운 여	1·10	10	10	9	9	9	8	8	8	7	7	7	6	6	6	5	5	5	4	4	4	3	3	3	2	2	2	1	1	1	1

8월 8일(양) 입추 00시 30분		8월 10일(양)		8월 20일(양)		8월 23일(양) 처서 15시 00분		9월 1일(양)	
평균기온: 26.3℃	강수량: 0.4㎜	평균기온: 25.7℃	강수량: –	평균기온: 25.6℃	강수량: –	평균기온: 23.7℃	강수량: –	평균기온: 23.2℃	강수량: 28.1㎜
최고기온: 31.6℃	일 출: 05:41	최고기온: 30.4℃	일 출: 05:43	최고기온: 31.6℃	일 출: 05:52	최고기온: 28.4℃	일 출: 05:54	최고기온: 26.9℃	일 출: 06:02
최저기온: 22.6℃	일 몰: 19:33	최저기온: 22.3℃	일 몰: 19:31	최저기온: 20.0℃	일 몰: 19:19	최저기온: 19.4℃	일 몰: 19:15	최저기온: 20.8℃	일 몰: 19:02

백로 — 09.08 ~ 10.07(양) 己酉月

양력	09.08	9	10	11	12	13	14	15	16	17	18	19	20	21	22	23	24	25	26	27	28	29	30	10.1	2	3	4	5	6	7
음력	07.25	26	27	28	29	8.1	2	3	4	5	6	7	8	9	10	11	12	13	14	15	16	17	18	19	20	21	22	23	24	25
일주	戊辰	己巳	庚午	辛未	壬申	癸酉	甲戌	乙亥	丙子	丁丑	戊寅	己卯	庚辰	辛巳	壬午	癸未	甲申	乙酉	丙戌	丁亥	戊子	己丑	庚寅	辛卯	壬辰	癸巳	甲午	乙未	丙申	丁酉
대운 남	10·1	1	1	1	1	2	2	2	3	3	3	4	4	4	5	5	5	6	6	6	7	7	7	8	8	8	9	9	9	10
대운 여	1·10	10	9	9	9	8	8	8	7	7	7	6	6	6	5	5	5	4	4	4	3	3	3	2	2	2	1	1	1	1

9월 8일(양) 백로 03시 16분		9월 10일(양)		9월 20일(양)		9월 23일(양) 추분 12시 29분		10월 1일(양)	
평균기온: 23.6℃	강수량: –	평균기온: 23.8℃	강수량: 0.0㎜	평균기온: 17.4℃	강수량: –	평균기온: 19.0℃	강수량: –	평균기온: 21.5℃	강수량: 2.5㎜
최고기온: 29.0℃	일 출: 06:08	최고기온: 26.4℃	일 출: 06:09	최고기온: 21.6℃	일 출: 06:18	최고기온: 25.2℃	일 출: 06:20	최고기온: 28.6℃	일 출: 06:27
최저기온: 19.3℃	일 몰: 18:51	최저기온: 21.6℃	일 몰: 18:48	최저기온: 12.5℃	일 몰: 18:33	최저기온: 13.3℃	일 몰: 18:28	최저기온: 16.2℃	일 몰: 18:16

한로 — 10.08 ~ 11.06(양) 庚戌月

양력	10.08	9	10	11	12	13	14	15	16	17	18	19	20	21	22	23	24	25	26	27	28	29	30	31	11.1	2	3	4	5	6
음력	08.26	27	28	29	30	9.1	2	3	4	5	6	7	8	9	10	11	12	13	14	15	16	17	18	19	20	21	22	23	24	25
일주	戊戌	己亥	庚子	辛丑	壬寅	癸卯	甲辰	乙巳	丙午	丁未	戊申	己酉	庚戌	辛亥	壬子	癸丑	甲寅	乙卯	丙辰	丁巳	戊午	己未	庚申	辛酉	壬戌	癸亥	甲子	乙丑	丙寅	丁卯
대운 남	10·1	1	1	1	1	2	2	2	3	3	3	4	4	4	5	5	5	6	6	6	7	7	7	8	8	8	9	9	9	10
대운 여	1·10	10	9	9	9	8	8	8	7	7	7	6	6	6	5	5	5	4	4	4	3	3	3	2	2	2	1	1	1	1

10월 8일(양) 한로 18시 44분		10월 10일(양)		10월 20일(양)		10월 23일(양) 상강 21시 41분		11월 1일(양)	
평균기온: 15.9℃	강수량: –	평균기온: 12.4℃	강수량: –	평균기온: 16.2℃	강수량: –	평균기온: 15.9℃	강수량: –	평균기온: 12.9℃	강수량: –
최고기온: 22.0℃	일 출: 06:33	최고기온: 17.8℃	일 출: 06:35	최고기온: 23.5℃	일 출: 06:44	최고기온: 22.4℃	일 출: 06:47	최고기온: 16.3℃	일 출: 06:56
최저기온: 11.3℃	일 몰: 18:06	최저기온: 7.8℃	일 몰: 18:03	최저기온: 10.0℃	일 몰: 17:49	최저기온: 12.8℃	일 몰: 17:45	최저기온: 9.0℃	일 몰: 17:34

입동 — 11.07 ~ 12.06(양) 辛亥月

양력	11.07	8	9	10	11	12	13	14	15	16	17	18	19	20	21	22	23	24	25	26	27	28	29	30	12.1	2	3	4	5	6
음력	09.26	27	28	29	10.1	2	3	4	5	6	7	8	9	10	11	12	13	14	15	16	17	18	19	20	21	22	23	24	25	26
일주	戊辰	己巳	庚午	辛未	壬申	癸酉	甲戌	乙亥	丙子	丁丑	戊寅	己卯	庚辰	辛巳	壬午	癸未	甲申	乙酉	丙戌	丁亥	戊子	己丑	庚寅	辛卯	壬辰	癸巳	甲午	乙未	丙申	丁酉
대운 남	10·1	1	1	1	1	2	2	2	3	3	3	4	4	4	5	5	5	6	6	6	7	7	7	8	8	8	9	9	9	10
대운 여	1·10	10	9	9	9	8	8	8	7	7	7	6	6	6	5	5	5	4	4	4	3	3	3	2	2	2	1	1	1	1

11월 7일(양) 입동 21시 46분		11월 10일(양)		11월 20일(양)		11월 22일(양) 소설 19시 07분		12월 1일(양)	
평균기온: 11.1℃	강수량: 4.8㎜	평균기온: 3.5℃	강수량: –	평균기온: 6.7℃	강수량: 5.2㎜	평균기온: 1.1℃	강수량: –	평균기온: −0.8℃	강수량: 10.2㎜
최고기온: 13.7℃	일 출: 07:03	최고기온: 7.8℃	일 출: 07:06	최고기온: 11.3℃	일 출: 07:17	최고기온: 4.2℃	일 출: 07:19	최고기온: 2.0℃	일 출: 07:28
최저기온: 6.7℃	일 몰: 17:28	최저기온: 0.2℃	일 몰: 17:26	최저기온: 3.8℃	일 몰: 17:18	최저기온: −1.2℃	일 몰: 17:17	최저기온: −2.6℃	일 몰: 17:14

대설 — 12.07 ~ 1978.01.05(양) 壬子月

양력	12.07	8	9	10	11	12	13	14	15	16	17	18	19	20	21	22	23	24	25	26	27	28	29	30	31	1.1	2	3	4	5
음력	10.27	28	29	30	11.1	2	3	4	5	6	7	8	9	10	11	12	13	14	15	16	17	18	19	20	21	22	23	24	25	26
일주	戊戌	己亥	庚子	辛丑	壬寅	癸卯	甲辰	乙巳	丙午	丁未	戊申	己酉	庚戌	辛亥	壬子	癸丑	甲寅	乙卯	丙辰	丁巳	戊午	己未	庚申	辛酉	壬戌	癸亥	甲子	乙丑	丙寅	丁卯
대운 남	10·1	1	1	1	1	2	2	2	3	3	3	4	4	4	5	5	5	6	6	6	7	7	7	8	8	8	9	9	9	10
대운 여	1·10	10	9	9	9	8	8	8	7	7	7	6	6	6	5	5	5	4	4	4	3	3	3	2	2	2	1	1	1	1

12월 7일(양) 대설 14시 31분		12월 10일(양)		12월 20일(양)		12월 22일(양) 동지 08시 23분		1월 1일(양)	
평균기온: 6.4℃	강수량: –	평균기온: 4.7℃	강수량: –	평균기온: −1.6℃	강수량: 0.1㎜	평균기온: −3.7℃	강수량: –	평균기온: 0.5℃	강수량: –
최고기온: 9.0℃	일 출: 07:33	최고기온: 9.0℃	일 출: 07:36	최고기온: 1.6℃	일 출: 07:42	최고기온: 1.4℃	일 출: 07:43	최고기온: 2.6℃	일 출: 07:47
최저기온: 4.5℃	일 몰: 17:14	최저기온: −1.0℃	일 몰: 17:14	최저기온: −4.0℃	일 몰: 17:17	최저기온: −7.9℃	일 몰: 17:18	최저기온: −1.0℃	일 몰: 17:24

소한 — 01.06 ~ 02.03(양) 癸丑月

양력	1978.01.06	7	8	9	10	11	12	13	14	15	16	17	18	19	20	21	22	23	24	25	26	27	28	29	30	31	2.1	2	3
음력	1977.11.27	28	29	12.1	2	3	4	5	6	7	8	9	10	11	12	13	14	15	16	17	18	19	20	21	22	23	24	25	26
일주	戊辰	己巳	庚午	辛未	壬申	癸酉	甲戌	乙亥	丙子	丁丑	戊寅	己卯	庚辰	辛巳	壬午	癸未	甲申	乙酉	丙戌	丁亥	戊子	己丑	庚寅	辛卯	壬辰	癸巳	甲午	乙未	丙申
대운 남	10·1	1	1	1	1	2	2	2	3	3	3	4	4	4	5	5	5	6	6	6	7	7	7	8	8	8	9	9	9
대운 여	1·10	10	9	9	9	8	8	8	7	7	7	6	6	6	5	5	5	4	4	4	3	3	3	2	2	2	1	1	1

1월 6일(양) 소한 01시 43분		1월 10일(양)		1월 20일(양) 대한 19시 04분		2월 1일(양)	
평균기온: 2.8℃	강수량: –	평균기온: −7.1℃	강수량: –	평균기온: −3.8℃	강수량: 3.0㎜	평균기온: −12.4℃	강수량: –
최고기온: 7.4℃	일 출: 07:47	최고기온: −3.2℃	일 출: 07:47	최고기온: 1.2℃	일 출: 07:44	최고기온: −8.4℃	일 출: 07:36
최저기온: −2.0℃	일 몰: 17:28	최저기온: −10.2℃	일 몰: 17:32	최저기온: −6.7℃	일 몰: 17:42	최저기온: −16.0℃	일 몰: 17:55

1978

입춘 02.04 ~ 03.05(양)

甲寅月

양력	1978.02.04	5	6	7	8	9	10	11	12	13	14	15	16	17	18	19	20	21	22	23	24	25	26	27	28	3.1	2	3	4	5
음력	1977.12.27	28	29	1.1	2	3	4	5	6	7	8	9	10	11	12	13	14	15	16	17	18	19	20	21	22	23	24	25	26	27
일주	丁酉	戊戌	己亥	庚子	辛丑	壬寅	癸卯	甲辰	乙巳	丙午	丁未	戊申	己酉	庚戌	辛亥	壬子	癸丑	甲寅	乙卯	丙辰	丁巳	戊午	己未	庚申	辛酉	壬戌	癸亥	甲子	乙丑	丙寅
대운 남	10·10	10	9	9	9	8	8	8	7	7	7	6	6	6	5	5	5	4	4	4	3	3	3	2	2	2	1	1	1	1
대운 여	1·1	1	1	1	2	2	2	3	3	3	4	4	4	5	5	5	6	6	6	7	7	7	8	8	8	9	9	9	10	10

	2월 4일(양) 입춘 13시 27분	2월 10일(양)	2월 19일(양) 우수 09시 21분	2월 20일(양)	3월 1일(양)
평균기온	-4.3℃	0.3℃	-2.5℃	-1.0℃	-2.9℃
최고기온	2.7℃	2.3℃	0.4℃	4.4℃	3.3℃
최저기온	-8.8℃	-4.2℃	-5.8℃	-6.3℃	-8.2℃
강수량	0.0mm	1.2mm	0.1mm	0.0mm	-
일 출	07:34	07:28	07:18	07:16	07:05
일 몰	17:59	18:05	18:15	18:16	18:25

경칩 03.06 ~ 04.04(양)

乙卯月

양력	03.06	7	8	9	10	11	12	13	14	15	16	17	18	19	20	21	22	23	24	25	26	27	28	29	30	31	4.1	2	3	4
음력	01.28	29	30	2.1	2	3	4	5	6	7	8	9	10	11	12	13	14	15	16	17	18	19	20	21	22	23	24	25	26	27
일주	丁卯	戊辰	己巳	庚午	辛未	壬申	癸酉	甲戌	乙亥	丙子	丁丑	戊寅	己卯	庚辰	辛巳	壬午	癸未	甲申	乙酉	丙戌	丁亥	戊子	己丑	庚寅	辛卯	壬辰	癸巳	甲午	乙未	丙申
대운 남	1·10	10	9	9	9	8	8	8	7	7	7	6	6	6	5	5	5	4	4	4	3	3	3	2	2	2	1	1	1	1
대운 여	10·1	1	1	1	2	2	2	3	3	3	4	4	4	5	5	5	6	6	6	7	7	7	8	8	8	9	9	9	10	10

	3월 6일(양) 경칩 07시 38분	3월 10일(양)	3월 20일(양)	3월 21일(양) 춘분 08시 34분	4월 1일(양)
평균기온	6.2℃	-2.1℃	6.5℃	7.8℃	7.8℃
최고기온	13.6℃	2.1℃	12.3℃	12.3℃	14.8℃
최저기온	-0.4℃	-4.9℃	0.1℃	4.2℃	1.0℃
강수량	-	1.8mm	-	-	-
일 출	06:58	06:52	06:37	06:35	06:19
일 몰	18:30	18:34	18:43	18:44	18:54

청명 04.05 ~ 05.05(양)

丙辰月

양력	04.05	6	7	8	9	10	11	12	13	14	15	16	17	18	19	20	21	22	23	24	25	26	27	28	29	30	5.1	2	3	4	5
음력	02.28	29	30	3.1	2	3	4	5	6	7	8	9	10	11	12	13	14	15	16	17	18	19	20	21	22	23	24	25	26	27	28
일주	丁酉	戊戌	己亥	庚子	辛丑	壬寅	癸卯	甲辰	乙巳	丙午	丁未	戊申	己酉	庚戌	辛亥	壬子	癸丑	甲寅	乙卯	丙辰	丁巳	戊午	己未	庚申	辛酉	壬戌	癸亥	甲子	乙丑	丙寅	丁卯
대운 남	1·10	10	10	9	9	9	8	8	8	7	7	7	6	6	6	5	5	5	4	4	4	3	3	3	2	2	2	1	1	1	1
대운 여	10·1	1	1	1	2	2	2	3	3	3	4	4	4	5	5	5	6	6	6	7	7	7	8	8	8	9	9	9	10	10	10

	4월 5일(양) 청명 12시 39분	4월 10일(양)	4월 20일(양) 곡우 19시 50분	5월 1일(양)
평균기온	10.2℃	14.8℃	9.4℃	12.8℃
최고기온	15.2℃	24.0℃	14.7℃	19.6℃
최저기온	6.4℃	7.8℃	4.8℃	8.4℃
강수량	1.7mm	-	-	-
일 출	06:13	06:05	05:52	05:38
일 몰	18:58	19:02	19:11	19:21

입하 05.06 ~ 06.05(양)

丁巳月

양력	05.06	7	8	9	10	11	12	13	14	15	16	17	18	19	20	21	22	23	24	25	26	27	28	29	30	31	6.1	2	3	4	5
음력	03.29	4.1	2	3	4	5	6	7	8	9	10	11	12	13	14	15	16	17	18	19	20	21	22	23	24	25	26	27	28	29	30
일주	戊辰	己巳	庚午	辛未	壬申	癸酉	甲戌	乙亥	丙子	丁丑	戊寅	己卯	庚辰	辛巳	壬午	癸未	甲申	乙酉	丙戌	丁亥	戊子	己丑	庚寅	辛卯	壬辰	癸巳	甲午	乙未	丙申	丁酉	戊戌
대운 남	1·10	10	10	9	9	9	8	8	8	7	7	7	6	6	6	5	5	5	4	4	4	3	3	3	2	2	2	1	1	1	1
대운 여	10·1	1	1	1	2	2	2	3	3	3	4	4	4	5	5	5	6	6	6	7	7	7	8	8	8	9	9	9	10	10	10

	5월 6일(양) 입하 06시 09분	5월 10일(양)	5월 20일(양)	5월 21일(양) 소만 19시 08분	6월 1일(양)
평균기온	18.7℃	13.5℃	14.2℃	18.2℃	18.5℃
최고기온	25.9℃	19.1℃	17.6℃	25.7℃	26.0℃
최저기온	11.8℃	9.3℃	12.2℃	13.6℃	12.5℃
강수량	-	-	-	-	-
일 출	05:32	05:28	05:19	05:19	05:13
일 몰	19:26	19:29	19:38	19:39	19:47

망종 06.06 ~ 07.06(양)

戊午月

양력	06.06	7	8	9	10	11	12	13	14	15	16	17	18	19	20	21	22	23	24	25	26	27	28	29	30	7.1	2	3	4	5	6
음력	05.01	2	3	4	5	6	7	8	9	10	11	12	13	14	15	16	17	18	19	20	21	22	23	24	25	26	27	28	29	6.1	2
일주	己亥	庚子	辛丑	壬寅	癸卯	甲辰	乙巳	丙午	丁未	戊申	己酉	庚戌	辛亥	壬子	癸丑	甲寅	乙卯	丙辰	丁巳	戊午	己未	庚申	辛酉	壬戌	癸亥	甲子	乙丑	丙寅	丁卯	戊辰	己巳
대운 남	1·10	10	10	9	9	9	8	8	8	7	7	7	6	6	6	5	5	5	4	4	4	3	3	3	2	2	2	1	1	1	1
대운 여	10·1	1	1	1	2	2	2	3	3	3	4	4	4	5	5	5	6	6	6	7	7	7	8	8	8	9	9	9	10	10	10

	6월 6일(양) 망종 10시 23분	6월 10일(양)	6월 20일(양)	6월 22일(양) 하지 03시 10분	7월 1일(양)
평균기온	17.8℃	23.4℃	23.6℃	23.2℃	25.3℃
최고기온	25.3℃	28.8℃	28.6℃	29.4℃	29.4℃
최저기온	13.8℃	20.1℃	20.8℃	19.0℃	21.3℃
강수량	-	5.7mm	-	-	6.2mm
일 출	05:11	05:10	05:11	05:11	05:14
일 몰	19:50	19:52	19:56	19:57	19:57

소서 07.07 ~ 08.07(양)

己未月

양력	07.07	8	9	10	11	12	13	14	15	16	17	18	19	20	21	22	23	24	25	26	27	28	29	30	31	8.1	2	3	4	5	6	7
음력	06.03	4	5	6	7	8	9	10	11	12	13	14	15	16	17	18	19	20	21	22	23	24	25	26	27	28	29	30	7.1	2	3	4
일주	庚午	辛未	壬申	癸酉	甲戌	乙亥	丙子	丁丑	戊寅	己卯	庚辰	辛巳	壬午	癸未	甲申	乙酉	丙戌	丁亥	戊子	己丑	庚寅	辛卯	壬辰	癸巳	甲午	乙未	丙申	丁酉	戊戌	己亥	庚子	辛丑
대운 남	1·10	10	10	10	9	9	9	8	8	8	7	7	7	6	6	6	5	5	5	4	4	4	3	3	3	2	2	2	1	1	1	1
대운 여	10·1	1	1	1	2	2	2	3	3	3	4	4	4	5	5	5	6	6	6	7	7	7	8	8	8	9	9	9	10	10	10	10

	7월 7일(양) 소서 20시 37분	7월 10일(양)	7월 20일(양)	7월 23일(양) 대서 14시 00분	8월 1일(양)
평균기온	24.7℃	23.7℃	26.0℃	28.8℃	29.5℃
최고기온	28.6℃	27.6℃	30.6℃	32.8℃	34.4℃
최저기온	22.2℃	21.8℃	23.0℃	26.0℃	26.4℃
강수량	55.9mm	10.4mm	0.7mm	-	-
일 출	05:17	05:19	05:26	05:28	05:35
일 몰	19:56	19:55	19:51	19:49	19:41

戊午年

입추 (立秋) 08.08 ~ 09.07(양) — 庚申月

양력	08.08	9	10	11	12	13	14	15	16	17	18	19	20	21	22	23	24	25	26	27	28	29	30	31	9.1	2	3	4	5	6	7
음력	07.05	6	7	8	9	10	11	12	13	14	15	16	17	18	19	20	21	22	23	24	25	26	27	28	29	30	8.1	2	3	4	5
일주	壬寅	癸卯	甲辰	乙巳	丙午	丁未	戊申	己酉	庚戌	辛亥	壬子	癸丑	甲寅	乙卯	丙辰	丁巳	戊午	己未	庚申	辛酉	壬戌	癸亥	甲子	乙丑	丙寅	丁卯	戊辰	己巳	庚午	辛未	壬申
대운(남)	1	10	10	10	9	9	9	8	8	8	7	7	7	6	6	6	5	5	5	4	4	4	3	3	3	2	2	2	1	1	1
대운(여)	10	1	1	1	2	2	2	3	3	3	4	4	4	5	5	5	6	6	6	7	7	7	8	8	8	9	9	9	10	10	10

	8월 8일(양) 입추 06시 18분	8월 10일(양)	8월 20일(양)	8월 23일(양) 처서 20시 57분	9월 1일(양)
평균기온	26.5℃	26.9℃	20.2℃	26.5℃	21.8℃
최고기온	30.1℃	29.9℃	21.8℃	31.7℃	26.5℃
최저기온	24.0℃	25.6℃	19.4℃	22.5℃	19.4℃
강수량	5.2㎜	0.2㎜	14.5㎜	-	0.0㎜
일 출	05:41	05:43	05:51	05:54	06:02
일 몰	19:34	19:32	19:19	19:15	19:02

백로 (白露) 09.08 ~ 10.08(양) — 辛酉月

양력	09.08	9	10	11	12	13	14	15	16	17	18	19	20	21	22	23	24	25	26	27	28	29	30	10.1	2	3	4	5	6	7	8
음력	08.06	7	8	9	10	11	12	13	14	15	16	17	18	19	20	21	22	23	24	25	26	27	28	29	9.1	2	3	4	5	6	7
일주	癸酉	甲戌	乙亥	丙子	丁丑	戊寅	己卯	庚辰	辛巳	壬午	癸未	甲申	乙酉	丙戌	丁亥	戊子	己丑	庚寅	辛卯	壬辰	癸巳	甲午	乙未	丙申	丁酉	戊戌	己亥	庚子	辛丑	壬寅	癸卯
대운(남)	1	10	10	10	9	9	9	8	8	8	7	7	7	6	6	6	5	5	5	4	4	4	3	3	3	2	2	2	1	1	1
대운(여)	10	1	1	1	2	2	2	3	3	3	4	4	4	5	5	5	6	6	6	7	7	7	8	8	8	9	9	9	10	10	10

	9월 8일(양) 백로 09시 02분	9월 10일(양)	9월 20일(양)	9월 23일(양) 추분 18시 25분	10월 1일(양)
평균기온	21.5℃	18.2℃	19.0℃	20.3℃	22.1℃
최고기온	23.9℃	22.4℃	25.8℃	26.4℃	29.2℃
최저기온	19.4℃	15.4℃	13.4℃	15.5℃	17.0℃
강수량	3.8㎜	-	-	-	-
일 출	06:07	06:09	06:17	06:20	06:27
일 몰	18:52	18:49	18:33	18:29	18:16

한로 (寒露) 10.09 ~ 11.07(양) — 壬戌月

양력	10.09	10	11	12	13	14	15	16	17	18	19	20	21	22	23	24	25	26	27	28	29	30	31	11.1	2	3	4	5	6	7
음력	09.08	9	10	11	12	13	14	15	16	17	18	19	20	21	22	23	24	25	26	27	28	29	30	10.1	2	3	4	5	6	7
일주	甲辰	乙巳	丙午	丁未	戊申	己酉	庚戌	辛亥	壬子	癸丑	甲寅	乙卯	丙辰	丁巳	戊午	己未	庚申	辛酉	壬戌	癸亥	甲子	乙丑	丙寅	丁卯	戊辰	己巳	庚午	辛未	壬申	癸酉
대운(남)	1	10	10	9	9	9	8	8	8	7	7	7	6	6	6	5	5	5	4	4	4	3	3	3	2	2	2	1	1	1
대운(여)	10	1	1	2	2	2	3	3	3	4	4	4	5	5	5	6	6	6	7	7	7	8	8	8	9	9	9	10	10	10

	10월 9일(양) 한로 00시 31분	10월 10일(양)	10월 20일(양)	10월 24일(양) 상강 03시 37분	11월 1일(양)
평균기온	15.3℃	12.3℃	12.7℃	15.9℃	10.0℃
최고기온	21.0℃	17.4℃	16.6℃	21.5℃	14.6℃
최저기온	11.0℃	7.0℃	9.3℃	11.7℃	6.2℃
강수량	2.5㎜	-	-	1.7㎜	-
일 출	06:34	06:35	06:44	06:48	06:56
일 몰	18:05	18:03	17:49	17:44	17:35

입동 (立冬) 11.08 ~ 12.06(양) — 癸亥月

양력	11.08	9	10	11	12	13	14	15	16	17	18	19	20	21	22	23	24	25	26	27	28	29	30	12.1	2	3	4	5	6
음력	10.08	9	10	11	12	13	14	15	16	17	18	19	20	21	22	23	24	25	26	27	28	29	11.1	2	3	4	5	6	7
일주	甲戌	乙亥	丙子	丁丑	戊寅	己卯	庚辰	辛巳	壬午	癸未	甲申	乙酉	丙戌	丁亥	戊子	己丑	庚寅	辛卯	壬辰	癸巳	甲午	乙未	丙申	丁酉	戊戌	己亥	庚子	辛丑	壬寅
대운(남)	1	10	9	9	9	8	8	8	7	7	7	6	6	6	5	5	5	4	4	4	3	3	3	2	2	2	1	1	1
대운(여)	10	1	2	2	2	3	3	3	4	4	4	5	5	5	6	6	6	7	7	7	8	8	8	9	9	9	10	10	10

	11월 8일(양) 입동 03시 34분	11월 10일(양)	11월 20일(양)	11월 23일(양) 소설 01시 05분	12월 1일(양)
평균기온	11.7℃	12.5℃	2.1℃	5.6℃	4.3℃
최고기온	17.2℃	16.0℃	6.4℃	11.6℃	9.6℃
최저기온	8.8℃	10.4℃	-1.0℃	0.8℃	0.2℃
강수량	-	-	-	-	8.2㎜
일 출	07:04	07:06	07:16	07:19	07:27
일 몰	17:28	17:26	17:19	17:17	17:14

대설 (大雪) 12.07 ~ 1979.01.05(양) — 甲子月

양력	12.07	8	9	10	11	12	13	14	15	16	17	18	19	20	21	22	23	24	25	26	27	28	29	30	31	1.1	2	3	4	5
음력	11.08	9	10	11	12	13	14	15	16	17	18	19	20	21	22	23	24	25	26	27	28	29	30	12.1	2	3	4	5	6	7
일주	癸卯	甲辰	乙巳	丙午	丁未	戊申	己酉	庚戌	辛亥	壬子	癸丑	甲寅	乙卯	丙辰	丁巳	戊午	己未	庚申	辛酉	壬戌	癸亥	甲子	乙丑	丙寅	丁卯	戊辰	己巳	庚午	辛未	壬申
대운(남)	1	10	10	9	9	9	8	8	8	7	7	7	6	6	6	5	5	5	4	4	4	3	3	3	2	2	2	1	1	1
대운(여)	10	1	1	2	2	2	3	3	3	4	4	4	5	5	5	6	6	6	7	7	7	8	8	8	9	9	9	10	10	10

	12월 7일(양) 대설 20시 20분	12월 10일(양)	12월 20일(양)	12월 22일(양) 동지 14시 21분	1월 1일(양)
평균기온	8.1℃	5.8℃	-4.6℃	-1.7℃	-3.6℃
최고기온	12.8℃	9.1℃	2.4℃	2.8℃	1.4℃
최저기온	4.1℃	3.0℃	-9.2℃	-5.0℃	-7.2℃
강수량	0.9㎜	-	-	-	-
일 출	07:33	07:35	07:42	07:43	07:47
일 몰	17:14	17:14	17:16	17:17	17:24

소한 (小寒) 01.06 ~ 02.03(양) — 乙丑月

양력	1979.01.06	7	8	9	10	11	12	13	14	15	16	17	18	19	20	21	22	23	24	25	26	27	28	29	30	31	2.1	2	3
음력	1978.12.08	9	10	11	12	13	14	15	16	17	18	19	20	21	22	23	24	25	26	27	28	29	1.1	2	3	4	5	6	7
일주	癸酉	甲戌	乙亥	丙子	丁丑	戊寅	己卯	庚辰	辛巳	壬午	癸未	甲申	乙酉	丙戌	丁亥	戊子	己丑	庚寅	辛卯	壬辰	癸巳	甲午	乙未	丙申	丁酉	戊戌	己亥	庚子	辛丑
대운(남)	1	10	9	9	9	8	8	8	7	7	7	6	6	6	5	5	5	4	4	4	3	3	3	2	2	2	1	1	1
대운(여)	10	1	2	2	2	3	3	3	4	4	4	5	5	5	6	6	6	7	7	7	8	8	8	9	9	9	10	10	10

	1월 6일(양) 소한 07시 32분	1월 10일(양)	1월 20일(양)	1월 21일(양) 대한 01시 00분	2월 1일(양)
평균기온	2.7℃	7.4℃	-1.0℃	-3.8℃	-10.5℃
최고기온	6.5℃	10.4℃	4.6℃	-0.3℃	-7.6℃
최저기온	-0.9℃	2.8℃	-5.3℃	-7.1℃	-13.0℃
강수량	0.7㎜	-	0.9㎜	-	0.0㎜
일 출	07:47	07:47	07:44	07:44	07:37
일 몰	17:28	17:32	17:42	17:43	17:55

1979

윤6월

단기 4312년

입춘 02.04 ~ 03.05(양) 丙寅月

양력		1979.02.04	5	6	7	8	9	10	11	12	13	14	15	16	17	18	19	20	21	22	23	24	25	26	27	28	3.1	2	3	4	5
음력		1979.01.08	9	10	11	12	13	14	15	16	17	18	19	20	21	22	23	24	25	26	27	28	29	30	2.1	2	3	4	5	6	7
일주		壬寅	癸卯	甲辰	乙巳	丙午	丁未	戊申	己酉	庚戌	辛亥	壬子	癸丑	甲寅	乙卯	丙辰	丁巳	戊午	己未	庚申	辛酉	壬戌	癸亥	甲子	乙丑	丙寅	丁卯	戊辰	己巳	庚午	辛未
대운 남	1	1	1	1	1	1	2	2	2	3	3	3	4	4	4	5	5	5	6	6	6	7	7	7	8	8	8	9	9	9	10
대운 여	10	10	10	9	9	9	8	8	8	7	7	7	6	6	6	5	5	5	4	4	4	3	3	3	2	2	2	1	1	1	1

2월 4일(양) 입춘 19시 12분		2월 10일(양)		2월 19일(양) 우수 15시 13분		2월 20일(양)		3월 1일(양)	
평균기온: -6.4℃	강수량: -	평균기온: 3.4℃	강수량: 0.0㎜	평균기온: 5.7℃	강수량: -	평균기온: 6.9℃	강수량: -	평균기온: -1.3℃	강수량: -
최고기온: -2.2℃	일 출: 07:34	최고기온: 6.7℃	일 출: 07:28	최고기온: 11.7℃	일 출: 07:18	최고기온: 12.2℃	일 출: 07:17	최고기온: 3.6℃	일 출: 07:05
최저기온: -10.2℃	일 몰: 17:58	최저기온: 0.7℃	일 몰: 18:05	최저기온: 0.6℃	일 몰: 18:15	최저기온: 2.1℃	일 몰: 18:16	최저기온: -4.1℃	일 몰: 18:25

경칩 03.06 ~ 04.04(양) 丁卯月

양력		03.06	7	8	9	10	11	12	13	14	15	16	17	18	19	20	21	22	23	24	25	26	27	28	29	30	31	4.1	2	3	4
음력		02.08	9	10	11	12	13	14	15	16	17	18	19	20	21	22	23	24	25	26	27	28	29	3.1	2	3	4	5	6	7	8
일주		壬申	癸酉	甲戌	乙亥	丙子	丁丑	戊寅	己卯	庚辰	辛巳	壬午	癸未	甲申	乙酉	丙戌	丁亥	戊子	己丑	庚寅	辛卯	壬辰	癸巳	甲午	乙未	丙申	丁酉	戊戌	己亥	庚子	辛丑
대운 남	10	1	1	1	1	1	2	2	2	3	3	3	4	4	4	5	5	5	6	6	6	7	7	7	8	8	8	9	9	9	10
대운 여	1	10	10	9	9	9	8	8	8	7	7	7	6	6	6	5	5	5	4	4	4	3	3	3	2	2	2	1	1	1	1

3월 6일(양) 경칩 13시 20분		3월 10일(양)		3월 20일(양)		3월 21일(양) 춘분 14시 22분		4월 1일(양)	
평균기온: 4.2℃	강수량: 0.2㎜	평균기온: 9.2℃	강수량: 0.0㎜	평균기온: 9.7℃	강수량: -	평균기온: 9.6℃	강수량: -	평균기온: 10.2℃	강수량: -
최고기온: 7.5℃	일 출: 06:58	최고기온: 13.2℃	일 출: 06:52	최고기온: 15.5℃	일 출: 06:37	최고기온: 15.7℃	일 출: 06:36	최고기온: 13.6℃	일 출: 06:19
최저기온: 2.1℃	일 몰: 18:30	최저기온: 6.4℃	일 몰: 18:34	최저기온: 4.6℃	일 몰: 18:43	최저기온: 5.6℃	일 몰: 18:44	최저기온: 7.0℃	일 몰: 18:54

청명 04.05 ~ 05.05(양) 戊辰月

양력		04.05	6	7	8	9	10	11	12	13	14	15	16	17	18	19	20	21	22	23	24	25	26	27	28	29	30	5.1	2	3	4	5
음력		03.09	10	11	12	13	14	15	16	17	18	19	20	21	22	23	24	25	26	27	28	29	4.1	2	3	4	5	6	7	8	9	10
일주		壬寅	癸卯	甲辰	乙巳	丙午	丁未	戊申	己酉	庚戌	辛亥	壬子	癸丑	甲寅	乙卯	丙辰	丁巳	戊午	己未	庚申	辛酉	壬戌	癸亥	甲子	乙丑	丙寅	丁卯	戊辰	己巳	庚午	辛未	壬申
대운 남	10	1	1	1	1	1	2	2	2	3	3	3	4	4	4	5	5	5	6	6	6	7	7	7	8	8	8	9	9	9	10	10
대운 여	1	10	10	10	9	9	9	8	8	8	7	7	7	6	6	6	5	5	5	4	4	4	3	3	3	2	2	2	1	1	1	1

4월 5일(양) 청명 18시 18분		4월 10일(양)		4월 20일(양)		4월 21일(양) 곡우 01시 35분		5월 1일(양)	
평균기온: 9.4℃	강수량: -	평균기온: 9.5℃	강수량: -	평균기온: 13.2℃	강수량: -	평균기온: 13.3℃	강수량: -	평균기온: 12.4℃	강수량: -
최고기온: 16.4℃	일 출: 06:13	최고기온: 16.3℃	일 출: 06:06	최고기온: 20.4℃	일 출: 05:52	최고기온: 20.2℃	일 출: 05:51	최고기온: 17.8℃	일 출: 05:38
최저기온: 2.8℃	일 몰: 18:57	최저기온: 2.5℃	일 몰: 19:02	최저기온: 7.2℃	일 몰: 19:11	최저기온: 8.0℃	일 몰: 19:12	최저기온: 8.2℃	일 몰: 19:21

입하 05.06 ~ 06.05(양) 己巳月

양력		05.06	7	8	9	10	11	12	13	14	15	16	17	18	19	20	21	22	23	24	25	26	27	28	29	30	31	6.1	2	3	4	5
음력		04.11	12	13	14	15	16	17	18	19	20	21	22	23	24	25	26	27	28	29	30	5.1	2	3	4	5	6	7	8	9	10	11
일주		癸酉	甲戌	乙亥	丙子	丁丑	戊寅	己卯	庚辰	辛巳	壬午	癸未	甲申	乙酉	丙戌	丁亥	戊子	己丑	庚寅	辛卯	壬辰	癸巳	甲午	乙未	丙申	丁酉	戊戌	己亥	庚子	辛丑	壬寅	癸卯
대운 남	10	1	1	1	1	1	2	2	2	3	3	3	4	4	4	5	5	5	6	6	6	7	7	7	8	8	8	9	9	9	10	10
대운 여	1	10	10	10	9	9	9	8	8	8	7	7	7	6	6	6	5	5	5	4	4	4	3	3	3	2	2	2	1	1	1	1

5월 6일(양) 입하 11시 47분		5월 10일(양)		5월 20일(양)		5월 22일(양) 소만 00시 54분		6월 1일(양)	
평균기온: 15.0℃	강수량: 27.5㎜	평균기온: 15.2℃	강수량: -	평균기온: 18.2℃	강수량: -	평균기온: 19.1℃	강수량: -	평균기온: 21.8℃	강수량: -
최고기온: 19.5℃	일 출: 05:32	최고기온: 21.4℃	일 출: 05:28	최고기온: 24.3℃	일 출: 05:20	최고기온: 25.8℃	일 출: 05:18	최고기온: 28.0℃	일 출: 05:13
최저기온: 12.0℃	일 몰: 19:26	최저기온: 11.9℃	일 몰: 19:29	최저기온: 11.5℃	일 몰: 19:38	최저기온: 13.0℃	일 몰: 19:39	최저기온: 16.4℃	일 몰: 19:47

망종 06.06 ~ 07.07(양) 庚午月

양력		06.06	7	8	9	10	11	12	13	14	15	16	17	18	19	20	21	22	23	24	25	26	27	28	29	30	7.1	2	3	4	5	6	7
음력		05.12	13	14	15	16	17	18	19	20	21	22	23	24	25	26	27	28	29	6.1	2	3	4	5	6	7	8	9	10	11	12	13	14
일주		甲辰	乙巳	丙午	丁未	戊申	己酉	庚戌	辛亥	壬子	癸丑	甲寅	乙卯	丙辰	丁巳	戊午	己未	庚申	辛酉	壬戌	癸亥	甲子	乙丑	丙寅	丁卯	戊辰	己巳	庚午	辛未	壬申	癸酉	甲戌	乙亥
대운 남	10	1	1	1	1	1	2	2	2	3	3	3	4	4	4	5	5	5	6	6	6	7	7	7	8	8	8	9	9	9	10	10	10
대운 여	1	10	10	10	10	9	9	9	8	8	8	7	7	7	6	6	6	5	5	5	4	4	4	3	3	3	2	2	2	1	1	1	1

6월 6일(양) 망종 16시 05분		6월 10일(양)		6월 20일(양)		6월 22일(양) 하지 08시 56분		7월 1일(양)	
평균기온: 18.6℃	강수량: 32.4㎜	평균기온: 17.2℃	강수량: 0.0㎜	평균기온: 19.2℃	강수량: 74.3㎜	평균기온: 20.8℃	강수량: 28.2㎜	평균기온: 24.4℃	강수량: -
최고기온: 20.2℃	일 출: 05:11	최고기온: 20.0℃	일 출: 05:10	최고기온: 20.1℃	일 출: 05:11	최고기온: 23.6℃	일 출: 05:11	최고기온: 28.8℃	일 출: 05:14
최저기온: 17.6℃	일 몰: 19:50	최저기온: 15.4℃	일 몰: 19:52	최저기온: 17.9℃	일 몰: 19:56	최저기온: 19.2℃	일 몰: 19:57	최저기온: 21.6℃	일 몰: 19:57

소서 07.08 ~ 08.07(양) 辛未月

양력		07.08	9	10	11	12	13	14	15	16	17	18	19	20	21	22	23	24	25	26	27	28	29	30	31	8.1	2	3	4	5	6	7
음력		06.15	16	17	18	19	20	21	22	23	24	25	26	27	28	29	30	윤	6.2	3	4	5	6	7	8	9	10	11	12	13	14	15
일주		丙子	丁丑	戊寅	己卯	庚辰	辛巳	壬午	癸未	甲申	乙酉	丙戌	丁亥	戊子	己丑	庚寅	辛卯	壬辰	癸巳	甲午	乙未	丙申	丁酉	戊戌	己亥	庚子	辛丑	壬寅	癸卯	甲辰	乙巳	丙午
대운 남	10	1	1	1	1	1	2	2	2	3	3	3	4	4	4	5	5	5	6	6	6	7	7	7	8	8	8	9	9	9	10	10
대운 여	1	10	10	10	9	9	9	8	8	8	7	7	7	6	6	6	5	5	5	4	4	4	3	3	3	2	2	2	1	1	1	1

7월 8일(양) 소서 02시 25분		7월 10일(양)		7월 20일(양)		7월 23일(양) 대서 19시 49분		8월 1일(양)	
평균기온: 25.1℃	강수량: -	평균기온: 21.6℃	강수량: 47.0㎜	평균기온: 24.8℃	강수량: 0.0㎜	평균기온: 22.7℃	강수량: 0.0㎜	평균기온: 26.3℃	강수량: 1.5㎜
최고기온: 30.8℃	일 출: 05:17	최고기온: 25.2℃	일 출: 05:19	최고기온: 28.6℃	일 출: 05:25	최고기온: 24.6℃	일 출: 05:28	최고기온: 28.5℃	일 출: 05:35
최저기온: 20.9℃	일 몰: 19:56	최저기온: 19.4℃	일 몰: 19:56	최저기온: 22.2℃	일 몰: 19:51	최저기온: 21.4℃	일 몰: 19:49	최저기온: 25.3℃	일 몰: 19:41

입 추 — 08.08 ~ 09.07(양) — 壬申月

양력	08.08	9	10	11	12	13	14	15	16	17	18	19	20	21	22	23	24	25	26	27	28	29	30	31	9.1	2	3	4	5	6	7
음력	06.16	17	18	19	20	21	22	23	24	25	26	27	28	29	30	7.1	2	3	4	5	6	7	8	9	10	11	12	13	14	15	16
일주	丁未	戊申	己酉	庚戌	辛亥	壬子	癸丑	甲寅	乙卯	丙辰	丁巳	戊午	己未	庚申	辛酉	壬戌	癸亥	甲子	乙丑	丙寅	丁卯	戊辰	己巳	庚午	辛未	壬申	癸酉	甲戌	乙亥	丙子	丁丑
대운 남	10 / 1	1	1	1	1	2	2	2	3	3	3	4	4	4	5	5	5	6	6	6	7	7	7	8	8	8	9	9	9	10	10
대운 여	1 / 10	10	10	9	9	9	8	8	8	7	7	7	6	6	6	5	5	5	4	4	4	3	3	3	2	2	2	1	1	1	1

8월 8일(양) 입추 12시 11분		8월 10일(양)		8월 20일(양)		8월 24일(양) 처서 02시 47분		9월 1일(양)	
평균기온: 25.9℃	강수량: –	평균기온: 26.9℃	강수량: –	평균기온: 24.0℃	강수량: –	평균기온: 26.4℃	강수량: 0.0mm	평균기온: 21.1℃	강수량: 1.2mm
최고기온: 31.6℃	일 출: 05:41	최고기온: 31.8℃	일 출: 05:43	최고기온: 29.3℃	일 출: 05:51	최고기온: 30.6℃	일 출: 05:55	최고기온: 22.4℃	일 출: 06:01
최저기온: 22.9℃	일 몰: 19:34	최저기온: 23.1℃	일 몰: 19:32	최저기온: 19.4℃	일 몰: 19:19	최저기온: 23.2℃	일 몰: 19:14	최저기온: 20.3℃	일 몰: 19:03

백 로 — 09.08 ~ 10.08(양) — 癸酉月

양력	09.08	9	10	11	12	13	14	15	16	17	18	19	20	21	22	23	24	25	26	27	28	29	30	10.1	2	3	4	5	6	7	8
음력	07.17	18	19	20	21	22	23	24	25	26	27	28	29	8.1	2	3	4	5	6	7	8	9	10	11	12	13	14	15	16	17	18
일주	戊寅	己卯	庚辰	辛巳	壬午	癸未	甲申	乙酉	丙戌	丁亥	戊子	己丑	庚寅	辛卯	壬辰	癸巳	甲午	乙未	丙申	丁酉	戊戌	己亥	庚子	辛丑	壬寅	癸卯	甲辰	乙巳	丙午	丁未	戊申
대운 남	10 / 1	1	1	1	1	2	2	2	3	3	3	4	4	4	5	5	5	6	6	6	7	7	7	8	8	8	9	9	9	10	10
대운 여	1 / 10	10	10	9	9	9	8	8	8	7	7	7	6	6	6	5	5	5	4	4	4	3	3	3	2	2	2	1	1	1	1

9월 8일(양) 백로 15시 00분		9월 10일(양)		9월 20일(양)		9월 24일(양) 추분 00시 16분		10월 1일(양)	
평균기온: 21.4℃	강수량: 0.0mm	평균기온: 20.6℃	강수량: –	평균기온: 21.6℃	강수량: –	평균기온: 17.0℃	강수량: 2.9mm	평균기온: 18.2℃	강수량: –
최고기온: 26.3℃	일 출: 06:07	최고기온: 27.1℃	일 출: 06:09	최고기온: 27.0℃	일 출: 06:17	최고기온: 19.4℃	일 출: 06:21	최고기온: 25.1℃	일 출: 06:27
최저기온: 17.2℃	일 몰: 18:52	최저기온: 14.7℃	일 몰: 18:49	최저기온: 17.2℃	일 몰: 18:34	최저기온: 14.4℃	일 몰: 18:28	최저기온: 13.3℃	일 몰: 18:17

한 로 — 10.09 ~ 11.07(양) — 甲戌月

양력	10.09	10	11	12	13	14	15	16	17	18	19	20	21	22	23	24	25	26	27	28	29	30	31	11.1	2	3	4	5	6	7
음력	08.19	20	21	22	23	24	25	26	27	28	29	30	9.1	2	3	4	5	6	7	8	9	10	11	12	13	14	15	16	17	18
일주	己酉	庚戌	辛亥	壬子	癸丑	甲寅	乙卯	丙辰	丁巳	戊午	己未	庚申	辛酉	壬戌	癸亥	甲子	乙丑	丙寅	丁卯	戊辰	己巳	庚午	辛未	壬申	癸酉	甲戌	乙亥	丙子	丁丑	戊寅
대운 남	10 / 1	1	1	1	1	2	2	2	3	3	3	4	4	4	5	5	5	6	6	6	7	7	7	8	8	8	9	9	9	10
대운 여	1 / 10	10	9	9	9	8	8	8	7	7	7	6	6	6	5	5	5	4	4	4	3	3	3	2	2	2	1	1	1	1

10월 9일(양) 한로 06시 30분		10월 10일(양)		10월 20일(양)		10월 24일(양) 상강 09시 28분		11월 1일(양)	
평균기온: 17.2℃	강수량: –	평균기온: 16.6℃	강수량: –	평균기온: 15.4℃	강수량: 0.0mm	평균기온: 15.3℃	강수량: 0.0mm	평균기온: 16.5℃	강수량: –
최고기온: 25.2℃	일 출: 06:34	최고기온: 23.6℃	일 출: 06:35	최고기온: 21.9℃	일 출: 06:44	최고기온: 19.8℃	일 출: 06:48	최고기온: 22.2℃	일 출: 06:56
최저기온: 11.9℃	일 몰: 18:05	최저기온: 11.6℃	일 몰: 18:03	최저기온: 9.2℃	일 몰: 17:50	최저기온: 10.6℃	일 몰: 17:44	최저기온: 13.2℃	일 몰: 17:35

입 동 — 11.08 ~ 12.07(양) — 乙亥月

양력	11.08	9	10	11	12	13	14	15	16	17	18	19	20	21	22	23	24	25	26	27	28	29	30	12.1	2	3	4	5	6	7
음력	09.19	20	21	22	23	24	25	26	27	28	29	30	10.1	2	3	4	5	6	7	8	9	10	11	12	13	14	15	16	17	18
일주	己卯	庚辰	辛巳	壬午	癸未	甲申	乙酉	丙戌	丁亥	戊子	己丑	庚寅	辛卯	壬辰	癸巳	甲午	乙未	丙申	丁酉	戊戌	己亥	庚子	辛丑	壬寅	癸卯	甲辰	乙巳	丙午	丁未	戊申
대운 남	10 / 1	1	1	1	1	2	2	2	3	3	3	4	4	4	5	5	5	6	6	6	7	7	7	8	8	8	9	9	9	10
대운 여	1 / 10	10	9	9	9	8	8	8	7	7	7	6	6	6	5	5	5	4	4	4	3	3	3	2	2	2	1	1	1	1

11월 8일(양) 입동 09시 33분		11월 10일(양)		11월 20일(양)		11월 23일(양) 소설 06시 54분		12월 1일(양)	
평균기온: 13.8℃	강수량: –	평균기온: 15.3℃	강수량: 0.0mm	평균기온: 4.4℃	강수량: –	평균기온: -3.1℃	강수량: –	평균기온: 1.2℃	강수량: 0.2mm
최고기온: 22.4℃	일 출: 07:03	최고기온: 21.6℃	일 출: 07:05	최고기온: 10.4℃	일 출: 07:16	최고기온: 0.7℃	일 출: 07:19	최고기온: 5.6℃	일 출: 07:27
최저기온: 7.1℃	일 몰: 17:28	최저기온: 9.6℃	일 몰: 17:26	최저기온: 0.0℃	일 몰: 17:19	최저기온: -6.9℃	일 몰: 17:17	최저기온: -1.4℃	일 몰: 17:14

대 설 — 12.08 ~ 1980.01.05(양) — 丙子月

양력	12.08	9	10	11	12	13	14	15	16	17	18	19	20	21	22	23	24	25	26	27	28	29	30	31	1.1	2	3	4	5
음력	10.19	20	21	22	23	24	25	26	27	28	29	11.1	2	3	4	5	6	7	8	9	10	11	12	13	14	15	16	17	18
일주	己酉	庚戌	辛亥	壬子	癸丑	甲寅	乙卯	丙辰	丁巳	戊午	己未	庚申	辛酉	壬戌	癸亥	甲子	乙丑	丙寅	丁卯	戊辰	己巳	庚午	辛未	壬申	癸酉	甲戌	乙亥	丙子	丁丑
대운 남	10 / 1	1	1	1	1	2	2	2	3	3	3	4	4	4	5	5	5	6	6	6	7	7	7	8	8	8	9	9	9
대운 여	1 / 10	9	9	9	8	8	8	7	7	7	6	6	6	5	5	5	4	4	4	3	3	3	2	2	2	1	1	1	1

12월 8일(양) 대설 02시 18분		12월 10일(양)		12월 20일(양)		12월 22일(양) 동지 20시 10분		1월 1일(양)	
평균기온: 5.7℃	강수량: –	평균기온: 0.1℃	강수량: –	평균기온: 5.9℃	강수량: –	평균기온: 0.5℃	강수량: –	평균기온: 3.8℃	강수량: 0.0mm
최고기온: 9.4℃	일 출: 07:33	최고기온: 3.1℃	일 출: 07:35	최고기온: 8.7℃	일 출: 07:42	최고기온: 4.0℃	일 출: 07:43	최고기온: 6.6℃	일 출: 07:47
최저기온: 2.0℃	일 몰: 17:14	최저기온: -2.2℃	일 몰: 17:14	최저기온: 3.6℃	일 몰: 17:16	최저기온: -1.8℃	일 몰: 17:17	최저기온: 0.5℃	일 몰: 17:24

소 한 — 01.06 ~ 02.04(양) — 丁丑月

양력	1980.01.06	7	8	9	10	11	12	13	14	15	16	17	18	19	20	21	22	23	24	25	26	27	28	29	30	31	2.1	2	3	4
음력	1979.11.19	20	21	22	23	24	25	26	27	28	29	30	12.1	2	3	4	5	6	7	8	9	10	11	12	13	14	15	16	17	18
일주	戊寅	己卯	庚辰	辛巳	壬午	癸未	甲申	乙酉	丙戌	丁亥	戊子	己丑	庚寅	辛卯	壬辰	癸巳	甲午	乙未	丙申	丁酉	戊戌	己亥	庚子	辛丑	壬寅	癸卯	甲辰	乙巳	丙午	丁未
대운 남	10 / 1	1	1	1	1	2	2	2	3	3	3	4	4	4	5	5	5	6	6	6	7	7	7	8	8	8	9	9	9	10
대운 여	1 / 10	10	9	9	9	8	8	8	7	7	7	6	6	6	5	5	5	4	4	4	3	3	3	2	2	2	1	1	1	1

1월 6일(양) 소한 13시 29분		1월 10일(양)		1월 20일(양)		1월 21일(양) 대한 06시 49분		2월 1일(양)	
평균기온: -2.3℃	강수량: 3.1mm	평균기온: -7.7℃	강수량: –	평균기온: -5.1℃	강수량: –	평균기온: -7.4℃	강수량: –	평균기온: -10.0℃	강수량: –
최고기온: 4.0℃	일 출: 07:47	최고기온: -2.2℃	일 출: 07:47	최고기온: -1.6℃	일 출: 07:44	최고기온: -3.6℃	일 출: 07:44	최고기온: -4.9℃	일 출: 07:37
최저기온: -8.8℃	일 몰: 17:28	최저기온: -11.3℃	일 몰: 17:31	최저기온: -8.3℃	일 몰: 17:42	최저기온: -9.6℃	일 몰: 17:43	최저기온: -14.0℃	일 몰: 17:55

단기 4313년

입춘　02.05 ～ 03.04(양)

戊寅月

		6	7	8	9	10	11	12	13	14	15	16	17	18	19	20	21	22	23	24	25	26	27	28	29	3.1	2	3	4
양력	1980.02.05																												
음력	1979.12.19	20	21	22	23	24	25	26	27	28	29	1.1	2	3	4	5	6	7	8	9	10	11	12	13	14	15	16	17	18
일주	戊申	己酉	庚戌	辛亥	壬子	癸丑	甲寅	乙卯	丙辰	丁巳	戊午	己未	庚申	辛酉	壬戌	癸亥	甲子	乙丑	丙寅	丁卯	戊辰	己巳	庚午	辛未	壬申	癸酉	甲戌	乙亥	丙子
대운 남	10 10	9	9	9	8	8	8	7	7	7	6	6	6	5	5	5	4	4	4	3	3	3	2	2	2	1	1	1	1
대운 여	1 1	1	1	1	1	2	2	2	3	3	3	4	4	4	5	5	5	6	6	6	7	7	7	8	8	8	9	9	9

2월 5일(양) 입춘 01시 09분		2월 10일(양)		2월 19일(양) 우수 21시 02분		2월 20일(양)		3월 1일(양)	
평균기온: −9.7℃	강수량: −	평균기온: −4.6℃	강수량: 0.1mm	평균기온: 0.2℃	강수량: −	평균기온: 0.8℃	강수량: −	평균기온: 2.8℃	강수량: 0.2mm
최고기온: −6.1℃	일 출: 07:33	최고기온: −0.2℃	일 출: 07:28	최고기온: 6.3℃	일 출: 07:18	최고기온: 7.2℃	일 출: 07:17	최고기온: 7.7℃	일 출: 07:04
최저기온: −12.5℃	일 몰: 17:59	최저기온: −9.4℃	일 몰: 18:05	최저기온: −3.5℃	일 몰: 18:14	최저기온: −4.1℃	일 몰: 18:15	최저기온: −0.2℃	일 몰: 18:26

경칩　03.05 ～ 04.04(양)

己卯月

		6	7	8	9	10	11	12	13	14	15	16	17	18	19	20	21	22	23	24	25	26	27	28	29	30	31	4.1	2	3	4
양력	03.05																														
음력	01.19	20	21	22	23	24	25	26	27	28	29	30	2.1	2	3	4	5	6	7	8	9	10	11	12	13	14	15	16	17	18	19
일주	丁丑	戊寅	己卯	庚辰	辛巳	壬午	癸未	甲申	乙酉	丙戌	丁亥	戊子	己丑	庚寅	辛卯	壬辰	癸巳	甲午	乙未	丙申	丁酉	戊戌	己亥	庚子	辛丑	壬寅	癸卯	甲辰	乙巳	丙午	丁未
대운 남	1 10	10	10	9	9	9	8	8	8	7	7	7	6	6	6	5	5	5	4	4	4	3	3	3	2	2	2	1	1	1	1
대운 여	10 1	1	1	1	1	2	2	2	3	3	3	4	4	4	5	5	5	6	6	6	7	7	7	8	8	8	9	9	9	10	10

3월 5일(양) 경칩 19시 17분		3월 10일(양)		3월 20일(양) 춘분 20시 10분		4월 1일(양)	
평균기온: 5.1℃	강수량: −	평균기온: 3.4℃	강수량: −	평균기온: 6.1℃	강수량: −	평균기온: 6.5℃	강수량: −
최고기온: 11.0℃	일 출: 06.58	최고기온: 8.7℃	일 출: 06:51	최고기온: 10.6℃	일 출: 06:36	최고기온: 11.7℃	일 출: 06:18
최저기온: 1.0℃	일 몰: 18:29	최저기온: −0.3℃	일 몰: 18:34	최저기온: 2.6℃	일 몰: 18:44	최저기온: 3.2℃	일 몰: 18:55

청명　04.05 ～ 05.04(양)

庚辰月

		6	7	8	9	10	11	12	13	14	15	16	17	18	19	20	21	22	23	24	25	26	27	28	29	30	5.1	2	3	4
양력	04.05																												
음력	02.20	21	22	23	24	25	26	27	28	29	3.1	2	3	4	5	6	7	8	9	10	11	12	13	14	15	16	17	18	19	20
일주	戊申	己酉	庚戌	辛亥	壬子	癸丑	甲寅	乙卯	丙辰	丁巳	戊午	己未	庚申	辛酉	壬戌	癸亥	甲子	乙丑	丙寅	丁卯	戊辰	己巳	庚午	辛未	壬申	癸酉	甲戌	乙亥	丙子	丁丑
대운 남	1 10	10	9	9	9	8	8	8	7	7	7	6	6	6	5	5	5	4	4	4	3	3	3	2	2	2	1	1	1	1
대운 여	10 1	1	1	1	1	2	2	2	3	3	3	4	4	4	5	5	5	6	6	6	7	7	7	8	8	8	9	9	9	10

4월 5일(양) 청명 00시 15분		4월 10일(양)		4월 20일(양) 곡우 07시 23분		5월 1일(양)	
평균기온: 15.4℃	강수량: 104.2mm	평균기온: 10.1℃	강수량: −	평균기온: 8.7℃	강수량: −	평균기온: 13.7℃	강수량: −
최고기온: 18.2℃	일 출: 06:12	최고기온: 17.3℃	일 출: 06:05	최고기온: 12.7℃	일 출: 05:51	최고기온: 21.2℃	일 출: 05:37
최저기온: 12.5℃	일 몰: 18:58	최저기온: 4.9℃	일 몰: 19:03	최저기온: 5.8℃	일 몰: 19:12	최저기온: 7.7℃	일 몰: 19:22

입하　05.05 ～ 06.04(양)

辛巳月

		6	7	8	9	10	11	12	13	14	15	16	17	18	19	20	21	22	23	24	25	26	27	28	29	30	31	6.1	2	3	4
양력	05.05																														
음력	03.21	22	23	24	25	26	27	28	29	4.1	2	3	4	5	6	7	8	9	10	11	12	13	14	15	16	17	18	19	20	21	22
일주	戊寅	己卯	庚辰	辛巳	壬午	癸未	甲申	乙酉	丙戌	丁亥	戊子	己丑	庚寅	辛卯	壬辰	癸巳	甲午	乙未	丙申	丁酉	戊戌	己亥	庚子	辛丑	壬寅	癸卯	甲辰	乙巳	丙午	丁未	戊申
대운 남	1 10	10	10	9	9	9	8	8	8	7	7	7	6	6	6	5	5	5	4	4	4	3	3	3	2	2	2	1	1	1	1
대운 여	10 1	1	1	1	1	2	2	2	3	3	3	4	4	4	5	5	5	6	6	6	7	7	7	8	8	8	9	9	9	10	10

5월 5일(양) 입하 17시 45분		5월 10일(양)		5월 20일(양)		5월 21일(양) 소만 06시 42분		6월 1일(양)	
평균기온: 12.5℃	강수량: −	평균기온: 15.4℃	강수량: −	평균기온: 17.5℃	강수량: −	평균기온: 18.7℃	강수량: −	평균기온: 22.8℃	강수량: 0.3mm
최고기온: 18.3℃	일 출: 05:33	최고기온: 20.9℃	일 출: 05:27	최고기온: 23.8℃	일 출: 05:19	최고기온: 26.4℃	일 출: 05:18	최고기온: 27.7℃	일 출: 05:12
최저기온: 8.1℃	일 몰: 19:25	최저기온: 9.3℃	일 몰: 19:30	최저기온: 12.9℃	일 몰: 19:38	최저기온: 12.2℃	일 몰: 19:39	최저기온: 20.2℃	일 몰: 19:47

망종　06.05 ～ 07.06(양)

壬午月

		6	7	8	9	10	11	12	13	14	15	16	17	18	19	20	21	22	23	24	25	26	27	28	29	30	7.1	2	3	4	5	6
양력	06.05																															
음력	04.23	24	25	26	27	28	29	30	5.1	2	3	4	5	6	7	8	9	10	11	12	13	14	15	16	17	18	19	20	21	22	23	24
일주	己酉	庚戌	辛亥	壬子	癸丑	甲寅	乙卯	丙辰	丁巳	戊午	己未	庚申	辛酉	壬戌	癸亥	甲子	乙丑	丙寅	丁卯	戊辰	己巳	庚午	辛未	壬申	癸酉	甲戌	乙亥	丙子	丁丑	戊寅	己卯	庚辰
대운 남	1 10	10	10	10	9	9	9	8	8	8	7	7	7	6	6	6	5	5	5	4	4	4	3	3	3	2	2	2	1	1	1	1
대운 여	10 1	1	1	1	2	2	2	3	3	3	4	4	4	5	5	5	6	6	6	7	7	7	8	8	8	9	9	9	10	10	10	10

6월 5일(양) 망종 22시 04분		6월 10일(양)		6월 20일(양)		6월 21일(양) 하지 14시 47분		7월 1일(양)	
평균기온: 21.1℃	강수량: −	평균기온: 20.1℃	강수량: −	평균기온: 20.8℃	강수량: −	평균기온: 21.0℃	강수량: −	평균기온: 18.6℃	강수량: 9.4mm
최고기온: 26.7℃	일 출: 05:11	최고기온: 25.5℃	일 출: 05:10	최고기온: 26.1℃	일 출: 05:11	최고기온: 27.2℃	일 출: 05:11	최고기온: 20.9℃	일 출: 05:14
최저기온: 16.5℃	일 몰: 19:50	최저기온: 16.3℃	일 몰: 19:53	최저기온: 18.1℃	일 몰: 19:56	최저기온: 16.9℃	일 몰: 19:57	최저기온: 16.9℃	일 몰: 19:57

소서　07.07 ～ 08.06(양)

癸未月

		8	9	10	11	12	13	14	15	16	17	18	19	20	21	22	23	24	25	26	27	28	29	30	31	8.1	2	3	4	5	6
양력	07.07																														
음력	05.25	26	27	28	29	6.1	2	3	4	5	6	7	8	9	10	11	12	13	14	15	16	17	18	19	20	21	22	23	24	25	26
일주	辛巳	壬午	癸未	甲申	乙酉	丙戌	丁亥	戊子	己丑	庚寅	辛卯	壬辰	癸巳	甲午	乙未	丙申	丁酉	戊戌	己亥	庚子	辛丑	壬寅	癸卯	甲辰	乙巳	丙午	丁未	戊申	己酉	庚戌	辛亥
대운 남	1 10	10	10	9	9	9	8	8	8	7	7	7	6	6	6	5	5	5	4	4	4	3	3	3	2	2	2	1	1	1	1
대운 여	10 1	1	1	1	1	2	2	2	3	3	3	4	4	4	5	5	5	6	6	6	7	7	7	8	8	8	9	9	9	10	10

7월 7일(양) 소서 08시 24분		7월 10일(양)		7월 20일(양)		7월 23일(양) 대서 01시 42분		8월 1일(양)	
평균기온: 21.6℃	강수량: −	평균기온: 24.4℃	강수량: 0.0mm	평균기온: 22.8℃	강수량: 88.5mm	평균기온: 24.2℃	강수량: 2.0mm	평균기온: 24.3℃	강수량: −
최고기온: 27.2℃	일 출: 05:17	최고기온: 28.4℃	일 출: 05:19	최고기온: 24.0℃	일 출: 05:26	최고기온: 29.0℃	일 출: 05:28	최고기온: 30.6℃	일 출: 05:36
최저기온: 18.0℃	일 몰: 19:56	최저기온: 20.6℃	일 몰: 19:55	최저기온: 21.2℃	일 몰: 19:50	최저기온: 21.2℃	일 몰: 19:48	최저기온: 17.4℃	일 몰: 19:40

입추 — 08.07 ~ 09.06(양) (甲申月)

	절입																														
양력	08.07	8	9	10	11	12	13	14	15	16	17	18	19	20	21	22	23	24	25	26	27	28	29	30	31	9.1	2	3	4	5	6
음력	06.27	28	29	30	7.1	2	3	4	5	6	7	8	9	10	11	12	13	14	15	16	17	18	19	20	21	22	23	24	25	26	27
일주	壬子	癸丑	甲寅	乙卯	丙辰	丁巳	戊午	己未	庚申	辛酉	壬戌	癸亥	甲子	乙丑	丙寅	丁卯	戊辰	己巳	庚午	辛未	壬申	癸酉	甲戌	乙亥	丙子	丁丑	戊寅	己卯	庚辰	辛巳	壬午
대운 남	1	10	10	9	9	9	8	8	8	7	7	6	6	6	5	5	5	4	4	4	3	3	3	2	2	2	1	1	1	1	1
운 여	10	1	1	1	2	2	2	3	3	3	4	4	4	5	5	5	6	6	6	7	7	7	8	8	8	9	9	9	10	10	10

8월 7일(양) 입추 18시 09분	8월 10일(양)	8월 20일(양)	8월 23일(양) 처서 08시 41분	9월 1일(양)
평균기온: 20.6℃ / 최고기온: 23.8℃ / 최저기온: 17.9℃ — 강수량: 0.7㎜ / 일 출: 05:41 / 일 몰: 19:34	평균기온: 23.3℃ / 최고기온: 28.5℃ / 최저기온: 20.8℃ — 강수량: 29.9㎜ / 일 출: 05:43 / 일 몰: 19:31	평균기온: 23.7℃ / 최고기온: 26.8℃ / 최저기온: 21.4℃ — 강수량: 0.7㎜ / 일 출: 05:52 / 일 몰: 19:18	평균기온: 24.2℃ / 최고기온: 27.8℃ / 최저기온: 21.5℃ — 강수량: – / 일 출: 05:54 / 일 몰: 19:14	평균기온: 23.6℃ / 최고기온: 29.0℃ / 최저기온: 20.3℃ — 강수량: – / 일 출: 06:02 / 일 몰: 19:02

백로 — 09.07 ~ 10.07(양) (乙酉月)

	절입																														
양력	09.07	8	9	10	11	12	13	14	15	16	17	18	19	20	21	22	23	24	25	26	27	28	29	30	10.1	2	3	4	5	6	7
음력	07.28	29	8.1	2	3	4	5	6	7	8	9	10	11	12	13	14	15	16	17	18	19	20	21	22	23	24	25	26	27	28	29
일주	癸未	甲申	乙酉	丙戌	丁亥	戊子	己丑	庚寅	辛卯	壬辰	癸巳	甲午	乙未	丙申	丁酉	戊戌	己亥	庚子	辛丑	壬寅	癸卯	甲辰	乙巳	丙午	丁未	戊申	己酉	庚戌	辛亥	壬子	癸丑
대운 남	1	10	10	9	9	9	8	8	8	7	7	6	6	6	5	5	5	4	4	4	3	3	3	2	2	2	1	1	1	1	1
운 여	10	1	1	1	2	2	2	3	3	3	4	4	4	5	5	5	6	6	6	7	7	7	8	8	8	9	9	9	10	10	10

9월 7일(양) 백로 20시 53분	9월 10일(양)	9월 20일(양)	9월 23일(양) 추분 06시 09분	10월 1일(양)
평균기온: 21.7℃ / 최고기온: 27.0℃ / 최저기온: 18.5℃ — 강수량: 0.0㎜ / 일 출: 06:07 / 일 몰: 18:53	평균기온: 17.0℃ / 최고기온: 19.2℃ / 최저기온: 14.8℃ — 강수량: 3.1㎜ / 일 출: 06:09 / 일 몰: 18:48	평균기온: 20.4℃ / 최고기온: 26.8℃ / 최저기온: 15.0℃ — 강수량: – / 일 출: 06:18 / 일 몰: 18:33	평균기온: 14.8℃ / 최고기온: 20.5℃ / 최저기온: 8.1℃ — 강수량: – / 일 출: 06:20 / 일 몰: 18:28	평균기온: 16.6℃ / 최고기온: 23.0℃ / 최저기온: 11.1℃ — 강수량: – / 일 출: 06:27 / 일 몰: 18:16

한로 — 10.08 ~ 11.06(양) (丙戌月)

	절입																													
양력	10.08	9	10	11	12	13	14	15	16	17	18	19	20	21	22	23	24	25	26	27	28	29	30	31	11.1	2	3	4	5	6
음력	08.30	9.1	2	3	4	5	6	7	8	9	10	11	12	13	14	15	16	17	18	19	20	21	22	23	24	25	26	27	28	29
일주	甲寅	乙卯	丙辰	丁巳	戊午	己未	庚申	辛酉	壬戌	癸亥	甲子	乙丑	丙寅	丁卯	戊辰	己巳	庚午	辛未	壬申	癸酉	甲戌	乙亥	丙子	丁丑	戊寅	己卯	庚辰	辛巳	壬午	癸未
대운 남	1	10	9	9	9	8	8	8	7	7	6	6	6	5	5	5	4	4	4	3	3	3	2	2	2	1	1	1	1	1
운 여	10	1	1	1	2	2	2	3	3	3	4	4	4	5	5	5	6	6	6	7	7	7	8	8	8	9	9	9	10	10

10월 8일(양) 한로 12시 19분	10월 10일(양)	10월 20일(양)	10월 23일(양) 상강 15시 18분	11월 1일(양)
평균기온: 16.2℃ / 최고기온: 20.5℃ / 최저기온: 11.7℃ — 강수량: 6.5㎜ / 일 출: 06:33 / 일 몰: 18:05	평균기온: 15.8℃ / 최고기온: 17.9℃ / 최저기온: 14.3℃ — 강수량: 7.0㎜ / 일 출: 06:35 / 일 몰: 18:02	평균기온: 15.6℃ / 최고기온: 21.6℃ / 최저기온: 11.4℃ — 강수량: – / 일 출: 06:45 / 일 몰: 17:49	평균기온: 9.3℃ / 최고기온: 17.4℃ / 최저기온: 2.0℃ — 강수량: – / 일 출: 06:48 / 일 몰: 17:45	평균기온: 8.2℃ / 최고기온: 12.6℃ / 최저기온: 3.0℃ — 강수량: 0.6㎜ / 일 출: 06:57 / 일 몰: 17:34

입동 — 11.07 ~ 12.06(양) (丁亥月)

	절입																													
양력	11.07	8	9	10	11	12	13	14	15	16	17	18	19	20	21	22	23	24	25	26	27	28	29	30	12.1	2	3	4	5	6
음력	09.30	10.1	2	3	4	5	6	7	8	9	10	11	12	13	14	15	16	17	18	19	20	21	22	23	24	25	26	27	28	29
일주	甲申	乙酉	丙戌	丁亥	戊子	己丑	庚寅	辛卯	壬辰	癸巳	甲午	乙未	丙申	丁酉	戊戌	己亥	庚子	辛丑	壬寅	癸卯	甲辰	乙巳	丙午	丁未	戊申	己酉	庚戌	辛亥	壬子	癸丑
대운 남	1	10	9	9	9	8	8	8	7	7	6	6	6	5	5	5	4	4	4	3	3	3	2	2	2	1	1	1	1	1
운 여	10	1	1	1	2	2	2	3	3	3	4	4	4	5	5	5	6	6	6	7	7	7	8	8	8	9	9	9	10	10

11월 7일(양) 입동 15시 18분	11월 10일(양)	11월 20일(양)	11월 22일(양) 소설 12시 41분	12월 1일(양)
평균기온: 11.7℃ / 최고기온: 16.2℃ / 최저기온: 5.0℃ — 강수량: – / 일 출: 07:03 / 일 몰: 17:28	평균기온: 9.4℃ / 최고기온: 14.7℃ / 최저기온: 4.9℃ — 강수량: – / 일 출: 07:06 / 일 몰: 17:25	평균기온: 11.8℃ / 최고기온: 16.6℃ / 최저기온: 6.6℃ — 강수량: – / 일 출: 07:17 / 일 몰: 17:18	평균기온: 11.6℃ / 최고기온: 16.1℃ / 최저기온: 8.1℃ — 강수량: – / 일 출: 07:19 / 일 몰: 17:17	평균기온: 5.5℃ / 최고기온: 12.0℃ / 최저기온: 0.3℃ — 강수량: – / 일 출: 07:28 / 일 몰: 17:14

대설 — 12.07 ~ 1981.01.04(양) (戊子月)

	절입																												
양력	12.07	8	9	10	11	12	13	14	15	16	17	18	19	20	21	22	23	24	25	26	27	28	29	30	31	1.1	2	3	4
음력	11.01	2	3	4	5	6	7	8	9	10	11	12	13	14	15	16	17	18	19	20	21	22	23	24	25	26	27	28	29
일주	甲寅	乙卯	丙辰	丁巳	戊午	己未	庚申	辛酉	壬戌	癸亥	甲子	乙丑	丙寅	丁卯	戊辰	己巳	庚午	辛未	壬申	癸酉	甲戌	乙亥	丙子	丁丑	戊寅	己卯	庚辰	辛巳	壬午
대운 남	1	9	9	9	8	8	8	7	7	7	6	6	6	5	5	5	4	4	4	3	3	3	2	2	2	1	1	1	1
운 여	10	1	1	1	2	2	2	3	3	3	4	4	4	5	5	5	6	6	6	7	7	7	8	8	8	9	9	9	10

12월 7일(양) 대설 08시 01분	12월 10일(양)	12월 20일(양)	12월 22일(양) 동지 01시 56분	1월 1일(양)
평균기온: 1.4℃ / 최고기온: 5.0℃ / 최저기온: -1.8℃ — 강수량: – / 일 출: 07:33 / 일 몰: 17:14	평균기온: 1.7℃ / 최고기온: 6.2℃ / 최저기온: -2.7℃ — 강수량: 1.6㎜ / 일 출: 07:36 / 일 몰: 17:14	평균기온: -5.7℃ / 최고기온: -2.7℃ / 최저기온: -8.0℃ — 강수량: – / 일 출: 07:43 / 일 몰: 17:17	평균기온: -2.1℃ / 최고기온: 2.1℃ / 최저기온: -6.5℃ — 강수량: 3.9㎜ / 일 출: 07:44 / 일 몰: 17:18	평균기온: -3.3℃ / 최고기온: -0.2℃ / 최저기온: -6.3℃ — 강수량: 12.5㎜ / 일 출: 07:47 / 일 몰: 17:24

소한 — 01.05 ~ 02.03(양) (己丑月)

	절입																													
양력	1081.01.05	6	7	8	9	10	11	12	13	14	15	16	17	18	19	20	21	22	23	24	25	26	27	28	29	30	31	2.1	2	3
음력	1980.11.30	12.1	2	3	4	5	6	7	8	9	10	11	12	13	14	15	16	17	18	19	20	21	22	23	24	25	26	27	28	29
일주	癸未	甲申	乙酉	丙戌	丁亥	戊子	己丑	庚寅	辛卯	壬辰	癸巳	甲午	乙未	丙申	丁酉	戊戌	己亥	庚子	辛丑	壬寅	癸卯	甲辰	乙巳	丙午	丁未	戊申	己酉	庚戌	辛亥	壬子
대운 남	1	10	9	9	9	8	8	8	7	7	7	6	6	6	5	5	5	4	4	4	3	3	3	2	2	2	1	1	1	1
운 여	10	1	1	1	1	2	2	2	3	3	3	4	4	4	5	5	5	6	6	6	7	7	7	8	8	8	9	9	9	10

1월 5일(양) 소한 19시 13분	1월 10일(양)	1월 20일(양) 대한 12시 36분	2월 1일(양)
평균기온: -11.7℃ / 최고기온: -8.2℃ / 최저기온: -14.9℃ — 강수량: – / 일 출: 07:47 / 일 몰: 17:28	평균기온: -7.0℃ / 최고기온: -4.2℃ / 최저기온: -10.2℃ — 강수량: – / 일 출: 07:47 / 일 몰: 17:32	평균기온: -7.1℃ / 최고기온: -2.3℃ / 최저기온: -11.0℃ — 강수량: – / 일 출: 07:44 / 일 몰: 17:42	평균기온: -2.4℃ / 최고기온: 2.5℃ / 최저기온: -7.3℃ — 강수량: – / 일 출: 07:36 / 일 몰: 17:56

입춘 — 02.04 ~ 03.05(양)

庚寅月

양력	1981.02.04	5	6	7	8	9	10	11	12	13	14	15	16	17	18	19	20	21	22	23	24	25	26	27	28	3.1	2	3	4	5
음력	1980.12.30	1.1	2	3	4	5	6	7	8	9	10	11	12	13	14	15	16	17	18	19	20	21	22	23	24	25	26	27	28	29
일주	癸丑	甲寅	乙卯	丙辰	丁巳	戊午	己未	庚申	辛酉	壬戌	癸亥	甲子	乙丑	丙寅	丁卯	戊辰	己巳	庚午	辛未	壬申	癸酉	甲戌	乙亥	丙子	丁丑	戊寅	己卯	庚辰	辛巳	壬午
대운 남	1	1	1	1	1	2	2	2	3	3	3	4	4	4	5	5	5	6	6	6	7	7	7	8	8	8	9	9	9	10
대운 여	10	10	9	9	9	8	8	8	7	7	7	6	6	6	5	5	5	4	4	4	3	3	3	2	2	2	1	1	1	1

2월 4일(양) 입춘 06시 55분		2월 10일(양)		2월 19일(양) 우수 02시 52분		2월 20일(양)		3월 1일(양)	
평균기온: −6.2℃	강수량: −	평균기온: −0.3℃	강수량: 0.2㎜	평균기온: −1.0℃	강수량: −	평균기온: −1.5℃	강수량: 2.5㎜	평균기온: 0.2℃	강수량: −
최고기온: −1.4℃	일 출: 07:34	최고기온: 3.6℃	일 출: 07:28	최고기온: 3.8℃	일 출: 07:17	최고기온: 0.4℃	일 출: 07:16	최고기온: 5.9℃	일 출: 07:04
최저기온: −9.8℃	일 몰: 17:59	최저기온: −3.2℃	일 몰: 18:05	최저기온: −4.6℃	일 몰: 18:15	최저기온: −4.1℃	일 몰: 18:16	최저기온: −4.7℃	일 몰: 18:25

경칩 — 03.06 ~ 04.04(양)

辛卯月

양력	03.06	7	8	9	10	11	12	13	14	15	16	17	18	19	20	21	22	23	24	25	26	27	28	29	30	31	4.1	2	3	4
음력	02.01	2	3	4	5	6	7	8	9	10	11	12	13	14	15	16	17	18	19	20	21	22	23	24	25	26	27	28	29	30
일주	癸未	甲申	乙酉	丙戌	丁亥	戊子	己丑	庚寅	辛卯	壬辰	癸巳	甲午	乙未	丙申	丁酉	戊戌	己亥	庚子	辛丑	壬寅	癸卯	甲辰	乙巳	丙午	丁未	戊申	己酉	庚戌	辛亥	壬子
대운 남	10 / 1	1	1	1	1	1	2	2	2	3	3	3	4	4	4	5	5	5	6	6	6	7	7	7	8	8	9	9	9	10
대운 여	1 / 10	10	9	9	9	8	8	8	7	7	7	6	6	6	5	5	5	4	4	4	3	3	3	2	2	2	1	1	1	1

3월 6일(양) 경칩 01시 05분		3월 10일(양)		3월 20일(양)		3월 21일(양) 춘분 02시 03분		4월 1일(양)	
평균기온: −1.0℃	강수량: −	평균기온: 0.9℃	강수량: −	평균기온: 10.4℃	강수량: −	평균기온: 11.5℃	강수량: −	평균기온: 7.6℃	강수량: 0.5㎜
최고기온: 3.2℃	일 출: 06:57	최고기온: 7.2℃	일 출: 06:51	최고기온: 18.6℃	일 출: 06:37	최고기온: 19.4℃	일 출: 06:35	최고기온: 9.1℃	일 출: 06:18
최저기온: −5.1℃	일 몰: 18:30	최저기온: −3.4℃	일 몰: 18:34	최저기온: 4.1℃	일 몰: 18:43	최저기온: 5.1℃	일 몰: 18:44	최저기온: 5.5℃	일 몰: 18:54

청명 — 04.05 ~ 05.04(양)

壬辰月

양력	04.05	6	7	8	9	10	11	12	13	14	15	16	17	18	19	20	21	22	23	24	25	26	27	28	29	30	5.1	2	3	4
음력	03.01	2	3	4	5	6	7	8	9	10	11	12	13	14	15	16	17	18	19	20	21	22	23	24	25	26	27	28	29	4.1
일주	癸丑	甲寅	乙卯	丙辰	丁巳	戊午	己未	庚申	辛酉	壬戌	癸亥	甲子	乙丑	丙寅	丁卯	戊辰	己巳	庚午	辛未	壬申	癸酉	甲戌	乙亥	丙子	丁丑	戊寅	己卯	庚辰	辛巳	壬午
대운 남	10 / 1	1	1	1	1	2	2	2	3	3	3	4	4	4	5	5	5	6	6	6	7	7	7	8	8	8	9	9	9	10
대운 여	1 / 10	10	9	9	9	8	8	8	7	7	7	6	6	6	5	5	5	4	4	4	3	3	3	2	2	2	1	1	1	1

4월 5일(양) 청명 06시 05분		4월 10일(양)		4월 20일(양) 곡우 13시 19분		5월 1일(양)	
평균기온: 8.9℃	강수량: 1.5㎜	평균기온: 12.2℃	강수량: 2.4㎜	평균기온: 10.1℃	강수량: −	평균기온: 18.0℃	강수량: −
최고기온: 10.4℃	일 출: 06:12	최고기온: 17.9℃	일 출: 06:05	최고기온: 15.2℃	일 출: 05:51	최고기온: 26.4℃	일 출: 05:37
최저기온: 6.8℃	일 몰: 18:58	최저기온: 6.8℃	일 몰: 19:02	최저기온: 5.6℃	일 몰: 19:12	최저기온: 9.9℃	일 몰: 19:22

입하 — 05.05 ~ 06.05(양)

癸巳月

양력	05.05	6	7	8	9	10	11	12	13	14	15	16	17	18	19	20	21	22	23	24	25	26	27	28	29	30	31	6.1	2	3	4	5
음력	04.02	3	4	5	6	7	8	9	10	11	12	13	14	15	16	17	18	19	20	21	22	23	24	25	26	27	28	29	5.1	2	3	4
일주	癸未	甲申	乙酉	丙戌	丁亥	戊子	己丑	庚寅	辛卯	壬辰	癸巳	甲午	乙未	丙申	丁酉	戊戌	己亥	庚子	辛丑	壬寅	癸卯	甲辰	乙巳	丙午	丁未	戊申	己酉	庚戌	辛亥	壬子	癸丑	甲寅
대운 남	10 / 1	1	1	1	1	2	2	2	3	3	3	4	4	4	5	5	5	6	6	6	7	7	7	8	8	8	9	9	9	10	10	10
대운 여	1 / 10	10	10	10	9	9	9	8	8	8	7	7	7	6	6	6	5	5	5	4	4	4	3	3	3	2	2	2	1	1	1	1

5월 5일(양) 입하 23시 35분		5월 10일(양)		5월 20일(양)		5월 21일(양) 소만 12시 39분		6월 1일(양)	
평균기온: 14.8℃	강수량: −	평균기온: 16.7℃	강수량: 38.2㎜	평균기온: 12.8℃	강수량: −	평균기온: 15.6℃	강수량: −	평균기온: 15.7℃	강수량: −
최고기온: 20.7℃	일 출: 05:33	최고기온: 17.6℃	일 출: 05:28	최고기온: 18.8℃	일 출: 05:19	최고기온: 22.8℃	일 출: 05:18	최고기온: 22.7℃	일 출: 05:13
최저기온: 9.1℃	일 몰: 19:25	최저기온: 14.8℃	일 몰: 19:30	최저기온: 9.7℃	일 몰: 19:38	최저기온: 9.6℃	일 몰: 19:39	최저기온: 8.8℃	일 몰: 19:47

망종 — 06.06 ~ 07.06(양)

甲午月

양력	06.06	7	8	9	10	11	12	13	14	15	16	17	18	19	20	21	22	23	24	25	26	27	28	29	30	7.1	2	3	4	5	6
음력	05.05	6	7	8	9	10	11	12	13	14	15	16	17	18	19	20	21	22	23	24	25	26	27	28	29	30	6.1	2	3	4	5
일주	乙卯	丙辰	丁巳	戊午	己未	庚申	辛酉	壬戌	癸亥	甲子	乙丑	丙寅	丁卯	戊辰	己巳	庚午	辛未	壬申	癸酉	甲戌	乙亥	丙子	丁丑	戊寅	己卯	庚辰	辛巳	壬午	癸未	甲申	乙酉
대운 남	10 / 1	1	1	1	2	2	2	3	3	3	4	4	4	5	5	5	6	6	6	7	7	7	8	8	8	9	9	9	10	10	10
대운 여	1 / 10	10	10	9	9	9	8	8	8	7	7	7	6	6	6	5	5	5	4	4	4	3	3	3	2	2	2	1	1	1	1

6월 6일(양) 망종 03시 53분		6월 10일(양)		6월 20일(양)		6월 21일(양) 하지 20시 45분		7월 1일(양)	
평균기온: 20.7℃	강수량: 0.1㎜	평균기온: 18.5℃	강수량: 7.5㎜	평균기온: 24.3℃	강수량: 0.2㎜	평균기온: 24.2℃	강수량: 41.2㎜	평균기온: 22.9℃	강수량: 137.0㎜
최고기온: 25.6℃	일 출: 05:11	최고기온: 21.3℃	일 출: 05:10	최고기온: 28.8℃	일 출: 05:11	최고기온: 26.3℃	일 출: 05:11	최고기온: 24.1℃	일 출: 05:14
최저기온: 15.2℃	일 몰: 19:50	최저기온: 15.8℃	일 몰: 19:53	최저기온: 21.0℃	일 몰: 19:56	최저기온: 22.6℃	일 몰: 19:57	최저기온: 21.9℃	일 몰: 19:57

소서 — 07.07 ~ 08.06(양)

乙未月

양력	07.07	8	9	10	11	12	13	14	15	16	17	18	19	20	21	22	23	24	25	26	27	28	29	30	31	8.1	2	3	4	5	6
음력	06.06	7	8	9	10	11	12	13	14	15	16	17	18	19	20	21	22	23	24	25	26	27	28	29	30	7.1	2	3	4	5	6
일주	丙戌	丁亥	戊子	己丑	庚寅	辛卯	壬辰	癸巳	甲午	乙未	丙申	丁酉	戊戌	己亥	庚子	辛丑	壬寅	癸卯	甲辰	乙巳	丙午	丁未	戊申	己酉	庚戌	辛亥	壬子	癸丑	甲寅	乙卯	丙辰
대운 남	10 / 1	1	1	1	2	2	2	3	3	3	4	4	4	5	5	5	6	6	6	7	7	7	8	8	8	9	9	9	10	10	10
대운 여	1 / 10	10	10	9	9	9	8	8	8	7	7	7	6	6	6	5	5	5	4	4	4	3	3	3	2	2	2	1	1	1	1

7월 7일(양) 소서 14시 12분		7월 10일(양)		7월 20일(양)		7월 23일(양) 대서 07시 40분		8월 1일(양)	
평균기온: 22.8℃	강수량: −	평균기온: 23.2℃	강수량: −	평균기온: 26.1℃	강수량: −	평균기온: 26.9℃	강수량: 0.0㎜	평균기온: 27.6℃	강수량: 0.4㎜
최고기온: 27.1℃	일 출: 05:17	최고기온: 28.8℃	일 출: 05:19	최고기온: 31.8℃	일 출: 05:26	최고기온: 31.9℃	일 출: 05:28	최고기온: 29.7℃	일 출: 05:35
최저기온: 19.7℃	일 몰: 19:56	최저기온: 19.2℃	일 몰: 19:55	최저기온: 22.9℃	일 몰: 19:50	최저기온: 24.7℃	일 몰: 19:48	최저기온: 27.2℃	일 몰: 19:41

입추 — 08.07 ~ 09.07(양) — 丙申月

양력	08.07	8	9	10	11	12	13	14	15	16	17	18	19	20	21	22	23	24	25	26	27	28	29	30	31	9.1	2	3	4	5	6	7
음력	07.08	9	10	11	12	13	14	15	16	17	18	19	20	21	22	23	24	25	26	27	28	29	8.1	2	3	4	5	6	7	8	9	10
일주	丁巳	戊午	己未	庚申	辛酉	壬戌	癸亥	甲子	乙丑	丙寅	丁卯	戊辰	己巳	庚午	辛未	壬申	癸酉	甲戌	乙亥	丙子	丁丑	戊寅	己卯	庚辰	辛巳	壬午	癸未	甲申	乙酉	丙戌	丁亥	戊子
대운 남	10　1	1	1	1	1	1	2	2	2	3	3	3	4	4	4	5	5	5	6	6	6	7	7	7	8	8	8	9	9	9	10	10
대운 여	1　10	10	10	9	9	9	8	8	8	7	7	7	6	6	6	5	5	5	4	4	4	3	3	3	2	2	2	1	1	1	1	1

절기 / 날짜	평균기온	강수량	최고기온	일 출	최저기온	일 몰
8월 7일(양) 입추 23시 57분	21.5℃	17.9mm	24.2℃	05:40	17.9℃	19:35
8월 10일(양)	24.7℃	0.0mm	27.3℃	05:43	22.1℃	19:31
8월 20일(양)	24.2℃	22.7mm	27.2℃	05:52	22.5℃	19:19
8월 23일(양) 처서 14시 38분	23.8℃	–	29.8℃	05:54	19.5℃	19:15
9월 1일(양)	18.2℃	64.4mm	19.2℃	06:02	17.3℃	19:02

백로 — 09.08 ~ 10.07(양) — 丁酉月

양력	09.08	9	10	11	12	13	14	15	16	17	18	19	20	21	22	23	24	25	26	27	28	29	30	10.1	2	3	4	5	6	7
음력	08.11	12	13	14	15	16	17	18	19	20	21	22	23	24	25	26	27	28	29	30	9.1	2	3	4	5	6	7	8	9	10
일주	己丑	庚寅	辛卯	壬辰	癸巳	甲午	乙未	丙申	丁酉	戊戌	己亥	庚子	辛丑	壬寅	癸卯	甲辰	乙巳	丙午	丁未	戊申	己酉	庚戌	辛亥	壬子	癸丑	甲寅	乙卯	丙辰	丁巳	戊午
대운 남	10　1	1	1	1	1	2	2	2	3	3	3	4	4	4	5	5	5	6	6	6	7	7	7	8	8	8	9	9	9	10
대운 여	1　10	10	9	9	9	8	8	8	7	7	7	6	6	6	5	5	5	4	4	4	3	3	3	2	2	2	1	1	1	1

절기 / 날짜	평균기온	강수량	최고기온	일 출	최저기온	일 몰
9월 8일(양) 백로 02시 43분	22.0℃	5.3mm	26.3℃	06:08	17.6℃	18:51
9월 10일(양)	20.2℃	–	25.5℃	06:09	15.8℃	18:48
9월 20일(양)	22.2℃	–	28.6℃	06:18	17.0℃	18:33
9월 23일(양) 추분 12시 05분	22.9℃	–	29.0℃	06:20	17.7℃	18:28
10월 1일(양)	17.7℃	–	23.3℃	06:27	13.6℃	18:16

한로 — 10.08 ~ 11.06(양) — 戊戌月

양력	10.08	9	10	11	12	13	14	15	16	17	18	19	20	21	22	23	24	25	26	27	28	29	30	31	11.1	2	3	4	5	6
음력	09.11	12	13	14	15	16	17	18	19	20	21	22	23	24	25	26	27	28	29	30	10.1	2	3	4	5	6	7	8	9	10
일주	己未	庚申	辛酉	壬戌	癸亥	甲子	乙丑	丙寅	丁卯	戊辰	己巳	庚午	辛未	壬申	癸酉	甲戌	乙亥	丙子	丁丑	戊寅	己卯	庚辰	辛巳	壬午	癸未	甲申	乙酉	丙戌	丁亥	戊子
대운 남	10　1	1	1	1	1	2	2	2	3	3	3	4	4	4	5	5	5	6	6	6	7	7	7	8	8	8	9	9	9	10
대운 여	1　10	10	9	9	9	8	8	8	7	7	7	6	6	6	5	5	5	4	4	4	3	3	3	2	2	2	1	1	1	1

절기 / 날짜	평균기온	강수량	최고기온	일 출	최저기온	일 몰
10월 8일(양) 한로 18시 10분	16.7℃	0.4mm	21.8℃	06:33	12.4℃	18:06
10월 10일(양)	15.0℃	–	20.8℃	06:35	9.5℃	18:03
10월 20일(양)	13.8℃	–	18.9℃	06:44	10.0℃	17:49
10월 23일(양) 상강 21시 13분	3.1℃	0.0mm	6.1℃	06:47	0.6℃	17:45
11월 1일(양)	7.7℃	–	13.6℃	06:57	1.9℃	17:34

입동 — 11.07 ~ 12.6(양) — 己亥月

양력	11.07	8	9	10	11	12	13	14	15	16	17	18	19	20	21	22	23	24	25	26	27	28	29	30	12.1	2	3	4	5	6
음력	10.11	12	13	14	15	16	17	18	19	20	21	22	23	24	25	26	27	28	29	11.1	2	3	4	5	6	7	8	9	10	11
일주	己丑	庚寅	辛卯	壬辰	癸巳	甲午	乙未	丙申	丁酉	戊戌	己亥	庚子	辛丑	壬寅	癸卯	甲辰	乙巳	丙午	丁未	戊申	己酉	庚戌	辛亥	壬子	癸丑	甲寅	乙卯	丙辰	丁巳	戊午
대운 남	10　1	1	1	1	1	2	2	2	3	3	3	4	4	4	5	5	5	6	6	6	7	7	7	8	8	8	9	9	9	10
대운 여	1　10	10	9	9	9	8	8	8	7	7	7	6	6	6	5	5	5	4	4	4	3	3	3	2	2	2	1	1	1	1

절기 / 날짜	평균기온	강수량	최고기온	일 출	최저기온	일 몰
11월 7일(양) 입동 21시 09분	-1.6℃	–	1.0℃	07:03	-4.5℃	17:28
11월 10일(양)	2.5℃	4.6mm	6.8℃	07:06	-1.0℃	17:26
11월 20일(양)	6.9℃	2.2mm	10.5℃	07:17	1.8℃	17:18
11월 22일(양) 소설 18시 36분	3.3℃	–	8.2℃	07:19	-1.3℃	17:17
12월 1일(양)	-5.5℃	–	0.4℃	07:28	-9.4℃	17:14

대설 — 12.07 ~ 1982.01.05(양) — 庚子月

양력	12.07	8	9	10	11	12	13	14	15	16	17	18	19	20	21	22	23	24	25	26	27	28	29	30	31	1.1	2	3	4	5
음력	11.12	13	14	15	16	17	18	19	20	21	22	23	24	25	26	27	28	29	30	12.1	2	3	4	5	6	7	8	9	10	11
일주	己未	庚申	辛酉	壬戌	癸亥	甲子	乙丑	丙寅	丁卯	戊辰	己巳	庚午	辛未	壬申	癸酉	甲戌	乙亥	丙子	丁丑	戊寅	己卯	庚辰	辛巳	壬午	癸未	甲申	乙酉	丙戌	丁亥	戊子
대운 남	10　1	1	1	1	1	2	2	2	3	3	3	4	4	4	5	5	5	6	6	6	7	7	7	8	8	8	9	9	9	10
대운 여	1　10	10	9	9	9	8	8	8	7	7	7	6	6	6	5	5	5	4	4	4	3	3	3	2	2	2	1	1	1	1

절기 / 날짜	평균기온	강수량	최고기온	일 출	최저기온	일 몰
12월 7일(양) 대설 13시 51분	0.5℃	–	4.2℃	07:33	-3.1℃	17:14
12월 10일(양)	1.9℃	–	7.0℃	07:36	-2.5℃	17:14
12월 20일(양)	-0.7℃	0.0mm	2.8℃	07:42	-4.4℃	17:17
12월 22일(양) 동지 07시 51분	3.7℃	0.0mm	6.2℃	07:43	-0.2℃	17:18
1월 1일(양)	-2.8℃	–	0.2℃	07:47	-5.3℃	17:24

소한 — 01.06 ~ 02.03(양) — 辛丑月

양력	1982.01.06	7	8	9	10	11	12	13	14	15	16	17	18	19	20	21	22	23	24	25	26	27	28	29	30	31	2.1	2	3
음력	1981.12.12	13	14	15	16	17	18	19	20	21	22	23	24	25	26	27	28	29	30	1.1	2	3	4	5	6	7	8	9	10
일주	己丑	庚寅	辛卯	壬辰	癸巳	甲午	乙未	丙申	丁酉	戊戌	己亥	庚子	辛丑	壬寅	癸卯	甲辰	乙巳	丙午	丁未	戊申	己酉	庚戌	辛亥	壬子	癸丑	甲寅	乙卯	丙辰	丁巳
대운 남	10　1	1	1	1	1	2	2	2	3	3	3	4	4	4	5	5	5	6	6	6	7	7	7	8	8	8	9	9	9
대운 여	1　10	9	9	9	8	8	8	7	7	7	6	6	6	5	5	5	4	4	4	3	3	3	2	2	2	1	1	1	1

절기 / 날짜	평균기온	강수량	최고기온	일 출	최저기온	일 몰
1월 6일(양) 소한 01시 03분	-1.5℃	0.9mm	3.1℃	07:47	-5.2℃	17:28
1월 10일(양)	-0.8℃	–	4.9℃	07:47	-5.6℃	17:32
1월 20일(양) 대한 18시 31분	-5.8℃	–	0.5℃	07:44	-11.3℃	17:42
2월 1일(양)	-3.4℃	–	-0.2℃	07:36	-6.4℃	17:55

1982 윤4월

입 춘 — 02.04 ~ 03.05(양)

壬寅月

양력	1982.02.04	5	6	7	8	9	10	11	12	13	14	15	16	17	18	19	20	21	22	23	24	25	26	27	28	3.1	2	3	4	5
음력	1982.01.11	12	13	14	15	16	17	18	19	20	21	22	23	24	25	26	27	28	29	30	2.1	2	3	4	5	6	7	8	9	10
일주	戊午	己未	庚申	辛酉	壬戌	癸亥	甲子	乙丑	丙寅	丁卯	戊辰	己巳	庚午	辛未	壬申	癸酉	甲戌	乙亥	丙子	丁丑	戊寅	己卯	庚辰	辛巳	壬午	癸未	甲申	乙酉	丙戌	丁亥
대운 남	10 · 10	10	9	9	9	8	8	8	7	7	7	6	6	6	5	5	5	4	4	4	3	3	3	2	2	2	1	1	1	1
대운 여	1 · 1	1	1	1	1	2	2	2	3	3	3	4	4	4	5	5	5	6	6	6	7	7	7	8	8	8	9	9	9	10

구분	2월 4일(양) 입춘 12시 45분	2월 10일(양)	2월 19일(양) 우수 08시 47분	2월 20일(양)	3월 1일(양)
평균기온	1.0℃	-3.4℃	5.5℃	5.9℃	4.8℃
최고기온	5.3℃	1.3℃	7.1℃	10.9℃	9.1℃
최저기온	-4.8℃	-7.7℃	3.9℃	2.4℃	0.9℃
강수량	–	–	2.6㎜	–	–
일 출	07:34	07:28	07:18	07:16	07:05
일 몰	17:59	18:05	18:15	18:16	18:25

경 칩 — 03.06 ~ 04.04(양)

癸卯月

양력	03.06	7	8	9	10	11	12	13	14	15	16	17	18	19	20	21	22	23	24	25	26	27	28	29	30	31	4.1	2	3	4
음력	02.11	12	13	14	15	16	17	18	19	20	21	22	23	24	25	26	27	28	29	3.1	2	3	4	5	6	7	8	9	10	11
일주	戊子	己丑	庚寅	辛卯	壬辰	癸巳	甲午	乙未	丙申	丁酉	戊戌	己亥	庚子	辛丑	壬寅	癸卯	甲辰	乙巳	丙午	丁未	戊申	己酉	庚戌	辛亥	壬子	癸丑	甲寅	乙卯	丙辰	丁巳
대운 남	1 · 10	10	9	9	9	8	8	8	7	7	7	6	6	6	5	5	5	4	4	4	3	3	3	2	2	2	1	1	1	1
대운 여	10 · 1	1	1	1	1	2	2	2	3	3	3	4	4	4	5	5	5	6	6	6	7	7	7	8	8	8	9	9	9	10

구분	3월 6일(양) 경칩 06시 55분	3월 10일(양)	3월 20일(양)	3월 21일(양) 춘분 07시 56분	4월 1일(양)
평균기온	-1.1℃	6.4℃	9.9℃	8.9℃	11.1℃
최고기온	2.8℃	10.5℃	15.8℃	13.8℃	18.0℃
최저기온	-3.8℃	2.8℃	4.8℃	5.1℃	4.8℃
강수량	–	–	–	–	–
일 출	06:58	06:52	06:37	06:35	06:19
일 몰	18:30	18:34	18:43	18:44	18:54

청 명 — 04.05 ~ 05.05(양)

甲辰月

양력	04.05	6	7	8	9	10	11	12	13	14	15	16	17	18	19	20	21	22	23	24	25	26	27	28	29	30	5.1	2	3	4	5
음력	03.12	13	14	15	16	17	18	19	20	21	22	23	24	25	26	27	28	29	30	4.1	2	3	4	5	6	7	8	9	10	11	12
일주	戊午	己未	庚申	辛酉	壬戌	癸亥	甲子	乙丑	丙寅	丁卯	戊辰	己巳	庚午	辛未	壬申	癸酉	甲戌	乙亥	丙子	丁丑	戊寅	己卯	庚辰	辛巳	壬午	癸未	甲申	乙酉	丙戌	丁亥	戊子
대운 남	1 · 10	10	10	9	9	9	8	8	8	7	7	7	6	6	6	5	5	5	4	4	4	3	3	3	2	2	2	1	1	1	1
대운 여	10 · 1	1	1	1	1	2	2	2	3	3	3	4	4	4	5	5	5	6	6	6	7	7	7	8	8	8	9	9	9	10	10

구분	4월 5일(양) 청명 11시 53분	4월 10일(양)	4월 20일(양) 곡우 19시 07분	5월 1일(양)
평균기온	10.4℃	8.7℃	11.9℃	14.4℃
최고기온	17.7℃	15.0℃	15.7℃	20.8℃
최저기온	5.0℃	3.1℃	8.5℃	9.3℃
강수량	–	–	0.0㎜	–
일 출	06:13	06:05	05:51	05:38
일 몰	18:58	19:02	19:11	19:21

입 하 — 05.06 ~ 06.05(양)

乙巳月

양력	05.06	7	8	9	10	11	12	13	14	15	16	17	18	19	20	21	22	23	24	25	26	27	28	29	30	31	6.1	2	3	4	5
음력	04.13	14	15	16	17	18	19	20	21	22	23	24	25	26	27	28	29	윤	4.2	3	4	5	6	7	8	9	10	11	12	13	14
일주	己丑	庚寅	辛卯	壬辰	癸巳	甲午	乙未	丙申	丁酉	戊戌	己亥	庚子	辛丑	壬寅	癸卯	甲辰	乙巳	丙午	丁未	戊申	己酉	庚戌	辛亥	壬子	癸丑	甲寅	乙卯	丙辰	丁巳	戊午	己未
대운 남	1 · 10	10	10	9	9	9	8	8	8	7	7	7	6	6	6	5	5	5	4	4	4	3	3	3	2	2	2	1	1	1	1
대운 여	10 · 1	1	1	1	1	2	2	2	3	3	3	4	4	4	5	5	5	6	6	6	7	7	7	8	8	8	9	9	9	10	10

구분	5월 6일(양) 입하 05시 20분	5월 10일(양)	5월 20일(양)	5월 21일(양) 소만 18시 23분	6월 1일(양)
평균기온	12.3℃	20.6℃	14.3℃	16.8℃	14.3℃
최고기온	17.5℃	27.4℃	19.3℃	22.6℃	16.4℃
최저기온	10.6℃	15.3℃	11.6℃	10.6℃	12.2℃
강수량	14.0㎜	0.0㎜	–	0.2㎜	1.0㎜
일 출	05:32	05:28	05:19	05:19	05:13
일 몰	19:26	19:29	19:38	19:39	19:47

망 종 — 06.06 ~ 07.06(양)

丙午月

양력	06.06	7	8	9	10	11	12	13	14	15	16	17	18	19	20	21	22	23	24	25	26	27	28	29	30	7.1	2	3	4	5	6
음력	04.15	16	17	18	19	20	21	22	23	24	25	26	27	28	29	5.1	2	3	4	5	6	7	8	9	10	11	12	13	14	15	16
일주	庚申	辛酉	壬戌	癸亥	甲子	乙丑	丙寅	丁卯	戊辰	己巳	庚午	辛未	壬申	癸酉	甲戌	乙亥	丙子	丁丑	戊寅	己卯	庚辰	辛巳	壬午	癸未	甲申	乙酉	丙戌	丁亥	戊子	己丑	庚寅
대운 남	1 · 10	10	10	9	9	9	8	8	8	7	7	7	6	6	6	5	5	5	4	4	4	3	3	3	2	2	2	1	1	1	1
대운 여	10 · 1	1	1	1	1	2	2	2	3	3	3	4	4	4	5	5	5	6	6	6	7	7	7	8	8	8	9	9	9	10	10

구분	6월 6일(양) 망종 09시 36분	6월 10일(양)	6월 20일(양)	6월 22일(양) 하지 02시 23분	7월 1일(양)
평균기온	22.7℃	22.1℃	23.0℃	23.9℃	23.5℃
최고기온	27.3℃	27.4℃	27.8℃	29.1℃	29.2℃
최저기온	17.4℃	17.8℃	18.9℃	21.5℃	18.3℃
강수량	–	–	–	0.0㎜	0.0㎜
일 출	05:11	05:10	05:11	05:11	05:14
일 몰	19:50	19:52	19:56	19:57	19:57

소 서 — 07.07 ~ 08.07(양)

丁未月

양력	07.07	8	9	10	11	12	13	14	15	16	17	18	19	20	21	22	23	24	25	26	27	28	29	30	31	8.1	2	3	4	5	6	7
음력	05.17	18	19	20	21	22	23	24	25	26	27	28	29	30	6.1	2	3	4	5	6	7	8	9	10	11	12	13	14	15	16	17	18
일주	辛卯	壬辰	癸巳	甲午	乙未	丙申	丁酉	戊戌	己亥	庚子	辛丑	壬寅	癸卯	甲辰	乙巳	丙午	丁未	戊申	己酉	庚戌	辛亥	壬子	癸丑	甲寅	乙卯	丙辰	丁巳	戊午	己未	庚申	辛酉	壬戌
대운 남	1 · 10	10	10	10	9	9	9	8	8	8	7	7	7	6	6	6	5	5	5	4	4	4	3	3	3	2	2	2	1	1	1	1
대운 여	10 · 1	1	1	1	2	2	2	3	3	3	4	4	4	5	5	5	6	6	6	7	7	7	8	8	8	9	9	9	10	10	10	10

구분	7월 7일(양) 소서 19시 55분	7월 10일(양)	7월 20일(양)	7월 23일(양) 대서 13시 15분	8월 1일(양)
평균기온	26.2℃	27.0℃	25.5℃	26.3℃	26.5℃
최고기온	32.3℃	32.0℃	30.8℃	29.0℃	31.6℃
최저기온	22.0℃	23.7℃	21.8℃	23.1℃	23.1℃
강수량	0.0㎜	0.8㎜	–	0.0㎜	–
일 출	05:17	05:19	05:26	05:28	05:35
일 몰	19:56	19:55	19:51	19:49	19:41

입추 — 08.08 ~ 09.07(양) · 戊申月

양력	08.08	9	10	11	12	13	14	15	16	17	18	19	20	21	22	23	24	25	26	27	28	29	30	31	9.1	2	3	4	5	6	7
음력	06.19	20	21	22	23	24	25	26	27	28	29	7.1	2	3	4	5	6	7	8	9	10	11	12	13	14	15	16	17	18	19	20
일주	癸亥	甲子	乙丑	丙寅	丁卯	戊辰	己巳	庚午	辛未	壬申	癸酉	甲戌	乙亥	丙子	丁丑	戊寅	己卯	庚辰	辛巳	壬午	癸未	甲申	乙酉	丙戌	丁亥	戊子	己丑	庚寅	辛卯	壬辰	癸巳
대운 남	1 · 10	10	10	9	9	9	8	8	8	7	7	7	6	6	6	5	5	5	4	4	4	3	3	3	2	2	2	1	1	1	1
대운 여	10 · 1	1	1	1	1	1	2	2	2	3	3	3	4	4	4	5	5	5	6	6	6	7	7	7	8	8	8	9	9	10	10

	평균기온	최고기온	최저기온	강수량	일 출	일 몰
8월 8일(양) 입추 05시 42분	28.0℃	33.4℃	24.7℃	–	05:41	19:34
8월 10일(양)	27.7℃	32.7℃	24.1℃	–	05:43	19:31
8월 20일(양)	24.9℃	27.8℃	22.6℃	72.7mm	05:51	19:19
8월 23일(양) 처서 20시 15분	24.3℃	27.8℃	21.3℃	0.7mm	05:54	19:15
9월 1일(양)	25.3℃	30.9℃	19.8℃	–	06:02	19:02

백로 — 09.08 ~ 10.08(양) · 己酉月

양력	09.08	9	10	11	12	13	14	15	16	17	18	19	20	21	22	23	24	25	26	27	28	29	30	10.1	2	3	4	5	6	7	8
음력	07.21	22	23	24	25	26	27	28	29	8.1	2	3	4	5	6	7	8	9	10	11	12	13	14	15	16	17	18	19	20	21	22
일주	甲午	乙未	丙申	丁酉	戊戌	己亥	庚子	辛丑	壬寅	癸卯	甲辰	乙巳	丙午	丁未	戊申	己酉	庚戌	辛亥	壬子	癸丑	甲寅	乙卯	丙辰	丁巳	戊午	己未	庚申	辛酉	壬戌	癸亥	甲子
대운 남	1 · 10	10	10	9	9	9	8	8	8	7	7	7	6	6	6	5	5	5	4	4	4	3	3	3	2	2	2	1	1	1	1
대운 여	10 · 1	1	1	1	1	1	2	2	2	3	3	3	4	4	4	5	5	5	6	6	6	7	7	7	8	8	8	9	9	10	10

	평균기온	최고기온	최저기온	강수량	일 출	일 몰
9월 8일(양) 백로 08시 32분	21.6℃	27.5℃	16.8℃	–	06:07	18:52
9월 10일(양)	21.4℃	26.7℃	16.7℃	0.7mm	06:09	18:49
9월 20일(양)	21.4℃	27.0℃	16.3℃	4.1mm	06:17	18:33
9월 23일(양) 추분 17시 46분	20.3℃	26.4℃	15.5℃	–	06:20	18:29
10월 1일(양)	19.4℃	26.3℃	12.3℃	–	06:27	18:16

한로 — 10.09 ~ 11.07(양) · 庚戌月

양력	10.09	10	11	12	13	14	15	16	17	18	19	20	21	22	23	24	25	26	27	28	29	30	31	11.1	2	3	4	5	6	7
음력	08.23	24	25	26	27	28	29	30	9.1	2	3	4	5	6	7	8	9	10	11	12	13	14	15	16	17	18	19	20	21	22
일주	乙丑	丙寅	丁卯	戊辰	己巳	庚午	辛未	壬申	癸酉	甲戌	乙亥	丙子	丁丑	戊寅	己卯	庚辰	辛巳	壬午	癸未	甲申	乙酉	丙戌	丁亥	戊子	己丑	庚寅	辛卯	壬辰	癸巳	甲午
대운 남	1 · 10	10	9	9	9	8	8	8	7	7	7	6	6	6	5	5	5	4	4	4	3	3	3	2	2	2	1	1	1	1
대운 여	10 · 1	1	1	1	2	2	2	3	3	3	4	4	4	5	5	5	6	6	6	7	7	7	8	8	8	9	9	9	10	10

	평균기온	최고기온	최저기온	강수량	일 출	일 몰
10월 9일(양) 한로 00시 02분	19.1℃	25.8℃	12.5℃	–	06:34	18:05
10월 10일(양)	19.1℃	26.2℃	13.3℃	–	06:35	18:03
10월 20일(양)	13.1℃	17.8℃	8.4℃	–	06:44	17:49
10월 24일(양) 상강 02시 58분	2.8℃	6.6℃	-0.1℃	–	06:48	17:44
11월 1일(양)	9.2℃	13.4℃	6.2℃	–	06:56	17:35

입동 — 11.08 ~ 12.06(양) · 辛亥月

양력	11.08	9	10	11	12	13	14	15	16	17	18	19	20	21	22	23	24	25	26	27	28	29	30	12.1	2	3	4	5	6
음력	09.23	24	25	26	27	28	29	30	10.1	2	3	4	5	6	7	8	9	10	11	12	13	14	15	16	17	18	19	20	21
일주	乙未	丙申	丁酉	戊戌	己亥	庚子	辛丑	壬寅	癸卯	甲辰	乙巳	丙午	丁未	戊申	己酉	庚戌	辛亥	壬子	癸丑	甲寅	乙卯	丙辰	丁巳	戊午	己未	庚申	辛酉	壬戌	癸亥
대운 남	1 · 10	9	9	9	8	8	8	7	7	7	6	6	6	5	5	5	4	4	4	3	3	3	2	2	2	1	1	1	1
대운 여	10 · 1	1	1	1	1	2	2	2	3	3	3	4	4	4	5	5	5	6	6	6	7	7	7	8	8	8	9	9	9

	평균기온	최고기온	최저기온	강수량	일 출	일 몰
11월 8일(양) 입동 03시 04분	13.9℃	19.5℃	8.9℃	–	07:04	17:28
11월 10일(양)	10.9℃	14.0℃	9.0℃	19.5mm	07:06	17:26
11월 20일(양)	5.0℃	9.7℃	0.7℃	–	07:16	17:18
11월 23일(양) 소설 00시 23분	2.6℃	7.9℃	-1.6℃	0.5mm	07:19	17:17
12월 1일(양)	4.7℃	9.0℃	3.1℃	3.9mm	07:27	17:14

대설 — 12.07 ~ 1983.01.05(양) · 壬子月

양력	12.07	8	9	10	11	12	13	14	15	16	17	18	19	20	21	22	23	24	25	26	27	28	29	30	31	1.1	2	3	4	5
음력	10.22	23	24	25	26	27	28	29	11.1	2	3	4	5	6	7	8	9	10	11	12	13	14	15	16	17	18	19	20	21	22
일주	甲子	乙丑	丙寅	丁卯	戊辰	己巳	庚午	辛未	壬申	癸酉	甲戌	乙亥	丙子	丁丑	戊寅	己卯	庚辰	辛巳	壬午	癸未	甲申	乙酉	丙戌	丁亥	戊子	己丑	庚寅	辛卯	壬辰	癸巳
대운 남	1 · 10	10	9	9	9	8	8	8	7	7	7	6	6	6	5	5	5	4	4	4	3	3	3	2	2	2	1	1	1	1
대운 여	10 · 1	1	1	1	1	2	2	2	3	3	3	4	4	4	5	5	5	6	6	6	7	7	7	8	8	8	9	9	9	10

	평균기온	최고기온	최저기온	강수량	일 출	일 몰
12월 7일(양) 대설 19시 48분	-1.8℃	3.5℃	-6.7℃	–	07:33	17:14
12월 10일(양)	0.9℃	4.1℃	-2.4℃	1.6mm	07:35	17:14
12월 20일(양)	2.2℃	6.5℃	-2.1℃	–	07:42	17:16
12월 22일(양) 동지 13시 38분	4.0℃	7.6℃	0.8℃	8.4mm	07:43	17:17
1월 1일(양)	-0.1℃	5.9℃	-4.7℃	–	07:47	17:24

소한 — 01.06 ~ 02.03(양) · 癸丑月

양력	1983.01.06	7	8	9	10	11	12	13	14	15	16	17	18	19	20	21	22	23	24	25	26	27	28	29	30	31	2.1	2	3
음력	1982.11.23	24	25	26	27	28	29	30	12.1	2	3	4	5	6	7	8	9	10	11	12	13	14	15	16	17	18	19	20	21
일주	甲午	乙未	丙申	丁酉	戊戌	己亥	庚子	辛丑	壬寅	癸卯	甲辰	乙巳	丙午	丁未	戊申	己酉	庚戌	辛亥	壬子	癸丑	甲寅	乙卯	丙辰	丁巳	戊午	己未	庚申	辛酉	壬戌
대운 남	1 · 10	9	9	9	8	8	8	7	7	7	6	6	6	5	5	5	4	4	4	3	3	3	2	2	2	1	1	1	1
대운 여	10 · 1	1	1	1	2	2	2	3	3	3	4	4	4	5	5	5	6	6	6	7	7	7	8	8	8	9	9	9	9

	평균기온	최고기온	최저기온	강수량	일 출	일 몰
1월 6일(양) 소한 06시 59분	2.8℃	9.2℃	-1.3℃	–	07:47	17:28
1월 10일(양)	-9.2℃	-5.7℃	-12.4℃	–	07:47	17:32
1월 20일(양)	-8.6℃	-5.0℃	-11.9℃	–	07:44	17:42
1월 21일(양) 대한 00시 17분	-8.8℃	-4.8℃	-12.0℃	–	07:44	17:43
2월 1일(양)	3.0℃	5.7℃	-0.1℃	0.8mm	07:37	17:55

단기 4316년

입춘 — 02.04 ~ 03.05(양)

甲寅月

구분	절입	5	6	7	8	9	10	11	12	13	14	15	16	17	18	19	20	21	22	23	24	25	26	27	28	3.1	2	3	4	5
양력	1983.02.04	5	6	7	8	9	10	11	12	13	14	15	16	17	18	19	20	21	22	23	24	25	26	27	28	3.1	2	3	4	5
음력	1982.12.22	23	24	25	26	27	28	29	30	1.1	2	3	4	5	6	7	8	9	10	11	12	13	14	15	16	17	18	19	20	21
일주	癸亥	甲子	乙丑	丙寅	丁卯	戊辰	己巳	庚午	辛未	壬申	癸酉	甲戌	乙亥	丙子	丁丑	戊寅	己卯	庚辰	辛巳	壬午	癸未	甲申	乙酉	丙戌	丁亥	戊子	己丑	庚寅	辛卯	壬辰

대운 남: 1 / 1, 여: 10 / 10

	2월 4일(양) 입춘 18시 40분		2월 10일(양)		2월 19일(양) 우수 14시 31분		2월 20일(양)		3월 1일(양)	
평균기온	1.0℃	강수량: –	-3.9℃	강수량: –	-8.2℃	강수량: 0.0mm	-8.1℃	강수량: –	4.9℃	강수량: 8.2mm
최고기온	4.8℃	일 출: 07:34	0.3℃	일 출: 07:28	-3.3℃	일 출: 07:18	-4.8℃	일 출: 07:17	10.1℃	일 출: 07:05
최저기온	-2.4℃	일 몰: 17:58	-8.1℃	일 몰: 18:05	-12.4℃	일 몰: 18:15	-11.3℃	일 몰: 18:16	0.8℃	일 몰: 18:25

경칩 — 03.06 ~ 04.04(양)

乙卯月

구분	절입	7	8	9	10	11	12	13	14	15	16	17	18	19	20	21	22	23	24	25	26	27	28	29	30	31	4.1	2	3	4
양력	03.06	7	8	9	10	11	12	13	14	15	16	17	18	19	20	21	22	23	24	25	26	27	28	29	30	31	4.1	2	3	4
음력	01.22	23	24	25	26	27	28	29	30	2.1	2	3	4	5	6	7	8	9	10	11	12	13	14	15	16	17	18	19	20	21
일주	癸巳	甲午	乙未	丙申	丁酉	戊戌	己亥	庚子	辛丑	壬寅	癸卯	甲辰	乙巳	丙午	丁未	戊申	己酉	庚戌	辛亥	壬子	癸丑	甲寅	乙卯	丙辰	丁巳	戊午	己未	庚申	辛酉	壬戌

대운 남: 10 / 1, 여: 1 / 10

	3월 6일(양) 경칩 12시 47분		3월 10일(양)		3월 20일(양)		3월 21일(양) 춘분 13시 39분		4월 1일(양)	
평균기온	2.8℃	강수량: –	5.8℃	강수량: –	8.3℃	강수량: 0.0mm	11.9℃	강수량: –	10.6℃	강수량: –
최고기온	7.9℃	일 출: 06:58	10.0℃	일 출: 06:52	12.6℃	일 출: 06:37	18.3℃	일 출: 06:36	15.8℃	일 출: 06:19
최저기온	-1.5℃	일 몰: 18:30	3.5℃	일 몰: 18:34	4.1℃	일 몰: 18:43	5.8℃	일 몰: 18:44	6.3℃	일 몰: 18:54

청명 — 04.05 ~ 05.05(양)

丙辰月

구분	절입	6	7	8	9	10	11	12	13	14	15	16	17	18	19	20	21	22	23	24	25	26	27	28	29	30	5.1	2	3	4	5
양력	04.05	6	7	8	9	10	11	12	13	14	15	16	17	18	19	20	21	22	23	24	25	26	27	28	29	30	5.1	2	3	4	5
음력	02.22	23	24	25	26	27	28	29	3.1	2	3	4	5	6	7	8	9	10	11	12	13	14	15	16	17	18	19	20	21	22	23
일주	癸亥	甲子	乙丑	丙寅	丁卯	戊辰	己巳	庚午	辛未	壬申	癸酉	甲戌	乙亥	丙子	丁丑	戊寅	己卯	庚辰	辛巳	壬午	癸未	甲申	乙酉	丙戌	丁亥	戊子	己丑	庚寅	辛卯	壬辰	癸巳

대운 남: 10 / 1, 여: 1 / 10

	4월 5일(양) 청명 17시 44분		4월 10일(양)		4월 20일(양)		4월 21일(양) 곡우 00시 50분		5월 1일(양)	
평균기온	11.5℃	강수량: –	20.4℃	강수량: –	14.6℃	강수량: –	13.4℃	강수량: 0.2mm	12.5℃	강수량: –
최고기온	17.0℃	일 출: 06:13	26.7℃	일 출: 06:06	20.4℃	일 출: 05:52	17.5℃	일 출: 05:50	16.3℃	일 출: 05:38
최저기온	5.4℃	일 몰: 18:57	16.4℃	일 몰: 19:02	9.1℃	일 몰: 19:11	8.7℃	일 몰: 19:12	9.3℃	일 몰: 19:21

입하 — 05.06 ~ 06.05(양)

丁巳月

구분	절입	7	8	9	10	11	12	13	14	15	16	17	18	19	20	21	22	23	24	25	26	27	28	29	30	31	6.1	2	3	4	5
양력	05.06	7	8	9	10	11	12	13	14	15	16	17	18	19	20	21	22	23	24	25	26	27	28	29	30	31	6.1	2	3	4	5
음력	03.24	25	26	27	28	29	30	4.1	2	3	4	5	6	7	8	9	10	11	12	13	14	15	16	17	18	19	20	21	22	23	24
일주	甲午	乙未	丙申	丁酉	戊戌	己亥	庚子	辛丑	壬寅	癸卯	甲辰	乙巳	丙午	丁未	戊申	己酉	庚戌	辛亥	壬子	癸丑	甲寅	乙卯	丙辰	丁巳	戊午	己未	庚申	辛酉	壬戌	癸亥	甲子

대운 남: 10 / 1, 여: 1 / 10

	5월 6일(양) 입하 11시 11분		5월 10일(양)		5월 20일(양)		5월 22일(양) 소만 00시 06분		6월 1일(양)	
평균기온	13.8℃	강수량: 33.2mm	20.9℃	강수량: –	20.1℃	강수량: –	20.3℃	강수량: –	21.3℃	강수량: –
최고기온	19.1℃	일 출: 05:32	25.7℃	일 출: 05:28	24.9℃	일 출: 05:20	25.5℃	일 출: 05:18	28.8℃	일 출: 05:13
최저기온	9.0℃	일 몰: 19:26	14.9℃	일 몰: 19:29	15.9℃	일 몰: 19:38	15.5℃	일 몰: 19:39	14.6℃	일 몰: 19:47

망종 — 06.06 ~ 07.07(양)

戊午月

구분	절입	7	8	9	10	11	12	13	14	15	16	17	18	19	20	21	22	23	24	25	26	27	28	29	30	7.1	2	3	4	5	6	7
양력	06.06	7	8	9	10	11	12	13	14	15	16	17	18	19	20	21	22	23	24	25	26	27	28	29	30	7.1	2	3	4	5	6	7
음력	04.25	26	27	28	29	5.1	2	3	4	5	6	7	8	9	10	11	12	13	14	15	16	17	18	19	20	21	22	23	24	25	26	27
일주	乙丑	丙寅	丁卯	戊辰	己巳	庚午	辛未	壬申	癸酉	甲戌	乙亥	丙子	丁丑	戊寅	己卯	庚辰	辛巳	壬午	癸未	甲申	乙酉	丙戌	丁亥	戊子	己丑	庚寅	辛卯	壬辰	癸巳	甲午	乙未	丙申

대운 남: 10 / 1, 여: 1 / 10

	6월 6일(양) 망종 15시 26분		6월 10일(양)		6월 20일(양)		6월 22일(양) 하지 08시 09분		7월 1일(양)	
평균기온	20.4℃	강수량: 0.0mm	20.8℃	강수량: –	20.8℃	강수량: 9.3mm	22.7℃	강수량: –	25.8℃	강수량: 0.0mm
최고기온	24.8℃	일 출: 05:11	27.6℃	일 출: 05:10	24.6℃	일 출: 05:11	28.6℃	일 출: 05:11	29.8℃	일 출: 05:14
최저기온	16.5℃	일 몰: 19:50	14.5℃	일 몰: 19:52	18.2℃	일 몰: 19:56	17.9℃	일 몰: 19:57	22.0℃	일 몰: 19:57

소서 — 07.07 ~ 08.07(양)

己未月

구분	절입	9	10	11	12	13	14	15	16	17	18	19	20	21	22	23	24	25	26	27	28	29	30	31	8.1	2	3	4	5	6	7
양력	07.08	9	10	11	12	13	14	15	16	17	18	19	20	21	22	23	24	25	26	27	28	29	30	31	8.1	2	3	4	5	6	7
음력	05.28	29	6.1	2	3	4	5	6	7	8	9	10	11	12	13	14	15	16	17	18	19	20	21	22	23	24	25	26	27	28	29
일주	丁酉	戊戌	己亥	庚子	辛丑	壬寅	癸卯	甲辰	乙巳	丙午	丁未	戊申	己酉	庚戌	辛亥	壬子	癸丑	甲寅	乙卯	丙辰	丁巳	戊午	己未	庚申	辛酉	壬戌	癸亥	甲子	乙丑	丙寅	丁卯

대운 남: 10 / 1, 여: 1 / 10

	7월 8일(양) 소서 01시 43분		7월 10일(양)		7월 20일(양)		7월 23일(양) 대서 19시 04분		8월 1일(양)	
평균기온	19.7℃	강수량: 0.6mm	22.8℃	강수량: 29.0mm	21.1℃	강수량: 20.9mm	24.8℃	강수량: –	27.2℃	강수량: 13.9mm
최고기온	23.0℃	일 출: 05:17	26.9℃	일 출: 05:19	22.0℃	일 출: 05:25	27.9℃	일 출: 05:28	29.7℃	일 출: 05:35
최저기온	18.5℃	일 몰: 19:56	20.2℃	일 몰: 19:56	19.0℃	일 몰: 19:51	23.0℃	일 몰: 19:49	25.2℃	일 몰: 19:41

입추 (立秋) 08.08 ~ 09.07(양) — 庚申月

구분	08.08	9	10	11	12	13	14	15	16	17	18	19	20	21	22	23	24	25	26	27	28	29	30	31	9.1	2	3	4	5	6	7
음력	06.30	7.1	2	3	4	5	6	7	8	9	10	11	12	13	14	15	16	17	18	19	20	21	22	23	24	25	26	27	28	29	8.1
일주	戊辰	己巳	庚午	辛未	壬申	癸酉	甲戌	乙亥	丙子	丁丑	戊寅	己卯	庚辰	辛巳	壬午	癸未	甲申	乙酉	丙戌	丁亥	戊子	己丑	庚寅	辛卯	壬辰	癸巳	甲午	乙未	丙申	丁酉	戊戌
대운 남	10 / 1	1	1	1	1	2	2	2	3	3	3	4	4	4	5	5	5	6	6	6	7	7	7	8	8	8	9	9	9	10	10
대운 여	1 / 10	10	10	9	9	9	8	8	8	7	7	7	6	6	6	5	5	5	4	4	4	3	3	3	2	2	2	1	1	1	1

8월 8일(양) 입추 11시 30분		8월 10일(양)		8월 20일(양)		8월 24일(양) 처서 02시 07분		9월 1일(양)	
평균기온: 26.7℃ 최고기온: 30.8℃ 최저기온: 24.4℃	강수량: 0.0mm 일 출: 05:41 일 몰: 19:34	평균기온: 25.5℃ 최고기온: 31.2℃ 최저기온: 22.2℃	강수량: 0.7mm 일 출: 05:43 일 몰: 19:32	평균기온: 23.0℃ 최고기온: 24.7℃ 최저기온: 21.9℃	강수량: 0.3mm 일 출: 05:51 일 몰: 19:19	평균기온: 20.1℃ 최고기온: 22.0℃ 최저기온: 17.8℃	강수량: 11.5mm 일 출: 05:55 일 몰: 19:14	평균기온: 27.1℃ 최고기온: 31.5℃ 최저기온: 23.6℃	강수량: 12.8mm 일 출: 06:01 일 몰: 19:03

백로 (白露) 09.08 ~ 10.08(양) — 辛酉月

구분	09.08	9	10	11	12	13	14	15	16	17	18	19	20	21	22	23	24	25	26	27	28	29	30	10.1	2	3	4	5	6	7	8
음력	08.02	3	4	5	6	7	8	9	10	11	12	13	14	15	16	17	18	19	20	21	22	23	24	25	26	27	28	29	9.1	2	3
일주	己亥	庚子	辛丑	壬寅	癸卯	甲辰	乙巳	丙午	丁未	戊申	己酉	庚戌	辛亥	壬子	癸丑	甲寅	乙卯	丙辰	丁巳	戊午	己未	庚申	辛酉	壬戌	癸亥	甲子	乙丑	丙寅	丁卯	戊辰	己巳
대운 남	10 / 1	1	1	1	1	2	2	2	3	3	3	4	4	4	5	5	5	6	6	6	7	7	7	8	8	8	9	9	9	10	10
대운 여	1 / 10	10	10	9	9	9	8	8	8	7	7	7	6	6	6	5	5	5	4	4	4	3	3	3	2	2	2	1	1	1	1

9월 8일(양) 백로 14시 20분		9월 10일(양)		9월 20일(양)		9월 23일(양) 추분 23시 42분		10월 1일(양)	
평균기온: 23.4℃ 최고기온: 27.7℃ 최저기온: 19.4℃	강수량: - 일 출: 06:07 일 몰: 18:52	평균기온: 20.9℃ 최고기온: 23.6℃ 최저기온: 19.6℃	강수량: 13.1mm 일 출: 06:09 일 몰: 18:49	평균기온: 24.2℃ 최고기온: 29.3℃ 최저기온: 18.6℃	강수량: - 일 출: 06:17 일 몰: 18:34	평균기온: 20.2℃ 최고기온: 21.8℃ 최저기온: 19.4℃	강수량: 1.3mm 일 출: 06:20 일 몰: 18:29	평균기온: 19.1℃ 최고기온: 23.7℃ 최저기온: 16.1℃	강수량: 23.7mm 일 출: 06:27 일 몰: 18:17

한로 (寒露) 10.09 ~ 11.07(양) — 壬戌月

구분	10.09	10	11	12	13	14	15	16	17	18	19	20	21	22	23	24	25	26	27	28	29	30	31	11.1	2	3	4	5	6	7
음력	09.04	5	6	7	8	9	10	11	12	13	14	15	16	17	18	19	20	21	22	23	24	25	26	27	28	29	30	10.1	2	3
일주	庚午	辛未	壬申	癸酉	甲戌	乙亥	丙子	丁丑	戊寅	己卯	庚辰	辛巳	壬午	癸未	甲申	乙酉	丙戌	丁亥	戊子	己丑	庚寅	辛卯	壬辰	癸巳	甲午	乙未	丙申	丁酉	戊戌	己亥
대운 남	10 / 1	1	1	1	1	2	2	2	3	3	3	4	4	4	5	5	5	6	6	6	7	7	7	8	8	8	9	9	9	10
대운 여	1 / 10	10	10	9	9	8	8	8	7	7	7	6	6	6	5	5	5	4	4	4	3	3	3	2	2	2	1	1	1	1

10월 9일(양) 한로 05시 51분		10월 10일(양)		10월 20일(양)		10월 24일(양) 상강 08시 54분		11월 1일(양)	
평균기온: 16.5℃ 최고기온: 22.2℃ 최저기온: 12.4℃	강수량: 0.5mm 일 출: 06:34 일 몰: 18:05	평균기온: 16.6℃ 최고기온: 22.8℃ 최저기온: 11.6℃	강수량: - 일 출: 06:35 일 몰: 18:03	평균기온: 14.8℃ 최고기온: 19.8℃ 최저기온: 9.8℃	강수량: - 일 출: 06:44 일 몰: 17:49	평균기온: 6.6℃ 최고기온: 12.2℃ 최저기온: 2.0℃	강수량: - 일 출: 06:48 일 몰: 17:44	평균기온: 10.9℃ 최고기온: 16.2℃ 최저기온: 5.4℃	강수량: - 일 출: 06:56 일 몰: 17:35

입동 (立冬) 11.08 ~ 12.07(양) — 癸亥月

구분	11.08	9	10	11	12	13	14	15	16	17	18	19	20	21	22	23	24	25	26	27	28	29	30	12.1	2	3	4	5	6	7
음력	10.04	5	6	7	8	9	10	11	12	13	14	15	16	17	18	19	20	21	22	23	24	25	26	27	28	29	11.1	2	3	4
일주	庚子	辛丑	壬寅	癸卯	甲辰	乙巳	丙午	丁未	戊申	己酉	庚戌	辛亥	壬子	癸丑	甲寅	乙卯	丙辰	丁巳	戊午	己未	庚申	辛酉	壬戌	癸亥	甲子	乙丑	丙寅	丁卯	戊辰	己巳
대운 남	10 / 1	1	1	1	1	2	2	2	3	3	3	4	4	4	5	5	5	6	6	6	7	7	7	8	8	8	9	9	9	10
대운 여	1 / 10	10	10	9	9	8	8	8	7	7	7	6	6	6	5	5	5	4	4	4	3	3	3	2	2	2	1	1	1	1

11월 8일(양) 입동 08시 52분		11월 10일(양)		11월 20일(양)		11월 23일(양) 소설 06시 18분		12월 1일(양)	
평균기온: 11.8℃ 최고기온: 17.4℃ 최저기온: 7.6℃	강수량: - 일 출: 07:03 일 몰: 17:28	평균기온: 9.3℃ 최고기온: 13.4℃ 최저기온: 5.0℃	강수량: 2.0mm 일 출: 07:05 일 몰: 17:26	평균기온: 7.1℃ 최고기온: 13.5℃ 최저기온: 1.6℃	강수량: - 일 출: 07:16 일 몰: 17:19	평균기온: 8.5℃ 최고기온: 11.4℃ 최저기온: 6.8℃	강수량: 2.7mm 일 출: 07:19 일 몰: 17:17	평균기온: 1.6℃ 최고기온: 6.9℃ 최저기온: -3.3℃	강수량: - 일 출: 07:27 일 몰: 17:14

대설 (大雪) 12.08 ~ 1984.01.05(양) — 甲子月

구분	12.08	9	10	11	12	13	14	15	16	17	18	19	20	21	22	23	24	25	26	27	28	29	30	31	1.1	2	3	4	5
음력	11.05	6	7	8	9	10	11	12	13	14	15	16	17	18	19	20	21	22	23	24	25	26	27	28	29	30	12.1	2	3
일주	庚午	辛未	壬申	癸酉	甲戌	乙亥	丙子	丁丑	戊寅	己卯	庚辰	辛巳	壬午	癸未	甲申	乙酉	丙戌	丁亥	戊子	己丑	庚寅	辛卯	壬辰	癸巳	甲午	乙未	丙申	丁酉	戊戌
대운 남	10 / 1	1	1	1	1	2	2	2	3	3	3	4	4	4	5	5	5	6	6	6	7	7	7	8	8	8	9	9	9
대운 여	1 / 10	9	9	9	8	8	8	7	7	7	6	6	6	5	5	5	4	4	4	3	3	3	2	2	2	1	1	1	1

12월 8일(양) 대설 01시 34분		12월 10일(양)		12월 20일(양)		12월 22일(양) 동지 19시 30분		1월 1일(양)	
평균기온: 3.6℃ 최고기온: 8.9℃ 최저기온: -2.1℃	강수량: - 일 출: 07:34 일 몰: 17:14	평균기온: 8.7℃ 최고기온: 11.7℃ 최저기온: 3.4℃	강수량: 0.8mm 일 출: 07:35 일 몰: 17:14	평균기온: -1.3℃ 최고기온: 5.0℃ 최저기온: -6.4℃	강수량: - 일 출: 07:42 일 몰: 17:16	평균기온: -0.4℃ 최고기온: 1.8℃ 최저기온: -7.3℃	강수량: 0.7mm 일 출: 07:43 일 몰: 17:17	평균기온: -4.8℃ 최고기온: -0.2℃ 최저기온: -9.7℃	강수량: 0.0mm 일 출: 07:47 일 몰: 17:24

소한 (小寒) 01.06 ~ 02.04(양) — 乙丑月

구분	1984.01.06	7	8	9	10	11	12	13	14	15	16	17	18	19	20	21	22	23	24	25	26	27	28	29	30	31	2.1	2	3	4
음력	1983.12.04	5	6	7	8	9	10	11	12	13	14	15	16	17	18	19	20	21	22	23	24	25	26	27	28	29	30	1.1	2	3
일주	己亥	庚子	辛丑	壬寅	癸卯	甲辰	乙巳	丙午	丁未	戊申	己酉	庚戌	辛亥	壬子	癸丑	甲寅	乙卯	丙辰	丁巳	戊午	己未	庚申	辛酉	壬戌	癸亥	甲子	乙丑	丙寅	丁卯	戊辰
대운 남	10 / 1	1	1	1	1	2	2	2	3	3	3	4	4	4	5	5	5	6	6	6	7	7	7	8	8	8	9	9	9	10
대운 여	1 / 10	10	9	9	9	8	8	8	7	7	7	6	6	6	5	5	5	4	4	4	3	3	3	2	2	2	1	1	1	1

1월 6일(양) 소한 12시 41분		1월 10일(양)		1월 20일(양)		1월 21일(양) 대한 06시 05분		2월 1일(양)	
평균기온: -7.4℃ 최고기온: -2.3℃ 최저기온: -12.1℃	강수량: - 일 출: 07:47 일 몰: 17:28	평균기온: -0.1℃ 최고기온: 3.3℃ 최저기온: -3.8℃	강수량: - 일 출: 07:47 일 몰: 17:31	평균기온: -7.5℃ 최고기온: -3.1℃ 최저기온: -11.2℃	강수량: - 일 출: 07:44 일 몰: 17:42	평균기온: -4.8℃ 최고기온: 0.9℃ 최저기온: -9.3℃	강수량: 1.1mm 일 출: 07:44 일 몰: 17:43	평균기온: -3.4℃ 최고기온: 1.9℃ 최저기온: -6.5℃	강수량: 1.1mm 일 출: 07:37 일 몰: 17:55

윤10월   단기 4317년

입춘   02.05 ~ 03.04(양)

丙寅月

양력	1984.02.05	6	7	8	9	10	11	12	13	14	15	16	17	18	19	20	21	22	23	24	25	26	27	28	29	3.1	2	3	4	
음력	1984.01.04	5	6	7	8	9	10	11	12	13	14	15	16	17	18	19	20	21	22	23	24	25	26	27	28	29	30	2.1	2	
일주	己巳	庚午	辛未	壬申	癸酉	甲戌	乙亥	丙子	丁丑	戊寅	己卯	庚辰	辛巳	壬午	癸未	甲申	乙酉	丙戌	丁亥	戊子	己丑	庚寅	辛卯	壬辰	癸巳	甲午	乙未	丙申	丁酉	
대운(남)	10 · 10	9	9	9	8	8	8	7	7	7	6	6	6	5	5	5	4	4	4	3	3	3	2	2	2	1	1	1	1	
대운(여)	1 · 1	1	1	1	2	2	2	3	3	3	4	4	4	5	5	5	6	6	6	7	7	7	8	8	8	9	9	9	9	

2월 5일(양) 입춘 00시 19분	2월 10일(양)	2월 19일(양) 우수 20시 16분	2월 20일(양)	3월 1일(양)
평균기온: −5.3℃ / 강수량: −	평균기온: −5.8℃ / 강수량: −	평균기온: −1.5℃ / 강수량: −	평균기온: −0.3℃ / 강수량: −	평균기온: −0.5℃ / 강수량: 0.8mm
최고기온: −1.2℃ / 일 출: 07:33	최고기온: −0.1℃ / 일 출: 07:28	최고기온: 3.7℃ / 일 출: 07:18	최고기온: 6.6℃ / 일 출: 07:17	최고기온: 4.6℃ / 일 출: 07:04
최저기온: −10.4℃ / 일 몰: 17:59	최저기온: −11.2℃ / 일 몰: 18:05	최저기온: −6.1℃ / 일 몰: 18:14	최저기온: −5.0℃ / 일 몰: 18:15	최저기온: −3.9℃ / 일 몰: 18:26

경칩   03.05 ~ 04.03(양)

丁卯月

양력	03.05	6	7	8	9	10	11	12	13	14	15	16	17	18	19	20	21	22	23	24	25	26	27	28	29	30	31	4.1	2	3	
음력	02.03	4	5	6	7	8	9	10	11	12	13	14	15	16	17	18	19	20	21	22	23	24	25	26	27	28	29	3.1	2	3	
일주	戊戌	己亥	庚子	辛丑	壬寅	癸卯	甲辰	乙巳	丙午	丁未	戊申	己酉	庚戌	辛亥	壬子	癸丑	甲寅	乙卯	丙辰	丁巳	戊午	己未	庚申	辛酉	壬戌	癸亥	甲子	乙丑	丙寅	丁卯	
대운(남)	1 · 10	10	9	9	9	8	8	8	7	7	7	6	6	6	5	5	5	4	4	4	3	3	3	2	2	2	1	1	1	1	
대운(여)	10 · 1	1	1	1	1	2	2	2	3	3	3	4	4	4	5	5	5	6	6	6	7	7	7	8	8	8	9	9	9	10	

3월 5일(양) 경칩 18시 25분	3월 10일(양)	3월 20일(양) 춘분 19시 24분	4월 1일(양)
평균기온: −0.8℃ / 강수량: 0.0mm	평균기온: −1.0℃ / 강수량: 0.0mm	평균기온: 1.0℃ / 강수량: 3.2mm	평균기온: 7.8℃ / 강수량: −
최고기온: 4.0℃ / 일 출: 06:58	최고기온: 3.0℃ / 일 출: 06:51	최고기온: 6.1℃ / 일 출: 06:36	최고기온: 15.0℃ / 일 출: 06:18
최저기온: −4.6℃ / 일 몰: 18:30	최저기온: −3.8℃ / 일 몰: 18:34	최저기온: −1.7℃ / 일 몰: 18:44	최저기온: 2.5℃ / 일 몰: 18:55

청명   04.04 ~ 05.04(양)

戊辰月

양력	04.04	5	6	7	8	9	10	11	12	13	14	15	16	17	18	19	20	21	22	23	24	25	26	27	28	29	30	5.1	2	3	4
음력	03.04	5	6	7	8	9	10	11	12	13	14	15	16	17	18	19	20	21	22	23	24	25	26	27	28	29	30	4.1	2	3	4
일주	戊辰	己巳	庚午	辛未	壬申	癸酉	甲戌	乙亥	丙子	丁丑	戊寅	己卯	庚辰	辛巳	壬午	癸未	甲申	乙酉	丙戌	丁亥	戊子	己丑	庚寅	辛卯	壬辰	癸巳	甲午	乙未	丙申	丁酉	戊戌
대운(남)	1 · 10	10	10	9	9	9	8	8	8	7	7	7	6	6	6	5	5	5	4	4	4	3	3	3	2	2	2	1	1	1	1
대운(여)	10 · 1	1	1	1	2	2	2	3	3	3	4	4	4	5	5	5	6	6	6	7	7	7	8	8	8	9	9	9	10	10	10

4월 4일(양) 청명 23시 22분	4월 10일(양)	4월 20일(양) 곡우 06시 38분	5월 1일(양)
평균기온: 14.8℃ / 강수량: 0.0mm	평균기온: 11.1℃ / 강수량: −	평균기온: 12.4℃ / 강수량: −	평균기온: 11.4℃ / 강수량: 0.1mm
최고기온: 20.2℃ / 일 출: 06:14	최고기온: 18.5℃ / 일 출: 06:05	최고기온: 19.2℃ / 일 출: 05:51	최고기온: 15.9℃ / 일 출: 05:37
최저기온: 10.1℃ / 일 몰: 18:57	최저기온: 4.5℃ / 일 몰: 19:03	최저기온: 5.4℃ / 일 몰: 19:12	최저기온: 7.9℃ / 일 몰: 19:22

입하   05.05 ~ 06.04(양)

己巳月

양력	05.05	6	7	8	9	10	11	12	13	14	15	16	17	18	19	20	21	22	23	24	25	26	27	28	29	30	31	6.1	2	3	4
음력	04.05	6	7	8	9	10	11	12	13	14	15	16	17	18	19	20	21	22	23	24	25	26	27	28	29	30	5.1	2	3	4	5
일주	己亥	庚子	辛丑	壬寅	癸卯	甲辰	乙巳	丙午	丁未	戊申	己酉	庚戌	辛亥	壬子	癸丑	甲寅	乙卯	丙辰	丁巳	戊午	己未	庚申	辛酉	壬戌	癸亥	甲子	乙丑	丙寅	丁卯	戊辰	己巳
대운(남)	1 · 10	10	10	9	9	9	8	8	8	7	7	7	6	6	6	5	5	5	4	4	4	3	3	3	2	2	2	1	1	1	1
대운(여)	10 · 1	1	1	1	2	2	2	3	3	3	4	4	4	5	5	5	6	6	6	7	7	7	8	8	8	9	9	9	10	10	10

5월 5일(양) 입하 16시 51분	5월 10일(양)	5월 20일(양)	5월 21일(양) 소만 05시 58분	6월 1일(양)
평균기온: 16.2℃ / 강수량: −	평균기온: 18.7℃ / 강수량: −	평균기온: 21.7℃ / 강수량: −	평균기온: 21.0℃ / 강수량: −	평균기온: 20.9℃ / 강수량: −
최고기온: 24.1℃ / 일 출: 05:33	최고기온: 24.9℃ / 일 출: 05:27	최고기온: 28.1℃ / 일 출: 05:19	최고기온: 26.3℃ / 일 출: 05:18	최고기온: 28.0℃ / 일 출: 05:12
최저기온: 9.1℃ / 일 몰: 19:25	최저기온: 13.5℃ / 일 몰: 19:30	최저기온: 15.7℃ / 일 몰: 19:38	최저기온: 15.9℃ / 일 몰: 19:39	최저기온: 14.8℃ / 일 몰: 19:47

망종   06.05 ~ 07.06(양)

庚午月

양력	06.05	6	7	8	9	10	11	12	13	14	15	16	17	18	19	20	21	22	23	24	25	26	27	28	29	30	7.1	2	3	4	5	6
음력	05.06	7	8	9	10	11	12	13	14	15	16	17	18	19	20	21	22	23	24	25	26	27	28	29	6.1	2	3	4	5	6	7	8
일주	庚午	辛未	壬申	癸酉	甲戌	乙亥	丙子	丁丑	戊寅	己卯	庚辰	辛巳	壬午	癸未	甲申	乙酉	丙戌	丁亥	戊子	己丑	庚寅	辛卯	壬辰	癸巳	甲午	乙未	丙申	丁酉	戊戌	己亥	庚子	辛丑
대운(남)	1 · 10	10	10	9	9	9	8	8	8	7	7	7	6	6	6	5	5	5	4	4	4	3	3	3	2	2	2	1	1	1	1	1
대운(여)	10 · 1	1	1	1	2	2	2	3	3	3	4	4	4	5	5	5	6	6	6	7	7	7	8	8	8	9	9	9	10	10	10	10

6월 5일(양) 망종 21시 09분	6월 10일(양)	6월 20일(양)	6월 21일(양) 하지 14시 02분	7월 1일(양)
평균기온: 23.5℃ / 강수량: 0.3mm	평균기온: 19.4℃ / 강수량: −	평균기온: 22.3℃ / 강수량: 0.0mm	평균기온: 23.4℃ / 강수량: 0.0mm	평균기온: 26.1℃ / 강수량: 0.0mm
최고기온: 28.2℃ / 일 출: 05:11	최고기온: 24.6℃ / 일 출: 05:10	최고기온: 27.6℃ / 일 출: 05:11	최고기온: 28.9℃ / 일 출: 05:11	최고기온: 32.3℃ / 일 출: 05:14
최저기온: 20.6℃ / 일 몰: 19:50	최저기온: 14.7℃ / 일 몰: 19:53	최저기온: 17.3℃ / 일 몰: 19:56	최저기온: 20.3℃ / 일 몰: 19:57	최저기온: 20.2℃ / 일 몰: 19:57

소서   07.07 ~ 08.06(양)

辛未月

양력	07.07	8	9	10	11	12	13	14	15	16	17	18	19	20	21	22	23	24	25	26	27	28	29	30	31	8.1	2	3	4	5	6
음력	06.09	10	11	12	13	14	15	16	17	18	19	20	21	22	23	24	25	26	27	28	29	7.1	2	3	4	5	6	7	8	9	10
일주	壬寅	癸卯	甲辰	乙巳	丙午	丁未	戊申	己酉	庚戌	辛亥	壬子	癸丑	甲寅	乙卯	丙辰	丁巳	戊午	己未	庚申	辛酉	壬戌	癸亥	甲子	乙丑	丙寅	丁卯	戊辰	己巳	庚午	辛未	壬申
대운(남)	1 · 10	10	10	9	9	9	8	8	8	7	7	7	6	6	6	5	5	5	4	4	4	3	3	3	2	2	2	1	1	1	1
대운(여)	10 · 1	1	1	1	2	2	2	3	3	3	4	4	4	5	5	5	6	6	6	7	7	7	8	8	8	9	9	9	10	10	10

7월 7일(양) 소서 07시 29분	7월 10일(양)	7월 20일(양)	7월 23일(양) 대서 00시 58분	8월 1일(양)
평균기온: 22.7℃ / 강수량: 20.5mm	평균기온: 25.6℃ / 강수량: 0.0mm	평균기온: 25.4℃ / 강수량: 0.0mm	평균기온: 24.4℃ / 강수량: 5.5mm	평균기온: 27.3℃ / 강수량: 32.9mm
최고기온: 24.6℃ / 일 출: 05:17	최고기온: 29.7℃ / 일 출: 05:19	최고기온: 31.5℃ / 일 출: 05:26	최고기온: 30.0℃ / 일 출: 05:28	최고기온: 32.1℃ / 일 출: 05:36
최저기온: 21.2℃ / 일 몰: 19:56	최저기온: 22.6℃ / 일 몰: 19:55	최저기온: 22.0℃ / 일 몰: 19:50	최저기온: 20.2℃ / 일 몰: 19:48	최저기온: 24.7℃ / 일 몰: 19:40

입추 — 08.07 ~ 09.06(양) [壬申月]

	양력 08.07	8	9	10	11	12	13	14	15	16	17	18	19	20	21	22	23	24	25	26	27	28	29	30	31	9.1	2	3	4	5	6
음력 07.11		12	13	14	15	16	17	18	19	20	21	22	23	24	25	26	27	28	29	30	8.1	2	3	4	5	6	7	8	9	10	11
일주	癸酉	甲戌	乙亥	丙子	丁丑	戊寅	己卯	庚辰	辛巳	壬午	癸未	甲申	乙酉	丙戌	丁亥	戊子	己丑	庚寅	辛卯	壬辰	癸巳	甲午	乙未	丙申	丁酉	戊戌	己亥	庚子	辛丑	壬寅	癸卯
대운 남	1 / 10	10	10	9	9	9	8	8	8	7	7	7	6	6	6	5	5	5	4	4	4	3	3	3	2	2	2	1	1	1	1
대운 여	10 / 1	1	1	1	1	2	2	2	3	3	3	4	4	4	5	5	5	6	6	6	7	7	7	8	8	8	9	9	9	10	10

8월 7일(양) 입추 17시 18분		8월 10일(양)		8월 20일(양)		8월 23일(양) 처서 08시 00분		9월 1일(양)	
평균기온: 26.4℃	강수량: –	평균기온: 29.2℃	강수량: –	평균기온: 27.9℃	강수량: –	평균기온: 24.4℃	강수량: 0.0㎜	평균기온: 23.2℃	강수량: 268.2㎜
최고기온: 31.3℃	일 출: 05:41	최고기온: 35.2℃	일 출: 05:43	최고기온: 31.3℃	일 출: 05:52	최고기온: 27.3℃	일 출: 05:54	최고기온: 24.8℃	일 출: 06:02
최저기온: 23.5℃	일 몰: 19:34	최저기온: 24.5℃	일 몰: 19:31	최저기온: 25.6℃	일 몰: 19:18	최저기온: 21.2℃	일 몰: 19:14	최저기온: 20.8℃	일 몰: 19:02

백로 — 09.07 ~ 10.07(양) [癸酉月]

	양력 09.07	8	9	10	11	12	13	14	15	16	17	18	19	20	21	22	23	24	25	26	27	28	29	30	10.1	2	3	4	5	6	7
음력 08.12		13	14	15	16	17	18	19	20	21	22	23	24	25	26	27	28	29	9.1	2	3	4	5	6	7	8	9	10	11	12	13
일주	甲辰	乙巳	丙午	丁未	戊申	己酉	庚戌	辛亥	壬子	癸丑	甲寅	乙卯	丙辰	丁巳	戊午	己未	庚申	辛酉	壬戌	癸亥	甲子	乙丑	丙寅	丁卯	戊辰	己巳	庚午	辛未	壬申	癸酉	甲戌
대운 남	1 / 10	10	10	9	9	9	8	8	8	7	7	7	6	6	6	5	5	5	4	4	4	3	3	3	2	2	2	1	1	1	1
대운 여	10 / 1	1	1	1	1	2	2	2	3	3	3	4	4	4	5	5	5	6	6	6	7	7	7	8	8	8	9	9	9	10	10

9월 7일(양) 백로 20시 10분		9월 10일(양)		9월 20일(양)		9월 23일(양) 추분 05시 33분		10월 1일(양)	
평균기온: 23.5℃	강수량: –	평균기온: 19.9℃	강수량: –	평균기온: 19.9℃	강수량: –	평균기온: 19.9℃	강수량: –	평균기온: 20.0℃	강수량: –
최고기온: 28.7℃	일 출: 06:07	최고기온: 24.7℃	일 출: 06:09	최고기온: 24.3℃	일 출: 06:18	최고기온: 25.5℃	일 출: 06:20	최고기온: 25.1℃	일 출: 06:27
최저기온: 19.6℃	일 몰: 18:53	최저기온: 15.4℃	일 몰: 18:48	최저기온: 17.2℃	일 몰: 18:33	최저기온: 15.6℃	일 몰: 18:28	최저기온: 16.6℃	일 몰: 18:16

한로 — 10.08 ~ 11.06(양) [甲戌月]

	양력 10.08	9	10	11	12	13	14	15	16	17	18	19	20	21	22	23	24	25	26	27	28	29	30	31	11.1	2	3	4	5	6
음력 09.14		15	16	17	18	19	20	21	22	23	24	25	26	27	28	29	10.1	2	3	4	5	6	7	8	9	10	11	12	13	14
일주	乙亥	丙子	丁丑	戊寅	己卯	庚辰	辛巳	壬午	癸未	甲申	乙酉	丙戌	丁亥	戊子	己丑	庚寅	辛卯	壬辰	癸巳	甲午	乙未	丙申	丁酉	戊戌	己亥	庚子	辛丑	壬寅	癸卯	甲辰
대운 남	1 / 10	10	9	9	9	8	8	8	7	7	7	6	6	6	5	5	5	4	4	4	3	3	3	2	2	2	1	1	1	1
대운 여	10 / 1	1	1	1	1	2	2	2	3	3	3	4	4	4	5	5	5	6	6	6	7	7	7	8	8	8	9	9	9	10

10월 8일(양) 한로 11시 43분		10월 10일(양)		10월 20일(양)		10월 23일(양) 상강 14시 46분		11월 1일(양)	
평균기온: 15.6℃	강수량: –	평균기온: 16.5℃	강수량: –	평균기온: 8.6℃	강수량: 0.8㎜	평균기온: 16.3℃	강수량: –	평균기온: 11.6℃	강수량: 0.0㎜
최고기온: 22.4℃	일 출: 06:33	최고기온: 23.8℃	일 출: 06:35	최고기온: 12.8℃	일 출: 06:45	최고기온: 21.5℃	일 출: 06:48	최고기온: 16.1℃	일 출: 06:57
최저기온: 10.2℃	일 몰: 18:05	최저기온: 9.8℃	일 몰: 18:02	최저기온: 4.6℃	일 몰: 17:48	최저기온: 12.2℃	일 몰: 17:45	최저기온: 5.6℃	일 몰: 17:34

입동 — 11.07 ~ 12.06(양) [乙亥月]

	양력 11.07	8	9	10	11	12	13	14	15	16	17	18	19	20	21	22	23	24	25	26	27	28	29	30	12.1	2	3	4	5	6
음력 10.15		16	17	18	19	20	21	22	23	24	25	26	27	28	29	30	윤	10.2	3	4	5	6	7	8	9	10	11	12	13	14
일주	乙巳	丙午	丁未	戊申	己酉	庚戌	辛亥	壬子	癸丑	甲寅	乙卯	丙辰	丁巳	戊午	己未	庚申	辛酉	壬戌	癸亥	甲子	乙丑	丙寅	丁卯	戊辰	己巳	庚午	辛未	壬申	癸酉	甲戌
대운 남	1 / 10	10	9	9	9	8	8	8	7	7	7	6	6	6	5	5	5	4	4	4	3	3	3	2	2	2	1	1	1	1
대운 여	10 / 1	1	1	1	1	2	2	2	3	3	3	4	4	4	5	5	5	6	6	6	7	7	7	8	8	8	9	9	9	10

11월 7일(양) 입동 14시 46분		11월 10일(양)		11월 20일(양)		11월 22일(양) 소설 12시 11분		12월 1일(양)	
평균기온: 15.6℃	강수량: –	평균기온: 10.4℃	강수량: 11.7㎜	평균기온: 4.4℃	강수량: –	평균기온: 6.2℃	강수량: –	평균기온: 5.3℃	강수량: 0.2㎜
최고기온: 20.0℃	일 출: 07:03	최고기온: 11.4℃	일 출: 07:06	최고기온: 9.6℃	일 출: 07:17	최고기온: 12.8℃	일 출: 07:19	최고기온: 8.3℃	일 출: 07:28
최저기온: 12.7℃	일 몰: 17:28	최저기온: 8.9℃	일 몰: 17:25	최저기온: 0.6℃	일 몰: 17:18	최저기온: 0.3℃	일 몰: 17:17	최저기온: 0.8℃	일 몰: 17:14

대설 — 12.07 ~ 1985.01.04(양) [丙子月]

	양력 12.07	8	9	10	11	12	13	14	15	16	17	18	19	20	21	22	23	24	25	26	27	28	29	30	31	1.1	2	3	4
음력 10.15		16	17	18	19	20	21	22	23	24	25	26	27	28	29	11.1	2	3	4	5	6	7	8	9	10	11	12	13	14
일주	乙亥	丙子	丁丑	戊寅	己卯	庚辰	辛巳	壬午	癸未	甲申	乙酉	丙戌	丁亥	戊子	己丑	庚寅	辛卯	壬辰	癸巳	甲午	乙未	丙申	丁酉	戊戌	己亥	庚子	辛丑	壬寅	癸卯
대운 남	1 / 10	10	9	9	9	8	8	8	7	7	7	6	6	6	5	5	5	4	4	4	3	3	3	2	2	2	1	1	1
대운 여	10 / 1	1	1	1	1	2	2	2	3	3	3	4	4	4	5	5	5	6	6	6	7	7	7	8	8	8	9	9	9

12월 7일(양) 대설 07시 28분		12월 10일(양)		12월 20일(양)		12월 22일(양) 동지 01시 23분		1월 1일(양)	
평균기온: -0.1℃	강수량: –	평균기온: 8.0℃	강수량: 13.4㎜	평균기온: -0.6℃	강수량: 0.5㎜	평균기온: -8.3℃	강수량: 0.4㎜	평균기온: -2.9℃	강수량: –
최고기온: 6.6℃	일 출: 07:33	최고기온: 9.9℃	일 출: 07:36	최고기온: 3.3℃	일 출: 07:43	최고기온: -3.5℃	일 출: 07:44	최고기온: 3.0℃	일 출: 07:47
최저기온: -4.9℃	일 몰: 17:13	최저기온: 6.9℃	일 몰: 17:14	최저기온: -2.7℃	일 몰: 17:17	최저기온: -10.8℃	일 몰: 17:18	최저기온: -6.9℃	일 몰: 17:24

소한 — 01.05 ~ 02.03(양) [丁丑月]

	양력 1985.01.05	6	7	8	9	10	11	12	13	14	15	16	17	18	19	20	21	22	23	24	25	26	27	28	29	30	31	2.1	2	3
음력 1984.11.15		16	17	18	19	20	21	22	23	24	25	26	27	28	29	30	12.1	2	3	4	5	6	7	8	9	10	11	12	13	14
일주	甲辰	乙巳	丙午	丁未	戊申	己酉	庚戌	辛亥	壬子	癸丑	甲寅	乙卯	丙辰	丁巳	戊午	己未	庚申	辛酉	壬戌	癸亥	甲子	乙丑	丙寅	丁卯	戊辰	己巳	庚午	辛未	壬申	癸酉
대운 남	1 / 10	10	9	9	9	8	8	8	7	7	7	6	6	6	5	5	5	4	4	4	3	3	3	2	2	2	1	1	1	1
대운 여	10 / 1	1	1	1	1	2	2	2	3	3	3	4	4	4	5	5	5	6	6	6	7	7	7	8	8	8	9	9	9	10

1월 5일(양) 소한 18시 35분		1월 10일(양)		1월 20일(양) 대한 11시 58분		2월 1일(양)	
평균기온: -5.6℃	강수량: 0.0㎜	평균기온: -6.2℃	강수량: 0.0㎜	평균기온: -4.8℃	강수량: –	평균기온: 1.8℃	강수량: 0.0㎜
최고기온: -1.0℃	일 출: 07:47	최고기온: -2.4℃	일 출: 07:47	최고기온: -1.2℃	일 출: 07:44	최고기온: 4.7℃	일 출: 07:36
최저기온: -9.4℃	일 몰: 17:28	최저기온: -9.2℃	일 몰: 17:32	최저기온: -7.4℃	일 몰: 17:42	최저기온: -1.9℃	일 몰: 17:56

1985

단기 4318년

입춘 02.04 ~ 03.05(양)

戊寅月

양력	1985.02.04		5	6	7	8	9	10	11	12	13	14	15	16	17	18	19	20	21	22	23	24	25	26	27	28	3.1	2	3	4	5
음력	1984.12.15		16	17	18	19	20	21	22	23	24	25	26	27	28	29	30	1.1	2	3	4	5	6	7	8	9	10	11	12	13	14
일주	甲戌		乙亥	丙子	丁丑	戊寅	己卯	庚辰	辛巳	壬午	癸未	甲申	乙酉	丙戌	丁亥	戊子	己丑	庚寅	辛卯	壬辰	癸巳	甲午	乙未	丙申	丁酉	戊戌	己亥	庚子	辛丑	壬寅	癸卯
대운 남	1	1	1	1	1	1	2	2	2	3	3	3	4	4	4	5	5	5	6	6	6	7	7	7	8	8	8	9	9	9	10
대운 여	10	10	10	9	9	9	8	8	8	7	7	7	6	6	6	5	5	5	4	4	4	3	3	3	2	2	2	1	1	1	1

2월 4일(양) 입춘 06시 12분		2월 10일(양)		2월 19일(양) 우수 02시 07분		2월 20일(양)		3월 1일(양)	
평균기온: -0.1℃	강수량: -	평균기온: 2.1℃	강수량: 0.4㎜	평균기온: 3.5℃	강수량: 5.4㎜	평균기온: -4.3℃	강수량: 4.8㎜	평균기온: 4.0℃	강수량: 0.1㎜
최고기온: 3.5℃	일 출: 07:34	최고기온: 5.8℃	일 출: 07:28	최고기온: 10.2℃	일 출: 07:17	최고기온: -0.2℃	일 출: 07:16	최고기온: 5.0℃	일 출: 07:04
최저기온: -3.3℃	일 몰: 17:59	최저기온: 0.0℃	일 몰: 18:05	최저기온: -0.2℃	일 몰: 18:15	최저기온: -8.8℃	일 몰: 18:16	최저기온: 3.2℃	일 몰: 18:25

경칩 03.06 ~ 04.04(양)

己卯月

양력	03.06		7	8	9	10	11	12	13	14	15	16	17	18	19	20	21	22	23	24	25	26	27	28	29	30	31	4.1	2	3	4
음력	01.15		16	17	18	19	20	21	22	23	24	25	26	27	28	29	2.1	2	3	4	5	6	7	8	9	10	11	12	13	14	15
일주	甲辰		乙巳	丙午	丁未	戊申	己酉	庚戌	辛亥	壬子	癸丑	甲寅	乙卯	丙辰	丁巳	戊午	己未	庚申	辛酉	壬戌	癸亥	甲子	乙丑	丙寅	丁卯	戊辰	己巳	庚午	辛未	壬申	癸酉
대운 남	10	1	1	1	1	1	2	2	2	3	3	3	4	4	4	5	5	5	6	6	6	7	7	7	8	8	8	9	9	9	10
대운 여	1	10	10	9	9	9	8	8	8	7	7	7	6	6	6	5	5	5	4	4	4	3	3	3	2	2	2	1	1	1	1

3월 6일(양) 경칩 00시 16분		3월 10일(양)		3월 20일(양)		3월 21일(양) 춘분 01시 14분		4월 1일(양)	
평균기온: -2.0℃	강수량: -	평균기온: -2.4℃	강수량: -	평균기온: 9.0℃	강수량: -	평균기온: 7.5℃	강수량: -	평균기온: 5.8℃	강수량: -
최고기온: 1.9℃	일 출: 06:57	최고기온: 4.1℃	일 출: 06:51	최고기온: 15.7℃	일 출: 06:36	최고기온: 13.6℃	일 출: 06:35	최고기온: 12.8℃	일 출: 06:18
최저기온: -5.5℃	일 몰: 18:30	최저기온: -8.2℃	일 몰: 18:34	최저기온: 4.5℃	일 몰: 18:43	최저기온: 3.4℃	일 몰: 18:44	최저기온: 0.0℃	일 몰: 18:54

청명 04.05 ~ 05.04(양)

庚辰月

양력	04.05		6	7	8	9	10	11	12	13	14	15	16	17	18	19	20	21	22	23	24	25	26	27	28	29	30	5.1	2	3	4
음력	02.16		17	18	19	20	21	22	23	24	25	26	27	28	29	30	3.1	2	3	4	5	6	7	8	9	10	11	12	13	14	15
일주	甲戌		乙亥	丙子	丁丑	戊寅	己卯	庚辰	辛巳	壬午	癸未	甲申	乙酉	丙戌	丁亥	戊子	己丑	庚寅	辛卯	壬辰	癸巳	甲午	乙未	丙申	丁酉	戊戌	己亥	庚子	辛丑	壬寅	癸卯
대운 남	10	1	1	1	1	1	2	2	2	3	3	3	4	4	4	5	5	5	6	6	6	7	7	7	8	8	8	9	9	9	10
대운 여	1	10	10	9	9	9	8	8	8	7	7	7	6	6	6	5	5	5	4	4	4	3	3	3	2	2	2	1	1	1	1

4월 5일(양) 청명 05시 14분		4월 10일(양)		4월 20일(양) 곡우 12시 26분		5월 1일(양)			
평균기온: 7.0℃	강수량: -	평균기온: 15.4℃	강수량: 0.0㎜	평균기온: 12.4℃	강수량: -	평균기온: 19.7℃	강수량: -		
최고기온: 14.8℃	일 출: 06:12	최고기온: 21.0℃	일 출: 06:05	최고기온: 20.0℃	일 출: 05:51	최고기온: 22.9℃	일 출: 05:37		
최저기온: 2.2℃	일 몰: 18:58	최저기온: 9.9℃	일 몰: 19:02	최저기온: 7.2℃	일 몰: 19:12	최저기온: 17.6℃	일 몰: 19:22		

입하 05.05 ~ 06.05(양)

辛巳月

양력	05.05		6	7	8	9	10	11	12	13	14	15	16	17	18	19	20	21	22	23	24	25	26	27	28	29	30	31	6.1	2	3	4	5
음력	03.16		17	18	19	20	21	22	23	24	25	26	27	28	29	30	4.1	2	3	4	5	6	7	8	9	10	11	12	13	14	15	16	17
일주	甲辰		乙巳	丙午	丁未	戊申	己酉	庚戌	辛亥	壬子	癸丑	甲寅	乙卯	丙辰	丁巳	戊午	己未	庚申	辛酉	壬戌	癸亥	甲子	乙丑	丙寅	丁卯	戊辰	己巳	庚午	辛未	壬申	癸酉	甲戌	乙亥
대운 남	10	1	1	1	1	1	2	2	2	3	3	3	4	4	4	5	5	5	6	6	6	7	7	7	8	8	8	9	9	9	10	10	10
대운 여	1	10	10	10	10	9	9	9	8	8	8	7	7	7	6	6	6	5	5	5	4	4	4	3	3	3	2	2	2	1	1	1	1

5월 5일(양) 입하 22시 43분		5월 10일(양)		5월 20일(양)		5월 21일(양) 소만 11시 43분		6월 1일(양)	
평균기온: 16.0℃	강수량: 44.4㎜	평균기온: 21.1℃	강수량: -	평균기온: 14.1℃	강수량: 13.8㎜	평균기온: 14.3℃	강수량: -	평균기온: 18.9℃	강수량: 0.0㎜
최고기온: 18.1℃	일 출: 05:33	최고기온: 27.5℃	일 출: 05:28	최고기온: 17.3℃	일 출: 05:19	최고기온: 20.3℃	일 출: 05:18	최고기온: 23.8℃	일 출: 05:13
최저기온: 14.3℃	일 몰: 19:25	최저기온: 14.9℃	일 몰: 19:30	최저기온: 10.4℃	일 몰: 19:38	최저기온: 9.3℃	일 몰: 19:39	최저기온: 16.1℃	일 몰: 19:47

망종 06.06 ~ 07.06(양)

壬午月

양력	06.06		7	8	9	10	11	12	13	14	15	16	17	18	19	20	21	22	23	24	25	26	27	28	29	30	7.1	2	3	4	5	6
음력	04.18		19	20	21	22	23	24	25	26	27	28	29	5.1	2	3	4	5	6	7	8	9	10	11	12	13	14	15	16	17	18	19
일주	丙子		丁丑	戊寅	己卯	庚辰	辛巳	壬午	癸未	甲申	乙酉	丙戌	丁亥	戊子	己丑	庚寅	辛卯	壬辰	癸巳	甲午	乙未	丙申	丁酉	戊戌	己亥	庚子	辛丑	壬寅	癸卯	甲辰	乙巳	丙午
대운 남	10	1	1	1	1	1	2	2	2	3	3	3	4	4	4	5	5	5	6	6	6	7	7	7	8	8	8	9	9	9	10	10
대운 여	1	10	10	10	9	9	9	8	8	8	7	7	7	6	6	6	5	5	5	4	4	4	3	3	3	2	2	2	1	1	1	1

6월 6일(양) 망종 03시 00분		6월 10일(양)		6월 20일(양)		6월 21일(양) 하지 19시 44분		7월 1일(양)	
평균기온: 22.3℃	강수량: -	평균기온: 22.1℃	강수량: -	평균기온: 24.2℃	강수량: -	평균기온: 22.0℃	강수량: -	평균기온: 22.4℃	강수량: -
최고기온: 29.1℃	일 출: 05:11	최고기온: 26.6℃	일 출: 05:10	최고기온: 29.7℃	일 출: 05:11	최고기온: 27.0℃	일 출: 05:11	최고기온: 26.3℃	일 출: 05:14
최저기온: 16.5℃	일 몰: 19:50	최저기온: 17.9℃	일 몰: 19:53	최저기온: 19.9℃	일 몰: 19:56	최저기온: 19.0℃	일 몰: 19:57	최저기온: 20.1℃	일 몰: 19:57

소서 07.07 ~ 08.06(양)

癸未月

양력	07.07		8	9	10	11	12	13	14	15	16	17	18	19	20	21	22	23	24	25	26	27	28	29	30	31	8.1	2	3	4	5	6
음력	05.20		21	22	23	24	25	26	27	28	29	30	6.1	2	3	4	5	6	7	8	9	10	11	12	13	14	15	16	17	18	19	20
일주	丁未		戊申	己酉	庚戌	辛亥	壬子	癸丑	甲寅	乙卯	丙辰	丁巳	戊午	己未	庚申	辛酉	壬戌	癸亥	甲子	乙丑	丙寅	丁卯	戊辰	己巳	庚午	辛未	壬申	癸酉	甲戌	乙亥	丙子	丁丑
대운 남	10	1	1	1	1	1	2	2	2	3	3	3	4	4	4	5	5	5	6	6	6	7	7	7	8	8	8	9	9	9	10	10
대운 여	1	10	10	10	9	9	9	8	8	8	7	7	7	6	6	6	5	5	5	4	4	4	3	3	3	2	2	2	1	1	1	1

7월 7일(양) 소서 13시 19분		7월 10일(양)		7월 20일(양)		7월 23일(양) 대서 06시 36분		8월 1일(양)	
평균기온: 22.5℃	강수량: 14.6㎜	평균기온: 24.6℃	강수량: 13.4㎜	평균기온: 25.8℃	강수량: 0.0㎜	평균기온: 26.6℃	강수량: 0.0㎜	평균기온: 27.9℃	강수량: 0.0㎜
최고기온: 25.6℃	일 출: 05:17	최고기온: 26.5℃	일 출: 05:19	최고기온: 30.5℃	일 출: 05:26	최고기온: 30.1℃	일 출: 05:28	최고기온: 32.1℃	일 출: 05:35
최저기온: 20.3℃	일 몰: 19:56	최저기온: 22.0℃	일 몰: 19:55	최저기온: 23.4℃	일 몰: 19:50	최저기온: 24.2℃	일 몰: 19:48	최저기온: 24.6℃	일 몰: 19:41

동경 135도 표준시

입추 (甲申月) 08.07 ~ 09.07(양)

양력	08.07	8	9	10	11	12	13	14	15	16	17	18	19	20	21	22	23	24	25	26	27	28	29	30	31	9.1	2	3	4	5	6	7
음력	06.21	22	23	24	25	26	27	28	29	7.1	2	3	4	5	6	7	8	9	10	11	12	13	14	15	16	17	18	19	20	21	22	23
일주	戊寅	己卯	庚辰	辛巳	壬午	癸未	甲申	乙酉	丙戌	丁亥	戊子	己丑	庚寅	辛卯	壬辰	癸巳	甲午	乙未	丙申	丁酉	戊戌	己亥	庚子	辛丑	壬寅	癸卯	甲辰	乙巳	丙午	丁未	戊申	己酉
대운 남	10 / 1	1	1	1	1	2	2	2	3	3	3	4	4	4	5	5	5	6	6	6	7	7	7	8	8	8	9	9	9	10	10	10
대운 여	1 / 10	10	10	10	9	9	9	8	8	8	7	7	7	6	6	6	5	5	5	4	4	4	3	3	3	2	2	2	1	1	1	1

8월 7일(양) 입추 23시 04분		8월 10일(양)		8월 20일(양)		8월 23일(양) 처서 13시 36분		9월 1일(양)	
평균기온: 26.9℃	강수량: -	평균기온: 22.1℃	강수량: 124.5㎜	평균기온: 28.7℃	강수량: -	평균기온: 29.0℃	강수량: -	평균기온: 25.1℃	강수량: -
최고기온: 31.9℃	일 출: 05:41	최고기온: 24.4℃	일 출: 05:43	최고기온: 33.2℃	일 출: 05:52	최고기온: 34.1℃	일 출: 05:54	최고기온: 30.1℃	일 출: 06:02
최저기온: 23.5℃	일 몰: 19:35	최저기온: 20.6℃	일 몰: 19:31	최저기온: 25.4℃	일 몰: 19:19	최저기온: 25.5℃	일 몰: 19:15	최저기온: 20.4℃	일 몰: 19:02

백로 (乙酉月) 09.08 ~ 10.07(양)

양력	09.08	9	10	11	12	13	14	15	16	17	18	19	20	21	22	23	24	25	26	27	28	29	30	10.1	2	3	4	5	6	7
음력	07.24	25	26	27	28	29	30	8.1	2	3	4	5	6	7	8	9	10	11	12	13	14	15	16	17	18	19	20	21	22	23
일주	庚戌	辛亥	壬子	癸丑	甲寅	乙卯	丙辰	丁巳	戊午	己未	庚申	辛酉	壬戌	癸亥	甲子	乙丑	丙寅	丁卯	戊辰	己巳	庚午	辛未	壬申	癸酉	甲戌	乙亥	丙子	丁丑	戊寅	己卯
대운 남	10 / 1	1	1	1	1	2	2	2	3	3	3	4	4	4	5	5	5	6	6	6	7	7	7	8	8	8	9	9	9	10
대운 여	1 / 10	10	9	9	9	8	8	8	7	7	7	6	6	6	5	5	5	4	4	4	3	3	3	2	2	2	1	1	1	1

9월 8일(양) 백로 01시 53분		9월 10일(양)		9월 20일(양)		9월 23일(양) 추분 11시 07분		10월 1일(양)	
평균기온: 23.3℃	강수량: -	평균기온: 19.7℃	강수량: 7.2㎜	평균기온: 17.3℃	강수량: 0.2㎜	평균기온: 17.4℃	강수량: -	평균기온: 12.1℃	강수량: 0.0㎜
최고기온: 28.2℃	일 출: 06:08	최고기온: 22.2℃	일 출: 06:09	최고기온: 19.7℃	일 출: 06:18	최고기온: 21.4℃	일 출: 06:20	최고기온: 17.5℃	일 출: 06:27
최저기온: 19.7℃	일 몰: 18:51	최저기온: 18.3℃	일 몰: 18:48	최저기온: 16.0℃	일 몰: 18:33	최저기온: 12.7℃	일 몰: 18:28	최저기온: 8.2℃	일 몰: 18:16

한로 (丙戌月) 10.08 ~ 11.06(양)

양력	10.08	9	10	11	12	13	14	15	16	17	18	19	20	21	22	23	24	25	26	27	28	29	30	31	11.1	2	3	4	5	6
음력	08.24	25	26	27	28	29	9.1	2	3	4	5	6	7	8	9	10	11	12	13	14	15	16	17	18	19	20	21	22	23	24
일주	庚辰	辛巳	壬午	癸未	甲申	乙酉	丙戌	丁亥	戊子	己丑	庚寅	辛卯	壬辰	癸巳	甲午	乙未	丙申	丁酉	戊戌	己亥	庚子	辛丑	壬寅	癸卯	甲辰	乙巳	丙午	丁未	戊申	己酉
대운 남	10 / 1	1	1	1	1	2	2	2	3	3	3	4	4	4	5	5	5	6	6	6	7	7	7	8	8	8	9	9	9	10
대운 여	1 / 10	10	9	9	9	8	8	8	7	7	7	6	6	6	5	5	5	4	4	4	3	3	3	2	2	2	1	1	1	1

10월 8일(양) 한로 17시 25분		10월 10일(양)		10월 20일(양)		10월 23일(양) 상강 20시 22분		11월 1일(양)	
평균기온: 17.3℃	강수량: -	평균기온: 17.1℃	강수량: 55.3㎜	평균기온: 10.7℃	강수량: -	평균기온: 14.1℃	강수량: 0.0㎜	평균기온: 9.6℃	강수량: -
최고기온: 23.7℃	일 출: 06:33	최고기온: 19.1℃	일 출: 06:35	최고기온: 15.4℃	일 출: 06:45	최고기온: 18.7℃	일 출: 06:47	최고기온: 13.5℃	일 출: 06:57
최저기온: 13.0℃	일 몰: 18:06	최저기온: 16.5℃	일 몰: 18:03	최저기온: 7.2℃	일 몰: 17:49	최저기온: 9.5℃	일 몰: 17:45	최저기온: 6.4℃	일 몰: 17:34

입동 (丁亥月) 11.07 ~ 12.06(양)

양력	11.07	8	9	10	11	12	13	14	15	16	17	18	19	20	21	22	23	24	25	26	27	28	29	30	12.1	2	3	4	5	6
음력	09.25	26	27	28	29	10.1	2	3	4	5	6	7	8	9	10	11	12	13	14	15	16	17	18	19	20	21	22	23	24	25
일주	庚戌	辛亥	壬子	癸丑	甲寅	乙卯	丙辰	丁巳	戊午	己未	庚申	辛酉	壬戌	癸亥	甲子	乙丑	丙寅	丁卯	戊辰	己巳	庚午	辛未	壬申	癸酉	甲戌	乙亥	丙子	丁丑	戊寅	己卯
대운 남	10 / 1	1	1	1	1	2	2	2	3	3	3	4	4	4	5	5	5	6	6	6	7	7	7	8	8	8	9	9	9	10
대운 여	1 / 10	10	9	9	9	8	8	8	7	7	7	6	6	6	5	5	5	4	4	4	3	3	3	2	2	2	1	1	1	1

11월 7일(양) 입동 20시 29분		11월 10일(양)		11월 20일(양)		11월 22일(양) 소설 17시 51분		12월 1일(양)	
평균기온: 15.3℃	강수량: 0.3㎜	평균기온: 3.7℃	강수량: 7.3㎜	평균기온: 7.2℃	강수량: -	평균기온: 9.8℃	강수량: 12.7㎜	평균기온: -1.3℃	강수량: 4.4㎜
최고기온: 18.8℃	일 출: 07:03	최고기온: 6.7℃	일 출: 07:06	최고기온: 10.7℃	일 출: 07:17	최고기온: 12.2℃	일 출: 07:19	최고기온: 2.4℃	일 출: 07:47
최저기온: 11.6℃	일 몰: 17:28	최저기온: 0.9℃	일 몰: 17:26	최저기온: 4.6℃	일 몰: 17:18	최저기온: 7.4℃	일 몰: 17:17	최저기온: -4.3℃	일 몰: 17:24

대설 (戊子月) 12.07 ~ 1986.01.05(양)

양력	12.07	8	9	10	11	12	13	14	15	16	17	18	19	20	21	22	23	24	25	26	27	28	29	30	31	1.1	2	3	4	5
음력	10.26	27	28	29	30	11.1	2	3	4	5	6	7	8	9	10	11	12	13	14	15	16	17	18	19	20	21	22	23	24	25
일주	庚辰	辛巳	壬午	癸未	甲申	乙酉	丙戌	丁亥	戊子	己丑	庚寅	辛卯	壬辰	癸巳	甲午	乙未	丙申	丁酉	戊戌	己亥	庚子	辛丑	壬寅	癸卯	甲辰	乙巳	丙午	丁未	戊申	己酉
대운 남	10 / 1	1	1	1	1	2	2	2	3	3	3	4	4	4	5	5	5	6	6	6	7	7	7	8	8	8	9	9	9	10
대운 여	1 / 10	10	9	9	9	8	8	8	7	7	7	6	6	6	5	5	5	4	4	4	3	3	3	2	2	2	1	1	1	1

12월 7일(양) 대설 13시 16분		12월 10일(양)		12월 20일(양)		12월 22일(양) 동지 07시 08분		1월 1일(양)	
평균기온: -2.3℃	강수량: -	평균기온: -10.6℃	강수량: -	평균기온: -5.2℃	강수량: -	평균기온: 0.5℃	강수량: 0.5㎜	평균기온: -8.6℃	강수량: 0.0㎜
최고기온: 0.7℃	일 출: 07:33	최고기온: -7.2℃	일 출: 07:36	최고기온: -1.1℃	일 출: 07:42	최고기온: 3.7℃	일 출: 07:43	최고기온: -6.1℃	일 출: 07:28
최저기온: -4.7℃	일 몰: 17:13	최저기온: -13.6℃	일 몰: 17:14	최저기온: -8.8℃	일 몰: 17:17	최저기온: -1.6℃	일 몰: 17:18	최저기온: -12.2℃	일 몰: 17:14

소한 (己丑月) 01.06 ~ 02.03(양)

양력	1986.01.06	7	8	9	10	11	12	13	14	15	16	17	18	19	20	21	22	23	24	25	26	27	28	29	30	31	2.1	2	3
음력	1985.11.26	27	28	29	12.1	2	3	4	5	6	7	8	9	10	11	12	13	14	15	16	17	18	19	20	21	22	23	24	25
일주	庚戌	辛亥	壬子	癸丑	甲寅	乙卯	丙辰	丁巳	戊午	己未	庚申	辛酉	壬戌	癸亥	甲子	乙丑	丙寅	丁卯	戊辰	己巳	庚午	辛未	壬申	癸酉	甲戌	乙亥	丙子	丁丑	戊寅
대운 남	10 / 1	1	1	1	1	2	2	2	3	3	3	4	4	4	5	5	5	6	6	6	7	7	7	8	8	8	9	9	9
대운 여	1 / 10	9	9	9	8	8	8	7	7	7	6	6	6	5	5	5	4	4	4	3	3	3	2	2	2	1	1	1	1

1월 6일(양) 소한 00시 28분		1월 10일(양)		1월 20일(양) 대한 17시 46분		2월 1일(양)	
평균기온: -11.6℃	강수량: 0.0㎜	평균기온: -11.0℃	강수량: -	평균기온: 0.2℃	강수량: -	평균기온: -6.2℃	강수량: -
최고기온: -5.9℃	일 출: 07:47	최고기온: -7.4℃	일 출: 07:47	최고기온: 3.9℃	일 출: 07:44	최고기온: -2.3℃	일 출: 07:36
최저기온: -16.9℃	일 몰: 17:28	최저기온: -13.7℃	일 몰: 17:32	최저기온: -2.6℃	일 몰: 17:42	최저기온: -9.5℃	일 몰: 17:55

입춘 — 02.04 ~ 03.05(양)

庚寅月

구분	(절기)	5	6	7	8	9	10	11	12	13	14	15	16	17	18	19	20	21	22	23	24	25	26	27	28	3.1	2	3	4	5
양력	1986.02.04	5	6	7	8	9	10	11	12	13	14	15	16	17	18	19	20	21	22	23	24	25	26	27	28	3.1	2	3	4	5
음력	1985.12.26	27	28	29	30	1.1	2	3	4	5	6	7	8	9	10	11	12	13	14	15	16	17	18	19	20	21	22	23	24	25
일주	己卯	庚辰	辛巳	壬午	癸未	甲申	乙酉	丙戌	丁亥	戊子	己丑	庚寅	辛卯	壬辰	癸巳	甲午	乙未	丙申	丁酉	戊戌	己亥	庚子	辛丑	壬寅	癸卯	甲辰	乙巳	丙午	丁未	戊申
대운 남	10 / 10	10	10	9	9	9	8	8	8	7	7	7	6	6	6	5	5	5	4	4	4	3	3	3	2	2	2	1	1	1
대운 여	1 / 1	1	1	2	2	2	3	3	3	4	4	4	5	5	5	6	6	6	7	7	7	8	8	8	9	9	9	10	10	10

2월 4일(양) 입춘 12시 08분		2월 10일(양)		2월 19일(양) 우수 07시 58분		2월 20일(양)		3월 1일(양)	
평균기온: -8.2℃	강수량: -	평균기온: -4.8℃	강수량: -	평균기온: -0.1℃	강수량: -	평균기온: -1.2℃	강수량: -	평균기온: -2.4℃	강수량: 0.0mm
최고기온: -3.8℃	일 출: 07:34	최고기온: -0.6℃	일 출: 07:28	최고기온: 3.1℃	일 출: 07:18	최고기온: 2.1℃	일 출: 07:16	최고기온: 1.4℃	일 출: 07:05
최저기온: -12.7℃	일 몰: 17:59	최저기온: -9.1℃	일 몰: 18:05	최저기온: -2.4℃	일 몰: 18:15	최저기온: -3.1℃	일 몰: 18:16	최저기온: -5.0℃	일 몰: 18:25

경칩 — 03.06 ~ 04.04(양)

辛卯月

구분	(절기)	7	8	9	10	11	12	13	14	15	16	17	18	19	20	21	22	23	24	25	26	27	28	29	30	31	4.1	2	3	4
양력	03.06	7	8	9	10	11	12	13	14	15	16	17	18	19	20	21	22	23	24	25	26	27	28	29	30	31	4.1	2	3	4
음력	01.26	27	28	29	2.1	2	3	4	5	6	7	8	9	10	11	12	13	14	15	16	17	18	19	20	21	22	23	24	25	26
일주	己酉	庚戌	辛亥	壬子	癸丑	甲寅	乙卯	丙辰	丁巳	戊午	己未	庚申	辛酉	壬戌	癸亥	甲子	乙丑	丙寅	丁卯	戊辰	己巳	庚午	辛未	壬申	癸酉	甲戌	乙亥	丙子	丁丑	戊寅
대운 남	1 / 10	10	9	9	9	8	8	8	7	7	7	6	6	6	5	5	5	4	4	4	3	3	3	2	2	2	1	1	1	1
대운 여	10 / 1	1	1	1	2	2	2	3	3	3	4	4	4	5	5	5	6	6	6	7	7	7	8	8	8	9	9	9	10	10

3월 6일(양) 경칩 06시 12분		3월 10일(양)		3월 20일(양)		3월 21일(양) 춘분 07시 03분		4월 1일(양)	
평균기온: 5.8℃	강수량: -	평균기온: 0.1℃	강수량: -	평균기온: 3.4℃	강수량: -	평균기온: 6.1℃	강수량: -	평균기온: 7.9℃	강수량: -
최고기온: 12.2℃	일 출: 06:58	최고기온: 4.0℃	일 출: 06:52	최고기온: 7.3℃	일 출: 06:37	최고기온: 11.7℃	일 출: 06:35	최고기온: 14.1℃	일 출: 06:19
최저기온: 0.3℃	일 몰: 18:30	최저기온: -2.3℃	일 몰: 18:34	최저기온: 0.5℃	일 몰: 18:43	최저기온: 1.0℃	일 몰: 18:44	최저기온: 2.6℃	일 몰: 18:54

청명 — 04.05 ~ 05.05(양)

壬辰月

구분	(절기)	6	7	8	9	10	11	12	13	14	15	16	17	18	19	20	21	22	23	24	25	26	27	28	29	30	5.1	2	3	4	5
양력	04.05	6	7	8	9	10	11	12	13	14	15	16	17	18	19	20	21	22	23	24	25	26	27	28	29	30	5.1	2	3	4	5
음력	02.27	28	29	30	3.1	2	3	4	5	6	7	8	9	10	11	12	13	14	15	16	17	18	19	20	21	22	23	24	25	26	27
일주	己卯	庚辰	辛巳	壬午	癸未	甲申	乙酉	丙戌	丁亥	戊子	己丑	庚寅	辛卯	壬辰	癸巳	甲午	乙未	丙申	丁酉	戊戌	己亥	庚子	辛丑	壬寅	癸卯	甲辰	乙巳	丙午	丁未	戊申	己酉
대운 남	1 / 10	10	10	9	9	9	8	8	8	7	7	7	6	6	6	5	5	5	4	4	4	3	3	3	2	2	2	1	1	1	1
대운 여	10 / 1	1	1	1	2	2	2	3	3	3	4	4	4	5	5	5	6	6	6	7	7	7	8	8	8	9	9	9	10	10	10

4월 5일(양) 청명 11시 06분		4월 10일(양)		4월 20일(양) 곡우 18시 12분		5월 1일(양)	
평균기온: 9.1℃	강수량: -	평균기온: 12.3℃	강수량: 0.5mm	평균기온: 10.8℃	강수량: 0.1mm	평균기온: 12.0℃	강수량: 14.3mm
최고기온: 14.4℃	일 출: 06:13	최고기온: 17.4℃	일 출: 06:05	최고기온: 16.1℃	일 출: 05:51	최고기온: 15.4℃	일 출: 05:38
최저기온: 5.3℃	일 몰: 18:58	최저기온: 7.4℃	일 몰: 19:02	최저기온: 7.7℃	일 몰: 19:11	최저기온: 10.5℃	일 몰: 19:21

입하 — 05.06 ~ 06.05(양)

癸巳月

구분	(절기)	7	8	9	10	11	12	13	14	15	16	17	18	19	20	21	22	23	24	25	26	27	28	29	30	31	6.1	2	3	4	5
양력	05.06	7	8	9	10	11	12	13	14	15	16	17	18	19	20	21	22	23	24	25	26	27	28	29	30	31	6.1	2	3	4	5
음력	03.28	29	30	4.1	2	3	4	5	6	7	8	9	10	11	12	13	14	15	16	17	18	19	20	21	22	23	24	25	26	27	28
일주	庚戌	辛亥	壬子	癸丑	甲寅	乙卯	丙辰	丁巳	戊午	己未	庚申	辛酉	壬戌	癸亥	甲子	乙丑	丙寅	丁卯	戊辰	己巳	庚午	辛未	壬申	癸酉	甲戌	乙亥	丙子	丁丑	戊寅	己卯	庚辰
대운 남	1 / 10	10	10	9	9	9	8	8	8	7	7	7	6	6	6	5	5	5	5	4	4	4	3	3	3	2	2	2	1	1	1
대운 여	10 / 1	1	1	1	2	2	2	3	3	3	4	4	4	5	5	5	6	6	6	6	7	7	7	8	8	8	9	9	9	10	10

5월 6일(양) 입하 04시 31분		5월 10일(양)		5월 20일(양)		5월 21일(양) 소만 17시 28분		6월 1일(양)	
평균기온: 18.6℃	강수량: 0.3mm	평균기온: 11.8℃	강수량: 0.6mm	평균기온: 17.8℃	강수량: -	평균기온: 16.7℃	강수량: -	평균기온: 20.3℃	강수량: 5.8mm
최고기온: 24.9℃	일 출: 05:32	최고기온: 17.0℃	일 출: 05:28	최고기온: 22.6℃	일 출: 05:19	최고기온: 22.0℃	일 출: 05:19	최고기온: 24.9℃	일 출: 05:13
최저기온: 12.7℃	일 몰: 19:26	최저기온: 9.0℃	일 몰: 19:29	최저기온: 12.8℃	일 몰: 19:38	최저기온: 12.2℃	일 몰: 19:39	최저기온: 17.8℃	일 몰: 19:47

망종 — 06.06 ~ 07.06(양)

甲午月

구분	(절기)	7	8	9	10	11	12	13	14	15	16	17	18	19	20	21	22	23	24	25	26	27	28	29	30	7.1	2	3	4	5	6
양력	06.06	7	8	9	10	11	12	13	14	15	16	17	18	19	20	21	22	23	24	25	26	27	28	29	30	7.1	2	3	4	5	6
음력	04.29	5.1	2	3	4	5	6	7	8	9	10	11	12	13	14	15	16	17	18	19	20	21	22	23	24	25	26	27	28	29	30
일주	辛巳	壬午	癸未	甲申	乙酉	丙戌	丁亥	戊子	己丑	庚寅	辛卯	壬辰	癸巳	甲午	乙未	丙申	丁酉	戊戌	己亥	庚子	辛丑	壬寅	癸卯	甲辰	乙巳	丙午	丁未	戊申	己酉	庚戌	辛亥
대운 남	1 / 10	10	10	9	9	9	8	8	8	7	7	7	6	6	6	5	5	5	5	4	4	4	3	3	3	2	2	2	1	1	1
대운 여	10 / 1	1	1	1	2	2	2	3	3	3	4	4	4	5	5	5	6	6	6	6	7	7	7	8	8	8	9	9	9	10	10

6월 6일(양) 망종 08시 44분		6월 10일(양)		6월 20일(양)		6월 22일(양) 하지 01시 30분		7월 1일(양)	
평균기온: 18.2℃	강수량: 7.9mm	평균기온: 23.0℃	강수량: -	평균기온: 21.2℃	강수량: -	평균기온: 23.8℃	강수량: -	평균기온: 21.4℃	강수량: 1.4mm
최고기온: 22.5℃	일 출: 05:11	최고기온: 28.8℃	일 출: 05:10	최고기온: 26.5℃	일 출: 05:11	최고기온: 28.5℃	일 출: 05:11	최고기온: 24.8℃	일 출: 05:14
최저기온: 14.8℃	일 몰: 19:50	최저기온: 17.0℃	일 몰: 19:52	최저기온: 16.4℃	일 몰: 19:56	최저기온: 19.5℃	일 몰: 19:57	최저기온: 18.3℃	일 몰: 19:57

소서 — 07.07 ~ 08.07(양)

乙未月

구분	(절기)	8	9	10	11	12	13	14	15	16	17	18	19	20	21	22	23	24	25	26	27	28	29	30	31	8.1	2	3	4	5	6	7
양력	07.07	8	9	10	11	12	13	14	15	16	17	18	19	20	21	22	23	24	25	26	27	28	29	30	31	8.1	2	3	4	5	6	7
음력	06.01	2	3	4	5	6	7	8	9	10	11	12	13	14	15	16	17	18	19	20	21	22	23	24	25	26	27	28	29	30	7.1	2
일주	壬子	癸丑	甲寅	乙卯	丙辰	丁巳	戊午	己未	庚申	辛酉	壬戌	癸亥	甲子	乙丑	丙寅	丁卯	戊辰	己巳	庚午	辛未	壬申	癸酉	甲戌	乙亥	丙子	丁丑	戊寅	己卯	庚辰	辛巳	壬午	癸未
대운 남	1 / 10	10	10	9	9	9	8	8	8	7	7	7	6	6	6	5	5	5	4	4	4	3	3	3	2	2	2	1	1	1	1	
대운 여	10 / 1	1	1	1	2	2	2	3	3	3	4	4	4	5	5	5	6	6	6	7	7	7	8	8	8	9	9	9	10	10	10	

7월 7일(양) 소서 19시 01분		7월 10일(양)		7월 20일(양)		7월 23일(양) 대서 12시 24분		8월 1일(양)	
평균기온: 24.3℃	강수량: -	평균기온: 24.6℃	강수량: 0.0mm	평균기온: 24.2℃	강수량: 0.5mm	평균기온: 22.9℃	강수량: 6.0mm	평균기온: 27.9℃	강수량: 1.3mm
최고기온: 29.9℃	일 출: 05:17	최고기온: 28.7℃	일 출: 05:19	최고기온: 27.1℃	일 출: 05:26	최고기온: 27.0℃	일 출: 05:28	최고기온: 32.8℃	일 출: 05:35
최저기온: 18.6℃	일 몰: 19:56	최저기온: 20.9℃	일 몰: 19:55	최저기온: 22.3℃	일 몰: 19:51	최저기온: 21.4℃	일 몰: 19:49	최저기온: 24.9℃	일 몰: 19:41

입추　08.08 ~ 09.07(양)　[丙申月]

丙申月	입절		9	10	11	12	13	14	15	16	17	18	19	20	21	22	23	24	25	26	27	28	29	30	31	9.1	2	3	4	5	6	7
양력	08.08		9	10	11	12	13	14	15	16	17	18	19	20	21	22	23	24	25	26	27	28	29	30	31	9.1	2	3	4	5	6	7
음력	07.03		4	5	6	7	8	9	10	11	12	13	14	15	16	17	18	19	20	21	22	23	24	25	26	27	28	29	8.1	2	3	4
일주	甲申		乙酉	丙戌	丁亥	戊子	己丑	庚寅	辛卯	壬辰	癸巳	甲午	乙未	丙申	丁酉	戊戌	己亥	庚子	辛丑	壬寅	癸卯	甲辰	乙巳	丙午	丁未	戊申	己酉	庚戌	辛亥	壬子	癸丑	甲寅
대운 남	1	10	10	10	9	9	9	8	8	8	7	7	7	6	6	6	5	5	5	4	4	4	3	3	3	2	2	2	1	1	1	1
대운 여	10	1	1	1	1	1	2	2	2	3	3	3	4	4	4	5	5	5	6	6	6	7	7	7	8	8	8	9	9	9	10	10

8월 8일(양) 입추 04시 46분		8월 10일(양)		8월 20일(양)		8월 23일(양) 처서 19시 26분		9월 1일(양)	
평균기온: 25.3℃	강수량: -	평균기온: 25.3℃	강수량: 2.2mm	평균기온: 24.3℃	강수량: 7.0mm	평균기온: 22.8℃	강수량: 1.0mm	평균기온: 23.9℃	강수량: 1.6mm
최고기온: 30.4℃	일 출: 05:41	최고기온: 29.9℃	일 출: 05:43	최고기온: 26.4℃	일 출: 05:51	최고기온: 26.9℃	일 출: 05:54	최고기온: 31.0℃	일 출: 06:02
최저기온: 19.4℃	일 몰: 19:34	최저기온: 22.6℃	일 몰: 19:31	최저기온: 21.7℃	일 몰: 19:19	최저기온: 19.1℃	일 몰: 19:15	최저기온: 18.9℃	일 몰: 19:02

백로　09.08 ~ 10.07(양)　[丁酉月]

丁酉月	입절		9	10	11	12	13	14	15	16	17	18	19	20	21	22	23	24	25	26	27	28	29	30	10.1	2	3	4	5	6	7
양력	09.08		9	10	11	12	13	14	15	16	17	18	19	20	21	22	23	24	25	26	27	28	29	30	10.1	2	3	4	5	6	7
음력	08.05		6	7	8	9	10	11	12	13	14	15	16	17	18	19	20	21	22	23	24	25	26	27	28	29	30	9.1	2	3	4
일주	乙卯		丙辰	丁巳	戊午	己未	庚申	辛酉	壬戌	癸亥	甲子	乙丑	丙寅	丁卯	戊辰	己巳	庚午	辛未	壬申	癸酉	甲戌	乙亥	丙子	丁丑	戊寅	己卯	庚辰	辛巳	壬午	癸未	甲申
대운 남	1	10	10	9	9	9	8	8	8	7	7	7	6	6	6	5	5	5	4	4	4	3	3	3	2	2	2	1	1	1	1
대운 여	10	1	1	1	1	1	2	2	2	3	3	3	4	4	4	5	5	5	6	6	6	7	7	7	8	8	8	9	9	9	10

9월 8일(양) 백로 07시 35분		9월 10일(양)		9월 20일(양)		9월 23일(양) 추분 16시 59분		10월 1일(양)	
평균기온: 22.0℃	강수량: -	평균기온: 22.5℃	강수량: -	평균기온: 16.8℃	강수량: 11.6mm	평균기온: 20.1℃	강수량: -	평균기온: 16.3℃	강수량: 0.7mm
최고기온: 26.6℃	일 출: 06:07	최고기온: 27.2℃	일 출: 06:09	최고기온: 19.6℃	일 출: 06:17	최고기온: 24.5℃	일 출: 06:20	최고기온: 19.0℃	일 출: 06:27
최저기온: 18.7℃	일 몰: 18:52	최저기온: 19.7℃	일 몰: 18:49	최저기온: 14.4℃	일 몰: 18:33	최저기온: 14.5℃	일 몰: 18:29	최저기온: 13.6℃	일 몰: 18:16

한로　10.08 ~ 11.07(양)　[戊戌月]

戊戌月	입절		9	10	11	12	13	14	15	16	17	18	19	20	21	22	23	24	25	26	27	28	29	30	31	11.1	2	3	4	5	6	7
양력	10.08		9	10	11	12	13	14	15	16	17	18	19	20	21	22	23	24	25	26	27	28	29	30	31	11.1	2	3	4	5	6	7
음력	09.05		6	7	8	9	10	11	12	13	14	15	16	17	18	19	20	21	22	23	24	25	26	27	28	29	10.1	2	3	4	5	6
일주	乙酉		丙戌	丁亥	戊子	己丑	庚寅	辛卯	壬辰	癸巳	甲午	乙未	丙申	丁酉	戊戌	己亥	庚子	辛丑	壬寅	癸卯	甲辰	乙巳	丙午	丁未	戊申	己酉	庚戌	辛亥	壬子	癸丑	甲寅	乙卯
대운 남	1	10	10	10	9	9	9	8	8	8	7	7	7	6	6	6	5	5	5	4	4	4	3	3	3	2	2	2	1	1	1	1
대운 여	10	1	1	1	1	1	2	2	2	3	3	3	4	4	4	5	5	5	6	6	6	7	7	7	8	8	8	9	9	9	10	10

10월 8일(양) 한로 23시 07분		10월 10일(양)		10월 20일(양)		10월 24일(양) 상강 02시 14분		11월 1일(양)	
평균기온: 17.4℃	강수량: -	평균기온: 16.1℃	강수량: 1.2mm	평균기온: 11.4℃	강수량: 0.0mm	평균기온: 11.5℃	강수량: -	평균기온: 9.0℃	강수량: 1.7mm
최고기온: 21.8℃	일 출: 06:33	최고기온: 20.0℃	일 출: 06:35	최고기온: 13.8℃	일 출: 06:44	최고기온: 16.2℃	일 출: 06:48	최고기온: 14.2℃	일 출: 06:56
최저기온: 13.7℃	일 몰: 18:06	최저기온: 12.8℃	일 몰: 18:03	최저기온: 8.5℃	일 몰: 17:49	최저기온: 7.4℃	일 몰: 17:44	최저기온: 6.0℃	일 몰: 17:35

입동　11.08 ~ 12.06(양)　[己亥月]

己亥月	입절		9	10	11	12	13	14	15	16	17	18	19	20	21	22	23	24	25	26	27	28	29	30	12.1	2	3	4	5	6
양력	11.08		9	10	11	12	13	14	15	16	17	18	19	20	21	22	23	24	25	26	27	28	29	30	12.1	2	3	4	5	6
음력	10.07		8	9	10	11	12	13	14	15	16	17	18	19	20	21	22	23	24	25	26	27	28	29	30	11.1	2	3	4	5
일주	丙辰		丁巳	戊午	己未	庚申	辛酉	壬戌	癸亥	甲子	乙丑	丙寅	丁卯	戊辰	己巳	庚午	辛未	壬申	癸酉	甲戌	乙亥	丙子	丁丑	戊寅	己卯	庚辰	辛巳	壬午	癸未	甲申
대운 남	1	10	9	9	9	8	8	8	7	7	7	6	6	6	5	5	5	4	4	4	3	3	3	2	2	2	1	1	1	1
대운 여	10	1	1	1	1	1	2	2	2	3	3	3	4	4	4	5	5	5	6	6	6	7	7	7	8	8	8	9	9	9

11월 8일(양) 입동 02시 13분		11월 10일(양)		11월 20일(양)		11월 22일(양) 소설 23시 44분		12월 1일(양)	
평균기온: 5.5℃	강수량: -	평균기온: 7.2℃	강수량: -	평균기온: 5.0℃	강수량: -	평균기온: 5.1℃	강수량: -	평균기온: 5.3℃	강수량: -
최고기온: 9.8℃	일 출: 07:04	최고기온: 10.4℃	일 출: 07:06	최고기온: 9.7℃	일 출: 07:16	최고기온: 8.7℃	일 출: 07:18	최고기온: 8.9℃	일 출: 07:27
최저기온: 1.6℃	일 몰: 17:28	최저기온: 3.5℃	일 몰: 17:26	최저기온: 0.7℃	일 몰: 17:18	최저기온: 2.5℃	일 몰: 17:17	최저기온: 2.2℃	일 몰: 17:14

대설　12.07 ~ 1987.01.05(양)　[庚子月]

庚子月	입절		8	9	10	11	12	13	14	15	16	17	18	19	20	21	22	23	24	25	26	27	28	29	30	31	1.1	2	3	4	5
양력	12.07		8	9	10	11	12	13	14	15	16	17	18	19	20	21	22	23	24	25	26	27	28	29	30	31	1.1	2	3	4	5
음력	11.06		7	8	9	10	11	12	13	14	15	16	17	18	19	20	21	22	23	24	25	26	27	28	29	12.1	2	3	4	5	6
일주	乙酉		丙戌	丁亥	戊子	己丑	庚寅	辛卯	壬辰	癸巳	甲午	乙未	丙申	丁酉	戊戌	己亥	庚子	辛丑	壬寅	癸卯	甲辰	乙巳	丙午	丁未	戊申	己酉	庚戌	辛亥	壬子	癸丑	甲寅
대운 남	1	10	10	9	9	9	8	8	8	7	7	7	6	6	6	5	5	5	4	4	4	3	3	3	2	2	2	1	1	1	1
대운 여	10	1	1	1	1	1	2	2	2	3	3	3	4	4	4	5	5	5	6	6	6	7	7	7	8	8	8	9	9	9	10

12월 7일(양) 대설 19시 01분		12월 10일(양)		12월 20일(양)		12월 22일(양) 동지 13시 02분		1월 1일(양)	
평균기온: 0.3℃	강수량: -	평균기온: 4.2℃	강수량: 1.7mm	평균기온: 0.9℃	강수량: -	평균기온: -3.2℃	강수량: -	평균기온: -4.2℃	강수량: 0.0mm
최고기온: 3.5℃	일 출: 07:33	최고기온: 8.2℃	일 출: 07:35	최고기온: 3.0℃	일 출: 07:42	최고기온: 0.4℃	일 출: 07:43	최고기온: -0.2℃	일 출: 07:47
최저기온: -1.9℃	일 몰: 17:13	최저기온: 1.6℃	일 몰: 17:14	최저기온: -1.0℃	일 몰: 17:16	최저기온: -6.6℃	일 몰: 17:17	최저기온: -8.5℃	일 몰: 17:24

소한　01.06 ~ 02.03(양)　[辛丑月]

辛丑月	입절		7	8	9	10	11	12	13	14	15	16	17	18	19	20	21	22	23	24	25	26	27	28	29	30	31	2.1	2	3
양력	1987.01.06		7	8	9	10	11	12	13	14	15	16	17	18	19	20	21	22	23	24	25	26	27	28	29	30	31	2.1	2	3
음력	1986.12.07		8	9	10	11	12	13	14	15	16	17	18	19	20	21	22	23	24	25	26	27	28	29	1.1	2	3	4	5	6
일주	乙卯		丙辰	丁巳	戊午	己未	庚申	辛酉	壬戌	癸亥	甲子	乙丑	丙寅	丁卯	戊辰	己巳	庚午	辛未	壬申	癸酉	甲戌	乙亥	丙子	丁丑	戊寅	己卯	庚辰	辛巳	壬午	癸未
대운 남	1	10	9	9	9	8	8	8	7	7	7	6	6	6	5	5	5	4	4	4	3	3	3	2	2	2	1	1	1	1
대운 여	10	1	1	1	1	1	2	2	2	3	3	3	4	4	4	5	5	5	6	6	6	7	7	7	8	8	8	9	9	9

1월 6일(양) 소한 06시 13분		1월 10일(양)		1월 20일(양) 대한 23시 40분		2월 1일(양)	
평균기온: 0.3℃	강수량: 0.0mm	평균기온: -9.1℃	강수량: -	평균기온: -3.8℃	강수량: -	평균기온: -5.8℃	강수량: 0.0mm
최고기온: 4.6℃	일 출: 07:47	최고기온: -5.7℃	일 출: 07:47	최고기온: 0.5℃	일 출: 07:44	최고기온: -0.9℃	일 출: 07:37
최저기온: -2.5℃	일 몰: 17:28	최저기온: -11.3℃	일 몰: 17:32	최저기온: -7.4℃	일 몰: 17:42	최저기온: -10.6℃	일 몰: 17:55

1987 윤6월

입춘 — 壬寅月 · 02.04 ~ 03.05(양)

양력	1987.02.04	5	6	7	8	9	10	11	12	13	14	15	16	17	18	19	20	21	22	23	24	25	26	27	28	3.1	2	3	4	5
음력	1987.01.07	8	9	10	11	12	13	14	15	16	17	18	19	20	21	22	23	24	25	26	27	28	29	30	2.1	2	3	4	5	6
일주	甲申	乙酉	丙戌	丁亥	戊子	己丑	庚寅	辛卯	壬辰	癸巳	甲午	乙未	丙申	丁酉	戊戌	己亥	庚子	辛丑	壬寅	癸卯	甲辰	乙巳	丙午	丁未	戊申	己酉	庚戌	辛亥	壬子	癸丑
대운 남	1·1	1	1	1	1	2	2	2	3	3	3	4	4	4	5	5	5	6	6	6	7	7	7	8	8	8	9	9	9	10
대운 여	10·10	10	10	9	9	9	8	8	8	7	7	7	6	6	6	5	5	5	4	4	4	3	3	3	2	2	2	1	1	1

2월 4일(양) 입춘 17시 52분		2월 10일(양)		2월 19일(양) 우수 13시 50분		2월 20일(양)		3월 1일(양)	
평균기온: −5.1℃	강수량: −	평균기온: 9.0℃	강수량: 16.7mm	평균기온: 0.7℃	강수량: −	평균기온: 0.0℃	강수량: −	평균기온: −2.4℃	강수량: −
최고기온: −1.0℃	일 출: 07:34	최고기온: 10.8℃	일 출: 07:28	최고기온: 6.5℃	일 출: 07:18	최고기온: 4.4℃	일 출: 07:17	최고기온: 0.6℃	일 출: 07:05
최저기온: −9.2℃	일 몰: 17:58	최저기온: 7.8℃	일 몰: 18:05	최저기온: −3.6℃	일 몰: 18:15	최저기온: −3.1℃	일 몰: 18:16	최저기온: −6.0℃	일 몰: 18:25

경칩 — 癸卯月 · 03.06 ~ 04.04(양)

양력	03.06	7	8	9	10	11	12	13	14	15	16	17	18	19	20	21	22	23	24	25	26	27	28	29	30	31	4.1	2	3	4
음력	02.07	8	9	10	11	12	13	14	15	16	17	18	19	20	21	22	23	24	25	26	27	28	29	3.1	2	3	4	5	6	7
일주	甲寅	乙卯	丙辰	丁巳	戊午	己未	庚申	辛酉	壬戌	癸亥	甲子	乙丑	丙寅	丁卯	戊辰	己巳	庚午	辛未	壬申	癸酉	甲戌	乙亥	丙子	丁丑	戊寅	己卯	庚辰	辛巳	壬午	癸未
대운 남	10·1	1	1	1	1	2	2	2	3	3	3	4	4	4	5	5	5	6	6	6	7	7	7	8	8	8	9	9	9	10
대운 여	1·10	10	10	9	9	9	8	8	8	7	7	7	6	6	6	5	5	5	4	4	4	3	3	3	2	2	2	1	1	1

3월 6일(양) 경칩 11시 54분		3월 10일(양)		3월 20일(양)		3월 21일(양) 춘분 12시 52분		4월 1일(양)	
평균기온: 0.6℃	강수량: −	평균기온: 3.2℃	강수량: 3.3mm	평균기온: 6.8℃	강수량: −	평균기온: 6.9℃	강수량: −	평균기온: 4.0℃	강수량: −
최고기온: 4.6℃	일 출: 06:58	최고기온: 7.1℃	일 출: 06:52	최고기온: 13.8℃	일 출: 06:37	최고기온: 12.0℃	일 출: 06:36	최고기온: 9.0℃	일 출: 06:19
최저기온: −2.5℃	일 몰: 18:30	최저기온: 0.9℃	일 몰: 18:34	최저기온: 2.9℃	일 몰: 18:43	최저기온: 3.8℃	일 몰: 18:44	최저기온: 0.4℃	일 몰: 18:54

청명 — 甲辰月 · 04.05 ~ 05.05(양)

양력	04.05	6	7	8	9	10	11	12	13	14	15	16	17	18	19	20	21	22	23	24	25	26	27	28	29	30	5.1	2	3	4	5
음력	03.08	9	10	11	12	13	14	15	16	17	18	19	20	21	22	23	24	25	26	27	28	29	30	4.1	2	3	4	5	6	7	8
일주	甲申	乙酉	丙戌	丁亥	戊子	己丑	庚寅	辛卯	壬辰	癸巳	甲午	乙未	丙申	丁酉	戊戌	己亥	庚子	辛丑	壬寅	癸卯	甲辰	乙巳	丙午	丁未	戊申	己酉	庚戌	辛亥	壬子	癸丑	甲寅
대운 남	10·1	1	1	1	1	2	2	2	3	3	3	4	4	4	5	5	5	6	6	6	7	7	7	8	8	9	9	9	10	10	10
대운 여	1·10	10	10	10	9	9	9	8	8	8	7	7	7	6	6	6	5	5	5	4	4	4	3	3	3	2	2	1	1	1	1

4월 5일(양) 청명 16시 44분		4월 10일(양)		4월 20일(양) 곡우 23시 58분		5월 1일(양)	
평균기온: 15.9℃	강수량: −	평균기온: 8.6℃	강수량: 0.1mm	평균기온: 18.3℃	강수량: 0.0mm	평균기온: 17.2℃	강수량: −
최고기온: 24.7℃	일 출: 06:13	최고기온: 10.9℃	일 출: 06:06	최고기온: 23.0℃	일 출: 05:52	최고기온: 23.9℃	일 출: 05:38
최저기온: 7.1℃	일 몰: 18:58	최저기온: 6.8℃	일 몰: 19:02	최저기온: 13.9℃	일 몰: 19:11	최저기온: 11.6℃	일 몰: 19:21

입하 — 乙巳月 · 05.06 ~ 06.05(양)

서머타임 시작 : 5월10일 02시를 03시로 조정

양력	05.06	7	8	9	10	11	12	13	14	15	16	17	18	19	20	21	22	23	24	25	26	27	28	29	30	31	6.1	2	3	4	5
음력	04.09	10	11	12	13	14	15	16	17	18	19	20	21	22	23	24	25	26	27	28	29	30	5.1	2	3	4	5	6	7	8	9
일주	乙卯	丙辰	丁巳	戊午	己未	庚申	辛酉	壬戌	癸亥	甲子	乙丑	丙寅	丁卯	戊辰	己巳	庚午	辛未	壬申	癸酉	甲戌	乙亥	丙子	丁丑	戊寅	己卯	庚辰	辛巳	壬午	癸未	甲申	乙酉
대운 남	10·1	1	1	1	1	2	2	2	3	3	3	4	4	4	5	5	5	6	6	6	7	7	7	8	8	9	9	9	10	10	10
대운 여	1·10	10	10	10	9	9	9	8	8	8	7	7	7	6	6	6	5	5	5	4	4	4	3	3	3	2	2	2	1	1	1

5월 6일(양) 입하 10시 06분		5월 10일(양)		5월 20일(양)		5월 22일(양) 소만 00시 10분		6월 1일(양)	
평균기온: 13.1℃	강수량: −	평균기온: 16.8℃	강수량: 1.2mm	평균기온: 19.7℃	강수량: −	평균기온: 19.2℃	강수량: 20.7mm	평균기온: 22.5℃	강수량: 5.1mm
최고기온: 19.7℃	일 출: 05:32	최고기온: 20.5℃	일 출: 05:28	최고기온: 26.5℃	일 출: 05:20	최고기온: 21.6℃	일 출: 05:18	최고기온: 28.2℃	일 출: 05:13
최저기온: 7.2℃	일 몰: 19:26	최저기온: 13.9℃	일 몰: 19:29	최저기온: 11.5℃	일 몰: 19:38	최저기온: 17.5℃	일 몰: 19:40	최저기온: 16.4℃	일 몰: 19:47

망종 — 丙午月 · 06.06 ~ 07.07(양)

양력	06.06	7	8	9	10	11	12	13	14	15	16	17	18	19	20	21	22	23	24	25	26	27	28	29	30	7.1	2	3	4	5	6	7
음력	05.10	11	12	13	14	15	16	17	18	19	20	21	22	23	24	25	26	27	28	29	6.1	2	3	4	5	6	7	8	9	10	11	12
일주	丙戌	丁亥	戊子	己丑	庚寅	辛卯	壬辰	癸巳	甲午	乙未	丙申	丁酉	戊戌	己亥	庚子	辛丑	壬寅	癸卯	甲辰	乙巳	丙午	丁未	戊申	己酉	庚戌	辛亥	壬子	癸丑	甲寅	乙卯	丙辰	丁巳
대운 남	10·1	1	1	1	1	2	2	2	3	3	3	4	4	4	5	5	5	6	6	6	7	7	7	8	8	8	9	9	9	10	10	10
대운 여	1·10	10	10	10	9	9	9	8	8	8	7	7	7	6	6	6	5	5	5	4	4	4	3	3	3	2	2	2	1	1	1	1

6월 6일(양) 망종 15시 19분		6월 10일(양)		6월 20일(양)		6월 22일(양) 하지 08시 11분		7월 1일(양)	
평균기온: 24.6℃	강수량: 0.0mm	평균기온: 22.3℃	강수량: −	평균기온: 19.8℃	강수량: 10.4mm	평균기온: 23.4℃	강수량: −	평균기온: 24.5℃	강수량: −
최고기온: 28.3℃	일 출: 05:11	최고기온: 28.6℃	일 출: 05:10	최고기온: 22.7℃	일 출: 05:11	최고기온: 29.3℃	일 출: 05:11	최고기온: 30.6℃	일 출: 05:14
최저기온: 21.8℃	일 몰: 19:50	최저기온: 15.6℃	일 몰: 19:52	최저기온: 18.2℃	일 몰: 19:56	최저기온: 16.7℃	일 몰: 19:57	최저기온: 19.6℃	일 몰: 19:57

소서 — 丁未月 · 07.08 ~ 08.07(양)

양력	07.08	9	10	11	12	13	14	15	16	17	18	19	20	21	22	23	24	25	26	27	28	29	30	31	8.1	2	3	4	5	6	7
음력	06.13	14	15	16	17	18	19	20	21	22	23	24	25	26	27	28	29	30	윤6.1	2	3	4	5	6	7	8	9	10	11	12	13
일주	戊午	己未	庚申	辛酉	壬戌	癸亥	甲子	乙丑	丙寅	丁卯	戊辰	己巳	庚午	辛未	壬申	癸酉	甲戌	乙亥	丙子	丁丑	戊寅	己卯	庚辰	辛巳	壬午	癸未	甲申	乙酉	丙戌	丁亥	戊子
대운 남	10·1	1	1	1	1	2	2	2	3	3	3	4	4	4	5	5	5	6	6	6	7	7	7	8	8	9	9	9	10	10	10
대운 여	1·10	10	10	10	9	9	9	8	8	8	7	7	7	6	6	6	5	5	5	4	4	4	3	3	3	2	2	1	1	1	1

7월 8일(양) 소서 01시 39분		7월 10일(양)		7월 20일(양)		7월 23일(양) 대서 19시 06분		8월 1일(양)	
평균기온: 22.7℃	강수량: 0.7mm	평균기온: 23.2℃	강수량: 33.7mm	평균기온: 26.2℃	강수량: −	평균기온: 22.7℃	강수량: 0.8mm	평균기온: 26.4℃	강수량: −
최고기온: 26.2℃	일 출: 05:17	최고기온: 25.6℃	일 출: 05:19	최고기온: 31.2℃	일 출: 05:26	최고기온: 25.6℃	일 출: 05:28	최고기온: 31.5℃	일 출: 05:35
최저기온: 20.4℃	일 몰: 19:56	최저기온: 21.1℃	일 몰: 19:56	최저기온: 21.7℃	일 몰: 19:51	최저기온: 20.0℃	일 몰: 19:49	최저기온: 21.8℃	일 몰: 19:41

입추(立秋) 08.08 ~ 09.07(양) — 戊申月

양력	08.08	9	10	11	12	13	14	15	16	17	18	19	20	21	22	23	24	25	26	27	28	29	30	31	9.1	2	3	4	5	6	7
음력	06.14	15	16	17	18	19	20	21	22	23	24	25	26	27	28	29	7.1	2	3	4	5	6	7	8	9	10	11	12	13	14	15
일주	己丑	庚寅	辛卯	壬辰	癸巳	甲午	乙未	丙申	丁酉	戊戌	己亥	庚子	辛丑	壬寅	癸卯	甲辰	乙巳	丙午	丁未	戊申	己酉	庚戌	辛亥	壬子	癸丑	甲寅	乙卯	丙辰	丁巳	戊午	己未
대운 남	10 / 1	1	1	1	1	2	2	2	3	3	3	4	4	4	5	5	5	6	6	6	7	7	7	8	8	8	9	9	9	10	10
대운 여	1 / 10	10	10	9	9	9	8	8	8	7	7	7	6	6	6	5	5	5	4	4	4	3	3	3	2	2	2	1	1	1	1

8월 8일(양) 입추 11시 29분		8월 10일(양)		8월 20일(양)		8월 24일(양) 처서 02시 10분		9월 1일(양)	
평균기온: 22.1℃ 최고기온: 25.6℃ 최저기온: 19.2℃	강수량: 1.1mm 일 출: 05:41 일 몰: 19:34	평균기온: 22.1℃ 최고기온: 27.7℃ 최저기온: 19.8℃	강수량: 58.0mm 일 출: 05:43 일 몰: 19:32	평균기온: 24.1℃ 최고기온: 25.2℃ 최저기온: 22.9℃	강수량: 15.0mm 일 출: 05:51 일 몰: 19:19	평균기온: 24.9℃ 최고기온: 31.1℃ 최저기온: 21.3℃	강수량: 22.4mm 일 출: 05:55 일 몰: 19:14	평균기온: 23.4℃ 최고기온: 27.4℃ 최저기온: 20.6℃	강수량: - 일 출: 06:01 일 몰: 19:03

백로(白露) 09.08 ~ 10.08(양) — 己酉月

양력	09.08	9	10	11	12	13	14	15	16	17	18	19	20	21	22	23	24	25	26	27	28	29	30	10.1	2	3	4	5	6	7	8
음력	07.16	17	18	19	20	21	22	23	24	25	26	27	28	29	30	8.1	2	3	4	5	6	7	8	9	10	11	12	13	14	15	16
일주	庚申	辛酉	壬戌	癸亥	甲子	乙丑	丙寅	丁卯	戊辰	己巳	庚午	辛未	壬申	癸酉	甲戌	乙亥	丙子	丁丑	戊寅	己卯	庚辰	辛巳	壬午	癸未	甲申	乙酉	丙戌	丁亥	戊子	己丑	庚寅
대운 남	10 / 1	1	1	1	1	2	2	2	3	3	3	4	4	4	5	5	5	6	6	6	7	7	7	8	8	8	9	9	9	10	10
대운 여	1 / 10	10	10	9	9	9	8	8	8	7	7	7	6	6	6	5	5	5	4	4	4	3	3	3	2	2	2	1	1	1	1

9월 8일(양) 백로 14시 24분		9월 10일(양)		9월 20일(양)		9월 23일(양) 추분 23시 45분		10월 1일(양)	
평균기온: 20.4℃ 최고기온: 25.6℃ 최저기온: 17.0℃	강수량: - 일 출: 06:07 일 몰: 18:52	평균기온: 22.8℃ 최고기온: 27.4℃ 최저기온: 18.2℃	강수량: - 일 출: 06:09 일 몰: 18:49	평균기온: 21.4℃ 최고기온: 27.9℃ 최저기온: 15.9℃	강수량: - 일 출: 06:17 일 몰: 18:34	평균기온: 19.8℃ 최고기온: 25.6℃ 최저기온: 13.8℃	강수량: - 일 출: 06:20 일 몰: 18:29	평균기온: 19.2℃ 최고기온: 26.3℃ 최저기온: 13.9℃	강수량: - 일 출: 06:27 일 몰: 18:17

한로(寒露) 10.09 ~ 11.07(양) — 庚戌月

서머타임 종료 : 10월11일 03시를 02시로 조정

양력	10.09	10	11	12	13	14	15	16	17	18	19	20	21	22	23	24	25	26	27	28	29	30	31	11.1	2	3	4	5	6	7
음력	08.17	18	19	20	21	22	23	24	25	26	27	28	29	30	9.1	2	3	4	5	6	7	8	9	10	11	12	13	14	15	16
일주	辛卯	壬辰	癸巳	甲午	乙未	丙申	丁酉	戊戌	己亥	庚子	辛丑	壬寅	癸卯	甲辰	乙巳	丙午	丁未	戊申	己酉	庚戌	辛亥	壬子	癸丑	甲寅	乙卯	丙辰	丁巳	戊午	己未	庚申
대운 남	10 / 1	1	1	1	1	2	2	2	3	3	3	4	4	4	5	5	5	6	6	6	7	7	7	8	8	8	9	9	9	10
대운 여	1 / 10	10	9	9	9	8	8	8	7	7	7	6	6	6	5	5	5	4	4	4	3	3	3	2	2	2	1	1	1	1

10월 9일(양) 한로 06시 00분		10월 10일(양)		10월 20일(양)		10월 24일(양) 상강 08시 01분		11월 1일(양)	
평균기온: 18.8℃ 최고기온: 25.8℃ 최저기온: 12.8℃	강수량: - 일 출: 06:34 일 몰: 18:05	평균기온: 20.3℃ 최고기온: 27.3℃ 최저기온: 15.2℃	강수량: - 일 출: 06:35 일 몰: 18:03	평균기온: 8.0℃ 최고기온: 10.9℃ 최저기온: 4.6℃	강수량: - 일 출: 06:44 일 몰: 17:49	평균기온: 13.4℃ 최고기온: 19.3℃ 최저기온: 9.2℃	강수량: - 일 출: 06:48 일 몰: 17:44	평균기온: 12.8℃ 최고기온: 15.3℃ 최저기온: 10.5℃	강수량: 5.7mm 일 출: 06:56 일 몰: 17:35

입동(立冬) 11.08 ~ 12.07(양) — 辛亥月

양력	11.08	9	10	11	12	13	14	15	16	17	18	19	20	21	22	23	24	25	26	27	28	29	30	12.1	2	3	4	5	6	7
음력	09.17	18	19	20	21	22	23	24	25	26	27	28	29	10.1	2	3	4	5	6	7	8	9	10	11	12	13	14	15	16	17
일주	辛酉	壬戌	癸亥	甲子	乙丑	丙寅	丁卯	戊辰	己巳	庚午	辛未	壬申	癸酉	甲戌	乙亥	丙子	丁丑	戊寅	己卯	庚辰	辛巳	壬午	癸未	甲申	乙酉	丙戌	丁亥	戊子	己丑	庚寅
대운 남	10 / 1	1	1	1	1	2	2	2	3	3	3	4	4	4	5	5	5	6	6	6	7	7	7	8	8	8	9	9	9	10
대운 여	1 / 10	10	9	9	9	8	8	8	7	7	7	6	6	6	5	5	5	4	4	4	3	3	3	2	2	2	1	1	1	1

11월 8일(양) 입동 08시 06분		11월 10일(양)		11월 20일(양)		11월 23일(양) 소설 05시 29분		12월 1일(양)	
평균기온: 5.5℃ 최고기온: 10.4℃ 최저기온: 0.4℃	강수량: 0.0mm 일 출: 07:03 일 몰: 17:28	평균기온: 11.5℃ 최고기온: 15.9℃ 최저기온: 7.2℃	강수량: - 일 출: 07:05 일 몰: 17:26	평균기온: 6.2℃ 최고기온: 11.7℃ 최저기온: -0.4℃	강수량: - 일 출: 07:16 일 몰: 17:19	평균기온: 9.9℃ 최고기온: 15.1℃ 최저기온: 2.3℃	강수량: 0.0mm 일 출: 07:19 일 몰: 17:17	평균기온: -6.9℃ 최고기온: -5.0℃ 최저기온: -8.9℃	강수량: - 일 출: 07:27 일 몰: 17:14

대설(大雪) 12.08 ~ 1988.01.05(양) — 壬子月

양력	12.08	9	10	11	12	13	14	15	16	17	18	19	20	21	22	23	24	25	26	27	28	29	30	31	1.1	2	3	4	5
음력	10.18	19	20	21	22	23	24	25	26	27	28	29	30	11.1	2	3	4	5	6	7	8	9	10	11	12	13	14	15	16
일주	辛卯	壬辰	癸巳	甲午	乙未	丙申	丁酉	戊戌	己亥	庚子	辛丑	壬寅	癸卯	甲辰	乙巳	丙午	丁未	戊申	己酉	庚戌	辛亥	壬子	癸丑	甲寅	乙卯	丙辰	丁巳	戊午	己未
대운 남	10 / 1	1	1	1	1	2	2	2	3	3	3	4	4	4	5	5	5	6	6	6	7	7	7	8	8	8	9	9	9
대운 여	1 / 10	10	9	9	9	8	8	8	7	7	7	6	6	6	5	5	5	4	4	4	3	3	3	2	2	2	1	1	1

12월 8일(양) 대설 00시 52분		12월 10일(양)		12월 20일(양)		12월 22일(양) 동지 18시 46분		1월 1일(양)	
평균기온: 3.2℃ 최고기온: 7.8℃ 최저기온: 0.7℃	강수량: 0.0mm 일 출: 07:34 일 몰: 17:13	평균기온: 4.5℃ 최고기온: 9.3℃ 최저기온: -0.9℃	강수량: 0.3mm 일 출: 07:35 일 몰: 17:14	평균기온: 1.0℃ 최고기온: 4.0℃ 최저기온: -1.2℃	강수량: - 일 출: 07:42 일 몰: 17:16	평균기온: 2.8℃ 최고기온: 6.3℃ 최저기온: 0.2℃	강수량: 1.2mm 일 출: 07:43 일 몰: 17:17	평균기온: -2.4℃ 최고기온: -0.8℃ 최저기온: -4.4℃	강수량: 0.5mm 일 출: 07:47 일 몰: 17:24

소한(小寒) 01.06 ~ 02.03(양) — 癸丑月

양력	1988.01.06	7	8	9	10	11	12	13	14	15	16	17	18	19	20	21	22	23	24	25	26	27	28	29	30	31	2.1	2	3
음력	1987.11.17	18	19	20	21	22	23	24	25	26	27	28	29	12.1	2	3	4	5	6	7	8	9	10	11	12	13	14	15	16
일주	庚申	辛酉	壬戌	癸亥	甲子	乙丑	丙寅	丁卯	戊辰	己巳	庚午	辛未	壬申	癸酉	甲戌	乙亥	丙子	丁丑	戊寅	己卯	庚辰	辛巳	壬午	癸未	甲申	乙酉	丙戌	丁亥	戊子
대운 남	10 / 1	1	1	1	1	2	2	2	3	3	3	4	4	4	5	5	5	6	6	6	7	7	7	8	8	8	9	9	9
대운 여	1 / 10	10	9	9	9	8	8	8	7	7	7	6	6	6	5	5	5	4	4	4	3	3	3	2	2	2	1	1	1

1월 6일(양) 소한 12시 04분		1월 10일(양)		1월 20일(양)		1월 21일(양) 대한 05시 24분		2월 1일(양)	
평균기온: -2.7℃ 최고기온: 2.6℃ 최저기온: -6.9℃	강수량: - 일 출: 07:47 일 몰: 17:28	평균기온: -7.9℃ 최고기온: -3.2℃ 최저기온: -11.4℃	강수량: - 일 출: 07:47 일 몰: 17:31	평균기온: 0.7℃ 최고기온: 5.1℃ 최저기온: -3.7℃	강수량: - 일 출: 07:44 일 몰: 17:42	평균기온: 2.8℃ 최고기온: 4.5℃ 최저기온: 1.6℃	강수량: 1.1mm 일 출: 07:44 일 몰: 17:43	평균기온: -1.3℃ 최고기온: 3.4℃ 최저기온: -5.1℃	강수량: 0.1mm 일 출: 07:37 일 몰: 17:55

1988

입춘   02.04 ~ 03.04(양)

甲寅月

구분	절입		5	6	7	8	9	10	11	12	13	14	15	16	17	18	19	20	21	22	23	24	25	26	27	28	29	3.1	2	3	4
양력	1988.02.04		5	6	7	8	9	10	11	12	13	14	15	16	17	18	19	20	21	22	23	24	25	26	27	28	29	3.1	2	3	4
음력	1987.12.17		18	19	20	21	22	23	24	25	26	27	28	29	30	1.1	2	3	4	5	6	7	8	9	10	11	12	13	14	15	16
일주	己丑		庚寅	辛卯	壬辰	癸巳	甲午	乙未	丙申	丁酉	戊戌	己亥	庚子	辛丑	壬寅	癸卯	甲辰	乙巳	丙午	丁未	戊申	己酉	庚戌	辛亥	壬子	癸丑	甲寅	乙卯	丙辰	丁巳	戊午
대운 남	10	10	10	9	9	9	8	8	8	7	7	7	6	6	6	5	5	5	4	4	4	3	3	3	2	2	2	1	1	1	1
대운 여	1	1	1	1	1	1	2	2	2	3	3	3	4	4	4	5	5	5	6	6	6	7	7	7	8	8	8	9	9	9	10

날짜	평균기온	최고기온	최저기온	강수량	일 출	일 몰
2월 4일(양) 입춘 23시 43분	−3.9℃	1.3℃	−6.8℃	4.3mm	07:34	17:58
2월 10일(양)	−5.9℃	−1.3℃	−9.8℃	−	07:28	18:05
2월 19일(양) 우수 19시 35분	−1.3℃	4.4℃	−7.1℃	−	07:18	18:14
2월 20일(양)	1.4℃	6.4℃	−1.2℃	−	07:17	18:15
3월 1일(양)	2.6℃	7.1℃	−0.3℃	−	07:04	18:26

경칩   03.05 ~ 04.03(양)

乙卯月

구분	절입		6	7	8	9	10	11	12	13	14	15	16	17	18	19	20	21	22	23	24	25	26	27	28	29	30	31	4.1	2	3
양력	03.05		6	7	8	9	10	11	12	13	14	15	16	17	18	19	20	21	22	23	24	25	26	27	28	29	30	31	4.1	2	3
음력	01.17		18	19	20	21	22	23	24	25	26	27	28	29	2.1	2	3	4	5	6	7	8	9	10	11	12	13	14	15	16	17
일주	己未		庚申	辛酉	壬戌	癸亥	甲子	乙丑	丙寅	丁卯	戊辰	己巳	庚午	辛未	壬申	癸酉	甲戌	乙亥	丙子	丁丑	戊寅	己卯	庚辰	辛巳	壬午	癸未	甲申	乙酉	丙戌	丁亥	戊子
대운 남	1	10	10	9	9	9	8	8	8	7	7	7	6	6	6	5	5	5	4	4	4	3	3	3	2	2	2	1	1	1	1
대운 여	10	1	1	1	1	1	2	2	2	3	3	3	4	4	4	5	5	5	6	6	6	7	7	7	8	8	8	9	9	9	10

날짜	평균기온	최고기온	최저기온	강수량	일 출	일 몰
3월 5일(양) 경칩 17시 47분	0.1℃	4.0℃	−3.4℃	−	06:58	18:30
3월 10일(양)	4.2℃	10.8℃	−2.0℃	−	06:51	18:34
3월 20일(양) 춘분 18시 39분	5.7℃	11.0℃	−1.0℃	−	06:36	18:44
4월 1일(양)	10.1℃	14.9℃	6.5℃	−	06:18	18:55

청명   04.04 ~ 05.04(양)

丙辰月

구분	절입		5	6	7	8	9	10	11	12	13	14	15	16	17	18	19	20	21	22	23	24	25	26	27	28	29	30	5.1	2	3	4
양력	04.04		5	6	7	8	9	10	11	12	13	14	15	16	17	18	19	20	21	22	23	24	25	26	27	28	29	30	5.1	2	3	4
음력	02.18		19	20	21	22	23	24	25	26	27	28	29	3.1	2	3	4	5	6	7	8	9	10	11	12	13	14	15	16	17	18	19
일주	己丑		庚寅	辛卯	壬辰	癸巳	甲午	乙未	丙申	丁酉	戊戌	己亥	庚子	辛丑	壬寅	癸卯	甲辰	乙巳	丙午	丁未	戊申	己酉	庚戌	辛亥	壬子	癸丑	甲寅	乙卯	丙辰	丁巳	戊午	己未
대운 남	1	10	10	9	9	9	8	8	8	7	7	7	6	6	6	5	5	5	4	4	4	3	3	3	2	2	2	1	1	1	1	1
대운 여	10	1	1	1	1	1	2	2	2	3	3	3	4	4	4	5	5	5	6	6	6	7	7	7	8	8	8	9	9	9	10	10

날짜	평균기온	최고기온	최저기온	강수량	일 출	일 몰
4월 4일(양) 청명 22시 39분	12.4℃	19.6℃	6.6℃	−	06:13	18:57
4월 10일(양)	9.6℃	15.4℃	3.9℃	−	06:05	19:03
4월 20일(양) 곡우 05시 45분	10.5℃	17.4℃	3.8℃	−	05:51	19:12
5월 1일(양)	16.0℃	22.2℃	12.5℃	1.5mm	05:37	19:22

입하   서머타임 시작 : 5월 8일 02시를 03시로 조정   05.05 ~ 06.04(양)

丁巳月

구분	절입		6	7	8	9	10	11	12	13	14	15	16	17	18	19	20	21	22	23	24	25	26	27	28	29	30	31	6.1	2	3	4
양력	05.05		6	7	8	9	10	11	12	13	14	15	16	17	18	19	20	21	22	23	24	25	26	27	28	29	30	31	6.1	2	3	4
음력	03.20		21	22	23	24	25	26	27	28	29	30	4.1	2	3	4	5	6	7	8	9	10	11	12	13	14	15	16	17	18	19	20
일주	庚申		辛酉	壬戌	癸亥	甲子	乙丑	丙寅	丁卯	戊辰	己巳	庚午	辛未	壬申	癸酉	甲戌	乙亥	丙子	丁丑	戊寅	己卯	庚辰	辛巳	壬午	癸未	甲申	乙酉	丙戌	丁亥	戊子	己丑	庚寅
대운 남	1	10	10	9	9	9	8	8	8	7	7	7	6	6	6	5	5	5	4	4	4	3	3	3	2	2	2	1	1	1	1	1
대운 여	10	1	1	1	1	1	2	2	2	3	3	3	4	4	4	5	5	5	6	6	6	7	7	7	8	8	8	9	9	9	10	10

날짜	평균기온	최고기온	최저기온	강수량	일 출	일 몰
5월 5일(양) 입하 16시 02분	16.3℃	22.1℃	12.6℃	−	05:33	19:25
5월 10일(양)	15.6℃	21.3℃	10.7℃	−	05:27	19:30
5월 20일(양)	24.3℃	31.7℃	16.5℃	−	05:19	19:39
5월 21일(양) 소만 05시 57분	22.5℃	28.1℃	16.2℃	0.8mm	05:18	19:39
6월 1일(양)	16.0℃	16.9℃	15.0℃	54.2mm	05:12	19:48

망종   06.05 ~ 07.06(양)

戊午月

구분	절입		6	7	8	9	10	11	12	13	14	15	16	17	18	19	20	21	22	23	24	25	26	27	28	29	30	7.1	2	3	4	5	6
양력	06.05		6	7	8	9	10	11	12	13	14	15	16	17	18	19	20	21	22	23	24	25	26	27	28	29	30	7.1	2	3	4	5	6
음력	04.21		22	23	24	25	26	27	28	29	5.1	2	3	4	5	6	7	8	9	10	11	12	13	14	15	16	17	18	19	20	21	22	23
일주	辛卯		壬辰	癸巳	甲午	乙未	丙申	丁酉	戊戌	己亥	庚子	辛丑	壬寅	癸卯	甲辰	乙巳	丙午	丁未	戊申	己酉	庚戌	辛亥	壬子	癸丑	甲寅	乙卯	丙辰	丁巳	戊午	己未	庚申	辛酉	壬戌
대운 남	1	10	10	10	10	9	9	9	8	8	8	7	7	7	6	6	6	5	5	5	4	4	4	3	3	3	2	2	2	1	1	1	1
대운 여	10	1	1	1	1	2	2	2	3	3	3	4	4	4	5	5	5	6	6	6	7	7	7	8	8	8	9	9	9	10	10	10	10

날짜	평균기온	최고기온	최저기온	강수량	일 출	일 몰
6월 5일(양) 망종 21시 15분	20.3℃	26.2℃	15.0℃	−	05:11	19:50
6월 10일(양)	21.6℃	26.7℃	18.5℃	−	05:10	19:53
6월 20일(양)	22.0℃	26.5℃	18.7℃	0.0mm	05:11	19:56
6월 21일(양) 하지 13시 57분	24.3℃	31.1℃	17.3℃	−	05:11	19:57
7월 1일(양)	25.8℃	31.6℃	21.8℃	−	05:14	19:57

소서   07.07 ~ 08.06(양)

己未月

구분	절입		8	9	10	11	12	13	14	15	16	17	18	19	20	21	22	23	24	25	26	27	28	29	30	31	8.1	2	3	4	5	6
양력	07.07		8	9	10	11	12	13	14	15	16	17	18	19	20	21	22	23	24	25	26	27	28	29	30	31	8.1	2	3	4	5	6
음력	05.24		25	26	27	28	29	30	6.1	2	3	4	5	6	7	8	9	10	11	12	13	14	15	16	17	18	19	20	21	22	23	24
일주	癸亥		甲子	乙丑	丙寅	丁卯	戊辰	己巳	庚午	辛未	壬申	癸酉	甲戌	乙亥	丙子	丁丑	戊寅	己卯	庚辰	辛巳	壬午	癸未	甲申	乙酉	丙戌	丁亥	戊子	己丑	庚寅	辛卯	壬辰	癸巳
대운 남	1	10	10	10	9	9	9	8	8	8	7	7	7	6	6	6	5	5	5	4	4	4	3	3	3	2	2	2	1	1	1	1
대운 여	10	1	1	1	2	2	2	3	3	3	4	4	4	5	5	5	6	6	6	7	7	7	8	8	8	9	9	9	10	10	10	10

날짜	평균기온	최고기온	최저기온	강수량	일 출	일 몰
7월 7일(양) 소서 07시 33분	25.0℃	29.4℃	20.8℃	11.8mm	05:17	19:56
7월 10일(양)	24.2℃	27.4℃	22.1℃	0.0mm	05:19	19:55
7월 20일(양)	24.0℃	25.2℃	23.2℃	37.5mm	05:26	19:50
7월 23일(양) 대서 00시 51분	23.4℃	27.2℃	20.3℃	13.8mm	05:28	19:48
8월 1일(양)	28.0℃	34.2℃	22.5℃	−	05:36	19:40

庚申月 입추 08.07 ~ 09.06(양)

양력	08.07		8	9	10	11	12	13	14	15	16	17	18	19	20	21	22	23	24	25	26	27	28	29	30	31	9.1	2	3	4	5	6
음력	06.25		26	27	28	29	7.1	2	3	4	5	6	7	8	9	10	11	12	13	14	15	16	17	18	19	20	21	22	23	24	25	26
일주	甲午		乙未	丙申	丁酉	戊戌	己亥	庚子	辛丑	壬寅	癸卯	甲辰	乙巳	丙午	丁未	戊申	己酉	庚戌	辛亥	壬子	癸丑	甲寅	乙卯	丙辰	丁巳	戊午	己未	庚申	辛酉	壬戌	癸亥	甲子
대운 남	1	10	10	10	9	9	9	8	8	8	7	7	7	6	6	6	5	5	5	4	4	4	3	3	3	2	2	2	1	1	1	1
대운 여	10	1	1	1	1	1	2	2	2	3	3	3	4	4	4	5	5	5	6	6	6	7	7	7	8	8	8	9	9	9	10	10

8월 7일(양) 입추 17시 20분		8월 10일(양)		8월 20일(양)		8월 23일(양) 처서 07시 54분		9월 1일(양)	
평균기온: 30.2℃	강수량: –	평균기온: 30.5℃	강수량: –	평균기온: 25.6℃	강수량: 9.1㎜	평균기온: 24.0℃	강수량: –	평균기온: 23.1℃	강수량: –
최고기온: 36.0℃	일 출: 05:41	최고기온: 36.6℃	일 출: 05:43	최고기온: 29.8℃	일 출: 05:52	최고기온: 29.4℃	일 출: 05:54	최고기온: 28.0℃	일 출: 06:02
최저기온: 25.2℃	일 몰: 19:34	최저기온: 25.4℃	일 몰: 19:31	최저기온: 23.0℃	일 몰: 19:18	최저기온: 20.5℃	일 몰: 19:14	최저기온: 19.8℃	일 몰: 19:01

辛酉月 백로 09.07 ~ 10.07(양)

양력	09.07		8	9	10	11	12	13	14	15	16	17	18	19	20	21	22	23	24	25	26	27	28	29	30	10.1	2	3	4	5	6	7
음력	07.27		28	29	30	8.1	2	3	4	5	6	7	8	9	10	11	12	13	14	15	16	17	18	19	20	21	22	23	24	25	26	27
일주	乙丑		丙寅	丁卯	戊辰	己巳	庚午	辛未	壬申	癸酉	甲戌	乙亥	丙子	丁丑	戊寅	己卯	庚辰	辛巳	壬午	癸未	甲申	乙酉	丙戌	丁亥	戊子	己丑	庚寅	辛卯	壬辰	癸巳	甲午	乙未
대운 남	1	10	10	10	9	9	9	8	8	8	7	7	7	6	6	6	5	5	5	4	4	4	3	3	3	2	2	2	1	1	1	1
대운 여	10	1	1	1	1	1	2	2	2	3	3	3	4	4	4	5	5	5	6	6	6	7	7	7	8	8	8	9	9	9	10	10

9월 7일(양) 백로 20시 12분		9월 10일(양)		9월 20일(양)		9월 23일(양) 추분 05시 29분		10월 1일(양)	
평균기온: 24.6℃	강수량: –	평균기온: 22.4℃	강수량: 0.2㎜	평균기온: 19.5℃	강수량: –	평균기온: 20.5℃	강수량: –	평균기온: 18.5℃	강수량: –
최고기온: 30.8℃	일 출: 06:07	최고기온: 24.3℃	일 출: 06:10	최고기온: 26.1℃	일 출: 06:18	최고기온: 25.6℃	일 출: 06:20	최고기온: 24.3℃	일 출: 06:27
최저기온: 19.1℃	일 몰: 18:53	최저기온: 20.0℃	일 몰: 18:48	최저기온: 13.5℃	일 몰: 18:33	최저기온: 15.6℃	일 몰: 18:28	최저기온: 12.5℃	일 몰: 18:16

壬戌月 한로 10.08 ~ 11.06(양)

서머타임 종료 : 10월9일 03시를 02시로 조정

양력	10.08		9	10	11	12	13	14	15	16	17	18	19	20	21	22	23	24	25	26	27	28	29	30	31	11.1	2	3	4	5	6
음력	08.28		29	30	9.1	2	3	4	5	6	7	8	9	10	11	12	13	14	15	16	17	18	19	20	21	22	23	24	25	26	27
일주	丙申		丁酉	戊戌	己亥	庚子	辛丑	壬寅	癸卯	甲辰	乙巳	丙午	丁未	戊申	己酉	庚戌	辛亥	壬子	癸丑	甲寅	乙卯	丙辰	丁巳	戊午	己未	庚申	辛酉	壬戌	癸亥	甲子	乙丑
대운 남	1	10	10	9	9	9	8	8	8	7	7	7	6	6	6	5	5	5	4	4	4	3	3	3	2	2	2	1	1	1	1
대운 여	10	1	1	1	1	1	2	2	2	3	3	3	4	4	4	5	5	5	6	6	6	7	7	7	8	8	8	9	9	9	10

10월 8일(양) 한로 11시 45분		10월 10일(양)		10월 20일(양)		10월 23일(양) 상강 13시 44분		11월 1일(양)	
평균기온: 16.6℃	강수량: –	평균기온: 18.2℃	강수량: –	평균기온: 14.6℃	강수량: 0.0㎜	평균기온: 15.2℃	강수량: –	평균기온: 10.5℃	강수량: 3.6㎜
최고기온: 21.9℃	일 출: 06:34	최고기온: 25.1℃	일 출: 06:35	최고기온: 17.3℃	일 출: 06:45	최고기온: 22.0℃	일 출: 06:48	최고기온: 15.9℃	일 출: 06:57
최저기온: 11.4℃	일 몰: 18:05	최저기온: 12.2℃	일 몰: 18:02	최저기온: 10.8℃	일 몰: 17:48	최저기온: 9.6℃	일 몰: 17:45	최저기온: 6.2℃	일 몰: 17:34

癸亥月 입동 11.07 ~ 12.06(양)

양력	11.07		8	9	10	11	12	13	14	15	16	17	18	19	20	21	22	23	24	25	26	27	28	29	30	12.1	2	3	4	5	6
음력	09.28		29	10.1	2	3	4	5	6	7	8	9	10	11	12	13	14	15	16	17	18	19	20	21	22	23	24	25	26	27	28
일주	丙寅		丁卯	戊辰	己巳	庚午	辛未	壬申	癸酉	甲戌	乙亥	丙子	丁丑	戊寅	己卯	庚辰	辛巳	壬午	癸未	甲申	乙酉	丙戌	丁亥	戊子	己丑	庚寅	辛卯	壬辰	癸巳	甲午	乙未
대운 남	1	10	10	9	9	9	8	8	8	7	7	7	6	6	6	5	5	5	4	4	4	3	3	3	2	2	2	1	1	1	1
대운 여	10	1	1	1	1	1	2	2	2	3	3	3	4	4	4	5	5	5	6	6	6	7	7	7	8	8	8	9	9	9	10

11월 7일(양) 입동 13시 49분		11월 10일(양)		11월 20일(양)		11월 22일(양) 소설 11시 12분		12월 1일(양)	
평균기온: 10.1℃	강수량: –	평균기온: 2.9℃	강수량: –	평균기온: 6.2℃	강수량: 0.8㎜	평균기온: 10.2℃	강수량: 1.6㎜	평균기온: 2.4℃	강수량: –
최고기온: 17.0℃	일 출: 07:03	최고기온: 6.6℃	일 출: 07:06	최고기온: 12.1℃	일 출: 07:17	최고기온: 13.9℃	일 출: 07:19	최고기온: 7.6℃	일 출: 07:28
최저기온: 5.1℃	일 몰: 17:28	최저기온: –1.8℃	일 몰: 17:25	최저기온: 2.0℃	일 몰: 17:18	최저기온: 5.7℃	일 몰: 17:17	최저기온: –1.8℃	일 몰: 17:14

甲子月 대설 12.07 ~ 1989.01.04(양)

양력	12.07		8	9	10	11	12	13	14	15	16	17	18	19	20	21	22	23	24	25	26	27	28	29	30	31	1.1	2	3	4
음력	10.29		30	11.1	2	3	4	5	6	7	8	9	10	11	12	13	14	15	16	17	18	19	20	21	22	23	24	25	26	27
일주	丙申		丁酉	戊戌	己亥	庚子	辛丑	壬寅	癸卯	甲辰	乙巳	丙午	丁未	戊申	己酉	庚戌	辛亥	壬子	癸丑	甲寅	乙卯	丙辰	丁巳	戊午	己未	庚申	辛酉	壬戌	癸亥	甲子
대운 남	1	10	9	9	9	8	8	8	7	7	7	6	6	6	5	5	5	4	4	4	3	3	3	2	2	2	1	1	1	1
대운 여	10	1	1	1	1	1	2	2	2	3	3	3	4	4	4	5	5	5	6	6	6	7	7	7	8	8	8	9	9	9

12월 7일(양) 대설 06시 34분		12월 10일(양)		12월 20일(양)		12월 22일(양) 동지 00시 28분		1월 1일(양)	
평균기온: 9.5℃	강수량: 0.0㎜	평균기온: –2.0℃	강수량: 0.2㎜	평균기온: 2.6℃	강수량: –	평균기온: –1.6℃	강수량: –	평균기온: –0.6℃	강수량: –
최고기온: 13.9℃	일 출: 07:33	최고기온: 1.2℃	일 출: 07:36	최고기온: 5.3℃	일 출: 07:43	최고기온: 3.7℃	일 출: 07:44	최고기온: 3.5℃	일 출: 07:47
최저기온: 4.6℃	일 몰: 17:14	최저기온: –4.1℃	일 몰: 17:14	최저기온: –1.0℃	일 몰: 17:17	최저기온: –5.8℃	일 몰: 17:18	최저기온: –3.4℃	일 몰: 17:24

乙丑月 소한 01.05 ~ 02.03(양)

양력	1989.01.05		6	7	8	9	10	11	12	13	14	15	16	17	18	19	20	21	22	23	24	25	26	27	28	29	30	31	2.1	2	3
음력	1988.11.28		29	30	12.1	2	3	4	5	6	7	8	9	10	11	12	13	14	15	16	17	18	19	20	21	22	23	24	25	26	27
일주	乙丑		丙寅	丁卯	戊辰	己巳	庚午	辛未	壬申	癸酉	甲戌	乙亥	丙子	丁丑	戊寅	己卯	庚辰	辛巳	壬午	癸未	甲申	乙酉	丙戌	丁亥	戊子	己丑	庚寅	辛卯	壬辰	癸巳	甲午
대운 남	1	10	10	9	9	9	8	8	8	7	7	7	6	6	6	5	5	5	4	4	4	3	3	3	2	2	2	1	1	1	1
대운 여	10	1	1	1	1	1	2	2	2	3	3	3	4	4	4	5	5	5	6	6	6	7	7	7	8	8	8	9	9	9	10

1월 5일(양) 소한 17시 46분		1월 10일(양)		1월 20일(양) 대한 11시 07분		2월 1일(양)	
평균기온: –1.3℃	강수량: –	평균기온: 6.8℃	강수량: 1.4㎜	평균기온: 4.2℃	강수량: 4.4㎜	평균기온: –2.7℃	강수량: –
최고기온: 6.3℃	일 출: 07:47	최고기온: 8.2℃	일 출: 07:47	최고기온: 6.1℃	일 출: 07:44	최고기온: 1.4℃	일 출: 07:36
최저기온: –7.6℃	일 몰: 17:28	최저기온: 5.2℃	일 몰: 17:32	최저기온: 2.4℃	일 몰: 17:42	최저기온: –6.0℃	일 몰: 17:56

입춘 — 02.04 ~ 03.04(양) — 丙寅月

양력	1989.02.04	5	6	7	8	9	10	11	12	13	14	15	16	17	18	19	20	21	22	23	24	25	26	27	28	3.1	2	3	4
음력	1988.12.28	29	1.1	2	3	4	5	6	7	8	9	10	11	12	13	14	15	16	17	18	19	20	21	22	23	24	25	26	27
일주	乙未	丙申	丁酉	戊戌	己亥	庚子	辛丑	壬寅	癸卯	甲辰	乙巳	丙午	丁未	戊申	己酉	庚戌	辛亥	壬子	癸丑	甲寅	乙卯	丙辰	丁巳	戊午	己未	庚申	辛酉	壬戌	癸亥
대운 남	1	1	1	1	1	1	2	2	2	3	3	3	4	4	4	5	5	5	6	6	6	7	7	7	8	8	8	9	9
대운 여	10	10	9	9	9	8	8	8	7	7	7	6	6	6	5	5	5	4	4	4	3	3	3	2	2	2	1	1	1

2월 4일(양) 입춘 05시 27분		2월 10일(양)		2월 19일(양) 우수 01시 21분		2월 20일(양)		3월 1일(양)	
평균기온: −1.1℃	강수량: −	평균기온: −1.1℃	강수량: −	평균기온: 5.4℃	강수량: −	평균기온: 4.3℃	강수량: −	평균기온: 5.3℃	강수량: −
최고기온: 4.8℃	일 출: 07:34	최고기온: 3.2℃	일 출: 07:28	최고기온: 11.0℃	일 출: 07:17	최고기온: 8.1℃	일 출: 07:16	최고기온: 11.8℃	일 출: 07:04
최저기온: −6.4℃	일 몰: 17:59	최저기온: −4.4℃	일 몰: 18:05	최저기온: 1.2℃	일 몰: 18:15	최저기온: 1.5℃	일 몰: 18:16	최저기온: −0.2℃	일 몰: 18:25

경칩 — 03.05 ~ 04.04(양) — 丁卯月

양력	03.05	6	7	8	9	10	11	12	13	14	15	16	17	18	19	20	21	22	23	24	25	26	27	28	29	30	31	4.1	2	3	4
음력	01.28	29	30	2.1	2	3	4	5	6	7	8	9	10	11	12	13	14	15	16	17	18	19	20	21	22	23	24	25	26	27	28
일주	甲子	乙丑	丙寅	丁卯	戊辰	己巳	庚午	辛未	壬申	癸酉	甲戌	乙亥	丙子	丁丑	戊寅	己卯	庚辰	辛巳	壬午	癸未	甲申	乙酉	丙戌	丁亥	戊子	己丑	庚寅	辛卯	壬辰	癸巳	甲午
대운 남	10	1	1	1	1	1	2	2	2	3	3	3	4	4	4	5	5	5	6	6	6	7	7	7	8	8	9	9	9	10	10
대운 여	1	10	10	10	9	9	9	8	8	8	7	7	7	6	6	6	5	5	5	4	4	4	3	3	3	2	2	2	1	1	1

3월 5일(양) 경칩 23시 34분		3월 10일(양)		3월 20일(양)		3월 21일(양) 춘분 00시 28분		4월 1일(양)	
평균기온: 1.9℃	강수량: 0.0mm	평균기온: 6.0℃	강수량: −	평균기온: 9.3℃	강수량: −	평균기온: 7.9℃	강수량: −	평균기온: 9.5℃	강수량: −
최고기온: 4.3℃	일 출: 06:59	최고기온: 11.0℃	일 출: 06:51	최고기온: 14.1℃	일 출: 06:36	최고기온: 13.0℃	일 출: 06:35	최고기온: 15.5℃	일 출: 06:18
최저기온: −0.8℃	일 몰: 18:29	최저기온: 0.6℃	일 몰: 18:34	최저기온: 6.1℃	일 몰: 18:43	최저기온: 3.4℃	일 몰: 18:44	최저기온: 4.2℃	일 몰: 18:54

청명 — 04.05 ~ 05.04(양) — 戊辰月

양력	04.05	6	7	8	9	10	11	12	13	14	15	16	17	18	19	20	21	22	23	24	25	26	27	28	29	30	5.1	2	3	4
음력	02.29	3.1	2	3	4	5	6	7	8	9	10	11	12	13	14	15	16	17	18	19	20	21	22	23	24	25	26	27	28	29
일주	乙未	丙申	丁酉	戊戌	己亥	庚子	辛丑	壬寅	癸卯	甲辰	乙巳	丙午	丁未	戊申	己酉	庚戌	辛亥	壬子	癸丑	甲寅	乙卯	丙辰	丁巳	戊午	己未	庚申	辛酉	壬戌	癸亥	甲子
대운 남	10	1	1	1	1	2	2	2	3	3	3	4	4	4	5	5	5	6	6	6	7	7	7	8	8	8	9	9	9	10
대운 여	1	10	9	9	9	8	8	8	7	7	7	6	6	6	5	5	5	4	4	4	3	3	3	2	2	2	1	1	1	1

4월 5일(양) 청명 04시 30분		4월 10일(양)		4월 20일(양) 곡우 11시 39분		5월 1일(양)	
평균기온: 13.1℃	강수량: −	평균기온: 8.3℃	강수량: −	평균기온: 21.4℃	강수량: −	평균기온: 17.4℃	강수량: −
최고기온: 19.6℃	일 출: 06:12	최고기온: 12.4℃	일 출: 06:05	최고기온: 29.1℃	일 출: 05:51	최고기온: 24.9℃	일 출: 05:37
최저기온: 7.0℃	일 몰: 18:58	최저기온: 4.4℃	일 몰: 19:03	최저기온: 13.4℃	일 몰: 19:12	최저기온: 9.7℃	일 몰: 19:22

입하 — 05.05 ~ 06.05(양) — 己巳月

양력	05.05	6	7	8	9	10	11	12	13	14	15	16	17	18	19	20	21	22	23	24	25	26	27	28	29	30	31	6.1	2	3	4	5
음력	04.01	2	3	4	5	6	7	8	9	10	11	12	13	14	15	16	17	18	19	20	21	22	23	24	25	26	27	28	29	30	5.1	2
일주	乙丑	丙寅	丁卯	戊辰	己巳	庚午	辛未	壬申	癸酉	甲戌	乙亥	丙子	丁丑	戊寅	己卯	庚辰	辛巳	壬午	癸未	甲申	乙酉	丙戌	丁亥	戊子	己丑	庚寅	辛卯	壬辰	癸巳	甲午	乙未	丙申
대운 남	10	1	1	1	1	2	2	2	3	3	3	4	4	4	5	5	5	6	6	6	7	7	7	8	8	8	9	9	9	10	10	10
대운 여	1	10	10	9	9	9	8	8	8	7	7	7	6	6	6	5	5	5	4	4	4	3	3	3	2	2	2	1	1	1	1	1

5월 5일(양) 입하 21시 54분		5월 10일(양)		5월 20일(양)		5월 21일(양) 소만 10시 54분		6월 1일(양)	
평균기온: 20.7℃	강수량: −	평균기온: 18.7℃	강수량: 6.4mm	평균기온: 17.4℃	강수량: 0.0mm	평균기온: 16.2℃	강수량: 0.0mm	평균기온: 20.5℃	강수량: −
최고기온: 28.5℃	일 출: 05:33	최고기온: 24.2℃	일 출: 05:28	최고기온: 21.1℃	일 출: 05:19	최고기온: 20.9℃	일 출: 05:18	최고기온: 27.2℃	일 출: 05:12
최저기온: 13.8℃	일 몰: 19:25	최저기온: 14.1℃	일 몰: 19:30	최저기온: 14.8℃	일 몰: 19:38	최저기온: 13.4℃	일 몰: 19:39	최저기온: 16.5℃	일 몰: 19:47

망종 — 06.06 ~ 07.06(양) — 庚午月

양력	06.06	7	8	9	10	11	12	13	14	15	16	17	18	19	20	21	22	23	24	25	26	27	28	29	30	7.1	2	3	4	5	6
음력	05.03	4	5	6	7	8	9	10	11	12	13	14	15	16	17	18	19	20	21	22	23	24	25	26	27	28	29	6.1	2	3	4
일주	丁酉	戊戌	己亥	庚子	辛丑	壬寅	癸卯	甲辰	乙巳	丙午	丁未	戊申	己酉	庚戌	辛亥	壬子	癸丑	甲寅	乙卯	丙辰	丁巳	戊午	己未	庚申	辛酉	壬戌	癸亥	甲子	乙丑	丙寅	丁卯
대운 남	10	1	1	1	1	2	2	2	3	3	3	4	4	4	5	5	5	6	6	6	7	7	7	8	8	8	9	9	9	10	10
대운 여	1	10	10	9	9	9	8	8	8	7	7	7	6	6	6	5	5	5	4	4	4	3	3	3	2	2	2	1	1	1	1

6월 6일(양) 망종 02시 05분		6월 10일(양)		6월 20일(양)		6월 21일(양) 하지 18시 53분		7월 1일(양)	
평균기온: 20.9℃	강수량: −	평균기온: 18.9℃	강수량: −	평균기온: 19.7℃	강수량: −	평균기온: 20.8℃	강수량: −	평균기온: 22.9℃	강수량: 12.5mm
최고기온: 26.2℃	일 출: 05:11	최고기온: 24.6℃	일 출: 05:10	최고기온: 25.2℃	일 출: 05:11	최고기온: 26.1℃	일 출: 05:11	최고기온: 28.3℃	일 출: 05:14
최저기온: 16.0℃	일 몰: 19:50	최저기온: 13.6℃	일 몰: 19:53	최저기온: 15.1℃	일 몰: 19:56	최저기온: 15.9℃	일 몰: 19:57	최저기온: 18.4℃	일 몰: 19:57

소서 — 07.07 ~ 08.06(양) — 辛未月

양력	07.07	8	9	10	11	12	13	14	15	16	17	18	19	20	21	22	23	24	25	26	27	28	29	30	31	8.1	2	3	4	5	6
음력	06.05	6	7	8	9	10	11	12	13	14	15	16	17	18	19	20	21	22	23	24	25	26	27	28	29	30	7.1	2	3	4	5
일주	戊辰	己巳	庚午	辛未	壬申	癸酉	甲戌	乙亥	丙子	丁丑	戊寅	己卯	庚辰	辛巳	壬午	癸未	甲申	乙酉	丙戌	丁亥	戊子	己丑	庚寅	辛卯	壬辰	癸巳	甲午	乙未	丙申	丁酉	戊戌
대운 남	10	1	1	1	1	2	2	2	3	3	3	4	4	4	5	5	5	6	6	6	7	7	7	8	8	8	9	9	9	10	10
대운 여	1	10	10	9	9	9	8	8	8	7	7	7	6	6	6	5	5	5	4	4	4	3	3	3	2	2	2	1	1	1	1

7월 7일(양) 소서 12시 19분		7월 10일(양)		7월 20일(양)		7월 23일(양) 대서 05시 45분		8월 1일(양)	
평균기온: 25.6℃	강수량: −	평균기온: 23.1℃	강수량: −	평균기온: 26.4℃	강수량: 34.3mm	평균기온: 27.3℃	강수량: −	평균기온: 27.2℃	강수량: −
최고기온: 30.7℃	일 출: 05:17	최고기온: 28.7℃	일 출: 05:19	최고기온: 27.9℃	일 출: 05:26	최고기온: 31.1℃	일 출: 05:28	최고기온: 31.1℃	일 출: 05:35
최저기온: 20.7℃	일 몰: 19:56	최저기온: 19.5℃	일 몰: 19:55	최저기온: 23.5℃	일 몰: 19:50	최저기온: 24.3℃	일 몰: 19:48	최저기온: 23.8℃	일 몰: 19:41

동경 135도 표준시

입추 — 08.07 ~ 09.07(양)

壬申月

양력	08.07	8	9	10	11	12	13	14	15	16	17	18	19	20	21	22	23	24	25	26	27	28	29	30	31	9.1	2	3	4	5	6	7
음력	07.06	7	8	9	10	11	12	13	14	15	16	17	18	19	20	21	22	23	24	25	26	27	28	29	8.1	2	3	4	5	6	7	8
일주	己亥	庚子	辛丑	壬寅	癸卯	甲辰	乙巳	丙午	丁未	戊申	己酉	庚戌	辛亥	壬子	癸丑	甲寅	乙卯	丙辰	丁巳	戊午	己未	庚申	辛酉	壬戌	癸亥	甲子	乙丑	丙寅	丁卯	戊辰	己巳	庚午
대운 남	10·1	1	1	1	1	2	2	2	3	3	3	4	4	4	5	5	5	6	6	6	7	7	7	8	8	8	9	9	9	10	10	10
대운 여	1·10	10	10	10	9	9	9	8	8	8	7	7	7	6	6	6	5	5	5	4	4	4	3	3	3	2	2	2	1	1	1	1

날짜	평균기온	최고기온	최저기온	강수량	일 출	일 몰
8월 7일(양) 입추 22시 04분	26.9℃	30.9℃	23.4℃	–	05:41	19:35
8월 10일(양)	25.3℃	30.2℃	20.6℃	–	05:43	19:31
8월 20일(양)	24.2℃	27.0℃	21.1℃	51.5㎜	05:52	19:19
8월 23일(양) 처서 12시 46분	25.2℃	30.0℃	22.9℃	9.5㎜	05:54	19:15
9월 1일(양)	22.5℃	25.1℃	21.3℃	0.4㎜	06:02	19:02

백로 — 09.08 ~ 10.07(양)

癸酉月

양력	09.08	9	10	11	12	13	14	15	16	17	18	19	20	21	22	23	24	25	26	27	28	29	30	10.1	2	3	4	5	6	7
음력	08.09	10	11	12	13	14	15	16	17	18	19	20	21	22	23	24	25	26	27	28	29	30	9.1	2	3	4	5	6	7	8
일주	辛未	壬申	癸酉	甲戌	乙亥	丙子	丁丑	戊寅	己卯	庚辰	辛巳	壬午	癸未	甲申	乙酉	丙戌	丁亥	戊子	己丑	庚寅	辛卯	壬辰	癸巳	甲午	乙未	丙申	丁酉	戊戌	己亥	庚子
대운 남	10·1	1	1	1	2	2	2	3	3	3	4	4	4	5	5	5	6	6	6	7	7	7	8	8	8	9	9	9	10	10
대운 여	1·10	10	10	9	9	9	8	8	8	7	7	7	6	6	6	5	5	5	4	4	4	3	3	3	2	2	2	1	1	1

날짜	평균기온	최고기온	최저기온	강수량	일 출	일 몰
9월 8일(양) 백로 00시 54분	23.6℃	28.6℃	19.5℃	1.5㎜	06:08	18:51
9월 10일(양)	23.4℃	28.6℃	20.0℃	0.0㎜	06:09	18:48
9월 20일(양)	17.1℃	23.6℃	10.3℃	–	06:18	18:33
9월 23일(양) 추분 10시 20분	20.4℃	26.2℃	14.8℃	–	06:20	18:28
10월 1일(양)	17.7℃	23.7℃	12.5℃	–	06:27	18:16

한로 — 10.08 ~ 11.06(양)

甲戌月

양력	10.08	9	10	11	12	13	14	15	16	17	18	19	20	21	22	23	24	25	26	27	28	29	30	31	11.1	2	3	4	5	6
음력	09.09	10	11	12	13	14	15	16	17	18	19	20	21	22	23	24	25	26	27	28	29	30	10.1	2	3	4	5	6	7	8
일주	辛丑	壬寅	癸卯	甲辰	乙巳	丙午	丁未	戊申	己酉	庚戌	辛亥	壬子	癸丑	甲寅	乙卯	丙辰	丁巳	戊午	己未	庚申	辛酉	壬戌	癸亥	甲子	乙丑	丙寅	丁卯	戊辰	己巳	庚午
대운 남	10·1	1	1	1	1	2	2	2	3	3	3	4	4	4	5	5	5	6	6	6	7	7	7	8	8	8	9	9	9	10
대운 여	1·10	10	9	9	9	8	8	8	7	7	7	6	6	6	5	5	5	4	4	4	3	3	3	2	2	2	1	1	1	1

날짜	평균기온	최고기온	최저기온	강수량	일 출	일 몰
10월 8일(양) 한로 16시 27분	11.3℃	16.8℃	6.1℃	–	06:33	18:06
10월 10일(양)	12.6℃	17.1℃	9.3℃	–	06:35	18:03
10월 20일(양)	11.1℃	16.2℃	7.3℃	–	06:45	17:49
10월 23일(양) 상강 19시 35분	12.7℃	18.8℃	6.9℃	–	06:47	17:45
11월 1일(양)	11.2℃	17.2℃	6.5℃	0.9㎜	06:57	17:34

입동 — 11.07 ~ 12.06(양)

乙亥月

양력	11.07	8	9	10	11	12	13	14	15	16	17	18	19	20	21	22	23	24	25	26	27	28	29	30	12.1	2	3	4	5	6
음력	10.09	10	11	12	13	14	15	16	17	18	19	20	21	22	23	24	25	26	27	28	29	11.1	2	3	4	5	6	7	8	9
일주	辛未	壬申	癸酉	甲戌	乙亥	丙子	丁丑	戊寅	己卯	庚辰	辛巳	壬午	癸未	甲申	乙酉	丙戌	丁亥	戊子	己丑	庚寅	辛卯	壬辰	癸巳	甲午	乙未	丙申	丁酉	戊戌	己亥	庚子
대운 남	10·1	1	1	1	1	2	2	2	3	3	3	4	4	4	5	5	5	6	6	6	7	7	7	8	8	8	9	9	9	10
대운 여	1·10	10	9	9	9	8	8	8	7	7	7	6	6	6	5	5	5	4	4	4	3	3	3	2	2	2	1	1	1	1

날짜	평균기온	최고기온	최저기온	강수량	일 출	일 몰
11월 7일(양) 입동 19시 34분	13.8℃	17.0℃	11.7℃	10.0㎜	07:03	17:28
11월 10일(양)	8.0℃	12.0℃	5.1℃	–	07:06	17:25
11월 20일(양)	4.8℃	10.5℃	0.0℃	–	07:17	17:18
11월 22일(양) 소설 17시 05분	8.0℃	12.5℃	4.7℃	–	07:19	17:17
12월 1일(양)	0.2℃	5.5℃	-4.9℃	–	07:28	17:14

대설 — 12.07 ~ 1990.01.04(양)

丙子月

양력	12.07	8	9	10	11	12	13	14	15	16	17	18	19	20	21	22	23	24	25	26	27	28	29	30	31	1.1	2	3	4
음력	11.10	11	12	13	14	15	16	17	18	19	20	21	22	23	24	25	26	27	28	29	30	12.1	2	3	4	5	6	7	8
일주	辛丑	壬寅	癸卯	甲辰	乙巳	丙午	丁未	戊申	己酉	庚戌	辛亥	壬子	癸丑	甲寅	乙卯	丙辰	丁巳	戊午	己未	庚申	辛酉	壬戌	癸亥	甲子	乙丑	丙寅	丁卯	戊辰	己巳
대운 남	10·1	1	1	1	1	2	2	2	3	3	3	4	4	4	5	5	5	6	6	6	7	7	7	8	8	8	9	9	9
대운 여	1·10	10	9	9	9	8	8	8	7	7	7	6	6	6	5	5	5	4	4	4	3	3	3	2	2	2	1	1	1

날짜	평균기온	최고기온	최저기온	강수량	일 출	일 몰
12월 7일(양) 대설 12시 21분	0.9℃	2.5℃	-2.6℃	2.1㎜	07:33	17:14
12월 10일(양)	2.4℃	4.6℃	-1.0℃	0.0㎜	07:36	17:14
12월 20일(양)	3.3℃	4.9℃	1.8℃	0.1㎜	07:42	17:17
12월 22일(양) 동지 06시 22분	0.2℃	3.1℃	-1.7℃	–	07:43	17:18
1월 1일(양)	-1.7℃	1.8℃	-4.0℃	0.0㎜	07:47	17:24

소한 — 01.05 ~ 02.03(양)

丁丑月

양력	1990.01.05	6	7	8	9	10	11	12	13	14	15	16	17	18	19	20	21	22	23	24	25	26	27	28	29	30	31	2.1	2	3
음력	1989.12.09	10	11	12	13	14	15	16	17	18	19	20	21	22	23	24	25	26	27	28	29	30	1.1	2	3	4	5	6	7	8
일주	庚午	辛未	壬申	癸酉	甲戌	乙亥	丙子	丁丑	戊寅	己卯	庚辰	辛巳	壬午	癸未	甲申	乙酉	丙戌	丁亥	戊子	己丑	庚寅	辛卯	壬辰	癸巳	甲午	乙未	丙申	丁酉	戊戌	己亥
대운 남	10·1	1	1	1	1	2	2	2	3	3	3	4	4	4	5	5	5	6	6	6	7	7	7	8	8	8	9	9	9	10
대운 여	1·10	10	9	9	9	8	8	8	7	7	7	6	6	6	5	5	5	4	4	4	3	3	3	2	2	2	1	1	1	1

날짜	평균기온	최고기온	최저기온	강수량	일 출	일 몰
1월 5일(양) 소한 23시 33분	0.7℃	2.1℃	-2.4℃	3.2㎜	07:47	17:27
1월 10일(양)	4.2℃	6.4℃	2.8℃	16.7㎜	07:47	17:32
1월 20일(양) 대한 17시 02분	-7.6℃	-3.6℃	-11.2℃	–	07:44	17:42
2월 1일(양)	-1.5℃	0.2℃	-2.6℃	0.9㎜	07:36	17:55

입춘　02.04 ~ 03.05(양)　戊寅月

양력	1990.02.04	5	6	7	8	9	10	11	12	13	14	15	16	17	18	19	20	21	22	23	24	25	26	27	28	3.1	2	3	4	5
음력	1990.01.09	10	11	12	13	14	15	16	17	18	19	20	21	22	23	24	25	26	27	28	29	2.1	2	3	4	5	6	7	8	9
일주	庚子	辛丑	壬寅	癸卯	甲辰	乙巳	丙午	丁未	戊申	己酉	庚戌	辛亥	壬子	癸丑	甲寅	乙卯	丙辰	丁巳	戊午	己未	庚申	辛酉	壬戌	癸亥	甲子	乙丑	丙寅	丁卯	戊辰	己巳
대운 남	10	10	9	9	9	8	8	8	7	7	7	6	6	6	5	5	5	4	4	4	3	3	3	2	2	2	1	1	1	1
대운 여	1	1	1	1	1	2	2	2	3	3	3	4	4	4	5	5	5	6	6	6	7	7	7	8	8	8	9	9	9	10

	2월 4일(양) 입춘 11시 14분		2월 10일(양)		2월 19일(양) 우수 07시 14분		2월 20일(양)		3월 1일(양)	
평균기온	0.0℃	강수량: 0.0mm	2.5℃	강수량: 14.4mm	6.0℃	강수량: 6.9mm	3.7℃	강수량: 0.0mm	7.1℃	강수량: –
최고기온	1.6℃	일 출: 07:34	3.9℃	일 출: 07:28	7.5℃	일 출: 07:18	5.0℃	일 출: 07:16	12.5℃	일 출: 07:04
최저기온	-1.7℃	일 몰: 17:59	0.8℃	일 몰: 18:05	2.6℃	일 몰: 18:15	2.6℃	일 몰: 18:16	2.7℃	일 몰: 18:25

경칩　03.06 ~ 04.04(양)　己卯月

양력	03.06	7	8	9	10	11	12	13	14	15	16	17	18	19	20	21	22	23	24	25	26	27	28	29	30	31	4.1	2	3	4
음력	02.10	11	12	13	14	15	16	17	18	19	20	21	22	23	24	25	26	27	28	29	30	3.1	2	3	4	5	6	7	8	9
일주	庚午	辛未	壬申	癸酉	甲戌	乙亥	丙子	丁丑	戊寅	己卯	庚辰	辛巳	壬午	癸未	甲申	乙酉	丙戌	丁亥	戊子	己丑	庚寅	辛卯	壬辰	癸巳	甲午	乙未	丙申	丁酉	戊戌	己亥
대운 남	1/10	10	9	9	9	8	8	8	7	7	7	6	6	6	5	5	5	4	4	4	3	3	3	2	2	2	1	1	1	1
대운 여	10/1	1	1	1	1	2	2	2	3	3	3	4	4	4	5	5	5	6	6	6	7	7	7	8	8	8	9	9	9	10

	3월 6일(양) 경칩 05시 19분		3월 10일(양)		3월 20일(양)		3월 21일(양) 춘분 06시 19분		4월 1일(양)	
평균기온	5.0℃	강수량: –	9.3℃	강수량: –	7.5℃	강수량: –	10.1℃	강수량: –	8.9℃	강수량: –
최고기온	10.1℃	일 출: 06:57	15.5℃	일 출: 06:52	10.1℃	일 출: 06:37	18.8℃	일 출: 06:35	15.2℃	일 출: 06:19
최저기온	0.9℃	일 몰: 18:30	4.0℃	일 몰: 18:34	5.7℃	일 몰: 18:43	3.6℃	일 몰: 18:44	4.8℃	일 몰: 18:54

청명　04.05 ~ 05.05(양)　庚辰月

양력	04.05	6	7	8	9	10	11	12	13	14	15	16	17	18	19	20	21	22	23	24	25	26	27	28	29	30	5.1	2	3	4	5
음력	03.10	11	12	13	14	15	16	17	18	19	20	21	22	23	24	25	26	27	28	29	4.1	2	3	4	5	6	7	8	9	10	11
일주	庚子	辛丑	壬寅	癸卯	甲辰	乙巳	丙午	丁未	戊申	己酉	庚戌	辛亥	壬子	癸丑	甲寅	乙卯	丙辰	丁巳	戊午	己未	庚申	辛酉	壬戌	癸亥	甲子	乙丑	丙寅	丁卯	戊辰	己巳	庚午
대운 남	1/10	10	9	9	9	8	8	8	7	7	7	6	6	6	5	5	5	4	4	4	3	3	3	2	2	2	1	1	1	1	1
대운 여	10/1	1	1	1	2	2	2	3	3	3	4	4	4	5	5	5	6	6	6	7	7	7	8	8	8	9	9	9	10	10	10

	4월 5일(양) 청명 10시 13분		4월 10일(양)		4월 20일(양) 곡우 17시 27분		5월 1일(양)	
평균기온	7.5℃	강수량: –	14.9℃	강수량: –	13.9℃	강수량: 0.0mm	15.4℃	강수량: 13.1mm
최고기온	12.5℃	일 출: 06:13	22.2℃	일 출: 06:05	17.6℃	일 출: 05:51	18.9℃	일 출: 05:38
최저기온	2.3℃	일 몰: 18:58	8.4℃	일 몰: 19:02	11.1℃	일 몰: 19:11	8.8℃	일 몰: 19:21

입하　05.06 ~ 06.05(양)　辛巳月

양력	05.06	7	8	9	10	11	12	13	14	15	16	17	18	19	20	21	22	23	24	25	26	27	28	29	30	31	6.1	2	3	4	5
음력	04.12	13	14	15	16	17	18	19	20	21	22	23	24	25	26	27	28	29	5.1	2	3	4	5	6	7	8	9	10	11	12	13
일주	辛未	壬申	癸酉	甲戌	乙亥	丙子	丁丑	戊寅	己卯	庚辰	辛巳	壬午	癸未	甲申	乙酉	丙戌	丁亥	戊子	己丑	庚寅	辛卯	壬辰	癸巳	甲午	乙未	丙申	丁酉	戊戌	己亥	庚子	辛丑
대운 남	1/10	10	9	9	9	8	8	8	7	7	7	6	6	6	5	5	5	4	4	4	3	3	3	2	2	2	1	1	1	1	1
대운 여	10/1	1	1	1	2	2	2	3	3	3	4	4	4	5	5	5	6	6	6	7	7	7	8	8	8	9	9	9	10	10	10

	5월 6일(양) 입하 03시 35분		5월 10일(양)		5월 20일(양)		5월 21일(양) 소만 16시 37분		6월 1일(양)	
평균기온	15.3℃	강수량: –	20.3℃	강수량: 6.5mm	15.7℃	강수량: 1.6mm	14.6℃	강수량: –	15.0℃	강수량: 0.3mm
최고기온	21.7℃	일 출: 05:32	25.8℃	일 출: 05:28	19.5℃	일 출: 05:19	18.2℃	일 출: 05:19	17.1℃	일 출: 05:13
최저기온	9.3℃	일 몰: 19:26	16.0℃	일 몰: 19:30	12.8℃	일 몰: 19:38	11.9℃	일 몰: 19:39	13.4℃	일 몰: 19:47

망종　06.06 ~ 07.06(양)　壬午月

양력	06.06	7	8	9	10	11	12	13	14	15	16	17	18	19	20	21	22	23	24	25	26	27	28	29	30	7.1	2	3	4	5	6
음력	05.14	15	16	17	18	19	20	21	22	23	24	25	26	27	28	29	30	윤5.1	5.2	3	4	5	6	7	8	9	10	11	12	13	14
일주	壬寅	癸卯	甲辰	乙巳	丙午	丁未	戊申	己酉	庚戌	辛亥	壬子	癸丑	甲寅	乙卯	丙辰	丁巳	戊午	己未	庚申	辛酉	壬戌	癸亥	甲子	乙丑	丙寅	丁卯	戊辰	己巳	庚午	辛未	壬申
대운 남	1/10	10	9	9	9	8	8	8	7	7	7	6	6	6	5	5	5	4	4	4	3	3	3	2	2	2	1	1	1	1	1
대운 여	10/1	1	1	1	2	2	2	3	3	3	4	4	4	5	5	5	6	6	6	7	7	7	8	8	8	9	9	9	10	10	10

	6월 6일(양) 망종 07시 46분		6월 10일(양)		6월 20일(양)		6월 22일(양) 하지 00시 33분		7월 1일(양)	
평균기온	22.8℃	강수량: –	19.1℃	강수량: 0.0mm	20.8℃	강수량: 18.7mm	20.0℃	강수량: 0.0mm	21.7℃	강수량: –
최고기온	28.8℃	일 출: 05:11	23.7℃	일 출: 05:10	23.0℃	일 출: 05:11	22.5℃	일 출: 05:11	27.4℃	일 출: 05:14
최저기온	16.5℃	일 몰: 19:50	15.6℃	일 몰: 19:53	19.1℃	일 몰: 19:56	17.5℃	일 몰: 19:57	16.7℃	일 몰: 19:57

소서　07.07 ~ 08.07(양)　癸未月

양력	07.07	8	9	10	11	12	13	14	15	16	17	18	19	20	21	22	23	24	25	26	27	28	29	30	31	8.1	2	3	4	5	6	7
음력	05.15	16	17	18	19	20	21	22	23	24	25	26	27	28	29	6.1	2	3	4	5	6	7	8	9	10	11	12	13	14	15	16	17
일주	癸酉	甲戌	乙亥	丙子	丁丑	戊寅	己卯	庚辰	辛巳	壬午	癸未	甲申	乙酉	丙戌	丁亥	戊子	己丑	庚寅	辛卯	壬辰	癸巳	甲午	乙未	丙申	丁酉	戊戌	己亥	庚子	辛丑	壬寅	癸卯	甲辰
대운 남	1/10	10	9	9	9	8	8	8	7	7	7	6	6	6	5	5	5	4	4	4	3	3	3	2	2	2	1	1	1	1	1	1
대운 여	10/1	1	1	1	1	2	2	2	3	3	3	4	4	4	5	5	5	6	6	6	7	7	7	8	8	8	9	9	9	10	10	10

	7월 7일(양) 소서 18시 00분		7월 10일(양)		7월 20일(양)		7월 23일(양) 대서 11시 22분		8월 1일(양)	
평균기온	26.5℃	강수량: 20.0mm	27.4℃	강수량: 2.2㎜	25.0℃	강수량: 23.2㎜	25.1℃	강수량: 7.6㎜	28.2℃	강수량: –
최고기온	29.6℃	일 출: 05:17	31.3℃	일 출: 05:19	28.3℃	출: 05:26	26.7℃	일 출: 05:28	33.0℃	일 출: 05:35
최저기온	24.1℃	일 몰: 19:56	24.2℃	일 몰: 19:55	23.2℃	일 몰: 19:51	23.3℃	일 몰: 19:49	24.4℃	일 몰: 19:41

庚午年

입추 08.08 ~ 09.07(양)

甲申月

양력	08.08		9	10	11	12	13	14	15	16	17	18	19	20	21	22	23	24	25	26	27	28	29	30	31	9.1	2	3	4	5	6	7
음력	06.18		19	20	21	22	23	24	25	26	27	28	29	7.1	2	3	4	5	6	7	8	9	10	11	12	13	14	15	16	17	18	19
일주	乙巳		丙午	丁未	戊申	己酉	庚戌	辛亥	壬子	癸丑	甲寅	乙卯	丙辰	丁巳	戊午	己未	庚申	辛酉	壬戌	癸亥	甲子	乙丑	丙寅	丁卯	戊辰	己巳	庚午	辛未	壬申	癸酉	甲戌	乙亥
대운 남	1	10	10	10	9	9	9	8	8	8	7	7	7	6	6	6	5	5	5	4	4	4	3	3	3	2	2	2	1	1	1	1
대운 여	10	1	1	1	1	1	2	2	2	3	3	3	4	4	4	5	5	5	6	6	6	7	7	7	8	8	8	9	9	9	10	10

8월 8일(양) 입추 03시 46분		8월 10일(양)		8월 20일(양)		8월 23일(양) 처서 18시 21분		9월 1일(양)	
평균기온: 26.8℃	강수량: 22.5㎜	평균기온: 25.8℃	강수량: 6.6㎜	평균기온: 24.4℃	강수량: 26.8㎜	평균기온: 24.6℃	강수량: 1.0㎜	평균기온: 20.3℃	강수량: 47.8㎜
최고기온: 33.7℃	일 출: 05:41	최고기온: 31.1℃	일 출: 05:43	최고기온: 25.3℃	일 출: 05:51	최고기온: 29.1℃	일 출: 05:54	최고기온: 21.4℃	일 출: 06:02
최저기온: 24.3℃	일 몰: 19:34	최저기온: 23.2℃	일 몰: 19:31	최저기온: 23.5℃	일 몰: 19:19	최저기온: 21.2℃	일 몰: 19:15	최저기온: 18.8℃	일 몰: 19:02

백로 09.08 ~ 10.07(양)

乙酉月

양력	09.08		9	10	11	12	13	14	15	16	17	18	19	20	21	22	23	24	25	26	27	28	29	30	10.1	2	3	4	5	6	7
음력	07.20		21	22	23	24	25	26	27	28	29	30	8.1	2	3	4	5	6	7	8	9	10	11	12	13	14	15	16	17	18	19
일주	丙子		丁丑	戊寅	己卯	庚辰	辛巳	壬午	癸未	甲申	乙酉	丙戌	丁亥	戊子	己丑	庚寅	辛卯	壬辰	癸巳	甲午	乙未	丙申	丁酉	戊戌	己亥	庚子	辛丑	壬寅	癸卯	甲辰	乙巳
대운 남	1	10	10	9	9	9	8	8	8	7	7	7	6	6	6	5	5	5	4	4	4	3	3	3	2	2	2	1	1	1	1
대운 여	10	1	1	1	1	1	2	2	2	3	3	3	4	4	4	5	5	5	6	6	6	7	7	7	8	8	8	9	9	9	10

9월 8일(양) 백로 06시 37분		9월 10일(양)		9월 20일(양)		9월 23일(양) 추분 15시 56분		10월 1일(양)	
평균기온: 25.2℃	강수량: 2.2㎜	평균기온: 22.1℃	강수량: 120.0㎜	평균기온: 19.4℃	강수량: –	평균기온: 20.2℃	강수량: 4.0㎜	평균기온: 18.8℃	강수량: –
최고기온: 28.3℃	일 출: 06:07	최고기온: 23.8℃	일 출: 06:09	최고기온: 25.7℃	일 출: 06:17	최고기온: 23.9℃	일 출: 06:20	최고기온: 23.4℃	일 출: 06:27
최저기온: 22.6℃	일 몰: 18:52	최저기온: 17.6℃	일 몰: 18:49	최저기온: 13.4℃	일 몰: 18:33	최저기온: 17.4℃	일 몰: 18:29	최저기온: 14.2℃	일 몰: 18:16

한로 10.08 ~ 11.07(양)

丙戌月

양력	10.08		9	10	11	12	13	14	15	16	17	18	19	20	21	22	23	24	25	26	27	28	29	30	31	11.1	2	3	4	5	6	7
음력	08.20		21	22	23	24	25	26	27	28	29	30	9.1	2	3	4	5	6	7	8	9	10	11	12	13	14	15	16	17	18	19	20
일주	丙午		丁未	戊申	己酉	庚戌	辛亥	壬子	癸丑	甲寅	乙卯	丙辰	丁巳	戊午	己未	庚申	辛酉	壬戌	癸亥	甲子	乙丑	丙寅	丁卯	戊辰	己巳	庚午	辛未	壬申	癸酉	甲戌	乙亥	丙子
대운 남	1	10	10	10	9	9	9	8	8	8	7	7	7	6	6	6	5	5	5	4	4	4	3	3	3	2	2	2	1	1	1	1
대운 여	10	1	1	1	1	1	2	2	2	3	3	3	4	4	4	5	5	5	6	6	6	7	7	7	8	8	8	9	9	9	10	10

10월 8일(양) 한로 22시 14분		10월 10일(양)		10월 20일(양)		10월 24일(양) 상강 01시 14분		11월 1일(양)	
평균기온: 17.4℃	강수량: –	평균기온: 12.6℃	강수량: –	평균기온: 15.1℃	강수량: –	평균기온: 15.2℃	강수량: –	평균기온: 13.3℃	강수량: –
최고기온: 22.0℃	일 출: 06:33	최고기온: 19.7℃	일 출: 06:35	최고기온: 21.8℃	일 출: 06:44	최고기온: 19.5℃	일 출: 06:48	최고기온: 19.1℃	일 출: 06:56
최저기온: 12.0℃	일 몰: 18:06	최저기온: 6.2℃	일 몰: 18:03	최저기온: 10.9℃	일 몰: 17:49	최저기온: 9.9℃	일 몰: 17:44	최저기온: 8.7℃	일 몰: 17:35

입동 11.08 ~ 12.06(양)

丁亥月

양력	11.08		9	10	11	12	13	14	15	16	17	18	19	20	21	22	23	24	25	26	27	28	29	30	12.1	2	3	4	5	6
음력	09.21		22	23	24	25	26	27	28	29	10.1	2	3	4	5	6	7	8	9	10	11	12	13	14	15	16	17	18	19	20
일주	丁丑		戊寅	己卯	庚辰	辛巳	壬午	癸未	甲申	乙酉	丙戌	丁亥	戊子	己丑	庚寅	辛卯	壬辰	癸巳	甲午	乙未	丙申	丁酉	戊戌	己亥	庚子	辛丑	壬寅	癸卯	甲辰	乙巳
대운 남	1	10	9	9	9	8	8	8	7	7	7	6	6	6	5	5	5	4	4	4	3	3	3	2	2	2	1	1	1	1
대운 여	10	1	1	1	1	1	2	2	2	3	3	3	4	4	4	5	5	5	6	6	6	7	7	7	8	8	8	9	9	9

11월 8일(양) 입동 01시 23분		11월 10일(양)		11월 20일(양)		11월 22일(양) 소설 22시 47분		12월 1일(양)	
평균기온: 9.3℃	강수량: –	평균기온: –1.5℃	강수량: –	평균기온: 7.7℃	강수량: 0.7㎜	평균기온: 5.2℃	강수량: 0.0㎜	평균기온: 2.2℃	강수량: 15.0㎜
최고기온: 13.2℃	일 출: 07:04	최고기온: 1.3℃	일 출: 07:06	최고기온: 13.4℃	일 출: 07:16	최고기온: 9.2℃	일 출: 07:18	최고기온: 9.0℃	일 출: 07:27
최저기온: 4.8℃	일 몰: 17:27	최저기온: –4.1℃	일 몰: 17:26	최저기온: –2.1℃	일 몰: 17:18	최저기온: 1.7℃	일 몰: 17:17	최저기온: –2.5℃	일 몰: 17:14

대설 12.07 ~ 1991.01.05(양)

戊子月

양력	12.07		08	09	10	11	12	13	14	15	16	17	18	19	20	21	22	23	24	25	26	27	28	29	30	31	1.1	2	3	4	5
음력	10.21		22	23	24	25	26	27	28	29	30	11.1	2	3	4	5	6	7	8	9	10	11	12	13	14	15	16	17	18	19	20
일주	丙午		丁未	戊申	己酉	庚戌	辛亥	壬子	癸丑	甲寅	乙卯	丙辰	丁巳	戊午	己未	庚申	辛酉	壬戌	癸亥	甲子	乙丑	丙寅	丁卯	戊辰	己巳	庚午	辛未	壬申	癸酉	甲戌	乙亥
대운 남	1	10	10	9	9	9	8	8	8	7	7	7	6	6	6	5	5	5	4	4	4	3	3	3	2	2	2	1	1	1	1
대운 여	10	1	1	1	1	1	2	2	2	3	3	3	4	4	4	5	5	5	6	6	6	7	7	7	8	8	8	9	9	9	10

12월 7일(양) 대설 18시 14분		12월 10일(양)		12월 20일(양)		12월 22일(양) 동지 12시 07분		1월 1일(양)	
평균기온: 11.1℃	강수량: –	평균기온: 8.7℃	강수량: 0.0㎜	평균기온: 1.2℃	강수량: –	평균기온: 1.6℃	강수량: 0.9㎜	평균기온: 0.8℃	강수량: 0.5㎜
최고기온: 13.7℃	일 출: 07:33	최고기온: 11.7℃	일 출: 07:35	최고기온: 6.1℃	일 출: 07:42	최고기온: 5.3℃	일 출: 07:43	최고기온: 3.2℃	일 출: 07:47
최저기온: 7.8℃	일 몰: 17:13	최저기온: 5.8℃	일 몰: 17:14	최저기온: –2.6℃	일 몰: 17:16	최저기온: –3.2℃	일 몰: 17:17	최저기온: –4.5℃	일 몰: 17:24

소한 01.06 ~ 02.03(양)

己丑月

양력	1991.01.06		7	8	9	10	11	12	13	14	15	16	17	18	19	20	21	22	23	24	25	26	27	28	29	30	31	2.1	2	3
음력	1990.11.21		22	23	24	25	26	27	28	29	30	12.1	2	3	4	5	6	7	8	9	10	11	12	13	14	15	16	17	18	19
일주	丙子		丁丑	戊寅	己卯	庚辰	辛巳	壬午	癸未	甲申	乙酉	丙戌	丁亥	戊子	己丑	庚寅	辛卯	壬辰	癸巳	甲午	乙未	丙申	丁酉	戊戌	己亥	庚子	辛丑	壬寅	癸卯	甲辰
대운 남	1	10	9	9	9	8	8	8	7	7	7	6	6	6	5	5	5	4	4	4	3	3	3	2	2	2	1	1	1	1
대운 여	10	1	1	1	1	1	2	2	2	3	3	3	4	4	4	5	5	5	6	6	6	7	7	7	8	8	8	9	9	9

1월 6일(양) 소한 05시 28분		1월 10일(양)		1월 20일(양) 대한 22시 47분		2월 1일(양)	
평균기온: –8.0℃	강수량: –	평균기온: –1.4℃	강수량: 0.0㎜	평균기온: 2.2℃	강수량: –	평균기온: –2.0℃	강수량: –
최고기온: –2.6℃	일 출: 07:47	최고기온: 1.7℃	일 출: 07:47	최고기온: 9.7℃	일 출: 07:44	최고기온: 1.1℃	일 출: 07:37
최저기온: –12.9℃	일 몰: 17:28	최저기온: –4.1℃	일 몰: 17:32	최저기온: –4.0℃	일 몰: 17:42	최저기온: –4.3℃	일 몰: 17:55

1991

입춘 — 02.04~03.05(양) · 庚寅月

양력	1991.02.04	5	6	7	8	9	10	11	12	13	14	15	16	17	18	19	20	21	22	23	24	25	26	27	28	3.1	2	3	4	5
음력	1990.12.20	21	22	23	24	25	26	27	28	29	30	1.1	2	3	4	5	6	7	8	9	10	11	12	13	14	15	16	17	18	19
일주	乙巳	丙午	丁未	戊申	己酉	庚戌	辛亥	壬子	癸丑	甲寅	乙卯	丙辰	丁巳	戊午	己未	庚申	辛酉	壬戌	癸亥	甲子	乙丑	丙寅	丁卯	戊辰	己巳	庚午	辛未	壬申	癸酉	甲戌
대운 남	1 1	1	1	1	1	2	2	2	3	3	3	4	4	4	5	5	5	6	6	6	7	7	7	8	8	8	9	9	9	10
대운 여	10 10	10	9	9	9	8	8	8	7	7	7	6	6	6	5	5	5	4	4	4	3	3	3	2	2	2	1	1	1	1

	2월 4일(양) 입춘 17시 08분	2월 10일(양)	2월 19일(양) 우수 12시 58분	2월 20일(양)	3월 1일(양)
평균기온	-0.3℃	4.3℃	-4.5℃	-4.9℃	-0.9℃
최고기온	1.1℃	8.5℃	-1.0℃	-0.8℃	5.2℃
최저기온	-4.3℃	1.7℃	-7.6℃	-9.2℃	-6.0℃
강수량	1.5mm	1.6mm	–	2.3mm	–
일출	07:34	07:28	07:18	07:17	07:05
일몰	17:58	18:05	18:15	18:16	18:25

경칩 — 03.06~04.04(양) · 辛卯月

양력	03.06	7	8	9	10	11	12	13	14	15	16	17	18	19	20	21	22	23	24	25	26	27	28	29	30	31	4.1	2	3	4
음력	01.20	21	22	23	24	25	26	27	28	29	2.1	2	3	4	5	6	7	8	9	10	11	12	13	14	15	16	17	18	19	20
일주	乙亥	丙子	丁丑	戊寅	己卯	庚辰	辛巳	壬午	癸未	甲申	乙酉	丙戌	丁亥	戊子	己丑	庚寅	辛卯	壬辰	癸巳	甲午	乙未	丙申	丁酉	戊戌	己亥	庚子	辛丑	壬寅	癸卯	甲辰
대운 남	10 1	1	1	1	1	2	2	2	3	3	3	4	4	4	5	5	5	6	6	6	7	7	7	8	8	8	9	9	9	10
대운 여	1 10	10	9	9	9	8	8	8	7	7	7	6	6	6	5	5	5	4	4	4	3	3	3	2	2	2	1	1	1	1

	3월 6일(양) 경칩 11시 12분	3월 10일(양)	3월 20일(양)	3월 21일(양) 춘분 12시 02분	4월 1일(양)
평균기온	5.2℃	2.4℃	11.1℃	6.8℃	2.3℃
최고기온	11.1℃	4.1℃	14.8℃	10.7℃	8.4℃
최저기온	0.5℃	0.7℃	6.9℃	3.4℃	-3.4℃
강수량	–	6.5mm	0.7mm	–	–
일출	06:58	06:52	06:37	06:36	06:19
일몰	18:30	18:34	18:43	18:44	18:54

청명 — 04.05~05.05(양) · 壬辰月

양력	04.05	6	7	8	9	10	11	12	13	14	15	16	17	18	19	20	21	22	23	24	25	26	27	28	29	30	5.1	2	3	4	5
음력	02.21	22	23	24	25	26	27	28	29	30	3.1	2	3	4	5	6	7	8	9	10	11	12	13	14	15	16	17	18	19	20	21
일주	乙巳	丙午	丁未	戊申	己酉	庚戌	辛亥	壬子	癸丑	甲寅	乙卯	丙辰	丁巳	戊午	己未	庚申	辛酉	壬戌	癸亥	甲子	乙丑	丙寅	丁卯	戊辰	己巳	庚午	辛未	壬申	癸酉	甲戌	乙亥
대운 남	10 1	1	1	1	1	2	2	2	3	3	3	4	4	4	5	5	5	6	6	6	7	7	7	8	8	8	9	9	9	10	10
대운 여	1 10	10	10	9	9	9	8	8	8	7	7	7	6	6	6	5	5	5	4	4	4	3	3	3	2	2	2	1	1	1	1

	4월 5일(양) 청명 16시 05분	4월 10일(양)	4월 20일(양) 곡우 23시 08분	5월 1일(양)	
평균기온	9.5℃	17.2℃	11.9℃	11.1℃	
최고기온	15.8℃	22.4℃	17.3℃	14.9℃	
최저기온	2.6℃	12.3℃	6.4℃	8.0℃	
강수량	–	: 0.0mm	–	0.0mm	
일출	06:13	06:06	05:52	05:38	
일몰	18:58	19:02	19:11	19:21	

입하 — 05.06~06.05(양) · 癸巳月

양력	05.06	7	8	9	10	11	12	13	14	15	16	17	18	19	20	21	22	23	24	25	26	27	28	29	30	31	6.1	2	3	4	5
음력	03.22	23	24	25	26	27	28	29	4.1	2	3	4	5	6	7	8	9	10	11	12	13	14	15	16	17	18	19	20	21	22	23
일주	丙子	丁丑	戊寅	己卯	庚辰	辛巳	壬午	癸未	甲申	乙酉	丙戌	丁亥	戊子	己丑	庚寅	辛卯	壬辰	癸巳	甲午	乙未	丙申	丁酉	戊戌	己亥	庚子	辛丑	壬寅	癸卯	甲辰	乙巳	丙午
대운 남	10 1	1	1	1	1	2	2	2	3	3	3	4	4	4	5	5	5	6	6	6	7	7	7	8	8	8	9	9	9	10	10
대운 여	1 10	10	10	9	9	9	8	8	8	7	7	7	6	6	6	5	5	5	4	4	4	3	3	3	2	2	2	1	1	1	1

	5월 6일(양) 입하 09시 27분	5월 10일(양)	5월 20일(양)	5월 21일(양) 소만 22시 20분	6월 1일(양)
평균기온	14.1℃	18.1℃	23.6℃	23.1℃	19.6℃
최고기온	17.2℃	23.4℃	30.2℃	29.6℃	24.1℃
최저기온	11.7℃	13.9℃	17.3℃	16.3℃	17.2℃
강수량	7.9mm	0.0mm	–	–	–
일출	05:32	05:28	05:20	05:19	05:13
일몰	19:26	19:29	19:38	19:39	19:47

망종 — 06.06~07.06(양) · 甲午月

양력	06.06	7	8	9	10	11	12	13	14	15	16	17	18	19	20	21	22	23	24	25	26	27	28	29	30	7.1	2	3	4	5	6
음력	04.24	25	26	27	28	29	5.1	2	3	4	5	6	7	8	9	10	11	12	13	14	15	16	17	18	19	20	21	22	23	24	25
일주	丁未	戊申	己酉	庚戌	辛亥	壬子	癸丑	甲寅	乙卯	丙辰	丁巳	戊午	己未	庚申	辛酉	壬戌	癸亥	甲子	乙丑	丙寅	丁卯	戊辰	己巳	庚午	辛未	壬申	癸酉	甲戌	乙亥	丙子	丁丑
대운 남	10 1	1	1	1	1	2	2	2	3	3	3	4	4	4	5	5	5	6	6	6	7	7	7	8	8	8	9	9	9	10	10
대운 여	1 10	10	10	9	9	9	8	8	8	7	7	7	6	6	6	5	5	5	4	4	4	3	3	3	2	2	2	1	1	1	1

	6월 6일(양) 망종 13시 38분	6월 10일(양)	6월 20일(양)	6월 22일(양) 하지 06시 19분	7월 1일(양)
평균기온	22.3℃	22.3℃	21.4℃	22.6℃	22.9℃
최고기온	29.2℃	25.8℃	25.0℃	28.6℃	24.6℃
최저기온	16.2℃	18.5℃	18.5℃	18.5℃	20.5℃
강수량	–	–	0.7mm	–	17.7mm
일출	05:11	05:10	05:11	05:11	05:14
일몰	19:50	19:52	19:56	19:57	19:57

소서 — 07.07~08.07(양) · 乙未月

양력	07.07	8	9	10	11	12	13	14	15	16	17	18	19	20	21	22	23	24	25	26	27	28	29	30	31	8.1	2	3	4	5	6	7
음력	05.26	27	28	29	30	6.1	2	3	4	5	6	7	8	9	10	11	12	13	14	15	16	17	18	19	20	21	22	23	24	25	26	27
일주	戊寅	己卯	庚辰	辛巳	壬午	癸未	甲申	乙酉	丙戌	丁亥	戊子	己丑	庚寅	辛卯	壬辰	癸巳	甲午	乙未	丙申	丁酉	戊戌	己亥	庚子	辛丑	壬寅	癸卯	甲辰	乙巳	丙午	丁未	戊申	己酉
대운 남	10 1	1	1	1	1	2	2	2	3	3	3	4	4	4	5	5	5	6	6	6	7	7	7	8	8	8	9	9	9	10	10	10
대운 여	1 10	10	10	10	9	9	9	8	8	8	7	7	7	6	6	6	5	5	5	4	4	4	3	3	3	2	2	2	1	1	1	1

	7월 7일(양) 소서 23시 53분	7월 10일(양)	7월 20일(양)	7월 23일(양) 대서 17시 11분	8월 1일(양)
평균기온	22.0℃	23.3℃	24.6℃	25.0℃	27.0℃
최고기온	25.6℃	27.6℃	25.9℃	27.9℃	30.3℃
최저기온	18.8℃	20.3℃	20.9℃	22.9℃	24.0℃
강수량	44.0mm	–	49.0mm	30.7mm	0.4mm
일출	05:17	05:19	05:26	05:28	05:35
일몰	19:56	19:56	19:51	19:49	19:41

입추 (立秋) 08.08~09.07(양) — 丙申月

양력	08.08	9	10	11	12	13	14	15	16	17	18	19	20	21	22	23	24	25	26	27	28	29	30	31	9.1	2	3	4	5	6	7
음력	06.28	29	7.1	2	3	4	5	6	7	8	9	10	11	12	13	14	15	16	17	18	19	20	21	22	23	24	25	26	27	28	29
일주	庚戌	辛亥	壬子	癸丑	甲寅	乙卯	丙辰	丁巳	戊午	己未	庚申	辛酉	壬戌	癸亥	甲子	乙丑	丙寅	丁卯	戊辰	己巳	庚午	辛未	壬申	癸酉	甲戌	乙亥	丙子	丁丑	戊寅	己卯	庚辰
대운 남	10 · 1	1	1	1	1	2	2	2	3	3	3	4	4	4	5	5	5	6	6	6	7	7	7	8	8	8	9	9	9	10	10
대운 여	1 · 10	10	10	9	9	9	8	8	8	7	7	7	6	6	6	5	5	5	4	4	4	3	3	3	2	2	2	1	1	1	1

날짜	평균기온	최고기온	최저기온	강수량	일 출	일 몰
8월 8일(양) 입추 09시 37분	25.7℃	30.8℃	20.6℃	-	05:41	19:34
8월 10일(양)	25.1℃	29.5℃	21.7℃	-	05:43	19:32
8월 20일(양)	29.1℃	34.7℃	23.0℃	-	05:51	19:19
8월 24일(양) 처서 00시 13분	25.2℃	29.9℃	21.4℃	0.8mm	05:55	19:14
9월 1일(양)	25.5℃	30.5℃	21.6℃	-	06:01	19:03

백로 (白露) 09.08~10.08(양) — 丁酉月

양력	09.08	9	10	11	12	13	14	15	16	17	18	19	20	21	22	23	24	25	26	27	28	29	30	10.1	2	3	4	5	6	7	8
음력	08.01	2	3	4	5	6	7	8	9	10	11	12	13	14	15	16	17	18	19	20	21	22	23	24	25	26	27	28	29	30	9.1
일주	辛巳	壬午	癸未	甲申	乙酉	丙戌	丁亥	戊子	己丑	庚寅	辛卯	壬辰	癸巳	甲午	乙未	丙申	丁酉	戊戌	己亥	庚子	辛丑	壬寅	癸卯	甲辰	乙巳	丙午	丁未	戊申	己酉	庚戌	辛亥
대운 남	10 · 1	1	1	1	1	2	2	2	3	3	3	4	4	4	5	5	5	6	6	6	7	7	7	8	8	8	9	9	9	10	10
대운 여	1 · 10	10	10	9	9	9	8	8	8	7	7	7	6	6	6	5	5	5	4	4	4	3	3	3	2	2	2	1	1	1	1

날짜	평균기온	최고기온	최저기온	강수량	일 출	일 몰
9월 8일(양) 백로 12시 27분	24.8℃	31.0℃	18.9℃	-	06:07	18:52
9월 10일(양)	23.9℃	28.0℃	20.5℃	0.0mm	06:09	18:49
9월 20일(양)	17.5℃	22.6℃	13.7℃	5.2mm	06:17	18:34
9월 23일(양) 추분 21시 48분	19.1℃	23.1℃	15.6℃	-	06:20	18:29
10월 1일(양)	18.0℃	25.8℃	11.1℃	-	06:27	18:17

한로 (寒露) 10.09~11.07(양) — 戊戌月

양력	10.09	10	11	12	13	14	15	16	17	18	19	20	21	22	23	24	25	26	27	28	29	30	31	11.1	2	3	4	5	6	7
음력	09.02	3	4	5	6	7	8	9	10	11	12	13	14	15	16	17	18	19	20	21	22	23	24	25	26	27	28	29	10.1	2
일주	壬子	癸丑	甲寅	乙卯	丙辰	丁巳	戊午	己未	庚申	辛酉	壬戌	癸亥	甲子	乙丑	丙寅	丁卯	戊辰	己巳	庚午	辛未	壬申	癸酉	甲戌	乙亥	丙子	丁丑	戊寅	己卯	庚辰	辛巳
대운 남	10 · 1	1	1	1	1	2	2	2	3	3	3	4	4	4	5	5	5	6	6	6	7	7	7	8	8	8	9	9	9	10
대운 여	1 · 10	10	9	9	9	8	8	8	7	7	7	6	6	6	5	5	5	4	4	4	3	3	3	2	2	2	1	1	1	1

날짜	평균기온	최고기온	최저기온	강수량	일 출	일 몰
10월 9일(양) 한로 04시 01분	17.3℃	24.6℃	11.0℃	-	06:34	18:05
10월 10일(양)	17.4℃	24.1℃	11.0℃	-	06:35	18:03
10월 20일(양)	9.8℃	14.1℃	5.2℃	-	06:44	17:49
10월 24일(양) 상강 07시 05분	11.5℃	16.3℃	7.5℃	5.7mm	06:48	17:44
11월 1일(양)	10.8℃	16.2℃	5.7℃	-	06:56	17:35

입동 (立冬) 11.08~12.06(양) — 己亥月

양력	11.08	9	10	11	12	13	14	15	16	17	18	19	20	21	22	23	24	25	26	27	28	29	30	12.1	2	3	4	5	6
음력	10.03	4	5	6	7	8	9	10	11	12	13	14	15	16	17	18	19	20	21	22	23	24	25	26	27	28	29	30	11.1
일주	壬午	癸未	甲申	乙酉	丙戌	丁亥	戊子	己丑	庚寅	辛卯	壬辰	癸巳	甲午	乙未	丙申	丁酉	戊戌	己亥	庚子	辛丑	壬寅	癸卯	甲辰	乙巳	丙午	丁未	戊申	己酉	庚戌
대운 남	10 · 1	1	1	1	1	2	2	2	3	3	3	4	4	4	5	5	5	6	6	6	7	7	7	8	8	8	9	9	9
대운 여	1 · 10	9	9	9	8	8	8	7	7	7	6	6	6	5	5	5	4	4	4	3	3	3	2	2	2	1	1	1	1

날짜	평균기온	최고기온	최저기온	강수량	일 출	일 몰
11월 8일(양) 입동 07시 08분	7.0℃	10.6℃	3.8℃	0.0mm	07:03	17:28
11월 10일(양)	4.9℃	7.7℃	2.3℃	-	07:06	17:26
11월 20일(양)	4.5℃	8.8℃	0.3℃	-	07:16	17:19
11월 23일(양) 소설 04시 36분	9.1℃	12.7℃	3.0℃	0.2mm	07:19	17:17
12월 1일(양)	2.9℃	7.8℃	-1.2℃	-	07:27	17:14

대설 (大雪) 12.07~1992.01.05(양) — 庚子月

양력	12.07	8	9	10	11	12	13	14	15	16	17	18	19	20	21	22	23	24	25	26	27	28	29	30	31	1.1	2	3	4	5
음력	11.02	3	4	5	6	7	8	9	10	11	12	13	14	15	16	17	18	19	20	21	22	23	24	25	26	27	28	29	30	12.1
일주	辛亥	壬子	癸丑	甲寅	乙卯	丙辰	丁巳	戊午	己未	庚申	辛酉	壬戌	癸亥	甲子	乙丑	丙寅	丁卯	戊辰	己巳	庚午	辛未	壬申	癸酉	甲戌	乙亥	丙子	丁丑	戊寅	己卯	庚辰
대운 남	10 · 1	1	1	1	1	2	2	2	3	3	3	4	4	4	5	5	5	6	6	6	7	7	7	8	8	8	9	9	9	10
대운 여	1 · 10	10	9	9	9	8	8	8	7	7	7	6	6	6	5	5	5	4	4	4	3	3	3	2	2	2	1	1	1	1

날짜	평균기온	최고기온	최저기온	강수량	일 출	일 몰
12월 7일(양) 대설 23시 56분	8.4℃	10.9℃	6.2℃	-	07:33	17:14
12월 10일(양)	-0.7℃	2.0℃	-3.7℃	4.4mm	07:35	17:14
12월 20일(양)	3.2℃	7.4℃	0.3℃	-	07:42	17:16
12월 22일(양) 동지 17시 54분	4.7℃	10.7℃	-0.5℃	-	07:43	17:17
1월 1일(양)	1.8℃	6.0℃	-0.7℃	-	07:47	17:24

소한 (小寒) 01.06~02.03(양) — 辛丑月

양력	1992.01.06	7	8	9	10	11	12	13	14	15	16	17	18	19	20	21	22	23	24	25	26	27	28	29	30	31	2.1	2	3
음력	1991.12.02	3	4	5	6	7	8	9	10	11	12	13	14	15	16	17	18	19	20	21	22	23	24	25	26	27	28	29	30
일주	辛巳	壬午	癸未	甲申	乙酉	丙戌	丁亥	戊子	己丑	庚寅	辛卯	壬辰	癸巳	甲午	乙未	丙申	丁酉	戊戌	己亥	庚子	辛丑	壬寅	癸卯	甲辰	乙巳	丙午	丁未	戊申	己酉
대운 남	10 · 1	1	1	1	1	2	2	2	3	3	3	4	4	4	5	5	5	6	6	6	7	7	7	8	8	8	9	9	9
대운 여	1 · 10	9	9	9	8	8	8	7	7	7	6	6	6	5	5	5	4	4	4	3	3	3	2	2	2	1	1	1	1

날짜	평균기온	최고기온	최저기온	강수량	일 출	일 몰
1월 6일(양) 소한 11시 09분	3.9℃	5.6℃	2.1℃	3.9mm	07:47	17:28
1월 10일(양)	0.4℃	5.7℃	-3.3℃	-	07:47	17:31
1월 20일(양)	-3.4℃	2.4℃	-9.0℃	-	07:44	17:42
1월 21일(양) 대한 04시 32분	-0.1℃	5.0℃	-4.2℃	0.3mm	07:44	17:43
2월 1일(양)	-0.9℃	3.3℃	-3.9℃	-	07:37	17:55

1992

입춘 — 02.04~03.04(양) · 壬寅月

구분		5	6	7	8	9	10	11	12	13	14	15	16	17	18	19	20	21	22	23	24	25	26	27	28	29	3.1	2	3	4
양력	1992.02.04	5	6	7	8	9	10	11	12	13	14	15	16	17	18	19	20	21	22	23	24	25	26	27	28	29	3.1	2	3	4
음력	1992.01.01	2	3	4	5	6	7	8	9	10	11	12	13	14	15	16	17	18	19	20	21	22	23	24	25	26	27	28	29	2.1
일주	庚戌	辛亥	壬子	癸丑	甲寅	乙卯	丙辰	丁巳	戊午	己未	庚申	辛酉	壬戌	癸亥	甲子	乙丑	丙寅	丁卯	戊辰	己巳	庚午	辛未	壬申	癸酉	甲戌	乙亥	丙子	丁丑	戊寅	己卯
대운 남	10 / 10	10	9	9	9	8	8	8	7	7	7	6	6	6	5	5	5	4	4	4	3	3	3	2	2	2	1	1	1	1
대운 여	1 / 1	1	1	1	1	2	2	2	3	3	3	4	4	4	5	5	5	6	6	6	7	7	7	8	8	8	9	9	9	10

날짜	평균기온	최고기온	최저기온	강수량	일 출	일 몰
2월 4일(양) 입춘 22시 48분	-1.7℃	1.8℃	-5.0℃	-	07:34	17:58
2월 10일(양)	1.2℃	4.8℃	-3.2℃	-	07:28	18:05
2월 19일(양) 우수 18시 44분	-3.5℃	0.2℃	-6.5	-	07:18	18:14
2월 20일(양)	-1.7℃	2.8℃	-6.9℃	0.0mm	07:17	18:15
3월 1일(양)	9.9℃	14.3℃	6.6℃	0.7mm	07:04	18:26

경칩 — 03.05~04.03(양) · 癸卯月

구분		6	7	8	9	10	11	12	13	14	15	16	17	18	19	20	21	22	23	24	25	26	27	28	29	30	31	4.1	2	3
양력	03.05	6	7	8	9	10	11	12	13	14	15	16	17	18	19	20	21	22	23	24	25	26	27	28	29	30	31	4.1	2	3
음력	02.02	3	4	5	6	7	8	9	10	11	12	13	14	15	16	17	18	19	20	21	22	23	24	25	26	27	28	29	30	3.1
일주	庚辰	辛巳	壬午	癸未	甲申	乙酉	丙戌	丁亥	戊子	己丑	庚寅	辛卯	壬辰	癸巳	甲午	乙未	丙申	丁酉	戊戌	己亥	庚子	辛丑	壬寅	癸卯	甲辰	乙巳	丙午	丁未	戊申	己酉
대운 남	1 / 10	10	9	9	9	8	8	8	7	7	7	6	6	6	5	5	5	4	4	4	3	3	3	2	2	2	1	1	1	1
대운 여	10 / 1	1	1	1	1	2	2	2	3	3	3	4	4	4	5	5	5	6	6	6	7	7	7	8	8	8	9	9	9	10

날짜	평균기온	최고기온	최저기온	강수량	일 출	일 몰
3월 5일(양) 경칩 16시 52분	3.0℃	6.3℃	1.3℃	3.6mm	06:58	18:30
3월 10일(양)	5.7℃	10.3℃	2.9℃	-	06:51	18:34
3월 20일(양) 춘분 17시 48분	5.8℃	11.3℃	0.5℃	-	06:36	18:44
4월 1일(양)	12.5℃	17.5℃	8.7℃	-	06:18	18:55

청명 — 04.04~05.04(양) · 甲辰月

구분		5	6	7	8	9	10	11	12	13	14	15	16	17	18	19	20	21	22	23	24	25	26	27	28	29	30	5.1	2	3	4
양력	04.04	5	6	7	8	9	10	11	12	13	14	15	16	17	18	19	20	21	22	23	24	25	26	27	28	29	30	5.1	2	3	4
음력	03.02	3	4	5	6	7	8	9	10	11	12	13	14	15	16	17	18	19	20	21	22	23	24	25	26	27	28	29	30	4.1	2
일주	庚戌	辛亥	壬子	癸丑	甲寅	乙卯	丙辰	丁巳	戊午	己未	庚申	辛酉	壬戌	癸亥	甲子	乙丑	丙寅	丁卯	戊辰	己巳	庚午	辛未	壬申	癸酉	甲戌	乙亥	丙子	丁丑	戊寅	己卯	庚辰
대운 남	1 / 10	10	10	9	9	9	8	8	8	7	7	7	6	6	6	5	5	5	4	4	4	3	3	3	2	2	2	1	1	1	1
대운 여	10 / 1	1	1	1	1	2	2	2	3	3	3	4	4	4	5	5	5	6	6	6	7	7	7	8	8	8	9	9	9	10	10

날짜	평균기온	최고기온	최저기온	강수량	일 출	일 몰
4월 4일(양) 청명 21시 45분	15.6℃	22.0℃	10.0℃	-	06:13	18:57
4월 10일(양)	8.7℃	13.8℃	5.9℃	20.2mm	06:05	19:03
4월 20일(양) 곡우 04시 57분	13.4℃	19.9℃	6.8℃	-	05:51	19:12
5월 1일(양)	12.1℃	18.1℃	7.1℃	-	05:37	19:22

입하 — 05.05~06.04(양) · 乙巳月

구분		6	7	8	9	10	11	12	13	14	15	16	17	18	19	20	21	22	23	24	25	26	27	28	29	30	31	6.1	2	3	4
양력	05.05	6	7	8	9	10	11	12	13	14	15	16	17	18	19	20	21	22	23	24	25	26	27	28	29	30	31	6.1	2	3	4
음력	04.03	4	5	6	7	8	9	10	11	12	13	14	15	16	17	18	19	20	21	22	23	24	25	26	27	28	29	5.1	2	3	4
일주	辛巳	壬午	癸未	甲申	乙酉	丙戌	丁亥	戊子	己丑	庚寅	辛卯	壬辰	癸巳	甲午	乙未	丙申	丁酉	戊戌	己亥	庚子	辛丑	壬寅	癸卯	甲辰	乙巳	丙午	丁未	戊申	己酉	庚戌	辛亥
대운 남	1 / 10	10	10	9	9	9	8	8	8	7	7	7	6	6	6	5	5	5	4	4	4	3	3	3	2	2	2	1	1	1	1
대운 여	10 / 1	1	1	1	1	2	2	2	3	3	3	4	4	4	5	5	5	6	6	6	7	7	7	8	8	8	9	9	9	10	10

날짜	평균기온	최고기온	최저기온	강수량	일 출	일 몰
5월 5일(양) 입하 15시 09분	20.2℃	27.3℃	14.6℃	-	05:33	19:26
5월 10일(양)	16.2℃	21.7℃	8.7℃	-	05:27	19:30
5월 20일(양)	18.5℃	24.5℃	12.8℃	-	05:19	19:39
5월 21일(양) 소만 04시 12분	19.0℃	24.8℃	14.5℃	-	05:18	19:39
6월 1일(양)	22.0℃	29.2℃	15.3℃	-	05:12	19:48

망종 — 06.05~07.06(양) · 丙午月

구분		6	7	8	9	10	11	12	13	14	15	16	17	18	19	20	21	22	23	24	25	26	27	28	29	30	7.1	2	3	4	5	6
양력	06.05	6	7	8	9	10	11	12	13	14	15	16	17	18	19	20	21	22	23	24	25	26	27	28	29	30	7.1	2	3	4	5	6
음력	05.05	6	7	8	9	10	11	12	13	14	15	16	17	18	19	20	21	22	23	24	25	26	27	28	29	6.1	2	3	4	5	6	7
일주	壬子	癸丑	甲寅	乙卯	丙辰	丁巳	戊午	己未	庚申	辛酉	壬戌	癸亥	甲子	乙丑	丙寅	丁卯	戊辰	己巳	庚午	辛未	壬申	癸酉	甲戌	乙亥	丙子	丁丑	戊寅	己卯	庚辰	辛巳	壬午	癸未
대운 남	1 / 10	10	10	10	9	9	9	8	8	8	7	7	7	6	6	6	5	5	5	4	4	4	3	3	3	2	2	2	1	1	1	1
대운 여	10 / 1	1	1	1	2	2	2	3	3	3	4	4	4	5	5	5	6	6	6	7	7	7	8	8	8	9	9	9	10	10	10	10

날짜	평균기온	최고기온	최저기온	강수량	일 출	일 몰
6월 5일(양) 망종 19시 22분	21.0℃	25.9℃	17.1℃	0.0mm	05:11	19:50
6월 10일(양)	16.9℃	20.7℃	14.7℃	8.8mm	05:10	19:53
6월 20일(양)	21.2℃	27.3℃	14.7℃	-	05:11	19:56
6월 21일(양) 하지 12시 14분	20.7℃	24.4℃	16.4℃	-	05:11	19:57
7월 1일(양)	23.3℃	27.5℃	19.8℃	0.0mm	05:14	19:57

소서 — 07.07~08.06(양) · 丁未月

구분		8	9	10	11	12	13	14	15	16	17	18	19	20	21	22	23	24	25	26	27	28	29	30	31	8.1	2	3	4	5	6
양력	07.07	8	9	10	11	12	13	14	15	16	17	18	19	20	21	22	23	24	25	26	27	28	29	30	31	8.1	2	3	4	5	6
음력	06.08	9	10	11	12	13	14	15	16	17	18	19	20	21	22	23	24	25	26	27	28	29	30	7.1	2	3	4	5	6	7	8
일주	甲申	乙酉	丙戌	丁亥	戊子	己丑	庚寅	辛卯	壬辰	癸巳	甲午	乙未	丙申	丁酉	戊戌	己亥	庚子	辛丑	壬寅	癸卯	甲辰	乙巳	丙午	丁未	戊申	己酉	庚戌	辛亥	壬子	癸丑	甲寅
대운 남	1 / 10	10	10	9	9	9	8	8	8	7	7	7	6	6	6	5	5	5	4	4	4	3	3	3	2	2	2	1	1	1	1
대운 여	10 / 1	1	1	1	1	2	2	2	3	3	3	4	4	4	5	5	5	6	6	6	7	7	7	8	8	8	9	9	9	10	10

날짜	평균기온	최고기온	최저기온	강수량	일 출	일 몰
7월 7일(양) 소서 05시 40분	25.6℃	30.6℃	22.3℃	-	05:17	19:56
7월 10일(양)	22.1℃	25.9℃	20.5℃	58.5mm	05:19	19:55
7월 20일(양)	26.5℃	28.8℃	24.6℃	2.0mm	05:26	19:50
7월 22일(양) 대서 23시 09분	25.3℃	26.3℃	23.0℃	10.8mm	05:28	19:49
8월 1일(양)	27.2℃	32.2℃	22.5℃	-	05:36	19:40

입추 — 08.07~09.06(양) · 戊申月

구분		8	9	10	11	12	13	14	15	16	17	18	19	20	21	22	23	24	25	26	27	28	29	30	31	9.1	2	3	4	5	6
양력	08.07	8	9	10	11	12	13	14	15	16	17	18	19	20	21	22	23	24	25	26	27	28	29	30	31	9.1	2	3	4	5	6
음력	07.09	10	11	12	13	14	15	16	17	18	19	20	21	22	23	24	25	26	27	28	29	8.1	2	3	4	5	6	7	8	9	10
일주	乙卯	丙辰	丁巳	戊午	己未	庚申	辛酉	壬戌	癸亥	甲子	乙丑	丙寅	丁卯	戊辰	己巳	庚午	辛未	壬申	癸酉	甲戌	乙亥	丙子	丁丑	戊寅	己卯	庚辰	辛巳	壬午	癸未	甲申	乙酉
대운 남	1 · 10	10	10	9	9	9	8	8	8	7	7	7	6	6	6	5	5	5	4	4	4	3	3	3	2	2	2	1	1	1	1
대운 여	10 · 1	1	1	1	2	2	2	3	3	3	4	4	4	5	5	5	6	6	6	7	7	7	8	8	8	9	9	9	10	10	10

	8월 7일(양) 입추 15시 27분	8월 10일(양)	8월 20일(양)	8월 23일(양) 처서 06시 10분	9월 1일(양)
평균기온	21.3℃	25.3℃	25.9℃	24.8℃	25.2℃
최고기온	22.5℃	29.6℃	31.2℃	28.3℃	26.9℃
최저기온	20.3℃	21.8℃	20.3℃	22.4℃	23.1℃
강수량	130.3mm	–	–	0.0mm	8.3mm
일 출	05:41	05:43	05:52	05:54	06:02
일 몰	19:34	19:31	19:18	19:14	19:01

백로 — 09.07~10.07(양) · 己酉月

구분		8	9	10	11	12	13	14	15	16	17	18	19	20	21	22	23	24	25	26	27	28	29	30	10.1	2	3	4	5	6	7
양력	09.07	8	9	10	11	12	13	14	15	16	17	18	19	20	21	22	23	24	25	26	27	28	29	30	10.1	2	3	4	5	6	7
음력	08.11	12	13	14	15	16	17	18	19	20	21	22	23	24	25	26	27	28	29	9.1	2	3	4	5	6	7	8	9	10	11	12
일주	丙戌	丁亥	戊子	己丑	庚寅	辛卯	壬辰	癸巳	甲午	乙未	丙申	丁酉	戊戌	己亥	庚子	辛丑	壬寅	癸卯	甲辰	乙巳	丙午	丁未	戊申	己酉	庚戌	辛亥	壬子	癸丑	甲寅	乙卯	丙辰
대운 남	1 · 10	10	10	9	9	9	8	8	8	7	7	7	6	6	6	5	5	5	4	4	4	3	3	3	2	2	2	1	1	1	1
대운 여	10 · 1	1	1	1	2	2	2	3	3	3	4	4	4	5	5	5	6	6	6	7	7	7	8	8	8	9	9	9	10	10	10

	9월 7일(양) 백로 18시 18분	9월 10일(양)	9월 20일(양)	9월 23일(양) 추분 03시 43분	10월 1일(양)
평균기온	22.7℃	21.1℃	20.0℃	21.1℃	18.2℃
최고기온	23.9℃	26.3℃	24.6℃	26.2℃	25.1℃
최저기온	21.4℃	16.1℃	16.5℃	15.2℃	12.0℃
강수량	4.3mm	–	0.3mm	–	–
일 출	06:07	06:10	06:18	06:20	06:27
일 몰	18:52	18:48	18:32	18:28	18:16

한로 — 10.08~11.06(양) · 庚戌月

구분		9	10	11	12	13	14	15	16	17	18	19	20	21	22	23	24	25	26	27	28	29	30	31	11.1	2	3	4	5	6
양력	10.08	9	10	11	12	13	14	15	16	17	18	19	20	21	22	23	24	25	26	27	28	29	30	31	11.1	2	3	4	5	6
음력	09.13	14	15	16	17	18	19	20	21	22	23	24	25	26	27	28	29	30	10.1	2	3	4	5	6	7	8	9	10	11	12
일주	丁巳	戊午	己未	庚申	辛酉	壬戌	癸亥	甲子	乙丑	丙寅	丁卯	戊辰	己巳	庚午	辛未	壬申	癸酉	甲戌	乙亥	丙子	丁丑	戊寅	己卯	庚辰	辛巳	壬午	癸未	甲申	乙酉	丙戌
대운 남	1 · 10	10	9	9	9	8	8	8	7	7	7	6	6	6	5	5	5	4	4	4	3	3	3	2	2	2	1	1	1	1
대운 여	10 · 1	1	1	1	2	2	2	3	3	3	4	4	4	5	5	5	6	6	6	7	7	7	8	8	8	9	9	9	10	10

	10월 8일(양) 한로 09시 51분	10월 10일(양)	10월 20일(양)	10월 23일(양) 상강 12시 57분	11월 1일(양)
평균기온	15.3℃	14.4℃	14.2℃	12.5℃	8.2℃
최고기온	19.0℃	19.4℃	20.4℃	14.9℃	13.3℃
최저기온	11.5℃	9.6℃	8.6℃	10.2℃	3.9℃
강수량	–	–	–	6.2mm	–
일 출	06:34	06:35	06:45	06:48	06:57
일 몰	18:05	18:02	17:48	17:45	17:34

입동 — 11.07~12.06(양) · 辛亥月

구분		8	9	10	11	12	13	14	15	16	17	18	19	20	21	22	23	24	25	26	27	28	29	30	12.1	2	3	4	5	6
양력	11.07	8	9	10	11	12	13	14	15	16	17	18	19	20	21	22	23	24	25	26	27	28	29	30	12.1	2	3	4	5	6
음력	10.13	14	15	16	17	18	19	20	21	22	23	24	25	26	27	28	29	11.1	2	3	4	5	6	7	8	9	10	11	12	13
일주	丁亥	戊子	己丑	庚寅	辛卯	壬辰	癸巳	甲午	乙未	丙申	丁酉	戊戌	己亥	庚子	辛丑	壬寅	癸卯	甲辰	乙巳	丙午	丁未	戊申	己酉	庚戌	辛亥	壬子	癸丑	甲寅	乙卯	丙辰
대운 남	1 · 10	10	9	9	9	8	8	8	7	7	7	6	6	6	5	5	5	4	4	4	3	3	3	2	2	2	1	1	1	1
대운 여	10 · 1	1	1	1	2	2	2	3	3	3	4	4	4	5	5	5	6	6	6	7	7	7	8	8	8	9	9	9	10	10

	11월 7일(양) 입동 12시 57분	11월 10일(양)	11월 20일(양)	11월 22일(양) 소설 10시 26분	12월 1일(양)
평균기온	11.9℃	3.2℃	1.0℃	7.1℃	4.8℃
최고기온	17.2℃	5.5℃	5.5℃	10.3℃	8.5℃
최저기온	9.0℃	1.3℃	-0.7℃	4.7℃	1.5℃
강수량	–	3.0mm	0.0mm	3.3mm	–
일 출	07:03	07:06	07:17	07:19	07:28
일 몰	17:28	17:25	17:18	17:17	17:14

대설 — 12.07~1993.01.04(양) · 壬子月

구분		8	9	10	11	12	13	14	15	16	17	18	19	20	21	22	23	24	25	26	27	28	29	30	31	1.1	2	3	4
양력	12.07	8	9	10	11	12	13	14	15	16	17	18	19	20	21	22	23	24	25	26	27	28	29	30	31	1.1	2	3	4
음력	11.14	15	16	17	18	19	20	21	22	23	24	25	26	27	28	29	30	12.1	2	3	4	5	6	7	8	9	10	11	12
일주	丁巳	戊午	己未	庚申	辛酉	壬戌	癸亥	甲子	乙丑	丙寅	丁卯	戊辰	己巳	庚午	辛未	壬申	癸酉	甲戌	乙亥	丙子	丁丑	戊寅	己卯	庚辰	辛巳	壬午	癸未	甲申	乙酉
대운 남	1 · 10	9	9	9	8	8	8	7	7	7	6	6	6	5	5	5	4	4	4	3	3	3	2	2	2	1	1	1	1
대운 여	10 · 1	1	1	1	2	2	2	3	3	3	4	4	4	5	5	5	6	6	6	7	7	7	8	8	8	9	9	9	10

	12월 7일(양) 대설 05시 44분	12월 10일(양)	12월 20일(양)	12월 21일(양) 동지 23시 43분	1월 1일(양)
평균기온	9.5℃	2.5℃	7.3℃	3.7℃	-0.3℃
최고기온	10.9℃	5.2℃	13.0℃	8.8℃	4.8℃
최저기온	7.2℃	-4.0℃	2.4℃	-2.0℃	-5.0℃
강수량	6.4mm	8.5mm	–	3.8mm	–
일 출	07:33	07:36	07:43	07:43	07:47
일 몰	17:14	17:14	17:17	17:17	17:24

소한 — 01.05~02.03(양) · 癸丑月

구분		6	7	8	9	10	11	12	13	14	15	16	17	18	19	20	21	22	23	24	25	26	27	28	29	30	31	2.1	2	3
양력	1993.01.05	6	7	8	9	10	11	12	13	14	15	16	17	18	19	20	21	22	23	24	25	26	27	28	29	30	31	2.1	2	3
음력	1992.12.13	14	15	16	17	18	19	20	21	22	23	24	25	26	27	28	29	30	1.1	2	3	4	5	6	7	8	9	10	11	12
일주	丙戌	丁亥	戊子	己丑	庚寅	辛卯	壬辰	癸巳	甲午	乙未	丙申	丁酉	戊戌	己亥	庚子	辛丑	壬寅	癸卯	甲辰	乙巳	丙午	丁未	戊申	己酉	庚戌	辛亥	壬子	癸丑	甲寅	乙卯
대운 남	1 · 10	10	9	9	9	8	8	8	7	7	7	6	6	6	5	5	5	4	4	4	3	3	3	2	2	2	1	1	1	1
대운 여	10 · 1	1	1	1	2	2	2	3	3	3	4	4	4	5	5	5	6	6	6	7	7	7	8	8	8	9	9	9	10	10

	1월 5일(양) 소한 16시 57분	1월 10일(양)	1월 20일(양) 대한 10시 23분	2월 1일(양)
평균기온	-2.3℃	0.7℃	-7.6℃	-1.9℃
최고기온	3.0℃	3.5℃	-3.4℃	2.6℃
최저기온	-7.1℃	-2.6℃	-10.8℃	-4.7℃
강수량	–	–	–	–
일 출	07:47	07:47	07:44	07:36
일 몰	17:28	17:32	17:42	17:56

1993 윤3월　단기 4326년

입춘(立春) — 甲寅月 — 02.04~03.04(양)

양력	1993.02.04		5	6	7	8	9	10	11	12	13	14	15	16	17	18	19	20	21	22	23	24	25	26	27	28	3.1	2	3	4
음력	1993.01.13		14	15	16	17	18	19	20	21	22	23	24	25	26	27	28	29	2.1	2	3	4	5	6	7	8	9	10	11	12
일주	丙辰		丁巳	戊午	己未	庚申	辛酉	壬戌	癸亥	甲子	乙丑	丙寅	丁卯	戊辰	己巳	庚午	辛未	壬申	癸酉	甲戌	乙亥	丙子	丁丑	戊寅	己卯	庚辰	辛巳	壬午	癸未	甲申
대운(남)	1	1	1	1	1	1	2	2	2	3	3	3	4	4	4	5	5	5	6	6	6	7	7	7	8	8	8	9	9	9
대운(여)	10	10	9	9	9	8	8	8	8	7	7	7	6	6	6	5	5	5	4	4	4	3	3	3	2	2	2	1	1	1

날짜	평균기온	최고기온	최저기온	강수량	일 출	일 몰
2월 4일(양) 입춘 04시 37분	4.2℃	7.9℃	1.8℃	–	07:33	17:59
2월 10일(양)	0.1℃	5.5℃	-5.5℃	–	07:28	18:06
2월 19일(양) 우수 00시 35분	2.6℃	8.2℃	-2.2℃	–	07:17	18:15
2월 20일(양)	4.7℃	9.4℃	-0.2℃	4.1㎜	07:16	18:16
3월 1일(양)	-3.4℃	-1.0℃	-5.3℃	0.0㎜	07:04	18:25

경칩(驚蟄) — 乙卯月 — 03.05~04.04(양)

양력	03.05		6	7	8	9	10	11	12	13	14	15	16	17	18	19	20	21	22	23	24	25	26	27	28	29	30	31	4.1	2	3	4
음력	02.13		14	15	16	17	18	19	20	21	22	23	24	25	26	27	28	29	30	3.1	2	3	4	5	6	7	8	9	10	11	12	13
일주	乙酉		丙戌	丁亥	戊子	己丑	庚寅	辛卯	壬辰	癸巳	甲午	乙未	丙申	丁酉	戊戌	己亥	庚子	辛丑	壬寅	癸卯	甲辰	乙巳	丙午	丁未	戊申	己酉	庚戌	辛亥	壬子	癸丑	甲寅	乙卯
대운(남)	10	1	1	1	1	1	2	2	2	3	3	3	4	4	4	5	5	5	6	6	6	7	7	7	8	8	8	9	9	9	10	10
대운(여)	1	10	10	10	9	9	9	8	8	8	7	7	7	6	6	6	5	5	5	4	4	4	3	3	3	2	2	2	1	1	1	1

날짜	평균기온	최고기온	최저기온	강수량	일 출	일 몰
3월 5일(양) 경칩 22시 43분	7.2℃	11.9℃	2.2℃	0.0㎜	06:59	18:29
3월 10일(양)	4.6℃	8.8℃	2.4℃	0.0㎜	06:51	18:34
3월 20일(양) 춘분 23시 41분	5.5℃	11.2℃	0.3℃	–	06:36	18:44
4월 1일(양)	9.4℃	15.1℃	5.1℃	–	06:18	18:54

청명(淸明) — 丙辰月 — 04.05~05.04(양)

양력	04.05		6	7	8	9	10	11	12	13	14	15	16	17	18	19	20	21	22	23	24	25	26	27	28	29	30	5.1	2	3	4
음력	03.14		15	16	17	18	19	20	21	22	23	24	25	26	27	28	29	30	윤	3.2	3	4	5	6	7	8	9	10	11	12	13
일주	丙辰		丁巳	戊午	己未	庚申	辛酉	壬戌	癸亥	甲子	乙丑	丙寅	丁卯	戊辰	己巳	庚午	辛未	壬申	癸酉	甲戌	乙亥	丙子	丁丑	戊寅	己卯	庚辰	辛巳	壬午	癸未	甲申	乙酉
대운(남)	10	1	1	1	1	1	2	2	2	3	3	3	4	4	4	5	5	5	6	6	6	7	7	7	8	8	8	9	9	9	10
대운(여)	1	10	9	9	9	8	8	8	7	7	7	6	6	6	5	5	5	4	4	4	3	3	3	2	2	2	1	1	1	1	1

날짜	평균기온	최고기온	최저기온	강수량	일 출	일 몰
4월 5일(양) 청명 03시 37분	8.4℃	14.3℃	2.6℃	–	06:12	18:58
4월 10일(양)	4.3℃	6.4℃	2.5℃	2.4㎜	06:05	19:03
4월 20일(양) 곡우 10시 49분	16.8℃	23.5℃	10.5℃	–	05:51	19:12
5월 1일(양)	15.4℃	19.9℃	10.7℃	–	05:37	19:22

입하(立夏) — 丁巳月 — 05.05~06.05(양)

양력	05.05		6	7	8	9	10	11	12	13	14	15	16	17	18	19	20	21	22	23	24	25	26	27	28	29	30	31	6.1	2	3	4	5
음력	03.14		15	16	17	18	19	20	21	22	23	24	25	26	27	28	29	4.1	2	3	4	5	6	7	8	9	10	11	12	13	14	15	16
일주	丙戌		丁亥	戊子	己丑	庚寅	辛卯	壬辰	癸巳	甲午	乙未	丙申	丁酉	戊戌	己亥	庚子	辛丑	壬寅	癸卯	甲辰	乙巳	丙午	丁未	戊申	己酉	庚戌	辛亥	壬子	癸丑	甲寅	乙卯	丙辰	丁巳
대운(남)	10	1	1	1	1	1	2	2	2	3	3	3	4	4	4	5	5	5	6	6	6	7	7	7	8	8	8	9	9	9	10	10	10
대운(여)	1	10	10	10	9	9	9	8	8	8	7	7	7	6	6	6	5	5	5	4	4	4	3	3	3	2	2	2	1	1	1	1	1

날짜	평균기온	최고기온	최저기온	강수량	일 출	일 몰
5월 5일(양) 입하 21시 02분	17.6℃	21.2℃	13.4℃	–	05:33	19:25
5월 10일(양)	17.3℃	24.3℃	12.1℃	–	05:28	19:30
5월 20일(양)	21.0℃	29.8℃	13.0℃	–	05:19	19:38
5월 21일(양) 소만 10시 02분	18.3℃	21.9℃	15.0℃	8.7㎜	05:18	19:39
6월 1일(양)	24.7℃	28.3℃	19.1℃	4.6㎜	05:13	19:47

망종(芒種) — 戊午月 — 06.06~07.06(양)

양력	06.06		7	8	9	10	11	12	13	14	15	16	17	18	19	20	21	22	23	24	25	26	27	28	29	30	7.1	2	3	4	5	6
음력	04.17		18	19	20	21	22	23	24	25	26	27	28	29	30	5.1	2	3	4	5	6	7	8	9	10	11	12	13	14	15	16	17
일주	戊午		己未	庚申	辛酉	壬戌	癸亥	甲子	乙丑	丙寅	丁卯	戊辰	己巳	庚午	辛未	壬申	癸酉	甲戌	乙亥	丙子	丁丑	戊寅	己卯	庚辰	辛巳	壬午	癸未	甲申	乙酉	丙戌	丁亥	戊子
대운(남)	10	1	1	1	1	1	2	2	2	3	3	3	4	4	4	5	5	5	6	6	6	7	7	7	8	8	8	9	9	9	10	10
대운(여)	1	10	10	10	9	9	9	8	8	8	7	7	7	6	6	6	5	5	5	4	4	4	3	3	3	2	2	2	1	1	1	1

날짜	평균기온	최고기온	최저기온	강수량	일 출	일 몰
6월 6일(양) 망종 01시 15분	20.5℃	26.5℃	14.7℃	–	05:11	19:50
6월 10일(양)	19.6℃	23.8℃	17.3℃	–	05:10	19:53
6월 20일(양)	20.1℃	25.7℃	17.9℃	0.0㎜	05:11	19:56
6월 21일(양) 하지 18시 00분	22.1℃	28.1℃	17.5℃	–	05:11	19:57
7월 1일(양)	21.8℃	27.3℃	17.9℃	0.0㎜	05:14	19:57

소서(小暑) — 己未月 — 07.07~08.06(양)

양력	07.07		8	9	10	11	12	13	14	15	16	17	18	19	20	21	22	23	24	25	26	27	28	29	30	31	8.1	2	3	4	5	6
음력	05.18		19	20	21	22	23	24	25	26	27	28	29	6.1	2	3	4	5	6	7	8	9	10	11	12	13	14	15	16	17	18	19
일주	己丑		庚寅	辛卯	壬辰	癸巳	甲午	乙未	丙申	丁酉	戊戌	己亥	庚子	辛丑	壬寅	癸卯	甲辰	乙巳	丙午	丁未	戊申	己酉	庚戌	辛亥	壬子	癸丑	甲寅	乙卯	丙辰	丁巳	戊午	己未
대운(남)	10	1	1	1	1	1	2	2	2	3	3	3	4	4	4	5	5	5	6	6	6	7	7	7	8	8	8	9	9	9	10	10
대운(여)	1	10	10	10	9	9	9	8	8	8	7	7	7	6	6	6	5	5	5	4	4	4	3	3	3	2	2	2	1	1	1	1

날짜	평균기온	최고기온	최저기온	강수량	일 출	일 몰
7월 7일(양) 소서 11시 32분	24.8℃	31.1℃	20.3℃	0.0㎜	05:17	19:56
7월 10일(양)	25.1℃	29.5℃	22.5℃	1.2㎜	05:19	19:55
7월 20일(양)	22.6℃	27.7℃	17.2℃	–	05:26	19:50
7월 23일(양) 대서 04시 51분	23.3℃	28.0℃	19.3℃	0.8㎜	05:28	19:48
8월 1일(양)	24.8℃	29.7℃	23.2℃	16.5㎜	05:36	19:41

입추   08.07~09.07(양)

庚申月

양력	08.07		8	9	10	11	12	13	14	15	16	17	18	19	20	21	22	23	24	25	26	27	28	29	30	31	9.1	2	3	4	5	6	7
음력	06.20		21	22	23	24	25	26	27	28	29	30	7.1	2	3	4	5	6	7	8	9	10	11	12	13	14	15	16	17	18	19	20	21
일주	庚申		辛酉	壬戌	癸亥	甲子	乙丑	丙寅	丁卯	戊辰	己巳	庚午	辛未	壬申	癸酉	甲戌	乙亥	丙子	丁丑	戊寅	己卯	庚辰	辛巳	壬午	癸未	甲申	乙酉	丙戌	丁亥	戊子	己丑	庚寅	辛卯
대운 남	10	1	1	1	1	1	2	2	2	3	3	3	4	4	4	5	5	5	6	6	6	7	7	7	8	8	8	9	9	9	10	10	10
대운 여	1	10	10	10	10	10	9	9	9	8	8	8	7	7	7	6	6	6	5	5	5	4	4	4	3	3	3	2	2	2	1	1	1

날짜 / 절기	평균기온	최고기온	최저기온	강수량	일 출	일 몰
8월 7일(양) 입추 21시 18분	22.7℃	27.4℃	18.5℃	–	05:41	19:34
8월 10일(양)	23.2℃	26.4℃	21.3℃	12.5mm	05:43	19:31
8월 20일(양)	22.9℃	26.3℃	19.7℃	4.2mm	05:52	19:19
8월 23일(양) 처서 11시 50분	23.9℃	29.6℃	18.2℃	–	05:54	19:15
9월 1일(양)	24.6℃	30.5℃	18.4℃	–	06:02	19:02

백로   09.08~10.07(양)

辛酉月

양력	09.08		9	10	11	12	13	14	15	16	17	18	19	20	21	22	23	24	25	26	27	28	29	30	10.1	2	3	4	5	6	7
음력	07.22		23	24	25	26	27	28	29	8.1	2	3	4	5	6	7	8	9	10	11	12	13	14	15	16	17	18	19	20	21	22
일주	壬辰		癸巳	甲午	乙未	丙申	丁酉	戊戌	己亥	庚子	辛丑	壬寅	癸卯	甲辰	乙巳	丙午	丁未	戊申	己酉	庚戌	辛亥	壬子	癸丑	甲寅	乙卯	丙辰	丁巳	戊午	己未	庚申	辛酉
대운 남	10	1	1	1	1	1	2	2	2	3	3	3	4	4	4	5	5	5	6	6	6	7	7	7	8	8	8	9	9	9	10
대운 여	1	10	10	10	10	10	9	9	9	8	8	8	7	7	7	6	6	6	5	5	5	4	4	4	3	3	3	2	2	2	1

날짜 / 절기	평균기온	최고기온	최저기온	강수량	일 출	일 몰
9월 8일(양) 백로 00시 08분	23.1℃	28.0℃	19.5℃	–	06:08	18:51
9월 10일(양)	22.4℃	27.6℃	17.3℃	–	06:09	18:48
9월 20일(양)	22.5℃	28.1℃	18.5℃	–	06:18	18:33
9월 23일(양) 추분 09시 22분	19.0℃	23.4℃	15.4℃	–	06:20	18:28
10월 1일(양)	14.8℃	21.1℃	9.7℃	–	06:27	18:16

한로   10.08~11.06(양)

壬戌月

양력	10.08		9	10	11	12	13	14	15	16	17	18	19	20	21	22	23	24	25	26	27	28	29	30	31	11.1	2	3	4	5	6
음력	08.23		24	25	26	27	28	29	9.1	2	3	4	5	6	7	8	9	10	11	12	13	14	15	16	17	18	19	20	21	22	23
일주	壬戌		癸亥	甲子	乙丑	丙寅	丁卯	戊辰	己巳	庚午	辛未	壬申	癸酉	甲戌	乙亥	丙子	丁丑	戊寅	己卯	庚辰	辛巳	壬午	癸未	甲申	乙酉	丙戌	丁亥	戊子	己丑	庚寅	辛卯
대운 남	10	1	1	1	1	1	2	2	2	3	3	3	4	4	4	5	5	5	6	6	6	7	7	7	8	8	8	9	9	9	10
대운 여	1	10	10	10	10	10	9	9	9	8	8	8	7	7	7	6	6	6	5	5	5	4	4	4	3	3	3	2	2	2	1

날짜 / 절기	평균기온	최고기온	최저기온	강수량	일 출	일 몰
10월 8일(양) 한로 15시 40분	17.6℃	25.0℃	10.8℃	–	06:33	18:05
10월 10일(양)	15.8℃	20.2℃	11.8℃	–	06:35	18:03
10월 20일(양)	14.5℃	20.7℃	8.6℃	–	06:45	17:49
10월 23일(양) 상강 18시 37분	6.5℃	12.2℃	1.5℃	–	06:48	17:45
11월 1일(양)	10.7℃	18.6℃	5.1℃	–	06:57	17:34

입동   11.07~12.06(양)

癸亥月

양력	11.07		8	9	10	11	12	13	14	15	16	17	18	19	20	21	22	23	24	25	26	27	28	29	30	12.1	2	3	4	5	6
음력	09.24		25	26	27	28	29	30	10.1	2	3	4	5	6	7	8	9	10	11	12	13	14	15	16	17	18	19	20	21	22	23
일주	壬辰		癸巳	甲午	乙未	丙申	丁酉	戊戌	己亥	庚子	辛丑	壬寅	癸卯	甲辰	乙巳	丙午	丁未	戊申	己酉	庚戌	辛亥	壬子	癸丑	甲寅	乙卯	丙辰	丁巳	戊午	己未	庚申	辛酉
대운 남	10	1	1	1	1	1	2	2	2	3	3	3	4	4	4	5	5	5	6	6	6	7	7	7	8	8	8	9	9	9	10
대운 여	1	10	10	10	10	10	9	9	9	8	8	8	7	7	7	6	6	6	5	5	5	4	4	4	3	3	3	2	2	2	1

날짜 / 절기	평균기온	최고기온	최저기온	강수량	일 출	일 몰
11월 7일(양) 입동 18시 46분	11.9℃	14.7℃	10.5℃	0.0mm	07:03	17:28
11월 10일(양)	12.0℃	14.2℃	9.7℃	0.3mm	07:06	17:25
11월 20일(양)	7.6℃	9.4℃	2.6℃	13.3mm	07:17	17:18
11월 22일(양) 소설 16시 07분	−2.3℃	1.9℃	−6.7℃	0.8mm	07:19	17:17
12월 1일(양)	4.5℃	8.2℃	2.2℃	0.2mm	07:28	17:14

대설   12.07~1994.01.04(양)

甲子月

양력	12.07		8	9	10	11	12	13	14	15	16	17	18	19	20	21	22	23	24	25	26	27	28	29	30	31	1.1	2	3	4
음력	10.24		25	26	27	28	29	11.1	2	3	4	5	6	7	8	9	10	11	12	13	14	15	16	17	18	19	20	21	22	23
일주	壬戌		癸亥	甲子	乙丑	丙寅	丁卯	戊辰	己巳	庚午	辛未	壬申	癸酉	甲戌	乙亥	丙子	丁丑	戊寅	己卯	庚辰	辛巳	壬午	癸未	甲申	乙酉	丙戌	丁亥	戊子	己丑	庚寅
대운 남	10	1	1	1	1	1	2	2	2	3	3	3	4	4	4	5	5	5	6	6	6	7	7	7	8	8	8	9	9	9
대운 여	1	10	10	10	10	10	9	9	9	8	8	8	7	7	7	6	6	6	5	5	5	4	4	4	3	3	3	2	2	2

날짜 / 절기	평균기온	최고기온	최저기온	강수량	일 출	일 몰
12월 7일(양) 대설 11시 34분	0.7℃	5.3℃	−3.5℃	–	07:33	17:14
12월 10일(양)	3.4℃	5.1℃	1.2℃	3.4mm	07:36	17:14
12월 20일(양)	4.0℃	8.5℃	−1.0℃	0.0mm	07:42	17:17
12월 22일(양) 동지 05시 26분	−6.1℃	−2.2℃	−9.7℃	0.0mm	07:44	17:18
1월 1일(양)	−2.2℃	2.5℃	−6.8℃	–	07:47	17:24

소한   01.05~02.03(양)

乙丑月

양력	1994.01.05		6	7	8	9	10	11	12	13	14	15	16	17	18	19	20	21	22	23	24	25	26	27	28	29	30	31	2.1	2	3
음력	1993.11.24		25	26	27	28	29	30	12.1	2	3	4	5	6	7	8	9	10	11	12	13	14	15	16	17	18	19	20	21	22	23
일주	辛卯		壬辰	癸巳	甲午	乙未	丙申	丁酉	戊戌	己亥	庚子	辛丑	壬寅	癸卯	甲辰	乙巳	丙午	丁未	戊申	己酉	庚戌	辛亥	壬子	癸丑	甲寅	乙卯	丙辰	丁巳	戊午	己未	庚申
대운 남	10	1	1	1	1	1	2	2	2	3	3	3	4	4	4	5	5	5	6	6	6	7	7	7	8	8	8	9	9	9	10
대운 여	1	10	10	10	10	10	9	9	9	8	8	8	7	7	7	6	6	6	5	5	5	4	4	4	3	3	3	2	2	2	1

날짜 / 절기	평균기온	최고기온	최저기온	강수량	일 출	일 몰
1월 5일(양) 소한 22시 48분	1.1℃	5.2℃	−1.9℃	0.2mm	07:47	17:27
1월 10일(양)	5.5℃	8.9℃	2.6℃	–	07:47	17:32
1월 20일(양) 대한 16시 07분	−7.0℃	−3.2℃	−10.4℃	–	07:44	17:42
2월 1일(양)	0.6℃	3.7℃	−4.4℃	–	07:36	17:55

1994

입춘 — 02.04~03.05(양) · 丙寅月

양력	1994.02.04	5	6	7	8	9	10	11	12	13	14	15	16	17	18	19	20	21	22	23	24	25	26	27	28	3.1	2	3	4	5
음력	1993.12.24	25	26	27	28	29	1.1	2	3	4	5	6	7	8	9	10	11	12	13	14	15	16	17	18	19	20	21	22	23	24
일주	辛酉	壬戌	癸亥	甲子	乙丑	丙寅	丁卯	戊辰	己巳	庚午	辛未	壬申	癸酉	甲戌	乙亥	丙子	丁丑	戊寅	己卯	庚辰	辛巳	壬午	癸未	甲申	乙酉	丙戌	丁亥	戊子	己丑	庚寅
대운 남	10 10	10	9	9	9	8	8	8	7	7	7	6	6	6	5	5	5	4	4	4	3	3	3	2	2	2	1	1	1	1
대운 여	1 1	1	1	1	2	2	2	3	3	3	4	4	4	5	5	5	6	6	6	7	7	7	8	8	8	9	9	9	10	

	2월 4일(양) 입춘 10시 31분	2월 10일(양)	2월 19일(양) 우수 06시 22분	2월 20일(양)	3월 1일(양)
평균기온	-1.3℃	-7.1℃	4.6℃	4.1℃	-1.4℃
최고기온	2.7℃	-2.4℃	11.4℃	10.4℃	4.4℃
최저기온	-3.9℃	-10.8℃	-0.8℃	0.2℃	-5.5℃
강수량	–	–	–	–	–
일 출	07:34	07:28	07:18	07:16	07:04
일 몰	17:59	18:05	18:15	18:16	18:25

경칩 — 03.06~04.04(양) · 丁卯月

양력	03.06	7	8	9	10	11	12	13	14	15	16	17	18	19	20	21	22	23	24	25	26	27	28	29	30	31	4.1	2	3	4
음력	01.25	26	27	28	29	30	2.1	2	3	4	5	6	7	8	9	10	11	12	13	14	15	16	17	18	19	20	21	22	23	24
일주	辛卯	壬辰	癸巳	甲午	乙未	丙申	丁酉	戊戌	己亥	庚子	辛丑	壬寅	癸卯	甲辰	乙巳	丙午	丁未	戊申	己酉	庚戌	辛亥	壬子	癸丑	甲寅	乙卯	丙辰	丁巳	戊午	己未	庚申
대운 남	1 10	10	9	9	9	8	8	8	7	7	7	6	6	6	5	5	5	4	4	4	3	3	3	2	2	2	1	1	1	1
대운 여	10 1	1	1	1	2	2	2	3	3	3	4	4	4	5	5	5	6	6	6	7	7	7	8	8	8	9	9	9	10	

	3월 6일(양) 경칩 04시 38분	3월 10일(양)	3월 20일(양)	3월 21일(양) 춘분 05시 28분	4월 1일(양)
평균기온	6.9℃	-1.4℃	7.7℃	7.6℃	10.7℃
최고기온	13.4℃	3.2℃	13.2℃	12.1℃	17.4℃
최저기온	1.2℃	-5.4℃	3.3℃	2.8℃	7.1℃
강수량	–	–	–	–	–
일 출	06:57	06:52	06:37	06:35	06:19
일 몰	18:30	18:34	18:43	18:44	18:54

청명 — 04.05~05.05(양) · 戊辰月

양력	04.05	6	7	8	9	10	11	12	13	14	15	16	17	18	19	20	21	22	23	24	25	26	27	28	29	30	5.1	2	3	4	5
음력	02.25	26	27	28	29	30	3.1	2	3	4	5	6	7	8	9	10	11	12	13	14	15	16	17	18	19	20	21	22	23	24	25
일주	辛酉	壬戌	癸亥	甲子	乙丑	丙寅	丁卯	戊辰	己巳	庚午	辛未	壬申	癸酉	甲戌	乙亥	丙子	丁丑	戊寅	己卯	庚辰	辛巳	壬午	癸未	甲申	乙酉	丙戌	丁亥	戊子	己丑	庚寅	辛卯
대운 남	1 10	10	10	9	9	9	8	8	8	7	7	7	6	6	6	5	5	5	4	4	4	3	3	3	2	2	2	1	1	1	1
대운 여	10 1	1	1	1	2	2	2	3	3	3	4	4	4	5	5	5	6	6	6	7	7	7	8	8	8	9	9	9	10	10	

	4월 5일(양) 청명 09시 32분	4월 10일(양)	4월 20일(양) 곡우 16시 36분	5월 1일(양)
평균기온	18.1℃	11.1℃	20.1℃	20.2℃
최고기온	27.4℃	17.5℃	24.3℃	23.8℃
최저기온	8.8℃	5.7℃	16.4℃	17.9℃
강수량	–	–	–	0.0mm
일 출	06:13	06:05	05:51	05:38
일 몰	18:58	19:02	19:11	19:21

입하 — 05.06~06.05(양) · 己巳月

양력	05.06	7	8	9	10	11	12	13	14	15	16	17	18	19	20	21	22	23	24	25	26	27	28	29	30	31	6.1	2	3	4	5
음력	03.26	27	28	29	30	4.1	2	3	4	5	6	7	8	9	10	11	12	13	14	15	16	17	18	19	20	21	22	23	24	25	26
일주	壬辰	癸巳	甲午	乙未	丙申	丁酉	戊戌	己亥	庚子	辛丑	壬寅	癸卯	甲辰	乙巳	丙午	丁未	戊申	己酉	庚戌	辛亥	壬子	癸丑	甲寅	乙卯	丙辰	丁巳	戊午	己未	庚申	辛酉	壬戌
대운 남	1 10	10	10	9	9	9	8	8	8	7	7	7	6	6	6	5	5	5	4	4	4	3	3	3	2	2	2	1	1	1	1
대운 여	10 1	1	1	1	2	2	2	3	3	3	4	4	4	5	5	5	6	6	6	7	7	7	8	8	8	9	9	9	10	10	

	5월 6일(양) 입하 02시 54분	5월 10일(양)	5월 20일(양)	5월 21일(양) 소만 15시 48분	6월 1일(양)
평균기온	14.9℃	19.7℃	18.1℃	17.5℃	20.4℃
최고기온	21.5℃	23.8℃	26.8℃	21.3℃	27.6℃
최저기온	9.5℃	16.9℃	10.0℃	15.6℃	14.2℃
강수량	–	8.7mm	–	0.2mm	–
일 출	05:32	05:28	05:19	05:19	05:13
일 몰	19:26	19:30	19:38	19:39	19:47

망종 — 06.06~07.06(양) · 庚午月

양력	06.06	7	8	9	10	11	12	13	14	15	16	17	18	19	20	21	22	23	24	25	26	27	28	29	30	7.1	2	3	4	5	6
음력	04.27	28	29	5.1	2	3	4	5	6	7	8	9	10	11	12	13	14	15	16	17	18	19	20	21	22	23	24	25	26	27	28
일주	癸亥	甲子	乙丑	丙寅	丁卯	戊辰	己巳	庚午	辛未	壬申	癸酉	甲戌	乙亥	丙子	丁丑	戊寅	己卯	庚辰	辛巳	壬午	癸未	甲申	乙酉	丙戌	丁亥	戊子	己丑	庚寅	辛卯	壬辰	癸巳
대운 남	1 10	10	10	9	9	9	8	8	8	7	7	7	6	6	6	5	5	5	4	4	4	3	3	3	2	2	2	1	1	1	1
대운 여	10 1	1	1	1	2	2	2	3	3	3	4	4	4	5	5	5	6	6	6	7	7	7	8	8	8	9	9	9	10	10	

	6월 6일(양) 망종 07시 05분	6월 10일(양)	6월 20일(양)	6월 21일(양) 하지 23시 48분	7월 1일(양)
평균기온	22.7℃	20.9℃	20.5℃	21.8℃	22.3℃
최고기온	28.4℃	28.1℃	29.3℃	27.9℃	23.6℃
최저기온	17.4℃	16.5℃	13.4℃	16.7℃	21.4℃
강수량	–	–	–	–	31.3mm
일 출	05:11	05:10	05:11	05:11	05:14
일 몰	19:50	19:53	19:56	19:57	19:57

소서 — 07.07~08.07(양) · 辛未月

양력	07.07	8	9	10	11	12	13	14	15	16	17	18	19	20	21	22	23	24	25	26	27	28	29	30	31	8.1	2	3	4	5	6	7
음력	05.29	30	6.1	2	3	4	5	6	7	8	9	10	11	12	13	14	15	16	17	18	19	20	21	22	23	24	25	26	27	28	29	7.1
일주	甲午	乙未	丙申	丁酉	戊戌	己亥	庚子	辛丑	壬寅	癸卯	甲辰	乙巳	丙午	丁未	戊申	己酉	庚戌	辛亥	壬子	癸丑	甲寅	乙卯	丙辰	丁巳	戊午	己未	庚申	辛酉	壬戌	癸亥	甲子	乙丑
대운 남	1 10	10	10	10	9	9	9	8	8	8	7	7	7	6	6	6	5	5	5	4	4	4	3	3	3	2	2	2	1	1	1	1
대운 여	10 1	1	1	1	2	2	2	3	3	3	4	4	4	5	5	5	6	6	6	7	7	7	8	8	8	9	9	9	10	10	10	

	7월 7일(양) 소서 17시 19분	7월 10일(양)	7월 20일(양)	7월 23일(양) 대서 10시 41분	8월 1일(양)
평균기온	24.7℃	26.0℃	28.9℃	32.6℃	26.3℃
최고기온	25.6℃	27.0℃	34.3℃	38.2℃	29.3℃
최저기온	23.9℃	25.0℃	25.3℃	28.0℃	24.8℃
강수량	4.9mm	6.7mm	–	–	9.6mm
일 출	05:17	05:19	05:26	05:28	05:35
일 몰	19:56	19:55	19:51	19:48	19:41

입추 — 08.08~09.07(양)

壬申月

구분	절입																															
양력	08.08	9	10	11	12	13	14	15	16	17	18	19	20	21	22	23	24	25	26	27	28	29	30	31	9.1	2	3	4	5	6	7
음력	07.02	3	4	5	6	7	8	9	10	11	12	13	14	15	16	17	18	19	20	21	22	23	24	25	26	27	28	29	30	8.1	2
일주	丙寅	丁卯	戊辰	己巳	庚午	辛未	壬申	癸酉	甲戌	乙亥	丙子	丁丑	戊寅	己卯	庚辰	辛巳	壬午	癸未	甲申	乙酉	丙戌	丁亥	戊子	己丑	庚寅	辛卯	壬辰	癸巳	甲午	乙未	丙申
대운 남	1 / 10	10	10	9	9	9	8	8	8	7	7	7	6	6	6	5	5	5	4	4	4	3	3	3	2	2	2	1	1	1	1
대운 여	10 / 1	1	1	1	1	2	2	2	3	3	3	4	4	4	5	5	5	6	6	6	7	7	7	8	8	8	9	9	9	10	10

	8월 8일(양) 입추 03시 04분	8월 10일(양)	8월 20일(양)	8월 23일(양) 처서 17시 44분	9월 1일(양)
평균기온	29.8℃	26.3℃	26.7℃	26.1℃	26.7℃
최고기온	33.8℃	29.3℃	32.4℃	31.6℃	31.7℃
최저기온	27.1℃	23.3℃	23.0℃	20.7℃	23.0℃
강수량	–	76.1mm	–	–	–
일 출	05:41	05:43	05:52	05:54	06:02
일 몰	19:34	19:31	19:19	19:15	19:02

백로 — 09.08~10.07(양)

癸酉月

구분	절입																													
양력	09.08	9	10	11	12	13	14	15	16	17	18	19	20	21	22	23	24	25	26	27	28	29	30	10.1	2	3	4	5	6	7
음력	08.03	4	5	6	7	8	9	10	11	12	13	14	15	16	17	18	19	20	21	22	23	24	25	26	27	28	29	9.1	2	3
일주	丁酉	戊戌	己亥	庚子	辛丑	壬寅	癸卯	甲辰	乙巳	丙午	丁未	戊申	己酉	庚戌	辛亥	壬子	癸丑	甲寅	乙卯	丙辰	丁巳	戊午	己未	庚申	辛酉	壬戌	癸亥	甲子	乙丑	丙寅
대운 남	1 / 10	10	10	9	9	9	8	8	8	7	7	7	6	6	6	5	5	5	4	4	4	3	3	3	2	2	2	1	1	1
대운 여	10 / 1	1	1	1	2	2	2	3	3	3	4	4	4	5	5	5	6	6	6	7	7	7	8	8	8	9	9	9	10	10

	9월 8일(양) 백로 05시 55분	9월 10일(양)	9월 20일(양)	9월 23일(양) 추분 15시 19분	10월 1일(양)
평균기온	23.3℃	21.2℃	20.9℃	17.8℃	18.2℃
최고기온	28.9℃	23.8℃	26.0℃	22.9℃	24.0℃
최저기온	17.8℃	18.4℃	17.8℃	13.9℃	13.1℃
강수량	–	10.7mm	2.1mm	–	–
일 출	06:07	06:09	06:18	06:20	06:27
일 몰	18:52	18:49	18:33	18:29	18:16

한로 — 10.08~11.07(양)

甲戌月

구분	절입																															
양력	10.08	9	10	11	12	13	14	15	16	17	18	19	20	21	22	23	24	25	26	27	28	29	30	31	11.1	2	3	4	5	6	7
음력	09.04	5	6	7	8	9	10	11	12	13	14	15	16	17	18	19	20	21	22	23	24	25	26	27	28	29	10.1	2	3	4	5
일주	丁卯	戊辰	己巳	庚午	辛未	壬申	癸酉	甲戌	乙亥	丙子	丁丑	戊寅	己卯	庚辰	辛巳	壬午	癸未	甲申	乙酉	丙戌	丁亥	戊子	己丑	庚寅	辛卯	壬辰	癸巳	甲午	乙未	丙申	丁酉
대운 남	1 / 10	10	10	9	9	9	8	8	8	7	7	7	6	6	6	5	5	5	4	4	4	3	3	3	2	2	2	1	1	1	1
대운 여	10 / 1	1	1	1	1	2	2	2	3	3	3	4	4	4	5	5	5	6	6	6	7	7	7	8	8	8	9	9	9	10	10

	10월 8일(양) 한로 21시 29분	10월 10일(양)	10월 20일(양)	10월 24일(양) 상강 00시 36분	11월 1일(양)
평균기온	19.2℃	18.6℃	13.3℃	14.6℃	11.2℃
최고기온	25.0℃	20.4℃	19.5℃	20.3℃	17.9℃
최저기온	15.1℃	16.9℃	8.6℃	10.7℃	5.8℃
강수량	–	0.0mm	1.7mm	–	–
일 출	06:33	06:35	06:44	06:48	06:56
일 몰	18:06	18:03	17:49	17:44	17:35

입동 — 11.08~12.06(양)

乙亥月

구분	절입																												
양력	11.08	9	10	11	12	13	14	15	16	17	18	19	20	21	22	23	24	25	26	27	28	29	30	12.1	2	3	4	5	6
음력	10.06	7	8	9	10	11	12	13	14	15	16	17	18	19	20	21	22	23	24	25	26	27	28	29	30	11.1	2	3	4
일주	戊戌	己亥	庚子	辛丑	壬寅	癸卯	甲辰	乙巳	丙午	丁未	戊申	己酉	庚戌	辛亥	壬子	癸丑	甲寅	乙卯	丙辰	丁巳	戊午	己未	庚申	辛酉	壬戌	癸亥	甲子	乙丑	丙寅
대운 남	1 / 10	9	9	9	8	8	8	7	7	7	6	6	6	5	5	5	4	4	4	3	3	3	2	2	2	1	1	1	1
대운 여	10 / 1	1	1	1	1	2	2	2	3	3	3	4	4	4	5	5	5	6	6	6	7	7	7	8	8	8	9	9	9

	11월 8일(양) 입동 00시 36분	11월 10일(양)	11월 20일(양)	11월 22일(양) 소설 22시 06분	12월 1일(양)
평균기온	10.6℃	14.3℃	8.4℃	6.2℃	9.4℃
최고기온	18.7℃	16.8℃	12.9℃	10.5℃	12.4℃
최저기온	3.6	11.5℃	5.4℃	2.3℃	6.7℃
강수량	–	1.8mm	–	–	4.5mm
일 출	07:04	07:06	07:16	07:18	07:27
일 몰	17:27	17:26	17:18	17:17	17:14

대설 — 12.07~1995.01.05(양)

丙子月

구분	절입																													
양력	12.07	8	9	10	11	12	13	14	15	16	17	18	19	20	21	22	23	24	25	26	27	28	29	30	31	1.1	2	3	4	5
음력	11.05	6	7	8	9	10	11	12	13	14	15	16	17	18	19	20	21	22	23	24	25	26	27	28	29	12.1	2	3	4	5
일주	丁卯	戊辰	己巳	庚午	辛未	壬申	癸酉	甲戌	乙亥	丙子	丁丑	戊寅	己卯	庚辰	辛巳	壬午	癸未	甲申	乙酉	丙戌	丁亥	戊子	己丑	庚寅	辛卯	壬辰	癸巳	甲午	乙未	丙申
대운 남	1 / 10	10	9	9	9	8	8	8	7	7	7	6	6	6	5	5	5	4	4	4	3	3	3	2	2	2	1	1	1	1
대운 여	10 / 1	1	1	1	2	2	2	3	3	3	4	4	4	5	5	5	6	6	6	7	7	7	8	8	8	9	9	9	10	10

	12월 7일(양) 대설 17시 23분	12월 10일(양)	12월 20일(양)	12월 22일(양) 동지 11시 23분	1월 1일(양)
평균기온	7.9℃	6.0℃	-1.6℃	2.4℃	-2.8℃
최고기온	10.8℃	12.3℃	1.6℃	5.2℃	1.1℃
최저기온	4.8℃	0.2℃	-5.3℃	-0.4℃	-5.9℃
강수량	2.3mm	–	–	–	–
일 출	07:33	07:35	07:42	07:43	07:47
일 몰	17:14	17:14	17:16	17:17	17:24

소한 — 01.06~02.03(양)

丁丑月

구분	절입																												
양력	1995.01.06	7	8	9	10	11	12	13	14	15	16	17	18	19	20	21	22	23	24	25	26	27	28	29	30	31	2.1	2	3
음력	1994.12.06	7	8	9	10	11	12	13	14	15	16	17	18	19	20	21	22	23	24	25	26	27	28	29	30	1.1	2	3	4
일주	丁酉	戊戌	己亥	庚子	辛丑	壬寅	癸卯	甲辰	乙巳	丙午	丁未	戊申	己酉	庚戌	辛亥	壬子	癸丑	甲寅	乙卯	丙辰	丁巳	戊午	己未	庚申	辛酉	壬戌	癸亥	甲子	乙丑
대운 남	1 / 10	9	9	9	8	8	8	7	7	7	6	6	6	5	5	5	4	4	4	3	3	3	2	2	2	1	1	1	1
대운 여	10 / 1	1	1	1	2	2	2	3	3	3	4	4	4	5	5	5	6	6	6	7	7	7	8	8	8	9	9	9	10

	1월 6일(양) 소한 04시 34분	1월 10일(양)	1월 20일(양) 대한 22시 00분	2월 1일(양)
평균기온	-3.1℃	-5.4℃	-1.1℃	-3.8℃
최고기온	0.3℃	-1.8℃	3.6℃	1.4℃
최저기온	-6.4℃	-7.4℃	-4.9℃	-7.9℃
강수량	–	–	–	–
일 출	07:47	07:47	07:44	07:36
일 몰	17:28	17:32	17:42	17:55

1995

입춘 — 02.04~03.05(양) [戊寅月]

양력	1995.02.04	5	6	7	8	9	10	11	12	13	14	15	16	17	18	19	20	21	22	23	24	25	26	27	28	3.1	2	3	4	5
음력	1995.01.05	6	7	8	9	10	11	12	13	14	15	16	17	18	19	20	21	22	23	24	25	26	27	28	29	2.1	2	3	4	5
일주	丙寅	丁卯	戊辰	己巳	庚午	辛未	壬申	癸酉	甲戌	乙亥	丙子	丁丑	戊寅	己卯	庚辰	辛巳	壬午	癸未	甲申	乙酉	丙戌	丁亥	戊子	己丑	庚寅	辛卯	壬辰	癸巳	甲午	乙未
대운 남	1 1	1	1	1	1	2	2	2	3	3	3	4	4	4	5	5	5	6	6	6	7	7	7	8	8	8	9	9	9	10
대운 여	10 10	10	9	9	9	8	8	8	7	7	7	6	6	6	5	5	5	4	4	4	3	3	3	2	2	2	1	1	1	1

날짜 / 절기	평균기온	최고기온	최저기온	강수량	일 출	일 몰
2월 4일(양) 입춘 16시 13분	-2.1℃	1.6℃	-5.1℃	-	07:34	17:58
2월 10일(양)	3.6℃	9.3℃	-0.8℃	-	07:28	18:05
2월 19일(양) 우수 12시 11분	3.6℃	9.4℃	-1.1℃	-	07:18	18:15
2월 20일(양)	2.3℃	7.2℃	-0.9℃	-	07:17	18:16
3월 1일(양)	2.1℃	6.9℃	-1.1℃	-	07:05	18:25

경칩 — 03.06~04.04(양) [己卯月]

양력	03.06	7	8	9	10	11	12	13	14	15	16	17	18	19	20	21	22	23	24	25	26	27	28	29	30	31	4.1	2	3	4
음력	02.06	7	8	9	10	11	12	13	14	15	16	17	18	19	20	21	22	23	24	25	26	27	28	29	30	3.1	2	3	4	5
일주	丙申	丁酉	戊戌	己亥	庚子	辛丑	壬寅	癸卯	甲辰	乙巳	丙午	丁未	戊申	己酉	庚戌	辛亥	壬子	癸丑	甲寅	乙卯	丙辰	丁巳	戊午	己未	庚申	辛酉	壬戌	癸亥	甲子	乙丑
대운 남	10 1	1	1	1	2	2	2	3	3	3	4	4	4	5	5	5	6	6	6	7	7	7	8	8	8	9	9	9	10	
대운 여	1 10	10	9	9	9	8	8	8	7	7	7	6	6	6	5	5	5	4	4	4	3	3	3	2	2	2	1	1	1	

날짜 / 절기	평균기온	최고기온	최저기온	강수량	일 출	일 몰
3월 6일(양) 경칩 10시 16분	7.1℃	11.6℃	3.4℃	-	06:58	18:30
3월 10일(양)	4.0℃	7.1℃	1.4℃	11.2㎜	06:52	18:34
3월 20일(양)	9.2℃	13.8℃	4.9℃	-	06:37	18:43
3월 21일(양) 춘분 11시 14분	10.6℃	14.1℃	8.5℃	0.0㎜	06:36	18:44
4월 1일(양)	6.0℃	10.2℃	1.5	-	06:19	18:54

청명 — 04.05~05.05(양) [庚辰月]

양력	04.05	6	7	8	9	10	11	12	13	14	15	16	17	18	19	20	21	22	23	24	25	26	27	28	29	30	5.1	2	3	4	5
음력	03.06	7	8	9	10	11	12	13	14	15	16	17	18	19	20	21	22	23	24	25	26	27	28	29	30	4.1	2	3	4	5	6
일주	丙寅	丁卯	戊辰	己巳	庚午	辛未	壬申	癸酉	甲戌	乙亥	丙子	丁丑	戊寅	己卯	庚辰	辛巳	壬午	癸未	甲申	乙酉	丙戌	丁亥	戊子	己丑	庚寅	辛卯	壬辰	癸巳	甲午	乙未	丙申
대운 남	10 1	1	1	1	2	2	2	3	3	3	4	4	4	5	5	5	6	6	6	7	7	7	8	8	8	9	9	9	10	10	
대운 여	1 10	10	9	9	9	8	8	8	7	7	7	6	6	6	5	5	5	4	4	4	3	3	3	2	2	2	1	1	1	1	

날짜 / 절기	평균기온	최고기온	최저기온	강수량	일 출	일 몰
4월 5일(양) 청명 15시 08분	8.3℃	13.6℃	4.7℃	-	06:13	18:58
4월 10일(양)	8.0℃	13.1℃	3.1℃	-	06:06	19:02
4월 20일(양) 곡우 22시 21분	11.2℃	16.5℃	6.0℃	-	05:52	19:11
5월 1일(양)	19.7℃	26.4℃	14.5℃	-	05:38	19:21

입하 — 05.06~06.05(양) [辛巳月]

양력	05.06	7	8	9	10	11	12	13	14	15	16	17	18	19	20	21	22	23	24	25	26	27	28	29	30	31	6.1	2	3	4	5
음력	04.07	8	9	10	11	12	13	14	15	16	17	18	19	20	21	22	23	24	25	26	27	28	29	5.1	2	3	4	5	6	7	8
일주	丁酉	戊戌	己亥	庚子	辛丑	壬寅	癸卯	甲辰	乙巳	丙午	丁未	戊申	己酉	庚戌	辛亥	壬子	癸丑	甲寅	乙卯	丙辰	丁巳	戊午	己未	庚申	辛酉	壬戌	癸亥	甲子	乙丑	丙寅	丁卯
대운 남	10 1	1	1	1	2	2	2	3	3	3	4	4	4	5	5	5	6	6	6	7	7	7	8	8	8	9	9	9	10	10	
대운 여	1 10	10	9	9	9	8	8	8	7	7	7	6	6	6	5	5	5	4	4	4	3	3	3	2	2	2	1	1	1	1	

날짜 / 절기	평균기온	최고기온	최저기온	강수량	일 출	일 몰
5월 6일(양) 입하 08시 30분	16.6℃	22.6℃	12.6℃	-	05:32	19:26
5월 10일(양)	14.4℃	20.2℃	9.6℃	19.6㎜	05:28	19:29
5월 20일(양)	17.3℃	21.6℃	14.8℃	30.3㎜	05:20	19:38
5월 21일(양) 소만 21시 34분	17.8℃	20.2℃	13.6℃	-	05:19	19:39
6월 1일(양)	20.4℃	28.1℃	12.1℃	-	05:13	19:47

망종 — 06.06~07.06(양) [壬午月]

양력	06.06	7	8	9	10	11	12	13	14	15	16	17	18	19	20	21	22	23	24	25	26	27	28	29	30	7.1	2	3	4	5	6
음력	05.09	10	11	12	13	14	15	16	17	18	19	20	21	22	23	24	25	26	27	28	29	30	6.1	2	3	4	5	6	7	8	9
일주	戊辰	己巳	庚午	辛未	壬申	癸酉	甲戌	乙亥	丙子	丁丑	戊寅	己卯	庚辰	辛巳	壬午	癸未	甲申	乙酉	丙戌	丁亥	戊子	己丑	庚寅	辛卯	壬辰	癸巳	甲午	乙未	丙申	丁酉	戊戌
대운 남	10 1	1	1	1	2	2	2	3	3	3	4	4	4	5	5	5	6	6	6	7	7	7	8	8	8	9	9	9	10	10	
대운 여	1 10	10	9	9	9	8	8	8	7	7	7	6	6	6	5	5	5	4	4	4	3	3	3	2	2	2	1	1	1	1	

날짜 / 절기	평균기온	최고기온	최저기온	강수량	일 출	일 몰
6월 6일(양) 망종 12시 43분	20.4℃	26.9℃	14.8℃	-	05:11	19:50
6월 10일(양)	23.1℃	28.3℃	18.1℃	-	05:10	19:52
6월 20일(양)	22.9℃	27.6℃	17.9℃	0.0㎜	05:11	19:56
6월 22일(양) 하지 05시 34분	21.5℃	25.1℃	18.5℃	3.0㎜	05:11	19:57
7월 1일(양)	22.2℃	26.3℃	19.0℃	36.0㎜	05:14	19:57

소서 — 07.07~08.07(양) [癸未月]

양력	07.07	8	9	10	11	12	13	14	15	16	17	18	19	20	21	22	23	24	25	26	27	28	29	30	31	8.1	2	3	4	5	6	7
음력	06.10	11	12	13	14	15	16	17	18	19	20	21	22	23	24	25	26	27	28	29	30	7.1	2	3	4	5	6	7	8	9	10	11
일주	己亥	庚子	辛丑	壬寅	癸卯	甲辰	乙巳	丙午	丁未	戊申	己酉	庚戌	辛亥	壬子	癸丑	甲寅	乙卯	丙辰	丁巳	戊午	己未	庚申	辛酉	壬戌	癸亥	甲子	乙丑	丙寅	丁卯	戊辰	己巳	庚午
대운 남	10 1	1	1	1	2	2	2	3	3	3	4	4	4	5	5	5	6	6	6	7	7	7	8	8	8	9	9	9	10	10	10	
대운 여	1 10	10	10	9	9	9	8	8	8	7	7	7	6	6	6	5	5	5	4	4	4	3	3	3	2	2	2	1	1	1	1	

날짜 / 절기	평균기온	최고기온	최저기온	강수량	일 출	일 몰
7월 7일(양) 소서 23시 01분	25.3℃	31.2℃	19.8℃	-	05:17	19:56
7월 10일(양)	22.8℃	23.7℃	20.7℃	107.1㎜	05:19	19:56
7월 20일(양)	20.1℃	21.4℃	18.3℃	1.7㎜	05:26	19:51
7월 23일(양) 대서 16시 30분	28.7℃	33.6℃	23.9℃	0.0㎜	05:28	19:49
8월 1일(양)	27.2℃	30.7℃	25.3℃	21.3㎜	05:35	19:41

입추 — 08.08~09.07(양)

甲申月

양력	08.08	9	10	11	12	13	14	15	16	17	18	19	20	21	22	23	24	25	26	27	28	29	30	31	9.1	2	3	4	5	6	7
음력	07.12	13	14	15	16	17	18	19	20	21	22	23	24	25	26	27	28	29	8.1	2	3	4	5	6	7	8	9	10	11	12	13
일주	辛未	壬申	癸酉	甲戌	乙亥	丙子	丁丑	戊寅	己卯	庚辰	辛巳	壬午	癸未	甲申	乙酉	丙戌	丁亥	戊子	己丑	庚寅	辛卯	壬辰	癸巳	甲午	乙未	丙申	丁酉	戊戌	己亥	庚子	辛丑
대운 남	10/1	1	1	1	1	2	2	2	3	3	3	4	4	4	5	5	5	6	6	6	7	7	7	8	8	8	9	9	9	10	10
대운 여	1/10	10	10	9	9	9	8	8	8	7	7	7	6	6	6	5	5	5	4	4	4	3	3	3	2	2	2	1	1	1	1

절기·날짜	평균기온	최고기온	최저기온	강수량	일 출	일 몰
8월 8일(양) 입추 08시 52분	24.8℃	27.6℃	22.7℃	110.0mm	05:41	19:34
8월 10일(양)	26.5℃	30.2℃	24.1℃	–	05:43	19:32
8월 20일(양)	24.8℃	28.1℃	22.2℃	47.5mm	05:51	19:19
8월 23일(양) 처서 23시 35분	24.0℃	25.6℃	21.6℃	126.1mm	05:54	19:15
9월 1일(양)	25.4℃	28.4℃	22.1℃	0.1mm	06:01	19:02

백로 — 09.08~10.08(양)

乙酉月

양력	09.08	9	10	11	12	13	14	15	16	17	18	19	20	21	22	23	24	25	26	27	28	29	30	10.1	2	3	4	5	6	7	8
음력	08.14	15	16	17	18	19	20	21	22	23	24	25	26	27	28	29	30	윤8.1	8.2	3	4	5	6	7	8	9	10	11	12	13	14
일주	壬寅	癸卯	甲辰	乙巳	丙午	丁未	戊申	己酉	庚戌	辛亥	壬子	癸丑	甲寅	乙卯	丙辰	丁巳	戊午	己未	庚申	辛酉	壬戌	癸亥	甲子	乙丑	丙寅	丁卯	戊辰	己巳	庚午	辛未	壬申
대운 남	10/1	1	1	1	1	2	2	2	3	3	3	4	4	4	5	5	5	6	6	6	7	7	7	8	8	8	9	9	9	10	10
대운 여	1/10	10	10	9	9	9	8	8	8	7	7	7	6	6	6	5	5	5	4	4	4	3	3	3	2	2	2	1	1	1	1

절기·날짜	평균기온	최고기온	최저기온	강수량	일 출	일 몰
9월 8일(양) 백로 11시 49분	23.0℃	27.8℃	17.9℃	0.0mm	06:07	18:52
9월 10일(양)	19.3℃	24.5℃	16.2℃	0.3mm	06:09	18:49
9월 20일(양)	19.7℃	24.9℃	15.5℃	–	06:17	18:34
9월 23일(양) 추분 21시 13분	19.5℃	24.7℃	17.5℃	3.2mm	06:20	18:29
10월 1일(양)	18.0℃	23.4℃	14.9℃	–	06:27	18:17

한로 — 10.09~11.07(양)

丙戌月

양력	10.09	10	11	12	13	14	15	16	17	18	19	20	21	22	23	24	25	26	27	28	29	30	31	11.1	2	3	4	5	6	7
음력	08.15	16	17	18	19	20	21	22	23	24	25	26	27	28	29	9.1	2	3	4	5	6	7	8	9	10	11	12	13	14	15
일주	癸酉	甲戌	乙亥	丙子	丁丑	戊寅	己卯	庚辰	辛巳	壬午	癸未	甲申	乙酉	丙戌	丁亥	戊子	己丑	庚寅	辛卯	壬辰	癸巳	甲午	乙未	丙申	丁酉	戊戌	己亥	庚子	辛丑	壬寅
대운 남	10/1	1	1	1	1	2	2	2	3	3	3	4	4	4	5	5	5	6	6	6	7	7	7	8	8	8	9	9	9	10
대운 여	1/10	10	9	9	9	8	8	8	7	7	7	6	6	6	5	5	5	4	4	4	3	3	3	2	2	2	1	1	1	1

절기·날짜	평균기온	최고기온	최저기온	강수량	일 출	일 몰
10월 9일(양) 한로 03시 27분	17.0℃	21.7℃	13.1℃	–	06:34	18:05
10월 10일(양)	16.3℃	22.9℃	11.1℃	–	06:35	18:03
10월 20일(양)	16.0℃	21.6℃	9.8℃	–	06:44	17:49
10월 24일(양) 상강 06시 32분	13.5℃	16.8℃	10.3℃	8.0mm	06:48	17:44
11월 1일(양)	3.2℃	6.4℃	0.5℃	0.0mm	06:56	17:35

입동 — 11.08~12.06(양)

丁亥月

양력	11.08	9	10	11	12	13	14	15	16	17	18	19	20	21	22	23	24	25	26	27	28	29	30	12.1	2	3	4	5	6
음력	09.16	17	18	19	20	21	22	23	24	25	26	27	28	29	30	10.1	2	3	4	5	6	7	8	9	10	11	12	13	14
일주	癸卯	甲辰	乙巳	丙午	丁未	戊申	己酉	庚戌	辛亥	壬子	癸丑	甲寅	乙卯	丙辰	丁巳	戊午	己未	庚申	辛酉	壬戌	癸亥	甲子	乙丑	丙寅	丁卯	戊辰	己巳	庚午	辛未
대운 남	10/1	1	1	1	1	2	2	2	3	3	3	4	4	4	5	5	5	6	6	6	7	7	7	8	8	8	9	9	9
대운 여	1/10	9	9	9	8	8	8	7	7	7	6	6	6	5	5	5	4	4	4	3	3	3	2	2	2	1	1	1	1

절기·날짜	평균기온	최고기온	최저기온	강수량	일 출	일 몰
11월 8일(양) 입동 06시 36분	1.1℃	5.3℃	-1.0℃	–	07:03	17:28
11월 10일(양)	7.6℃	10.2℃	4.4℃	5.9mm	07:05	17:26
11월 20일(양)	2.7℃	6.4℃	-0.6℃	–	07:16	17:19
11월 23일(양) 소설 04시 01분	1.2℃	6.8℃	-2.8℃	3.7mm	07:19	17:17
12월 1일(양)	2.3℃	5.9℃	-0.8℃	–	07:27	17:14

대설 — 12.07~1996.01.05(양)

戊子月

양력	12.07	8	9	10	11	12	13	14	15	16	17	18	19	20	21	22	23	24	25	26	27	28	29	30	31	1.1	2	3	4	5
음력	10.15	16	17	18	19	20	21	22	23	24	25	26	27	28	29	11.1	2	3	4	5	6	7	8	9	10	11	12	13	14	15
일주	壬申	癸酉	甲戌	乙亥	丙子	丁丑	戊寅	己卯	庚辰	辛巳	壬午	癸未	甲申	乙酉	丙戌	丁亥	戊子	己丑	庚寅	辛卯	壬辰	癸巳	甲午	乙未	丙申	丁酉	戊戌	己亥	庚子	辛丑
대운 남	10/1	1	1	1	1	2	2	2	3	3	3	4	4	4	5	5	5	6	6	6	7	7	7	8	8	8	9	9	9	10
대운 여	1/10	10	9	9	9	8	8	8	7	7	7	6	6	6	5	5	5	4	4	4	3	3	3	2	2	2	1	1	1	1

절기·날짜	평균기온	최고기온	최저기온	강수량	일 출	일 몰
12월 7일(양) 대설 23시 22분	-2.0℃	1.9℃	-5.6℃	–	07:33	17:13
12월 10일(양)	0.7℃	6.6℃	-4.1℃	–	07:35	17:14
12월 20일(양)	1.2℃	5.0℃	-0.8℃	0.0mm	07:42	17:16
12월 22일(양) 동지 17시 17분	0.7℃	6.1℃	-4.7℃	–	07:43	17:17
1월 1일(양)	-3.2℃	2.5℃	-7.9℃	–	07:47	17:24

소한 — 01.06~02.03(양)

己丑月

양력	1996.01.06	7	8	9	10	11	12	13	14	15	16	17	18	19	20	21	22	23	24	25	26	27	28	29	30	31	2.1	2	3
음력	1995.11.16	17	18	19	20	21	22	23	24	25	26	27	28	29	12.1	2	3	4	5	6	7	8	9	10	11	12	13	14	15
일주	壬寅	癸卯	甲辰	乙巳	丙午	丁未	戊申	己酉	庚戌	辛亥	壬子	癸丑	甲寅	乙卯	丙辰	丁巳	戊午	己未	庚申	辛酉	壬戌	癸亥	甲子	乙丑	丙寅	丁卯	戊辰	己巳	庚午
대운 남	10/1	1	1	1	1	2	2	2	3	3	3	4	4	4	5	5	5	6	6	6	7	7	7	8	8	8	9	9	9
대운 여	1/10	9	9	9	8	8	8	7	7	7	6	6	6	5	5	5	4	4	4	3	3	3	2	2	2	1	1	1	1

절기·날짜	평균기온	최고기온	최저기온	강수량	일 출	일 몰
1월 6일(양) 소한 10시 31분	4.5℃	9.0℃	1.6℃	–	07:47	17:28
1월 10일(양)	-4.3℃	-0.2℃	-7.8℃	–	07:47	17:31
1월 20일(양)	-0.8℃	3.2℃	-3.4℃	–	07:44	17:42
1월 21일(양) 대한 03시 53분	-1.0℃	2.9℃	-4.1℃	–	07:44	17:43
2월 1일(양)	-8.7℃	-4.7℃	-10.5℃	–	07:37	17:55

1996

입춘 — 02.04~03.04(양) · 庚寅月

구분	입춘(辛未)																													
양력	1996.02.04	5	6	7	8	9	10	11	12	13	14	15	16	17	18	19	20	21	22	23	24	25	26	27	28	29	3.1	2	3	4
음력	1995.12.16	17	18	19	20	21	22	23	24	25	26	27	28	29	30	1.1	2	3	4	5	6	7	8	9	10	11	12	13	14	15
일주	辛未	壬申	癸酉	甲戌	乙亥	丙子	丁丑	戊寅	己卯	庚辰	辛巳	壬午	癸未	甲申	乙酉	丙戌	丁亥	戊子	己丑	庚寅	辛卯	壬辰	癸巳	甲午	乙未	丙申	丁酉	戊戌	己亥	庚子

대운 남: 10 10 / 10 9 9 9 8 8 7 7 7 6 6 6 5 5 5 4 4 4 3 3 3 2 2 2 1 1 1
대운 여: 1 1 / 1 1 1 2 2 2 3 3 3 4 4 4 5 5 5 6 6 6 7 7 7 8 8 8 9 9 10

2월 4일(양) 입춘 22시 08분		2월 10일(양)		2월 19일(양) 우수 18시 01분		2월 20일(양)		3월 1일(양)	
평균기온: −0.7℃	강수량: 0.6㎜	평균기온: −4.6℃	강수량: −	평균기온: −3.4℃	강수량: −	평균기온: −4.1℃	강수량: −	평균기온: 1.2℃	강수량: 0.1㎜
최고기온: 2.7℃	일 출: 07:34	최고기온: 0.2℃	일 출: 07:28	최고기온: 1.5℃	일 출: 07:18	최고기온: 0.3℃	일 출: 07:17	최고기온: 5.0℃	일 출: 07:04
최저기온: −3.8℃	일 몰: 17:58	최저기온: −9.0℃	일 몰: 18:05	최저기온: −7.1℃	일 몰: 18:14	최저기온: −7.5℃	일 몰: 18:15	최저기온: −2.0℃	일 몰: 18:26

경칩 — 03.05~04.03(양) · 辛卯月

구분	경칩(辛丑)																													
양력	03.05	6	7	8	9	10	11	12	13	14	15	16	17	18	19	20	21	22	23	24	25	26	27	28	29	30	31	4.1	2	3
음력	01.16	17	18	19	20	21	22	23	24	25	26	27	28	29	2.1	2	3	4	5	6	7	8	9	10	11	12	13	14	15	16
일주	辛丑	壬寅	癸卯	甲辰	乙巳	丙午	丁未	戊申	己酉	庚戌	辛亥	壬子	癸丑	甲寅	乙卯	丙辰	丁巳	戊午	己未	庚申	辛酉	壬戌	癸亥	甲子	乙丑	丙寅	丁卯	戊辰	己巳	庚午

대운 남: 1 10 / 10 9 9 9 8 8 8 7 7 7 6 6 5 5 5 4 4 4 3 3 3 2 2 2 1 1 1
대운 여: 10 1 / 1 1 1 2 2 2 3 3 3 4 4 5 5 5 6 6 6 7 7 7 8 8 8 9 9 10

3월 5일(양) 경칩 16시 10분		3월 10일(양)		3월 20일(양) 춘분 17시 03분		4월 1일(양)	
평균기온: 3.2℃	강수량: −	평균기온: 2.7℃	강수량: −	평균기온: 5.1℃	강수량: −	평균기온: 4.6℃	강수량: −
최고기온: 9.2℃	일 출: 06:58	최고기온: 7.7℃	일 출: 06:51	최고기온: 13.2℃	일 출: 06:36	최고기온: 8.8℃	일 출: 06:18
최저기온: −1.2℃	일 몰: 18:30	최저기온: −1.7℃	일 몰: 18:34	최저기온: −1.9℃	일 몰: 18:44	최저기온: 2.0℃	일 몰: 18:55

청명 — 04.04~05.04(양) · 壬辰月

구분	청명(辛未)																														
양력	04.04	5	6	7	8	9	10	11	12	13	14	15	16	17	18	19	20	21	22	23	24	25	26	27	28	29	30	5.1	2	3	4
음력	02.17	18	19	20	21	22	23	24	25	26	27	28	29	30	3.1	2	3	4	5	6	7	8	9	10	11	12	13	14	15	16	17
일주	辛未	壬申	癸酉	甲戌	乙亥	丙子	丁丑	戊寅	己卯	庚辰	辛巳	壬午	癸未	甲申	乙酉	丙戌	丁亥	戊子	己丑	庚寅	辛卯	壬辰	癸巳	甲午	乙未	丙申	丁酉	戊戌	己亥	庚子	辛丑

대운 남: 1 10 / 10 9 9 9 8 8 8 7 7 7 6 6 6 5 5 5 4 4 4 3 3 3 2 2 2 1 1 1
대운 여: 10 1 / 1 1 1 2 2 2 3 3 3 4 4 4 5 5 5 6 6 6 7 7 7 8 8 8 9 9 10 10

4월 4일(양) 청명 21시 02분		4월 10일(양)		4월 20일(양) 곡우 04시 10분		5월 1일(양)	
평균기온: 5.4℃	강수량: −	평균기온: 7.6℃	강수량: −	평균기온: 10.9℃	강수량: −	평균기온: 14.4℃	강수량: 3.5㎜
최고기온: 10.9℃	일 출: 06:13	최고기온: 12.2℃	일 출: 06:05	최고기온: 15.5℃	일 출: 05:51	최고기온: 17.1℃	일 출: 05:37
최저기온: 0.3℃	일 몰: 18:57	최저기온: 4.2℃	일 몰: 19:03	최저기온: 5.7℃	일 몰: 19:12	최저기온: 11.1℃	일 몰: 19:22

입하 — 05.05~06.04(양) · 癸巳月

구분	입하(壬寅)																														
양력	05.05	6	7	8	9	10	11	12	13	14	15	16	17	18	19	20	21	22	23	24	25	26	27	28	29	30	31	6.1	2	3	4
음력	03.18	19	20	21	22	23	24	25	26	27	28	29	4.1	2	3	4	5	6	7	8	9	10	11	12	13	14	15	16	17	18	19
일주	壬寅	癸卯	甲辰	乙巳	丙午	丁未	戊申	己酉	庚戌	辛亥	壬子	癸丑	甲寅	乙卯	丙辰	丁巳	戊午	己未	庚申	辛酉	壬戌	癸亥	甲子	乙丑	丙寅	丁卯	戊辰	己巳	庚午	辛未	壬申

대운 남: 1 10 / 10 10 9 9 9 8 8 8 7 7 7 6 6 6 5 5 5 4 4 4 3 3 3 2 2 2 1 1 1
대운 여: 10 1 / 1 1 1 2 2 2 3 3 3 4 4 4 5 5 5 6 6 6 7 7 7 8 8 8 9 9 9 10 10

5월 5일(양) 입하 14시 26분		5월 10일(양)		5월 20일(양)		5월 21일(양) 소만 03시 23분		6월 1일(양)	
평균기온: 14.9℃	강수량: −	평균기온: 15.5℃	강수량: −	평균기온: 17.9℃	강수량: 5.5㎜	평균기온: 16.8℃	강수량: 0.4㎜	평균기온: 25.2℃	강수량: −
최고기온: 20.4℃	일 출: 05:33	최고기온: 22.3℃	일 출: 05:27	최고기온: 21.3℃	일 출: 05:19	최고기온: 21.5℃	일 출: 05:18	최고기온: 32.7℃	일 출: 05:12
최저기온: 10.1℃	일 몰: 19:26	최저기온: 9.8℃	일 몰: 19:30	최저기온: 15.2℃	일 몰: 19:39	최저기온: 13.0℃	일 몰: 19:39	최저기온: 19.2℃	일 몰: 19:48

망종 — 06.05~07.06(양) · 甲午月

구분	망종(癸酉)																															
양력	06.05	6	7	8	9	10	11	12	13	14	15	16	17	18	19	20	21	22	23	24	25	26	27	28	29	30	7.1	2	3	4	5	6
음력	04.20	21	22	23	24	25	26	27	28	29	30	5.1	2	3	4	5	6	7	8	9	10	11	12	13	14	15	16	17	18	19	20	21
일주	癸酉	甲戌	乙亥	丙子	丁丑	戊寅	己卯	庚辰	辛巳	壬午	癸未	甲申	乙酉	丙戌	丁亥	戊子	己丑	庚寅	辛卯	壬辰	癸巳	甲午	乙未	丙申	丁酉	戊戌	己亥	庚子	辛丑	壬寅	癸卯	甲辰

대운 남: 1 10 / 10 10 9 9 9 8 8 8 7 7 7 6 6 6 5 5 5 4 4 4 3 3 3 2 2 2 1 1 1
대운 여: 10 1 / 1 1 1 2 2 2 3 3 3 4 4 4 5 5 5 6 6 6 7 7 7 8 8 9 9 9 10 10 10

6월 5일(양) 망종 18시 41분		6월 10일(양)		6월 20일(양)		6월 21일(양) 하지 11시 24분		7월 1일(양)	
평균기온: 23.1℃	강수량: −	평균기온: 20.1℃	강수량: 67.9㎜	평균기온: 20.8℃	강수량: 5.8㎜	평균기온: 22.1℃	강수량: 2.0㎜	평균기온: 22.0℃	강수량: 19.3㎜
최고기온: 30.3℃	일 출: 05:11	최고기온: 21.7℃	일 출: 05:10	최고기온: 23.6℃	일 출: 05:11	최고기온: 26.1℃	일 출: 05:11	최고기온: 28.3℃	일 출: 05:14
최저기온: 16.5℃	일 몰: 19:50	최저기온: 19.6℃	일 몰: 19:53	최저기온: 19.6℃	일 몰: 19:56	최저기온: 19.5℃	일 몰: 19:57	최저기온: 18.8℃	일 몰: 19:57

소서 — 07.07~08.06(양) · 乙未月

구분	소서(乙巳)																														
양력	07.07	8	9	10	11	12	13	14	15	16	17	18	19	20	21	22	23	24	25	26	27	28	29	30	31	8.1	2	3	4	5	6
음력	05.22	23	24	25	26	27	28	29	30	6.1	2	3	4	5	6	7	8	9	10	11	12	13	14	15	16	17	18	19	20	21	22
일주	乙巳	丙午	丁未	戊申	己酉	庚戌	辛亥	壬子	癸丑	甲寅	乙卯	丙辰	丁巳	戊午	己未	庚申	辛酉	壬戌	癸亥	甲子	乙丑	丙寅	丁卯	戊辰	己巳	庚午	辛未	壬申	癸酉	甲戌	乙亥

대운 남: 1 10 / 10 10 9 9 9 8 8 8 7 7 7 6 6 6 5 5 5 4 4 4 3 3 3 2 2 2 1 1 1
대운 여: 10 1 / 1 1 1 2 2 2 3 3 3 4 4 4 5 5 5 6 6 6 7 7 7 8 8 8 9 9 10 10 10

7월 7일(양) 소서 05시 00분		7월 10일(양)		7월 20일(양)		7월 22일(양) 대서 22시 19분		8월 1일(양)	
평균기온: 23.0℃	강수량: −	평균기온: 23.8℃	강수량: −	평균기온: 24.7℃	강수량: 15.1㎜	평균기온: 23.7℃	강수량: 41.6㎜	평균기온: 29.8℃	강수량: −
최고기온: 28.1℃	일 출: 05:17	최고기온: 28.9℃	일 출: 05:19	최고기온: 25.6℃	일 출: 05:26	최고기온: 26.0℃	일 출: 05:28	최고기온: 35.4℃	일 출: 05:36
최저기온: 19.4℃	일 몰: 19:56	최저기온: 17.9℃	일 몰: 19:55	최저기온: 22.9℃	일 몰: 19:50	최저기온: 22.1℃	일 몰: 19:49	최저기온: 24.5℃	일 몰: 19:40

입추 08.07~09.06(양) 〈丙申月〉

양력	08.07	8	9	10	11	12	13	14	15	16	17	18	19	20	21	22	23	24	25	26	27	28	29	30	31	9.1	2	3	4	5	6
음력	06.23	24	25	26	27	28	29	7.1	2	3	4	5	6	7	8	9	10	11	12	13	14	15	16	17	18	19	20	21	22	23	24
일주	丙子	丁丑	戊寅	己卯	庚辰	辛巳	壬午	癸未	甲申	乙酉	丙戌	丁亥	戊子	己丑	庚寅	辛卯	壬辰	癸巳	甲午	乙未	丙申	丁酉	戊戌	己亥	庚子	辛丑	壬寅	癸卯	甲辰	乙巳	丙午
대운 남	1 · 10	10	10	9	9	9	8	8	8	7	7	7	6	6	6	5	5	5	4	4	4	3	3	3	2	2	2	1	1	1	1
운 여	10 · 1	1	1	1	1	2	2	2	3	3	3	4	4	4	5	5	5	6	6	6	7	7	7	8	8	8	9	9	9	10	10

8월 7일(양) 입추 14시 49분		8월 10일(양)		8월 20일(양)		8월 23일(양) 처서 05시 23분		9월 1일(양)	
평균기온: 27.9℃	강수량: 0.0mm	평균기온: 27.5℃	강수량: 0.0mm	평균기온: 27.8℃	강수량: –	평균기온: 23.4℃	강수량: 0.0mm	평균기온: 23.7℃	강수량: –
최고기온: 30.3℃	일 출: 05:41	최고기온: 30.8℃	일 출: 05:43	최고기온: 32.3℃	일 출: 05:52	최고기온: 26.6℃	일 출: 05:54	최고기온: 29.5℃	일 출: 06:02
최저기온: 26.5℃	일 몰: 19:34	최저기온: 25.0℃	일 몰: 19:31	최저기온: 24.3℃	일 몰: 19:18	최저기온: 20.7℃	일 몰: 19:14	최저기온: 17.8℃	일 몰: 19:01

백로 09.07~10.07(양) 〈丁酉月〉

양력	09.07	8	9	10	11	12	13	14	15	16	17	18	19	20	21	22	23	24	25	26	27	28	29	30	10.1	2	3	4	5	6	7
음력	07.25	26	27	28	29	30	8.1	2	3	4	5	6	7	8	9	10	11	12	13	14	15	16	17	18	19	20	21	22	23	24	25
일주	丁未	戊申	己酉	庚戌	辛亥	壬子	癸丑	甲寅	乙卯	丙辰	丁巳	戊午	己未	庚申	辛酉	壬戌	癸亥	甲子	乙丑	丙寅	丁卯	戊辰	己巳	庚午	辛未	壬申	癸酉	甲戌	乙亥	丙子	丁丑
대운 남	1 · 10	10	10	9	9	9	8	8	8	7	7	7	6	6	6	5	5	5	4	4	4	3	3	3	2	2	2	1	1	1	1
운 여	10 · 1	1	1	1	1	2	2	2	3	3	3	4	4	4	5	5	5	6	6	6	7	7	7	8	8	8	9	9	9	10	10

9월 7일(양) 백로 17시 42분		9월 10일(양)		9월 20일(양)		9월 23일(양) 추분 03시 00분		10월 1일(양)	
평균기온: 22.8℃	강수량: –	평균기온: 22.6℃	강수량: –	평균기온: 20.5℃	강수량: –	평균기온: 21.3℃	강수량: –	평균기온: 19.0℃	강수량: –
최고기온: 29.3℃	일 출: 06:07	최고기온: 28.3℃	일 출: 06:10	최고기온: 25.1℃	일 출: 06:18	최고기온: 27.0℃	일 출: 06:20	최고기온: 22.7℃	일 출: 06:27
최저기온: 17.1℃	일 몰: 18:52	최저기온: 17.6℃	일 몰: 18:48	최저기온: 16.7℃	일 몰: 18:32	최저기온: 16.4℃	일 몰: 18:28	최저기온: 15.3℃	일 몰: 18:15

한로 10.08~11.06(양) 〈戊戌月〉

양력	10.08	9	10	11	12	13	14	15	16	17	18	19	20	21	22	23	24	25	26	27	28	29	30	31	11.1	2	3	4	5	6
음력	08.26	27	28	29	9.1	2	3	4	5	6	7	8	9	10	11	12	13	14	15	16	17	18	19	20	21	22	23	24	25	26
일주	戊寅	己卯	庚辰	辛巳	壬午	癸未	甲申	乙酉	丙戌	丁亥	戊子	己丑	庚寅	辛卯	壬辰	癸巳	甲午	乙未	丙申	丁酉	戊戌	己亥	庚子	辛丑	壬寅	癸卯	甲辰	乙巳	丙午	丁未
대운 남	1 · 10	10	9	9	9	8	8	8	7	7	7	6	6	6	5	5	5	4	4	4	3	3	3	2	2	2	1	1	1	1
운 여	10 · 1	1	1	1	1	2	2	2	3	3	3	4	4	4	5	5	5	6	6	6	7	7	7	8	8	8	9	9	9	10

10월 8일(양) 한로 09시 19분		10월 10일(양)		10월 20일(양)		10월 23일(양) 상강 12시 19분		11월 1일(양)	
평균기온: 13.6℃	강수량: –	평균기온: 14.4℃	강수량: –	평균기온: 13.9℃	강수량: –	평균기온: 16.8℃	강수량: –	평균기온: 12.0℃	강수량: 11.0mm
최고기온: 18.9℃	일 출: 06:34	최고기온: 21.3℃	일 출: 06:35	최고기온: 19.6℃	일 출: 06:45	최고기온: 22.8℃	일 출: 06:48	최고기온: 14.0℃	일 출: 06:57
최저기온: 8.0℃	일 몰: 18:05	최저기온: 8.0℃	일 몰: 18:02	최저기온: 9.6℃	일 몰: 17:48	최저기온: 11.5℃	일 몰: 17:45	최저기온: 10.6℃	일 몰: 17:34

입동 11.07~12.06(양) 〈己亥月〉

양력	11.07	8	9	10	11	12	13	14	15	16	17	18	19	20	21	22	23	24	25	26	27	28	29	30	12.1	2	3	4	5	6
음력	09.27	28	29	30	10.1	2	3	4	5	6	7	8	9	10	11	12	13	14	15	16	17	18	19	20	21	22	23	24	25	26
일주	戊申	己酉	庚戌	辛亥	壬子	癸丑	甲寅	乙卯	丙辰	丁巳	戊午	己未	庚申	辛酉	壬戌	癸亥	甲子	乙丑	丙寅	丁卯	戊辰	己巳	庚午	辛未	壬申	癸酉	甲戌	乙亥	丙子	丁丑
대운 남	1 · 10	10	9	9	9	8	8	8	7	7	7	6	6	6	5	5	5	4	4	4	3	3	3	2	2	2	1	1	1	1
운 여	10 · 1	1	1	1	1	2	2	2	3	3	3	4	4	4	5	5	5	6	6	6	7	7	7	8	8	8	9	9	9	10

11월 7일(양) 입동 12시 27분		11월 10일(양)		11월 20일(양)		11월 22일(양) 소설 09시 49분		12월 1일(양)	
평균기온: 7.1℃	강수량: –	평균기온: 10.6℃	강수량: –	평균기온: 7.4℃	강수량: 5.8mm	평균기온: 2.5℃	강수량: –	평균기온: –7.7℃	강수량: –
최고기온: 10.2℃	일 출: 07:03	최고기온: 16.2℃	일 출: 07:06	최고기온: 11.0℃	일 출: 07:17	최고기온: 7.3℃	일 출: 07:19	최고기온: –4.2℃	일 출: 07:28
최저기온: 3.9℃	일 몰: 17:28	최저기온: 6.2℃	일 몰: 17:25	최저기온: 3.9℃	일 몰: 17:18	최저기온: –0.9℃	일 몰: 17:17	최저기온: –10.5℃	일 몰: 17:14

대설 12.07~1997.01.04(양) 〈庚子月〉

양력	12.07	8	9	10	11	12	13	14	15	16	17	18	19	20	21	22	23	24	25	26	27	28	29	30	31	1.1	2	3	4
음력	10.27	28	29	30	11.1	2	3	4	5	6	7	8	9	10	11	12	13	14	15	16	17	18	19	20	21	22	23	24	25
일주	戊寅	己卯	庚辰	辛巳	壬午	癸未	甲申	乙酉	丙戌	丁亥	戊子	己丑	庚寅	辛卯	壬辰	癸巳	甲午	乙未	丙申	丁酉	戊戌	己亥	庚子	辛丑	壬寅	癸卯	甲辰	乙巳	丙午
대운 남	1 · 10	9	9	9	8	8	8	7	7	7	6	6	6	5	5	5	4	4	4	3	3	3	2	2	2	1	1	1	1
운 여	10 · 1	1	1	1	1	2	2	2	3	3	3	4	4	4	5	5	5	6	6	6	7	7	7	8	8	8	9	9	9

12월 7일(양) 대설 05시 14분		12월 10일(양)		12월 20일(양)		12월 21일(양) 동지 23시 06분		1월 1일(양)	
평균기온: –3.6℃	강수량: –	평균기온: 4.4℃	강수량: –	평균기온: –0.9℃	강수량: –	평균기온: 3.8℃	강수량: –	평균기온: –1.2℃	강수량: 12.0mm
최고기온: –0.5℃	일 출: 07:33	최고기온: 8.1℃	일 출: 07:36	최고기온: 4.4℃	일 출: 07:43	최고기온: 8.3℃	일 출: 07:43	최고기온: 8.0℃	일 출: 07:47
최저기온: –6.9℃	일 몰: 17:14	최저기온: 1.1℃	일 몰: 17:14	최저기온: –6.1℃	일 몰: 17:17	최저기온: 0.0℃	일 몰: 17:17	최저기온: –9.9℃	일 몰: 17:24

소한 01.05~02.03(양) 〈辛丑月〉

양력	1997.01.05	6	7	8	9	10	11	12	13	14	15	16	17	18	19	20	21	22	23	24	25	26	27	28	29	30	31	2.1	2	3
음력	1996.11.26	27	28	29	12.1	2	3	4	5	6	7	8	9	10	11	12	13	14	15	16	17	18	19	20	21	22	23	24	25	26
일주	丁未	戊申	己酉	庚戌	辛亥	壬子	癸丑	甲寅	乙卯	丙辰	丁巳	戊午	己未	庚申	辛酉	壬戌	癸亥	甲子	乙丑	丙寅	丁卯	戊辰	己巳	庚午	辛未	壬申	癸酉	甲戌	乙亥	丙子
대운 남	1 · 10	10	10	9	9	9	8	8	8	7	7	7	6	6	6	5	5	5	4	4	4	3	3	3	2	2	2	1	1	1
운 여	10 · 1	1	1	1	1	2	2	2	3	3	3	4	4	4	5	5	5	6	6	6	7	7	7	8	8	8	9	9	9	10

1월 5일(양) 소한 16시 24분		1월 10일(양)		1월 20일(양) 대한 09시 43분		2월 1일(양)	
평균기온: –2.2℃	강수량: 0.2mm	평균기온: –1.3℃	강수량: –	평균기온: 0.3℃	강수량: –	평균기온: –2.8℃	강수량: –
최고기온: 1.6℃	일 출: 07:47	최고기온: 3.3℃	일 출: 07:47	최고기온: 5.1℃	일 출: 07:44	최고기온: 2.8℃	일 출: 07:36
최저기온: –6.4℃	일 몰: 17:28	최저기온: –5.1℃	일 몰: 17:32	최저기온: –3.9℃	일 몰: 17:42	최저기온: –6.5℃	일 몰: 17:56

입춘 (壬寅月) 02.04~03.04(양)

양력	1997.02.04	5	6	7	8	9	10	11	12	13	14	15	16	17	18	19	20	21	22	23	24	25	26	27	28	3.1	2	3	4
음력	1996.12.27	28	29	30	1.1	2	3	4	5	6	7	8	9	10	11	12	13	14	15	16	17	18	19	20	21	22	23	24	25
일주	丁丑	戊寅	己卯	庚辰	辛巳	壬午	癸未	甲申	乙酉	丙戌	丁亥	戊子	己丑	庚寅	辛卯	壬辰	癸巳	甲午	乙未	丙申	丁酉	戊戌	己亥	庚子	辛丑	壬寅	癸卯	甲辰	乙巳
대운(남)	1	1	1	1	1	2	2	2	3	3	3	4	4	4	5	5	5	6	6	6	7	7	7	8	8	8	9	9	9
대운(여)	10	9	9	9	8	8	8	7	7	7	6	6	6	5	5	5	4	4	4	3	3	3	2	2	2	1	1	1	1

	2월 4일(양) 입춘 04시 02분	2월 10일(양)	2월 18일(양) 우수 23시 51분	2월 20일(양)	3월 1일(양)
평균기온	-1.5℃	0.1℃	-2.2℃	3.7℃	2.9℃
최고기온	4.2℃	4.7℃	2.1℃	9.0℃	7.7℃
최저기온	-6.8℃	-3.6℃	-5.0℃	-0.2℃	-0.2℃
강수량	-	0.0mm	0.2mm	-	-
일 출	07:33	07:28	07:18	07:16	07:04
일 몰	17:59	18:06	18:14	18:16	18:25

경칩 (癸卯月) 03.05~04.04(양)

양력	03.05	6	7	8	9	10	11	12	13	14	15	16	17	18	19	20	21	22	23	24	25	26	27	28	29	30	31	4.1	2	3	4
음력	01.26	27	28	29	2.1	2	3	4	5	6	7	8	9	10	11	12	13	14	15	16	17	18	19	20	21	22	23	24	25	26	27
일주	丙午	丁未	戊申	己酉	庚戌	辛亥	壬子	癸丑	甲寅	乙卯	丙辰	丁巳	戊午	己未	庚申	辛酉	壬戌	癸亥	甲子	乙丑	丙寅	丁卯	戊辰	己巳	庚午	辛未	壬申	癸酉	甲戌	乙亥	丙子
대운(남)	10 / 1	1	1	1	1	2	2	2	3	3	3	4	4	4	5	5	5	6	6	6	7	7	7	8	8	8	9	9	9	10	10
대운(여)	1 / 10	10	10	9	9	9	8	8	8	7	7	7	6	6	6	5	5	5	4	4	4	3	3	3	2	2	2	1	1	1	1

	3월 5일(양) 경칩 22시 04분	3월 10일(양)	3월 20일(양) 춘분 22시 55분	4월 1일(양)
평균기온	7.6℃	8.6℃	10.2℃	10.3℃
최고기온	12.2℃	11.5℃	16.4℃	17.6℃
최저기온	4.2℃	5.8℃	4.9℃	2.7℃
강수량	-	0.1mm	-	2.2mm
일 출	06:58	06:51	06:36	06:18
일 몰	18:29	18:34	18:44	18:54

청명 (甲辰月) 04.05~05.04(양)

양력	04.05	6	7	8	9	10	11	12	13	14	15	16	17	18	19	20	21	22	23	24	25	26	27	28	29	30	5.1	2	3	4
음력	02.28	29	3.1	2	3	4	5	6	7	8	9	10	11	12	13	14	15	16	17	18	19	20	21	22	23	24	25	26	27	28
일주	丁丑	戊寅	己卯	庚辰	辛巳	壬午	癸未	甲申	乙酉	丙戌	丁亥	戊子	己丑	庚寅	辛卯	壬辰	癸巳	甲午	乙未	丙申	丁酉	戊戌	己亥	庚子	辛丑	壬寅	癸卯	甲辰	乙巳	丙午
대운(남)	10 / 1	1	1	1	1	2	2	2	3	3	3	4	4	4	5	5	5	6	6	6	7	7	7	8	8	8	9	9	9	10
대운(여)	1 / 10	10	9	9	9	8	8	8	7	7	7	6	6	6	5	5	5	4	4	4	3	3	3	2	2	2	1	1	1	1

	4월 5일(양) 청명 02시 56분	4월 10일(양)	4월 20일(양) 곡우 10시 03분	5월 1일(양)
평균기온	11.6℃	10.2℃	15.7℃	15.7℃
최고기온	14.4℃	15.5℃	22.3℃	21.5℃
최저기온	10.0℃	5.6℃	9.0℃	10.2℃
강수량	3.3mm	-	-	-
일 출	06:12	06:05	05:51	05:37
일 몰	18:58	19:03	19:12	19:22

입하 (乙巳月) 05.05~06.05(양)

양력	05.05	6	7	8	9	10	11	12	13	14	15	16	17	18	19	20	21	22	23	24	25	26	27	28	29	30	31	6.1	2	3	4	5
음력	03.29	30	4.1	2	3	4	5	6	7	8	9	10	11	12	13	14	15	16	17	18	19	20	21	22	23	24	25	26	27	28	29	5.1
일주	丁未	戊申	己酉	庚戌	辛亥	壬子	癸丑	甲寅	乙卯	丙辰	丁巳	戊午	己未	庚申	辛酉	壬戌	癸亥	甲子	乙丑	丙寅	丁卯	戊辰	己巳	庚午	辛未	壬申	癸酉	甲戌	乙亥	丙子	丁丑	戊寅
대운(남)	10 / 1	1	1	1	1	2	2	2	3	3	3	4	4	4	5	5	5	6	6	6	7	7	7	8	8	8	9	9	9	10	10	10
대운(여)	1 / 10	10	10	10	9	9	9	8	8	8	7	7	7	6	6	6	5	5	5	4	4	4	3	3	3	2	2	2	1	1	1	1

	5월 5일(양) 입하 20시 19분	5월 10일(양)	5월 20일(양)	5월 21일(양) 소만 09시 18분	6월 1일(양)
평균기온	19.5℃	16.1℃	14.1℃	15.8℃	18.6℃
최고기온	27.9℃	21.5℃	19.3℃	20.3℃	27.2℃
최저기온	12.7℃	10.8℃	10.0℃	11.4℃	14.2℃
강수량	-	-	-	0.0mm	12.2mm
일 출	05:33	05:28	05:19	05:18	05:13
일 몰	19:25	19:30	19:38	19:39	19:47

망종 (丙午月) 06.06~07.06(양)

양력	06.06	7	8	9	10	11	12	13	14	15	16	17	18	19	20	21	22	23	24	25	26	27	28	29	30	7.1	2	3	4	5	6
음력	05.02	3	4	5	6	7	8	9	10	11	12	13	14	15	16	17	18	19	20	21	22	23	24	25	26	27	28	29	30	6.1	2
일주	己卯	庚辰	辛巳	壬午	癸未	甲申	乙酉	丙戌	丁亥	戊子	己丑	庚寅	辛卯	壬辰	癸巳	甲午	乙未	丙申	丁酉	戊戌	己亥	庚子	辛丑	壬寅	癸卯	甲辰	乙巳	丙午	丁未	戊申	己酉
대운(남)	10 / 1	1	1	1	1	2	2	2	3	3	3	4	4	4	5	5	5	6	6	6	7	7	7	8	8	8	9	9	9	10	10
대운(여)	1 / 10	10	10	9	9	9	8	8	8	7	7	7	6	6	6	5	5	5	4	4	4	3	3	3	2	2	2	1	1	1	1

	6월 6일(양) 망종 00시 33분	6월 10일(양)	6월 20일(양)	6월 21일(양) 하지 17시 20분	7월 1일(양)
평균기온	21.0℃	22.6℃	23.8℃	24.1℃	22.0℃
최고기온	27.6℃	28.8℃	26.3℃	28.8℃	23.4℃
최저기온	13.6℃	17.2℃	20.7℃	21.0℃	20.1℃
강수량	-	-	1.1mm	-	127.7mm
일 출	05:11	05:10	05:11	05:11	05:14
일 몰	19:51	19:53	19:56	19:57	19:57

소서 (丁未月) 07.07~08.06(양)

양력	07.07	8	9	10	11	12	13	14	15	16	17	18	19	20	21	22	23	24	25	26	27	28	29	30	31	8.1	2	3	4	5	6
음력	06.03	4	5	6	7	8	9	10	11	12	13	14	15	16	17	18	19	20	21	22	23	24	25	26	27	28	29	7.1	2	3	4
일주	庚戌	辛亥	壬子	癸丑	甲寅	乙卯	丙辰	丁巳	戊午	己未	庚申	辛酉	壬戌	癸亥	甲子	乙丑	丙寅	丁卯	戊辰	己巳	庚午	辛未	壬申	癸酉	甲戌	乙亥	丙子	丁丑	戊寅	己卯	庚辰
대운(남)	10 / 1	1	1	1	1	2	2	2	3	3	3	4	4	4	5	5	5	6	6	6	7	7	7	8	8	8	9	9	9	10	10
대운(여)	1 / 10	10	10	9	9	9	8	8	8	7	7	7	6	6	6	5	5	5	4	4	4	3	3	3	2	2	2	1	1	1	1

	7월 7일(양) 소서 10시 49분	7월 10일(양)	7월 20일(양)	7월 23일(양) 대서 04시 15분	8월 1일(양)
평균기온	22.5℃	26.5℃	27.8℃	29.5℃	28.7℃
최고기온	27.2℃	31.9℃	31.5℃	34.4℃	33.7℃
최저기온	18.1℃	20.8℃	24.2℃	24.3℃	25.7℃
강수량	-	-	-	-	-
일 출	05:17	05:19	05:26	05:28	05:36
일 몰	19:56	19:55	19:50	19:48	19:41

동경 135도 표준시

丁丑年

입추 08.07~09.06(양)

戊申月																																
양력	08.07		8	9	10	11	12	13	14	15	16	17	18	19	20	21	22	23	24	25	26	27	28	29	30	31	9.1	2	3	4	5	6
음력	07.05		6	7	8	9	10	11	12	13	14	15	16	17	18	19	20	21	22	23	24	25	26	27	28	29	30	8.1	2	3	4	5
일주	辛巳		壬午	癸未	甲申	乙酉	丙戌	丁亥	戊子	己丑	庚寅	辛卯	壬辰	癸巳	甲午	乙未	丙申	丁酉	戊戌	己亥	庚子	辛丑	壬寅	癸卯	甲辰	乙巳	丙午	丁未	戊申	己酉	庚戌	辛亥
대운 남	10	1	1	1	1	1	2	2	2	3	3	3	4	4	4	5	5	5	6	6	6	7	7	7	8	8	8	9	9	9	10	10
대운 여	1	10	10	10	9	9	9	8	8	8	7	7	7	6	6	6	5	5	5	4	4	4	3	3	3	2	2	2	1	1	1	1

8월 7일(양) 입추 20시 36분		8월 10일(양)		8월 20일(양)		8월 23일(양) 처서 11시 19분		9월 1일(양)	
평균기온: 27.6℃	강수량: 0.0㎜	평균기온: 26.9℃	강수량: -	평균기온: 28.5℃	강수량: 4.9㎜	평균기온: 25.7℃	강수량: -	평균기온: 27.8℃	강수량: 1.7㎜
최고기온: 32.6℃	일 출: 05:41	최고기온: 31.7℃	일 출: 05:43	최고기온: 33.1℃	일 출: 05:52	최고기온: 30.6℃	일 출: 05:54	최고기온: 31.6℃	일 출: 06:02
최저기온: 23.1℃	일 몰: 19:34	최저기온: 22.2℃	일 몰: 19:31	최저기온: 24.8℃	일 몰: 19:19	최저기온: 21.5℃	일 몰: 19:15	최저기온: 25.7℃	일 몰: 19:02

백로 09.07~10.07(양)

己酉月																																
양력	09.07		8	9	10	11	12	13	14	15	16	17	18	19	20	21	22	23	24	25	26	27	28	29	30	10.1	2	3	4	5	6	7
음력	08.06		7	8	9	10	11	12	13	14	15	16	17	18	19	20	21	22	23	24	25	26	27	28	29	30	9.1	2	3	4	5	6
일주	壬子		癸丑	甲寅	乙卯	丙辰	丁巳	戊午	己未	庚申	辛酉	壬戌	癸亥	甲子	乙丑	丙寅	丁卯	戊辰	己巳	庚午	辛未	壬申	癸酉	甲戌	乙亥	丙子	丁丑	戊寅	己卯	庚辰	辛巳	壬午
대운 남	10	1	1	1	1	1	2	2	2	3	3	3	4	4	4	5	5	5	6	6	6	7	7	7	8	8	8	9	9	9	10	10
대운 여	1	10	10	10	9	9	9	8	8	8	7	7	7	6	6	6	5	5	5	4	4	4	3	3	3	2	2	2	1	1	1	1

9월 7일(양) 백로 23시 29분		9월 10일(양)		9월 20일(양)		9월 23일(양) 추분 08시 29분		10월 1일(양)	
평균기온: 25.3℃	강수량: -	평균기온: 23.4℃	강수량: 8.1㎜	평균기온: 17.0℃	강수량: 0.5㎜	평균기온: 18.6℃	강수량: -	평균기온: 19.1℃	강수량: -
최고기온: 31.6℃	일 출: 06:07	최고기온: 26.7℃	일 출: 06:09	최고기온: 22.7℃	일 출: 06:18	최고기온: 25.0℃	일 출: 06:20	최고기온: 26.1℃	일 출: 06:27
최저기온: 19.4℃	일 몰: 18:53	최저기온: 19.8℃	일 몰: 18:48	최저기온: 13.3℃	일 몰: 18:33	최저기온: 13.0℃	일 몰: 18:28	최저기온: 13.0℃	일 몰: 18:16

한로 10.08~11.06(양)

庚戌月																															
양력	10.08		9	10	11	12	13	14	15	16	17	18	19	20	21	22	23	24	25	26	27	28	29	30	31	11.1	2	3	4	5	6
음력	09.07		8	9	10	11	12	13	14	15	16	17	18	19	20	21	22	23	24	25	26	27	28	29	10.1	2	3	4	5	6	7
일주	癸未		甲申	乙酉	丙戌	丁亥	戊子	己丑	庚寅	辛卯	壬辰	癸巳	甲午	乙未	丙申	丁酉	戊戌	己亥	庚子	辛丑	壬寅	癸卯	甲辰	乙巳	丙午	丁未	戊申	己酉	庚戌	辛亥	壬子
대운 남	10	1	1	1	1	1	2	2	2	3	3	3	4	4	4	5	5	5	6	6	6	7	7	7	8	8	8	9	9	9	10
대운 여	1	10	10	9	9	9	8	8	8	7	7	7	6	6	6	5	5	5	4	4	4	3	3	3	2	2	2	1	1	1	1

10월 8일(양) 한로 15시 05분		10월 10일(양)		10월 20일(양)		10월 23일(양) 상강 18시 15분		11월 1일(양)	
평균기온: 12.0℃	강수량: 1.2㎜	평균기온: 16.5℃	강수량: 0.3㎜	평균기온: 19.1℃	강수량: -	평균기온: 17.4℃	강수량: -	평균기온: 5.7℃	강수량: -
최고기온: 16.5℃	일 출: 06:33	최고기온: 22.0℃	일 출: 06:35	최고기온: 24.9℃	일 출: 06:45	최고기온: 23.6℃	일 출: 06:47	최고기온: 12.7℃	일 출: 06:57
최저기온: 8.9℃	일 몰: 18:05	최저기온: 10.3℃	일 몰: 18:03	최저기온: 13.3℃	일 몰: 17:49	최저기온: 11.0℃	일 몰: 17:45	최저기온: -0.4℃	일 몰: 17:34

입동 11.07~12.06(양)

辛亥月																															
양력	11.07		8	9	10	11	12	13	14	15	16	17	18	19	20	21	22	23	24	25	26	27	28	29	30	12.1	2	3	4	5	6
음력	10.08		9	10	11	12	13	14	15	16	17	18	19	20	21	22	23	24	25	26	27	28	29	30	11.1	2	3	4	5	6	7
일주	癸丑		甲寅	乙卯	丙辰	丁巳	戊午	己未	庚申	辛酉	壬戌	癸亥	甲子	乙丑	丙寅	丁卯	戊辰	己巳	庚午	辛未	壬申	癸酉	甲戌	乙亥	丙子	丁丑	戊寅	己卯	庚辰	辛巳	壬午
대운 남	10	1	1	1	1	1	2	2	2	3	3	3	4	4	4	5	5	5	6	6	6	7	7	7	8	8	8	9	9	9	10
대운 여	1	10	10	9	9	9	8	8	8	7	7	7	6	6	6	5	5	5	4	4	4	3	3	3	2	2	2	1	1	1	1

11월 7일(양) 입동 18시 15분		11월 10일(양)		11월 20일(양)		11월 22일(양) 소설 15시 48분		12월 1일(양)	
평균기온: 10.5℃	강수량: -	평균기온: 12.6℃	강수량: -	평균기온: 7.1℃	강수량: -	평균기온: 10.9℃	강수량: 0.3㎜	평균기온: -1.1℃	강수량: -
최고기온: 17.2℃	일 출: 07:03	최고기온: 18.7℃	일 출: 07:06	최고기온: 13.3℃	일 출: 07:17	최고기온: 16.9℃	일 출: 07:19	최고기온: 3.1℃	일 출: 07:28
최저기온: 4.1℃	일 몰: 17:28	최저기온: 8.2℃	일 몰: 17:25	최저기온: 0.2℃	일 몰: 17:18	최저기온: 6.9℃	일 몰: 17:17	최저기온: -6.2℃	일 몰: 17:14

대설 12.07~1998.01.04(양)

壬子月																														
양력	12.07		8	9	10	11	12	13	14	15	16	17	18	19	20	21	22	23	24	25	26	27	28	29	30	31	1.1	2	3	4
음력	11.08		9	10	11	12	13	14	15	16	17	18	19	20	21	22	23	24	25	26	27	28	29	30	12.1	2	3	4	5	6
일주	癸未		甲申	乙酉	丙戌	丁亥	戊子	己丑	庚寅	辛卯	壬辰	癸巳	甲午	乙未	丙申	丁酉	戊戌	己亥	庚子	辛丑	壬寅	癸卯	甲辰	乙巳	丙午	丁未	戊申	己酉	庚戌	辛亥
대운 남	10	1	1	1	1	1	2	2	2	3	3	3	4	4	4	5	5	5	6	6	6	7	7	7	8	8	8	9	9	9
대운 여	1	10	9	9	9	8	8	8	7	7	7	6	6	6	5	5	5	4	4	4	3	3	3	2	2	2	1	1	1	1

12월 7일(양) 대설 11시 05분		12월 10일(양)		12월 20일(양)		12월 22일(양) 동지 05시 07분		1월 1일(양)	
평균기온: 6.1℃	강수량: 8.2㎜	평균기온: -7.4℃	강수량: 0.0㎜	평균기온: 6.3℃	강수량: -	평균기온: 6.2℃	강수량: -	평균기온: 1.9℃	강수량: 3.2㎜
최고기온: 8.0℃	일 출: 07:33	최고기온: -3.8℃	일 출: 07:36	최고기온: 9.7℃	일 출: 07:42	최고기온: 10.3℃	일 출: 07:43	최고기온: 4.5℃	일 출: 07:47
최저기온: 5.0℃:	일 몰: 17:14	최저기온: -11.3℃	일 몰: 17:14	최저기온: 3.6℃	일 몰: 17:17	최저기온: 3.9℃	일 몰: 17:18	최저기온: 0.2℃	일 몰: 17:24

소한 01.05~02.03(양)

癸丑月																															
양력	1998.01.05		6	7	8	9	10	11	12	13	14	15	16	17	18	19	20	21	22	23	24	25	26	27	28	29	30	31	2.1	2	3
음력	1997.12.07		8	9	10	11	12	13	14	15	16	17	18	19	20	21	22	23	24	25	26	27	28	29	1.1	2	3	4	5	6	7
일주	壬子		癸丑	甲寅	乙卯	丙辰	丁巳	戊午	己未	庚申	辛酉	壬戌	癸亥	甲子	乙丑	丙寅	丁卯	戊辰	己巳	庚午	辛未	壬申	癸酉	甲戌	乙亥	丙子	丁丑	戊寅	己卯	庚辰	辛巳
대운 남	10	1	1	1	1	1	2	2	2	3	3	3	4	4	4	5	5	5	6	6	6	7	7	7	8	8	8	9	9	9	10
대운 여	1	10	10	9	9	9	8	8	8	7	7	7	6	6	6	5	5	5	4	4	4	3	3	3	2	2	2	1	1	1	1

1월 5일(양) 소한 22시 18분		1월 10일(양)		1월 20일(양) 대한 15시 46분		2월 1일(양)	
평균기온: -1.3℃	강수량: 0.3㎜	평균기온: 3.2℃	강수량: -	평균기온: -4.3℃	강수량: 2.5㎜	평균기온: -1.7℃	강수량: -
최고기온: 4.0℃	일 출: 07:47	최고기온: 7.0℃	일 출: 07:47	최고기온: 0.4℃	일 출: 07:44	최고기온: 3.4℃	일 출: 07:36
최저기온: -6.2℃	일 몰: 17:27	최저기온: 0.7℃	일 몰: 17:32	최저기온: -8.1℃	일 몰: 17:42	최저기온: -5.5℃	일 몰: 17:55

입춘 02.04~03.05(양)

甲寅月

양력	1998.02.04	5	6	7	8	9	10	11	12	13	14	15	16	17	18	19	20	21	22	23	24	25	26	27	28	3.1	2	3	4	5
음력	1998.01.08	9	10	11	12	13	14	15	16	17	18	19	20	21	22	23	24	25	26	27	28	29	30	2.1	2	3	4	5	6	7
일주	壬午	癸未	甲申	乙酉	丙戌	丁亥	戊子	己丑	庚寅	辛卯	壬辰	癸巳	甲午	乙未	丙申	丁酉	戊戌	己亥	庚子	辛丑	壬寅	癸卯	甲辰	乙巳	丙午	丁未	戊申	己酉	庚戌	辛亥
대운 남	10 / 10	10	9	9	9	8	8	8	7	7	6	6	5	5	4	4	3	3	2	2	2	1	1							
대운 여	1 / 1	1	1	1	1	2	2	2	3	3	4	4	4	5	5	5	6	6	6	7	7	7	8	8	8	9	9	9	10	

2월 4일(양) 입춘 09시 57분		2월 10일(양)		2월 19일(양) 우수 05시 55분		2월 20일(양)		3월 1일(양)	
평균기온: −0.8℃	강수량: −	평균기온: −2.7℃	강수량: −	평균기온: 9.9℃	강수량: 2.6mm	평균기온: 10.3℃	강수량: 2.4mm	평균기온: 5.9℃	강수량: −
최고기온: 4.3℃	일 출: 07:34	최고기온: 2.1℃	일 출: 07:28	최고기온: 15.0℃	일 출: 07:17	최고기온: 13.1℃	일 출: 07:16	최고기온: 11.3℃	일 출: 07:04
최저기온: −4.1℃	일 몰: 17:59	최저기온: −7.7℃	일 몰: 18:05	최저기온: 6.5℃	일 몰: 18:15	최저기온: 6.6℃	일 몰: 18:16	최저기온: 1.6℃	일 몰: 18:25

경칩 03.06~04.04(양)

乙卯月

양력	03.06	7	8	9	10	11	12	13	14	15	16	17	18	19	20	21	22	23	24	25	26	27	28	29	30	31	4.1	2	3	4
음력	02.08	9	10	11	12	13	14	15	16	17	18	19	20	21	22	23	24	25	26	27	28	29	3.1	2	3	4	5	6	7	8
일주	壬子	癸丑	甲寅	乙卯	丙辰	丁巳	戊午	己未	庚申	辛酉	壬戌	癸亥	甲子	乙丑	丙寅	丁卯	戊辰	己巳	庚午	辛未	壬申	癸酉	甲戌	乙亥	丙子	丁丑	戊寅	己卯	庚辰	辛巳
대운 남	1 / 10	10	9	9	9	8	8	8	7	7	7	6	6	5	5	4	4	3	3	3	2	2	1	1	1					
대운 여	10 / 1	1	1	1	1	2	2	2	3	3	4	4	4	5	5	5	6	6	6	7	7	7	8	8	9	9	9	9	10	

3월 6일(양) 경칩 03시 57분		3월 10일(양)		3월 20일(양)		3월 21일(양) 춘분 04시 55분		4월 1일(양)	
평균기온: 8.8℃	강수량: −	평균기온: 7.4℃	강수량: −	평균기온: −0.6℃	강수량: −	평균기온: 1.3℃	강수량: −	평균기온: 6.2℃	강수량: 31.8mm
최고기온: 14.0℃	일 출: 06:57	최고기온: 12.1℃	일 출: 06:52	최고기온: 2.5℃	일 출: 06:37	최고기온: 5.3℃	일 출: 06:35	최고기온: 13.1℃	일 출: 06:19
최저기온: 5.7℃	일 몰: 18:30	최저기온: 4.8℃	일 몰: 18:34	최저기온: −3.2℃	일 몰: 18:43	최저기온: −2.1℃	일 몰: 18:44	최저기온: 3.7℃	일 몰: 18:54

청명 04.05~05.05(양)

丙辰月

양력	04.05	6	7	8	9	10	11	12	13	14	15	16	17	18	19	20	21	22	23	24	25	26	27	28	29	30	5.1	2	3	4	5
음력	03.09	10	11	12	13	14	15	16	17	18	19	20	21	22	23	24	25	26	27	28	29	4.1	2	3	4	5	6	7	8	9	10
일주	壬午	癸未	甲申	乙酉	丙戌	丁亥	戊子	己丑	庚寅	辛卯	壬辰	癸巳	甲午	乙未	丙申	丁酉	戊戌	己亥	庚子	辛丑	壬寅	癸卯	甲辰	乙巳	丙午	丁未	戊申	己酉	庚戌	辛亥	壬子
대운 남	1 / 10	10	10	9	9	9	8	8	8	7	7	6	6	6	5	5	4	4	3	3	3	2	2	1	1	1					
대운 여	10 / 1	1	1	1	1	2	2	2	3	3	4	4	4	5	5	5	6	6	6	7	7	7	8	8	9	9	9	10	10		

4월 5일(양) 청명 08시 45분		4월 10일(양)		4월 20일(양) 곡우 15시 57분		5월 1일(양)	
평균기온: 11.1℃	강수량: 19.1mm	평균기온: 14.4℃	강수량: −	평균기온: 19.5℃	강수량: −	평균기온: 18.5℃	강수량: 1.0mm
최고기온: 13.1℃	일 출: 06:13	최고기온: 19.6℃	일 출: 06:05	최고기온: 25.2℃	일 출: 05:51	최고기온: 21.6℃	일 출: 05:38
최저기온: 8.2℃	일 몰: 18:58	최저기온: 11.0℃	일 몰: 19:02	최저기온: 13.0℃	일 몰: 19:11	최저기온: 14.4℃	일 몰: 19:21

입하 05.06~06.05(양)

丁巳月

양력	05.06	7	8	9	10	11	12	13	14	15	16	17	18	19	20	21	22	23	24	25	26	27	28	29	30	31	6.1	2	3	4	5
음력	04.11	12	13	14	15	16	17	18	19	20	21	22	23	24	25	26	27	28	29	30	5.1	2	3	4	5	6	7	8	9	10	11
일주	癸丑	甲寅	乙卯	丙辰	丁巳	戊午	己未	庚申	辛酉	壬戌	癸亥	甲子	乙丑	丙寅	丁卯	戊辰	己巳	庚午	辛未	壬申	癸酉	甲戌	乙亥	丙子	丁丑	戊寅	己卯	庚辰	辛巳	壬午	癸未
대운 남	1 / 10	10	9	9	9	8	8	8	7	7	6	6	5	5	5	4	4	4	3	3	3	2	2	2	1	1	1				
대운 여	10 / 1	1	1	1	1	2	2	2	3	3	4	4	4	5	5	5	6	6	6	7	7	7	8	8	8	9	9	9	10	10	

5월 6일(양) 입하 02시 03분		5월 10일(양)		5월 20일(양)		5월 21일(양) 소만 15시 05분		6월 1일(양)	
평균기온: 21.1℃	강수량: −	평균기온: 17.2℃	강수량: 0.0mm	평균기온: 21.8℃	강수량: −	평균기온: 24.4℃	강수량: −	평균기온: 19.1℃	강수량: −
최고기온: 26.9℃	일 출: 05:32	최고기온: 21.3℃	일 출: 05:28	최고기온: 28.2℃	일 출: 05:19	최고기온: 31.4℃	일 출: 05:19	최고기온: 23.8℃	일 출: 05:13
최저기온: 14.7℃	일 몰: 19:26	최저기온: 14.3℃	일 몰: 19:30	최저기온: 15.0℃	일 몰: 19:38	최저기온: 16.6℃	일 몰: 19:39	최저기온: 14.8℃	일 몰: 19:47

망종 06.06~07.06(양)

戊午月

양력	06.06	7	8	9	10	11	12	13	14	15	16	17	18	19	20	21	22	23	24	25	26	27	28	29	30	7.1	2	3	4	5	6
음력	05.12	13	14	15	16	17	18	19	20	21	22	23	24	25	26	27	28	29	윤5.1	2	3	4	5	6	7	8	9	10	11	12	13
일주	甲申	乙酉	丙戌	丁亥	戊子	己丑	庚寅	辛卯	壬辰	癸巳	甲午	乙未	丙申	丁酉	戊戌	己亥	庚子	辛丑	壬寅	癸卯	甲辰	乙巳	丙午	丁未	戊申	己酉	庚戌	辛亥	壬子	癸丑	甲寅
대운 남	1 / 10	10	10	9	9	9	8	8	8	7	7	6	6	5	5	4	4	3	3	3	2	2	2	1	1	1					
대운 여	10 / 1	1	1	1	1	2	2	2	3	3	4	4	4	5	5	5	6	6	6	7	7	7	8	8	9	9	9	9	10	10	

6월 6일(양) 망종 06시 13분		6월 10일(양)		6월 20일(양)		6월 21일(양) 하지 23시 03분		7월 1일(양)	
평균기온: 18.4℃	강수량: −	평균기온: 24.3℃	강수량: −	평균기온: 24.0℃	강수량: 0.0mm	평균기온: 25.5℃	강수량: −	평균기온: 22.2℃	강수량: 23.1mm
최고기온: 22.0℃	일 출: 05:11	최고기온: 29.8℃	일 출: 05:10	최고기온: 29.7℃	일 출: 05:11	최고기온: 30.9℃	일 출: 05:11	최고기온: 23.4℃	일 출: 05:14
최저기온: 14.5℃	일 몰: 19:50	최저기온: 19.4℃	일 몰: 19:53	최저기온: 18.7℃	일 몰: 19:56	최저기온: 21.4℃	일 몰: 19:57	최저기온: 21.2℃	일 몰: 19:57

소서 07.07~08.07(양)

己未月

양력	07.07	8	9	10	11	12	13	14	15	16	17	18	19	20	21	22	23	24	25	26	27	28	29	30	31	8.1	2	3	4	5	6	7
음력	05.14	15	16	17	18	19	20	21	22	23	24	25	26	27	28	29	6.1	2	3	4	5	6	7	8	9	10	11	12	13	14	15	16
일주	乙卯	丙辰	丁巳	戊午	己未	庚申	辛酉	壬戌	癸亥	甲子	乙丑	丙寅	丁卯	戊辰	己巳	庚午	辛未	壬申	癸酉	甲戌	乙亥	丙子	丁丑	戊寅	己卯	庚辰	辛巳	壬午	癸未	甲申	乙酉	丙戌
대운 남	1 / 10	10	10	9	9	9	8	8	8	7	7	6	6	5	5	4	4	3	3	3	2	2	2	1	1	1						
대운 여	10 / 1	1	1	1	1	2	2	2	3	3	4	4	4	5	5	5	6	6	6	7	7	7	8	8	9	9	9	9	10	10	10	

7월 7일(양) 소서 16시 30분		7월 10일(양)		7월 20일(양)		7월 23일(양) 대서 09시 55분		8월 1일(양)	
평균기온: 27.1℃	강수량: −	평균기온: 24.0℃	강수량: 37.3mm	평균기온: 24.6℃	강수량: −	평균기온: 26.2℃	강수량: −	평균기온: 24.7℃	강수량: 19.3mm
최고기온: 29.4℃	일 출: 05:17	최고기온: 24.6℃	일 출: 05:19	최고기온: 29.4℃	일 출: 05:26	최고기온: 30.8℃	일 출: 05:28	최고기온: 28.0℃	일 출: 05:35
최저기온: 25.5℃	일 몰: 19:56	최저기온: 23.6℃	일 몰: 19:55	최저기온: 20.3℃	일 몰: 19:51	최저기온: 22.0℃	일 몰: 19:48	최저기온: 23.0℃	일 몰: 19:41

동경 135도 표준시

입 추 08.08~09.07(양)

庚申月

양력	08.08	9	10	11	12	13	14	15	16	17	18	19	20	21	22	23	24	25	26	27	28	29	30	31	9.1	2	3	4	5	6	7
음력	06.17	18	19	20	21	22	23	24	25	26	27	28	29	30	7.1	2	3	4	5	6	7	8	9	10	11	12	13	14	15	16	17
일주	丁亥	戊子	己丑	庚寅	辛卯	壬辰	癸巳	甲午	乙未	丙申	丁酉	戊戌	己亥	庚子	辛丑	壬寅	癸卯	甲辰	乙巳	丙午	丁未	戊申	己酉	庚戌	辛亥	壬子	癸丑	甲寅	乙卯	丙辰	丁巳
대운 남	1·10	10	10	9	9	9	8	8	8	7	7	7	6	6	6	5	5	5	4	4	4	3	3	3	2	2	2	1	1	1	1
운 여	10·1	1	1	1	1	2	2	2	3	3	3	4	4	4	5	5	5	6	6	6	7	7	7	8	8	8	9	9	9	10	10

	8월 8일(양) 입추 02시 20분		8월 10일(양)		8월 20일(양)		8월 23일(양) 처서 16시 59분		9월 1일(양)	
평균기온	24.1℃	강수량: 332.8㎜	24.0℃	강수량: 69.4㎜	25.8℃	강수량: 0.0㎜	24.3℃	강수량: 33.9㎜	23.0℃	강수량: 2.8㎜
최고기온	25.5℃	일 출: 05:41	25.5℃	일 출: 05:43	30.3℃	일 출: 05:52	27.9℃	일 출: 05:54	27.0℃	일 출: 06:02
최저기온	23.6℃	일 몰: 19:34	22.3℃	일 몰: 19:31	22.8℃	일 몰: 19:19	22.4℃	일 몰: 19:15	20.2℃	일 몰: 19:02

백 로 09.08~10.07(양)

辛酉月

양력	09.08	9	10	11	12	13	14	15	16	17	18	19	20	21	22	23	24	25	26	27	28	29	30	10.1	2	3	4	5	6	7
음력	07.18	19	20	21	22	23	24	25	26	27	28	29	30	8.1	2	3	4	5	6	7	8	9	10	11	12	13	14	15	16	17
일주	戊午	己未	庚申	辛酉	壬戌	癸亥	甲子	乙丑	丙寅	丁卯	戊辰	己巳	庚午	辛未	壬申	癸酉	甲戌	乙亥	丙子	丁丑	戊寅	己卯	庚辰	辛巳	壬午	癸未	甲申	乙酉	丙戌	丁亥
대운 남	1·10	10	9	9	9	8	8	8	7	7	7	6	6	6	5	5	5	4	4	4	3	3	3	2	2	2	1	1	1	1
운 여	10·1	1	1	1	1	2	2	2	3	3	3	4	4	4	5	5	5	6	6	6	7	7	7	8	8	8	9	9	9	10

	9월 8일(양) 백로 05시 16분		9월 10일(양)		9월 20일(양)		9월 23일(양) 추분 14시 37분		10월 1일(양)	
평균기온	25.7℃	강수량: -	26.9℃	강수량: -	25.6℃	강수량: 6.0㎜	19.8℃	강수량: 0.4㎜	21.0℃	강수량: 2.3㎜
최고기온	30.5℃	일 출: 06:08	32.6℃	일 출: 06:09	31.8℃	일 출: 06:18	23.5℃	일 출: 06:20	26.2℃	일 출: 06:27
최저기온	22.8℃	일 몰: 18:52	21.8℃	일 몰: 18:49	21.9℃	일 몰: 18:33	15.6℃	일 몰: 18:29	17.3℃	일 몰: 18:16

한 로 10.08~11.07(양)

壬戌月

양력	10.08	9	10	11	12	13	14	15	16	17	18	19	20	21	22	23	24	25	26	27	28	29	30	31	11.1	2	3	4	5	6	7
음력	08.18	19	20	21	22	23	24	25	26	27	28	29	9.1	2	3	4	5	6	7	8	9	10	11	12	13	14	15	16	17	18	19
일주	戊子	己丑	庚寅	辛卯	壬辰	癸巳	甲午	乙未	丙申	丁酉	戊戌	己亥	庚子	辛丑	壬寅	癸卯	甲辰	乙巳	丙午	丁未	戊申	己酉	庚戌	辛亥	壬子	癸丑	甲寅	乙卯	丙辰	丁巳	戊午
대운 남	1·10	10	10	9	9	9	8	8	8	7	7	7	6	6	6	5	5	5	4	4	4	3	3	3	2	2	2	1	1	1	1
운 여	10·1	1	1	1	1	2	2	2	3	3	3	4	4	4	5	5	5	6	6	6	7	7	7	8	8	8	9	9	9	10	10

	10월 8일(양) 한로 20시 56분		10월 10일(양)		10월 20일(양)		10월 23일(양) 상강 23시 59분		11월 1일(양)	
평균기온	19.7℃	강수량: -	20.5℃	강수량: -	11.4℃	강수량: -	16.6℃	강수량: -	8.1℃	강수량: -
최고기온	25.2℃	일 출: 06:33	25.3℃	일 출: 06:35	19.5℃	일 출: 06:44	23.0℃	일 출: 06:47	13.8℃	일 출: 06:56
최저기온	14.4℃	일 몰: 18:06	17.1℃	일 몰: 18:03	4.9℃	일 몰: 17:49	11.4℃	일 몰: 17:45	2.4℃	일 몰: 17:35

입 동 11.08~12.06(양)

癸亥月

양력	11.08	9	10	11	12	13	14	15	16	17	18	19	20	21	22	23	24	25	26	27	28	29	30	12.1	2	3	4	5	6
음력	09.20	21	22	23	24	25	26	27	28	29	30	10.1	2	3	4	5	6	7	8	9	10	11	12	13	14	15	16	17	18
일주	己未	庚申	辛酉	壬戌	癸亥	甲子	乙丑	丙寅	丁卯	戊辰	己巳	庚午	辛未	壬申	癸酉	甲戌	乙亥	丙子	丁丑	戊寅	己卯	庚辰	辛巳	壬午	癸未	甲申	乙酉	丙戌	丁亥
대운 남	1·10	10	10	9	9	9	8	8	8	7	7	7	6	6	6	5	5	5	4	4	4	3	3	3	2	2	2	1	1
운 여	10·1	1	1	1	2	2	2	3	3	3	4	4	4	5	5	5	6	6	6	7	7	7	8	8	8	9	9	9	10

	11월 8일(양) 입동 00시 08분		11월 10일(양)		11월 20일(양)		11월 22일(양) 소설 21시 34분		12월 1일(양)	
평균기온	12.6℃	강수량: 0.5㎜	5.9℃	강수량: -	-1.3℃	강수량: -	1.7℃	강수량: 0.9㎜	6.1℃	강수량: 0.0㎜
최고기온	16.9℃	일 출: 07:04	10.3℃	일 출: 07:06	2.1℃	일 출: 07:16	5.3℃	일 출: 07:18	8.0℃	일 출: 07:27
최저기온	6.3℃	일 몰: 17:27	1.5℃	일 몰: 17:26	-4.8℃	일 몰: 17:18	-0.9℃	일 몰: 17:17	2.9℃	일 몰: 17:14

대 설 12.07~1999.01.05(양)

甲子月

양력	12.07	8	9	10	11	12	13	14	15	16	17	18	19	20	21	22	23	24	25	26	27	28	29	30	31	1.1	2	3	4	5
음력	10.19	20	21	22	23	24	25	26	27	28	29	30	11.1	2	3	4	5	6	7	8	9	10	11	12	13	14	15	16	17	18
일주	戊子	己丑	庚寅	辛卯	壬辰	癸巳	甲午	乙未	丙申	丁酉	戊戌	己亥	庚子	辛丑	壬寅	癸卯	甲辰	乙巳	丙午	丁未	戊申	己酉	庚戌	辛亥	壬子	癸丑	甲寅	乙卯	丙辰	丁巳
대운 남	1·10	10	10	9	9	9	8	8	8	7	7	7	6	6	6	5	5	5	4	4	4	3	3	3	2	2	2	1	1	1
운 여	10·1	1	1	1	2	2	2	3	3	3	4	4	4	5	5	5	6	6	6	7	7	7	8	8	8	9	9	9	10	10

	12월 7일(양) 대설 17시 02분		12월 10일(양)		12월 20일(양)		12월 22일(양) 동지 10시 56분		1월 1일(양)	
평균기온	3.3℃	강수량: 0.9㎜	-1.4℃	강수량: 0.0㎜	2.1℃	강수량: -	5.7℃	강수량: -	-1.5℃	강수량: -
최고기온	6.7℃	일 출: 07:33	3.9℃	일 출: 07:35	6.8℃	일 출: 07:42	9.2℃	일 출: 07:43	3.5℃	일 출: 07:47
최저기온	-0.2℃	일 몰: 17:13	-8.1℃	일 몰: 17:14	-1.7℃	일 몰: 17:16	3.5℃	일 몰: 17:17	-6.9℃	일 몰: 17:24

소 한 01.06~02.03(양)

乙丑月

양력	1999.01.06	7	8	9	10	11	12	13	14	15	16	17	18	19	20	21	22	23	24	25	26	27	28	29	30	31	2.1	2	3
음력	1998.11.19	20	21	22	23	24	25	26	27	28	29	30	12.1	2	3	4	5	6	7	8	9	10	11	12	13	14	15	16	17
일주	戊午	己未	庚申	辛酉	壬戌	癸亥	甲子	乙丑	丙寅	丁卯	戊辰	己巳	庚午	辛未	壬申	癸酉	甲戌	乙亥	丙子	丁丑	戊寅	己卯	庚辰	辛巳	壬午	癸未	甲申	乙酉	丙戌
대운 남	1·10	9	9	9	8	8	8	7	7	7	6	6	6	5	5	5	4	4	4	3	3	3	2	2	2	1	1	1	1
운 여	10·1	1	1	1	2	2	2	3	3	3	4	4	4	5	5	5	6	6	6	7	7	7	8	8	8	9	9	9	10

	1월 6일(양) 소한 04시 17분		1월 10일(양)		1월 20일(양) 대한 21시 37분		2월 1일(양)	
평균기온	3.3℃	강수량: 1.8㎜	-6.7℃	강수량: -	-2.6℃	강수량: -	2.5℃	강수량: -
최고기온	5.9℃	일 출: 07:47	-2.3℃	일 출: 07:47	1.5℃	일 출: 07:44	6.5℃	일 출: 07:36
최저기온	-0.5℃	일 몰: 17:28	-10.8℃	일 몰: 17:32	-5.5℃	일 몰: 17:42	-0.2℃	일 몰: 17:55

1999

단기 4332년

입춘

02.04~03.05(양)

丙寅月	양력	1999.02.04		5	6	7	8	9	10	11	12	13	14	15	16	17	18	19	20	21	22	23	24	25	26	27	28	3.1	2	3	4	5
	음력	1998.12.18		19	20	21	22	23	24	25	26	27	28	29	1.1	2	3	4	5	6	7	8	9	10	11	12	13	14	15	16	17	18
	일주	丁亥		戊子	己丑	庚寅	辛卯	壬辰	癸巳	甲午	乙未	丙申	丁酉	戊戌	己亥	庚子	辛丑	壬寅	癸卯	甲辰	乙巳	丙午	丁未	戊申	己酉	庚戌	辛亥	壬子	癸丑	甲寅	乙卯	丙辰
	대 남	1	1	1	1	1	1	2	2	2	3	3	3	4	4	4	5	5	5	6	6	6	7	7	7	8	8	8	9	9	9	10
	운 여	10	10	10	9	9	9	8	8	8	7	7	7	6	6	6	5	5	5	4	4	4	3	3	3	2	2	2	1	1	1	1

2월 4일(양) 입춘 15시 57분		2월 10일(양)		2월 19일(양) 우수 11시 47분		2월 20일(양)		3월 1일(양)	
평균기온: -4.6℃	강수량: -	평균기온: 1.2℃	강수량: -	평균기온: -1.6℃	강수량: -	평균기온: -2.5℃	강수량: -	평균기온: 5.6℃	강수량: -
최고기온: 0.4℃	일 출: 07:34	최고기온: 5.4℃	일 출: 07:28	최고기온: 2.2℃	일 출: 07:18	최고기온: 1.1℃	일 출: 07:17	최고기온: 8.4℃	일 출: 07:05
최저기온: -9.6℃	일 몰: 17:58	최저기온: -1.8℃	일 몰: 18:05	최저기온: -4.6℃	일 몰: 18:15	최저기온: -5.0℃	일 몰: 18:16	최저기온: 1.4℃	일 몰: 18:25

경칩

03.06~04.04(양)

丁卯月	양력	03.06		7	8	9	10	11	12	13	14	15	16	17	18	19	20	21	22	23	24	25	26	27	28	29	30	31	4.1	2	3	4
	음력	01.19		20	21	22	23	24	25	26	27	28	29	30	2.1	2	3	4	5	6	7	8	9	10	11	12	13	14	15	16	17	18
	일주	丁巳		戊午	己未	庚申	辛酉	壬戌	癸亥	甲子	乙丑	丙寅	丁卯	戊辰	己巳	庚午	辛未	壬申	癸酉	甲戌	乙亥	丙子	丁丑	戊寅	己卯	庚辰	辛巳	壬午	癸未	甲申	乙酉	丙戌
	대 남	10	1	1	1	1	1	2	2	2	3	3	3	4	4	4	5	5	5	6	6	6	7	7	7	8	8	8	9	9	9	10
	운 여	1	10	10	9	9	9	8	8	8	7	7	7	6	6	6	5	5	5	4	4	4	3	3	3	2	2	2	1	1	1	1

3월 6일(양) 경칩 09시 58분		3월 10일(양)		3월 20일(양)		3월 21일(양) 춘분 10시 46분		4월 1일(양)	
평균기온: 4.9℃	강수량: -	평균기온: 4.1℃	강수량: -	평균기온: 6.5℃	강수량: -	평균기온: 1.5℃	강수량: 3.0㎜	평균기온: 10.3℃	강수량: 10.5㎜
최고기온: 10.5℃	일 출: 06:58	최고기온: 8.6℃	일 출: 06:52	최고기온: 11.6℃	일 출: 06:37	최고기온: 6.5℃	일 출: 06:36	최고기온: 13.8℃	일 출: 06:19
최저기온: -0.8℃	일 몰: 18:30	최저기온: 0.8℃	일 몰: 18:34	최저기온: 2.3℃	일 몰: 18:43	최저기온: -3.0℃	일 몰: 18:44	최저기온: 8.8℃	일 몰: 18:54

청명

04.05~05.05(양)

戊辰月	양력	04.05		6	7	8	9	10	11	12	13	14	15	16	17	18	19	20	21	22	23	24	25	26	27	28	29	30	5.1	2	3	4	5
	음력	02.19		20	21	22	23	24	25	26	27	28	29	3.1	2	3	4	5	6	7	8	9	10	11	12	13	14	15	16	17	18	19	20
	일주	丁亥		戊子	己丑	庚寅	辛卯	壬辰	癸巳	甲午	乙未	丙申	丁酉	戊戌	己亥	庚子	辛丑	壬寅	癸卯	甲辰	乙巳	丙午	丁未	戊申	己酉	庚戌	辛亥	壬子	癸丑	甲寅	乙卯	丙辰	丁巳
	대 남	10	1	1	1	1	1	2	2	2	3	3	3	4	4	4	5	5	5	6	6	6	7	7	7	8	8	8	9	9	9	10	10
	운 여	1	10	10	10	9	9	9	8	8	8	7	7	7	6	6	6	5	5	5	4	4	4	3	3	3	2	2	2	1	1	1	1

4월 5일(양) 청명 14시 45분		4월 10일(양)		4월 20일(양) 곡우 21시 46분		5월 1일(양)			
평균기온: 10.5℃	강수량: 14.8㎜	평균기온: 13.3℃	강수량: 22.5㎜	평균기온: 18.4℃	강수량: -	평균기온: 15.4℃	강수량: -		
최고기온: 17.2℃	일 출: 06:13	최고기온: 18.9℃	일 출: 06:06	최고기온: 24.6℃	일 출: 05:52	최고기온: 19.9℃	일 출: 05:38		
최저기온: 6.6℃	일 몰: 18:58	최저기온: 9.9℃	일 몰: 19:02	최저기온: 12.4℃	일 몰: 19:11	최저기온: 12.1℃	일 몰: 19:21		

입하

05.06~06.05(양)

己巳月	양력	05.06		7	8	9	10	11	12	13	14	15	16	17	18	19	20	21	22	23	24	25	26	27	28	29	30	31	6.1	2	3	4	5
	음력	03.21		22	23	24	25	26	27	28	29	4.1	2	3	4	5	6	7	8	9	10	11	12	13	14	15	16	17	18	19	20	21	22
	일주	戊午		己未	庚申	辛酉	壬戌	癸亥	甲子	乙丑	丙寅	丁卯	戊辰	己巳	庚午	辛未	壬申	癸酉	甲戌	乙亥	丙子	丁丑	戊寅	己卯	庚辰	辛巳	壬午	癸未	甲申	乙酉	丙戌	丁亥	戊子
	대 남	10	1	1	1	1	1	2	2	2	3	3	3	4	4	4	5	5	5	6	6	6	7	7	7	8	8	8	9	9	9	10	10
	운 여	1	10	10	10	9	9	9	8	8	8	7	7	7	6	6	6	5	5	5	4	4	4	3	3	3	2	2	2	1	1	1	1

5월 6일(양) 입하 08시 01분		5월 10일(양)		5월 20일(양)		5월 21일(양) 소만 20시 52분		6월 1일(양)	
평균기온: 16.1℃	강수량: -	평균기온: 18.1℃	강수량: -	평균기온: 16.2℃	강수량: -	평균기온: 19.4℃	강수량: -	평균기온: 19.8℃	강수량: 10.0㎜
최고기온: 21.1℃	일 출: 05:32	최고기온: 24.1℃	일 출: 05:28	최고기온: 21.7℃	일 출: 05:20	최고기온: 26.6℃	일 출: 05:19	최고기온: 21.1℃	일 출: 05:13
최저기온: 10.8℃	일 몰: 19:26	최저기온: 12.5℃	일 몰: 19:29	최저기온: 11.4℃	일 몰: 19:38	최저기온: 10.8℃	일 몰: 19:39	최저기온: 18.2℃	일 몰: 19:47

망종

06.06~07.06(양)

庚午月	양력	06.06		7	8	9	10	11	12	13	14	15	16	17	18	19	20	21	22	23	24	25	26	27	28	29	30	7.1	2	3	4	5	6
	음력	04.23		24	25	26	27	28	29	30	5.1	2	3	4	5	6	7	8	9	10	11	12	13	14	15	16	17	18	19	20	21	22	23
	일주	己丑		庚寅	辛卯	壬辰	癸巳	甲午	乙未	丙申	丁酉	戊戌	己亥	庚子	辛丑	壬寅	癸卯	甲辰	乙巳	丙午	丁未	戊申	己酉	庚戌	辛亥	壬子	癸丑	甲寅	乙卯	丙辰	丁巳	戊午	己未
	대 남	10	1	1	1	1	1	2	2	2	3	3	3	4	4	4	5	5	5	6	6	6	7	7	7	8	8	8	9	9	9	10	10
	운 여	1	10	10	10	9	9	9	8	8	8	7	7	7	6	6	6	5	5	5	4	4	4	3	3	3	2	2	2	1	1	1	1

6월 6일(양) 망종 12시 09분		6월 10일(양)		6월 20일(양)		6월 22일(양) 하지 04시 49분		7월 1일(양)	
평균기온: 22.0℃	강수량: 1.7㎜	평균기온: 23.6℃	강수량: -	평균기온: 21.7℃	강수량: -	평균기온: 24.8℃	강수량: 14.4㎜	평균기온: 25.9℃	강수량: -
최고기온: 25.5℃	일 출: 05:11	최고기온: 28.3℃	일 출: 05:10	최고기온: 26.8℃	일 출: 05:11	최고기온: 30.6℃	일 출: 05:11	최고기온: 30.2℃	일 출: 05:14
최저기온: 19.8℃	일 몰: 19:50	최저기온: 19.6℃	일 몰: 19:52	최저기온: 17.7℃:	일 몰: 19:56	최저기온: 18.8℃	일 몰: 19:57	최저기온: 21.3℃	일 몰: 19:57

소서

07.07~08.07(양)

辛未月	양력	07.07		8	9	10	11	12	13	14	15	16	17	18	19	20	21	22	23	24	25	26	27	28	29	30	31	8.1	2	3	4	5	6	7
	음력	05.24		25	26	27	28	29	6.1	2	3	4	5	6	7	8	9	10	11	12	13	14	15	16	17	18	19	20	21	22	23	24	25	26
	일주	庚申		辛酉	壬戌	癸亥	甲子	乙丑	丙寅	丁卯	戊辰	己巳	庚午	辛未	壬申	癸酉	甲戌	乙亥	丙子	丁丑	戊寅	己卯	庚辰	辛巳	壬午	癸未	甲申	乙酉	丙戌	丁亥	戊子	己丑	庚寅	辛卯
	대 남	10	1	1	1	1	1	2	2	2	3	3	3	4	4	4	5	5	5	6	6	6	7	7	7	8	8	8	9	9	9	10	10	10
	운 여	1	10	10	10	10	9	9	9	8	8	8	7	7	7	6	6	6	5	5	5	4	4	4	3	3	3	2	2	2	1	1	1	1

7월 7일(양) 소서 22시 25분		7월 10일(양)		7월 20일(양)		7월 23일(양) 대서 15시 44분		8월 1일(양)	
평균기온: 26.2℃	강수량: -	평균기온: 21.3℃	강수량: 19.1㎜	평균기온: 29.5℃	강수량: -	평균기온: 26.0℃	강수량: 0.0㎜	평균기온: 23.5℃	강수량: 163.5㎜
최고기온: 32.1℃	일 출: 05:17	최고기온: 24.2℃	일 출: 05:19	최고기온: 34.9℃	일 출: 05:26	최고기온: 28.8℃	일 출: 05:28	최고기온: 25.0℃	일 출: 05:35
최저기온: 22.4℃	일 몰: 19:56	최저기온: 19.0℃	일 몰: 19:56	최저기온: 23.8℃:	일 몰: 19:51	최저기온: 23.7℃	일 몰: 19:49	최저기온: 22.7℃	일 몰: 19:41

입추 (壬申月) 08.08~09.07(양)

양력	08.08	9	10	11	12	13	14	15	16	17	18	19	20	21	22	23	24	25	26	27	28	29	30	31	9.1	2	3	4	5	6	7
음력	06.27	28	29	7.1	2	3	4	5	6	7	8	9	10	11	12	13	14	15	16	17	18	19	20	21	22	23	24	25	26	27	28
일주	壬辰	癸巳	甲午	乙未	丙申	丁酉	戊戌	己亥	庚子	辛丑	壬寅	癸卯	甲辰	乙巳	丙午	丁未	戊申	己酉	庚戌	辛亥	壬子	癸丑	甲寅	乙卯	丙辰	丁巳	戊午	己未	庚申	辛酉	壬戌
대운 남	10	1	1	1	1	2	2	2	3	3	3	4	4	4	5	5	5	6	6	6	7	7	7	8	8	8	9	9	9	10	10
대운 여	1	10	10	9	9	9	8	8	8	7	7	7	6	6	6	5	5	5	4	4	4	3	3	3	2	2	2	1	1	1	1

8월 8일(양) 입추 08시 14분	8월 10일(양)	8월 20일(양)	8월 23일(양) 처서 22시 51분	9월 1일(양)
평균기온: 29.8℃ / 최고기온: 33.1℃ / 최저기온: 25.5℃ / 강수량: 0.4mm / 일 출: 05:41 / 일 몰: 19:34	평균기온: 29.9℃ / 최고기온: 34.4℃ / 최저기온: 25.4℃ / 강수량: - / 일 출: 05:43 / 일 몰: 19:32	평균기온: 25.2℃ / 최고기온: 28.6℃ / 최저기온: 22.4℃ / 강수량: 6.9mm / 일 출: 05:51 / 일 몰: 19:19	평균기온: 25.5℃ / 최고기온: 30.5℃ / 최저기온: 19.9℃ / 강수량: - / 일 출: 05:54 / 일 몰: 19:15	평균기온: 24.9℃ / 최고기온: 30.1℃ / 최저기온: 20.2℃ / 강수량: - / 일 출: 06:01 / 일 몰: 19:02

백로 (癸酉月) 09.08~10.08(양)

양력	09.08	9	10	11	12	13	14	15	16	17	18	19	20	21	22	23	24	25	26	27	28	29	30	10.1	2	3	4	5	6	7	8
음력	07.29	30	8.1	2	3	4	5	6	7	8	9	10	11	12	13	14	15	16	17	18	19	20	21	22	23	24	25	26	27	28	29
일주	癸亥	甲子	乙丑	丙寅	丁卯	戊辰	己巳	庚午	辛未	壬申	癸酉	甲戌	乙亥	丙子	丁丑	戊寅	己卯	庚辰	辛巳	壬午	癸未	甲申	乙酉	丙戌	丁亥	戊子	己丑	庚寅	辛卯	壬辰	癸巳
대운 남	10	1	1	1	1	2	2	2	3	3	3	4	4	4	5	5	5	6	6	6	7	7	7	8	8	8	9	9	9	10	10
대운 여	1	10	10	9	9	9	8	8	8	7	7	7	6	6	6	5	5	5	4	4	4	3	3	3	2	2	2	1	1	1	1

9월 8일(양) 백로 11시 10분	9월 10일(양)	9월 20일(양)	9월 23일(양) 추분 20시 32분	10월 1일(양)
평균기온: 25.5℃ / 최고기온: 29.1℃ / 최저기온: 22.6℃ / 강수량: - / 일 출: 06:07 / 일 몰: 18:52	평균기온: 25.6℃ / 최고기온: 29.2℃ / 최저기온: 22.2℃ / 강수량: 4.5mm / 일 출: 06:09 / 일 몰: 18:49	평균기온: 16.8℃ / 최고기온: 18.6℃ / 최저기온: 15.6℃ / 강수량: 113.6mm / 일 출: 06:17 / 일 몰: 18:34	평균기온: 19.3℃ / 최고기온: 21.1℃ / 최저기온: 16.9℃ / 강수량: 1.0mm / 일 출: 06:20 / 일 몰: 18:29	평균기온: 18.9℃ / 최고기온: 20.8℃ / 최저기온: 17.1℃ / 강수량: 17.3mm / 일 출: 06:27 / 일 몰: 18:17

한로 (甲戌月) 10.09~11.07(양)

양력	10.09	10	11	12	13	14	15	16	17	18	19	20	21	22	23	24	25	26	27	28	29	30	31	11.1	2	3	4	5	6	7
음력	09.01	2	3	4	5	6	7	8	9	10	11	12	13	14	15	16	17	18	19	20	21	22	23	24	25	26	27	28	29	30
일주	甲午	乙未	丙申	丁酉	戊戌	己亥	庚子	辛丑	壬寅	癸卯	甲辰	乙巳	丙午	丁未	戊申	己酉	庚戌	辛亥	壬子	癸丑	甲寅	乙卯	丙辰	丁巳	戊午	己未	庚申	辛酉	壬戌	癸亥
대운 남	10	1	1	1	1	2	2	2	3	3	3	4	4	4	5	5	5	6	6	6	7	7	7	8	8	8	9	9	9	10
대운 여	1	10	9	9	9	8	8	8	7	7	7	6	6	6	5	5	5	4	4	4	3	3	3	2	2	2	1	1	1	1

10월 9일(양) 한로 02시 48분	10월 10일(양)	10월 20일(양)	10월 24일(양) 상강 05시 52분	11월 1일(양)
평균기온: 18.0℃ / 최고기온: 23.7℃ / 최저기온: 13.8℃ / 강수량: - / 일 출: 06:34 / 일 몰: 18:05	평균기온: 17.0℃ / 최고기온: 19.4℃ / 최저기온: 15.0℃ / 강수량: 14.8mm / 일 출: 06:35 / 일 몰: 18:03	평균기온: 13.2℃ / 최고기온: 19.8℃ / 최저기온: 7.0℃ / 강수량: - / 일 출: 06:44 / 일 몰: 17:49	평균기온: 14.7℃ / 최고기온: 21.3℃ / 최저기온: 9.7℃ / 강수량: - / 일 출: 06:48 / 일 몰: 17:44	평균기온: 7.7℃ / 최고기온: 10.1℃ / 최저기온: 5.0℃ / 강수량: 1.7mm / 일 출: 06:56 / 일 몰: 17:35

입동 (乙亥月) 11.08~12.06(양)

양력	11.08	9	10	11	12	13	14	15	16	17	18	19	20	21	22	23	24	25	26	27	28	29	30	12.1	2	3	4	5	6
음력	10.01	2	3	4	5	6	7	8	9	10	11	12	13	14	15	16	17	18	19	20	21	22	23	24	25	26	27	28	29
일주	甲子	乙丑	丙寅	丁卯	戊辰	己巳	庚午	辛未	壬申	癸酉	甲戌	乙亥	丙子	丁丑	戊寅	己卯	庚辰	辛巳	壬午	癸未	甲申	乙酉	丙戌	丁亥	戊子	己丑	庚寅	辛卯	壬辰
대운 남	10	1	1	1	1	2	2	2	3	3	3	4	4	4	5	5	5	6	6	6	7	7	7	8	8	8	9	9	9
대운 여	1	10	9	9	9	8	8	8	7	7	7	6	6	6	5	5	5	4	4	4	3	3	3	2	2	2	1	1	1

11월 8일(양) 입동 05시 58분	11월 10일(양)	11월 20일(양)	11월 23일(양) 소설 03시 25분	12월 1일(양)
평균기온: 12.8℃ / 최고기온: 18.6℃ / 최저기온: 8.4℃ / 강수량: - / 일 출: 07:03 / 일 몰: 17:28	평균기온: 11.6℃ / 최고기온: 14.9℃ / 최저기온: 7.8℃ / 강수량: - / 일 출: 07:06 / 일 몰: 17:26	평균기온: 8.9℃ / 최고기온: 13.0℃ / 최저기온: 6.1℃ / 강수량: 1.1mm / 일 출: 07:16 / 일 몰: 17:19	평균기온: 11.5℃ / 최고기온: 18.3℃ / 최저기온: 5.5℃ / 강수량: - / 일 출: 07:19 / 일 몰: 17:17	평균기온: 2.6℃ / 최고기온: 5.9℃ / 최저기온: -1.0℃ / 강수량: - / 일 출: 07:27 / 일 몰: 17:14

대설 (丙子月) 12.07~2000.01.05(양)

양력	12.07	8	9	10	11	12	13	14	15	16	17	18	19	20	21	22	23	24	25	26	27	28	29	30	31	1.1	2	3	4	5
음력	10.30	11.1	2	3	4	5	6	7	8	9	10	11	12	13	14	15	16	17	18	19	20	21	22	23	24	25	26	27	28	29
일주	癸巳	甲午	乙未	丙申	丁酉	戊戌	己亥	庚子	辛丑	壬寅	癸卯	甲辰	乙巳	丙午	丁未	戊申	己酉	庚戌	辛亥	壬子	癸丑	甲寅	乙卯	丙辰	丁巳	戊午	己未	庚申	辛酉	壬戌
대운 남	10	1	1	1	1	2	2	2	3	3	3	4	4	4	5	5	5	6	6	6	7	7	7	8	8	8	9	9	9	10
대운 여	1	10	9	9	9	8	8	8	7	7	7	6	6	6	5	5	5	4	4	4	3	3	3	2	2	2	1	1	1	1

12월 7일(양) 대설 22시 47분	12월 10일(양)	12월 20일(양)	12월 22일(양) 동지 16시44분	1월 1일(양)
평균기온: 2.4℃ / 최고기온: 6.1℃ / 최저기온: -3.3℃ / 강수량: - / 일 출: 07:33 / 일 몰: 17:13	평균기온: 5.2℃ / 최고기온: 12.0℃ / 최저기온: 0.7℃ / 강수량: - / 일 출: 07:35 / 일 몰: 17:14	평균기온: -8.5℃ / 최고기온: -5.2℃ / 최저기온: -11.3℃ / 강수량: - / 일 출: 07:42 / 일 몰: 17:16	평균기온: -4.8℃ / 최고기온: -0.5℃ / 최저기온: -8.7℃ / 강수량: - / 일 출: 07:43 / 일 몰: 17:17	평균기온: 5.5℃ / 최고기온: 9.9℃ / 최저기온: 1.8℃ / 강수량: - / 일 출: 07:47 / 일 몰: 17:24

소한 (丁丑月) 01.06~02.03(양)

양력	2000.01.06	7	8	9	10	11	12	13	14	15	16	17	18	19	20	21	22	23	24	25	26	27	28	29	30	31	2.1	2	3
음력	1999.11.30	12.1	2	3	4	5	6	7	8	9	10	11	12	13	14	15	16	17	18	19	20	21	22	23	24	25	26	27	28
일주	癸亥	甲子	乙丑	丙寅	丁卯	戊辰	己巳	庚午	辛未	壬申	癸酉	甲戌	乙亥	丙子	丁丑	戊寅	己卯	庚辰	辛巳	壬午	癸未	甲申	乙酉	丙戌	丁亥	戊子	己丑	庚寅	辛卯
대운 남	10	1	1	1	1	2	2	2	3	3	3	4	4	4	5	5	5	6	6	6	7	7	7	8	8	8	9	9	9
대운 여	1	10	9	9	9	8	8	8	7	7	7	6	6	6	5	5	5	4	4	4	3	3	3	2	2	2	1	1	1

1월 6일(양) 소한 10시 00분	1월 10일(양)	1월 20일(양)	1월 21일(양) 대한 03시 22분	2월 1일(양)
평균기온: 1.7℃ / 최고기온: 5.7℃ / 최저기온: -4.2℃ / 강수량: 9.8mm / 일 출: 07:47 / 일 몰: 17:28	평균기온: -0.8℃ / 최고기온: 2.3℃ / 최저기온: -4.8℃ / 강수량: 0.1mm / 일 출: 07:47 / 일 몰: 17:31	평균기온: -8.5℃ / 최고기온: -5.4℃ / 최저기온: -11.4℃ / 강수량: 0.0mm / 일 출: 07:44 / 일 몰: 17:42	평균기온: -7.0℃ / 최고기온: -2.6℃ / 최저기온: -11.6℃ / 강수량: - / 일 출: 07:44 / 일 몰: 17:43	평균기온: -6.6℃ / 최고기온: -2.0℃ / 최저기온: -11.6℃ / 강수량: - / 일 출: 07:37 / 일 몰: 17:55

입춘 — 02.04~03.04(양) 戊寅月

양력	2000.02.04	5	6	7	8	9	10	11	12	13	14	15	16	17	18	19	20	21	22	23	24	25	26	27	28	29	3.1	2	3	4
음력	1999.12.29	1.1	2	3	4	5	6	7	8	9	10	11	12	13	14	15	16	17	18	19	20	21	22	23	24	25	26	27	28	29
일주	壬辰	癸巳	甲午	乙未	丙申	丁酉	戊戌	己亥	庚子	辛丑	壬寅	癸卯	甲辰	乙巳	丙午	丁未	戊申	己酉	庚戌	辛亥	壬子	癸丑	甲寅	乙卯	丙辰	丁巳	戊午	己未	庚申	辛酉
대운 남	10	10	10	9	9	9	8	8	8	7	7	7	6	6	6	5	5	5	4	4	4	3	3	3	2	2	2	1	1	1
대운 여	1	1	1	1	1	1	2	2	2	3	3	3	4	4	4	5	5	5	6	6	6	7	7	7	8	8	8	9	9	10

	2월 4일(양) 입춘 21시 40분	2월 10일(양)	2월 19일(양) 우수 17시 33분	2월 20일(양)	3월 1일(양)
평균기온	-2.0℃	-2.2℃	1.7℃	-0.7℃	2.3℃
최고기온	3.7℃	3.1℃	7.5℃	4.2℃	7.7℃
최저기온	-7.1℃	-8.8℃	-3.7℃	-4.3℃	-3.2℃
강수량	-	-	-	-	-
일 출	07:34	07:28	07:18	07:17	07:04
일 몰	17:58	18:05	18:14	18:15	18:26

경칩 — 03.05~04.03(양) 己卯月

양력	03.05	6	7	8	9	10	11	12	13	14	15	16	17	18	19	20	21	22	23	24	25	26	27	28	29	30	31	4.1	2	3
음력	01.30	2.1	2	3	4	5	6	7	8	9	10	11	12	13	14	15	16	17	18	19	20	21	22	23	24	25	26	27	28	29
일주	壬戌	癸亥	甲子	乙丑	丙寅	丁卯	戊辰	己巳	庚午	辛未	壬申	癸酉	甲戌	乙亥	丙子	丁丑	戊寅	己卯	庚辰	辛巳	壬午	癸未	甲申	乙酉	丙戌	丁亥	戊子	己丑	庚寅	辛卯
대운 남	1	10	10	9	9	9	8	8	8	7	7	7	6	6	6	5	5	5	4	4	4	3	3	3	2	2	2	1	1	1
대운 여	10	1	1	1	1	2	2	2	3	3	3	4	4	4	5	5	5	6	6	6	7	7	7	8	8	8	9	9	9	10

	3월 5일(양) 경칩 15시 42분	3월 10일(양)	3월 20일(양) 춘분 16시 35분	4월 1일(양)
평균기온	5.5℃	3.6℃	7.1℃	10.3℃
최고기온	10.5℃	9.2℃	13.2℃	16.1℃
최저기온	1.4℃	-3.5℃	1.4℃	4.2℃
강수량	-	-	-	-
일 출	06:58	06:51	06:36	06:18
일 몰	18:30	18:34	18:44	18:55

청명 — 04.04~05.04(양) 庚辰月

양력	04.04	5	6	7	8	9	10	11	12	13	14	15	16	17	18	19	20	21	22	23	24	25	26	27	28	29	30	5.1	2	3	4
음력	02.30	3.1	2	3	4	5	6	7	8	9	10	11	12	13	14	15	16	17	18	19	20	21	22	23	24	25	26	27	28	29	4.1
일주	壬辰	癸巳	甲午	乙未	丙申	丁酉	戊戌	己亥	庚子	辛丑	壬寅	癸卯	甲辰	乙巳	丙午	丁未	戊申	己酉	庚戌	辛亥	壬子	癸丑	甲寅	乙卯	丙辰	丁巳	戊午	己未	庚申	辛酉	壬戌
대운 남	1	10	10	10	9	9	9	8	8	8	7	7	7	6	6	6	5	5	5	4	4	4	3	3	3	2	2	2	1	1	1
대운 여	10	1	1	1	1	2	2	2	3	3	3	4	4	4	5	5	5	6	6	6	7	7	7	8	8	8	9	9	9	10	10

	4월 4일(양) 청명 20시 31분	4월 10일(양)	4월 20일(양) 곡우 03시 39분	5월 1일(양)
평균기온	14.0℃	6.0℃	15.5℃	14.2℃
최고기온	20.4℃	9.7℃	23.5℃	19.2℃
최저기온	9.1℃	2.9℃	9.2℃	10.8℃
강수량	-	4.2mm	0.0mm	0.0mm
일 출	06:13	06:05	05:51	05:37
일 몰	18:57	19:03	19:12	19:22

입하 — 05.05~06.04(양) 辛巳月

양력	05.05	6	7	8	9	10	11	12	13	14	15	16	17	18	19	20	21	22	23	24	25	26	27	28	29	30	31	6.1	2	3	4
음력	04.02	3	4	5	6	7	8	9	10	11	12	13	14	15	16	17	18	19	20	21	22	23	24	25	26	27	28	29	5.1	2	3
일주	癸亥	甲子	乙丑	丙寅	丁卯	戊辰	己巳	庚午	辛未	壬申	癸酉	甲戌	乙亥	丙子	丁丑	戊寅	己卯	庚辰	辛巳	壬午	癸未	甲申	乙酉	丙戌	丁亥	戊子	己丑	庚寅	辛卯	壬辰	癸巳
대운 남	1	10	10	10	9	9	9	8	8	8	7	7	7	6	6	6	5	5	5	4	4	4	3	3	3	2	2	2	1	1	1
대운 여	10	1	1	1	1	2	2	2	3	3	3	4	4	4	5	5	5	6	6	6	7	7	7	8	8	8	9	9	9	10	10

	5월 5일(양) 입하 13시 50분	5월 10일(양)	5월 20일(양)	5월 21일(양) 소만 02시 49분	6월 1일(양)
평균기온	16.9℃	14.3℃	15.2℃	16.7℃	20.4℃
최고기온	22.2℃	18.9℃	20.7℃	23.0℃	26.3℃
최저기온	12.9℃	10.9℃	11.4℃	11.2℃	15.1℃
강수량	1.8mm	20.0mm	-	0.0mm	0.3mm
일 출	05:32	05:27	05:19	05:18	05:12
일 몰	19:26	19:30	19:39	19:39	19:48

망종 — 06.05~07.06(양) 壬午月

양력	06.05	6	7	8	9	10	11	12	13	14	15	16	17	18	19	20	21	22	23	24	25	26	27	28	29	30	7.1	2	3	4	5	6
음력	05.04	5	6	7	8	9	10	11	12	13	14	15	16	17	18	19	20	21	22	23	24	25	26	27	28	29	30	6.1	2	3	4	5
일주	甲午	乙未	丙申	丁酉	戊戌	己亥	庚子	辛丑	壬寅	癸卯	甲辰	乙巳	丙午	丁未	戊申	己酉	庚戌	辛亥	壬子	癸丑	甲寅	乙卯	丙辰	丁巳	戊午	己未	庚申	辛酉	壬戌	癸亥	甲子	乙丑
대운 남	1	10	10	10	9	9	9	8	8	8	7	7	7	6	6	6	5	5	5	4	4	4	3	3	3	2	2	2	1	1	1	1
대운 여	10	1	1	1	1	2	2	2	3	3	3	4	4	4	5	5	5	6	6	6	7	7	7	8	8	8	9	9	9	10	10	10

	6월 5일(양) 망종 17시 58분	6월 10일(양)	6월 20일(양)	6월 21일(양) 하지 10시 47분	7월 1일(양)
평균기온	24.6℃	20.3℃	26.1℃	26.0℃	25.6℃
최고기온	31.1℃	25.5℃	32.4℃	32.5℃	31.0℃
최저기온	19.1℃	17.0℃	20.4℃	21.5℃	19.9℃
강수량	-	3.2mm	-	-	-
일 출	05:11	05:10	05:11	05:11	05:14
일 몰	19:50	19:53	19:56	19:57	19:57

소서 — 07.07~08.06(양) 癸未月

양력	07.07	8	9	10	11	12	13	14	15	16	17	18	19	20	21	22	23	24	25	26	27	28	29	30	31	8.1	2	3	4	5	6
음력	06.06	7	8	9	10	11	12	13	14	15	16	17	18	19	20	21	22	23	24	25	26	27	28	29	7.1	2	3	4	5	6	7
일주	丙寅	丁卯	戊辰	己巳	庚午	辛未	壬申	癸酉	甲戌	乙亥	丙子	丁丑	戊寅	己卯	庚辰	辛巳	壬午	癸未	甲申	乙酉	丙戌	丁亥	戊子	己丑	庚寅	辛卯	壬辰	癸巳	甲午	乙未	丙申
대운 남	1	10	10	10	9	9	9	8	8	8	7	7	7	6	6	6	5	5	5	4	4	4	3	3	3	2	2	2	1	1	1
대운 여	10	1	1	1	1	2	2	2	3	3	3	4	4	4	5	5	5	6	6	6	7	7	7	8	8	8	9	9	9	10	10

	7월 7일(양) 소서 04시 13분	7월 10일(양)	7월 20일(양)	7월 22일(양) 대서 21시 42분	8월 1일(양)
평균기온	27.8℃	28.7℃	27.9℃	24.8℃	26.3℃
최고기온	33.4℃	34.0℃	31.8℃	26.2℃	31.2℃
최저기온	24.2℃	22.8℃	25.2℃	23.8℃	21.2℃
강수량	-	0.0mm	1.7mm	60.6mm	-
일 출	05:17	05:19	05:26	05:28	05:36
일 몰	19:56	19:55	19:50	19:49	19:40

입추 08.07~09.06(양)

甲申月

항목	절입	1	2	3	4	5	6	7	8	9	10	11	12	13	14	15	16	17	18	19	20	21	22	23	24	25	26	27	28	29	30
양력	08.07	8	9	10	11	12	13	14	15	16	17	18	19	20	21	22	23	24	25	26	27	28	29	30	31	9.1	2	3	4	5	6
음력	07.08	9	10	11	12	13	14	15	16	17	18	19	20	21	22	23	24	25	26	27	28	29	8.1	2	3	4	5	6	7	8	9
일주	丁酉	戊戌	己亥	庚子	辛丑	壬寅	癸卯	甲辰	乙巳	丙午	丁未	戊申	己酉	庚戌	辛亥	壬子	癸丑	甲寅	乙卯	丙辰	丁巳	戊午	己未	庚申	辛酉	壬戌	癸亥	甲子	乙丑	丙寅	丁卯
대운(남)	1·10	10	10	9	9	9	8	8	8	7	7	7	6	6	6	5	5	5	4	4	4	3	3	3	2	2	2	1	1	1	1
대운(여)	10·1	1	1	2	2	2	3	3	3	4	4	4	5	5	5	6	6	6	7	7	7	8	8	8	9	9	9	10	10	10	10

날짜	평균기온	최고기온	최저기온	강수량	일 출	일 몰
8월 7일(양) 입추 14시 02분	24.6℃	28.2℃	23.0℃	43.4㎜	05:41	19:34
8월 10일(양)	27.5℃	32.2℃	23.6℃	–	05:43	19:31
8월 20일(양)	22.1℃	24.6℃	20.3℃	71.1㎜	05:52	19:18
8월 23일(양) 처서 04시 48분	25.4℃	30.2℃	21.1℃	3.3㎜	05:54	19:14
9월 1일(양)	24.4℃	26.0℃	22.8℃	7.1㎜	06:02	19:01

백로 09.07~10.07(양)

乙酉月

항목	절입	1	2	3	4	5	6	7	8	9	10	11	12	13	14	15	16	17	18	19	20	21	22	23	24	25	26	27	28	29	30
양력	09.07	8	9	10	11	12	13	14	15	16	17	18	19	20	21	22	23	24	25	26	27	28	29	30	10.1	2	3	4	5	6	7
음력	08.10	11	12	13	14	15	16	17	18	19	20	21	22	23	24	25	26	27	28	29	30	9.1	2	3	4	5	6	7	8	9	10
일주	戊辰	己巳	庚午	辛未	壬申	癸酉	甲戌	乙亥	丙子	丁丑	戊寅	己卯	庚辰	辛巳	壬午	癸未	甲申	乙酉	丙戌	丁亥	戊子	己丑	庚寅	辛卯	壬辰	癸巳	甲午	乙未	丙申	丁酉	戊戌
대운(남)	1·10	10	10	9	9	9	8	8	8	7	7	7	6	6	6	5	5	5	4	4	4	3	3	3	2	2	2	1	1	1	1
대운(여)	10·1	1	1	2	2	2	3	3	3	4	4	4	5	5	5	6	6	6	7	7	7	8	8	8	9	9	9	10	10	10	10

날짜	평균기온	최고기온	최저기온	강수량	일 출	일 몰
9월 7일(양) 백로 16시 59분	20.7℃	22.8℃	19.2℃	0.1㎜	06:07	18:52
9월 10일(양)	22.2℃	28.0℃	17.1℃	–	06:10	18:48
9월 20일(양)	21.4℃	27.5℃	15.6℃	–	06:18	18:32
9월 23일(양) 추분 02시 27분	21.0℃	25.9℃	17.5℃	–	06:20	18:28
10월 1일(양)	20.3℃	25.5℃	15.5℃	–	06:27	18:15

한로 10.08~11.06(양)

丙戌月

항목	절입	1	2	3	4	5	6	7	8	9	10	11	12	13	14	15	16	17	18	19	20	21	22	23	24	25	26	27	28	29
양력	10.08	9	10	11	12	13	14	15	16	17	18	19	20	21	22	23	24	25	26	27	28	29	30	31	11.1	2	3	4	5	6
음력	09.11	12	13	14	15	16	17	18	19	20	21	22	23	24	25	26	27	28	29	10.1	2	3	4	5	6	7	8	9	10	11
일주	己亥	庚子	辛丑	壬寅	癸卯	甲辰	乙巳	丙午	丁未	戊申	己酉	庚戌	辛亥	壬子	癸丑	甲寅	乙卯	丙辰	丁巳	戊午	己未	庚申	辛酉	壬戌	癸亥	甲子	乙丑	丙寅	丁卯	戊辰
대운(남)	1·10	10	9	9	9	8	8	8	7	7	7	6	6	6	5	5	5	4	4	4	3	3	3	2	2	2	1	1	1	1
대운(여)	10·1	1	2	2	2	3	3	3	4	4	4	5	5	5	6	6	6	7	7	7	8	8	8	9	9	9	10	10	10	10

날짜	평균기온	최고기온	최저기온	강수량	일 출	일 몰
10월 8일(양) 한로 08시 38분	20.7℃	25.8℃	15.4℃	–	06:34	18:05
10월 10일(양)	18.5℃	21.0℃	15.6℃	0.1㎜	06:35	18:02
10월 20일(양)	15.9℃	20.9℃	11.8℃	–	06:45	17:48
10월 23일(양) 상강 11시 47분	16.7℃	22.0℃	12.7℃	0.4㎜	06:48	17:44
11월 1일(양)	12.6℃	15.3℃	10.1℃	–	06:57	17:34

입동 11.07~12.06(양)

丁亥月

항목	절입	1	2	3	4	5	6	7	8	9	10	11	12	13	14	15	16	17	18	19	20	21	22	23	24	25	26	27	28	29
양력	11.07	8	9	10	11	12	13	14	15	16	17	18	19	20	21	22	23	24	25	26	27	28	29	30	12.1	2	3	4	5	6
음력	10.12	13	14	15	16	17	18	19	20	21	22	23	24	25	26	27	28	29	30	11.1	2	3	4	5	6	7	8	9	10	11
일주	己巳	庚午	辛未	壬申	癸酉	甲戌	乙亥	丙子	丁丑	戊寅	己卯	庚辰	辛巳	壬午	癸未	甲申	乙酉	丙戌	丁亥	戊子	己丑	庚寅	辛卯	壬辰	癸巳	甲午	乙未	丙申	丁酉	戊戌
대운(남)	1·10	10	9	9	9	8	8	8	7	7	7	6	6	6	5	5	5	4	4	4	3	3	3	2	2	2	1	1	1	1
대운(여)	10·1	1	2	2	2	3	3	3	4	4	4	5	5	5	6	6	6	7	7	7	8	8	8	9	9	9	10	10	10	10

날짜	평균기온	최고기온	최저기온	강수량	일 출	일 몰
11월 7일(양) 입동 11시 47분	균평균기온: 9.8℃	15.3℃	1.8℃	0.0㎜	07:03	17:28
11월 10일(양)	4.2℃	7.2℃	0.3℃	1.4㎜	07:06	17:25
11월 20일(양)	4.6℃	6.9℃	1.8℃	10.9㎜	07:17	17:18
11월 22일(양) 소설 09시 19분	2.0℃	7.3℃	-3.8℃	–	07:19	17:17
12월 1일(양)	6.2℃	11.0℃	1.9℃	–	07:28	17:14

대설 12.07~2001.01.04(양)

戊子月

항목	절입	1	2	3	4	5	6	7	8	9	10	11	12	13	14	15	16	17	18	19	20	21	22	23	24	25	26	27	28
양력	12.07	8	9	10	11	12	13	14	15	16	17	18	19	20	21	22	23	24	25	26	27	28	29	30	31	1.1	2	3	4
음력	11.12	13	14	15	16	17	18	19	20	21	22	23	24	25	26	27	28	29	30	12.1	2	3	4	5	6	7	8	9	10
일주	己亥	庚子	辛丑	壬寅	癸卯	甲辰	乙巳	丙午	丁未	戊申	己酉	庚戌	辛亥	壬子	癸丑	甲寅	乙卯	丙辰	丁巳	戊午	己未	庚申	辛酉	壬戌	癸亥	甲子	乙丑	丙寅	丁卯
대운(남)	1·10	10	9	9	9	8	8	8	7	7	7	6	6	6	5	5	5	4	4	4	3	3	3	2	2	2	1	1	1
대운(여)	10·1	1	2	2	2	3	3	3	4	4	4	5	5	5	6	6	6	7	7	7	8	8	8	9	9	9	10	10	10

날짜	평균기온	최고기온	최저기온	강수량	일 출	일 몰
12월 7일(양) 대설 04시 36분	4.3℃	7.0℃	-0.1℃	–	07:33	17:13
12월 10일(양)	2.5℃	9.9℃	-5.2℃	2.2㎜	07:36	17:14
12월 20일(양)	0.9℃	2.4℃	-0.4℃	0.0㎜	07:43	17:17
12월 21일(양) 동지 22시 37분	1.0℃	4.6℃	-2.7℃	–	07:43	17:17
1월 1일(양)	-4.5℃	-0.8℃	-9.5℃	1.2㎜	07:47	17:24

소한 01.05~02.03(양)

己丑月

항목	절입	1	2	3	4	5	6	7	8	9	10	11	12	13	14	15	16	17	18	19	20	21	22	23	24	25	26	27	28	29
양력	2001.01.05	6	7	8	9	10	11	12	13	14	15	16	17	18	19	20	21	22	23	24	25	26	27	28	29	30	31	2.1	2	3
음력	2000.12.11	12	13	14	15	16	17	18	19	20	21	22	23	24	25	26	27	28	29	1.1	2	3	4	5	6	7	8	9	10	11
일주	戊辰	己巳	庚午	辛未	壬申	癸酉	甲戌	乙亥	丙子	丁丑	戊寅	己卯	庚辰	辛巳	壬午	癸未	甲申	乙酉	丙戌	丁亥	戊子	己丑	庚寅	辛卯	壬辰	癸巳	甲午	乙未	丙申	丁酉
대운(남)	1·10	10	9	9	9	8	8	8	7	7	7	6	6	6	5	5	5	4	4	4	3	3	3	2	2	2	1	1	1	1
대운(여)	10·1	1	2	2	2	3	3	3	4	4	4	5	5	5	6	6	6	7	7	7	8	8	8	9	9	9	10	10	10	10

날짜	평균기온	최고기온	최저기온	강수량	일 출	일 몰
1월 5일(양) 소한 15시 49분	-6.8℃	-2.2℃	-11.0℃	0.0㎜	07:47	17:28
1월 10일(양)	-5.0℃	-1.5℃	-9.1℃	0.3㎜	07:47	17:32
1월 20일(양) 대한 09시 16분	0.4℃	3.5℃	-2.1℃	1.2㎜	07:44	17:42
2월 1일(양)	-5.8℃	0.6℃	-9.1℃	–	07:36	17:56

입춘　02.04 ~ 03.04(양)

庚寅月

양력	2001.02.04	5	6	7	8	9	10	11	12	13	14	15	16	17	18	19	20	21	22	23	24	25	26	27	28	3.1	2	3	4
음력	2001.01.12	13	14	15	16	17	18	19	20	21	22	23	24	25	26	27	28	29	30	2.1	2	3	4	5	6	7	8	9	10
일주	戊戌	己亥	庚子	辛丑	壬寅	癸卯	甲辰	乙巳	丙午	丁未	戊申	己酉	庚戌	辛亥	壬子	癸丑	甲寅	乙卯	丙辰	丁巳	戊午	己未	庚申	辛酉	壬戌	癸亥	甲子	乙丑	丙寅
대운 남	1 1	1	1	1	1	2	2	2	3	3	3	4	4	4	5	5	5	6	6	6	7	7	7	8	8	8	9	9	9
대운 여	10 10	10	9	9	9	8	8	8	7	7	7	6	6	6	5	5	5	4	4	4	3	3	3	2	2	2	1	1	1

2월 4일(양) 입춘 03시 28분		2월 10일(양)		2월 18일(양) 우수 23시 27분		2월 20일(양)		3월 1일(양)	
평균기온: 1.3℃	강수량: -	평균기온: -1.4℃	강수량: -	평균기온: 2.7℃	강수량: 0.0mm	평균기온: 4.1℃	강수량: -	평균기온: 4.9℃	강수량: -
최고기온: 5.2℃	일 출: 07:33	최고기온: 1.7℃	일 출: 07:27	최고기온: 5.6℃	일 출: 07:18	최고기온: 9.8℃	일 출: 07:16	최고기온: 8.5℃	일 출: 07:04
최저기온: -1.2℃	일 몰: 17:59	최저기온: -3.8℃	일 몰: 18:06	최저기온: -0.6℃	일 몰: 18:14	최저기온: -0.7℃	일 몰: 18:16	최저기온: 1.7℃	일 몰: 18:25

경칩　03.05 ~ 04.04(양)

辛卯月

양력	03.05	6	7	8	9	10	11	12	13	14	15	16	17	18	19	20	21	22	23	24	25	26	27	28	29	30	31	4.1	2	3	4
음력	02.11	12	13	14	15	16	17	18	19	20	21	22	23	24	25	26	27	28	29	30	3.1	2	3	4	5	6	7	8	9	10	11
일주	丁卯	戊辰	己巳	庚午	辛未	壬申	癸酉	甲戌	乙亥	丙子	丁丑	戊寅	己卯	庚辰	辛巳	壬午	癸未	甲申	乙酉	丙戌	丁亥	戊子	己丑	庚寅	辛卯	壬辰	癸巳	甲午	乙未	丙申	丁酉
대운 남	10 1	1	1	1	1	2	2	2	3	3	3	4	4	4	5	5	5	6	6	6	7	7	7	8	8	8	9	9	9	10	10
대운 여	1 10	10	10	9	9	9	8	8	8	7	7	7	6	6	6	5	5	5	4	4	4	3	3	3	2	2	2	1	1	1	1

3월 5일(양) 경칩 21시 32분		3월 10일(양)		3월 20일(양) 춘분 22시 30분		4월 1일(양)	
평균기온: 1.9℃	강수량: -	평균기온: 2.1℃	강수량: -	평균기온: 11.3℃	강수량: -	평균기온: 6.7℃	강수량: -
최고기온: 5.5℃	일 출: 06:58	최고기온: 4.9℃	일 출: 06:51	최고기온: 15.7℃	일 출: 06:36	최고기온: 11.7℃	일 출: 06:18
최저기온: -1.8℃	일 몰: 18:29	최저기온: -1.3℃	일 몰: 18:34	최저기온: 7.3℃	일 몰: 18:44	최저기온: 2.3℃	일 몰: 18:54

청명　04.05 ~ 05.04(양)

壬辰月

양력	04.05	6	7	8	9	10	11	12	13	14	15	16	17	18	19	20	21	22	23	24	25	26	27	28	29	30	5.1	2	3	4
음력	03.12	13	14	15	16	17	18	19	20	21	22	23	24	25	26	27	28	29	30	4.1	2	3	4	5	6	7	8	9	10	11
일주	戊戌	己亥	庚子	辛丑	壬寅	癸卯	甲辰	乙巳	丙午	丁未	戊申	己酉	庚戌	辛亥	壬子	癸丑	甲寅	乙卯	丙辰	丁巳	戊午	己未	庚申	辛酉	壬戌	癸亥	甲子	乙丑	丙寅	丁卯
대운 남	10 1	1	1	1	1	2	2	2	3	3	3	4	4	4	5	5	5	6	6	6	7	7	7	8	8	8	9	9	9	10
대운 여	1 10	10	9	9	9	8	8	8	7	7	7	6	6	6	5	5	5	4	4	4	3	3	3	2	2	2	1	1	1	1

4월 5일(양) 청명 02시 24분		4월 10일(양)		4월 20일(양) 곡우 09시 35분		5월 1일(양)	
평균기온: 9.4℃	강수량: -	평균기온: 17.9℃	강수량: -	평균기온: 14.5℃	강수량: -	평균기온: 17.2℃	강수량: 0.1mm
최고기온: 14.2℃	일 출: 06:12	최고기온: 23.8℃	일 출: 06:05	최고기온: 20.6℃	일 출: 05:51	최고기온: 19.4℃	일 출: 05:37
최저기온: 5.0℃	일 몰: 18:58	최저기온: 13.0℃	일 몰: 19:03	최저기온: 10.2℃	일 몰: 19:12	최저기온: 15.1℃	일 몰: 19:22

입하　05.05 ~ 06.04(양)

癸巳月

양력	05.05	6	7	8	9	10	11	12	13	14	15	16	17	18	19	20	21	22	23	24	25	26	27	28	29	30	31	6.1	2	3	4
음력	04.12	13	14	15	16	17	18	19	20	21	22	23	24	25	26	27	28	29	윤4.1	2	3	4	5	6	7	8	9	10	11	12	13
일주	戊辰	己巳	庚午	辛未	壬申	癸酉	甲戌	乙亥	丙子	丁丑	戊寅	己卯	庚辰	辛巳	壬午	癸未	甲申	乙酉	丙戌	丁亥	戊子	己丑	庚寅	辛卯	壬辰	癸巳	甲午	乙未	丙申	丁酉	戊戌
대운 남	10 1	1	1	1	1	2	2	2	3	3	3	4	4	4	5	5	5	6	6	6	7	7	7	8	8	8	9	9	9	10	10
대운 여	1 10	10	10	9	9	9	8	8	8	7	7	7	6	6	6	5	5	5	4	4	4	3	3	3	2	2	2	1	1	1	1

5월 5일(양) 입하 19시 44분		5월 10일(양)		5월 20일(양)		5월 21일(양) 소만 08시 44분		6월 1일(양)	
평균기온: 17.5℃	강수량: -	평균기온: 15.2℃	강수량: -	평균기온: 22.1℃	강수량: -	평균기온: 24.6℃	강수량: -	평균기온: 18.8℃	강수량: 0.0mm
최고기온: 23.9℃	일 출: 05:33	최고기온: 21.1℃	일 출: 05:28	최고기온: 28.2℃	일 출: 05:19	최고기온: 31.5℃	일 출: 05:18	최고기온: 22.5℃	일 출: 05:13
최저기온: 12.4℃	일 몰: 19:25	최저기온: 10.4℃	일 몰: 19:30	최저기온: 17.6℃	일 몰: 19:38	최저기온: 18.6℃	일 몰: 19:39	최저기온: 15.6℃	일 몰: 19:47

망종　06.05 ~ 07.06(양)

甲午月

양력	06.05	6	7	8	9	10	11	12	13	14	15	16	17	18	19	20	21	22	23	24	25	26	27	28	29	30	7.1	2	3	4	5	6
음력	04.14	15	16	17	18	19	20	21	22	23	24	25	26	27	28	29	5.1	2	3	4	5	6	7	8	9	10	11	12	13	14	15	16
일주	己亥	庚子	辛丑	壬寅	癸卯	甲辰	乙巳	丙午	丁未	戊申	己酉	庚戌	辛亥	壬子	癸丑	甲寅	乙卯	丙辰	丁巳	戊午	己未	庚申	辛酉	壬戌	癸亥	甲子	乙丑	丙寅	丁卯	戊辰	己巳	庚午
대운 남	10 1	1	1	1	1	2	2	2	3	3	3	4	4	4	5	5	5	6	6	6	7	7	7	8	8	8	9	9	9	10	10	10
대운 여	1 10	10	10	9	9	9	8	8	8	7	7	7	6	6	6	5	5	5	4	4	4	3	3	3	2	2	2	1	1	1	1	1

6월 5일(양) 망종 23시 53분		6월 10일(양)		6월 20일(양)		6월 21일(양) 하지 16시 37분		7월 1일(양)	
평균기온: 20.9℃	강수량: -	평균기온: 25.8℃	강수량: -	평균기온: 23.3℃	강수량: 2.9mm	평균기온: 22.3℃	강수량: 0.0mm	평균기온: 25.1℃	강수량: 0.0mm
최고기온: 25.3℃	일 출: 05:11	최고기온: 32.7℃	일 출: 05:10	최고기온: 29.3℃	일 출: 05:11	최고기온: 24.8℃	일 출: 05:11	최고기온: 29.6℃	일 출: 05:14
최저기온: 18.6℃	일 몰: 19:50	최저기온: 20.8℃	일 몰: 19:53	최저기온: 18.7℃	일 몰: 19:56	최저기온: 20.3℃	일 몰: 19:57	최저기온: 21.4℃	일 몰: 19:57

소서　07.07 ~ 08.06(양)

乙未月

양력	07.07	8	9	10	11	12	13	14	15	16	17	18	19	20	21	22	23	24	25	26	27	28	29	30	31	8.1	2	3	4	5	6
음력	05.17	18	19	20	21	22	23	24	25	26	27	28	29	30	6.1	2	3	4	5	6	7	8	9	10	11	12	13	14	15	16	17
일주	辛未	壬申	癸酉	甲戌	乙亥	丙子	丁丑	戊寅	己卯	庚辰	辛巳	壬午	癸未	甲申	乙酉	丙戌	丁亥	戊子	己丑	庚寅	辛卯	壬辰	癸巳	甲午	乙未	丙申	丁酉	戊戌	己亥	庚子	辛丑
대운 남	10 1	1	1	1	1	2	2	2	3	3	3	4	4	4	5	5	5	6	6	6	7	7	7	8	8	8	9	9	9	10	10
대운 여	1 10	10	10	9	9	9	8	8	8	7	7	7	6	6	6	5	5	5	4	4	4	3	3	3	2	2	2	1	1	1	1

7월 7일(양) 소서 10시 06분		7월 10일(양)		7월 20일(양)		7월 23일(양) 대서 03시 26분		8월 1일(양)	
평균기온: 25.9℃	강수량: 0.0mm	평균기온: 21.8℃	강수량: 16.0mm	평균기온: 26.5℃	강수량: 3.5mm	평균기온: 25.9℃	강수량: 26.5mm	평균기온: 26.8℃	강수량: 48.2mm
최고기온: 31.5℃	일 출: 05:17	최고기온: 24.8℃	일 출: 05:19	최고기온: 30.5℃	일 출: 05:26	최고기온: 30.9℃	일 출: 05:28	최고기온: 31.0℃	일 출: 05:36
최저기온: 22.6℃	일 몰: 19:56	최저기온: 20.3℃	일 몰: 19:55	최저기온: 22.6℃	일 몰: 19:50	최저기온: 24.4℃	일 몰: 19:48	최저기온: 23.6℃	일 몰: 19:41

입추 — 08.07 ~ 09.06(양)

丙申月

양력	08.07	8	9	10	11	12	13	14	15	16	17	18	19	20	21	22	23	24	25	26	27	28	29	30	31	9.1	2	3	4	5	6
음력	06.18	19	20	21	22	23	24	25	26	27	28	29	7.1	2	3	4	5	6	7	8	9	10	11	12	13	14	15	16	17	18	19
일주	壬寅	癸卯	甲辰	乙巳	丙午	丁未	戊申	己酉	庚戌	辛亥	壬子	癸丑	甲寅	乙卯	丙辰	丁巳	戊午	己未	庚申	辛酉	壬戌	癸亥	甲子	乙丑	丙寅	丁卯	戊辰	己巳	庚午	辛未	壬申
대운 남	10 / 1	1	1	1	1	2	2	2	3	3	3	4	4	4	5	5	5	6	6	6	7	7	7	8	8	8	9	9	9	10	10
대운 여	1 / 10	10	10	9	9	9	8	8	8	7	7	7	6	6	6	5	5	5	4	4	4	3	3	3	2	2	2	1	1	1	1

8월 7일(양) 입추 19시 52분		8월 10일(양)		8월 20일(양)		8월 23일(양) 처서 10시 26분		9월 1일(양)	
평균기온: 26.7℃	강수량: 17.7㎜	평균기온: 26.6℃	강수량: –	평균기온: 27.8℃	강수량: –	평균기온: 26.6℃	강수량: –	평균기온: 26.1℃	강수량: –
최고기온: 31.3℃	일 출: 05:41	최고기온: 30.9℃	일 출: 05:43	최고기온: 31.8℃	일 출: 05:52	최고기온: 30.4℃	일 출: 05:54	최고기온: 31.4℃	일 출: 06:02
최저기온: 25.1℃	일 몰: 19:34	최저기온: 22.3℃	일 몰: 19:31	최저기온: 23.6℃	일 몰: 19:19	최저기온: 23.1℃	일 몰: 19:15	최저기온: 21.0℃	일 몰: 19:02

백로 — 09.07 ~ 10.07(양)

丁酉月

양력	09.07	8	9	10	11	12	13	14	15	16	17	18	19	20	21	22	23	24	25	26	27	28	29	30	10.1	2	3	4	5	6	7
음력	07.20	21	22	23	24	25	26	27	28	29	8.1	2	3	4	5	6	7	8	9	10	11	12	13	14	15	16	17	18	19	20	21
일주	癸酉	甲戌	乙亥	丙子	丁丑	戊寅	己卯	庚辰	辛巳	壬午	癸未	甲申	乙酉	丙戌	丁亥	戊子	己丑	庚寅	辛卯	壬辰	癸巳	甲午	乙未	丙申	丁酉	戊戌	己亥	庚子	辛丑	壬寅	癸卯
대운 남	10 / 1	1	1	1	1	2	2	2	3	3	3	4	4	4	5	5	5	6	6	6	7	7	7	8	8	8	9	9	9	10	10
대운 여	1 / 10	10	10	9	9	9	8	8	8	7	7	7	6	6	6	5	5	5	4	4	4	3	3	3	2	2	2	1	1	1	1

9월 7일(양) 백로 22시 46분		9월 10일(양)		9월 20일(양)		9월 23일(양) 추분 08시 04분		10월 1일(양)	
평균기온: 24.4℃	강수량: –	평균기온: 24.4℃	강수량: –	평균기온: 21.7℃	강수량: 0.0㎜	평균기온: 18.7℃	강수량: –	평균기온: 15.4℃	강수량: 13.5㎜
최고기온: 29.6℃	일 출: 06:07	최고기온: 28.9℃	일 출: 06:09	최고기온: 25.8℃	일 출: 06:18	최고기온: 24.4℃	일 출: 06:20	최고기온: 18.1℃	일 출: 06:27
최저기온: 19.6℃	일 몰: 18:53	최저기온: 20.4℃	일 몰: 18:48	최저기온: 19.0℃	일 몰: 18:33	최저기온: 13.2℃	일 몰: 18:28	최저기온: 13.2℃	일 몰: 18:16

한로 — 10.08 ~ 11.06(양)

戊戌月

양력	10.08	9	10	11	12	13	14	15	16	17	18	19	20	21	22	23	24	25	26	27	28	29	30	31	11.1	2	3	4	5	6
음력	08.22	23	24	25	26	27	28	29	30	9.1	2	3	4	5	6	7	8	9	10	11	12	13	14	15	16	17	18	19	20	21
일주	甲辰	乙巳	丙午	丁未	戊申	己酉	庚戌	辛亥	壬子	癸丑	甲寅	乙卯	丙辰	丁巳	戊午	己未	庚申	辛酉	壬戌	癸亥	甲子	乙丑	丙寅	丁卯	戊辰	己巳	庚午	辛未	壬申	癸酉
대운 남	10 / 1	1	1	1	1	2	2	2	3	3	3	4	4	4	5	5	5	6	6	6	7	7	7	8	8	8	9	9	9	10
대운 여	1 / 10	10	9	9	9	8	8	8	7	7	7	6	6	6	5	5	5	4	4	4	3	3	3	2	2	2	1	1	1	1

10월 8일(양) 한로 14시 24분		10월 10일(양)		10월 20일(양)		10월 23일(양) 상강 17시 25분		11월 1일(양)	
평균기온: 19.0℃	강수량: –	평균기온: 13.8℃	강수량: 8.3㎜	평균기온: 15.7℃	강수량: –	평균기온: 16.8℃	강수량: –	평균기온: 11.5℃	강수량: 7.0㎜
최고기온: 24.6℃	일 출: 06:33	최고기온: 15.3℃	일 출: 06:35	최고기온: 21.0℃	일 출: 06:45	최고기온: 22.3℃	일 출: 06:48	최고기온: 15.9℃	일 출: 06:57
최저기온: 15.0℃	일 몰: 18:05	최저기온: 12.4℃	일 몰: 18:02	최저기온: 10.0℃	일 몰: 17:49	최저기온: 12.0℃	일 몰: 17:45	최저기온: 5.4℃	일 몰: 17:34

입동 — 11.07 ~ 12.06(양)

己亥月

양력	11.07	8	9	10	11	12	13	14	15	16	17	18	19	20	21	22	23	24	25	26	27	28	29	30	12.1	2	3	4	5	6
음력	09.22	23	24	25	26	27	28	29	10.1	2	3	4	5	6	7	8	9	10	11	12	13	14	15	16	17	18	19	20	21	22
일주	甲戌	乙亥	丙子	丁丑	戊寅	己卯	庚辰	辛巳	壬午	癸未	甲申	乙酉	丙戌	丁亥	戊子	己丑	庚寅	辛卯	壬辰	癸巳	甲午	乙未	丙申	丁酉	戊戌	己亥	庚子	辛丑	壬寅	癸卯
대운 남	10 / 1	1	1	1	1	2	2	2	3	3	3	4	4	4	5	5	5	6	6	6	7	7	7	8	8	8	9	9	9	10
대운 여	1 / 10	10	9	9	9	8	8	8	7	7	7	6	6	6	5	5	5	4	4	4	3	3	3	2	2	2	1	1	1	1

11월 7일(양) 입동 17시 36분		11월 10일(양)		11월 20일(양)		11월 22일(양) 소설 15시 00분		12월 1일(양)	
평균기온: 5.9℃	강수량: –	평균기온: 9.2℃	강수량: –	평균기온: 8.6℃	강수량: –	평균기온: 8.2℃	강수량: –	평균기온: 2.1℃	강수량: 2.0㎜
최고기온: 12.3℃	일 출: 07:03	최고기온: 14.4℃	일 출: 07:06	최고기온: 13.9℃	일 출: 07:17	최고기온: 12.6℃	일 출: 07:19	최고기온: 8.0℃	일 출: 07:28
최저기온: -0.3℃	일 몰: 17:28	최저기온: 4.2℃	일 몰: 17:25	최저기온: 3.2℃	일 몰: 17:18	최저기온: 4.6℃	일 몰: 17:17	최저기온: -3.4℃	일 몰: 17:14

대설 — 12.07 ~ 2002.01.04(양)

庚子月

양력	12.07	8	9	10	11	12	13	14	15	16	17	18	19	20	21	22	23	24	25	26	27	28	29	30	31	1.1	2	3	4
음력	10.23	24	25	26	27	28	29	30	11.1	2	3	4	5	6	7	8	9	10	11	12	13	14	15	16	17	18	19	20	21
일주	甲辰	乙巳	丙午	丁未	戊申	己酉	庚戌	辛亥	壬子	癸丑	甲寅	乙卯	丙辰	丁巳	戊午	己未	庚申	辛酉	壬戌	癸亥	甲子	乙丑	丙寅	丁卯	戊辰	己巳	庚午	辛未	壬申
대운 남	10 / 1	1	1	1	1	2	2	2	3	3	3	4	4	4	5	5	5	6	6	6	7	7	7	8	8	8	9	9	9
대운 여	1 / 10	9	9	9	8	8	8	7	7	7	6	6	6	5	5	5	4	4	4	3	3	3	2	2	2	1	1	1	1

12월 7일(양) 대설 10시 28분		12월 10일(양)		12월 20일(양)		12월 22일(양) 동지 04시 21분		1월 1일(양)	
평균기온: -0.7℃	강수량: –	평균기온: 2.9℃	강수량: –	평균기온: -1.6℃	강수량: –	평균기온: -2.9℃	강수량: –	평균기온: -4.8℃	강수량: –
최고기온: 3.8℃	일 출: 07:33	최고기온: 8.1℃	일 출: 07:36	최고기온: 2.6℃	일 출: 07:42	최고기온: 0.8℃	일 출: 07:43	최고기온: 1.3℃	일 출: 07:47
최저기온: -5.0℃	일 몰: 17:13	최저기온: -2.0℃	일 몰: 17:14	최저기온: -5.4℃	일 몰: 17:17	최저기온: -6.2℃	일 몰: 17:18	최저기온: -7.5℃	일 몰: 17:24

소한 — 01.05 ~ 02.03(양)

辛丑月

양력	2002.01.05	6	7	8	9	10	11	12	13	14	15	16	17	18	19	20	21	22	23	24	25	26	27	28	29	30	31	2.1	2	3
음력	2001.11.22	23	24	25	26	27	28	29	12.1	2	3	4	5	6	7	8	9	10	11	12	13	14	15	16	17	18	19	20	21	22
일주	癸酉	甲戌	乙亥	丙子	丁丑	戊寅	己卯	庚辰	辛巳	壬午	癸未	甲申	乙酉	丙戌	丁亥	戊子	己丑	庚寅	辛卯	壬辰	癸巳	甲午	乙未	丙申	丁酉	戊戌	己亥	庚子	辛丑	壬寅
대운 남	10 / 1	1	1	1	1	2	2	2	3	3	3	4	4	4	5	5	5	6	6	6	7	7	7	8	8	8	9	9	9	10
대운 여	1 / 10	10	9	9	9	8	8	8	7	7	7	6	6	6	5	5	5	4	4	4	3	3	3	2	2	2	1	1	1	1

1월 5일(양) 소한 21시 43분		1월 10일(양)		1월 20일(양) 대한 15시 01분		2월 1일(양)	
평균기온: -0.7℃	강수량: –	평균기온: 2.2℃	강수량: –	평균기온: 2.4℃	강수량: 6.5㎜	평균기온: 1.4℃	강수량: –
최고기온: 1.9℃	일 출: 07:47	최고기온: 5.7℃	일 출: 07:47	최고기온: 5.2℃	일 출: 07:44	최고기온: 5.6℃	일 출: 07:36
최저기온: -3.0℃	일 몰: 17:27	최저기온: -1.1℃	일 몰: 17:32	최저기온: 0.6℃	일 몰: 17:42	최저기온: -3.9℃	일 몰: 17:55

2002

단기 4335년

입춘 02.04 ~ 03.05(양)

壬寅月

양력	2002.02.04		5	6	7	8	9	10	11	12	13	14	15	16	17	18	19	20	21	22	23	24	25	26	27	28	3.1	2	3	4	5
음력	2001.12.23		24	25	26	27	28	29	30	1.1	2	3	4	5	6	7	8	9	10	11	12	13	14	15	16	17	18	19	20	21	22
일주	癸卯		甲辰	乙巳	丙午	丁未	戊申	己酉	庚戌	辛亥	壬子	癸丑	甲寅	乙卯	丙辰	丁巳	戊午	己未	庚申	辛酉	壬戌	癸亥	甲子	乙丑	丙寅	丁卯	戊辰	己巳	庚午	辛未	壬申
대운 남	10	10	10	9	9	9	8	8	8	7	7	7	6	6	6	5	5	5	4	4	4	3	3	3	2	2	2	1	1	1	1
대운 여	1	1	1	1	1	1	2	2	2	3	3	3	4	4	4	5	5	5	6	6	6	7	7	7	8	8	8	9	9	9	10

2월 4일(양) 입춘 09시 23분	2월 10일(양)	2월 19일(양) 우수 05시 13분	2월 20일(양)	3월 1일(양)
평균기온: 3.9℃ 강수량: - 최고기온: 9.0℃ 일 출: 07:34 최저기온: 0.0℃ 일 몰: 17:59	평균기온: -0.6℃ 강수량: 0.0㎜ 최고기온: 2.8℃ 일 출: 07:28 최저기온: -3.2℃ 일 몰: 18:05	평균기온: -0.5℃ 강수량: - 최고기온: 4.1℃ 일 출: 07:17 최저기온: -5.0℃ 일 몰: 18:15	평균기온: 3.1℃ 강수량: - 최고기온: 8.2℃ 일 출: 07:16 최저기온: -2.8℃ 일 몰: 18:16	평균기온: 6.6℃ 강수량: - 최고기온: 13.1℃ 일 출: 07:04 최저기온: 1.1℃ 일 몰: 18:25

경칩 03.06 ~ 04.04(양)

癸卯月

양력	03.06		7	8	9	10	11	12	13	14	15	16	17	18	19	20	21	22	23	24	25	26	27	28	29	30	31	4.1	2	3	4
음력	01.23		24	25	26	27	28	29	30	2.1	2	3	4	5	6	7	8	9	10	11	12	13	14	15	16	17	18	19	20	21	22
일주	癸酉		甲戌	乙亥	丙子	丁丑	戊寅	己卯	庚辰	辛巳	壬午	癸未	甲申	乙酉	丙戌	丁亥	戊子	己丑	庚寅	辛卯	壬辰	癸巳	甲午	乙未	丙申	丁酉	戊戌	己亥	庚子	辛丑	壬寅
대운 남	1	10	10	9	9	9	8	8	8	7	7	7	6	6	6	5	5	5	4	4	4	3	3	3	2	2	2	1	1	1	1
대운 여	10	1	1	1	1	1	2	2	2	3	3	3	4	4	4	5	5	5	6	6	6	7	7	7	8	8	8	9	9	9	10

3월 6일(양) 경칩 03시 27분	3월 10일(양)	3월 20일(양)	3월 21일(양) 춘분 04시 15분	4월 1일(양)
평균기온: 1.8℃ 강수량: 2.5㎜ 최고기온: 4.6℃ 일 출: 06:57 최저기온: -0.9℃ 일 몰: 18:30	평균기온: 9.1℃ 강수량: 0.5㎜ 최고기온: 13.3℃ 일 출: 06:52 최저기온: 6.0℃ 일 몰: 18:34	평균기온: 11.9℃ 강수량: - 최고기온: 18.2℃ 일 출: 06:37 최저기온: 3.5℃ 일 몰: 18:43	평균기온: 7.1℃ 강수량: 17.0㎜ 최고기온: 13.9℃ 일 출: 06:35 최저기온: 4.6℃ 일 몰: 18:44	평균기온: 13.0℃ 강수량: - 최고기온: 19.3℃ 일 출: 06:19 최저기온: 6.6℃ 일 몰: 18:54

청명 04.05 ~ 05.05(양)

甲辰月

양력	04.05		6	7	8	9	10	11	12	13	14	15	16	17	18	19	20	21	22	23	24	25	26	27	28	29	30	5.1	2	3	4	5
음력	02.23		24	25	26	27	28	29	30	3.1	2	3	4	5	6	7	8	9	10	11	12	13	14	15	16	17	18	19	20	21	22	23
일주	癸卯		甲辰	乙巳	丙午	丁未	戊申	己酉	庚戌	辛亥	壬子	癸丑	甲寅	乙卯	丙辰	丁巳	戊午	己未	庚申	辛酉	壬戌	癸亥	甲子	乙丑	丙寅	丁卯	戊辰	己巳	庚午	辛未	壬申	癸酉
대운 남	1	10	10	10	9	9	9	8	8	8	7	7	7	6	6	6	5	5	5	4	4	4	3	3	3	2	2	2	1	1	1	1
대운 여	10	1	1	1	1	1	2	2	2	3	3	3	4	4	4	5	5	5	6	6	6	7	7	7	8	8	8	9	9	9	10	10

4월 5일(양) 청명 08시 18분	4월 10일(양)	4월 20일(양) 곡우 15시 20분	5월 1일(양) 15시 20분	
평균기온: 17.7℃ 강수량: 1.0㎜ 최고기온: 25.2℃ 일 출: 06:13 최저기온: 10.6℃ 일 몰: 18:58	평균기온: 8.4℃ 강수량: - 최고기온: 12.9℃ 일 출: 06:05 최저기온: 4.3℃ 일 몰: 19:02	평균기온: 14.6℃ 강수량: - 최고기온: 21.7℃ 일 출: 05:51 최저기온: 6.3℃ 일 몰: 19:11	평균기온: 18.9℃ 강수량: - 최고기온: 25.7℃ 일 출: 05:37 최저기온: 11.6℃ 일 몰: 19:21	

입하 05.06 ~ 06.05(양)

乙巳月

양력	05.06		7	8	9	10	11	12	13	14	15	16	17	18	19	20	21	22	23	24	25	26	27	28	29	30	31	6.1	2	3	4	5
음력	03.24		25	26	27	28	29	4.1	2	3	4	5	6	7	8	9	10	11	12	13	14	15	16	17	18	19	20	21	22	23	24	25
일주	甲戌		乙亥	丙子	丁丑	戊寅	己卯	庚辰	辛巳	壬午	癸未	甲申	乙酉	丙戌	丁亥	戊子	己丑	庚寅	辛卯	壬辰	癸巳	甲午	乙未	丙申	丁酉	戊戌	己亥	庚子	辛丑	壬寅	癸卯	甲辰
대운 남	1	10	10	10	9	9	9	8	8	8	7	7	7	6	6	6	5	5	5	4	4	4	3	3	3	2	2	2	1	1	1	1
대운 여	10	1	1	1	1	1	2	2	2	3	3	3	4	4	4	5	5	5	6	6	6	7	7	7	8	8	8	9	9	9	10	10

5월 6일(양) 입하 01시 37분	5월 10일(양)	5월 20일(양)	5월 21일(양) 소만 14시 28분	6월 1일(양)
평균기온: 15.6℃ 강수량: 6.0㎜ 최고기온: 19.7℃ 일 출: 05:32 최저기온: 11.1℃ 일 몰: 19:26	평균기온: 18.5℃ 강수량: - 최고기온: 23.1℃ 일 출: 05:28 최저기온: 14.3℃ 일 몰: 19:30	평균기온: 19.3℃ 강수량: - 최고기온: 25.9℃ 일 출: 05:19 최저기온: 13.5℃ 일 몰: 19:38	평균기온: 19.6℃ 강수량: - 최고기온: 25.7℃ 일 출: 05:19 최저기온: 13.6℃ 일 몰: 19:39	평균기온: 20.2℃ 강수량: 0.2㎜ 최고기온: 24.8℃ 일 출: 05:13 최저기온: 17.1℃ 일 몰: 19:47

망종 06.06 ~ 07.06(양)

丙午月

양력	06.06		7	8	9	10	11	12	13	14	15	16	17	18	19	20	21	22	23	24	25	26	27	28	29	30	7.1	2	3	4	5	6
음력	04.26		27	28	29	30	5.1	2	3	4	5	6	7	8	9	10	11	12	13	14	15	16	17	18	19	20	21	22	23	24	25	26
일주	乙巳		丙午	丁未	戊申	己酉	庚戌	辛亥	壬子	癸丑	甲寅	乙卯	丙辰	丁巳	戊午	己未	庚申	辛酉	壬戌	癸亥	甲子	乙丑	丙寅	丁卯	戊辰	己巳	庚午	辛未	壬申	癸酉	甲戌	乙亥
대운 남	1	10	10	10	9	9	9	8	8	8	7	7	7	6	6	6	5	5	5	4	4	4	3	3	3	2	2	2	1	1	1	1
대운 여	10	1	1	1	1	1	2	2	2	3	3	3	4	4	4	5	5	5	6	6	6	7	7	7	8	8	8	9	9	9	10	10

6월 6일(양) 망종 05시 44분	6월 10일(양)	6월 20일(양)	6월 21일(양) 하지 22시 24분	7월 1일(양)
평균기온: 25.9℃ 강수량: - 최고기온: 31.2℃ 일 출: 05:11 최저기온: 21.2℃ 일 몰: 19:50	평균기온: 22.4℃ 강수량: 31.5㎜ 최고기온: 26.6℃ 일 출: 05:10 최저기온: 20.0℃ 일 몰: 19:53	평균기온: 22.2℃ 강수량: 5.0㎜ 최고기온: 26.1℃ 일 출: 05:11 최저기온: 19.2℃ 일 몰: 19:56	평균기온: 23.6℃ 강수량: - 최고기온: 28.4℃ 일 출: 05:11 최저기온: 18.8℃ 일 몰: 19:57	평균기온: 25.0℃ 강수량: 0.5㎜ 최고기온: 27.9℃ 일 출: 05:14 최저기온: 22.9℃ 일 몰: 19:57

소서 07.07 ~ 08.07(양)

丁未月

양력	07.07		8	9	10	11	12	13	14	15	16	17	18	19	20	21	22	23	24	25	26	27	28	29	30	31	8.1	2	3	4	5	6	7
음력	05.27		28	29	6.1	2	3	4	5	6	7	8	9	10	11	12	13	14	15	16	17	18	19	20	21	22	23	24	25	26	27	28	29
일주	丙子		丁丑	戊寅	己卯	庚辰	辛巳	壬午	癸未	甲申	乙酉	丙戌	丁亥	戊子	己丑	庚寅	辛卯	壬辰	癸巳	甲午	乙未	丙申	丁酉	戊戌	己亥	庚子	辛丑	壬寅	癸卯	甲辰	乙巳	丙午	丁未
대운 남	1	10	10	10	10	9	9	9	8	8	8	7	7	7	6	6	6	5	5	5	4	4	4	3	3	3	2	2	2	1	1	1	1
대운 여	10	1	1	1	1	1	2	2	2	3	3	3	4	4	4	5	5	5	6	6	6	7	7	7	8	8	8	9	9	9	10	10	10

7월 7일(양) 소서 15시 56분	7월 10일(양)	7월 20일(양)	7월 23일(양) 대서 09시 14분	8월 1일(양)
평균기온: 22.7℃ 강수량: 0.0㎜ 최고기온: 25.3℃ 일 출: 05:17 최저기온: 20.2℃ 일 몰: 19:56	평균기온: 26.2℃ 강수량: - 최고기온: 31.6℃ 일 출: 05:19 최저기온: 21.6℃ 일 몰: 19:55	평균기온: 23.6℃ 강수량: 0.5㎜ 최고기온: 27.9℃ 일 출: 05:26 최저기온: 18.9℃ 일 몰: 19:50	평균기온: 22.4℃ 강수량: 42.0㎜ 최고기온: 23.2℃ 일 출: 05:28 최저기온: 21.5℃ 일 몰: 19:48	평균기온: 26.0℃ 강수량: 0.1㎜ 최고기온: 28.5℃ 일 출: 05:35 최저기온: 24.3℃ 일 몰: 19:41

입추 — 戊申月 — 08.08 ~ 09.07(양)

	양력	음력	일주	대운(남)	대운(여)
	08.08	06.30	戊申	1 / 10	10 / 1
	9	7.1	己酉	10	1
	10	2	庚戌	10	1
	11	3	辛亥	9	2
	12	4	壬子	9	2
	13	5	癸丑	9	2
	14	6	甲寅	8	3
	15	7	乙卯	8	3
	16	8	丙辰	8	3
	17	9	丁巳	7	4
	18	10	戊午	7	4
	19	11	己未	7	4
	20	12	庚申	6	5
	21	13	辛酉	6	5
	22	14	壬戌	6	5
	23	15	癸亥	5	6
	24	16	甲子	5	6
	25	17	乙丑	5	6
	26	18	丙寅	4	7
	27	19	丁卯	4	7
	28	20	戊辰	4	7
	29	21	己巳	3	8
	30	22	庚午	3	8
	31	23	辛未	3	8
	9.1	24	壬申	2	9
	2	25	癸酉	2	9
	3	26	甲戌	2	9
	4	27	乙亥	1	10
	5	28	丙子	1	10
	6	29	丁丑	1	10
	7	8.1	戊寅	1	10

날짜	평균기온	최고기온	최저기온	강수량	일출	일몰
8월 8일(양) 입추 01시 39분	25.1℃	30.1℃	21.2℃	0.5mm	05:41	19:34
8월 10일(양)	21.4℃	24.1℃	19.4℃	8.0mm	05:43	19:31
8월 20일(양)	24.5℃	29.1℃	19.8℃	–	05:52	19:19
8월 23일(양) 처서 16시 16분	24.8℃	27.0℃	22.4℃	15.0mm	05:54	19:15
9월 1일(양)	23.5℃	27.1℃	19.5℃	9.5mm	06:02	19:02

백로 — 己酉月 — 09.08 ~ 10.07(양)

	양력	음력	일주	대운(남)	대운(여)
	09.08	08.02	己卯	1 / 10	10 / 1
	9	3	庚辰	10	1
	10	4	辛巳	9	2
	11	5	壬午	9	2
	12	6	癸未	9	2
	13	7	甲申	8	3
	14	8	乙酉	8	3
	15	9	丙戌	8	3
	16	10	丁亥	7	4
	17	11	戊子	7	4
	18	12	己丑	7	4
	19	13	庚寅	6	5
	20	14	辛卯	6	5
	21	15	壬辰	6	5
	22	16	癸巳	5	6
	23	17	甲午	5	6
	24	18	乙未	5	6
	25	19	丙申	4	7
	26	20	丁酉	4	7
	27	21	戊戌	4	7
	28	22	己亥	3	8
	29	23	庚子	3	8
	30	24	辛丑	3	8
	10.1	25	壬寅	2	9
	2	26	癸卯	2	9
	3	27	甲辰	2	9
	4	28	乙巳	1	10
	5	29	丙午	1	10
	6	9.1	丁未	1	10
	7	2	戊申	1	10

날짜	평균기온	최고기온	최저기온	강수량	일출	일몰
9월 8일(양) 백로 04시 30분	23.3℃	28.9℃	18.4℃	–	06:08	18:52
9월 10일(양)	24.7℃	29.4℃	20.3℃	–	06:09	18:49
9월 20일(양)	20.7℃	25.3℃	16.4℃	–	06:18	18:33
9월 23일(양) 추분 13시 55분	19.4℃	25.6℃	13.5℃	–	06:20	18:28
10월 1일(양)	19.3℃	24.4℃	15.1℃	–	06:27	18:16

한로 — 庚戌月 — 10.08 ~ 11.06(양)

	양력	음력	일주	대운(남)	대운(여)
	10.08	09.03	己酉	1 / 10	10 / 1
	9	4	庚戌	10	1
	10	5	辛亥	9	2
	11	6	壬子	9	2
	12	7	癸丑	9	2
	13	8	甲寅	8	3
	14	9	乙卯	8	3
	15	10	丙辰	8	3
	16	11	丁巳	7	4
	17	12	戊午	7	4
	18	13	己未	7	4
	19	14	庚申	6	5
	20	15	辛酉	6	5
	21	16	壬戌	6	5
	22	17	癸亥	5	6
	23	18	甲子	5	6
	24	19	乙丑	5	6
	25	20	丙寅	4	7
	26	21	丁卯	4	7
	27	22	戊辰	4	7
	28	23	己巳	3	8
	29	24	庚午	3	8
	30	25	辛未	3	8
	31	26	壬申	2	9
	11.1	27	癸酉	2	9
	2	28	甲戌	2	9
	3	29	乙亥	1	10
	4	30	丙子	1	10
	5	10.1	丁丑	1	10
	6	2	戊寅	1	10

날짜	평균기온	최고기온	최저기온	강수량	일출	일몰
10월 8일(양) 한로 20시 09분	12.5℃	16.8℃	8.4℃	–	06:33	18:06
10월 10일(양)	15.3℃	21.2℃	9.6℃	–	06:35	18:03
10월 20일(양)	13.6℃	15.5℃	11.9℃	0.5mm	06:44	17:49
10월 23일(양) 상강 23시 17분	6.5℃	12.3℃	2.2℃	–	06:47	17:45
11월 1일(양)	4.5℃	9.0℃	1.2℃	–	06:56	17:34

입동 — 辛亥月 — 11.07 ~ 12.06(양)

	양력	음력	일주	대운(남)	대운(여)
	11.07	10.03	己卯	1 / 10	10 / 1
	8	4	庚辰	10	1
	9	5	辛巳	9	2
	10	6	壬午	9	2
	11	7	癸未	9	2
	12	8	甲申	8	3
	13	9	乙酉	8	3
	14	10	丙戌	8	3
	15	11	丁亥	7	4
	16	12	戊子	7	4
	17	13	己丑	7	4
	18	14	庚寅	6	5
	19	15	辛卯	6	5
	20	16	壬辰	6	5
	21	17	癸巳	5	6
	22	18	甲午	5	6
	23	19	乙未	5	6
	24	20	丙申	4	7
	25	21	丁酉	4	7
	26	22	戊戌	4	7
	27	23	己亥	3	8
	28	24	庚子	3	8
	29	25	辛丑	3	8
	30	26	壬寅	2	9
	12.1	27	癸卯	2	9
	2	28	甲辰	2	9
	3	29	乙巳	1	10
	4	11.1	丙午	1	10
	5	2	丁未	1	10
	6	3	戊申	1	10

날짜	평균기온	최고기온	최저기온	강수량	일출	일몰
11월 7일(양) 입동 23시 21분	11.4℃	16.7℃	6.3℃	1.0mm	07:03	17:28
11월 10일(양)	8.8℃	12.8℃	3.5℃	–	07:06	17:26
11월 20일(양)	4.0℃	5.7℃	2.9℃	4.0mm	07:16	17:18
11월 22일(양) 소설 20시 53분	4.3℃	10.9℃	-1.6℃	–	07:18	17:17
12월 1일(양)	4.8℃	9.9℃	-0.7℃	–	07:27	17:14

대설 — 壬子月 — 12.07 ~ 2003.01.05(양)

	양력	음력	일주	대운(남)	대운(여)
	12.07	11.04	己酉	1 / 10	10 / 1
	8	5	庚戌	10	1
	9	6	辛亥	9	2
	10	7	壬子	9	2
	11	8	癸丑	9	2
	12	9	甲寅	8	3
	13	10	乙卯	8	3
	14	11	丙辰	8	3
	15	12	丁巳	7	4
	16	13	戊午	7	4
	17	14	己未	7	4
	18	15	庚申	6	5
	19	16	辛酉	6	5
	20	17	壬戌	6	5
	21	18	癸亥	5	6
	22	19	甲子	5	6
	23	20	乙丑	5	6
	24	21	丙寅	4	7
	25	22	丁卯	4	7
	26	23	戊辰	4	7
	27	24	己巳	3	8
	28	25	庚午	3	8
	29	26	辛未	3	8
	30	27	壬申	2	9
	31	28	癸酉	2	9
	1.1	29	甲戌	2	9
	2	30	乙亥	1	10
	3	12.1	丙子	1	10
	4	2	丁丑	1	10
	5	3	戊寅	1	10

날짜	평균기온	최고기온	최저기온	강수량	일출	일몰
12월 7일(양) 대설 16시 14분	5.2℃	8.2℃	3.3℃	0.0mm	07:33	17:13
12월 10일(양)	-6.4℃	-4.0℃	-9.1℃	–	07:35	17:14
12월 20일(양)	4.6℃	10.5℃	-1.2℃	–	07:42	17:16
12월 22일(양) 동지 10시 14분	6.4℃	9.6℃	3.4℃	–	07:43	17:17
1월 1일(양)	-4.7℃	-1.0℃	-7.1℃	–	07:47	17:24

소한 — 癸丑月 — 01.06 ~ 02.03(양)

	양력	음력	일주	대운(남)	대운(여)
	2003.01.06	2002.12.04	己卯	1 / 10	10 / 1
	7	5	庚辰	10	1
	8	6	辛巳	9	2
	9	7	壬午	9	2
	10	8	癸未	9	2
	11	9	甲申	8	3
	12	10	乙酉	8	3
	13	11	丙戌	8	3
	14	12	丁亥	7	4
	15	13	戊子	7	4
	16	14	己丑	7	4
	17	15	庚寅	6	5
	18	16	辛卯	6	5
	19	17	壬辰	6	5
	20	18	癸巳	5	6
	21	19	甲午	5	6
	22	20	乙未	5	6
	23	21	丙申	4	7
	24	22	丁酉	4	7
	25	23	戊戌	4	7
	26	24	己亥	3	8
	27	25	庚子	3	8
	28	26	辛丑	3	8
	29	27	壬寅	2	9
	30	28	癸卯	2	9
	31	29	甲辰	2	9
	2.1	1.1	乙巳	1	10
	2	2	丙午	1	10
	3	3	丁未	1	10

날짜	평균기온	최고기온	최저기온	강수량	일출	일몰
1월 6일(양) 소한 03시 27분	-9.2℃	-4.3℃	-14.3℃	–	07:47	17:28
1월 10일(양)	0.7℃	4.4℃	-1.7℃	–	07:47	17:32
1월 20일(양) 대한 20시 52분	-0.7℃	3.0℃	-3.2℃	–	07:44	17:42
2월 1일(양)	-1.3℃	4.5℃	-6.7℃	–	07:36	17:55

입춘 (甲寅月) — 02.04 ~ 03.05(양)

구분	절입																													
양력	2003.02.04	5	6	7	8	9	10	11	12	13	14	15	16	17	18	19	20	21	22	23	24	25	26	27	28	3.1	2	3	4	5
음력	2003.01.04	5	6	7	8	9	10	11	12	13	14	15	16	17	18	19	20	21	22	23	24	25	26	27	28	29	30	2.1	2	3
일주	戊申	己酉	庚戌	辛亥	壬子	癸丑	甲寅	乙卯	丙辰	丁巳	戊午	己未	庚申	辛酉	壬戌	癸亥	甲子	乙丑	丙寅	丁卯	戊辰	己巳	庚午	辛未	壬申	癸酉	甲戌	乙亥	丙子	丁丑
대운 남	1 · 1	1	1	1	1	2	2	2	3	3	3	4	4	4	5	5	5	6	6	6	7	7	7	8	8	8	9	9	9	10
대운 여	10 · 10	10	10	9	9	9	8	8	8	7	7	7	6	6	6	5	5	5	4	4	4	3	3	3	2	2	2	1	1	1

2월 4일(양) 입춘 15시 05분	2월 10일(양)	2월 19일(양) 우수 11시 00분	2월 20일(양)	3월 1일(양)
평균기온: 0.6℃ / 강수량: – 최고기온: 3.9℃ / 일 출: 07:34 최저기온: -1.2℃ / 일 몰: 17:58	평균기온: 5.5℃ / 강수량: 0.5mm 최고기온: 10.3℃ / 일 출: 07:28 최저기온: 2.1℃ / 일 몰: 18:05	평균기온: 2.2℃ / 강수량: – 최고기온: 4.0℃ / 일 출: 07:18 최저기온: 0.8℃ / 일 몰: 18:15	평균기온: 3.3℃ / 강수량: – 최고기온: 8.5℃ / 일 출: 07:16 최저기온: -0.7℃ / 일 몰: 18:16	평균기온: 6.5℃ / 강수량: 0.5mm 최고기온: 10.2℃ / 일 출: 07:05 최저기온: 4.0℃ / 일 몰: 18:25

경칩 (乙卯月) — 03.06 ~ 04.04(양)

구분	절입																												
양력	03.06	7	8	9	10	11	12	13	14	15	16	17	18	19	20	21	22	23	24	25	26	27	28	29	30	31	4.1	2	3	4
음력	02.04	5	6	7	8	9	10	11	12	13	14	15	16	17	18	19	20	21	22	23	24	25	26	27	28	29	30	3.1	2	3
일주	戊寅	己卯	庚辰	辛巳	壬午	癸未	甲申	乙酉	丙戌	丁亥	戊子	己丑	庚寅	辛卯	壬辰	癸巳	甲午	乙未	丙申	丁酉	戊戌	己亥	庚子	辛丑	壬寅	癸卯	甲辰	乙巳	丙午	丁未
대운 남	10 · 1	1	1	1	1	2	2	2	3	3	3	4	4	4	5	5	5	6	6	6	7	7	7	8	8	8	9	9	9	10
대운 여	1 · 10	10	10	9	9	9	8	8	8	7	7	7	6	6	6	5	5	5	4	4	4	3	3	3	2	2	2	1	1	1

3월 6일(양) 경칩 09시 04분	3월 10일(양)	3월 20일(양)	3월 21일(양) 춘분 09시 59분	4월 1일(양)
평균기온: 3.4℃ / 강수량: 3.5mm 최고기온: 4.1℃ / 일 출: 06:58 최저기온: 1.7℃ / 일 몰: 18:30	평균기온: 4.6℃ / 강수량: – 최고기온: 9.0℃ / 일 출: 06:52 최저기온: 0.3℃ / 일 몰: 18:34	평균기온: 7.9℃ / 강수량: – 최고기온: 14.2℃ / 일 출: 06:37 최저기온: 1.4℃ / 일 몰: 18:43	평균기온: 9.8℃ / 강수량: 0.1mm 최고기온: 14.0℃ / 일 출: 06:35 최저기온: 6.3℃ / 일 몰: 18:44	평균기온: 16.4℃ / 강수량: – 최고기온: 22.4℃ / 일 출: 06:19 최저기온: 11.3℃ / 일 몰: 18:54

청명 (丙辰月) — 04.05 ~ 05.05(양)

구분	절입																													
양력	04.05	6	7	8	9	10	11	12	13	14	15	16	17	18	19	20	21	22	23	24	25	26	27	28	29	30	5.1	2	3	4	5
음력	03.04	5	6	7	8	9	10	11	12	13	14	15	16	17	18	19	20	21	22	23	24	25	26	27	28	29	4.1	2	3	4	5
일주	戊申	己酉	庚戌	辛亥	壬子	癸丑	甲寅	乙卯	丙辰	丁巳	戊午	己未	庚申	辛酉	壬戌	癸亥	甲子	乙丑	丙寅	丁卯	戊辰	己巳	庚午	辛未	壬申	癸酉	甲戌	乙亥	丙子	丁丑	戊寅
대운 남	10 · 1	1	1	1	1	2	2	2	3	3	3	4	4	4	5	5	5	6	6	6	7	7	7	8	8	8	9	9	9	10	10
대운 여	1 · 10	10	10	10	9	9	9	8	8	8	7	7	7	6	6	6	5	5	5	4	4	4	3	3	3	2	2	2	1	1	1

4월 5일(양) 청명 13시 52분	4월 10일(양)	4월 20일(양) 곡우 21시 02분	5월 1일(양)	
평균기온: 12.0℃ / 강수량: – 최고기온: 17.7℃ / 일 출: 06:13 최저기온: 7.6℃ / 일 몰: 18:58	평균기온: 11.3℃ / 강수량: – 최고기온: 18.1℃ / 일 출: 06:06 최저기온: 4.8℃ / 일 몰: 19:02	평균기온: 9.5℃ / 강수량: 7.0mm 최고기온: 10.6℃ / 일 출: 05:52 최저기온: 8.8℃ / 일 몰: 19:11	평균기온: 15.9℃ / 강수량: – 최고기온: 21.9℃ / 일 출: 05:38 최저기온: 8.5℃ / 일 몰: 19:21	

입하 (丁巳月) — 05.06 ~ 06.05(양)

구분	절입																													
양력	05.06	7	8	9	10	11	12	13	14	15	16	17	18	19	20	21	22	23	24	25	26	27	28	29	30	31	6.1	2	3	4	5
음력	04.06	7	8	9	10	11	12	13	14	15	16	17	18	19	20	21	22	23	24	25	26	27	28	29	30	5.1	2	3	4	5	6
일주	己卯	庚辰	辛巳	壬午	癸未	甲申	乙酉	丙戌	丁亥	戊子	己丑	庚寅	辛卯	壬辰	癸巳	甲午	乙未	丙申	丁酉	戊戌	己亥	庚子	辛丑	壬寅	癸卯	甲辰	乙巳	丙午	丁未	戊申	己酉
대운 남	10 · 1	1	1	1	1	2	2	2	3	3	3	4	4	4	5	5	5	6	6	6	7	7	7	8	8	8	9	9	9	10	10
대운 여	1 · 10	10	10	10	9	9	9	8	8	8	7	7	7	6	6	6	5	5	5	4	4	4	3	3	3	2	2	2	1	1	1

5월 6일(양) 입하 07시 10분	5월 10일(양)	5월 20일(양)	5월 21일(양) 소만 20시 12분	6월 1일(양)
평균기온: 18.4℃ / 강수량: 7.0mm 최고기온: 22.3℃ / 일 출: 05:32 최저기온: 16.2℃ / 일 몰: 19:26	평균기온: 15.9℃ / 강수량: – 최고기온: 22.5℃ / 일 출: 05:28 최저기온: 10.5℃ / 일 몰: 19:29	평균기온: 18.5℃ / 강수량: – 최고기온: 22.9℃ / 일 출: 05:19 최저기온: 15.3℃ / 일 몰: 19:38	평균기온: 19.3℃ / 강수량: – 최고기온: 26.0℃ / 일 출: 05:19 최저기온: 13.2℃ / 일 몰: 19:39	평균기온: 23.5℃ / 강수량: – 최고기온: 28.5℃ / 일 출: 05:13 최저기온: 18.5℃ / 일 몰: 19:47

망종 (戊午月) — 06.06 ~ 07.06(양)

구분	절입																													
양력	06.06	7	8	9	10	11	12	13	14	15	16	17	18	19	20	21	22	23	24	25	26	27	28	29	30	7.1	2	3	4	5	6
음력	05.07	8	9	10	11	12	13	14	15	16	17	18	19	20	21	22	23	24	25	26	27	28	29	30	6.1	2	3	4	5	6	7
일주	庚戌	辛亥	壬子	癸丑	甲寅	乙卯	丙辰	丁巳	戊午	己未	庚申	辛酉	壬戌	癸亥	甲子	乙丑	丙寅	丁卯	戊辰	己巳	庚午	辛未	壬申	癸酉	甲戌	乙亥	丙子	丁丑	戊寅	己卯	庚辰
대운 남	10 · 1	1	1	1	1	2	2	2	3	3	3	4	4	4	5	5	5	6	6	6	7	7	7	8	8	8	9	9	9	10	10
대운 여	1 · 10	10	10	10	9	9	9	8	8	8	7	7	7	6	6	6	5	5	5	4	4	4	3	3	3	2	2	2	1	1	1

6월 6일(양) 망종 11시 19분	6월 10일(양)	6월 20일(양)	6월 22일(양) 하지 04시 10분	7월 1일(양)
평균기온: 18.5℃ / 강수량: 3.5mm 최고기온: 23.1℃ / 일 출: 05:11 최저기온: 15.9℃ / 일 몰: 19:50	평균기온: 23.0℃ / 강수량: 0.0mm 최고기온: 25.1℃ / 일 출: 05:10 최저기온: 21.1℃ / 일 몰: 19:52	평균기온: 21.9℃ / 강수량: – 최고기온: 25.5℃ / 일 출: 05:11 최저기온: 18.9℃ / 일 몰: 19:56	평균기온: 24.5℃ / 강수량: – 최고기온: 30.4℃ / 일 출: 05:11 최저기온: 19.9℃ / 일 몰: 19:57	평균기온: 23.0℃ / 강수량: 0.3mm 최고기온: 27.8℃ / 일 출: 05:14 최저기온: 20.2℃ / 일 몰: 19:57

소서 (己未月) — 07.07 ~ 08.07(양)

구분	절입																														
양력	07.07	8	9	10	11	12	13	14	15	16	17	18	19	20	21	22	23	24	25	26	27	28	29	30	31	8.1	2	3	4	5	6	7
음력	06.08	9	10	11	12	13	14	15	16	17	18	19	20	21	22	23	24	25	26	27	28	29	7.1	2	3	4	5	6	7	8	9	10
일주	辛巳	壬午	癸未	甲申	乙酉	丙戌	丁亥	戊子	己丑	庚寅	辛卯	壬辰	癸巳	甲午	乙未	丙申	丁酉	戊戌	己亥	庚子	辛丑	壬寅	癸卯	甲辰	乙巳	丙午	丁未	戊申	己酉	庚戌	辛亥	壬子
대운 남	10 · 1	1	1	1	1	2	2	2	3	3	3	4	4	4	5	5	5	6	6	6	7	7	7	8	8	8	9	9	9	10	10	10
대운 여	1 · 10	10	10	10	9	9	9	8	8	8	7	7	7	6	6	6	5	5	5	4	4	4	3	3	3	2	2	2	1	1	1	1

7월 7일(양) 소서 21시 35분	7월 10일(양)	7월 20일(양)	7월 23일(양) 대서 15시 03분	8월 1일(양)
평균기온: 25.2℃ / 강수량: – 최고기온: 28.9℃ / 일 출: 05:17 최저기온: 21.5℃ / 일 몰: 19:56	평균기온: 23.2℃ / 강수량: 0.5mm 최고기온: 26.4℃ / 일 출: 05:19 최저기온: 21.2℃ / 일 몰: 19:56	평균기온: 24.0℃ / 강수량: 22.0mm 최고기온: 28.9℃ / 일 출: 05:26 최저기온: 18.7℃ / 일 몰: 19:51	평균기온: 22.3℃ / 강수량: 3.0mm 최고기온: 25.8℃ / 일 출: 05:28 최저기온: 20.4℃ / 일 몰: 19:49	평균기온: 25.8℃ / 강수량: 0.0mm 최고기온: 28.9℃ / 일 출: 05:35 최저기온: 23.6℃ / 일 몰: 19:41

입추 — 08.08 ~ 09.07(양)

庚申月

庚申月	절입	9	10	11	12	13	14	15	16	17	18	19	20	21	22	23	24	25	26	27	28	29	30	31	9.1	2	3	4	5	6	7
양력	08.08	9	10	11	12	13	14	15	16	17	18	19	20	21	22	23	24	25	26	27	28	29	30	31	9.1	2	3	4	5	6	7
음력	07.11	12	13	14	15	16	17	18	19	20	21	22	23	24	25	26	27	28	29	30	8.1	2	3	4	5	6	7	8	9	10	11
일주	癸丑	甲寅	乙卯	丙辰	丁巳	戊午	己未	庚申	辛酉	壬戌	癸亥	甲子	乙丑	丙寅	丁卯	戊辰	己巳	庚午	辛未	壬申	癸酉	甲戌	乙亥	丙子	丁丑	戊寅	己卯	庚辰	辛巳	壬午	癸未
대운 남	10 1	1	1	1	1	2	2	2	3	3	3	4	4	4	5	5	5	6	6	6	7	7	7	8	8	8	9	9	9	10	10
대운 여	1 10	10	10	9	9	9	8	8	8	7	7	7	6	6	6	5	5	5	4	4	4	3	3	3	2	2	2	1	1	1	1

8월 8일(양) 입추 07시 24분		8월 10일(양)		8월 20일(양)		8월 23일(양) 처서 22시 07분		9월 1일(양)	
평균기온: 25.1℃ 최고기온: 30.2℃ 최저기온: 19.7℃	강수량: – 일 출: 05:41 일 몰: 19:34	평균기온: 24.1℃ 최고기온: 27.2℃ 최저기온: 22.2℃	강수량: 4.0mm 일 출: 05:43 일 몰: 19:32	평균기온: 24.6℃ 최고기온: 27.7℃ 최저기온: 21.9℃	강수량: 146.5mm 일 출: 05:51 일 몰: 19:19	평균기온: 24.6℃ 최고기온: 25.6℃ 최저기온: 24.0℃	강수량: 75.5mm 일 출: 05:54 일 몰: 19:15	평균기온: 22.0℃ 최고기온: 25.4℃ 최저기온: 19.2℃	강수량: – 일 출: 06:02 일 몰: 19:02

백로 — 09.08 ~ 10.08(양)

辛酉月

辛酉月	절입	9	10	11	12	13	14	15	16	17	18	19	20	21	22	23	24	25	26	27	28	29	30	10.1	2	3	4	5	6	7	8
양력	09.08	9	10	11	12	13	14	15	16	17	18	19	20	21	22	23	24	25	26	27	28	29	30	10.1	2	3	4	5	6	7	8
음력	08.12	13	14	15	16	17	18	19	20	21	22	23	24	25	26	27	28	29	9.1	2	3	4	5	6	7	8	9	10	11	12	13
일주	甲申	乙酉	丙戌	丁亥	戊子	己丑	庚寅	辛卯	壬辰	癸巳	甲午	乙未	丙申	丁酉	戊戌	己亥	庚子	辛丑	壬寅	癸卯	甲辰	乙巳	丙午	丁未	戊申	己酉	庚戌	辛亥	壬子	癸丑	甲寅
대운 남	10 1	1	1	1	1	2	2	2	3	3	3	4	4	4	5	5	5	6	6	6	7	7	7	8	8	8	9	9	9	10	10
대운 여	1 10	10	10	9	9	9	8	8	8	7	7	7	6	6	6	5	5	5	4	4	4	3	3	3	2	2	2	1	1	1	1

9월 8일(양) 백로 10시 20분		9월 10일(양)		9월 20일(양)		9월 23일(양) 추분 19시 46분		10월 1일(양)	
평균기온: 23.2℃ 최고기온: 28.7℃ 최저기온: 19.8℃	강수량: 1.5mm 일 출: 06:07 일 몰: 18:52	평균기온: 20.9℃ 최고기온: 25.0℃ 최저기온: 17.4℃	강수량: – 일 출: 06:09 일 몰: 18:49	평균기온: 20.6℃ 최고기온: 25.3℃ 최저기온: 17.9℃	강수량: – 일 출: 06:17 일 몰: 18:33	평균기온: 18.7℃ 최고기온: 24.1℃ 최저기온: 13.9℃	강수량: – 일 출: 06:20 일 몰: 18:29	평균기온: 16.0℃ 최고기온: 19.4℃ 최저기온: 13.8℃	강수량: 5.5mm 일 출: 06:27 일 몰: 18:17

한로 — 10.09 ~ 11.07(양)

壬戌月

壬戌月	절입	10	11	12	13	14	15	16	17	18	19	20	21	22	23	24	25	26	27	28	29	30	31	11.1	2	3	4	5	6	7
양력	10.09	10	11	12	13	14	15	16	17	18	19	20	21	22	23	24	25	26	27	28	29	30	31	11.1	2	3	4	5	6	7
음력	09.14	15	16	17	18	19	20	21	22	23	24	25	26	27	28	29	10.1	2	3	4	5	6	7	8	9	10	11	12	13	14
일주	乙卯	丙辰	丁巳	戊午	己未	庚申	辛酉	壬戌	癸亥	甲子	乙丑	丙寅	丁卯	戊辰	己巳	庚午	辛未	壬申	癸酉	甲戌	乙亥	丙子	丁丑	戊寅	己卯	庚辰	辛巳	壬午	癸未	甲申
대운 남	10 1	1	1	1	1	2	2	2	3	3	3	4	4	4	5	5	5	6	6	6	7	7	7	8	8	8	9	9	9	10
대운 여	1 10	10	9	9	9	8	8	8	7	7	7	6	6	6	5	5	5	4	4	4	3	3	3	2	2	2	1	1	1	1

10월 9일(양) 한로 02시 00분		10월 10일(양)		10월 20일(양)		10월 24일(양) 상강 05시 08분		11월 1일(양)	
평균기온: 18.9℃ 최고기온: 24.7℃ 최저기온: 14.5℃	강수량: – 일 출: 06:34 일 몰: 18:05	평균기온: 19.6℃ 최고기온: 26.0℃ 최저기온: 14.8℃	강수량: – 일 출: 06:35 일 몰: 18:03	평균기온: 12.4℃ 최고기온: 17.5℃ 최저기온: 8.3℃	강수량: – 일 출: 06:44 일 몰: 17:49	평균기온: 10.7℃ 최고기온: 16.0℃ 최저기온: 4.0℃	강수량: – 일 출: 06:48 일 몰: 17:44	평균기온: 14.3℃ 최고기온: 20.7℃ 최저기온: 9.3℃	강수량: – 일 출: 06:56 일 몰: 17:35

입동 — 11.08 ~ 12.06(양)

癸亥月

癸亥月	절입	9	10	11	12	13	14	15	16	17	18	19	20	21	22	23	24	25	26	27	28	29	30	12.1	2	3	4	5	6
양력	11.08	9	10	11	12	13	14	15	16	17	18	19	20	21	22	23	24	25	26	27	28	29	30	12.1	2	3	4	5	6
음력	10.15	16	17	18	19	20	21	22	23	24	25	26	27	28	29	30	11.1	2	3	4	5	6	7	8	9	10	11	12	13
일주	乙酉	丙戌	丁亥	戊子	己丑	庚寅	辛卯	壬辰	癸巳	甲午	乙未	丙申	丁酉	戊戌	己亥	庚子	辛丑	壬寅	癸卯	甲辰	乙巳	丙午	丁未	戊申	己酉	庚戌	辛亥	壬子	癸丑
대운 남	10 1	1	1	1	1	2	2	2	3	3	3	4	4	4	5	5	5	6	6	6	7	7	7	8	8	8	9	9	9
대운 여	1 10	9	9	9	8	8	8	7	7	7	6	6	6	5	5	5	4	4	4	3	3	3	2	2	2	1	1	1	1

11월 8일(양) 입동 05시 12분		11월 10일(양)		11월 20일(양)		11월 23일(양) 소설 02시 43분		12월 1일(양)	
평균기온: 9.4℃ 최고기온: 11.3℃ 최저기온: 8.5℃	강수량: 14.0mm 일 출: 07:03 일 몰: 17:28	평균기온: 11.9℃ 최고기온: 13.5℃ 최저기온: 10.5℃	강수량: 0.2mm 일 출: 07:06 일 몰: 17:26	평균기온: 12.1℃ 최고기온: 14.6℃ 최저기온: 8.6℃	강수량: 6.0mm 일 출: 07:16 일 몰: 17:19	평균기온: 2.8℃ 최고기온: 8.1℃ 최저기온: -2.7℃	강수량: – 일 출: 07:19 일 몰: 17:17	평균기온: 7.2℃ 최고기온: 12.0℃ 최저기온: 4.0℃	강수량: – 일 출: 07:27 일 몰: 17:14

대설 — 12.07 ~ 2004.01.05(양)

甲子月

甲子月	절입	8	9	10	11	12	13	14	15	16	17	18	19	20	21	22	23	24	25	26	27	28	29	30	31	1.1	2	3	4	5
양력	12.07	8	9	10	11	12	13	14	15	16	17	18	19	20	21	22	23	24	25	26	27	28	29	30	31	1.1	2	3	4	5
음력	11.14	15	16	17	18	19	20	21	22	23	24	25	26	27	28	29	12.1	2	3	4	5	6	7	8	9	10	11	12	13	14
일주	甲寅	乙卯	丙辰	丁巳	戊午	己未	庚申	辛酉	壬戌	癸亥	甲子	乙丑	丙寅	丁卯	戊辰	己巳	庚午	辛未	壬申	癸酉	甲戌	乙亥	丙子	丁丑	戊寅	己卯	庚辰	辛巳	壬午	癸未
대운 남	10 1	1	1	1	1	2	2	2	3	3	3	4	4	4	5	5	5	6	6	6	7	7	7	8	8	8	9	9	9	10
대운 여	1 10	10	9	9	9	8	8	8	7	7	7	6	6	6	5	5	5	4	4	4	3	3	3	2	2	2	1	1	1	1

12월 7일(양) 대설 22시 04분		12월 10일(양)		12월 20일(양)		12월 22일(양) 동지 16시 03분		1월 1일(양)	
평균기온: -4.8℃ 최고기온: -1.8℃ 최저기온: -7.9℃	강수량: – 일 출: 07:33 일 몰: 17:13	평균기온: -0.4℃ 최고기온: 4.0℃ 최저기온: -5.4℃	강수량: – 일 출: 07:35 일 몰: 17:14	평균기온: -4.8℃ 최고기온: -0.8℃ 최저기온: -8.1℃	강수량: – 일 출: 07:42 일 몰: 17:16	평균기온: 3.3℃ 최고기온: 9.1℃ 최저기온: -1.2℃	강수량: – 일 출: 07:43 일 몰: 17:17	평균기온: 3.7℃ 최고기온: 5.9℃ 최저기온: 1.2℃	강수량: – 일 출: 07:47 일 몰: 17:24

소한 — 01.06 ~ 02.03(양)

乙丑月

乙丑月	절입	7	8	9	10	11	12	13	14	15	16	17	18	19	20	21	22	23	24	25	26	27	28	29	30	31	2.1	2	3
양력	2004.01.06	7	8	9	10	11	12	13	14	15	16	17	18	19	20	21	22	23	24	25	26	27	28	29	30	31	2.1	2	3
음력	2003.12.15	16	17	18	19	20	21	22	23	24	25	26	27	28	29	30	1.1	2	3	4	5	6	7	8	9	10	11	12	13
일주	甲申	乙酉	丙戌	丁亥	戊子	己丑	庚寅	辛卯	壬辰	癸巳	甲午	乙未	丙申	丁酉	戊戌	己亥	庚子	辛丑	壬寅	癸卯	甲辰	乙巳	丙午	丁未	戊申	己酉	庚戌	辛亥	壬子
대운 남	10 1	1	1	1	1	2	2	2	3	3	3	4	4	4	5	5	5	6	6	6	7	7	7	8	8	8	9	9	9
대운 여	1 10	9	9	9	8	8	8	7	7	7	6	6	6	5	5	5	4	4	4	3	3	3	2	2	2	1	1	1	1

1월 6일(양) 소한 09시 18분		1월 10일(양)		1월 20일(양)		1월 21일(양) 대한 02시 42분		2월 1일(양)	
평균기온: 4.5℃ 최고기온: 6.8℃ 최저기온: 1.8℃	강수량: – 일 출: 07:47 일 몰: 17:28	평균기온: -0.3℃ 최고기온: 3.2℃ 최저기온: -3.5℃	강수량: – 일 출: 07:47 일 몰: 17:31	평균기온: -4.4℃ 최고기온: 0.0℃ 최저기온: -9.5℃	강수량: 2.2mm 일 출: 07:44 일 몰: 17:42	평균기온: -14.3℃ 최고기온: -9.5℃ 최저기온: -16.0℃	강수량: – 일 출: 07:44 일 몰: 17:43	평균기온: 3.1℃ 최고기온: 9.1℃ 최저기온: -0.6℃	강수량: – 일 출: 07:37 일 몰: 17:55

2004

윤2월

단기 4337년

입춘 02.04 ~ 03.04(양)

丙寅月

구분																																
양력	2004.02.04		5	6	7	8	9	10	11	12	13	14	15	16	17	18	19	20	21	22	23	24	25	26	27	28	29	3.1	2	3	4
음력	2004.01.14		15	16	17	18	19	20	21	22	23	24	25	26	27	28	29	2.1	2	3	4	5	6	7	8	9	10	11	12	13	14
일주	癸丑		甲寅	乙卯	丙辰	丁巳	戊午	己未	庚申	辛酉	壬戌	癸亥	甲子	乙丑	丙寅	丁卯	戊辰	己巳	庚午	辛未	壬申	癸酉	甲戌	乙亥	丙子	丁丑	戊寅	己卯	庚辰	辛巳	壬午
대운 남	10	10	10	9	9	9	8	8	8	7	7	7	6	6	6	5	5	5	4	4	4	3	3	3	2	2	2	1	1	1	1
대운 여	1	1	1	1	1	1	2	2	2	3	3	3	4	4	4	5	5	5	6	6	6	7	7	7	8	8	8	9	9	9	10

2월 4일(양) 입춘 20시 55분		2월 10일(양)		2월 19일(양) 우수 16시 49분		2월 20일(양)		3월 1일(양)	
평균기온: -1.4℃	강수량: 0.0㎜	평균기온: -0.3℃	강수량: -	평균기온: 8.2℃	강수량: -	평균기온: 11.5℃	강수량: -	평균기온: 1.7℃	강수량: -
최고기온: 2.5℃	일 출: 07:34	최고기온: 4.5℃	일 출: 07:28	최고기온: 15.6℃	일 출: 07:18	최고기온: 18.7℃	일 출: 07:17	최고기온: 6.0℃	일 출: 07:04
최저기온: -5.8℃	일 몰: 17:58	최저기온: -5.5℃	일 몰: 18:05	최저기온: 1.5℃	일 몰: 18:14	최저기온: 3.2℃	일 몰: 18:15	최저기온: -1.1℃	일 몰: 18:26

경칩 03.05 ~ 04.03(양)

丁卯月

구분																																
양력	03.05		6	7	8	9	10	11	12	13	14	15	16	17	18	19	20	21	22	23	24	25	26	27	28	29	30	31	4.1	2	3
음력	02.15		16	17	18	19	20	21	22	23	24	25	26	27	28	29	30	윤	2.2	3	4	5	6	7	8	9	10	11	12	13	14
일주	癸未		甲申	乙酉	丙戌	丁亥	戊子	己丑	庚寅	辛卯	壬辰	癸巳	甲午	乙未	丙申	丁酉	戊戌	己亥	庚子	辛丑	壬寅	癸卯	甲辰	乙巳	丙午	丁未	戊申	己酉	庚戌	辛亥	壬子
대운 남	1	10	10	9	9	9	8	8	8	7	7	7	6	6	6	5	5	5	4	4	4	3	3	3	2	2	2	1	1	1	1
대운 여	10	1	1	1	1	1	2	2	2	3	3	3	4	4	4	5	5	5	6	6	6	7	7	7	8	8	8	9	9	9	10

3월 5일(양) 경칩 14시 55분		3월 10일(양)		3월 20일(양) 춘분 15시 48분		4월 1일(양)			
평균기온: -0.1℃	강수량: 0.0㎜	평균기온: 10.4℃	강수량: -	평균기온: 7.0℃	강수량: -	평균기온: 9.1℃	강수량: 10.5㎜		
최고기온: 3.5℃	일 출: 06:58	최고기온: 14.0℃	일 출: 06:51	최고기온: 12.3℃	일 출: 06:36	최고기온: 16.7℃	일 출: 06:18		
최저기온: -1.7℃	일 몰: 18:30	최저기온: 7.5℃	일 몰: 18:34	최저기온: 2.2℃	일 몰: 18:44	최저기온: 4.1℃	일 몰: 18:55		

청명 04.04 ~ 05.04(양)

戊辰月

구분																																	
양력	04.04		5	6	7	8	9	10	11	12	13	14	15	16	17	18	19	20	21	22	23	24	25	26	27	28	29	30	5.1	2	3	4
음력	02.15		16	17	18	19	20	21	22	23	24	25	26	27	28	29	3.1	2	3	4	5	6	7	8	9	10	11	12	13	14	15	16
일주	癸丑		甲寅	乙卯	丙辰	丁巳	戊午	己未	庚申	辛酉	壬戌	癸亥	甲子	乙丑	丙寅	丁卯	戊辰	己巳	庚午	辛未	壬申	癸酉	甲戌	乙亥	丙子	丁丑	戊寅	己卯	庚辰	辛巳	壬午	癸未
대운 남	1	10	10	10	9	9	9	8	8	8	7	7	7	6	6	6	5	5	5	4	4	4	3	3	3	2	2	2	1	1	1	1
대운 여	10	1	1	1	1	1	2	2	2	3	3	3	4	4	4	5	5	5	6	6	6	7	7	7	8	8	8	9	9	9	10	10

4월 4일(양) 청명 19시 43분		4월 10일(양)		4월 20일(양) 곡우 02시 50분		5월 1일(양)			
평균기온: 7.6℃	강수량: -	평균기온: 15.1℃	강수량: -	평균기온: 15.6℃	강수량: -	평균기온: 19.6℃	강수량: -		
최고기온: 13.0℃	일 출: 06:13	최고기온: 21.3℃	일 출: 06:04	최고기온: 21.3℃	일 출: 05:51	최고기온: 25.7℃	일 출: 05:37		
최저기온: 2.7℃	일 몰: 18:57	최저기온: 8.5℃	일 몰: 19:03	최저기온: 10.6℃	일 몰: 19:12	최저기온: 13.1℃	일 몰: 19:22		

입하 05.05 ~ 06.04(양)

己巳月

구분																																	
양력	05.05		6	7	8	9	10	11	12	13	14	15	16	17	18	19	20	21	22	23	24	25	26	27	28	29	30	31	6.1	2	3	4
음력	03.17		18	19	20	21	22	23	24	25	26	27	28	29	30	4.1	2	3	4	5	6	7	8	9	10	11	12	13	14	15	16	17
일주	甲申		乙酉	丙戌	丁亥	戊子	己丑	庚寅	辛卯	壬辰	癸巳	甲午	乙未	丙申	丁酉	戊戌	己亥	庚子	辛丑	壬寅	癸卯	甲辰	乙巳	丙午	丁未	戊申	己酉	庚戌	辛亥	壬子	癸丑	甲寅
대운 남	1	10	10	10	9	9	9	8	8	8	7	7	7	6	6	6	5	5	5	4	4	4	3	3	3	2	2	2	1	1	1	1
대운 여	10	1	1	1	1	1	2	2	2	3	3	3	4	4	4	5	5	5	6	6	6	7	7	7	8	8	8	9	9	9	10	10

5월 5일(양) 입하 13시 02분		5월 10일(양)		5월 20일(양)		5월 21일(양) 소만 01시 58분		6월 1일(양)	
평균기온: 15.5℃	강수량: -	평균기온: 14.9℃	강수량: 10.5㎜	평균기온: 17.5℃	강수량: 17.0㎜	평균기온: 16.7℃	강수량: 3.0㎜	평균기온: 21.2℃	강수량: -
최고기온: 21.8℃	일 출: 05:32	최고기온: 16.2℃	일 출: 05:27	최고기온: 22.3℃	일 출: 05:19	최고기온: 21.8℃	일 출: 05:18	최고기온: 28.2℃	일 출: 05:12
최저기온: 8.8℃	일 몰: 19:26	최저기온: 13.6℃:	일 몰: 19:30	최저기온: 15.1℃	일 몰: 19:39	최저기온: 13.6℃	일 몰: 19:39	최저기온: 14.6℃	일 몰: 19:48

망종 06.05 ~ 07.06(양)

庚午月

구분																																		
양력	06.05		6	7	8	9	10	11	12	13	14	15	16	17	18	19	20	21	22	23	24	25	26	27	28	29	30	7.1	2	3	4	5	6
음력	04.18		19	20	21	22	23	24	25	26	27	28	29	30	5.1	2	3	4	5	6	7	8	9	10	11	12	13	14	15	16	17	18	19
일주	乙卯		丙辰	丁巳	戊午	己未	庚申	辛酉	壬戌	癸亥	甲子	乙丑	丙寅	丁卯	戊辰	己巳	庚午	辛未	壬申	癸酉	甲戌	乙亥	丙子	丁丑	戊寅	己卯	庚辰	辛巳	壬午	癸未	甲申	乙酉	丙戌
대운 남	1	10	10	10	10	9	9	9	8	8	8	7	7	7	6	6	6	5	5	5	4	4	4	3	3	3	2	2	2	1	1	1	1
대운 여	10	1	1	1	1	1	2	2	2	3	3	3	4	4	4	5	5	5	6	6	6	7	7	7	8	8	8	9	9	9	10	10	10

6월 5일(양) 망종 17시 13분		6월 10일(양)		6월 20일(양)		6월 21일(양) 하지 09시 56분		7월 1일(양)	
평균기온: 25.8℃	강수량: -	평균기온: 23.3℃	강수량: -	평균기온: 21.8℃	강수량: 11.0㎜	평균기온: 22.5℃	강수량: -	평균기온: 24.0℃	강수량: 4.5㎜
최고기온: 31.2℃	일 출: 05:11	최고기온: 29.0℃	일 출: 05:10	최고기온: 23.5℃	일 출: 05:11	최고기온: 26.7℃	일 출: 05:11	최고기온: 26.7℃	일 출: 05:14
최저기온: 21.7℃	일 몰: 19:50	최저기온: 17.3℃	일 몰: 19:53	최저기온: 19.2℃	일 몰: 19:56	최저기온: 19.0℃	일 몰: 19:57	최저기온: 22.0℃	일 몰: 19:57

소서 07.07 ~ 08.06(양)

辛未月

구분																																	
양력	07.07		8	9	10	11	12	13	14	15	16	17	18	19	20	21	22	23	24	25	26	27	28	29	30	31	8.1	2	3	4	5	6
음력	05.20		21	22	23	24	25	26	27	28	29	6.1	2	3	4	5	6	7	8	9	10	11	12	13	14	15	16	17	18	19	20	21
일주	丁亥		戊子	己丑	庚寅	辛卯	壬辰	癸巳	甲午	乙未	丙申	丁酉	戊戌	己亥	庚子	辛丑	壬寅	癸卯	甲辰	乙巳	丙午	丁未	戊申	己酉	庚戌	辛亥	壬子	癸丑	甲寅	乙卯	丙辰	丁巳
대운 남	1	10	10	10	9	9	9	8	8	8	7	7	7	6	6	6	5	5	5	4	4	4	3	3	3	2	2	2	1	1	1	1
대운 여	10	1	1	1	1	1	2	2	2	3	3	3	4	4	4	5	5	5	6	6	6	7	7	7	8	8	8	9	9	9	10	10

7월 7일(양) 소서 03시 31분		7월 10일(양)		7월 20일(양)		7월 22일(양) 대서 20시 49분		8월 1일(양)	
평균기온: 21.5℃	강수량: 31.5㎜	평균기온: 24.1℃	강수량: -	평균기온: 25.7℃	강수량: 1.0㎜	평균기온: 27.4℃	강수량: -	평균기온: 29.4℃	강수량: -
최고기온: 22.2℃	일 출: 05:17	최고기온: 28.8℃	일 출: 05:19	최고기온: 26.8℃	일 출: 05:26	최고기온: 32.0℃	일 출: 05:28	최고기온: 34.2℃	일 출: 05:36
최저기온: 20.7℃	일 몰: 19:56	최저기온: 19.8℃	일 몰: 19:55	최저기온: 24.8℃	일 몰: 19:50	최저기온: 24.1℃	일 몰: 19:49	최저기온: 25.3℃	일 몰: 19:40

입추　08.07 ～ 09.06(양)

壬申月

양력	08.07	8	9	10	11	12	13	14	15	16	17	18	19	20	21	22	23	24	25	26	27	28	29	30	31	9.1	2	3	4	5	6
음력	06.22	23	24	25	26	27	28	29	30	7.1	2	3	4	5	6	7	8	9	10	11	12	13	14	15	16	17	18	19	20	21	22
일주	戊午	己未	庚申	辛酉	壬戌	癸亥	甲子	乙丑	丙寅	丁卯	戊辰	己巳	庚午	辛未	壬申	癸酉	甲戌	乙亥	丙子	丁丑	戊寅	己卯	庚辰	辛巳	壬午	癸未	甲申	乙酉	丙戌	丁亥	戊子
대운 남	1 · 10	10	10	9	9	9	8	8	8	7	7	7	6	6	6	5	5	5	4	4	4	3	3	3	2	2	2	1	1	1	1
대운 여	10 · 1	1	1	1	1	2	2	2	3	3	3	4	4	4	5	5	5	6	6	6	7	7	7	8	8	8	9	9	9	10	10

8월 7일(양) 입추 13시 19분		8월 10일(양)		8월 20일(양)		8월 23일(양) 처서 03시 53분		9월 1일(양)	
평균기온: 28.5℃	강수량: -	평균기온: 30.2℃	강수량: -	평균기온: 23.5℃	강수량: -	평균기온: 22.8℃	강수량: -	평균기온: 24.7℃	강수량: -
최고기온: 32.4℃	일 출: 05:41	최고기온: 36.2℃	일 출: 05:43	최고기온: 26.8℃	일 출: 05:52	최고기온: 26.0℃	일 출: 05:55	최고기온: 29.3℃	일 출: 06:02
최저기온: 26.2℃	일 몰: 19:34	최저기온: 25.2℃	일 몰: 19:31	최저기온: 20.5℃	일 몰: 19:18	최저기온: 20.5℃	일 몰: 19:14	최저기온: 22.2℃	일 몰: 19:01

백로　09.07 ～ 10.07(양)

癸酉月

양력	09.07	8	9	10	11	12	13	14	15	16	17	18	19	20	21	22	23	24	25	26	27	28	29	30	10.1	2	3	4	5	6	7
음력	07.23	24	25	26	27	28	29	8.1	2	3	4	5	6	7	8	9	10	11	12	13	14	15	16	17	18	19	20	21	22	23	24
일주	己丑	庚寅	辛卯	壬辰	癸巳	甲午	乙未	丙申	丁酉	戊戌	己亥	庚子	辛丑	壬寅	癸卯	甲辰	乙巳	丙午	丁未	戊申	己酉	庚戌	辛亥	壬子	癸丑	甲寅	乙卯	丙辰	丁巳	戊午	己未
대운 남	1 · 10	10	10	9	9	9	8	8	8	7	7	7	6	6	6	5	5	5	4	4	4	3	3	3	2	2	2	1	1	1	1
대운 여	10 · 1	1	1	1	1	2	2	2	3	3	3	4	4	4	5	5	5	6	6	6	7	7	7	8	8	8	9	9	9	10	10

9월 7일(양) 백로 16시 12분		9월 10일(양)		9월 20일(양)		9월 23일(양) 추분 01시 29분		10월 1일(양)	
평균기온: 19.7℃	강수량: 30.5mm	평균기온: 22.1℃	강수량: -	평균기온: 16.5℃	강수량: 16.5mm	평균기온: 20.5℃	강수량: -	평균기온: 16.6℃	강수량: 1.0mm
최고기온: 24.2℃	일 출: 06:07	최고기온: 26.7℃	일 출: 06:10	최고기온: 20.5℃	일 출: 06:18	최고기온: 25.2℃	일 출: 06:21	최고기온: 21.5℃	일 출: 06:27
최저기온: 18.2℃	일 몰: 18:52	최저기온: 17.6℃	일 몰: 18:48	최저기온: 14.6℃	일 몰: 18:32	최저기온: 16.7℃	일 몰: 18:28	최저기온: 10.8℃	일 몰: 18:15

한로　10.08 ～ 11.06(양)

甲戌月

양력	10.08	9	10	11	12	13	14	15	16	17	18	19	20	21	22	23	24	25	26	27	28	29	30	31	11.1	2	3	4	5	6
음력	08.25	26	27	28	29	30	9.1	2	3	4	5	6	7	8	9	10	11	12	13	14	15	16	17	18	19	20	21	22	23	24
일주	庚申	辛酉	壬戌	癸亥	甲子	乙丑	丙寅	丁卯	戊辰	己巳	庚午	辛未	壬申	癸酉	甲戌	乙亥	丙子	丁丑	戊寅	己卯	庚辰	辛巳	壬午	癸未	甲申	乙酉	丙戌	丁亥	戊子	己丑
대운 남	1 · 10	10	9	9	9	8	8	8	7	7	7	6	6	6	5	5	5	4	4	4	3	3	3	2	2	2	1	1	1	1
대운 여	10 · 1	1	1	1	1	2	2	2	3	3	3	4	4	4	5	5	5	6	6	6	7	7	7	8	8	8	9	9	9	10

10월 8일(양) 한로 07시 49분		10월 10일(양)		10월 20일(양)		10월 23일(양) 상강 10시 48분		11월 1일(양)	
평균기온: 19.5℃	강수량: -	평균기온: 20.2℃	강수량: -	평균기온: 16.9℃	강수량: -	평균기온: 12.1℃	강수량: -	평균기온: 14.8℃	강수량: 18.0mm
최고기온: 25.6℃	일 출: 06:34	최고기온: 25.3℃	일 출: 06:35	최고기온: 23.2℃	일 출: 06:45	최고기온: 17.7℃	일 출: 06:48	최고기온: 20.5℃	일 출: 06:57
최저기온: 14.1℃	일 몰: 18:05	최저기온: 15.3℃	일 몰: 18:02	최저기온: 12.6℃	일 몰: 17:48	최저기온: 7.6℃	일 몰: 17:44	최저기온: 11.8℃	일 몰: 17:34

입동　11.07 ～ 12.06(양)

乙亥月

양력	11.07	8	9	10	11	12	13	14	15	16	17	18	19	20	21	22	23	24	25	26	27	28	29	30	12.1	2	3	4	5	6
음력	09.25	26	27	28	29	10.1	2	3	4	5	6	7	8	9	10	11	12	13	14	15	16	17	18	19	20	21	22	23	24	25
일주	庚寅	辛卯	壬辰	癸巳	甲午	乙未	丙申	丁酉	戊戌	己亥	庚子	辛丑	壬寅	癸卯	甲辰	乙巳	丙午	丁未	戊申	己酉	庚戌	辛亥	壬子	癸丑	甲寅	乙卯	丙辰	丁巳	戊午	己未
대운 남	1 · 10	10	9	9	9	8	8	8	7	7	6	6	6	5	5	5	4	4	4	3	3	3	2	2	2	1	1	1	1	1
대운 여	10 · 1	1	1	1	1	2	2	2	3	3	4	4	4	5	5	5	6	6	6	7	7	7	8	8	8	9	9	9	10	10

11월 7일(양) 입동 10시 58분		11월 10일(양)		11월 20일(양)		11월 22일(양) 소설 08시 21분		12월 1일(양)	
평균기온: 10.5℃	강수량: -	평균기온: 15.2℃	강수량: 12.5mm	평균기온: 7.4℃	강수량: -	평균기온: 7.1℃	강수량: -	평균기온: 5.2℃	강수량: -
최고기온: 17.6℃	일 출: 07:03	최고기온: 16.3℃	일 출: 07:06	최고기온: 11.5℃	일 출: 07:17	최고기온: 12.1℃	일 출: 07:19	최고기온: 9.0℃	일 출: 07:28
최저기온: 3.4℃	일 몰: 17:28	최저기온: 13.6℃	일 몰: 17:25	최저기온: 4.3℃	일 몰: 17:18	최저기온: 2.7℃	일 몰: 17:17	최저기온: 1.6℃	일 몰: 17:14

대설　12.07 ～ 2005.01.04(양)

丙子月

양력	12.07	8	9	10	11	12	13	14	15	16	17	18	19	20	21	22	23	24	25	26	27	28	29	30	31	1.1	2	3	4
음력	10.26	27	28	29	30	11.1	2	3	4	5	6	7	8	9	10	11	12	13	14	15	16	17	18	19	20	21	22	23	24
일주	庚申	辛酉	壬戌	癸亥	甲子	乙丑	丙寅	丁卯	戊辰	己巳	庚午	辛未	壬申	癸酉	甲戌	乙亥	丙子	丁丑	戊寅	己卯	庚辰	辛巳	壬午	癸未	甲申	乙酉	丙戌	丁亥	戊子
대운 남	1 · 10	9	9	9	8	8	8	7	7	7	6	6	6	5	5	5	4	4	4	3	3	3	2	2	2	1	1	1	1
대운 여	10 · 1	1	1	1	1	2	2	2	3	3	3	4	4	4	5	5	5	6	6	6	7	7	7	8	8	8	9	9	9

12월 7일(양) 대설 03시 48분		12월 10일(양)		12월 20일(양)		12월 21일(양) 동지 21시 41분		1월 1일(양)	
평균기온: 3.9℃	강수량: -	평균기온: 7.5℃	강수량: 0.0mm	평균기온: -3.6℃	강수량: -	평균기온: -3.2℃	강수량: -	평균기온: -4.9℃	강수량: -
최고기온: 7.0℃	일 출: 07:33	최고기온: 10.3℃	일 출: 07:36	최고기온: 4.3℃	일 출: 07:43	최고기온: 1.2℃	일 출: 07:43	최고기온: -1.0℃	일 출: 07:47
최저기온: 1.6℃	일 몰: 17:13	최저기온: 3.0℃	일 몰: 17:14	최저기온: -5.8℃	일 몰: 17:17	최저기온: -7.3℃	일 몰: 17:17	최저기온: -8.8℃	일 몰: 17:24

소한　01.05 ～ 02.03(양)

丁丑月

양력	2005.01.05	6	7	8	9	10	11	12	13	14	15	16	17	18	19	20	21	22	23	24	25	26	27	28	29	30	31	2.1	2	3
음력	2004.11.25	26	27	28	29	12.1	2	3	4	5	6	7	8	9	10	11	12	13	14	15	16	17	18	19	20	21	22	23	24	25
일주	己丑	庚寅	辛卯	壬辰	癸巳	甲午	乙未	丙申	丁酉	戊戌	己亥	庚子	辛丑	壬寅	癸卯	甲辰	乙巳	丙午	丁未	戊申	己酉	庚戌	辛亥	壬子	癸丑	甲寅	乙卯	丙辰	丁巳	戊午
대운 남	1 · 10	10	9	9	9	8	8	8	7	7	7	6	6	6	5	5	5	4	4	4	3	3	3	2	2	2	1	1	1	1
대운 여	10 · 1	1	1	1	1	2	2	2	3	3	3	4	4	4	5	5	5	6	6	6	7	7	7	8	8	8	9	9	9	10

1월 5일(양) 소한 15시 02분		1월 10일(양)		1월 20일(양) 대한 08시 21분		2월 1일(양)	
평균기온: -3.8℃	강수량: -	평균기온: -5.7℃	강수량: 0.0mm	평균기온: -5.9℃	강수량: -	평균기온: -10.2℃	강수량: -
최고기온: 0.6℃	일 출: 07:47	최고기온: -1.5℃	일 출: 07:47	최고기온: -2.7℃	일 출: 07:44	최고기온: -6.8℃	일 출: 07:36
최저기온: -8.8℃	일 몰: 17:28	최저기온: -10.8℃	일 몰: 17:32	최저기온: -7.8℃	일 몰: 17:42	최저기온: -13.1℃	일 몰: 17:56

2005

단기 4338년

입춘 02.04 ~ 03.04(양)

戊寅月

양력	2005.02.04		5	6	7	8	9	10	11	12	13	14	15	16	17	18	19	20	21	22	23	24	25	26	27	28	3.1	2	3	4
음력	2004.12.26		27	28	29	30	1.1	2	3	4	5	6	7	8	9	10	11	12	13	14	15	16	17	18	19	20	21	22	23	24
일주	己未		庚申	辛酉	壬戌	癸亥	甲子	乙丑	丙寅	丁卯	戊辰	己巳	庚午	辛未	壬申	癸酉	甲戌	乙亥	丙子	丁丑	戊寅	己卯	庚辰	辛巳	壬午	癸未	甲申	乙酉	丙戌	丁亥
대 남	1	1	1	1	1	1	2	2	2	3	3	3	4	4	4	5	5	5	6	6	6	7	7	7	8	8	8	9	9	9
운 여	10	10	9	9	9	8	8	8	7	7	7	6	6	6	5	5	5	4	4	4	3	3	3	2	2	2	1	1	1	1

2월 4일(양) 입춘 02시 42분		2월 10일(양)		2월 18일(양) 우수 22시 31분		2월 20일(양)		3월 1일(양)	
평균기온: -1.5℃	강수량: -	평균기온: -6.0℃	강수량: -	평균기온: 4.0℃	강수량: -	평균기온: -7.1℃	강수량: -	평균기온: -0.3℃	강수량: -
최고기온: 2.4℃	일 출: 07:33	최고기온: -2.0℃	일 출: 07:27	최고기온: 6.0℃	일 출: 07:18	최고기온: -3.4℃	일 출: 07:16	최고기온: 4.5℃	일 출: 07:04
최저기온: -5.0℃	일 몰: 17:59	최저기온: -8.8℃	일 몰: 18:06	최저기온: 3.0℃	일 몰: 18:14	최저기온: -9.5℃	일 몰: 18:16	최저기온: -4.5℃	일 몰: 18:25

경칩 03.05 ~ 04.04(양)

己卯月

양력	03.05		6	7	8	9	10	11	12	13	14	15	16	17	18	19	20	21	22	23	24	25	26	27	28	29	30	31	4.1	2	3	4
음력	01.25		26	27	28	29	2.1	2	3	4	5	6	7	8	9	10	11	12	13	14	15	16	17	18	19	20	21	22	23	24	25	26
일주	戊子		己丑	庚寅	辛卯	壬辰	癸巳	甲午	乙未	丙申	丁酉	戊戌	己亥	庚子	辛丑	壬寅	癸卯	甲辰	乙巳	丙午	丁未	戊申	己酉	庚戌	辛亥	壬子	癸丑	甲寅	乙卯	丙辰	丁巳	戊午
대 남	10	1	1	1	1	1	2	2	2	3	3	3	4	4	4	5	5	5	6	6	6	7	7	7	8	8	8	9	9	9	10	10
운 여	1	10	10	10	9	9	9	8	8	8	7	7	7	6	6	6	5	5	5	4	4	4	3	3	3	2	2	2	1	1	1	1

3월 5일(양) 경칩 20시 44분		3월 10일(양)		3월 20일(양) 춘분 21시 33분		4월 1일(양)			
평균기온: -0.9℃	강수량: -	평균기온: 8.4℃	강수량: 0.5㎜	평균기온: 5.9℃	강수량: -	평균기온: 11.2℃	강수량: -		
최고기온: 3.0℃	일 출: 06:58	최고기온: 13.1℃	일 출: 06:51	최고기온: 9.8℃	일 출: 06:36	최고기온: 16.1℃	일 출: 06:18		
최저기온: -4.1℃	일 몰: 18:29	최저기온: 5.0℃	일 몰: 18:34	최저기온: 3.0℃	일 몰: 18:44	최저기온: 6.3℃	일 몰: 18:54		

청명 04.05 ~ 05.04(양)

庚辰月

양력	04.05		6	7	8	9	10	11	12	13	14	15	16	17	18	19	20	21	22	23	24	25	26	27	28	29	30	5.1	2	3	4
음력	02.27		28	29	30	3.1	2	3	4	5	6	7	8	9	10	11	12	13	14	15	16	17	18	19	20	21	22	23	24	25	26
일주	己未		庚申	辛酉	壬戌	癸亥	甲子	乙丑	丙寅	丁卯	戊辰	己巳	庚午	辛未	壬申	癸酉	甲戌	乙亥	丙子	丁丑	戊寅	己卯	庚辰	辛巳	壬午	癸未	甲申	乙酉	丙戌	丁亥	戊子
대 남	10	1	1	1	1	1	2	2	2	3	3	3	4	4	4	5	5	5	6	6	6	7	7	7	8	8	8	9	9	9	10
운 여	1	10	10	9	9	9	8	8	8	7	7	7	6	6	6	5	5	5	4	4	4	3	3	3	2	2	2	1	1	1	1

4월 5일(양) 청명 01시 34분		4월 10일(양)		4월 20일(양) 곡우 08시 36분		5월 1일(양)			
평균기온: 13.3℃	강수량: -	평균기온: 12.4℃	강수량: 17.0㎜	평균기온: 10.3℃	강수량: 6.0㎜	평균기온: 21.0℃	강수량: 0.3㎜		
최고기온: 19.0℃	일 출: 06:12	최고기온: 17.1℃	일 출: 06:05	최고기온: 13.0℃	일 출: 05:51	최고기온: 25.6℃	일 출: 05:37		
최저기온: 7.3℃	일 몰: 18:58	최저기온: 9.1℃	일 몰: 19:03	최저기온: 7.9℃	일 몰: 19:12	최저기온: 17.2℃	일 몰: 19:22		

입하 05.05 ~ 06.04(양)

辛巳月

양력	05.05		6	7	8	9	10	11	12	13	14	15	16	17	18	19	20	21	22	23	24	25	26	27	28	29	30	31	6.1	2	3	4
음력	03.27		28	29	4.1	2	3	4	5	6	7	8	9	10	11	12	13	14	15	16	17	18	19	20	21	22	23	24	25	26	27	28
일주	己丑		庚寅	辛卯	壬辰	癸巳	甲午	乙未	丙申	丁酉	戊戌	己亥	庚子	辛丑	壬寅	癸卯	甲辰	乙巳	丙午	丁未	戊申	己酉	庚戌	辛亥	壬子	癸丑	甲寅	乙卯	丙辰	丁巳	戊午	己未
대 남	10	1	1	1	1	1	2	2	2	3	3	3	4	4	4	5	5	5	6	6	6	7	7	7	8	8	8	9	9	9	10	10
운 여	1	10	10	10	9	9	9	8	8	8	7	7	7	6	6	6	5	5	5	4	4	4	3	3	3	2	2	2	1	1	1	1

5월 5일(양) 입하 18시 52분		5월 10일(양)		5월 20일(양)		5월 21일(양) 소만 07시 47분		6월 1일(양)	
평균기온: 19.8℃	강수량: 16.5㎜	평균기온: 14.2℃	강수량: -	평균기온: 18.5℃	강수량: -	평균기온: 17.7℃	강수량: -	평균기온: 19.8℃	강수량: 2.5㎜
최고기온: 26.7℃	일 출: 05:33	최고기온: 19.3℃	일 출: 05:28	최고기온: 24.5℃	일 출: 05:19	최고기온: 22.8℃	일 출: 05:18	최고기온: 24.2℃	일 출: 05:12
최저기온: 13.1℃	일 몰: 19:25	최저기온: 9.0℃	일 몰: 19:30	최저기온: 12.8℃	일 몰: 19:38	최저기온: 13.6℃	일 몰: 19:39	최저기온: 15.5℃	일 몰: 19:47

망종 06.05 ~ 07.06(양)

壬午月

양력	06.05		6	7	8	9	10	11	12	13	14	15	16	17	18	19	20	21	22	23	24	25	26	27	28	29	30	7.1	2	3	4	5	6
음력	04.29		30	5.1	2	3	4	5	6	7	8	9	10	11	12	13	14	15	16	17	18	19	20	21	22	23	24	25	26	27	28	29	6.1
일주	庚申		辛酉	壬戌	癸亥	甲子	乙丑	丙寅	丁卯	戊辰	己巳	庚午	辛未	壬申	癸酉	甲戌	乙亥	丙子	丁丑	戊寅	己卯	庚辰	辛巳	壬午	癸未	甲申	乙酉	丙戌	丁亥	戊子	己丑	庚寅	辛卯
대 남	10	1	1	1	1	1	2	2	2	3	3	3	4	4	4	5	5	5	6	6	6	7	7	7	8	8	8	9	9	9	10	10	10
운 여	1	10	10	10	10	9	9	9	8	8	8	7	7	7	6	6	6	5	5	5	4	4	4	3	3	3	2	2	2	1	1	1	1

6월 5일(양) 망종 23시 01분		6월 10일(양)		6월 20일(양)		6월 21일(양) 하지 15시 45분		7월 1일(양)	
평균기온: 22.8℃	강수량: -	평균기온: 19.1℃	강수량: 13.5㎜	평균기온: 23.6℃	강수량: -	평균기온: 24.5℃	강수량: -	평균기온: 23.8℃	강수량: 55.0㎜
최고기온: 29.1℃	일 출: 05:11	최고기온: 23.1℃	일 출: 05:10	최고기온: 29.5℃	일 출: 05:11	최고기온: 29.1℃	일 출: 05:11	최고기온: 26.5℃	일 출: 05:14
최저기온: 16.0℃	일 몰: 19:50	최저기온: 18.0℃	일 몰: 19:53	최저기온: 19.0℃	일 몰: 19:56	최저기온: 22.0℃	일 몰: 19:57	최저기온: 21.6℃	일 몰: 19:57

소서 07.07 ~ 08.06(양)

癸未月

양력	07.07		8	9	10	11	12	13	14	15	16	17	18	19	20	21	22	23	24	25	26	27	28	29	30	31	8.1	2	3	4	5	6
음력	06.02		3	4	5	6	7	8	9	10	11	12	13	14	15	16	17	18	19	20	21	22	23	24	25	26	27	28	29	30	7.1	2
일주	壬辰		癸巳	甲午	乙未	丙申	丁酉	戊戌	己亥	庚子	辛丑	壬寅	癸卯	甲辰	乙巳	丙午	丁未	戊申	己酉	庚戌	辛亥	壬子	癸丑	甲寅	乙卯	丙辰	丁巳	戊午	己未	庚申	辛酉	壬戌
대 남	10	1	1	1	1	1	2	2	2	3	3	3	4	4	4	5	5	5	6	6	6	7	7	7	8	8	8	9	9	9	10	10
운 여	1	10	10	10	9	9	9	8	8	8	7	7	7	6	6	6	5	5	5	4	4	4	3	3	3	2	2	2	1	1	1	1

7월 7일(양) 소서 09시 16분		7월 10일(양)		7월 20일(양)		7월 23일(양) 대서 02시 40분		8월 1일(양)	
평균기온: 24.1℃	강수량: 8.5㎜	평균기온: 23.7℃	강수량: -	평균기온: 27.0℃	강수량: -	평균기온: 30.2℃	강수량: -	평균기온: 25.3℃	강수량: 26.5㎜
최고기온: 28.5℃	일 출: 05:17	최고기온: 26.2℃	일 출: 05:19	최고기온: 31.7℃	일 출: 05:26	최고기온: 33.9℃	일 출: 05:28	최고기온: 27.0℃	일 출: 05:36
최저기온: 22.1℃	일 몰: 19:56	최저기온: 20.6℃	일 몰: 19:55	최저기온: 23.8℃	일 몰: 19:50	최저기온: 26.2℃	일 몰: 19:48	최저기온: 23.2℃	일 몰: 19:41

입추 — 08.07 ~ 09.06(양)

甲申月

	甲申月(입추)	8	9	10	11	12	13	14	15	16	17	18	19	20	21	22	23	24	25	26	27	28	29	30	31	9.1	2	3	4	5	6
양력	08.07	8	9	10	11	12	13	14	15	16	17	18	19	20	21	22	23	24	25	26	27	28	29	30	31	9.1	2	3	4	5	6
음력	07.03	4	5	6	7	8	9	10	11	12	13	14	15	16	17	18	19	20	21	22	23	24	25	26	27	28	29	30	8.1	2	3
일주	癸亥	甲子	乙丑	丙寅	丁卯	戊辰	己巳	庚午	辛未	壬申	癸酉	甲戌	乙亥	丙子	丁丑	戊寅	己卯	庚辰	辛巳	壬午	癸未	甲申	乙酉	丙戌	丁亥	戊子	己丑	庚寅	辛卯	壬辰	癸巳
대운 남	10 / 1	1	1	1	1	2	2	2	3	3	3	4	4	4	5	5	5	6	6	6	7	7	7	8	8	8	9	9	9	10	10
운 여	1 / 10	10	10	9	9	9	8	8	8	7	7	7	6	6	6	5	5	5	4	4	4	3	3	3	2	2	2	1	1	1	1

8월 7일(양) 입추 19시 03분		8월 10일(양)		8월 20일(양)		8월 23일(양) 처서 09시 45분		9월 1일(양)	
평균기온: 26.9℃	강수량: 0.0mm	평균기온: 25.1℃	강수량: 57.5mm	평균기온: 23.2℃	강수량: 0.5mm	평균기온: 24.1℃	강수량: –	평균기온: 26.8℃	강수량: 0.1mm
최고기온: 30.1℃	일 출: 05:41	최고기온: 28.2℃	일 출: 05:43	최고기온: 28.2℃	일 출: 05:52	최고기온: 29.2℃	일 출: 05:54	최고기온: 30.2℃	일 출: 06:02
최저기온: 24.3℃	일 몰: 19:34	최저기온: 23.5℃	일 몰: 19:31	최저기온: 19.3℃	일 몰: 19:19	최저기온: 19.1℃	일 몰: 19:14	최저기온: 25.3℃	일 몰: 19:02

백로 — 09.07 ~ 10.07(양)

乙酉月

	乙酉月(백로)	8	9	10	11	12	13	14	15	16	17	18	19	20	21	22	23	24	25	26	27	28	29	30	10.1	2	3	4	5	6	7
양력	09.07	8	9	10	11	12	13	14	15	16	17	18	19	20	21	22	23	24	25	26	27	28	29	30	10.1	2	3	4	5	6	7
음력	08.04	5	6	7	8	9	10	11	12	13	14	15	16	17	18	19	20	21	22	23	24	25	26	27	28	29	9.1	2	3	4	5
일주	甲午	乙未	丙申	丁酉	戊戌	己亥	庚子	辛丑	壬寅	癸卯	甲辰	乙巳	丙午	丁未	戊申	己酉	庚戌	辛亥	壬子	癸丑	甲寅	乙卯	丙辰	丁巳	戊午	己未	庚申	辛酉	壬戌	癸亥	甲子
대운 남	10 / 1	1	1	1	2	2	2	3	3	3	4	4	4	5	5	5	6	6	6	7	7	7	8	8	8	9	9	9	10	10	10
운 여	1 / 10	10	10	10	9	9	9	8	8	8	7	7	7	6	6	6	5	5	5	4	4	4	3	3	3	2	2	2	1	1	1

9월 7일(양) 백로 21시 56분		9월 10일(양)		9월 20일(양)		9월 23일(양) 추분 07시 22분		10월 1일(양)	
평균기온: 23.3℃	강수량: –	평균기온: 24.1℃	강수량: –	평균기온: 20.1℃	강수량: 0.1mm	평균기온: 20.1℃	강수량: –	평균기온: 20.1℃	강수량: 14.5mm
최고기온: 27.8℃	일 출: 06:07	최고기온: 28.2℃	일 출: 06:09	최고기온: 23.5℃	일 출: 06:18	최고기온: 23.2℃	일 출: 06:20	최고기온: 21.6℃	일 출: 06:27
최저기온: 18.8℃	일 몰: 18:53	최저기온: 20.0℃	일 몰: 18:48	최저기온: 16.0℃	일 몰: 18:33	최저기온: 16.6℃	일 몰: 18:28	최저기온: 18.8℃	일 몰: 18:16

한로 — 10.08 ~ 11.06(양)

丙戌月

	丙戌月(한로)	9	10	11	12	13	14	15	16	17	18	19	20	21	22	23	24	25	26	27	28	29	30	31	11.1	2	3	4	5	6
양력	10.08	9	10	11	12	13	14	15	16	17	18	19	20	21	22	23	24	25	26	27	28	29	30	31	11.1	2	3	4	5	6
음력	09.06	7	8	9	10	11	12	13	14	15	16	17	18	19	20	21	22	23	24	25	26	27	28	29	30	10.1	2	3	4	5
일주	乙丑	丙寅	丁卯	戊辰	己巳	庚午	辛未	壬申	癸酉	甲戌	乙亥	丙子	丁丑	戊寅	己卯	庚辰	辛巳	壬午	癸未	甲申	乙酉	丙戌	丁亥	戊子	己丑	庚寅	辛卯	壬辰	癸巳	甲午
대운 남	10 / 1	1	1	1	2	2	2	3	3	3	4	4	4	5	5	5	6	6	6	7	7	7	8	8	8	9	9	9	10	10
운 여	1 / 10	10	10	9	9	9	8	8	8	7	7	7	6	6	6	5	5	5	4	4	4	3	3	3	2	2	2	1	1	1

10월 8일(양) 한로 13시 33분		10월 10일(양)		10월 20일(양)		10월 23일(양) 상강 16시 42분		11월 1일(양)	
평균기온: 16.1℃	강수량: –	평균기온: 17.4℃	강수량: –	평균기온: 15.8℃	강수량: –	평균기온: 9.5℃	강수량: –	평균기온: 12.5℃	강수량: –
최고기온: 20.6℃	일 출: 06:33	최고기온: 23.1℃	일 출: 06:35	최고기온: 21.7℃	일 출: 06:45	최고기온: 15.5℃	일 출: 06:48	최고기온: 17.5℃	일 출: 06:57
최저기온: 13.8℃	일 몰: 18:05	최저기온: 12.6℃	일 몰: 18:02	최저기온: 11.1℃	일 몰: 17:49	최저기온: 3.0℃	일 몰: 17:45	최저기온: 7.9℃	일 몰: 17:34

입동 — 11.07 ~ 12.06(양)

丁亥月

	丁亥月(입동)	8	9	10	11	12	13	14	15	16	17	18	19	20	21	22	23	24	25	26	27	28	29	30	12.1	2	3	4	5	6
양력	11.07	8	9	10	11	12	13	14	15	16	17	18	19	20	21	22	23	24	25	26	27	28	29	30	12.1	2	3	4	5	6
음력	10.06	7	8	9	10	11	12	13	14	15	16	17	18	19	20	21	22	23	24	25	26	27	28	29	30	11.1	2	3	4	5
일주	乙未	丙申	丁酉	戊戌	己亥	庚子	辛丑	壬寅	癸卯	甲辰	乙巳	丙午	丁未	戊申	己酉	庚戌	辛亥	壬子	癸丑	甲寅	乙卯	丙辰	丁巳	戊午	己未	庚申	辛酉	壬戌	癸亥	甲子
대운 남	10 / 1	1	1	1	1	2	2	2	3	3	3	4	4	4	5	5	5	6	6	6	7	7	7	8	8	8	9	9	9	10
운 여	1 / 10	10	9	9	9	8	8	8	7	7	7	6	6	6	5	5	5	4	4	4	3	3	3	2	2	2	1	1	1	10

11월 7일(양) 입동 16시 42분		11월 10일(양)		11월 20일(양)		11월 22일(양) 소설 14시 14분		12월 1일(양)	
평균기온: 10.7℃	강수량: 1.0mm	평균기온: 13.9℃	강수량: 0.0mm	평균기온: 3.5℃	강수량: –	평균기온: 5.1℃	강수량: –	평균기온: 5.9℃	강수량: 0.3mm
최고기온: 15.3℃	일 출: 07:03	최고기온: 17.7℃	일 출: 07:06	최고기온: 8.3℃	일 출: 07:17	최고기온: 9.3℃	일 출: 07:19	최고기온: 11.1℃	일 출: 07:28
최저기온: 6.0℃	일 몰: 17:28	최저기온: 9.8℃	일 몰: 17:25	최저기온: -1.0℃	일 몰: 17:18	최저기온: 0.8℃	일 몰: 17:17	최저기온: 2.5℃	일 몰: 17:14

대설 — 12.07 ~ 2006.01.04(양)

戊子月

	戊子月(대설)	8	9	10	11	12	13	14	15	16	17	18	19	20	21	22	23	24	25	26	27	28	29	30	31	1.1	2	3	4
양력	12.07	8	9	10	11	12	13	14	15	16	17	18	19	20	21	22	23	24	25	26	27	28	29	30	31	1.1	2	3	4
음력	11.06	7	8	9	10	11	12	13	14	15	16	17	18	19	20	21	22	23	24	25	26	27	28	29	12.1	2	3	4	5
일주	乙丑	丙寅	丁卯	戊辰	己巳	庚午	辛未	壬申	癸酉	甲戌	乙亥	丙子	丁丑	戊寅	己卯	庚辰	辛巳	壬午	癸未	甲申	乙酉	丙戌	丁亥	戊子	己丑	庚寅	辛卯	壬辰	癸巳
대운 남	10 / 1	1	1	1	2	2	2	3	3	3	4	4	4	5	5	5	6	6	6	7	7	7	8	8	8	9	9	9	10
운 여	1 / 10	10	9	9	9	8	8	8	7	7	7	6	6	6	5	5	5	4	4	4	3	3	3	2	2	2	1	1	1

12월 7일(양) 대설 09시 32분		12월 10일(양)		12월 20일(양)		12월 22일(양) 동지 03시 34분		1월 1일(양)	
평균기온: -1.8℃	강수량: –	평균기온: -2.9℃	강수량: –	평균기온: -2.8℃	강수량: –	평균기온: -6.6℃	강수량: 0.4mm	평균기온: 1.4℃	강수량: 0.0mm
최고기온: 2.0℃	일 출: 07:33	최고기온: 0.4℃	일 출: 07:36	최고기온: 1.3℃	일 출: 07:42	최고기온: -3.2℃	일 출: 07:44	최고기온: 1.8℃	일 출: 07:47
최저기온: -4.9℃	일 몰: 17:13	최저기온: -7.5℃	일 몰: 17:14	최저기온: -7.5℃	일 몰: 17:17	최저기온: -11.1℃	일 몰: 17:18	최저기온: 0.6℃	일 몰: 17:24

소한 — 01.05 ~ 02.03(양)

己丑月

	己丑月(소한)	6	7	8	9	10	11	12	13	14	15	16	17	18	19	20	21	22	23	24	25	26	27	28	29	30	31	2.1	2	3
양력	2006.01.05	6	7	8	9	10	11	12	13	14	15	16	17	18	19	20	21	22	23	24	25	26	27	28	29	30	31	2.1	2	3
음력	2005.12.06	7	8	9	10	11	12	13	14	15	16	17	18	19	20	21	22	23	24	25	26	27	28	29	1.1	2	3	4	5	6
일주	甲午	乙未	丙申	丁酉	戊戌	己亥	庚子	辛丑	壬寅	癸卯	甲辰	乙巳	丙午	丁未	戊申	己酉	庚戌	辛亥	壬子	癸丑	甲寅	乙卯	丙辰	丁巳	戊午	己未	庚申	辛酉	壬戌	癸亥
대운 남	10 / 1	1	1	1	1	2	2	2	3	3	3	4	4	4	5	5	5	6	6	6	7	7	7	8	8	8	9	9	9	10
운 여	1 / 10	10	9	9	9	8	8	8	7	7	7	6	6	6	5	5	5	4	4	4	3	3	3	2	2	2	1	1	1	1

1월 5일(양) 소한 20시 46분		1월 10일(양)		1월 20일(양) 대한 14시 15분		2월 1일(양)	
평균기온: -7.1℃	강수량: –	평균기온: -0.3℃	강수량: –	평균기온: 2.6℃	강수량: –	평균기온: 1.7℃	강수량: 0.0mm
최고기온: -2.5℃	일 출: 07:47	최고기온: 2.4℃	일 출: 07:47	최고기온: 6.5℃	일 출: 07:44	최고기온: 5.4℃	일 출: 07:36
최저기온: -10.0℃	일 몰: 17:27	최저기온: -2.2℃	일 몰: 17:32	최저기온: 0.2℃	일 몰: 17:42	최저기온: -2.5℃	일 몰: 17:55

입춘 02.04 ~ 03.05(양) — 庚寅月

일주	양력	음력	대운 남	대운 여
甲子	2006.02.04	2006.01.07	10 / 10	1 / 1
乙丑	2.5	1.8	10	1
丙寅	2.6	1.9	9	1
丁卯	2.7	1.10	9	1
戊辰	2.8	1.11	9	2
己巳	2.9	1.12	8	2
庚午	2.10	1.13	8	2
辛未	2.11	1.14	8	3
壬申	2.12	1.15	7	3
癸酉	2.13	1.16	7	3
甲戌	2.14	1.17	7	4
乙亥	2.15	1.18	6	4
丙子	2.16	1.19	6	4
丁丑	2.17	1.20	6	5
戊寅	2.18	1.21	5	5
己卯	2.19	1.22	5	5
庚辰	2.20	1.23	5	6
辛巳	2.21	1.24	4	6
壬午	2.22	1.25	4	6
癸未	2.23	1.26	4	7
甲申	2.24	1.27	3	7
乙酉	2.25	1.28	3	7
丙戌	2.26	1.29	3	8
丁亥	2.27	1.30	2	8
戊子	2.28	2.1	2	8
己丑	3.1	2.2	2	9
庚寅	3.2	2.3	1	9
辛卯	3.3	2.4	1	9
壬辰	3.4	2.5	1	10
癸巳	3.5	2.6	1	10

	평균기온	최고기온	최저기온	강수량	일 출	일 몰
2월 4일(양) 입춘 08시 27분	-9.3℃	-4.6℃	-13.1℃	-	07:34	17:59
2월 10일(양)	1.4℃	4.0℃	-1.7℃	-	07:28	18:05
2월 19일(양) 우수 04시 25분	3.3℃	8.0℃	-1.0℃	-	07:17	18:15
2월 20일(양)	3.8℃	9.1℃	-0.1℃	-	07:16	18:16
3월 1일(양)	0.0℃	2.5℃	-2.4℃	3.8mm	07:04	18:25

경칩 03.06 ~ 04.04(양) — 辛卯月

일주	양력	음력	대운 남	대운 여
甲午	03.06	02.07	1 / 10	10 / 1
乙未	3.7	2.8	10	1
丙申	3.8	2.9	9	1
丁酉	3.9	2.10	9	1
戊戌	3.10	2.11	9	2
己亥	3.11	2.12	8	2
庚子	3.12	2.13	8	2
辛丑	3.13	2.14	8	3
壬寅	3.14	2.15	7	3
癸卯	3.15	2.16	7	3
甲辰	3.16	2.17	7	4
乙巳	3.17	2.18	6	4
丙午	3.18	2.19	6	4
丁未	3.19	2.20	6	5
戊申	3.20	2.21	5	5
己酉	3.21	2.22	5	5
庚戌	3.22	2.23	5	6
辛亥	3.23	2.24	4	6
壬子	3.24	2.25	4	6
癸丑	3.25	2.26	4	7
甲寅	3.26	2.27	3	7
乙卯	3.27	2.28	3	7
丙辰	3.28	2.29	3	8
丁巳	3.29	3.1	2	8
戊午	3.30	3.2	2	8
己未	3.31	3.3	2	9
庚申	4.1	3.4	1	9
辛酉	4.2	3.5	1	9
壬戌	4.3	3.6	1	10
癸亥	4.4	3.7	1	10

	평균기온	최고기온	최저기온	강수량	일 출	일 몰
3월 6일(양) 경칩 02시 28분	5.9℃	12.1℃	0.6℃	-	06:57	18:30
3월 10일(양)	9.9℃	14.6℃	7.0℃	0.0mm	06:51	18:34
3월 20일(양)	5.1℃	8.5℃	0.6℃	-	06:37	18:43
3월 21일(양) 춘분 03시 25분	9.7℃	16.2℃	2.9℃	-	06:35	18:44
4월 1일(양)	9.7℃	11.6℃	7.5℃	16.5mm	06:18	18:54

청명 04.05 ~ 05.05(양) — 壬辰月

일주	양력	음력	대운 남	대운 여
甲子	04.05	03.08	1 / 10	10 / 1
乙丑	4.6	3.9	10	1
丙寅	4.7	3.10	10	1
丁卯	4.8	3.11	9	1
戊辰	4.9	3.12	9	1
己巳	4.10	3.13	9	2
庚午	4.11	3.14	8	2
辛未	4.12	3.15	8	2
壬申	4.13	3.16	8	3
癸酉	4.14	3.17	7	3
甲戌	4.15	3.18	7	3
乙亥	4.16	3.19	7	4
丙子	4.17	3.20	6	4
丁丑	4.18	3.21	6	4
戊寅	4.19	3.22	6	5
己卯	4.20	3.23	5	5
庚辰	4.21	3.24	5	5
辛巳	4.22	3.25	5	6
壬午	4.23	3.26	4	6
癸未	4.24	3.27	4	6
甲申	4.25	3.28	4	7
乙酉	4.26	3.29	3	7
丙戌	4.27	3.30	3	7
丁亥	4.28	4.1	3	8
戊子	4.29	4.2	2	8
己丑	4.30	4.3	2	8
庚寅	5.1	4.4	2	9
辛卯	5.2	4.5	1	9
壬辰	5.3	4.6	1	9
癸巳	5.4	4.7	1	10
甲午	5.5	4.8	1	10

	평균기온	최고기온	최저기온	강수량	일 출	일 몰
4월 5일(양) 청명 07시 15분	11.6℃	17.5℃	7.3℃	-	06:13	18:58
4월 10일(양)	14.7℃	18.6℃	11.6℃	11.5mm	06:05	19:02
4월 20일(양) 곡우 14시 25분	7.3℃	9.3℃	3.2℃	0.0mm	05:51	19:11
5월 1일(양)	18.0℃	23.7℃	12.6℃	-	05:37	19:22

입하 05.06 ~ 06.05(양) — 癸巳月

일주	양력	음력	대운 남	대운 여
乙未	05.06	04.09	1 / 10	10 / 1
丙申	5.7	4.10	10	1
丁酉	5.8	4.11	10	1
戊戌	5.9	4.12	9	1
己亥	5.10	4.13	9	1
庚子	5.11	4.14	9	2
辛丑	5.12	4.15	8	2
壬寅	5.13	4.16	8	2
癸卯	5.14	4.17	8	3
甲辰	5.15	4.18	7	3
乙巳	5.16	4.19	7	3
丙午	5.17	4.20	7	4
丁未	5.18	4.21	6	4
戊申	5.19	4.22	6	4
己酉	5.20	4.23	6	5
庚戌	5.21	4.24	5	5
辛亥	5.22	4.25	5	5
壬子	5.23	4.26	5	6
癸丑	5.24	4.27	4	6
甲寅	5.25	4.28	4	6
乙卯	5.26	4.29	4	7
丙辰	5.27	5.1	3	7
丁巳	5.28	5.2	3	7
戊午	5.29	5.3	3	8
己未	5.30	5.4	2	8
庚申	5.31	5.5	2	8
辛酉	6.1	5.6	2	9
壬戌	6.2	5.7	1	9
癸亥	6.3	5.8	1	9
甲子	6.4	5.9	1	10
乙丑	6.5	5.10	1	10

	평균기온	최고기온	최저기온	강수량	일 출	일 몰
5월 6일(양) 입하 00시 30분	15.1℃	18.8℃	13.5℃	93.0mm	05:32	19:26
5월 10일(양)	18.2℃	20.2℃	16.0℃	0.3mm	05:28	19:30
5월 20일(양)	18.2℃	24.7℃	13.0℃	-	05:19	19:38
5월 21일(양) 소만 13시 31분	22.5℃	28.3℃	15.3℃	-	05:19	19:39
6월 1일(양)	22.7℃	28.1℃	16.7℃	-	05:13	19:47

망종 06.06 ~ 07.06(양) — 甲午月

일주	양력	음력	대운 남	대운 여
丙寅	06.06	05.11	10 / 10	1 / 1
丁卯	6.7	5.12	10	1
戊辰	6.8	5.13	10	1
己巳	6.9	5.14	9	1
庚午	6.10	5.15	9	1
辛未	6.11	5.16	9	2
壬申	6.12	5.17	8	2
癸酉	6.13	5.18	8	2
甲戌	6.14	5.19	8	3
乙亥	6.15	5.20	7	3
丙子	6.16	5.21	7	3
丁丑	6.17	5.22	7	4
戊寅	6.18	5.23	6	4
己卯	6.19	5.24	6	4
庚辰	6.20	5.25	6	5
辛巳	6.21	5.26	5	5
壬午	6.22	5.27	5	5
癸未	6.23	5.28	5	6
甲申	6.24	5.29	4	6
乙酉	6.25	5.30	4	6
丙戌	6.26	6.1	4	7
丁亥	6.27	6.2	3	7
戊子	6.28	6.3	3	7
己丑	6.29	6.4	3	8
庚寅	6.30	6.5	2	8
辛卯	7.1	6.6	2	8
壬辰	7.2	6.7	2	9
癸巳	7.3	6.8	1	9
甲午	7.4	6.9	1	9
乙未	7.5	6.10	1	10
丙申	7.6	6.11	1	10

	평균기온	최고기온	최저기온	강수량	일 출	일 몰
6월 6일(양) 망종 04시 36분	21.9℃	27.3℃	17.7℃	-	05:11	19:50
6월 10일(양)	17.3℃	20.6℃	15.1℃	39.5mm	05:10	19:53
6월 20일(양)	22.5℃	26.2℃	19.8℃	-	05:11	19:56
6월 21일(양) 하지 21시 25분	19.2℃	20.1℃	18.7℃	14.0mm	05:11	19:57
7월 1일(양)	22.6℃	24.7℃	21.1℃	4.5mm	05:14	19:57

소서 07.07 ~ 08.07(양) — 乙未月

일주	양력	음력	대운 남	대운 여
丁酉	07.07	06.12	10 / 10	1 / 1
戊戌	7.8	6.13	10	1
己亥	7.9	6.14	10	1
庚子	7.10	6.15	10	1
辛丑	7.11	6.16	9	1
壬寅	7.12	6.17	9	2
癸卯	7.13	6.18	9	2
甲辰	7.14	6.19	8	2
乙巳	7.15	6.20	8	3
丙午	7.16	6.21	8	3
丁未	7.17	6.22	7	3
戊申	7.18	6.23	7	4
己酉	7.19	6.24	7	4
庚戌	7.20	6.25	6	4
辛亥	7.21	6.26	6	5
壬子	7.22	6.27	6	5
癸丑	7.23	6.28	5	5
甲寅	7.24	6.29	5	6
乙卯	7.25	7.1	5	6
丙辰	7.26	7.2	4	6
丁巳	7.27	7.3	4	7
戊午	7.28	7.4	4	7
己未	7.29	7.5	3	7
庚申	7.30	7.6	3	8
辛酉	7.31	7.7	3	8
壬戌	8.1	7.8	2	8
癸亥	8.2	7.9	2	9
甲子	8.3	7.10	2	9
乙丑	8.4	7.11	1	9
丙寅	8.5	7.12	1	10
丁卯	8.6	7.13	1	10
戊辰	8.7	7.14	1	10

	평균기온	최고기온	최저기온	강수량	일 출	일 몰
7월 7일(양) 소서 14시 51분	23.0℃	26.8℃	20.0℃	10.0mm	05:17	19:56
7월 10일(양)	23.8℃	26.1℃	21.2℃	19.0mm	05:19	19:55
7월 20일(양)	21.7℃	24.7℃	19.1℃	4.5mm	05:26	19:50
7월 23일(양) 대서 08시 17분	23.4℃	28.1℃	20.1℃	-	05:28	19:48
8월 1일(양)	27.7℃	32.0℃	24.7℃	-	05:35	19:41

입 추 — 08.08 ~ 09.07(양) · 丙申月

양력	08.08	9	10	11	12	13	14	15	16	17	18	19	20	21	22	23	24	25	26	27	28	29	30	31	9.1	2	3	4	5	6	7
음력	07.15	16	17	18	19	20	21	22	23	24	25	26	27	28	29	30	윤7.1	2	3	4	5	6	7	8	9	10	11	12	13	14	15
일주	己巳	庚午	辛未	壬申	癸酉	甲戌	乙亥	丙子	丁丑	戊寅	己卯	庚辰	辛巳	壬午	癸未	甲申	乙酉	丙戌	丁亥	戊子	己丑	庚寅	辛卯	壬辰	癸巳	甲午	乙未	丙申	丁酉	戊戌	己亥
대운(남)	1·10	10	10	9	9	9	8	8	8	7	7	7	6	6	6	5	5	5	4	4	4	3	3	3	2	2	2	1	1	1	1
대운(여)	10·1	1	1	1	1	2	2	2	3	3	3	4	4	4	5	5	5	6	6	6	7	7	7	8	8	8	9	9	9	10	10

날짜	평균기온	최고기온	최저기온	강수량	일 출	일 몰
8월 8일(양) 입추 00시 40분	29.0℃	34.2℃	24.0℃	–	05:41	19:34
8월 10일(양)	28.6℃	33.2℃	24.8℃	–	05:43	19:31
8월 20일(양)	23.6℃	26.5℃	21.0℃	0.0mm	05:52	19:19
8월 23일(양) 처서 15시 22분	27.1℃	30.6℃	25.2℃	0.0mm	05:54	19:15
9월 1일(양)	24.2℃	28.8℃	19.5℃	–	06:02	19:02

백 로 — 09.08 ~ 10.07(양) · 丁酉月

양력	09.08	9	10	11	12	13	14	15	16	17	18	19	20	21	22	23	24	25	26	27	28	29	30	10.1	2	3	4	5	6	7
음력	07.16	17	18	19	20	21	22	23	24	25	26	27	28	29	8.1	2	3	4	5	6	7	8	9	10	11	12	13	14	15	16
일주	庚子	辛丑	壬寅	癸卯	甲辰	乙巳	丙午	丁未	戊申	己酉	庚戌	辛亥	壬子	癸丑	甲寅	乙卯	丙辰	丁巳	戊午	己未	庚申	辛酉	壬戌	癸亥	甲子	乙丑	丙寅	丁卯	戊辰	己巳
대운(남)	1·10	10	9	9	9	8	8	8	7	7	7	6	6	6	5	5	5	4	4	4	3	3	3	2	2	2	1	1	1	1
대운(여)	10·1	1	1	1	2	2	2	3	3	3	4	4	4	5	5	5	6	6	6	7	7	7	8	8	8	9	9	9	10	10

날짜	평균기온	최고기온	최저기온	강수량	일 출	일 몰
9월 8일(양) 백로 03시 38분	22.0℃	25.7℃	18.7℃	0.0mm	06:08	18:52
9월 10일(양)	15.8℃	20.1℃	12.6℃	–	06:09	18:49
9월 20일(양)	22.1℃	26.7℃	17.8℃	–	06:18	18:33
9월 23일(양) 추분 13시 03분	21.5℃	26.6℃	17.1℃	–	06:20	18:28
10월 1일(양)	20.7℃	25.3℃	17.7℃	–	06:27	18:16

한 로 — 10.08 ~ 11.06(양) · 戊戌月

양력	10.08	9	10	11	12	13	14	15	16	17	18	19	20	21	22	23	24	25	26	27	28	29	30	31	11.1	2	3	4	5	6
음력	08.17	18	19	20	21	22	23	24	25	26	27	28	29	30	9.1	2	3	4	5	6	7	8	9	10	11	12	13	14	15	16
일주	庚午	辛未	壬申	癸酉	甲戌	乙亥	丙子	丁丑	戊寅	己卯	庚辰	辛巳	壬午	癸未	甲申	乙酉	丙戌	丁亥	戊子	己丑	庚寅	辛卯	壬辰	癸巳	甲午	乙未	丙申	丁酉	戊戌	己亥
대운(남)	1·10	10	9	9	9	8	8	8	7	7	7	6	6	6	5	5	5	4	4	4	3	3	3	2	2	2	1	1	1	1
대운(여)	10·1	1	1	1	1	2	2	2	3	3	3	4	4	4	5	5	5	6	6	6	7	7	7	8	8	8	9	9	9	10

날짜	평균기온	최고기온	최저기온	강수량	일 출	일 몰
10월 8일(양) 한로 19시 21분	19.7℃	23.7℃	15.8℃	–	06:33	18:06
10월 10일(양)	20.9℃	25.7℃	18.7℃	–	06:35	18:03
10월 20일(양)	19.1℃	23.5℃	16.0℃	0.5mm	06:44	17:49
10월 23일(양) 상강 22시 26분	12.0℃	15.6℃	10.5℃	8.0mm	06:47	17:45
11월 1일(양)	15.6℃	19.8℃	12.6℃	–	06:56	17:34

입 동 — 11.07 ~ 12.06(양) · 己亥月

양력	11.07	8	9	10	11	12	13	14	15	16	17	18	19	20	21	22	23	24	25	26	27	28	29	30	12.1	2	3	4	5	6
음력	09.17	18	19	20	21	22	23	24	25	26	27	28	29	30	10.1	2	3	4	5	6	7	8	9	10	11	12	13	14	15	16
일주	庚子	辛丑	壬寅	癸卯	甲辰	乙巳	丙午	丁未	戊申	己酉	庚戌	辛亥	壬子	癸丑	甲寅	乙卯	丙辰	丁巳	戊午	己未	庚申	辛酉	壬戌	癸亥	甲子	乙丑	丙寅	丁卯	戊辰	己巳
대운(남)	1·10	10	9	9	9	8	8	8	7	7	7	6	6	6	5	5	5	4	4	4	3	3	3	2	2	2	1	1	1	1
대운(여)	10·1	1	1	1	1	2	2	2	3	3	3	4	4	4	5	5	5	6	6	6	7	7	7	8	8	8	9	9	9	10

날짜	평균기온	최고기온	최저기온	강수량	일 출	일 몰
11월 7일(양) 입동 22시 34분	3.5℃	8.1℃	-1.3℃	–	07:03	17:28
11월 10일(양)	8.4℃	12.6℃	5.1℃	–	07:06	17:26
11월 20일(양)	8.6℃	13.1℃	4.6℃	–	07:16	17:18
11월 22일(양) 소설 20시 01분	7.1℃	10.1℃	5.0℃	–	07:19	17:17
12월 1일(양)	3.1℃	5.9℃	0.8℃	0.3mm	07:28	17:14

대 설 — 12.07 ~ 2007.01.05(양) · 庚子月

양력	12.07	8	9	10	11	12	13	14	15	16	17	18	19	20	21	22	23	24	25	26	27	28	29	30	31	1.1	2	3	4	5
음력	10.17	18	19	20	21	22	23	24	25	26	27	28	29	11.1	2	3	4	5	6	7	8	9	10	11	12	13	14	15	16	17
일주	庚午	辛未	壬申	癸酉	甲戌	乙亥	丙子	丁丑	戊寅	己卯	庚辰	辛巳	壬午	癸未	甲申	乙酉	丙戌	丁亥	戊子	己丑	庚寅	辛卯	壬辰	癸巳	甲午	乙未	丙申	丁酉	戊戌	己亥
대운(남)	1·10	10	9	9	9	8	8	8	7	7	7	6	6	6	5	5	5	4	4	4	3	3	3	2	2	2	1	1	1	1
대운(여)	10·1	1	1	1	1	2	2	2	3	3	3	4	4	4	5	5	5	6	6	6	7	7	7	8	8	8	9	9	9	10

날짜	평균기온	최고기온	최저기온	강수량	일 출	일 몰
12월 7일(양) 대설 15시 26분	5.0℃	7.4℃	3.5℃	1.0mm	07:33	17:13
12월 10일(양)	-0.4℃	3.7℃	-3.5℃	–	07:35	17:14
12월 20일(양)	4.1℃	8.1℃	1.7℃	–	07:42	17:16
12월 22일(양) 동지 09시 21분	4.1℃	7.3℃	2.0℃	0.0mm	07:43	17:17
1월 1일(양)	3.3℃	6.0℃	0.0℃	0.2mm	07:47	17:24

소 한 — 01.06 ~ 02.03(양) · 辛丑月

양력	2007.01.06	7	8	9	10	11	12	13	14	15	16	17	18	19	20	21	22	23	24	25	26	27	28	29	30	31	2.1	2	3
음력	2006.11.18	19	20	21	22	23	24	25	26	27	28	29	30	12.1	2	3	4	5	6	7	8	9	10	11	12	13	14	15	16
일주	庚子	辛丑	壬寅	癸卯	甲辰	乙巳	丙午	丁未	戊申	己酉	庚戌	辛亥	壬子	癸丑	甲寅	乙卯	丙辰	丁巳	戊午	己未	庚申	辛酉	壬戌	癸亥	甲子	乙丑	丙寅	丁卯	戊辰
대운(남)	1·10	9	9	9	8	8	8	7	7	7	6	6	6	5	5	5	4	4	4	3	3	3	2	2	2	1	1	1	1
대운(여)	10·1	1	1	1	2	2	2	3	3	3	4	4	4	5	5	5	6	6	6	7	7	7	8	8	8	9	9	9	9

날짜	평균기온	최고기온	최저기온	강수량	일 출	일 몰
1월 6일(양) 소한 02시 39분	-1.2℃	4.6℃	-4.8℃	9.0mm	07:47	17:28
1월 10일(양)	-0.4℃	2.9℃	-3.0℃	–	07:47	17:32
1월 20일(양) 대한 20시 00분	1.0℃	6.1℃	-2.7℃	–	07:44	17:42
2월 1일(양)	-5.4℃	-1.5℃	-8.3℃	–	07:36	17:55

단기 4340년

입춘 — 02.04 ~ 03.05(양) · 壬寅月

양력	2007.02.04	5	6	7	8	9	10	11	12	13	14	15	16	17	18	19	20	21	22	23	24	25	26	27	28	3.1	2	3	4	5
음력	2006.12.17	18	19	20	21	22	23	24	25	26	27	28	29	30	1.1	2	3	4	5	6	7	8	9	10	11	12	13	14	15	16
일주	己巳	庚午	辛未	壬申	癸酉	甲戌	乙亥	丙子	丁丑	戊寅	己卯	庚辰	辛巳	壬午	癸未	甲申	乙酉	丙戌	丁亥	戊子	己丑	庚寅	辛卯	壬辰	癸巳	甲午	乙未	丙申	丁酉	戊戌
대운(남)	1·1	1	1	1	1	2	2	2	3	3	3	4	4	4	5	5	5	6	6	6	7	7	7	8	8	8	9	9	9	10
대운(여)	10·10	10	9	9	9	8	8	8	7	7	7	6	6	6	5	5	5	4	4	4	3	3	3	2	2	2	1	1	1	1

날짜	평균기온	최고기온	최저기온	강수량	일출	일몰
2월 4일(양) 입춘 14시 17분	3.0℃	9.3℃	-2.2℃	–	07:34	17:58
2월 10일(양)	3.5℃	6.0℃	0.4℃	0.0mm	07:28	18:05
2월 19일(양) 우수 10시 08분	4.4℃	10.3℃	1.7℃	–	07:18	18:15
2월 20일(양)	5.6℃	12.0℃	0.4℃	–	07:16	18:16
3월 1일(양)	10.2℃	15.3℃	3.9℃	–	07:05	18:25

경칩 — 03.06 ~ 04.04(양) · 癸卯月

양력	03.06	7	8	9	10	11	12	13	14	15	16	17	18	19	20	21	22	23	24	25	26	27	28	29	30	31	4.1	2	3	4
음력	01.17	18	19	20	21	22	23	24	25	26	27	28	29	2.1	2	3	4	5	6	7	8	9	10	11	12	13	14	15	16	17
일주	己亥	庚子	辛丑	壬寅	癸卯	甲辰	乙巳	丙午	丁未	戊申	己酉	庚戌	辛亥	壬子	癸丑	甲寅	乙卯	丙辰	丁巳	戊午	己未	庚申	辛酉	壬戌	癸亥	甲子	乙丑	丙寅	丁卯	戊辰
대운(남)	10·1	1	1	1	1	2	2	2	3	3	3	4	4	4	5	5	5	6	6	6	7	7	7	8	8	8	9	9	9	10
대운(여)	1·10	10	9	9	9	8	8	8	7	7	7	6	6	6	5	5	5	4	4	4	3	3	3	2	2	2	1	1	1	1

날짜	평균기온	최고기온	최저기온	강수량	일출	일몰
3월 6일(양) 경칩 08시 17분	-5.0℃	-1.6℃	-7.6℃	0.0mm	06:58	18:30
3월 10일(양)	2.3℃	6.5℃	-3.5℃	1.0mm	06:52	18:34
3월 20일(양)	5.4℃	10.1℃	1.7℃	–	06:37	18:43
3월 21일(양) 춘분 09시 07분	6.7℃	8.3℃	5.4℃	1.0mm	06:35	18:44
4월 1일(양)	9.1℃	13.3℃	6.5℃	–	06:19	18:54

청명 — 04.05 ~ 05.05(양) · 甲辰月

양력	04.05	6	7	8	9	10	11	12	13	14	15	16	17	18	19	20	21	22	23	24	25	26	27	28	29	30	5.1	2	3	4	5
음력	02.18	19	20	21	22	23	24	25	26	27	28	29	3.1	2	3	4	5	6	7	8	9	10	11	12	13	14	15	16	17	18	19
일주	己巳	庚午	辛未	壬申	癸酉	甲戌	乙亥	丙子	丁丑	戊寅	己卯	庚辰	辛巳	壬午	癸未	甲申	乙酉	丙戌	丁亥	戊子	己丑	庚寅	辛卯	壬辰	癸巳	甲午	乙未	丙申	丁酉	戊戌	己亥
대운(남)	10·1	1	1	1	1	2	2	2	3	3	3	4	4	4	5	5	5	6	6	6	7	7	7	8	8	8	9	9	9	10	10
대운(여)	1·10	10	10	9	9	9	8	8	8	7	7	7	6	6	6	5	5	5	4	4	4	3	3	3	2	2	2	1	1	1	1

날짜	평균기온	최고기온	최저기온	강수량	일출	일몰
4월 5일(양) 청명 13시 04분	8.3℃	13.6℃	2.5℃	–	06:13	18:58
4월 10일(양)	10.4℃	14.3℃	9.0℃	0.1mm	06:06	19:02
4월 20일(양) 곡우 20시 06분	12.5℃	14.5℃	10.1℃	26.0mm	05:52	19:11
5월 1일(양)	14.0℃	16.8℃	11.6℃	2.5mm	05:38	19:21

입하 — 05.06 ~ 06.05(양) · 乙巳月

양력	05.06	7	8	9	10	11	12	13	14	15	16	17	18	19	20	21	22	23	24	25	26	27	28	29	30	31	6.1	2	3	4	5
음력	03.20	21	22	23	24	25	26	27	28	29	30	4.1	2	3	4	5	6	7	8	9	10	11	12	13	14	15	16	17	18	19	20
일주	庚子	辛丑	壬寅	癸卯	甲辰	乙巳	丙午	丁未	戊申	己酉	庚戌	辛亥	壬子	癸丑	甲寅	乙卯	丙辰	丁巳	戊午	己未	庚申	辛酉	壬戌	癸亥	甲子	乙丑	丙寅	丁卯	戊辰	己巳	庚午
대운(남)	10·1	1	1	1	1	2	2	2	3	3	3	4	4	4	5	5	5	6	6	6	7	7	7	8	8	8	9	9	9	10	10
대운(여)	1·10	10	10	9	9	9	8	8	8	7	7	7	6	6	6	5	5	5	4	4	4	3	3	3	2	2	2	1	1	1	1

날짜	평균기온	최고기온	최저기온	강수량	일출	일몰
5월 6일(양) 입하 06시 20분	20.0℃	25.2℃	15.5℃	–	05:32	19:26
5월 10일(양)	15.7℃	22.8℃	9.0℃	–	05:28	19:29
5월 20일(양)	17.4℃	23.1℃	12.0℃	–	05:19	19:38
5월 21일(양) 소만 19시 11분	18.4℃	24.1℃	12.8℃	–	05:19	19:39
6월 1일(양)	20.4℃	22.2℃	16.7℃	–	05:13	19:47

망종 — 06.06 ~ 07.06(양) · 丙午月

양력	06.06	7	8	9	10	11	12	13	14	15	16	17	18	19	20	21	22	23	24	25	26	27	28	29	30	7.1	2	3	4	5	6
음력	04.21	22	23	24	25	26	27	28	29	5.1	2	3	4	5	6	7	8	9	10	11	12	13	14	15	16	17	18	19	20	21	22
일주	辛未	壬申	癸酉	甲戌	乙亥	丙子	丁丑	戊寅	己卯	庚辰	辛巳	壬午	癸未	甲申	乙酉	丙戌	丁亥	戊子	己丑	庚寅	辛卯	壬辰	癸巳	甲午	乙未	丙申	丁酉	戊戌	己亥	庚子	辛丑
대운(남)	10·1	1	1	1	1	2	2	2	3	3	3	4	4	4	5	5	5	6	6	6	7	7	7	8	8	8	9	9	9	10	10
대운(여)	1·10	10	10	9	9	9	8	8	8	7	7	7	6	6	6	5	5	5	4	4	4	3	3	3	2	2	2	1	1	1	1

날짜	평균기온	최고기온	최저기온	강수량	일출	일몰
6월 6일(양) 망종 10시 26분	20.1℃	24.8℃	17.5℃	0.1mm	05:11	19:50
6월 10일(양)	23.6℃	30.7℃	16.6℃	–	05:10	19:52
6월 20일(양)	24.2℃	28.6℃	21.5℃	0.0mm	05:11	19:56
6월 22일(양) 하지 03시 06분	25.4℃	31.7℃	19.5℃	0.1mm	05:11	19:57
7월 1일(양)	19.8℃	23.2℃	19.0℃	31.0mm	05:14	19:57

소서 — 07.07 ~ 08.07(양) · 丁未月

양력	07.07	8	9	10	11	12	13	14	15	16	17	18	19	20	21	22	23	24	25	26	27	28	29	30	31	8.1	2	3	4	5	6	7
음력	05.23	24	25	26	27	28	29	6.1	2	3	4	5	6	7	8	9	10	11	12	13	14	15	16	17	18	19	20	21	22	23	24	25
일주	壬寅	癸卯	甲辰	乙巳	丙午	丁未	戊申	己酉	庚戌	辛亥	壬子	癸丑	甲寅	乙卯	丙辰	丁巳	戊午	己未	庚申	辛酉	壬戌	癸亥	甲子	乙丑	丙寅	丁卯	戊辰	己巳	庚午	辛未	壬申	癸酉
대운(남)	10·1	1	1	1	1	2	2	2	3	3	3	4	4	4	5	5	5	6	6	6	7	7	7	8	8	8	9	9	9	10	10	10
대운(여)	1·10	10	10	10	9	9	9	8	8	8	7	7	7	6	6	6	5	5	5	4	4	4	3	3	3	2	2	2	1	1	1	1

날짜	평균기온	최고기온	최저기온	강수량	일출	일몰
7월 7일(양) 소서 20시 41분	26.4℃	30.7℃	22.7℃	0.0mm	05:17	19:56
7월 10일(양)	22.4℃	25.1℃	19.5℃	3.5mm	05:19	19:56
7월 20일(양)	26.2℃	30.0℃	23.1℃	0.4mm	05:26	19:51
7월 23일(양) 대서 13시 59분	25.5℃	29.3℃	21.7℃	–	05:28	19:49
8월 1일(양)	27.2℃	30.1℃	25.1℃	1.0mm	05:35	19:41

입추 — 08.08 ~ 09.07(양) (戊申月)

구분		9	10	11	12	13	14	15	16	17	18	19	20	21	22	23	24	25	26	27	28	29	30	31	9.1	2	3	4	5	6	7
양력	08.08	9	10	11	12	13	14	15	16	17	18	19	20	21	22	23	24	25	26	27	28	29	30	31	9.1	2	3	4	5	6	7
음력	06.26	27	28	29	30	7.1	2	3	4	5	6	7	8	9	10	11	12	13	14	15	16	17	18	19	20	21	22	23	24	25	26
일주	甲戌	乙亥	丙子	丁丑	戊寅	己卯	庚辰	辛巳	壬午	癸未	甲申	乙酉	丙戌	丁亥	戊子	己丑	庚寅	辛卯	壬辰	癸巳	甲午	乙未	丙申	丁酉	戊戌	己亥	庚子	辛丑	壬寅	癸卯	甲辰
대운 남	10 / 1	1	1	1	1	2	2	2	3	3	3	4	4	4	5	5	5	6	6	6	7	7	7	8	8	8	9	9	9	10	10
대운 여	1 / 10	10	10	9	9	9	8	8	8	7	7	7	6	6	6	5	5	5	4	4	4	3	3	3	2	2	2	1	1	1	1

8월 8일(양) 입추 06시 30분	8월 10일(양)	8월 20일(양)	8월 23일(양) 처서 21시 07분	9월 1일(양)
평균기온: 25.3℃ / 강수량: 40.5㎜	평균기온: 27.7℃ / 강수량: 3.5㎜	평균기온: 27.2℃ / 강수량: 2.5㎜	평균기온: 26.9℃ / 강수량: -	평균기온: 20.4℃ / 강수량: 22.0㎜
최고기온: 27.7℃ / 일 출: 05:41	최고기온: 31.0℃ / 일 출: 05:43	최고기온: 31.0℃ / 일 출: 05:51	최고기온: 33.2℃ / 일 출: 05:54	최고기온: 23.2℃ / 일 출: 06:02
최저기온: 21.8℃ / 일 몰: 19:34	최저기온: 25.7℃ / 일 몰: 19:32	최저기온: 24.5℃ / 일 몰: 19:19	최저기온: 21.8℃ / 일 몰: 19:15	최저기온: 19.2℃ / 일 몰: 19:02

백로 — 09.08 ~ 10.08(양) (己酉月)

구분		9	10	11	12	13	14	15	16	17	18	19	20	21	22	23	24	25	26	27	28	29	30	10.1	2	3	4	5	6	7	8
양력	09.08	9	10	11	12	13	14	15	16	17	18	19	20	21	22	23	24	25	26	27	28	29	30	10.1	2	3	4	5	6	7	8
음력	07.27	28	29	8.1	2	3	4	5	6	7	8	9	10	11	12	13	14	15	16	17	18	19	20	21	22	23	24	25	26	27	28
일주	乙巳	丙午	丁未	戊申	己酉	庚戌	辛亥	壬子	癸丑	甲寅	乙卯	丙辰	丁巳	戊午	己未	庚申	辛酉	壬戌	癸亥	甲子	乙丑	丙寅	丁卯	戊辰	己巳	庚午	辛未	壬申	癸酉	甲戌	乙亥
대운 남	10 / 1	1	1	1	1	2	2	2	3	3	3	4	4	4	5	5	5	6	6	6	7	7	7	8	8	8	9	9	9	10	10
대운 여	1 / 10	10	10	9	9	9	8	8	8	7	7	7	6	6	6	5	5	5	4	4	4	3	3	3	2	2	2	1	1	1	1

9월 8일(양) 백로 09시 29분	9월 10일(양)	9월 20일(양)	9월 23일(양) 추분 18시 50분	10월 1일(양)
평균기온: 21.8℃ / 강수량: -	평균기온: 23.7℃ / 강수량: -	평균기온: 25.6℃ / 강수량: 18.0㎜	평균기온: 21.7℃ / 강수량: 0.4㎜	평균기온: 18.3℃ / 강수량: 0.0㎜
최고기온: 26.0℃ / 일 출: 06:07	최고기온: 28.3℃ / 일 출: 06:09	최고기온: 31.1℃ / 일 출: 06:17	최고기온: 25.0℃ / 일 출: 06:20	최고기온: 20.7℃ / 일 출: 06:27
최저기온: 18.2℃ / 일 몰: 18:52	최저기온: 20.1℃ / 일 몰: 18:49	최저기온: 20.1℃ / 일 몰: 18:33	최저기온: 18.7℃ / 일 몰: 18:29	최저기온: 16.6℃ / 일 몰: 18:17

한로 — 10.09 ~ 11.07(양) (庚戌月)

구분		10	11	12	13	14	15	16	17	18	19	20	21	22	23	24	25	26	27	28	29	30	31	11.1	2	3	4	5	6	7
양력	10.09	10	11	12	13	14	15	16	17	18	19	20	21	22	23	24	25	26	27	28	29	30	31	11.1	2	3	4	5	6	7
음력	08.29	30	9.1	2	3	4	5	6	7	8	9	10	11	12	13	14	15	16	17	18	19	20	21	22	23	24	25	26	27	28
일주	丙子	丁丑	戊寅	己卯	庚辰	辛巳	壬午	癸未	甲申	乙酉	丙戌	丁亥	戊子	己丑	庚寅	辛卯	壬辰	癸巳	甲午	乙未	丙申	丁酉	戊戌	己亥	庚子	辛丑	壬寅	癸卯	甲辰	乙巳
대운 남	10 / 1	1	1	1	1	2	2	2	3	3	3	4	4	4	5	5	5	6	6	6	7	7	7	8	8	8	9	9	9	10
대운 여	1 / 10	10	9	9	9	8	8	8	7	7	7	6	6	6	5	5	5	4	4	4	3	3	3	2	2	2	1	1	1	1

10월 9일(양) 한로 01시 11분	10월 10일(양)	10월 20일(양)	10월 24일(양) 상강 04시 15분	11월 1일(양)
평균기온: 14.7℃ / 강수량: -	평균기온: 15.9℃ / 강수량: 0.0㎜	평균기온: 6.2℃ / 강수량: -	평균기온: 15.9℃ / 강수량: -	평균기온: 8.4℃ / 강수량: -
최고기온: 21.7℃ / 일 출: 06:34	최고기온: 19.7℃ / 일 출: 06:35	최고기온: 9.6℃ / 일 출: 06:44	최고기온: 21.7℃ / 일 출: 06:48	최고기온: 13.1℃ / 일 출: 06:56
최저기온: 7.9℃ / 일 몰: 18:05	최저기온: 11.3℃ / 일 몰: 18:03	최저기온: 3.2℃ / 일 몰: 17:49	최저기온: 11.8℃ / 일 몰: 17:44	최저기온: 5.8℃ / 일 몰: 17:35

입동 — 11.08 ~ 12.06(양) (辛亥月)

구분		9	10	11	12	13	14	15	16	17	18	19	20	21	22	23	24	25	26	27	28	29	30	12.1	2	3	4	5	6
양력	11.08	9	10	11	12	13	14	15	16	17	18	19	20	21	22	23	24	25	26	27	28	29	30	12.1	2	3	4	5	6
음력	09.29	30	10.1	2	3	4	5	6	7	8	9	10	11	12	13	14	15	16	17	18	19	20	21	22	23	24	25	26	27
일주	丙午	丁未	戊申	己酉	庚戌	辛亥	壬子	癸丑	甲寅	乙卯	丙辰	丁巳	戊午	己未	庚申	辛酉	壬戌	癸亥	甲子	乙丑	丙寅	丁卯	戊辰	己巳	庚午	辛未	壬申	癸酉	甲戌
대운 남	10 / 1	1	1	1	1	2	2	2	3	3	3	4	4	4	5	5	5	6	6	6	7	7	7	8	8	8	9	9	9
대운 여	1 / 10	9	9	9	8	8	8	7	7	7	6	6	6	5	5	5	4	4	4	3	3	3	2	2	2	1	1	1	1

11월 8일(양) 입동 04시 23분	11월 10일(양)	11월 20일(양)	11월 23일(양) 소설 01시 49분	12월 1일(양)
평균기온: 12.6℃ / 강수량: -	평균기온: 9.4℃ / 강수량: -	평균기온: 0.6℃ / 강수량: 0.3㎜	평균기온: 7.0℃ / 강수량: 15.0㎜	평균기온: 4.4℃ / 강수량: -
최고기온: 19.3℃ / 일 출: 07:03	최고기온: 11.8℃ / 일 출: 07:06	최고기온: 3.5℃ / 일 출: 07:16	최고기온: 9.8℃ / 일 출: 07:19	최고기온: 8.1℃ / 일 출: 07:27
최저기온: 7.5℃ / 일 몰: 17:28	최저기온: 7.0℃ / 일 몰: 17:26	최저기온: -2.0℃ / 일 몰: 17:18	최저기온: 4.4℃ / 일 몰: 17:17	최저기온: -0.8℃ / 일 몰: 17:14

대설 — 12.07 ~ 2008.01.05(양) (壬子月)

구분		8	9	10	11	12	13	14	15	16	17	18	19	20	21	22	23	24	25	26	27	28	29	30	31	1.1	2	3	4	5
양력	12.07	8	9	10	11	12	13	14	15	16	17	18	19	20	21	22	23	24	25	26	27	28	29	30	31	1.1	2	3	4	5
음력	10.28	29	30	11.1	2	3	4	5	6	7	8	9	10	11	12	13	14	15	16	17	18	19	20	21	22	23	24	25	26	27
일주	乙亥	丙子	丁丑	戊寅	己卯	庚辰	辛巳	壬午	癸未	甲申	乙酉	丙戌	丁亥	戊子	己丑	庚寅	辛卯	壬辰	癸巳	甲午	乙未	丙申	丁酉	戊戌	己亥	庚子	辛丑	壬寅	癸卯	甲辰
대운 남	10 / 1	1	1	1	1	2	2	2	3	3	3	4	4	4	5	5	5	6	6	6	7	7	7	8	8	8	9	9	9	10
대운 여	1 / 10	10	9	9	9	8	8	8	7	7	7	6	6	6	5	5	5	4	4	4	3	3	3	2	2	2	1	1	1	1

12월 7일(양) 대설 21시 13분	12월 10일(양)	12월 20일(양)	12월 22일(양) 동지 15시 07분	1월 1일(양)
평균기온: 1.6℃ / 강수량: 2.5㎜	평균기온: 2.0℃ / 강수량: 1.5㎜	평균기온: 3.3℃ / 강수량: 0.7㎜	평균기온: 5.4℃ / 강수량: -	평균기온: -6.3℃ / 강수량: -
최고기온: 3.7℃ / 일 출: 07:33	최고기온: 5.0℃ / 일 출: 07:35	최고기온: 7.6℃ / 일 출: 07:42	최고기온: 10.6℃ / 일 출: 07:43	최고기온: -3.2℃ / 일 출: 07:47
최저기온: 0.2℃ / 일 몰: 17:13	최저기온: -1.6℃ / 일 몰: 17:14	최저기온: 0.5℃ / 일 몰: 17:16	최저기온: 1.5℃ / 일 몰: 17:17	최저기온: -8.5℃ / 일 몰: 17:24

소한 — 01.06 ~ 02.03(양) (癸丑月)

구분		7	8	9	10	11	12	13	14	15	16	17	18	19	20	21	22	23	24	25	26	27	28	29	30	31	2.1	2	3
양력	2008.01.06	7	8	9	10	11	12	13	14	15	16	17	18	19	20	21	22	23	24	25	26	27	28	29	30	31	2.1	2	3
음력	2007.11.28	29	12.1	2	3	4	5	6	7	8	9	10	11	12	13	14	15	16	17	18	19	20	21	22	23	24	25	26	27
일주	乙巳	丙午	丁未	戊申	己酉	庚戌	辛亥	壬子	癸丑	甲寅	乙卯	丙辰	丁巳	戊午	己未	庚申	辛酉	壬戌	癸亥	甲子	乙丑	丙寅	丁卯	戊辰	己巳	庚午	辛未	壬申	癸酉
대운 남	10 / 1	1	1	1	1	2	2	2	3	3	3	4	4	4	5	5	5	6	6	6	7	7	7	8	8	8	9	9	9
대운 여	1 / 10	9	9	9	8	8	8	7	7	7	6	6	6	5	5	5	4	4	4	3	3	3	2	2	2	1	1	1	1

1월 6일(양) 소한 08시 24분	1월 10일(양)	1월 20일(양)	1월 21일(양) 대한 01시 43분	2월 1일(양)
평균기온: 4.1℃ / 강수량: -	평균기온: 0.1℃ / 강수량: -	평균기온: 2.3℃ / 강수량: -	평균기온: 1.3℃ / 강수량: 4.5㎜	평균기온: -3.3℃ / 강수량: -
최고기온: 7.3℃ / 일 출: 07:47	최고기온: 4.3℃ / 일 출: 07:47	최고기온: 5.3℃ / 일 출: 07:44	최고기온: 3.8℃ / 일 출: 07:44	최고기온: 1.6℃ / 일 출: 07:37
최저기온: 0.6℃ / 일 몰: 17:28	최저기온: -3.5℃ / 일 몰: 17:32	최저기온: -1.6℃ / 일 몰: 17:42	최저기온: -0.7℃ / 일 몰: 17:43	최저기온: -7.5℃ / 일 몰: 17:55

입춘 甲寅月 — 02.04 ~ 03.04(양)

양력	2008.02.04	5	6	7	8	9	10	11	12	13	14	15	16	17	18	19	20	21	22	23	24	25	26	27	28	29	3.1	2	3	4
음력	2007.12.28	29	30	1.1	2	3	4	5	6	7	8	9	10	11	12	13	14	15	16	17	18	19	20	21	22	23	24	25	26	27
일주	甲戌	乙亥	丙子	丁丑	戊寅	己卯	庚辰	辛巳	壬午	癸未	甲申	乙酉	丙戌	丁亥	戊子	己丑	庚寅	辛卯	壬辰	癸巳	甲午	乙未	丙申	丁酉	戊戌	己亥	庚子	辛丑	壬寅	癸卯
대운 남	10 / 10	10	10	9	9	9	8	8	8	7	7	7	6	6	6	5	5	5	4	4	4	3	3	3	2	2	2	1	1	1
대운 여	1 / 1	1	1	2	2	2	3	3	3	4	4	4	5	5	5	6	6	6	7	7	7	8	8	8	9	9	9	10	10	10

	평균기온	최고기온	최저기온	강수량	일 출	일 몰
2월 4일(양) 입춘 20시 00분	−2.7℃	1.2℃	−5.1℃	−	07:34	17:58
2월 10일(양)	−1.3℃	3.4℃	−5.3℃	−	07:28	18:05
2월 19일(양) 우수 15시 49분	0.5℃	5.2℃	−5.1℃	−	07:18	18:14
2월 20일(양)	2.7℃	7.6℃	−0.5℃	−	07:17	18:16
3월 1일(양)	3.0℃	7.8℃	−0.5℃	−	07:04	18:26

경칩 乙卯月 — 03.05 ~ 04.03(양)

양력	03.05	6	7	8	9	10	11	12	13	14	15	16	17	18	19	20	21	22	23	24	25	26	27	28	29	30	31	4.1	2	3
음력	01.28	29	30	2.1	2	3	4	5	6	7	8	9	10	11	12	13	14	15	16	17	18	19	20	21	22	23	24	25	26	27
일주	甲辰	乙巳	丙午	丁未	戊申	己酉	庚戌	辛亥	壬子	癸丑	甲寅	乙卯	丙辰	丁巳	戊午	己未	庚申	辛酉	壬戌	癸亥	甲子	乙丑	丙寅	丁卯	戊辰	己巳	庚午	辛未	壬申	癸酉
대운 남	1 / 10	10	10	9	9	9	8	8	8	7	7	7	6	6	6	5	5	5	4	4	4	3	3	3	2	2	2	1	1	1
대운 여	10 / 1	1	1	2	2	2	3	3	3	4	4	4	5	5	5	6	6	6	7	7	7	8	8	8	9	9	9	10	10	10

	평균기온	최고기온	최저기온	강수량	일 출	일 몰
3월 5일(양) 경칩 13시 58분	2.8℃	8.0℃	−1.7℃	−	06:58	18:30
3월 10일(양)	6.5℃	11.3℃	3.4℃	−	06:51	18:35
3월 20일(양) 춘분 14시 47분	11.6℃	17.9℃	5.2℃	−	06:36	18:44
4월 1일(양)	8.8℃	13.7℃	4.9℃	−	06:18	18:55

청명 丙辰月 — 04.04 ~ 05.04(양)

양력	04.04	5	6	7	8	9	10	11	12	13	14	15	16	17	18	19	20	21	22	23	24	25	26	27	28	29	30	5.1	2	3	4
음력	02.28	29	3.1	2	3	4	5	6	7	8	9	10	11	12	13	14	15	16	17	18	19	20	21	22	23	24	25	26	27	28	29
일주	甲戌	乙亥	丙子	丁丑	戊寅	己卯	庚辰	辛巳	壬午	癸未	甲申	乙酉	丙戌	丁亥	戊子	己丑	庚寅	辛卯	壬辰	癸巳	甲午	乙未	丙申	丁酉	戊戌	己亥	庚子	辛丑	壬寅	癸卯	甲辰
대운 남	1 / 10	10	10	9	9	9	8	8	8	7	7	7	6	6	6	5	5	5	4	4	4	3	3	3	2	2	2	1	1	1	1
대운 여	10 / 1	1	1	1	2	2	2	3	3	3	4	4	4	5	5	5	6	6	6	7	7	7	8	8	8	9	9	9	10	10	10

	평균기온	최고기온	최저기온	강수량	일 출	일 몰
4월 4일(양) 청명 18시 45분	10.1℃	16.5℃	3.8℃	−	06:13	18:57
4월 10일(양)	15.6℃	21.8℃	9.2℃	1.5mm	06:04	19:03
4월 20일(양) 곡우 01시 50분	20.6℃	26.1℃	15.0℃	−	05:51	19:12
5월 1일(양)	19.8℃	25.0℃	16.6℃	−	05:37	19:22

입하 丁巳月 — 05.05 ~ 06.04(양)

양력	05.05	6	7	8	9	10	11	12	13	14	15	16	17	18	19	20	21	22	23	24	25	26	27	28	29	30	31	6.1	2	3	4
음력	04.01	2	3	4	5	6	7	8	9	10	11	12	13	14	15	16	17	18	19	20	21	22	23	24	25	26	27	28	29	30	5.1
일주	乙巳	丙午	丁未	戊申	己酉	庚戌	辛亥	壬子	癸丑	甲寅	乙卯	丙辰	丁巳	戊午	己未	庚申	辛酉	壬戌	癸亥	甲子	乙丑	丙寅	丁卯	戊辰	己巳	庚午	辛未	壬申	癸酉	甲戌	乙亥
대운 남	1 / 10	10	10	9	9	9	8	8	8	7	7	7	6	6	6	5	5	5	4	4	4	3	3	3	2	2	2	1	1	1	1
대운 여	10 / 1	1	1	1	2	2	2	3	3	3	4	4	4	5	5	5	6	6	6	7	7	7	8	8	8	9	9	9	10	10	10

	평균기온	최고기온	최저기온	강수량	일 출	일 몰
5월 5일(양) 입하 12시 03분	15.8℃	21.1℃	11.1℃	0.1mm	05:32	19:26
5월 10일(양)	15.7℃	20.9℃	11.4℃	−	05:27	19:30
5월 20일(양)	15.1℃	21.1℃	8.6℃	−	05:19	19:39
5월 21일(양) 소만 01시 00분	16.8℃	20.8℃	12.9℃	4.0mm	05:18	19:39
6월 1일(양)	21.6℃	26.6℃	14.7℃	−	05:12	19:48

망종 戊午月 — 06.05 ~ 07.06(양)

양력	06.05	6	7	8	9	10	11	12	13	14	15	16	17	18	19	20	21	22	23	24	25	26	27	28	29	30	7.1	2	3	4	5	6
음력	05.02	3	4	5	6	7	8	9	10	11	12	13	14	15	16	17	18	19	20	21	22	23	24	25	26	27	28	29	6.1	2	3	4
일주	丙子	丁丑	戊寅	己卯	庚辰	辛巳	壬午	癸未	甲申	乙酉	丙戌	丁亥	戊子	己丑	庚寅	辛卯	壬辰	癸巳	甲午	乙未	丙申	丁酉	戊戌	己亥	庚子	辛丑	壬寅	癸卯	甲辰	乙巳	丙午	丁未
대운 남	1 / 10	10	10	10	9	9	9	8	8	8	8	7	7	7	6	6	6	6	5	5	5	4	4	4	3	3	3	2	2	2	1	1
대운 여	10 / 1	1	1	1	2	2	2	3	3	3	4	4	4	4	5	5	5	6	6	6	6	7	7	7	8	8	8	9	9	9	10	10

	평균기온	최고기온	최저기온	강수량	일 출	일 몰
6월 5일(양) 망종 16시 11분	14.9℃	17.0℃	13.7℃	7.5mm	05:11	19:50
6월 10일(양)	22.7℃	28.1℃	19.1℃	−	05:10	19:53
6월 20일(양)	24.3℃	29.6℃	18.5℃	−	05:11	19:56
6월 21일(양) 하지 08시 59분	24.6℃	28.2℃	22.0℃	0.0mm	05:11	19:57
7월 1일(양)	24.8℃	29.3℃	20.2℃	−	05:14	19:57

소서 己未月 — 07.07 ~ 08.06(양)

양력	07.07	8	9	10	11	12	13	14	15	16	17	18	19	20	21	22	23	24	25	26	27	28	29	30	31	8.1	2	3	4	5	6
음력	06.05	6	7	8	9	10	11	12	13	14	15	16	17	18	19	20	21	22	23	24	25	26	27	28	29	7.1	2	3	4	5	6
일주	戊申	己酉	庚戌	辛亥	壬子	癸丑	甲寅	乙卯	丙辰	丁巳	戊午	己未	庚申	辛酉	壬戌	癸亥	甲子	乙丑	丙寅	丁卯	戊辰	己巳	庚午	辛未	壬申	癸酉	甲戌	乙亥	丙子	丁丑	戊寅
대운 남	1 / 10	10	10	9	9	9	8	8	8	7	7	7	6	6	6	5	5	5	4	4	4	3	3	3	2	2	2	1	1	1	1
대운 여	10 / 1	1	1	1	2	2	2	3	3	3	4	4	4	5	5	5	6	6	6	7	7	7	8	8	8	9	9	9	10	10	10

	평균기온	최고기온	최저기온	강수량	일 출	일 몰
7월 7일(양) 소서 02시 26분	24.7℃	27.5℃	22.5℃	0.5mm	05:17	19:56
7월 10일(양)	26.3℃	30.5℃	23.2℃	−	05:19	19:55
7월 20일(양)	24.7℃	28.4℃	23.0℃	124.0mm	05:26	19:50
7월 22일(양) 대서 19시 54분	24.7℃	28.4℃	22.3℃	0.1mm	05:28	19:49
8월 1일(양)	27.7℃	31.2℃	25.6℃	0.0mm	05:36	19:40

입추 — 08.07 ~ 09.06(양)

庚申月

庚申月		8	9	10	11	12	13	14	15	16	17	18	19	20	21	22	23	24	25	26	27	28	29	30	31	9.1	2	3	4	5	6
양력	08.07	8	9	10	11	12	13	14	15	16	17	18	19	20	21	22	23	24	25	26	27	28	29	30	31	9.1	2	3	4	5	6
음력	07.07	8	9	10	11	12	13	14	15	16	17	18	19	20	21	22	23	24	25	26	27	28	29	30	8.1	2	3	4	5	6	7
일주	己卯	庚辰	辛巳	壬午	癸未	甲申	乙酉	丙戌	丁亥	戊子	己丑	庚寅	辛卯	壬辰	癸巳	甲午	乙未	丙申	丁酉	戊戌	己亥	庚子	辛丑	壬寅	癸卯	甲辰	乙巳	丙午	丁未	戊申	己酉
대운 남	1 10	10	10	9	9	9	8	8	8	7	7	7	6	6	6	5	5	5	4	4	4	3	3	3	2	2	2	1	1	1	1
운 여	10 1	1	1	1	1	2	2	2	3	3	3	4	4	4	5	5	5	6	6	6	7	7	7	8	8	8	9	9	9	10	10

8월 7일(양) 입추 12시 15분		8월 10일(양)		8월 20일(양)		8월 23일(양) 처서 03시 01분		9월 1일(양)	
평균기온: 28.7℃	강수량: –	평균기온: 30.1℃	강수량: –	평균기온: 23.1℃	강수량: 0.0㎜	평균기온: 21.5℃	강수량: 5.0㎜	평균기온: 19.7℃	강수량: 72.5㎜
최고기온: 33.4℃	일 출: 05:41	최고기온: 34.5℃	일 출: 05:44	최고기온: 27.4℃	일 출: 05:52	최고기온: 25.3℃	일 출: 05:55	최고기온: 23.5℃	일 출: 06:02
최저기온: 24.2℃	일 몰: 19:34	최저기온: 25.3℃	일 몰: 19:31	최저기온: 20.3℃	일 몰: 19:18	최저기온: 18.2℃	일 몰: 19:14	최저기온: 17.7℃	일 몰: 19:01

백로 — 09.07 ~ 10.07(양)

辛酉月

辛酉月		8	9	10	11	12	13	14	15	16	17	18	19	20	21	22	23	24	25	26	27	28	29	30	10.1	2	3	4	5	6	7
양력	09.07	8	9	10	11	12	13	14	15	16	17	18	19	20	21	22	23	24	25	26	27	28	29	30	10.1	2	3	4	5	6	7
음력	08.08	9	10	11	12	13	14	15	16	17	18	19	20	21	22	23	24	25	26	27	28	29	9.1	2	3	4	5	6	7	8	9
일주	庚戌	辛亥	壬子	癸丑	甲寅	乙卯	丙辰	丁巳	戊午	己未	庚申	辛酉	壬戌	癸亥	甲子	乙丑	丙寅	丁卯	戊辰	己巳	庚午	辛未	壬申	癸酉	甲戌	乙亥	丙子	丁丑	戊寅	己卯	庚辰
대운 남	1 10	10	10	9	9	9	8	8	8	7	7	7	6	6	6	5	5	5	4	4	4	3	3	3	2	2	2	1	1	1	1
운 여	10 1	1	1	1	1	2	2	2	3	3	3	4	4	4	5	5	5	6	6	6	7	7	7	8	8	8	9	9	9	10	10

9월 7일(양) 백로 15시 13분		9월 10일(양)		9월 20일(양)		9월 23일(양) 추분 00시 44분		10월 1일(양)	
평균기온: 25.2℃	강수량: –	평균기온: 24.3℃	강수량: –	평균기온: 21.7℃	강수량: 7.0㎜	평균기온: 21.8℃	강수량: –	평균기온: 19.8℃	강수량: –
최고기온: 30.6℃	일 출: 06:07	최고기온: 29.7℃	일 출: 06:10	최고기온: 24.7℃	일 출: 06:18	최고기온: 24.9℃	일 출: 06:21	최고기온: 25.8℃	일 출: 06:27
최저기온: 19.8℃	일 몰: 18:52	최저기온: 20.1℃	일 몰: 18:48	최저기온: 19.2℃	일 몰: 18:32	최저기온: 19.8℃	일 몰: 18:28	최저기온: 13.6℃	일 몰: 18:15

한로 — 10.08 ~ 11.06(양)

壬戌月

壬戌月		9	10	11	12	13	14	15	16	17	18	19	20	21	22	23	24	25	26	27	28	29	30	31	11.1	2	3	4	5	6
양력	10.08	9	10	11	12	13	14	15	16	17	18	19	20	21	22	23	24	25	26	27	28	29	30	31	11.1	2	3	4	5	6
음력	09.10	11	12	13	14	15	16	17	18	19	20	21	22	23	24	25	26	27	28	29	30	10.1	2	3	4	5	6	7	8	9
일주	辛巳	壬午	癸未	甲申	乙酉	丙戌	丁亥	戊子	己丑	庚寅	辛卯	壬辰	癸巳	甲午	乙未	丙申	丁酉	戊戌	己亥	庚子	辛丑	壬寅	癸卯	甲辰	乙巳	丙午	丁未	戊申	己酉	庚戌
대운 남	1 10	10	9	9	9	8	8	8	7	7	7	6	6	6	5	5	5	4	4	4	3	3	3	2	2	2	1	1	1	1
운 여	10 1	1	1	1	2	2	2	3	3	3	4	4	4	5	5	5	6	6	6	7	7	7	8	8	8	9	9	9	10	10

10월 8일(양) 한로 06시 56분		10월 10일(양)		10월 20일(양)		10월 23일(양) 상강 10시 08분		11월 1일(양)	
평균기온: 17.7℃	강수량: –	평균기온: 17.9℃	강수량: 0.0㎜	평균기온: 18.6℃	강수량: –	평균기온: 16.5℃	강수량: 9.0㎜	평균기온: 11.0℃	강수량: –
최고기온: 22.2℃	일 출: 06:34	최고기온: 22.2℃	일 출: 06:35	최고기온: 25.5℃	일 출: 06:45	최고기온: 20.1℃	일 출: 06:48	최고기온: 15.0℃	일 출: 06:57
최저기온: 14.3℃	일 몰: 18:05	최저기온: 12.6℃	일 몰: 18:02	최저기온: 13.5℃	일 몰: 17:48	최저기온: 13.2℃	일 몰: 17:44	최저기온: 5.9℃	일 몰: 17:34

입동 — 11.07 ~ 12.06(양)

癸亥月

癸亥月		8	9	10	11	12	13	14	15	16	17	18	19	20	21	22	23	24	25	26	27	28	29	30	12.1	2	3	4	5	6
양력	11.07	8	9	10	11	12	13	14	15	16	17	18	19	20	21	22	23	24	25	26	27	28	29	30	12.1	2	3	4	5	6
음력	10.10	11	12	13	14	15	16	17	18	19	20	21	22	23	24	25	26	27	28	29	30	11.1	2	3	4	5	6	7	8	9
일주	辛亥	壬子	癸丑	甲寅	乙卯	丙辰	丁巳	戊午	己未	庚申	辛酉	壬戌	癸亥	甲子	乙丑	丙寅	丁卯	戊辰	己巳	庚午	辛未	壬申	癸酉	甲戌	乙亥	丙子	丁丑	戊寅	己卯	庚辰
대운 남	1 10	10	9	9	9	8	8	8	7	7	7	6	6	6	5	5	5	4	4	4	3	3	3	2	2	2	1	1	1	1
운 여	10 1	1	1	1	2	2	2	3	3	3	4	4	4	5	5	5	6	6	6	7	7	7	8	8	8	9	9	9	10	10

11월 7일(양) 입동 10시 10분		11월 10일(양)		11월 20일(양)		11월 22일(양) 소설 07시 44분		12월 1일(양)	
평균기온: 11.9℃	강수량: –	평균기온: 9.9℃	강수량: –	평균기온: 1.1℃	강수량: 1.0㎜	평균기온: 4.9℃	강수량: –	평균기온: 7.9℃	강수량: 0.1㎜
최고기온: 15.9℃	일 출: 07:03	최고기온: 14.9℃	일 출: 07:06	최고기온: 7.2℃	일 출: 07:17	최고기온: 9.5℃	일 출: 07:19	최고기온: 10.5℃	일 출: 07:28
최저기온: 8.9℃	일 몰: 17:28	최저기온: 5.8℃	일 몰: 17:25	최저기온: -5.3℃	일 몰: 17:18	최저기온: -0.2℃	일 몰: 17:17	최저기온: 4.6℃	일 몰: 17:14

대설 — 12.07 ~ 2009.01.04(양)

甲子月

甲子月		8	9	10	11	12	13	14	15	16	17	18	19	20	21	22	23	24	25	26	27	28	29	30	31	1.1	2	3	4
양력	12.07	8	9	10	11	12	13	14	15	16	17	18	19	20	21	22	23	24	25	26	27	28	29	30	31	1.1	2	3	4
음력	11.10	11	12	13	14	15	16	17	18	19	20	21	22	23	24	25	26	27	28	29	12.1	2	3	4	5	6	7	8	9
일주	辛巳	壬午	癸未	甲申	乙酉	丙戌	丁亥	戊子	己丑	庚寅	辛卯	壬辰	癸巳	甲午	乙未	丙申	丁酉	戊戌	己亥	庚子	辛丑	壬寅	癸卯	甲辰	乙巳	丙午	丁未	戊申	己酉
대운 남	1 10	9	9	9	8	8	8	7	7	7	6	6	6	5	5	5	4	4	4	3	3	3	2	2	2	1	1	1	1
운 여	10 1	1	1	1	2	2	2	3	3	3	4	4	4	5	5	5	6	6	6	7	7	7	8	8	8	9	9	9	9

12월 7일(양) 대설 03시 02분		12월 10일(양)		12월 20일(양)		12월 21일(양) 동지 21시 03분		1월 1일(양)	
평균기온: -2.8℃	강수량: 1.7㎜	평균기온: 9.4℃	강수량: 0.0㎜	평균기온: 1.3℃	강수량: 5.0㎜	평균기온: -0.3℃	강수량: –	평균기온: -5.8℃	강수량: –
최고기온: 1.2℃	일 출: 07:33	최고기온: 13.3℃	일 출: 07:36	최고기온: 5.2℃	일 출: 07:43	최고기온: 4.3℃	일 출: 07:43	최고기온: -2.5℃	일 출: 07:47
최저기온: -8.0℃	일 몰: 17:13	최저기온: 6.6℃	일 몰: 17:14	최저기온: -1.4℃	일 몰: 17:17	최저기온: -2.8℃	일 몰: 17:17	최저기온: -9.5℃	일 몰: 17:24

소한 — 01.05 ~ 02.03(양)

乙丑月

乙丑月		6	7	8	9	10	11	12	13	14	15	16	17	18	19	20	21	22	23	24	25	26	27	28	29	30	31	2.1	2	3
양력	2009.01.05	6	7	8	9	10	11	12	13	14	15	16	17	18	19	20	21	22	23	24	25	26	27	28	29	30	31	2.1	2	3
음력	2008.12.10	11	12	13	14	15	16	17	18	19	20	21	22	23	24	25	26	27	28	29	30	1.1	2	3	4	5	6	7	8	9
일주	庚戌	辛亥	壬子	癸丑	甲寅	乙卯	丙辰	丁巳	戊午	己未	庚申	辛酉	壬戌	癸亥	甲子	乙丑	丙寅	丁卯	戊辰	己巳	庚午	辛未	壬申	癸酉	甲戌	乙亥	丙子	丁丑	戊寅	己卯
대운 남	1 10	10	9	9	9	8	8	8	7	7	7	6	6	6	5	5	5	4	4	4	3	3	3	2	2	2	1	1	1	1
운 여	10 1	1	1	1	2	2	2	3	3	3	4	4	4	5	5	5	6	6	6	7	7	7	8	8	8	9	9	9	10

1월 5일(양) 소한 14시 13분		1월 10일(양)		1월 20일(양) 대한 07시 40분		2월 1일(양)	
평균기온: -1.6℃	강수량: –	평균기온: -7.5℃	강수량: –	평균기온: 2.2℃	강수량: –	평균기온: 5.3℃	강수량: –
최고기온: 1.2℃	일 출: 07:47	최고기온: -4.3℃	일 출: 07:47	최고기온: 7.2℃	일 출: 07:44	최고기온: 10.5℃	일 출: 07:36
최저기온: -3.4℃	일 몰: 17:28	최저기온: -9.9℃	일 몰: 17:32	최저기온: -2.4℃	일 몰: 17:42	최저기온: 1.6℃	일 몰: 17:56

입춘　02.04 ~ 03.04(양)

丙寅月

양력	2009.02.04	5	6	7	8	9	10	11	12	13	14	15	16	17	18	19	20	21	22	23	24	25	26	27	28	3.1	2	3	4
음력	2009.01.10	11	12	13	14	15	16	17	18	19	20	21	22	23	24	25	26	27	28	29	30	2.1	2	3	4	5	6	7	8
일주	庚辰	辛巳	壬午	癸未	甲申	乙酉	丙戌	丁亥	戊子	己丑	庚寅	辛卯	壬辰	癸巳	甲午	乙未	丙申	丁酉	戊戌	己亥	庚子	辛丑	壬寅	癸卯	甲辰	乙巳	丙午	丁未	戊申
대운 남	1,1	1	1	1	1	2	2	2	3	3	3	4	4	4	5	5	5	6	6	6	7	7	7	8	8	8	9	9	9
운 여	10,10	9	9	9	8	8	8	7	7	7	6	6	6	5	5	5	4	4	4	3	3	3	2	2	2	1	1	1	

2월 4일(양) 입춘 01시 49분		2월 10일(양)		2월 18일(양) 우수 21시 45분		2월 20일(양)		3월 1일(양)	
평균기온: 4.4℃	강수량: –	평균기온: 4.5℃	강수량: 0.0㎜	평균기온: -2.2℃	강수량: –	평균기온: -2.5℃	강수량: 1.0㎜	평균기온: 3.3℃	강수량: –
최고기온: 8.9℃	일 출: 07:33	최고기온: 6.5℃	일 출: 07:27	최고기온: 1.4℃	일 출: 07:18	최고기온: -0.1℃	일 출: 07:16	최고기온: 8.6℃	일 출: 07:04
최저기온: 1.5℃	일 몰: 17:59	최저기온: 2.0℃	일 몰: 18:06	최저기온: -6.0℃	일 몰: 18:14	최저기온: -6.8℃	일 몰: 18:16	최저기온: -1.6℃	일 몰: 18:26

경칩　03.05 ~ 04.04(양)

丁卯月

양력	03.05	6	7	8	9	10	11	12	13	14	15	16	17	18	19	20	21	22	23	24	25	26	27	28	29	30	31	4.1	2	3	4
음력	02.09	10	11	12	13	14	15	16	17	18	19	20	21	22	23	24	25	26	27	28	29	30	3.1	2	3	4	5	6	7	8	9
일주	己酉	庚戌	辛亥	壬子	癸丑	甲寅	乙卯	丙辰	丁巳	戊午	己未	庚申	辛酉	壬戌	癸亥	甲子	乙丑	丙寅	丁卯	戊辰	己巳	庚午	辛未	壬申	癸酉	甲戌	乙亥	丙子	丁丑	戊寅	己卯
대운 남	10,1	1	1	1	1	2	2	2	3	3	3	4	4	4	5	5	5	6	6	6	7	7	7	8	8	8	9	9	9	10	10
운 여	1,10	10	10	9	9	9	8	8	7	7	6	6	6	5	5	5	4	4	4	3	3	3	2	2	2	1	1	1	1	1	1

3월 5일(양) 경칩 19시 47분		3월 10일(양)		3월 20일(양) 춘분 20시 43분		4월 1일(양)	
평균기온: 5.2℃	강수량: 9.0㎜	평균기온: 3.4℃	강수량: –	평균기온: 12.2℃	강수량: –	평균기온: 5.9℃	강수량: –
최고기온: 7.6℃	일 출: 06:58	최고기온: 8.6℃	일 출: 06:51	최고기온: 19.3℃	일 출: 06:36	최고기온: 10.0℃	일 출: 06:18
최저기온: 3.2℃	일 몰: 18:29	최저기온: -0.5℃	일 몰: 18:34	최저기온: 6.3℃	일 몰: 18:44	최저기온: 2.2℃	일 몰: 18:55

청명　04.05 ~ 05.04(양)

戊辰月

양력	04.05	6	7	8	9	10	11	12	13	14	15	16	17	18	19	20	21	22	23	24	25	26	27	28	29	30	5.1	2	3	4
음력	03.10	11	12	13	14	15	16	17	18	19	20	21	22	23	24	25	26	27	28	29	4.1	2	3	4	5	6	7	8	9	10
일주	庚辰	辛巳	壬午	癸未	甲申	乙酉	丙戌	丁亥	戊子	己丑	庚寅	辛卯	壬辰	癸巳	甲午	乙未	丙申	丁酉	戊戌	己亥	庚子	辛丑	壬寅	癸卯	甲辰	乙巳	丙午	丁未	戊申	己酉
대운 남	10,1	1	1	1	2	2	2	3	3	3	4	4	4	5	5	5	6	6	6	7	7	7	8	8	8	9	9	9	10	10
운 여	1,10	10	9	9	9	8	8	8	7	7	7	6	6	6	5	5	5	4	4	4	3	3	3	2	2	2	1	1	1	1

4월 5일(양) 청명 00시 33분		4월 10일(양)		4월 20일(양) 곡우 07시 44분		5월 1일(양)	
평균기온: 9.8℃	강수량: –	평균기온: 17.3℃	강수량: –	평균기온: 14.0℃	강수량: 38.5㎜	평균기온: 17.4℃	강수량: –
최고기온: 15.8℃	일 출: 06:12	최고기온: 23.6℃	일 출: 06:05	최고기온: 17.2℃	일 출: 05:51	최고기온: 22.4℃	일 출: 05:37
최저기온: 5.7℃	일 몰: 18:58	최저기온: 11.8℃	일 몰: 19:03	최저기온: 11.4℃	일 몰: 19:12	최저기온: 10.9℃	일 몰: 19:22

입하　05.05 ~ 06.04(양)

己巳月

양력	05.05	6	7	8	9	10	11	12	13	14	15	16	17	18	19	20	21	22	23	24	25	26	27	28	29	30	31	6.1	2	3	4
음력	04.11	12	13	14	15	16	17	18	19	20	21	22	23	24	25	26	27	28	29	5.1	2	3	4	5	6	7	8	9	10	11	12
일주	庚戌	辛亥	壬子	癸丑	甲寅	乙卯	丙辰	丁巳	戊午	己未	庚申	辛酉	壬戌	癸亥	甲子	乙丑	丙寅	丁卯	戊辰	己巳	庚午	辛未	壬申	癸酉	甲戌	乙亥	丙子	丁丑	戊寅	己卯	庚辰
대운 남	10,1	1	1	1	2	2	2	3	3	3	4	4	4	5	5	5	6	6	6	7	7	7	8	8	8	9	9	9	10	10	10
운 여	1,10	10	9	9	9	8	8	8	7	7	7	6	6	6	5	5	5	4	4	4	3	3	3	2	2	2	1	1	1	1	1

5월 5일(양) 입하 17시 50분		5월 10일(양)		5월 20일(양)		5월 21일(양) 소만 06시 50분		6월 1일(양)	
평균기온: 18.1℃	강수량: –	평균기온: 20.3℃	강수량: –	평균기온: 21.6℃	강수량: –	평균기온: 15.8℃	강수량: 38.0㎜	평균기온: 21.7℃	강수량: –
최고기온: 26.3℃	일 출: 05:33	최고기온: 25.9℃	일 출: 05:28	최고기온: 27.3℃	일 출: 05:19	최고기온: 19.4℃	일 출: 05:18	최고기온: 28.1℃	일 출: 05:13
최저기온: 9.8℃	일 몰: 19:25	최저기온: 16.0℃	일 몰: 19:30	최저기온: 15.1℃	일 몰: 19:38	최저기온: 15.1℃	일 몰: 19:39	최저기온: 14.3℃	일 몰: 19:48

망종　06.05 ~ 07.06(양)

庚午月

양력	06.05	6	7	8	9	10	11	12	13	14	15	16	17	18	19	20	21	22	23	24	25	26	27	28	29	30	7.1	2	3	4	5	6
음력	05.13	14	15	16	17	18	19	20	21	22	23	24	25	26	27	28	29	30	윤5.1	5.2	3	4	5	6	7	8	9	10	11	12	13	14
일주	辛巳	壬午	癸未	甲申	乙酉	丙戌	丁亥	戊子	己丑	庚寅	辛卯	壬辰	癸巳	甲午	乙未	丙申	丁酉	戊戌	己亥	庚子	辛丑	壬寅	癸卯	甲辰	乙巳	丙午	丁未	戊申	己酉	庚戌	辛亥	壬子
대운 남	10,1	1	1	1	1	2	2	2	3	3	3	4	4	4	5	5	5	6	6	6	7	7	7	8	8	8	9	9	9	10	10	10
운 여	1,10	10	10	10	9	9	9	8	8	8	7	7	7	6	6	6	5	5	5	4	4	4	3	3	3	2	2	2	1	1	1	1

6월 5일(양) 망종 21시 58분		6월 10일(양)		6월 20일(양)		6월 21일(양) 하지 14시 45분		7월 1일(양)	
평균기온: 22.5℃	강수량: –	평균기온: 18.8℃	강수량: 16.5㎜	평균기온: 22.7℃	강수량: 48.5㎜	평균기온: 25.1℃	강수량: 0.5㎜	평균기온: 23.5℃	강수량: –
최고기온: 28.2℃	일 출: 05:11	최고기온: 22.2℃	일 출: 05:10	최고기온: 24.7℃	일 출: 05:11	최고기온: 30.2℃	일 출: 05:11	최고기온: 27.4℃	일 출: 05:14
최저기온: 16.0℃	일 몰: 19:50	최저기온: 16.9℃	일 몰: 19:53	최저기온: 22.0℃	일 몰: 19:56	최저기온: 21.9℃	일 몰: 19:57	최저기온: 20.7℃	일 몰: 19:57

소서　07.07 ~ 08.06(양)

辛未月

양력	07.07	8	9	10	11	12	13	14	15	16	17	18	19	20	21	22	23	24	25	26	27	28	29	30	31	8.1	2	3	4	5	6
음력	05.15	16	17	18	19	20	21	22	23	24	25	26	27	28	29	6.1	2	3	4	5	6	7	8	9	10	11	12	13	14	15	16
일주	癸丑	甲寅	乙卯	丙辰	丁巳	戊午	己未	庚申	辛酉	壬戌	癸亥	甲子	乙丑	丙寅	丁卯	戊辰	己巳	庚午	辛未	壬申	癸酉	甲戌	乙亥	丙子	丁丑	戊寅	己卯	庚辰	辛巳	壬午	癸未
대운 남	10,1	1	1	1	1	2	2	2	3	3	3	4	4	4	5	5	5	6	6	6	7	7	7	8	8	8	9	9	9	10	10
운 여	1,10	10	10	9	9	9	8	8	8	7	7	7	6	6	6	5	5	5	4	4	4	3	3	3	2	2	2	1	1	1	1

7월 7일(양) 소서 08시 13분		7월 10일(양)		7월 20일(양)		7월 23일(양) 대서 01시 35분		8월 1일(양)	
평균기온: 24.9℃	강수량: 1.0㎜	평균기온: 23.8℃	강수량: –	평균기온: 25.5℃	강수량: 0.5㎜	평균기온: 25.4℃	강수량: –	평균기온: 25.4℃	강수량: 21.5㎜
최고기온: 28.1℃	일 출: 05:17	최고기온: 29.7℃	일 출: 05:19	최고기온: 28.5℃	일 출: 05:26	최고기온: 29.9℃	일 출: 05:28	최고기온: 28.9℃	일 출: 05:36
최저기온: 22.1℃	일 몰: 19:56	최저기온: 18.7℃	일 몰: 19:55	최저기온: 22.5℃	일 몰: 19:50	최저기온: 21.9℃	일 몰: 19:48	최저기온: 23.3℃	일 몰: 19:41

동경 135도 표준시

입추 — 08.07 ~ 09.06(양) · 壬申月

양력	08.07	8	9	10	11	12	13	14	15	16	17	18	19	20	21	22	23	24	25	26	27	28	29	30	31	9.1	2	3	4	5	6
음력	06.17	18	19	20	21	22	23	24	25	26	27	28	29	7.1	2	3	4	5	6	7	8	9	10	11	12	13	14	15	16	17	18
일주	甲申	乙酉	丙戌	丁亥	戊子	己丑	庚寅	辛卯	壬辰	癸巳	甲午	乙未	丙申	丁酉	戊戌	己亥	庚子	辛丑	壬寅	癸卯	甲辰	乙巳	丙午	丁未	戊申	己酉	庚戌	辛亥	壬子	癸丑	甲寅
대운 남	10 · 1	1	1	1	1	2	2	2	3	3	3	4	4	4	5	5	5	6	6	6	7	7	7	8	8	8	9	9	9	10	10
운 여	1 · 10	10	10	9	9	9	8	8	8	7	7	7	6	6	6	5	5	5	5	4	4	4	3	3	3	2	2	2	1	1	1

8월 7일(양) 입추 18시 00분	8월 10일(양)	8월 20일(양)	8월 23일(양) 처서 08시 38분	9월 1일(양)
평균기온: 25.8℃ 최고기온: 28.5℃ 최저기온: 23.1℃ 강수량: 0.5㎜ 일 출: 05:41 일 몰: 19:34	평균기온: 27.8℃ 최고기온: 32.0℃ 최저기온: 23.7℃ 강수량: - 일 출: 05:43 일 몰: 19:31	평균기온: 26.1℃ 최고기온: 29.4℃ 최저기온: 22.7℃ 강수량: 19.5㎜ 일 출: 05:52 일 몰: 19:18	평균기온: 25.9℃ 최고기온: 30.9℃ 최저기온: 21.4℃ 강수량: - 일 출: 05:54 일 몰: 19:14	평균기온: 23.7℃ 최고기온: 28.6℃ 최저기온: 18.7℃ 강수량: - 일 출: 06:02 일 몰: 19:02

백로 — 09.07 ~ 10.07(양) · 癸酉月

양력	09.07	8	9	10	11	12	13	14	15	16	17	18	19	20	21	22	23	24	25	26	27	28	29	30	10.1	2	3	4	5	6	7
음력	07.19	20	21	22	23	24	25	26	27	28	29	30	8.1	2	3	4	5	6	7	8	9	10	11	12	13	14	15	16	17	18	19
일주	乙卯	丙辰	丁巳	戊午	己未	庚申	辛酉	壬戌	癸亥	甲子	乙丑	丙寅	丁卯	戊辰	己巳	庚午	辛未	壬申	癸酉	甲戌	乙亥	丙子	丁丑	戊寅	己卯	庚辰	辛巳	壬午	癸未	甲申	乙酉
대운 남	10 · 1	1	1	1	1	2	2	2	3	3	3	4	4	4	5	5	5	6	6	6	7	7	7	8	8	8	9	9	9	10	10
운 여	1 · 10	10	10	9	9	9	8	8	8	7	7	7	6	6	6	5	5	5	5	4	4	4	3	3	3	2	2	2	1	1	1

9월 7일(양) 백로 20시 57분	9월 10일(양)	9월 20일(양)	9월 23일(양) 추분 06시 18분	10월 1일(양)
평균기온: 23.7℃ 최고기온: 24.9℃ 최저기온: 22.6℃ 강수량: 0.0㎜ 일 출: 06:07 일 몰: 18:53	평균기온: 22.3℃ 최고기온: 27.4℃ 최저기온: 17.3℃ 강수량: - 일 출: 06:09 일 몰: 18:48	평균기온: 21.3℃ 최고기온: 25.5℃ 최저기온: 16.5℃ 강수량: - 일 출: 06:18 일 몰: 18:33	평균기온: 20.5℃ 최고기온: 26.1℃ 최저기온: 15.5℃ 강수량: - 일 출: 06:20 일 몰: 18:28	평균기온: 21.7℃ 최고기온: 26.4℃ 최저기온: 17.9℃ 강수량: - 일 출: 06:27 일 몰: 18:16

한로 — 10.08 ~ 11.06(양) · 甲戌月

양력	10.08	9	10	11	12	13	14	15	16	17	18	19	20	21	22	23	24	25	26	27	28	29	30	31	11.1	2	3	4	5	6
음력	08.20	21	22	23	24	25	26	27	28	29	9.1	2	3	4	5	6	7	8	9	10	11	12	13	14	15	16	17	18	19	20
일주	丙戌	丁亥	戊子	己丑	庚寅	辛卯	壬辰	癸巳	甲午	乙未	丙申	丁酉	戊戌	己亥	庚子	辛丑	壬寅	癸卯	甲辰	乙巳	丙午	丁未	戊申	己酉	庚戌	辛亥	壬子	癸丑	甲寅	乙卯
대운 남	10 · 1	1	1	1	1	2	2	2	3	3	3	4	4	4	5	5	5	6	6	6	7	7	7	8	8	8	9	9	9	10
운 여	1 · 10	10	9	9	9	8	8	8	7	7	7	6	6	6	5	5	5	4	4	4	3	3	3	2	2	2	1	1	1	1

10월 8일(양) 한로 12시 39분	10월 10일(양)	10월 20일(양)	10월 23일(양) 상강 15시 43분	11월 1일(양)
평균기온: 16.2℃ 최고기온: 21.5℃ 최저기온: 11.5℃ 강수량: - 일 출: 06:33 일 몰: 18:05	평균기온: 16.0℃ 최고기온: 21.3℃ 최저기온: 10.9℃ 강수량: - 일 출: 06:35 일 몰: 18:02	평균기온: 10.8℃ 최고기온: 15.6℃ 최저기온: 6.2℃ 강수량: - 일 출: 06:45 일 몰: 17:49	평균기온: 15.0℃ 최고기온: 19.9℃ 최저기온: 10.6℃ 강수량: 4.0㎜ 일 출: 06:48 일 몰: 17:45	평균기온: 9.7℃ 최고기온: 13.4℃ 최저기온: 5.2℃ 강수량: 4.0㎜ 일 출: 06:57 일 몰: 17:34

입동 — 11.07 ~ 12.06(양) · 乙亥月

양력	11.07	8	9	10	11	12	13	14	15	16	17	18	19	20	21	22	23	24	25	26	27	28	29	30	12.1	2	3	4	5	6
음력	09.21	22	23	24	25	26	27	28	29	30	10.1	2	3	4	5	6	7	8	9	10	11	12	13	14	15	16	17	18	19	20
일주	丙辰	丁巳	戊午	己未	庚申	辛酉	壬戌	癸亥	甲子	乙丑	丙寅	丁卯	戊辰	己巳	庚午	辛未	壬申	癸酉	甲戌	乙亥	丙子	丁丑	戊寅	己卯	庚辰	辛巳	壬午	癸未	甲申	乙酉
대운 남	10 · 1	1	1	1	1	2	2	2	3	3	3	4	4	4	5	5	5	6	6	6	7	7	7	8	8	8	9	9	9	10
운 여	1 · 10	10	9	9	9	8	8	8	7	7	7	6	6	6	5	5	5	4	4	4	3	3	3	2	2	2	1	1	1	1

11월 7일(양) 입동 15시 55분	11월 10일(양)	11월 20일(양)	11월 22일(양) 소설 13시 22분	12월 1일(양)
평균기온: 17.0℃ 최고기온: 20.0℃ 최저기온: 12.8℃ 강수량: 4.5㎜ 일 출: 07:03 일 몰: 17:28	평균기온: 13.0℃ 최고기온: 14.7℃ 최저기온: 9.7℃ 강수량: - 일 출: 07:06 일 몰: 17:25	평균기온: 1.4℃ 최고기온: 4.8℃ 최저기온: -2.0℃ 강수량: 0.5㎜ 일 출: 07:17 일 몰: 17:18	평균기온: 3.3℃ 최고기온: 6.8℃ 최저기온: -1.0℃ 강수량: 1.0㎜ 일 출: 07:19 일 몰: 17:17	평균기온: 6.2℃ 최고기온: 10.1℃ 최저기온: 3.3℃ 강수량: - 일 출: 07:28 일 몰: 17:14

대설 — 12.07 ~ 2010.01.04(양) · 丙子月

양력	12.07	8	9	10	11	12	13	14	15	16	17	18	19	20	21	22	23	24	25	26	27	28	29	30	31	1.1	2	3	4
음력	10.21	22	23	24	25	26	27	28	29	11.1	2	3	4	5	6	7	8	9	10	11	12	13	14	15	16	17	18	19	20
일주	丙戌	丁亥	戊子	己丑	庚寅	辛卯	壬辰	癸巳	甲午	乙未	丙申	丁酉	戊戌	己亥	庚子	辛丑	壬寅	癸卯	甲辰	乙巳	丙午	丁未	戊申	己酉	庚戌	辛亥	壬子	癸丑	甲寅
대운 남	10 · 1	1	1	1	1	2	2	2	3	3	3	4	4	4	5	5	5	6	6	6	7	7	7	8	8	8	9	9	9
운 여	1 · 10	9	9	9	8	8	8	7	7	7	6	6	6	5	5	5	4	4	4	3	3	3	2	2	2	1	1	1	1

12월 7일(양) 대설 08시 51분	12월 10일(양)	12월 20일(양)	12월 22일(양) 동지 02시 46분	1월 1일(양)
평균기온: -0.1℃ 최고기온: 5.1℃ 최저기온: -5.3℃ 강수량: - 일 출: 07:33 일 몰: 17:13	평균기온: 7.6℃ 최고기온: 8.5℃ 최저기온: 6.7℃ 강수량: 2.5㎜ 일 출: 07:36 일 몰: 17:14	평균기온: -5.3℃ 최고기온: -0.9℃ 최저기온: -8.8℃ 강수량: 0.0㎜ 일 출: 07:42 일 몰: 17:17	평균기온: 3.3℃ 최고기온: 7.8℃ 최저기온: -2.4℃ 강수량: - 일 출: 07:44 일 몰: 17:18	평균기온: -7.6℃ 최고기온: -3.6℃ 최저기온: -12.7℃ 강수량: - 일 출: 07:47 일 몰: 17:24

소한 — 01.05 ~ 02.03(양) · 丁丑月

양력	2010.01.05	6	7	8	9	10	11	12	13	14	15	16	17	18	19	20	21	22	23	24	25	26	27	28	29	30	31	2.1	2	3
음력	2009.11.21	22	23	24	25	26	27	28	29	30	12.1	2	3	4	5	6	7	8	9	10	11	12	13	14	15	16	17	18	19	20
일주	乙卯	丙辰	丁巳	戊午	己未	庚申	辛酉	壬戌	癸亥	甲子	乙丑	丙寅	丁卯	戊辰	己巳	庚午	辛未	壬申	癸酉	甲戌	乙亥	丙子	丁丑	戊寅	己卯	庚辰	辛巳	壬午	癸未	甲申
대운 남	10 · 1	1	1	1	1	2	2	2	3	3	3	4	4	4	5	5	5	6	6	6	7	7	7	8	8	8	9	9	9	10
운 여	1 · 10	10	9	9	9	8	8	8	7	7	7	6	6	6	5	5	5	4	4	4	3	3	3	2	2	2	1	1	1

1월 5일(양) 소한 20시 08분	1월 10일(양)	1월 20일(양) 대한 13시 27분	2월 1일(양)
평균기온: -9.9℃ 최고기온: -7.0℃ 최저기온: -12.3℃ 강수량: 0.0㎜ 일 출: 07:47 일 몰: 17:27	평균기온: -3.4℃ 최고기온: -0.3℃ 최저기온: -5.3℃ 강수량: - 일 출: 07:47 일 몰: 17:32	평균기온: 5.8℃ 최고기온: 8.4℃ 최저기온: 2.4℃ 강수량: 7.0㎜ 일 출: 07:44 일 몰: 17:42	평균기온: 0.8℃ 최고기온: 5.1℃ 최저기온: -2.6℃ 강수량: - 일 출: 07:36 일 몰: 17:55

2010

단기 4343년

해(亥)월장 · 입춘 · 02.04 ~ 03.05(양) — 戊寅月

양력	2010.02.04	5	6	7	8	9	10	11	12	13	14	15	16	17	18	19	20	21	22	23	24	25	26	27	28	3.1	2	3	4	5
음력	2009.12.21	22	23	24	25	26	27	28	29	30	1.1	2	3	4	5	6	7	8	9	10	11	12	13	14	15	16	17	18	19	20
일주	乙酉	丙戌	丁亥	戊子	己丑	庚寅	辛卯	壬辰	癸巳	甲午	乙未	丙申	丁酉	戊戌	己亥	庚子	辛丑	壬寅	癸卯	甲辰	乙巳	丙午	丁未	戊申	己酉	庚戌	辛亥	壬子	癸丑	甲寅
대 남	10 10	10	9	9	9	8	8	8	7	7	7	6	6	6	5	5	5	4	4	4	3	3	3	2	2	2	1	1	1	1
운 여	1 1	1	1	1	2	2	2	3	3	3	4	4	4	5	5	5	6	6	6	7	7	7	8	8	8	9	9	9	10	10

	2월 4일(양) 입춘 07시 47분	2월 10일(양)	2월 19일(양) 우수 03시 35분	2월 20일(양)	3월 1일(양)
평균기온	−4.3℃	3.9℃	−1.0℃	3.0℃	2.9℃
최고기온	−0.6℃	5.0℃	2.5℃	8.1℃	6.3℃
최저기온	−8.3℃	3.1℃	−4.7℃	−1.6℃	1.1℃
강수량	0.0mm	2.0mm	−	−	17.0mm
일 출	07:33:31	07:27:37	07:17:18	07:16:04	07:04:12
일 몰	17:58:25	18:05:01	18:14:41	18:15:44	18:24:56

술(戌)월장 · 경칩 · 03.06 ~ 04.04(양) — 己卯月

양력	03.06	7	8	9	10	11	12	13	14	15	16	17	18	19	20	21	22	23	24	25	26	27	28	29	30	31	4.1	2	3	4
음력	01.21	22	23	24	25	26	27	28	29	30	2.1	2	3	4	5	6	7	8	9	10	11	12	13	14	15	16	17	18	19	20
일주	乙卯	丙辰	丁巳	戊午	己未	庚申	辛酉	壬戌	癸亥	甲子	乙丑	丙寅	丁卯	戊辰	己巳	庚午	辛未	壬申	癸酉	甲戌	乙亥	丙子	丁丑	戊寅	己卯	庚辰	辛巳	壬午	癸未	甲申
대 남	1 10	10	9	9	9	8	8	8	7	7	7	6	6	6	5	5	5	4	4	4	3	3	3	2	2	2	1	1	1	1
운 여	10 1	1	1	1	2	2	2	3	3	3	4	4	4	5	5	5	6	6	6	7	7	7	8	8	8	9	9	9	10	10

	3월 6일 경칩 01시 46분	3월 10일(양)	3월 20일(양)	3월 21일(양) 춘분 02시 31분	4월 1일(양)
평균기온	6.0℃	−1.4℃	6.8℃	2.7℃	7.0℃
최고기온	10.7℃	0.5℃	11.3℃	7.1℃	9.9℃
최저기온	2.0℃	−4.0℃	1.1℃	−0.7℃	3.6℃
강수량	−	7.1mm	0.2mm	−	1.0mm
일 출	06:57:09	06:51:22	06:36:27	06:34:57	06:18:19
일 몰	18:29:51	18:33:42	18:43:05	18:44:00	18:54:00

유(酉)월장 · 청명 · 04.05 ~ 05.04(양) — 庚辰月

양력	04.05	6	7	8	9	10	11	12	13	14	15	16	17	18	19	20	21	22	23	24	25	26	27	28	29	30	5.1	2	3	4
음력	02.21	22	23	24	25	26	27	28	29	3.1	2	3	4	5	6	7	8	9	10	11	12	13	14	15	16	17	18	19	20	21
일주	乙酉	丙戌	丁亥	戊子	己丑	庚寅	辛卯	壬辰	癸巳	甲午	乙未	丙申	丁酉	戊戌	己亥	庚子	辛丑	壬寅	癸卯	甲辰	乙巳	丙午	丁未	戊申	己酉	庚戌	辛亥	壬子	癸丑	甲寅
대 남	1 10	10	9	9	9	8	8	8	7	7	7	6	6	6	5	5	5	4	4	4	3	3	3	2	2	2	1	1	1	1
운 여	10 1	1	1	1	2	2	2	3	3	3	4	4	4	5	5	5	6	6	6	7	7	7	8	8	8	9	9	9	10	10

	4월 5일(양) 청명 06시 30분	4월 10일(양)	4월 20일(양) 곡우 13시 29분	5월 1일(양)
평균기온	10.4℃	10.7℃	16.8℃	12.3℃
최고기온	14.8℃	13.5℃	20.7℃	17.5℃
최저기온	4.8℃	8.8℃	13.3℃	5.8℃
강수량	0.0mm	−	−	−
일 출	06:12:22	06:05:03	05:51:07	05:37:21
일 몰	18:57:36	19:02:07	19:11:12	19:21:13

신(申)월장 · 입하 · 05.05 ~ 06.05(양) — 辛巳月

양력	05.05	6	7	8	9	10	11	12	13	14	15	16	17	18	19	20	21	22	23	24	25	26	27	28	29	30	31	6.1	2	3	4	5
음력	03.22	23	24	25	26	27	28	29	30	4.1	2	3	4	5	6	7	8	9	10	11	12	13	14	15	16	17	18	19	20	21	22	23
일주	乙卯	丙辰	丁巳	戊午	己未	庚申	辛酉	壬戌	癸亥	甲子	乙丑	丙寅	丁卯	戊辰	己巳	庚午	辛未	壬申	癸酉	甲戌	乙亥	丙子	丁丑	戊寅	己卯	庚辰	辛巳	壬午	癸未	甲申	乙酉	丙戌
대 남	1 10	10	10	10	9	9	9	8	8	8	7	7	7	6	6	6	5	5	5	4	4	4	3	3	3	2	2	2	1	1	1	1
운 여	10 1	1	1	1	1	2	2	2	3	3	3	4	4	4	5	5	5	6	6	6	7	7	7	8	8	8	9	9	9	10	10	10

	5월 5일(양) 입하 23시 43분	5월 10일(양)	5월 20일(양)	5월 21일(양) 소만 12시 33분	6월 1일(양)
평균기온	20.6℃	16.1℃	19.5℃	22.1℃	19.1℃
최고기온	25.2℃	20.9℃	25.4℃	28.6℃	26.2℃
최저기온	15.4℃	12.7℃	13.6℃	14.9℃	12.1℃
강수량	0.0mm	0.1mm	−	−	−
일 출	05:32:52	05:27:45	05:19:17	05:18:34	05:12:39
일 몰	19:24:50	19:29:19	19:37:57	19:38:47	19:47:03

미(未)월장 · 망종 · 06.06 ~ 07.06(양) — 壬午月

양력	06.06	7	8	9	10	11	12	13	14	15	16	17	18	19	20	21	22	23	24	25	26	27	28	29	30	7.1	2	3	4	5	6
음력	04.24	25	26	27	28	29	5.1	2	3	4	5	6	7	8	9	10	11	12	13	14	15	16	17	18	19	20	21	22	23	24	25
일주	丁亥	戊子	己丑	庚寅	辛卯	壬辰	癸巳	甲午	乙未	丙申	丁酉	戊戌	己亥	庚子	辛丑	壬寅	癸卯	甲辰	乙巳	丙午	丁未	戊申	己酉	庚戌	辛亥	壬子	癸丑	甲寅	乙卯	丙辰	丁巳
대 남	1 10	10	10	9	9	9	8	8	8	7	7	7	6	6	6	5	5	5	4	4	4	3	3	3	2	2	2	1	1	1	1
운 여	10 1	1	1	1	1	2	2	2	3	3	3	4	4	4	5	5	5	6	6	6	7	7	7	8	8	8	9	9	9	10	10

	6월 6일(양) 망종 03시 49분	6월 10일(양)	6월 20일(양)	6월 21일(양) 하지 20시 28분	7월 1일(양)
평균기온	24.9℃	26.5℃	23.0℃	22.2℃	26.1℃
최고기온	30.9℃	32.7℃	27.0℃	27.8℃	30.7℃
최저기온	19.0℃	21.7℃	20.8℃	18.1℃	21.9℃
강수량	−	−	−	0.0mm	−
일 출	05:11:08	05:10:28	05:10:51	05:11:03	05:14:21
일 몰	19:50:13	19:52:25	19:56:17	19:56:32	19:57:24

오(午)월장 · 소서 · 07.07 ~ 08.06(양) — 癸未月

양력	07.07	8	9	10	11	12	13	14	15	16	17	18	19	20	21	22	23	24	25	26	27	28	29	30	31	8.1	2	3	4	5	6
음력	05.26	27	28	29	30	6.1	2	3	4	5	6	7	8	9	10	11	12	13	14	15	16	17	18	19	20	21	22	23	24	25	26
일주	戊午	己未	庚申	辛酉	壬戌	癸亥	甲子	乙丑	丙寅	丁卯	戊辰	己巳	庚午	辛未	壬申	癸酉	甲戌	乙亥	丙子	丁丑	戊寅	己卯	庚辰	辛巳	壬午	癸未	甲申	乙酉	丙戌	丁亥	戊子
대 남	1 10	10	10	9	9	9	8	8	8	7	7	7	6	6	6	5	5	5	4	4	4	3	3	3	2	2	2	1	1	1	1
운 여	10 1	1	1	1	1	2	2	2	3	3	3	4	4	4	5	5	5	6	6	6	7	7	7	8	8	8	9	9	9	10	10

	7월 7일(양) 소서 14시 02분	7월 10일(양)	7월 20일(양)	7월 23일(양) 대서 07시 20분	8월 1일(양)
평균기온	25.6℃	25.6℃	28.2℃	24.4℃	27.5℃
최고기온	29.6℃	29.2℃	32.3℃	25.9℃	31.0℃
최저기온	22.4℃	21.7℃	24.1℃	23.0℃	26.1℃
강수량	−	0.0mm	−	4.5mm	0.0mm
일 출	05:17:25	05:19:12	05:26:09	05:28:27	05:35:43
일 몰	19:56:29	19:55:37	19:50:47	19:48:46	19:41:15

사(巳)월장 — 입추 — 08.07 ~ 09.07(양)

甲申月

양력	08.07	8	9	10	11	12	13	14	15	16	17	18	19	20	21	22	23	24	25	26	27	28	29	30	31	9.1	2	3	4	5	6	7
음력	06.27	28	29	7.1	2	3	4	5	6	7	8	9	10	11	12	13	14	15	16	17	18	19	20	21	22	23	24	25	26	27	28	29
일주	己丑	庚寅	辛卯	壬辰	癸巳	甲午	乙未	丙申	丁酉	戊戌	己亥	庚子	辛丑	壬寅	癸卯	甲辰	乙巳	丙午	丁未	戊申	己酉	庚戌	辛亥	壬子	癸丑	甲寅	乙卯	丙辰	丁巳	戊午	己未	庚申
대운 남	1·10	10	10	10	10	9	9	9	8	8	8	7	7	7	6	6	6	5	5	5	4	4	4	3	3	3	2	2	2	1	1	1
운 여	10·1	1	1	1	1	2	2	2	3	3	3	4	4	4	5	5	5	6	6	6	7	7	7	8	8	8	9	9	9	10	10	10

구분	평균기온	강수량	최고기온	일 출	최저기온	일 몰
8월 7일(양) 입추 23시 48분	26.2℃	83.5mm	28.2℃	05:40:47	24.3℃	19:35:09
8월 10일(양)	26.5℃	24.5mm	29.8℃	05:43:20	24.9℃	19:31:49
8월 20일(양)	28.6℃	0.5mm	32.2℃	05:51:52	25.5℃	19:19:26
8월 23일(양) 처서 14시 26분	26.4℃	21.0mm	29.1℃	05:54:25	23.7℃	19:15:25
9월 1일(양)	26.0℃	14.5mm	31.4℃	06:01:58	22.8℃	19:02:38

진(辰)월장 — 백로 — 09.08 ~ 10.07(양)

乙酉月

양력	09.08	9	10	11	12	13	14	15	16	17	18	19	20	21	22	23	24	25	26	27	28	29	30	10.1	2	3	4	5	6	7
음력	00.01	2	3	4	5	6	7	8	9	10	11	12	13	14	15	16	17	18	19	20	21	22	23	24	25	26	27	28	29	30
일주	辛酉	壬戌	癸亥	甲子	乙丑	丙寅	丁卯	戊辰	己巳	庚午	辛未	壬申	癸酉	甲戌	乙亥	丙子	丁丑	戊寅	己卯	庚辰	辛巳	壬午	癸未	甲申	乙酉	丙戌	丁亥	戊子	己丑	庚寅
대운 남	1·10	10	9	9	9	8	8	8	7	7	7	6	6	6	5	5	5	4	4	4	3	3	3	2	2	2	1	1	1	1
운 여	10·1	1	1	1	1	2	2	2	3	3	3	4	4	4	5	5	5	6	6	6	7	7	7	8	8	8	9	9	9	10

구분	평균기온	강수량	최고기온	일 출	최저기온	일 몰
9월 8일(양) 백로 02시 44분	22.7℃	-	24.3℃	06:07:49	21.6℃	18:52:11
9월 10일(양)	24.0℃	74.5mm	25.8℃	06:09:29	22.4℃	18:49:09
9월 20일(양)	21.7℃	25.5mm	26.0℃	06:17:49	18.2℃	18:33:43
9월 23일(양) 추분 12시 08분	17.0℃	-	22.8℃	06:20:20	12.1℃	18:29:04
10월 1일(양)	16.0℃	-	21.4℃	06:27:11	10.8℃	18:16:46

묘(卯)월장 — 한로 — 10.08 ~ 11.06(양)

丙戌月

양력	10.08	9	10	11	12	13	14	15	16	17	18	19	20	21	22	23	24	25	26	27	28	29	30	31	11.1	2	3	4	5	6
음력	09.01	2	3	4	5	6	7	8	9	10	11	12	13	14	15	16	17	18	19	20	21	22	23	24	25	26	27	28	29	10.1
일주	辛卯	壬辰	癸巳	甲午	乙未	丙申	丁酉	戊戌	己亥	庚子	辛丑	壬寅	癸卯	甲辰	乙巳	丙午	丁未	戊申	己酉	庚戌	辛亥	壬子	癸丑	甲寅	乙卯	丙辰	丁巳	戊午	己未	庚申
대운 남	1·10	10	10	9	9	9	8	8	8	7	7	7	6	6	6	5	5	5	4	4	4	3	3	3	2	2	2	1	1	1
운 여	10·1	1	1	1	2	2	2	3	3	3	4	4	4	5	5	5	6	6	6	7	7	7	8	8	8	9	9	9	10	10

구분	평균기온	강수량	최고기온	일 출	최저기온	일 몰
10월 8일(양) 한로 18시 26분	18.9℃	-	23.2℃	06:33:23	15.1℃	18:06:17
10월 10일(양)	18.5℃	-	22.8℃	06:35:12	14.3℃	18:03:22
10월 20일(양)	15.2℃	-	19.5℃	06:44:36	12.7℃	17:49:28
10월 23일(양) 상강 21시 34분	15.9℃	-	20.2℃	06:47:31	11.7℃	17:45:34
11월 1일(양)	11.4℃	-	16.7℃	06:56:35	6.8℃	17:34:52

인(寅)월장 — 입동 — 11.07 ~ 12.06(양)

丁亥月

양력	11.07	8	9	10	11	12	13	14	15	16	17	18	19	20	21	22	23	24	25	26	27	28	29	30	12.1	2	3	4	5	6
음력	10.02	3	4	5	6	7	8	9	10	11	12	13	14	15	16	17	18	19	20	21	22	23	24	25	26	27	28	29	30	11.1
일주	辛酉	壬戌	癸亥	甲子	乙丑	丙寅	丁卯	戊辰	己巳	庚午	辛未	壬申	癸酉	甲戌	乙亥	丙子	丁丑	戊寅	己卯	庚辰	辛巳	壬午	癸未	甲申	乙酉	丙戌	丁亥	戊子	己丑	庚寅
대운 남	1·10	10	10	9	9	9	8	8	8	7	7	7	6	6	6	5	5	5	4	4	4	3	3	3	2	2	2	1	1	1
운 여	10·1	1	1	1	2	2	2	3	3	3	4	4	4	5	5	5	6	6	6	7	7	7	8	8	8	9	9	9	10	10

구분	평균기온	강수량	최고기온	일 출	최저기온	일 몰
11월 7일(양) 입동 21시 42분	12.3℃	2.0mm	14.3℃	07:02:51	10.8℃	17:28:43
11월 10일(양)	4.1℃	-	9.1℃	07:06:01	-0.5℃	17:25:58
11월 20일(양)	7.9℃	-	13.4℃	07:16:34	4.1℃	17:18:39
11월 22일(양) 소설 19시 14분	6.2℃	5.0mm	13.1℃	07:18:39	1.9℃	17:17:33
12월 1일(양)	7.2℃	-	10.4℃	07:27:37	5.3℃	17:14:14

축(丑)월장 — 대설 — 12.07 ~ 2011.01.05(양)

戊子月

양력	12.07	8	9	10	11	12	13	14	15	16	17	18	19	20	21	22	23	24	25	26	27	28	29	30	31	1.1	2	3	4	5
음력	11.02	3	4	5	6	7	8	9	10	11	12	13	14	15	16	17	18	19	20	21	22	23	24	25	26	27	28	29	12.1	2
일주	辛卯	壬辰	癸巳	甲午	乙未	丙申	丁酉	戊戌	己亥	庚子	辛丑	壬寅	癸卯	甲辰	乙巳	丙午	丁未	戊申	己酉	庚戌	辛亥	壬子	癸丑	甲寅	乙卯	丙辰	丁巳	戊午	己未	庚申
대운 남	1·10	10	9	9	9	8	8	8	7	7	7	6	6	6	5	5	5	4	4	4	3	3	3	2	2	2	1	1	1	1
운 여	10·1	1	1	1	1	2	2	2	3	3	3	4	4	4	5	5	5	6	6	6	7	7	7	8	8	8	9	9	9	10

구분	평균기온	강수량	최고기온	일 출	최저기온	일 몰
12월 7일(양) 대설 14시 38분	-0.7℃	-	4.6℃	07:33:04	-4.8℃	17:13:36
12월 10일(양)	2.9℃	1.5mm	10.1℃	07:35:33	-2.8℃	17:13:45
12월 20일(양)	4.1℃	-	8.8℃	07:42:23	1.6℃	17:16:27
12월 22일(양) 동지 08시 38분	4.0℃	-	8.3℃	07:43:26	0.3℃	17:17:23
1월 1일(양)	-6.8℃	-	-2.9℃	07:46:50	-10.4℃	17:23:46

자(子)월장 — 소한 — 01.06 ~ 02.03(양)

己丑月

양력	2011.01.06	7	8	9	10	11	12	13	14	15	16	17	18	19	20	21	22	23	24	25	26	27	28	29	30	31	2.1	2	3
음력	2010.12.03	4	5	6	7	8	9	10	11	12	13	14	15	16	17	18	19	20	21	22	23	24	25	26	27	28	29	30	1.1
일주	辛酉	壬戌	癸亥	甲子	乙丑	丙寅	丁卯	戊辰	己巳	庚午	辛未	壬申	癸酉	甲戌	乙亥	丙子	丁丑	戊寅	己卯	庚辰	辛巳	壬午	癸未	甲申	乙酉	丙戌	丁亥	戊子	己丑
대운 남	1·10	9	9	9	8	8	8	7	7	7	6	6	6	5	5	5	4	4	4	3	3	3	2	2	2	1	1	1	1
운 여	10·1	1	1	1	2	2	2	3	3	3	4	4	4	5	5	5	6	6	6	7	7	7	8	8	8	9	9	9	9

구분	평균기온	강수량	최고기온	일 출	최저기온	일 몰
1월 6일(양) 소한 01시 54분	-7.6℃	-	-4.6℃	07:47:19	-9.8℃	17:27:54
1월 10일(양)	-8.2℃	-	-4.6℃	07:47:05	-11.8℃	17:31:34
1월 20일(양) 대한 19시 18분	-8.2℃	-	-4.7℃	07:44:07	-10.5℃	17:41:42
2월 1일(양)	-0.2℃	-	5.0℃	07:36:19	-4.2℃	17:54:50

2011

해(亥)월장 · 입춘 — 02.04 ~ 03.05(양) · 庚寅月

양력	2011.02.04	5	6	7	8	9	10	11	12	13	14	15	16	17	18	19	20	21	22	23	24	25	26	27	28	3.1	2	3	4	5
음력	2011.01.02	3	4	5	6	7	8	9	10	11	12	13	14	15	16	17	18	19	20	21	22	23	24	25	26	27	28	29	30	2.1
일주	庚寅	辛卯	壬辰	癸巳	甲午	乙未	丙申	丁酉	戊戌	己亥	庚子	辛丑	壬寅	癸卯	甲辰	乙巳	丙午	丁未	戊申	己酉	庚戌	辛亥	壬子	癸丑	甲寅	乙卯	丙辰	丁巳	戊午	己未
대운 남	1	1	1	1	1	2	2	2	3	3	3	4	4	4	5	5	5	6	6	6	7	7	7	8	8	8	9	9	9	10
대운 여	10	10	9	9	9	8	8	8	7	7	7	6	6	6	5	5	5	4	4	4	3	3	3	2	2	2	1	1	1	1

2월 4일(양) 입춘 13시 32분		2월 10일(양)		2월 19일(양) 우수 09시 24분		2월 20일(양)		3월 1일(양)	
평균기온: 1.2℃	강수량: –	평균기온: -2.1℃	강수량: –	평균기온: 1.4℃	강수량: –	평균기온: 5.3℃	강수량: –	평균기온: 0.5℃	강수량: 2.3㎜
최고기온: 3.5℃	일 출: 07:33:44	최고기온: 2.7℃	일 출: 07:27:53	최고기온: 7.0℃	일 출: 07:17:36	최고기온: 12.8℃	일 출: 07:16:21	최고기온: 3.7℃	일 출: 07:04:31
최저기온: -0.5℃	일 몰: 17:58:10	최저기온: -5.6℃	일 몰: 18:04:47	최저기온: -2.6℃	일 몰: 18:14:26	최저기온: -2.1℃	일 몰: 18:15:29	최저기온: -2.7℃	일 몰: 18:24:41

술(戌)월장 · 경칩 — 03.06 ~ 04.04(양) · 辛卯月

양력	03.06	7	8	9	10	11	12	13	14	15	16	17	18	19	20	21	22	23	24	25	26	27	28	29	30	31	4.1	2	3	4
음력	02.02	3	4	5	6	7	8	9	10	11	12	13	14	15	16	17	18	19	20	21	22	23	24	25	26	27	28	29	3.1	2
일주	庚申	辛酉	壬戌	癸亥	甲子	乙丑	丙寅	丁卯	戊辰	己巳	庚午	辛未	壬申	癸酉	甲戌	乙亥	丙子	丁丑	戊寅	己卯	庚辰	辛巳	壬午	癸未	甲申	乙酉	丙戌	丁亥	戊子	己丑
대운 남	10	1	1	1	2	2	2	3	3	3	4	4	4	5	5	5	6	6	6	7	7	7	8	8	8	9	9	9	10	10
대운 여	1	10	9	9	9	8	8	8	7	7	7	6	6	6	5	5	5	4	4	4	3	3	3	2	2	2	1	1	1	1

3월 6일(양) 경칩 07시 29분		3월 10일(양)		3월 20일(양)		3월 21일(양) 춘분 08시 20분		4월 1일(양)	
평균기온: 3.4℃	강수량: –	평균기온: 1.4℃	강수량: –	평균기온: 6.9℃	강수량: 5.0㎜	평균기온: 8.0℃	강수량: –	평균기온: 9.1℃	강수량: –
최고기온: 7.4℃	일 출: 06:57:31	최고기온: 4.9℃	일 출: 06:51:44	최고기온: 11.4℃	일 출: 06:36:49	최고기온: 13.0℃	일 출: 06:35:18	최고기온: 14.9℃	일 출: 06:18:41
최저기온: 1.2℃	일 몰: 18:29:38	최저기온: -3.4℃	일 몰: 18:33:30	최저기온: 2.9℃	일 몰: 18:42:52	최저기온: 3.8℃	일 몰: 18:43:47	최저기온: 4.3℃	일 몰: 18:53:47

유(酉)월장 · 청명 — 04.05 ~ 05.05(양) · 壬辰月

양력	04.05	6	7	8	9	10	11	12	13	14	15	16	17	18	19	20	21	22	23	24	25	26	27	28	29	30	5.1	2	3	4	5
음력	03.03	4	5	6	7	8	9	10	11	12	13	14	15	16	17	18	19	20	21	22	23	24	25	26	27	28	29	30	4.1	2	3
일주	庚寅	辛卯	壬辰	癸巳	甲午	乙未	丙申	丁酉	戊戌	己亥	庚子	辛丑	壬寅	癸卯	甲辰	乙巳	丙午	丁未	戊申	己酉	庚戌	辛亥	壬子	癸丑	甲寅	乙卯	丙辰	丁巳	戊午	己未	庚申
대운 남	10	1	1	1	2	2	2	3	3	3	4	4	4	5	5	5	6	6	6	7	7	7	8	8	8	9	9	9	10	10	10
대운 여	1	10	9	9	9	8	8	8	7	7	7	6	6	6	5	5	5	4	4	4	3	3	3	2	2	2	1	1	1	1	1

4월 5일(양) 청명 12시 11분		4월 10일(양)		4월 20일(양) 곡우 19시 17분		5월 1일(양)	
평균기온: 10.7℃	강수량: –	평균기온: 10.8℃	강수량: 1.5㎜	평균기온: 11.2℃	강수량: –	평균기온: 12.5℃	강수량: 0.0㎜
최고기온: 17.1℃	일 출: 06:12:44	최고기온: 14.5℃	일 출: 06:05:25	최고기온: 16.8℃	일 출: 05:51:27	최고기온: 15.7℃	일 출: 05:37:38
최저기온: 5.1℃	일 몰: 18:57:24	최저기온: 8.2℃	일 몰: 19:01:56	최저기온: 6.3℃	일 몰: 19:10:59	최저기온: 9.9℃	일 몰: 19:21:01

신(申)월장 · 입하 — 05.06 ~ 06.05(양) · 癸巳月

양력	05.06	7	8	9	10	11	12	13	14	15	16	17	18	19	20	21	22	23	24	25	26	27	28	29	30	31	6.1	2	3	4	5
음력	04.04	5	6	7	8	9	10	11	12	13	14	15	16	17	18	19	20	21	22	23	24	25	26	27	28	29	30	5.1	2	3	4
일주	辛酉	壬戌	癸亥	甲子	乙丑	丙寅	丁卯	戊辰	己巳	庚午	辛未	壬申	癸酉	甲戌	乙亥	丙子	丁丑	戊寅	己卯	庚辰	辛巳	壬午	癸未	甲申	乙酉	丙戌	丁亥	戊子	己丑	庚寅	辛卯
대운 남	10	1	1	1	2	2	2	3	3	3	4	4	4	5	5	5	6	6	6	7	7	7	8	8	8	9	9	9	10	10	10
대운 여	1	10	9	9	9	8	8	8	7	7	7	6	6	6	5	5	5	4	4	4	3	3	3	2	2	2	1	1	1	1	1

5월 6일(양) 입하 05시 22분		5월 10일(양)		5월 20일(양)		5월 21일(양) 소만 18시 20분		6월 1일(양)	
평균기온: 15.4℃	강수량: 0.5㎜	평균기온: 16.5℃	강수량: 6.5㎜	평균기온: 17.5℃	강수량: 15.0㎜	평균기온: 14.5℃	강수량: 2.0㎜	평균기온: 18.0℃	강수량: 21.5㎜
최고기온: 17.9℃	일 출: 05:32:05	최고기온: 18.5℃	일 출: 05:28:00	최고기온: 20.5℃	일 출: 05:19:28	최고기온: 17.7℃	일 출: 05:18:45	최고기온: 21.6℃	일 출: 05:12:46
최저기온: 13.2℃	일 몰: 19:25:33	최저기온: 14.5℃	일 몰: 19:29:09	최저기온: 15.6℃	일 몰: 19:37:46	최저기온: 12.6℃	일 몰: 19:38:35	최저기온: 14.7℃	일 몰: 19:46:55

미(未)월장 · 망종 — 06.06 ~ 07.06(양) · 甲午月

양력	06.06	7	8	9	10	11	12	13	14	15	16	17	18	19	20	21	22	23	24	25	26	27	28	29	30	7.1	2	3	4	5	6
음력	05.05	6	7	8	9	10	11	12	13	14	15	16	17	18	19	20	21	22	23	24	25	26	27	28	29	6.1	2	3	4	5	6
일주	壬辰	癸巳	甲午	乙未	丙申	丁酉	戊戌	己亥	庚子	辛丑	壬寅	癸卯	甲辰	乙巳	丙午	丁未	戊申	己酉	庚戌	辛亥	壬子	癸丑	甲寅	乙卯	丙辰	丁巳	戊午	己未	庚申	辛酉	壬戌
대운 남	10	1	1	1	2	2	2	3	3	3	4	4	4	5	5	5	6	6	6	7	7	7	8	8	8	9	9	9	10	10	10
대운 여	1	10	9	9	9	8	8	8	7	7	7	6	6	6	5	5	5	4	4	4	3	3	3	2	2	2	1	1	1	1	1

6월 6일(양) 망종 09시 26분		6월 10일(양)		6월 20일(양)		6월 22일(양) 하지 02시 16분		7월 1일(양)	
평균기온: 20.9℃	강수량: –	평균기온: 21.4℃	강수량: 0.0㎜	평균기온: 26.6℃	강수량: –	평균기온: 22.7℃	강수량: 16.0㎜	평균기온: 25.1℃	강수량: –
최고기온: 26.9℃	일 출: 05:11:14	최고기온: 24.3℃	일 출: 05:10:32	최고기온: 32.0℃	일 출: 05:10:49	최고기온: 24.9℃	일 출: 05:11:13	최고기온: 28.6℃	일 출: 05:14:16
최저기온: 15.3℃	일 몰: 19:50:07	최저기온: 17.8℃	일 몰: 19:52:19	최저기온: 22.7℃	일 몰: 19:56:13	최저기온: 20.9℃	일 몰: 19:56:42	최저기온: 22.2℃	일 몰: 19:57:25

오(午)월장 · 소서 — 07.07 ~ 08.07(양) · 乙未月

양력	07.07	8	9	10	11	12	13	14	15	16	17	18	19	20	21	22	23	24	25	26	27	28	29	30	31	8.1	2	3	4	5	6	7
음력	06.07	8	9	10	11	12	13	14	15	16	17	18	19	20	21	22	23	24	25	26	27	28	29	30	7.1	2	3	4	5	6	7
일주	癸亥	甲子	乙丑	丙寅	丁卯	戊辰	己巳	庚午	辛未	壬申	癸酉	甲戌	乙亥	丙子	丁丑	戊寅	己卯	庚辰	辛巳	壬午	癸未	甲申	乙酉	丙戌	丁亥	戊子	己丑	庚寅	辛卯	壬辰	癸巳	甲午
대운 남	10	1	1	1	2	2	2	3	3	3	4	4	4	5	5	5	6	6	6	7	7	7	8	8	8	9	9	9	10	10	10	10
대운 여	1	10	9	9	9	8	8	8	7	7	7	6	6	6	5	5	5	4	4	4	3	3	3	2	2	2	1	1	1	1	1	1

7월 7일(양) 소서 19시 41분		7월 10일(양)		7월 20일(양)		7월 23일(양) 대서 13시 11분		8월 1일(양)	
평균기온: 22.9℃	강수량: 42.5㎜	평균기온: 24.2℃	강수량: 6.0㎜	평균기온: 27.6℃	강수량: –	평균기온: 25.4℃	강수량: 3.0㎜	평균기온: 25.6℃	강수량: 0.5㎜
최고기온: 25.3℃	일 출: 05:17:18	최고기온: 28.4℃	일 출: 05:19:05	최고기온: 32.6℃	일 출: 05:25:58	최고기온: 29.7℃	일 출: 05:28:15	최고기온: 29.2℃	일 출: 05:35:32
최저기온: 20.9℃	일 몰: 19:56:34	최저기온: 21.4℃	일 몰: 19:55:43	최저기온: 23.6℃	일 몰: 19:50:56	최저기온: 22.9℃	일 몰: 19:48:56	최저기온: 23.3℃	일 몰: 19:41:29

辛卯年

사(巳)월장 입 추 08.08 ~ 09.07(양)

丙申月																															
양력	08.08	9	10	11	12	13	14	15	16	17	18	19	20	21	22	23	24	25	26	27	28	29	30	31	9.1	2	3	4	5	6	7
음력	07.09	10	11	12	13	14	15	16	17	18	19	20	21	22	23	24	25	26	27	28	29	8.1	2	3	4	5	6	7	8	9	10
일주	乙未	丙申	丁酉	戊戌	己亥	庚子	辛丑	壬寅	癸卯	甲辰	乙巳	丙午	丁未	戊申	己酉	庚戌	辛亥	壬子	癸丑	甲寅	乙卯	丙辰	丁巳	戊午	己未	庚申	辛酉	壬戌	癸亥	甲子	乙丑
대운 남	10 1	1	1	1	1	2	2	2	3	3	3	4	4	4	5	5	5	6	6	6	7	7	7	8	8	8	9	9	9	10	10
대운 여	1 10	10	10	9	9	9	8	8	8	7	7	7	6	6	6	5	5	5	4	4	4	3	3	3	2	2	2	1	1	1	1

8월 8일(양) 입추 05시 33분		8월 10일(양)		8월 20일(양)		8월 23일(양) 처서 20시 20분		9월 1일(양)	
평균기온: 24.7℃	강수량: 39.5㎜	평균기온: 25.8℃	강수량: 0.3㎜	평균기온: 23.1℃	강수량: 0.5㎜	평균기온: 24.3℃	강수량: -	평균기온: 27.0℃	강수량: -
최고기온: 27.7℃	일 출: 05:41:26	최고기온: 28.9℃	일 출: 05:43:08	최고기온: 27.0℃	일 출: 05:51:39	최고기온: 30.5℃	일 출: 05:54:11	최고기온: 31.1℃	일 출: 06:01:46
최저기온: 23.6℃	일 몰: 19:34:20	최저기온: 23.2℃	일 몰: 19:32:05	최저기온: 20.3℃	일 몰: 19:19:45	최저기온: 18.1℃	일 몰: 19:15:44	최저기온: 22.9℃	일 몰: 19:03:00

진(辰)월장 백 로 09.08 ~ 10.08(양)

丁酉月																															
양력	09.08	9	10	11	12	13	14	15	16	17	18	19	20	21	22	23	24	25	26	27	28	29	30	10.1	2	3	4	5	6	7	8
음력	08.11	12	13	14	15	16	17	18	19	20	21	22	23	24	25	26	27	28	29	9.1	2	3	4	5	6	7	8	9	10	11	12
일주	丙寅	丁卯	戊辰	己巳	庚午	辛未	壬申	癸酉	甲戌	乙亥	丙子	丁丑	戊寅	己卯	庚辰	辛巳	壬午	癸未	甲申	乙酉	丙戌	丁亥	戊子	己丑	庚寅	辛卯	壬辰	癸巳	甲午	乙未	丙申
대운 남	10 1	1	1	1	1	2	2	2	3	3	3	4	4	4	5	5	5	6	6	6	7	7	7	8	8	8	9	9	9	10	10
대운 여	1 10	10	10	9	9	9	8	8	8	7	7	7	6	6	6	5	5	5	4	4	4	3	3	3	2	2	2	1	1	1	1

9월 8일(양) 백로 08시 33분		9월 10일(양)		9월 20일(양)		9월 23일(양) 추분 18시 04분		10월 1일(양)	
평균기온: 22.3℃	강수량: 0.0㎜	평균기온: 21.5℃	강수량: -	평균기온: 17.7℃	강수량: -	평균기온: 19.5℃	강수량: -	평균기온: 12.7℃	강수량: -
최고기온: 25.8℃	일 출: 06:07:36	최고기온: 26.4℃	일 출: 06:09:16	최고기온: 23.2℃	일 출: 06:17:35	최고기온: 26.0℃	일 출: 06:20:07	최고기온: 17.6℃	일 출: 06:26:58
최저기온: 20.4℃	일 몰: 18:52:33	최저기온: 18.0℃	일 몰: 18:49:31	최저기온: 13.4℃	일 몰: 18:34:04	최저기온: 13.5℃	일 몰: 18:29:25	최저기온: 7.7℃	일 몰: 18:17:08

묘(卯)월장 한 로 10.09 ~ 11.07(양)

戊戌月																														
양력	10.09	10	11	12	13	14	15	16	17	18	19	20	21	22	23	24	25	26	27	28	29	30	31	11.1	2	3	4	5	6	7
음력	09.13	14	15	16	17	18	19	20	21	22	23	24	25	26	27	28	29	30	10.1	2	3	4	5	6	7	8	9	10	11	12
일주	丁酉	戊戌	己亥	庚子	辛丑	壬寅	癸卯	甲辰	乙巳	丙午	丁未	戊申	己酉	庚戌	辛亥	壬子	癸丑	甲寅	乙卯	丙辰	丁巳	戊午	己未	庚申	辛酉	壬戌	癸亥	甲子	乙丑	丙寅
대운 남	10 1	1	1	1	1	2	2	2	3	3	3	4	4	4	5	5	5	6	6	6	7	7	7	8	8	8	9	9	9	10
대운 여	1 10	10	9	9	9	8	8	8	7	7	7	6	6	6	5	5	5	4	4	4	3	3	3	2	2	2	1	1	1	1

10월 9일(양) 한로 00시 18분		10월 10일(양)		10월 20일(양)		10월 24일(양) 상강 03시 29분		11월 1일(양)	
평균기온: 16.6℃	강수량: -	평균기온: 16.9℃	강수량: -	평균기온: 15.5℃	강수량: -	평균기온: 12.3℃	강수량: 1.5㎜	평균기온: 16.1℃	강수량: -
최고기온: 22.5℃	일 출: 06:34:04	최고기온: 21.8℃	일 출: 06:34:58	최고기온: 20.9℃	일 출: 06:44:20	최고기온: 15.3℃	일 출: 06:48:14	최고기온: 22.6℃	일 출: 06:56:20
최저기온: 11.9℃	일 몰: 18:05:10	최저기온: 12.4℃	일 몰: 18:03:43	최저기온: 11.0℃	일 몰: 17:49:46	최저기온: 7.1℃	일 몰: 17:44:36	최저기온: 9.9℃	일 몰: 17:35:08

인(寅)월장 입 동 11.08 ~ 12.06(양)

己亥月																													
양력	11.08	9	10	11	12	13	14	15	16	17	18	19	20	21	22	23	24	25	26	27	28	29	30	12.1	2	3	4	5	6
음력	10.13	14	15	16	17	18	19	20	21	22	23	24	25	26	27	28	29	11.1	2	3	4	5	6	7	8	9	10	11	12
일주	丁卯	戊辰	己巳	庚午	辛未	壬申	癸酉	甲戌	乙亥	丙子	丁丑	戊寅	己卯	庚辰	辛巳	壬午	癸未	甲申	乙酉	丙戌	丁亥	戊子	己丑	庚寅	辛卯	壬辰	癸巳	甲午	乙未
대운 남	10 1	1	1	1	1	2	2	2	3	3	3	4	4	4	5	5	5	6	6	6	7	7	7	8	8	8	9	9	9
대운 여	1 10	9	9	9	8	8	8	7	7	7	6	6	6	5	5	5	4	4	4	3	3	3	2	2	2	1	1	1	1

11월 8일(양) 입동 03시 34분		11월 10일(양)		11월 20일(양)		11월 23일(양) 소설 01시 07분		12월 1일(양)	
평균기온: 14.9℃	강수량: -	평균기온: 14.1℃	강수량: -	평균기온: 0.4℃	강수량: -	평균기온: 2.8℃	강수량: 4.5㎜	평균기온: 5.8℃	강수량: -
최고기온: 19.6℃	일 출: 07:03:38	최고기온: 17.0℃	일 출: 07:05:45	최고기온: 3.7℃	일 출: 07:16:18	최고기온: 7.4℃	일 출: 07:19:25	최고기온: 9.0℃	일 출: 07:27:23
최저기온: 11.1℃	일 몰: 17:28:00	최저기온: 10.9℃	일 몰: 17:26:11	최저기온: -2.2℃	일 몰: 17:18:47	최저기온: -2.1℃	일 몰: 17:17:10	최저기온: 4.3℃	일 몰: 17:14:18

축(丑)월장 대 설 12.07 ~ 2012.01.05(양)

庚子月																														
양력	12.07	8	9	10	11	12	13	14	15	16	17	18	19	20	21	22	23	24	25	26	27	28	29	30	31	1.1	2	3	4	5
음력	11.13	14	15	16	17	18	19	20	21	22	23	24	25	26	27	28	29	30	12.1	2	3	4	5	6	7	8	9	10	11	12
일주	丙申	丁酉	戊戌	己亥	庚子	辛丑	壬寅	癸卯	甲辰	乙巳	丙午	丁未	戊申	己酉	庚戌	辛亥	壬子	癸丑	甲寅	乙卯	丙辰	丁巳	戊午	己未	庚申	辛酉	壬戌	癸亥	甲子	乙丑
대운 남	10 1	1	1	1	1	2	2	2	3	3	3	4	4	4	5	5	5	6	6	6	7	7	7	8	8	8	9	9	9	10
대운 여	1 10	10	9	9	9	8	8	8	7	7	7	6	6	6	5	5	5	4	4	4	3	3	3	2	2	2	1	1	1	1

12월 7일(양) 대설 20시 28분		12월 10일(양)		12월 20일(양)		12월 22일(양) 동지 14시 29분		1월 1일(양)	
평균기온: 4.0℃	강수량: -	평균기온: -1.7℃	강수량: 0.0㎜	평균기온: -0.3℃	강수량: -	평균기온: -5.5℃	강수량: -	평균기온: -3.0℃	강수량: 0.0㎜
최고기온: 5.7℃	일 출: 07:32:51	최고기온: 1.4℃	일 출: 07:35:21	최고기온: 3.8℃	일 출: 07:42:14	최고기온: 1.1℃	일 출: 07:43:18	최고기온: 0.4℃	일 출: 07:46:48
최저기온: 2.3℃	일 몰: 17:13:36	최저기온: -4.9℃	일 몰: 17:13:43	최저기온: -5.1℃	일 몰: 17:16:20	최저기온: -8.7℃	일 몰: 17:17:15	최저기온: -6.9℃	일 몰: 17:23:36

자(子)월장 소 한 01.06 ~ 02.03(양)

辛丑月																													
양력	2012.01.06	7	8	9	10	11	12	13	14	15	16	17	18	19	20	21	22	23	24	25	26	27	28	29	30	31	2.1	2	3
음력	2011.12.13	14	15	16	17	18	19	20	21	22	23	24	25	26	27	28	29	1.1	2	3	4	5	6	7	8	9	10	11	12
일주	丙寅	丁卯	戊辰	己巳	庚午	辛未	壬申	癸酉	甲戌	乙亥	丙子	丁丑	戊寅	己卯	庚辰	辛巳	壬午	癸未	甲申	乙酉	丙戌	丁亥	戊子	己丑	庚寅	辛卯	壬辰	癸巳	甲午
대운 남	10 1	1	1	1	1	2	2	2	3	3	3	4	4	4	5	5	5	6	6	6	7	7	7	8	8	8	9	9	9
대운 여	1 10	9	9	9	8	8	8	7	7	7	6	6	6	5	5	5	4	4	4	3	3	3	2	2	2	1	1	1	1

1월 6일(양) 소한 07시 43분		1월 10일(양)		1월 20일(양)		1월 21일(양) 대한 01시 09분		2월 1일(양)	
평균기온: -2.8℃	강수량: -	평균기온: -2.5℃	강수량: -	평균기온: 5.4℃	강수량: 0.5㎜	평균기온: 2.4℃	강수량: 0.1㎜	평균기온: -12.8℃	강수량: -
최고기온: 1.3℃	일 출: 07:47:19	최고기온: 1.5℃	일 출: 07:47:06	최고기온: 8.3℃	일 출: 07:44:13	최고기온: 5.7℃	일 출: 07:43:44	최고기온: -8.1℃	일 출: 07:36:31
최저기온: -5.6℃	일 몰: 17:27:42	최저기온: -5.8℃	일 몰: 17:31:20	최저기온: 3.7℃	일 몰: 17:41:26	최저기온: -2.6℃	일 몰: 17:42:30	최저기온: -15.3℃	일 몰: 17:54:34

해(亥)월장 — 입춘 | 02.04 ~ 03.04(양)

壬寅月

	2012.02.04 / 01.13 (乙未)	5	6	7	8	9	10	11	12	13	14	15	16	17	18	19	20	21	22	23	24	25	26	27	28	29	3.1	2	3	4
양력	2012.02.04	5	6	7	8	9	10	11	12	13	14	15	16	17	18	19	20	21	22	23	24	25	26	27	28	29	3.1	2	3	4
음력	2012.01.13	14	15	16	17	18	19	20	21	22	23	24	25	26	27	28	29	30	2.1	2	3	4	5	6	7	8	9	10	11	12
일주	乙未	丙申	丁酉	戊戌	己亥	庚子	辛丑	壬寅	癸卯	甲辰	乙巳	丙午	丁未	戊申	己酉	庚戌	辛亥	壬子	癸丑	甲寅	乙卯	丙辰	丁巳	戊午	己未	庚申	辛酉	壬戌	癸亥	甲子
대운 남	10 / 10	10	9	9	9	8	8	8	7	7	7	6	6	6	5	5	5	4	4	4	3	3	3	2	2	2	1	1	1	1
대운 여	1 / 1	1	1	1	2	2	2	3	3	3	4	4	4	5	5	5	6	6	6	7	7	7	8	8	8	9	9	9	10	10

날짜	평균기온	최고기온	최저기온	강수량	일 출	일 몰
2월 4일(양) 입춘 19시 22분	−3.0℃	1.0℃	−5.2℃	0.2㎜	07:33:57	17:57:54
2월 10일(양)	−3.5℃	1.7℃	−6.9℃	0.0㎜	07:28:07	18:04:30
2월 19일(양) 우수 15시 17분	−4.4℃	1.3℃	−9.6℃	−	07:17:53	18:14:10
2월 20일(양)	−0.2℃	5.3℃	−5.5℃	−	07:16:39	18:15:13
3월 1일(양)	8.7℃	14.6℃	4.0℃	−	07:03:29	18:25:27

술(戌)월장 — 경칩 | 03.05 ~ 04.03(양)

癸卯月

	03.05 / 02.13 (乙丑)	6	7	8	9	10	11	12	13	14	15	16	17	18	19	20	21	22	23	24	25	26	27	28	29	30	31	4.1	2	3
양력	03.05	6	7	8	9	10	11	12	13	14	15	16	17	18	19	20	21	22	23	24	25	26	27	28	29	30	31	4.1	2	3
음력	02.13	14	15	16	17	18	19	20	21	22	23	24	25	26	27	28	29	3.1	2	3	4	5	6	7	8	9	10	11	12	13
일주	乙丑	丙寅	丁卯	戊辰	己巳	庚午	辛未	壬申	癸酉	甲戌	乙亥	丙子	丁丑	戊寅	己卯	庚辰	辛巳	壬午	癸未	甲申	乙酉	丙戌	丁亥	戊子	己丑	庚寅	辛卯	壬辰	癸巳	甲午
대운 남	1 / 10	10	9	9	9	8	8	8	7	7	7	6	6	6	5	5	5	4	4	4	3	3	3	2	2	2	1	1	1	1
대운 여	10 / 1	1	1	1	2	2	2	3	3	3	4	4	4	5	5	5	6	6	6	7	7	7	8	8	8	9	9	9	10	10

날짜	평균기온	최고기온	최저기온	강수량	일 출	일 몰
3월 5일(양) 경칩 13시 20분	5.3℃	8.5℃	3.1℃	7.0㎜	06:57:51	18:29:23
3월 10일(양)	3.9℃	8.9℃	1.3℃	−	06:50:36	18:34:12
3월 20일(양) 춘분 14시 14분	3.1℃	8.3℃	−1.9℃	−	06:35:40	18:43:33
4월 1일(양)	4.6℃	9.4℃	0.6℃	−	06:17:33	18:54:28

유(酉)월장 — 청명 | 04.04 ~ 05.04(양)

甲辰月

	04.04 / 03.14 (乙未)	5	6	7	8	9	10	11	12	13	14	15	16	17	18	19	20	21	22	23	24	25	26	27	28	29	30	5.1	2	3	4
양력	04.04	5	6	7	8	9	10	11	12	13	14	15	16	17	18	19	20	21	22	23	24	25	26	27	28	29	30	5.1	2	3	4
음력	03.14	15	16	17	18	19	20	21	22	23	24	25	26	27	28	29	30	윤	3.2	3	4	5	6	7	8	9	10	11	12	13	14
일주	乙未	丙申	丁酉	戊戌	己亥	庚子	辛丑	壬寅	癸卯	甲辰	乙巳	丙午	丁未	戊申	己酉	庚戌	辛亥	壬子	癸丑	甲寅	乙卯	丙辰	丁巳	戊午	己未	庚申	辛酉	壬戌	癸亥	甲子	乙丑
대운 남	1 / 10	10	10	9	9	9	8	8	8	7	7	7	6	6	6	5	5	5	4	4	4	3	3	3	2	2	2	1	1	1	1
대운 여	10 / 1	1	1	1	2	2	2	3	3	3	4	4	4	5	5	5	6	6	6	7	7	7	8	8	8	9	9	9	10	10	10

날짜	평균기온	최고기온	최저기온	강수량	일 출	일 몰
4월 4일(양) 청명 18시 05분	7.2℃	12.8℃	2.2℃	−	06:13:05	18:57:10
4월 10일(양)	13.7℃	16.9℃	11.5℃	10.5㎜	06:04:18	19:02:35
4월 20일(양) 곡우 01시 11분	18.4℃	23.8℃	13.6℃	−	05:50:26	19:11:39
5월 1일(양)	22.6℃	28.3℃	17.3℃	−	05:36:46	19:21:41

신(申)월장 — 입하 | 05.05 ~ 06.04(양)

乙巳月

	05.05 / 03.15 (丙寅)	6	7	8	9	10	11	12	13	14	15	16	17	18	19	20	21	22	23	24	25	26	27	28	29	30	31	6.1	2	3	4
양력	05.05	6	7	8	9	10	11	12	13	14	15	16	17	18	19	20	21	22	23	24	25	26	27	28	29	30	31	6.1	2	3	4
음력	03.15	16	17	18	19	20	21	22	23	24	25	26	27	28	29	30	4.1	2	3	4	5	6	7	8	9	10	11	12	13	14	15
일주	丙寅	丁卯	戊辰	己巳	庚午	辛未	壬申	癸酉	甲戌	乙亥	丙子	丁丑	戊寅	己卯	庚辰	辛巳	壬午	癸未	甲申	乙酉	丙戌	丁亥	戊子	己丑	庚寅	辛卯	壬辰	癸巳	甲午	乙未	丙申
대운 남	1 / 10	10	10	9	9	9	8	8	8	7	7	7	6	6	6	5	5	5	4	4	4	3	3	3	2	2	2	1	1	1	1
대운 여	10 / 1	1	1	1	2	2	2	3	3	3	4	4	4	5	5	5	6	6	6	7	7	7	8	8	8	9	9	9	10	10	10

날짜	평균기온	최고기온	최저기온	강수량	일 출	일 몰
5월 5일(양) 입하 11시 19분	18.8℃	24.9℃	13.5℃	−	05:32:19	19:25:18
5월 10일(양)	20.1℃	26.6℃	15.5℃	−	05:27:15	19:29:46
5월 20일(양)	21.3℃	28.7℃	14.5℃	−	05:18:54	19:38:22
5월 21일(양) 소만 00시 15분	23.0℃	28.9℃	17.2℃	−	05:18:13	19:39:11
6월 1일(양)	21.4℃	26.7℃	16.3℃	−	05:12:29	19:47:24

미(未)월장 — 망종 | 06.05 ~ 07.06(양)

丙午月

	06.05 / 04.16 (丁酉)	6	7	8	9	10	11	12	13	14	15	16	17	18	19	20	21	22	23	24	25	26	27	28	29	30	7.1	2	3	4	5	6
양력	06.05	6	7	8	9	10	11	12	13	14	15	16	17	18	19	20	21	22	23	24	25	26	27	28	29	30	7.1	2	3	4	5	6
음력	04.16	17	18	19	20	21	22	23	24	25	26	27	28	29	30	5.1	2	3	4	5	6	7	8	9	10	11	12	13	14	15	16	17
일주	丁酉	戊戌	己亥	庚子	辛丑	壬寅	癸卯	甲辰	乙巳	丙午	丁未	戊申	己酉	庚戌	辛亥	壬子	癸丑	甲寅	乙卯	丙辰	丁巳	戊午	己未	庚申	辛酉	壬戌	癸亥	甲子	乙丑	丙寅	丁卯	戊辰
대운 남	1 / 10	10	10	10	9	9	9	8	8	8	7	7	7	6	6	6	5	5	5	4	4	4	3	3	3	2	2	2	1	1	1	1
대운 여	10 / 1	1	1	1	2	2	2	3	3	3	4	4	4	5	5	5	6	6	6	7	7	7	8	8	8	9	9	9	10	10	10	10

날짜	평균기온	최고기온	최저기온	강수량	일 출	일 몰
6월 5일(양) 망종 15시 25분	22.5℃	27.5℃	19.8℃	0.0㎜	05:11:16	19:49:56
6월 10일(양)	23.7℃	28.7℃	20.8℃	−	05:10:25	19:52:39
6월 20일(양)	25.4℃	31.3℃	21.3℃	−	05:10:57	19:56:24
6월 21일(양) 하지 08시 08분	25.7℃	32.4℃	21.3℃	−	05:11:09	19:56:38
7월 1일(양)	21.6℃	25.4℃	19.2℃	0.0㎜	05:14:36	19:57:21

오(午)월장 — 소서 | 07.07 ~ 08.06(양)

丁未月

	07.07 / 05.18 (己巳)	8	9	10	11	12	13	14	15	16	17	18	19	20	21	22	23	24	25	26	27	28	29	30	31	8.1	2	3	4	5	6
양력	07.07	8	9	10	11	12	13	14	15	16	17	18	19	20	21	22	23	24	25	26	27	28	29	30	31	8.1	2	3	4	5	6
음력	05.18	19	20	21	22	23	24	25	26	27	28	29	6.1	2	3	4	5	6	7	8	9	10	11	12	13	14	15	16	17	18	19
일주	己巳	庚午	辛未	壬申	癸酉	甲戌	乙亥	丙子	丁丑	戊寅	己卯	庚辰	辛巳	壬午	癸未	甲申	乙酉	丙戌	丁亥	戊子	己丑	庚寅	辛卯	壬辰	癸巳	甲午	乙未	丙申	丁酉	戊戌	己亥
대운 남	1 / 10	10	9	9	9	8	8	8	7	7	7	6	6	6	5	5	5	4	4	4	3	3	3	2	2	2	1	1	1	1	1
대운 여	10 / 1	1	1	2	2	2	3	3	3	4	4	4	5	5	5	6	6	6	7	7	7	8	8	8	9	9	9	10	10	10	10

날짜	평균기온	최고기온	최저기온	강수량	일 출	일 몰
7월 7일(양) 소서 01시 40분	24.8℃	31.0℃	18.5℃	−	05:17:43	19:56:21
7월 10일(양)	25.9℃	29.1℃	21.7℃	6.5㎜	05:19:32	19:55:26
7월 20일(양)	25.6℃	29.7℃	22.1℃	1.0㎜	05:26:32	19:50:27
7월 22일(양) 대서 19시 00분	27.2℃	30.4℃	23.7℃	16.5㎜	05:28:04	19:49:06
8월 1일(양)	30.8℃	35.3℃	25.9℃	−	05:36:09	19:40:46

사(巳)월장 입추 08.07 ~ 09.06(양)

戊申月	양력	08.07		8	9	10	11	12	13	14	15	16	17	18	19	20	21	22	23	24	25	26	27	28	29	30	31	9.1	2	3	4	5	6
	음력	06.20		21	22	23	24	25	26	27	28	29	30	7.1	2	3	4	5	6	7	8	9	10	11	12	13	14	15	16	17	18	19	20
	일주	庚子		辛丑	壬寅	癸卯	甲辰	乙巳	丙午	丁未	戊申	己酉	庚戌	辛亥	壬子	癸丑	甲寅	乙卯	丙辰	丁巳	戊午	己未	庚申	辛酉	壬戌	癸亥	甲子	乙丑	丙寅	丁卯	戊辰	己巳	庚午
	대운 남	1	10	10	10	9	9	9	8	8	8	7	7	7	6	6	6	5	5	5	4	4	4	3	3	3	2	2	2	1	1	1	1
	대운 여	10	1	1	1	1	1	2	2	2	3	3	3	4	4	4	5	5	5	6	6	6	7	7	7	8	8	8	9	9	9	10	10

8월 7일(양) 입추 11시 30분		8월 10일(양)		8월 20일(양)		8월 23일(양) 처서 02시 06분		9월 1일(양)	
평균기온: 30.7℃	강수량: -	평균기온: 27.4℃	강수량: 0.3㎜	평균기온: 25.4℃	강수량: 59.5㎜	평균기온: 23.0℃	강수량: 0.1㎜	평균기온: 25.2℃	강수량: -
최고기온: 35.0℃	일 출: 05:41:12	최고기온: 29.0℃	일 출: 05:43:46	최고기온: 27.1℃	일 출: 05:52:18	최고기온: 25.7℃	일 출: 05:54:51	최고기온: 29.4℃	일 출: 06:02:24
최저기온: 26.6℃	일 몰: 19:34:35	최저기온: 25.7℃	일 몰: 19:31:12	최저기온: 24.0℃	일 몰: 19:18:45	최저기온: 20.5℃	일 몰: 19:14:42	최저기온: 22.3℃	일 몰: 19:01:53

진(辰)월장 백로 09.07 ~ 10.07(양)

己酉月	양력	09.07		8	9	10	11	12	13	14	15	16	17	18	19	20	21	22	23	24	25	26	27	28	29	30	10.1	2	3	4	5	6	7
	음력	07.21		22	23	24	25	26	27	28	29	8.1	2	3	4	5	6	7	8	9	10	11	12	13	14	15	16	17	18	19	20	21	22
	일주	辛未		壬申	癸酉	甲戌	乙亥	丙子	丁丑	戊寅	己卯	庚辰	辛巳	壬午	癸未	甲申	乙酉	丙戌	丁亥	戊子	己丑	庚寅	辛卯	壬辰	癸巳	甲午	乙未	丙申	丁酉	戊戌	己亥	庚子	辛丑
	대운 남	1	10	10	10	9	9	9	8	8	8	7	7	7	6	6	6	5	5	5	4	4	4	3	3	3	2	2	2	1	1	1	1
	대운 여	10	1	1	1	1	1	2	2	2	3	3	3	4	4	4	5	5	5	6	6	6	7	7	7	8	8	8	9	9	9	10	10

9월 7일(양) 백로 14시 28분		9월 10일(양)		9월 20일(양)		9월 22일(양) 추분 23시 48분		10월 1일(양)	
평균기온: 22.5℃	강수량: 3.0㎜	평균기온: 23.2℃	강수량: -	평균기온: 20.1℃	강수량: 0.0㎜	평균기온: 20.7℃	강수량: -	평균기온: 18.1℃	강수량: -
최고기온: 27.2℃	일 출: 06:07:23	최고기온: 28.3℃	일 출: 06:09:53	최고기온: 24.7℃	일 출: 06:18:14	최고기온: 26.4℃	일 출: 06:19:55	최고기온: 24.6℃	일 출: 06:27:38
최저기온: 16.9℃	일 몰: 18:52:55	최저기온: 17.8℃	일 몰: 18:48:21	최저기온: 15.6℃	일 몰: 18:32:54	최저기온: 15.2℃	일 몰: 18:29:48	최저기온: 12.5℃	일 몰: 18:15:59

묘(卯)월장 한로 10.08 ~ 11.06(양)

庚戌月	양력	10.08		9	10	11	12	13	14	15	16	17	18	19	20	21	22	23	24	25	26	27	28	29	30	31	11.1	2	3	4	5	6
	음력	08.23		24	25	26	27	28	29	9.1	2	3	4	5	6	7	8	9	10	11	12	13	14	15	16	17	18	19	20	21	22	23
	일주	壬寅		癸卯	甲辰	乙巳	丙午	丁未	戊申	己酉	庚戌	辛亥	壬子	癸丑	甲寅	乙卯	丙辰	丁巳	戊午	己未	庚申	辛酉	壬戌	癸亥	甲子	乙丑	丙寅	丁卯	戊辰	己巳	庚午	辛未
	대운 남	1	10	10	9	9	9	8	8	8	7	7	7	6	6	6	5	5	5	4	4	4	3	3	3	2	2	2	1	1	1	1
	대운 여	10	1	1	1	1	1	2	2	2	3	3	3	4	4	4	5	5	5	6	6	6	7	7	7	8	8	8	9	9	9	10

10월 8일(양) 한로 06시 11분		10월 10일(양)		10월 20일(양)		10월 23일(양) 상강 09시 13분		11월 1일(양)	
평균기온: 18.4℃	강수량: -	평균기온: 15.7℃	강수량: 13.0㎜	평균기온: 15.8℃	강수량: -	평균기온: 10.0℃	강수량: 0.0㎜	평균기온: 5.6℃	강수량: -
최고기온: 23.4℃	일 출: 06:33:50	최고기온: 20.3℃	일 출: 06:35:39	최고기온: 21.0℃	일 출: 06:45:05	최고기온: 14.5℃	일 출: 06:48:01	최고기온: 10.0℃	일 출: 06:57:07
최저기온: 14.6℃	일 몰: 18:05:31	최저기온: 12.6℃	일 몰: 18:02:37	최저기온: 10.5℃	일 몰: 17:48:47	최저기온: 4.5℃	일 몰: 17:44:55	최저기온: 2.7℃	일 몰: 17:34:19

인(寅)월장 입동 11.07 ~ 12.06(양)

辛亥月	양력	11.07		8	9	10	11	12	13	14	15	16	17	18	19	20	21	22	23	24	25	26	27	28	29	30	12.1	2	3	4	5	6
	음력	09.24		25	26	27	28	29	30	10.1	2	3	4	5	6	7	8	9	10	11	12	13	14	15	16	17	18	19	20	21	22	23
	일주	壬申		癸酉	甲戌	乙亥	丙子	丁丑	戊寅	己卯	庚辰	辛巳	壬午	癸未	甲申	乙酉	丙戌	丁亥	戊子	己丑	庚寅	辛卯	壬辰	癸巳	甲午	乙未	丙申	丁酉	戊戌	己亥	庚子	辛丑
	대운 남	1	10	10	9	9	9	8	8	8	7	7	7	6	6	6	5	5	5	4	4	4	3	3	3	2	2	2	1	1	1	1
	대운 여	10	1	1	1	1	1	2	2	2	3	3	3	4	4	4	5	5	5	6	6	6	7	7	7	8	8	8	9	9	9	10

11월 7일(양) 입동 09시 25분		11월 10일(양)		11월 20일(양)		11월 22일(양) 소설 06시 49분		12월 1일(양)	
평균기온: 8.4℃	강수량: -	평균기온: 12.0℃	강수량: -	평균기온: 1.9℃	강수량: -	평균기온: 6.7℃	강수량: 0.3㎜	평균기온: -0.9℃	강수량: -
최고기온: 12.5℃	일 출: 07:03:22	최고기온: 14.7℃	일 출: 07:06:33	최고기온: 6.4℃	일 출: 07:17:07	최고기온: 10.5℃	일 출: 07:19:11	최고기온: 4.0℃	일 출: 07:28:06
최저기온: 4.1℃	일 몰: 17:28:13	최저기온: 9.2℃	일 몰: 17:25:31	최저기온: -1.8℃	일 몰: 17:18:22	최저기온: 1.9℃	일 몰: 17:17:18	최저기온: -5.9℃	일 몰: 17:14:09

축(丑)월장 대설 12.07 ~ 2013.01.04(양)

壬子月	양력	12.07		8	9	10	11	12	13	14	15	16	17	18	19	20	21	22	23	24	25	26	27	28	29	30	31	1.1	2	3	4
	음력	10.24		25	26	27	28	29	11.1	2	3	4	5	6	7	8	9	10	11	12	13	14	15	16	17	18	19	20	21	22	23
	일주	壬寅		癸卯	甲辰	乙巳	丙午	丁未	戊申	己酉	庚戌	辛亥	壬子	癸丑	甲寅	乙卯	丙辰	丁巳	戊午	己未	庚申	辛酉	壬戌	癸亥	甲子	乙丑	丙寅	丁卯	戊辰	己巳	庚午
	대운 남	1	10	9	9	9	8	8	8	7	7	7	6	6	6	5	5	5	4	4	4	3	3	3	2	2	2	1	1	1	1
	대운 여	10	1	1	1	1	1	2	2	2	3	3	3	4	4	4	5	5	5	6	6	6	7	7	7	8	8	8	9	9	9

12월 7일(양) 대설 02시 18분		12월 10일(양)		12월 20일(양)		12월 21일(양) 동지 20시 11분		1월 1일(양)	
평균기온: -4.5℃	강수량: 1.9㎜	평균기온: -8.3℃	강수량: -	평균기온: -3.4℃	강수량: -	평균기온: -0.7℃	강수량: 1.8㎜	평균기온: -4.7℃	강수량: 3.1㎜
최고기온: -2.4℃	일 출: 07:33:29	최고기온: -4.6℃	일 출: 07:35:57	최고기온: 0.3℃	일 출: 07:42:40	최고기온: 0.8℃	일 출: 07:43:12	최고기온: 0.0℃	일 출: 07:46:56
최저기온: -6.4℃	일 몰: 17:13:36	최저기온: -11.8℃	일 몰: 17:13:48	최저기온: -7.8℃	일 몰: 17:16:42	최저기온: -1.9℃	일 몰: 17:17:10	최저기온: -8.7℃	일 몰: 17:24:11

자(子)월장 소한 01.05 ~ 02.03(양)

癸丑月	양력	2013.01.05		6	7	8	9	10	11	12	13	14	15	16	17	18	19	20	21	22	23	24	25	26	27	28	29	30	31	2.1	2	3
	음력	2012.11.24		25	26	27	28	29	30	12.1	2	3	4	5	6	7	8	9	10	11	12	13	14	15	16	17	18	19	20	21	22	23
	일주	辛未		壬申	癸酉	甲戌	乙亥	丙子	丁丑	戊寅	己卯	庚辰	辛巳	壬午	癸未	甲申	乙酉	丙戌	丁亥	戊子	己丑	庚寅	辛卯	壬辰	癸巳	甲午	乙未	丙申	丁酉	戊戌	己亥	庚子
	대운 남	1	10	10	9	9	9	8	8	8	7	7	7	6	6	6	5	5	5	4	4	4	3	3	3	2	2	2	1	1	1	1
	대운 여	10	1	1	1	1	1	2	2	2	3	3	3	4	4	4	5	5	5	6	6	6	7	7	7	8	8	8	9	9	9	10

1월 5일(양) 소한 13시 33분		1월 10일(양)		1월 20일(양) 대한 06시 51분		2월 1일(양)	
평균기온: -7.0℃	강수량: -	평균기온: -8.3℃	강수량: -	평균기온: 1.6℃	강수량: -	평균기온: 7.3℃	강수량: 46.5㎜
최고기온: -1.2℃	일 출: 07:47:18	최고기온: -3.6℃	일 출: 07:47:01	최고기온: 4.1℃	일 출: 07:43:52	최고기온: 9.3℃	일 출: 07:35:53
최저기온: -12.1℃	일 몰: 17:27:29	최저기온: -12.3℃	일 몰: 17:32:04	최저기온: -2.0℃	일 몰: 17:42:16	최저기온: 3.7℃	일 몰: 17:55:25

2013

해(亥)월장 · 입춘 · 02.04 ~ 03.04(양) — 甲寅月

항목	2013.02.04	5	6	7	8	9	10	11	12	13	14	15	16	17	18	19	20	21	22	23	24	25	26	27	28	3.1	2	3	4
음력	2012.12.24	25	26	27	28	29	1.1	2	3	4	5	6	7	8	9	10	11	12	13	14	15	16	17	18	19	20	21	22	23
일주	辛丑	壬寅	癸卯	甲辰	乙巳	丙午	丁未	戊申	己酉	庚戌	辛亥	壬子	癸丑	甲寅	乙卯	丙辰	丁巳	戊午	己未	庚申	辛酉	壬戌	癸亥	甲子	乙丑	丙寅	丁卯	戊辰	己巳
대운(남)	1·1	1	1	1	1	2	2	2	3	3	3	4	4	4	5	5	5	6	6	6	7	7	7	8	8	8	9	9	9
대운(여)	10·10	10	10	9	9	9	8	8	8	7	7	7	6	6	6	5	5	5	4	4	4	3	3	3	2	2	2	1	1

	2월 4일(양) 입춘 01시 13분	2월 10일(양)	2월 18일(양) 우수 21시 01분	2월 20일(양)	3월 1일(양)
평균기온	-0.8℃	-4.0℃	0.5℃	-4.8℃	0.8℃
최고기온	2.5℃	-0.5℃	3.1℃	0.0℃	7.7℃
최저기온	-3.3℃	-8.4℃	-2.5℃	-8.7℃	-2.4℃
강수량	7.4mm	1.2mm	-	-	3.0mm
일 출	07:33:15	07:27:19	07:18:11	07:15:43	07:03:48
일 몰	17:58:44	18:05:20	18:13:56	18:16:02	18:25:12

술(戌)월장 · 경칩 · 03.05 ~ 04.04(양) — 乙卯月

항목	03.05	6	7	8	9	10	11	12	13	14	15	16	17	18	19	20	21	22	23	24	25	26	27	28	29	30	31	4.1	2	3	4
음력	01.24	25	26	27	28	29	30	2.1	2	3	4	5	6	7	8	9	10	11	12	13	14	15	16	17	18	19	20	21	22	23	24
일주	庚午	辛未	壬申	癸酉	甲戌	乙亥	丙子	丁丑	戊寅	己卯	庚辰	辛巳	壬午	癸未	甲申	乙酉	丙戌	丁亥	戊子	己丑	庚寅	辛卯	壬辰	癸巳	甲午	乙未	丙申	丁酉	戊戌	己亥	庚子
대운(남)	10·1	1	1	1	1	2	2	2	3	3	3	4	4	4	5	5	5	6	6	6	7	7	7	8	8	8	9	9	9	10	10
대운(여)	1·10	10	10	9	9	9	8	8	8	7	7	7	6	6	6	5	5	5	4	4	4	3	3	3	2	2	2	1	1	1	1

	3월 5일(양) 경칩 19시 14분	3월 10일(양)	3월 20일(양) 춘분 20시 01분	4월 1일(양)
평균기온	3.7℃	1.2℃	2.8℃	9.2℃
최고기온	9.1℃	7.9℃	8.5℃	13.4℃
최저기온	-0.7℃	-1.5℃	-2.5℃	3.3℃
강수량	-	-	0.1mm	0.5mm
일 출	06:58:11	06:50:58	06:36:02	06:17:54
일 몰	18:29:08	18:33:58	18:43:20	18:54:13

유(酉)월장 · 청명 · 04.05 ~ 05.04(양) — 丙辰月

항목	04.05	6	7	8	9	10	11	12	13	14	15	16	17	18	19	20	21	22	23	24	25	26	27	28	29	30	5.1	2	3	4
음력	02.25	26	27	28	29	3.1	2	3	4	5	6	7	8	9	10	11	12	13	14	15	16	17	18	19	20	21	22	23	24	25
일주	辛丑	壬寅	癸卯	甲辰	乙巳	丙午	丁未	戊申	己酉	庚戌	辛亥	壬子	癸丑	甲寅	乙卯	丙辰	丁巳	戊午	己未	庚申	辛酉	壬戌	癸亥	甲子	乙丑	丙寅	丁卯	戊辰	己巳	庚午
대운(남)	10·1	1	1	1	1	2	2	2	3	3	3	4	4	4	5	5	5	6	6	6	7	7	7	8	8	8	9	9	9	10
대운(여)	1·10	10	10	9	9	9	8	8	8	7	7	7	6	6	6	5	5	5	4	4	4	3	3	3	2	2	2	1	1	1

	4월 5일(양) 청명 00시 02분	4월 10일(양)	4월 20일(양) 곡우 07시 02분	5월 1일(양)
평균기온	14.6℃	5.0℃	6.6℃	13.2℃
최고기온	19.9℃	8.1℃	10.1℃	18.6℃
최저기온	10.1℃	1.3℃	4.0℃	8.7℃
강수량	-	1.5mm	9.5mm	1.0mm
일 출	06:11:57	06:04:39	05:50:45	05:37:01
일 몰	18:57:50	19:02:21	19:11:25	19:21:26

신(申)월장 · 입하 · 05.05 ~ 06.04(양) — 丁巳月

항목	05.05	6	7	8	9	10	11	12	13	14	15	16	17	18	19	20	21	22	23	24	25	26	27	28	29	30	31	6.1	2	3	4
음력	03.26	27	28	29	30	4.1	2	3	4	5	6	7	8	9	10	11	12	13	14	15	16	17	18	19	20	21	22	23	24	25	26
일주	辛未	壬申	癸酉	甲戌	乙亥	丙子	丁丑	戊寅	己卯	庚辰	辛巳	壬午	癸未	甲申	乙酉	丙戌	丁亥	戊子	己丑	庚寅	辛卯	壬辰	癸巳	甲午	乙未	丙申	丁酉	戊戌	己亥	庚子	辛丑
대운(남)	10·1	1	1	1	1	2	2	2	3	3	3	4	4	4	5	5	5	6	6	6	7	7	7	8	8	8	9	9	9	10	10
대운(여)	1·10	10	10	9	9	9	8	8	8	7	7	7	6	6	6	5	5	5	4	4	4	3	3	3	2	2	2	1	1	1	1

	5월 5일(양) 입하 17시 17분	5월 10일(양)	5월 20일(양)	5월 21일(양) 소만 06시 09분	6월 1일(양)
평균기온	14.3℃	14.0℃	14.4℃	17.7℃	21.7℃
최고기온	20.6℃	16.1℃	18.5℃	24.6℃	27.9℃
최저기온	9.2℃	10.4℃	12.1℃	10.2℃	17.4℃
강수량	-	22.0mm	-	-	-
일 출	05:32:34	05:27:29	05:19:05	05:18:23	05:12:33
일 몰	19:25:03	19:29:33	19:38:09	19:38:58	19:47:12

미(未)월장 · 망종 · 06.05 ~ 07.06(양) — 戊午月

항목	06.05	6	7	8	9	10	11	12	13	14	15	16	17	18	19	20	21	22	23	24	25	26	27	28	29	30	7.1	2	3	4	5	6
음력	04.27	28	29	30	5.1	2	3	4	5	6	7	8	9	10	11	12	13	14	15	16	17	18	19	20	21	22	23	24	25	26	27	28
일주	壬寅	癸卯	甲辰	乙巳	丙午	丁未	戊申	己酉	庚戌	辛亥	壬子	癸丑	甲寅	乙卯	丙辰	丁巳	戊午	己未	庚申	辛酉	壬戌	癸亥	甲子	乙丑	丙寅	丁卯	戊辰	己巳	庚午	辛未	壬申	癸酉
대운(남)	10·1	1	1	1	1	2	2	2	3	3	3	4	4	4	5	5	5	6	6	6	7	7	7	8	8	8	9	9	9	10	10	10
대운(여)	1·10	10	10	10	9	9	9	8	8	8	7	7	7	6	6	6	5	5	5	4	4	4	3	3	3	2	2	2	1	1	1	1

	6월 5일(양) 망종 21시 22분	6월 10일(양)	6월 20일(양)	6월 21일(양) 하지 14시 03분	7월 1일(양)
평균기온	24.8℃	27.5℃	25.8℃	26.6℃	27.1℃
최고기온	30.4℃	32.2℃	31.1℃	31.8℃	31.3℃
최저기온	19.1℃				
강수량	-	-	-	-	-
일 출	05:11:19	05:10:26	05:10:53	05:11:05	05:14:27
일 몰	19:49:46	19:52:32	19:56:19	19:56:33	19:57:21

오(午)월장 · 소서 · 07.07 ~ 08.06(양) — 己未月

항목	07.07	8	9	10	11	12	13	14	15	16	17	18	19	20	21	22	23	24	25	26	27	28	29	30	31	8.1	2	3	4	5	6
음력	05.29	6.1	2	3	4	5	6	7	8	9	10	11	12	13	14	15	16	17	18	19	20	21	22	23	24	25	26	27	28	29	30
일주	甲戌	乙亥	丙子	丁丑	戊寅	己卯	庚辰	辛巳	壬午	癸未	甲申	乙酉	丙戌	丁亥	戊子	己丑	庚寅	辛卯	壬辰	癸巳	甲午	乙未	丙申	丁酉	戊戌	己亥	庚子	辛丑	壬寅	癸卯	甲辰
대운(남)	10·1	1	1	1	1	2	2	2	3	3	3	4	4	4	5	5	5	6	6	6	7	7	7	8	8	8	9	9	9	10	10
대운(여)	1·10	10	10	9	9	9	8	8	8	7	7	7	6	6	6	5	5	5	4	4	4	3	3	3	2	2	2	1	1	1	1

	7월 7일(양) 소서 07시 34분	7월 10일(양)	7월 20일(양)	7월 23일(양) 대서 00시 55분	8월 1일(양)
평균기온	24.9℃	25.3℃	27.0℃	25.7℃	28.0℃
최고기온	29.5℃	26.1℃	30.3℃	26.4℃	32.1℃
최저기온	22.4℃				
강수량	3.0mm	1.0mm	1.0mm	56.5mm	-
일 출	05:17:34	05:19:22	05:26:20	05:28:38	05:35:56
일 몰	19:56:24	19:55:31	19:50:36	19:48:33	19:40:59

사(巳)월장 · 입추 · 08.07 ~ 09.06(양) — 庚申月

양력	08.07	8	9	10	11	12	13	14	15	16	17	18	19	20	21	22	23	24	25	26	27	28	29	30	31	9.1	2	3	4	5	6
음력	07.01	2	3	4	5	6	7	8	9	10	11	12	13	14	15	16	17	18	19	20	21	22	23	24	25	26	27	28	29	8.1	2
일주	乙巳	丙午	丁未	戊申	己酉	庚戌	辛亥	壬子	癸丑	甲寅	乙卯	丙辰	丁巳	戊午	己未	庚申	辛酉	壬戌	癸亥	甲子	乙丑	丙寅	丁卯	戊辰	己巳	庚午	辛未	壬申	癸酉	甲戌	乙亥
대운 남	10 / 1	1	1	1	1	2	2	2	3	3	3	4	4	4	5	5	5	6	6	6	7	7	7	8	8	8	9	9	9	10	10
대운 여	1 / 10	10	10	9	9	9	8	8	8	7	7	7	6	6	6	5	5	5	4	4	4	3	3	3	2	2	2	1	1	1	1

8월 7일(양) 입추 17시 19분	8월 10일(양)	8월 20일(양)	8월 23일(양) 처서 08시 01분	9월 1일(양)
평균기온: 28.7℃ / 강수량: –	평균기온: 28.0℃ / 강수량: 2.0mm	평균기온: 27.4℃ / 강수량: –	평균기온: 25.7℃ / 강수량: 35.0mm	평균기온: 23.5℃ / 강수량: –
최고기온: 32.1℃ / 일 출: 05:41:00	최고기온: 29.4℃ / 일 출: 05:43:34	최고기온: 32.3℃ / 일 출: 05:52:05	최고기온: 28.7℃ / 일 출: 05:54:37	최고기온: 28.2℃ / 일 출: 06:02:11
최저기온: 25.0℃ / 일 몰: 19:34:51	최저기온: 25.8℃ / 일 몰: 19:31:29	최저기온: 23.0℃ / 일 몰: 19:19:04	최저기온: 23.7℃ / 일 몰: 19:15:01	최저기온: 19.8℃ / 일 몰: 19:02:14

진(辰)월장 · 백로 · 09.07 ~ 10.07(양) — 辛酉月

양력	09.07	8	9	10	11	12	13	14	15	16	17	18	19	20	21	22	23	24	25	26	27	28	29	30	10.1	2	3	4	5	6	7
음력	08.03	4	5	6	7	8	9	10	11	12	13	14	15	16	17	18	19	20	21	22	23	24	25	26	27	28	29	30	9.1	2	3
일주	丙子	丁丑	戊寅	己卯	庚辰	辛巳	壬午	癸未	甲申	乙酉	丙戌	丁亥	戊子	己丑	庚寅	辛卯	壬辰	癸巳	甲午	乙未	丙申	丁酉	戊戌	己亥	庚子	辛丑	壬寅	癸卯	甲辰	乙巳	丙午
대운 남	10 / 1	1	1	1	1	2	2	2	3	3	3	4	4	4	5	5	5	6	6	6	7	7	7	8	8	8	9	9	9	10	10
대운 여	1 / 10	10	10	9	9	9	8	8	8	7	7	7	6	6	6	5	5	5	4	4	4	3	3	3	2	2	2	1	1	1	1

9월 7일(양) 백로 20시 15분	9월 10일(양)	9월 20일(양)	9월 23일(양) 추분 05시 43분	10월 1일(양)
평균기온: 21.9℃ / 강수량: –	평균기온: 22.0℃ / 강수량: 11.5mm	평균기온: 23.4℃ / 강수량: –	평균기온: 23.8℃ / 강수량: –	평균기온: 21.6℃ / 강수량: –
최고기온: 26.9℃ / 일 출: 06:07:12	최고기온: 25.2℃ / 일 출: 06:09:41	최고기온: 28.0℃ / 일 출: 06:18:01	최고기온: 29.0℃ / 일 출: 06:20:33	최고기온: 27.2℃ / 일 출: 06:27:24
최저기온: 17.9℃ / 일 몰: 18:53:17	최저기온: 19.1℃ / 일 몰: 18:48:43	최저기온: 20.1℃ / 일 몰: 18:33:17	최저기온: 18.6℃ / 일 몰: 18:28:38	최저기온: 17.2℃ / 일 몰: 18:16:20

묘(卯)월장 · 한로 · 10.08 ~ 11.06(양) — 壬戌月

양력	10.08	9	10	11	12	13	14	15	16	17	18	19	20	21	22	23	24	25	26	27	28	29	30	31	11.1	2	3	4	5	6
음력	09.04	5	6	7	8	9	10	11	12	13	14	15	16	17	18	19	20	21	22	23	24	25	26	27	28	29	10.1	2	3	4
일주	丁未	戊申	己酉	庚戌	辛亥	壬子	癸丑	甲寅	乙卯	丙辰	丁巳	戊午	己未	庚申	辛酉	壬戌	癸亥	甲子	乙丑	丙寅	丁卯	戊辰	己巳	庚午	辛未	壬申	癸酉	甲戌	乙亥	丙子
대운 남	10 / 1	1	1	1	1	2	2	2	3	3	3	4	4	4	5	5	5	6	6	6	7	7	7	8	8	8	9	9	9	10
대운 여	1 / 10	10	10	9	9	9	8	8	8	7	7	7	6	6	6	5	5	5	4	4	4	3	3	3	2	2	2	1	1	1

10월 8일(양) 한로 11시 58분	10월 10일(양)	10월 20일(양)	10월 23일(양) 상강 15시 09분	11월 1일(양)
평균기온: 20.0℃ / 강수량: 3.0mm	평균기온: 21.1℃ / 강수량: –	평균기온: 16.7℃ / 강수량: –	평균기온: 16.2℃ / 강수량: –	평균기온: 14.8℃ / 강수량: –
최고기온: 21.8℃ / 일 출: 06:33:37	최고기온: 26.4℃ / 일 출: 06:35:26	최고기온: 22.9℃ / 일 출: 06:44:50	최고기온: 22.1℃ / 일 출: 06:47:46	최고기온: 20.7℃ / 일 출: 06:55:56
최저기온: 18.0℃ / 일 몰: 18:05:53	최저기온: 15.9℃ / 일 몰: 18:02:58	최저기온: 11.7℃ / 일 몰: 17:49:06	최저기온: 12.2℃ / 일 몰: 17:45:13	최저기온: 8.6℃ / 일 몰: 17:34:44

인(寅)월장 · 입동 · 11.07 ~ 12.06(양) — 癸亥月

양력	11.07	8	9	10	11	12	13	14	15	16	17	18	19	20	21	22	23	24	25	26	27	28	29	30	12.1	2	3	4	5	6
음력	10.05	6	7	8	9	10	11	12	13	14	15	16	17	18	19	20	21	22	23	24	25	26	27	28	29	30	11.1	2	3	4
일주	丁丑	戊寅	己卯	庚辰	辛巳	壬午	癸未	甲申	乙酉	丙戌	丁亥	戊子	己丑	庚寅	辛卯	壬辰	癸巳	甲午	乙未	丙申	丁酉	戊戌	己亥	庚子	辛丑	壬寅	癸卯	甲辰	乙巳	丙午
대운 남	10 / 1	1	1	1	1	2	2	2	3	3	3	4	4	4	5	5	5	6	6	6	7	7	7	8	8	8	9	9	9	10
대운 여	1 / 10	10	10	9	9	9	8	8	8	7	7	7	6	6	6	5	5	5	4	4	4	3	3	3	2	2	2	1	1	1

11월 7일(양) 입동 15시 13분	11월 10일(양)	11월 20일(양)	11월 22일(양) 소설 12시 47분	12월 1일(양)
평균기온: 12.2℃ / 강수량: 0.1mm	평균기온: 5.5℃ / 강수량: 0.0mm	평균기온: 1.5℃ / 강수량: –	평균기온: 4.6℃ / 강수량: –	평균기온: 4.5℃ / 강수량: –
최고기온: 15.8℃ / 일 출: 07:03:07	최고기온: 10.4℃ / 일 출: 07:06:18	최고기온: 5.9℃ / 일 출: 07:16:50	최고기온: 10.5℃ / 일 출: 07:18:54	최고기온: 8.6℃ / 일 출: 07:27:52
최저기온: 7.5℃ / 일 몰: 17:28:28	최저기온: 2.1℃ / 일 몰: 17:25:44	최저기온: -1.9℃ / 일 몰: 17:18:29	최저기온: -0.7℃ / 일 몰: 17:17:24	최저기온: 1.4℃ / 일 몰: 17:14:11

축(丑)월장 · 대설 · 12.07 ~ 2014.01.04(양) — 甲子月

양력	12.07	8	9	10	11	12	13	14	15	16	17	18	19	20	21	22	23	24	25	26	27	28	29	30	31	1.1	2	3	4
음력	11.05	6	7	8	9	10	11	12	13	14	15	16	17	18	19	20	21	22	23	24	25	26	27	28	12.1	2	3	4
일주	丁未	戊申	己酉	庚戌	辛亥	壬子	癸丑	甲寅	乙卯	丙辰	丁巳	戊午	己未	庚申	辛酉	壬戌	癸亥	甲子	乙丑	丙寅	丁卯	戊辰	己巳	庚午	辛未	壬申	癸酉	甲戌	乙亥
대운 남	10 / 1	1	1	1	1	2	2	2	3	3	3	4	4	4	5	5	5	6	6	6	7	7	7	8	8	8	9	9	9
대운 여	1 / 10	10	10	9	9	9	8	8	8	7	7	7	6	6	6	5	5	5	4	4	4	3	3	3	2	2	2	1	1

12월 7일(양) 대설 08시 08분	12월 10일(양)	12월 20일(양)	12월 22일(양) 동지 02시 10분	1월 1일(양)
평균기온: 6.2℃ / 강수량: 0.1mm	평균기온: 0.3℃ / 강수량: –	평균기온: -4.0℃ / 강수량: 0.0mm	평균기온: -2.1℃ / 강수량: –	평균기온: 4.0℃ / 강수량: 0.0mm
최고기온: 11.0℃ / 일 출: 07:33:17	최고기온: 3.5℃ / 일 출: 07:35:45	최고기온: -0.1℃ / 일 출: 07:42:30	최고기온: 3.1℃ / 일 출: 07:43:32	최고기온: 7.9℃ / 일 출: 07:46:53
최저기온: 3.8℃ / 일 몰: 17:13:36	최저기온: -2.2℃ / 일 몰: 17:13:47	최저기온: -8.1℃ / 일 몰: 17:16:34	최저기온: -6.8℃ / 일 몰: 17:17:31	최저기온: 0.3℃ / 일 몰: 17:23:59

자(子)월장 · 소한 · 01.05 ~ 02.03(양) — 乙丑月

양력	2014.01.05	6	7	8	9	10	11	12	13	14	15	16	17	18	19	20	21	22	23	24	25	26	27	28	29	30	31	2.1	2	3
음력	2013.12.05	6	7	8	9	10	11	12	13	14	15	16	17	18	19	20	21	22	23	24	25	26	27	28	1.1	2	3	4
일주	丙子	丁丑	戊寅	己卯	庚辰	辛巳	壬午	癸未	甲申	乙酉	丙戌	丁亥	戊子	己丑	庚寅	辛卯	壬辰	癸巳	甲午	乙未	丙申	丁酉	戊戌	己亥	庚子	辛丑	壬寅	癸卯	甲辰	乙巳
대운 남	10 / 1	1	1	1	1	2	2	2	3	3	3	4	4	4	5	5	5	6	6	6	7	7	7	8	8	8	9	9	9	10
대운 여	1 / 10	10	10	9	9	9	8	8	8	7	7	7	6	6	6	5	5	5	4	4	4	3	3	3	2	2	2	1	1	1

1월 5일(양) 소한 19시 23분	1월 10일(양)	1월 20일(양) 대한 12시 50분	2월 1일(양)	
평균기온: -0.8℃ / 강수량: –	평균기온: -4.7℃ / 강수량: 0.0mm	평균기온: -1.5℃ / 강수량: 5.3mm	평균기온: 4.9℃ / 강수량: 11.0mm	
최고기온: 3.8℃ / 일 출: 07:47:18	최고기온: -0.9℃ / 일 출: 07:47:02	최고기온: 1.9℃ / 일 출: 07:43:58	최고기온: 6.0℃ / 일 출: 07:36:05	
최저기온: -4.3℃ / 일 몰: 17:27:17	최저기온: -9.3℃ / 일 몰: 17:31:49	최저기온: -4.2℃ / 일 몰: 17:41:59	최저기온: 3.7℃ / 일 몰: 17:55:08	

해(亥)월장 · 입춘 — 丙寅月

02.04 ~ 03.05(양)

양력	음력	일주	대운 남	대운 여
2014.02.04	2014.01.05	丙午	10 / 10	1 / 1
02.05	01.06	丁未	10	1
02.06	01.07	戊申	9	1
02.07	01.08	己酉	9	1
02.08	01.09	庚戌	9	1
02.09	01.10	辛亥	8	2
02.10	01.11	壬子	8	2
02.11	01.12	癸丑	8	2
02.12	01.13	甲寅	7	3
02.13	01.14	乙卯	7	3
02.14	01.15	丙辰	7	3
02.15	01.16	丁巳	6	4
02.16	01.17	戊午	6	4
02.17	01.18	己未	6	4
02.18	01.19	庚申	5	5
02.19	01.20	辛酉	5	5
02.20	01.21	壬戌	5	5
02.21	01.22	癸亥	4	6
02.22	01.23	甲子	4	6
02.23	01.24	乙丑	4	6
02.24	01.25	丙寅	3	7
02.25	01.26	丁卯	3	7
02.26	01.27	戊辰	3	7
02.27	01.28	己巳	2	8
02.28	01.29	庚午	2	8
03.01	02.01	辛未	2	8
03.02	02.02	壬申	1	9
03.03	02.03	癸酉	1	9
03.04	02.04	甲戌	1	9
03.05	02.05	乙亥	1	10

2월 4일(양) 입춘 07시 02분 — 평균기온: -7.4℃ / 최고기온: -3.7℃ / 최저기온: -10.5℃ / 강수량: - / 일 출: 07:33:29 / 일 몰: 17:58:28
2월 10일(양) — 평균기온: -0.1℃ / 최고기온: 4.4℃ / 최저기온: -2.9℃ / 강수량: 0.2mm / 일 출: 07:27:35 / 일 몰: 18:05:04
2월 19일(양) 우수 02시 59분 — 평균기온: 2.1℃ / 최고기온: 6.7℃ / 최저기온: -1.9℃ / 강수량: - / 일 출: 07:17:15 / 일 몰: 18:14:42
2월 20일(양) — 평균기온: 1.2℃ / 최고기온: 5.5℃ / 최저기온: -1.2℃ / 강수량: - / 일 출: 07:16:00 / 일 몰: 18:15:45
3월 1일(양) — 평균기온: 6.0℃ / 최고기온: 9.4℃ / 최저기온: 3.3℃ / 강수량: - / 일 출: 07:04:09 / 일 몰: 18:24:57

술(戌)월장 · 경칩 — 丁卯月

03.06 ~ 04.04(양)

양력	음력	일주	대운 남	대운 여
03.06	02.06	丙子	1 / 10	10 / 1
03.07	02.07	丁丑	10	1
03.08	02.08	戊寅	9	1
03.09	02.09	己卯	9	1
03.10	02.10	庚辰	9	1
03.11	02.11	辛巳	8	2
03.12	02.12	壬午	8	2
03.13	02.13	癸未	8	2
03.14	02.14	甲申	7	3
03.15	02.15	乙酉	7	3
03.16	02.16	丙戌	7	3
03.17	02.17	丁亥	6	4
03.18	02.18	戊子	6	4
03.19	02.19	己丑	6	4
03.20	02.20	庚寅	5	5
03.21	02.21	辛卯	5	5
03.22	02.22	壬辰	5	5
03.23	02.23	癸巳	4	6
03.24	02.24	甲午	4	6
03.25	02.25	乙未	4	6
03.26	02.26	丙申	3	7
03.27	02.27	丁酉	3	7
03.28	02.28	戊戌	3	7
03.29	02.29	己亥	2	8
03.30	02.30	庚子	2	8
03.31	03.01	辛丑	2	8
04.01	03.02	壬寅	1	9
04.02	03.03	癸卯	1	9
04.03	03.04	甲辰	1	9
04.04	03.05	乙巳	1	10

3월 6일(양) 경칩 01시 01분 — 평균기온: 0.3℃ / 최고기온: 5.0℃ / 최저기온: -3.0℃ / 강수량: 0.0mm / 일 출: 06:57:07 / 일 몰: 18:29:53
3월 10일(양) — 평균기온: 1.5℃ / 최고기온: 7.7℃ / 최저기온: -3.6℃ / 강수량: - / 일 출: 06:51:19 / 일 몰: 18:33:44
3월 20일(양) — 평균기온: 6.3℃ / 최고기온: 10.3℃ / 최저기온: 2.8℃ / 강수량: 0.4mm / 일 출: 06:36:24 / 일 몰: 18:43:05
3월 21일(양) 춘분 01시 56분 — 평균기온: 5.9℃ / 최고기온: 12.0℃ / 최저기온: 1.2℃ / 강수량: - / 일 출: 06:34:53 / 일 몰: 18:44:01
4월 1일(양) — 평균기온: 15.6℃ / 최고기온: 23.0℃ / 최저기온: 9.5℃ / 강수량: - / 일 출: 06:18:17 / 일 몰: 18:54:01

유(酉)월장 · 청명 — 戊辰月

04.05 ~ 05.04(양)

양력	음력	일주	대운 남	대운 여
04.05	03.06	丙午	1 / 10	10 / 1
04.06	03.07	丁未	10	1
04.07	03.08	戊申	9	1
04.08	03.09	己酉	9	1
04.09	03.10	庚戌	9	2
04.10	03.11	辛亥	8	2
04.11	03.12	壬子	8	2
04.12	03.13	癸丑	8	3
04.13	03.14	甲寅	7	3
04.14	03.15	乙卯	7	3
04.15	03.16	丙辰	7	4
04.16	03.17	丁巳	6	4
04.17	03.18	戊午	6	4
04.18	03.19	己未	6	5
04.19	03.20	庚申	5	5
04.20	03.21	辛酉	5	5
04.21	03.22	壬戌	5	6
04.22	03.23	癸亥	4	6
04.23	03.24	甲子	4	6
04.24	03.25	乙丑	4	7
04.25	03.26	丙寅	3	7
04.26	03.27	丁卯	3	7
04.27	03.28	戊辰	3	8
04.28	03.29	己巳	2	8
04.29	04.01	庚午	2	8
04.30	04.02	辛未	2	9
05.01	04.03	壬申	1	9
05.02	04.04	癸酉	1	9
05.03	04.05	甲戌	1	10
05.04	04.06	乙亥	1	10

4월 5일(양) 청명 05시 46분 — 평균기온: 6.2℃ / 최고기온: 11.0℃ / 최저기온: 3.5℃ / 강수량: 0.0mm / 일 출: 06:12:19 / 일 몰: 18:57:38
4월 10일(양) — 평균기온: 12.5℃ / 최고기온: 20.0℃ / 최저기온: 7.2℃ / 강수량: - / 일 출: 06:05:01 / 일 몰: 19:02:09
4월 20일(양) 곡우 12시 55분 — 평균기온: 14.6℃ / 최고기온: 21.6℃ / 최저기온: 10.0℃ / 강수량: - / 일 출: 05:51:04 / 일 몰: 19:11:12
5월 1일(양) — 평균기온: 16.0℃ / 최고기온: 22.1℃ / 최저기온: 10.4℃ / 강수량: - / 일 출: 05:37:19 / 일 몰: 19:21:14

신(申)월장 · 입하 — 己巳月

05.05 ~ 06.05(양)

양력	음력	일주	대운 남	대운 여
05.05	04.07	丙子	1 / 10	10 / 1
05.06	04.08	丁丑	10	1
05.07	04.09	戊寅	10	1
05.08	04.10	己卯	10	1
05.09	04.11	庚辰	9	1
05.10	04.12	辛巳	9	2
05.11	04.13	壬午	9	2
05.12	04.14	癸未	8	2
05.13	04.15	甲申	8	3
05.14	04.16	乙酉	8	3
05.15	04.17	丙戌	7	3
05.16	04.18	丁亥	7	4
05.17	04.19	戊子	7	4
05.18	04.20	己丑	6	4
05.19	04.21	庚寅	6	5
05.20	04.22	辛卯	6	5
05.21	04.23	壬辰	5	5
05.22	04.24	癸巳	5	6
05.23	04.25	甲午	5	6
05.24	04.26	乙未	4	6
05.25	04.27	丙申	4	7
05.26	04.28	丁酉	4	7
05.27	04.29	戊戌	3	7
05.28	04.30	己亥	3	8
05.29	05.01	庚子	3	8
05.30	05.02	辛丑	2	8
05.31	05.03	壬寅	2	9
06.01	05.04	癸卯	2	9
06.02	05.05	甲辰	1	9
06.03	05.06	乙巳	1	10
06.04	05.07	丙午	1	10
06.05	05.08	丁未	1	10

5월 5일(양) 입하 22시 59분 — 평균기온: 11.3℃ / 최고기온: 15.5℃ / 최저기온: 6.8℃ / 강수량: - / 일 출: 05:32:51 / 일 몰: 19:24:52
5월 10일(양) — 평균기온: 20.5℃ / 최고기온: 28.3℃ / 최저기온: 12.9℃ / 강수량: - / 일 출: 05:27:44 / 일 몰: 19:29:21
5월 20일(양) — 평균기온: 21.5℃ / 최고기온: 28.4℃ / 최저기온: 16.1℃ / 강수량: - / 일 출: 05:19:15 / 일 몰: 19:37:57
5월 21일(양) 소만 11시 58분 — 평균기온: 20.1℃ / 최고기온: 26.5℃ / 최저기온: 15.9℃ / 강수량: - / 일 출: 05:18:33 / 일 몰: 19:38:46
6월 1일(양) — 평균기온: 24.7℃ / 최고기온: 29.9℃ / 최저기온: 20.4℃ / 강수량: - / 일 출: 05:12:40 / 일 몰: 19:47:04

미(未)월장 · 망종 — 庚午月

06.06 ~ 07.06(양)

양력	음력	일주	대운 남	대운 여
06.06	05.09	戊申	1 / 10	10 / 1
06.07	05.10	己酉	10	1
06.08	05.11	庚戌	10	1
06.09	05.12	辛亥	9	2
06.10	05.13	壬子	9	2
06.11	05.14	癸丑	9	2
06.12	05.15	甲寅	8	3
06.13	05.16	乙卯	8	3
06.14	05.17	丙辰	8	3
06.15	05.18	丁巳	7	4
06.16	05.19	戊午	7	4
06.17	05.20	己未	7	4
06.18	05.21	庚申	6	5
06.19	05.22	辛酉	6	5
06.20	05.23	壬戌	6	5
06.21	05.24	癸亥	5	6
06.22	05.25	甲子	5	6
06.23	05.26	乙丑	5	6
06.24	05.27	丙寅	4	7
06.25	05.28	丁卯	4	7
06.26	05.29	戊辰	4	7
06.27	06.01	己巳	3	8
06.28	06.02	庚午	3	8
06.29	06.03	辛未	3	8
06.30	06.04	壬申	2	9
07.01	06.05	癸酉	2	9
07.02	06.06	甲戌	2	9
07.03	06.07	乙亥	1	10
07.04	06.08	丙子	1	10
07.05	06.09	丁丑	1	10
07.06	06.10	戊寅	1	10

6월 6일(양) 망종 03시 02분 — 평균기온: 24.4℃ / 최고기온: 31.1℃ / 최저기온: 18.8℃ / 강수량: - / 일 출: 05:11:10 / 일 몰: 19:50:15
6월 10일(양) — 평균기온: 23.6℃ / 최고기온: 29.3℃ / 최저기온: 20.0℃ / 강수량: 5.5mm / 일 출: 05:10:29 / 일 몰: 19:52:25
6월 20일(양) — 평균기온: 24.2℃ / 최고기온: 28.6℃ / 최저기온: 20.7℃ / 강수량: 1.5mm / 일 출: 05:10:51 / 일 몰: 19:56:16
6월 21일(양) 하지 19시 50분 — 평균기온: 23.1℃ / 최고기온: 28.2℃ / 최저기온: 19.8℃ / 강수량: 8.5mm / 일 출: 05:11:03 / 일 몰: 19:56:31
7월 1일(양) — 평균기온: 26.0℃ / 최고기온: 31.2℃ / 최저기온: 21.1℃ / 강수량: - / 일 출: 05:14:23 / 일 몰: 19:57:23

오(午)월장 · 소서 — 辛未月

07.07 ~ 08.06(양)

양력	음력	일주	대운 남	대운 여
07.07	06.11	己卯	1 / 10	10 / 1
07.08	06.12	庚辰	10	1
07.09	06.13	辛巳	10	1
07.10	06.14	壬午	9	2
07.11	06.15	癸未	9	2
07.12	06.16	甲申	9	2
07.13	06.17	乙酉	8	3
07.14	06.18	丙戌	8	3
07.15	06.19	丁亥	8	3
07.16	06.20	戊子	7	4
07.17	06.21	己丑	7	4
07.18	06.22	庚寅	7	4
07.19	06.23	辛卯	6	5
07.20	06.24	壬辰	6	5
07.21	06.25	癸巳	6	5
07.22	06.26	甲午	5	6
07.23	06.27	乙未	5	6
07.24	06.28	丙申	5	6
07.25	06.29	丁酉	4	7
07.26	06.30	戊戌	4	7
07.27	07.01	己亥	4	7
07.28	07.02	庚子	3	8
07.29	07.03	辛丑	3	8
07.30	07.04	壬寅	3	8
07.31	07.05	癸卯	2	9
08.01	07.06	甲辰	2	9
08.02	07.07	乙巳	2	9
08.03	07.08	丙午	1	10
08.04	07.09	丁未	1	10
08.05	07.10	戊申	1	10
08.06	07.11	己酉	1	10

7월 7일(양) 소서 13시 14분 — 평균기온: 27.1℃ / 최고기온: 33.8℃ / 최저기온: 20.8℃ / 강수량: - / 일 출: 05:17:28 / 일 몰: 19:56:29
7월 10일(양) — 평균기온: 28.9℃ / 최고기온: 33.6℃ / 최저기온: 24.6℃ / 강수량: - / 일 출: 05:19:15 / 일 몰: 19:55:37
7월 20일(양) — 평균기온: 27.9℃ / 최고기온: 33.2℃ / 최저기온: 24.6℃ / 강수량: - / 일 출: 05:26:10 / 일 몰: 19:50:45
7월 23일(양) 대서 06시 40분 — 평균기온: 23.6℃ / 최고기온: 25.2℃ / 최저기온: 21.7℃ / 강수량: 55.0mm / 일 출: 05:28:28 / 일 몰: 19:48:44
8월 1일(양) — 평균기온: 30.2℃ / 최고기온: 34.7℃ / 최저기온: 24.7℃ / 강수량: - / 일 출: 05:35:46 / 일 몰: 19:41:14

甲午年

사(巳)월장 입추 08.07 ~ 09.07(양)

壬申月	양력	08.07		8	9	10	11	12	13	14	15	16	17	18	19	20	21	22	23	24	25	26	27	28	29	30	31	9.1	2	3	4	5	6	7
	음력	07.12		13	14	15	16	17	18	19	20	21	22	23	24	25	26	27	28	29	8.1	2	3	4	5	6	7	8	9	10	11	12	13	14
	일주	庚戌		辛亥	壬子	癸丑	甲寅	乙卯	丙辰	丁巳	戊午	己未	庚申	辛酉	壬戌	癸亥	甲子	乙丑	丙寅	丁卯	戊辰	己巳	庚午	辛未	壬申	癸酉	甲戌	乙亥	丙子	丁丑	戊寅	己卯	庚辰	辛巳
	대운 남	1	10	10	10	10	9	9	9	8	8	8	7	7	7	6	6	6	5	5	5	4	4	4	3	3	3	2	2	2	1	1	1	1
	대운 여	10	1	1	1	1	1	2	2	2	3	3	3	4	4	4	5	5	5	6	6	6	7	7	7	8	8	8	9	9	9	10	10	10

8월 7일(양) 입추 23시 02분		8월 10일(양)		8월 20일(양)		8월 23일(양) 처서 13시 45분		9월 1일(양)	
평균기온: 24.7℃	강수량: 0.2㎜	평균기온: 23.4℃	강수량: 42.5㎜	평균기온: 24.8℃	강수량: 0.5㎜	평균기온: 25.2℃	강수량: 0.5㎜	평균기온: 24.1℃	강수량: 1.5㎜
최고기온: 27.1℃	일 출: 05:40:49	최고기온: 27.7℃	일 출: 05:43:22	최고기온: 28.0℃	일 출: 05:51:53	최고기온: 29.7℃	일 출: 05:54:26	최고기온: 29.7℃	일 출: 06:02:01
최저기온: 22.6℃	일 몰: 19:35:07	최저기온: 19.6℃	일 몰: 19:31:46	최저기온: 22.4℃	일 몰: 19:19:23	최저기온: 22.8℃	일 몰: 19:15:22	최저기온: 20.4℃	일 몰: 19:02:36

진(辰)월장 백로 09.08 ~ 10.07(양)

癸酉月	양력	09.08		9	10	11	12	13	14	15	16	17	18	19	20	21	22	23	24	25	26	27	28	29	30	10.1	2	3	4	5	6	7
	음력	08.15		16	17	18	19	20	21	22	23	24	25	26	27	28	29	30	9.1	2	3	4	5	6	7	8	9	10	11	12	13	14
	일주	壬午		癸未	甲申	乙酉	丙戌	丁亥	戊子	己丑	庚寅	辛卯	壬辰	癸巳	甲午	乙未	丙申	丁酉	戊戌	己亥	庚子	辛丑	壬寅	癸卯	甲辰	乙巳	丙午	丁未	戊申	己酉	庚戌	辛亥
	대운 남	1	10	10	9	9	9	8	8	8	7	7	7	6	6	6	5	5	5	4	4	4	3	3	3	2	2	2	1	1	1	1
	대운 여	10	1	1	1	1	1	2	2	2	3	3	3	4	4	4	5	5	5	6	6	6	7	7	7	8	8	8	9	9	9	10

9월 8일(양) 백로 02시 01분		9월 10일(양)		9월 20일(양)		9월 23일(양) 추분 11시 28분		10월 1일(양)	
평균기온: 24.8℃	강수량: -	평균기온: 22.4℃	강수량: -	평균기온: 21.6℃	강수량: -	평균기온: 23.0℃	강수량: -	평균기온: 19.2℃	강수량: -
최고기온: 30.2℃	일 출: 06:07:50	최고기온: 28.9℃	일 출: 06:09:30	최고기온: 28.1℃	일 출: 06:17:50	최고기온: 29.0℃	일 출: 06:20:21	최고기온: 24.4℃	일 출: 06:27:13
최저기온: 20.6℃	일 몰: 18:52:09	최저기온: 16.7℃	일 몰: 18:49:06	최저기온: 15.4℃	일 몰: 18:33:40	최저기온: 18.1℃	일 몰: 18:29:01	최저기온: 14.9℃	일 몰: 18:16:44

묘(卯)월장 한로 10.08 ~ 11.06(양)

甲戌月	양력	10.08		9	10	11	12	13	14	15	16	17	18	19	20	21	22	23	24	25	26	27	28	29	30	31	11.1	2	3	4	5	6
	음력	09.15		16	17	18	19	20	21	22	23	24	25	26	27	28	29	30	윤	9.2	3	4	5	6	7	8	9	10	11	12	13	14
	일주	壬子		癸丑	甲寅	乙卯	丙辰	丁巳	戊午	己未	庚申	辛酉	壬戌	癸亥	甲子	乙丑	丙寅	丁卯	戊辰	己巳	庚午	辛未	壬申	癸酉	甲戌	乙亥	丙子	丁丑	戊寅	己卯	庚辰	辛巳
	대운 남	1	10	10	9	9	9	8	8	8	7	7	7	6	6	6	5	5	5	4	4	4	3	3	3	2	2	2	1	1	1	1
	대운 여	10	1	1	1	1	1	2	2	2	3	3	3	4	4	4	5	5	5	6	6	6	7	7	7	8	8	8	9	9	9	10

10월 8일(양) 한로 17시 47분		10월 10일(양)		10월 20일(양)		10월 23일(양) 상강 20시 56분		11월 1일(양)	
평균기온: 16.7℃	강수량: -	평균기온: 19.0℃	강수량: -	평균기온: 14.4℃	강수량: 21.5㎜	평균기온: 13.8℃	강수량: -	평균기온: 17.3℃	강수량: -
최고기온: 23.6℃	일 출: 06:33:24	최고기온: 26.3℃	일 출: 06:35:13	최고기온: 17.1℃	일 출: 06:44:36	최고기온: 20.6℃	일 출: 06:47:32	최고기온: 22.9℃	일 출: 06:56:37
최저기온: 10.0℃	일 몰: 18:06:15	최저기온: 12.5℃	일 몰: 18:03:20	최저기온: 12.9℃	일 몰: 17:49:26	최저기온: 8.5℃	일 몰: 17:45:32	최저기온: 15.1℃	일 몰: 17:34:51

인(寅)월장 입동 11.07 ~ 12.06(양)

乙亥月	양력	11.07		8	9	10	11	12	13	14	15	16	17	18	19	20	21	22	23	24	25	26	27	28	29	30	12.1	2	3	4	5	6
	음력	09.15		16	17	18	19	20	21	22	23	24	25	26	27	28	29	10.1	2	3	4	5	6	7	8	9	10	11	12	13	14	15
	일주	壬午		癸未	甲申	乙酉	丙戌	丁亥	戊子	己丑	庚寅	辛卯	壬辰	癸巳	甲午	乙未	丙申	丁酉	戊戌	己亥	庚子	辛丑	壬寅	癸卯	甲辰	乙巳	丙午	丁未	戊申	己酉	庚戌	辛亥
	대운 남	1	10	10	9	9	9	8	8	8	7	7	7	6	6	6	5	5	5	4	4	4	3	3	3	2	2	2	1	1	1	1
	대운 여	10	1	1	1	1	1	2	2	2	3	3	3	4	4	4	5	5	5	6	6	6	7	7	7	8	8	8	9	9	9	10

11월 7일(양) 입동 21시 06분		11월 10일(양)		11월 20일(양)		11월 22일(양) 소설 18시 37분		12월 1일(양)	
평균기온: 9.8℃	강수량: -	평균기온: 9.4℃	강수량: -	평균기온: 7.9℃	강수량: -	평균기온: 11.0℃	강수량: 4.0㎜	평균기온: -1.1℃	강수량: 0.5㎜
최고기온: 16.5℃	일 출: 07:02:52	최고기온: 16.5℃	일 출: 07:06:01	최고기온: 14.6℃	일 출: 07:16:34	최고기온: 12.7℃	일 출: 07:18:39	최고기온: 7.9℃	일 출: 07:27:38
최저기온: 5.1℃	일 몰: 17:28:41	최저기온: 3.5℃	일 몰: 17:25:57	최저기온: 2.7℃	일 몰: 17:18:38	최저기온: 8.0℃	일 몰: 17:17:32	최저기온: -7.2℃	일 몰: 17:14:15

축(丑)월장 대설 12.07 ~ 2015.01.05(양)

丙子月	양력	12.07		8	9	10	11	12	13	14	15	16	17	18	19	20	21	22	23	24	25	26	27	28	29	30	31	1.1	2	3	4	5
	음력	10.16		17	18	19	20	21	22	23	24	25	26	27	28	29	30	11.1	2	3	4	5	6	7	8	9	10	11	12	13	14	15
	일주	壬子		癸丑	甲寅	乙卯	丙辰	丁巳	戊午	己未	庚申	辛酉	壬戌	癸亥	甲子	乙丑	丙寅	丁卯	戊辰	己巳	庚午	辛未	壬申	癸酉	甲戌	乙亥	丙子	丁丑	戊寅	己卯	庚辰	辛巳
	대운 남	1	10	10	9	9	9	8	8	8	7	7	7	6	6	6	5	5	5	4	4	4	3	3	3	2	2	2	1	1	1	1
	대운 여	10	1	1	1	1	1	2	2	2	3	3	3	4	4	4	5	5	5	6	6	6	7	7	7	8	8	8	9	9	9	10

12월 7일(양) 대설 14시 03분		12월 10일(양)		12월 20일(양)		12월 22일(양) 동지 08시 02분		1월 1일(양)	
평균기온: -3.4℃	강수량: -	평균기온: 1.6℃	강수량: 2.0㎜	평균기온: -1.7℃	강수량: 2.0㎜	평균기온: -4.7℃	강수량: 0.3㎜	평균기온: -7.7℃	강수량: -
최고기온: 0.2℃	일 출: 07:33:04	최고기온: 4.2℃	일 출: 07:35:32	최고기온: 2.1℃	일 출: 07:42:22	최고기온: 0.8℃	일 출: 07:43:25	최고기온: -4.3℃	일 출: 07:46:50
최저기온: -8.2℃	일 몰: 17:13:35	최저기온: -1.9℃	일 몰: 17:13:44	최저기온: -6.6℃	일 몰: 17:16:27	최저기온: -9.7℃	일 몰: 17:17:23	최저기온: -9.8℃	일 몰: 17:23:48

자(子)월장 소한 01.06 ~ 02.03(양)

丁丑月	양력	2015.01.06		7	8	9	10	11	12	13	14	15	16	17	18	19	20	21	22	23	24	25	26	27	28	29	30	31	2.1	2	3
	음력	2014.11.16		17	18	19	20	21	22	23	24	25	26	27	28	29	12.1	2	3	4	5	6	7	8	9	10	11	12	13	14	15
	일주	壬午		癸未	甲申	乙酉	丙戌	丁亥	戊子	己丑	庚寅	辛卯	壬辰	癸巳	甲午	乙未	丙申	丁酉	戊戌	己亥	庚子	辛丑	壬寅	癸卯	甲辰	乙巳	丙午	丁未	戊申	己酉	庚戌
	대운 남	1	10	9	9	9	8	8	8	7	7	7	6	6	6	5	5	5	4	4	4	3	3	3	2	2	2	1	1	1	1
	대운 여	10	1	1	1	1	1	2	2	2	3	3	3	4	4	4	5	5	5	6	6	6	7	7	7	8	8	8	9	9	9

1월 6일(양) 소한 01시 20분		1월 10일(양)		1월 20일(양) 대한 18시 42분		2월 1일(양)	
평균기온: -3.2℃	강수량: 3.0㎜	평균기온: -0.3℃	강수량: -	평균기온: -0.9℃	강수량: -	평균기온: -3.0℃	강수량: -
최고기온: 4.0℃	일 출: 07:47:18	최고기온: 4.8℃	일 출: 07:47:03	최고기온: 4.4℃	일 출: 07:44:04	최고기온: 3.6℃	일 출: 07:36:17
최저기온: -7.6℃	일 몰: 17:27:55	최저기온: -5.6℃	일 몰: 17:31:34	최저기온: -6.4℃	일 몰: 17:41:43	최저기온: -8.2℃	일 몰: 17:54:52

해(亥)월장 · 입춘 — 02.04 ~ 03.05(양) — 戊寅月

구분	2015.02.04	5	6	7	8	9	10	11	12	13	14	15	16	17	18	19	20	21	22	23	24	25	26	27	28	3.1	2	3	4	5
음력	2014.12.16	17	18	19	20	21	22	23	24	25	26	27	28	29	30	1.1	2	3	4	5	6	7	8	9	10	11	12	13	14	15
일주	辛亥	壬子	癸丑	甲寅	乙卯	丙辰	丁巳	戊午	己未	庚申	辛酉	壬戌	癸亥	甲子	乙丑	丙寅	丁卯	戊辰	己巳	庚午	辛未	壬申	癸酉	甲戌	乙亥	丙子	丁丑	戊寅	己卯	庚辰
대운 남	1 / 1	1	1	1	1	2	2	2	3	3	3	4	4	4	5	5	5	6	6	6	7	7	7	8	8	8	9	9	9	10
대운 여	10 / 10	10	10	10	10	9	9	9	8	8	8	7	7	7	6	6	6	5	5	5	4	4	4	3	3	3	2	2	2	1

	2월 4일(양) 입춘 12시 58분	2월 10일(양)	2월 19일(양) 우수 08시 49분	2월 20일(양)	3월 1일(양)
평균기온	0.4℃	1.7℃	2.2℃	5.2℃	2.4℃
최고기온	5.8℃	5.8℃	8.6℃	11.4℃	5.9℃
최저기온	-3.1℃	-2.0℃	-2.7℃	-1.3℃	-0.2℃
강수량	-	-	-	-	0.0mm
일 출	07:33:41	07:27:49	07:17:33	07:16:18	07:04:29
일 몰	17:58:11	18:04:47	18:14:27	18:15:30	18:24:43

술(戌)월장 · 경칩 — 03.06 ~ 04.04(양) — 己卯月

구분	03.06	7	8	9	10	11	12	13	14	15	16	17	18	19	20	21	22	23	24	25	26	27	28	29	30	31	4.1	2	3	4
음력	01.16	17	18	19	20	21	22	23	24	25	26	27	28	29	2.1	2	3	4	5	6	7	8	9	10	11	12	13	14	15	16
일주	辛巳	壬午	癸未	甲申	乙酉	丙戌	丁亥	戊子	己丑	庚寅	辛卯	壬辰	癸巳	甲午	乙未	丙申	丁酉	戊戌	己亥	庚子	辛丑	壬寅	癸卯	甲辰	乙巳	丙午	丁未	戊申	己酉	庚戌
대운 남	10 / 1	1	1	1	1	2	2	2	3	3	3	4	4	4	5	5	5	6	6	6	7	7	7	8	8	8	9	9	9	10
대운 여	1 / 10	10	10	10	10	9	9	9	8	8	8	7	7	7	6	6	6	5	5	5	4	4	4	3	3	3	2	2	2	1

	3월 6일(양) 경칩 06시 55분	3월 10일(양)	3월 20일(양)	3월 21일(양) 춘분 07시 44분	4월 1일(양)
평균기온	2.9℃	-3.4℃	13.4℃	11.7℃	12.9℃
최고기온	10.4℃	1.0℃	21.9℃	17.8℃	17.6℃
최저기온	-3.2℃	-6.9℃	7.6℃	6.9℃	10.0℃
강수량	-	-	-	-	2.5mm
일 출	06:57:27	06:51:40	06:36:46	06:35:16	06:18:39
일 몰	18:29:38	18:33:29	18:42:52	18:43:48	18:53:48

유(酉)월장 · 청명 — 04.05 ~ 05.05(양) — 庚辰月

구분	04.05	6	7	8	9	10	11	12	13	14	15	16	17	18	19	20	21	22	23	24	25	26	27	28	29	30	5.1	2	3	4	5
음력	02.17	18	19	20	21	22	23	24	25	26	27	28	29	30	3.1	2	3	4	5	6	7	8	9	10	11	12	13	14	15	16	17
일주	辛亥	壬子	癸丑	甲寅	乙卯	丙辰	丁巳	戊午	己未	庚申	辛酉	壬戌	癸亥	甲子	乙丑	丙寅	丁卯	戊辰	己巳	庚午	辛未	壬申	癸酉	甲戌	乙亥	丙子	丁丑	戊寅	己卯	庚辰	辛巳
대운 남	10 / 1	1	1	1	2	2	2	3	3	3	4	4	4	5	5	5	6	6	6	7	7	7	8	8	8	9	9	9	10	10	10
대운 여	1 / 10	10	10	10	9	9	9	8	8	8	7	7	7	6	6	6	5	5	5	4	4	4	3	3	3	2	2	2	1	1	1

	4월 5일(양) 청명 11시 38분	4월 10일(양)	4월 20일(양) 곡우 18시 41분	5월 1일(양)
평균기온	10.5℃	11.6℃	12.2℃	21.0℃
최고기온	12.2℃	19.2℃	16.8℃	27.2℃
최저기온	10.1℃	4.6℃	10.3℃	15.9℃
강수량	0.5mm	-	5.5mm	-
일 출	06:12:41	06:05:22	05:51:25	05:37:37
일 몰	18:57:24	19:01:55	19:10:59	19:21:01

신(申)월장 · 입하 — 05.06 ~ 06.05(양) — 辛巳月

구분	05.06	7	8	9	10	11	12	13	14	15	16	17	18	19	20	21	22	23	24	25	26	27	28	29	30	31	6.1	2	3	4	5
음력	03.18	19	20	21	22	23	24	25	26	27	28	29	4.1	2	3	4	5	6	7	8	9	10	11	12	13	14	15	16	17	18	19
일주	壬午	癸未	甲申	乙酉	丙戌	丁亥	戊子	己丑	庚寅	辛卯	壬辰	癸巳	甲午	乙未	丙申	丁酉	戊戌	己亥	庚子	辛丑	壬寅	癸卯	甲辰	乙巳	丙午	丁未	戊申	己酉	庚戌	辛亥	壬子
대운 남	10 / 1	1	1	1	1	2	2	2	3	3	3	4	4	4	5	5	5	6	6	6	7	7	7	8	8	8	9	9	9	10	10
대운 여	1 / 10	10	10	10	10	9	9	9	8	8	8	7	7	7	6	6	6	5	5	5	4	4	4	3	3	3	2	2	2	1	1

	5월 6일(양) 입하 04시 52분	5월 10일(양)	5월 20일(양)	5월 21일(양) 소만 17시 44분	6월 1일(양)
평균기온	15.4℃	19.1℃	16.3℃	18.7℃	21.7℃
최고기온	22.0℃	25.9℃	21.9℃	26.0℃	28.5℃
최저기온	9.8℃	13.5℃	10.6℃	12.6℃	15.8℃
강수량	-	-	-	-	-
일 출	05:32:02	05:27:58	05:19:26	05:18:44	05:12:45
일 몰	19:25:32	19:29:07	19:37:46	19:38:35	19:46:54

미(未)월장 · 망종 — 06.06 ~ 07.06(양) — 壬午月

구분	06.06	7	8	9	10	11	12	13	14	15	16	17	18	19	20	21	22	23	24	25	26	27	28	29	30	7.1	2	3	4	5	6
음력	04.20	21	22	23	24	25	26	27	28	29	5.1	2	3	4	5	6	7	8	9	10	11	12	13	14	15	16	17	18	19	20	21
일주	癸丑	甲寅	乙卯	丙辰	丁巳	戊午	己未	庚申	辛酉	壬戌	癸亥	甲子	乙丑	丙寅	丁卯	戊辰	己巳	庚午	辛未	壬申	癸酉	甲戌	乙亥	丙子	丁丑	戊寅	己卯	庚辰	辛巳	壬午	癸未
대운 남	10 / 1	1	1	1	1	2	2	2	3	3	3	4	4	4	5	5	5	6	6	6	7	7	7	8	8	8	9	9	9	10	10
대운 여	1 / 10	10	10	10	10	9	9	9	8	8	8	7	7	7	6	6	6	5	5	5	4	4	4	3	3	3	2	2	2	1	1

	6월 6일(양) 망종 08시 57분	6월 10일(양)	6월 20일(양)	6월 22일(양) 하지 01시 37분	7월 1일(양)
평균기온	22.4℃	25.3℃	19.6℃	24.0℃	23.7℃
최고기온	28.9℃	34.9℃	22.6℃	29.1℃	27.9℃
최저기온	16.4℃	17.6℃	17.0℃	19.4℃	21.0℃
강수량	-	-	44.5mm	-	0.5mm
일 출	05:11:12	05:10:30	05:10:49	05:11:13	05:14:16
일 몰	19:50:05	19:52:17	19:56:13	19:56:41	19:57:24

오(午)월장 · 소서 — 07.07 ~ 08.07(양) — 癸未月

구분	07.07	8	9	10	11	12	13	14	15	16	17	18	19	20	21	22	23	24	25	26	27	28	29	30	31	8.1	2	3	4	5	6	7
음력	05.22	23	24	25	26	27	28	29	30	6.1	2	3	4	5	6	7	8	9	10	11	12	13	14	15	16	17	18	19	20	21	22	23
일주	甲申	乙酉	丙戌	丁亥	戊子	己丑	庚寅	辛卯	壬辰	癸巳	甲午	乙未	丙申	丁酉	戊戌	己亥	庚子	辛丑	壬寅	癸卯	甲辰	乙巳	丙午	丁未	戊申	己酉	庚戌	辛亥	壬子	癸丑	甲寅	乙卯
대운 남	10 / 1	1	1	1	1	2	2	2	3	3	3	4	4	4	5	5	5	6	6	6	7	7	7	8	8	8	9	9	9	10	10	10
대운 여	1 / 10	10	10	10	10	9	9	9	8	8	8	7	7	7	6	6	6	5	5	5	4	4	4	3	3	3	2	2	2	1	1	1

	7월 7일(양) 소서 19시 11분	7월 10일(양)	7월 20일(양)	7월 23일(양) 대서 12시 30분	8월 1일(양)
평균기온	25.6℃	29.2℃	27.5℃	26.9℃	28.2℃
최고기온	29.7℃	34.3℃	31.2℃	32.1℃	31.6℃
최저기온	21.4℃	23.6℃	24.4℃	24.9℃	26.0℃
강수량	-	-	-	16.0mm	-
일 출	05:17:18	05:19:05	05:25:59	05:28:17	05:35:33
일 몰	19:56:31	19:55:41	19:50:55	19:48:55	19:41:27

사(巳)월장 · 입추 · 08.08 ～ 09.07(양) · 甲申月

		9	10	11	12	13	14	15	16	17	18	19	20	21	22	23	24	25	26	27	28	29	30	31	9.1	2	3	4	5	6	7
양력	08.08	9	10	11	12	13	14	15	16	17	18	19	20	21	22	23	24	25	26	27	28	29	30	31	9.1	2	3	4	5	6	7
음력	06.24	25	26	27	28	29	7.1	2	3	4	5	6	7	8	9	10	11	12	13	14	15	16	17	18	19	20	21	22	23	24	25
일주	丙辰	丁巳	戊午	己未	庚申	辛酉	壬戌	癸亥	甲子	乙丑	丙寅	丁卯	戊辰	己巳	庚午	辛未	壬申	癸酉	甲戌	乙亥	丙子	丁丑	戊寅	己卯	庚辰	辛巳	壬午	癸未	甲申	乙酉	丙戌
대운 남	10 / 1	1	1	1	1	2	2	2	3	3	3	4	4	4	5	5	5	6	6	6	7	7	7	8	8	8	9	9	9	10	10
대운 여	1 / 10	10	10	9	9	9	8	8	8	7	7	7	6	6	6	5	5	5	4	4	4	3	3	3	2	2	2	1	1	1	1

	8월 8일(양) 입추 05시 00분	8월 10일(양)	8월 20일(양)	8월 23일(양) 처서 19시 36분	9월 1일(양)
평균기온	26.6℃	27.0℃	25.4℃	26.3℃	25.9℃
최고기온	33.0℃	32.0℃	28.1℃	31.7℃	30.7℃
최저기온	24.3℃	23.9℃	24.2℃	20.9℃	22.6℃
강수량	7.5㎜	-	0.4㎜	-	-
일 출	05:41:26	05:43:09	05:51:41	05:54:14	06:01:47
일 몰	19:34:17	19:32:02	19:19:43	19:15:42	19:02:57

진(辰)월장 · 백로 · 09.08 ～ 10.07(양) · 乙酉月

		9	10	11	12	13	14	15	16	17	18	19	20	21	22	23	24	25	26	27	28	29	30	10.1	2	3	4	5	6	7
양력	09.08	9	10	11	12	13	14	15	16	17	18	19	20	21	22	23	24	25	26	27	28	29	30	10.1	2	3	4	5	6	7
음력	07.26	27	28	29	30	8.1	2	3	4	5	6	7	8	9	10	11	12	13	14	15	16	17	18	19	20	21	22	23	24	25
일주	丁亥	戊子	己丑	庚寅	辛卯	壬辰	癸巳	甲午	乙未	丙申	丁酉	戊戌	己亥	庚子	辛丑	壬寅	癸卯	甲辰	乙巳	丙午	丁未	戊申	己酉	庚戌	辛亥	壬子	癸丑	甲寅	乙卯	丙辰
대운 남	10 / 1	1	1	1	1	2	2	2	3	3	3	4	4	4	5	5	5	6	6	6	7	7	7	8	8	8	9	9	9	10
대운 여	1 / 10	10	9	9	9	8	8	8	7	7	7	6	6	6	5	5	5	4	4	4	3	3	3	2	2	2	1	1	1	1

	9월 8일(양) 백로 07시 59분	9월 10일(양)	9월 20일(양)	9월 23일(양) 추분 17시 20분	10월 1일(양)
평균기온	22.7℃	22.4℃	22.1℃	22.0℃	16.3℃
최고기온	28.9℃	28.4℃	28.3℃	26.1℃	19.7℃
최저기온	16.2℃	17.0℃	17.9℃	19.0℃	10.7℃
강수량	-	-	-	-	35.0㎜
일 출	06:07:37	06:09:17	06:17:38	06:20:09	06:26:59
일 몰	18:52:30	18:49:28	18:34:02	18:29:23	18:17:05

묘(卯)월장 · 한로 · 10.08 ～ 11.07(양) · 丙戌月

		9	10	11	12	13	14	15	16	17	18	19	20	21	22	23	24	25	26	27	28	29	30	31	11.1	2	3	4	5	6	7
양력	10.08	9	10	11	12	13	14	15	16	17	18	19	20	21	22	23	24	25	26	27	28	29	30	31	11.1	2	3	4	5	6	7
음력	08.26	27	28	29	30	9.1	2	3	4	5	6	7	8	9	10	11	12	13	14	15	16	17	18	19	20	21	22	23	24	25	26
일주	丁巳	戊午	己未	庚申	辛酉	壬戌	癸亥	甲子	乙丑	丙寅	丁卯	戊辰	己巳	庚午	辛未	壬申	癸酉	甲戌	乙亥	丙子	丁丑	戊寅	己卯	庚辰	辛巳	壬午	癸未	甲申	乙酉	丙戌	丁亥
대운 남	10 / 1	1	1	1	1	2	2	2	3	3	3	4	4	4	5	5	5	6	6	6	7	7	7	8	8	8	9	9	9	10	10
대운 여	1 / 10	10	10	9	9	9	8	8	8	7	7	7	6	6	6	5	5	5	4	4	4	3	3	3	2	2	2	1	1	1	1

	10월 8일(양) 한로 23시 42분	10월 10일(양)	10월 20일(양)	10월 24일(양) 상강 02시 46분	11월 1일(양)
평균기온	20.1℃	12.8℃	18.8℃	16.9℃	7.0℃
최고기온	26.4℃	17.2℃	25.1℃	22.0℃	12.6℃
최저기온	15.7℃	10.4℃	15.4℃	13.2℃	1.3℃
강수량	-	3.5㎜	-	10.5㎜	-
일 출	06:33:10	06:34:59	06:44:22	06:48:17	06:56:21
일 몰	18:06:36	18:03:41	17:49:45	17:44:35	17:35:07

인(寅)월장 · 입동 · 11.08 ～ 12.06(양) · 丁亥月

		9	10	11	12	13	14	15	16	17	18	19	20	21	22	23	24	25	26	27	28	29	30	12.1	2	3	4	5	6
양력	11.08	9	10	11	12	13	14	15	16	17	18	19	20	21	22	23	24	25	26	27	28	29	30	12.1	2	3	4	5	6
음력	09.27	28	29	30	10.1	2	3	4	5	6	7	8	9	10	11	12	13	14	15	16	17	18	19	20	21	22	23	24	25
일주	戊子	己丑	庚寅	辛卯	壬辰	癸巳	甲午	乙未	丙申	丁酉	戊戌	己亥	庚子	辛丑	壬寅	癸卯	甲辰	乙巳	丙午	丁未	戊申	己酉	庚戌	辛亥	壬子	癸丑	甲寅	乙卯	丙辰
대운 남	10 / 1	1	1	1	1	2	2	2	3	3	3	4	4	4	5	5	5	6	6	6	7	7	7	8	8	8	9	9	9
대운 여	1 / 10	9	9	9	8	8	8	7	7	7	6	6	6	5	5	5	4	4	4	3	3	3	2	2	2	1	1	1	1

	11월 8일(양) 입동 02시 58분	11월 10일(양)	11월 20일(양)	11월 23일(양) 소설 00시 24분	12월 1일(양)
평균기온	11.1℃	10.0℃	9.8℃	8.5℃	4.0℃
최고기온	11.8℃	13.5℃	14.4℃	11.0℃	10.4℃
최저기온	10.3℃	7.7℃	7.1℃	6.5℃	-1.3℃
강수량	10.5㎜	-	-	6.5㎜	-
일 출	07:03:39	07:05:46	07:16:20	07:19:27	07:27:24
일 몰	17:27:59	17:26:10	17:18:47	17:17:10	17:14:18

축(丑)월장 · 대설 · 12.07 ～ 2016.01.05(양) · 戊子月

		8	9	10	11	12	13	14	15	16	17	18	19	20	21	22	23	24	25	26	27	28	29	30	31	1.1	2	3	4	5
양력	12.07	8	9	10	11	12	13	14	15	16	17	18	19	20	21	22	23	24	25	26	27	28	29	30	31	1.1	2	3	4	5
음력	10.26	27	28	29	11.1	2	3	4	5	6	7	8	9	10	11	12	13	14	15	16	17	18	19	20	21	22	23	24	25	26
일주	丁巳	戊午	己未	庚申	辛酉	壬戌	癸亥	甲子	乙丑	丙寅	丁卯	戊辰	己巳	庚午	辛未	壬申	癸酉	甲戌	乙亥	丙子	丁丑	戊寅	己卯	庚辰	辛巳	壬午	癸未	甲申	乙酉	丙戌
대운 남	10 / 1	1	1	1	1	2	2	2	3	3	3	4	4	4	5	5	5	6	6	6	7	7	7	8	8	8	9	9	9	10
대운 여	1 / 10	10	9	9	9	8	8	8	7	7	7	6	6	6	5	5	5	4	4	4	3	3	3	2	2	2	1	1	1	1

	12월 7일(양) 대설 19시 52분	12월 10일(양)	12월 20일(양)	12월 22일(양) 동지 13시 47분	1월 1일(양)
평균기온	1.9℃	7.8℃	1.5℃	3.1℃	1.2℃
최고기온	6.7℃	9.2℃	6.0℃	7.7℃	4.0℃
최저기온	-3.4℃	5.8℃	-3.4℃	-1.5℃	-3.3℃
강수량	-	0.3㎜	-	-	-
일 출	07:32:51	07:35:21	07:42:15	07:43:19	07:46:47
일 몰	17:13:36	17:13:43	17:16:22	17:17:17	17:23:37

자(子)월장 · 소한 · 01.06 ～ 02.03(양) · 己丑月

		7	8	9	10	11	12	13	14	15	16	17	18	19	20	21	22	23	24	25	26	27	28	29	30	31	2.1	2	3
양력	2016.01.06	7	8	9	10	11	12	13	14	15	16	17	18	19	20	21	22	23	24	25	26	27	28	29	30	31	2.1	2	3
음력	2015.11.27	28	29	30	12.1	2	3	4	5	6	7	8	9	10	11	12	13	14	15	16	17	18	19	20	21	22	23	24	25
일주	丁亥	戊子	己丑	庚寅	辛卯	壬辰	癸巳	甲午	乙未	丙申	丁酉	戊戌	己亥	庚子	辛丑	壬寅	癸卯	甲辰	乙巳	丙午	丁未	戊申	己酉	庚戌	辛亥	壬子	癸丑	甲寅	乙卯
대운 남	10 / 1	1	1	1	1	2	2	2	3	3	3	4	4	4	5	5	5	6	6	6	7	7	7	8	8	8	9	9	9
대운 여	1 / 10	9	9	9	8	8	8	7	7	7	6	6	6	5	5	5	4	4	4	3	3	3	2	2	2	1	1	1	1

	1월 6일(양) 소한 07시 07분	1월 10일(양)	1월 20일(양)	1월 21일(양) 대한 00시 26분	2월 1일(양)
평균기온	-1.7℃	0.3℃	-10.5℃	-7.1℃	-6.0℃
최고기온	1.7℃	3.8℃	-5.2℃	-2.3℃	-1.0℃
최저기온	-4.9℃	-2.7℃	-14.5℃	-10.2℃	-9.1℃
강수량	-	-	-	-	-
일 출	07:47:18	07:47:06	07:44:12	07:43:44	07:36:29
일 몰	17:27:43	17:31:22	17:41:29	17:42:33	17:54:36

2016

해(亥)월장 · 입춘 — 02.04 ~ 03.04(양)

庚寅月

양력	2016.02.04	5	6	7	8	9	10	11	12	13	14	15	16	17	18	19	20	21	22	23	24	25	26	27	28	29	3.1	2	3	4
음력	2015.12.26	27	28	29	1.1	2	3	4	5	6	7	8	9	10	11	12	13	14	15	16	17	18	19	20	21	22	23	24	25	26
일주	丙辰	丁巳	戊午	己未	庚申	辛酉	壬戌	癸亥	甲子	乙丑	丙寅	丁卯	戊辰	己巳	庚午	辛未	壬申	癸酉	甲戌	乙亥	丙子	丁丑	戊寅	己卯	庚辰	辛巳	壬午	癸未	甲申	乙酉
대운 남	10 10	10	9	9	9	8	8	8	7	7	7	6	6	6	5	5	5	4	4	4	3	3	3	2	2	2	1	1	1	1
대운 여	1 1	1	1	1	1	2	2	2	3	3	3	4	4	4	5	5	5	6	6	6	7	7	7	8	8	8	9	9	9	10

2월 4일(양) 입춘 18시 45분 · 2월 19일(양) 우수 14시 33분

술(戌)월장 · 경칩 — 03.05 ~ 04.03(양)

辛卯月

양력	03.05	6	7	8	9	10	11	12	13	14	15	16	17	18	19	20	21	22	23	24	25	26	27	28	29	30	31	4.1	2	3
음력	01.27	28	29	30	2.1	2	3	4	5	6	7	8	9	10	11	12	13	14	15	16	17	18	19	20	21	22	23	24	25	26
일주	丙戌	丁亥	戊子	己丑	庚寅	辛卯	壬辰	癸巳	甲午	乙未	丙申	丁酉	戊戌	己亥	庚子	辛丑	壬寅	癸卯	甲辰	乙巳	丙午	丁未	戊申	己酉	庚戌	辛亥	壬子	癸丑	甲寅	乙卯
대운 남	1 10	10	9	9	9	8	8	8	7	7	7	6	6	6	5	5	5	4	4	4	3	3	3	2	2	2	1	1	1	1
대운 여	10 1	1	1	1	1	2	2	2	3	3	3	4	4	4	5	5	5	6	6	6	7	7	7	8	8	8	9	9	9	10

3월 5일(양) 경칩 12시 43분 · 3월 20일(양) 춘분 13시 29분

유(酉)월장 · 청명 — 04.04 ~ 05.04(양)

壬辰月

양력	04.04	5	6	7	8	9	10	11	12	13	14	15	16	17	18	19	20	21	22	23	24	25	26	27	28	29	30	5.1	2	3	4
음력	02.27	28	29	3.1	2	3	4	5	6	7	8	9	10	11	12	13	14	15	16	17	18	19	20	21	22	23	24	25	26	27	28
일주	丙辰	丁巳	戊午	己未	庚申	辛酉	壬戌	癸亥	甲子	乙丑	丙寅	丁卯	戊辰	己巳	庚午	辛未	壬申	癸酉	甲戌	乙亥	丙子	丁丑	戊寅	己卯	庚辰	辛巳	壬午	癸未	甲申	乙酉	丙戌
대운 남	1 10	10	10	9	9	9	8	8	8	7	7	7	6	6	6	5	5	5	4	4	4	3	3	3	2	2	2	1	1	1	1
대운 여	10 1	1	1	1	1	2	2	2	3	3	3	4	4	4	5	5	5	6	6	6	7	7	7	8	8	8	9	9	9	10	10

4월 4일(양) 청명 17시 27분 · 4월 20일(양) 곡우 00시 29분

신(申)월장 · 입하 — 05.05 ~ 06.04(양)

癸巳月

양력	05.05	6	7	8	9	10	11	12	13	14	15	16	17	18	19	20	21	22	23	24	25	26	27	28	29	30	31	6.1	2	3	4
음력	03.29	30	4.1	2	3	4	5	6	7	8	9	10	11	12	13	14	15	16	17	18	19	20	21	22	23	24	25	26	27	28	29
일주	丁亥	戊子	己丑	庚寅	辛卯	壬辰	癸巳	甲午	乙未	丙申	丁酉	戊戌	己亥	庚子	辛丑	壬寅	癸卯	甲辰	乙巳	丙午	丁未	戊申	己酉	庚戌	辛亥	壬子	癸丑	甲寅	乙卯	丙辰	丁巳
대운 남	1 10	10	10	9	9	9	8	8	8	7	7	7	6	6	6	5	5	5	4	4	4	3	3	3	2	2	2	1	1	1	1
대운 여	10 1	1	1	1	1	2	2	2	3	3	3	4	4	4	5	5	5	6	6	6	7	7	7	8	8	8	9	9	9	10	10

5월 5일(양) 입하 10시 41분 · 5월 20일(양) 소만 23시 36분

미(未)월장 · 망종 — 06.05 ~ 07.06(양)

甲午月

양력	06.05	6	7	8	9	10	11	12	13	14	15	16	17	18	19	20	21	22	23	24	25	26	27	28	29	30	7.1	2	3	4	5	6
음력	05.01	2	3	4	5	6	7	8	9	10	11	12	13	14	15	16	17	18	19	20	21	22	23	24	25	26	27	28	29	6.1	2	3
일주	戊午	己未	庚申	辛酉	壬戌	癸亥	甲子	乙丑	丙寅	丁卯	戊辰	己巳	庚午	辛未	壬申	癸酉	甲戌	乙亥	丙子	丁丑	戊寅	己卯	庚辰	辛巳	壬午	癸未	甲申	乙酉	丙戌	丁亥	戊子	己丑
대운 남	1 10	10	10	10	9	9	9	8	8	8	7	7	7	6	6	6	5	5	5	4	4	4	3	3	3	2	2	2	1	1	1	1
대운 여	10 1	1	1	1	1	2	2	2	3	3	3	4	4	4	5	5	5	6	6	6	7	7	7	8	8	8	9	9	9	10	10	10

6월 5일(양) 망종 14시 48분 · 6월 21일(양) 하지 07시 33분

오(午)월장 · 소서 — 07.07 ~ 08.06(양)

乙未月

양력	07.07	8	9	10	11	12	13	14	15	16	17	18	19	20	21	22	23	24	25	26	27	28	29	30	31	8.1	2	3	4	5	6
음력	06.04	5	6	7	8	9	10	11	12	13	14	15	16	17	18	19	20	21	22	23	24	25	26	27	28	29	30	7.1	2	3	4
일주	庚寅	辛卯	壬辰	癸巳	甲午	乙未	丙申	丁酉	戊戌	己亥	庚子	辛丑	壬寅	癸卯	甲辰	乙巳	丙午	丁未	戊申	己酉	庚戌	辛亥	壬子	癸丑	甲寅	乙卯	丙辰	丁巳	戊午	己未	庚申
대운 남	1 10	10	10	9	9	9	8	8	8	7	7	7	6	6	6	5	5	5	4	4	4	3	3	3	2	2	2	1	1	1	1
대운 여	10 1	1	1	1	1	2	2	2	3	3	3	4	4	4	5	5	5	6	6	6	7	7	7	8	8	8	9	9	9	10	10

7월 7일(양) 소서 01시 02분 · 7월 22일(양) 대서 18시 29분

사(巳)월장 · 입추 · 丙申月

08.07 ~ 09.06(양)

	입절																														
양력	08.07	8	9	10	11	12	13	14	15	16	17	18	19	20	21	22	23	24	25	26	27	28	29	30	31	9.1	2	3	4	5	6
음력	07.05	6	7	8	9	10	11	12	13	14	15	16	17	18	19	20	21	22	23	24	25	26	27	28	29	8.1	2	3	4	5	6
일주	辛酉	壬戌	癸亥	甲子	乙丑	丙寅	丁卯	戊辰	己巳	庚午	辛未	壬申	癸酉	甲戌	乙亥	丙子	丁丑	戊寅	己卯	庚辰	辛巳	壬午	癸未	甲申	乙酉	丙戌	丁亥	戊子	己丑	庚寅	辛卯
대운 남	1	10	10	9	9	9	8	8	8	7	7	7	6	6	6	5	5	5	4	4	4	3	3	3	2	2	2	1	1	1	1
운 여	10	1	1	1	1	2	2	2	3	3	3	4	4	4	5	5	5	6	6	6	7	7	7	8	8	8	9	9	9	10	10

8월 7일(양) 입추 10시 52분 · 8월 23일(양) 처서 01시 38분

진(辰)월장 · 백로 · 丁酉月

09.07 ~ 10.07(양)

	입절																														
양력	09.07	8	9	10	11	12	13	14	15	16	17	18	19	20	21	22	23	24	25	26	27	28	29	30	10.1	2	3	4	5	6	7
음력	08.07	8	9	10	11	12	13	14	15	16	17	18	19	20	21	22	23	24	25	26	27	28	29	30	9.1	2	3	4	5	6	7
일주	壬辰	癸巳	甲午	乙未	丙申	丁酉	戊戌	己亥	庚子	辛丑	壬寅	癸卯	甲辰	乙巳	丙午	丁未	戊申	己酉	庚戌	辛亥	壬子	癸丑	甲寅	乙卯	丙辰	丁巳	戊午	己未	庚申	辛酉	壬戌
대운 남	1	10	10	9	9	9	8	8	8	7	7	7	6	6	6	5	5	5	4	4	4	3	3	3	2	2	2	1	1	1	1
운 여	10	1	1	1	1	2	2	2	3	3	3	4	4	4	5	5	5	6	6	6	7	7	7	8	8	8	9	9	9	10	10

9월 7일(양) 백로 13시 50분 · 9월 22일(양) 추분 23시 20분

묘(卯)월장 · 한로 · 戊戌月

10.08 ~ 11.05(양)

	입절																											
양력	10.08	9	10	11	12	13	14	15	16	17	18	19	20	21	22	23	24	25	26	27	28	29	30	31	11.1	2	3	4	5
음력	09.08	9	10	11	12	13	14	15	16	17	18	19	20	21	22	23	24	25	26	27	28	29	30	10.1	2	3	4	5	6
일주	癸亥	甲子	乙丑	丙寅	丁卯	戊辰	己巳	庚午	辛未	壬申	癸酉	甲戌	乙亥	丙子	丁丑	戊寅	己卯	庚辰	辛巳	壬午	癸未	甲申	乙酉	丙戌	丁亥	戊子	己丑	庚寅	辛卯
대운 남	1	9	9	9	8	8	8	7	7	7	6	6	6	5	5	5	4	4	4	3	3	3	2	2	2	1	1	1	1
운 여	10	1	1	1	1	2	2	2	3	3	3	4	4	4	5	5	5	6	6	6	7	7	7	8	8	8	9	9	9

10월 8일(양) 한로 05시 32분 · 10월 23일(양) 상강 08시 45분

인(寅)월장 · 입동 · 己亥月

11.06 ~ 12.06(양)

	입절																														
양력	11.06	7	8	9	10	11	12	13	14	15	16	17	18	19	20	21	22	23	24	25	26	27	28	29	30	12.1	2	3	4	5	6
음력	10.07	8	9	10	11	12	13	14	15	16	17	18	19	20	21	22	23	24	25	26	27	28	29	11.1	2	3	4	5	6	7	8
일주	壬辰	癸巳	甲午	乙未	丙申	丁酉	戊戌	己亥	庚子	辛丑	壬寅	癸卯	甲辰	乙巳	丙午	丁未	戊申	己酉	庚戌	辛亥	壬子	癸丑	甲寅	乙卯	丙辰	丁巳	戊午	己未	庚申	辛酉	壬戌
대운 남	1	10	10	9	9	9	8	8	8	7	7	7	6	6	6	5	5	5	4	4	4	3	3	3	2	2	2	1	1	1	1
운 여	10	1	1	1	1	2	2	2	3	3	3	4	4	4	5	5	5	6	6	6	7	7	7	8	8	8	9	9	9	10	10

11월 6일(양) 입동 08시 47분 · 11월 22일(양) 소설 06시 21분

축(丑)월장 · 대설 · 庚子月

12.07 ~ 2017.01.04(양)

	입절																											
양력	12.07	8	9	10	11	12	13	14	15	16	17	18	19	20	21	22	23	24	25	26	27	28	29	30	31	1.1	2	3	4
음력	11.09	10	11	12	13	14	15	16	17	18	19	20	21	22	23	24	25	26	27	28	29	30	12.1	2	3	4	5	6	7
일주	癸亥	甲子	乙丑	丙寅	丁卯	戊辰	己巳	庚午	辛未	壬申	癸酉	甲戌	乙亥	丙子	丁丑	戊寅	己卯	庚辰	辛巳	壬午	癸未	甲申	乙酉	丙戌	丁亥	戊子	己丑	庚寅	辛卯
대운 남	1	9	9	9	8	8	8	7	7	7	6	6	6	5	5	5	4	4	4	3	3	3	2	2	2	1	1	1	1
운 여	10	1	1	1	1	2	2	2	3	3	3	4	4	4	5	5	5	6	6	6	7	7	7	8	8	8	9	9	9

12월 7일(양) 대설 01시 40분 · 12월 21일(양) 동지 19시 43분

자(子)월장 · 소한 · 辛丑月

01.05 ~ 02.03(양)

	입절																													
양력	2017.01.05	6	7	8	9	10	11	12	13	14	15	16	17	18	19	20	21	22	23	24	25	26	27	28	29	30	31	2.1	2	3
음력	2016.12.08	9	10	11	12	13	14	15	16	17	18	19	20	21	22	23	24	25	26	27	28	29	30	1.1	2	3	4	5	6	7
일주	壬辰	癸巳	甲午	乙未	丙申	丁酉	戊戌	己亥	庚子	辛丑	壬寅	癸卯	甲辰	乙巳	丙午	丁未	戊申	己酉	庚戌	辛亥	壬子	癸丑	甲寅	乙卯	丙辰	丁巳	戊午	己未	庚申	辛酉
대운 남	1	10	10	9	9	9	8	8	8	7	7	7	6	6	6	5	5	5	4	4	4	3	3	3	2	2	2	1	1	1
운 여	10	1	1	1	1	2	2	2	3	3	3	4	4	4	5	5	5	6	6	6	7	7	7	8	8	8	9	9	9	10

1월 5일(양) 소한 12시 55분 · 1월 20일(양) 대한 06시 23분

2017 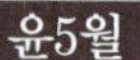

해(亥)월장 · 입춘 · 02.04 ~ 03.04(양) — 壬寅月

	(절입)																											
양력	2017.02.04	5	6	7	8	9	10	11	12	13	14	15	16	17	18	19	20	21	22	23	24	25	26	27	28	3.1	2	3	4
음력	2017.01.08	9	10	11	12	13	14	15	16	17	18	19	20	21	22	23	24	25	26	27	28	29	2.1	2	3	4	5	6	7
일주	壬戌	癸亥	甲子	乙丑	丙寅	丁卯	戊辰	己巳	庚午	辛未	壬申	癸酉	甲戌	乙亥	丙子	丁丑	戊寅	己卯	庚辰	辛巳	壬午	癸未	甲申	乙酉	丙戌	丁亥	戊子	己丑	庚寅
대운 남	1 1	1	1	1	1	1	2	2	2	3	3	3	4	4	4	5	5	5	6	6	6	7	7	7	8	8	8	9	9
대운 여	10 10	9	9	9	9	8	8	8	7	7	7	6	6	6	5	5	5	4	4	4	3	3	3	2	2	2	1	1	1

2월 4일(양) 입춘 00시 33분 · 2월 18일(양) 우수 20시 30분

술(戌)월장 · 경칩 · 03.05 ~ 04.03(양) — 癸卯月

	(절입)																												
양력	03.05	6	7	8	9	10	11	12	13	14	15	16	17	18	19	20	21	22	23	24	25	26	27	28	29	30	31	4.1	2	3
음력	02.08	9	10	11	12	13	14	15	16	17	18	19	20	21	22	23	24	25	26	27	28	29	30	3.1	2	3	4	5	6	7
일주	辛卯	壬辰	癸巳	甲午	乙未	丙申	丁酉	戊戌	己亥	庚子	辛丑	壬寅	癸卯	甲辰	乙巳	丙午	丁未	戊申	己酉	庚戌	辛亥	壬子	癸丑	甲寅	乙卯	丙辰	丁巳	戊午	己未	庚申
대운 남	10 1	1	1	1	1	2	2	2	3	3	3	4	4	4	5	5	5	6	6	6	7	7	7	8	8	8	9	9	9	10
대운 여	1 10	10	10	9	9	9	8	8	8	7	7	7	6	6	6	5	5	5	4	4	4	3	3	3	2	2	2	1	1	1

3월 5일(양) 경칩 18시 32분 · 3월 20일(양) 춘분 19시 28분

유(酉)월장 · 청명 · 04.04 ~ 05.04(양) — 甲辰月

	(절입)																													
양력	04.04	5	6	7	8	9	10	11	12	13	14	15	16	17	18	19	20	21	22	23	24	25	26	27	28	29	30	5.1	2	3	4
음력	03.08	9	10	11	12	13	14	15	16	17	18	19	20	21	22	23	24	25	26	27	28	29	4.1	2	3	4	5	6	7	8	9
일주	辛酉	壬戌	癸亥	甲子	乙丑	丙寅	丁卯	戊辰	己巳	庚午	辛未	壬申	癸酉	甲戌	乙亥	丙子	丁丑	戊寅	己卯	庚辰	辛巳	壬午	癸未	甲申	乙酉	丙戌	丁亥	戊子	己丑	庚寅	辛卯
대운 남	10 1	1	1	1	1	1	2	2	2	3	3	3	4	4	4	5	5	5	6	6	6	7	7	7	8	8	8	9	9	9	10
대운 여	1 10	10	10	9	9	9	8	8	8	7	7	7	6	6	6	5	5	5	4	4	4	3	3	3	2	2	2	1	1	1	1

4월 4일(양) 청명 23시 16분 · 4월 20일(양) 곡우 06시 26분

신(申)월장 · 입하 · 05.05 ~ 06.04(양) — 乙巳月

	(절입)																													
양력	05.05	6	7	8	9	10	11	12	13	14	15	16	17	18	19	20	21	22	23	24	25	26	27	28	29	30	31	6.1	2	3	4
음력	04.10	11	12	13	14	15	16	17	18	19	20	21	22	23	24	25	26	27	28	29	30	5.1	2	3	4	5	6	7	8	9	10
일주	壬辰	癸巳	甲午	乙未	丙申	丁酉	戊戌	己亥	庚子	辛丑	壬寅	癸卯	甲辰	乙巳	丙午	丁未	戊申	己酉	庚戌	辛亥	壬子	癸丑	甲寅	乙卯	丙辰	丁巳	戊午	己未	庚申	辛酉	壬戌
대운 남	10 1	1	1	1	1	1	2	2	2	3	3	3	4	4	4	5	5	5	6	6	6	7	7	7	8	8	8	9	9	9	10
대운 여	1 10	10	10	9	9	9	8	8	8	7	7	7	6	6	6	5	5	5	4	4	4	3	3	3	2	2	2	1	1	1	1

5월 5일(양) 입하 16시 30분 · 5월 21일(양) 소만 05시 30분

미(未)월장 · 망종 · 06.05 ~ 07.06(양) — 丙午月

	(절입)																														
양력	06.05	6	7	8	9	10	11	12	13	14	15	16	17	18	19	20	21	22	23	24	25	26	27	28	29	30	7.1	2	3	4	5	6
음력	05.11	12	13	14	15	16	17	18	19	20	21	22	23	24	25	26	27	28	29	윤5.1	2	3	4	5	6	7	8	9	10	11	12	13
일주	癸亥	甲子	乙丑	丙寅	丁卯	戊辰	己巳	庚午	辛未	壬申	癸酉	甲戌	乙亥	丙子	丁丑	戊寅	己卯	庚辰	辛巳	壬午	癸未	甲申	乙酉	丙戌	丁亥	戊子	己丑	庚寅	辛卯	壬辰	癸巳	甲午
대운 남	10 1	1	1	1	1	2	2	2	3	3	3	4	4	4	5	5	5	6	6	6	7	7	7	8	8	8	9	9	9	10	10	10
대운 여	1 10	10	10	10	9	9	9	8	8	8	7	7	7	6	6	6	5	5	5	4	4	4	3	3	3	2	2	2	1	1	1	1

6월 5일(양) 망종 20시 36분 · 6월 21일(양) 하지 13시 23분

오(午)월장 · 소서 · 07.07 ~ 08.06(양) — 丁未月

	(절입)																													
양력	07.07	8	9	10	11	12	13	14	15	16	17	18	19	20	21	22	23	24	25	26	27	28	29	30	31	8.1	2	3	4	5	6
음력	05.14	15	16	17	18	19	20	21	22	23	24	25	26	27	28	29	6.1	2	3	4	5	6	7	8	9	10	11	12	13	14	15
일주	乙未	丙申	丁酉	戊戌	己亥	庚子	辛丑	壬寅	癸卯	甲辰	乙巳	丙午	丁未	戊申	己酉	庚戌	辛亥	壬子	癸丑	甲寅	乙卯	丙辰	丁巳	戊午	己未	庚申	辛酉	壬戌	癸亥	甲子	乙丑
대운 남	10 1	1	1	1	1	1	2	2	2	3	3	3	4	4	4	5	5	5	6	6	6	7	7	7	8	8	8	9	9	9	10
대운 여	1 10	10	10	9	9	9	8	8	8	7	7	7	6	6	6	5	5	5	4	4	4	3	3	3	2	2	2	1	1	1	1

7월 7일(양) 소서 06시 50분 · 7월 23일(양) 대서 00시 14분

사(巳)월장 **입 추** 08.07 ~ 09.06(양)

戊申月

양력	08.07		8	9	10	11	12	13	14	15	16	17	18	19	20	21	22	23	24	25	26	27	28	29	30	31	9.1	2	3	4	5	6
음력	06.16		17	18	19	20	21	22	23	24	25	26	27	28	29	30	7.1	2	3	4	5	6	7	8	9	10	11	12	13	14	15	16
일주	丙寅		丁卯	戊辰	己巳	庚午	辛未	壬申	癸酉	甲戌	乙亥	丙子	丁丑	戊寅	己卯	庚辰	辛巳	壬午	癸未	甲申	乙酉	丙戌	丁亥	戊子	己丑	庚寅	辛卯	壬辰	癸巳	甲午	乙未	丙申
대운 남	10	1	1	1	1	1	2	2	2	3	3	3	4	4	4	5	5	5	6	6	6	7	7	7	8	8	8	9	9	9	10	10
대운 여	1	10	10	10	9	9	9	8	8	8	7	7	7	6	6	6	5	5	5	4	4	4	3	3	3	2	2	2	1	1	1	1

8월 7일(양) 입추 16시 39분 **8월 23일(양) 처서 07시 19분**

진(辰)월장 **백 로** 09.07 ~ 10.07(양)

己酉月

양력	09.07		8	9	10	11	12	13	14	15	16	17	18	19	20	21	22	23	24	25	26	27	28	29	30	10.1	2	3	4	5	6	7
음력	07.17		18	19	20	21	22	23	24	25	26	27	28	29	8.1	2	3	4	5	6	7	8	9	10	11	12	13	14	15	16	17	18
일주	丁酉		戊戌	己亥	庚子	辛丑	壬寅	癸卯	甲辰	乙巳	丙午	丁未	戊申	己酉	庚戌	辛亥	壬子	癸丑	甲寅	乙卯	丙辰	丁巳	戊午	己未	庚申	辛酉	壬戌	癸亥	甲子	乙丑	丙寅	丁卯
대운 남	10	1	1	1	1	1	2	2	2	3	3	3	4	4	4	5	5	5	6	6	6	7	7	7	8	8	8	9	9	9	10	10
대운 여	1	10	10	10	9	9	9	8	8	8	7	7	7	6	6	6	5	5	5	4	4	4	3	3	3	2	2	2	1	1	1	1

9월 7일(양) 백로 19시 38분 **9월 23일(양) 추분 05시 01분**

묘(卯)월장 **한 로** 10.08 ~ 11.06(양)

庚戌月

양력	10.08		9	10	11	12	13	14	15	16	17	18	19	20	21	22	23	24	25	26	27	28	29	30	31	11.1	2	3	4	5	6
음력	08.19		20	21	22	23	24	25	26	27	28	29	30	9.1	2	3	4	5	6	7	8	9	10	11	12	13	14	15	16	17	18
일주	戊辰		己巳	庚午	辛未	壬申	癸酉	甲戌	乙亥	丙子	丁丑	戊寅	己卯	庚辰	辛巳	壬午	癸未	甲申	乙酉	丙戌	丁亥	戊子	己丑	庚寅	辛卯	壬辰	癸巳	甲午	乙未	丙申	丁酉
대운 남	10	1	1	1	1	1	2	2	2	3	3	3	4	4	4	5	5	5	6	6	6	7	7	7	8	8	8	9	9	9	10
대운 여	1	10	10	9	9	9	8	8	8	7	7	7	6	6	6	5	5	5	4	4	4	3	3	3	2	2	2	1	1	1	1

10월 8일(양) 한로 11시 21분 **10월 23일(양) 상강 14시 26분**

인(寅)월장 **입 동** 11.07 ~ 12.06(양)

辛亥月

양력	11.07		8	9	10	11	12	13	14	15	16	17	18	19	20	21	22	23	24	25	26	27	28	29	30	12.1	2	3	4	5	6
음력	09.19		20	21	22	23	24	25	26	27	28	29	10.1	2	3	4	5	6	7	8	9	10	11	12	13	14	15	16	17	18	19
일주	戊戌		己亥	庚子	辛丑	壬寅	癸卯	甲辰	乙巳	丙午	丁未	戊申	己酉	庚戌	辛亥	壬子	癸丑	甲寅	乙卯	丙辰	丁巳	戊午	己未	庚申	辛酉	壬戌	癸亥	甲子	乙丑	丙寅	丁卯
대운 남	10	1	1	1	1	1	2	2	2	3	3	3	4	4	4	5	5	5	6	6	6	7	7	7	8	8	8	9	9	9	10
대운 여	1	10	10	9	9	9	8	8	8	7	7	7	6	6	6	5	5	5	4	4	4	3	3	3	2	2	2	1	1	1	1

11월 7일(양) 입동 14시 37분 **11월 22일(양) 소설 12시 04분**

축(丑)월장 **대 설** 12.07 ~ 2018.01.04(양)

壬子月

양력	12.07		8	9	10	11	12	13	14	15	16	17	18	19	20	21	22	23	24	25	26	27	28	29	30	31	1.1	2	3	4
음력	10.20		21	22	23	24	25	26	27	28	29	30	11.1	2	3	4	5	6	7	8	9	10	11	12	13	14	15	16	17	18
일주	戊辰		己巳	庚午	辛未	壬申	癸酉	甲戌	乙亥	丙子	丁丑	戊寅	己卯	庚辰	辛巳	壬午	癸未	甲申	乙酉	丙戌	丁亥	戊子	己丑	庚寅	辛卯	壬辰	癸巳	甲午	乙未	丙申
대운 남	10	1	1	1	1	1	2	2	2	3	3	3	4	4	4	5	5	5	6	6	6	7	7	7	8	8	8	9	9	9
대운 여	1	10	9	9	9	8	8	8	7	7	7	6	6	6	5	5	5	4	4	4	3	3	3	2	2	2	1	1	1	1

12월 7일(양) 대설 07시 32분 **12월 22일(양) 동지 01시 27분**

자(子)월장 **소 한** 01.05 ~ 02.03(양)

癸丑月

양력	2018.01.05		6	7	8	9	10	11	12	13	14	15	16	17	18	19	20	21	22	23	24	25	26	27	28	29	30	31	2.1	2	3
음력	2017.11.19		20	21	22	23	24	25	26	27	28	29	30	12.1	2	3	4	5	6	7	8	9	10	11	12	13	14	15	16	17	18
일주	丁酉		戊戌	己亥	庚子	辛丑	壬寅	癸卯	甲辰	乙巳	丙午	丁未	戊申	己酉	庚戌	辛亥	壬子	癸丑	甲寅	乙卯	丙辰	丁巳	戊午	己未	庚申	辛酉	壬戌	癸亥	甲子	乙丑	丙寅
대운 남	10	1	1	1	1	1	2	2	2	3	3	3	4	4	4	5	5	5	6	6	6	7	7	7	8	8	8	9	9	9	10
대운 여	1	10	10	9	9	9	8	8	8	7	7	7	6	6	6	5	5	5	4	4	4	3	3	3	2	2	2	1	1	1	1

1월 5일(양) 소한 18시 48분 **1월 20일(양) 대한 12시 08분**

2018

해(亥)월장 · 입춘 — 02.04 ~ 03.05(양)

甲寅月

양력	2018.02.04	5	6	7	8	9	10	11	12	13	14	15	16	17	18	19	20	21	22	23	24	25	26	27	28	3.1	2	3	4	5
음력	2017.12.19	20	21	22	23	24	25	26	27	28	29	30	1.1	2	3	4	5	6	7	8	9	10	11	12	13	14	15	16	17	18
일주	丁卯	戊辰	己巳	庚午	辛未	壬申	癸酉	甲戌	乙亥	丙子	丁丑	戊寅	己卯	庚辰	辛巳	壬午	癸未	甲申	乙酉	丙戌	丁亥	戊子	己丑	庚寅	辛卯	壬辰	癸巳	甲午	乙未	丙申
대운 남	10 10	10	9	9	9	8	8	8	7	7	7	6	6	6	5	5	5	4	4	4	3	3	3	2	2	2	1	1	1	1
대운 여	1 1	1	1	1	1	2	2	2	3	3	3	4	4	4	5	5	5	6	6	6	7	7	7	8	8	8	9	9	9	10

2월 4일(양) 입춘 06시 28분 · 2월 19일(양) 우수 02시 17분

술(戌)월장 · 경칩 — 03.06 ~ 04.04(양)

乙卯月

양력	03.06	7	8	9	10	11	12	13	14	15	16	17	18	19	20	21	22	23	24	25	26	27	28	29	30	31	4.1	2	3	4
음력	01.19	20	21	22	23	24	25	26	27	28	29	2.1	2	3	4	5	6	7	8	9	10	11	12	13	14	15	16	17	18	19
일주	丁酉	戊戌	己亥	庚子	辛丑	壬寅	癸卯	甲辰	乙巳	丙午	丁未	戊申	己酉	庚戌	辛亥	壬子	癸丑	甲寅	乙卯	丙辰	丁巳	戊午	己未	庚申	辛酉	壬戌	癸亥	甲子	乙丑	丙寅
대운 남	1 10	10	9	9	9	8	8	8	7	7	7	6	6	6	5	5	5	4	4	4	3	3	3	2	2	2	1	1	1	1
대운 여	10 1	1	1	1	1	2	2	2	3	3	3	4	4	4	5	5	5	6	6	6	7	7	7	8	8	8	9	9	9	10

3월 6일(양) 경칩 00시 27분 · 3월 21일(양) 춘분 01시 14분

유(酉)월장 · 청명 — 04.05 ~ 05.04(양)

丙辰月

양력	04.05	6	7	8	9	10	11	12	13	14	15	16	17	18	19	20	21	22	23	24	25	26	27	28	29	30	5.1	2	3	4
음력	02.20	21	22	23	24	25	26	27	28	29	30	3.1	2	3	4	5	6	7	8	9	10	11	12	13	14	15	16	17	18	19
일주	丁卯	戊辰	己巳	庚午	辛未	壬申	癸酉	甲戌	乙亥	丙子	丁丑	戊寅	己卯	庚辰	辛巳	壬午	癸未	甲申	乙酉	丙戌	丁亥	戊子	己丑	庚寅	辛卯	壬辰	癸巳	甲午	乙未	丙申
대운 남	1 10	10	9	9	9	8	8	8	7	7	7	6	6	6	5	5	5	4	4	4	3	3	3	2	2	2	1	1	1	1
대운 여	10 1	1	1	1	1	2	2	2	3	3	3	4	4	4	5	5	5	6	6	6	7	7	7	8	8	8	9	9	9	10

4월 5일(양) 청명 05시 12분 · 4월 20일(양) 곡우 12시 12분

신(申)월장 · 입하 — 05.05 ~ 06.05(양)

丁巳月

양력	05.05	6	7	8	9	10	11	12	13	14	15	16	17	18	19	20	21	22	23	24	25	26	27	28	29	30	31	6.1	2	3	4	5
음력	03.20	21	22	23	24	25	26	27	28	29	4.1	2	3	4	5	6	7	8	9	10	11	12	13	14	15	16	17	18	19	20	21	22
일주	丁酉	戊戌	己亥	庚子	辛丑	壬寅	癸卯	甲辰	乙巳	丙午	丁未	戊申	己酉	庚戌	辛亥	壬子	癸丑	甲寅	乙卯	丙辰	丁巳	戊午	己未	庚申	辛酉	壬戌	癸亥	甲子	乙丑	丙寅	丁卯	戊辰
대운 남	1 10	10	10	10	9	9	9	8	8	8	7	7	7	6	6	6	5	5	5	4	4	4	3	3	3	2	2	2	1	1	1	1
대운 여	10 1	1	1	1	1	2	2	2	3	3	3	4	4	4	5	5	5	6	6	6	7	7	7	8	8	8	9	9	9	10	10	10

5월 5일(양) 입하 22시 24분 · 5월 21일(양) 소만 11시 14분

미(未)월장 · 망종 — 06.06 ~ 07.06(양)

戊午月

양력	06.06	7	8	9	10	11	12	13	14	15	16	17	18	19	20	21	22	23	24	25	26	27	28	29	30	7.1	2	3	4	5	6
음력	04.23	24	25	26	27	28	29	30	5.1	2	3	4	5	6	7	8	9	10	11	12	13	14	15	16	17	18	19	20	21	22	23
일주	己巳	庚午	辛未	壬申	癸酉	甲戌	乙亥	丙子	丁丑	戊寅	己卯	庚辰	辛巳	壬午	癸未	甲申	乙酉	丙戌	丁亥	戊子	己丑	庚寅	辛卯	壬辰	癸巳	甲午	乙未	丙申	丁酉	戊戌	己亥
대운 남	1 10	10	10	9	9	9	8	8	8	7	7	7	6	6	6	5	5	5	4	4	4	3	3	3	2	2	2	1	1	1	1
대운 여	10 1	1	1	1	1	2	2	2	3	3	3	4	4	4	5	5	5	6	6	6	7	7	7	8	8	8	9	9	9	10	10

6월 6일(양) 망종 02시 28분 · 6월 21일(양) 하지 19시 06분

오(午)월장 · 소서 — 07.07 ~ 08.06(양)

己未月

양력	07.07	8	9	10	11	12	13	14	15	16	17	18	19	20	21	22	23	24	25	26	27	28	29	30	31	8.1	2	3	4	5	6
음력	05.24	25	26	27	28	29	6.1	2	3	4	5	6	7	8	9	10	11	12	13	14	15	16	17	18	19	20	21	22	23	24	25
일주	庚子	辛丑	壬寅	癸卯	甲辰	乙巳	丙午	丁未	戊申	己酉	庚戌	辛亥	壬子	癸丑	甲寅	乙卯	丙辰	丁巳	戊午	己未	庚申	辛酉	壬戌	癸亥	甲子	乙丑	丙寅	丁卯	戊辰	己巳	庚午
대운 남	1 10	10	10	9	9	9	8	8	8	7	7	7	6	6	6	5	5	5	4	4	4	3	3	3	2	2	2	1	1	1	1
대운 여	10 1	1	1	1	1	2	2	2	3	3	3	4	4	4	5	5	5	6	6	6	7	7	7	8	8	8	9	9	9	10	10

7월 7일(양) 소서 12시 41분 · 7월 23일(양) 대서 05시 59분

사(巳)월장 — 입추 08.07 ~ 09.07(양)

庚申月

구분	입절	8	9	10	11	12	13	14	15	16	17	18	19	20	21	22	23	24	25	26	27	28	29	30	31	9.1	2	3	4	5	6	7
양력	08.07	8	9	10	11	12	13	14	15	16	17	18	19	20	21	22	23	24	25	26	27	28	29	30	31	9.1	2	3	4	5	6	7
음력	06.26	27	28	29	7.1	2	3	4	5	6	7	8	9	10	11	12	13	14	15	16	17	18	19	20	21	22	23	24	25	26	27	28
일주	辛未	壬申	癸酉	甲戌	乙亥	丙子	丁丑	戊寅	己卯	庚辰	辛巳	壬午	癸未	甲申	乙酉	丙戌	丁亥	戊子	己丑	庚寅	辛卯	壬辰	癸巳	甲午	乙未	丙申	丁酉	戊戌	己亥	庚子	辛丑	壬寅
대운 남	1 / 10	10	10	10	9	9	9	8	8	8	7	7	7	6	6	6	5	5	5	4	4	4	3	3	3	2	2	2	1	1	1	1
대운 여	10 / 1	1	1	1	1	2	2	2	3	3	3	4	4	4	5	5	5	6	6	6	7	7	7	8	8	8	9	9	9	10	10	10

8월 7일(양) 입추 22시 30분 · 8월 23일(양) 처서 13시 08분

진(辰)월장 — 백로 09.08 ~ 10.07(양)

辛酉月

구분	입절	9	10	11	12	13	14	15	16	17	18	19	20	21	22	23	24	25	26	27	28	29	30	10.1	2	3	4	5	6	7
양력	09.08	9	10	11	12	13	14	15	16	17	18	19	20	21	22	23	24	25	26	27	28	29	30	10.1	2	3	4	5	6	7
음력	07.29	30	8.1	2	3	4	5	6	7	8	9	10	11	12	13	14	15	16	17	18	19	20	21	22	23	24	25	26	27	28
일주	癸卯	甲辰	乙巳	丙午	丁未	戊申	己酉	庚戌	辛亥	壬子	癸丑	甲寅	乙卯	丙辰	丁巳	戊午	己未	庚申	辛酉	壬戌	癸亥	甲子	乙丑	丙寅	丁卯	戊辰	己巳	庚午	辛未	壬申
대운 남	1 / 10	10	9	9	9	8	8	8	7	7	7	6	6	6	5	5	5	4	4	4	3	3	3	2	2	2	1	1	1	1
대운 여	10 / 1	1	1	1	1	2	2	2	3	3	3	4	4	4	5	5	5	6	6	6	7	7	7	8	8	8	9	9	9	10

9월 8일(양) 백로 01시 29분 · 9월 23일(양) 추분 10시 53분

묘(卯)월장 — 한로 10.08 ~ 11.06(양)

壬戌月

구분	입절	9	10	11	12	13	14	15	16	17	18	19	20	21	22	23	24	25	26	27	28	29	30	31	11.1	2	3	4	5	6
양력	10.08	9	10	11	12	13	14	15	16	17	18	19	20	21	22	23	24	25	26	27	28	29	30	31	11.1	2	3	4	5	6
음력	08.29	9.1	2	3	4	5	6	7	8	9	10	11	12	13	14	15	16	17	18	19	20	21	22	23	24	25	26	27	28	29
일주	癸酉	甲戌	乙亥	丙子	丁丑	戊寅	己卯	庚辰	辛巳	壬午	癸未	甲申	乙酉	丙戌	丁亥	戊子	己丑	庚寅	辛卯	壬辰	癸巳	甲午	乙未	丙申	丁酉	戊戌	己亥	庚子	辛丑	壬寅
대운 남	1 / 10	10	9	9	9	8	8	8	7	7	7	6	6	6	5	5	5	4	4	4	3	3	3	2	2	2	1	1	1	1
대운 여	10 / 1	1	1	1	1	2	2	2	3	3	3	4	4	4	5	5	5	6	6	6	7	7	7	8	8	8	9	9	9	10

10월 8일(양) 한로 17시 14분 · 10월 23일(양) 상강 20시 21분

인(寅)월장 — 입동 11.07 ~ 12.06(양)

癸亥月

구분	입절	8	9	10	11	12	13	14	15	16	17	18	19	20	21	22	23	24	25	26	27	28	29	30	12.1	2	3	4	5	6
양력	11.07	8	9	10	11	12	13	14	15	16	17	18	19	20	21	22	23	24	25	26	27	28	29	30	12.1	2	3	4	5	6
음력	09.30	10.1	2	3	4	5	6	7	8	9	10	11	12	13	14	15	16	17	18	19	20	21	22	23	24	25	26	27	28	29
일주	癸卯	甲辰	乙巳	丙午	丁未	戊申	己酉	庚戌	辛亥	壬子	癸丑	甲寅	乙卯	丙辰	丁巳	戊午	己未	庚申	辛酉	壬戌	癸亥	甲子	乙丑	丙寅	丁卯	戊辰	己巳	庚午	辛未	壬申
대운 남	1 / 10	10	9	9	9	8	8	8	7	7	7	6	6	6	5	5	5	4	4	4	3	3	3	2	2	2	1	1	1	1
대운 여	10 / 1	1	1	1	1	2	2	2	3	3	3	4	4	4	5	5	5	6	6	6	7	7	7	8	8	8	9	9	9	10

11월 7일(양) 입동 20시 31분 · 11월 22일(양) 소설 18시 01분

축(丑)월장 — 대설 12.07 ~ 2019.01.05(양)

甲子月

구분	입절	8	9	10	11	12	13	14	15	16	17	18	19	20	21	22	23	24	25	26	27	28	29	30	31	1.1	2	3	4	5
양력	12.07	8	9	10	11	12	13	14	15	16	17	18	19	20	21	22	23	24	25	26	27	28	29	30	31	1.1	2	3	4	5
음력	11.01	2	3	4	5	6	7	8	9	10	11	12	13	14	15	16	17	18	19	20	21	22	23	24	25	26	27	28	29	30
일주	癸酉	甲戌	乙亥	丙子	丁丑	戊寅	己卯	庚辰	辛巳	壬午	癸未	甲申	乙酉	丙戌	丁亥	戊子	己丑	庚寅	辛卯	壬辰	癸巳	甲午	乙未	丙申	丁酉	戊戌	己亥	庚子	辛丑	壬寅
대운 남	1 / 10	10	9	9	9	8	8	8	7	7	7	6	6	6	5	5	5	4	4	4	3	3	3	2	2	2	1	1	1	1
대운 여	10 / 1	1	1	1	1	2	2	2	3	3	3	4	4	4	5	5	5	6	6	6	7	7	7	8	8	8	9	9	9	10

12월 7일(양) 대설 13시 25분 · 12월 22일(양) 동지 07시 22분

자(子)월장 — 소한 01.06 ~ 02.03(양)

乙丑月

구분	입절	7	8	9	10	11	12	13	14	15	16	17	18	19	20	21	22	23	24	25	26	27	28	29	30	31	2.1	2	3
양력	2019.01.06	7	8	9	10	11	12	13	14	15	16	17	18	19	20	21	22	23	24	25	26	27	28	29	30	31	2.1	2	3
음력	2018.12.01	2	3	4	5	6	7	8	9	10	11	12	13	14	15	16	17	18	19	20	21	22	23	24	25	26	27	28	29
일주	癸卯	甲辰	乙巳	丙午	丁未	戊申	己酉	庚戌	辛亥	壬子	癸丑	甲寅	乙卯	丙辰	丁巳	戊午	己未	庚申	辛酉	壬戌	癸亥	甲子	乙丑	丙寅	丁卯	戊辰	己巳	庚午	辛未
대운 남	1 / 10	10	9	9	9	8	8	8	7	7	7	6	6	6	5	5	5	4	4	4	3	3	3	2	2	2	1	1	1
대운 여	10 / 1	1	1	1	2	2	2	3	3	3	4	4	4	5	5	5	6	6	6	7	7	7	8	8	8	9	9	9	10

1월 6일(양) 소한 00시 38분 · 1월 20일(양) 대한 17시 59분

2019

해(亥)월장 · 입춘 · 02.04 ~ 03.05(양) — 丙寅月

양력	2019.02.04		5	6	7	8	9	10	11	12	13	14	15	16	17	18	19	20	21	22	23	24	25	26	27	28	3.1	2	3	4	5
음력	2018.12.30		1.1	2	3	4	5	6	7	8	9	10	11	12	13	14	15	16	17	18	19	20	21	22	23	24	25	26	27	28	29
일주	壬申		癸酉	甲戌	乙亥	丙子	丁丑	戊寅	己卯	庚辰	辛巳	壬午	癸未	甲申	乙酉	丙戌	丁亥	戊子	己丑	庚寅	辛卯	壬辰	癸巳	甲午	乙未	丙申	丁酉	戊戌	己亥	庚子	辛丑
대운 남	1	1	1	1	1	1	2	2	2	3	3	3	4	4	4	5	5	5	6	6	6	7	7	7	8	8	8	9	9	9	10
운 여	10	10	10	9	9	9	8	8	8	7	7	7	6	6	6	5	5	5	4	4	4	3	3	3	2	2	2	1	1	1	1

2월 4일(양) 입춘 12시 13분　　　　2월 19일(양) 우수 08시 03분

술(戌)월장 · 경칩 · 03.06 ~ 04.04(양) — 丁卯月

양력	03.06		7	8	9	10	11	12	13	14	15	16	17	18	19	20	21	22	23	24	25	26	27	28	29	30	31	4.1	2	3	4
음력	01.30		2.1	2	3	4	5	6	7	8	9	10	11	12	13	14	15	16	17	18	19	20	21	22	23	24	25	26	27	28	29
일주	壬寅		癸卯	甲辰	乙巳	丙午	丁未	戊申	己酉	庚戌	辛亥	壬子	癸丑	甲寅	乙卯	丙辰	丁巳	戊午	己未	庚申	辛酉	壬戌	癸亥	甲子	乙丑	丙寅	丁卯	戊辰	己巳	庚午	辛未
대운 남	10	1	1	1	1	1	2	2	2	3	3	3	4	4	4	5	5	5	6	6	6	7	7	7	8	8	8	9	9	9	10
운 여	1	10	10	9	9	9	8	8	8	7	7	7	6	6	6	5	5	5	4	4	4	3	3	3	2	2	2	1	1	1	1

3월 6일(양) 경칩 06시 09분　　　　3월 21일(양) 춘분 06시 57분

유(酉)월장 · 청명 · 04.05 ~ 05.05(양) — 戊辰月

양력	04.05		6	7	8	9	10	11	12	13	14	15	16	17	18	19	20	21	22	23	24	25	26	27	28	29	30	5.1	2	3	4	5
음력	03.01		2	3	4	5	6	7	8	9	10	11	12	13	14	15	16	17	18	19	20	21	22	23	24	25	26	27	28	29	30	4.1
일주	壬申		癸酉	甲戌	乙亥	丙子	丁丑	戊寅	己卯	庚辰	辛巳	壬午	癸未	甲申	乙酉	丙戌	丁亥	戊子	己丑	庚寅	辛卯	壬辰	癸巳	甲午	乙未	丙申	丁酉	戊戌	己亥	庚子	辛丑	壬寅
대운 남	10	1	1	1	1	1	2	2	2	3	3	3	4	4	4	5	5	5	6	6	6	7	7	7	8	8	8	9	9	9	10	10
운 여	1	10	10	10	9	9	9	8	8	8	7	7	7	6	6	6	5	5	5	4	4	4	3	3	3	2	2	2	1	1	1	1

4월 5일(양) 청명 10시 50분　　　　4월 20일(양) 곡우 17시 54분

신(申)월장 · 입하 · 05.06 ~ 06.05(양) — 己巳月

양력	05.06		7	8	9	10	11	12	13	14	15	16	17	18	19	20	21	22	23	24	25	26	27	28	29	30	31	6.1	2	3	4	5
음력	04.02		3	4	5	6	7	8	9	10	11	12	13	14	15	16	17	18	19	20	21	22	23	24	25	26	27	28	29	5.1	2	3
일주	癸卯		甲辰	乙巳	丙午	丁未	戊申	己酉	庚戌	辛亥	壬子	癸丑	甲寅	乙卯	丙辰	丁巳	戊午	己未	庚申	辛酉	壬戌	癸亥	甲子	乙丑	丙寅	丁卯	戊辰	己巳	庚午	辛未	壬申	癸酉
대운 남	10	1	1	1	1	1	2	2	2	3	3	3	4	4	4	5	5	5	6	6	6	7	7	7	8	8	8	9	9	9	10	10
운 여	1	10	10	10	9	9	9	8	8	8	7	7	7	6	6	6	5	5	5	4	4	4	3	3	3	2	2	2	1	1	1	1

5월 6일(양) 입하 04시 02분　　　　5월 21일(양) 소만 16시 58분

미(未)월장 · 망종 · 06.06 ~ 07.06(양) — 庚午月

양력	06.06		7	8	9	10	11	12	13	14	15	16	17	18	19	20	21	22	23	24	25	26	27	28	29	30	7.1	2	3	4	5	6
음력	05.04		5	6	7	8	9	10	11	12	13	14	15	16	17	18	19	20	21	22	23	24	25	26	27	28	29	30	6.1	2	3	4
일주	甲戌		乙亥	丙子	丁丑	戊寅	己卯	庚辰	辛巳	壬午	癸未	甲申	乙酉	丙戌	丁亥	戊子	己丑	庚寅	辛卯	壬辰	癸巳	甲午	乙未	丙申	丁酉	戊戌	己亥	庚子	辛丑	壬寅	癸卯	甲辰
대운 남	10	1	1	1	1	1	2	2	2	3	3	3	4	4	4	5	5	5	6	6	6	7	7	7	8	8	8	9	9	9	10	10
운 여	1	10	10	10	9	9	9	8	8	8	7	7	7	6	6	6	5	5	5	4	4	4	3	3	3	2	2	2	1	1	1	1

6월 6일(양) 망종 08시 05분　　　　6월 22일(양) 하지 00시 53분

오(午)월장 · 소서 · 07.07 ~ 08.07(양) — 辛未月

양력	07.07		8	9	10	11	12	13	14	15	16	17	18	19	20	21	22	23	24	25	26	27	28	29	30	31	8.1	2	3	4	5	6	7
음력	06.05		6	7	8	9	10	11	12	13	14	15	16	17	18	19	20	21	22	23	24	25	26	27	28	29	7.1	2	3	4	5	6	7
일주	乙巳		丙午	丁未	戊申	己酉	庚戌	辛亥	壬子	癸丑	甲寅	乙卯	丙辰	丁巳	戊午	己未	庚申	辛酉	壬戌	癸亥	甲子	乙丑	丙寅	丁卯	戊辰	己巳	庚午	辛未	壬申	癸酉	甲戌	乙亥	丙子
대운 남	10	1	1	1	1	1	2	2	2	3	3	3	4	4	4	5	5	5	6	6	6	7	7	7	8	8	8	9	9	9	10	10	10
운 여	1	10	10	10	10	9	9	9	8	8	8	7	7	7	6	6	6	5	5	5	4	4	4	3	3	3	2	2	2	1	1	1	1

7월 7일(양) 소서 18시 20분　　　　7월 23일(양) 대서 11시 49분

사(巳)월장 · 입추 · 08.08 ~ 09.07(양) — 壬申月

구분	입추	9	10	11	12	13	14	15	16	17	18	19	20	21	22	23	24	25	26	27	28	29	30	31	9.1	2	3	4	5	6	7
양력	08.08	9	10	11	12	13	14	15	16	17	18	19	20	21	22	23	24	25	26	27	28	29	30	31	9.1	2	3	4	5	6	7
음력	07.08	9	10	11	12	13	14	15	16	17	18	19	20	21	22	23	24	25	26	27	28	29	8.1	2	3	4	5	6	7	8	9
일주	丁丑	戊寅	己卯	庚辰	辛巳	壬午	癸未	甲申	乙酉	丙戌	丁亥	戊子	己丑	庚寅	辛卯	壬辰	癸巳	甲午	乙未	丙申	丁酉	戊戌	己亥	庚子	辛丑	壬寅	癸卯	甲辰	乙巳	丙午	丁未
대운 남	10 / 1	1	1	1	1	2	2	2	3	3	3	4	4	4	5	5	5	6	6	6	7	7	7	8	8	8	9	9	9	10	10
대운 여	1 / 10	10	10	9	9	9	8	8	8	7	7	7	6	6	6	5	5	5	4	4	4	3	3	3	2	2	2	1	1	1	1

8월 8일(양) 입추 04시 12분 · 8월 23일(양) 처서 19시 01분

진(辰)월장 · 백로 · 09.08 ~ 10.07(양) — 癸酉月

구분	백로	9	10	11	12	13	14	15	16	17	18	19	20	21	22	23	24	25	26	27	28	29	30	10.1	2	3	4	5	6	7
양력	09.08	9	10	11	12	13	14	15	16	17	18	19	20	21	22	23	24	25	26	27	28	29	30	10.1	2	3	4	5	6	7
음력	08.10	11	12	13	14	15	16	17	18	19	20	21	22	23	24	25	26	27	28	29	30	9.1	2	3	4	5	6	7	8	9
일주	戊申	己酉	庚戌	辛亥	壬子	癸丑	甲寅	乙卯	丙辰	丁巳	戊午	己未	庚申	辛酉	壬戌	癸亥	甲子	乙丑	丙寅	丁卯	戊辰	己巳	庚午	辛未	壬申	癸酉	甲戌	乙亥	丙子	丁丑
대운 남	10 / 1	1	1	1	1	2	2	2	3	3	3	4	4	4	5	5	5	6	6	6	7	7	7	8	8	8	9	9	9	10
대운 여	1 / 10	10	9	9	9	8	8	8	7	7	7	6	6	6	5	5	5	4	4	4	3	3	3	2	2	2	1	1	1	1

9월 8일(양) 백로 07시 16분 · 9월 23일(양) 추분 16시 49분

묘(卯)월장 · 한로 · 10.08 ~ 11.07(양) — 甲戌月

구분	한로	9	10	11	12	13	14	15	16	17	18	19	20	21	22	23	24	25	26	27	28	29	30	31	11.1	2	3	4	5	6	7
양력	10.08	9	10	11	12	13	14	15	16	17	18	19	20	21	22	23	24	25	26	27	28	29	30	31	11.1	2	3	4	5	6	7
음력	09.10	11	12	13	14	15	16	17	18	19	20	21	22	23	24	25	26	27	28	29	10.1	2	3	4	5	6	7	8	9	10	11
일주	戊寅	己卯	庚辰	辛巳	壬午	癸未	甲申	乙酉	丙戌	丁亥	戊子	己丑	庚寅	辛卯	壬辰	癸巳	甲午	乙未	丙申	丁酉	戊戌	己亥	庚子	辛丑	壬寅	癸卯	甲辰	乙巳	丙午	丁未	戊申
대운 남	10 / 1	1	1	1	1	2	2	2	3	3	3	4	4	4	5	5	5	6	6	6	7	7	7	8	8	8	9	9	9	10	10
대운 여	1 / 10	10	10	9	9	9	8	8	8	7	7	7	6	6	6	5	5	5	4	4	4	3	3	3	2	2	2	1	1	1	1

10월 8일(양) 한로 23시 05분 · 10월 24일(양) 상강 02시 19분

인(寅)월장 · 입동 · 11.08 ~ 12.06(양) — 乙亥月

구분	입동	9	10	11	12	13	14	15	16	17	18	19	20	21	22	23	24	25	26	27	28	29	30	12.1	2	3	4	5	6
양력	11.08	9	10	11	12	13	14	15	16	17	18	19	20	21	22	23	24	25	26	27	28	29	30	12.1	2	3	4	5	6
음력	10.12	13	14	15	16	17	18	19	20	21	22	23	24	25	26	27	28	29	30	11.1	2	3	4	5	6	7	8	9	10
일주	己酉	庚戌	辛亥	壬子	癸丑	甲寅	乙卯	丙辰	丁巳	戊午	己未	庚申	辛酉	壬戌	癸亥	甲子	乙丑	丙寅	丁卯	戊辰	己巳	庚午	辛未	壬申	癸酉	甲戌	乙亥	丙子	丁丑
대운 남	10 / 1	1	1	1	1	2	2	2	3	3	3	4	4	4	5	5	5	6	6	6	7	7	7	8	8	8	9	9	9
대운 여	1 / 10	9	9	9	8	8	8	7	7	7	6	6	6	5	5	5	4	4	4	3	3	3	2	2	2	1	1	1	1

11월 8일(양) 입동 02시 23분 · 11월 22일(양) 소설 23시 58분

축(丑)월장 · 대설 · 12.07 ~ 2020.01.05(양) — 丙子月

구분	대설	8	9	10	11	12	13	14	15	16	17	18	19	20	21	22	23	24	25	26	27	28	29	30	31	1.1	2	3	4	5
양력	12.07	8	9	10	11	12	13	14	15	16	17	18	19	20	21	22	23	24	25	26	27	28	29	30	31	1.1	2	3	4	5
음력	11.11	12	13	14	15	16	17	18	19	20	21	22	23	24	25	26	27	28	29	12.1	2	3	4	5	6	7	8	9	10	11
일주	戊寅	己卯	庚辰	辛巳	壬午	癸未	甲申	乙酉	丙戌	丁亥	戊子	己丑	庚寅	辛卯	壬辰	癸巳	甲午	乙未	丙申	丁酉	戊戌	己亥	庚子	辛丑	壬寅	癸卯	甲辰	乙巳	丙午	丁未
대운 남	10 / 1	1	1	1	1	2	2	2	3	3	3	4	4	4	5	5	5	6	6	6	7	7	7	8	8	8	9	9	9	10
대운 여	1 / 10	10	9	9	9	8	8	8	7	7	7	6	6	6	5	5	5	4	4	4	3	3	3	2	2	2	1	1	1	1

12월 7일(양) 대설 19시 17분 · 12월 22일(양) 동지 13시 18분

자(子)월장 · 소한 · 01.06 ~ 02.03(양) — 丁丑月

구분	소한	7	8	9	10	11	12	13	14	15	16	17	18	19	20	21	22	23	24	25	26	27	28	29	30	31	2.1	2	3
양력	2020.01.06	7	8	9	10	11	12	13	14	15	16	17	18	19	20	21	22	23	24	25	26	27	28	29	30	31	2.1	2	3
음력	2019.12.12	13	14	15	16	17	18	19	20	21	22	23	24	25	26	27	28	29	30	1.1	2	3	4	5	6	7	8	9	10
일주	戊申	己酉	庚戌	辛亥	壬子	癸丑	甲寅	乙卯	丙辰	丁巳	戊午	己未	庚申	辛酉	壬戌	癸亥	甲子	乙丑	丙寅	丁卯	戊辰	己巳	庚午	辛未	壬申	癸酉	甲戌	乙亥	丙子
대운 남	10 / 1	1	1	1	1	2	2	2	3	3	3	4	4	4	5	5	5	6	6	6	7	7	7	8	8	8	9	9	9
대운 여	1 / 10	9	9	9	8	8	8	7	7	7	6	6	6	5	5	5	4	4	4	3	3	3	2	2	2	1	1	1	1

1월 6일(양) 소한 06시 29분 · 1월 20일(양) 대한 23시 54분

해(亥)월장 · 입춘 · 戊寅月 — 02.04 ~ 03.04(양)

	입춘																												
양력	2020.02.04	5	6	7	8	9	10	11	12	13	14	15	16	17	18	19	20	21	22	23	24	25	26	27	28	29	3.1	2	3	4
음력	2020.01.11	12	13	14	15	16	17	18	19	20	21	22	23	24	25	26	27	28	29	30	2.1	2	3	4	5	6	7	8	9	10
일주	丁丑	戊寅	己卯	庚辰	辛巳	壬午	癸未	甲申	乙酉	丙戌	丁亥	戊子	己丑	庚寅	辛卯	壬辰	癸巳	甲午	乙未	丙申	丁酉	戊戌	己亥	庚子	辛丑	壬寅	癸卯	甲辰	乙巳	丙午
대운 남	10 10	10	9	9	9	8	8	8	7	7	7	6	6	6	5	5	5	4	4	4	3	3	3	2	2	2	1	1	1	1
대운 여	1 1	1	1	1	1	2	2	2	3	3	3	4	4	4	5	5	5	6	6	6	7	7	7	8	8	8	9	9	9	10

2월 4일(양) 입춘 18시 02분   2월 19일(양) 우수 13시 56분

술(戌)월장 · 경칩 · 己卯月 — 03.05 ~ 04.03(양)

	경칩																												
양력	03.05	6	7	8	9	10	11	12	13	14	15	16	17	18	19	20	21	22	23	24	25	26	27	28	29	30	31	4.1	2	3
음력	02.11	12	13	14	15	16	17	18	19	20	21	22	23	24	25	26	27	28	29	3.1	2	3	4	5	6	7	8	9	10	11
일주	丁未	戊申	己酉	庚戌	辛亥	壬子	癸丑	甲寅	乙卯	丙辰	丁巳	戊午	己未	庚申	辛酉	壬戌	癸亥	甲子	乙丑	丙寅	丁卯	戊辰	己巳	庚午	辛未	壬申	癸酉	甲戌	乙亥	丙子
대운 남	1 10	10	9	9	9	8	8	8	7	7	7	6	6	6	5	5	5	4	4	4	3	3	3	2	2	2	1	1	1	1
대운 여	10 1	1	1	1	1	2	2	2	3	3	3	4	4	4	5	5	5	6	6	6	7	7	7	8	8	8	9	9	9	10

3월 5일(양) 경칩 11시 56분   3월 20일(양) 춘분 12시 49분

유(酉)월장 · 청명 · 庚辰月 — 04.04 ~ 05.04(양)

	청명																													
양력	04.04	5	6	7	8	9	10	11	12	13	14	15	16	17	18	19	20	21	22	23	24	25	26	27	28	29	30	5.1	2	3	4
음력	03.12	13	14	15	16	17	18	19	20	21	22	23	24	25	26	27	28	29	30	4.1	2	3	4	5	6	7	8	9	10	11	12
일주	丁丑	戊寅	己卯	庚辰	辛巳	壬午	癸未	甲申	乙酉	丙戌	丁亥	戊子	己丑	庚寅	辛卯	壬辰	癸巳	甲午	乙未	丙申	丁酉	戊戌	己亥	庚子	辛丑	壬寅	癸卯	甲辰	乙巳	丙午	丁未
대운 남	1 10	10	10	9	9	9	8	8	8	7	7	7	6	6	6	5	5	5	4	4	4	3	3	3	2	2	2	1	1	1	1
대운 여	10 1	1	1	1	1	2	2	2	3	3	3	4	4	4	5	5	5	6	6	6	7	7	7	8	8	8	9	9	9	10	10

4월 4일(양) 청명 16시 37분   4월 19일(양) 곡우 23시 44분

신(申)월장 · 입하 · 辛巳月 — 05.05 ~ 06.04(양)

	입하																													
양력	05.05	6	7	8	9	10	11	12	13	14	15	16	17	18	19	20	21	22	23	24	25	26	27	28	29	30	31	6.1	2	3	4
음력	04.13	14	15	16	17	18	19	20	21	22	23	24	25	26	27	28	29	30	윤	4.2	3	4	5	6	7	8	9	10	11	12	13
일주	戊申	己酉	庚戌	辛亥	壬子	癸丑	甲寅	乙卯	丙辰	丁巳	戊午	己未	庚申	辛酉	壬戌	癸亥	甲子	乙丑	丙寅	丁卯	戊辰	己巳	庚午	辛未	壬申	癸酉	甲戌	乙亥	丙子	丁丑	戊寅
대운 남	1 10	10	10	9	9	9	8	8	8	7	7	7	6	6	6	5	5	5	4	4	4	3	3	3	2	2	2	1	1	1	1
대운 여	10 1	1	1	1	1	2	2	2	3	3	3	4	4	4	5	5	5	6	6	6	7	7	7	8	8	8	9	9	9	10	10

5월 5일(양) 입하 09시 50분   5월 20일(양) 소만 22시 48분

미(未)월장 · 망종 · 壬午月 — 06.05 ~ 07.06(양)

	망종																														
양력	06.05	6	7	8	9	10	11	12	13	14	15	16	17	18	19	20	21	22	23	24	25	26	27	28	29	30	7.1	2	3	4	5	6
음력	04.14	15	16	17	18	19	20	21	22	23	24	25	26	27	28	29	5.1	2	3	4	5	6	7	8	9	10	11	12	13	14	15	16
일주	己卯	庚辰	辛巳	壬午	癸未	甲申	乙酉	丙戌	丁亥	戊子	己丑	庚寅	辛卯	壬辰	癸巳	甲午	乙未	丙申	丁酉	戊戌	己亥	庚子	辛丑	壬寅	癸卯	甲辰	乙巳	丙午	丁未	戊申	己酉	庚戌
대운 남	1 10	10	10	10	9	9	9	8	8	8	7	7	7	6	6	6	5	5	5	4	4	4	3	3	3	2	2	2	1	1	1	1
대운 여	10 1	1	1	1	2	2	2	3	3	3	4	4	4	5	5	5	6	6	6	7	7	7	8	8	8	9	9	9	10	10	10	10

6월 5일(양) 망종 13시 57분   6월 21일(양) 하지 06시 43분

오(午)월장 · 소서 · 癸未月 — 07.07 ~ 08.06(양)

	소서																													
양력	07.07	8	9	10	11	12	13	14	15	16	17	18	19	20	21	22	23	24	25	26	27	28	29	30	31	8.1	2	3	4	5	6
음력	05.17	18	19	20	21	22	23	24	25	26	27	28	29	30	6.1	2	3	4	5	6	7	8	9	10	11	12	13	14	15	16	17
일주	辛亥	壬子	癸丑	甲寅	乙卯	丙辰	丁巳	戊午	己未	庚申	辛酉	壬戌	癸亥	甲子	乙丑	丙寅	丁卯	戊辰	己巳	庚午	辛未	壬申	癸酉	甲戌	乙亥	丙子	丁丑	戊寅	己卯	庚辰	辛巳
대운 남	1 10	10	10	9	9	9	8	8	8	7	7	7	6	6	6	5	5	5	4	4	4	3	3	3	2	2	2	1	1	1	1
대운 여	10 1	1	1	1	2	2	2	3	3	3	4	4	4	5	5	5	6	6	6	7	7	7	8	8	8	9	9	9	10	10	10

7월 7일(양) 소서 00시 13분   7월 22일(양) 대서 17시 36분

사(巳)월장 · 입추 — 08.07 ~ 09.06(양) · 甲申月

양력	08.07		8	9	10	11	12	13	14	15	16	17	18	19	20	21	22	23	24	25	26	27	28	29	30	31	9.1	2	3	4	5	6
음력	06.18		19	20	21	22	23	24	25	26	27	28	29	7.1	2	3	4	5	6	7	8	9	10	11	12	13	14	15	16	17	18	19
일주	壬午		癸未	甲申	乙酉	丙戌	丁亥	戊子	己丑	庚寅	辛卯	壬辰	癸巳	甲午	乙未	丙申	丁酉	戊戌	己亥	庚子	辛丑	壬寅	癸卯	甲辰	乙巳	丙午	丁未	戊申	己酉	庚戌	辛亥	壬子
대운 남	1	10	10	10	9	9	9	8	8	8	7	7	7	6	6	6	5	5	5	4	4	4	3	3	3	2	2	2	1	1	1	1
대운 여	10	1	1	1	1	1	2	2	2	3	3	3	4	4	4	5	5	5	6	6	6	7	7	7	8	8	8	9	9	9	10	10

8월 7일(양) 입추 10시 05분 · 8월 23일(양) 처서 00시 44분

진(辰)월장 · 백로 — 09.07 ~ 10.07(양) · 乙酉月

양력	09.07		8	9	10	11	12	13	14	15	16	17	18	19	20	21	22	23	24	25	26	27	28	29	30	10.1	2	3	4	5	6	7
음력	07.20		21	22	23	24	25	26	27	28	29	8.1	2	3	4	5	6	7	8	9	10	11	12	13	14	15	16	17	18	19	20	21
일주	癸丑		甲寅	乙卯	丙辰	丁巳	戊午	己未	庚申	辛酉	壬戌	癸亥	甲子	乙丑	丙寅	丁卯	戊辰	己巳	庚午	辛未	壬申	癸酉	甲戌	乙亥	丙子	丁丑	戊寅	己卯	庚辰	辛巳	壬午	癸未
대운 남	1	10	10	10	9	9	9	8	8	8	7	7	7	6	6	6	5	5	5	4	4	4	3	3	3	2	2	2	1	1	1	1
대운 여	10	1	1	1	1	1	2	2	2	3	3	3	4	4	4	5	5	5	6	6	6	7	7	7	8	8	8	9	9	9	10	10

9월 7일(양) 백로 13시 07분 · 9월 22일(양) 추분 22시 30분

묘(卯)월장 · 한로 — 10.08 ~ 11.06(양) · 丙戌月

양력	10.08		9	10	11	12	13	14	15	16	17	18	19	20	21	22	23	24	25	26	27	28	29	30	31	11.1	2	3	4	5	6
음력	08.22		23	24	25	26	27	28	29	30	9.1	2	3	4	5	6	7	8	9	10	11	12	13	14	15	16	17	18	19	20	21
일주	甲申		乙酉	丙戌	丁亥	戊子	己丑	庚寅	辛卯	壬辰	癸巳	甲午	乙未	丙申	丁酉	戊戌	己亥	庚子	辛丑	壬寅	癸卯	甲辰	乙巳	丙午	丁未	戊申	己酉	庚戌	辛亥	壬子	癸丑
대운 남	1	10	10	9	9	9	8	8	8	7	7	7	6	6	6	5	5	5	4	4	4	3	3	3	2	2	2	1	1	1	1
대운 여	10	1	1	1	1	1	2	2	2	3	3	3	4	4	4	5	5	5	6	6	6	7	7	7	8	8	8	9	9	9	10

10월 8일(양) 한로 04시 54분 · 10월 23일(양) 상강 07시 59분

인(寅)월장 · 입동 — 11.07 ~ 12.06(양) · 丁亥月

양력	11.07		8	9	10	11	12	13	14	15	16	17	18	19	20	21	22	23	24	25	26	27	28	29	30	12.1	2	3	4	5	6
음력	09.22		23	24	25	26	27	28	29	10.1	2	3	4	5	6	7	8	9	10	11	12	13	14	15	16	17	18	19	20	21	22
일주	甲寅		乙卯	丙辰	丁巳	戊午	己未	庚申	辛酉	壬戌	癸亥	甲子	乙丑	丙寅	丁卯	戊辰	己巳	庚午	辛未	壬申	癸酉	甲戌	乙亥	丙子	丁丑	戊寅	己卯	庚辰	辛巳	壬午	癸未
대운 남	1	10	10	9	9	9	8	8	8	7	7	7	6	6	6	5	5	5	4	4	4	3	3	3	2	2	2	1	1	1	1
대운 여	10	1	1	1	1	1	2	2	2	3	3	3	4	4	4	5	5	5	6	6	6	7	7	7	8	8	8	9	9	9	10

11월 7일(양) 입동 08시 13분 · 11월 22일(양) 소설 05시 39분

축(丑)월장 · 대설 — 12.07 ~ 2021.01.04(양) · 戊子月

양력	12.07		8	9	10	11	12	13	14	15	16	17	18	19	20	21	22	23	24	25	26	27	28	29	30	31	1.1	2	3	4
음력	10.23		24	25	26	27	28	29	30	11.1	2	3	4	5	6	7	8	9	10	11	12	13	14	15	16	17	18	19	20	21
일주	甲申		乙酉	丙戌	丁亥	戊子	己丑	庚寅	辛卯	壬辰	癸巳	甲午	乙未	丙申	丁酉	戊戌	己亥	庚子	辛丑	壬寅	癸卯	甲辰	乙巳	丙午	丁未	戊申	己酉	庚戌	辛亥	壬子
대운 남	1	10	9	9	9	8	8	8	7	7	7	6	6	6	5	5	5	4	4	4	3	3	3	2	2	2	1	1	1	1
대운 여	10	1	1	1	1	1	2	2	2	3	3	3	4	4	4	5	5	5	6	6	6	7	7	7	8	8	8	9	9	9

12월 7일(양) 대설 01시 08분 · 12월 21일(양) 동지 19시 01분

자(子)월장 · 소한 — 01.05 ~ 02.02(양) · 己丑月

양력	2021.01.05		6	7	8	9	10	11	12	13	14	15	16	17	18	19	20	21	22	23	24	25	26	27	28	29	30	31	2.1	2
음력	2020.11.22		23	24	25	26	27	28	29	12.1	2	3	4	5	6	7	8	9	10	11	12	13	14	15	16	17	18	19	20	21
일주	癸丑		甲寅	乙卯	丙辰	丁巳	戊午	己未	庚申	辛酉	壬戌	癸亥	甲子	乙丑	丙寅	丁卯	戊辰	己巳	庚午	辛未	壬申	癸酉	甲戌	乙亥	丙子	丁丑	戊寅	己卯	庚辰	辛巳
대운 남	1	10	9	9	9	8	8	8	7	7	7	6	6	6	5	5	5	4	4	4	3	3	3	2	2	2	1	1	1	1
대운 여	10	1	1	1	1	1	2	2	2	3	3	3	4	4	4	5	5	5	6	6	6	7	7	7	8	8	8	9	9	9

1월 5일(양) 소한 12시 22분 · 1월 20일(양) 대한 05시 39분

해(亥)월장　입춘　02.03 ~ 03.04(양)　庚寅月

양력	2021.02.03	4	5	6	7	8	9	10	11	12	13	14	15	16	17	18	19	20	21	22	23	24	25	26	27	28	3.1	2	3	4
음력	2020.12.22	23	24	25	26	27	28	29	30	1.1	2	3	4	5	6	7	8	9	10	11	12	13	14	15	16	17	18	19	20	21
일주	壬午	癸未	甲申	乙酉	丙戌	丁亥	戊子	己丑	庚寅	辛卯	壬辰	癸巳	甲午	乙未	丙申	丁酉	戊戌	己亥	庚子	辛丑	壬寅	癸卯	甲辰	乙巳	丙午	丁未	戊申	己酉	庚戌	辛亥
대운 남	1　1	1	1	1	1	2	2	2	3	3	3	4	4	4	5	5	5	6	6	6	7	7	7	8	8	8	9	9	9	10
대운 여	10　10	10	9	9	9	8	8	8	7	7	7	6	6	6	5	5	5	4	4	4	3	3	3	2	2	2	1	1	1	1

2월 3일(양) 입춘 23시 58분　　2월 18일(양) 우수 19시 43분

술(戌)월장　경칩　03.05 ~ 04.03(양)　辛卯月

양력	03.05	6	7	8	9	10	11	12	13	14	15	16	17	18	19	20	21	22	23	24	25	26	27	28	29	30	31	4.1	2	3
음력	01.22	23	24	25	26	27	28	29	2.1	2	3	4	5	6	7	8	9	10	11	12	13	14	15	16	17	18	19	20	21	22
일주	壬子	癸丑	甲寅	乙卯	丙辰	丁巳	戊午	己未	庚申	辛酉	壬戌	癸亥	甲子	乙丑	丙寅	丁卯	戊辰	己巳	庚午	辛未	壬申	癸酉	甲戌	乙亥	丙子	丁丑	戊寅	己卯	庚辰	辛巳
대운 남	10　1	1	1	1	1	2	2	2	3	3	3	4	4	4	5	5	5	6	6	6	7	7	7	8	8	8	9	9	9	10
대운 여	1　10	10	9	9	9	8	8	8	7	7	7	6	6	6	5	5	5	4	4	4	3	3	3	2	2	2	1	1	1	1

3월 5일(양) 경칩 17시 53분　　3월 20일(양) 춘분 18시 36분

유(酉)월장　청명　04.04 ~ 05.04(양)　壬辰月

양력	04.04	5	6	7	8	9	10	11	12	13	14	15	16	17	18	19	20	21	22	23	24	25	26	27	28	29	30	5.1	2	3	4
음력	02.23	24	25	26	27	28	29	30	3.1	2	3	4	5	6	7	8	9	10	11	12	13	14	15	16	17	18	19	20	21	22	23
일주	壬午	癸未	甲申	乙酉	丙戌	丁亥	戊子	己丑	庚寅	辛卯	壬辰	癸巳	甲午	乙未	丙申	丁酉	戊戌	己亥	庚子	辛丑	壬寅	癸卯	甲辰	乙巳	丙午	丁未	戊申	己酉	庚戌	辛亥	壬子
대운 남	10　1	1	1	1	1	2	2	2	3	3	3	4	4	4	5	5	5	6	6	6	7	7	7	8	8	8	9	9	9	10	10
대운 여	1　10	10	10	9	9	9	8	8	8	7	7	7	6	6	6	5	5	5	4	4	4	3	3	3	2	2	2	1	1	1	1

4월 4일(양) 청명 22시 34분　　4월 20일(양) 곡우 05시 32분

신(申)월장　입하　05.05 ~ 06.04(양)　癸巳月

양력	05.05	6	7	8	9	10	11	12	13	14	15	16	17	18	19	20	21	22	23	24	25	26	27	28	29	30	31	6.1	2	3	4
음력	03.24	25	26	27	28	29	30	4.1	2	3	4	5	6	7	8	9	10	11	12	13	14	15	16	17	18	19	20	21	22	23	24
일주	癸丑	甲寅	乙卯	丙辰	丁巳	戊午	己未	庚申	辛酉	壬戌	癸亥	甲子	乙丑	丙寅	丁卯	戊辰	己巳	庚午	辛未	壬申	癸酉	甲戌	乙亥	丙子	丁丑	戊寅	己卯	庚辰	辛巳	壬午	癸未
대운 남	10　1	1	1	1	1	2	2	2	3	3	3	4	4	4	5	5	5	6	6	6	7	7	7	8	8	8	9	9	9	10	10
대운 여	1　10	10	10	9	9	9	8	8	8	7	7	7	6	6	6	5	5	5	4	4	4	3	3	3	2	2	2	1	1	1	1

5월 5일(양) 입하 15시 46분　　5월 21일(양) 소만 04시 36분

미(未)월장　망종　06.05 ~ 07.06(양)　甲午月

양력	06.05	6	7	8	9	10	11	12	13	14	15	16	17	18	19	20	21	22	23	24	25	26	27	28	29	30	7.1	2	3	4	5	6
음력	04.25	26	27	28	29	5.1	2	3	4	5	6	7	8	9	10	11	12	13	14	15	16	17	18	19	20	21	22	23	24	25	26	27
일주	甲申	乙酉	丙戌	丁亥	戊子	己丑	庚寅	辛卯	壬辰	癸巳	甲午	乙未	丙申	丁酉	戊戌	己亥	庚子	辛丑	壬寅	癸卯	甲辰	乙巳	丙午	丁未	戊申	己酉	庚戌	辛亥	壬子	癸丑	甲寅	乙卯
대운 남	10　1	1	1	1	1	1	2	2	2	3	3	3	4	4	4	5	5	5	6	6	6	7	7	7	8	8	8	9	9	9	10	10
대운 여	1　10	10	10	9	9	9	8	8	8	7	7	7	6	6	6	5	5	5	4	4	4	3	3	3	2	2	2	1	1	1	1	1

6월 5일(양) 망종 19시 51분　　6월 21일(양) 하지 12시 31분

오(午)월장　소서　07.07 ~ 08.06(양)　乙未月

양력	07.07	8	9	10	11	12	13	14	15	16	17	18	19	20	21	22	23	24	25	26	27	28	29	30	31	8.1	2	3	4	5	6
음력	05.28	29	30	6.1	2	3	4	5	6	7	8	9	10	11	12	13	14	15	16	17	18	19	20	21	22	23	24	25	26	27	28
일주	丙辰	丁巳	戊午	己未	庚申	辛酉	壬戌	癸亥	甲子	乙丑	丙寅	丁卯	戊辰	己巳	庚午	辛未	壬申	癸酉	甲戌	乙亥	丙子	丁丑	戊寅	己卯	庚辰	辛巳	壬午	癸未	甲申	乙酉	丙戌
대운 남	10　1	1	1	1	1	2	2	2	3	3	3	4	4	4	5	5	5	6	6	6	7	7	7	8	8	8	9	9	9	10	10
대운 여	1　10	10	10	9	9	9	8	8	8	7	7	7	6	6	6	5	5	5	4	4	4	3	3	3	2	2	2	1	1	1	1

7월 7일(양) 소서 06시 04분　　7월 22일(양) 대서 23시 25분

사(巳)월장 · 입추 · 08.07 ~ 09.06(양) — 丙申月

丙申月	입추	8	9	10	11	12	13	14	15	16	17	18	19	20	21	22	23	24	25	26	27	28	29	30	31	9.1	2	3	4	5	6
양력	08.07	8	9	10	11	12	13	14	15	16	17	18	19	20	21	22	23	24	25	26	27	28	29	30	31	9.1	2	3	4	5	6
음력	06.29	7.1	2	3	4	5	6	7	8	9	10	11	12	13	14	15	16	17	18	19	20	21	22	23	24	25	26	27	28	29	30
일주	丁亥	戊子	己丑	庚寅	辛卯	壬辰	癸巳	甲午	乙未	丙申	丁酉	戊戌	己亥	庚子	辛丑	壬寅	癸卯	甲辰	乙巳	丙午	丁未	戊申	己酉	庚戌	辛亥	壬子	癸丑	甲寅	乙卯	丙辰	丁巳
대운 남	10 / 1	1	1	1	1	2	2	2	3	3	3	4	4	4	5	5	5	6	6	6	7	7	7	8	8	8	9	9	9	10	10
대운 여	1 / 10	10	10	9	9	9	8	8	8	7	7	7	6	6	6	5	5	5	4	4	4	3	3	3	2	2	2	1	1	1	1

8월 7일(양) 입추 15시 53분 · 8월 23일(양) 처서 06시 34분

진(辰)월장 · 백로 · 09.07 ~ 10.07(양) — 丁酉月

丁酉月	백로	8	9	10	11	12	13	14	15	16	17	18	19	20	21	22	23	24	25	26	27	28	29	30	10.1	2	3	4	5	6	7
양력	09.07	8	9	10	11	12	13	14	15	16	17	18	19	20	21	22	23	24	25	26	27	28	29	30	10.1	2	3	4	5	6	7
음력	08.01	2	3	4	5	6	7	8	9	10	11	12	13	14	15	16	17	18	19	20	21	22	23	24	25	26	27	28	29	9.1	2
일주	戊午	己未	庚申	辛酉	壬戌	癸亥	甲子	乙丑	丙寅	丁卯	戊辰	己巳	庚午	辛未	壬申	癸酉	甲戌	乙亥	丙子	丁丑	戊寅	己卯	庚辰	辛巳	壬午	癸未	甲申	乙酉	丙戌	丁亥	戊子
대운 남	10 / 1	1	1	1	1	2	2	2	3	3	3	4	4	4	5	5	5	6	6	6	7	7	7	8	8	8	9	9	9	10	10
대운 여	1 / 10	10	10	9	9	9	8	8	8	7	7	7	6	6	6	5	5	5	4	4	4	3	3	3	2	2	2	1	1	1	1

9월 7일(양) 백로 18시 52분 · 9월 23일(양) 추분 04시 20분

묘(卯)월장 · 한로 · 10.08 ~ 11.06(양) — 戊戌月

戊戌月	한로	9	10	11	12	13	14	15	16	17	18	19	20	21	22	23	24	25	26	27	28	29	30	31	11.1	2	3	4	5	6
양력	10.08	9	10	11	12	13	14	15	16	17	18	19	20	21	22	23	24	25	26	27	28	29	30	31	11.1	2	3	4	5	6
음력	09.03	4	5	6	7	8	9	10	11	12	13	14	15	16	17	18	19	20	21	22	23	24	25	26	27	28	29	30	10.1	2
일주	己丑	庚寅	辛卯	壬辰	癸巳	甲午	乙未	丙申	丁酉	戊戌	己亥	庚子	辛丑	壬寅	癸卯	甲辰	乙巳	丙午	丁未	戊申	己酉	庚戌	辛亥	壬子	癸丑	甲寅	乙卯	丙辰	丁巳	戊午
대운 남	10 / 1	1	1	1	1	2	2	2	3	3	3	4	4	4	5	5	5	6	6	6	7	7	7	8	8	8	9	9	9	10
대운 여	1 / 10	10	9	9	9	8	8	8	7	7	7	6	6	6	5	5	5	4	4	4	3	3	3	2	2	2	1	1	1	1

10월 8일(양) 한로 10시 38분 · 10월 23일(양) 상강 13시 50분

인(寅)월장 · 입동 · 11.07 ~ 12.06(양) — 己亥月

己亥月	입동	8	9	10	11	12	13	14	15	16	17	18	19	20	21	22	23	24	25	26	27	28	29	30	12.1	2	3	4	5	6
양력	11.07	8	9	10	11	12	13	14	15	16	17	18	19	20	21	22	23	24	25	26	27	28	29	30	12.1	2	3	4	5	6
음력	10.03	4	5	6	7	8	9	10	11	12	13	14	15	16	17	18	19	20	21	22	23	24	25	26	27	28	29	11.1	2	3
일주	己未	庚申	辛酉	壬戌	癸亥	甲子	乙丑	丙寅	丁卯	戊辰	己巳	庚午	辛未	壬申	癸酉	甲戌	乙亥	丙子	丁丑	戊寅	己卯	庚辰	辛巳	壬午	癸未	甲申	乙酉	丙戌	丁亥	戊子
대운 남	10 / 1	1	1	1	1	2	2	2	3	3	3	4	4	4	5	5	5	6	6	6	7	7	7	8	8	8	9	9	9	10
대운 여	1 / 10	10	9	9	9	8	8	8	7	7	7	6	6	6	5	5	5	4	4	4	3	3	3	2	2	2	1	1	1	1

11월 7일(양) 입동 13시 58분 · 11월 22일(양) 소설 11시 33분

축(丑)월장 · 대설 · 12.07 ~ 2022.01.04(양) — 庚子月

庚子月	대설	8	9	10	11	12	13	14	15	16	17	18	19	20	21	22	23	24	25	26	27	28	29	30	31	1.1	2	3	4
양력	12.07	8	9	10	11	12	13	14	15	16	17	18	19	20	21	22	23	24	25	26	27	28	29	30	31	1.1	2	3	4
음력	11.04	5	6	7	8	9	10	11	12	13	14	15	16	17	18	19	20	21	22	23	24	25	26	27	28	29	30	12.1	2
일주	己丑	庚寅	辛卯	壬辰	癸巳	甲午	乙未	丙申	丁酉	戊戌	己亥	庚子	辛丑	壬寅	癸卯	甲辰	乙巳	丙午	丁未	戊申	己酉	庚戌	辛亥	壬子	癸丑	甲寅	乙卯	丙辰	丁巳
대운 남	10 / 1	1	1	1	1	2	2	2	3	3	3	4	4	4	5	5	5	6	6	6	7	7	7	8	8	8	9	9	9
대운 여	1 / 10	10	9	9	9	8	8	8	7	7	7	6	6	6	5	5	5	4	4	4	3	3	3	2	2	2	1	1	1

12월 7일(양) 대설 06시 56분 · 12월 22일(양) 동지 00시 58분

자(子)월장 · 소한 · 01.05 ~ 02.03(양) — 辛丑月

辛丑月	소한	6	7	8	9	10	11	12	13	14	15	16	17	18	19	20	21	22	23	24	25	26	27	28	29	30	31	2.1	2	3
양력	2022.01.05	6	7	8	9	10	11	12	13	14	15	16	17	18	19	20	21	22	23	24	25	26	27	28	29	30	31	2.1	2	3
음력	2021.12.03	4	5	6	7	8	9	10	11	12	13	14	15	16	17	18	19	20	21	22	23	24	25	26	27	28	29	1.1	2	3
일주	戊午	己未	庚申	辛酉	壬戌	癸亥	甲子	乙丑	丙寅	丁卯	戊辰	己巳	庚午	辛未	壬申	癸酉	甲戌	乙亥	丙子	丁丑	戊寅	己卯	庚辰	辛巳	壬午	癸未	甲申	乙酉	丙戌	丁亥
대운 남	10 / 1	1	1	1	1	2	2	2	3	3	3	4	4	4	5	5	5	6	6	6	7	7	7	8	8	8	9	9	9	10
대운 여	1 / 10	10	9	9	9	8	8	8	7	7	7	6	6	6	5	5	5	4	4	4	3	3	3	2	2	2	1	1	1	1

1월 5일(양) 소한 18시 13분 · 1월 20일(양) 대한 11시 38분

2022

해(亥)월장 · 입춘 · 02.04 ~ 03.04(양)

양력	2022.02.04	5	6	7	8	9	10	11	12	13	14	15	16	17	18	19	20	21	22	23	24	25	26	27	28	3.1	2	3	4
음력	2022.01.04	5	6	7	8	9	10	11	12	13	14	15	16	17	18	19	20	21	22	23	24	25	26	27	28	29	30	2.1	2
일주	戊子	己丑	庚寅	辛卯	壬辰	癸巳	甲午	乙未	丙申	丁酉	戊戌	己亥	庚子	辛丑	壬寅	癸卯	甲辰	乙巳	丙午	丁未	戊申	己酉	庚戌	辛亥	壬子	癸丑	甲寅	乙卯	丙辰
대운 남	10 10	9	9	9	8	8	8	7	7	7	6	6	6	5	5	5	4	4	4	3	3	3	2	2	2	1	1	1	1
대운 여	1 1	1	1	1	1	2	2	2	3	3	3	4	4	4	5	5	5	6	6	6	7	7	7	8	8	8	9	9	9

壬寅月

2월 4일(양) 입춘 05시 50분 2월 19일(양) 우수 01시 42분

술(戌)월장 · 경칩 · 03.05 ~ 04.04(양)

양력	03.05	6	7	8	9	10	11	12	13	14	15	16	17	18	19	20	21	22	23	24	25	26	27	28	29	30	31	4.1	2	3	4
음력	02.03	4	5	6	7	8	9	10	11	12	13	14	15	16	17	18	19	20	21	22	23	24	25	26	27	28	29	3.1	2	3	4
일주	丁巳	戊午	己未	庚申	辛酉	壬戌	癸亥	甲子	乙丑	丙寅	丁卯	戊辰	己巳	庚午	辛未	壬申	癸酉	甲戌	乙亥	丙子	丁丑	戊寅	己卯	庚辰	辛巳	壬午	癸未	甲申	乙酉	丙戌	丁亥
대운 남	1 10	10	10	9	9	9	8	8	8	7	7	7	6	6	6	5	5	5	4	4	4	3	3	3	2	2	2	1	1	1	1
대운 여	10 1	1	1	1	1	2	2	2	3	3	3	4	4	4	5	5	5	6	6	6	7	7	7	8	8	8	9	9	9	10	10

癸卯月

3월 5일(양) 경칩 23시 43분 3월 21일(양) 춘분 00시 32분

유(酉)월장 · 청명 · 04.05 ~ 05.04(양)

양력	04.05	6	7	8	9	10	11	12	13	14	15	16	17	18	19	20	21	22	23	24	25	26	27	28	29	30	5.1	2	3	4
음력	03.05	6	7	8	9	10	11	12	13	14	15	16	17	18	19	20	21	22	23	24	25	26	27	28	29	30	4.1	2	3	4
일주	戊子	己丑	庚寅	辛卯	壬辰	癸巳	甲午	乙未	丙申	丁酉	戊戌	己亥	庚子	辛丑	壬寅	癸卯	甲辰	乙巳	丙午	丁未	戊申	己酉	庚戌	辛亥	壬子	癸丑	甲寅	乙卯	丙辰	丁巳
대운 남	1 10	10	9	9	9	8	8	8	7	7	7	6	6	6	5	5	5	4	4	4	3	3	3	2	2	2	1	1	1	1
대운 여	10 1	1	1	1	1	2	2	2	3	3	3	4	4	4	5	5	5	6	6	6	7	7	7	8	8	8	9	9	9	10

甲辰月

4월 5일(양) 청명 04시 19분 4월 20일(양) 곡우 11시 23분

신(申)월장 · 입하 · 05.05 ~ 06.05(양)

양력	05.05	6	7	8	9	10	11	12	13	14	15	16	17	18	19	20	21	22	23	24	25	26	27	28	29	30	31	6.1	2	3	4	5
음력	04.05	6	7	8	9	10	11	12	13	14	15	16	17	18	19	20	21	22	23	24	25	26	27	28	29	5.1	2	3	4	5	6	7
일주	戊午	己未	庚申	辛酉	壬戌	癸亥	甲子	乙丑	丙寅	丁卯	戊辰	己巳	庚午	辛未	壬申	癸酉	甲戌	乙亥	丙子	丁丑	戊寅	己卯	庚辰	辛巳	壬午	癸未	甲申	乙酉	丙戌	丁亥	戊子	己丑
대운 남	1 10	10	10	10	9	9	9	8	8	8	7	7	7	6	6	6	5	5	5	4	4	4	3	3	3	2	2	2	1	1	1	1
대운 여	10 1	1	1	1	1	2	2	2	3	3	3	4	4	4	5	5	5	6	6	6	7	7	7	8	8	8	9	9	9	10	10	10

乙巳月

5월 5일(양) 입하 21시 25분 5월 21일(양) 소만 10시 22분

미(未)월장 · 망종 · 06.06 ~ 07.06(양)

양력	06.06	7	8	9	10	11	12	13	14	15	16	17	18	19	20	21	22	23	24	25	26	27	28	29	30	7.1	2	3	4	5	6
음력	05.08	9	10	11	12	13	14	15	16	17	18	19	20	21	22	23	24	25	26	27	28	29	30	6.1	2	3	4	5	6	7	8
일주	庚寅	辛卯	壬辰	癸巳	甲午	乙未	丙申	丁酉	戊戌	己亥	庚子	辛丑	壬寅	癸卯	甲辰	乙巳	丙午	丁未	戊申	己酉	庚戌	辛亥	壬子	癸丑	甲寅	乙卯	丙辰	丁巳	戊午	己未	庚申
대운 남	1 10	10	10	9	9	9	8	8	8	7	7	7	6	6	6	5	5	5	4	4	4	3	3	3	2	2	2	1	1	1	1
대운 여	10 1	1	1	1	1	2	2	2	3	3	3	4	4	4	5	5	5	6	6	6	7	7	7	8	8	8	9	9	9	10	10

丙午月

6월 6일(양) 망종 01시 25분 6월 21일(양) 하지 18시 13분

오(午)월장 · 소서 · 07.07 ~ 08.06(양)

양력	07.07	8	9	10	11	12	13	14	15	16	17	18	19	20	21	22	23	24	25	26	27	28	29	30	31	8.1	2	3	4	5	6
음력	06.09	10	11	12	13	14	15	16	17	18	19	20	21	22	23	24	25	26	27	28	29	30	7.1	2	3	4	5	6	7	8	9
일주	辛酉	壬戌	癸亥	甲子	乙丑	丙寅	丁卯	戊辰	己巳	庚午	辛未	壬申	癸酉	甲戌	乙亥	丙子	丁丑	戊寅	己卯	庚辰	辛巳	壬午	癸未	甲申	乙酉	丙戌	丁亥	戊子	己丑	庚寅	辛卯
대운 남	1 10	10	10	9	9	9	8	8	8	7	7	7	6	6	6	5	5	5	4	4	4	3	3	3	2	2	2	1	1	1	1
대운 여	10 1	1	1	1	1	2	2	2	3	3	3	4	4	4	5	5	5	6	6	6	7	7	7	8	8	8	9	9	9	10	10

丁未月

7월 7일(양) 소서 11시 37분 7월 23일(양) 대서 05시 06분

사(巳)월장

입추 08.07 ~ 09.07(양)

戊申月	양력	08.07		8	9	10	11	12	13	14	15	16	17	18	19	20	21	22	23	24	25	26	27	28	29	30	31	9.1	2	3	4	5	6	7
	음력	07.10		11	12	13	14	15	16	17	18	19	20	21	22	23	24	25	26	27	28	29	8.1	2	3	4	5	6	7	8	9	10	11	12
	일주	壬辰		癸巳	甲午	乙未	丙申	丁酉	戊戌	己亥	庚子	辛丑	壬寅	癸卯	甲辰	乙巳	丙午	丁未	戊申	己酉	庚戌	辛亥	壬子	癸丑	甲寅	乙卯	丙辰	丁巳	戊午	己未	庚申	辛酉	壬戌	癸亥
	대운 남	1	10	10	10	10	9	9	9	8	8	8	7	7	7	6	6	6	5	5	5	4	4	4	3	3	3	2	2	2	1	1	1	1
	대운 여	10	1	1	1	1	1	2	2	2	3	3	3	4	4	4	5	5	5	6	6	6	7	7	7	8	8	8	9	9	9	10	10	10

8월 7일(양) 입추 21시 28분 / 8월 23일(양) 처서 12시 15분

진(辰)월장

백로 09.08 ~ 10.07(양)

己酉月	양력	09.08		9	10	11	12	13	14	15	16	17	18	19	20	21	22	23	24	25	26	27	28	29	30	10.1	2	3	4	5	6	7
	음력	08.13		14	15	16	17	18	19	20	21	22	23	24	25	26	27	28	29	30	9.1	2	3	4	5	6	7	8	9	10	11	12
	일주	甲子		乙丑	丙寅	丁卯	戊辰	己巳	庚午	辛未	壬申	癸酉	甲戌	乙亥	丙子	丁丑	戊寅	己卯	庚辰	辛巳	壬午	癸未	甲申	乙酉	丙戌	丁亥	戊子	己丑	庚寅	辛卯	壬辰	癸巳
	대운 남	1	10	10	9	9	9	8	8	8	7	7	7	6	6	6	5	5	5	4	4	4	3	3	3	2	2	2	1	1	1	1
	대운 여	10	1	1	1	1	1	2	2	2	3	3	3	4	4	4	5	5	5	6	6	6	7	7	7	8	8	8	9	9	9	10

9월 8일(양) 백로 00시 31분 / 9월 23일(양) 추분 10시 03분

묘(卯)월장

한로 10.08 ~ 11.06(양)

庚戌月	양력	10.08		9	10	11	12	13	14	15	16	17	18	19	20	21	22	23	24	25	26	27	28	29	30	31	11.1	2	3	4	5	6
	음력	09.13		14	15	16	17	18	19	20	21	22	23	24	25	26	27	28	29	10.1	2	3	4	5	6	7	8	9	10	11	12	13
	일주	甲午		乙未	丙申	丁酉	戊戌	己亥	庚子	辛丑	壬寅	癸卯	甲辰	乙巳	丙午	丁未	戊申	己酉	庚戌	辛亥	壬子	癸丑	甲寅	乙卯	丙辰	丁巳	戊午	己未	庚申	辛酉	壬戌	癸亥
	대운 남	1	10	10	9	9	9	8	8	8	7	7	7	6	6	6	5	5	5	4	4	4	3	3	3	2	2	2	1	1	1	1
	대운 여	10	1	1	1	1	1	2	2	2	3	3	3	4	4	4	5	5	5	6	6	6	7	7	7	8	8	8	9	9	9	10

10월 8일(양) 한로 16시 21분 / 10월 23일(양) 상강 19시 35분

인(寅)월장

입동 11.07 ~ 12.06(양)

辛亥月	양력	11.07		8	9	10	11	12	13	14	15	16	17	18	19	20	21	22	23	24	25	26	27	28	29	30	12.1	2	3	4	5	6
	음력	10.14		15	16	17	18	19	20	21	22	23	24	25	26	27	28	29	30	11.1	2	3	4	5	6	7	8	9	10	11	12	13
	일주	甲子		乙丑	丙寅	丁卯	戊辰	己巳	庚午	辛未	壬申	癸酉	甲戌	乙亥	丙子	丁丑	戊寅	己卯	庚辰	辛巳	壬午	癸未	甲申	乙酉	丙戌	丁亥	戊子	己丑	庚寅	辛卯	壬辰	癸巳
	대운 남	1	10	10	9	9	9	8	8	8	7	7	7	6	6	6	5	5	5	4	4	4	3	3	3	2	2	2	1	1	1	1
	대운 여	10	1	1	1	1	1	2	2	2	3	3	3	4	4	4	5	5	5	6	6	6	7	7	7	8	8	8	9	9	9	10

11월 7일(양) 입동 19시 44분 / 11월 22일(양) 소설 17시 19분

축(丑)월장

대설 12.07 ~ 2023.01.05(양)

壬子月	양력	12.07		8	9	10	11	12	13	14	15	16	17	18	19	20	21	22	23	24	25	26	27	28	29	30	31	1.1	2	3	4	5
	음력	11.14		15	16	17	18	19	20	21	22	23	24	25	26	27	28	29	12.1	2	3	4	5	6	7	8	9	10	11	12	13	14
	일주	甲午		乙未	丙申	丁酉	戊戌	己亥	庚子	辛丑	壬寅	癸卯	甲辰	乙巳	丙午	丁未	戊申	己酉	庚戌	辛亥	壬子	癸丑	甲寅	乙卯	丙辰	丁巳	戊午	己未	庚申	辛酉	壬戌	癸亥
	대운 남	1	10	10	9	9	9	8	8	8	7	7	7	6	6	6	5	5	5	4	4	4	3	3	3	2	2	2	1	1	1	1
	대운 여	10	1	1	1	1	1	2	2	2	3	3	3	4	4	4	5	5	5	6	6	6	7	7	7	8	8	8	9	9	9	10

12월 7일(양) 대설 12시 45분 / 12월 22일(양) 동지 06시 47분

자(子)월장

소한 01.06 ~ 02.03(양)

癸丑月	양력	2023.01.06		7	8	9	10	11	12	13	14	15	16	17	18	19	20	21	22	23	24	25	26	27	28	29	30	31	2.1	2	3
	음력	2022.12.15		16	17	18	19	20	21	22	23	24	25	26	27	28	29	30	1.1	2	3	4	5	6	7	8	9	10	11	12	13
	일주	甲子		乙丑	丙寅	丁卯	戊辰	己巳	庚午	辛未	壬申	癸酉	甲戌	乙亥	丙子	丁丑	戊寅	己卯	庚辰	辛巳	壬午	癸未	甲申	乙酉	丙戌	丁亥	戊子	己丑	庚寅	辛卯	壬辰
	대운 남	1	10	9	9	9	8	8	8	7	7	7	6	6	6	5	5	5	4	4	4	3	3	3	2	2	2	1	1	1	1
	대운 여	10	1	1	1	1	1	2	2	2	3	3	3	4	4	4	5	5	5	6	6	6	7	7	7	8	8	8	9	9	9

1월 6일(양) 소한 00시 04분 / 1월 20일(양) 대한 17시 28분

입춘 (立春) · 해(亥)월장 · 甲寅月 — 02.04 ~ 03.05(양)

양력	2023.02.04	5	6	7	8	9	10	11	12	13	14	15	16	17	18	19	20	21	22	23	24	25	26	27	28	3.1	2	3	4	5
음력	2023.01.14	15	16	17	18	19	20	21	22	23	24	25	26	27	28	29	2.1	2	3	4	5	6	7	8	9	10	11	12	13	14
일주	癸巳	甲午	乙未	丙申	丁酉	戊戌	己亥	庚子	辛丑	壬寅	癸卯	甲辰	乙巳	丙午	丁未	戊申	己酉	庚戌	辛亥	壬子	癸丑	甲寅	乙卯	丙辰	丁巳	戊午	己未	庚申	辛酉	壬戌
대운(남)	1 · 1	1	1	1	1	2	2	2	3	3	3	4	4	4	5	5	5	6	6	6	7	7	7	8	8	8	9	9	9	10
대운(여)	10 · 10	10	9	9	9	8	8	8	7	7	7	6	6	6	5	5	5	4	4	4	3	3	3	2	2	2	1	1	1	1

2월 4일(양) 입춘 11시 41분 · 2월 19일(양) 우수 07시 33분

경칩 (驚蟄) · 술(戌)월장 · 乙卯月 — 03.06 ~ 04.04(양)

양력	03.06	7	8	9	10	11	12	13	14	15	16	17	18	19	20	21	22	23	24	25	26	27	28	29	30	31	4.1	2	3	4
음력	02.15	16	17	18	19	20	21	22	23	24	25	26	27	28	29	30	윤	2.2	3	4	5	6	7	8	9	10	11	12	13	14
일주	癸亥	甲子	乙丑	丙寅	丁卯	戊辰	己巳	庚午	辛未	壬申	癸酉	甲戌	乙亥	丙子	丁丑	戊寅	己卯	庚辰	辛巳	壬午	癸未	甲申	乙酉	丙戌	丁亥	戊子	己丑	庚寅	辛卯	壬辰
대운(남)	10 · 1	1	1	1	1	2	2	2	3	3	3	4	4	4	5	5	5	6	6	6	7	7	7	8	8	8	9	9	9	10
대운(여)	1 · 10	10	9	9	9	8	8	8	7	7	7	6	6	6	5	5	5	4	4	4	3	3	3	2	2	2	1	1	1	1

3월 6일(양) 경칩 05시 35분 · 3월 21일(양) 춘분 06시 23분

청명 (淸明) · 유(酉)월장 · 丙辰月 — 04.05 ~ 05.05(양)

양력	04.05	6	7	8	9	10	11	12	13	14	15	16	17	18	19	20	21	22	23	24	25	26	27	28	29	30	5.1	2	3	4	5
음력	02.15	16	17	18	19	20	21	22	23	24	25	26	27	28	29	3.1	2	3	4	5	6	7	8	9	10	11	12	13	14	15	16
일주	癸巳	甲午	乙未	丙申	丁酉	戊戌	己亥	庚子	辛丑	壬寅	癸卯	甲辰	乙巳	丙午	丁未	戊申	己酉	庚戌	辛亥	壬子	癸丑	甲寅	乙卯	丙辰	丁巳	戊午	己未	庚申	辛酉	壬戌	癸亥
대운(남)	10 · 1	1	1	1	1	2	2	2	3	3	3	4	4	4	5	5	5	6	6	6	7	7	7	8	8	8	9	9	9	10	10
대운(여)	1 · 10	10	10	9	9	9	8	8	8	7	7	7	6	6	6	5	5	5	4	4	4	3	3	3	2	2	2	1	1	1	1

4월 5일(양) 청명 10시 12분 · 4월 20일(양) 곡우 17시 13분

입하 (立夏) · 신(申)월장 · 丁巳月 — 05.06 ~ 06.05(양)

양력	05.06	7	8	9	10	11	12	13	14	15	16	17	18	19	20	21	22	23	24	25	26	27	28	29	30	31	6.1	2	3	4	5
음력	03.17	18	19	20	21	22	23	24	25	26	27	28	29	30	4.1	2	3	4	5	6	7	8	9	10	11	12	13	14	15	16	17
일주	甲子	乙丑	丙寅	丁卯	戊辰	己巳	庚午	辛未	壬申	癸酉	甲戌	乙亥	丙子	丁丑	戊寅	己卯	庚辰	辛巳	壬午	癸未	甲申	乙酉	丙戌	丁亥	戊子	己丑	庚寅	辛卯	壬辰	癸巳	甲午
대운(남)	10 · 1	1	1	1	1	2	2	2	3	3	3	4	4	4	5	5	5	6	6	6	7	7	7	8	8	8	9	9	9	10	10
대운(여)	1 · 10	10	10	9	9	9	8	8	8	7	7	7	6	6	6	5	5	5	4	4	4	3	3	3	2	2	2	1	1	1	1

5월 6일(양) 입하 03시 18분 · 5월 21일(양) 소만 16시 08분

망종 (芒種) · 미(未)월장 · 戊午月 — 06.06 ~ 07.06(양)

양력	06.06	7	8	9	10	11	12	13	14	15	16	17	18	19	20	21	22	23	24	25	26	27	28	29	30	7.1	2	3	4	5	6
음력	04.18	19	20	21	22	23	24	25	26	27	28	29	5.1	2	3	4	5	6	7	8	9	10	11	12	13	14	15	16	17	18	19
일주	乙未	丙申	丁酉	戊戌	己亥	庚子	辛丑	壬寅	癸卯	甲辰	乙巳	丙午	丁未	戊申	己酉	庚戌	辛亥	壬子	癸丑	甲寅	乙卯	丙辰	丁巳	戊午	己未	庚申	辛酉	壬戌	癸亥	甲子	乙丑
대운(남)	10 · 1	1	1	1	1	2	2	2	3	3	3	4	4	4	5	5	5	6	6	6	7	7	7	8	8	8	9	9	9	10	10
대운(여)	1 · 10	10	10	9	9	9	8	8	8	7	7	7	6	6	6	5	5	5	4	4	4	3	3	3	2	2	2	1	1	1	1

6월 6일(양) 망종 07시 17분 · 6월 21일(양) 하지 23시 57분

소서 (小暑) · 오(午)월장 · 己未月 — 07.07 ~ 08.07(양)

양력	07.07	8	9	10	11	12	13	14	15	16	17	18	19	20	21	22	23	24	25	26	27	28	29	30	31	8.1	2	3	4	5	6	7
음력	05.20	21	22	23	24	25	26	27	28	29	30	6.1	2	3	4	5	6	7	8	9	10	11	12	13	14	15	16	17	18	19	20	21
일주	丙寅	丁卯	戊辰	己巳	庚午	辛未	壬申	癸酉	甲戌	乙亥	丙子	丁丑	戊寅	己卯	庚辰	辛巳	壬午	癸未	甲申	乙酉	丙戌	丁亥	戊子	己丑	庚寅	辛卯	壬辰	癸巳	甲午	乙未	丙申	丁酉
대운(남)	10 · 1	1	1	1	1	2	2	2	3	3	3	4	4	4	5	5	5	6	6	6	7	7	7	8	8	8	9	9	9	10	10	10
대운(여)	1 · 10	10	10	10	9	9	9	8	8	8	7	7	7	6	6	6	5	5	5	4	4	4	3	3	3	2	2	2	1	1	1	1

7월 7일(양) 소서 17시 30분 · 7월 23일(양) 대서 10시 49분

사(巳)월장 — 입추 · 08.08 ~ 09.07(양) · 庚申月

구분	절입기준	9	10	11	12	13	14	15	16	17	18	19	20	21	22	23	24	25	26	27	28	29	30	31	9.1	2	3	4	5	6	7
양력	08.08	9	10	11	12	13	14	15	16	17	18	19	20	21	22	23	24	25	26	27	28	29	30	31	9.1	2	3	4	5	6	7
음력	06.22	23	24	25	26	27	28	29	7.1	2	3	4	5	6	7	8	9	10	11	12	13	14	15	16	17	18	19	20	21	22	23
일주	戊戌	己亥	庚子	辛丑	壬寅	癸卯	甲辰	乙巳	丙午	丁未	戊申	己酉	庚戌	辛亥	壬子	癸丑	甲寅	乙卯	丙辰	丁巳	戊午	己未	庚申	辛酉	壬戌	癸亥	甲子	乙丑	丙寅	丁卯	戊辰
대운 남	10 / 1	1	1	1	1	2	2	2	3	3	3	4	4	4	5	5	5	6	6	6	7	7	7	8	8	8	9	9	9	10	10
대운 여	1 / 10	10	10	9	9	9	8	8	8	7	7	7	6	6	6	5	5	5	4	4	4	3	3	3	2	2	2	1	1	1	1

8월 8일(양) 입추 03시 22분 · 8월 23일(양) 처서 18시 00분

진(辰)월장 — 백로 · 09.08 ~ 10.07(양) · 辛酉月

구분	절입기준	9	10	11	12	13	14	15	16	17	18	19	20	21	22	23	24	25	26	27	28	29	30	10.1	2	3	4	5	6	7
양력	09.08	9	10	11	12	13	14	15	16	17	18	19	20	21	22	23	24	25	26	27	28	29	30	10.1	2	3	4	5	6	7
음력	07.24	25	26	27	28	29	30	8.1	2	3	4	5	6	7	8	9	10	11	12	13	14	15	16	17	18	19	20	21	22	23
일주	己巳	庚午	辛未	壬申	癸酉	甲戌	乙亥	丙子	丁丑	戊寅	己卯	庚辰	辛巳	壬午	癸未	甲申	乙酉	丙戌	丁亥	戊子	己丑	庚寅	辛卯	壬辰	癸巳	甲午	乙未	丙申	丁酉	戊戌
대운 남	10 / 1	1	1	1	1	2	2	2	3	3	3	4	4	4	5	5	5	6	6	6	7	7	7	8	8	8	9	9	9	10
대운 여	1 / 10	10	9	9	9	8	8	8	7	7	7	6	6	6	5	5	5	4	4	4	3	3	3	2	2	2	1	1	1	1

9월 8일(양) 백로 06시 26분 · 9월 23일(양) 추분 15시 49분

묘(卯)월장 — 한로 · 10.08 ~ 11.07(양) · 壬戌月

구분	절입기준	9	10	11	12	13	14	15	16	17	18	19	20	21	22	23	24	25	26	27	28	29	30	31	11.1	2	3	4	5	6	7
양력	10.08	9	10	11	12	13	14	15	16	17	18	19	20	21	22	23	24	25	26	27	28	29	30	31	11.1	2	3	4	5	6	7
음력	08.24	25	26	27	28	29	30	9.1	2	3	4	5	6	7	8	9	10	11	12	13	14	15	16	17	18	19	20	21	22	23	24
일주	己亥	庚子	辛丑	壬寅	癸卯	甲辰	乙巳	丙午	丁未	戊申	己酉	庚戌	辛亥	壬子	癸丑	甲寅	乙卯	丙辰	丁巳	戊午	己未	庚申	辛酉	壬戌	癸亥	甲子	乙丑	丙寅	丁卯	戊辰	己巳
대운 남	10 / 1	1	1	1	1	2	2	2	3	3	3	4	4	4	5	5	5	6	6	6	7	7	7	8	8	8	9	9	9	10	10
대운 여	1 / 10	10	10	9	9	9	8	8	8	7	7	7	6	6	6	5	5	5	4	4	4	3	3	3	2	2	2	1	1	1	1

10월 8일(양) 한로 22시 14분 · 10월 24일(양) 상강 01시 20분

인(寅)월장 — 입동 · 11.08 ~ 12.06(양) · 癸亥月

구분	절입기준	9	10	11	12	13	14	15	16	17	18	19	20	21	22	23	24	25	26	27	28	29	30	12.1	2	3	4	5	6
양력	11.08	9	10	11	12	13	14	15	16	17	18	19	20	21	22	23	24	25	26	27	28	29	30	12.1	2	3	4	5	6
음력	09.25	26	27	28	29	10.1	2	3	4	5	6	7	8	9	10	11	12	13	14	15	16	17	18	19	20	21	22	23	24
일주	庚午	辛未	壬申	癸酉	甲戌	乙亥	丙子	丁丑	戊寅	己卯	庚辰	辛巳	壬午	癸未	甲申	乙酉	丙戌	丁亥	戊子	己丑	庚寅	辛卯	壬辰	癸巳	甲午	乙未	丙申	丁酉	戊戌
대운 남	10 / 1	1	1	1	1	2	2	2	3	3	3	4	4	4	5	5	5	6	6	6	7	7	7	8	8	8	9	9	9
대운 여	1 / 10	9	9	9	8	8	8	7	7	7	6	6	6	5	5	5	4	4	4	3	3	3	2	2	2	1	1	1	1

11월 8일(양) 입동 01시 35분 · 11월 22일(양) 소설 23시 02분

축(丑)월장 — 대설 · 12.07 ~ 2024.01.05(양) · 甲子月

구분	절입기준	8	9	10	11	12	13	14	15	16	17	18	19	20	21	22	23	24	25	26	27	28	29	30	31	1.1	2	3	4	5
양력	12.07	8	9	10	11	12	13	14	15	16	17	18	19	20	21	22	23	24	25	26	27	28	29	30	31	1.1	2	3	4	5
음력	10.25	26	27	28	29	30	11.1	2	3	4	5	6	7	8	9	10	11	12	13	14	15	16	17	18	19	20	21	22	23	24
일주	己亥	庚子	辛丑	壬寅	癸卯	甲辰	乙巳	丙午	丁未	戊申	己酉	庚戌	辛亥	壬子	癸丑	甲寅	乙卯	丙辰	丁巳	戊午	己未	庚申	辛酉	壬戌	癸亥	甲子	乙丑	丙寅	丁卯	戊辰
대운 남	10 / 1	1	1	1	1	2	2	2	3	3	3	4	4	4	5	5	5	6	6	6	7	7	7	8	8	8	9	9	9	10
대운 여	1 / 10	10	9	9	9	8	8	8	7	7	7	6	6	6	5	5	5	4	4	4	3	3	3	2	2	2	1	1	1	1

12월 7일(양) 대설 18시 32분 · 12월 22일(양) 동지 12시 26분

재(子)월장 — 소한 · 01.06 ~ 02.03(양) · 乙丑月

구분	절입기준	7	8	9	10	11	12	13	14	15	16	17	18	19	20	21	22	23	24	25	26	27	28	29	30	31	2.1	2	3
양력	2024.01.06	7	8	9	10	11	12	13	14	15	16	17	18	19	20	21	22	23	24	25	26	27	28	29	30	31	2.1	2	3
음력	2023.11.25	26	27	28	29	12.1	2	3	4	5	6	7	8	9	10	11	12	13	14	15	16	17	18	19	20	21	22	23	24
일주	己巳	庚午	辛未	壬申	癸酉	甲戌	乙亥	丙子	丁丑	戊寅	己卯	庚辰	辛巳	壬午	癸未	甲申	乙酉	丙戌	丁亥	戊子	己丑	庚寅	辛卯	壬辰	癸巳	甲午	乙未	丙申	丁酉
대운 남	10 / 1	1	1	1	1	2	2	2	3	3	3	4	4	4	5	5	5	6	6	6	7	7	7	8	8	8	9	9	9
대운 여	1 / 10	9	9	9	8	8	8	7	7	7	6	6	6	5	5	5	4	4	4	3	3	3	2	2	2	1	1	1	1

1월 6일(양) 소한 05시 48분 · 1월 20일(양) 대한 23시 06분

2024

해(亥)월장 · 입춘 · 02.04 ~ 03.04(양) · 丙寅月

양력	2024.02.04	5	6	7	8	9	10	11	12	13	14	15	16	17	18	19	20	21	22	23	24	25	26	27	28	29	3.1	2	3	4
음력	2023.12.25	26	27	28	29	30	1.1	2	3	4	5	6	7	8	9	10	11	12	13	14	15	16	17	18	19	20	21	22	23	24
일주	戊戌	己亥	庚子	辛丑	壬寅	癸卯	甲辰	乙巳	丙午	丁未	戊申	己酉	庚戌	辛亥	壬子	癸丑	甲寅	乙卯	丙辰	丁巳	戊午	己未	庚申	辛酉	壬戌	癸亥	甲子	乙丑	丙寅	丁卯
대운 남	10 10	10	9	9	9	8	8	8	7	7	7	6	6	6	5	5	5	4	4	4	3	3	3	2	2	2	1	1	1	1
대운 여	1 1	1	1	1	1	2	2	2	3	3	3	4	4	4	5	5	5	6	6	6	7	7	7	8	8	8	9	9	9	10

2월 4일(양) 입춘 17시 26분   2월 19일(양) 우수 13시 12분

술(戌)월장 · 경칩 · 03.05 ~ 04.03(양) · 丁卯月

양력	03.05	6	7	8	9	10	11	12	13	14	15	16	17	18	19	20	21	22	23	24	25	26	27	28	29	30	31	4.1	2	3
음력	01.25	26	27	28	29	2.1	2	3	4	5	6	7	8	9	10	11	12	13	14	15	16	17	18	19	20	21	22	23	24	25
일주	戊辰	己巳	庚午	辛未	壬申	癸酉	甲戌	乙亥	丙子	丁丑	戊寅	己卯	庚辰	辛巳	壬午	癸未	甲申	乙酉	丙戌	丁亥	戊子	己丑	庚寅	辛卯	壬辰	癸巳	甲午	乙未	丙申	丁酉
대운 남	1 10	10	9	9	9	8	8	8	7	7	7	6	6	6	5	5	5	4	4	4	3	3	3	2	2	2	1	1	1	1
대운 여	10 1	1	1	1	1	2	2	2	3	3	3	4	4	4	5	5	5	6	6	6	7	7	7	8	8	8	9	9	9	10

3월 5일(양) 경칩 11시 22분   3월 20일(양) 춘분 12시 05분

유(酉)월장 · 청명 · 04.04 ~ 05.04(양) · 戊辰月

양력	04.04	5	6	7	8	9	10	11	12	13	14	15	16	17	18	19	20	21	22	23	24	25	26	27	28	29	30	5.1	2	3	4
음력	02.26	27	28	29	30	3.1	2	3	4	5	6	7	8	9	10	11	12	13	14	15	16	17	18	19	20	21	22	23	24	25	26
일주	戊戌	己亥	庚子	辛丑	壬寅	癸卯	甲辰	乙巳	丙午	丁未	戊申	己酉	庚戌	辛亥	壬子	癸丑	甲寅	乙卯	丙辰	丁巳	戊午	己未	庚申	辛酉	壬戌	癸亥	甲子	乙丑	丙寅	丁卯	戊辰
대운 남	1 10	10	10	9	9	9	8	8	8	7	7	7	6	6	6	5	5	5	4	4	4	3	3	3	2	2	2	1	1	1	1
대운 여	10 1	1	1	1	1	2	2	2	3	3	3	4	4	4	5	5	5	6	6	6	7	7	7	8	8	8	9	9	9	10	10

4월 4일(양) 청명 16시 01분   4월 19일(양) 곡우 22시 59분

신(申)월장 · 입하 · 05.05 ~ 06.04(양) · 己巳月

양력	05.05	6	7	8	9	10	11	12	13	14	15	16	17	18	19	20	21	22	23	24	25	26	27	28	29	30	31	6.1	2	3	4
음력	03.27	28	29	4.1	2	3	4	5	6	7	8	9	10	11	12	13	14	15	16	17	18	19	20	21	22	23	24	25	26	27	28
일주	己巳	庚午	辛未	壬申	癸酉	甲戌	乙亥	丙子	丁丑	戊寅	己卯	庚辰	辛巳	壬午	癸未	甲申	乙酉	丙戌	丁亥	戊子	己丑	庚寅	辛卯	壬辰	癸巳	甲午	乙未	丙申	丁酉	戊戌	己亥
대운 남	1 10	10	10	9	9	9	8	8	8	7	7	7	6	6	6	5	5	5	4	4	4	3	3	3	2	2	2	1	1	1	1
대운 여	10 1	1	1	1	1	2	2	2	3	3	3	4	4	4	5	5	5	6	6	6	7	7	7	8	8	8	9	9	9	10	10

5월 5일(양) 입하 09시 09분   5월 20일(양) 소만 21시 58분

미(未)월장 · 망종 · 06.05 ~ 07.05(양) · 庚午月

양력	06.05	6	7	8	9	10	11	12	13	14	15	16	17	18	19	20	21	22	23	24	25	26	27	28	29	30	7.1	2	3	4	5
음력	04.29	5.1	2	3	4	5	6	7	8	9	10	11	12	13	14	15	16	17	18	19	20	21	22	23	24	25	26	27	28	29	30
일주	庚子	辛丑	壬寅	癸卯	甲辰	乙巳	丙午	丁未	戊申	己酉	庚戌	辛亥	壬子	癸丑	甲寅	乙卯	丙辰	丁巳	戊午	己未	庚申	辛酉	壬戌	癸亥	甲子	乙丑	丙寅	丁卯	戊辰	己巳	庚午
대운 남	1 10	10	10	9	9	9	8	8	8	7	7	7	6	6	6	5	5	5	4	4	4	3	3	3	2	2	2	1	1	1	1
대운 여	10 1	1	1	1	1	2	2	2	3	3	3	4	4	4	5	5	5	6	6	6	7	7	7	8	8	8	9	9	9	10	10

6월 5일(양) 망종 13시 09분   6월 21일(양) 하지 05시 50분

오(午)월장 · 소서 · 07.06 ~ 08.06(양) · 辛未月

양력	07.06	7	8	9	10	11	12	13	14	15	16	17	18	19	20	21	22	23	24	25	26	27	28	29	30	31	8.1	2	3	4	5	6
음력	06.01	2	3	4	5	6	7	8	9	10	11	12	13	14	15	16	17	18	19	20	21	22	23	24	25	26	27	28	29	7.1	2	3
일주	辛未	壬申	癸酉	甲戌	乙亥	丙子	丁丑	戊寅	己卯	庚辰	辛巳	壬午	癸未	甲申	乙酉	丙戌	丁亥	戊子	己丑	庚寅	辛卯	壬辰	癸巳	甲午	乙未	丙申	丁酉	戊戌	己亥	庚子	辛丑	壬寅
대운 남	1 10	10	10	10	9	9	9	8	8	8	7	7	7	6	6	6	5	5	5	4	4	4	3	3	3	2	2	2	1	1	1	1
대운 여	10 1	1	1	1	1	2	2	2	3	3	3	4	4	4	5	5	5	6	6	6	7	7	7	8	8	8	9	9	9	10	10	10

7월 6일(양) 소서 23시 19분   7월 22일(양) 대서 16시 43분

입추 — 壬申月 · 사(巳)월장 · 08.07 ~ 09.06(양)

구분	입절		8	9	10	11	12	13	14	15	16	17	18	19	20	21	22	23	24	25	26	27	28	29	30	31	9.1	2	3	4	5	6
양력	08.07		8	9	10	11	12	13	14	15	16	17	18	19	20	21	22	23	24	25	26	27	28	29	30	31	9.1	2	3	4	5	6
음력	07.04		5	6	7	8	9	10	11	12	13	14	15	16	17	18	19	20	21	22	23	24	25	26	27	28	29	30	8.1	2	3	4
일주	癸卯		甲辰	乙巳	丙午	丁未	戊申	己酉	庚戌	辛亥	壬子	癸丑	甲寅	乙卯	丙辰	丁巳	戊午	己未	庚申	辛酉	壬戌	癸亥	甲子	乙丑	丙寅	丁卯	戊辰	己巳	庚午	辛未	壬申	癸酉
대운 남	1	10	10	10	9	9	9	8	8	8	7	7	7	6	6	6	5	5	5	4	4	4	3	3	3	2	2	2	1	1	1	1
운 여	10	1	1	1	1	1	2	2	2	3	3	3	4	4	4	5	5	5	6	6	6	7	7	7	8	8	8	9	9	9	10	10

8월 7일(양) 입추 09시 08분 · 8월 22일(양) 처서 23시 54분

백로 — 癸酉月 · 진(辰)월장 · 09.07 ~ 10.07(양)

구분	입절		8	9	10	11	12	13	14	15	16	17	18	19	20	21	22	23	24	25	26	27	28	29	30	10.1	2	3	4	5	6	7
양력	09.07		8	9	10	11	12	13	14	15	16	17	18	19	20	21	22	23	24	25	26	27	28	29	30	10.1	2	3	4	5	6	7
음력	08.05		6	7	8	9	10	11	12	13	14	15	16	17	18	19	20	21	22	23	24	25	26	27	28	29	30	9.1	2	3	4	5
일주	甲戌		乙亥	丙子	丁丑	戊寅	己卯	庚辰	辛巳	壬午	癸未	甲申	乙酉	丙戌	丁亥	戊子	己丑	庚寅	辛卯	壬辰	癸巳	甲午	乙未	丙申	丁酉	戊戌	己亥	庚子	辛丑	壬寅	癸卯	甲辰
대운 남	1	10	10	10	9	9	9	8	8	8	7	7	7	6	6	6	5	5	5	4	4	4	3	3	3	2	2	2	1	1	1	1
운 여	10	1	1	1	1	1	2	2	2	3	3	3	4	4	4	5	5	5	6	6	6	7	7	7	8	8	8	9	9	9	10	10

9월 7일(양) 백로 12시 10분 · 9월 22일(양) 추분 21시 43분

한로 — 甲戌月 · 묘(卯)월장 · 10.08 ~ 11.06(양)

구분	입절		9	10	11	12	13	14	15	16	17	18	19	20	21	22	23	24	25	26	27	28	29	30	31	11.1	2	3	4	5	6
양력	10.08		9	10	11	12	13	14	15	16	17	18	19	20	21	22	23	24	25	26	27	28	29	30	31	11.1	2	3	4	5	6
음력	09.06		7	8	9	10	11	12	13	14	15	16	17	18	19	20	21	22	23	24	25	26	27	28	29	10.1	2	3	4	5	6
일주	乙巳		丙午	丁未	戊申	己酉	庚戌	辛亥	壬子	癸丑	甲寅	乙卯	丙辰	丁巳	戊午	己未	庚申	辛酉	壬戌	癸亥	甲子	乙丑	丙寅	丁卯	戊辰	己巳	庚午	辛未	壬申	癸酉	甲戌
대운 남	1	10	10	9	9	9	8	8	8	7	7	7	6	6	6	5	5	5	4	4	4	3	3	3	2	2	2	1	1	1	1
운 여	10	1	1	1	1	1	2	2	2	3	3	3	4	4	4	5	5	5	6	6	6	7	7	7	8	8	8	9	9	9	10

10월 8일(양) 한로 03시 59분 · 10월 23일(양) 상강 07시 14분

입동 — 乙亥月 · 인(寅)월장 · 11.07 ~ 12.06(양)

구분	입절		8	9	10	11	12	13	14	15	16	17	18	19	20	21	22	23	24	25	26	27	28	29	30	12.1	2	3	4	5	6
양력	11.07		8	9	10	11	12	13	14	15	16	17	18	19	20	21	22	23	24	25	26	27	28	29	30	12.1	2	3	4	5	6
음력	10.07		8	9	10	11	12	13	14	15	16	17	18	19	20	21	22	23	24	25	26	27	28	29	30	11.1	2	3	4	5	6
일주	乙亥		丙子	丁丑	戊寅	己卯	庚辰	辛巳	壬午	癸未	甲申	乙酉	丙戌	丁亥	戊子	己丑	庚寅	辛卯	壬辰	癸巳	甲午	乙未	丙申	丁酉	戊戌	己亥	庚子	辛丑	壬寅	癸卯	甲辰
대운 남	1	10	10	9	9	9	8	8	8	7	7	7	6	6	6	5	5	5	4	4	4	3	3	3	2	2	2	1	1	1	1
운 여	10	1	1	1	1	1	2	2	2	3	3	3	4	4	4	5	5	5	6	6	6	7	7	7	8	8	8	9	9	9	10

11월 7일(양) 입동 07시 19분 · 11월 22일(양) 소설 04시 55분

대설 — 丙子月 · 축(丑)월장 · 12.07 ~ 2025.01.04(양)

구분	입절		8	9	10	11	12	13	14	15	16	17	18	19	20	21	22	23	24	25	26	27	28	29	30	31	1.1	2	3	4
양력	12.07		8	9	10	11	12	13	14	15	16	17	18	19	20	21	22	23	24	25	26	27	28	29	30	31	1.1	2	3	4
음력	11.07		8	9	10	11	12	13	14	15	16	17	18	19	20	21	22	23	24	25	26	27	28	29	30	12.1	2	3	4	5
일주	乙巳		丙午	丁未	戊申	己酉	庚戌	辛亥	壬子	癸丑	甲寅	乙卯	丙辰	丁巳	戊午	己未	庚申	辛酉	壬戌	癸亥	甲子	乙丑	丙寅	丁卯	戊辰	己巳	庚午	辛未	壬申	癸酉
대운 남	1	10	9	9	9	8	8	8	7	7	7	6	6	6	5	5	5	4	4	4	3	3	3	2	2	2	1	1	1	1
운 여	10	1	1	1	1	1	2	2	2	3	3	3	4	4	4	5	5	5	6	6	6	7	7	7	8	8	8	9	9	9

12월 7일(양) 대설 00시 16분 · 12월 21일(양) 동지 18시 19분

소한 — 丁丑月 · 자(子)월장 · 01.05 ~ 02.02(양)

구분	입절		6	7	8	9	10	11	12	13	14	15	16	17	18	19	20	21	22	23	24	25	26	27	28	29	30	31	2.1	2
양력	2025.01.05		6	7	8	9	10	11	12	13	14	15	16	17	18	19	20	21	22	23	24	25	26	27	28	29	30	31	2.1	2
음력	2024.12.06		7	8	9	10	11	12	13	14	15	16	17	18	19	20	21	22	23	24	25	26	27	28	29	1.1	2	3	4	5
일주	甲戌		乙亥	丙子	丁丑	戊寅	己卯	庚辰	辛巳	壬午	癸未	甲申	乙酉	丙戌	丁亥	戊子	己丑	庚寅	辛卯	壬辰	癸巳	甲午	乙未	丙申	丁酉	戊戌	己亥	庚子	辛丑	壬寅
대운 남	1	10	9	9	9	8	8	8	7	7	7	6	6	6	5	5	5	4	4	4	3	3	3	2	2	2	1	1	1	1
운 여	10	1	1	1	1	1	2	2	2	3	3	3	4	4	4	5	5	5	6	6	6	7	7	7	8	8	8	9	9	9

1월 5일(양) 소한 11시 32분 · 1월 20일(양) 대한 04시 59분

해(亥)월장　입춘　02.03 ~ 03.04(양)

戊寅月

	입춘																													
양력	2025.02.03	4	5	6	7	8	9	10	11	12	13	14	15	16	17	18	19	20	21	22	23	24	25	26	27	28	3.1	2	3	4
음력	2025.01.06	7	8	9	10	11	12	13	14	15	16	17	18	19	20	21	22	23	24	25	26	27	28	29	30	2.1	2	3	4	5
일주	癸卯	甲辰	乙巳	丙午	丁未	戊申	己酉	庚戌	辛亥	壬子	癸丑	甲寅	乙卯	丙辰	丁巳	戊午	己未	庚申	辛酉	壬戌	癸亥	甲子	乙丑	丙寅	丁卯	戊辰	己巳	庚午	辛未	壬申
대운 남	1 / 1	1	1	1	1	2	2	2	3	3	3	4	4	4	5	5	5	6	6	6	7	7	7	8	8	8	9	9	9	10
대운 여	10 / 10	10	9	9	9	8	8	8	7	7	7	6	6	6	5	5	5	4	4	4	3	3	3	2	2	2	1	1	1	1

2월 3일(양) 입춘 23시 09분　　2월 18일(양) 우수 19시 05분

술(戌)월장　경칩　03.05 ~ 04.03(양)

己卯月

	경칩																													
양력	03.05	6	7	8	9	10	11	12	13	14	15	16	17	18	19	20	21	22	23	24	25	26	27	28	29	30	31	4.1	2	3
음력	02.06	7	8	9	10	11	12	13	14	15	16	17	18	19	20	21	22	23	24	25	26	27	28	29	3.1	2	3	4	5	6
일주	癸酉	甲戌	乙亥	丙子	丁丑	戊寅	己卯	庚辰	辛巳	壬午	癸未	甲申	乙酉	丙戌	丁亥	戊子	己丑	庚寅	辛卯	壬辰	癸巳	甲午	乙未	丙申	丁酉	戊戌	己亥	庚子	辛丑	壬寅
대운 남	10 / 1	1	1	1	2	2	2	3	3	3	4	4	4	5	5	5	6	6	6	7	7	7	8	8	8	9	9	9	10	10
대운 여	1 / 10	10	10	9	9	9	8	8	8	7	7	7	6	6	6	5	5	5	4	4	4	3	3	3	2	2	2	1	1	1

3월 5일(양) 경칩 17시 06분　　3월 20일(양) 춘분 18시 00분

유(酉)월장　청명　04.04 ~ 05.04(양)

庚辰月

	청명																														
양력	04.04	5	6	7	8	9	10	11	12	13	14	15	16	17	18	19	20	21	22	23	24	25	26	27	28	29	30	5.1	2	3	4
음력	03.07	8	9	10	11	12	13	14	15	16	17	18	19	20	21	22	23	24	25	26	27	28	29	30	4.1	2	3	4	5	6	7
일주	癸卯	甲辰	乙巳	丙午	丁未	戊申	己酉	庚戌	辛亥	壬子	癸丑	甲寅	乙卯	丙辰	丁巳	戊午	己未	庚申	辛酉	壬戌	癸亥	甲子	乙丑	丙寅	丁卯	戊辰	己巳	庚午	辛未	壬申	癸酉
대운 남	10 / 1	1	1	1	1	2	2	2	3	3	3	4	4	4	5	5	5	6	6	6	7	7	7	8	8	8	9	9	9	10	10
대운 여	1 / 10	10	10	9	9	9	8	8	8	7	7	7	6	6	6	5	5	5	4	4	4	3	3	3	2	2	2	1	1	1	1

4월 4일(양) 청명 21시 47분　　4월 20일(양) 곡우 04시 55분

신(申)월장　입하　05.05 ~ 06.04(양)

辛巳月

	입하																														
양력	05.05	6	7	8	9	10	11	12	13	14	15	16	17	18	19	20	21	22	23	24	25	26	27	28	29	30	31	6.1	2	3	4
음력	04.08	9	10	11	12	13	14	15	16	17	18	19	20	21	22	23	24	25	26	27	28	29	5.1	2	3	4	5	6	7	8	9
일주	甲戌	乙亥	丙子	丁丑	戊寅	己卯	庚辰	辛巳	壬午	癸未	甲申	乙酉	丙戌	丁亥	戊子	己丑	庚寅	辛卯	壬辰	癸巳	甲午	乙未	丙申	丁酉	戊戌	己亥	庚子	辛丑	壬寅	癸卯	甲辰
대운 남	10 / 1	1	1	1	1	2	2	2	3	3	3	4	4	4	5	5	5	6	6	6	7	7	7	8	8	8	9	9	9	10	10
대운 여	1 / 10	10	10	9	9	9	8	8	8	7	7	7	6	6	6	5	5	5	4	4	4	3	3	3	2	2	2	1	1	1	1

5월 5일(양) 입하 14시 56분　　5월 21일(양) 소만 03시 54분

미(未)월장　망종　06.05 ~ 07.06(양)

壬午月

	망종																															
양력	06.05	6	7	8	9	10	11	12	13	14	15	16	17	18	19	20	21	22	23	24	25	26	27	28	29	30	7.1	2	3	4	5	6
음력	05.10	11	12	13	14	15	16	17	18	19	20	21	22	23	24	25	26	27	28	29	6.1	2	3	4	5	6	7	8	9	10	11	12
일주	乙巳	丙午	丁未	戊申	己酉	庚戌	辛亥	壬子	癸丑	甲寅	乙卯	丙辰	丁巳	戊午	己未	庚申	辛酉	壬戌	癸亥	甲子	乙丑	丙寅	丁卯	戊辰	己巳	庚午	辛未	壬申	癸酉	甲戌	乙亥	丙子
대운 남	10 / 1	1	1	1	1	2	2	2	3	3	3	4	4	4	5	5	5	6	6	6	7	7	7	8	8	8	9	9	9	10	10	10
대운 여	1 / 10	10	10	10	9	9	9	8	8	8	7	7	7	6	6	6	5	5	5	4	4	4	3	3	3	2	2	2	1	1	1	1

6월 5일(양) 망종 18시 55분　　6월 21일(양) 하지 11시 41분

오(午)월장　소서　07.07 ~ 08.06(양)

癸未月

	소서																													
양력	07.07	8	9	10	11	12	13	14	15	16	17	18	19	20	21	22	23	24	25	26	27	28	29	30	31	8.1	2	3	4	5	6
음력	06.13	14	15	16	17	18	19	20	21	22	23	24	25	26	27	28	29	30	윤 6.2	3	4	5	6	7	8	9	10	11	12	13
일주	丁丑	戊寅	己卯	庚辰	辛巳	壬午	癸未	甲申	乙酉	丙戌	丁亥	戊子	己丑	庚寅	辛卯	壬辰	癸巳	甲午	乙未	丙申	丁酉	戊戌	己亥	庚子	辛丑	壬寅	癸卯	甲辰	乙巳	丙午	丁未
대운 남	10 / 1	1	1	1	1	2	2	2	3	3	3	4	4	4	5	5	5	6	6	6	7	7	7	8	8	8	9	9	9	10	10
대운 여	1 / 10	10	10	9	9	9	8	8	8	7	7	7	6	6	6	5	5	5	4	4	4	3	3	3	2	2	2	1	1	1	1

7월 7일(양) 소서 05시 04분　　7월 22일(양) 대서 22시 28분

사(巳)월장 — 입추 08.07 ~ 09.06(양) — 甲申月

구분			8	9	10	11	12	13	14	15	16	17	18	19	20	21	22	23	24	25	26	27	28	29	30	31	9.1	2	3	4	5	6
양력	08.07		8	9	10	11	12	13	14	15	16	17	18	19	20	21	22	23	24	25	26	27	28	29	30	31	9.1	2	3	4	5	6
음력	06.14		15	16	17	18	19	20	21	22	23	24	25	26	27	28	29	7.1	2	3	4	5	6	7	8	9	10	11	12	13	14	15
일주	戊申		己酉	庚戌	辛亥	壬子	癸丑	甲寅	乙卯	丙辰	丁巳	戊午	己未	庚申	辛酉	壬戌	癸亥	甲子	乙丑	丙寅	丁卯	戊辰	己巳	庚午	辛未	壬申	癸酉	甲戌	乙亥	丙子	丁丑	戊寅
대운 남	10	1	1	1	1	1	2	2	2	3	3	3	4	4	4	5	5	5	6	6	6	7	7	7	8	8	8	9	9	9	10	10
대운 여	1	10	10	10	9	9	9	8	8	8	7	7	7	6	6	6	5	5	5	4	4	4	3	3	3	2	2	2	1	1	1	1

8월 7일(양) 입추 14시 50분   8월 23일(양) 처서 05시 33분

진(辰)월장 — 백로 09.07 ~ 10.07(양) — 乙酉月

구분			8	9	10	11	12	13	14	15	16	17	18	19	20	21	22	23	24	25	26	27	28	29	30	10.1	2	3	4	5	6	7
양력	09.07		8	9	10	11	12	13	14	15	16	17	18	19	20	21	22	23	24	25	26	27	28	29	30	10.1	2	3	4	5	6	7
음력	07.16		17	18	19	20	21	22	23	24	25	26	27	28	29	30	8.1	2	3	4	5	6	7	8	9	10	11	12	13	14	15	16
일주	己卯		庚辰	辛巳	壬午	癸未	甲申	乙酉	丙戌	丁亥	戊子	己丑	庚寅	辛卯	壬辰	癸巳	甲午	乙未	丙申	丁酉	戊戌	己亥	庚子	辛丑	壬寅	癸卯	甲辰	乙巳	丙午	丁未	戊申	己酉
대운 남	10	1	1	1	1	1	2	2	2	3	3	3	4	4	4	5	5	5	6	6	6	7	7	7	8	8	8	9	9	9	10	10
대운 여	1	10	10	10	9	9	9	8	8	8	7	7	7	6	6	6	5	5	5	4	4	4	3	3	3	2	2	2	1	1	1	1

9월 7일(양) 백로 17시 51분   9월 23일(양) 추분 03시 18분

묘(卯)월장 — 한로 10.08 ~ 11.06(양) — 丙戌月

구분			9	10	11	12	13	14	15	16	17	18	19	20	21	22	23	24	25	26	27	28	29	30	31	11.1	2	3	4	5	6
양력	10.08		9	10	11	12	13	14	15	16	17	18	19	20	21	22	23	24	25	26	27	28	29	30	31	11.1	2	3	4	5	6
음력	08.17		18	19	20	21	22	23	24	25	26	27	28	29	9.1	2	3	4	5	6	7	8	9	10	11	12	13	14	15	16	17
일주	庚戌		辛亥	壬子	癸丑	甲寅	乙卯	丙辰	丁巳	戊午	己未	庚申	辛酉	壬戌	癸亥	甲子	乙丑	丙寅	丁卯	戊辰	己巳	庚午	辛未	壬申	癸酉	甲戌	乙亥	丙子	丁丑	戊寅	己卯
대운 남	10	1	1	1	1	1	2	2	2	3	3	3	4	4	4	5	5	5	6	6	6	7	7	7	8	8	8	9	9	9	10
대운 여	1	10	10	9	9	9	8	8	8	7	7	7	6	6	6	5	5	5	4	4	4	3	3	3	2	2	2	1	1	1	1

10월 8일(양) 한로 09시 40분   10월 23일(양) 상강 12시 50분

인(寅)월장 — 입동 11.07 ~ 12.06(양) — 丁亥月

구분			8	9	10	11	12	13	14	15	16	17	18	19	20	21	22	23	24	25	26	27	28	29	30	12.1	2	3	4	5	6
양력	11.07		8	9	10	11	12	13	14	15	16	17	18	19	20	21	22	23	24	25	26	27	28	29	30	12.1	2	3	4	5	6
음력	09.18		19	20	21	22	23	24	25	26	27	28	29	30	10.1	2	3	4	5	6	7	8	9	10	11	12	13	14	15	16	17
일주	庚辰		辛巳	壬午	癸未	甲申	乙酉	丙戌	丁亥	戊子	己丑	庚寅	辛卯	壬辰	癸巳	甲午	乙未	丙申	丁酉	戊戌	己亥	庚子	辛丑	壬寅	癸卯	甲辰	乙巳	丙午	丁未	戊申	己酉
대운 남	10	1	1	1	1	1	2	2	2	3	3	3	4	4	4	5	5	5	6	6	6	7	7	7	8	8	8	9	9	9	10
대운 여	1	10	10	9	9	9	8	8	8	7	7	7	6	6	6	5	5	5	4	4	4	3	3	3	2	2	2	1	1	1	1

11월 7일(양) 입동 13시 03분   11월 22일(양) 소설 10시 34분

축(丑)월장 — 대설 12.07 ~ 2026.01.04(양) — 戊子月

구분			8	9	10	11	12	13	14	15	16	17	18	19	20	21	22	23	24	25	26	27	28	29	30	31	1.1	2	3	4
양력	12.07		8	9	10	11	12	13	14	15	16	17	18	19	20	21	22	23	24	25	26	27	28	29	30	31	1.1	2	3	4
음력	10.18		19	20	21	22	23	24	25	26	27	28	29	30	11.1	2	3	4	5	6	7	8	9	10	11	12	13	14	15	16
일주	庚戌		辛亥	壬子	癸丑	甲寅	乙卯	丙辰	丁巳	戊午	己未	庚申	辛酉	壬戌	癸亥	甲子	乙丑	丙寅	丁卯	戊辰	己巳	庚午	辛未	壬申	癸酉	甲戌	乙亥	丙子	丁丑	戊寅
대운 남	10	1	1	1	1	1	2	2	2	3	3	3	4	4	4	5	5	5	6	6	6	7	7	7	8	8	8	9	9	9
대운 여	1	10	9	9	9	8	8	8	7	7	7	6	6	6	5	5	5	4	4	4	3	3	3	2	2	2	1	1	1	1

12월 7일(양) 대설 06시 03분   12월 21일(양) 동지 00시 02분

자(子)월장 — 소한 01.05 ~ 02.03(양) — 己丑月

구분			6	7	8	9	10	11	12	13	14	15	16	17	18	19	20	21	22	23	24	25	26	27	28	29	30	31	2.1	2	3
양력	2026.01.05		6	7	8	9	10	11	12	13	14	15	16	17	18	19	20	21	22	23	24	25	26	27	28	29	30	31	2.1	2	3
음력	2025.11.17		18	19	20	21	22	23	24	25	26	27	28	29	30	12.1	2	3	4	5	6	7	8	9	10	11	12	13	14	15	16
일주	己卯		庚辰	辛巳	壬午	癸未	甲申	乙酉	丙戌	丁亥	戊子	己丑	庚寅	辛卯	壬辰	癸巳	甲午	乙未	丙申	丁酉	戊戌	己亥	庚子	辛丑	壬寅	癸卯	甲辰	乙巳	丙午	丁未	戊申
대운 남	10	1	1	1	1	1	2	2	2	3	3	3	4	4	4	5	5	5	6	6	6	7	7	7	8	8	8	9	9	9	10
대운 여	1	10	10	9	9	9	8	8	8	7	7	7	6	6	6	5	5	5	4	4	4	3	3	3	2	2	2	1	1	1	1

1월 5일(양) 소한 17시 22분   1월 20일(양) 대한 10시 44분

2026

해(亥)월장 · 입춘 — 02.04 ~ 03.04(양)

庚寅月

양력	2026.02.04		5	6	7	8	9	10	11	12	13	14	15	16	17	18	19	20	21	22	23	24	25	26	27	28	3.1	2	3	4
음력	2025.12.17		18	19	20	21	22	23	24	25	26	27	28	29	1.1	2	3	4	5	6	7	8	9	10	11	12	13	14	15	16
일주	己酉		庚戌	辛亥	壬子	癸丑	甲寅	乙卯	丙辰	丁巳	戊午	己未	庚申	辛酉	壬戌	癸亥	甲子	乙丑	丙寅	丁卯	戊辰	己巳	庚午	辛未	壬申	癸酉	甲戌	乙亥	丙子	丁丑
대운(남)	10	10	9	9	9	8	8	8	7	7	7	6	6	6	5	5	5	4	4	4	3	3	3	2	2	2	1	1	1	1
대운(여)	1	1	1	1	1	2	2	2	3	3	3	4	4	4	5	5	5	6	6	6	7	7	7	8	8	8	9	9	9	9

2월 4일(양) 입춘 05시 01분　　2월 19일(양) 우수 00시 51분

술(戌)월장 · 경칩 — 03.05 ~ 04.04(양)

辛卯月

양력	03.05		6	7	8	9	10	11	12	13	14	15	16	17	18	19	20	21	22	23	24	25	26	27	28	29	30	31	4.1	2	3	4
음력	01.17		18	19	20	21	22	23	24	25	26	27	28	29	30	2.1	2	3	4	5	6	7	8	9	10	11	12	13	14	15	16	17
일주	戊寅		己卯	庚辰	辛巳	壬午	癸未	甲申	乙酉	丙戌	丁亥	戊子	己丑	庚寅	辛卯	壬辰	癸巳	甲午	乙未	丙申	丁酉	戊戌	己亥	庚子	辛丑	壬寅	癸卯	甲辰	乙巳	丙午	丁未	戊申
대운(남)	1	10	10	10	9	9	9	8	8	8	7	7	7	6	6	6	5	5	5	4	4	4	3	3	3	2	2	2	1	1	1	1
대운(여)	10	1	1	1	1	2	2	2	3	3	3	4	4	4	5	5	5	6	6	6	7	7	7	8	8	8	9	9	9	10	10	10

3월 5일(양) 경칩 22시 58분　　3월 20일(양) 춘분 23시 45분

유(酉)월장 · 청명 — 04.05 ~ 05.04(양)

壬辰月

양력	04.05		6	7	8	9	10	11	12	13	14	15	16	17	18	19	20	21	22	23	24	25	26	27	28	29	30	5.1	2	3	4
음력	02.18		19	20	21	22	23	24	25	26	27	28	29	3.1	2	3	4	5	6	7	8	9	10	11	12	13	14	15	16	17	18
일주	己酉		庚戌	辛亥	壬子	癸丑	甲寅	乙卯	丙辰	丁巳	戊午	己未	庚申	辛酉	壬戌	癸亥	甲子	乙丑	丙寅	丁卯	戊辰	己巳	庚午	辛未	壬申	癸酉	甲戌	乙亥	丙子	丁丑	戊寅
대운(남)	1	10	10	9	9	9	8	8	8	7	7	7	6	6	6	5	5	5	4	4	4	3	3	3	2	2	2	1	1	1	1
대운(여)	10	1	1	1	2	2	2	3	3	3	4	4	4	5	5	5	6	6	6	7	7	7	8	8	8	9	9	9	10	10

4월 5일(양) 청명 03시 39분　　4월 20일(양) 곡우 10시 38분

신(申)월장 · 입하 — 05.05 ~ 06.05(양)

癸巳月

양력	05.05		6	7	8	9	10	11	12	13	14	15	16	17	18	19	20	21	22	23	24	25	26	27	28	29	30	31	6.1	2	3	4	5
음력	03.19		20	21	22	23	24	25	26	27	28	29	30	4.1	2	3	4	5	6	7	8	9	10	11	12	13	14	15	16	17	18	19	20
일주	己卯		庚辰	辛巳	壬午	癸未	甲申	乙酉	丙戌	丁亥	戊子	己丑	庚寅	辛卯	壬辰	癸巳	甲午	乙未	丙申	丁酉	戊戌	己亥	庚子	辛丑	壬寅	癸卯	甲辰	乙巳	丙午	丁未	戊申	己酉	庚戌
대운(남)	1	10	10	10	10	9	9	9	8	8	8	7	7	7	6	6	6	5	5	5	4	4	4	3	3	3	2	2	2	1	1	1	1
대운(여)	10	1	1	1	1	2	2	2	3	3	3	4	4	4	5	5	5	6	6	6	7	7	7	8	8	8	9	9	9	10	10	10	10

5월 5일(양) 입하 20시 48분　　5월 21일(양) 소만 09시 36분

미(未)월장 · 망종 — 06.06 ~ 07.06(양)

甲午月

양력	06.06		7	8	9	10	11	12	13	14	15	16	17	18	19	20	21	22	23	24	25	26	27	28	29	30	7.1	2	3	4	5	6
음력	04.21		22	23	24	25	26	27	28	29	5.1	2	3	4	5	6	7	8	9	10	11	12	13	14	15	16	17	18	19	20	21	22
일주	辛亥		壬子	癸丑	甲寅	乙卯	丙辰	丁巳	戊午	己未	庚申	辛酉	壬戌	癸亥	甲子	乙丑	丙寅	丁卯	戊辰	己巳	庚午	辛未	壬申	癸酉	甲戌	乙亥	丙子	丁丑	戊寅	己卯	庚辰	辛巳
대운(남)	1	10	10	10	9	9	9	8	8	8	7	7	7	6	6	6	5	5	5	4	4	4	3	3	3	2	2	2	1	1	1	1
대운(여)	10	1	1	1	1	2	2	2	3	3	3	4	4	4	5	5	5	6	6	6	7	7	7	8	8	8	9	9	9	10	10

6월 6일(양) 망종 00시 47분　　6월 21일(양) 하지 17시 23분

오(午)월장 · 소서 — 07.07 ~ 08.06(양)

乙未月

양력	07.07		8	9	10	11	12	13	14	15	16	17	18	19	20	21	22	23	24	25	26	27	28	29	30	31	8.1	2	3	4	5	6
음력	05.23		24	25	26	27	28	29	6.1	2	3	4	5	6	7	8	9	10	11	12	13	14	15	16	17	18	19	20	21	22	23	24
일주	壬午		癸未	甲申	乙酉	丙戌	丁亥	戊子	己丑	庚寅	辛卯	壬辰	癸巳	甲午	乙未	丙申	丁酉	戊戌	己亥	庚子	辛丑	壬寅	癸卯	甲辰	乙巳	丙午	丁未	戊申	己酉	庚戌	辛亥	壬子
대운(남)	1	10	10	10	9	9	9	8	8	8	7	7	7	6	6	6	5	5	5	4	4	4	3	3	3	2	2	2	1	1	1	1
대운(여)	10	1	1	1	1	2	2	2	3	3	3	4	4	4	5	5	5	6	6	6	7	7	7	8	8	8	9	9	9	10	10

7월 7일(양) 소서 10시 56분　　7월 23일(양) 대서 04시 12분

사(巳)월장 · 입추 · 08.07 ~ 09.06(양) — 丙申月

丙申月	절입	8	9	10	11	12	13	14	15	16	17	18	19	20	21	22	23	24	25	26	27	28	29	30	31	9.1	2	3	4	5	6
양력	08.07	8	9	10	11	12	13	14	15	16	17	18	19	20	21	22	23	24	25	26	27	28	29	30	31	9.1	2	3	4	5	6
음력	06.25	26	27	28	29	30	7.1	2	3	4	5	6	7	8	9	10	11	12	13	14	15	16	17	18	19	20	21	22	23	24	25
일주	癸丑	甲寅	乙卯	丙辰	丁巳	戊午	己未	庚申	辛酉	壬戌	癸亥	甲子	乙丑	丙寅	丁卯	戊辰	己巳	庚午	辛未	壬申	癸酉	甲戌	乙亥	丙子	丁丑	戊寅	己卯	庚辰	辛巳	壬午	癸未
대운 남	1 / 10	10	10	9	9	9	8	8	8	7	7	7	6	6	6	5	5	5	4	4	4	3	3	3	2	2	2	1	1	1	1
운 여	10 / 1	1	1	1	1	2	2	2	3	3	3	4	4	4	5	5	5	6	6	6	7	7	7	8	8	8	9	9	9	10	10

8월 7일(양) 입추 20시 42분 · 8월 23일(양) 처서 11시 18분

진(辰)월장 · 백로 · 09.07 ~ 10.07(양) — 丁酉月

丁酉月	절입	8	9	10	11	12	13	14	15	16	17	18	19	20	21	22	23	24	25	26	27	28	29	30	10.1	2	3	4	5	6	7
양력	09.07	8	9	10	11	12	13	14	15	16	17	18	19	20	21	22	23	24	25	26	27	28	29	30	10.1	2	3	4	5	6	7
음력	07.26	27	28	29	8.1	2	3	4	5	6	7	8	9	10	11	12	13	14	15	16	17	18	19	20	21	22	23	24	25	26	27
일주	甲申	乙酉	丙戌	丁亥	戊子	己丑	庚寅	辛卯	壬辰	癸巳	甲午	乙未	丙申	丁酉	戊戌	己亥	庚子	辛丑	壬寅	癸卯	甲辰	乙巳	丙午	丁未	戊申	己酉	庚戌	辛亥	壬子	癸丑	甲寅
대운 남	1 / 10	10	10	9	9	9	8	8	8	7	7	7	6	6	6	5	5	5	4	4	4	3	3	3	2	2	2	1	1	1	1
운 여	10 / 1	1	1	1	1	2	2	2	3	3	3	4	4	4	5	5	5	6	6	6	7	7	7	8	8	8	9	9	9	10	10

9월 7일(양) 백로 23시 40분 · 9월 23일(양) 추분 09시 04분

묘(卯)월장 · 한로 · 10.08 ~ 11.06(양) — 戊戌月

戊戌月	절입	9	10	11	12	13	14	15	16	17	18	19	20	21	22	23	24	25	26	27	28	29	30	31	11.1	2	3	4	5	6
양력	10.08	9	10	11	12	13	14	15	16	17	18	19	20	21	22	23	24	25	26	27	28	29	30	31	11.1	2	3	4	5	6
음력	08.28	29	30	9.1	2	3	4	5	6	7	8	9	10	11	12	13	14	15	16	17	18	19	20	21	22	23	24	25	26	27
일주	乙卯	丙辰	丁巳	戊午	己未	庚申	辛酉	壬戌	癸亥	甲子	乙丑	丙寅	丁卯	戊辰	己巳	庚午	辛未	壬申	癸酉	甲戌	乙亥	丙子	丁丑	戊寅	己卯	庚辰	辛巳	壬午	癸未	甲申
대운 남	1 / 10	10	9	9	9	8	8	8	7	7	7	6	6	6	5	5	5	4	4	4	3	3	3	2	2	2	1	1	1	1
운 여	10 / 1	1	1	1	1	2	2	2	3	3	3	4	4	4	5	5	5	6	6	6	7	7	7	8	8	8	9	9	9	10

10월 8일(양) 한로 15시 28분 · 10월 23일(양) 상강 18시 37분

인(寅)월장 · 입동 · 11.07 ~ 12.06(양) — 己亥月

己亥月	절입	8	9	10	11	12	13	14	15	16	17	18	19	20	21	22	23	24	25	26	27	28	29	30	12.1	2	3	4	5	6
양력	11.07	8	9	10	11	12	13	14	15	16	17	18	19	20	21	22	23	24	25	26	27	28	29	30	12.1	2	3	4	5	6
음력	09.28	29	10.1	2	3	4	5	6	7	8	9	10	11	12	13	14	15	16	17	18	19	20	21	22	23	24	25	26	27	28
일주	乙酉	丙戌	丁亥	戊子	己丑	庚寅	辛卯	壬辰	癸巳	甲午	乙未	丙申	丁酉	戊戌	己亥	庚子	辛丑	壬寅	癸卯	甲辰	乙巳	丙午	丁未	戊申	己酉	庚戌	辛亥	壬子	癸丑	甲寅
대운 남	1 / 10	10	9	9	9	8	8	8	7	7	7	6	6	6	5	5	5	4	4	4	3	3	3	2	2	2	1	1	1	1
운 여	10 / 1	1	1	1	1	2	2	2	3	3	3	4	4	4	5	5	5	6	6	6	7	7	7	8	8	8	9	9	9	10

11월 7일(양) 입동 18시 51분 · 11월 22일(양) 소설 16시 22분

축(丑)월장 · 대설 · 12.07 ~ 2027.01.04(양) — 庚子月

庚子月	절입	8	9	10	11	12	13	14	15	16	17	18	19	20	21	22	23	24	25	26	27	28	29	30	31	1.1	2	3	4
양력	12.07	8	9	10	11	12	13	14	15	16	17	18	19	20	21	22	23	24	25	26	27	28	29	30	31	1.1	2	3	4
음력	10.29	30	11.1	2	3	4	5	6	7	8	9	10	11	12	13	14	15	16	17	18	19	20	21	22	23	24	25	26	27
일주	乙卯	丙辰	丁巳	戊午	己未	庚申	辛酉	壬戌	癸亥	甲子	乙丑	丙寅	丁卯	戊辰	己巳	庚午	辛未	壬申	癸酉	甲戌	乙亥	丙子	丁丑	戊寅	己卯	庚辰	辛巳	壬午	癸未
대운 남	1 / 10	9	9	9	8	8	8	7	7	7	6	6	6	5	5	5	4	4	4	3	3	3	2	2	2	1	1	1	1
운 여	10 / 1	1	1	1	2	2	2	3	3	3	4	4	4	5	5	5	6	6	6	7	7	7	8	8	8	9	9	9	10

12월 7일(양) 대설 11시 51분 · 12월 22일(양) 동지 05시 49분

자(子)월장 · 소한 · 01.05 ~ 02.03(양) — 辛丑月

辛丑月	절입	6	7	8	9	10	11	12	13	14	15	16	17	18	19	20	21	22	23	24	25	26	27	28	29	30	31	2.1	2	3
양력	2027.01.05	6	7	8	9	10	11	12	13	14	15	16	17	18	19	20	21	22	23	24	25	26	27	28	29	30	31	2.1	2	3
음력	2026.11.28	29	30	12.1	2	3	4	5	6	7	8	9	10	11	12	13	14	15	16	17	18	19	20	21	22	23	24	25	26	27
일주	甲申	乙酉	丙戌	丁亥	戊子	己丑	庚寅	辛卯	壬辰	癸巳	甲午	乙未	丙申	丁酉	戊戌	己亥	庚子	辛丑	壬寅	癸卯	甲辰	乙巳	丙午	丁未	戊申	己酉	庚戌	辛亥	壬子	癸丑
대운 남	1 / 10	10	10	9	9	9	8	8	8	7	7	7	6	6	6	5	5	5	4	4	4	3	3	3	2	2	2	1	1	1
운 여	10 / 1	1	1	1	2	2	2	3	3	3	4	4	4	5	5	5	6	6	6	7	7	7	8	8	8	9	9	9	10

1월 5일(양) 소한 23시 09분 · 1월 20일(양) 대한 16시 29분

해(亥)월장 | 입 춘 | 02.04 ~ 03.05(양)

	절입																													
양력	2027.02.04		5	6	7	8	9	10	11	12	13	14	15	16	17	18	19	20	21	22	23	24	25	26	27	28	3.1	2	3	4	5
음력	2026.12.28		29	30	1.1	2	3	4	5	6	7	8	9	10	11	12	13	14	15	16	17	18	19	20	21	22	23	24	25	26	27
일주	甲寅		乙卯	丙辰	丁巳	戊午	己未	庚申	辛酉	壬戌	癸亥	甲子	乙丑	丙寅	丁卯	戊辰	己巳	庚午	辛未	壬申	癸酉	甲戌	乙亥	丙子	丁丑	戊寅	己卯	庚辰	辛巳	壬午	癸未
대운 남	1	1	1	1	1	1	2	2	2	3	3	3	4	4	4	5	5	5	6	6	6	7	7	7	8	8	8	9	9	9	10
운 여	10	10	10	9	9	9	8	8	8	7	7	7	6	6	6	5	5	5	4	4	4	3	3	3	2	2	2	1	1	1	1

2월 4일(양) 입춘 10시 45분 — 2월 19일(양) 우수 06시 32분

술(戌)월장 | 경 칩 | 03.06 ~ 04.04(양)

	절입																													
양력	03.06		7	8	9	10	11	12	13	14	15	16	17	18	19	20	21	22	23	24	25	26	27	28	29	30	31	4.1	2	3	4
음력	01.28		29	2.1	2	3	4	5	6	7	8	9	10	11	12	13	14	15	16	17	18	19	20	21	22	23	24	25	26	27	28
일주	甲申		乙酉	丙戌	丁亥	戊子	己丑	庚寅	辛卯	壬辰	癸巳	甲午	乙未	丙申	丁酉	戊戌	己亥	庚子	辛丑	壬寅	癸卯	甲辰	乙巳	丙午	丁未	戊申	己酉	庚戌	辛亥	壬子	癸丑
대운 남	10	1	1	1	1	1	2	2	2	3	3	3	4	4	4	5	5	5	6	6	6	7	7	7	8	8	8	9	9	9	10
운 여	1	10	10	9	9	9	8	8	8	7	7	7	6	6	6	5	5	5	4	4	4	3	3	3	2	2	2	1	1	1	1

3월 6일(양) 경칩 04시 38분 — 3월 21일(양) 춘분 05시 24분

유(酉)월장 | 청 명 | 04.05 ~ 05.05(양)

	절입																														
양력	04.05		6	7	8	9	10	11	12	13	14	15	16	17	18	19	20	21	22	23	24	25	26	27	28	29	30	5.1	2	3	4	5
음력	02.29		30	3.1	2	3	4	5	6	7	8	9	10	11	12	13	14	15	16	17	18	19	20	21	22	23	24	25	26	27	28	29
일주	甲寅		乙卯	丙辰	丁巳	戊午	己未	庚申	辛酉	壬戌	癸亥	甲子	乙丑	丙寅	丁卯	戊辰	己巳	庚午	辛未	壬申	癸酉	甲戌	乙亥	丙子	丁丑	戊寅	己卯	庚辰	辛巳	壬午	癸未	甲申
대운 남	10	1	1	1	1	1	2	2	2	3	3	3	4	4	4	5	5	5	6	6	6	7	7	7	8	8	8	9	9	9	10	10
운 여	1	10	10	10	9	9	9	8	8	8	7	7	7	6	6	6	5	5	5	4	4	4	3	3	3	2	2	2	1	1	1	1

4월 5일(양) 청명 09시 16분 — 4월 20일(양) 곡우 16시 16분

신(申)월장 | 입 하 | 05.06 ~ 06.05(양)

	절입																														
양력	05.06		7	8	9	10	11	12	13	14	15	16	17	18	19	20	21	22	23	24	25	26	27	28	29	30	31	6.1	2	3	4	5
음력	04.01		2	3	4	5	6	7	8	9	10	11	12	13	14	15	16	17	18	19	20	21	22	23	24	25	26	27	28	29	30	5.1
일주	乙酉		丙戌	丁亥	戊子	己丑	庚寅	辛卯	壬辰	癸巳	甲午	乙未	丙申	丁酉	戊戌	己亥	庚子	辛丑	壬寅	癸卯	甲辰	乙巳	丙午	丁未	戊申	己酉	庚戌	辛亥	壬子	癸丑	甲寅	乙卯
대운 남	10	1	1	1	1	1	2	2	2	3	3	3	4	4	4	5	5	5	6	6	6	7	7	7	8	8	8	9	9	9	10	10
운 여	1	10	10	10	9	9	9	8	8	8	7	7	7	6	6	6	5	5	5	4	4	4	3	3	3	2	2	2	1	1	1	1

5월 6일(양) 입하 02시 24분 — 5월 21일(양) 소만 15시 17분

미(未)월장 | 망 종 | 06.06 ~ 07.06(양)

	절입																														
양력	06.06		7	8	9	10	11	12	13	14	15	16	17	18	19	20	21	22	23	24	25	26	27	28	29	30	7.1	2	3	4	5	6
음력	05.02		3	4	5	6	7	8	9	10	11	12	13	14	15	16	17	18	19	20	21	22	23	24	25	26	27	28	29	6.1	2	3
일주	丙辰		丁巳	戊午	己未	庚申	辛酉	壬戌	癸亥	甲子	乙丑	丙寅	丁卯	戊辰	己巳	庚午	辛未	壬申	癸酉	甲戌	乙亥	丙子	丁丑	戊寅	己卯	庚辰	辛巳	壬午	癸未	甲申	乙酉	丙戌
대운 남	10	1	1	1	1	1	2	2	2	3	3	3	4	4	4	5	5	5	6	6	6	7	7	7	8	8	8	9	9	9	10	10
운 여	1	10	10	10	9	9	9	8	8	8	7	7	7	6	6	6	5	5	5	4	4	4	3	3	3	2	2	2	1	1	1	1

6월 6일(양) 망종 06시 25분 — 6월 21일(양) 하지 23시 10분

오(午)월장 | 소 서 | 07.07 ~ 08.07(양)

	절입																															
양력	07.07		8	9	10	11	12	13	14	15	16	17	18	19	20	21	22	23	24	25	26	27	28	29	30	31	8.1	2	3	4	5	6	7
음력	06.04		5	6	7	8	9	10	11	12	13	14	15	16	17	18	19	20	21	22	23	24	25	26	27	28	29	7.1	2	3	4	5	6
일주	丁亥		戊子	己丑	庚寅	辛卯	壬辰	癸巳	甲午	乙未	丙申	丁酉	戊戌	己亥	庚子	辛丑	壬寅	癸卯	甲辰	乙巳	丙午	丁未	戊申	己酉	庚戌	辛亥	壬子	癸丑	甲寅	乙卯	丙辰	丁巳	戊午
대운 남	10	1	1	1	1	1	2	2	2	3	3	3	4	4	4	5	5	5	6	6	6	7	7	7	8	8	8	9	9	9	10	10	10
운 여	1	10	10	10	10	9	9	9	8	8	8	7	7	7	6	6	6	5	5	5	4	4	4	3	3	3	2	2	2	1	1	1	1

7월 7일(양) 소서 16시 36분 — 7월 23일(양) 대서 10시 03분

사(巳)월장 — 입추 — 08.08 ~ 09.07(양)

戊申月	seed	seed																													
양력	08.08		9	10	11	12	13	14	15	16	17	18	19	20	21	22	23	24	25	26	27	28	29	30	31	9.1	2	3	4	5	6	7
음력	07.07		8	9	10	11	12	13	14	15	16	17	18	19	20	21	22	23	24	25	26	27	28	29	30	8.1	2	3	4	5	6	7
일주	己未		庚申	辛酉	壬戌	癸亥	甲子	乙丑	丙寅	丁卯	戊辰	己巳	庚午	辛未	壬申	癸酉	甲戌	乙亥	丙子	丁丑	戊寅	己卯	庚辰	辛巳	壬午	癸未	甲申	乙酉	丙戌	丁亥	戊子	己丑
대운 남	10	1	1	1	1	1	2	2	2	3	3	3	4	4	4	5	5	5	6	6	6	7	7	7	8	8	8	9	9	9	10	10
대운 여	1	10	10	10	9	9	9	8	8	8	7	7	7	6	6	6	5	5	5	4	4	4	3	3	3	2	2	2	1	1	1	1

8월 8일(양) 입추 02시 26분   8월 23일(양) 처서 17시 13분

진(辰)월장 — 백로 — 09.08 ~ 10.07(양)

己酉月	seed	seed																												
양력	09.08		9	10	11	12	13	14	15	16	17	18	19	20	21	22	23	24	25	26	27	28	29	30	10.1	2	3	4	5	6	7
음력	08.08		9	10	11	12	13	14	15	16	17	18	19	20	21	22	23	24	25	26	27	28	29	9.1	2	3	4	5	6	7	8
일주	庚寅		辛卯	壬辰	癸巳	甲午	乙未	丙申	丁酉	戊戌	己亥	庚子	辛丑	壬寅	癸卯	甲辰	乙巳	丙午	丁未	戊申	己酉	庚戌	辛亥	壬子	癸丑	甲寅	乙卯	丙辰	丁巳	戊午	己未
대운 남	10	1	1	1	1	1	2	2	2	3	3	3	4	4	4	5	5	5	6	6	6	7	7	7	8	8	8	9	9	9	10
대운 여	1	10	10	9	9	9	8	8	8	7	7	7	6	6	6	5	5	5	4	4	4	3	3	3	2	2	2	1	1	1	1

9월 8일(양) 백로 05시 27분   9월 23일(양) 추분 15시 01분

묘(卯)월장 — 한로 — 10.08 ~ 11.07(양)

庚戌月	seed	seed																													
양력	10.08		9	10	11	12	13	14	15	16	17	18	19	20	21	22	23	24	25	26	27	28	29	30	31	11.1	2	3	4	5	6	7
음력	09.09		10	11	12	13	14	15	16	17	18	19	20	21	22	23	24	25	26	27	28	29	10.1	2	3	4	5	6	7	8	9	10
일주	庚申		辛酉	壬戌	癸亥	甲子	乙丑	丙寅	丁卯	戊辰	己巳	庚午	辛未	壬申	癸酉	甲戌	乙亥	丙子	丁丑	戊寅	己卯	庚辰	辛巳	壬午	癸未	甲申	乙酉	丙戌	丁亥	戊子	己丑	庚寅
대운 남	10	1	1	1	1	1	2	2	2	3	3	3	4	4	4	5	5	5	6	6	6	7	7	7	8	8	8	9	9	9	10	10
대운 여	1	10	10	10	9	9	9	8	8	8	7	7	7	6	6	6	5	5	5	4	4	4	3	3	3	2	2	2	1	1	1	1

10월 8일(양) 한로 21시 16분   10월 24일(양) 상강 00시 32분

인(寅)월장 — 입동 — 11.08 ~ 12.06(양)

辛亥月	seed	seed																											
양력	11.08		9	10	11	12	13	14	15	16	17	18	19	20	21	22	23	24	25	26	27	28	29	30	12.1	2	3	4	5	6
음력	10.11		12	13	14	15	16	17	18	19	20	21	22	23	24	25	26	27	28	29	30	11.1	2	3	4	5	6	7	8	9
일주	辛卯		壬辰	癸巳	甲午	乙未	丙申	丁酉	戊戌	己亥	庚子	辛丑	壬寅	癸卯	甲辰	乙巳	丙午	丁未	戊申	己酉	庚戌	辛亥	壬子	癸丑	甲寅	乙卯	丙辰	丁巳	戊午	己未
대운 남	10	1	1	1	1	1	2	2	2	3	3	3	4	4	4	5	5	5	6	6	6	7	7	7	8	8	8	9	9	9
대운 여	1	10	9	9	9	8	8	8	7	7	7	6	6	6	5	5	5	4	4	4	3	3	3	2	2	2	1	1	1	1

11월 8일(양) 입동 00시 37분   11월 22일(양) 소설 22시 15분

축(丑)월장 — 대설 — 12.07 ~ 2028.01.05(양)

壬子月	seed	seed																												
양력	12.07		8	9	10	11	12	13	14	15	16	17	18	19	20	21	22	23	24	25	26	27	28	29	30	31	1.1	2	3	4	5
음력	11.10		11	12	13	14	15	16	17	18	19	20	21	22	23	24	25	26	27	28	29	30	12.1	2	3	4	5	6	7	8	9
일주	庚申		辛酉	壬戌	癸亥	甲子	乙丑	丙寅	丁卯	戊辰	己巳	庚午	辛未	壬申	癸酉	甲戌	乙亥	丙子	丁丑	戊寅	己卯	庚辰	辛巳	壬午	癸未	甲申	乙酉	丙戌	丁亥	戊子	己丑
대운 남	10	1	1	1	1	1	2	2	2	3	3	3	4	4	4	5	5	5	6	6	6	7	7	7	8	8	8	9	9	9	10
대운 여	1	10	10	9	9	9	8	8	8	7	7	7	6	6	6	5	5	5	4	4	4	3	3	3	2	2	2	1	1	1	1

12월 7일(양) 대설 17시 36분   12월 22일(양) 동지 11시 41분

자(子)월장 — 소한 — 01.06 ~ 02.03(양)

癸丑月	seed	seed																											
양력	2028.01.06		7	8	9	10	11	12	13	14	15	16	17	18	19	20	21	22	23	24	25	26	27	28	29	30	31	2.1	2	3
음력	2027.12.10		11	12	13	14	15	16	17	18	19	20	21	22	23	24	25	26	27	28	29	30	1.1	2	3	4	5	6	7	8
일주	庚寅		辛卯	壬辰	癸巳	甲午	乙未	丙申	丁酉	戊戌	己亥	庚子	辛丑	壬寅	癸卯	甲辰	乙巳	丙午	丁未	戊申	己酉	庚戌	辛亥	壬子	癸丑	甲寅	乙卯	丙辰	丁巳	戊午
대운 남	10	1	1	1	1	1	2	2	2	3	3	3	4	4	4	5	5	5	6	6	6	7	7	7	8	8	8	9	9	9
대운 여	1	10	9	9	9	8	8	8	7	7	7	6	6	6	5	5	5	4	4	4	3	3	3	2	2	2	1	1	1	1

1월 6일(양) 소한 04시 53분   1월 20일(양) 대한 22시 21분

윤5월   단기 4361년

해(亥)월장 · 입춘 · 甲寅月

입춘 02.04 ~ 03.04(양)

양력	2028.02.04		5	6	7	8	9	10	11	12	13	14	15	16	17	18	19	20	21	22	23	24	25	26	27	28	29	3.1	2	3	4
음력	2028.01.09		10	11	12	13	14	15	16	17	18	19	20	21	22	23	24	25	26	27	28	29	2.1	2	3	4	5	6	7	8	9
일주	己未		庚申	辛酉	壬戌	癸亥	甲子	乙丑	丙寅	丁卯	戊辰	己巳	庚午	辛未	壬申	癸酉	甲戌	乙亥	丙子	丁丑	戊寅	己卯	庚辰	辛巳	壬午	癸未	甲申	乙酉	丙戌	丁亥	戊子
대운 남	10	10	10	9	9	9	8	8	8	7	7	7	6	6	6	5	5	5	4	4	4	3	3	3	2	2	2	1	1	1	1
대운 여	1	1	1	1	1	1	2	2	2	3	3	3	4	4	4	5	5	5	6	6	6	7	7	7	8	8	8	9	9	9	10

2월 4일(양) 입춘 16시 30분 · 2월 19일(양) 우수 12시 25분

술(戌)월장 · 경칩 · 乙卯月

경칩 03.05 ~ 04.03(양)

양력	03.05		6	7	8	9	10	11	12	13	14	15	16	17	18	19	20	21	22	23	24	25	26	27	28	29	30	31	4.1	2	3
음력	02.10		11	12	13	14	15	16	17	18	19	20	21	22	23	24	25	26	27	28	29	30	3.1	2	3	4	5	6	7	8	9
일주	己丑		庚寅	辛卯	壬辰	癸巳	甲午	乙未	丙申	丁酉	戊戌	己亥	庚子	辛丑	壬寅	癸卯	甲辰	乙巳	丙午	丁未	戊申	己酉	庚戌	辛亥	壬子	癸丑	甲寅	乙卯	丙辰	丁巳	戊午
대운 남	1	10	10	9	9	9	8	8	8	7	7	7	6	6	6	5	5	5	4	4	4	3	3	3	2	2	2	1	1	1	1
대운 여	10	1	1	1	1	1	2	2	2	3	3	3	4	4	4	5	5	5	6	6	6	7	7	7	8	8	8	9	9	9	10

3월 5일(양) 경칩 10시 24분 · 3월 20일(양) 춘분 11시 16분

유(酉)월장 · 청명 · 丙辰月

청명 04.04 ~ 05.04(양)

양력	04.04		5	6	7	8	9	10	11	12	13	14	15	16	17	18	19	20	21	22	23	24	25	26	27	28	29	30	5.1	2	3	4
음력	03.10		11	12	13	14	15	16	17	18	19	20	21	22	23	24	25	26	27	28	29	30	4.1	2	3	4	5	6	7	8	9	10
일주	己未		庚申	辛酉	壬戌	癸亥	甲子	乙丑	丙寅	丁卯	戊辰	己巳	庚午	辛未	壬申	癸酉	甲戌	乙亥	丙子	丁丑	戊寅	己卯	庚辰	辛巳	壬午	癸未	甲申	乙酉	丙戌	丁亥	戊子	己丑
대운 남	1	10	10	10	9	9	9	8	8	8	7	7	7	6	6	6	5	5	5	4	4	4	3	3	3	2	2	2	1	1	1	1
대운 여	10	1	1	1	1	1	2	2	2	3	3	3	4	4	4	5	5	5	6	6	6	7	7	7	8	8	8	9	9	9	10	10

4월 4일(양) 청명 15시 02분 · 4월 19일(양) 곡우 22시 08분

신(申)월장 · 입하 · 丁巳月

입하 05.05 ~ 06.04(양)

양력	05.05		6	7	8	9	10	11	12	13	14	15	16	17	18	19	20	21	22	23	24	25	26	27	28	29	30	31	6.1	2	3	4
음력	04.11		12	13	14	15	16	17	18	19	20	21	22	23	24	25	26	27	28	29	5.1	2	3	4	5	6	7	8	9	10	11	12
일주	庚寅		辛卯	壬辰	癸巳	甲午	乙未	丙申	丁酉	戊戌	己亥	庚子	辛丑	壬寅	癸卯	甲辰	乙巳	丙午	丁未	戊申	己酉	庚戌	辛亥	壬子	癸丑	甲寅	乙卯	丙辰	丁巳	戊午	己未	庚申
대운 남	1	10	10	10	9	9	9	8	8	8	7	7	7	6	6	6	5	5	5	4	4	4	3	3	3	2	2	2	1	1	1	1
대운 여	10	1	1	1	1	1	2	2	2	3	3	3	4	4	4	5	5	5	6	6	6	7	7	7	8	8	8	9	9	9	10	10

5월 5일(양) 입하 08시 11분 · 5월 20일(양) 소만 21시 09분

미(未)월장 · 망종 · 戊午月

망종 06.05 ~ 07.05(양)

양력	06.05		6	7	8	9	10	11	12	13	14	15	16	17	18	19	20	21	22	23	24	25	26	27	28	29	30	7.1	2	3	4	5
음력	05.13		14	15	16	17	18	19	20	21	22	23	24	25	26	27	28	29	30	윤	5.2	3	4	5	6	7	8	9	10	11	12	13
일주	辛酉		壬戌	癸亥	甲子	乙丑	丙寅	丁卯	戊辰	己巳	庚午	辛未	壬申	癸酉	甲戌	乙亥	丙子	丁丑	戊寅	己卯	庚辰	辛巳	壬午	癸未	甲申	乙酉	丙戌	丁亥	戊子	己丑	庚寅	辛卯
대운 남	1	10	10	10	9	9	9	8	8	8	7	7	7	6	6	6	5	5	5	4	4	4	3	3	3	2	2	2	1	1	1	1
대운 여	10	1	1	1	1	1	2	2	2	3	3	3	4	4	4	5	5	5	6	6	6	7	7	7	8	8	8	9	9	9	10	10

6월 5일(양) 망종 12시 15분 · 6월 21일(양) 하지 05시 01분

오(午)월장 · 소서 · 己未月

소서 07.06 ~ 08.06(양)

양력	07.06		7	8	9	10	11	12	13	14	15	16	17	18	19	20	21	22	23	24	25	26	27	28	29	30	31	8.1	2	3	4	5	6
음력	05.14		15	16	17	18	19	20	21	22	23	24	25	26	27	28	29	6.1	2	3	4	5	6	7	8	9	10	11	12	13	14	15	16
일주	壬辰		癸巳	甲午	乙未	丙申	丁酉	戊戌	己亥	庚子	辛丑	壬寅	癸卯	甲辰	乙巳	丙午	丁未	戊申	己酉	庚戌	辛亥	壬子	癸丑	甲寅	乙卯	丙辰	丁巳	戊午	己未	庚申	辛酉	壬戌	癸亥
대운 남	1	10	10	10	10	9	9	9	8	8	8	7	7	7	6	6	6	5	5	5	4	4	4	3	3	3	2	2	2	1	1	1	1
대운 여	10	1	1	1	1	2	2	2	3	3	3	4	4	4	5	5	5	6	6	6	7	7	7	8	8	8	9	9	9	10	10	10	10

7월 6일(양) 소서 22시 29분 · 7월 22일(양) 대서 15시 53분

戊申年

사(巳)월장 · 입 추 · 08.07 ~ 09.06(양)

庚申月	절입																														
양력	08.07	8	9	10	11	12	13	14	15	16	17	18	19	20	21	22	23	24	25	26	27	28	29	30	31	9.1	2	3	4	5	6
음력	06.17	18	19	20	21	22	23	24	25	26	27	28	29	7.1	2	3	4	5	6	7	8	9	10	11	12	13	14	15	16	17	18
일주	甲子	乙丑	丙寅	丁卯	戊辰	己巳	庚午	辛未	壬申	癸酉	甲戌	乙亥	丙子	丁丑	戊寅	己卯	庚辰	辛巳	壬午	癸未	甲申	乙酉	丙戌	丁亥	戊子	己丑	庚寅	辛卯	壬辰	癸巳	甲午
대운 남	1 / 10	10	10	9	9	9	8	8	8	7	7	7	6	6	6	5	5	5	4	4	4	3	3	3	2	2	2	1	1	1	1
대운 여	10 / 1	1	1	1	1	2	2	2	3	3	3	4	4	4	5	5	5	6	6	6	7	7	7	8	8	8	9	9	9	10	10

8월 7일(양) 입추 08시 20분 8월 22일(양) 처서 23시 00분

진(辰)월장 · 백 로 · 09.07 ~ 10.07(양)

辛酉月	절입																														
양력	09.07	8	9	10	11	12	13	14	15	16	17	18	19	20	21	22	23	24	25	26	27	28	29	30	10.1	2	3	4	5	6	7
음력	07.19	20	21	22	23	24	25	26	27	28	29	30	8.1	2	3	4	5	6	7	8	9	10	11	12	13	14	15	16	17	18	19
일주	乙未	丙申	丁酉	戊戌	己亥	庚子	辛丑	壬寅	癸卯	甲辰	乙巳	丙午	丁未	戊申	己酉	庚戌	辛亥	壬子	癸丑	甲寅	乙卯	丙辰	丁巳	戊午	己未	庚申	辛酉	壬戌	癸亥	甲子	乙丑
대운 남	1 / 10	10	10	9	9	9	8	8	8	7	7	7	6	6	6	5	5	5	4	4	4	3	3	3	2	2	2	1	1	1	1
대운 여	10 / 1	1	1	1	1	2	2	2	3	3	3	4	4	4	5	5	5	6	6	6	7	7	7	8	8	8	9	9	9	10	10

9월 7일(양) 백로 11시 21분 9월 22일(양) 추분 20시 44분

묘(卯)월장 · 한 로 · 10.08 ~ 11.06(양)

壬戌月	절입																													
양력	10.08	9	10	11	12	13	14	15	16	17	18	19	20	21	22	23	24	25	26	27	28	29	30	31	11.1	2	3	4	5	6
음력	08.20	21	22	23	24	25	26	27	28	29	9.1	2	3	4	5	6	7	8	9	10	11	12	13	14	15	16	17	18	19	20
일주	丙寅	丁卯	戊辰	己巳	庚午	辛未	壬申	癸酉	甲戌	乙亥	丙子	丁丑	戊寅	己卯	庚辰	辛巳	壬午	癸未	甲申	乙酉	丙戌	丁亥	戊子	己丑	庚寅	辛卯	壬辰	癸巳	甲午	乙未
대운 남	1 / 10	10	9	9	9	8	8	8	7	7	7	6	6	6	5	5	5	4	4	4	3	3	3	2	2	2	1	1	1	1
대운 여	10 / 1	1	1	1	1	2	2	2	3	3	3	4	4	4	5	5	5	6	6	6	7	7	7	8	8	8	9	9	9	10

10월 8일(양) 한로 03시 07분 10월 23일(양) 상강 06시 12분

인(寅)월장 · 입 동 · 11.07 ~ 12.05(양)

癸亥月	절입																											
양력	11.07	8	9	10	11	12	13	14	15	16	17	18	19	20	21	22	23	24	25	26	27	28	29	30	12.1	2	3	4	5
음력	09.21	22	23	24	25	26	27	28	29	10.1	2	3	4	5	6	7	8	9	10	11	12	13	14	15	16	17	18	19	20
일주	丙申	丁酉	戊戌	己亥	庚子	辛丑	壬寅	癸卯	甲辰	乙巳	丙午	丁未	戊申	己酉	庚戌	辛亥	壬子	癸丑	甲寅	乙卯	丙辰	丁巳	戊午	己未	庚申	辛酉	壬戌	癸亥	甲子
대운 남	1 / 10	9	9	9	8	8	8	7	7	7	6	6	6	5	5	5	4	4	4	3	3	3	2	2	2	1	1	1	1
대운 여	10 / 1	1	1	1	2	2	2	3	3	3	4	4	4	5	5	5	6	6	6	7	7	7	8	8	8	9	9	9	9

11월 7일(양) 입동 06시 26분 11월 22일(양) 소설 03시 53분

축(丑)월장 · 대 설 · 12.06 ~ 2029.01.04(양)

甲子月	절입																												
양력	12.06	7	8	9	10	11	12	13	14	15	16	17	18	19	20	21	22	23	24	25	26	27	28	29	30	31	1.1	2	3	4
음력	10.21	22	23	24	25	26	27	28	29	30	11.1	2	3	4	5	6	7	8	9	10	11	12	13	14	15	16	17	18	19	20
일주	乙丑	丙寅	丁卯	戊辰	己巳	庚午	辛未	壬申	癸酉	甲戌	乙亥	丙子	丁丑	戊寅	己卯	庚辰	辛巳	壬午	癸未	甲申	乙酉	丙戌	丁亥	戊子	己丑	庚寅	辛卯	壬辰	癸巳	甲午
대운 남	1 / 10	10	9	9	9	8	8	8	7	7	7	6	6	6	5	5	5	4	4	4	3	3	3	2	2	2	1	1	1	1
대운 여	10 / 1	1	1	1	1	2	2	2	3	3	3	4	4	4	5	5	5	6	6	6	7	7	7	8	8	8	9	9	9	10

12월 6일(양) 대설 23시 23분 12월 21일(양) 동지 17시 18분

재(子)월장 · 소 한 · 01.05 ~ 02.02(양)

乙丑月	절입																											
양력	2029.01.05	6	7	8	9	10	11	12	13	14	15	16	17	18	19	20	21	22	23	24	25	26	27	28	29	30	31	2.1	2
음력	2028.11.21	22	23	24	25	26	27	28	29	30	12.1	2	3	4	5	6	7	8	9	10	11	12	13	14	15	16	17	18	19
일주	乙未	丙申	丁酉	戊戌	己亥	庚子	辛丑	壬寅	癸卯	甲辰	乙巳	丙午	丁未	戊申	己酉	庚戌	辛亥	壬子	癸丑	甲寅	乙卯	丙辰	丁巳	戊午	己未	庚申	辛酉	壬戌	癸亥
대운 남	1 / 10	9	9	9	8	8	8	7	7	7	6	6	6	5	5	5	4	4	4	3	3	3	2	2	2	1	1	1	1
대운 여	10 / 1	1	1	1	2	2	2	3	3	3	4	4	4	5	5	5	6	6	6	7	7	7	8	8	8	9	9	9	9

1월 5일(양) 소한 10시 41분 1월 20일(양) 대한 04시 00분

해(亥)월장 · 입춘 · 丙寅月 — 02.03 ~ 03.04(양)

양력	2029.02.03	4	5	6	7	8	9	10	11	12	13	14	15	16	17	18	19	20	21	22	23	24	25	26	27	28	3.1	2	3	4
음력	2028.12.20	21	22	23	24	25	26	27	28	29	1.1	2	3	4	5	6	7	8	9	10	11	12	13	14	15	16	17	18	19	20
일주	甲子	乙丑	丙寅	丁卯	戊辰	己巳	庚午	辛未	壬申	癸酉	甲戌	乙亥	丙子	丁丑	戊寅	己卯	庚辰	辛巳	壬午	癸未	甲申	乙酉	丙戌	丁亥	戊子	己丑	庚寅	辛卯	壬辰	癸巳
대운(남)	1 / 1	1	1	1	1	2	2	2	3	3	3	4	4	4	5	5	5	6	6	6	7	7	7	8	8	8	9	9	9	10
대운(여)	10 / 10	10	10	9	9	9	8	8	8	7	7	7	6	6	6	5	5	5	4	4	4	3	3	3	2	2	2	1	1	1

2월 3일(양) 입춘 22시 20분 · 2월 18일(양) 우수 18시 07분

술(戌)월장 · 경칩 · 丁卯月 — 03.05 ~ 04.03(양)

양력	03.05	6	7	8	9	10	11	12	13	14	15	16	17	18	19	20	21	22	23	24	25	26	27	28	29	30	31	4.1	2	3
음력	01.21	22	23	24	25	26	27	28	29	30	2.1	2	3	4	5	6	7	8	9	10	11	12	13	14	15	16	17	18	19	20
일주	甲午	乙未	丙申	丁酉	戊戌	己亥	庚子	辛丑	壬寅	癸卯	甲辰	乙巳	丙午	丁未	戊申	己酉	庚戌	辛亥	壬子	癸丑	甲寅	乙卯	丙辰	丁巳	戊午	己未	庚申	辛酉	壬戌	癸亥
대운(남)	10 / 1	1	1	1	1	2	2	2	3	3	3	4	4	4	5	5	5	6	6	6	7	7	7	8	8	8	9	9	9	10
대운(여)	1 / 10	10	10	9	9	9	8	8	8	7	7	7	6	6	6	5	5	5	4	4	4	3	3	3	2	2	2	1	1	1

3월 5일(양) 경칩 16시 16분 · 3월 20일(양) 춘분 17시 01분

유(酉)월장 · 청명 · 戊辰月 — 04.04 ~ 05.04(양)

양력	04.04	5	6	7	8	9	10	11	12	13	14	15	16	17	18	19	20	21	22	23	24	25	26	27	28	29	30	5.1	2	3	4
음력	02.21	22	23	24	25	26	27	28	29	30	3.1	2	3	4	5	6	7	8	9	10	11	12	13	14	15	16	17	18	19	20	21
일주	甲子	乙丑	丙寅	丁卯	戊辰	己巳	庚午	辛未	壬申	癸酉	甲戌	乙亥	丙子	丁丑	戊寅	己卯	庚辰	辛巳	壬午	癸未	甲申	乙酉	丙戌	丁亥	戊子	己丑	庚寅	辛卯	壬辰	癸巳	甲午
대운(남)	10 / 1	1	1	1	1	2	2	2	3	3	3	4	4	4	5	5	5	6	6	6	7	7	7	8	8	8	9	9	9	10	10
대운(여)	1 / 10	10	10	9	9	9	8	8	8	7	7	7	6	6	6	5	5	5	4	4	4	3	3	3	2	2	2	1	1	1	1

4월 4일(양) 청명 20시 57분 · 4월 20일(양) 곡우 03시 54분

신(申)월장 · 입하 · 己巳月 — 05.05 ~ 06.04(양)

양력	05.05	6	7	8	9	10	11	12	13	14	15	16	17	18	19	20	21	22	23	24	25	26	27	28	29	30	31	6.1	2	3	4
음력	03.22	23	24	25	26	27	28	29	4.1	2	3	4	5	6	7	8	9	10	11	12	13	14	15	16	17	18	19	20	21	22	23
일주	乙未	丙申	丁酉	戊戌	己亥	庚子	辛丑	壬寅	癸卯	甲辰	乙巳	丙午	丁未	戊申	己酉	庚戌	辛亥	壬子	癸丑	甲寅	乙卯	丙辰	丁巳	戊午	己未	庚申	辛酉	壬戌	癸亥	甲子	乙丑
대운(남)	10 / 1	1	1	1	1	2	2	2	3	3	3	4	4	4	5	5	5	6	6	6	7	7	7	8	8	8	9	9	9	10	10
대운(여)	1 / 10	10	10	9	9	9	8	8	8	7	7	7	6	6	6	5	5	5	4	4	4	3	3	3	2	2	2	1	1	1	1

5월 5일(양) 입하 14시 07분 · 5월 21일(양) 소만 02시 56분

미(未)월장 · 망종 · 庚午月 — 06.05 ~ 07.06(양)

양력	06.05	6	7	8	9	10	11	12	13	14	15	16	17	18	19	20	21	22	23	24	25	26	27	28	29	30	7.1	2	3	4	5	6
음력	04.24	25	26	27	28	29	30	5.1	2	3	4	5	6	7	8	9	10	11	12	13	14	15	16	17	18	19	20	21	22	23	24	25
일주	丙寅	丁卯	戊辰	己巳	庚午	辛未	壬申	癸酉	甲戌	乙亥	丙子	丁丑	戊寅	己卯	庚辰	辛巳	壬午	癸未	甲申	乙酉	丙戌	丁亥	戊子	己丑	庚寅	辛卯	壬辰	癸巳	甲午	乙未	丙申	丁酉
대운(남)	10 / 1	1	1	1	1	2	2	2	3	3	3	4	4	4	5	5	5	6	6	6	7	7	7	8	8	8	9	9	9	10	10	10
대운(여)	1 / 10	10	10	10	9	9	9	8	8	8	7	7	7	6	6	6	5	5	5	4	4	4	3	3	3	2	2	2	1	1	1	1

6월 5일(양) 망종 18시 09분 · 6월 21일(양) 하지 10시 47분

오(午)월장 · 소서 · 辛未月 — 07.07 ~ 08.06(양)

양력	07.07	8	9	10	11	12	13	14	15	16	17	18	19	20	21	22	23	24	25	26	27	28	29	30	31	8.1	2	3	4	5	6
음력	05.26	27	28	29	30	6.1	2	3	4	5	6	7	8	9	10	11	12	13	14	15	16	17	18	19	20	21	22	23	24	25	26
일주	戊戌	己亥	庚子	辛丑	壬寅	癸卯	甲辰	乙巳	丙午	丁未	戊申	己酉	庚戌	辛亥	壬子	癸丑	甲寅	乙卯	丙辰	丁巳	戊午	己未	庚申	辛酉	壬戌	癸亥	甲子	乙丑	丙寅	丁卯	戊辰
대운(남)	10 / 1	1	1	1	1	2	2	2	3	3	3	4	4	4	5	5	5	6	6	6	7	7	7	8	8	8	9	9	9	10	10
대운(여)	1 / 10	10	10	9	9	9	8	8	8	7	7	7	6	6	6	5	5	5	4	4	4	3	3	3	2	2	2	1	1	1	1

7월 7일(양) 소서 04시 21분 · 7월 22일(양) 대서 21시 41분

사(巳)월장 · 입추 · 壬申月

08.07 ~ 09.06(양)

양력	08.07	8	9	10	11	12	13	14	15	16	17	18	19	20	21	22	23	24	25	26	27	28	29	30	31	9.1	2	3	4	5	6
음력	06.27	28	29	7.1	2	3	4	5	6	7	8	9	10	11	12	13	14	15	16	17	18	19	20	21	22	23	24	25	26	27	28
일주	己巳	庚午	辛未	壬申	癸酉	甲戌	乙亥	丙子	丁丑	戊寅	己卯	庚辰	辛巳	壬午	癸未	甲申	乙酉	丙戌	丁亥	戊子	己丑	庚寅	辛卯	壬辰	癸巳	甲午	乙未	丙申	丁酉	戊戌	己亥
대운 남	10	1	1	1	1	2	2	2	3	3	3	4	4	4	5	5	5	6	6	6	7	7	7	8	8	8	9	9	9	10	10
대운 여	1	10	10	9	9	9	8	8	8	7	7	7	6	6	6	5	5	5	4	4	4	3	3	3	2	2	2	1	1	1	1

8월 7일(양) 입추 14시 11분 · 8월 23일(양) 처서 04시 50분

진(辰)월장 · 백로 · 癸酉月

09.07 ~ 10.07(양)

양력	09.07	8	9	10	11	12	13	14	15	16	17	18	19	20	21	22	23	24	25	26	27	28	29	30	10.1	2	3	4	5	6	7
음력	07.29	8.1	2	3	4	5	6	7	8	9	10	11	12	13	14	15	16	17	18	19	20	21	22	23	24	25	26	27	28	29	30
일주	庚子	辛丑	壬寅	癸卯	甲辰	乙巳	丙午	丁未	戊申	己酉	庚戌	辛亥	壬子	癸丑	甲寅	乙卯	丙辰	丁巳	戊午	己未	庚申	辛酉	壬戌	癸亥	甲子	乙丑	丙寅	丁卯	戊辰	己巳	庚午
대운 남	10	1	1	1	1	2	2	2	3	3	3	4	4	4	5	5	5	6	6	6	7	7	7	8	8	8	9	9	9	10	10
대운 여	1	10	10	9	9	9	8	8	8	7	7	7	6	6	6	5	5	5	4	4	4	3	3	3	2	2	2	1	1	1	1

9월 7일(양) 백로 17시 11분 · 9월 23일(양) 추분 02시 37분

묘(卯)월장 · 한로 · 甲戌月

10.08 ~ 11.06(양)

양력	10.08	9	10	11	12	13	14	15	16	17	18	19	20	21	22	23	24	25	26	27	28	29	30	31	11.1	2	3	4	5	6
음력	09.01	2	3	4	5	6	7	8	9	10	11	12	13	14	15	16	17	18	19	20	21	22	23	24	25	26	27	28	29	10.1
일주	辛未	壬申	癸酉	甲戌	乙亥	丙子	丁丑	戊寅	己卯	庚辰	辛巳	壬午	癸未	甲申	乙酉	丙戌	丁亥	戊子	己丑	庚寅	辛卯	壬辰	癸巳	甲午	乙未	丙申	丁酉	戊戌	己亥	庚子
대운 남	10	1	1	1	1	2	2	2	3	3	3	4	4	4	5	5	5	6	6	6	7	7	7	8	8	8	9	9	9	10
대운 여	1	10	9	9	9	8	8	8	7	7	7	6	6	6	5	5	5	4	4	4	3	3	3	2	2	2	1	1	1	1

10월 8일(양) 한로 08시 57분 · 10월 23일(양) 상강 12시 07분

인(寅)월장 · 입동 · 乙亥月

11.07 ~ 12.06(양)

양력	11.07	8	9	10	11	12	13	14	15	16	17	18	19	20	21	22	23	24	25	26	27	28	29	30	12.1	2	3	4	5	6
음력	10.02	3	4	5	6	7	8	9	10	11	12	13	14	15	16	17	18	19	20	21	22	23	24	25	26	27	28	29	11.1	2
일주	辛丑	壬寅	癸卯	甲辰	乙巳	丙午	丁未	戊申	己酉	庚戌	辛亥	壬子	癸丑	甲寅	乙卯	丙辰	丁巳	戊午	己未	庚申	辛酉	壬戌	癸亥	甲子	乙丑	丙寅	丁卯	戊辰	己巳	庚午
대운 남	10	1	1	1	1	2	2	2	3	3	3	4	4	4	5	5	5	6	6	6	7	7	7	8	8	8	9	9	9	10
대운 여	1	10	9	9	9	8	8	8	7	7	7	6	6	6	5	5	5	4	4	4	3	3	3	2	2	2	1	1	1	1

11월 7일(양) 입동 12시 16분 · 11월 22일(양) 소설 09시 48분

축(丑)월장 · 대설 · 丙子月

12.07 ~ 2030.01.04(양)

양력	12.07	8	9	10	11	12	13	14	15	16	17	18	19	20	21	22	23	24	25	26	27	28	29	30	31	1.1	2	3	4
음력	11.03	4	5	6	7	8	9	10	11	12	13	14	15	16	17	18	19	20	21	22	23	24	25	26	27	28	29	30	12.1
일주	辛未	壬申	癸酉	甲戌	乙亥	丙子	丁丑	戊寅	己卯	庚辰	辛巳	壬午	癸未	甲申	乙酉	丙戌	丁亥	戊子	己丑	庚寅	辛卯	壬辰	癸巳	甲午	乙未	丙申	丁酉	戊戌	己亥
대운 남	10	1	1	1	1	2	2	2	3	3	3	4	4	4	5	5	5	6	6	6	7	7	7	8	8	8	9	9	9
대운 여	1	9	9	9	8	8	8	7	7	7	6	6	6	5	5	5	4	4	4	3	3	3	2	2	2	1	1	1	1

12월 7일(양) 대설 05시 13분 · 12월 21일(양) 동지 23시 13분

자(子)월장 · 소한 · 丁丑月

01.05 ~ 02.03(양)

양력	2030.01.05	6	7	8	9	10	11	12	13	14	15	16	17	18	19	20	21	22	23	24	25	26	27	28	29	30	31	2.1	2	3
음력	2029.12.02	3	4	5	6	7	8	9	10	11	12	13	14	15	16	17	18	19	20	21	22	23	24	25	26	27	28	29	30	1.1
일주	庚子	辛丑	壬寅	癸卯	甲辰	乙巳	丙午	丁未	戊申	己酉	庚戌	辛亥	壬子	癸丑	甲寅	乙卯	丙辰	丁巳	戊午	己未	庚申	辛酉	壬戌	癸亥	甲子	乙丑	丙寅	丁卯	戊辰	己巳
대운 남	10	1	1	1	1	2	2	2	3	3	3	4	4	4	5	5	5	6	6	6	7	7	7	8	8	8	9	9	9	10
대운 여	1	10	9	9	9	8	8	8	7	7	7	6	6	6	5	5	5	4	4	4	3	3	3	2	2	2	1	1	1	1

1월 5일(양) 소한 16시 29분 · 1월 20일(양) 대한 09시 53분

2030

해(亥)월장 · 입춘 · 02.04 ~ 03.04(양) — 戊寅月

양력	2030.02.04	5	6	7	8	9	10	11	12	13	14	15	16	17	18	19	20	21	22	23	24	25	26	27	28	3.1	2	3	4
음력	2030.01.02	3	4	5	6	7	8	9	10	11	12	13	14	15	16	17	18	19	20	21	22	23	24	25	26	27	28	29	2.1
일주	庚午	辛未	壬申	癸酉	甲戌	乙亥	丙子	丁丑	戊寅	己卯	庚辰	辛巳	壬午	癸未	甲申	乙酉	丙戌	丁亥	戊子	己丑	庚寅	辛卯	壬辰	癸巳	甲午	乙未	丙申	丁酉	戊戌
대운 남	10 10	9	9	9	8	8	8	7	7	7	6	6	6	5	5	5	4	4	4	3	3	3	2	2	2	1	1	1	1
대운 여	1 1	1	1	1	1	2	2	2	3	3	3	4	4	4	5	5	5	6	6	6	7	7	7	8	8	8	9	9	9

2월 4일(양) 입춘 04시 07분 · 2월 18일(양) 우수 23시 59분

술(戌)월장 · 경칩 · 03.05 ~ 04.04(양) — 己卯月

양력	03.05	6	7	8	9	10	11	12	13	14	15	16	17	18	19	20	21	22	23	24	25	26	27	28	29	30	31	4.1	2	3	4
음력	02.02	3	4	5	6	7	8	9	10	11	12	13	14	15	16	17	18	19	20	21	22	23	24	25	26	27	28	29	30	3.1	2
일주	己亥	庚子	辛丑	壬寅	癸卯	甲辰	乙巳	丙午	丁未	戊申	己酉	庚戌	辛亥	壬子	癸丑	甲寅	乙卯	丙辰	丁巳	戊午	己未	庚申	辛酉	壬戌	癸亥	甲子	乙丑	丙寅	丁卯	戊辰	己巳
대운 남	1 10	10	10	9	9	9	8	8	8	7	7	7	6	6	6	5	5	5	4	4	4	3	3	3	2	2	2	1	1	1	1
대운 여	10 1	1	1	1	1	2	2	2	3	3	3	4	4	4	5	5	5	6	6	6	7	7	7	8	8	8	9	9	9	10	10

3월 5일(양) 경칩 22시 02분 · 3월 20일(양) 춘분 22시 51분

유(酉)월장 · 청명 · 04.05 ~ 05.04(양) — 庚辰月

양력	04.05	6	7	8	9	10	11	12	13	14	15	16	17	18	19	20	21	22	23	24	25	26	27	28	29	30	5.1	2	3	4
음력	03.03	4	5	6	7	8	9	10	11	12	13	14	15	16	17	18	19	20	21	22	23	24	25	26	27	28	29	4.1	2	3
일주	庚午	辛未	壬申	癸酉	甲戌	乙亥	丙子	丁丑	戊寅	己卯	庚辰	辛巳	壬午	癸未	甲申	乙酉	丙戌	丁亥	戊子	己丑	庚寅	辛卯	壬辰	癸巳	甲午	乙未	丙申	丁酉	戊戌	己亥
대운 남	1 10	10	9	9	9	8	8	8	7	7	7	6	6	6	5	5	5	4	4	4	3	3	3	2	2	2	1	1	1	1
대운 여	10 1	1	1	1	1	2	2	2	3	3	3	4	4	4	5	5	5	6	6	6	7	7	7	8	8	8	9	9	9	10

4월 5일(양) 청명 02시 40분 · 4월 20일(양) 곡우 09시 42분

신(申)월장 · 입하 · 05.05 ~ 06.04(양) — 辛巳月

양력	05.05	6	7	8	9	10	11	12	13	14	15	16	17	18	19	20	21	22	23	24	25	26	27	28	29	30	31	6.1	2	3	4
음력	04.04	5	6	7	8	9	10	11	12	13	14	15	16	17	18	19	20	21	22	23	24	25	26	27	28	29	30	5.1	2	3	4
일주	庚子	辛丑	壬寅	癸卯	甲辰	乙巳	丙午	丁未	戊申	己酉	庚戌	辛亥	壬子	癸丑	甲寅	乙卯	丙辰	丁巳	戊午	己未	庚申	辛酉	壬戌	癸亥	甲子	乙丑	丙寅	丁卯	戊辰	己巳	庚午
대운 남	1 10	10	10	9	9	9	8	8	8	7	7	7	6	6	6	5	5	5	4	4	4	3	3	3	2	2	2	1	1	1	1
대운 여	10 1	1	1	1	1	2	2	2	3	3	3	4	4	4	5	5	5	6	6	6	7	7	7	8	8	8	9	9	9	10	10

5월 5일(양) 입하 19시 45분 · 5월 21일(양) 소만 08시 40분

미(未)월장 · 망종 · 06.05 ~ 07.06(양) — 壬午月

양력	06.05	6	7	8	9	10	11	12	13	14	15	16	17	18	19	20	21	22	23	24	25	26	27	28	29	30	7.1	2	3	4	5	6
음력	05.05	6	7	8	9	10	11	12	13	14	15	16	17	18	19	20	21	22	23	24	25	26	27	28	29	30	6.1	2	3	4	5	6
일주	辛未	壬申	癸酉	甲戌	乙亥	丙子	丁丑	戊寅	己卯	庚辰	辛巳	壬午	癸未	甲申	乙酉	丙戌	丁亥	戊子	己丑	庚寅	辛卯	壬辰	癸巳	甲午	乙未	丙申	丁酉	戊戌	己亥	庚子	辛丑	壬寅
대운 남	1 10	10	10	10	9	9	9	8	8	8	7	7	7	6	6	6	5	5	5	4	4	4	3	3	3	2	2	2	1	1	1	1
대운 여	10 1	1	1	1	1	2	2	2	3	3	3	4	4	4	5	5	5	6	6	6	7	7	7	8	8	8	9	9	9	10	10	10

6월 5일(양) 망종 23시 43분 · 6월 21일(양) 하지 16시 30분

오(午)월장 · 소서 · 07.07 ~ 08.06(양) — 癸未月

양력	07.07	8	9	10	11	12	13	14	15	16	17	18	19	20	21	22	23	24	25	26	27	28	29	30	31	8.1	2	3	4	5	6
음력	06.07	8	9	10	11	12	13	14	15	16	17	18	19	20	21	22	23	24	25	26	27	28	29	7.1	2	3	4	5	6	7	8
일주	癸卯	甲辰	乙巳	丙午	丁未	戊申	己酉	庚戌	辛亥	壬子	癸丑	甲寅	乙卯	丙辰	丁巳	戊午	己未	庚申	辛酉	壬戌	癸亥	甲子	乙丑	丙寅	丁卯	戊辰	己巳	庚午	辛未	壬申	癸酉
대운 남	1 10	10	10	9	9	9	8	8	8	7	7	7	6	6	6	5	5	5	4	4	4	3	3	3	2	2	2	1	1	1	1
대운 여	10 1	1	1	1	1	2	2	2	3	3	3	4	4	4	5	5	5	6	6	6	7	7	7	8	8	8	9	9	9	10	10

7월 7일(양) 소서 09시 54분 · 7월 23일(양) 대서 03시 24분

사(巳)월장 — 입추 08.07 ~ 09.06(양) 甲申月

甲申月	입추	8	9	10	11	12	13	14	15	16	17	18	19	20	21	22	23	24	25	26	27	28	29	30	31	9.1	2	3	4	5	6
양력	08.07	8	9	10	11	12	13	14	15	16	17	18	19	20	21	22	23	24	25	26	27	28	29	30	31	9.1	2	3	4	5	6
음력	07.09	10	11	12	13	14	15	16	17	18	19	20	21	22	23	24	25	26	27	28	29	30	8.1	2	3	4	5	6	7	8	9
일주	甲戌	乙亥	丙子	丁丑	戊寅	己卯	庚辰	辛巳	壬午	癸未	甲申	乙酉	丙戌	丁亥	戊子	己丑	庚寅	辛卯	壬辰	癸巳	甲午	乙未	丙申	丁酉	戊戌	己亥	庚子	辛丑	壬寅	癸卯	甲辰
대운 남	1 10	10	10	9	9	9	8	8	8	7	7	7	6	6	6	5	5	5	4	4	4	3	3	3	3	2	2	2	1	1	1
대운 여	10 1	1	1	1	1	2	2	2	3	3	3	4	4	4	5	5	5	6	6	6	7	7	7	8	8	8	9	9	9	10	10

8월 7일(양) 입추 19시 46분 　　　　　　8월 23일(양) 처서 10시 35분

진(辰)월장 — 백로 09.07 ~ 10.07(양) 乙酉月

乙酉月	백로	8	9	10	11	12	13	14	15	16	17	18	19	20	21	22	23	24	25	26	27	28	29	30	10.1	2	3	4	5	6	7
양력	09.07	8	9	10	11	12	13	14	15	16	17	18	19	20	21	22	23	24	25	26	27	28	29	30	10.1	2	3	4	5	6	7
음력	08.10	11	12	13	14	15	16	17	18	19	20	21	22	23	24	25	26	27	28	29	9.1	2	3	4	5	6	7	8	9	10	11
일주	乙巳	丙午	丁未	戊申	己酉	庚戌	辛亥	壬子	癸丑	甲寅	乙卯	丙辰	丁巳	戊午	己未	庚申	辛酉	壬戌	癸亥	甲子	乙丑	丙寅	丁卯	戊辰	己巳	庚午	辛未	壬申	癸酉	甲戌	乙亥
대운 남	1 10	10	10	9	9	9	8	8	8	7	7	7	6	6	6	5	5	5	4	4	4	3	3	3	3	2	2	2	1	1	1
대운 여	10 1	1	1	1	1	2	2	2	3	3	3	4	4	4	5	5	5	6	6	6	7	7	7	8	8	8	9	9	9	10	10

9월 7일(양) 백로 22시 52분 　　　　　　9월 23일(양) 추분 08시 26분

묘(卯)월장 — 한로 10.08 ~ 11.06(양) 丙戌月

丙戌月	한로	9	10	11	12	13	14	15	16	17	18	19	20	21	22	23	24	25	26	27	28	29	30	31	11.1	2	3	4	5	6
양력	10.08	9	10	11	12	13	14	15	16	17	18	19	20	21	22	23	24	25	26	27	28	29	30	31	11.1	2	3	4	5	6
음력	09.12	13	14	15	16	17	18	19	20	21	22	23	24	25	26	27	28	29	30	10.1	2	3	4	5	6	7	8	9	10	11
일주	丙子	丁丑	戊寅	己卯	庚辰	辛巳	壬午	癸未	甲申	乙酉	丙戌	丁亥	戊子	己丑	庚寅	辛卯	壬辰	癸巳	甲午	乙未	丙申	丁酉	戊戌	己亥	庚子	辛丑	壬寅	癸卯	甲辰	乙巳
대운 남	1 10	10	9	9	9	8	8	8	7	7	7	6	6	6	5	5	5	4	4	4	3	3	3	2	2	2	1	1	1	1
대운 여	10 1	1	1	1	1	2	2	2	3	3	3	4	4	4	5	5	5	6	6	6	7	7	7	8	8	8	9	9	9	10

10월 8일(양) 한로 14시 44분 　　　　　　10월 23일(양) 상강 17시 59분

인(寅)월장 — 입동 11.07 ~ 12.06(양) 丁亥月

丁亥月	입동	8	9	10	11	12	13	14	15	16	17	18	19	20	21	22	23	24	25	26	27	28	29	30	12.1	2	3	4	5	6
양력	11.07	8	9	10	11	12	13	14	15	16	17	18	19	20	21	22	23	24	25	26	27	28	29	30	12.1	2	3	4	5	6
음력	10.12	13	14	15	16	17	18	19	20	21	22	23	24	25	26	27	28	29	11.1	2	3	4	5	6	7	8	9	10	11	12
일주	丙午	丁未	戊申	己酉	庚戌	辛亥	壬子	癸丑	甲寅	乙卯	丙辰	丁巳	戊午	己未	庚申	辛酉	壬戌	癸亥	甲子	乙丑	丙寅	丁卯	戊辰	己巳	庚午	辛未	壬申	癸酉	甲戌	乙亥
대운 남	1 10	10	9	9	9	8	8	8	7	7	7	6	6	6	5	5	5	4	4	4	3	3	3	2	2	2	1	1	1	1
대운 여	10 1	1	1	1	1	2	2	2	3	3	3	4	4	4	5	5	5	6	6	6	7	7	7	8	8	8	9	9	9	10

11월 7일(양) 입동 18시 07분 　　　　　　11월 22일(양) 소설 15시 43분

축(丑)월장 — 대설 12.07 ~ 2031.01.04(양) 戊子月

戊子月	대설	8	9	10	11	12	13	14	15	16	17	18	19	20	21	22	23	24	25	26	27	28	29	30	31	1.1	2	3	4
양력	12.07	8	9	10	11	12	13	14	15	16	17	18	19	20	21	22	23	24	25	26	27	28	29	30	31	1.1	2	3	4
음력	11.13	14	15	16	17	18	19	20	21	22	23	24	25	26	27	28	29	30	12.1	2	3	4	5	6	7	8	9	10	11
일주	丙子	丁丑	戊寅	己卯	庚辰	辛巳	壬午	癸未	甲申	乙酉	丙戌	丁亥	戊子	己丑	庚寅	辛卯	壬辰	癸巳	甲午	乙未	丙申	丁酉	戊戌	己亥	庚子	辛丑	壬寅	癸卯	甲辰
대운 남	1 10	9	9	9	8	8	8	7	7	7	6	6	6	5	5	5	4	4	4	3	3	3	2	2	2	1	1	1	1
대운 여	10 1	1	1	1	2	2	2	3	3	3	4	4	4	5	5	5	6	6	6	7	7	7	8	8	8	9	9	9	10

12월 7일(양) 대설 11시 06분 　　　　　　12월 22일(양) 동지 05시 08분

재(子)월장 — 소한 01.05 ~ 02.03(양) 己丑月

己丑月	소한	6	7	8	9	10	11	12	13	14	15	16	17	18	19	20	21	22	23	24	25	26	27	28	29	30	31	2.1	2	3
양력	2031.01.05	6	7	8	9	10	11	12	13	14	15	16	17	18	19	20	21	22	23	24	25	26	27	28	29	30	31	2.1	2	3
음력	2030.12.12	13	14	15	16	17	18	19	20	21	22	23	24	25	26	27	28	29	1.1	2	3	4	5	6	7	8	9	10	11	12
일주	乙巳	丙午	丁未	戊申	己酉	庚戌	辛亥	壬子	癸丑	甲寅	乙卯	丙辰	丁巳	戊午	己未	庚申	辛酉	壬戌	癸亥	甲子	乙丑	丙寅	丁卯	戊辰	己巳	庚午	辛未	壬申	癸酉	甲戌
대운 남	1 10	10	9	9	9	8	8	8	7	7	7	6	6	6	5	5	5	4	4	4	3	3	3	2	2	2	1	1	1	1
대운 여	10 1	1	1	1	1	2	2	2	3	3	3	4	4	4	5	5	5	6	6	6	7	7	7	8	8	8	9	9	9	10

1월 5일(양) 소한 22시 22분 　　　　　　1월 20일(양) 대한 15시 47분

해(亥)월장 · 입춘 — 庚寅月 · 02.04 ~ 03.05(양)

양력	2031.02.04	5	6	7	8	9	10	11	12	13	14	15	16	17	18	19	20	21	22	23	24	25	26	27	28	3.1	2	3	4	5
음력	2031.01.13	14	15	16	17	18	19	20	21	22	23	24	25	26	27	28	29	30	2.1	2	3	4	5	6	7	8	9	10	11	12
일주	乙亥	丙子	丁丑	戊寅	己卯	庚辰	辛巳	壬午	癸未	甲申	乙酉	丙戌	丁亥	戊子	己丑	庚寅	辛卯	壬辰	癸巳	甲午	乙未	丙申	丁酉	戊戌	己亥	庚子	辛丑	壬寅	癸卯	甲辰
대운 남	1 1	1	1	1	1	2	2	2	3	3	3	4	4	4	5	5	5	6	6	6	7	7	7	8	8	8	9	9	9	10
대운 여	10 10	10	10	10	10	9	9	9	8	8	8	7	7	7	6	6	6	5	5	5	4	4	4	3	3	3	2	2	2	1

2월 4일(양) 입춘 09시 57분 — 2월 19일(양) 우수 05시 50분

술(戌)월장 · 경칩 — 辛卯月 · 03.06 ~ 04.04(양)

양력	03.06	7	8	9	10	11	12	13	14	15	16	17	18	19	20	21	22	23	24	25	26	27	28	29	30	31	4.1	2	3	4
음력	02.13	14	15	16	17	18	19	20	21	22	23	24	25	26	27	28	29	3.1	2	3	4	5	6	7	8	9	10	11	12	13
일주	乙巳	丙午	丁未	戊申	己酉	庚戌	辛亥	壬子	癸丑	甲寅	乙卯	丙辰	丁巳	戊午	己未	庚申	辛酉	壬戌	癸亥	甲子	乙丑	丙寅	丁卯	戊辰	己巳	庚午	辛未	壬申	癸酉	甲戌
대운 남	10 1	1	1	1	1	2	2	2	3	3	3	4	4	4	5	5	5	6	6	6	7	7	7	8	8	8	9	9	9	10
대운 여	1 10	10	10	10	10	9	9	9	8	8	8	7	7	7	6	6	6	5	5	5	4	4	4	3	3	3	2	2	2	1

3월 6일(양) 경칩 03시 50분 — 3월 21일(양) 춘분 04시 40분

유(酉)월장 · 청명 — 壬辰月 · 04.05 ~ 05.05(양)

양력	04.05	6	7	8	9	10	11	12	13	14	15	16	17	18	19	20	21	22	23	24	25	26	27	28	29	30	5.1	2	3	4	5
음력	03.14	15	16	17	18	19	20	21	22	23	24	25	26	27	28	29	30	윤	3.2	3	4	5	6	7	8	9	10	11	12	13	14
일주	乙亥	丙子	丁丑	戊寅	己卯	庚辰	辛巳	壬午	癸未	甲申	乙酉	丙戌	丁亥	戊子	己丑	庚寅	辛卯	壬辰	癸巳	甲午	乙未	丙申	丁酉	戊戌	己亥	庚子	辛丑	壬寅	癸卯	甲辰	乙巳
대운 남	10 1	1	1	1	1	2	2	2	3	3	3	4	4	4	5	5	5	6	6	6	7	7	7	8	8	8	9	9	9	10	10
대운 여	1 10	10	10	10	10	9	9	9	8	8	8	7	7	7	6	6	6	5	5	5	4	4	4	3	3	3	2	2	2	1	1

4월 5일(양) 청명 08시 27분 — 4월 20일(양) 곡우 15시 30분

신(申)월장 · 입하 — 癸巳月 · 05.06 ~ 06.05(양)

양력	05.06	7	8	9	10	11	12	13	14	15	16	17	18	19	20	21	22	23	24	25	26	27	28	29	30	31	6.1	2	3	4	5
음력	윤3.15	16	17	18	19	20	21	22	23	24	25	26	27	28	29	4.1	2	3	4	5	6	7	8	9	10	11	12	13	14	15	16
일주	丙午	丁未	戊申	己酉	庚戌	辛亥	壬子	癸丑	甲寅	乙卯	丙辰	丁巳	戊午	己未	庚申	辛酉	壬戌	癸亥	甲子	乙丑	丙寅	丁卯	戊辰	己巳	庚午	辛未	壬申	癸酉	甲戌	乙亥	丙子
대운 남	10 1	1	1	1	1	2	2	2	3	3	3	4	4	4	5	5	5	6	6	6	7	7	7	8	8	8	9	9	9	10	10
대운 여	1 10	10	10	10	10	9	9	9	8	8	8	7	7	7	6	6	6	5	5	5	4	4	4	3	3	3	2	2	2	1	1

5월 6일(양) 입하 01시 34분 — 5월 21일(양) 소만 14시 27분

미(未)월장 · 망종 — 甲午月 · 06.06 ~ 07.06(양)

양력	06.06	7	8	9	10	11	12	13	14	15	16	17	18	19	20	21	22	23	24	25	26	27	28	29	30	7.1	2	3	4	5	6
음력	04.17	18	19	20	21	22	23	24	25	26	27	28	29	30	5.1	2	3	4	5	6	7	8	9	10	11	12	13	14	15	16	17
일주	丁丑	戊寅	己卯	庚辰	辛巳	壬午	癸未	甲申	乙酉	丙戌	丁亥	戊子	己丑	庚寅	辛卯	壬辰	癸巳	甲午	乙未	丙申	丁酉	戊戌	己亥	庚子	辛丑	壬寅	癸卯	甲辰	乙巳	丙午	丁未
대운 남	10 1	1	1	1	1	2	2	2	3	3	3	4	4	4	5	5	5	6	6	6	7	7	7	8	8	8	9	9	9	10	10
대운 여	1 10	10	10	10	10	9	9	9	8	8	8	7	7	7	6	6	6	5	5	5	4	4	4	3	3	3	2	2	2	1	1

6월 6일(양) 망종 05시 34분 — 6월 21일(양) 하지 22시 16분

오(午)월장 · 소서 — 乙未月 · 07.07 ~ 08.07(양)

양력	07.07	8	9	10	11	12	13	14	15	16	17	18	19	20	21	22	23	24	25	26	27	28	29	30	31	8.1	2	3	4	5	6	7
음력	05.18	19	20	21	22	23	24	25	26	27	28	29	6.1	2	3	4	5	6	7	8	9	10	11	12	13	14	15	16	17	18	19	20
일주	戊申	己酉	庚戌	辛亥	壬子	癸丑	甲寅	乙卯	丙辰	丁巳	戊午	己未	庚申	辛酉	壬戌	癸亥	甲子	乙丑	丙寅	丁卯	戊辰	己巳	庚午	辛未	壬申	癸酉	甲戌	乙亥	丙子	丁丑	戊寅	己卯
대운 남	10 1	1	1	1	1	2	2	2	3	3	3	4	4	4	5	5	5	6	6	6	7	7	7	8	8	8	9	9	9	10	10	10
대운 여	1 10	10	10	10	10	9	9	9	8	8	8	7	7	7	6	6	6	5	5	5	4	4	4	3	3	3	2	2	2	1	1	1

7월 7일(양) 소서 15시 48분 — 7월 23일(양) 대서 09시 09분

사(巳)월장 — 입 추 — 08.08 ~ 09.07(양)

丙申月

구분	절입	9	10	11	12	13	14	15	16	17	18	19	20	21	22	23	24	25	26	27	28	29	30	31	9.1	2	3	4	5	6	7
양력	08.08	9	10	11	12	13	14	15	16	17	18	19	20	21	22	23	24	25	26	27	28	29	30	31	9.1	2	3	4	5	6	7
음력	06.21	22	23	24	25	26	27	28	29	30	7.1	2	3	4	5	6	7	8	9	10	11	12	13	14	15	16	17	18	19	20	21
일주	庚辰	辛巳	壬午	癸未	甲申	乙酉	丙戌	丁亥	戊子	己丑	庚寅	辛卯	壬辰	癸巳	甲午	乙未	丙申	丁酉	戊戌	己亥	庚子	辛丑	壬寅	癸卯	甲辰	乙巳	丙午	丁未	戊申	己酉	庚戌
대운 남	10 / 1	1	1	1	1	2	2	2	3	3	3	4	4	4	5	5	5	6	6	6	7	7	7	8	8	8	9	9	9	10	10
대운 여	1 / 10	10	10	9	9	9	8	8	8	7	7	7	6	6	6	5	5	5	4	4	4	3	3	3	2	2	2	1	1	1	1

8월 8일(양) 입추 01시 42분 · 8월 23일(양) 처서 16시 22분

진(辰)월장 — 백 로 — 09.08 ~ 10.07(양)

丁酉月

구분	절입	9	10	11	12	13	14	15	16	17	18	19	20	21	22	23	24	25	26	27	28	29	30	10.1	2	3	4	5	6	7
양력	09.08	9	10	11	12	13	14	15	16	17	18	19	20	21	22	23	24	25	26	27	28	29	30	10.1	2	3	4	5	6	7
음력	07.22	23	24	25	26	27	28	29	30	8.1	2	3	4	5	6	7	8	9	10	11	12	13	14	15	16	17	18	19	20	21
일주	辛亥	壬子	癸丑	甲寅	乙卯	丙辰	丁巳	戊午	己未	庚申	辛酉	壬戌	癸亥	甲子	乙丑	丙寅	丁卯	戊辰	己巳	庚午	辛未	壬申	癸酉	甲戌	乙亥	丙子	丁丑	戊寅	己卯	庚辰
대운 남	10 / 1	1	1	1	1	2	2	2	3	3	3	4	4	4	5	5	5	6	6	6	7	7	7	8	8	8	9	9	9	10
대운 여	1 / 10	10	9	9	9	8	8	8	7	7	7	6	6	6	5	5	5	4	4	4	3	3	3	2	2	2	1	1	1	1

9월 8일(양) 백로 04시 49분 · 9월 23일(양) 추분 14시 14분

묘(卯)월장 — 한 로 — 10.08 ~ 11.07(양)

戊戌月

구분	절입	9	10	11	12	13	14	15	16	17	18	19	20	21	22	23	24	25	26	27	28	29	30	31	11.1	2	3	4	5	6	7
양력	10.08	9	10	11	12	13	14	15	16	17	18	19	20	21	22	23	24	25	26	27	28	29	30	31	11.1	2	3	4	5	6	7
음력	08.22	23	24	25	26	27	28	29	9.1	2	3	4	5	6	7	8	9	10	11	12	13	14	15	16	17	18	19	20	21	22	23
일주	辛巳	壬午	癸未	甲申	乙酉	丙戌	丁亥	戊子	己丑	庚寅	辛卯	壬辰	癸巳	甲午	乙未	丙申	丁酉	戊戌	己亥	庚子	辛丑	壬寅	癸卯	甲辰	乙巳	丙午	丁未	戊申	己酉	庚戌	辛亥
대운 남	10 / 1	1	1	1	1	2	2	2	3	3	3	4	4	4	5	5	5	6	6	6	7	7	7	8	8	8	9	9	9	10	10
대운 여	1 / 10	10	10	9	9	9	8	8	8	7	7	7	6	6	6	5	5	5	4	4	4	3	3	3	2	2	2	1	1	1	1

10월 8일(양) 한로 20시 42분 · 10월 23일(양) 상강 23시 48분

인(寅)월장 — 입 동 — 11.08 ~ 12.06(양)

己亥月

구분	절입	9	10	11	12	13	14	15	16	17	18	19	20	21	22	23	24	25	26	27	28	29	30	12.1	2	3	4	5	6
양력	11.08	9	10	11	12	13	14	15	16	17	18	19	20	21	22	23	24	25	26	27	28	29	30	12.1	2	3	4	5	6
음력	09.24	25	26	27	28	29	30	10.1	2	3	4	5	6	7	8	9	10	11	12	13	14	15	16	17	18	19	20	21	22
일주	壬子	癸丑	甲寅	乙卯	丙辰	丁巳	戊午	己未	庚申	辛酉	壬戌	癸亥	甲子	乙丑	丙寅	丁卯	戊辰	己巳	庚午	辛未	壬申	癸酉	甲戌	乙亥	丙子	丁丑	戊寅	己卯	庚辰
대운 남	10 / 1	1	1	1	1	2	2	2	3	3	3	4	4	4	5	5	5	6	6	6	7	7	7	8	8	8	9	9	9
대운 여	1 / 10	9	9	9	8	8	8	7	7	7	6	6	6	5	5	5	4	4	4	3	3	3	2	2	2	1	1	1	1

11월 8일(양) 입동 00시 04분 · 11월 22일(양) 소설 21시 31분

축(丑)월장 — 대 설 — 12.07 ~ 2032.01.05(양)

庚子月

구분	절입	8	9	10	11	12	13	14	15	16	17	18	19	20	21	22	23	24	25	26	27	28	29	30	31	1.1	2	3	4	5
양력	12.07	8	9	10	11	12	13	14	15	16	17	18	19	20	21	22	23	24	25	26	27	28	29	30	31	1.1	2	3	4	5
음력	10.23	24	25	26	27	28	29	11.1	2	3	4	5	6	7	8	9	10	11	12	13	14	15	16	17	18	19	20	21	22	23
일주	辛巳	壬午	癸未	甲申	乙酉	丙戌	丁亥	戊子	己丑	庚寅	辛卯	壬辰	癸巳	甲午	乙未	丙申	丁酉	戊戌	己亥	庚子	辛丑	壬寅	癸卯	甲辰	乙巳	丙午	丁未	戊申	己酉	庚戌
대운 남	10 / 1	1	1	1	1	2	2	2	3	3	3	4	4	4	5	5	5	6	6	6	7	7	7	8	8	8	9	9	9	10
대운 여	1 / 10	10	9	9	9	8	8	8	7	7	7	6	6	6	5	5	5	4	4	4	3	3	3	2	2	2	1	1	1	1

12월 7일(양) 대설 17시 02분 · 12월 22일(양) 동지 10시 54분

자(子)월장 — 소 한 — 01.06 ~ 02.03(양)

辛丑月

구분	절입	7	8	9	10	11	12	13	14	15	16	17	18	19	20	21	22	23	24	25	26	27	28	29	30	31	2.1	2	3
양력	2032.01.06	7	8	9	10	11	12	13	14	15	16	17	18	19	20	21	22	23	24	25	26	27	28	29	30	31	2.1	2	3
음력	2031.11.24	25	26	27	28	29	30	12.1	2	3	4	5	6	7	8	9	10	11	12	13	14	15	16	17	18	19	20	21	22
일주	辛亥	壬子	癸丑	甲寅	乙卯	丙辰	丁巳	戊午	己未	庚申	辛酉	壬戌	癸亥	甲子	乙丑	丙寅	丁卯	戊辰	己巳	庚午	辛未	壬申	癸酉	甲戌	乙亥	丙子	丁丑	戊寅	己卯
대운 남	10 / 1	1	1	1	1	2	2	2	3	3	3	4	4	4	5	5	5	6	6	6	7	7	7	8	8	8	9	9	9
대운 여	1 / 10	9	9	9	8	8	8	7	7	7	6	6	6	5	5	5	4	4	4	3	3	3	2	2	2	1	1	1	1

1월 6일(양) 소한 04시 15분 · 1월 20일(양) 대한 21시 30분

2032

해(亥)월장 · 입춘 · 02.04 ~ 03.04(양) — 壬寅月

구분		5	6	7	8	9	10	11	12	13	14	15	16	17	18	19	20	21	22	23	24	25	26	27	28	29	3.1	2	3	4
양력	2032.02.04	5	6	7	8	9	10	11	12	13	14	15	16	17	18	19	20	21	22	23	24	25	26	27	28	29	3.1	2	3	4
음력	2031.12.23	24	25	26	27	28	29	1.1	2	3	4	5	6	7	8	9	10	11	12	13	14	15	16	17	18	19	20	21	22	23
일주	庚辰	辛巳	壬午	癸未	甲申	乙酉	丙戌	丁亥	戊子	己丑	庚寅	辛卯	壬辰	癸巳	甲午	乙未	丙申	丁酉	戊戌	己亥	庚子	辛丑	壬寅	癸卯	甲辰	乙巳	丙午	丁未	戊申	己酉
대운 남	10 10	10	9	9	9	8	8	8	7	7	7	6	6	6	5	5	5	4	4	4	3	3	3	2	2	2	1	1	1	1
운 여	1 1	1	1	1	1	2	2	2	3	3	3	4	4	4	5	5	5	6	6	6	7	7	7	8	8	8	9	9	9	10

2월 4일(양) 입춘 15시 48분 · 2월 19일(양) 우수 11시 31분

술(戌)월장 · 경칩 · 03.05 ~ 04.03(양) — 癸卯月

구분		6	7	8	9	10	11	12	13	14	15	16	17	18	19	20	21	22	23	24	25	26	27	28	29	30	31	4.1	2	3
양력	03.05	6	7	8	9	10	11	12	13	14	15	16	17	18	19	20	21	22	23	24	25	26	27	28	29	30	31	4.1	2	3
음력	01.24	25	26	27	28	29	30	2.1	2	3	4	5	6	7	8	9	10	11	12	13	14	15	16	17	18	19	20	21	22	23
일주	庚戌	辛亥	壬子	癸丑	甲寅	乙卯	丙辰	丁巳	戊午	己未	庚申	辛酉	壬戌	癸亥	甲子	乙丑	丙寅	丁卯	戊辰	己巳	庚午	辛未	壬申	癸酉	甲戌	乙亥	丙子	丁丑	戊寅	己卯
대운 남	1 10	10	9	9	9	8	8	8	7	7	7	6	6	6	5	5	5	4	4	4	3	3	3	2	2	2	1	1	1	1
운 여	10 1	1	1	1	1	2	2	2	3	3	3	4	4	4	5	5	5	6	6	6	7	7	7	8	8	8	9	9	9	10

3월 5일(양) 경칩 09시 39분 · 3월 20일(양) 춘분 10시 21분

유(酉)월장 · 청명 · 04.04 ~ 05.04(양) — 甲辰月

구분		5	6	7	8	9	10	11	12	13	14	15	16	17	18	19	20	21	22	23	24	25	26	27	28	29	30	5.1	2	3	4
양력	04.04	5	6	7	8	9	10	11	12	13	14	15	16	17	18	19	20	21	22	23	24	25	26	27	28	29	30	5.1	2	3	4
음력	02.24	25	26	27	28	29	3.1	2	3	4	5	6	7	8	9	10	11	12	13	14	15	16	17	18	19	20	21	22	23	24	25
일주	庚辰	辛巳	壬午	癸未	甲申	乙酉	丙戌	丁亥	戊子	己丑	庚寅	辛卯	壬辰	癸巳	甲午	乙未	丙申	丁酉	戊戌	己亥	庚子	辛丑	壬寅	癸卯	甲辰	乙巳	丙午	丁未	戊申	己酉	庚戌
대운 남	1 10	10	10	9	9	9	8	8	8	7	7	7	6	6	6	5	5	5	4	4	4	3	3	3	2	2	2	1	1	1	1
운 여	10 1	1	1	1	1	2	2	2	3	3	3	4	4	4	5	5	5	6	6	6	7	7	7	8	8	8	9	9	9	10	10

4월 4일(양) 청명 14시 16분 · 4월 19일(양) 곡우 21시 13분

신(申)월장 · 입하 · 05.05 ~ 06.04(양) — 乙巳月

구분		6	7	8	9	10	11	12	13	14	15	16	17	18	19	20	21	22	23	24	25	26	27	28	29	30	31	6.1	2	3	4
양력	05.05	6	7	8	9	10	11	12	13	14	15	16	17	18	19	20	21	22	23	24	25	26	27	28	29	30	31	6.1	2	3	4
음력	03.26	27	28	29	4.1	2	3	4	5	6	7	8	9	10	11	12	13	14	15	16	17	18	19	20	21	22	23	24	25	26	27
일주	辛亥	壬子	癸丑	甲寅	乙卯	丙辰	丁巳	戊午	己未	庚申	辛酉	壬戌	癸亥	甲子	乙丑	丙寅	丁卯	戊辰	己巳	庚午	辛未	壬申	癸酉	甲戌	乙亥	丙子	丁丑	戊寅	己卯	庚辰	辛巳
대운 남	1 10	10	10	9	9	9	8	8	8	7	7	7	6	6	6	5	5	5	4	4	4	3	3	3	2	2	2	1	1	1	1
운 여	10 1	1	1	1	1	2	2	2	3	3	3	4	4	4	5	5	5	6	6	6	7	7	7	8	8	8	9	9	9	10	10

5월 5일(양) 입하 07시 25분 · 5월 20일(양) 소만 20시 14분

미(未)월장 · 망종 · 06.05 ~ 07.05(양) — 丙午月

구분		6	7	8	9	10	11	12	13	14	15	16	17	18	19	20	21	22	23	24	25	26	27	28	29	30	7.1	2	3	4	5
양력	06.05	6	7	8	9	10	11	12	13	14	15	16	17	18	19	20	21	22	23	24	25	26	27	28	29	30	7.1	2	3	4	5
음력	04.28	29	30	5.1	2	3	4	5	6	7	8	9	10	11	12	13	14	15	16	17	18	19	20	21	22	23	24	25	26	27	28
일주	壬午	癸未	甲申	乙酉	丙戌	丁亥	戊子	己丑	庚寅	辛卯	壬辰	癸巳	甲午	乙未	丙申	丁酉	戊戌	己亥	庚子	辛丑	壬寅	癸卯	甲辰	乙巳	丙午	丁未	戊申	己酉	庚戌	辛亥	壬子
대운 남	1 10	10	10	9	9	9	8	8	8	7	7	7	6	6	6	5	5	5	4	4	4	3	3	3	2	2	2	1	1	1	1
운 여	10 1	1	1	1	1	2	2	2	3	3	3	4	4	4	5	5	5	6	6	6	7	7	7	8	8	8	9	9	9	10	10

6월 5일(양) 망종 11시 27분 · 6월 21일(양) 하지 04시 07분

오(午)월장 · 소서 · 07.06 ~ 08.06(양) — 丁未月

구분		7	8	9	10	11	12	13	14	15	16	17	18	19	20	21	22	23	24	25	26	27	28	29	30	31	8.1	2	3	4	5	6
양력	07.06	7	8	9	10	11	12	13	14	15	16	17	18	19	20	21	22	23	24	25	26	27	28	29	30	31	8.1	2	3	4	5	6
음력	05.29	6.1	2	3	4	5	6	7	8	9	10	11	12	13	14	15	16	17	18	19	20	21	22	23	24	25	26	27	28	29	30	7.1
일주	癸丑	甲寅	乙卯	丙辰	丁巳	戊午	己未	庚申	辛酉	壬戌	癸亥	甲子	乙丑	丙寅	丁卯	戊辰	己巳	庚午	辛未	壬申	癸酉	甲戌	乙亥	丙子	丁丑	戊寅	己卯	庚辰	辛巳	壬午	癸未	甲申
대운 남	1 10	10	10	10	9	9	9	8	8	8	7	7	7	6	6	6	5	5	5	4	4	4	3	3	3	2	2	2	1	1	1	1
운 여	10 1	1	1	1	1	2	2	2	3	3	3	4	4	4	5	5	5	6	6	6	7	7	7	8	8	8	9	9	9	10	10	10

7월 6일(양) 소서 21시 40분 · 7월 22일(양) 대서 15시 03분

사(巳)월장 — 입 추 — 08.07 ~ 09.06(양)

戊申月	절입																														
양력	08.07	8	9	10	11	12	13	14	15	16	17	18	19	20	21	22	23	24	25	26	27	28	29	30	31	9.1	2	3	4	5	6
음력	07.02	3	4	5	6	7	8	9	10	11	12	13	14	15	16	17	18	19	20	21	22	23	24	25	26	27	28	29	30	8.1	2
일주	乙酉	丙戌	丁亥	戊子	己丑	庚寅	辛卯	壬辰	癸巳	甲午	乙未	丙申	丁酉	戊戌	己亥	庚子	辛丑	壬寅	癸卯	甲辰	乙巳	丙午	丁未	戊申	己酉	庚戌	辛亥	壬子	癸丑	甲寅	乙卯
대운 남	1·10	10	10	9	9	9	8	8	8	7	7	7	6	6	6	5	5	5	4	4	4	3	3	3	2	2	2	1	1	1	1
대운 여	10·1	1	1	1	1	2	2	2	3	3	3	4	4	4	5	5	5	6	6	6	7	7	7	8	8	8	9	9	9	10	10

8월 7일(양) 입추 07시 31분 / 8월 22일(양) 처서 22시 17분

진(辰)월장 — 백 로 — 09.07 ~ 10.07(양)

己酉月	절입																														
양력	09.07	8	9	10	11	12	13	14	15	16	17	18	19	20	21	22	23	24	25	26	27	28	29	30	10.1	2	3	4	5	6	7
음력	08.03	4	5	6	7	8	9	10	11	12	13	14	15	16	17	18	19	20	21	22	23	24	25	26	27	28	29	9.1	2	3	4
일주	丙辰	丁巳	戊午	己未	庚申	辛酉	壬戌	癸亥	甲子	乙丑	丙寅	丁卯	戊辰	己巳	庚午	辛未	壬申	癸酉	甲戌	乙亥	丙子	丁丑	戊寅	己卯	庚辰	辛巳	壬午	癸未	甲申	乙酉	丙戌
대운 남	1·10	10	10	9	9	9	8	8	8	7	7	7	6	6	6	5	5	5	4	4	4	3	3	3	2	2	2	1	1	1	1
대운 여	10·1	1	1	1	1	2	2	2	3	3	3	4	4	4	5	5	5	6	6	6	7	7	7	8	8	8	9	9	9	10	10

9월 7일(양) 백로 10시 37분 / 9월 22일(양) 추분 20시 10분

묘(卯)월장 — 한 로 — 10.08 ~ 11.06(양)

庚戌月	절입																													
양력	10.08	9	10	11	12	13	14	15	16	17	18	19	20	21	22	23	24	25	26	27	28	29	30	31	11.1	2	3	4	5	6
음력	09.05	6	7	8	9	10	11	12	13	14	15	16	17	18	19	20	21	22	23	24	25	26	27	28	29	30	10.1	2	3	4
일주	丁亥	戊子	己丑	庚寅	辛卯	壬辰	癸巳	甲午	乙未	丙申	丁酉	戊戌	己亥	庚子	辛丑	壬寅	癸卯	甲辰	乙巳	丙午	丁未	戊申	己酉	庚戌	辛亥	壬子	癸丑	甲寅	乙卯	丙辰
대운 남	1·10	10	9	9	9	8	8	8	7	7	7	6	6	6	5	5	5	4	4	4	3	3	3	2	2	2	1	1	1	1
대운 여	10·1	1	1	1	1	2	2	2	3	3	3	4	4	4	5	5	5	6	6	6	7	7	7	8	8	8	9	9	9	10

10월 8일(양) 한로 02시 29분 / 10월 23일(양) 상강 05시 45분

인(寅)월장 — 입 동 — 11.07 ~ 12.05(양)

辛亥月	절입																												
양력	11.07	8	9	10	11	12	13	14	15	16	17	18	19	20	21	22	23	24	25	26	27	28	29	30	12.1	2	3	4	5
음력	10.05	6	7	8	9	10	11	12	13	14	15	16	17	18	19	20	21	22	23	24	25	26	27	28	29	30	11.1	2	3
일주	丁巳	戊午	己未	庚申	辛酉	壬戌	癸亥	甲子	乙丑	丙寅	丁卯	戊辰	己巳	庚午	辛未	壬申	癸酉	甲戌	乙亥	丙子	丁丑	戊寅	己卯	庚辰	辛巳	壬午	癸未	甲申	乙酉
대운 남	1·10	9	9	9	8	8	8	7	7	7	6	6	6	5	5	5	4	4	4	3	3	3	2	2	2	1	1	1	1
대운 여	10·1	1	1	1	1	2	2	2	3	3	3	4	4	4	5	5	5	6	6	6	7	7	7	8	8	8	9	9	9

11월 7일(양) 입동 05시 53분 / 11월 22일(양) 소설 03시 30분

축(丑)월장 — 대 설 — 12.06 ~ 2033.01.04(양)

壬子月	절입																													
양력	12.06	7	8	9	10	11	12	13	14	15	16	17	18	19	20	21	22	23	24	25	26	27	28	29	30	31	1.1	2	3	4
음력	11.04	5	6	7	8	9	10	11	12	13	14	15	16	17	18	19	20	21	22	23	24	25	26	27	28	29	12.1	2	3	4
일주	丙戌	丁亥	戊子	己丑	庚寅	辛卯	壬辰	癸巳	甲午	乙未	丙申	丁酉	戊戌	己亥	庚子	辛丑	壬寅	癸卯	甲辰	乙巳	丙午	丁未	戊申	己酉	庚戌	辛亥	壬子	癸丑	甲寅	乙卯
대운 남	1·10	10	9	9	9	8	8	8	7	7	7	6	6	6	5	5	5	4	4	4	3	3	3	2	2	2	1	1	1	1
대운 여	10·1	1	1	1	1	2	2	2	3	3	3	4	4	4	5	5	5	6	6	6	7	7	7	8	8	8	9	9	9	10

12월 6일(양) 대설 22시 52분 / 12월 21일(양) 동지 16시 55분

재(子)월장 — 소 한 — 01.05 ~ 02.02(양)

癸丑月	절입																												
양력	2033.01.05	6	7	8	9	10	11	12	13	14	15	16	17	18	19	20	21	22	23	24	25	26	27	28	29	30	31	2.1	2
음력	2032.12.05	6	7	8	9	10	11	12	13	14	15	16	17	18	19	20	21	22	23	24	25	26	27	28	29	30	1.1	2	3
일주	丙辰	丁巳	戊午	己未	庚申	辛酉	壬戌	癸亥	甲子	乙丑	丙寅	丁卯	戊辰	己巳	庚午	辛未	壬申	癸酉	甲戌	乙亥	丙子	丁丑	戊寅	己卯	庚辰	辛巳	壬午	癸未	甲申
대운 남	1·10	9	9	9	8	8	8	7	7	7	6	6	6	5	5	5	4	4	4	3	3	3	2	2	2	1	1	1	1
대운 여	10·1	1	1	1	1	2	2	2	3	3	3	4	4	4	5	5	5	6	6	6	7	7	7	8	8	8	9	9	9

1월 5일(양) 소한 10시 07분 / 1월 20일(양) 대한 03시 31분

해(亥)월장 · 입춘 · 02.03 ~ 03.04(양) · 甲寅月

	입절																												
양력	2033.02.03	4	5	6	7	8	9	10	11	12	13	14	15	16	17	18	19	20	21	22	23	24	25	26	27	28	3.1	2	3	4
음력	2033.01.04	5	6	7	8	9	10	11	12	13	14	15	16	17	18	19	20	21	22	23	24	25	26	27	28	29	2.1	2	3	4
일주	乙酉	丙戌	丁亥	戊子	己丑	庚寅	辛卯	壬辰	癸巳	甲午	乙未	丙申	丁酉	戊戌	己亥	庚子	辛丑	壬寅	癸卯	甲辰	乙巳	丙午	丁未	戊申	己酉	庚戌	辛亥	壬子	癸丑	甲寅
대운 남	1 1	1	1	1	1	2	2	2	3	3	3	4	4	4	5	5	5	6	6	6	7	7	7	8	8	8	9	9	9	10
대운 여	10 10	10	9	9	9	8	8	8	7	7	7	6	6	6	5	5	5	4	4	4	3	3	3	2	2	2	1	1	1	1

2월 3일(양) 입춘 21시 40분 · 2월 18일(양) 우수 17시 32분

술(戌)월장 · 경칩 · 03.05 ~ 04.03(양) · 乙卯月

	입절																												
양력	03.05	6	7	8	9	10	11	12	13	14	15	16	17	18	19	20	21	22	23	24	25	26	27	28	29	30	31	4.1	2	3
음력	02.05	6	7	8	9	10	11	12	13	14	15	16	17	18	19	20	21	22	23	24	25	26	27	28	29	30	3.1	2	3	4
일주	乙卯	丙辰	丁巳	戊午	己未	庚申	辛酉	壬戌	癸亥	甲子	乙丑	丙寅	丁卯	戊辰	己巳	庚午	辛未	壬申	癸酉	甲戌	乙亥	丙子	丁丑	戊寅	己卯	庚辰	辛巳	壬午	癸未	甲申
대운 남	10 1	1	1	1	1	2	2	2	3	3	3	4	4	4	5	5	5	6	6	6	7	7	7	8	8	8	9	9	9	10
대운 여	1 10	10	9	9	9	8	8	8	7	7	7	6	6	6	5	5	5	4	4	4	3	3	3	2	2	2	1	1	1	1

3월 5일(양) 경칩 15시 31분 · 3월 20일(양) 춘분 16시 21분

유(酉)월장 · 청명 · 04.04 ~ 05.04(양) · 丙辰月

	입절																													
양력	04.04	5	6	7	8	9	10	11	12	13	14	15	16	17	18	19	20	21	22	23	24	25	26	27	28	29	30	5.1	2	3	4
음력	03.05	6	7	8	9	10	11	12	13	14	15	16	17	18	19	20	21	22	23	24	25	26	27	28	29	4.1	2	3	4	5	6
일주	乙酉	丙戌	丁亥	戊子	己丑	庚寅	辛卯	壬辰	癸巳	甲午	乙未	丙申	丁酉	戊戌	己亥	庚子	辛丑	壬寅	癸卯	甲辰	乙巳	丙午	丁未	戊申	己酉	庚戌	辛亥	壬子	癸丑	甲寅	乙卯
대운 남	10 1	1	1	1	1	2	2	2	3	3	3	4	4	4	5	5	5	6	6	6	7	7	7	8	8	8	9	9	9	10	10
대운 여	1 10	10	10	9	9	9	8	8	8	7	7	7	6	6	6	5	5	5	4	4	4	3	3	3	2	2	2	1	1	1	1

4월 4일(양) 청명 20시 07분 · 4월 20일(양) 곡우 03시 12분

신(申)월장 · 입하 · 05.05 ~ 06.04(양) · 丁巳月

	입절																													
양력	05.05	6	7	8	9	10	11	12	13	14	15	16	17	18	19	20	21	22	23	24	25	26	27	28	29	30	31	6.1	2	3	4
음력	04.07	8	9	10	11	12	13	14	15	16	17	18	19	20	21	22	23	24	25	26	27	28	29	5.1	2	3	4	5	6	7	8
일주	丙辰	丁巳	戊午	己未	庚申	辛酉	壬戌	癸亥	甲子	乙丑	丙寅	丁卯	戊辰	己巳	庚午	辛未	壬申	癸酉	甲戌	乙亥	丙子	丁丑	戊寅	己卯	庚辰	辛巳	壬午	癸未	甲申	乙酉	丙戌
대운 남	10 1	1	1	1	1	2	2	2	3	3	3	4	4	4	5	5	5	6	6	6	7	7	7	8	8	8	9	9	9	10	10
대운 여	1 10	10	10	9	9	9	8	8	8	7	7	7	6	6	6	5	5	5	4	4	4	3	3	3	2	2	2	1	1	1	1

5월 5일(양) 입하 13시 12분 · 5월 21일(양) 소만 02시 10분

미(未)월장 · 망종 · 06.05 ~ 07.06(양) · 戊午月

	입절																														
양력	06.05	6	7	8	9	10	11	12	13	14	15	16	17	18	19	20	21	22	23	24	25	26	27	28	29	30	7.1	2	3	4	5	6
음력	05.09	10	11	12	13	14	15	16	17	18	19	20	21	22	23	24	25	26	27	28	29	30	6.1	2	3	4	5	6	7	8	9	10
일주	丁亥	戊子	己丑	庚寅	辛卯	壬辰	癸巳	甲午	乙未	丙申	丁酉	戊戌	己亥	庚子	辛丑	壬寅	癸卯	甲辰	乙巳	丙午	丁未	戊申	己酉	庚戌	辛亥	壬子	癸丑	甲寅	乙卯	丙辰	丁巳	戊午
대운 남	10 1	1	1	1	1	2	2	2	3	3	3	4	4	4	5	5	5	6	6	6	7	7	7	8	8	8	9	9	9	10	10	10
대운 여	1 10	10	10	10	9	9	9	8	8	8	7	7	7	6	6	6	5	5	5	4	4	4	3	3	3	2	2	2	1	1	1	1

6월 5일(양) 망종 17시 12분 · 6월 21일(양) 하지 10시 00분

오(午)월장 · 소서 · 07.07 ~ 08.06(양) · 己未月

	입절																													
양력	07.07	8	9	10	11	12	13	14	15	16	17	18	19	20	21	22	23	24	25	26	27	28	29	30	31	8.1	2	3	4	5	6
음력	06.11	12	13	14	15	16	17	18	19	20	21	22	23	24	25	26	27	28	29	7.1	2	3	4	5	6	7	8	9	10	11	12
일주	己未	庚申	辛酉	壬戌	癸亥	甲子	乙丑	丙寅	丁卯	戊辰	己巳	庚午	辛未	壬申	癸酉	甲戌	乙亥	丙子	丁丑	戊寅	己卯	庚辰	辛巳	壬午	癸未	甲申	乙酉	丙戌	丁亥	戊子	己丑
대운 남	10 1	1	1	1	1	2	2	2	3	3	3	4	4	4	5	5	5	6	6	6	7	7	7	8	8	8	9	9	9	10	10
대운 여	1 10	10	10	9	9	9	8	8	8	7	7	7	6	6	6	5	5	5	4	4	4	3	3	3	2	2	2	1	1	1	1

7월 7일(양) 소서 03시 24분 · 7월 22일(양) 대서 20시 51분

사(巳)월장 — 입추 — 08.07 ~ 09.06(양)

庚申月

구분	절입	8	9	10	11	12	13	14	15	16	17	18	19	20	21	22	23	24	25	26	27	28	29	30	31	9.1	2	3	4	5	6
양력	08.07	8	9	10	11	12	13	14	15	16	17	18	19	20	21	22	23	24	25	26	27	28	29	30	31	9.1	2	3	4	5	6
음력	07.13	14	15	16	17	18	19	20	21	22	23	24	25	26	27	28	29	30	8.1	2	3	4	5	6	7	8	9	10	11	12	13
일주	庚寅	辛卯	壬辰	癸巳	甲午	乙未	丙申	丁酉	戊戌	己亥	庚子	辛丑	壬寅	癸卯	甲辰	乙巳	丙午	丁未	戊申	己酉	庚戌	辛亥	壬子	癸丑	甲寅	乙卯	丙辰	丁巳	戊午	己未	庚申
대운(남)	10 · 1	1	1	1	1	2	2	2	3	3	3	4	4	4	5	5	5	6	6	6	7	7	7	8	8	8	9	9	9	10	10
대운(여)	1 · 10	10	10	9	9	9	8	8	8	7	7	7	6	6	6	5	5	5	4	4	4	3	3	3	2	2	2	1	1	1	1

8월 7일(양) 입추 13시 14분   8월 23일(양) 처서 04시 01분

진(辰)월장 — 백로 — 09.07 ~ 10.07(양)

辛酉月

구분	절입	8	9	10	11	12	13	14	15	16	17	18	19	20	21	22	23	24	25	26	27	28	29	30	10.1	2	3	4	5	6	7
양력	09.07	8	9	10	11	12	13	14	15	16	17	18	19	20	21	22	23	24	25	26	27	28	29	30	10.1	2	3	4	5	6	7
음력	08.14	15	16	17	18	19	20	21	22	23	24	25	26	27	28	29	9.1	2	3	4	5	6	7	8	9	10	11	12	13	14	15
일주	辛酉	壬戌	癸亥	甲子	乙丑	丙寅	丁卯	戊辰	己巳	庚午	辛未	壬申	癸酉	甲戌	乙亥	丙子	丁丑	戊寅	己卯	庚辰	辛巳	壬午	癸未	甲申	乙酉	丙戌	丁亥	戊子	己丑	庚寅	辛卯
대운(남)	10 · 1	1	1	1	2	2	2	3	3	3	4	4	4	5	5	5	6	6	6	7	7	7	8	8	8	9	9	9	10	10	10
대운(여)	1 · 10	10	10	9	9	9	8	8	8	7	7	7	6	6	6	5	5	5	4	4	4	3	3	3	2	2	2	1	1	1	1

9월 7일(양) 백로 16시 19분   9월 23일(양) 추분 01시 50분

묘(卯)월장 — 한로 — 10.08 ~ 11.06(양)

壬戌月

구분	절입	9	10	11	12	13	14	15	16	17	18	19	20	21	22	23	24	25	26	27	28	29	30	31	11.1	2	3	4	5	6
양력	10.08	9	10	11	12	13	14	15	16	17	18	19	20	21	22	23	24	25	26	27	28	29	30	31	11.1	2	3	4	5	6
음력	09.16	17	18	19	20	21	22	23	24	25	26	27	28	29	30	10.1	2	3	4	5	6	7	8	9	10	11	12	13	14	15
일주	壬辰	癸巳	甲午	乙未	丙申	丁酉	戊戌	己亥	庚子	辛丑	壬寅	癸卯	甲辰	乙巳	丙午	丁未	戊申	己酉	庚戌	辛亥	壬子	癸丑	甲寅	乙卯	丙辰	丁巳	戊午	己未	庚申	辛酉
대운(남)	10 · 1	1	1	1	2	2	2	3	3	3	4	4	4	5	5	5	6	6	6	7	7	7	8	8	8	9	9	9	10	10
대운(여)	1 · 10	10	9	9	9	8	8	8	7	7	7	6	6	6	5	5	5	4	4	4	3	3	3	2	2	2	1	1	1	1

10월 8일(양) 한로 08시 13분   10월 23일(양) 상강 11시 26분

인(寅)월장 — 입동 — 11.07 ~ 12.06(양)

癸亥月

구분	절입	8	9	10	11	12	13	14	15	16	17	18	19	20	21	22	23	24	25	26	27	28	29	30	12.1	2	3	4	5	6
양력	11.07	8	9	10	11	12	13	14	15	16	17	18	19	20	21	22	23	24	25	26	27	28	29	30	12.1	2	3	4	5	6
음력	10.16	17	18	19	20	21	22	23	24	25	26	27	28	29	30	11.1	2	3	4	5	6	7	8	9	10	11	12	13	14	15
일주	壬戌	癸亥	甲子	乙丑	丙寅	丁卯	戊辰	己巳	庚午	辛未	壬申	癸酉	甲戌	乙亥	丙子	丁丑	戊寅	己卯	庚辰	辛巳	壬午	癸未	甲申	乙酉	丙戌	丁亥	戊子	己丑	庚寅	辛卯
대운(남)	10 · 1	1	1	1	1	2	2	2	3	3	3	4	4	4	5	5	5	6	6	6	7	7	7	8	8	8	9	9	9	10
대운(여)	1 · 10	10	9	9	9	8	8	8	7	7	7	6	6	6	5	5	5	4	4	4	3	3	3	2	2	2	1	1	1	1

11월 7일(양) 입동 11시 40분   11월 22일(양) 소설 09시 15분

축(丑)월장 — 대설 — 12.07 ~ 2034.01.04(양)

甲子月

구분	절입	8	9	10	11	12	13	14	15	16	17	18	19	20	21	22	23	24	25	26	27	28	29	30	31	1.1	2	3	4
양력	12.07	8	9	10	11	12	13	14	15	16	17	18	19	20	21	22	23	24	25	26	27	28	29	30	31	1.1	2	3	4
음력	11.16	17	18	19	20	21	22	23	24	25	26	27	28	29	30	윤	11.2	3	4	5	6	7	8	9	10	11	12	13	14
일주	壬辰	癸巳	甲午	乙未	丙申	丁酉	戊戌	己亥	庚子	辛丑	壬寅	癸卯	甲辰	乙巳	丙午	丁未	戊申	己酉	庚戌	辛亥	壬子	癸丑	甲寅	乙卯	丙辰	丁巳	戊午	己未	庚申
대운(남)	10 · 1	1	1	1	1	2	2	2	3	3	3	4	4	4	5	5	5	6	6	6	7	7	7	8	8	8	9	9	9
대운(여)	1 · 10	9	9	9	8	8	8	7	7	7	6	6	6	5	5	5	4	4	4	3	3	3	2	2	2	1	1	1	1

12월 7일(양) 대설 04시 44분   12월 21일(양) 동지 22시 45분

자(子)월장 — 소한 — 01.05 ~ 02.03(양)

乙丑月

구분	절입	6	7	8	9	10	11	12	13	14	15	16	17	18	19	20	21	22	23	24	25	26	27	28	29	30	31	2.1	2	3
양력	2034.01.05	6	7	8	9	10	11	12	13	14	15	16	17	18	19	20	21	22	23	24	25	26	27	28	29	30	31	2.1	2	3
음력	2033.11.15	16	17	18	19	20	21	22	23	24	25	26	27	28	29	12.1	2	3	4	5	6	7	8	9	10	11	12	13	14	15
일주	辛酉	壬戌	癸亥	甲子	乙丑	丙寅	丁卯	戊辰	己巳	庚午	辛未	壬申	癸酉	甲戌	乙亥	丙子	丁丑	戊寅	己卯	庚辰	辛巳	壬午	癸未	甲申	乙酉	丙戌	丁亥	戊子	己丑	庚寅
대운(남)	10 · 1	1	1	1	1	2	2	2	3	3	3	4	4	4	5	5	5	6	6	6	7	7	7	8	8	8	9	9	9	10
대운(여)	1 · 10	10	9	9	9	8	8	8	7	7	7	6	6	6	5	5	5	4	4	4	3	3	3	2	2	2	1	1	1	1

1월 5일(양) 소한 16시 03분   1월 20일(양) 대한 09시 26분

2034

해(亥)월장 · 입춘 · 02.04 ~ 03.04(양)

丙寅月

양력	2034.02.04	5	6	7	8	9	10	11	12	13	14	15	16	17	18	19	20	21	22	23	24	25	26	27	28	3.1	2	3	4
음력	2033.12.16	17	18	19	20	21	22	23	24	25	26	27	28	29	30	1.1	2	3	4	5	6	7	8	9	10	11	12	13	14
일주	辛卯	壬辰	癸巳	甲午	乙未	丙申	丁酉	戊戌	己亥	庚子	辛丑	壬寅	癸卯	甲辰	乙巳	丙午	丁未	戊申	己酉	庚戌	辛亥	壬子	癸丑	甲寅	乙卯	丙辰	丁巳	戊午	己未
대운(남)	10 10	9	9	9	8	8	8	7	7	7	6	6	6	5	5	5	4	4	4	3	3	3	2	2	2	1	1	1	1
대운(여)	1 1	1	1	1	1	2	2	2	3	3	3	4	4	4	5	5	5	6	6	6	7	7	7	8	8	8	9	9	9

2월 4일(양) 입춘 03시 40분   2월 18일(양) 우수 23시 29분

술(戌)월장 · 경칩 · 03.05 ~ 04.04(양)

丁卯月

양력	03.05	6	7	8	9	10	11	12	13	14	15	16	17	18	19	20	21	22	23	24	25	26	27	28	29	30	31	4.1	2	3	4
음력	01.15	16	17	18	19	20	21	22	23	24	25	26	27	28	29	2.1	2	3	4	5	6	7	8	9	10	11	12	13	14	15	16
일주	庚申	辛酉	壬戌	癸亥	甲子	乙丑	丙寅	丁卯	戊辰	己巳	庚午	辛未	壬申	癸酉	甲戌	乙亥	丙子	丁丑	戊寅	己卯	庚辰	辛巳	壬午	癸未	甲申	乙酉	丙戌	丁亥	戊子	己丑	庚寅
대운(남)	1 10	10	10	9	9	9	8	8	8	7	7	7	6	6	6	5	5	5	4	4	4	3	3	3	2	2	2	1	1	1	1
대운(여)	10 1	1	1	1	1	2	2	2	3	3	3	4	4	4	5	5	5	6	6	6	7	7	7	8	8	8	9	9	9	10	10

3월 5일(양) 경칩 21시 31분   3월 20일(양) 춘분 22시 16분

유(酉)월장 · 청명 · 04.05 ~ 05.04(양)

戊辰月

양력	04.05	6	7	8	9	10	11	12	13	14	15	16	17	18	19	20	21	22	23	24	25	26	27	28	29	30	5.1	2	3	4
음력	02.17	18	19	20	21	22	23	24	25	26	27	28	29	30	3.1	2	3	4	5	6	7	8	9	10	11	12	13	14	15	16
일주	辛卯	壬辰	癸巳	甲午	乙未	丙申	丁酉	戊戌	己亥	庚子	辛丑	壬寅	癸卯	甲辰	乙巳	丙午	丁未	戊申	己酉	庚戌	辛亥	壬子	癸丑	甲寅	乙卯	丙辰	丁巳	戊午	己未	庚申
대운(남)	1 10	10	9	9	9	8	8	8	7	7	7	6	6	6	5	5	5	4	4	4	3	3	3	2	2	2	1	1	1	1
대운(여)	10 1	1	1	1	1	2	2	2	3	3	3	4	4	4	5	5	5	6	6	6	7	7	7	8	8	8	9	9	9	10

4월 5일(양) 청명 02시 05분   4월 20일(양) 곡우 09시 02분

신(申)월장 · 입하 · 05.05 ~ 06.04(양)

己巳月

양력	05.05	6	7	8	9	10	11	12	13	14	15	16	17	18	19	20	21	22	23	24	25	26	27	28	29	30	31	6.1	2	3	4
음력	03.17	18	19	20	21	22	23	24	25	26	27	28	29	4.1	2	3	4	5	6	7	8	9	10	11	12	13	14	15	16	17	18
일주	辛酉	壬戌	癸亥	甲子	乙丑	丙寅	丁卯	戊辰	己巳	庚午	辛未	壬申	癸酉	甲戌	乙亥	丙子	丁丑	戊寅	己卯	庚辰	辛巳	壬午	癸未	甲申	乙酉	丙戌	丁亥	戊子	己丑	庚寅	辛卯
대운(남)	1 10	10	10	9	9	9	8	8	8	7	7	7	6	6	6	5	5	5	4	4	4	3	3	3	2	2	2	1	1	1	1
대운(여)	10 1	1	1	1	1	2	2	2	3	3	3	4	4	4	5	5	5	6	6	6	7	7	7	8	8	8	9	9	9	10	10

5월 5일(양) 입하 19시 08분   5월 21일(양) 소만 07시 56분

미(未)월장 · 망종 · 06.05 ~ 07.06(양)

庚午月

양력	06.05	6	7	8	9	10	11	12	13	14	15	16	17	18	19	20	21	22	23	24	25	26	27	28	29	30	7.1	2	3	4	5	6
음력	04.19	20	21	22	23	24	25	26	27	28	29	5.1	2	3	4	5	6	7	8	9	10	11	12	13	14	15	16	17	18	19	20	21
일주	壬辰	癸巳	甲午	乙未	丙申	丁酉	戊戌	己亥	庚子	辛丑	壬寅	癸卯	甲辰	乙巳	丙午	丁未	戊申	己酉	庚戌	辛亥	壬子	癸丑	甲寅	乙卯	丙辰	丁巳	戊午	己未	庚申	辛酉	壬戌	癸亥
대운(남)	1 10	10	10	10	9	9	9	8	8	8	7	7	7	6	6	6	5	5	5	4	4	4	3	3	3	2	2	2	1	1	1	1
대운(여)	10 1	1	1	1	1	2	2	2	3	3	3	4	4	4	5	5	5	6	6	6	7	7	7	8	8	8	9	9	9	10	10	10

6월 5일(양) 망종 23시 05분   6월 21일(양) 하지 15시 43분

오(午)월장 · 소서 · 07.07 ~ 08.06(양)

辛未月

양력	07.07	8	9	10	11	12	13	14	15	16	17	18	19	20	21	22	23	24	25	26	27	28	29	30	31	8.1	2	3	4	5	6
음력	05.22	23	24	25	26	27	28	29	30	6.1	2	3	4	5	6	7	8	9	10	11	12	13	14	15	16	17	18	19	20	21	22
일주	甲子	乙丑	丙寅	丁卯	戊辰	己巳	庚午	辛未	壬申	癸酉	甲戌	乙亥	丙子	丁丑	戊寅	己卯	庚辰	辛巳	壬午	癸未	甲申	乙酉	丙戌	丁亥	戊子	己丑	庚寅	辛卯	壬辰	癸巳	甲午
대운(남)	1 10	10	10	9	9	9	8	8	8	7	7	7	6	6	6	5	5	5	4	4	4	3	3	3	2	2	2	1	1	1	1
대운(여)	10 1	1	1	1	1	2	2	2	3	3	3	4	4	4	5	5	5	6	6	6	7	7	7	8	8	8	9	9	9	10	10

7월 7일(양) 소서 09시 16분   7월 23일(양) 대서 02시 35분

사(巳)월장 — 입추 — 08.07 ~ 09.06(양) 〔壬申月〕

양력	08.07	8	9	10	11	12	13	14	15	16	17	18	19	20	21	22	23	24	25	26	27	28	29	30	31	9.1	2	3	4	5	6
음력	06.23	24	25	26	27	28	29	7.1	2	3	4	5	6	7	8	9	10	11	12	13	14	15	16	17	18	19	20	21	22	23	24
일주	乙未	丙申	丁酉	戊戌	己亥	庚子	辛丑	壬寅	癸卯	甲辰	乙巳	丙午	丁未	戊申	己酉	庚戌	辛亥	壬子	癸丑	甲寅	乙卯	丙辰	丁巳	戊午	己未	庚申	辛酉	壬戌	癸亥	甲子	乙丑
대운(남)	1 / 10	10	10	9	9	9	8	8	8	7	7	7	6	6	6	5	5	5	4	4	4	3	3	3	2	2	2	1	1	1	1
대운(여)	10 / 1	1	1	1	1	2	2	2	3	3	3	4	4	4	5	5	5	6	6	6	7	7	7	8	8	8	9	9	9	10	10

8월 7일(양) 입추 19시 08분 · 8월 23일(양) 처서 09시 46분

진(辰)월장 — 백로 — 09.07 ~ 10.07(양) 〔癸酉月〕

양력	09.07	8	9	10	11	12	13	14	15	16	17	18	19	20	21	22	23	24	25	26	27	28	29	30	10.1	2	3	4	5	6	7
음력	07.25	26	27	28	29	30	8.1	2	3	4	5	6	7	8	9	10	11	12	13	14	15	16	17	18	19	20	21	22	23	24	25
일주	丙寅	丁卯	戊辰	己巳	庚午	辛未	壬申	癸酉	甲戌	乙亥	丙子	丁丑	戊寅	己卯	庚辰	辛巳	壬午	癸未	甲申	乙酉	丙戌	丁亥	戊子	己丑	庚寅	辛卯	壬辰	癸巳	甲午	乙未	丙申
대운(남)	1 / 10	10	10	9	9	9	8	8	8	7	7	7	6	6	6	5	5	5	4	4	4	3	3	3	2	2	2	1	1	1	1
대운(여)	10 / 1	1	1	1	1	2	2	2	3	3	3	4	4	4	5	5	5	6	6	6	7	7	7	8	8	8	9	9	9	10	10

9월 7일(양) 백로 22시 13분 · 9월 23일(양) 추분 07시 38분

묘(卯)월장 — 한로 — 10.08 ~ 11.06(양) 〔甲戌月〕

양력	10.08	9	10	11	12	13	14	15	16	17	18	19	20	21	22	23	24	25	26	27	28	29	30	31	11.1	2	3	4	5	6
음력	08.26	27	28	29	9.1	2	3	4	5	6	7	8	9	10	11	12	13	14	15	16	17	18	19	20	21	22	23	24	25	26
일주	丁酉	戊戌	己亥	庚子	辛丑	壬寅	癸卯	甲辰	乙巳	丙午	丁未	戊申	己酉	庚戌	辛亥	壬子	癸丑	甲寅	乙卯	丙辰	丁巳	戊午	己未	庚申	辛酉	壬戌	癸亥	甲子	乙丑	丙寅
대운(남)	1 / 10	10	9	9	9	8	8	8	7	7	7	6	6	6	5	5	5	4	4	4	3	3	3	2	2	2	1	1	1	1
대운(여)	10 / 1	1	1	1	1	2	2	2	3	3	3	4	4	4	5	5	5	6	6	6	7	7	7	8	8	8	9	9	9	10

10월 8일(양) 한로 14시 06분 · 10월 23일(양) 상강 17시 15분

인(寅)월장 — 입동 — 11.07 ~ 12.06(양) 〔乙亥月〕

양력	11.07	8	9	10	11	12	13	14	15	16	17	18	19	20	21	22	23	24	25	26	27	28	29	30	12.1	2	3	4	5	6
음력	09.27	28	29	30	10.1	2	3	4	5	6	7	8	9	10	11	12	13	14	15	16	17	18	19	20	21	22	23	24	25	26
일주	丁卯	戊辰	己巳	庚午	辛未	壬申	癸酉	甲戌	乙亥	丙子	丁丑	戊寅	己卯	庚辰	辛巳	壬午	癸未	甲申	乙酉	丙戌	丁亥	戊子	己丑	庚寅	辛卯	壬辰	癸巳	甲午	乙未	丙申
대운(남)	1 / 10	10	9	9	9	8	8	8	7	7	7	6	6	6	5	5	5	4	4	4	3	3	3	2	2	2	1	1	1	1
대운(여)	10 / 1	1	1	1	1	2	2	2	3	3	3	4	4	4	5	5	5	6	6	6	7	7	7	8	8	8	9	9	9	10

11월 7일(양) 입동 17시 32분 · 11월 22일(양) 소설 15시 04분

축(丑)월장 — 대설 — 12.07 ~ 2035.01.04(양) 〔丙子月〕

양력	12.07	8	9	10	11	12	13	14	15	16	17	18	19	20	21	22	23	24	25	26	27	28	29	30	31	1.1	2	3	4
음력	10.27	28	29	30	11.1	2	3	4	5	6	7	8	9	10	11	12	13	14	15	16	17	18	19	20	21	22	23	24	25
일주	丁酉	戊戌	己亥	庚子	辛丑	壬寅	癸卯	甲辰	乙巳	丙午	丁未	戊申	己酉	庚戌	辛亥	壬子	癸丑	甲寅	乙卯	丙辰	丁巳	戊午	己未	庚申	辛酉	壬戌	癸亥	甲子	乙丑
대운(남)	1 / 10	9	9	9	8	8	8	7	7	7	6	6	6	5	5	5	4	4	4	3	3	3	2	2	2	1	1	1	1
대운(여)	10 / 1	1	1	1	2	2	2	3	3	3	4	4	4	5	5	5	6	6	6	7	7	7	8	8	8	9	9	9	9

12월 7일(양) 대설 10시 35분 · 12월 22일(양) 동지 04시 33분

자(子)월장 — 소한 — 01.05 ~ 02.03(양) 〔丁丑月〕

양력	2035.01.05	6	7	8	9	10	11	12	13	14	15	16	17	18	19	20	21	22	23	24	25	26	27	28	29	30	31	2.1	2	3
음력	2034.11.26	27	28	29	30	12.1	2	3	4	5	6	7	8	9	10	11	12	13	14	15	16	17	18	19	20	21	22	23	24	25
일주	丙寅	丁卯	戊辰	己巳	庚午	辛未	壬申	癸酉	甲戌	乙亥	丙子	丁丑	戊寅	己卯	庚辰	辛巳	壬午	癸未	甲申	乙酉	丙戌	丁亥	戊子	己丑	庚寅	辛卯	壬辰	癸巳	甲午	乙未
대운(남)	1 / 10	10	9	9	9	8	8	8	7	7	7	6	6	6	5	5	5	4	4	4	3	3	3	2	2	2	1	1	1	1
대운(여)	10 / 1	1	1	1	1	2	2	2	3	3	3	4	4	4	5	5	5	6	6	6	7	7	7	8	8	8	9	9	9	10

1월 5일(양) 소한 21시 54분 · 1월 20일(양) 대한 15시 13분

해(亥)월장 — 입춘 — 02.04 ~ 03.05(양)

戊寅月

양력	2035.02.04	5	6	7	8	9	10	11	12	13	14	15	16	17	18	19	20	21	22	23	24	25	26	27	28	3.1	2	3	4	5
음력	2034.12.26	27	28	29	1.1	2	3	4	5	6	7	8	9	10	11	12	13	14	15	16	17	18	19	20	21	22	23	24	25	26
일주	丙申	丁酉	戊戌	己亥	庚子	辛丑	壬寅	癸卯	甲辰	乙巳	丙午	丁未	戊申	己酉	庚戌	辛亥	壬子	癸丑	甲寅	乙卯	丙辰	丁巳	戊午	己未	庚申	辛酉	壬戌	癸亥	甲子	乙丑
대운 남	1 / 1	1	1	1	1	2	2	2	3	3	3	4	4	4	5	5	5	6	6	6	7	7	7	8	8	8	9	9	9	10
대운 여	10 / 10	10	9	9	9	8	8	8	7	7	7	6	6	6	5	5	5	4	4	4	3	3	3	2	2	2	1	1	1	1

2월 4일(양) 입춘 09시 30분 · 2월 19일(양) 우수 05시 15분

술(戌)월장 — 경칩 — 03.06 ~ 04.04(양)

己卯月

양력	03.06	7	8	9	10	11	12	13	14	15	16	17	18	19	20	21	22	23	24	25	26	27	28	29	30	31	4.1	2	3	4
음력	01.27	28	29	30	2.1	2	3	4	5	6	7	8	9	10	11	12	13	14	15	16	17	18	19	20	21	22	23	24	25	26
일주	丙寅	丁卯	戊辰	己巳	庚午	辛未	壬申	癸酉	甲戌	乙亥	丙子	丁丑	戊寅	己卯	庚辰	辛巳	壬午	癸未	甲申	乙酉	丙戌	丁亥	戊子	己丑	庚寅	辛卯	壬辰	癸巳	甲午	乙未
대운 남	10 / 1	1	1	1	1	2	2	2	3	3	3	4	4	4	5	5	5	6	6	6	7	7	7	8	8	8	9	9	9	10
대운 여	1 / 10	10	9	9	9	8	8	8	7	7	7	6	6	6	5	5	5	4	4	4	3	3	3	2	2	2	1	1	1	1

3월 6일(양) 경칩 03시 20분 · 3월 21일(양) 춘분 04시 01분

유(酉)월장 — 청명 — 04.05 ~ 05.05(양)

庚辰月

양력	04.05	6	7	8	9	10	11	12	13	14	15	16	17	18	19	20	21	22	23	24	25	26	27	28	29	30	5.1	2	3	4	5
음력	02.27	28	29	3.1	2	3	4	5	6	7	8	9	10	11	12	13	14	15	16	17	18	19	20	21	22	23	24	25	26	27	28
일주	丙申	丁酉	戊戌	己亥	庚子	辛丑	壬寅	癸卯	甲辰	乙巳	丙午	丁未	戊申	己酉	庚戌	辛亥	壬子	癸丑	甲寅	乙卯	丙辰	丁巳	戊午	己未	庚申	辛酉	壬戌	癸亥	甲子	乙丑	丙寅
대운 남	10 / 1	1	1	1	1	2	2	2	3	3	3	4	4	4	5	5	5	6	6	6	7	7	7	8	8	8	9	9	9	10	10
대운 여	1 / 10	10	10	9	9	9	8	8	8	7	7	7	6	6	6	5	5	5	4	4	4	3	3	3	2	2	2	1	1	1	1

4월 5일(양) 청명 07시 52분 · 4월 20일(양) 곡우 14시 48분

신(申)월장 — 입하 — 05.06 ~ 06.05(양)

辛巳月

양력	05.06	7	8	9	10	11	12	13	14	15	16	17	18	19	20	21	22	23	24	25	26	27	28	29	30	31	6.1	2	3	4	5
음력	03.29	30	4.1	2	3	4	5	6	7	8	9	10	11	12	13	14	15	16	17	18	19	20	21	22	23	24	25	26	27	28	29
일주	丁卯	戊辰	己巳	庚午	辛未	壬申	癸酉	甲戌	乙亥	丙子	丁丑	戊寅	己卯	庚辰	辛巳	壬午	癸未	甲申	乙酉	丙戌	丁亥	戊子	己丑	庚寅	辛卯	壬辰	癸巳	甲午	乙未	丙申	丁酉
대운 남	10 / 1	1	1	1	1	2	2	2	3	3	3	4	4	4	5	5	5	6	6	6	7	7	7	8	8	8	9	9	9	10	10
대운 여	1 / 10	10	10	9	9	9	8	8	8	7	7	7	6	6	6	5	5	5	4	4	4	3	3	3	2	2	2	1	1	1	1

5월 6일(양) 입하 00시 54분 · 5월 21일(양) 소만 13시 42분

미(未)월장 — 망종 — 06.06 ~ 07.06(양)

壬午月

양력	06.06	7	8	9	10	11	12	13	14	15	16	17	18	19	20	21	22	23	24	25	26	27	28	29	30	7.1	2	3	4	5	6
음력	05.01	2	3	4	5	6	7	8	9	10	11	12	13	14	15	16	17	18	19	20	21	22	23	24	25	26	27	28	29	6.1	2
일주	戊戌	己亥	庚子	辛丑	壬寅	癸卯	甲辰	乙巳	丙午	丁未	戊申	己酉	庚戌	辛亥	壬子	癸丑	甲寅	乙卯	丙辰	丁巳	戊午	己未	庚申	辛酉	壬戌	癸亥	甲子	乙丑	丙寅	丁卯	戊辰
대운 남	10 / 1	1	1	1	1	2	2	2	3	3	3	4	4	4	5	5	5	6	6	6	7	7	7	8	8	8	9	9	9	10	10
대운 여	1 / 10	10	10	9	9	9	8	8	8	7	7	7	6	6	6	5	5	5	4	4	4	3	3	3	2	2	2	1	1	1	1

6월 6일(양) 망종 04시 49분 · 6월 21일(양) 하지 21시 32분

오(午)월장 — 소서 — 07.07 ~ 08.07(양)

癸未月

양력	07.07	8	9	10	11	12	13	14	15	16	17	18	19	20	21	22	23	24	25	26	27	28	29	30	31	8.1	2	3	4	5	6	7
음력	06.03	4	5	6	7	8	9	10	11	12	13	14	15	16	17	18	19	20	21	22	23	24	25	26	27	28	29	30	7.1	2	3	4
일주	己巳	庚午	辛未	壬申	癸酉	甲戌	乙亥	丙子	丁丑	戊寅	己卯	庚辰	辛巳	壬午	癸未	甲申	乙酉	丙戌	丁亥	戊子	己丑	庚寅	辛卯	壬辰	癸巳	甲午	乙未	丙申	丁酉	戊戌	己亥	庚子
대운 남	10 / 1	1	1	1	1	2	2	2	3	3	3	4	4	4	5	5	5	6	6	6	7	7	7	8	8	8	9	9	9	10	10	10
대운 여	1 / 10	10	10	10	9	9	9	8	8	8	7	7	7	6	6	6	5	5	5	4	4	4	3	3	3	2	2	2	1	1	1	1

7월 7일(양) 소서 15시 00분 · 7월 23일(양) 대서 08시 27분

甲申月 — 사(巳)월장 · 입추 · 08.08 ~ 09.07(양)

양력	08.08		9	10	11	12	13	14	15	16	17	18	19	20	21	22	23	24	25	26	27	28	29	30	31	9.1	2	3	4	5	6	7
음력	07.05		6	7	8	9	10	11	12	13	14	15	16	17	18	19	20	21	22	23	24	25	26	27	28	29	8.1	2	3	4	5	6
일주	辛丑		壬寅	癸卯	甲辰	乙巳	丙午	丁未	戊申	己酉	庚戌	辛亥	壬子	癸丑	甲寅	乙卯	丙辰	丁巳	戊午	己未	庚申	辛酉	壬戌	癸亥	甲子	乙丑	丙寅	丁卯	戊辰	己巳	庚午	辛未
대운 남	10	1	1	1	1	1	2	2	2	3	3	3	4	4	4	5	5	5	6	6	6	7	7	7	8	8	8	9	9	9	10	10
운 여	1	10	10	10	9	9	9	8	8	8	7	7	7	6	6	6	5	5	5	4	4	4	3	3	3	2	2	2	1	1	1	1

8월 8일(양) 입추 00시 53분   8월 23일(양) 처서 15시 43분

乙酉月 — 진(辰)월장 · 백로 · 09.08 ~ 10.07(양)

양력	09.08		9	10	11	12	13	14	15	16	17	18	19	20	21	22	23	24	25	26	27	28	29	30	10.1	2	3	4	5	6	7
음력	08.07		8	9	10	11	12	13	14	15	16	17	18	19	20	21	22	23	24	25	26	27	28	29	9.1	2	3	4	5	6	7
일주	壬申		癸酉	甲戌	乙亥	丙子	丁丑	戊寅	己卯	庚辰	辛巳	壬午	癸未	甲申	乙酉	丙戌	丁亥	戊子	己丑	庚寅	辛卯	壬辰	癸巳	甲午	乙未	丙申	丁酉	戊戌	己亥	庚子	辛丑
대운 남	10	1	1	1	1	1	2	2	2	3	3	3	4	4	4	5	5	5	6	6	6	7	7	7	8	8	8	9	9	9	10
운 여	1	10	10	9	9	9	8	8	8	7	7	7	6	6	6	5	5	5	4	4	4	3	3	3	2	2	2	1	1	1	1

9월 8일(양) 백로 04시 01분   9월 23일(양) 추분 13시 38분

丙戌月 — 묘(卯)월장 · 한로 · 10.08 ~ 11.06(양)

양력	10.08		9	10	11	12	13	14	15	16	17	18	19	20	21	22	23	24	25	26	27	28	29	30	31	11.1	2	3	4	5	6
음력	09.08		9	10	11	12	13	14	15	16	17	18	19	20	21	22	23	24	25	26	27	28	29	30	10.1	2	3	4	5	6	7
일주	壬寅		癸卯	甲辰	乙巳	丙午	丁未	戊申	己酉	庚戌	辛亥	壬子	癸丑	甲寅	乙卯	丙辰	丁巳	戊午	己未	庚申	辛酉	壬戌	癸亥	甲子	乙丑	丙寅	丁卯	戊辰	己巳	庚午	辛未
대운 남	10	1	1	1	1	1	2	2	2	3	3	3	4	4	4	5	5	5	6	6	6	7	7	7	8	8	8	9	9	9	10
운 여	1	10	10	9	9	9	8	8	8	7	7	7	6	6	6	5	5	5	4	4	4	3	3	3	2	2	2	1	1	1	1

10월 8일(양) 한로 19시 56분   10월 23일(양) 상강 23시 15분

丁亥月 — 인(寅)월장 · 입동 · 11.07 ~ 12.06(양)

양력	11.07		8	9	10	11	12	13	14	15	16	17	18	19	20	21	22	23	24	25	26	27	28	29	30	12.1	2	3	4	5	6
음력	10.08		9	10	11	12	13	14	15	16	17	18	19	20	21	22	23	24	25	26	27	28	29	30	11.1	2	3	4	5	6	7
일주	壬申		癸酉	甲戌	乙亥	丙子	丁丑	戊寅	己卯	庚辰	辛巳	壬午	癸未	甲申	乙酉	丙戌	丁亥	戊子	己丑	庚寅	辛卯	壬辰	癸巳	甲午	乙未	丙申	丁酉	戊戌	己亥	庚子	辛丑
대운 남	10	1	1	1	1	1	2	2	2	3	3	3	4	4	4	5	5	5	6	6	6	7	7	7	8	8	8	9	9	9	10
운 여	1	10	10	9	9	9	8	8	8	7	7	7	6	6	6	5	5	5	4	4	4	3	3	3	2	2	2	1	1	1	1

11월 7일(양) 입동 23시 22분   11월 22일(양) 소설 21시 02분

戊子月 — 축(丑)월장 · 대설 · 12.07 ~ 2036.01.05(양)

양력	12.07		8	9	10	11	12	13	14	15	16	17	18	19	20	21	22	23	24	25	26	27	28	29	30	31	1.1	2	3	4	5
음력	11.08		9	10	11	12	13	14	15	16	17	18	19	20	21	22	23	24	25	26	27	28	29	12.1	2	3	4	5	6	7	8
일주	壬寅		癸卯	甲辰	乙巳	丙午	丁未	戊申	己酉	庚戌	辛亥	壬子	癸丑	甲寅	乙卯	丙辰	丁巳	戊午	己未	庚申	辛酉	壬戌	癸亥	甲子	乙丑	丙寅	丁卯	戊辰	己巳	庚午	辛未
대운 남	10	1	1	1	1	1	2	2	2	3	3	3	4	4	4	5	5	5	6	6	6	7	7	7	8	8	8	9	9	9	10
운 여	1	10	10	9	9	9	8	8	8	7	7	7	6	6	6	5	5	5	4	4	4	3	3	3	2	2	2	1	1	1	1

12월 7일(양) 대설 16시 24분   12월 22일(양) 동지 10시 30분

己丑月 — 자(子)월장 · 소한 · 01.06 ~ 02.03(양)

양력	2036.01.06		7	8	9	10	11	12	13	14	15	16	17	18	19	20	21	22	23	24	25	26	27	28	29	30	31	2.1	2	3
음력	2035.12.09		10	11	12	13	14	15	16	17	18	19	20	21	22	23	24	25	26	27	28	29	30	1.1	2	3	4	5	6	7
일주	壬申		癸酉	甲戌	乙亥	丙子	丁丑	戊寅	己卯	庚辰	辛巳	壬午	癸未	甲申	乙酉	丙戌	丁亥	戊子	己丑	庚寅	辛卯	壬辰	癸巳	甲午	乙未	丙申	丁酉	戊戌	己亥	庚子
대운 남	10	1	1	1	1	1	2	2	2	3	3	3	4	4	4	5	5	5	6	6	6	7	7	7	8	8	8	9	9	9
운 여	1	10	10	9	9	9	8	8	8	7	7	7	6	6	6	5	5	5	4	4	4	3	3	3	2	2	2	1	1	1

1월 6일(양) 소한 03시 42분   1월 20일(양) 대한 21시 10분

2036 윤6월

해(亥)월장 · 입춘 · 02.04 ~ 03.04(양)

庚寅月

	절입		5	6	7	8	9	10	11	12	13	14	15	16	17	18	19	20	21	22	23	24	25	26	27	28	29	3.1	2	3	4
양력	2036.02.04		5	6	7	8	9	10	11	12	13	14	15	16	17	18	19	20	21	22	23	24	25	26	27	28	29	3.1	2	3	4
음력	2036.01.08		9	10	11	12	13	14	15	16	17	18	19	20	21	22	23	24	25	26	27	28	29	30	2.1	2	3	4	5	6	7
일주	辛丑		壬寅	癸卯	甲辰	乙巳	丙午	丁未	戊申	己酉	庚戌	辛亥	壬子	癸丑	甲寅	乙卯	丙辰	丁巳	戊午	己未	庚申	辛酉	壬戌	癸亥	甲子	乙丑	丙寅	丁卯	戊辰	己巳	庚午
대운 남	10	10	10	9	9	9	8	8	8	7	7	7	6	6	6	5	5	5	4	4	4	3	3	3	2	2	2	1	1	1	1
대운 여	1	1	1	1	1	1	2	2	2	3	3	3	4	4	4	5	5	5	6	6	6	7	7	7	8	8	8	9	9	9	10

2월 4일(양) 입춘 15시 19분 · 2월 19일(양) 우수 11시 13분

술(戌)월장 · 경칩 · 03.05 ~ 04.03(양)

辛卯月

	절입		6	7	8	9	10	11	12	13	14	15	16	17	18	19	20	21	22	23	24	25	26	27	28	29	30	31	4.1	2	3
양력	03.05		6	7	8	9	10	11	12	13	14	15	16	17	18	19	20	21	22	23	24	25	26	27	28	29	30	31	4.1	2	3
음력	02.08		9	10	11	12	13	14	15	16	17	18	19	20	21	22	23	24	25	26	27	28	29	30	3.1	2	3	4	5	6	7
일주	辛未		壬申	癸酉	甲戌	乙亥	丙子	丁丑	戊寅	己卯	庚辰	辛巳	壬午	癸未	甲申	乙酉	丙戌	丁亥	戊子	己丑	庚寅	辛卯	壬辰	癸巳	甲午	乙未	丙申	丁酉	戊戌	己亥	庚子
대운 남	1	10	10	9	9	9	8	8	8	7	7	7	6	6	6	5	5	5	4	4	4	3	3	3	2	2	2	1	1	1	1
대운 여	10	1	1	1	1	1	2	2	2	3	3	3	4	4	4	5	5	5	6	6	6	7	7	7	8	8	8	9	9	9	10

3월 5일(양) 경칩 09시 10분 · 3월 20일(양) 춘분 10시 01분

유(酉)월장 · 청명 · 04.04 ~ 05.04(양)

壬辰月

	절입		5	6	7	8	9	10	11	12	13	14	15	16	17	18	19	20	21	22	23	24	25	26	27	28	29	30	5.1	2	3	4
양력	04.04		5	6	7	8	9	10	11	12	13	14	15	16	17	18	19	20	21	22	23	24	25	26	27	28	29	30	5.1	2	3	4
음력	03.08		9	10	11	12	13	14	15	16	17	18	19	20	21	22	23	24	25	26	27	28	29	4.1	2	3	4	5	6	7	8	9
일주	辛丑		壬寅	癸卯	甲辰	乙巳	丙午	丁未	戊申	己酉	庚戌	辛亥	壬子	癸丑	甲寅	乙卯	丙辰	丁巳	戊午	己未	庚申	辛酉	壬戌	癸亥	甲子	乙丑	丙寅	丁卯	戊辰	己巳	庚午	辛未
대운 남	1	10	10	10	9	9	9	8	8	8	7	7	7	6	6	6	5	5	5	4	4	4	3	3	3	2	2	2	1	1	1	1
대운 여	10	1	1	1	1	1	2	2	2	3	3	3	4	4	4	5	5	5	6	6	6	7	7	7	8	8	8	9	9	9	10	10

4월 4일(양) 청명 13시 45분 · 4월 19일(양) 곡우 20시 49분

신(申)월장 · 입하 · 05.05 ~ 06.04(양)

癸巳月

	절입		6	7	8	9	10	11	12	13	14	15	16	17	18	19	20	21	22	23	24	25	26	27	28	29	30	31	6.1	2	3	4
양력	05.05		6	7	8	9	10	11	12	13	14	15	16	17	18	19	20	21	22	23	24	25	26	27	28	29	30	31	6.1	2	3	4
음력	04.10		11	12	13	14	15	16	17	18	19	20	21	22	23	24	25	26	27	28	29	30	5.1	2	3	4	5	6	7	8	9	10
일주	壬申		癸酉	甲戌	乙亥	丙子	丁丑	戊寅	己卯	庚辰	辛巳	壬午	癸未	甲申	乙酉	丙戌	丁亥	戊子	己丑	庚寅	辛卯	壬辰	癸巳	甲午	乙未	丙申	丁酉	戊戌	己亥	庚子	辛丑	壬寅
대운 남	1	10	10	10	9	9	9	8	8	8	7	7	7	6	6	6	5	5	5	4	4	4	3	3	3	2	2	2	1	1	1	1
대운 여	10	1	1	1	1	1	2	2	2	3	3	3	4	4	4	5	5	5	6	6	6	7	7	7	8	8	8	9	9	9	10	10

5월 5일(양) 입하 06시 48분 · 5월 20일(양) 소만 19시 43분

미(未)월장 · 망종 · 06.05 ~ 07.05(양)

甲午月

	절입		6	7	8	9	10	11	12	13	14	15	16	17	18	19	20	21	22	23	24	25	26	27	28	29	30	7.1	2	3	4	5
양력	06.05		6	7	8	9	10	11	12	13	14	15	16	17	18	19	20	21	22	23	24	25	26	27	28	29	30	7.1	2	3	4	5
음력	05.11		12	13	14	15	16	17	18	19	20	21	22	23	24	25	26	27	28	29	6.1	2	3	4	5	6	7	8	9	10	11	12
일주	癸卯		甲辰	乙巳	丙午	丁未	戊申	己酉	庚戌	辛亥	壬子	癸丑	甲寅	乙卯	丙辰	丁巳	戊午	己未	庚申	辛酉	壬戌	癸亥	甲子	乙丑	丙寅	丁卯	戊辰	己巳	庚午	辛未	壬申	癸酉
대운 남	1	10	10	10	9	9	9	8	8	8	7	7	7	6	6	6	5	5	5	4	4	4	3	3	3	2	2	2	1	1	1	1
대운 여	10	1	1	1	1	1	2	2	2	3	3	3	4	4	4	5	5	5	6	6	6	7	7	7	8	8	8	9	9	9	10	10

6월 5일(양) 망종 10시 46분 · 6월 21일(양) 하지 03시 31분

오(午)월장 · 소서 · 07.06 ~ 08.06(양)

乙未月

	절입		7	8	9	10	11	12	13	14	15	16	17	18	19	20	21	22	23	24	25	26	27	28	29	30	31	8.1	2	3	4	5	6
양력	07.06		7	8	9	10	11	12	13	14	15	16	17	18	19	20	21	22	23	24	25	26	27	28	29	30	31	8.1	2	3	4	5	6
음력	06.13		14	15	16	17	18	19	20	21	22	23	24	25	26	27	28	29	윤	6.2	3	4	5	6	7	8	9	10	11	12	13	14	15
일주	甲戌		乙亥	丙子	丁丑	戊寅	己卯	庚辰	辛巳	壬午	癸未	甲申	乙酉	丙戌	丁亥	戊子	己丑	庚寅	辛卯	壬辰	癸巳	甲午	乙未	丙申	丁酉	戊戌	己亥	庚子	辛丑	壬寅	癸卯	甲辰	乙巳
대운 남	1	10	10	10	10	9	9	9	8	8	8	7	7	7	6	6	6	5	5	5	4	4	4	3	3	3	2	2	2	1	1	1	1
대운 여	10	1	1	1	1	1	2	2	2	3	3	3	4	4	4	5	5	5	6	6	6	7	7	7	8	8	8	9	9	9	10	10	10

7월 6일(양) 소서 20시 56분 · 7월 22일(양) 대서 14시 21분

사(巳)월장 · 입추 — 08.07 ~ 09.06(양)

丙申月

양력	08.07	8	9	10	11	12	13	14	15	16	17	18	19	20	21	22	23	24	25	26	27	28	29	30	31	9.1	2	3	4	5	6
음력	06.16	17	18	19	20	21	22	23	24	25	26	27	28	29	30	7.1	2	3	4	5	6	7	8	9	10	11	12	13	14	15	16
일주	丙午	丁未	戊申	己酉	庚戌	辛亥	壬子	癸丑	甲寅	乙卯	丙辰	丁巳	戊午	己未	庚申	辛酉	壬戌	癸亥	甲子	乙丑	丙寅	丁卯	戊辰	己巳	庚午	辛未	壬申	癸酉	甲戌	乙亥	丙子
대운 남	1 / 10	10	10	9	9	9	8	8	8	7	7	7	6	6	6	5	5	5	4	4	4	3	3	3	2	2	2	1	1	1	1
대운 여	10 / 1	1	1	1	1	2	2	2	3	3	3	4	4	4	5	5	5	6	6	6	7	7	7	8	8	8	9	9	9	10	10

8월 7일(양) 입추 06시 48분 · 8월 22일(양) 처서 21시 31분

진(辰)월장 · 백로 — 09.07 ~ 10.07(양)

丁酉月

양력	09.07	8	9	10	11	12	13	14	15	16	17	18	19	20	21	22	23	24	25	26	27	28	29	30	10.1	2	3	4	5	6	7
음력	07.17	18	19	20	21	22	23	24	25	26	27	28	29	8.1	2	3	4	5	6	7	8	9	10	11	12	13	14	15	16	17	18
일주	丁丑	戊寅	己卯	庚辰	辛巳	壬午	癸未	甲申	乙酉	丙戌	丁亥	戊子	己丑	庚寅	辛卯	壬辰	癸巳	甲午	乙未	丙申	丁酉	戊戌	己亥	庚子	辛丑	壬寅	癸卯	甲辰	乙巳	丙午	丁未
대운 남	1 / 10	10	10	9	9	9	8	8	8	7	7	7	6	6	6	5	5	5	4	4	4	3	3	3	2	2	2	1	1	1	1
대운 여	10 / 1	1	1	1	1	2	2	2	3	3	3	4	4	4	5	5	5	6	6	6	7	7	7	8	8	8	9	9	9	10	10

9월 7일(양) 백로 09시 54분 · 9월 22일(양) 추분 19시 22분

묘(卯)월장 · 한로 — 10.08 ~ 11.06(양)

戊戌月

양력	10.08	9	10	11	12	13	14	15	16	17	18	19	20	21	22	23	24	25	26	27	28	29	30	31	11.1	2	3	4	5	6
음력	08.19	20	21	22	23	24	25	26	27	28	29	9.1	2	3	4	5	6	7	8	9	10	11	12	13	14	15	16	17	18	19
일주	戊申	己酉	庚戌	辛亥	壬子	癸丑	甲寅	乙卯	丙辰	丁巳	戊午	己未	庚申	辛酉	壬戌	癸亥	甲子	乙丑	丙寅	丁卯	戊辰	己巳	庚午	辛未	壬申	癸酉	甲戌	乙亥	丙子	丁丑
대운 남	1 / 10	10	9	9	9	8	8	8	7	7	7	6	6	6	5	5	5	4	4	4	3	3	3	2	2	2	1	1	1	1
대운 여	10 / 1	1	1	1	1	2	2	2	3	3	3	4	4	4	5	5	5	6	6	6	7	7	7	8	8	8	9	9	9	10

10월 8일(양) 한로 01시 48분 · 10월 23일(양) 상강 04시 57분

인(寅)월장 · 입동 — 11.07 ~ 12.05(양)

己亥月

양력	11.07	8	9	10	11	12	13	14	15	16	17	18	19	20	21	22	23	24	25	26	27	28	29	30	12.1	2	3	4	5
음력	09.20	21	22	23	24	25	26	27	28	29	30	10.1	2	3	4	5	6	7	8	9	10	11	12	13	14	15	16	17	18
일주	戊寅	己卯	庚辰	辛巳	壬午	癸未	甲申	乙酉	丙戌	丁亥	戊子	己丑	庚寅	辛卯	壬辰	癸巳	甲午	乙未	丙申	丁酉	戊戌	己亥	庚子	辛丑	壬寅	癸卯	甲辰	乙巳	丙午
대운 남	1 / 10	9	9	9	8	8	8	7	7	7	6	6	6	5	5	5	4	4	4	3	3	3	2	2	2	1	1	1	1
대운 여	10 / 1	1	1	1	1	2	2	2	3	3	3	4	4	4	5	5	5	6	6	6	7	7	7	8	8	8	9	9	9

11월 7일(양) 입동 05시 13분 · 11월 22일(양) 소설 02시 44분

축(丑)월장 · 대설 — 12.06 ~ 2037.01.04(양)

庚子月

양력	12.06	7	8	9	10	11	12	13	14	15	16	17	18	19	20	21	22	23	24	25	26	27	28	29	30	31	1.1	2	3	4
음력	10.19	20	21	22	23	24	25	26	27	28	29	30	11.1	2	3	4	5	6	7	8	9	10	11	12	13	14	15	16	17	18
일주	丁未	戊申	己酉	庚戌	辛亥	壬子	癸丑	甲寅	乙卯	丙辰	丁巳	戊午	己未	庚申	辛酉	壬戌	癸亥	甲子	乙丑	丙寅	丁卯	戊辰	己巳	庚午	辛未	壬申	癸酉	甲戌	乙亥	丙子
대운 남	1 / 10	10	9	9	9	8	8	8	7	7	7	6	6	6	5	5	5	4	4	4	3	3	3	2	2	2	1	1	1	1
대운 여	10 / 1	1	1	1	1	2	2	2	3	3	3	4	4	4	5	5	5	6	6	6	7	7	7	8	8	8	9	9	9	10

12월 6일(양) 대설 22시 15분 · 12월 21일(양) 동지 16시 11분

자(子)월장 · 소한 — 01.05 ~ 02.02(양)

辛丑月

양력	2037.01.05	6	7	8	9	10	11	12	13	14	15	16	17	18	19	20	21	22	23	24	25	26	27	28	29	30	31	2.1	2
음력	2036.11.19	20	21	22	23	24	25	26	27	28	29	12.1	2	3	4	5	6	7	8	9	10	11	12	13	14	15	16	17	18
일주	丁丑	戊寅	己卯	庚辰	辛巳	壬午	癸未	甲申	乙酉	丙戌	丁亥	戊子	己丑	庚寅	辛卯	壬辰	癸巳	甲午	乙未	丙申	丁酉	戊戌	己亥	庚子	辛丑	壬寅	癸卯	甲辰	乙巳
대운 남	1 / 10	9	9	9	8	8	8	7	7	7	6	6	6	5	5	5	4	4	4	3	3	3	2	2	2	1	1	1	1
대운 여	10 / 1	1	1	1	1	2	2	2	3	3	3	4	4	4	5	5	5	6	6	6	7	7	7	8	8	8	9	9	9

1월 5일(양) 소한 09시 33분 · 1월 20일(양) 대한 02시 52분

2037

단기 4370년

해(亥)월장 **입 춘** 02.03 ~ 03.04(양)

壬寅月	양력	2037.02.03		4	5	6	7	8	9	10	11	12	13	14	15	16	17	18	19	20	21	22	23	24	25	26	27	28	3.1	2	3	4
	음력	2036.12.19		20	21	22	23	24	25	26	27	28	29	30	1.1	2	3	4	5	6	7	8	9	10	11	12	13	14	15	16	17	18
	일주	丙午		丁未	戊申	己酉	庚戌	辛亥	壬子	癸丑	甲寅	乙卯	丙辰	丁巳	戊午	己未	庚申	辛酉	壬戌	癸亥	甲子	乙丑	丙寅	丁卯	戊辰	己巳	庚午	辛未	壬申	癸酉	甲戌	乙亥
	대운 남	1	1	1	1	1	1	2	2	2	3	3	3	4	4	4	5	5	5	6	6	6	7	7	7	8	8	8	9	9	9	10
	대운 여	10	10	10	9	9	9	8	8	8	7	7	7	6	6	6	5	5	5	4	4	4	3	3	3	2	2	2	1	1	1	1

2월 3일(양) 입춘 21시 10분 **2월 18일(양) 우수 16시 57분**

술(戌)월장 **경 칩** 03.05 ~ 04.03(양)

癸卯月	양력	03.05		6	7	8	9	10	11	12	13	14	15	16	17	18	19	20	21	22	23	24	25	26	27	28	29	30	31	4.1	2	3
	음력	01.19		20	21	22	23	24	25	26	27	28	29	30	2.1	2	3	4	5	6	7	8	9	10	11	12	13	14	15	16	17	18
	일주	丙子		丁丑	戊寅	己卯	庚辰	辛巳	壬午	癸未	甲申	乙酉	丙戌	丁亥	戊子	己丑	庚寅	辛卯	壬辰	癸巳	甲午	乙未	丙申	丁酉	戊戌	己亥	庚子	辛丑	壬寅	癸卯	甲辰	乙巳
	대운 남	10	1	1	1	1	1	2	2	2	3	3	3	4	4	4	5	5	5	6	6	6	7	7	7	8	8	8	9	9	9	10
	대운 여	1	10	10	9	9	9	8	8	8	7	7	7	6	6	6	5	5	5	4	4	4	3	3	3	2	2	2	1	1	1	1

3월 5일(양) 경칩 15시 05분 **3월 20일(양) 춘분 15시 49분**

유(酉)월장 **청 명** 04.04 ~ 05.04(양)

甲辰月	양력	04.04		5	6	7	8	9	10	11	12	13	14	15	16	17	18	19	20	21	22	23	24	25	26	27	28	29	30	5.1	2	3	4
	음력	02.19		20	21	22	23	24	25	26	27	28	29	30	3.1	2	3	4	5	6	7	8	9	10	11	12	13	14	15	16	17	18	19
	일주	丙午		丁未	戊申	己酉	庚戌	辛亥	壬子	癸丑	甲寅	乙卯	丙辰	丁巳	戊午	己未	庚申	辛酉	壬戌	癸亥	甲子	乙丑	丙寅	丁卯	戊辰	己巳	庚午	辛未	壬申	癸酉	甲戌	乙亥	丙子
	대운 남	10	1	1	1	1	1	2	2	2	3	3	3	4	4	4	5	5	5	6	6	6	7	7	7	8	8	8	9	9	9	10	10
	대운 여	1	10	10	10	9	9	9	8	8	8	7	7	7	6	6	6	5	5	5	4	4	4	3	3	3	2	2	2	1	1	1	1

4월 4일(양) 청명 19시 43분 **4월 20일(양) 곡우 02시 39분**

신(申)월장 **입 하** 05.05 ~ 06.04(양)

乙巳月	양력	05.05		6	7	8	9	10	11	12	13	14	15	16	17	18	19	20	21	22	23	24	25	26	27	28	29	30	31	6.1	2	3	4
	음력	03.20		21	22	23	24	25	26	27	28	29	4.1	2	3	4	5	6	7	8	9	10	11	12	13	14	15	16	17	18	19	20	21
	일주	丁丑		戊寅	己卯	庚辰	辛巳	壬午	癸未	甲申	乙酉	丙戌	丁亥	戊子	己丑	庚寅	辛卯	壬辰	癸巳	甲午	乙未	丙申	丁酉	戊戌	己亥	庚子	辛丑	壬寅	癸卯	甲辰	乙巳	丙午	丁未
	대운 남	10	1	1	1	1	1	2	2	2	3	3	3	4	4	4	5	5	5	6	6	6	7	7	7	8	8	8	9	9	9	10	10
	대운 여	1	10	10	10	9	9	9	8	8	8	7	7	7	6	6	6	5	5	5	4	4	4	3	3	3	2	2	2	1	1	1	1

5월 5일(양) 입하 12시 48분 **5월 21일(양) 소만 01시 34분**

미(未)월장 **망 종** 06.05 ~ 07.06(양)

丙午月	양력	06.05		6	7	8	9	10	11	12	13	14	15	16	17	18	19	20	21	22	23	24	25	26	27	28	29	30	7.1	2	3	4	5	6
	음력	04.22		23	24	25	26	27	28	29	30	5.1	2	3	4	5	6	7	8	9	10	11	12	13	14	15	16	17	18	19	20	21	22	23
	일주	戊申		己酉	庚戌	辛亥	壬子	癸丑	甲寅	乙卯	丙辰	丁巳	戊午	己未	庚申	辛酉	壬戌	癸亥	甲子	乙丑	丙寅	丁卯	戊辰	己巳	庚午	辛未	壬申	癸酉	甲戌	乙亥	丙子	丁丑	戊寅	己卯
	대운 남	10	1	1	1	1	1	2	2	2	3	3	3	4	4	4	5	5	5	6	6	6	7	7	7	8	8	8	9	9	9	10	10	10
	대운 여	1	10	10	10	10	9	9	9	8	8	8	7	7	7	6	6	6	5	5	5	4	4	4	3	3	3	2	2	2	1	1	1	1

6월 5일(양) 망종 16시 45분 **6월 21일(양) 하지 09시 21분**

오(午)월장 **소 서** 07.07 ~ 08.06(양)

丁未月	양력	07.07		8	9	10	11	12	13	14	15	16	17	18	19	20	21	22	23	24	25	26	27	28	29	30	31	8.1	2	3	4	5	6
	음력	05.24		25	26	27	28	29	6.1	2	3	4	5	6	7	8	9	10	11	12	13	14	15	16	17	18	19	20	21	22	23	24	25
	일주	庚辰		辛巳	壬午	癸未	甲申	乙酉	丙戌	丁亥	戊子	己丑	庚寅	辛卯	壬辰	癸巳	甲午	乙未	丙申	丁酉	戊戌	己亥	庚子	辛丑	壬寅	癸卯	甲辰	乙巳	丙午	丁未	戊申	己酉	庚戌
	대운 남	10	1	1	1	1	1	2	2	2	3	3	3	4	4	4	5	5	5	6	6	6	7	7	7	8	8	8	9	9	9	10	10
	대운 여	1	10	10	10	9	9	9	8	8	8	7	7	7	6	6	6	5	5	5	4	4	4	3	3	3	2	2	2	1	1	1	1

7월 7일(양) 소서 02시 54분 **7월 22일(양) 대서 20시 11분**

사(巳)월장 · 입추 · 08.07 ~ 09.06(양) · 戊申月

구분	절입		8	9	10	11	12	13	14	15	16	17	18	19	20	21	22	23	24	25	26	27	28	29	30	31	9.1	2	3	4	5	6
양력	08.07																															
음력	06.26		27	28	29	7.1	2	3	4	5	6	7	8	9	10	11	12	13	14	15	16	17	18	19	20	21	22	23	24	25	26	27
일주	辛亥		壬子	癸丑	甲寅	乙卯	丙辰	丁巳	戊午	己未	庚申	辛酉	壬戌	癸亥	甲子	乙丑	丙寅	丁卯	戊辰	己巳	庚午	辛未	壬申	癸酉	甲戌	乙亥	丙子	丁丑	戊寅	己卯	庚辰	辛巳
대운 남	10	1	1	1	1	1	2	2	2	3	3	3	4	4	4	5	5	5	6	6	6	7	7	7	8	8	8	9	9	9	10	10
운 여	1	10	10	10	9	9	9	8	8	8	7	7	7	6	6	6	5	5	5	4	4	4	3	3	3	2	2	2	1	1	1	1

8월 7일(양) 입추 12시 42분 · 8월 23일(양) 처서 03시 21분

진(辰)월장 · 백로 · 09.07 ~ 10.07(양) · 己酉月

구분	절입		8	9	10	11	12	13	14	15	16	17	18	19	20	21	22	23	24	25	26	27	28	29	30	10.1	2	3	4	5	6	7
양력	09.07																															
음력	07.28		29	30	8.1	2	3	4	5	6	7	8	9	10	11	12	13	14	15	16	17	18	19	20	21	22	23	24	25	26	27	28
일주	壬午		癸未	甲申	乙酉	丙戌	丁亥	戊子	己丑	庚寅	辛卯	壬辰	癸巳	甲午	乙未	丙申	丁酉	戊戌	己亥	庚子	辛丑	壬寅	癸卯	甲辰	乙巳	丙午	丁未	戊申	己酉	庚戌	辛亥	壬子
대운 남	10	1	1	1	1	1	2	2	2	3	3	3	4	4	4	5	5	5	6	6	6	7	7	7	8	8	8	9	9	9	10	10
운 여	1	10	10	10	9	9	9	8	8	8	7	7	7	6	6	6	5	5	5	4	4	4	3	3	3	2	2	2	1	1	1	1

9월 7일(양) 백로 15시 44분 · 9월 23일(양) 추분 01시 22분

묘(卯)월장 · 한로 · 10.08 ~ 11.06(양) · 庚戌月

구분	절입		9	10	11	12	13	14	15	16	17	18	19	20	21	22	23	24	25	26	27	28	29	30	31	11.1	2	3	4	5	6
양력	10.08																														
음력	08.29		9.1	2	3	4	5	6	7	8	9	10	11	12	13	14	15	16	17	18	19	20	21	22	23	24	25	26	27	28	29
일주	癸丑		甲寅	乙卯	丙辰	丁巳	戊午	己未	庚申	辛酉	壬戌	癸亥	甲子	乙丑	丙寅	丁卯	戊辰	己巳	庚午	辛未	壬申	癸酉	甲戌	乙亥	丙子	丁丑	戊寅	己卯	庚辰	辛巳	壬午
대운 남	10	1	1	1	1	1	2	2	2	3	3	3	4	4	4	5	5	5	6	6	6	7	7	7	8	8	8	9	9	9	10
운 여	1	10	10	9	9	9	8	8	8	7	7	7	6	6	6	5	5	5	4	4	4	3	3	3	2	2	2	1	1	1	1

10월 8일(양) 한로 07시 36분 · 10월 23일(양) 상강 10시 48분

인(寅)월장 · 입동 · 11.07 ~ 12.06(양) · 辛亥月

구분	절입		8	9	10	11	12	13	14	15	16	17	18	19	20	21	22	23	24	25	26	27	28	29	30	12.1	2	3	4	5	6
양력	11.07																														
음력	10.01		2	3	4	5	6	7	8	9	10	11	12	13	14	15	16	17	18	19	20	21	22	23	24	25	26	27	28	29	30
일주	癸未		甲申	乙酉	丙戌	丁亥	戊子	己丑	庚寅	辛卯	壬辰	癸巳	甲午	乙未	丙申	丁酉	戊戌	己亥	庚子	辛丑	壬寅	癸卯	甲辰	乙巳	丙午	丁未	戊申	己酉	庚戌	辛亥	壬子
대운 남	10	1	1	1	1	1	2	2	2	3	3	3	4	4	4	5	5	5	6	6	6	7	7	7	8	8	8	9	9	9	10
운 여	1	10	10	9	9	9	8	8	8	7	7	7	6	6	6	5	5	5	4	4	4	3	3	3	2	2	2	1	1	1	1

11월 7일(양) 입동 11시 03분 · 11월 22일(양) 소설 08시 37분

축(丑)월장 · 대설 · 12.07 ~ 2038.01.04(양) · 壬子月

구분	절입		8	9	10	11	12	13	14	15	16	17	18	19	20	21	22	23	24	25	26	27	28	29	30	31	1.1	2	3	4
양력	12.07																													
음력	11.01		2	3	4	5	6	7	8	9	10	11	12	13	14	15	16	17	18	19	20	21	22	23	24	25	26	27	28	29
일주	癸丑		甲寅	乙卯	丙辰	丁巳	戊午	己未	庚申	辛酉	壬戌	癸亥	甲子	乙丑	丙寅	丁卯	戊辰	己巳	庚午	辛未	壬申	癸酉	甲戌	乙亥	丙子	丁丑	戊寅	己卯	庚辰	辛巳
대운 남	10	1	1	1	1	1	2	2	2	3	3	3	4	4	4	5	5	5	6	6	6	7	7	7	8	8	8	9	9	9
운 여	1	10	9	9	9	8	8	8	7	7	7	6	6	6	5	5	5	4	4	4	3	3	3	2	2	2	1	1	1	1

12월 7일(양) 대설 04시 06분 · 12월 21일(양) 동지 22시 06분

자(子)월장 · 소한 · 01.05 ~ 02.03(양) · 癸丑月

구분	절입		6	7	8	9	10	11	12	13	14	15	16	17	18	19	20	21	22	23	24	25	26	27	28	29	30	31	2.1	2	3
양력	2038.01.05																														
음력	2037.12.01		2	3	4	5	6	7	8	9	10	11	12	13	14	15	16	17	18	19	20	21	22	23	24	25	26	27	28	29	30
일주	壬午		癸未	甲申	乙酉	丙戌	丁亥	戊子	己丑	庚寅	辛卯	壬辰	癸巳	甲午	乙未	丙申	丁酉	戊戌	己亥	庚子	辛丑	壬寅	癸卯	甲辰	乙巳	丙午	丁未	戊申	己酉	庚戌	辛亥
대운 남	10	1	1	1	1	1	2	2	2	3	3	3	4	4	4	5	5	5	6	6	6	7	7	7	8	8	8	9	9	9	10
운 여	1	10	10	9	9	9	8	8	8	7	7	7	6	6	6	5	5	5	4	4	4	3	3	3	2	2	2	1	1	1	1

1월 5일(양) 소한 15시 25분 · 1월 20일(양) 대한 08시 47분

2038

해(亥)월장 · 입춘 · 甲寅月 — 02.04 ~ 03.04(양)

양력	2038.02.04	5	6	7	8	9	10	11	12	13	14	15	16	17	18	19	20	21	22	23	24	25	26	27	28	3.1	2	3	4
음력	2038.01.01	2	3	4	5	6	7	8	9	10	11	12	13	14	15	16	17	18	19	20	21	22	23	24	25	26	27	28	29
일주	壬子	癸丑	甲寅	乙卯	丙辰	丁巳	戊午	己未	庚申	辛酉	壬戌	癸亥	甲子	乙丑	丙寅	丁卯	戊辰	己巳	庚午	辛未	壬申	癸酉	甲戌	乙亥	丙子	丁丑	戊寅	己卯	庚辰
대운 남	10 / 10	9	9	9	8	8	8	7	7	7	6	6	6	5	5	5	4	4	4	3	3	3	2	2	2	1	1	1	1
대운 여	1 / 1	1	1	1	1	2	2	2	3	3	3	4	4	4	5	5	5	6	6	6	7	7	7	8	8	8	9	9	9

2월 4일(양) 입춘 03시 02분 · 2월 18일(양) 우수 22시 51분

술(戌)월장 · 경칩 · 乙卯月 — 03.05 ~ 04.04(양)

양력	03.05	6	7	8	9	10	11	12	13	14	15	16	17	18	19	20	21	22	23	24	25	26	27	28	29	30	31	4.1	2	3	4
음력	01.30	2.1	2	3	4	5	6	7	8	9	10	11	12	13	14	15	16	17	18	19	20	21	22	23	24	25	26	27	28	29	30
일주	辛巳	壬午	癸未	甲申	乙酉	丙戌	丁亥	戊子	己丑	庚寅	辛卯	壬辰	癸巳	甲午	乙未	丙申	丁酉	戊戌	己亥	庚子	辛丑	壬寅	癸卯	甲辰	乙巳	丙午	丁未	戊申	己酉	庚戌	辛亥
대운 남	1 / 10	10	10	9	9	9	8	8	8	7	7	7	6	6	6	5	5	5	4	4	4	3	3	3	2	2	2	1	1	1	1
대운 여	10 / 1	1	1	1	1	2	2	2	3	3	3	4	4	4	5	5	5	6	6	6	7	7	7	8	8	8	9	9	9	10	10

3월 5일(양) 경칩 20시 54분 · 3월 20일(양) 춘분 21시 39분

유(酉)월장 · 청명 · 丙辰月 — 04.05 ~ 05.04(양)

양력	04.05	6	7	8	9	10	11	12	13	14	15	16	17	18	19	20	21	22	23	24	25	26	27	28	29	30	5.1	2	3	4
음력	03.01	2	3	4	5	6	7	8	9	10	11	12	13	14	15	16	17	18	19	20	21	22	23	24	25	26	27	28	29	4.1
일주	壬子	癸丑	甲寅	乙卯	丙辰	丁巳	戊午	己未	庚申	辛酉	壬戌	癸亥	甲子	乙丑	丙寅	丁卯	戊辰	己巳	庚午	辛未	壬申	癸酉	甲戌	乙亥	丙子	丁丑	戊寅	己卯	庚辰	辛巳
대운 남	1 / 10	10	9	9	9	8	8	8	7	7	7	6	6	6	5	5	5	4	4	4	3	3	3	2	2	2	1	1	1	1
대운 여	10 / 1	1	1	1	1	2	2	2	3	3	3	4	4	4	5	5	5	6	6	6	7	7	7	8	8	8	9	9	9	10

4월 5일(양) 청명 01시 28분 · 4월 20일(양) 곡우 08시 27분

신(申)월장 · 입하 · 丁巳月 — 05.05 ~ 06.04(양)

양력	05.05	6	7	8	9	10	11	12	13	14	15	16	17	18	19	20	21	22	23	24	25	26	27	28	29	30	31	6.1	2	3	4
음력	04.02	3	4	5	6	7	8	9	10	11	12	13	14	15	16	17	18	19	20	21	22	23	24	25	26	27	28	29	30	5.1	2
일주	壬午	癸未	甲申	乙酉	丙戌	丁亥	戊子	己丑	庚寅	辛卯	壬辰	癸巳	甲午	乙未	丙申	丁酉	戊戌	己亥	庚子	辛丑	壬寅	癸卯	甲辰	乙巳	丙午	丁未	戊申	己酉	庚戌	辛亥	壬子
대운 남	1 / 10	10	10	9	9	9	8	8	8	7	7	7	6	6	6	5	5	5	4	4	4	3	3	3	2	2	2	1	1	1	1
대운 여	10 / 1	1	1	1	1	2	2	2	3	3	3	4	4	4	5	5	5	6	6	6	7	7	7	8	8	8	9	9	9	10	10

5월 5일(양) 입하 18시 30분 · 5월 21일(양) 소만 07시 21분

미(未)월장 · 망종 · 戊午月 — 06.05 ~ 07.06(양)

양력	06.05	6	7	8	9	10	11	12	13	14	15	16	17	18	19	20	21	22	23	24	25	26	27	28	29	30	7.1	2	3	4	5	6
음력	05.03	4	5	6	7	8	9	10	11	12	13	14	15	16	17	18	19	20	21	22	23	24	25	26	27	28	29	6.1	2	3	4	5
일주	癸丑	甲寅	乙卯	丙辰	丁巳	戊午	己未	庚申	辛酉	壬戌	癸亥	甲子	乙丑	丙寅	丁卯	戊辰	己巳	庚午	辛未	壬申	癸酉	甲戌	乙亥	丙子	丁丑	戊寅	己卯	庚辰	辛巳	壬午	癸未	甲申
대운 남	1 / 10	10	10	10	9	9	9	8	8	8	7	7	7	6	6	6	5	5	5	4	4	4	3	3	3	2	2	2	1	1	1	1
대운 여	10 / 1	1	1	1	2	2	2	3	3	3	4	4	4	5	5	5	6	6	6	7	7	7	8	8	8	9	9	9	10	10	10

6월 5일(양) 망종 22시 24분 · 6월 21일(양) 하지 15시 08분

오(午)월장 · 소서 · 己未月 — 07.07 ~ 08.06(양)

양력	07.07	8	9	10	11	12	13	14	15	16	17	18	19	20	21	22	23	24	25	26	27	28	29	30	31	8.1	2	3	4	5	6
음력	06.06	7	8	9	10	11	12	13	14	15	16	17	18	19	20	21	22	23	24	25	26	27	28	29	30	7.1	2	3	4	5	6
일주	乙酉	丙戌	丁亥	戊子	己丑	庚寅	辛卯	壬辰	癸巳	甲午	乙未	丙申	丁酉	戊戌	己亥	庚子	辛丑	壬寅	癸卯	甲辰	乙巳	丙午	丁未	戊申	己酉	庚戌	辛亥	壬子	癸丑	甲寅	乙卯
대운 남	1 / 10	10	10	9	9	9	8	8	8	7	7	7	6	6	6	5	5	5	4	4	4	3	3	3	2	2	2	1	1	1	1
대운 여	10 / 1	1	1	1	1	2	2	2	3	3	3	4	4	4	5	5	5	6	6	6	7	7	7	8	8	8	9	9	9	10	10

7월 7일(양) 소서 08시 31분 · 7월 23일(양) 대서 01시 58분

동경 135도 표준시

사(巳)월장 · 입추 · 08.07 ~ 09.06(양)

庚申月

	입추	8	9	10	11	12	13	14	15	16	17	18	19	20	21	22	23	24	25	26	27	28	29	30	31	9.1	2	3	4	5	6
양력	08.07	8	9	10	11	12	13	14	15	16	17	18	19	20	21	22	23	24	25	26	27	28	29	30	31	9.1	2	3	4	5	6
음력	07.07	8	9	10	11	12	13	14	15	16	17	18	19	20	21	22	23	24	25	26	27	28	29	8.1	2	3	4	5	6	7	8
일주	丙辰	丁巳	戊午	己未	庚申	辛酉	壬戌	癸亥	甲子	乙丑	丙寅	丁卯	戊辰	己巳	庚午	辛未	壬申	癸酉	甲戌	乙亥	丙子	丁丑	戊寅	己卯	庚辰	辛巳	壬午	癸未	甲申	乙酉	丙戌
대운 남	1 · 10	10	10	9	9	9	8	8	8	7	7	7	6	6	6	5	5	5	4	4	4	3	3	3	2	2	2	1	1	1	1
운 여	10 · 1	1	1	1	1	2	2	2	3	3	3	4	4	4	5	5	5	6	6	6	7	7	7	8	8	8	9	9	9	10	10

8월 7일(양) 입추 18시 20분 · 8월 23일(양) 처서 09시 09분

진(辰)월장 · 백로 · 09.07 ~ 10.07(양)

辛酉月

	백로	8	9	10	11	12	13	14	15	16	17	18	19	20	21	22	23	24	25	26	27	28	29	30	10.1	2	3	4	5	6	7
양력	09.07	8	9	10	11	12	13	14	15	16	17	18	19	20	21	22	23	24	25	26	27	28	29	30	10.1	2	3	4	5	6	7
음력	08.09	10	11	12	13	14	15	16	17	18	19	20	21	22	23	24	25	26	27	28	29	30	9.1	2	3	4	5	6	7	8	9
일주	丁亥	戊子	己丑	庚寅	辛卯	壬辰	癸巳	甲午	乙未	丙申	丁酉	戊戌	己亥	庚子	辛丑	壬寅	癸卯	甲辰	乙巳	丙午	丁未	戊申	己酉	庚戌	辛亥	壬子	癸丑	甲寅	乙卯	丙辰	丁巳
대운 남	1 · 10	10	10	9	9	9	8	8	8	7	7	7	6	6	6	5	5	5	4	4	4	3	3	3	2	2	2	1	1	1	1
운 여	10 · 1	1	1	1	1	2	2	2	3	3	3	4	4	4	5	5	5	6	6	6	7	7	7	8	8	8	9	9	9	10	10

9월 7일(양) 백로 21시 25분 · 9월 23일(양) 추분 07시 01분

묘(卯)월장 · 한로 · 10.08 ~ 11.06(양)

壬戌月

	한로	9	10	11	12	13	14	15	16	17	18	19	20	21	22	23	24	25	26	27	28	29	30	31	11.1	2	3	4	5	6
양력	10.08	9	10	11	12	13	14	15	16	17	18	19	20	21	22	23	24	25	26	27	28	29	30	31	11.1	2	3	4	5	6
음력	09.10	11	12	13	14	15	16	17	18	19	20	21	22	23	24	25	26	27	28	29	10.1	2	3	4	5	6	7	8	9	10
일주	戊午	己未	庚申	辛酉	壬戌	癸亥	甲子	乙丑	丙寅	丁卯	戊辰	己巳	庚午	辛未	壬申	癸酉	甲戌	乙亥	丙子	丁丑	戊寅	己卯	庚辰	辛巳	壬午	癸未	甲申	乙酉	丙戌	丁亥
대운 남	1 · 10	10	9	9	9	8	8	8	7	7	7	6	6	6	5	5	5	4	4	4	3	3	3	2	2	2	1	1	1	1
운 여	10 · 1	1	1	1	1	2	2	2	3	3	3	4	4	4	5	5	5	6	6	6	7	7	7	8	8	8	9	9	9	10

10월 8일(양) 한로 13시 20분 · 10월 23일(양) 상강 16시 39분

인(寅)월장 · 입동 · 11.07 ~ 12.06(양)

癸亥月

	입동	8	9	10	11	12	13	14	15	16	17	18	19	20	21	22	23	24	25	26	27	28	29	30	12.1	2	3	4	5	6
양력	11.07	8	9	10	11	12	13	14	15	16	17	18	19	20	21	22	23	24	25	26	27	28	29	30	12.1	2	3	4	5	6
음력	10.11	12	13	14	15	16	17	18	19	20	21	22	23	24	25	26	27	28	29	11.1	2	3	4	5	6	7	8	9	10	11
일주	戊子	己丑	庚寅	辛卯	壬辰	癸巳	甲午	乙未	丙申	丁酉	戊戌	己亥	庚子	辛丑	壬寅	癸卯	甲辰	乙巳	丙午	丁未	戊申	己酉	庚戌	辛亥	壬子	癸丑	甲寅	乙卯	丙辰	丁巳
대운 남	1 · 10	10	9	9	9	8	8	8	7	7	6	6	6	5	5	5	4	4	4	3	3	3	2	2	2	1	1	1	1	1
운 여	10 · 1	1	1	1	1	2	2	2	3	3	3	4	4	4	5	5	5	6	6	6	7	7	7	8	8	8	9	9	9	10

11월 7일(양) 입동 16시 49분 · 11월 22일(양) 소설 14시 30분

축(丑)월장 · 대설 · 12.07 ~ 2039.01.04(양)

甲子月

	대설	8	9	10	11	12	13	14	15	16	17	18	19	20	21	22	23	24	25	26	27	28	29	30	31	1.1	2	3	4
양력	12.07	8	9	10	11	12	13	14	15	16	17	18	19	20	21	22	23	24	25	26	27	28	29	30	31	1.1	2	3	4
음력	11.12	13	14	15	16	17	18	19	20	21	22	23	24	25	26	27	28	29	30	12.1	2	3	4	5	6	7	8	9	10
일주	戊午	己未	庚申	辛酉	壬戌	癸亥	甲子	乙丑	丙寅	丁卯	戊辰	己巳	庚午	辛未	壬申	癸酉	甲戌	乙亥	丙子	丁丑	戊寅	己卯	庚辰	辛巳	壬午	癸未	甲申	乙酉	丙戌
대운 남	1 · 10	9	9	9	8	8	8	7	7	7	6	6	6	5	5	5	4	4	4	3	3	3	2	2	2	1	1	1	1
운 여	10 · 1	1	1	1	2	2	2	3	3	3	4	4	4	5	5	5	6	6	6	7	7	7	8	8	8	9	9	9	9

12월 7일(양) 대설 09시 55분 · 12월 22일(양) 동지 04시 01분

자(子)월장 · 소한 · 01.05 ~ 02.03(양)

乙丑月

	소한	6	7	8	9	10	11	12	13	14	15	16	17	18	19	20	21	22	23	24	25	26	27	28	29	30	31	2.1	2	3
양력	2039.01.05	6	7	8	9	10	11	12	13	14	15	16	17	18	19	20	21	22	23	24	25	26	27	28	29	30	31	2.1	2	3
음력	2038.12.11	12	13	14	15	16	17	18	19	20	21	22	23	24	25	26	27	28	29	1.1	2	3	4	5	6	7	8	9	10	11
일주	丁亥	戊子	己丑	庚寅	辛卯	壬辰	癸巳	甲午	乙未	丙申	丁酉	戊戌	己亥	庚子	辛丑	壬寅	癸卯	甲辰	乙巳	丙午	丁未	戊申	己酉	庚戌	辛亥	壬子	癸丑	甲寅	乙卯	丙辰
대운 남	1 · 10	10	9	9	9	8	8	8	7	7	7	6	6	6	5	5	5	4	4	4	3	3	3	2	2	2	1	1	1	1
운 여	10 · 1	1	1	1	2	2	2	3	3	3	4	4	4	5	5	5	6	6	6	7	7	7	8	8	8	9	9	9	10	10

1월 5일(양) 소한 21시 51분 · 1월 20일(양) 대한 14시 42분

해(亥)월장 ｜ 입춘 ｜ 02.04 ～ 03.05(양) ｜ 丙寅月

구분			5	6	7	8	9	10	11	12	13	14	15	16	17	18	19	20	21	22	23	24	25	26	27	28	3.1	2	3	4	5
양력	2039.02.04		5	6	7	8	9	10	11	12	13	14	15	16	17	18	19	20	21	22	23	24	25	26	27	28	3.1	2	3	4	5
음력	2039.01.12		13	14	15	16	17	18	19	20	21	22	23	24	25	26	27	28	29	30	2.1	2	3	4	5	6	7	8	9	10	11
일주	丁巳		戊午	己未	庚申	辛酉	壬戌	癸亥	甲子	乙丑	丙寅	丁卯	戊辰	己巳	庚午	辛未	壬申	癸酉	甲戌	乙亥	丙子	丁丑	戊寅	己卯	庚辰	辛巳	壬午	癸未	甲申	乙酉	丙戌
대운 남	1	1	1	1	1	1	2	2	2	3	3	3	4	4	4	5	5	5	6	6	6	7	7	7	8	8	8	9	9	9	10
운 여	10	10	10	9	9	9	8	8	8	7	7	7	6	6	6	5	5	5	4	4	4	3	3	3	2	2	2	1	1	1	1

2월 4일(양) 입춘 08시 51분　　　2월 19일(양) 우수 04시 44분

술(戌)월장 ｜ 경칩 ｜ 03.06 ～ 04.04(양) ｜ 丁卯月

구분			7	8	9	10	11	12	13	14	15	16	17	18	19	20	21	22	23	24	25	26	27	28	29	30	31	4.1	2	3	4
양력	03.06		7	8	9	10	11	12	13	14	15	16	17	18	19	20	21	22	23	24	25	26	27	28	29	30	31	4.1	2	3	4
음력	02.12		13	14	15	16	17	18	19	20	21	22	23	24	25	26	27	28	29	30	3.1	2	3	4	5	6	7	8	9	10	11
일주	丁亥		戊子	己丑	庚寅	辛卯	壬辰	癸巳	甲午	乙未	丙申	丁酉	戊戌	己亥	庚子	辛丑	壬寅	癸卯	甲辰	乙巳	丙午	丁未	戊申	己酉	庚戌	辛亥	壬子	癸丑	甲寅	乙卯	丙辰
대운 남	10	1	1	1	1	1	2	2	2	3	3	3	4	4	4	5	5	5	6	6	6	7	7	7	8	8	8	9	9	9	10
운 여	1	10	10	9	9	9	8	8	8	7	7	7	6	6	6	5	5	5	4	4	4	3	3	3	2	2	2	1	1	1	1

3월 6일(양) 경칩 02시 42분　　　3월 21일(양) 춘분 03시 31분

유(酉)월장 ｜ 청명 ｜ 04.05 ～ 05.05(양) ｜ 戊辰月

구분			6	7	8	9	10	11	12	13	14	15	16	17	18	19	20	21	22	23	24	25	26	27	28	29	30	5.1	2	3	4	5
양력	04.05		6	7	8	9	10	11	12	13	14	15	16	17	18	19	20	21	22	23	24	25	26	27	28	29	30	5.1	2	3	4	5
음력	03.12		13	14	15	16	17	18	19	20	21	22	23	24	25	26	27	28	29	4.1	2	3	4	5	6	7	8	9	10	11	12	13
일주	丁巳		戊午	己未	庚申	辛酉	壬戌	癸亥	甲子	乙丑	丙寅	丁卯	戊辰	己巳	庚午	辛未	壬申	癸酉	甲戌	乙亥	丙子	丁丑	戊寅	己卯	庚辰	辛巳	壬午	癸未	甲申	乙酉	丙戌	丁亥
대운 남	10	1	1	1	1	1	2	2	2	3	3	3	4	4	4	5	5	5	6	6	6	7	7	7	8	8	8	9	9	9	10	10
운 여	1	10	10	10	9	9	9	8	8	8	7	7	7	6	6	6	5	5	5	4	4	4	3	3	3	2	2	2	1	1	1	1

4월 5일(양) 청명 07시 14분　　　4월 20일(양) 곡우 14시 16분

신(申)월장 ｜ 입하 ｜ 05.06 ～ 06.05(양) ｜ 己巳月

구분			7	8	9	10	11	12	13	14	15	16	17	18	19	20	21	22	23	24	25	26	27	28	29	30	31	6.1	2	3	4	5
양력	05.06		7	8	9	10	11	12	13	14	15	16	17	18	19	20	21	22	23	24	25	26	27	28	29	30	31	6.1	2	3	4	5
음력	04.14		15	16	17	18	19	20	21	22	23	24	25	26	27	28	29	30	5.1	2	3	4	5	6	7	8	9	10	11	12	13	14
일주	戊子		己丑	庚寅	辛卯	壬辰	癸巳	甲午	乙未	丙申	丁酉	戊戌	己亥	庚子	辛丑	壬寅	癸卯	甲辰	乙巳	丙午	丁未	戊申	己酉	庚戌	辛亥	壬子	癸丑	甲寅	乙卯	丙辰	丁巳	戊午
대운 남	10	1	1	1	1	1	2	2	2	3	3	3	4	4	4	5	5	5	6	6	6	7	7	7	8	8	8	9	9	9	10	10
운 여	1	10	10	10	9	9	9	8	8	8	7	7	7	6	6	6	5	5	5	4	4	4	3	3	3	2	2	2	1	1	1	1

5월 6일(양) 입하 00시 17분　　　5월 21일(양) 소만 13시 09분

미(未)월장 ｜ 망종 ｜ 06.06 ～ 07.06(양) ｜ 庚午月

구분			7	8	9	10	11	12	13	14	15	16	17	18	19	20	21	22	23	24	25	26	27	28	29	30	7.1	2	3	4	5	6
양력	06.06		7	8	9	10	11	12	13	14	15	16	17	18	19	20	21	22	23	24	25	26	27	28	29	30	7.1	2	3	4	5	6
음력	05.15		16	17	18	19	20	21	22	23	24	25	26	27	28	29	30	윤 5.2	3	4	5	6	7	8	9	10	11	12	13	14	15
일주	己未		庚申	辛酉	壬戌	癸亥	甲子	乙丑	丙寅	丁卯	戊辰	己巳	庚午	辛未	壬申	癸酉	甲戌	乙亥	丙子	丁丑	戊寅	己卯	庚辰	辛巳	壬午	癸未	甲申	乙酉	丙戌	丁亥	戊子	己丑
대운 남	10	1	1	1	1	1	2	2	2	3	3	3	4	4	4	5	5	5	6	6	6	7	7	7	8	8	8	9	9	9	10	10
운 여	1	10	10	10	9	9	9	8	8	8	7	7	7	6	6	6	5	5	5	4	4	4	3	3	3	2	2	2	1	1	1	1

6월 6일(양) 망종 04시 14분　　　6월 21일(양) 하지 20시 56분

오(午)월장 ｜ 소서 ｜ 07.07 ～ 08.07(양) ｜ 辛未月

구분			8	9	10	11	12	13	14	15	16	17	18	19	20	21	22	23	24	25	26	27	28	29	30	31	8.1	2	3	4	5	6	7
양력	07.07		8	9	10	11	12	13	14	15	16	17	18	19	20	21	22	23	24	25	26	27	28	29	30	31	8.1	2	3	4	5	6	7
음력	05.16		17	18	19	20	21	22	23	24	25	26	27	28	29	6.1	2	3	4	5	6	7	8	9	10	11	12	13	14	15	16	17	18
일주	庚寅		辛卯	壬辰	癸巳	甲午	乙未	丙申	丁酉	戊戌	己亥	庚子	辛丑	壬寅	癸卯	甲辰	乙巳	丙午	丁未	戊申	己酉	庚戌	辛亥	壬子	癸丑	甲寅	乙卯	丙辰	丁巳	戊午	己未	庚申	辛酉
대운 남	10	1	1	1	1	1	2	2	2	3	3	3	4	4	4	5	5	5	6	6	6	7	7	7	8	8	8	9	9	9	10	10	10
운 여	1	10	10	10	9	9	9	8	8	8	7	7	7	6	6	6	5	5	5	4	4	4	3	3	3	2	2	2	1	1	1	1	1

7월 7일(양) 소서 14시 25분　　　7월 23일(양) 대서 07시 47분

사(巳)월장　입 추　08.08 ~ 09.07(양)

壬申月

양력	08.08	9	10	11	12	13	14	15	16	17	18	19	20	21	22	23	24	25	26	27	28	29	30	31	9.1	2	3	4	5	6	7
음력	06.19	20	21	22	23	24	25	26	27	28	29	30	7.1	2	3	4	5	6	7	8	9	10	11	12	13	14	15	16	17	18	19
일주	壬戌	癸亥	甲子	乙丑	丙寅	丁卯	戊辰	己巳	庚午	辛未	壬申	癸酉	甲戌	乙亥	丙子	丁丑	戊寅	己卯	庚辰	辛巳	壬午	癸未	甲申	乙酉	丙戌	丁亥	戊子	己丑	庚寅	辛卯	壬辰
대운 남	10 / 1	1	1	1	1	2	2	2	3	3	3	4	4	4	5	5	5	6	6	6	7	7	7	8	8	8	9	9	9	10	10
대운 여	1 / 10	10	10	9	9	9	8	8	8	7	7	7	6	6	6	5	5	5	4	4	4	3	3	3	2	2	2	1	1	1	1

8월 8일(양) 입추 00시 17분　　8월 23일(양) 처서 14시 57분

진(辰)월장　백 로　09.08 ~ 10.07(양)

癸酉月

양력	09.08	9	10	11	12	13	14	15	16	17	18	19	20	21	22	23	24	25	26	27	28	29	30	10.1	2	3	4	5	6	7
음력	07.20	21	22	23	24	25	26	27	28	29	8.1	2	3	4	5	6	7	8	9	10	11	12	13	14	15	16	17	18	19	20
일주	癸巳	甲午	乙未	丙申	丁酉	戊戌	己亥	庚子	辛丑	壬寅	癸卯	甲辰	乙巳	丙午	丁未	戊申	己酉	庚戌	辛亥	壬子	癸丑	甲寅	乙卯	丙辰	丁巳	戊午	己未	庚申	辛酉	壬戌
대운 남	10 / 1	1	1	1	1	2	2	2	3	3	3	4	4	4	5	5	5	6	6	6	7	7	7	8	8	8	9	9	9	10
대운 여	1 / 10	10	9	9	9	8	8	8	7	7	7	6	6	6	5	5	5	4	4	4	3	3	3	2	2	2	1	1	1	1

9월 8일(양) 백로 03시 23분　　9월 23일(양) 추분 12시 48분

묘(卯)월장　한 로　10.08 ~ 11.06(양)

甲戌月

양력	10.08	9	10	11	12	13	14	15	16	17	18	19	20	21	22	23	24	25	26	27	28	29	30	31	11.1	2	3	4	5	6
음력	08.21	22	23	24	25	26	27	28	29	30	9.1	2	3	4	5	6	7	8	9	10	11	12	13	14	15	16	17	18	19	20
일주	癸亥	甲子	乙丑	丙寅	丁卯	戊辰	己巳	庚午	辛未	壬申	癸酉	甲戌	乙亥	丙子	丁丑	戊寅	己卯	庚辰	辛巳	壬午	癸未	甲申	乙酉	丙戌	丁亥	戊子	己丑	庚寅	辛卯	壬辰
대운 남	10 / 1	1	1	1	1	2	2	2	3	3	3	4	4	4	5	5	5	6	6	6	7	7	7	8	8	8	9	9	9	10
대운 여	1 / 10	10	9	9	9	8	8	8	7	7	7	6	6	6	5	5	5	4	4	4	3	3	3	2	2	2	1	1	1	1

10월 8일(양) 한로 19시 16분　　10월 23일(양) 상강 22시 24분

인(寅)월장　입 동　11.07 ~ 12.06(양)

乙亥月

양력	11.07	8	9	10	11	12	13	14	15	16	17	18	19	20	21	22	23	24	25	26	27	28	29	30	12.1	2	3	4	5	6
음력	09.21	22	23	24	25	26	27	28	29	10.1	2	3	4	5	6	7	8	9	10	11	12	13	14	15	16	17	18	19	20	21
일주	癸巳	甲午	乙未	丙申	丁酉	戊戌	己亥	庚子	辛丑	壬寅	癸卯	甲辰	乙巳	丙午	丁未	戊申	己酉	庚戌	辛亥	壬子	癸丑	甲寅	乙卯	丙辰	丁巳	戊午	己未	庚申	辛酉	壬戌
대운 남	10 / 1	1	1	1	1	2	2	2	3	3	3	4	4	4	5	5	5	6	6	6	7	7	7	8	8	8	9	9	9	10
대운 여	1 / 10	10	9	9	9	8	8	8	7	7	7	6	6	6	5	5	5	4	4	4	3	3	3	2	2	2	1	1	1	1

11월 7일(양) 입동 22시 41분　　11월 22일(양) 소설 20시 11분

축(丑)월장　대 설　12.07 ~ 2040.01.05(양)

丙子月

양력	12.07	8	9	10	11	12	13	14	15	16	17	18	19	20	21	22	23	24	25	26	27	28	29	30	31	1.1	2	3	4	5
음력	10.22	23	24	25	26	27	28	29	30	11.1	2	3	4	5	6	7	8	9	10	11	12	13	14	15	16	17	18	19	20	21
일주	癸亥	甲子	乙丑	丙寅	丁卯	戊辰	己巳	庚午	辛未	壬申	癸酉	甲戌	乙亥	丙子	丁丑	戊寅	己卯	庚辰	辛巳	壬午	癸未	甲申	乙酉	丙戌	丁亥	戊子	己丑	庚寅	辛卯	壬辰
대운 남	10 / 1	1	1	1	1	2	2	2	3	3	3	4	4	4	5	5	5	6	6	6	7	7	7	8	8	8	9	9	9	10
대운 여	1 / 10	10	9	9	9	8	8	8	7	7	7	6	6	6	5	5	5	4	4	4	3	3	3	2	2	2	1	1	1	1

12월 7일(양) 대설 15시 44분　　12월 22일(양) 동지 09시 39분

자(子)월장　소 한　01.06 ~ 02.03(양)

丁丑月

양력	2040.01.06	7	8	9	10	11	12	13	14	15	16	17	18	19	20	21	22	23	24	25	26	27	28	29	30	31	2.1	2	3
음력	2039.11.22	23	24	25	26	27	28	29	12.1	2	3	4	5	6	7	8	9	10	11	12	13	14	15	16	17	18	19	20	21
일주	癸巳	甲午	乙未	丙申	丁酉	戊戌	己亥	庚子	辛丑	壬寅	癸卯	甲辰	乙巳	丙午	丁未	戊申	己酉	庚戌	辛亥	壬子	癸丑	甲寅	乙卯	丙辰	丁巳	戊午	己未	庚申	辛酉
대운 남	10 / 1	1	1	1	1	2	2	2	3	3	3	4	4	4	5	5	5	6	6	6	7	7	7	8	8	8	9	9	9
대운 여	1 / 10	9	9	9	8	8	8	7	7	7	6	6	6	5	5	5	4	4	4	3	3	3	2	2	2	1	1	1	1

1월 6일(양) 소한 03시 02분　　1월 20일(양) 대한 20시 20분

해(亥)월장 — 입춘 — 02.04 ~ 03.04(양) — 戊寅月

구분	절입1	절입2	1	2	3	4	5	6	7	8	9	10	11	12	13	14	15	16	17	18	19	20	21	22	23	24	25	26	27	28	29
양력	2040.02.04		5	6	7	8	9	10	11	12	13	14	15	16	17	18	19	20	21	22	23	24	25	26	27	28	29	3.1	2	3	4
음력	2039.12.22		23	24	25	26	27	28	29	1.1	2	3	4	5	6	7	8	9	10	11	12	13	14	15	16	17	18	19	20	21	22
일주	壬戌		癸亥	甲子	乙丑	丙寅	丁卯	戊辰	己巳	庚午	辛未	壬申	癸酉	甲戌	乙亥	丙子	丁丑	戊寅	己卯	庚辰	辛巳	壬午	癸未	甲申	乙酉	丙戌	丁亥	戊子	己丑	庚寅	辛卯
대운 남	10	10	10	9	9	9	8	8	8	7	7	7	6	6	6	5	5	5	4	4	4	3	3	3	2	2	2	1	1	1	1
대운 여	1	1	1	1	1	1	2	2	2	3	3	3	4	4	4	5	5	5	6	6	6	7	7	7	8	8	8	9	9	9	10

2월 4일(양) 입춘 14시 38분 — 2월 19일(양) 우수 10시 22분

술(戌)월장 — 경칩 — 03.05 ~ 04.03(양) — 己卯月

구분	절입1	절입2	1	2	3	4	5	6	7	8	9	10	11	12	13	14	15	16	17	18	19	20	21	22	23	24	25	26	27	28	29
양력	03.05		6	7	8	9	10	11	12	13	14	15	16	17	18	19	20	21	22	23	24	25	26	27	28	29	30	31	4.1	2	3
음력	01.23		24	25	26	27	28	29	30	2.1	2	3	4	5	6	7	8	9	10	11	12	13	14	15	16	17	18	19	20	21	22
일주	壬辰		癸巳	甲午	乙未	丙申	丁酉	戊戌	己亥	庚子	辛丑	壬寅	癸卯	甲辰	乙巳	丙午	丁未	戊申	己酉	庚戌	辛亥	壬子	癸丑	甲寅	乙卯	丙辰	丁巳	戊午	己未	庚申	辛酉
대운 남	1	10	10	9	9	9	8	8	8	7	7	7	6	6	6	5	5	5	4	4	4	3	3	3	2	2	2	1	1	1	1
대운 여	10	1	1	1	1	1	2	2	2	3	3	3	4	4	4	5	5	5	6	6	6	7	7	7	8	8	8	9	9	9	10

3월 5일(양) 경칩 08시 30분 — 3월 20일(양) 춘분 09시 10분

유(酉)월장 — 청명 — 04.04 ~ 05.04(양) — 庚辰月

구분	절입1	절입2	1	2	3	4	5	6	7	8	9	10	11	12	13	14	15	16	17	18	19	20	21	22	23	24	25	26	27	28	29	30
양력	04.04		5	6	7	8	9	10	11	12	13	14	15	16	17	18	19	20	21	22	23	24	25	26	27	28	29	30	5.1	2	3	4
음력	02.23		24	25	26	27	28	29	3.1	2	3	4	5	6	7	8	9	10	11	12	13	14	15	16	17	18	19	20	21	22	23	24
일주	壬戌		癸亥	甲子	乙丑	丙寅	丁卯	戊辰	己巳	庚午	辛未	壬申	癸酉	甲戌	乙亥	丙子	丁丑	戊寅	己卯	庚辰	辛巳	壬午	癸未	甲申	乙酉	丙戌	丁亥	戊子	己丑	庚寅	辛卯	壬辰
대운 남	1	10	10	10	9	9	9	8	8	8	7	7	7	6	6	6	5	5	5	4	4	4	3	3	3	2	2	2	1	1	1	1
대운 여	10	1	1	1	1	1	2	2	2	3	3	3	4	4	4	5	5	5	6	6	6	7	7	7	8	8	8	9	9	9	10	10

4월 4일(양) 청명 13시 04분 — 4월 19일(양) 곡우 19시 58분

신(申)월장 — 입하 — 05.05 ~ 06.04(양) — 辛巳月

구분	절입1	절입2	1	2	3	4	5	6	7	8	9	10	11	12	13	14	15	16	17	18	19	20	21	22	23	24	25	26	27	28	29	30
양력	05.05		6	7	8	9	10	11	12	13	14	15	16	17	18	19	20	21	22	23	24	25	26	27	28	29	30	31	6.1	2	3	4
음력	03.25		26	27	28	29	30	4.1	2	3	4	5	6	7	8	9	10	11	12	13	14	15	16	17	18	19	20	21	22	23	24	25
일주	癸巳		甲午	乙未	丙申	丁酉	戊戌	己亥	庚子	辛丑	壬寅	癸卯	甲辰	乙巳	丙午	丁未	戊申	己酉	庚戌	辛亥	壬子	癸丑	甲寅	乙卯	丙辰	丁巳	戊午	己未	庚申	辛酉	壬戌	癸亥
대운 남	1	10	10	10	9	9	9	8	8	8	7	7	7	6	6	6	5	5	5	4	4	4	3	3	3	2	2	2	1	1	1	1
대운 여	10	1	1	1	1	1	2	2	2	3	3	3	4	4	4	5	5	5	6	6	6	7	7	7	8	8	8	9	9	9	10	10

5월 5일(양) 입하 06시 08분 — 5월 20일(양) 소만 18시 54분

미(未)월장 — 망종 — 06.05 ~ 07.05(양) — 壬午月

구분	절입1	절입2	1	2	3	4	5	6	7	8	9	10	11	12	13	14	15	16	17	18	19	20	21	22	23	24	25	26	27	28	29	30
양력	06.05		6	7	8	9	10	11	12	13	14	15	16	17	18	19	20	21	22	23	24	25	26	27	28	29	30	7.1	2	3	4	5
음력	04.26		27	28	29	30	5.1	2	3	4	5	6	7	8	9	10	11	12	13	14	15	16	17	18	19	20	21	22	23	24	25	26
일주	甲子		乙丑	丙寅	丁卯	戊辰	己巳	庚午	辛未	壬申	癸酉	甲戌	乙亥	丙子	丁丑	戊寅	己卯	庚辰	辛巳	壬午	癸未	甲申	乙酉	丙戌	丁亥	戊子	己丑	庚寅	辛卯	壬辰	癸巳	甲午
대운 남	1	10	10	10	9	9	9	8	8	8	7	7	7	6	6	6	5	5	5	4	4	4	3	3	3	2	2	2	1	1	1	1
대운 여	10	1	1	1	1	1	2	2	2	3	3	3	4	4	4	5	5	5	6	6	6	7	7	7	8	8	8	9	9	9	10	10

6월 5일(양) 망종 10시 07분 — 6월 21일(양) 하지 02시 45분

오(午)월장 — 소서 — 07.06 ~ 08.06(양) — 癸未月

구분	절입1	절입2	1	2	3	4	5	6	7	8	9	10	11	12	13	14	15	16	17	18	19	20	21	22	23	24	25	26	27	28	29	30	31
양력	07.06		7	8	9	10	11	12	13	14	15	16	17	18	19	20	21	22	23	24	25	26	27	28	29	30	31	8.1	2	3	4	5	6
음력	05.27		28	29	6.1	2	3	4	5	6	7	8	9	10	11	12	13	14	15	16	17	18	19	20	21	22	23	24	25	26	27	28	29
일주	乙未		丙申	丁酉	戊戌	己亥	庚子	辛丑	壬寅	癸卯	甲辰	乙巳	丙午	丁未	戊申	己酉	庚戌	辛亥	壬子	癸丑	甲寅	乙卯	丙辰	丁巳	戊午	己未	庚申	辛酉	壬戌	癸亥	甲子	乙丑	丙寅
대운 남	1	10	10	10	9	9	9	8	8	8	7	7	7	6	6	6	5	5	5	4	4	4	3	3	3	2	2	2	1	1	1	1	1
대운 여	10	1	1	1	1	1	1	2	2	2	3	3	3	4	4	4	5	5	5	6	6	6	7	7	7	8	8	8	9	9	9	10	10

7월 6일(양) 소서 20시 18분 — 7월 22일(양) 대서 13시 39분

사(巳)월장 — 입 추 — 08.07 ~ 09.06(양)

甲申月

양력	08.07	8	9	10	11	12	13	14	15	16	17	18	19	20	21	22	23	24	25	26	27	28	29	30	31	9.1	2	3	4	5	6
음력	06.30	7.1	2	3	4	5	6	7	8	9	10	11	12	13	14	15	16	17	18	19	20	21	22	23	24	25	26	27	28	29	30
일주	丁卯	戊辰	己巳	庚午	辛未	壬申	癸酉	甲戌	乙亥	丙子	丁丑	戊寅	己卯	庚辰	辛巳	壬午	癸未	甲申	乙酉	丙戌	丁亥	戊子	己丑	庚寅	辛卯	壬辰	癸巳	甲午	乙未	丙申	丁酉
대운 남	1 · 10	10	10	9	9	9	8	8	8	7	7	7	6	6	6	5	5	5	4	4	4	3	3	3	2	2	2	1	1	1	1
대운 여	10 · 1	1	1	1	1	2	2	2	3	3	3	4	4	4	5	5	5	6	6	6	7	7	7	8	8	8	9	9	9	10	10

8월 7일(양) 입추 06시 09분   8월 22일(양) 처서 20시 52분

진(辰)월장 — 백 로 — 09.07 ~ 10.07(양)

乙酉月

양력	09.07	8	9	10	11	12	13	14	15	16	17	18	19	20	21	22	23	24	25	26	27	28	29	30	10.1	2	3	4	5	6	7
음력	08.01	2	3	4	5	6	7	8	9	10	11	12	13	14	15	16	17	18	19	20	21	22	23	24	25	26	27	28	29	9.1	2
일주	戊戌	己亥	庚子	辛丑	壬寅	癸卯	甲辰	乙巳	丙午	丁未	戊申	己酉	庚戌	辛亥	壬子	癸丑	甲寅	乙卯	丙辰	丁巳	戊午	己未	庚申	辛酉	壬戌	癸亥	甲子	乙丑	丙寅	丁卯	戊辰
대운 남	1 · 10	10	10	9	9	9	8	8	8	7	7	7	6	6	6	5	5	5	4	4	4	3	3	3	2	2	2	1	1	1	1
대운 여	10 · 1	1	1	1	1	2	2	2	3	3	3	4	4	4	5	5	5	6	6	6	7	7	7	8	8	8	9	9	9	10	10

9월 7일(양) 백로 09시 13분   9월 22일(양) 추분 18시 43분

묘(卯)월장 — 한 로 — 10.08 ~ 11.06(양)

丙戌月

양력	10.08	9	10	11	12	13	14	15	16	17	18	19	20	21	22	23	24	25	26	27	28	29	30	31	11.1	2	3	4	5	6
음력	09.03	4	5	6	7	8	9	10	11	12	13	14	15	16	17	18	19	20	21	22	23	24	25	26	27	28	29	30	10.1	2
일주	己巳	庚午	辛未	壬申	癸酉	甲戌	乙亥	丙子	丁丑	戊寅	己卯	庚辰	辛巳	壬午	癸未	甲申	乙酉	丙戌	丁亥	戊子	己丑	庚寅	辛卯	壬辰	癸巳	甲午	乙未	丙申	丁酉	戊戌
대운 남	1 · 10	10	9	9	9	8	8	8	7	7	7	6	6	6	5	5	5	4	4	4	3	3	3	2	2	2	1	1	1	1
대운 여	10 · 1	1	1	1	1	2	2	2	3	3	3	4	4	4	5	5	5	6	6	6	7	7	7	8	8	8	9	9	9	10

10월 8일(양) 한로 01시 04분   10월 23일(양) 상강 04시 18분

인(寅)월장 — 입 동 — 11.07 ~ 12.05(양)

丁亥月

양력	11.07	8	9	10	11	12	13	14	15	16	17	18	19	20	21	22	23	24	25	26	27	28	29	30	12.1	2	3	4	5
음력	10.03	4	5	6	7	8	9	10	11	12	13	14	15	16	17	18	19	20	21	22	23	24	25	26	27	28	29	11.1	2
일주	己亥	庚子	辛丑	壬寅	癸卯	甲辰	乙巳	丙午	丁未	戊申	己酉	庚戌	辛亥	壬子	癸丑	甲寅	乙卯	丙辰	丁巳	戊午	己未	庚申	辛酉	壬戌	癸亥	甲子	乙丑	丙寅	丁卯
대운 남	1 · 10	9	9	9	8	8	8	7	7	7	6	6	6	5	5	5	4	4	4	3	3	3	2	2	2	1	1	1	1
대운 여	10 · 1	1	1	1	1	2	2	2	3	3	3	4	4	4	5	5	5	6	6	6	7	7	7	8	8	8	9	9	9

11월 7일(양) 입동 04시 28분   11월 22일(양) 소설 02시 04분

축(丑)월장 — 대 설 — 12.06 ~ 2041.01.04(양)

戊子月

양력	12.06	7	8	9	10	11	12	13	14	15	16	17	18	19	20	21	22	23	24	25	26	27	28	29	30	31	1.1	2	3	4
음력	11.03	4	5	6	7	8	9	10	11	12	13	14	15	16	17	18	19	20	21	22	23	24	25	26	27	28	29	30	12.1	2
일주	戊辰	己巳	庚午	辛未	壬申	癸酉	甲戌	乙亥	丙子	丁丑	戊寅	己卯	庚辰	辛巳	壬午	癸未	甲申	乙酉	丙戌	丁亥	戊子	己丑	庚寅	辛卯	壬辰	癸巳	甲午	乙未	丙申	丁酉
대운 남	1 · 10	10	9	9	9	8	8	8	7	7	7	6	6	6	5	5	5	4	4	4	3	3	3	2	2	2	1	1	1	1
대운 여	10 · 1	1	1	1	1	2	2	2	3	3	3	4	4	4	5	5	5	6	6	6	7	7	7	8	8	8	9	9	9	10

12월 6일(양) 대설 21시 29분   12월 21일(양) 동지 15시 31분

자(子)월장 — 소 한 — 01.05 ~ 02.02(양)

己丑月

양력	2041.01.05	6	7	8	9	10	11	12	13	14	15	16	17	18	19	20	21	22	23	24	25	26	27	28	29	30	31	2.1	2
음력	2040.12.03	4	5	6	7	8	9	10	11	12	13	14	15	16	17	18	19	20	21	22	23	24	25	26	27	28	29	1.1	2
일주	戊戌	己亥	庚子	辛丑	壬寅	癸卯	甲辰	乙巳	丙午	丁未	戊申	己酉	庚戌	辛亥	壬子	癸丑	甲寅	乙卯	丙辰	丁巳	戊午	己未	庚申	辛酉	壬戌	癸亥	甲子	乙丑	丙寅
대운 남	1 · 10	9	9	9	8	8	8	7	7	7	6	6	6	5	5	5	4	4	4	3	3	3	2	2	2	1	1	1	1
대운 여	10 · 1	1	1	1	1	2	2	2	3	3	3	4	4	4	5	5	5	6	6	6	7	7	7	8	8	8	9	9	9

1월 5일(양) 소한 08시 47분   1월 20일(양) 대한 02시 12분

해(亥)월장 · 입춘 · 02.03 ~ 03.04(양) — 庚寅月

양력	2041.02.03	4	5	6	7	8	9	10	11	12	13	14	15	16	17	18	19	20	21	22	23	24	25	26	27	28	3.1	2	3	4
음력	2041.01.03	4	5	6	7	8	9	10	11	12	13	14	15	16	17	18	19	20	21	22	23	24	25	26	27	28	29	30	2.1	2
일주	丁卯	戊辰	己巳	庚午	辛未	壬申	癸酉	甲戌	乙亥	丙子	丁丑	戊寅	己卯	庚辰	辛巳	壬午	癸未	甲申	乙酉	丙戌	丁亥	戊子	己丑	庚寅	辛卯	壬辰	癸巳	甲午	乙未	丙申
대운 남	1　1	1	1	1	1	2	2	2	3	3	3	4	4	4	5	5	5	6	6	6	7	7	7	8	8	8	9	9	9	10
대운 여	10　10	10	9	9	9	8	8	8	7	7	7	6	6	6	5	5	5	4	4	4	3	3	3	2	2	2	1	1	1	1

2월 3일(양) 입춘 20시 24분　　　2월 18일(양) 우수 16시 16분

술(戌)월장 · 경칩 · 03.05 ~ 04.03(양) — 辛卯月

양력	03.05	6	7	8	9	10	11	12	13	14	15	16	17	18	19	20	21	22	23	24	25	26	27	28	29	30	31	4.1	2	3
음력	02.03	4	5	6	7	8	9	10	11	12	13	14	15	16	17	18	19	20	21	22	23	24	25	26	27	28	29	3.1	2	3
일주	丁酉	戊戌	己亥	庚子	辛丑	壬寅	癸卯	甲辰	乙巳	丙午	丁未	戊申	己酉	庚戌	辛亥	壬子	癸丑	甲寅	乙卯	丙辰	丁巳	戊午	己未	庚申	辛酉	壬戌	癸亥	甲子	乙丑	丙寅
대운 남	10　1	1	1	1	1	2	2	2	3	3	3	4	4	4	5	5	5	6	6	6	7	7	7	8	8	8	9	9	9	10
대운 여	1　10	10	10	9	9	9	8	8	8	7	7	7	6	6	6	5	5	5	4	4	4	3	3	3	2	2	2	1	1	1

3월 5일(양) 경칩 14시 16분　　　3월 20일(양) 춘분 15시 05분

유(酉)월장 · 청명 · 04.04 ~ 05.04(양) — 壬辰月

양력	04.04	5	6	7	8	9	10	11	12	13	14	15	16	17	18	19	20	21	22	23	24	25	26	27	28	29	30	5.1	2	3	4
음력	03.04	5	6	7	8	9	10	11	12	13	14	15	16	17	18	19	20	21	22	23	24	25	26	27	28	29	4.1	2	3	4	5
일주	丁卯	戊辰	己巳	庚午	辛未	壬申	癸酉	甲戌	乙亥	丙子	丁丑	戊寅	己卯	庚辰	辛巳	壬午	癸未	甲申	乙酉	丙戌	丁亥	戊子	己丑	庚寅	辛卯	壬辰	癸巳	甲午	乙未	丙申	丁酉
대운 남	10　1	1	1	1	1	2	2	2	3	3	3	4	4	4	5	5	5	6	6	6	7	7	7	8	8	8	9	9	9	10	10
대운 여	1　10	10	10	10	9	9	9	8	8	8	7	7	7	6	6	6	5	5	5	4	4	4	3	3	3	2	2	2	1	1	1

4월 4일(양) 청명 18시 51분　　　4월 20일(양) 곡우 01시 53분

신(申)월장 · 입하 · 05.05 ~ 06.04(양) — 癸巳月

양력	05.05	6	7	8	9	10	11	12	13	14	15	16	17	18	19	20	21	22	23	24	25	26	27	28	29	30	31	6.1	2	3	4
음력	04.06	7	8	9	10	11	12	13	14	15	16	17	18	19	20	21	22	23	24	25	26	27	28	29	30	5.1	2	3	4	5	6
일주	戊戌	己亥	庚子	辛丑	壬寅	癸卯	甲辰	乙巳	丙午	丁未	戊申	己酉	庚戌	辛亥	壬子	癸丑	甲寅	乙卯	丙辰	丁巳	戊午	己未	庚申	辛酉	壬戌	癸亥	甲子	乙丑	丙寅	丁卯	戊辰
대운 남	10　1	1	1	1	1	2	2	2	3	3	3	4	4	4	5	5	5	6	6	6	7	7	7	8	8	8	9	9	9	10	10
대운 여	1　10	10	10	9	9	9	8	8	8	7	7	7	6	6	6	5	5	5	4	4	4	3	3	3	2	2	2	1	1	1	1

5월 5일(양) 입하 11시 53분　　　5월 21일(양) 소만 00시 47분

미(未)월장 · 망종 · 06.05 ~ 07.06(양) — 甲午月

양력	06.05	6	7	8	9	10	11	12	13	14	15	16	17	18	19	20	21	22	23	24	25	26	27	28	29	30	7.1	2	3	4	5	6
음력	05.07	8	9	10	11	12	13	14	15	16	17	18	19	20	21	22	23	24	25	26	27	28	29	6.1	2	3	4	5	6	7	8	9
일주	己巳	庚午	辛未	壬申	癸酉	甲戌	乙亥	丙子	丁丑	戊寅	己卯	庚辰	辛巳	壬午	癸未	甲申	乙酉	丙戌	丁亥	戊子	己丑	庚寅	辛卯	壬辰	癸巳	甲午	乙未	丙申	丁酉	戊戌	己亥	庚子
대운 남	10　1	1	1	1	1	2	2	2	3	3	3	4	4	4	5	5	5	6	6	6	7	7	7	8	8	8	9	9	9	10	10	10
대운 여	1　10	10	10	10	9	9	9	8	8	8	7	7	7	6	6	6	5	5	5	4	4	4	3	3	3	2	2	2	1	1	1	1

6월 5일(양) 망종 15시 48분　　　6월 21일(양) 하지 08시 34분

오(午)월장 · 소서 · 07.07 ~ 08.06(양) — 乙未月

양력	07.07	8	9	10	11	12	13	14	15	16	17	18	19	20	21	22	23	24	25	26	27	28	29	30	31	8.1	2	3	4	5	6
음력	06.10	11	12	13	14	15	16	17	18	19	20	21	22	23	24	25	26	27	28	29	30	7.1	2	3	4	5	6	7	8	9	10
일주	辛丑	壬寅	癸卯	甲辰	乙巳	丙午	丁未	戊申	己酉	庚戌	辛亥	壬子	癸丑	甲寅	乙卯	丙辰	丁巳	戊午	己未	庚申	辛酉	壬戌	癸亥	甲子	乙丑	丙寅	丁卯	戊辰	己巳	庚午	辛未
대운 남	10　1	1	1	1	2	2	2	3	3	3	4	4	4	5	5	5	6	6	6	7	7	7	8	8	8	9	9	9	10	10	10
대운 여	1　10	10	10	10	9	9	9	8	8	8	7	7	7	6	6	6	5	5	5	4	4	4	3	3	3	2	2	2	1	1	1

7월 7일(양) 소서 01시 57분　　　7월 22일(양) 대서 19시 25분

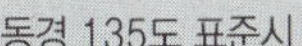

사(巳)월장 · 입추 · 08.07 ~ 09.06(양) — 丙申月

양력	08.07		8	9	10	11	12	13	14	15	16	17	18	19	20	21	22	23	24	25	26	27	28	29	30	31	9.1	2	3	4	5	6
음력	07.11		12	13	14	15	16	17	18	19	20	21	22	23	24	25	26	27	28	29	30	8.1	2	3	4	5	6	7	8	9	10	11
일주	壬申		癸酉	甲戌	乙亥	丙子	丁丑	戊寅	己卯	庚辰	辛巳	壬午	癸未	甲申	乙酉	丙戌	丁亥	戊子	己丑	庚寅	辛卯	壬辰	癸巳	甲午	乙未	丙申	丁酉	戊戌	己亥	庚子	辛丑	壬寅
대운 남	10	1	1	1	1	1	2	2	2	3	3	3	4	4	4	5	5	5	6	6	6	7	7	7	8	8	8	9	9	9	10	10
운 여	1	10	10	10	9	9	9	8	8	8	7	7	7	6	6	6	5	5	5	4	4	4	3	3	3	2	2	2	1	1	1	1

8월 7일(양) 입추 11시 47분 · 8월 23일(양) 처서 02시 35분

진(辰)월장 · 백로 · 09.07 ~ 10.07(양) — 丁酉月

양력	09.07		8	9	10	11	12	13	14	15	16	17	18	19	20	21	22	23	24	25	26	27	28	29	30	10.1	2	3	4	5	6	7
음력	08.12		13	14	15	16	17	18	19	20	21	22	23	24	25	26	27	28	29	9.1	2	3	4	5	6	7	8	9	10	11	12	13
일주	癸卯		甲辰	乙巳	丙午	丁未	戊申	己酉	庚戌	辛亥	壬子	癸丑	甲寅	乙卯	丙辰	丁巳	戊午	己未	庚申	辛酉	壬戌	癸亥	甲子	乙丑	丙寅	丁卯	戊辰	己巳	庚午	辛未	壬申	癸酉
대운 남	10	1	1	1	1	1	2	2	2	3	3	3	4	4	4	5	5	5	6	6	6	7	7	7	8	8	8	9	9	9	10	10
운 여	1	10	10	10	9	9	9	8	8	8	7	7	7	6	6	6	5	5	5	4	4	4	3	3	3	2	2	2	1	1	1	1

9월 7일(양) 백로 14시 52분 · 9월 23일(양) 추분 00시 25분

묘(卯)월장 · 한로 · 10.08 ~ 11.06(양) — 戊戌月

양력	10.08		9	10	11	12	13	14	15	16	17	18	19	20	21	22	23	24	25	26	27	28	29	30	31	11.1	2	3	4	5	6
음력	09.14		15	16	17	18	19	20	21	22	23	24	25	26	27	28	29	30	10.1	2	3	4	5	6	7	8	9	10	11	12	13
일주	甲戌		乙亥	丙子	丁丑	戊寅	己卯	庚辰	辛巳	壬午	癸未	甲申	乙酉	丙戌	丁亥	戊子	己丑	庚寅	辛卯	壬辰	癸巳	甲午	乙未	丙申	丁酉	戊戌	己亥	庚子	辛丑	壬寅	癸卯
대운 남	10	1	1	1	1	1	2	2	2	3	3	3	4	4	4	5	5	5	6	6	6	7	7	7	8	8	8	9	9	9	10
운 여	1	10	10	9	9	9	8	8	8	7	7	7	6	6	6	5	5	5	4	4	4	3	3	3	2	2	2	1	1	1	1

10월 8일(양) 한로 06시 45분 · 10월 23일(양) 상강 10시 00분

인(寅)월장 · 입동 · 11.07 ~ 12.06(양) — 己亥月

양력	11.07		8	9	10	11	12	13	14	15	16	17	18	19	20	21	22	23	24	25	26	27	28	29	30	12.1	2	3	4	5	6
음력	10.14		15	16	17	18	19	20	21	22	23	24	25	26	27	28	29	30	11.1	2	3	4	5	6	7	8	9	10	11	12	13
일주	甲辰		乙巳	丙午	丁未	戊申	己酉	庚戌	辛亥	壬子	癸丑	甲寅	乙卯	丙辰	丁巳	戊午	己未	庚申	辛酉	壬戌	癸亥	甲子	乙丑	丙寅	丁卯	戊辰	己巳	庚午	辛未	壬申	癸酉
대운 남	10	1	1	1	1	1	2	2	2	3	3	3	4	4	4	5	5	5	6	6	6	7	7	7	8	8	8	9	9	9	10
운 여	1	10	10	9	9	9	8	8	8	7	7	7	6	6	6	5	5	5	4	4	4	3	3	3	2	2	2	1	1	1	1

11월 7일(양) 입동 10시 12분 · 11월 22일(양) 소설 07시 48분

축(丑)월장 · 대설 · 12.07 ~ 2042.01.04(양) — 庚子月

양력	12.07		8	9	10	11	12	13	14	15	16	17	18	19	20	21	22	23	24	25	26	27	28	29	30	31	1.1	2	3	4
음력	11.14		15	16	17	18	19	20	21	22	23	24	25	26	27	28	29	12.1	2	3	4	5	6	7	8	9	10	11	12	13
일주	甲戌		乙亥	丙子	丁丑	戊寅	己卯	庚辰	辛巳	壬午	癸未	甲申	乙酉	丙戌	丁亥	戊子	己丑	庚寅	辛卯	壬辰	癸巳	甲午	乙未	丙申	丁酉	戊戌	己亥	庚子	辛丑	壬寅
대운 남	10	1	1	1	1	1	2	2	2	3	3	3	4	4	4	5	5	5	6	6	6	7	7	7	8	8	8	9	9	9
운 여	1	10	9	9	9	8	8	8	7	7	7	6	6	6	5	5	5	4	4	4	3	3	3	2	2	2	1	1	1	1

12월 7일(양) 대설 03시 14분 · 12월 21일(양) 동지 21시 17분

자(子)월장 · 소한 · 01.05 ~ 02.03(양) — 辛丑月

양력	2042.01.05		6	7	8	9	10	11	12	13	14	15	16	17	18	19	20	21	22	23	24	25	26	27	28	29	30	31	2.1	2	3
음력	2041.12.14		15	16	17	18	19	20	21	22	23	24	25	26	27	28	29	30	1.1	2	3	4	5	6	7	8	9	10	11	12	13
일주	癸卯		甲辰	乙巳	丙午	丁未	戊申	己酉	庚戌	辛亥	壬子	癸丑	甲寅	乙卯	丙辰	丁巳	戊午	己未	庚申	辛酉	壬戌	癸亥	甲子	乙丑	丙寅	丁卯	戊辰	己巳	庚午	辛未	壬申
대운 남	10	1	1	1	1	1	2	2	2	3	3	3	4	4	4	5	5	5	6	6	6	7	7	7	8	8	8	9	9	9	10
운 여	1	10	10	9	9	9	8	8	8	7	7	7	6	6	6	5	5	5	4	4	4	3	3	3	2	2	2	1	1	1	1

1월 5일(양) 소한 14시 34분 · 1월 20일(양) 대한 07시 59분

해(亥)월장 — 입 춘 — 壬寅月 — 02.04 ~ 03.04(양)

양력	2042.02.04	5	6	7	8	9	10	11	12	13	14	15	16	17	18	19	20	21	22	23	24	25	26	27	28	3.1	2	3	4
음력	2042.01.14	15	16	17	18	19	20	21	22	23	24	25	26	27	28	29	2.1	2	3	4	5	6	7	8	9	10	11	12	13
일주	癸酉	甲戌	乙亥	丙子	丁丑	戊寅	己卯	庚辰	辛巳	壬午	癸未	甲申	乙酉	丙戌	丁亥	戊子	己丑	庚寅	辛卯	壬辰	癸巳	甲午	乙未	丙申	丁酉	戊戌	己亥	庚子	辛丑
대운 남	10	9	9	9	8	8	8	7	7	7	6	6	6	5	5	5	4	4	4	3	3	3	2	2	2	1	1	1	1
운 여	1	1	1	1	2	2	2	3	3	3	4	4	4	5	5	5	6	6	6	7	7	7	8	8	8	9	9	9	9

2월 4일(양) 입춘 02시 11분 · 2월 18일(양) 우수 22시 03분

술(戌)월장 — 경 칩 — 癸卯月 — 03.05 ~ 04.04(양)

양력	03.05	6	7	8	9	10	11	12	13	14	15	16	17	18	19	20	21	22	23	24	25	26	27	28	29	30	31	4.1	2	3	4
음력	02.14	15	16	17	18	19	20	21	22	23	24	25	26	27	28	29	30	윤	2.2	3	4	5	6	7	8	9	10	11	12	13	14
일주	壬寅	癸卯	甲辰	乙巳	丙午	丁未	戊申	己酉	庚戌	辛亥	壬子	癸丑	甲寅	乙卯	丙辰	丁巳	戊午	己未	庚申	辛酉	壬戌	癸亥	甲子	乙丑	丙寅	丁卯	戊辰	己巳	庚午	辛未	壬申
대운 남	10	10	10	9	9	9	8	8	8	7	7	7	6	6	6	5	5	5	4	4	4	3	3	3	2	2	2	1	1	1	1
운 여	1	1	1	1	2	2	2	3	3	3	4	4	4	5	5	5	6	6	6	7	7	7	8	8	8	9	9	9	10	10	10

3월 5일(양) 경칩 20시 04분 · 3월 20일(양) 춘분 20시 52분

유(酉)월장 — 청 명 — 甲辰月 — 04.05 ~ 05.04(양)

양력	04.05	6	7	8	9	10	11	12	13	14	15	16	17	18	19	20	21	22	23	24	25	26	27	28	29	30	5.1	2	3	4
음력	02.15	16	17	18	19	20	21	22	23	24	25	26	27	28	29	3.1	2	3	4	5	6	7	8	9	10	11	12	13	14	15
일주	癸酉	甲戌	乙亥	丙子	丁丑	戊寅	己卯	庚辰	辛巳	壬午	癸未	甲申	乙酉	丙戌	丁亥	戊子	己丑	庚寅	辛卯	壬辰	癸巳	甲午	乙未	丙申	丁酉	戊戌	己亥	庚子	辛丑	壬寅
대운 남	10	10	9	9	9	8	8	8	7	7	7	6	6	6	5	5	5	4	4	4	3	3	3	2	2	2	1	1	1	1
운 여	1	1	1	1	2	2	2	3	3	3	4	4	4	5	5	5	6	6	6	7	7	7	8	8	8	9	9	9	9	10

4월 5일(양) 청명 00시 39분 · 4월 20일(양) 곡우 07시 38분

신(申)월장 — 입 하 — 乙巳月 — 05.05 ~ 06.04(양)

양력	05.05	6	7	8	9	10	11	12	13	14	15	16	17	18	19	20	21	22	23	24	25	26	27	28	29	30	31	6.1	2	3	4
음력	03.16	17	18	19	20	21	22	23	24	25	26	27	28	29	4.1	2	3	4	5	6	7	8	9	10	11	12	13	14	15	16	17
일주	癸卯	甲辰	乙巳	丙午	丁未	戊申	己酉	庚戌	辛亥	壬子	癸丑	甲寅	乙卯	丙辰	丁巳	戊午	己未	庚申	辛酉	壬戌	癸亥	甲子	乙丑	丙寅	丁卯	戊辰	己巳	庚午	辛未	壬申	癸酉
대운 남	10	10	10	9	9	9	8	8	8	7	7	7	6	6	6	5	5	5	4	4	4	3	3	3	2	2	2	1	1	1	1
운 여	1	1	1	1	2	2	2	3	3	3	4	4	4	5	5	5	6	6	6	7	7	7	8	8	8	9	9	9	10	10	10

5월 5일(양) 입하 17시 41분 · 5월 21일(양) 소만 06시 30분

미(未)월장 — 망 종 — 丙午月 — 06.05 ~ 07.06(양)

양력	06.05	6	7	8	9	10	11	12	13	14	15	16	17	18	19	20	21	22	23	24	25	26	27	28	29	30	7.1	2	3	4	5	6
음력	04.18	19	20	21	22	23	24	25	26	27	28	29	30	5.1	2	3	4	5	6	7	8	9	10	11	12	13	14	15	16	17	18	19
일주	甲戌	乙亥	丙子	丁丑	戊寅	己卯	庚辰	辛巳	壬午	癸未	甲申	乙酉	丙戌	丁亥	戊子	己丑	庚寅	辛卯	壬辰	癸巳	甲午	乙未	丙申	丁酉	戊戌	己亥	庚子	辛丑	壬寅	癸卯	甲辰	乙巳
대운 남	1	10	10	10	9	9	9	8	8	8	7	7	7	6	6	6	5	5	5	4	4	4	3	3	3	2	2	2	1	1	1	1
운 여	10	1	1	1	2	2	2	3	3	3	4	4	4	5	5	5	6	6	6	7	7	7	8	8	8	9	9	9	10	10	10	10

6월 5일(양) 망종 21시 37분 · 6월 21일(양) 하지 14시 14분

오(午)월장 — 소 서 — 丁未月 — 07.07 ~ 08.06(양)

양력	07.07	8	9	10	11	12	13	14	15	16	17	18	19	20	21	22	23	24	25	26	27	28	29	30	31	8.1	2	3	4	5	6
음력	05.20	21	22	23	24	25	26	27	28	29	6.1	2	3	4	5	6	7	8	9	10	11	12	13	14	15	16	17	18	19	20	21
일주	丙午	丁未	戊申	己酉	庚戌	辛亥	壬子	癸丑	甲寅	乙卯	丙辰	丁巳	戊午	己未	庚申	辛酉	壬戌	癸亥	甲子	乙丑	丙寅	丁卯	戊辰	己巳	庚午	辛未	壬申	癸酉	甲戌	乙亥	丙子
대운 남	10	10	10	9	9	9	8	8	8	7	7	7	6	6	6	5	5	5	4	4	4	3	3	3	2	2	2	1	1	1	1
운 여	1	1	1	1	2	2	2	3	3	3	4	4	4	5	5	5	6	6	6	7	7	7	8	8	8	9	9	9	10	10

7월 7일(양) 소서 07시 46분 · 7월 23일(양) 대서 01시 05분

동경 135도 표준시

사(巳)월장 — 입추 — 08.07 ~ 09.06(양)

戊申月

양력	08.07	8	9	10	11	12	13	14	15	16	17	18	19	20	21	22	23	24	25	26	27	28	29	30	31	9.1	2	3	4	5	6
음력	06.22	23	24	25	26	27	28	29	30	7.1	2	3	4	5	6	7	8	9	10	11	12	13	14	15	16	17	18	19	20	21	22
일주	丁丑	戊寅	己卯	庚辰	辛巳	壬午	癸未	甲申	乙酉	丙戌	丁亥	戊子	己丑	庚寅	辛卯	壬辰	癸巳	甲午	乙未	丙申	丁酉	戊戌	己亥	庚子	辛丑	壬寅	癸卯	甲辰	乙巳	丙午	丁未
대운 남	1 / 10	10	10	9	9	9	8	8	8	7	7	7	6	6	6	5	5	5	4	4	4	3	3	3	2	2	2	1	1	1	1
대운 여	10 / 1	1	1	1	1	2	2	2	3	3	3	4	4	4	5	5	5	6	6	6	7	7	7	8	8	8	9	9	9	10	10

8월 7일(양) 입추 17시 37분 · 8월 23일(양) 처서 08시 17분

진(辰)월장 — 백로 — 09.07 ~ 10.07(양)

己酉月

양력	09.07	8	9	10	11	12	13	14	15	16	17	18	19	20	21	22	23	24	25	26	27	28	29	30	10.1	2	3	4	5	6	7
음력	07.23	24	25	26	27	28	29	8.1	2	3	4	5	6	7	8	9	10	11	12	13	14	15	16	17	18	19	20	21	22	23	24
일주	戊申	己酉	庚戌	辛亥	壬子	癸丑	甲寅	乙卯	丙辰	丁巳	戊午	己未	庚申	辛酉	壬戌	癸亥	甲子	乙丑	丙寅	丁卯	戊辰	己巳	庚午	辛未	壬申	癸酉	甲戌	乙亥	丙子	丁丑	戊寅
대운 남	1 / 10	10	10	9	9	9	8	8	8	7	7	7	6	6	6	5	5	5	4	4	4	3	3	3	2	2	2	1	1	1	1
대운 여	10 / 1	1	1	1	1	2	2	2	3	3	3	4	4	4	5	5	5	6	6	6	7	7	7	8	8	8	9	9	9	10	10

9월 7일(양) 백로 20시 44분 · 9월 23일(양) 추분 06시 10분

묘(卯)월장 — 한로 — 10.08 ~ 11.06(양)

庚戌月

양력	10.08	9	10	11	12	13	14	15	16	17	18	19	20	21	22	23	24	25	26	27	28	29	30	31	11.1	2	3	4	5	6
음력	08.25	26	27	28	29	30	9.1	2	3	4	5	6	7	8	9	10	11	12	13	14	15	16	17	18	19	20	21	22	23	24
일주	己卯	庚辰	辛巳	壬午	癸未	甲申	乙酉	丙戌	丁亥	戊子	己丑	庚寅	辛卯	壬辰	癸巳	甲午	乙未	丙申	丁酉	戊戌	己亥	庚子	辛丑	壬寅	癸卯	甲辰	乙巳	丙午	丁未	戊申
대운 남	1 / 10	10	9	9	9	8	8	8	7	7	7	6	6	6	5	5	5	4	4	4	3	3	3	2	2	2	1	1	1	1
대운 여	10 / 1	1	1	1	1	2	2	2	3	3	3	4	4	4	5	5	5	6	6	6	7	7	7	8	8	8	9	9	9	10

10월 8일(양) 한로 12시 39분 · 10월 23일(양) 상강 15시 48분

인(寅)월장 — 입동 — 11.07 ~ 12.06(양)

辛亥月

양력	11.07	8	9	10	11	12	13	14	15	16	17	18	19	20	21	22	23	24	25	26	27	28	29	30	12.1	2	3	4	5	6
음력	09.25	26	27	28	29	30	10.1	2	3	4	5	6	7	8	9	10	11	12	13	14	15	16	17	18	19	20	21	22	23	24
일주	己酉	庚戌	辛亥	壬子	癸丑	甲寅	乙卯	丙辰	丁巳	戊午	己未	庚申	辛酉	壬戌	癸亥	甲子	乙丑	丙寅	丁卯	戊辰	己巳	庚午	辛未	壬申	癸酉	甲戌	乙亥	丙子	丁丑	戊寅
대운 남	1 / 10	10	9	9	9	8	8	8	7	7	7	6	6	6	5	5	5	4	4	4	3	3	3	2	2	2	1	1	1	1
대운 여	10 / 1	1	1	1	1	2	2	2	3	3	3	4	4	4	5	5	5	6	6	6	7	7	7	8	8	8	9	9	9	10

11월 7일(양) 입동 16시 06분 · 11월 22일(양) 소설 13시 36분

축(丑)월장 — 대설 — 12.07 ~ 2043.01.04(양)

壬子月

양력	12.07	8	9	10	11	12	13	14	15	16	17	18	19	20	21	22	23	24	25	26	27	28	29	30	31	1.1	2	3	4
음력	10.25	26	27	28	29	30	11.1	2	3	4	5	6	7	8	9	10	11	12	13	14	15	16	17	18	19	20	21	22	23
일주	己卯	庚辰	辛巳	壬午	癸未	甲申	乙酉	丙戌	丁亥	戊子	己丑	庚寅	辛卯	壬辰	癸巳	甲午	乙未	丙申	丁酉	戊戌	己亥	庚子	辛丑	壬寅	癸卯	甲辰	乙巳	丙午	丁未
대운 남	1 / 10	9	9	9	8	8	8	7	7	7	6	6	6	5	5	5	4	4	4	3	3	3	2	2	2	1	1	1	1
대운 여	10 / 1	1	1	1	2	2	2	3	3	3	4	4	4	5	5	5	6	6	6	7	7	7	8	8	8	9	9	9	9

12월 7일(양) 대설 09시 08분 · 12월 22일(양) 동지 03시 03분

자(子)월장 — 소한 — 01.05 ~ 02.03(양)

癸丑月

양력	2043.01.05	6	7	8	9	10	11	12	13	14	15	16	17	18	19	20	21	22	23	24	25	26	27	28	29	30	31	2.1	2	3
음력	2042.11.25	26	27	28	29	30	12.1	2	3	4	5	6	7	8	9	10	11	12	13	14	15	16	17	18	19	20	21	22	23	24
일주	戊申	己酉	庚戌	辛亥	壬子	癸丑	甲寅	乙卯	丙辰	丁巳	戊午	己未	庚申	辛酉	壬戌	癸亥	甲子	乙丑	丙寅	丁卯	戊辰	己巳	庚午	辛未	壬申	癸酉	甲戌	乙亥	丙子	丁丑
대운 남	1 / 10	10	9	9	9	8	8	8	7	7	7	6	6	6	5	5	5	4	4	4	3	3	3	2	2	2	1	1	1	1
대운 여	10 / 1	1	1	1	1	2	2	2	3	3	3	4	4	4	5	5	5	6	6	6	7	7	7	8	8	8	9	9	9	10

1월 5일(양) 소한 20시 24분 · 1월 20일(양) 대한 13시 40분

단기 4376년

해(亥)월장 · 입춘 · 02.04 ~ 03.05(양) · 甲寅月

양력	2043.02.04	5	6	7	8	9	10	11	12	13	14	15	16	17	18	19	20	21	22	23	24	25	26	27	28	3.1	2	3	4	5
음력	2042.12.25	26	27	28	29	30	1.1	2	3	4	5	6	7	8	9	10	11	12	13	14	15	16	17	18	19	20	21	22	23	24
일주	戊寅	己卯	庚辰	辛巳	壬午	癸未	甲申	乙酉	丙戌	丁亥	戊子	己丑	庚寅	辛卯	壬辰	癸巳	甲午	乙未	丙申	丁酉	戊戌	己亥	庚子	辛丑	壬寅	癸卯	甲辰	乙巳	丙午	丁未
대운 남	1 / 1	1	1	1	1	2	2	2	3	3	3	4	4	4	5	5	5	6	6	6	7	7	7	8	8	8	9	9	9	10
대운 여	10 / 10	10	9	9	9	8	8	8	7	7	7	6	6	6	5	5	5	4	4	4	3	3	3	2	2	2	1	1	1	1

2월 4일(양) 입춘 07시 57분 / 2월 19일(양) 우수 03시 40분

술(戌)월장 · 경칩 · 03.06 ~ 04.04(양) · 乙卯月

양력	03.06	7	8	9	10	11	12	13	14	15	16	17	18	19	20	21	22	23	24	25	26	27	28	29	30	31	4.1	2	3	4
음력	01.25	26	27	28	29	2.1	2	3	4	5	6	7	8	9	10	11	12	13	14	15	16	17	18	19	20	21	22	23	24	25
일주	戊申	己酉	庚戌	辛亥	壬子	癸丑	甲寅	乙卯	丙辰	丁巳	戊午	己未	庚申	辛酉	壬戌	癸亥	甲子	乙丑	丙寅	丁卯	戊辰	己巳	庚午	辛未	壬申	癸酉	甲戌	乙亥	丙子	丁丑
대운 남	10 / 1	1	1	1	1	2	2	2	3	3	3	4	4	4	5	5	5	6	6	6	7	7	7	8	8	8	9	9	9	10
대운 여	1 / 10	10	9	9	9	8	8	8	7	7	7	6	6	6	5	5	5	4	4	4	3	3	3	2	2	2	1	1	1	1

3월 6일(양) 경칩 01시 46분 / 3월 21일(양) 춘분 02시 26분

유(酉)월장 · 청명 · 04.05 ~ 05.04(양) · 丙辰月

양력	04.05	6	7	8	9	10	11	12	13	14	15	16	17	18	19	20	21	22	23	24	25	26	27	28	29	30	5.1	2	3	4
음력	02.26	27	28	29	30	3.1	2	3	4	5	6	7	8	9	10	11	12	13	14	15	16	17	18	19	20	21	22	23	24	25
일주	戊寅	己卯	庚辰	辛巳	壬午	癸未	甲申	乙酉	丙戌	丁亥	戊子	己丑	庚寅	辛卯	壬辰	癸巳	甲午	乙未	丙申	丁酉	戊戌	己亥	庚子	辛丑	壬寅	癸卯	甲辰	乙巳	丙午	丁未
대운 남	10 / 1	1	1	1	1	2	2	2	3	3	3	4	4	4	5	5	5	6	6	6	7	7	7	8	8	8	9	9	9	10
대운 여	1 / 10	10	9	9	9	8	8	8	7	7	7	6	6	6	5	5	5	4	4	4	3	3	3	2	2	2	1	1	1	1

4월 5일(양) 청명 06시 19분 / 4월 20일(양) 곡우 13시 13분

신(申)월장 · 입하 · 05.05 ~ 06.05(양) · 丁巳月

양력	05.05	6	7	8	9	10	11	12	13	14	15	16	17	18	19	20	21	22	23	24	25	26	27	28	29	30	31	6.1	2	3	4	5
음력	03.26	27	28	29	4.1	2	3	4	5	6	7	8	9	10	11	12	13	14	15	16	17	18	19	20	21	22	23	24	25	26	27	28
일주	戊申	己酉	庚戌	辛亥	壬子	癸丑	甲寅	乙卯	丙辰	丁巳	戊午	己未	庚申	辛酉	壬戌	癸亥	甲子	乙丑	丙寅	丁卯	戊辰	己巳	庚午	辛未	壬申	癸酉	甲戌	乙亥	丙子	丁丑	戊寅	己卯
대운 남	10 / 1	1	1	1	1	2	2	2	3	3	3	4	4	4	5	5	5	6	6	6	7	7	7	8	8	8	9	9	9	10	10	10
대운 여	1 / 10	10	10	9	9	9	8	8	8	7	7	7	6	6	6	5	5	5	4	4	4	3	3	3	2	2	2	1	1	1	1	1

5월 5일(양) 입하 23시 21분 / 5월 21일(양) 소만 12시 08분

미(未)월장 · 망종 · 06.06 ~ 07.06(양) · 戊午月

양력	06.06	7	8	9	10	11	12	13	14	15	16	17	18	19	20	21	22	23	24	25	26	27	28	29	30	7.1	2	3	4	5	6
음력	04.29	5.1	2	3	4	5	6	7	8	9	10	11	12	13	14	15	16	17	18	19	20	21	22	23	24	25	26	27	28	29	30
일주	庚辰	辛巳	壬午	癸未	甲申	乙酉	丙戌	丁亥	戊子	己丑	庚寅	辛卯	壬辰	癸巳	甲午	乙未	丙申	丁酉	戊戌	己亥	庚子	辛丑	壬寅	癸卯	甲辰	乙巳	丙午	丁未	戊申	己酉	庚戌
대운 남	10 / 1	1	1	1	1	2	2	2	3	3	3	4	4	4	5	5	5	6	6	6	7	7	7	8	8	8	9	9	9	10	10
대운 여	1 / 10	10	10	9	9	9	8	8	8	7	7	7	6	6	6	5	5	5	4	4	4	3	3	3	2	2	2	1	1	1	1

6월 6일(양) 망종 03시 17분 / 6월 21일(양) 하지 19시 57분

오(午)월장 · 소서 · 07.07 ~ 08.06(양) · 己未月

양력	07.07	8	9	10	11	12	13	14	15	16	17	18	19	20	21	22	23	24	25	26	27	28	29	30	31	8.1	2	3	4	5	6
음력	06.01	2	3	4	5	6	7	8	9	10	11	12	13	14	15	16	17	18	19	20	21	22	23	24	25	26	27	28	29	7.1	2
일주	辛亥	壬子	癸丑	甲寅	乙卯	丙辰	丁巳	戊午	己未	庚申	辛酉	壬戌	癸亥	甲子	乙丑	丙寅	丁卯	戊辰	己巳	庚午	辛未	壬申	癸酉	甲戌	乙亥	丙子	丁丑	戊寅	己卯	庚辰	辛巳
대운 남	10 / 1	1	1	1	1	2	2	2	3	3	3	4	4	4	5	5	5	6	6	6	7	7	7	8	8	8	9	9	9	10	10
대운 여	1 / 10	10	10	9	9	9	8	8	8	7	7	7	6	6	6	5	5	5	4	4	4	3	3	3	2	2	2	1	1	1	1

7월 7일(양) 소서 13시 26분 / 7월 23일(양) 대서 06시 52분

사(巳)월장 · 입추 · 08.07 ~ 09.07(양) · 庚申月

양력	08.07	8	9	10	11	12	13	14	15	16	17	18	19	20	21	22	23	24	25	26	27	28	29	30	31	9.1	2	3	4	5	6	7
음력	07.03	4	5	6	7	8	9	10	11	12	13	14	15	16	17	18	19	20	21	22	23	24	25	26	27	28	29	8.1	2	3	4	5
일주	壬午	癸未	甲申	乙酉	丙戌	丁亥	戊子	己丑	庚寅	辛卯	壬辰	癸巳	甲午	乙未	丙申	丁酉	戊戌	己亥	庚子	辛丑	壬寅	癸卯	甲辰	乙巳	丙午	丁未	戊申	己酉	庚戌	辛亥	壬子	癸丑
대운 남	10 1	1	1	1	1	1	1	1	1	1	1	2	2	2	3	3	3	4	4	4	5	5	5	6	6	7	7	8	8	9	10	10
대운 여	1 10	10	10	10	9	9	9	8	8	8	7	7	7	6	6	6	5	5	5	4	4	4	3	3	3	2	2	2	1	1	1	1

8월 7일(양) 입추 23시 19분 — 8월 23일(양) 처서 14시 08분

진(辰)월장 · 백로 · 09.08 ~ 10.07(양) · 辛酉月

양력	09.08	9	10	11	12	13	14	15	16	17	18	19	20	21	22	23	24	25	26	27	28	29	30	10.1	2	3	4	5	6	7
음력	08.06	7	8	9	10	11	12	13	14	15	16	17	18	19	20	21	22	23	24	25	26	27	28	29	30	9.1	2	3	4	5
일주	甲寅	乙卯	丙辰	丁巳	戊午	己未	庚申	辛酉	壬戌	癸亥	甲子	乙丑	丙寅	丁卯	戊辰	己巳	庚午	辛未	壬申	癸酉	甲戌	乙亥	丙子	丁丑	戊寅	己卯	庚辰	辛巳	壬午	癸未
대운 남	10 1	1	1	1	1	2	2	2	3	3	3	4	4	4	5	5	5	6	6	6	7	7	7	8	8	8	9	9	9	10
대운 여	1 10	10	9	9	9	8	8	8	7	7	7	6	6	6	5	5	5	4	4	4	3	3	3	2	2	2	1	1	1	1

9월 8일(양) 백로 02시 29분 — 9월 23일(양) 추분 12시 05분

묘(卯)월장 · 한로 · 10.08 ~ 11.06(양) · 壬戌月

양력	10.08	9	10	11	12	13	14	15	16	17	18	19	20	21	22	23	24	25	26	27	28	29	30	31	11.1	2	3	4	5	6
음력	09.06	7	8	9	10	11	12	13	14	15	16	17	18	19	20	21	22	23	24	25	26	27	28	29	30	10.1	2	3	4	5
일주	甲申	乙酉	丙戌	丁亥	戊子	己丑	庚寅	辛卯	壬辰	癸巳	甲午	乙未	丙申	丁酉	戊戌	己亥	庚子	辛丑	壬寅	癸卯	甲辰	乙巳	丙午	丁未	戊申	己酉	庚戌	辛亥	壬子	癸丑
대운 남	10 1	1	1	1	1	2	2	2	3	3	3	4	4	4	5	5	5	6	6	6	7	7	7	8	8	8	9	9	9	10
대운 여	1 10	10	9	9	9	8	8	8	7	7	7	6	6	6	5	5	5	4	4	4	3	3	3	2	2	2	1	1	1	1

10월 8일(양) 한로 18시 26분 — 10월 23일(양) 상강 21시 45분

인(寅)월장 · 입동 · 11.07 ~ 12.06(양) · 癸亥月

양력	11.07	8	9	10	11	12	13	14	15	16	17	18	19	20	21	22	23	24	25	26	27	28	29	30	12.1	2	3	4	5	6
음력	10.06	7	8	9	10	11	12	13	14	15	16	17	18	19	20	21	22	23	24	25	26	27	28	29	11.1	2	3	4	5	6
일주	甲寅	乙卯	丙辰	丁巳	戊午	己未	庚申	辛酉	壬戌	癸亥	甲子	乙丑	丙寅	丁卯	戊辰	己巳	庚午	辛未	壬申	癸酉	甲戌	乙亥	丙子	丁丑	戊寅	己卯	庚辰	辛巳	壬午	癸未
대운 남	10 1	1	1	1	1	2	2	2	3	3	3	4	4	4	5	5	5	6	6	6	7	7	7	8	8	8	9	9	9	10
대운 여	1 10	10	9	9	9	8	8	8	7	7	7	6	6	6	5	5	5	4	4	4	3	3	3	2	2	2	1	1	1	1

11월 7일(양) 입동 21시 54분 — 11월 22일(양) 소설 19시 34분

축(丑)월장 · 대설 · 12.07 ~ 2044.01.05(양) · 甲子月

양력	12.07	8	9	10	11	12	13	14	15	16	17	18	19	20	21	22	23	24	25	26	27	28	29	30	31	1.1	2	3	4	5
음력	11.07	8	9	10	11	12	13	14	15	16	17	18	19	20	21	22	23	24	25	26	27	28	29	30	12.1	2	3	4	5	6
일주	甲申	乙酉	丙戌	丁亥	戊子	己丑	庚寅	辛卯	壬辰	癸巳	甲午	乙未	丙申	丁酉	戊戌	己亥	庚子	辛丑	壬寅	癸卯	甲辰	乙巳	丙午	丁未	戊申	己酉	庚戌	辛亥	壬子	癸丑
대운 남	10 1	1	1	1	1	2	2	2	3	3	3	4	4	4	5	5	5	6	6	6	7	7	7	8	8	8	9	9	9	10
대운 여	1 10	10	9	9	9	8	8	8	7	7	7	6	6	6	5	5	5	4	4	4	3	3	3	2	2	2	1	1	1	1

12월 7일(양) 대설 14시 56분 — 12월 22일(양) 동지 09시 00분

자(子)월장 · 소한 · 01.06 ~ 02.03(양) · 乙丑月

양력	2044.01.06	7	8	9	10	11	12	13	14	15	16	17	18	19	20	21	22	23	24	25	26	27	28	29	30	31	2.1	2	3
음력	2043.12.07	8	9	10	11	12	13	14	15	16	17	18	19	20	21	22	23	24	25	26	27	28	29	30	1.1	2	3	4	5
일주	甲寅	乙卯	丙辰	丁巳	戊午	己未	庚申	辛酉	壬戌	癸亥	甲子	乙丑	丙寅	丁卯	戊辰	己巳	庚午	辛未	壬申	癸酉	甲戌	乙亥	丙子	丁丑	戊寅	己卯	庚辰	辛巳	壬午
대운 남	10 1	1	1	1	1	2	2	2	3	3	3	4	4	4	5	5	5	6	6	6	7	7	7	8	8	8	9	9	9
대운 여	1 10	9	9	9	9	8	8	8	7	7	7	6	6	6	5	5	5	4	4	4	3	3	3	2	2	2	1	1	1

1월 6일(양) 소한 02시 11분 — 1월 20일(양) 대한 19시 36분

해(亥)월장 · 입춘 · 02.04 ~ 03.04(양) · 丙寅月

양력	2044.02.04	5	6	7	8	9	10	11	12	13	14	15	16	17	18	19	20	21	22	23	24	25	26	27	28	29	3.1	2	3	4
음력	2044.01.06	7	8	9	10	11	12	13	14	15	16	17	18	19	20	21	22	23	24	25	26	27	28	29	30	2.1	2	3	4	5
일주	癸未	甲申	乙酉	丙戌	丁亥	戊子	己丑	庚寅	辛卯	壬辰	癸巳	甲午	乙未	丙申	丁酉	戊戌	己亥	庚子	辛丑	壬寅	癸卯	甲辰	乙巳	丙午	丁未	戊申	己酉	庚戌	辛亥	壬子
대운(남)	10 10	10	9	9	9	8	8	8	7	7	7	6	6	6	5	5	5	4	4	4	3	3	3	2	2	2	1	1	1	1
운(여)	1 1	1	1	1	1	2	2	2	3	3	3	4	4	4	5	5	5	6	6	6	7	7	7	8	8	8	9	9	9	10

2월 4일(양) 입춘 13시 43분　　2월 19일(양) 우수 09시 34분

술(戌)월장 · 경칩 · 03.05 ~ 04.03(양) · 丁卯月

양력	03.05	6	7	8	9	10	11	12	13	14	15	16	17	18	19	20	21	22	23	24	25	26	27	28	29	30	31	4.1	2	3
음력	02.06	7	8	9	10	11	12	13	14	15	16	17	18	19	20	21	22	23	24	25	26	27	28	29	3.1	2	3	4	5	6
일주	癸丑	甲寅	乙卯	丙辰	丁巳	戊午	己未	庚申	辛酉	壬戌	癸亥	甲子	乙丑	丙寅	丁卯	戊辰	己巳	庚午	辛未	壬申	癸酉	甲戌	乙亥	丙子	丁丑	戊寅	己卯	庚辰	辛巳	壬午
대운(남)	1 10	10	9	9	9	8	8	8	7	7	7	6	6	6	5	5	5	4	4	4	3	3	3	2	2	2	1	1	1	1
운(여)	10 1	1	1	1	1	2	2	2	3	3	3	4	4	4	5	5	5	6	6	6	7	7	7	8	8	8	9	9	9	10

3월 5일(양) 경칩 07시 30분　　3월 20일(양) 춘분 08시 19분

유(酉)월장 · 청명 · 04.04 ~ 05.04(양) · 戊辰月

양력	04.04	5	6	7	8	9	10	11	12	13	14	15	16	17	18	19	20	21	22	23	24	25	26	27	28	29	30	5.1	2	3	4
음력	03.07	8	9	10	11	12	13	14	15	16	17	18	19	20	21	22	23	24	25	26	27	28	29	30	4.1	2	3	4	5	6	7
일주	癸未	甲申	乙酉	丙戌	丁亥	戊子	己丑	庚寅	辛卯	壬辰	癸巳	甲午	乙未	丙申	丁酉	戊戌	己亥	庚子	辛丑	壬寅	癸卯	甲辰	乙巳	丙午	丁未	戊申	己酉	庚戌	辛亥	壬子	癸丑
대운(남)	1 10	10	10	9	9	9	8	8	8	7	7	7	6	6	6	5	5	5	4	4	4	3	3	3	2	2	2	1	1	1	1
운(여)	10 1	1	1	1	1	2	2	2	3	3	3	4	4	4	5	5	5	6	6	6	7	7	7	8	8	8	9	9	9	10	10

4월 4일(양) 청명 12시 02분　　4월 19일(양) 곡우 19시 05분

신(申)월장 · 입하 · 05.05 ~ 06.04(양) · 己巳月

양력	05.05	6	7	8	9	10	11	12	13	14	15	16	17	18	19	20	21	22	23	24	25	26	27	28	29	30	31	6.1	2	3	4
음력	04.08	9	10	11	12	13	14	15	16	17	18	19	20	21	22	23	24	25	26	27	28	29	5.1	2	3	4	5	6	7	8	9
일주	甲寅	乙卯	丙辰	丁巳	戊午	己未	庚申	辛酉	壬戌	癸亥	甲子	乙丑	丙寅	丁卯	戊辰	己巳	庚午	辛未	壬申	癸酉	甲戌	乙亥	丙子	丁丑	戊寅	己卯	庚辰	辛巳	壬午	癸未	甲申
대운(남)	1 10	10	10	9	9	9	8	8	8	7	7	7	6	6	6	5	5	5	4	4	4	3	3	3	2	2	2	1	1	1	1
운(여)	10 1	1	1	1	1	2	2	2	3	3	3	4	4	4	5	5	5	6	6	6	7	7	7	8	8	8	9	9	9	10	10

5월 5일(양) 입하 05시 04분　　5월 20일(양) 소만 18시 00분

미(未)월장 · 망종 · 06.05 ~ 07.05(양) · 庚午月

양력	06.05	6	7	8	9	10	11	12	13	14	15	16	17	18	19	20	21	22	23	24	25	26	27	28	29	30	7.1	2	3	4	5
음력	05.10	11	12	13	14	15	16	17	18	19	20	21	22	23	24	25	26	27	28	29	6.1	2	3	4	5	6	7	8	9	10	11
일주	乙酉	丙戌	丁亥	戊子	己丑	庚寅	辛卯	壬辰	癸巳	甲午	乙未	丙申	丁酉	戊戌	己亥	庚子	辛丑	壬寅	癸卯	甲辰	乙巳	丙午	丁未	戊申	己酉	庚戌	辛亥	壬子	癸丑	甲寅	乙卯
대운(남)	1 10	10	10	9	9	9	8	8	8	7	7	7	6	6	6	5	5	5	4	4	4	3	3	3	2	2	2	1	1	1	1
운(여)	10 1	1	1	1	1	2	2	2	3	3	3	4	4	4	5	5	5	6	6	6	7	7	7	8	8	8	9	9	9	10	10

6월 5일(양) 망종 09시 02분　　6월 21일(양) 하지 01시 50분

오(午)월장 · 소서 · 07.06 ~ 08.06(양) · 辛未月

양력	07.06	7	8	9	10	11	12	13	14	15	16	17	18	19	20	21	22	23	24	25	26	27	28	29	30	31	8.1	2	3	4	5	6
음력	06.12	13	14	15	16	17	18	19	20	21	22	23	24	25	26	27	28	29	30	7.1	2	3	4	5	6	7	8	9	10	11	12	13
일주	丙辰	丁巳	戊午	己未	庚申	辛酉	壬戌	癸亥	甲子	乙丑	丙寅	丁卯	戊辰	己巳	庚午	辛未	壬申	癸酉	甲戌	乙亥	丙子	丁丑	戊寅	己卯	庚辰	辛巳	壬午	癸未	甲申	乙酉	丙戌	丁亥
대운(남)	1 10	10	10	9	9	9	8	8	8	7	7	7	6	6	6	5	5	5	4	4	4	3	3	3	2	2	2	1	1	1	1	1
운(여)	10 1	1	1	1	1	2	2	2	3	3	3	4	4	4	5	5	5	6	6	6	7	7	7	8	8	8	9	9	9	10	10	10

7월 6일(양) 소서 19시 14분　　7월 22일(양) 대서 12시 42분

사(巳)월장 · 입추 · 壬申月 — 08.07 ~ 09.06(양)

양력	08.07	8	9	10	11	12	13	14	15	16	17	18	19	20	21	22	23	24	25	26	27	28	29	30	31	9.1	2	3	4	5	6
음력	07.14	15	16	17	18	19	20	21	22	23	24	25	26	27	28	29	윤	7.2	3	4	5	6	7	8	9	10	11	12	13	14	15
일주	戊子	己丑	庚寅	辛卯	壬辰	癸巳	甲午	乙未	丙申	丁酉	戊戌	己亥	庚子	辛丑	壬寅	癸卯	甲辰	乙巳	丙午	丁未	戊申	己酉	庚戌	辛亥	壬子	癸丑	甲寅	乙卯	丙辰	丁巳	戊午
대운 남	1 / 10	10	10	9	9	9	8	8	8	7	7	7	6	6	6	5	5	5	4	4	4	3	3	3	2	2	2	1	1	1	1
대운 여	10 / 1	1	1	1	1	2	2	2	3	3	3	4	4	4	5	5	5	6	6	6	7	7	7	8	8	8	9	9	9	10	10

8월 7일(양) 입추 05시 07분 8월 22일(양) 처서 19시 53분

진(辰)월장 · 백로 · 癸酉月 — 09.07 ~ 10.07(양)

양력	09.07	8	9	10	11	12	13	14	15	16	17	18	19	20	21	22	23	24	25	26	27	28	29	30	10.1	2	3	4	5	6	7
음력	07.16	17	18	19	20	21	22	23	24	25	26	27	28	29	8.1	2	3	4	5	6	7	8	9	10	11	12	13	14	15	16	17
일주	己未	庚申	辛酉	壬戌	癸亥	甲子	乙丑	丙寅	丁卯	戊辰	己巳	庚午	辛未	壬申	癸酉	甲戌	乙亥	丙子	丁丑	戊寅	己卯	庚辰	辛巳	壬午	癸未	甲申	乙酉	丙戌	丁亥	戊子	己丑
대운 남	1 / 10	10	10	9	9	9	8	8	8	7	7	7	6	6	6	5	5	5	4	4	4	3	3	3	2	2	2	1	1	1	1
대운 여	10 / 1	1	1	1	1	2	2	2	3	3	3	4	4	4	5	5	5	6	6	6	7	7	7	8	8	8	9	9	9	10	10

9월 7일(양) 백로 08시 15분 9월 22일(양) 추분 17시 46분

묘(卯)월장 · 한로 · 甲戌月 — 10.08 ~ 11.06(양)

양력	10.08	9	10	11	12	13	14	15	16	17	18	19	20	21	22	23	24	25	26	27	28	29	30	31	11.1	2	3	4	5	6
음력	08.18	19	20	21	22	23	24	25	26	27	28	29	30	9.1	2	3	4	5	6	7	8	9	10	11	12	13	14	15	16	17
일주	庚寅	辛卯	壬辰	癸巳	甲午	乙未	丙申	丁酉	戊戌	己亥	庚子	辛丑	壬寅	癸卯	甲辰	乙巳	丙午	丁未	戊申	己酉	庚戌	辛亥	壬子	癸丑	甲寅	乙卯	丙辰	丁巳	戊午	己未
대운 남	1 / 10	10	9	9	9	8	8	8	7	7	7	6	6	6	5	5	5	4	4	4	3	3	3	2	2	2	1	1	1	1
대운 여	10 / 1	1	1	1	1	2	2	2	3	3	3	4	4	4	5	5	5	6	6	6	7	7	7	8	8	8	9	9	9	10

10월 8일(양) 한로 00시 12분 10월 23일(양) 상강 03시 25분

인(寅)월장 · 입동 · 乙亥月 — 11.07 ~ 12.05(양)

양력	11.07	8	9	10	11	12	13	14	15	16	17	18	19	20	21	22	23	24	25	26	27	28	29	30	12.1	2	3	4	5
음력	09.18	19	20	21	22	23	24	25	26	27	28	29	10.1	2	3	4	5	6	7	8	9	10	11	12	13	14	15	16	17
일주	庚申	辛酉	壬戌	癸亥	甲子	乙丑	丙寅	丁卯	戊辰	己巳	庚午	辛未	壬申	癸酉	甲戌	乙亥	丙子	丁丑	戊寅	己卯	庚辰	辛巳	壬午	癸未	甲申	乙酉	丙戌	丁亥	戊子
대운 남	1 / 10	9	9	9	8	8	8	7	7	7	6	6	6	5	5	5	4	4	4	3	3	3	2	2	2	1	1	1	1
대운 여	10 / 1	1	1	1	2	2	2	3	3	3	4	4	4	5	5	5	6	6	6	7	7	7	8	8	8	9	9	9	9

11월 7일(양) 입동 03시 40분 11월 22일(양) 소설 01시 14분

축(丑)월장 · 대설 · 丙子月 — 12.06 ~ 2045.01.04(양)

양력	12.06	7	8	9	10	11	12	13	14	15	16	17	18	19	20	21	22	23	24	25	26	27	28	29	30	31	1.1	2	3	4
음력	10.18	19	20	21	22	23	24	25	26	27	28	29	30	11.1	2	3	4	5	6	7	8	9	10	11	12	13	14	15	16	17
일주	己丑	庚寅	辛卯	壬辰	癸巳	甲午	乙未	丙申	丁酉	戊戌	己亥	庚子	辛丑	壬寅	癸卯	甲辰	乙巳	丙午	丁未	戊申	己酉	庚戌	辛亥	壬子	癸丑	甲寅	乙卯	丙辰	丁巳	戊午
대운 남	1 / 10	10	9	9	9	8	8	8	7	7	7	6	6	6	5	5	5	4	4	4	3	3	3	2	2	2	1	1	1	1
대운 여	10 / 1	1	1	1	1	2	2	2	3	3	3	4	4	4	5	5	5	6	6	6	7	7	7	8	8	8	9	9	9	10

12월 6일(양) 대설 20시 44분 12월 21일(양) 동지 14시 42분

자(子)월장 · 소한 · 丁丑月 — 01.05 ~ 02.02(양)

양력	2045.01.05	6	7	8	9	10	11	12	13	14	15	16	17	18	19	20	21	22	23	24	25	26	27	28	29	30	31	2.1	2
음력	2044.11.18	19	20	21	22	23	24	25	26	27	28	29	30	12.1	2	3	4	5	6	7	8	9	10	11	12	13	14	15	16
일주	己未	庚申	辛酉	壬戌	癸亥	甲子	乙丑	丙寅	丁卯	戊辰	己巳	庚午	辛未	壬申	癸酉	甲戌	乙亥	丙子	丁丑	戊寅	己卯	庚辰	辛巳	壬午	癸未	甲申	乙酉	丙戌	丁亥
대운 남	1 / 10	9	9	9	8	8	8	7	7	7	6	6	6	5	5	5	4	4	4	3	3	3	2	2	2	1	1	1	1
대운 여	10 / 1	1	1	1	2	2	2	3	3	3	4	4	4	5	5	5	6	6	6	7	7	7	8	8	8	9	9	9	9

1월 5일(양) 소한 08시 01분 1월 20일(양) 대한 01시 21분

해(亥)월장 · 입춘 · 02.03 ~ 03.04(양)

양력	2045.02.03	4	5	6	7	8	9	10	11	12	13	14	15	16	17	18	19	20	21	22	23	24	25	26	27	28	3.1	2	3	4
음력	2044.12.17	18	19	20	21	22	23	24	25	26	27	28	29	30	1.1	2	3	4	5	6	7	8	9	10	11	12	13	14	15	16
일주	戊子	己丑	庚寅	辛卯	壬辰	癸巳	甲午	乙未	丙申	丁酉	戊戌	己亥	庚子	辛丑	壬寅	癸卯	甲辰	乙巳	丙午	丁未	戊申	己酉	庚戌	辛亥	壬子	癸丑	甲寅	乙卯	丙辰	丁巳
대운 남	1 · 1	1	1	1	1	2	2	2	3	3	3	4	4	4	5	5	5	6	6	6	7	7	7	8	8	8	9	9	9	10
대운 여	10 · 10	10	9	9	9	8	8	8	7	7	7	6	6	6	5	5	5	4	4	4	3	3	3	2	2	2	1	1	1	1

戊寅月

2월 3일(양) 입춘 19시 35분   2월 18일(양) 우수 15시 21분

술(戌)월장 · 경칩 · 03.05 ~ 04.03(양)

양력	03.05	6	7	8	9	10	11	12	13	14	15	16	17	18	19	20	21	22	23	24	25	26	27	28	29	30	31	4.1	2	3
음력	01.17	18	19	20	21	22	23	24	25	26	27	28	29	30	2.1	2	3	4	5	6	7	8	9	10	11	12	13	14	15	16
일주	戊午	己未	庚申	辛酉	壬戌	癸亥	甲子	乙丑	丙寅	丁卯	戊辰	己巳	庚午	辛未	壬申	癸酉	甲戌	乙亥	丙子	丁丑	戊寅	己卯	庚辰	辛巳	壬午	癸未	甲申	乙酉	丙戌	丁亥
대운 남	10 · 1	1	1	1	1	2	2	2	3	3	3	4	4	4	5	5	5	6	6	6	7	7	7	8	8	8	9	9	9	10
대운 여	1 · 10	10	9	9	9	8	8	8	7	7	7	6	6	6	5	5	5	4	4	4	3	3	3	2	2	2	1	1	1	1

己卯月

3월 5일(양) 경칩 13시 23분   3월 20일(양) 춘분 14시 06분

유(酉)월장 · 청명 · 04.04 ~ 05.04(양)

양력	04.04	5	6	7	8	9	10	11	12	13	14	15	16	17	18	19	20	21	22	23	24	25	26	27	28	29	30	5.1	2	3	4
음력	02.17	18	19	20	21	22	23	24	25	26	27	28	29	3.1	2	3	4	5	6	7	8	9	10	11	12	13	14	15	16	17	18
일주	戊子	己丑	庚寅	辛卯	壬辰	癸巳	甲午	乙未	丙申	丁酉	戊戌	己亥	庚子	辛丑	壬寅	癸卯	甲辰	乙巳	丙午	丁未	戊申	己酉	庚戌	辛亥	壬子	癸丑	甲寅	乙卯	丙辰	丁巳	戊午
대운 남	10 · 1	1	1	1	1	2	2	2	3	3	3	4	4	4	5	5	5	6	6	6	7	7	7	8	8	8	9	9	9	10	10
대운 여	1 · 10	10	10	9	9	9	8	8	8	7	7	7	6	6	6	5	5	5	4	4	4	3	3	3	2	2	2	1	1	1	1

庚辰月

4월 4일(양) 청명 17시 56분   4월 20일(양) 곡우 00시 51분

신(申)월장 · 입하 · 05.05 ~ 06.04(양)

양력	05.05	6	7	8	9	10	11	12	13	14	15	16	17	18	19	20	21	22	23	24	25	26	27	28	29	30	31	6.1	2	3	4
음력	03.19	20	21	22	23	24	25	26	27	28	29	30	4.1	2	3	4	5	6	7	8	9	10	11	12	13	14	15	16	17	18	19
일주	己未	庚申	辛酉	壬戌	癸亥	甲子	乙丑	丙寅	丁卯	戊辰	己巳	庚午	辛未	壬申	癸酉	甲戌	乙亥	丙子	丁丑	戊寅	己卯	庚辰	辛巳	壬午	癸未	甲申	乙酉	丙戌	丁亥	戊子	己丑
대운 남	10 · 1	1	1	1	1	2	2	2	3	3	3	4	4	4	5	5	5	6	6	6	7	7	7	8	8	8	9	9	9	10	10
대운 여	1 · 10	10	10	9	9	9	8	8	8	7	7	7	6	6	6	5	5	5	4	4	4	3	3	3	2	2	2	1	1	1	1

辛巳月

5월 5일(양) 입하 10시 58분   5월 20일(양) 소만 23시 44분

미(未)월장 · 망종 · 06.05 ~ 07.06(양)

양력	06.05	6	7	8	9	10	11	12	13	14	15	16	17	18	19	20	21	22	23	24	25	26	27	28	29	30	7.1	2	3	4	5	6
음력	04.20	21	22	23	24	25	26	27	28	29	5.1	2	3	4	5	6	7	8	9	10	11	12	13	14	15	16	17	18	19	20	21	22
일주	庚寅	辛卯	壬辰	癸巳	甲午	乙未	丙申	丁酉	戊戌	己亥	庚子	辛丑	壬寅	癸卯	甲辰	乙巳	丙午	丁未	戊申	己酉	庚戌	辛亥	壬子	癸丑	甲寅	乙卯	丙辰	丁巳	戊午	己未	庚申	辛酉
대운 남	10 · 1	1	1	1	1	2	2	2	3	3	3	4	4	4	5	5	5	6	6	6	7	7	7	8	8	8	9	9	9	10	10	10
대운 여	1 · 10	10	10	10	9	9	9	8	8	8	7	7	7	6	6	6	5	5	5	4	4	4	3	3	3	2	2	2	1	1	1	1

壬午月

6월 5일(양) 망종 14시 55분   6월 21일(양) 하지 07시 32분

오(午)월장 · 소서 · 07.07 ~ 08.06(양)

양력	07.07	8	9	10	11	12	13	14	15	16	17	18	19	20	21	22	23	24	25	26	27	28	29	30	31	8.1	2	3	4	5	6
음력	05.23	24	25	26	27	28	29	6.1	2	3	4	5	6	7	8	9	10	11	12	13	14	15	16	17	18	19	20	21	22	23	24
일주	壬戌	癸亥	甲子	乙丑	丙寅	丁卯	戊辰	己巳	庚午	辛未	壬申	癸酉	甲戌	乙亥	丙子	丁丑	戊寅	己卯	庚辰	辛巳	壬午	癸未	甲申	乙酉	丙戌	丁亥	戊子	己丑	庚寅	辛卯	壬辰
대운 남	10 · 1	1	1	1	1	2	2	2	3	3	3	4	4	4	5	5	5	6	6	6	7	7	7	8	8	8	9	9	9	10	10
대운 여	1 · 10	10	10	9	9	9	8	8	8	7	7	7	6	6	6	5	5	5	4	4	4	3	3	3	2	2	2	1	1	1	1

癸未月

7월 7일(양) 소서 01시 07분   7월 22일(양) 대서 18시 25분

동경 135도 표준시

사(巳)월장 — 입추 08.07 ~ 09.06(양) — 甲申月

	입절		8	9	10	11	12	13	14	15	16	17	18	19	20	21	22	23	24	25	26	27	28	29	30	31	9.1	2	3	4	5	6
양력	08.07																															
음력	06.25		26	27	28	29	30	7.1	2	3	4	5	6	7	8	9	10	11	12	13	14	15	16	17	18	19	20	21	22	23	24	25
일주	癸巳		甲午	乙未	丙申	丁酉	戊戌	己亥	庚子	辛丑	壬寅	癸卯	甲辰	乙巳	丙午	丁未	戊申	己酉	庚戌	辛亥	壬子	癸丑	甲寅	乙卯	丙辰	丁巳	戊午	己未	庚申	辛酉	壬戌	癸亥
대운 남	10	1	1	1	1	1	2	2	2	3	3	3	4	4	4	5	5	5	6	6	6	7	7	7	8	8	8	9	9	10	10
운 여	1	10	10	10	9	9	9	8	8	8	7	7	7	6	6	6	5	5	5	4	4	4	3	3	3	2	2	2	1	1	1	1

8월 7일(양) 입추 10시 58분 · 8월 23일(양) 처서 01시 38분

진(辰)월장 — 백로 09.07 ~ 10.07(양) — 乙酉月

	입절		8	9	10	11	12	13	14	15	16	17	18	19	20	21	22	23	24	25	26	27	28	29	30	10.1	2	3	4	5	6	7
양력	09.07																															
음력	07.26		27	28	29	8.1	2	3	4	5	6	7	8	9	10	11	12	13	14	15	16	17	18	19	20	21	22	23	24	25	26	27
일주	甲子		乙丑	丙寅	丁卯	戊辰	己巳	庚午	辛未	壬申	癸酉	甲戌	乙亥	丙子	丁丑	戊寅	己卯	庚辰	辛巳	壬午	癸未	甲申	乙酉	丙戌	丁亥	戊子	己丑	庚寅	辛卯	壬辰	癸巳	甲午
대운 남	10	1	1	1	1	1	2	2	2	3	3	3	4	4	4	5	5	5	6	6	6	7	7	7	8	8	8	9	9	9	10	10
운 여	1	10	10	10	9	9	9	8	8	8	7	7	7	6	6	6	5	5	5	4	4	4	3	3	3	2	2	2	1	1	1	1

9월 7일(양) 백로 14시 04분 · 9월 22일(양) 추분 23시 31분

묘(卯)월장 — 한로 10.08 ~ 11.06(양) — 丙戌月

	입절		9	10	11	12	13	14	15	16	17	18	19	20	21	22	23	24	25	26	27	28	29	30	31	11.1	2	3	4	5	6
양력	10.08																														
음력	08.28		29	9.1	2	3	4	5	6	7	8	9	10	11	12	13	14	15	16	17	18	19	20	21	22	23	24	25	26	27	28
일주	乙未		丙申	丁酉	戊戌	己亥	庚子	辛丑	壬寅	癸卯	甲辰	乙巳	丙午	丁未	戊申	己酉	庚戌	辛亥	壬子	癸丑	甲寅	乙卯	丙辰	丁巳	戊午	己未	庚申	辛酉	壬戌	癸亥	甲子
대운 남	10	1	1	1	1	1	2	2	2	3	3	3	4	4	4	5	5	5	6	6	6	7	7	7	8	8	8	9	9	9	10
운 여	1	10	10	9	9	9	8	8	8	7	7	7	6	6	6	5	5	5	4	4	4	3	3	3	2	2	2	1	1	1	1

10월 8일(양) 한로 05시 59분 · 10월 23일(양) 상강 09시 11분

인(寅)월장 — 입동 11.07 ~ 12.06(양) — 丁亥月

	입절		8	9	10	11	12	13	14	15	16	17	18	19	20	21	22	23	24	25	26	27	28	29	30	12.1	2	3	4	5	6
양력	11.07																														
음력	09.29		30	10.1	2	3	4	5	6	7	8	9	10	11	12	13	14	15	16	17	18	19	20	21	22	23	24	25	26	27	28
일주	乙丑		丙寅	丁卯	戊辰	己巳	庚午	辛未	壬申	癸酉	甲戌	乙亥	丙子	丁丑	戊寅	己卯	庚辰	辛巳	壬午	癸未	甲申	乙酉	丙戌	丁亥	戊子	己丑	庚寅	辛卯	壬辰	癸巳	甲午
대운 남	10	1	1	1	1	1	2	2	2	3	3	3	4	4	4	5	5	5	6	6	6	7	7	7	8	8	8	9	9	9	10
운 여	1	10	10	9	9	9	8	8	8	7	7	7	6	6	6	5	5	5	4	4	4	3	3	3	2	2	2	1	1	1	1

11월 7일(양) 입동 09시 28분 · 11월 22일(양) 소설 07시 02분

축(丑)월장 — 대설 12.07 ~ 2046.01.04(양) — 戊子月

	입절		8	9	10	11	12	13	14	15	16	17	18	19	20	21	22	23	24	25	26	27	28	29	30	31	1.1	2	3	4
양력	12.07																													
음력	10.29		11.1	2	3	4	5	6	7	8	9	10	11	12	13	14	15	16	17	18	19	20	21	22	23	24	25	26	27	28
일주	乙未		丙申	丁酉	戊戌	己亥	庚子	辛丑	壬寅	癸卯	甲辰	乙巳	丙午	丁未	戊申	己酉	庚戌	辛亥	壬子	癸丑	甲寅	乙卯	丙辰	丁巳	戊午	己未	庚申	辛酉	壬戌	癸亥
대운 남	10	1	1	1	1	1	2	2	2	3	3	3	4	4	4	5	5	5	6	6	6	7	7	7	8	8	8	9	9	9
운 여	1	10	9	9	9	8	8	8	7	7	7	6	6	6	5	5	5	4	4	4	3	3	3	2	2	2	1	1	1	1

12월 7일(양) 대설 02시 34분 · 12월 21일(양) 동지 20시 34분

자(子)월장 — 소한 01.05 ~ 02.03(양) — 己丑月

	입절		6	7	8	9	10	11	12	13	14	15	16	17	18	19	20	21	22	23	24	25	26	27	28	29	30	31	2.1	2	3
양력	2046.01.05																														
음력	2045.11.29		30	12.1	2	3	4	5	6	7	8	9	10	11	12	13	14	15	16	17	18	19	20	21	22	23	24	25	26	27	28
일주	甲子		乙丑	丙寅	丁卯	戊辰	己巳	庚午	辛未	壬申	癸酉	甲戌	乙亥	丙子	丁丑	戊寅	己卯	庚辰	辛巳	壬午	癸未	甲申	乙酉	丙戌	丁亥	戊子	己丑	庚寅	辛卯	壬辰	癸巳
대운 남	10	1	1	1	1	1	2	2	2	3	3	3	4	4	4	5	5	5	6	6	6	7	7	7	8	8	8	9	9	9	10
운 여	1	10	10	9	9	9	8	8	8	7	7	7	6	6	6	5	5	5	4	4	4	3	3	3	2	2	2	1	1	1	1

1월 5일(양) 소한 13시 54분 · 1월 20일(양) 대한 07시 14분

해(亥)월장 · 입춘 · 02.04 ~ 03.04(양) · 庚寅月

양력	2046.02.04	5	6	7	8	9	10	11	12	13	14	15	16	17	18	19	20	21	22	23	24	25	26	27	28	3.1	2	3	4
음력	2045.12.29	30	1.1	2	3	4	5	6	7	8	9	10	11	12	13	14	15	16	17	18	19	20	21	22	23	24	25	26	27
일주	甲午	乙未	丙申	丁酉	戊戌	己亥	庚子	辛丑	壬寅	癸卯	甲辰	乙巳	丙午	丁未	戊申	己酉	庚戌	辛亥	壬子	癸丑	甲寅	乙卯	丙辰	丁巳	戊午	己未	庚申	辛酉	壬戌
대운 남	10 10	9	9	9	8	8	8	7	7	7	6	6	6	5	5	5	4	4	4	3	3	3	2	2	2	1	1	1	1
대운 여	1 1	1	1	1	1	2	2	2	3	3	3	4	4	4	5	5	5	6	6	6	7	7	7	8	8	8	9	9	9

2월 4일(양) 입춘 01시 30분 　　　　2월 18일(양) 우수 21시 14분

술(戌)월장 · 경칩 · 03.05 ~ 04.03(양) · 辛卯月

양력	03.05	6	7	8	9	10	11	12	13	14	15	16	17	18	19	20	21	22	23	24	25	26	27	28	29	30	31	4.1	2	3
음력	01.28	29	30	2.1	2	3	4	5	6	7	8	9	10	11	12	13	14	15	16	17	18	19	20	21	22	23	24	25	26	27
일주	癸亥	甲子	乙丑	丙寅	丁卯	戊辰	己巳	庚午	辛未	壬申	癸酉	甲戌	乙亥	丙子	丁丑	戊寅	己卯	庚辰	辛巳	壬午	癸未	甲申	乙酉	丙戌	丁亥	戊子	己丑	庚寅	辛卯	壬辰
대운 남	1 10	10	9	9	9	8	8	8	7	7	7	6	6	6	5	5	5	4	4	4	3	3	3	2	2	2	1	1	1	1
대운 여	10 1	1	1	1	1	2	2	2	3	3	3	4	4	4	5	5	5	6	6	6	7	7	7	8	8	8	9	9	9	10

3월 5일(양) 경칩 19시 16분 　　　　3월 20일(양) 춘분 19시 56분

유(酉)월장 · 청명 · 04.04 ~ 05.04(양) · 壬辰月

양력	04.04	5	6	7	8	9	10	11	12	13	14	15	16	17	18	19	20	21	22	23	24	25	26	27	28	29	30	5.1	2	3	4
음력	02.28	29	3.1	2	3	4	5	6	7	8	9	10	11	12	13	14	15	16	17	18	19	20	21	22	23	24	25	26	27	28	29
일주	癸巳	甲午	乙未	丙申	丁酉	戊戌	己亥	庚子	辛丑	壬寅	癸卯	甲辰	乙巳	丙午	丁未	戊申	己酉	庚戌	辛亥	壬子	癸丑	甲寅	乙卯	丙辰	丁巳	戊午	己未	庚申	辛酉	壬戌	癸亥
대운 남	1 10	10	10	9	9	9	8	8	8	7	7	7	6	6	6	5	5	5	4	4	4	3	3	3	2	2	2	1	1	1	1
대운 여	10 1	1	1	1	1	2	2	2	3	3	3	4	4	4	5	5	5	6	6	6	7	7	7	8	8	8	9	9	9	10	10

4월 4일(양) 청명 23시 43분 　　　　4월 20일(양) 곡우 06시 37분

신(申)월장 · 입하 · 05.05 ~ 06.04(양) · 癸巳月

양력	05.05	6	7	8	9	10	11	12	13	14	15	16	17	18	19	20	21	22	23	24	25	26	27	28	29	30	31	6.1	2	3	4
음력	03.30	4.1	2	3	4	5	6	7	8	9	10	11	12	13	14	15	16	17	18	19	20	21	22	23	24	25	26	27	28	29	30
일주	甲子	乙丑	丙寅	丁卯	戊辰	己巳	庚午	辛未	壬申	癸酉	甲戌	乙亥	丙子	丁丑	戊寅	己卯	庚辰	辛巳	壬午	癸未	甲申	乙酉	丙戌	丁亥	戊子	己丑	庚寅	辛卯	壬辰	癸巳	甲午
대운 남	1 10	10	10	9	9	9	8	8	8	7	7	7	6	6	6	5	5	5	4	4	4	3	3	3	2	2	2	1	1	1	1
대운 여	10 1	1	1	1	1	2	2	2	3	3	3	4	4	4	5	5	5	6	6	6	7	7	7	8	8	8	9	9	9	10	10

5월 5일(양) 입하 16시 39분 　　　　5월 21일(양) 소만 05시 27분

미(未)월장 · 망종 · 06.05 ~ 07.06(양) · 甲午月

양력	06.05	6	7	8	9	10	11	12	13	14	15	16	17	18	19	20	21	22	23	24	25	26	27	28	29	30	7.1	2	3	4	5	6
음력	05.01	2	3	4	5	6	7	8	9	10	11	12	13	14	15	16	17	18	19	20	21	22	23	24	25	26	27	28	29	6.1	2	3
일주	乙未	丙申	丁酉	戊戌	己亥	庚子	辛丑	壬寅	癸卯	甲辰	乙巳	丙午	丁未	戊申	己酉	庚戌	辛亥	壬子	癸丑	甲寅	乙卯	丙辰	丁巳	戊午	己未	庚申	辛酉	壬戌	癸亥	甲子	乙丑	丙寅
대운 남	1 10	10	10	9	9	9	8	8	8	7	7	7	6	6	6	5	5	5	4	4	4	3	3	3	2	2	2	1	1	1	1	1
대운 여	10 1	1	1	1	1	2	2	2	3	3	3	4	4	4	5	5	5	6	6	6	7	7	7	8	8	8	9	9	9	10	10	10

6월 5일(양) 망종 20시 31분 　　　　6월 21일(양) 하지 13시 13분

오(午)월장 · 소서 · 07.07 ~ 08.06(양) · 乙未月

양력	07.07	8	9	10	11	12	13	14	15	16	17	18	19	20	21	22	23	24	25	26	27	28	29	30	31	8.1	2	3	4	5	6
음력	06.04	5	6	7	8	9	10	11	12	13	14	15	16	17	18	19	20	21	22	23	24	25	26	27	28	29	7.1	2	3	4	5
일주	丁卯	戊辰	己巳	庚午	辛未	壬申	癸酉	甲戌	乙亥	丙子	丁丑	戊寅	己卯	庚辰	辛巳	壬午	癸未	甲申	乙酉	丙戌	丁亥	戊子	己丑	庚寅	辛卯	壬辰	癸巳	甲午	乙未	丙申	丁酉
대운 남	1 10	10	10	9	9	9	8	8	8	7	7	7	6	6	6	5	5	5	4	4	4	3	3	3	2	2	2	1	1	1	1
대운 여	10 1	1	1	1	1	2	2	2	3	3	3	4	4	4	5	5	5	6	6	6	7	7	7	8	8	8	9	9	9	10	10

7월 7일(양) 소서 06시 39분 　　　　7월 23일(양) 대서 00시 07분

丙寅年

사(巳)월장 입추 08.07 ~ 09.06(양)

丙申月

양력	08.07		8	9	10	11	12	13	14	15	16	17	18	19	20	21	22	23	24	25	26	27	28	29	30	31	9.1	2	3	4	5	6
음력	07.06		7	8	9	10	11	12	13	14	15	16	17	18	19	20	21	22	23	24	25	26	27	28	29	30	8.1	2	3	4	5	6
일주	戊戌		己亥	庚子	辛丑	壬寅	癸卯	甲辰	乙巳	丙午	丁未	戊申	己酉	庚戌	辛亥	壬子	癸丑	甲寅	乙卯	丙辰	丁巳	戊午	己未	庚申	辛酉	壬戌	癸亥	甲子	乙丑	丙寅	丁卯	戊辰
대운 남	1	10	10	10	9	9	9	8	8	8	7	7	7	6	6	6	5	5	5	4	4	4	3	3	3	2	2	2	1	1	1	1
대운 여	10	1	1	1	1	1	2	2	2	3	3	3	4	4	4	5	5	5	6	6	6	7	7	7	8	8	8	9	9	9	10	10

8월 7일(양) 입추 16시 32분 / 8월 23일(양) 처서 07시 23분

진(辰)월장 백로 09.07 ~ 10.07(양)

丁酉月

양력	09.07		8	9	10	11	12	13	14	15	16	17	18	19	20	21	22	23	24	25	26	27	28	29	30	10.1	2	3	4	5	6	7
음력	08.07		8	9	10	11	12	13	14	15	16	17	18	19	20	21	22	23	24	25	26	27	28	29	9.1	2	3	4	5	6	7	8
일주	己巳		庚午	辛未	壬申	癸酉	甲戌	乙亥	丙子	丁丑	戊寅	己卯	庚辰	辛巳	壬午	癸未	甲申	乙酉	丙戌	丁亥	戊子	己丑	庚寅	辛卯	壬辰	癸巳	甲午	乙未	丙申	丁酉	戊戌	己亥
대운 남	1	10	10	10	9	9	9	8	8	8	7	7	7	6	6	6	5	5	5	4	4	4	3	3	3	2	2	2	1	1	1	1
대운 여	10	1	1	1	1	1	2	2	2	3	3	3	4	4	4	5	5	5	6	6	6	7	7	7	8	8	8	9	9	9	10	10

9월 7일(양) 백로 19시 42분 / 9월 23일(양) 추분 05시 20분

묘(卯)월장 한로 10.08 ~ 11.06(양)

戊戌月

양력	10.08		9	10	11	12	13	14	15	16	17	18	19	20	21	22	23	24	25	26	27	28	29	30	31	11.1	2	3	4	5	6
음력	09.09		10	11	12	13	14	15	16	17	18	19	20	21	22	23	24	25	26	27	28	29	10.1	2	3	4	5	6	7	8	9
일주	庚子		辛丑	壬寅	癸卯	甲辰	乙巳	丙午	丁未	戊申	己酉	庚戌	辛亥	壬子	癸丑	甲寅	乙卯	丙辰	丁巳	戊午	己未	庚申	辛酉	壬戌	癸亥	甲子	乙丑	丙寅	丁卯	戊辰	己巳
대운 남	1	10	10	9	9	9	8	8	8	7	7	7	6	6	6	5	5	5	4	4	4	3	3	3	2	2	2	1	1	1	1
대운 여	10	1	1	1	1	1	2	2	2	3	3	3	4	4	4	5	5	5	6	6	6	7	7	7	8	8	8	9	9	9	10

10월 8일(양) 한로 11시 41분 / 10월 23일(양) 상강 15시 02분

인(寅)월장 입동 11.07 ~ 12.06(양)

己亥月

양력	11.07		8	9	10	11	12	13	14	15	16	17	18	19	20	21	22	23	24	25	26	27	28	29	30	12.1	2	3	4	5	6
음력	10.10		11	12	13	14	15	16	17	18	19	20	21	22	23	24	25	26	27	28	29	30	11.1	2	3	4	5	6	7	8	9
일주	庚午		辛未	壬申	癸酉	甲戌	乙亥	丙子	丁丑	戊寅	己卯	庚辰	辛巳	壬午	癸未	甲申	乙酉	丙戌	丁亥	戊子	己丑	庚寅	辛卯	壬辰	癸巳	甲午	乙未	丙申	丁酉	戊戌	己亥
대운 남	1	10	10	9	9	9	8	8	8	7	7	7	6	6	6	5	5	5	4	4	4	3	3	3	2	2	2	1	1	1	1
대운 여	10	1	1	1	1	1	2	2	2	3	3	3	4	4	4	5	5	5	6	6	6	7	7	7	8	8	8	9	9	9	10

11월 7일(양) 입동 15시 13분 / 11월 22일(양) 소설 12시 55분

축(丑)월장 대설 12.07 ~ 2047.01.04(양)

庚子月

양력	12.07		8	9	10	11	12	13	14	15	16	17	18	19	20	21	22	23	24	25	26	27	28	29	30	31	1.1	2	3	4
음력	11.10		11	12	13	14	15	16	17	18	19	20	21	22	23	24	25	26	27	28	29	12.1	2	3	4	5	6	7	8	9
일주	庚子		辛丑	壬寅	癸卯	甲辰	乙巳	丙午	丁未	戊申	己酉	庚戌	辛亥	壬子	癸丑	甲寅	乙卯	丙辰	丁巳	戊午	己未	庚申	辛酉	壬戌	癸亥	甲子	乙丑	丙寅	丁卯	戊辰
대운 남	1	10	9	9	9	8	8	8	7	7	7	6	6	6	5	5	5	4	4	4	3	3	3	2	2	2	1	1	1	1
대운 여	10	1	1	1	1	1	2	2	2	3	3	3	4	4	4	5	5	5	6	6	6	7	7	7	8	8	8	9	9	9

12월 7일(양) 대설 08시 20분 / 12월 22일(양) 동지 02시 27분

자(子)월장 소한 01.05 ~ 02.03(양)

辛丑月

양력	2047.01.05		6	7	8	9	10	11	12	13	14	15	16	17	18	19	20	21	22	23	24	25	26	27	28	29	30	31	2.1	2	3
음력	2046.12.10		11	12	13	14	15	16	17	18	19	20	21	22	23	24	25	26	27	28	29	30	1.1	2	3	4	5	6	7	8	9
일주	己巳		庚午	辛未	壬申	癸酉	甲戌	乙亥	丙子	丁丑	戊寅	己卯	庚辰	辛巳	壬午	癸未	甲申	乙酉	丙戌	丁亥	戊子	己丑	庚寅	辛卯	壬辰	癸巳	甲午	乙未	丙申	丁酉	戊戌
대운 남	1	10	10	9	9	9	8	8	8	7	7	7	6	6	6	5	5	5	4	4	4	3	3	3	2	2	2	1	1	1	1
대운 여	10	1	1	1	1	1	2	2	2	3	3	3	4	4	4	5	5	5	6	6	6	7	7	7	8	8	8	9	9	9	10

1월 5일(양) 소한 19시 41분 / 1월 20일(양) 대한 13시 08분

2047 윤5월

해(亥)월장 · 壬寅月 — 입춘 · 02.04 ~ 03.05(양)

양력	2047.02.04		5	6	7	8	9	10	11	12	13	14	15	16	17	18	19	20	21	22	23	24	25	26	27	28	3.1	2	3	4	5
음력	2047.01.10		11	12	13	14	15	16	17	18	19	20	21	22	23	24	25	26	27	28	29	30	2.1	2	3	4	5	6	7	8	9
일주	己亥		庚子	辛丑	壬寅	癸卯	甲辰	乙巳	丙午	丁未	戊申	己酉	庚戌	辛亥	壬子	癸丑	甲寅	乙卯	丙辰	丁巳	戊午	己未	庚申	辛酉	壬戌	癸亥	甲子	乙丑	丙寅	丁卯	戊辰
대운 남	1	1	1	1	1	1	2	2	2	3	3	3	4	4	4	5	5	5	6	6	6	7	7	7	8	8	8	9	9	9	10
대운 여	10	10	10	9	9	9	8	8	8	7	7	7	6	6	6	5	5	5	4	4	4	3	3	3	2	2	2	1	1	1	1

2월 4일(양) 입춘 07시 16분 · 2월 19일(양) 우수 03시 09분

술(戌)월장 · 癸卯月 — 경칩 · 03.06 ~ 04.04(양)

양력	03.06		7	8	9	10	11	12	13	14	15	16	17	18	19	20	21	22	23	24	25	26	27	28	29	30	31	4.1	2	3	4
음력	02.10		11	12	13	14	15	16	17	18	19	20	21	22	23	24	25	26	27	28	29	3.1	2	3	4	5	6	7	8	9	10
일주	己巳		庚午	辛未	壬申	癸酉	甲戌	乙亥	丙子	丁丑	戊寅	己卯	庚辰	辛巳	壬午	癸未	甲申	乙酉	丙戌	丁亥	戊子	己丑	庚寅	辛卯	壬辰	癸巳	甲午	乙未	丙申	丁酉	戊戌
대운 남	10	1	1	1	1	1	2	2	2	3	3	3	4	4	4	5	5	5	6	6	6	7	7	7	8	8	8	9	9	9	10
대운 여	1	10	10	9	9	9	8	8	8	7	7	7	6	6	6	5	5	5	4	4	4	3	3	3	2	2	2	1	1	1	1

3월 6일(양) 경칩 01시 04분 · 3월 21일(양) 춘분 01시 51분

유(酉)월장 · 甲辰月 — 청명 · 04.05 ~ 05.04(양)

양력	04.05		6	7	8	9	10	11	12	13	14	15	16	17	18	19	20	21	22	23	24	25	26	27	28	29	30	5.1	2	3	4
음력	03.11		12	13	14	15	16	17	18	19	20	21	22	23	24	25	26	27	28	29	30	4.1	2	3	4	5	6	7	8	9	10
일주	己亥		庚子	辛丑	壬寅	癸卯	甲辰	乙巳	丙午	丁未	戊申	己酉	庚戌	辛亥	壬子	癸丑	甲寅	乙卯	丙辰	丁巳	戊午	己未	庚申	辛酉	壬戌	癸亥	甲子	乙丑	丙寅	丁卯	戊辰
대운 남	10	1	1	1	1	1	2	2	2	3	3	3	4	4	4	5	5	5	6	6	6	7	7	7	8	8	8	9	9	9	10
대운 여	1	10	10	9	9	9	8	8	8	7	7	7	6	6	6	5	5	5	4	4	4	3	3	3	2	2	2	1	1	1	1

4월 5일(양) 청명 05시 31분 · 4월 20일(양) 곡우 12시 31분

신(申)월장 · 乙巳月 — 입하 · 05.05 ~ 06.05(양)

양력	05.05		6	7	8	9	10	11	12	13	14	15	16	17	18	19	20	21	22	23	24	25	26	27	28	29	30	31	6.1	2	3	4	5
음력	04.11		12	13	14	15	16	17	18	19	20	21	22	23	24	25	26	27	28	29	30	5.1	2	3	4	5	6	7	8	9	10	11	12
일주	己巳		庚午	辛未	壬申	癸酉	甲戌	乙亥	丙子	丁丑	戊寅	己卯	庚辰	辛巳	壬午	癸未	甲申	乙酉	丙戌	丁亥	戊子	己丑	庚寅	辛卯	壬辰	癸巳	甲午	乙未	丙申	丁酉	戊戌	己亥	庚子
대운 남	10	1	1	1	1	1	2	2	2	3	3	3	4	4	4	5	5	5	6	6	6	7	7	7	8	8	8	9	9	9	10	10	10
대운 여	1	10	10	10	10	9	9	9	8	8	8	7	7	7	6	6	6	5	5	5	4	4	4	3	3	3	2	2	2	1	1	1	1

5월 5일(양) 입하 22시 27분 · 5월 21일(양) 소만 11시 18분

미(未)월장 · 丙午月 — 망종 · 06.06 ~ 07.06(양)

양력	06.06		7	8	9	10	11	12	13	14	15	16	17	18	19	20	21	22	23	24	25	26	27	28	29	30	7.1	2	3	4	5	6
음력	05.13		14	15	16	17	18	19	20	21	22	23	24	25	26	27	28	29	윤5.1	2	3	4	5	6	7	8	9	10	11	12	13	14
일주	辛丑		壬寅	癸卯	甲辰	乙巳	丙午	丁未	戊申	己酉	庚戌	辛亥	壬子	癸丑	甲寅	乙卯	丙辰	丁巳	戊午	己未	庚申	辛酉	壬戌	癸亥	甲子	乙丑	丙寅	丁卯	戊辰	己巳	庚午	辛未
대운 남	10	1	1	1	1	2	2	2	3	3	3	4	4	4	5	5	5	6	6	6	7	7	7	8	8	8	9	9	9	10	10	10
대운 여	1	10	10	10	10	9	9	9	8	8	8	7	7	7	6	6	6	5	5	5	4	4	4	3	3	3	2	2	2	1	1	1

6월 6일(양) 망종 02시 19분 · 6월 21일(양) 하지 19시 02분

오(午)월장 · 丁未月 — 소서 · 07.07 ~ 08.06(양)

양력	07.07		8	9	10	11	12	13	14	15	16	17	18	19	20	21	22	23	24	25	26	27	28	29	30	31	8.1	2	3	4	5	6
음력	05.15		16	17	18	19	20	21	22	23	24	25	26	27	28	29	30	6.1	2	3	4	5	6	7	8	9	10	11	12	13	14	15
일주	壬申		癸酉	甲戌	乙亥	丙子	丁丑	戊寅	己卯	庚辰	辛巳	壬午	癸未	甲申	乙酉	丙戌	丁亥	戊子	己丑	庚寅	辛卯	壬辰	癸巳	甲午	乙未	丙申	丁酉	戊戌	己亥	庚子	辛丑	壬寅
대운 남	10	1	1	1	1	2	2	2	3	3	3	4	4	4	5	5	5	6	6	6	7	7	7	8	8	8	9	9	9	10	10	10
대운 여	1	10	10	10	10	9	9	9	8	8	8	7	7	7	6	6	6	5	5	5	4	4	4	3	3	3	2	2	2	1	1	1

7월 7일(양) 소서 12시 29분 · 7월 23일(양) 대서 05시 54분

입추 — 사(巳)월장 — 戊申月 — 08.07 ~ 09.07(양)

양력	08.07		8	9	10	11	12	13	14	15	16	17	18	19	20	21	22	23	24	25	26	27	28	29	30	31	9.1	2	3	4	5	6	7
음력	06.16		17	18	19	20	21	22	23	24	25	26	27	28	29	7.1	2	3	4	5	6	7	8	9	10	11	12	13	14	15	16	17	18
일주	癸卯		甲辰	乙巳	丙午	丁未	戊申	己酉	庚戌	辛亥	壬子	癸丑	甲寅	乙卯	丙辰	丁巳	戊午	己未	庚申	辛酉	壬戌	癸亥	甲子	乙丑	丙寅	丁卯	戊辰	己巳	庚午	辛未	壬申	癸酉	甲戌
대운 남	10	1	1	1	1	1	2	2	2	3	3	3	4	4	4	5	5	5	6	6	6	7	7	7	8	8	8	9	9	9	10	10	10
대운 여	1	10	10	10	10	9	9	9	8	8	8	7	7	7	6	6	6	5	5	5	4	4	4	3	3	3	2	2	2	1	1	1	1

8월 7일(양) 입추 22시 24분 · 8월 23일(양) 처서 13시 09분

백로 — 진(辰)월장 — 己酉月 — 09.08 ~ 10.07(양)

양력	09.08		9	10	11	12	13	14	15	16	17	18	19	20	21	22	23	24	25	26	27	28	29	30	10.1	2	3	4	5	6	7
음력	07.19		20	21	22	23	24	25	26	27	28	29	30	8.1	2	3	4	5	6	7	8	9	10	11	12	13	14	15	16	17	18
일주	乙亥		丙子	丁丑	戊寅	己卯	庚辰	辛巳	壬午	癸未	甲申	乙酉	丙戌	丁亥	戊子	己丑	庚寅	辛卯	壬辰	癸巳	甲午	乙未	丙申	丁酉	戊戌	己亥	庚子	辛丑	壬寅	癸卯	甲辰
대운 남	10	1	1	1	1	1	2	2	2	3	3	3	4	4	4	5	5	5	6	6	6	7	7	7	8	8	8	9	9	9	10
대운 여	1	10	10	9	9	9	8	8	8	7	7	7	6	6	6	5	5	5	4	4	4	3	3	3	2	2	2	1	1	1	1

9월 8일(양) 백로 01시 37분 · 9월 23일(양) 추분 11시 07분

한로 — 묘(卯)월장 — 庚戌月 — 10.08 ~ 11.06(양)

양력	10.08		9	10	11	12	13	14	15	16	17	18	19	20	21	22	23	24	25	26	27	28	29	30	31	11.1	2	3	4	5	6
음력	08.19		20	21	22	23	24	25	26	27	28	29	9.1	2	3	4	5	6	7	8	9	10	11	12	13	14	15	16	17	18	19
일주	乙巳		丙午	丁未	戊申	己酉	庚戌	辛亥	壬子	癸丑	甲寅	乙卯	丙辰	丁巳	戊午	己未	庚申	辛酉	壬戌	癸亥	甲子	乙丑	丙寅	丁卯	戊辰	己巳	庚午	辛未	壬申	癸酉	甲戌
대운 남	10	1	1	1	1	1	2	2	2	3	3	3	4	4	4	5	5	5	6	6	6	7	7	7	8	8	8	9	9	9	10
대운 여	1	10	10	9	9	9	8	8	8	7	7	7	6	6	6	5	5	5	4	4	4	3	3	3	2	2	2	1	1	1	1

10월 8일(양) 한로 17시 36분 · 10월 23일(양) 상강 20시 47분

입동 — 인(寅)월장 — 辛亥月 — 11.07 ~ 12.06(양)

양력	11.07		8	9	10	11	12	13	14	15	16	17	18	19	20	21	22	23	24	25	26	27	28	29	30	12.1	2	3	4	5	6
음력	09.20		21	22	23	24	25	26	27	28	29	10.1	2	3	4	5	6	7	8	9	10	11	12	13	14	15	16	17	18	19	20
일주	乙亥		丙子	丁丑	戊寅	己卯	庚辰	辛巳	壬午	癸未	甲申	乙酉	丙戌	丁亥	戊子	己丑	庚寅	辛卯	壬辰	癸巳	甲午	乙未	丙申	丁酉	戊戌	己亥	庚子	辛丑	壬寅	癸卯	甲辰
대운 남	10	1	1	1	1	1	2	2	2	3	3	3	4	4	4	5	5	5	6	6	6	7	7	7	8	8	8	9	9	9	10
대운 여	1	10	10	9	9	9	8	8	8	7	7	7	6	6	6	5	5	5	4	4	4	3	3	3	2	2	2	1	1	1	1

11월 7일(양) 입동 21시 06분 · 11월 22일(양) 소설 18시 37분

대설 — 축(丑)월장 — 壬子月 — 12.07 ~ 2048.01.05(양)

양력	12.07		8	9	10	11	12	13	14	15	16	17	18	19	20	21	22	23	24	25	26	27	28	29	30	31	1.1	2	3	4	5
음력	10.21		22	23	24	25	26	27	28	29	30	11.1	2	3	4	5	6	7	8	9	10	11	12	13	14	15	16	17	18	19	20
일주	乙巳		丙午	丁未	戊申	己酉	庚戌	辛亥	壬子	癸丑	甲寅	乙卯	丙辰	丁巳	戊午	己未	庚申	辛酉	壬戌	癸亥	甲子	乙丑	丙寅	丁卯	戊辰	己巳	庚午	辛未	壬申	癸酉	甲戌
대운 남	10	1	1	1	1	1	2	2	2	3	3	3	4	4	4	5	5	5	6	6	6	7	7	7	8	8	8	9	9	9	10
대운 여	1	10	10	9	9	9	8	8	8	7	7	7	6	6	6	5	5	5	4	4	4	3	3	3	2	2	2	1	1	1	1

12월 7일(양) 대설 14시 09분 · 12월 22일(양) 동지 08시 06분

소한 — 자(子)월장 — 癸丑月 — 01.06 ~ 02.03(양)

양력	2048.01.06		7	8	9	10	11	12	13	14	15	16	17	18	19	20	21	22	23	24	25	26	27	28	29	30	31	2.1	2	3
음력	2047.11.21		22	23	24	25	26	27	28	29	12.1	2	3	4	5	6	7	8	9	10	11	12	13	14	15	16	17	18	19	20
일주	乙亥		丙子	丁丑	戊寅	己卯	庚辰	辛巳	壬午	癸未	甲申	乙酉	丙戌	丁亥	戊子	己丑	庚寅	辛卯	壬辰	癸巳	甲午	乙未	丙申	丁酉	戊戌	己亥	庚子	辛丑	壬寅	癸卯
대운 남	10	1	1	1	1	1	2	2	2	3	3	3	4	4	4	5	5	5	6	6	6	7	7	7	8	8	8	9	9	9
대운 여	1	10	10	9	9	9	8	8	8	7	7	7	6	6	6	5	5	5	4	4	4	3	3	3	2	2	2	1	1	1

1월 6일(양) 소한 01시 28분 · 1월 20일(양) 대한 18시 46분

2048

해(亥)월장 — 입춘 — 02.04 ~ 03.04(양) — 甲寅月

	절기		5	6	7	8	9	10	11	12	13	14	15	16	17	18	19	20	21	22	23	24	25	26	27	28	29	3.1	2	3	4
양력	2048.02.04		5	6	7	8	9	10	11	12	13	14	15	16	17	18	19	20	21	22	23	24	25	26	27	28	29	3.1	2	3	4
음력	2047.12.21		22	23	24	25	26	27	28	29	30	1.1	2	3	4	5	6	7	8	9	10	11	12	13	14	15	16	17	18	19	20
일주	甲辰		乙巳	丙午	丁未	戊申	己酉	庚戌	辛亥	壬子	癸丑	甲寅	乙卯	丙辰	丁巳	戊午	己未	庚申	辛酉	壬戌	癸亥	甲子	乙丑	丙寅	丁卯	戊辰	己巳	庚午	辛未	壬申	癸酉
대운 남	10	10	10	9	9	9	8	8	8	7	7	7	6	6	6	5	5	5	4	4	4	3	3	3	2	2	2	1	1	1	1
대운 여	1	1	1	1	1	2	2	2	3	3	3	4	4	4	5	5	5	6	6	6	7	7	7	8	8	8	9	9	9	10	

2월 4일(양) 입춘 13시 03분　　2월 19일(양) 우수 08시 47분

술(戌)월장 — 경칩 — 03.05 ~ 04.03(양) — 乙卯月

	절기		6	7	8	9	10	11	12	13	14	15	16	17	18	19	20	21	22	23	24	25	26	27	28	29	30	31	4.1	2	3
양력	03.05		6	7	8	9	10	11	12	13	14	15	16	17	18	19	20	21	22	23	24	25	26	27	28	29	30	31	4.1	2	3
음력	01.21		22	23	24	25	26	27	28	29	2.1	2	3	4	5	6	7	8	9	10	11	12	13	14	15	16	17	18	19	20	21
일주	甲戌		乙亥	丙子	丁丑	戊寅	己卯	庚辰	辛巳	壬午	癸未	甲申	乙酉	丙戌	丁亥	戊子	己丑	庚寅	辛卯	壬辰	癸巳	甲午	乙未	丙申	丁酉	戊戌	己亥	庚子	辛丑	壬寅	癸卯
대운 남	1	10	10	9	9	9	8	8	8	7	7	7	6	6	6	5	5	5	4	4	4	3	3	3	2	2	2	1	1	1	1
대운 여	10	1	1	1	1	1	2	2	2	3	3	3	4	4	4	5	5	5	6	6	6	7	7	7	8	8	8	9	9	9	10

3월 5일(양) 경칩 06시 53분　　3월 20일(양) 춘분 07시 32분

유(酉)월장 — 청명 — 04.04 ~ 05.04(양) — 丙辰月

	절기		5	6	7	8	9	10	11	12	13	14	15	16	17	18	19	20	21	22	23	24	25	26	27	28	29	30	5.1	2	3	4
양력	04.04		5	6	7	8	9	10	11	12	13	14	15	16	17	18	19	20	21	22	23	24	25	26	27	28	29	30	5.1	2	3	4
음력	02.22		23	24	25	26	27	28	29	30	3.1	2	3	4	5	6	7	8	9	10	11	12	13	14	15	16	17	18	19	20	21	22
일주	甲辰		乙巳	丙午	丁未	戊申	己酉	庚戌	辛亥	壬子	癸丑	甲寅	乙卯	丙辰	丁巳	戊午	己未	庚申	辛酉	壬戌	癸亥	甲子	乙丑	丙寅	丁卯	戊辰	己巳	庚午	辛未	壬申	癸酉	甲戌
대운 남	1	10	10	10	9	9	9	8	8	8	7	7	7	6	6	6	5	5	5	4	4	4	3	3	3	2	2	2	1	1	1	1
대운 여	10	1	1	1	1	1	2	2	2	3	3	3	4	4	4	5	5	5	6	6	6	7	7	7	8	8	8	9	9	9	10	10

4월 4일(양) 청명 11시 24분　　4월 19일(양) 곡우 18시 16분

신(申)월장 — 입하 — 05.05 ~ 06.04(양) — 丁巳月

	절기		6	7	8	9	10	11	12	13	14	15	16	17	18	19	20	21	22	23	24	25	26	27	28	29	30	31	6.1	2	3	4
양력	05.05		6	7	8	9	10	11	12	13	14	15	16	17	18	19	20	21	22	23	24	25	26	27	28	29	30	31	6.1	2	3	4
음력	03.23		24	25	26	27	28	29	30	4.1	2	3	4	5	6	7	8	9	10	11	12	13	14	15	16	17	18	19	20	21	22	23
일주	乙亥		丙子	丁丑	戊寅	己卯	庚辰	辛巳	壬午	癸未	甲申	乙酉	丙戌	丁亥	戊子	己丑	庚寅	辛卯	壬辰	癸巳	甲午	乙未	丙申	丁酉	戊戌	己亥	庚子	辛丑	壬寅	癸卯	甲辰	乙巳
대운 남	1	10	10	10	9	9	9	8	8	8	7	7	7	6	6	6	5	5	5	4	4	4	3	3	3	2	2	2	1	1	1	1
대운 여	10	1	1	1	1	1	2	2	2	3	3	3	4	4	4	5	5	5	6	6	6	7	7	7	8	8	8	9	9	9	10	10

5월 5일(양) 입하 04시 23분　　5월 20일(양) 소만 17시 06분

미(未)월장 — 망종 — 06.05 ~ 07.05(양) — 戊午月

	절기		6	7	8	9	10	11	12	13	14	15	16	17	18	19	20	21	22	23	24	25	26	27	28	29	30	7.1	2	3	4	5
양력	06.05		6	7	8	9	10	11	12	13	14	15	16	17	18	19	20	21	22	23	24	25	26	27	28	29	30	7.1	2	3	4	5
음력	04.24		25	26	27	28	29	5.1	2	3	4	5	6	7	8	9	10	11	12	13	14	15	16	17	18	19	20	21	22	23	24	25
일주	丙午		丁未	戊申	己酉	庚戌	辛亥	壬子	癸丑	甲寅	乙卯	丙辰	丁巳	戊午	己未	庚申	辛酉	壬戌	癸亥	甲子	乙丑	丙寅	丁卯	戊辰	己巳	庚午	辛未	壬申	癸酉	甲戌	乙亥	丙子
대운 남	1	10	10	10	9	9	9	8	8	8	7	7	7	6	6	6	5	5	5	4	4	4	3	3	3	2	2	2	1	1	1	1
대운 여	10	1	1	1	1	1	2	2	2	3	3	3	4	4	4	5	5	5	6	6	6	7	7	7	8	8	8	9	9	9	10	10

6월 5일(양) 망종 08시 17분　　6월 21일(양) 하지 00시 52분

오(午)월장 — 소서 — 07.06 ~ 08.06(양) — 己未月

	절기		7	8	9	10	11	12	13	14	15	16	17	18	19	20	21	22	23	24	25	26	27	28	29	30	31	8.1	2	3	4	5	6
양력	07.06		7	8	9	10	11	12	13	14	15	16	17	18	19	20	21	22	23	24	25	26	27	28	29	30	31	8.1	2	3	4	5	6
음력	05.26		27	28	29	30	6.1	2	3	4	5	6	7	8	9	10	11	12	13	14	15	16	17	18	19	20	21	22	23	24	25	26	27
일주	丁丑		戊寅	己卯	庚辰	辛巳	壬午	癸未	甲申	乙酉	丙戌	丁亥	戊子	己丑	庚寅	辛卯	壬辰	癸巳	甲午	乙未	丙申	丁酉	戊戌	己亥	庚子	辛丑	壬寅	癸卯	甲辰	乙巳	丙午	丁未	戊申
대운 남	1	10	10	10	10	9	9	9	8	8	8	7	7	7	6	6	6	5	5	5	4	4	4	3	3	3	2	2	2	1	1	1	1
대운 여	10	1	1	1	1	1	2	2	2	3	3	3	4	4	4	5	5	5	6	6	6	7	7	7	8	8	8	9	9	9	10	10	10

7월 6일(양) 소서 18시 25분　　7월 22일(양) 대서 11시 45분

새(巳)월장 · 입추 — 08.07 ~ 09.06(양)

庚申月	구분	절입	8	9	10	11	12	13	14	15	16	17	18	19	20	21	22	23	24	25	26	27	28	29	30	31	9.1	2	3	4	5	6
	양력	08.07																														
	음력	06.28	29	30	7.1	2	3	4	5	6	7	8	9	10	11	12	13	14	15	16	17	18	19	20	21	22	23	24	25	26	27	28
	일주	己酉	庚戌	辛亥	壬子	癸丑	甲寅	乙卯	丙辰	丁巳	戊午	己未	庚申	辛酉	壬戌	癸亥	甲子	乙丑	丙寅	丁卯	戊辰	己巳	庚午	辛未	壬申	癸酉	甲戌	乙亥	丙子	丁丑	戊寅	己卯
	대운 남	1 / 10	10	10	10	9	9	9	8	8	8	7	7	7	6	6	6	5	5	5	4	4	4	3	3	3	2	2	1	1	1	1
	대운 여	10 / 1	1	1	1	2	2	2	3	3	3	4	4	4	5	5	5	6	6	6	7	7	7	8	8	8	9	9	10	10	10	10

8월 7일(양) 입추 04시 17분   8월 22일(양) 처서 19시 01분

진(辰)월장 · 백로 — 09.07 ~ 10.06(양)

辛酉月	구분	절입	8	9	10	11	12	13	14	15	16	17	18	19	20	21	22	23	24	25	26	27	28	29	30	10.1	2	3	4	5	6
	양력	09.07																													
	음력	07.29	8.1	2	3	4	5	6	7	8	9	10	11	12	13	14	15	16	17	18	19	20	21	22	23	24	25	26	27	28	29
	일주	庚辰	辛巳	壬午	癸未	甲申	乙酉	丙戌	丁亥	戊子	己丑	庚寅	辛卯	壬辰	癸巳	甲午	乙未	丙申	丁酉	戊戌	己亥	庚子	辛丑	壬寅	癸卯	甲辰	乙巳	丙午	丁未	戊申	己酉
	대운 남	1 / 10	10	9	9	9	8	8	8	7	7	7	6	6	6	5	5	5	4	4	4	3	3	3	2	2	2	1	1	1	1
	대운 여	10 / 1	1	2	2	2	3	3	3	4	4	4	5	5	5	6	6	6	7	7	7	8	8	8	9	9	9	10	10	10	10

9월 7일(양) 백로 07시 26분   9월 22일(양) 추분 16시 59분

묘(卯)월장 · 한로 — 10.07 ~ 11.06(양)

壬戌月	구분	절입	8	9	10	11	12	13	14	15	16	17	18	19	20	21	22	23	24	25	26	27	28	29	30	31	11.1	2	3	4	5	6
	양력	10.07																														
	음력	08.30	9.1	2	3	4	5	6	7	8	9	10	11	12	13	14	15	16	17	18	19	20	21	22	23	24	25	26	27	28	29	10.1
	일주	庚戌	辛亥	壬子	癸丑	甲寅	乙卯	丙辰	丁巳	戊午	己未	庚申	辛酉	壬戌	癸亥	甲子	乙丑	丙寅	丁卯	戊辰	己巳	庚午	辛未	壬申	癸酉	甲戌	乙亥	丙子	丁丑	戊寅	己卯	庚辰
	대운 남	1 / 10	10	10	9	9	9	8	8	8	7	7	7	6	6	6	5	5	5	4	4	4	3	3	3	2	2	2	1	1	1	1
	대운 여	10 / 1	1	1	2	2	2	3	3	3	4	4	4	5	5	5	6	6	6	7	7	7	8	8	8	9	9	9	10	10	10	10

10월 7일(양) 한로 23시 25분   10월 23일(양) 상강 02시 41분

인(寅)월장 · 입동 — 11.07 ~ 12.05(양)

癸亥月	구분	절입	8	9	10	11	12	13	14	15	16	17	18	19	20	21	22	23	24	25	26	27	28	29	30	12.1	2	3	4	5
	양력	11.07																												
	음력	10.02	3	4	5	6	7	8	9	10	11	12	13	14	15	16	17	18	19	20	21	22	23	24	25	26	27	28	29	30
	일주	辛巳	壬午	癸未	甲申	乙酉	丙戌	丁亥	戊子	己丑	庚寅	辛卯	壬辰	癸巳	甲午	乙未	丙申	丁酉	戊戌	己亥	庚子	辛丑	壬寅	癸卯	甲辰	乙巳	丙午	丁未	戊申	己酉
	대운 남	1 / 10	9	9	9	8	8	8	7	7	7	6	6	6	5	5	5	4	4	4	3	3	3	2	2	2	1	1	1	1
	대운 여	10 / 1	1	1	1	2	2	2	3	3	3	4	4	4	5	5	5	6	6	6	7	7	7	8	8	8	9	9	9	9

11월 7일(양) 입동 02시 55분   11월 22일(양) 소설 00시 32분

축(丑)월장 · 대설 — 12.06 ~ 2049.01.04(양)

甲子月	구분	절입	7	8	9	10	11	12	13	14	15	16	17	18	19	20	21	22	23	24	25	26	27	28	29	30	31	1.1	2	3	4
	양력	12.06																													
	음력	11.01	2	3	4	5	6	7	8	9	10	11	12	13	14	15	16	17	18	19	20	21	22	23	24	25	26	27	28	29	12.1
	일주	庚戌	辛亥	壬子	癸丑	甲寅	乙卯	丙辰	丁巳	戊午	己未	庚申	辛酉	壬戌	癸亥	甲子	乙丑	丙寅	丁卯	戊辰	己巳	庚午	辛未	壬申	癸酉	甲戌	乙亥	丙子	丁丑	戊寅	己卯
	대운 남	1 / 10	10	10	9	9	9	8	8	8	7	7	7	6	6	6	5	5	5	4	4	4	3	3	3	2	2	2	1	1	1
	대운 여	10 / 1	1	1	2	2	2	3	3	3	4	4	4	5	5	5	6	6	6	7	7	7	8	8	8	9	9	9	10	10	10

12월 6일(양) 대설 19시 59분   12월 21일(양) 동지 14시 01분

자(子)월장 · 소한 — 01.05 ~ 02.02(양)

乙丑月	구분	절입	6	7	8	9	10	11	12	13	14	15	16	17	18	19	20	21	22	23	24	25	26	27	28	29	30	31	2.1	2
	양력	2049.01.05																												
	음력	2048.12.02	3	4	5	6	7	8	9	10	11	12	13	14	15	16	17	18	19	20	21	22	23	24	25	26	27	28	29	1.1
	일주	庚辰	辛巳	壬午	癸未	甲申	乙酉	丙戌	丁亥	戊子	己丑	庚寅	辛卯	壬辰	癸巳	甲午	乙未	丙申	丁酉	戊戌	己亥	庚子	辛丑	壬寅	癸卯	甲辰	乙巳	丙午	丁未	戊申
	대운 남	1 / 10	9	9	9	8	8	8	7	7	7	6	6	6	5	5	5	4	4	4	3	3	3	2	2	2	1	1	1	1
	대운 여	10 / 1	1	1	1	2	2	2	3	3	3	4	4	4	5	5	5	6	6	6	7	7	7	8	8	8	9	9	9	9

1월 5일(양) 소한 07시 17분   1월 20일(양) 대한 00시 40분

2049

단기 4382년

해(亥)월장 · 입춘 · 02.03 ~ 03.04(양)

丙寅月

양력	2049.02.03	4	5	6	7	8	9	10	11	12	13	14	15	16	17	18	19	20	21	22	23	24	25	26	27	28	3.1	2	3	4
음력	2049.01.02	3	4	5	6	7	8	9	10	11	12	13	14	15	16	17	18	19	20	21	22	23	24	25	26	27	28	29	30	2.1
일주	己酉	庚戌	辛亥	壬子	癸丑	甲寅	乙卯	丙辰	丁巳	戊午	己未	庚申	辛酉	壬戌	癸亥	甲子	乙丑	丙寅	丁卯	戊辰	己巳	庚午	辛未	壬申	癸酉	甲戌	乙亥	丙子	丁丑	戊寅
대운 남	1 1	1	1	1	1	2	2	2	3	3	3	4	4	4	5	5	5	6	6	6	7	7	7	8	8	8	9	9	9	10
대운 여	10 10	10	9	9	9	8	8	8	7	7	7	6	6	6	5	5	5	4	4	4	3	3	3	2	2	2	1	1	1	1

2월 3일(양) 입춘 18시 52분 · 2월 18일(양) 우수 14시 41분

술(戌)월장 · 경칩 · 03.05 ~ 04.03(양)

丁卯月

양력	03.05	6	7	8	9	10	11	12	13	14	15	16	17	18	19	20	21	22	23	24	25	26	27	28	29	30	31	4.1	2	3
음력	02.02	3	4	5	6	7	8	9	10	11	12	13	14	15	16	17	18	19	20	21	22	23	24	25	26	27	28	29	3.1	2
일주	己卯	庚辰	辛巳	壬午	癸未	甲申	乙酉	丙戌	丁亥	戊子	己丑	庚寅	辛卯	壬辰	癸巳	甲午	乙未	丙申	丁酉	戊戌	己亥	庚子	辛丑	壬寅	癸卯	甲辰	乙巳	丙午	丁未	戊申
대운 남	10 1	1	1	1	1	2	2	2	3	3	3	4	4	4	5	5	5	6	6	6	7	7	7	8	8	8	9	9	9	10
대운 여	1 10	10	9	9	9	8	8	8	7	7	7	6	6	6	5	5	5	4	4	4	3	3	3	2	2	2	1	1	1	1

3월 5일(양) 경칩 12시 41분 · 3월 20일(양) 춘분 13시 27분

유(酉)월장 · 청명 · 04.04 ~ 05.04(양)

戊辰月

양력	04.04	5	6	7	8	9	10	11	12	13	14	15	16	17	18	19	20	21	22	23	24	25	26	27	28	29	30	5.1	2	3	4
음력	03.03	4	5	6	7	8	9	10	11	12	13	14	15	16	17	18	19	20	21	22	23	24	25	26	27	28	29	30	4.1	2	3
일주	己酉	庚戌	辛亥	壬子	癸丑	甲寅	乙卯	丙辰	丁巳	戊午	己未	庚申	辛酉	壬戌	癸亥	甲子	乙丑	丙寅	丁卯	戊辰	己巳	庚午	辛未	壬申	癸酉	甲戌	乙亥	丙子	丁丑	戊寅	己卯
대운 남	10 1	1	1	1	1	2	2	2	3	3	3	4	4	4	5	5	5	6	6	6	7	7	7	8	8	8	9	9	9	10	10
대운 여	1 10	10	10	9	9	9	8	8	8	7	7	7	6	6	6	5	5	5	4	4	4	3	3	3	2	2	2	1	1	1	1

4월 4일(양) 청명 17시 13분 · 4월 20일(양) 곡우 00시 12분

신(申)월장 · 입하 · 05.05 ~ 06.04(양)

己巳月

양력	05.05	6	7	8	9	10	11	12	13	14	15	16	17	18	19	20	21	22	23	24	25	26	27	28	29	30	31	6.1	2	3	4
음력	04.04	5	6	7	8	9	10	11	12	13	14	15	16	17	18	19	20	21	22	23	24	25	26	27	28	29	5.1	2	3	4	5
일주	庚辰	辛巳	壬午	癸未	甲申	乙酉	丙戌	丁亥	戊子	己丑	庚寅	辛卯	壬辰	癸巳	甲午	乙未	丙申	丁酉	戊戌	己亥	庚子	辛丑	壬寅	癸卯	甲辰	乙巳	丙午	丁未	戊申	己酉	庚戌
대운 남	10 1	1	1	1	1	2	2	2	3	3	3	4	4	4	5	5	5	6	6	6	7	7	7	8	8	8	9	9	9	10	10
대운 여	1 10	10	10	9	9	9	8	8	8	7	7	7	6	6	6	5	5	5	4	4	4	3	3	3	2	2	2	1	1	1	1

5월 5일(양) 입하 10시 11분 · 5월 20일(양) 소만 23시 02분

미(未)월장 · 망종 · 06.05 ~ 07.06(양)

庚午月

양력	06.05	6	7	8	9	10	11	12	13	14	15	16	17	18	19	20	21	22	23	24	25	26	27	28	29	30	7.1	2	3	4	5	6
음력	05.06	7	8	9	10	11	12	13	14	15	16	17	18	19	20	21	22	23	24	25	26	27	28	29	30	6.1	2	3	4	5	6	7
일주	辛亥	壬子	癸丑	甲寅	乙卯	丙辰	丁巳	戊午	己未	庚申	辛酉	壬戌	癸亥	甲子	乙丑	丙寅	丁卯	戊辰	己巳	庚午	辛未	壬申	癸酉	甲戌	乙亥	丙子	丁丑	戊寅	己卯	庚辰	辛巳	壬午
대운 남	10 1	1	1	1	1	2	2	2	3	3	3	4	4	4	5	5	5	6	6	6	7	7	7	8	8	8	9	9	9	10	10	10
대운 여	1 10	10	10	10	9	9	9	8	8	8	7	7	7	6	6	6	5	5	5	4	4	4	3	3	3	2	2	2	1	1	1	1

6월 5일(양) 망종 14시 02분 · 6월 21일(양) 하지 06시 46분

오(午)월장 · 소서 · 07.07 ~ 08.06(양)

辛未月

양력	07.07	8	9	10	11	12	13	14	15	16	17	18	19	20	21	22	23	24	25	26	27	28	29	30	31	8.1	2	3	4	5	6
음력	06.08	9	10	11	12	13	14	15	16	17	18	19	20	21	22	23	24	25	26	27	28	29	30	7.1	2	3	4	5	6	7	8
일주	癸未	甲申	乙酉	丙戌	丁亥	戊子	己丑	庚寅	辛卯	壬辰	癸巳	甲午	乙未	丙申	丁酉	戊戌	己亥	庚子	辛丑	壬寅	癸卯	甲辰	乙巳	丙午	丁未	戊申	己酉	庚戌	辛亥	壬子	癸丑
대운 남	10 1	1	1	1	1	2	2	2	3	3	3	4	4	4	5	5	5	6	6	6	7	7	7	8	8	8	9	9	9	10	10
대운 여	1 10	10	10	9	9	9	8	8	8	7	7	7	6	6	6	5	5	5	4	4	4	3	3	3	2	2	2	1	1	1	1

7월 7일(양) 소서 00시 07분 · 7월 22일(양) 대서 17시 35분

己巳年

사(巳)월장 **입 추** 08.07 ~ 09.06(양)

壬申月	양력	08.07		8	9	10	11	12	13	14	15	16	17	18	19	20	21	22	23	24	25	26	27	28	29	30	31	9.1	2	3	4	5	6
	음력	07.09		10	11	12	13	14	15	16	17	18	19	20	21	22	23	24	25	26	27	28	29	8.1	2	3	4	5	6	7	8	9	10
	일주	甲寅		乙卯	丙辰	丁巳	戊午	己未	庚申	辛酉	壬戌	癸亥	甲子	乙丑	丙寅	丁卯	戊辰	己巳	庚午	辛未	壬申	癸酉	甲戌	乙亥	丙子	丁丑	戊寅	己卯	庚辰	辛巳	壬午	癸未	甲申
대운	남	10	1	1	1	1	1	2	2	2	3	3	3	4	4	4	5	5	5	6	6	6	7	7	7	8	8	8	9	9	9	10	10
	여	1	10	10	10	9	9	9	8	8	8	7	7	7	6	6	6	5	5	5	4	4	4	3	3	3	2	2	2	1	1	1	1

8월 7일(양) 입추 09시 56분 | 8월 23일(양) 처서 00시 46분

진(辰)월장 **백 로** 09.07 ~ 10.07(양)

癸酉月	양력	09.07		8	9	10	11	12	13	14	15	16	17	18	19	20	21	22	23	24	25	26	27	28	29	30	10.1	2	3	4	5	6	7
	음력	08.11		12	13	14	15	16	17	18	19	20	21	22	23	24	25	26	27	28	29	30	9.1	2	3	4	5	6	7	8	9	10	11
	일주	乙酉		丙戌	丁亥	戊子	己丑	庚寅	辛卯	壬辰	癸巳	甲午	乙未	丙申	丁酉	戊戌	己亥	庚子	辛丑	壬寅	癸卯	甲辰	乙巳	丙午	丁未	戊申	己酉	庚戌	辛亥	壬子	癸丑	甲寅	乙卯
대운	남	10	1	1	1	1	1	2	2	2	3	3	3	4	4	4	5	5	5	6	6	6	7	7	7	8	8	8	9	9	9	10	10
	여	1	10	10	10	9	9	9	8	8	8	7	7	7	6	6	6	5	5	5	4	4	4	3	3	3	2	2	2	1	1	1	1

9월 7일(양) 백로 13시 04분 | 9월 22일(양) 추분 22시 41분

묘(卯)월장 **한 로** 10.08 ~ 11.06(양)

甲戌月	양력	10.08		9	10	11	12	13	14	15	16	17	18	19	20	21	22	23	24	25	26	27	28	29	30	31	11.1	2	3	4	5	6
	음력	09.12		13	14	15	16	17	18	19	20	21	22	23	24	25	26	27	28	29	30	10.1	2	3	4	5	6	7	8	9	10	11
	일주	丙辰		丁巳	戊午	己未	庚申	辛酉	壬戌	癸亥	甲子	乙丑	丙寅	丁卯	戊辰	己巳	庚午	辛未	壬申	癸酉	甲戌	乙亥	丙子	丁丑	戊寅	己卯	庚辰	辛巳	壬午	癸未	甲申	乙酉
대운	남	10	1	1	1	1	1	2	2	2	3	3	3	4	4	4	5	5	5	6	6	6	7	7	7	8	8	8	9	9	9	10
	여	1	10	10	9	9	9	8	8	8	7	7	7	6	6	6	5	5	5	4	4	4	3	3	3	2	2	2	1	1	1	1

10월 8일(양) 한로 05시 03분 | 10월 23일(양) 상강 08시 24분

인(寅)월장 **입 동** 11.07 ~ 12.06(양)

乙亥月	양력	11.07		8	9	10	11	12	13	14	15	16	17	18	19	20	21	22	23	24	25	26	27	28	29	30	12.1	2	3	4	5	6
	음력	10.12		13	14	15	16	17	18	19	20	21	22	23	24	25	26	27	28	29	11.1	2	3	4	5	6	7	8	9	10	11	12
	일주	丙戌		丁亥	戊子	己丑	庚寅	辛卯	壬辰	癸巳	甲午	乙未	丙申	丁酉	戊戌	己亥	庚子	辛丑	壬寅	癸卯	甲辰	乙巳	丙午	丁未	戊申	己酉	庚戌	辛亥	壬子	癸丑	甲寅	乙卯
대운	남	10	1	1	1	1	1	2	2	2	3	3	3	4	4	4	5	5	5	6	6	6	7	7	7	8	8	8	9	9	9	10
	여	1	10	10	9	9	9	8	8	8	7	7	7	6	6	6	5	5	5	4	4	4	3	3	3	2	2	2	1	1	1	1

11월 7일(양) 입동 08시 37분 | 11월 22일(양) 소설 06시 18분

축(丑)월장 **대 설** 12.07 ~ 2050.01.04(양)

丙子月	양력	12.07		8	9	10	11	12	13	14	15	16	17	18	19	20	21	22	23	24	25	26	27	28	29	30	31	1.1	2	3	4
	음력	11.13		14	15	16	17	18	19	20	21	22	23	24	25	26	27	28	29	30	12.1	2	3	4	5	6	7	8	9	10	11
	일주	丙辰		丁巳	戊午	己未	庚申	辛酉	壬戌	癸亥	甲子	乙丑	丙寅	丁卯	戊辰	己巳	庚午	辛未	壬申	癸酉	甲戌	乙亥	丙子	丁丑	戊寅	己卯	庚辰	辛巳	壬午	癸未	甲申
대운	남	10	1	1	1	1	1	2	2	2	3	3	3	4	4	4	5	5	5	6	6	6	7	7	7	8	8	8	9	9	9
	여	1	10	9	9	9	8	8	8	7	7	7	6	6	6	5	5	5	4	4	4	3	3	3	2	2	2	1	1	1	1

12월 7일(양) 대설 01시 45분 | 12월 21일(양) 동지 19시 51분

자(子)월장 **소 한** 01.05 ~ 02.03(양)

丁丑月	양력	2050.01.05		6	7	8	9	10	11	12	13	14	15	16	17	18	19	20	21	22	23	24	25	26	27	28	29	30	31	2.1	2	3
	음력	2049.12.12		13	14	15	16	17	18	19	20	21	22	23	24	25	26	27	28	29	1.1	2	3	4	5	6	7	8	9	10	11	12
	일주	乙酉		丙戌	丁亥	戊子	己丑	庚寅	辛卯	壬辰	癸巳	甲午	乙未	丙申	丁酉	戊戌	己亥	庚子	辛丑	壬寅	癸卯	甲辰	乙巳	丙午	丁未	戊申	己酉	庚戌	辛亥	壬子	癸丑	甲寅
대운	남	10	1	1	1	1	1	2	2	2	3	3	3	4	4	4	5	5	5	6	6	6	7	7	7	8	8	8	9	9	9	10
	여	1	10	10	9	9	9	8	8	8	7	7	7	6	6	6	5	5	5	4	4	4	3	3	3	2	2	2	1	1	1	1

1월 5일(양) 소한 13시 06분 | 1월 20일(양) 대한 06시 32분

戊寅月 — 해(亥)월장 · 입춘 · 02.04 ~ 03.04(양)

양력	2050.02.04	5	6	7	8	9	10	11	12	13	14	15	16	17	18	19	20	21	22	23	24	25	26	27	28	3.1	2	3	4
음력	2050.01.13	14	15	16	17	18	19	20	21	22	23	24	25	26	27	28	29	30	2.1	2	3	4	5	6	7	8	9	10	11
일주	乙卯	丙辰	丁巳	戊午	己未	庚申	辛酉	壬戌	癸亥	甲子	乙丑	丙寅	丁卯	戊辰	己巳	庚午	辛未	壬申	癸酉	甲戌	乙亥	丙子	丁丑	戊寅	己卯	庚辰	辛巳	壬午	癸未
대운 남	10 10	9	9	9	8	8	8	7	7	7	6	6	6	5	5	5	4	4	4	3	3	3	2	2	2	1	1	1	1
대운 여	1 1	1	1	1	1	2	2	2	3	3	3	4	4	4	5	5	5	6	6	6	7	7	7	8	8	8	9	9	9

2월 4일(양) 입춘 00시 42분 2월 18일(양) 우수 20시 34분

己卯月 — 술(戌)월장 · 경칩 · 03.05 ~ 04.03(양)

양력	03.05	6	7	8	9	10	11	12	13	14	15	16	17	18	19	20	21	22	23	24	25	26	27	28	29	30	31	4.1	2	3
음력	02.12	13	14	15	16	17	18	19	20	21	22	23	24	25	26	27	28	29	3.1	2	3	4	5	6	7	8	9	10	11	12
일주	甲申	乙酉	丙戌	丁亥	戊子	己丑	庚寅	辛卯	壬辰	癸巳	甲午	乙未	丙申	丁酉	戊戌	己亥	庚子	辛丑	壬寅	癸卯	甲辰	乙巳	丙午	丁未	戊申	己酉	庚戌	辛亥	壬子	癸丑
대운 남	1 10	10	9	9	9	8	8	8	7	7	7	6	6	6	5	5	5	4	4	4	3	3	3	2	2	2	1	1	1	1
대운 여	10 1	1	1	1	2	2	2	3	3	3	4	4	4	5	5	5	6	6	6	7	7	7	8	8	8	9	9	9	10	10

3월 5일(양) 경칩 18시 31분 3월 20일(양) 춘분 19시 18분

庚辰月 — 유(酉)월장 · 청명 · 04.04 ~ 05.04(양)

양력	04.04	5	6	7	8	9	10	11	12	13	14	15	16	17	18	19	20	21	22	23	24	25	26	27	28	29	30	5.1	2	3	4
음력	03.13	14	15	16	17	18	19	20	21	22	23	24	25	26	27	28	29	윤3.1	2	3	4	5	6	7	8	9	10	11	12	13	14
일주	甲寅	乙卯	丙辰	丁巳	戊午	己未	庚申	辛酉	壬戌	癸亥	甲子	乙丑	丙寅	丁卯	戊辰	己巳	庚午	辛未	壬申	癸酉	甲戌	乙亥	丙子	丁丑	戊寅	己卯	庚辰	辛巳	壬午	癸未	甲申
대운 남	1 10	10	10	9	9	9	8	8	8	7	7	7	6	6	6	5	5	5	4	4	4	3	3	3	2	2	2	1	1	1	1
대운 여	10 1	1	1	1	1	2	2	2	3	3	3	4	4	4	5	5	5	6	6	6	7	7	7	8	8	8	9	9	9	10	10

4월 4일(양) 청명 23시 02분 4월 20일(양) 곡우 06시 01분

辛巳月 — 신(申)월장 · 입하 · 05.05 ~ 06.04(양)

양력	05.05	6	7	8	9	10	11	12	13	14	15	16	17	18	19	20	21	22	23	24	25	26	27	28	29	30	31	6.1	2	3	4
음력	03.15	16	17	18	19	20	21	22	23	24	25	26	27	28	29	30	4.1	2	3	4	5	6	7	8	9	10	11	12	13	14	15
일주	乙酉	丙戌	丁亥	戊子	己丑	庚寅	辛卯	壬辰	癸巳	甲午	乙未	丙申	丁酉	戊戌	己亥	庚子	辛丑	壬寅	癸卯	甲辰	乙巳	丙午	丁未	戊申	己酉	庚戌	辛亥	壬子	癸丑	甲寅	乙卯
대운 남	1 10	10	10	9	9	9	8	8	8	7	7	7	6	6	6	5	5	5	4	4	4	3	3	3	2	2	2	1	1	1	1
대운 여	10 1	1	1	1	1	2	2	2	3	3	3	4	4	4	5	5	5	6	6	6	7	7	7	8	8	8	9	9	9	10	10

5월 5일(양) 입하 16시 00분 5월 21일(양) 소만 04시 49분

壬午月 — 미(未)월장 · 망종 · 06.05 ~ 07.06(양)

양력	06.05	6	7	8	9	10	11	12	13	14	15	16	17	18	19	20	21	22	23	24	25	26	27	28	29	30	7.1	2	3	4	5	6
음력	04.16	17	18	19	20	21	22	23	24	25	26	27	28	29	5.1	2	3	4	5	6	7	8	9	10	11	12	13	14	15	16	17	18
일주	丙辰	丁巳	戊午	己未	庚申	辛酉	壬戌	癸亥	甲子	乙丑	丙寅	丁卯	戊辰	己巳	庚午	辛未	壬申	癸酉	甲戌	乙亥	丙子	丁丑	戊寅	己卯	庚辰	辛巳	壬午	癸未	甲申	乙酉	丙戌	丁亥
대운 남	1 10	10	10	10	9	9	9	8	8	8	7	7	7	6	6	6	5	5	5	4	4	4	3	3	3	2	2	2	1	1	1	1
대운 여	10 1	1	1	1	1	2	2	2	3	3	3	4	4	4	5	5	5	6	6	6	7	7	7	8	8	8	9	9	9	10	10	10

6월 5일(양) 망종 19시 53분 6월 21일(양) 하지 12시 31분

癸未月 — 오(午)월장 · 소서 · 07.07 ~ 08.06(양)

양력	07.07	8	9	10	11	12	13	14	15	16	17	18	19	20	21	22	23	24	25	26	27	28	29	30	31	8.1	2	3	4	5	6
음력	05.19	20	21	22	23	24	25	26	27	28	29	30	6.1	2	3	4	5	6	7	8	9	10	11	12	13	14	15	16	17	18	19
일주	戊子	己丑	庚寅	辛卯	壬辰	癸巳	甲午	乙未	丙申	丁酉	戊戌	己亥	庚子	辛丑	壬寅	癸卯	甲辰	乙巳	丙午	丁未	戊申	己酉	庚戌	辛亥	壬子	癸丑	甲寅	乙卯	丙辰	丁巳	戊午
대운 남	1 10	10	10	9	9	9	8	8	8	7	7	7	6	6	6	5	5	5	4	4	4	3	3	3	2	2	2	1	1	1	1
대운 여	10 1	1	1	1	2	2	2	3	3	3	4	4	4	5	5	5	6	6	6	7	7	7	8	8	8	9	9	9	10	10	10

7월 7일(양) 소서 06시 00분 7월 22일(양) 대서 23시 20분

사(巳)월장 · 입추 · 08.07 ~ 09.06(양)

甲申月

양력	08.07	8	9	10	11	12	13	14	15	16	17	18	19	20	21	22	23	24	25	26	27	28	29	30	31	9.1	2	3	4	5	6
음력	06.20	21	22	23	24	25	26	27	28	29	7.1	2	3	4	5	6	7	8	9	10	11	12	13	14	15	16	17	18	19	20	21
일주	己未	庚申	辛酉	壬戌	癸亥	甲子	乙丑	丙寅	丁卯	戊辰	己巳	庚午	辛未	壬申	癸酉	甲戌	乙亥	丙子	丁丑	戊寅	己卯	庚辰	辛巳	壬午	癸未	甲申	乙酉	丙戌	丁亥	戊子	己丑
대운 남	1 / 10	10	10	9	9	9	8	8	8	7	7	7	6	6	6	5	5	5	4	4	4	3	3	3	2	2	2	1	1	1	1
대운 여	10 / 1	1	1	1	1	2	2	2	3	3	3	4	4	4	5	5	5	6	6	6	7	7	7	8	8	8	9	9	9	10	10

8월 7일(양) 입추 15시 51분 · 8월 23일(양) 처서 06시 31분

진(辰)월장 · 백로 · 09.07 ~ 10.07(양)

乙酉月

양력	09.07	8	9	10	11	12	13	14	15	16	17	18	19	20	21	22	23	24	25	26	27	28	29	30	10.1	2	3	4	5	6	7
음력	07.22	23	24	25	26	27	28	29	30	8.1	2	3	4	5	6	7	8	9	10	11	12	13	14	15	16	17	18	19	20	21	22
일주	庚寅	辛卯	壬辰	癸巳	甲午	乙未	丙申	丁酉	戊戌	己亥	庚子	辛丑	壬寅	癸卯	甲辰	乙巳	丙午	丁未	戊申	己酉	庚戌	辛亥	壬子	癸丑	甲寅	乙卯	丙辰	丁巳	戊午	己未	庚申
대운 남	1 / 10	10	10	9	9	9	8	8	8	7	7	7	6	6	6	5	5	5	4	4	4	3	3	3	2	2	2	1	1	1	1
대운 여	10 / 1	1	1	1	1	2	2	2	3	3	3	4	4	4	5	5	5	6	6	6	7	7	7	8	8	8	9	9	9	10	10

9월 7일(양) 백로 18시 59분 · 9월 23일(양) 추분 04시 27분

묘(卯)월장 · 한로 · 10.08 ~ 11.06(양)

丙戌月

양력	10.08	9	10	11	12	13	14	15	16	17	18	19	20	21	22	23	24	25	26	27	28	29	30	31	11.1	2	3	4	5	6
음력	08.23	24	25	26	27	28	29	30	9.1	2	3	4	5	6	7	8	9	10	11	12	13	14	15	16	17	18	19	20	21	22
일주	辛酉	壬戌	癸亥	甲子	乙丑	丙寅	丁卯	戊辰	己巳	庚午	辛未	壬申	癸酉	甲戌	乙亥	丙子	丁丑	戊寅	己卯	庚辰	辛巳	壬午	癸未	甲申	乙酉	丙戌	丁亥	戊子	己丑	庚寅
대운 남	1 / 10	10	9	9	9	8	8	8	7	7	7	6	6	6	5	5	5	4	4	4	3	3	3	2	2	2	1	1	1	1
대운 여	10 / 1	1	1	1	1	2	2	2	3	3	3	4	4	4	5	5	5	6	6	6	7	7	7	8	8	8	9	9	9	10

10월 8일(양) 한로 10시 59분 · 10월 23일(양) 상강 14시 10분

인(寅)월장 · 입동 · 11.07 ~ 12.06(양)

丁亥月

양력	11.07	8	9	10	11	12	13	14	15	16	17	18	19	20	21	22	23	24	25	26	27	28	29	30	12.1	2	3	4	5	6
음력	09.23	24	25	26	27	28	29	10.1	2	3	4	5	6	7	8	9	10	11	12	13	14	15	16	17	18	19	20	21	22	23
일주	辛卯	壬辰	癸巳	甲午	乙未	丙申	丁酉	戊戌	己亥	庚子	辛丑	壬寅	癸卯	甲辰	乙巳	丙午	丁未	戊申	己酉	庚戌	辛亥	壬子	癸丑	甲寅	乙卯	丙辰	丁巳	戊午	己未	庚申
대운 남	1 / 10	10	9	9	9	8	8	8	7	7	7	6	6	6	5	5	5	4	4	4	3	3	3	2	2	2	1	1	1	1
대운 여	10 / 1	1	1	1	1	2	2	2	3	3	3	4	4	4	5	5	5	6	6	6	7	7	7	8	8	8	9	9	9	10

11월 7일(양) 입동 14시 32분 · 11월 22일(양) 소설 12시 05분

축(丑)월장 · 대설 · 12.07 ~ 2051.01.04(양)

戊子月

양력	12.07	8	9	10	11	12	13	14	15	16	17	18	19	20	21	22	23	24	25	26	27	28	29	30	31	1.1	2	3	4
음력	10.24	25	26	27	28	29	30	11.1	2	3	4	5	6	7	8	9	10	11	12	13	14	15	16	17	18	19	20	21	22
일주	辛酉	壬戌	癸亥	甲子	乙丑	丙寅	丁卯	戊辰	己巳	庚午	辛未	壬申	癸酉	甲戌	乙亥	丙子	丁丑	戊寅	己卯	庚辰	辛巳	壬午	癸未	甲申	乙酉	丙戌	丁亥	戊子	己丑
대운 남	1 / 10	9	9	9	8	8	8	7	7	7	6	6	6	5	5	5	4	4	4	3	3	3	2	2	2	1	1	1	1
대운 여	10 / 1	1	1	1	1	2	2	2	3	3	3	4	4	4	5	5	5	6	6	6	7	7	7	8	8	8	9	9	9

12월 7일(양) 대설 07시 40분 · 12월 22일(양) 동지 01시 37분

자(子)월장 · 소한 · 01.05 ~ 02.03(양)

己丑月

양력	2051.01.05	6	7	8	9	10	11	12	13	14	15	16	17	18	19	20	21	22	23	24	25	26	27	28	29	30	31	2.1	2	3
음력	2050.11.23	24	25	26	27	28	29	30	12.1	2	3	4	5	6	7	8	9	10	11	12	13	14	15	16	17	18	19	20	21	22
일주	庚寅	辛卯	壬辰	癸巳	甲午	乙未	丙申	丁酉	戊戌	己亥	庚子	辛丑	壬寅	癸卯	甲辰	乙巳	丙午	丁未	戊申	己酉	庚戌	辛亥	壬子	癸丑	甲寅	乙卯	丙辰	丁巳	戊午	己未
대운 남	1 / 10	10	10	9	9	9	8	8	8	7	7	7	6	6	6	5	5	5	4	4	4	3	3	3	2	2	2	1	1	1
대운 여	10 / 1	1	1	1	1	2	2	2	3	3	3	4	4	4	5	5	5	6	6	6	7	7	7	8	8	8	9	9	9	10

1월 5일(양) 소한 18시 27분 · 1월 20일(양) 대한 11시 47분

디지털 digital 절기 만세력

글쓴이 ｜ 김동완
펴낸이 ｜ 유재영
펴낸곳 ｜ 동학사
기　획 ｜ 이화진
편　집 ｜ 김기숙
디자인 ｜ 문정혜

1판 1쇄 ｜ 2010년 3월 31일
1판 8쇄 ｜ 2024년 10월 30일
출판등록 ｜ 1987년 11월 27일 제10-149

주소 ｜ 04083 서울 마포구 토정로 53 (합정동)
전화 ｜ 324-6130, 324-6131 · 팩스 ｜ 324-6135
E-메일 ｜ dhsbook@hanmail.net
홈페이지 ｜ www.donghaksa.co.kr
www.green-home.co.kr

ⓒ 김동완, 2010

ISBN 978-89-7190-299-8　03150